SEITE 54

REISEZIELE AUF HAWAII

ALLE ZIELE AUF EINEN BLICK
Fundierte Einblicke, detaillierte Adressen,
Insider-Tipps und mehr

Kaua'i
S. 518

Ni'ihau
S. 516

O'ahu
S. 56

Moloka'i
S. 482

Lana'i
S. 466

Maui
S. 326

Kaho'olawe
S. 463

Hawai'i
Big
Island
S. 172

SEITE 707

PRAKTISCHE INFORMATIONEN

SCHNELL
NACHGESCHLAGEN
Tipps für Unterkünfte,
sicheres Reisen, Smalltalk
und vieles mehr

Allgemeine
Informationen................. 708
Verkehrsmittel & -wege.. 719
Gesundheit 726
Glossar 730
Register 737
Kartenlegende............... 753

Sara Benson,

Amy C. Balfour, Glenda Bendure, E. Clark Carroll, Ned Friary, Conner Gorry,

Ryan Ver Berkmoes, Luci Yamamoto

› Hawaii

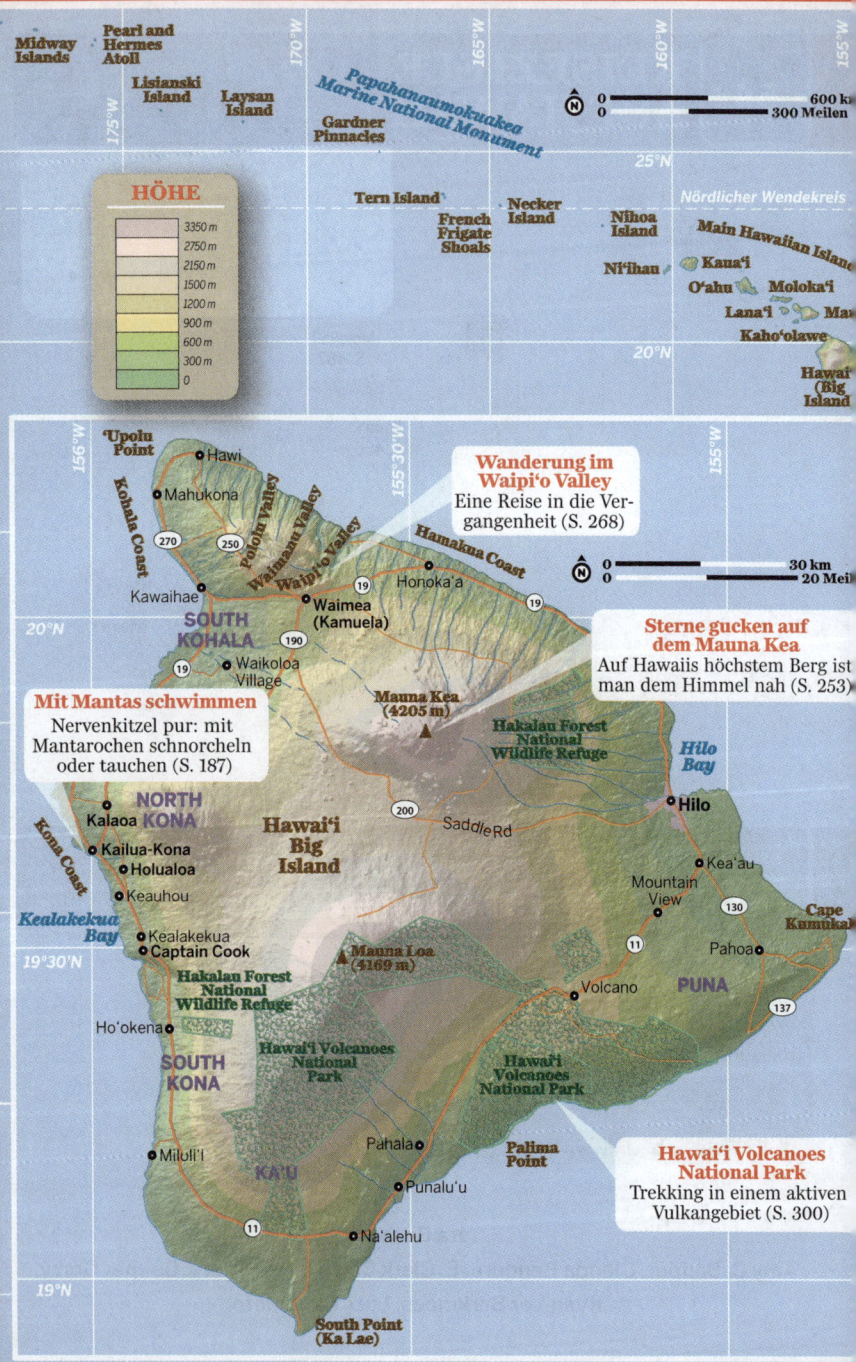

HÖHE

	3350 m
	2750 m
	2150 m
	1500 m
	1200 m
	900 m
	600 m
	300 m
	0

Midway Islands

Pearl and Hermes Atoll

Lisianski Island

Laysan Island

Gardner Pinnacles

Papahanaumokuakea Marine National Monument

Tern Island

French Frigate Shoals

Necker Island

Nihoa Island

Ni'ihau

Nördlicher Wendekreis

Main Hawaiian Island

Kaua'i

O'ahu

Moloka'i

Lana'i

Maui

Kaho'olawe

Hawai'i (Big Island)

170°W · 165°W · 160°W · 155°W

25°N · 20°N

N 0 / 0 600 k / 300 Meilen

'Upolu Point

Hawi

Mahukona

Kohala Coast

270

250

Pololu Valley

Waimanu Valley

Waipi'o Valley

Kawaihae

SOUTH KOHALA

Hamakua Coast

Honoka'a

19

19

Waimea (Kamuela)

190

Waikoloa Village

19

Mauna Kea (4205 m)

156°W · 155°30'W · 155°W

20°N

Wanderung im Waipi'o Valley
Eine Reise in die Ver-
gangenheit (S. 268)

Sterne gucken auf dem Mauna Kea
Auf Hawaiis höchstem Berg ist
man dem Himmel nah (S. 253)

N 0 / 0 30 km / 20 Mei

Hakalau Forest National Wildlife Refuge

Hilo Bay

NORTH KONA

Kalaoa

Kailua-Kona

Holualoa

Keauhou

Kona Coast

Hawai'i Big Island

200

Saddle Rd

Hilo

Kea'au

Mountain View

130

Cape Kumuka

Mit Mantas schwimmen
Nervenkitzel pur: mit
Mantarochen schnorcheln
oder tauchen (S. 187)

Kealakekua Bay

Kealakekua

Captain Cook

Hakalau Forest National Wildlife Refuge

Ho'okena

Mauna Loa (4169 m)

Volcano

11

Pahoa

PUNA

137

19°30'N

SOUTH KONA

Hawai'i Volcanoes National Park

Hawai'i Volcanoes National Park

Miloli'i

KA'U

Pahala

Punalu'u

Palima Point

Hawai'i Volcanoes National Park
Trekking in einem aktiven
Vulkangebiet (S. 300)

11

Na'alehu

19°N

South Point (Ka Lae)

Na Pali Coast
Ein Abenteuer an Land
oder auf See (S. 588)

Waimea Canyon
Der wunderbare „Grand
Canyon des Pazifik" (S. 620)

**Strände & Nacht-
leben in Waikiki**
Hula und Mai Tais bei
Sonnenuntergang (S. 106)

Entspanntes Kailua
Paddeltouren zu unbe-
wohnten Inseln (S. 137)

Pearl Harbor
Bewegende Mahnmale des
Zweiten Weltkriegs (S. 99)

Molokai Mule Ride
Schwindelerregende *pali*
(Klippen) erklimmen (S. 510)

Hana Highway
Mauis atemberaubend dra-
matische Fahrstrecke (S. 434)

Luau in Lahaina
Wo man das wahre
Aloha findet (S. 344)

Munro Trail
Fantastisches Jeep- und
Wanderabenteuer (S. 475)

Molokini Crater
Tauchen oder schnorcheln
im vorgelagerten, sichel-
förmigen Kraterrand (S. 399)

**Trails durch die Mond-
landschaft des Haleakalā**
Wandern hoch über den
Wolken (S. 451)

25 TOP ERLEBNISSE

Hawai'i Volcanoes National Park

1 Leute, packt die Wanderstiefel ein – nur auf kilometerlangen Märschen offenbart sich die Einzigartigkeit dieses Nationalparks (S. 300). Alte und neue Lavaströme, Vulkanschlote und Regenwaldoasen, in denen die hier heimischen Kleidervögel zwitschern: Als Wandergebiet ist Big Island kaum zu toppen! Es winken Tagestouren, Plantschen im Lavabecken und Expeditionen ins Hinterland – beispielsweise auf den Gipfel des Mauna Loa (S. 312). Nur fließende Lava bietet der Park meist nicht – die gibt es in Puna (S. 309). Halema'uma'u-Krater

Na Pali Coast auf Kaua'i

2 Ob aus der Luft, an Land oder vom Meer aus – die Na Pali Coast (S. 588) gehört unbedingt ganz oben auf die To-do-Liste. Hobby-Matrosen erkunden sie per Motor- oder Segelboot, wer's sportlicher mag, hüpft ins Kanu und paddelt gegen Sonne, Wind und Wellen an. Wanderer tigern den 18 km langen Kalalau Trail entlang, der ab Ke'e Beach an kühnen, grünen Klippen und einem lieblichen Tal mit Obstbäumen, bärtigen Hippies und Sonnenanbetern vorbei zu einem Ort führt, der nicht von dieser Welt zu sein scheint.

Strände & Nachtleben in Waikiki

3 Waikiki (S. 102) ist wieder in! Hawaiis berühmtester Strandzirkus wimmelt zwar weiterhin vor Plastikblumenketten, Bikini-Tops aus Kokosnussschalen und Hula-Mädels auf heißen Öfen, aber das echte Aloha ist zurück. Am Tag surfen Beachboys die legendären Wellen, abends verbreiten Tiki-Lampen und Muschelhörner im Kuhio Beach Park (S. 108) Romantik, Hula-Tänzerinnen wiegen sich in Hotels, Bars und Einkaufszentren zu alten und modernen Rhythmen, während Inselmusiker auf Hawaii-Gitarren und Ukulelen klimpern.

Hana Highway

4 Lust auf Abenteuer? Hawaii hat viele spektakuläre Straßen, aber der Hana Highway (S. 434) ist eine echte Achterbahnfahrt, runter in Dschungeltäler, rauf auf steile Klippen und dazu gute 600 Kurven. Auf 54 Brücken (einspurig!) geht's über fast ebenso viele Wasserfälle – manche ein donnerndes Fotomotiv, andere eine erfrischende Badegelegenheit. Nicht nur die Fahrt an sich ist super, auch rechts und links der Straße warten Attraktionen wie nach Ingwer duftende Wege und Teiche mit Zen-Feeling. Three Bears Falls

Trails durch die Mondlandschaft des Haleakalā

5 Wer in den Schlund des Haleakalā (S. 451) hinuntersteigt, kommt sich vor wie auf dem Mond: Gespenstische Stille, nur die Vulkanasche knistert unter den Sohlen, außerirdische Landschaften aus erstarrter Lava kontrastieren mit den rostroten Kraterwänden, und am Himmel jagen sich ständig wechselnde Wolkenformationen. Einfach ab und zu stehen bleiben, einen Blick zurück auf diese unwirkliche Kulisse werfen und sich von der wilden Schönheit überwältigen lassen!
Sliding Sands Trail

ANN CECIL / LONELY PLANET IMAGES ©

Entspanntes Kailua

6 Wer für Waikikis gesichtslose Hochhausszenerie nichts übrig hat, sollte sich von Honolulu über die *pali* (Berge) zur Windward Coast von O'ahu aufmachen. Die Kailua Bay (S. 137) ist wunderschön, und die vorgelagerten Inseln animieren jeden, ins Meer zu springen oder sich ein Kajak zu greifen und rüberzupaddeln, um dort zu schnorcheln und in der Sonne zu faulenzen. Kailuas Strände machen anspruchsvolle Wind- und Kitesurfer happy, und abends kann in der eigenen kleinen Strandhütte gechillt werden. Mehr Urlaub geht nicht!

CLAY M. ROGERS / ALAMY

Surfen

7 Auch Nichtsurfer müssen zugeben: Das gesamte Inselleben, von der Mode bis zum Slang, ist vom Surfen durchdrungen. Wenn die Riesenwellen anrollen, pilgern alle zur North Shore, um den lokalen Stars (S. 151) bei ihrem Kampf mit dem Ozean zuzugucken. Das Riesenobjektiv braucht übrigens keiner auszupacken, denn die Monsterdinger schwappen praktisch bis zur Küste, und man hat die Surfer direkt vor sich. Wen es jetzt kribbelt, sich doch mal aufs Brett zu stellen, der sollte sich *da kine* (die besten) Wellen raussuchen – und immer schön locker bleiben!

Pearl Harbor

8 Dass Hawaii im Pazifik weiterhin eine wichtige strategische Rolle spielt, zeigen die vielen aktiven Militärstützpunkte, allen voran die in O'ahu. Die Rechtfertigung dafür liefert das USS Arizona Memorial (S. 99), das an den Angriff auf Pearl Harbour und die vielen Todesopfer erinnert. Fans der Militärgeschichte können nahebei in ein U-Boot aus dem Zweiten Weltkrieg steigen, die historischen Hangars des Pacific Aviation Museum besuchen und auf den Decks des Kriegsschiffs Mighty Mo spazieren, auf dem 1945 das Kaiserreich Japan kapitulierte. USS Arizona Memorial

ANN CECIL / LONELY PLANET IMAGES ©

Molokini Crater

9 Auf Hawaii heißt es, Molokini (S. 399) sei eine wunderschöne Frau gewesen, die von der eifersüchtigen Feuer- und Vulkangöttin Pele in Stein verwandelt wurde. Heute bringt Molokini vor allem Taucher und Schnorchler ins Schwärmen. Der halbmondförmige Felsen rund 5 km vor der Küste Süd Mauis gehört zum Rand eines Vulkankraters, in dessen wassergefülltem Schlund sich Korallen und über 250 Fischarten tummeln. Das hawaiische Taucherparadies schlechthin!

REINHARD DIRSCHERL / ALAMY

Hawaiis Küche

10 Vergesst Ananastorte und *tiki*-Drinks. Hawaii bietet eine multikulturelle Geschmacksexplosion, die vom Pazifischen Raum beeinflusst ist, aber aus der natürlichen Fülle der Inseln schöpft. Die ersten Polynesier brachten sättigende Basics wie *kalo* (Taro), *ko* (Zuckerrohr) und *niu* (Kokosnuss) mit. Plantagenarbeiter aus Ost und West steuerten japanischen Reis, chinesische Nudeln oder portugiesisches süßes Weißbrot bei, und daraus entstand allmählich die typische Landesküche (S. 670). Die Devise heißt: alles Probieren, denn alles ist garantiert *'ono grinds* (lecker).

GREG ELMS / LONELY PLANET IMAGES ®

Ho'okipa Beach & Pa'ia

11 Treffpunkt akrobatischer Windsurfer ist der Ho'okipa Beach Park (S. 417), und wer nur zuschauen will, sucht sich einen Logenplatz am Hang hinter dem Strand. Um die North Shore so richtig auszukosten, bietet sich nach der Action am Ho'okipa Beach ein Bummel durch das funkige Pa'ia an. Mauis hippster Ort fasziniert mit Kunstläden, coolen Surferkneipen und der heißesten Restaurantszene der Insel. Unser Tipp: der Tagesfang in Mauis bestem Fischlokal oder leckere Crêpes mit Entenfleisch in einem jazzigen Café.

PHIL DEGGINGER / ALAMY

Kealakekua Bay

12 Ob zu Fuß runter, mit dem Kajak drüber oder vom Katamaran hinein in die blaue Schönheit, die wunderbare Unterwasserwelt der Kealakekua Bay (S. 212) lohnt einen Ausflug. Kurz unter der Wasseroberfläche wuseln Doktor-, Halfter-, Schopf- und Drückerfische um die historischen Gestade, wo James Cook den Tod fand. Verspielte Spinnerdelphine sorgen für entzückte Schreie bei Besuchern – und sorgenvolles Stirnrunzeln bei Umweltschützern, da der Lebensraum der Tiere durch den wachsenden Tourismus und Verkehr in dieser Bucht bedroht ist. Neue Vorschriften für Kajakfahrer sind jetzt in Kraft (S. 213).

Wandern im Waipi'o Valley

13 Ein fruchtbares, grünes Tal, durchzogen von Wasserfällen und gerahmt von schwarzem Sandstrand: Waipi'o (S. 267) wird nicht umsonst das Tal der Könige genannt. Klar kann man wie der Rest der Autotouristen am Ausguck halten, aber unten im Tal offenbart sich die wahre Schönheit: tosende Brandung, donnernde Wasserfälle und hawaiisches Flair. Bei guten Wetter lohnt sich auch eine nahezu einsame Wanderung ins nächste Tal, das magische Waimanu (S. 269).

Sonnenuntergang & Sonnenaufgang

14 Sonne, Wind, Mond und Sterne bestimmten schon das Leben der ersten Inselbewohner. Was spricht dagegen, sich ebenfalls davon leiten zu lassen und trotz des Jetlags aus den Federn zu hüpfen, um die Sonne über den Wellen aufsteigen zu sehen? Oder abends die Zehen in den warmen Sand zu graben, während die Sonne wieder hinter dem Horizont versinkt? Besonders spektakulär wirkt das vom Gipfel eines Vulkans aus gesehen, z. B. dem Haleakalā (S. 451) auf Maui, der auch „Haus der Sonne" heißt. *Blick auf Lanaʻi vom Gipfel des Haleakalā*

Maultierritt auf Molokaʻi

LEE FOSTER / LONELY PLANET IMAGES ©

15 Maultiere sind zwar oft störrisch, aber dafür sehr trittsicher. Der Molokai Mule Ride (S. 510) beginnt auf rund 530 m über der Halbinsel Kalaupapa und führt in engen Kehren mit herrlichen Ausblicken auf den Kalaupapa National Historical Park steil bergab. Unten gibt's eine beeindruckende Lehrstunde über die ehemalige Lepra-Kolonie. In der märchenhaften, einsamen Umgebung gehen die Geschichten über frühere Bewohner wie Father Damien, den ersten Heiligen Amerikas, so richtig zu Herzen. Und dann tragen einen die Maultiere wieder bis nach oben.

PETER HENDRIE / LONELY PLANET IMAGES ©

16 Das Halawa Valley (S. 500) auf Moloka'i scheint aus einer anderen Zeit zu stammen. Die überwältigende Landschaft und von den Bewohnern Moloka'is sorgfältig gehütete Abgeschiedenheit dieser Siedlung aus vorkolonialer Zeit hatte einst über 1000 Einwohner und ein aufwendiges Bewässerungssystem für die über 700 Tarofelder. Heute ist sie unbewohnt und nahezu unberührt, aber es gibt geführte Wanderungen durch dichten, tropischen Dschungel voller Wasserfälle und Blumen – ein vergessenes Stück Hawaii, dessen Existenz vermutlich kaum noch einer vermutet hat.

Bauernmärkte

17 Wer Kontakt zu Einheimischen sucht, geht zum nächsten Bauernmarkt (S. 677). Da gibt's nicht nur frisch gepflückte Papayas, Ananas und Macadamianüsse, Honig und andere lokale Produkte, da trifft sich die ganze Gegend: Der *kahuna lapa'au* (Heiler) preist die Vorteile der Früchte des Noni-Baums, jeder schlürft das leicht berauschende Kava-Getränk aus einer Kokosnussschale, und sicher werden auch die typischen Hüte verkauft, die aus *lauhala* (Blätter des Schrauben-Baums) geflochten sind. Perfekt, um das Lebensgefühl der Insulaner nachzuempfinden.

GREG ELMS / LONELY PLANET IMAGES ©

Munro Trail

18 Der hinreißende, 20 km lange Munro Trail (S. 475) führt durch einen alten Wald über die Berge oberhalb der einzigen Stadt auf Lana'i. Der ehemalige Fußpfad zu den Tarofeldern, die von den regelmäßigen Regenfällen in dieser Region profitierten, führt durch Eukalyptushaine und Wälder mit bizarren Norfolk-Tannen. An klaren Tagen sind unterwegs fast alle bewohnten Hawaii-Inseln zu sehen (Kaua'i und Ni'ihau sind zu weit entfernt). Unzählige Vögel liefern den märchenhaften Soundtrack dieser Wandertour.

KARL LEHMANN / LONELY PLANET IMAGES ©

Das Aloha erleben

19 Echtes Aloha (Atmosphäre von Zuneigung und Mitgefühl) ist eine hawaiische Lebensphilosophie, die jeden bezirzt, sobald er seinen Fuß auf die Inseln setzt und eine Blumenkette um den Hals gelegt bekommt. Von der Hotelrezeptionistin, die einem beim Einchecken sofort einen Sonnenschirm anbietet und den Weg zum Strand zeigt, bis zu den einheimischen Autofahrern, die anstatt zu hupen das *shaka*-Zeichen machen und einem die Vorfahrt lassen: Alle sind super herzlich – und das steckt an!

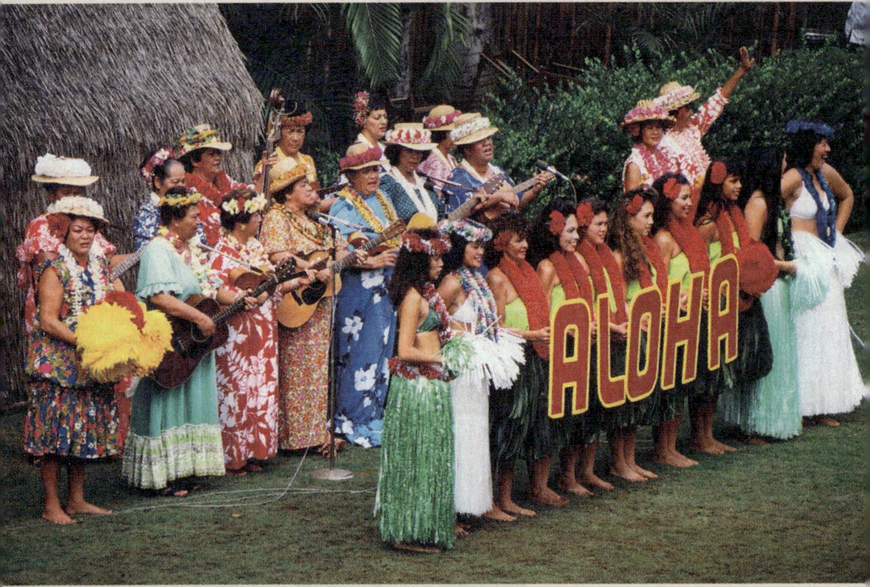

ANN CECIL / LONELY PLANET IMAGES ©

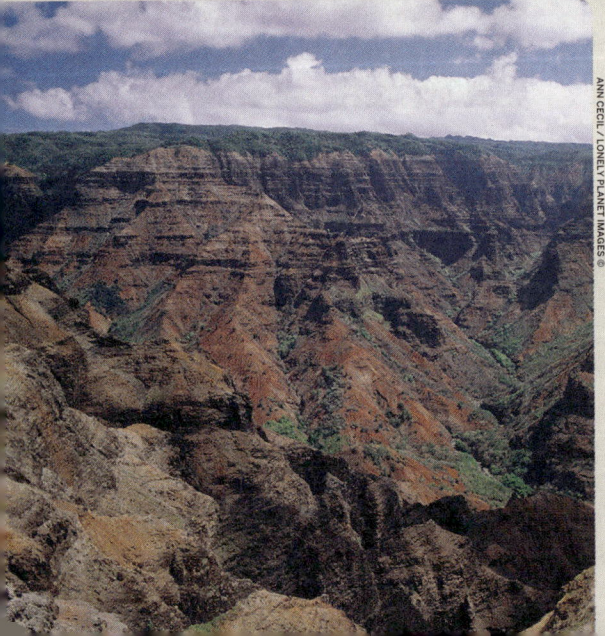

Waimea Canyon

20 Jahrmillionenlange Erosion und der Einbruch des Vulkans, aus dem Kaua'i entstand, formten den Grand Canyon of the Pacific (S. 620), der 16 km lang, 1,6 km breit und 1000 m tief ist. Der Waimea Canyon Lookout (Aussichtspunkt; S. 620) bietet Panoramablicke auf schroffe Kliffs, felsige Kuppen und tiefe Schluchten. Autofahrer erreichen ihn über den Waimea Canyon Drive, aber viel prickelnder sind die zahlreichen Fußwege, die in die Tiefe führen und den Entdeckergeist befriedigen – oder noch weiter anstacheln.

Hulopo'e Beach

21 Der öffentliche Park (S. 475) am Hauptstrand von Lana'i wird von denselben Gärtnern gepflegt, die auch für die Anlagen des Four Seasons zuständig sind, und sieht dementsprechend aus. Im perfekten weißen Sand toben die Kids der Einheimischen herum, während Tagestouristen aus Maui auf einen Sprung vorbeischauen. Viele verlieren hier komplett das Zeitgefühl, was ja okay ist, aber wer nur relaxt, verpasst tolle Schnorchelerlebnisse, alte Ruinen und andere Attraktionen der Insel (die einer Konservenfirma gehört).

Hanalei Bay

22 Die halbmondförmige Bucht (S. 575) wurde schon oft zum schönsten Strand der USA gewählt und ist für Action genauso perfekt wie zum Chillen. Surfer können sich in den Wellen austoben, während ihr Publikum es sich auf 3 km feinstem Sandstrand gemütlich macht. Am Pier werden Surfkurse angeboten, und nachmittags werfen Einheimische wie Besucher den Grill an, lassen Bierdosen ploppen und bewundern den Sonnenuntergang.

Luau in Lahaina

23 Aloha ist gut und schön, aber wer könnte den kalten Mai Tais und duftenden Blumenkränzen auf einem *luau* widerstehen? Das authentischste dieser Feste (S. 340) auf Maui bietet ein Maximum an hawaiischer Küche, Geschichte und Kultur und ist wie das Geschenk eines perfekten Gastgebers. Highlights sind das Ausgraben des im Erdofen gegarten Schweins, die Hula-Tänze im *kahiko*-Stil und natürlich das Essen: herzhafte Salate, fangfrischer Fisch, Braten und Fleisch vom Grill. Aber in Erinnerung bleibt vor allem das unvergleichliche Gemeinschaftsgefühl.

Begegnung mit Mantas

24 Jeder, der schon einmal fast von der rauen Bauchhaut eines Mantrochens gestreift wurde und dank der rund 4 m Spannweite dieses Ungetüms kaum noch etwas sehen konnte, wird ewig daran zurückdenken. Schon der Sprung ins Meer in tiefschwarzer Nacht (S. 239) hat Gänsehautpotenzial, aber unter Wasser wird's dann richtig gespenstisch. Und wer nicht taucht, geht schnorcheln – da ist die Begegnung mit einem Manta fast noch intensiver. Auf jeden Fall eine starke Tauchlampe und die Unterwasserkamera mitnehmen (wovon zumindest die Mittaucher profitieren).

25 Weißt du wie viel Sternlein stehen …? So weit kann keiner zählen, denn hier funkelt der Nachthimmel wie sonst fast nirgendwo auf der Erde. Ganze Galaxien sind zu sehen, sodass on schwarzem Firmament gar nicht mehr die Rede sein kann. Jede Nacht werden für Besucher eleskope (Benutzung kostenlos!) aufgestellt, sodass sie die ganze Pracht des Weltraums (S. 249) Ruhe zu sich heranzoomen können. Wer Himmelsspektakel im Doppelpack genießen will, kommt chon zum Sonnenuntergang – oder hält durch bis Sonnenaufgang.

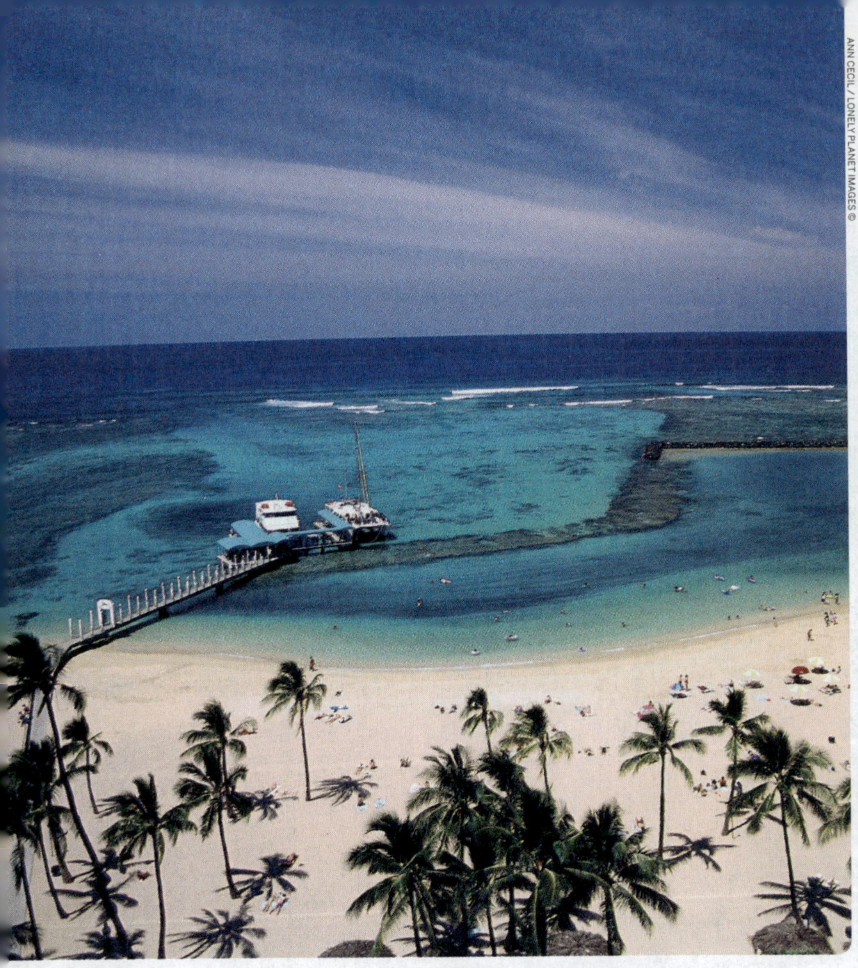

ANN CECIL / LONELY PLANET IMAGES ©

LINDA CHING / LONELY PLANET IMAGES ©

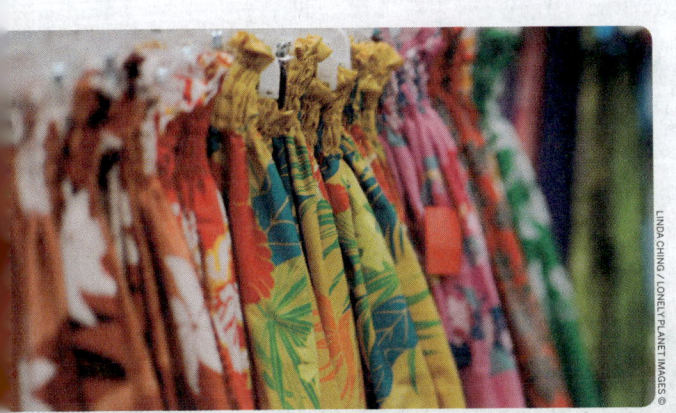

» (oben) **Kahanamoku Beach**, Waikiki (S. 109).

» (links) **Hula-Röcke** in der T&L Muumuu Factory, Honolulu (S. 97).

*Warum Hawaii als Paradies gilt,
ist leicht zu begreifen: Schneeweiße
Sandstrände, farbenprächtige
Korallenbänke und sagen-
umwobene Vulkane warten
darauf, erkundet zu werden.*

Willkommen auf Hawaii

Konkurrenzlose Schönheit

Die im kobaltblauen Pazifik verstreuten Inseln sind so himmlisch schön, dass die Bilder in den Prospekten sicher nicht retuschiert werden müssen. Und kein Reiseziel in den Tropen ist unkomplizierter oder lohnender. Zwar liegt Hawaii etwas ab vom Schuss und ist auch nicht gerade billig, aber dafür bietet es zugleich urbane Dschungel, Nebelwälder, schneebedeckte Bergspitzen und FKK-Strände. Nirgends geht die Sonne schöner auf und unter, und wer nachts auf einen Vulkan steigt, um den Sternenhimmel zu betrachten, wird einfach hin und weg sein.

Outdoor-Leben

Das Leben auf Hawaii findet traditionell im Freien statt. Ob nun beim Surfen, Schwimmen, Angeln oder beim Picknick mit der ganzen *'ohana* (Familie), der Umgang mit der Natur ist bestimmt vom hawaiischen *aloha 'aina* und *malama 'aina* – Liebe für und Rücksichtnahme auf das Land. Wenn Besucher die unendliche landschaftliche Vielfalt erkunden und genießen, spüren sie dabei deren uraltes *mana* (spirituelle Kraft).
Alte Lavafelder laden zum Wandern ein, zerklüftete Vulkangipfel und Klippen zum Klettern. Wo, wenn nicht hier, sollte man das typisch hawaiische „Wellenreiten", sprich: Surfen lernen? Oder zwischen bunten tropischen Fischen, riesigen Mantarochen und selten gewordenen Meeresschildkröten tauchen und schnorcheln? Ein Kajak schnappen und sich ein eigenes, unbewohntes Inselchen erobern? Im Winter bieten sich Walbeobachtungsfahrten an und auch an Land wartet das Abenteuer: durch Lavaröhren kriechen, über die Saumpfade der *paniolo* (hawaiische Cowboys) galoppieren oder sich durch Walddickicht schlagen – langweilig wird es garantiert nicht!

Schillernde Kultur

Schon räumlich gesehen liegen die Hawaii-Inseln ganz für sich mitten im Pazifik, und auch geistig fühlen sich die Hawaiianer Lichtjahre entfernt von den USA. Spam (Dosenfleisch), Shave Ice (Splittereis mit Sirup), Wellenreiten, Ukulele, Hula, Pidgin (lokaler Dialekt) und Rubbah Slippah (Flipflops) sind nur einige Grundpfeiler des Inselalltags. Alles ist locker und unaufgeregt, durchdrungen von echtem Aloha und voller Lebensfreude. Ob Surfcracks, alleinreisende Backpacker oder Familien mit lärmenden Kids – jeder fühlt sich hier willkommen.
Hawaii ist stolz auf sein multikulturelles Erbe, die Nachkommen polynesischer Ureinwohner, europäischer und asiatischer Plantagenarbeiter und Missionarsfamilien aus den USA leben hier einträchtig zusammen. Das ganze Jahr über halten flippige Kunst- und Kulturfestivals die Inseltraditionen am Leben. Von uralten, heiligen Hula-Tänzen über Regatten mit Auslegerkanus und Trommeln mit japanischen *taiko* bis hin zu modernen Surfcompetitions: Die Inselkultur ist quicklebendig.

Gut zu wissen

Währung
» US-Dollar (US$)

Sprache
» Englisch

Reisezeit

Lihu'e
REISEZEIT Ganzjährig

Honolulu
REISEZEIT Ganzjährig

Lana'i City
REISEZEIT Ganzjährig

Lahaina
REISEZEIT Ganzjährig

Kailua-Kona
REISEZEIT Ganzjährig

Tropisches Klima, Regen- und Trockenzeiten

Hochsaison
(Dez.–April &
Juni–Aug.)

» Unterkunftspreise
erhöhen sich um
50–100 %

» Weihnachten bis
Neujahr sowie Ostern
ist es teurer und
voller

» Der Winter ist
etwas feuchter
(beste Zeit für Wal-
beobachtung), der
Sommer ist heißer

Zwischensaison
(Mai & Sept.)

» Andrang und
Preise gehen
zwischen Oster- und
Sommerferien leicht
zurück

» Die Temperaturen
sind noch mild, meist
sonnige, wolkenlose
Tage mit vereinzelten
Schauern

» Nachsaison
(Okt.–Nov.)

» Die wenigsten
Touristen, Unter-
kunftspreise sinken
überall (außer
vielleicht in Waikiki)

» Das Wetter ist
trocken, heiß und
sehr schwül

Tages-budget

Budget unter
100 US$

» Bett im Schlafsaal:
20–30 US$

» Billiges Essen:
Bauernmärkte und
Tagesgerichte

» Strandurlaub und
öffentliche Verkehrs-
mittel statt Mietwagen

Mittelklasse
100–250 US$

» Doppelzimmer im
Mittelklassehotel oder
B&B: 120–200 US$

» Mietwagen ab
35/150 US$ pro
Tag/Woche, ohne
Versicherung und
Benzin

Spitzenklasse ab
250 US$

» Resorthotel oder
kleine Ferienwohnung:
ab 200 US$

» 3-Gänge-Menü mit
einem Cocktail im
Spitzenrestaurant:
75 US$

Geld

» Geldautomaten sind weitverbreitet, Kreditkarten weithin akzeptiert, für Reservierungen (Hotels, Autovermietung) erforderlich. Trinkgeld ist üblich.

Visa

» Nicht erforderlich für Deutsche, Österreicher und Schweizer, die das Visa Waiver Program (VWP) mit ESTA beanspruchen können (mind. 72 Std. im Voraus online beantragen); s. S. 714.

Handys

» Der Empfang kann außerhalb von Städten dünn sein. Die einzigen ausländischen Handys, die funktionieren, sind die mit GSM-Multiband; Prepaid-SIM-Karten gibt es vor Ort.

Verkehr

» Rechtsverkehr, Steuerrad ist auf der linken Seite; Anschnallpflicht. Stoßzeiten an Werktagen vermeiden (meist 7 bis 9.30 und 15.30 bis 18.30 Uhr).

Websites

» **Hawaii Visitors and Convention Bureau** (www.gohawaii.com) Offizielle Tourismuswebsite; auch auf Deutsch.

» **Honolulu Star-Advertiser** (www.staradvertiser.com) Größte Tageszeitung des Bundesstaates.

» **Lonely Planet** (www.lonelyplanet.com/hawaii) Infos zu Reisezielen, Hotelbuchungen, Forum.

» **Hawaii on TV** (http://hawaiiontv.com) Preisgekrönte Reisevideos.

» **Hawaii Magazine** (www.hawaiimagazine.com) Nachrichten, Amüsantes, Reisetipps und -angebote.

Wechselkurs

Euro	1 €	1,37 US$
Schweizer Franken	1 SFr	1,11 US$

Aktuelle Wechselkurse siehe www.xe.com.

Wichtige Telefonnummern

Hawaii hat nur eine Ortsvorwahl: ☎808, die bei Ortsgesprächen nicht, aber bei Anrufen zwischen den Inseln gewählt werden muss. Bei gebührenfreien Nummern müssen alle zehn Zahlen gewählt werden; vor Ferngesprächen oder gebührenfreien Anrufen wird die ☎1 gewählt.

Landesvorwahl	1
Internationale Vorwahl	011
Vermittlung	0
Notruf (Krankenwagen, Feuerwehr, Polizei)	911
Telefonauskunft	411

Ankunft in Hawaii

» **Honolulu International Airport** (HNL; S. 60)

Auto 25 bis 45 Minuten Fahrt bis Waikiki über den Nimitz Highway oder H-1 Freeway

Taxi Mit Taxameter, meist 35 bis 45 US$ nach Waikiki (im Berufsverkehr mehr), plus 35 Cent pro Gepäckstück

Tür-zu-Tür-Shuttle 9/15 US$ einfach/hin & zurück zu Hotels in Waikiki; verkehren 24 Stunden (alle 20 bis 60 Minuten)

Bus Linie 19 oder 20 nach Waikiki (2,50 US$) fährt täglich von 6 bis 23 Uhr alle 20 Minuten (großes Gepäck verboten)

Nahverkehr

Verbindungen zwischen den Inseln erfolgen überwiegend per Flugzeug, aber einige wenige Boote verbinden auch Maui mit Lana'i und Moloka'i. Ein Mietwagen ist meist notwendig, um ohne Einschränkung herumzukommen; auf Hawai'i bzw. Big Island und auf Lana'i ist ein Vierradantrieb ganz sinnvoll, um abseits ausgetretener Wege auf Tour zu gehen.

Auf den vier größten Inseln O'ahu, Maui, Big Island und Kaua'i verkehren Busse, aber die unregelmäßigen Fahrpläne und Strecken richten sich an Pendler, nicht an Touristen. Allein mit öffentlichen Verkehrsmitteln herumzukommen, ist zeitraubend und mühsam, außer auf O'ahu, wo es ein dichtes Busnetz gibt. Weitere Tipps zu Verkehrsmitteln s. S. 719.

Wie wär's mit ...

Stränden

Wer an Hawaii denkt, träumt sofort von goldenem Strand mit gewaltiger Brandung, braungebrannten Surfern und wiegenden Palmen in tropischer Brise, stimmt's? Das typische Inselleben dreht sich tatsächlich um den Strand. Mit sechs Hauptinseln und Hunderten Kilometern Küste gibt es reichlich Auswahl, ob zum Surfen, zur Walbeobachtung oder nur zum Faulenzen am Strand.

Waikiki Surfen lernen, auf „Cocktail-Tour" in den Sonnenuntergang schippern und eine Hula-Show unter den Sternen auf O'ahu sehen (S. 106)

Ho'okipa Beach Der Strand bei Pa'ia auf Maui ist ein Mekka für Profi-Windsurfer und -Surfer – und auch für ehrfürchtige Zuschauer (S. 417)

Kauna'oa Bay Er wird auch Mauna Kea Beach genannt, der filmreife Bogen aus weißem Sand auf Big Island (S. 236)

Hulopo'e Beach Ein sonniger Tummelplatz für Schnorchler an der Manele Bay auf Lana'i (S. 475)

Hanalei Bay Die Bucht mit den zweifellos schönsten Stränden Kaua'is bietet für alle etwas (S. 575)

Wasserfällen & Badestellen

Lust darauf, durch Schlamm zu waten, über glitschige Baumwurzeln und auf Wegen voller Kukui-Nüsse zu laufen, nur um in einem kristallklaren Becken unter einem Wasserfall zu schwimmen? Dachten wir uns. Nur Vorsicht vor Steinschlag und Sturzfluten (s. S. 713).

Oheo Gulch Im Haleakalā National Park; Mauis bekannteste Wasserfälle mit Becken stürzen hinab ins Meer (S. 460)

Wailua Falls Kaua'is berühmte Doppelkaskade ist durch die Anfangsszenen der Fernsehserie *Fantasy Island* bekannt (S. 526)

Manoa Falls Ein kurzer, einfacher Marsch in O'ahus schattigem Ko'olau-Gebirge bei Honolulu – kein Schwimmen, sorry! (S. 81)

Rainbow Falls Der Regenbogen des dunstigen Wasserfalls außerhalb von Hilo auf Big Island ist frühmorgens zu sehen (S. 280)

Waipi'o & Waimanu Valley Ein strammer Marsch belohnt mit einem Blick auf Hawai'is gewaltigsten Wasserfall (S. 583)

Wandern

Kein Profi-Surfer oder PADI-Taucher? Kein Problem. Hawaiis Inseln bieten Landratten ebenso viel Abenteuerliches wie Wasserratten. Wanderer haben die Wahl zwischen unzähligen Routen, von einfachen Spaziergängen durch Botanische Gärten und zu Wasserfällen bis hin zu mehrtägigen Vulkantrecks.

Haleakalā National Park Wege durch Nebelwald und auf Vulkangipfel in Mauis Hochlandwildnis, wo gemütliche Hütten aus den 1930er-Jahren zu mieten sind (S. 451)

Kalalau Trail Hawaiis bekannteste Wanderstrecke folgt den zerklüfteten Klippen und alten Flusstälern an der juwelengleichen Na Pali Coast auf Kaua'i (S. 588)

Hawai'i Volcanoes National Park Trekking durch das Zauberland der Pele, der Göttin des Feuers und der Vulkane, ist der ultimative Kick (S. 300)

Kalaupapa-Halbinsel Auf Serpentinen mit atemberaubenden Aussichten geht es die Klippen hinab zu Moloka'is historischer Leprasiedlung, heute ein Freilichtmuseum (S. 507)

Makiki Forest Recreation Area Wandern in Honolulus windigem Ko'olau-Gebirge (S. 81)

KARL LEHMANN / LONELY PLANET IMAGES ©

» Hana Highway (S. 434), Maui.

Schönen Autotouren

Kann's losgehen? Die hawaiischen Inseln sind zwar klein, bieten aber überraschend viele traumhafte Autorouten: auf Vulkane hinauf, durch Regenwälder, entlang hoher Klippen und durch das idyllische Land der *paniolo* (Cowboys).

Hana Highway Die Achterbahnstrecke an Mauis üppigster Küste führt an Dutzenden Wasserfällen vorbei und überquert 54 Steinbrücken (S. 434)

Haleakalā Crater Road Die Straße auf Mauis größten Vulkan führt über 60 km vom Meer bis zum Gipfel und hat die steilste Steigung der Welt (S. 451)

O'ahus Windward Coast Jenseits des Großstadtdschungels von Honolulu und Waikiki lockt die ländliche und wildere Seite der Insel (S. 133)

Chain of Craters Road Eine etwa 1200 m lange Strecke durch die aktive Vulkanzone auf Big Island, wo oft noch Lava ins Meer fließt (S. 305)

Munro Trail Mit Mietjeep (oder Mountainbike) geht's über Lana'is abenteuerliche rote Piste (S. 475)

Kleinstädten

Einen Eindruck des authentischen hawaiischen Alltags bekommt man nicht in den berühmten Badeorten, sondern in abgelegenen Orten, wo das Leben gemächlicher, das Lächeln aufrichtiger und das Aloha geradezu überschäumend ist.

Hana Wer wirklich abschalten will, für den ist Mauis abgelegenstes Dorf genau richtig (S. 442)

Hilo Nicht einmal ein Tsunami konnte dieser traditionellen Stadt auf Big Island auf Dauer etwas anhaben (S. 275)

Hale'iwa Surferszene und geruhsames Landleben verbinden sich in dem Ort an der North Shore O'ahus (S. 158)

Holualoa Ein historisches Dorf auf Hawai'i, in dem die Zeit stehen blieb, eingebettet zwischen den Kaffeefeldern von Kona (S. 200)

Hanapepe Das Tal nennt sich selbst Kaua'is größte Kleinstadt und erlebte als Kunstzentrum eine Renaissance (S. 610)

Kaunakakai In dem authentischen, staubigen, altmodischen Dorf leben hauptsächlich indigene Hawaiianer (S. 490)

Geschichte

Zahlreiche Persönlichkeiten haben ihre Spuren in Hawaiis Geschichte hinterlassen: von polynesischen Reisenden und indigenen hawaiischen *ali'i* (Fürsten), über erste christliche Missionare, Zuckerbarone des 19. Jhs. und Plantagenimmigranten bis hin zu US-Militärs ab dem Zweiten Weltkrieg

USS Arizona Memorial Gedenken an jene, die am 8. Dezember 1941 beim japanischen Angriff auf O'ahus Pearl Harbor starben (S. 99)

Pu'uhonua o Honaunau National Historical Park Aug' in Aug' mit den *ki'i* (Statuen von Gottheiten) an einem alten hawaiischen Zufluchtsort auf Big Island (S. 217)

Lahaina Die Stadt im Westen Mauis, im 19. Jh. ein turbulenter Walfanghafen und christliche Mission, vermittelt noch immer etwas von ihrer Geschichte (S. 333)

Mo'okini Luakini Heiau Ein hawaiischer Tempel, einst für Menschenopfer genutzt, und Geburtsort von König Kamehameha I. (S. 242)

Bishop Museum Alte und moderne hawaiische Lebensart wird hier in Honolulu präsentiert (S. 77)

» Auf Big Island wird ein *lei* aus *'ohi'a lehua* geflochten (S. 688).

Festen

Irgendwo auf den Inseln steigt immer eine Party. Von Kanurennen und Hula auf dem Rand eines aktiven Vulkans bis zu Filmfestivals und Surfwettbewerben – Vorwände gibt es genug, um den Trip nach Hawaii ein bisschen zu verlängern.

Aloha-Festivals Im September gibt es farbenprächtige Feste hawaiischer Kunst und Kultur auf allen Hauptinseln, besonders auf O'ahu (S. 25)

Merrie Monarch Festival Die „Olympiade des Hula" findet Ostersonntag in Hilo auf Big Island statt (S. 283)

Triple Crown of Surfing Bei wahnwitzigen Wellen und gigantischer Brandung steigen an O'ahus North Shore die Profis auf die Bretter – und Tausende schauen zu (S. 158)

Kona Coffee Cultural Festival Für alle, die süchtig nach Hawai'is köstlichstem und stärkstem Gebräu sind (S. 201)

Lei Day Am Maifeiertag (1. Mai) werden überall fröhliche Blumenfeste veranstaltet (S. 24)

Essen & Trinken

Gar nicht einfach, keine 5 kg im Hawaii-Urlaub zuzunehmen, wetten? Auf den Inseln werden nämlich so viele *'ono grinds* (leckere Gerichte) aufgetischt, dass mancher öfter als dreimal am Tag isst – und das noch bevor es mit der *pau hana* (Happy Hour) losgeht!

Gemischte Platten Asiatische und europäische Küche verbinden sich hier mit einheimischen Inselgerichten, traditionell mit Makkaronisalat und Reis

Loco Moco Frühstück für Champions: Reis, Spiegelei und eine Frikadelle, alles mit brauner Sauce

Crack seed Vorliebe für Süßes? Oder Lust auf Salziges, Saures und/oder Pikantes? Da helfen Hawaiis chinesische Trockenfrüchtesnacks

Poke Hawaiische Version eines marinierten Sashimi-Salats

'Awa Ein traditionelles polynesisches und leicht alkoholisches Gebräu aus der Kava-Pflanze

Shave Ice Nichts schmeckt besser nach einem heißen Tag am Strand als dieses Eis

Kunst-handwerk

Manche hawaiische Kunst reicht zurück bis zu der Zeit, als die ersten polynesischen Kanus die Küste erreichten. In den 1970er-Jahren setzte eine kulturelle Neubelebung ein, die nicht nur altes Kunsthandwerk wieder zum Erblühen, sondern auch neue und moderne Ausdrucksformen der Inselkulturen hervorbrachte.

Lei-Herstellung Hawaiis zarteste Kunstform wird wohl von allen geschätzt. In der Werkstatt Na Lima Hulu No'eau in Waikiki wird noch hinreißender Halsschmuck aus Federn handgefertigt (S. 124)

Lauhala-Flechtarbeiten Nur noch wenige Kunsthandwerker flechten heute noch mühsam per Hand, wie im Kimura Lauhala Shop auf Big Island (S. 202)

Bildende Kunst Auf jeder Insel gibt es Top-Spots der Künstlerszene, aber das Zentrum der hawaiischen Kunstszene ist Honolulu mit seinen Museen und den Galerien in Chinatown (S. 73)

Monat für Monat

Top Events

1 **Aloha-Festivals**, September
2 **Triple Crown of Surfing**, November
3 **Merrie Monarch Festival**, April
4 **Ironman World Championship**, Oktober
5 **Hawaii International Film Festival**, Oktober

Januar

Der Januar ist in der Regel der nasseste Monat auf Hawaii, aber auch Hochsaison, da dann die Winterflüchtlinge aus dem Norden anreisen. Besonders am Martin-Luther-King-Jr-Feiertag am dritten Montag des Monats geht es hoch her.

 ### Chinesisches Neujahrsfest

Am zweiten Neumond nach der Wintersonnenwende, meist zwischen Mitte Januar und Mitte Februar, tanzen Löwen, krachen Böller, gibt es Straßenmärkte und Paraden. In Honolulu steigt das größte Fest, aber die in Lahaina (Maui) und Hilo (Big Island) sind auch nicht schlecht.

Februar

Noch immer Hochsaison. An den Wochenenden um den Valentinstag (14. Februar) und Präsidententag (dritter Montag im Februar) sind die Unterkünfte in den Ferienorten meist völlig ausgebucht. Winterstürme bringen mehr Regen mit sich.

 ### Waimea Town Celebration

Zwei Tage lang Mitte Februar strömen über 10 000 Leute nach Waimea (Kaua'i) zum größten Festival der Insel (S. 616), das mit Kanu- und Wettrennen, einem Rodeo, *lei*- und Ukulelewettbewerben, Livemusik und vielem mehr gefeiert wird.

 ### Whale Day

Den ganzen Winter lang feiert Maui am Whale Day (S. 404) Mitte Februar die berühmtesten Besucher – die Buckelwale – mit familienorientierten Events, wie Wale zählen, Liveunterhaltung und Aktivitäten für Kinder.

Waimea 'Ukulele & Slack Key Guitar Institute

Im ländlichen Ort Waimea auf Big Island finden an zwei Abenden Konzerte (S. 250) mit Ukulele- und Hawaiigitarren-Größen statt, die über ein langes Wochenende Mitte Februar auch Anfängerunterricht und Meisterklassen anbieten.

März

Immer noch Hochbetrieb auf Hawaii, trotz anhaltenden Regens. Studenten verbringen um Ostern im März oder April hier ein- oder zweiwöchige Ferien.

 ### Honolulu Festival

Das dreitägige Festival (S. 85) Mitte März feiert die Einheit der Kulturen im Pazifischen Raum, eine einzigartige Verschmelzung Ostasiens, Polynesiens usw. Geboten werden Livemusik, Tanzaufführungen und ein Kunstmarkt. Höhepunkt ist eine Parade mit anschließendem Feuerwerk.

Prince Kuhio Day

Am 26. März feiern alle Inseln den Geburtstag von Prinz Kuhio Kalaniana'ole, der König geworden wäre, wenn Königin Lili'uokalani nicht gestürzt und das Königreich von den USA annektiert worden wäre. Auf Kaua'i findet ein einwöchiges Kunst- und Kulturfest (S. 601) rund um Kuhios Geburtsstätte statt.

April

Die Hochsaison klingt aus, und in den Ferienorten kehrt nach Ostern und der Abreise der Studenten wieder etwas Ruhe ein. Auch die Regenfälle lassen nach.

Merrie Monarch Festival

Das berühmteste Festival (S. 283) auf Big Island beginnt Ostern in Hilo. Das einwöchige Fest hawaiischer Kunst und Kultur dreht sich um der Hula-Olympiade, die Tanztruppen von allen Inseln, vom US-Festland und dem Ausland anlockt.

East Maui Taro Festival

Das Landstädtchen Hana auf Maui schmeißt an zwei Wochenendtagen Ende April seine größte Party (S. 444). *Poi* (vergorener Taro) wird hergestellt, es gibt Kunsthandwerkermärkte, Hula-Tänze und viel Inselmusik.

Waikiki Spam Jam

Hawaiianer lieben Spam (Frühstücksfleisch) und konsumieren 7 Mio. Dosen pro Jahr. Auf Waikikis abgefahrenem eintägigen Straßenfest (S. 112) Ende April werden wohl allein 10 000 davon verspeist und auf Hunderte Arten zubereitet – das ist *'ono grinds*!

Mai

In der Zwischensaison zwischen Oster- und Sommerferien kommen weniger Touristen, und die Preise liegen etwas niedriger. Die Temperaturen sind mild, die Tage überwiegend sonnig und wolkenlos. Am Wochenende aber und um den Memorial Day sind die Hotels ausgebucht.

Maui Onion Festival

An einem Wochenende Ende April oder Anfang Mai gibt es rund um Mauis berühmte süße Zwiebeln Events, die Gourmets und Gourmands gleichermaßen erfreuen. Im Whalers Village in Ka'anapali (S. 353) gibt's Livemusik und polynesische Hula-Shows.

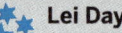

Lei Day

Am 1. Mai erhält die schöne alte Tradition der *lei*-Herstellung auf ganz Hawaii ihren eigenen Festtag. Auf O'ahu wird im Kap'iolani Park in Waikiki eine *lei*-Königin gekrönt. In Lihu'e auf Kaua'i findet ein *lei*-Wettbewerb statt, und in Hilo auf Big Island gibt es *lei*-Vorführungen, Hula und mehr.

Moloka'i Ka Hula Piko

Laut hawaiischer Überlieferung ist Moloka'i der Geburtsort des Hula. Das dreitägige Hula Festival (S. 488) am dritten Maiwochenende lockt zahllose Menschen zu den heiligen, traditionellen Hula-Aufführungen und dem *ho'olaule'a* (Fest) der indigenen Hawaiianer.

Juni

Bevor die Sommerferien beginnen, können Besucher Anfang Juni das warme, trockene Wetter und verbilligte Unterkünfte und Flüge genießen.

Pan-Pacific Festival

Das dreitägige Wochenendfest Anfang Juni (S. 85) in Honolulu verbindet familienfreundliche Feste japanischer, hawaiischer und südpazifischer Kulturen mit Hula-Tänzen, *taiko*-Trommeln, hawaiischer Musik, Volkskunstworkshops sowie einer großen Parade und Straßenfesten in Waikiki.

King Kamehameha Day

Der hawaiische Feiertag am 11. Juni wird auf allen Inseln gefeiert. Die Statue Kamehamehas des Großen in Honolulu wird feierlich mit *lei* geschmückt, danach gibt es eine Parade und Livemusik. Der King-Kamehameha-Hula-Wettbewerb (S. 86) der Hauptstadt ist einer der größten Hawaiis.

Kapalua Wine & Food Festival

Hawaiis ältestes kulinarisches Spektakel (S. 381) wird Ende Juni vier Tage im Ritz-Carlton in West Maui abgehalten. Geboten werden Kochvorführungen von Hawaiis angesagtesten Köchen und Weinverkostungen mit Meistersommeliers.

Juli

Die Temperaturen steigen, Regen ist selten. Wegen der Sommerferien und dem Unabhängigkeitstag am 4. Juli ist dies der betriebsamste Reisemonat. Frühe Buchung ist ratsam, auf hohe Preise sollte man sich einstellen.

Unabhängig-keitstag

Der Unabhängigkeitstag am 4. Juli wird auf allen Inseln mit Feuerwerk und Volksfesten begangen, aber den größten Spaß gibt es in den *paniolo* (Cowboy)-Orten Waimea (Kamuela; S. 250) auf Big Island und Makawao (S. 426) auf Maui.

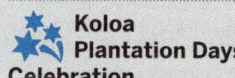 ## Ananas Festival

Das Festival (S. 471) Anfang Juli feiert Lanaʻis enge Beziehung zur Ananas und ist das wichtigste Fest der Insel. Es gibt kinderfreundliche Aktivitäten, Livemusik und Essen. (Macht nichts, dass Lanaʻi selbst keine Ananas mehr anbaut!)

Prince Lot Hula Festival

Eines der feinsten Festivals (S. 86) hawaiischer Kultur Oʻahus am dritten Samstag im Juli bietet Hula-Aufführungen im Garten einer früheren königlichen Residenz, die ihm ein besonders würdevolles, traditionelles Flair verleiht.

Koloa Plantation Days Celebration

Das neuntägige Festival (S. 591) Ende Juli an Kauais Südküste ist ein riesiges Fest, das den historischen Zuckerrohrplantagen und dem Inselleben gewidmet ist. Es ist wie ein Jahrmarkt auf Hawaiisch, mit Parade, Rodeo, Kanurennen, Liveunterhaltung, historischen Spaziergängen und vielem mehr.

August

Familien auf Sommerurlaub tummeln sich auf allen Inseln. Sonniges Wetter herrscht fast überall, besonders an der leewärtigen (windabgewandten) Seite der Inseln. Der Statehood Day (USA-Beitritt) wird am dritten Freitag des Monats gefeiert.

 ## Hawaiian International Billfish Tournament

Kailua-Kona auf Big Island ist das Zentrum des Hochseeangelns – besonders von pazifischem Blauen Marlin –, und seit über 50 Jahren findet dieser große Wettkampf statt (S. 188). Begleitet wird er eine Woche lang Ende Juli oder Anfang August von fröhlichen Unterhaltungsangeboten.

September

Nach dem Wochenende um den Labor Day Anfang September wird es stiller in den Badeorten, da die Schulferien zu Ende sind. Die Passatwinde lassen die Temperaturen leicht sinken.

 ## Aloha-Festivals

Seit 1946 sind die Aloha-Festivals das wichtigste hawaiische Kulturfest, eine mehrwöchige, nahezu ununterbrochene Reihe von Veranstaltungen auf allen Inseln, die hauptsächlich im September stattfinden. Auf Oʻahu sind die Hauptevents die Prozession des hawaiischen Königshofes, das Straßenfest und die Blumenparade in Waikiki. Das Festprogramm steht auf www.alohafestivals.com.

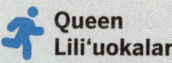 ## Queen Liliʻuokalani Kanurennen

Hawaiischer Auslegerkanusport erfreut sich noch immer großer Beliebtheit, und der Herbst ist die Saison für Langstreckenevents. Am Labor-Day-Wochenende geht es mit diesen zuschauerreichen Kanurennen an der Kona Coast von Big Island erst richtig los.

 ## Kauaʻi Mokihana Festival

Zu Kauaʻis einwöchigem Festival zeitgenössischer Kunst und Kultur Mitte September gehören auch ein einzigartiger dreitägiger Hula-Wettbewerb in Poʻipu (S. 601) und der Kauaʻi-Komponistenwettbewerb (S. 532) in Lihuʻe. Das Finale bildet eine Prozession des Königshofs.

 ## Na Wahine O Ke Kai

Das spannende Event nur für Frauen (S. 488) Ende September ist das weibliche Pendant des rein männlichen Molokaʻi Hoe Anfang Oktober. Beide sind legendäre Auslegerkanurennen über den 66 km breiten Kaʻiwi-Kanal zwischen Molokaʻi und Oʻahu.

Oktober

Im Oktober ist es auf Hawaii am ruhigsten, dann können Besucher auch bei Unterkünften und Flügen Schnäppchen machen. Das Wetter ist verlässlich sonnig, aber sehr schwül, da die Passatwinde abdrehen.

Kokosnuss Festival

Absolut „schräg": das Kokosnuss Festival (S. 553). Dabei geht's in Kapa'a auf Kaua'i total verrückt zu: Zwei Tage Anfang Oktober gibt es Pasteten-Fresswettkämpfe, Kokosnusskunst, Kochwettbewerbe und Liveunterhaltung.

Eo e Emalani I Alaka'i

Im Koke'e State Park auf Kaua'i wird Anfang Oktober auf einem mitreißenden eintägigen Festival (S. 626) die historische Reise von Königin Emma zum Alaka'i Swamp von 1871 nachgespielt. Geboten werden authentischer Hula, hawaiische Livemusik und traditionelles Kunsthandwerk.

Ironman Triathlon World Championship

Der legendäre Triathlon (S. 188) auf Big Island ist der ultimative Ausdauerwettkampf, der aus einer 3,8 km langen Schwimmstrecke durchs Meer, einem Fahrradrennen über 180 km und einem 42 km langen Marathon besteht. 1800 Athleten verausgaben sich hier Anfang Oktober.

Maui 'Ukulele Festival

Präsentiert an einem Sonntag Mitte Oktober draußen am Maui Arts & Cultural Center Hawaiis liebstes Saiteninstrument (S. 389). Als Gäste treten Stars wie Jake Shimabukuro und Kelly Boy De Lima auf.

Hawaii International Film Festival

Das hoch angesehene Fest des pazifischen Films zeigt Ende Oktober über 200 asiatische, polynesische und hawaiisch produzierte Filme in einem Dutzend Kinos, hauptsächlich in Honolulu (Programm siehe www.hiff.org).

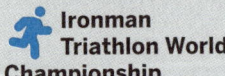

Halloween

Lahainas (Maui) Halloween-Fest (S. 340) war einst so groß, dass es als Karneval des Pazifiks bezeichnet wurde. Es ist jetzt etwas kleiner, aber immer noch ein tolles Straßenfest. Auch andere Inseln feiern am 31. Oktober.

November

Gegen Ende des Monats treffen Touristen und Regenschauer wieder ein. Um Thanksgiving (vierter Donnerstag im November) ist hier viel los.

Moku O Keawe

Zum viertägigen internationalen Hula Festival (S. 229) mit Workshops und Wettbewerben Anfang November auf Big Island kommen Spitzengruppen aus Hawaii, Japan und dem amerikanischen Festland, zudem wird traditionelles Kunsthandwerk verkauft.

Kona Coffee Cultural Festival

Zehn Tage zur Erntezeit Anfang November feiert (S. 201) Big Island den Kona-Kaffee mit Paraden, Konzerten, einer Kaffeeverkostung, einem Kaffeeernterennen, Touren auf Kaffeeplantagen, einer

Laternenparade und multikulturellen Festen.

Triple Crown of Surfing

An O'ahus North Shore – hauptsächlich in Hale'iwa, Sunset Beach und Pipeline – finden drei der ultimativen Surfwettbewerbe statt, die Triple Crown of Surfing (S. 158). Die Wettkämpfe laufen von Mitte November bis Mitte Dezember, je nach Brandung.

Dezember

Wenn der Winterregen wieder einsetzt und die Temperaturen leicht sinken, beginnt Mitte Dezember die Hauptsaison. Besonders viel los ist zwischen Weihnachten und Neujahr, dann ist Hawaii besonders teuer.

Honolulu Marathon

Der Honolulu Marathon (S. 86) am zweiten Sonntag im Dezember ist zweifellos Hawaiis größter und beliebtester Marathon. Er lockt alljährlich über 25 000 Läufer an (über die Hälfte aus Japan), was ihn zu einem der zehn größten Marathons der Welt macht.

Weihnachten

Hawaii feiert Weihnachten den ganzen Monat über. Honolulu City Lights beginnt Anfang Dezember mit Paraden und Konzerten und begrüßt das neue Jahr mit Feuerwerk. Andere Städte, besonders Holualoa auf Big Island und Lahaina auf Maui, feiern das Entzünden der Weihnachtsbaumbeleuchtung.

Reise-routen

Ob nun für sechs oder 60 Tage, diese Reiserouten sind ein guter Auftakt für eine Traumreise. Noch mehr Anregungen gibt es online im Austausch mit anderen Reisenden im Forum www. lonelyplanet.com/thorntree.

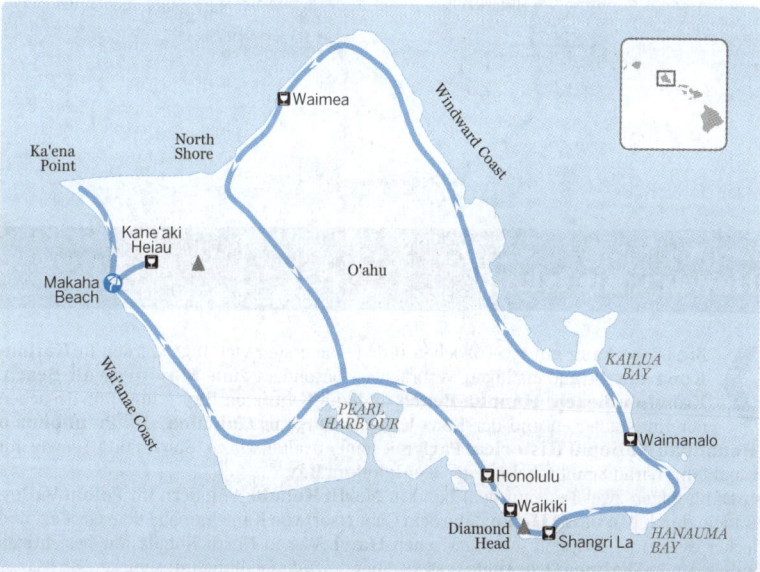

Eine Woche
O'ahu

> Vier Tage sind für **Honolulu** und die Strände von **Waikiki** reserviert. In der Hauptstadt locken die Restaurants; man erkundet **Chinatown**, besucht das **Bishop Museum** und den **'Iolani Palace**, erlebt Weltkriegsgeschichte in **Pearl Harbor** und genießt abends Livemusik und Hula. Nicht vergessen: die Wanderung zum **Diamond Head** und die Besichtigung von Doris Dukes unvergleichlichem **Shangri La**.
> Dann wird einen Tag lang beim Schnorcheln in der **Hanauma Bay** relaxt. Es folgt ein Bad an den weißen Stränden von **Waimanalo** und Surfen, Kajakfahren oder Windsurfen in der **Kailua Bay**. Weiter geht's entlang der **Windward Coast**, wo man ein, zwei Tage an der **North Shore** und den Stränden um **Waimea** verbringt. Im Winter gibt's hier Surfer auf Riesenwellen, im Sommer tummeln sich Schnorchler mit Meeresschildkröten.
> Bei wenig Zeit geht's über den malerischen Kamehameha Highway durch **O'ahus Zentrum** zum Flughafen, andernfalls westwärts auf dem H1 über die **Wai'anae Coast**, mit einer Wanderung zum **Ka'ena Point**, Surfergucken (oder selbst surfen) am **Makaha Beach** und zu Hawaiis sakraler Seite im **Kane'aki Heiau** im Makaha Valley.

Zwei Wochen
Hawai'i, Big Island

Big Island kann gut zwei Wochen füllen. Die ersten vier Tage werden in **Kailua-Kona** mit Strandausflügen verbracht – besonders zum **Manini'owali Beach**, **Kahalu'u Beach**, **Hapuna Beach** und zur **Kauna'oa Bay** – und mit Besuchen der Kunstgalerien und der Kona-Kaffeeplantage in **Holualoa**, des **Pu'uhonua o Honaunau National Historical Park** mit seiner uralten *mana* (Spiritualität) sowie mit Kajakfahren und Schnorcheln in der **Kealakekua Bay**.

Dann folgen zwei Tage auf dem Land in **North Kohala**: Wandern im **Pololu Valley**, Radeln durch **Mo'okini Heiau** nahe dem Geburtsort von Kamehameha dem Großen, und lecker essen und shoppen im malerischen **Hawi**. Wer in North Kohala nur besichtigen will, kann in **Waimea (Kamuela)** essen, einer *paniolo*-Siedlung mit schicken B&Bs.

Schon eine Woche vorbei? Weiter geht's, und zwar gemächlich an der **Hamakua Coast** entlang, wo unbedingt ein Blick ins **Waipi'o Valley** lohnt, besser noch ein Marsch hinab zum wilden Strand. Es folgt ein Bummel durch die Antiquitäten- und Kunsthandwerks-läden im malerischen **Honoka'a**, einer einstigen Zuckerplantagenstadt. Zwei Tage folgen in **Hilo** mit seiner Altstadt, dem Bauernmarkt und den exzellenten Museen, besonders dem **'Imiloa Astronomy Center of Hawai'i** und dem **Pacific Tsunami Museum**.

Wer noch Zeit hat, kann einen Abstecher entweder zum **Mauna Kea** zum Sternegu-cken oder nach **Puna** machen, über die **Red Road** schlendern und am **Kehena Beach** nacktbaden. Für den **Hawai'i Volcanoes National Park** sollten aber mindestens zwei Tage eingeplant werden: zum Wandern auf dem magischen **Kilauea Iki Trail**, für die Fahrt auf der **Chain of Craters Road** und für einen Treck zu (vielleicht) heißer Lava. Für unterwegs sind die wunderbaren Regenwald-B&Bs im nahen **Volcano** zu empfehlen.

Auch wenn der Abflug näherrückt, sollten doch noch ein oder zwei Tage für **Ka'u** übrig sein, um Meeresschildkröten am schwarzsandigen **Punalu'u Beach** zu bestaunen, ein letztes Mal zum **Green Sands Beach** zu gehen und vom windigen **Ka Lae**, dem geogra-fisch südlichsten Punkt der USA, von der Insel Abschied zu nehmen.

» (oben) **Kahalu'u Beach Park**
(S. 196), Im Kahalu'u Beach Park
auf Big Island lässt es sich prächtig
schnorcheln und surfen.
» (links) Die **Saddle Rd** (S. 261)
führt zur Mauna Kea Access Road
und mehreren außergewöhnlichen
Wanderungen.

Zehn Tage
Maui

Auf Hochzeitsreise, oder? Ist aber kein Grund, sich auf die faule Haut zu legen – auf Maui gibt es einfach zu viel Schönes zu erleben. Also, auf geht's!

Start ist die alte Walfangstadt **Lahaina** mit ihren **historischen Stätten**, und vielleicht findet ja gerade ein Maui-Fest im erstklassigen **Old Lahaina Luau** statt. Im Winter lassen sich vor der Küste Wale blicken, besonders am **Papawai Point**. Am schönsten sind sie auf einer Bootstour zu erleben.

Dann geht es nordwärts nach **West Maui**. Bei einer solchen Reise spielt Geld natürlich keine Rolle, eine luxuriöse Suite in einem Hotel in **Ka'anapali** oder dem noch romantischeren **Kapalua** mit den super Stränden West Mauis sollte also drin sein. Zwei Tage reichen (drei bei sehr Verliebten), aber dann geht's weiter! Die Fahrt führt nach Norden um die Halbinsel, mit Stopp zum Schnorcheln mit Spinnerdelphinen am **Slaughterhouse Beach**, dann über die malerische, schmale Klippenstraße **Kahekili Highway**.

Auf dem Weg ins Innere Mauis sollten der legendäre Dschungelmonolith im **'Iao Valley State Park** bewundert und die Antiquitätenläden in **Wailuku** durchstöbert werden. Dann geht's in den **Süden Mauis**, nämlich zu einer Schnorchelbootstour zum **Molokini Crater**, zur Walbeobachtung in **Kihei**, zum Schnorcheln vor **Makena** oder zum Nacktsonnenbaden am **Little Beach**. Erholung bieten dann ein Wellnesshotel in **Wailea** oder ein Strandspaziergang bei tollem Sonnenuntergang.

Die Zeit fliegt – nur noch ein paar Tage übrig? Dann aber unbedingt noch einen Tag am fantastischen Vulkan im **Haleakalā National Park** wandern und den Sonnenaufgang vom Gipfel erleben. Es folgt eine Fahrt auf dem **Hana Highway** mit Stopps, um die Küstenlandschaft zu bewundern und um über matschige Pfade zu Wasserfallbecken zu stapfen. Wer mag, kann am schwarzen Sandstrand im **Wai'anapanapa State Park** relaxen oder weiter zu einer Wanderung im Bambusregenwald aufbrechen und ein Bad in einem der Wasserfallbecken des **'Oheo Gulch** im Haleakalā National Park nehmen.

Wer nicht im ländlichen **Hana** übernachtet, fährt zurück in die Zivilisation und entspannt sich in **Pa'ia** mit *'ono grinds* (leckerem Essen) und bewundert die tollkühnen Windsurfer am **Ho'okipa Beach Park**. Oder fährt über den einsamen **Pi'ilani Highway** hinter dem Haleakalā bis zu den Ranches in Mauis **Binnenland**.

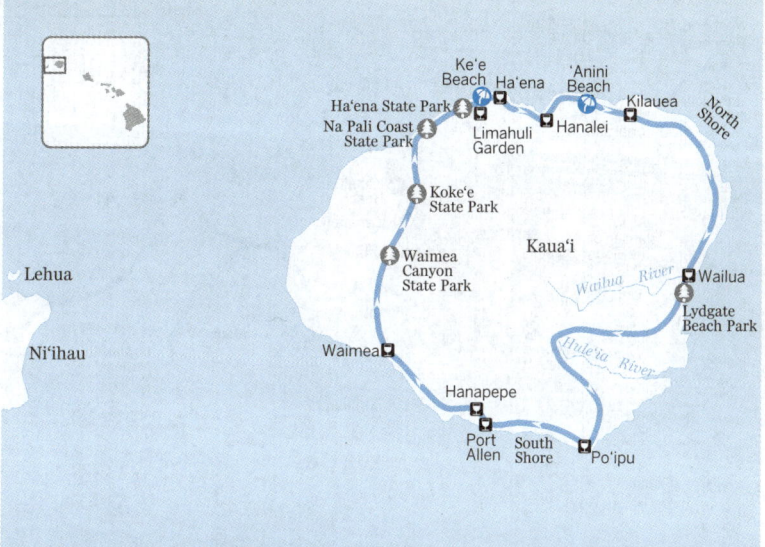

Zehn Tage
Kaua'i

> Kaua'i ist die perfekte Hollywoodkulisse, wann immer ein „tropisches Paradies" gebraucht wird. Die hinreißenden Canyons, Klippen, Wasserfälle, Flüsse, Buchten und Strände sind aber mehr als nur hübsches Beiwerk.

Wer Kaua'i wählt, sucht nach aufregenden Erlebnissen, aber beginnen wir ganz gemächlich in **Po'ipu** mit Erholung vom Jetlag für ein oder zwei Tage an den sonnigen Stränden der **South Shore**. In **Port Allen** gibt es Schnorcheltouren an der **Na Pali Coast**, Taucher können die Gewässer vor der Insel Ni'ihau erkunden.

Jetzt geht's für ein paar Tage Wandern im **Waimea Canyon State Park** und dem **Koke'e State Park**, und zwar über die Sümpfe des **Alaka'i Swamp**, die 600 m hohen Klippen auf dem **Awa'awapuhi Trail** und dann auf dem **Kukui Trail**, der in den „Grand Canyon des Pazifik" hinabführt. Wer nicht zeltet, kann in der alten Zuckerplantagenstadt **Waimea** übernachten und in **Hanapepe** essen und einkaufen – freitags gibt es hier abends eine fröhliche Kunstgalerientour.

Ausgeruht geht's nach Osten nach **Wailua** und zum Kajakfahren auf dem **Wailua River** oder dem einsameren **Hule'ia River** in einem Tierreservat. Beim Wandern durch das **Kuilau-Gebirge** und die **Moalepe Trails** ist auch der dunstige Mount Wai'ale'ale zu sehen. Für Kinder ist der **Lydgate Beach Park** toll. Lohnenswert ist das zauberhafteste Städtchen der Ostseite, **Kapa'a**, mit seinen Kunsthandwerksläden und Biocafés. Übernachtet wird hier in kleinen B&Bs oder weiter im Norden im friedlichen **Kilauea**.

Weiter geht's zur **North Shore**, die ein paar Tage Aufenthalt verdient. Schwimmen, Schnorcheln und Windsurfen am **'Anini Beach** sollten drin sein, und nach dem Surfen, Kanu- oder Kajakfahren in der **Hanalei Bay** folgt ein Besuch im Strandort **Hanalei**. Malerischer als die Straße zum Ende der North Shore im **Ha'ena State Park** kann keine Straße sein; hinzu kommt Schnorcheln am **Ke'e Beach** und ein Besuch im traumhaften **Limahuli Garden**.

Jetzt bleibt nur noch der **Na Pali Coast State Park**: Im Sommer kann man die 27 km lange Küste entlangpaddeln, ansonsten lockt eine Wanderung auf dem **Kalalau Trail**. Auf jeden Fall sollte man sich die beiden Highlights für den Schluss aufbewahren. Stoff genug, um die Freunde daheim mit einem interessanten Bericht zu beeindrucken.

Inselhopping: Maui, Lana'i & Moloka'i

Wer Zeit und Geld hat, Kultur, Outdoor-Abenteuer und Relaxen zu gleichen Teilen will, kann Maui, Moloka'i und Lana'i kombinieren – dabei verbringt man die meiste Zeit noch nicht einmal hinter dem Steuer. Diese Tour ist geeignet für Verliebte, Kulturfreunde und alle, die gerne etwas mehr ausgeben für Luxusunterkünfte und Gourmetrestaurants. Dennoch muss man bisweilen auch mal ohne Komfort auskommen, wenn der Lohn – versteckte Wasserfälle, tolle Meeresklippen – die Mühe wert ist.

Die ersten fünf oder sechs Tage werden in **Maui** verbracht, und zwar bequem in einem Resorthotel oder einer Wohnung in **Ka'anapali** oder **Kapalua**. Lahainas Walfanggeschichte wird im **Whalers Village Museum** in Ka'anapali erzählt, traditionelles Aloha gibt's im **Old Lahaina Luau**, hinzu kommen Walbeobachtungstouren und, als Kick, Seilrutschen (Ziplining). Zudem warten in der Gegend einige der verführerischsten Strände Hawaiis, wie der **Kapalua Beach** oder die **Honolua Bay**. Ein Tag ist für eine Wanderung in der Mondlandschaft des **Haleakalā National Park** reserviert, ein weiterer für eine Fahrt auf dem **Hana Highway** mit Wanderungen zu Wasserfällen und dem Kauf frischer Kokosnüsse.

Dann geht's rüber nach **Lana'i**, wo man drei oder vier Tagen in einem der Spitzenhotels in Lana'i City und der Manele Bay verbringt. Da es bislang etwas hektisch zuging, stehen jetzt eine Runde Golf, Schnorcheln am **Hulopo'e Beach** oder einfach Aussichtgenießen vom **Munro Trail** auf dem Programm. Wer wirklich abschalten will, mietet sich einen Jeep und fährt zum **Garden of the Gods** und **Shipwreck Beach**.

Schließlich folgen vier oder fünf Tage auf **Moloka'i** in einer Wohnung oder einem B&B in oder nahe der Kleinstadt **Kaunakakai**. Erster Tag: **East Moloka'i** erkunden, das **Halawa Valley** und ein oder zwei Wasserfälle besuchen. Zweiter Tag: Wanderung zur **Kalaupapa-Halbinsel** und auf Purdy's Farm Macadamianüsse knabbern. Dritter Tag: Ausflug zu den einsamen Stränden am **West End** der Insel oder in die dichten Wälder des **Kamakou-Reservats**.

Infos zum Inselhopping mit Flugzeug oder Boot stehen in den jeweiligen Inselkapiteln.

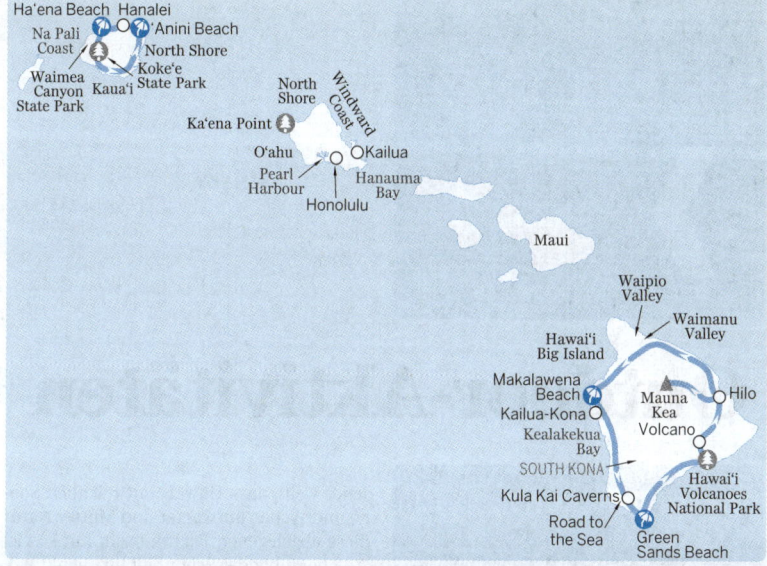

Ein Monat
Inselhopping: O'ahu, Big Island & Kaua'i

Wer die Landschaft erleben (und nicht nur bewundern) will, sollte O'ahu, Big Island und Kaua'i kombinieren, die alle traumhafte Wanderungen und abenteuerliche Landpartien versprechen und reichlich traditionelle und moderne Kultur sowie köstliche Gaumenfreuden bieten.

Startpunkt ist die Hauptstadtinsel **O'ahu**, wo man eine Woche in **Waikiki** oder **Kailua** zubringt. Zu den wichtigsten Sehenswürdigkeiten in und um **Honolulu** gehören **Bishop Museum**, **'Iolani Palace**, die **Honolulu-Kunstakademie** und **Pearl Harbor**. Das Strandleben in Waikiki wird ergänzt von Schnorchelausflügen in der **Hanauma Bay** und, nach dem Besuch des **Lyon Arboretum**, Wanderungen zu den **Manoa Falls**. An den Abenden erforscht man dann Honolulus Gastronomieszene und genießt Cocktails am Meer zu hawaiischer Musik und Hula. Eine Fahrt über die **Windward Coast** zur **North Shore** belohnt mit Surfen, Stehpaddeln und Wanderungen zum **Ka'ena Point**.

Rüber geht's nach **Hawai'i bzw. Big Island**, für ein paar Nächte in einem B&B in **South Kona**. Aktivitäten: Wanderung zum abgeschiedenen **Makalawena Beach**, Kajakfahren und Schnorcheln in der **Kealakekua Bay** oder nächtliches Schnorcheln oder Tauchen mit Mantarochen um **Kailua-Kona**. **Ka'u** bietet Höhlenklettern in den **Kula Kai Caverns**, Wandern zum **Green Sands Beach** und auf der holprigen **Road to the Sea**. Der **Hawai'i Volcanoes National Park** bietet tolle Wanderwege und bei etwas Glück glühende Lava, die ins Meer fließt. Übernachtet wird dann in einer Regenwaldhütte in **Volcano**. Es folgen ein, zwei Nächte in **Hilo**, von wo man eine Tageswanderung auf den **Mauna Kea** unternimmt oder nachts teils mit dem Auto rauffährt, um den Sternenhimmel zu sehen. Zum Schluss folgt das **Waipi'o Valley**; wer noch Zeit hat, kann im **Waimanu Valley** wandern.

Für eine weitere Woche geht's nach **Kaua'i**. Ein paar Nächte werden mit Camping und Wandern im **Koke'e State Park** und **Waimea Canyon State Park** verbracht, dann geht's ab an die **North Shore** zum Campen am **'Anini Beach** oder **Ha'ena Beach**, alternativ nimmt man sich ein Zimmer in **Hanalei**. Schwimmen, Schnorcheln und Surfen sollten einen aber nicht davon abhalten, den großartigen **Kalalau Trail** an der Na Pali Coast zu bewältigen.

Outdoor-Aktivitäten

Beste Zeit zum ...

Kajakfahren Mai–Sept.

Schnorcheln & Gerätetauchen April–Okt.

Surfen Nov.–April

Schwimmen Ganzjährig

Whalewatching Dez.–März

Windsurfen & Kitesurfen Juni–Aug.

Wandern April–Sept.

Top-Outdoor-Abenteuer

Auf den riesigen Wellen der Pipeline surfen (vor Oʻahu; S. 154)

An der Na Pali Coast Kajak fahren (Kauaʻi; S. 588)

Bei Dunkelheit mit Mantarochen tauchen (Big Island; S. 239)

Im vulkanischen Gipfelbereich des Haleakalā wandern (Maui; S. 451)

Auf einem Maultier hinunter zur Kalaupapa-Halbinsel reiten (Molokaʻi; S. 510)

Mit dem Allradfahrzeug über den Munro Trail fahren (Lanaʻi; S. 475)

Jeder weiß, dass Hawaii mit reichlich Sonne und Wellen aufwartet und Mutter Natur diese abgelegenen Pazifikinseln mit so viel atemberaubender Schönheit beschenkt hat, dass man auch nur auf seinem Handtuch am Strand liegen könnte und doch jede Menge zu erzählen hätte.

Doch natürlich wollen die Hawaii-Urlauber, nachdem sie schon die lange Anreise in Kauf genommen haben, nicht einfach nur abhängen. Denjenigen, die hier das Outdoor-Abenteuer ihres Lebens suchen, stellt sich nur die Frage: Wie viel Zeit habe ich für all die tollen Sachen?

Nachdem dieses Kapitel die Lust auf Outdoor-Aktivitäten geweckt hat, erfährt man in den einzelnen Inselkapiteln Details über die unvergesslichen Abenteuer, die die Besucher sowohl an Land als auch im und auf dem Meer erwarten. Und nicht vergessen: Nichts mitnehmen außer Fotos, und nichts zurücklassen als die eigenen Fußspuren! (Weitere Ökotourismustipps s. S. 703.)

Im und auf dem Meer

Der Pazifik bietet Gelegenheit zu fast allen nur erdenklichen Wassersportarten.

Angeln

Das Meer ist schon immer der Brotkorb Hawaiis gewesen. Überall sieht man die Einheimischen an den Küsten beim Angeln, und wer sich zu ihnen gesellen möchte,

SICHERHEIT IM MEER

Dem Meer sollte man nie den Rücken zuwenden. Wellen- und Wasserbedingungen können sich von einem Moment zum nächsten ändern, sodass man stets auf der Hut sein und außerdem nie allein schwimmen sollte. Ertrinken steht ganz oben auf der Liste der häufigsten Todesursachen unter Touristen.

Monsterwellen Keine Welle ist wie die andere. Oft kommen sie gruppenweise; einige größer, die anderen kleiner. Und manchmal überrascht eine wirklich große „Monsterwelle" die Sonnenanbeter im Schlaf.

Shorebreaks Wellen, die kurz vor dem Ufer brechen, heißen im Surfsport „Shorebreaks". Kleine Shorebreaks sind gut fürs Bodysurfen, große Shorebreaks jedoch können Surfer so kräftig niederschleudern, dass sie bewusstlos werden.

Soge Besonders an stärker abfallenden Stränden treten Soge auf, wenn große Wellen direkt in die ans Ufer strömende Brandung zurückfließen. Wer von einem solchen Sog unter Wasser gezogen wird, sollte nicht in Panik ausbrechen, sondern sich von der Strömung treiben lassen, bis er hinter der Welle angelangt ist.

Brandungsrückströmungen Diese schnell fließenden Meeresströmungen können Schwimmer in tieferes Wasser hinausziehen. Wer von einer solchen Strömung ergriffen wird, sollte entweder mit der Strömung schwimmen, bis sie ihre Kraft verliert, oder parallel zur Küste schwimmen, um sich aus der Strömung hinauszubewegen.

Tsunamis Siehe S. 713.

braucht noch nicht einmal eine Angellizenz – nur für das Angeln in Süßwasser ist eine Lizenz nötig. Jedoch gibt es hinsichtlich dessen, was man wann fangen darf, eine verwirrende Vielzahl von Vorschriften; Näheres auf der Website der **Division of Aquatic Resources** (http://hawaii.gov/dlnr/dar).

Die meisten angelfreudigen Hawaii-Besucher haben jedoch eher Hochseeangeltouren im Visier, um legendäre Meeresbewohner wie Ahi (Gelbflossenthunfisch), Schwertfische, Speerfische, Mahimahi (*dolphinfish*) und, am berühmtesten von allen, die Indopazifischen Blauen Marline an die Angel zu bekommen, die bis zu 450 kg wiegen können. Hawaii bietet mit die besten Möglichkeiten zum Sportfischen weltweit, besonders vor der Kona Coast von Big Island (S. 204) und vor Moloka'i (S. 485) und Kaua'i (S. 530).

Bodysurfen & Bodyboarden

So wie die Einheimischen, die wie Balletttänzer bodysurfen, wird man es vermutlich nicht hinbekommen, aber jeder kann's versuchen und dabei ein bisschen Spaß haben. Das Bodyboarden ist sogar noch einfacher – man hält sich einfach an einem Stück Schaumstoff fest. Und der Hit: Beides kann man an fast allen Stränden Hawaiis

praktizieren – außer in der stärksten und der lautesten Brandung. Anfänger sollten jedoch keinesfalls Wellen unterschätzen, die klein aussehen – sie können einen genauso umhauen wie größere Wellen.

Die besten Strände zum Bodysurfen & Bodyboarden

O'ahu	Sandy Beach (S. 130)
	Makapu'u Beach (S. 132)
	Kapahulu Groin (S. 108)
Big Island (Hawai'i)	White Sands Beach (S. 181)
	Hapuna Beach (S. 235)
Maui	Kapalua Beach (S. 377)
	Keawakapu Beach (S. 400)
Kaua'i	Brennecke's Beach (S. 594)

Kajakfahren

Nur auf Kaua'i bietet sich die Möglichkeit, auf einem Fluss Kajak zu fahren, doch gibt es für Kajaker vor jeder Insel ein himmlisches Stück Küste. Außerdem sind zahlreiche Strände, Buchten und Täler nur übers Meer zu erreichen. Zum Fahren mit Auslegerkanus s. Kasten S. 593.

ANN CECIL / LONELY PLANET IMAGES ©

» (oben) Die **Shark's Cove** (S. 155) bietet tolle Gelegenheiten zum Schnorcheln und ist der beliebteste Ort zum Höhlentauchen auf O'ahu.

» (links) Die Kajaktouren vom **Kailua Beach** (S. 137) auf O'ahu zu den vorgelagerten Inseln zählen zu den schönsten der Insel.

Die besten Plätze zum Kajakfahren

O'ahu	vom Kailua Beach (S. 137) zu Inseln vor der Küste (S. 137)
Big Island (Hawai'i)	Kealakekua Bay (S. 206)
	Puako Bay (S. 234)
Maui	Makena (S. 414)
	Honolua Bay (S. 378)
Moloka'i	Halawa Beach (S. 501)
	Pali Coast (S. 501)
Kaua'i	Na Pali Coast (S. 588)
	Wailua River (S. 542)

Kitesurfen

Kitesurfen oder Kiteboarden ist ein wenig wie mit einem Snowboard an den Füßen an einem Fallschirm übers Wasser zu segeln. Es sieht recht eindrucksvoll aus, und wer schon windsurfen, surfen oder wakeboarden kann, hat gute Chancen, auch das Kitesurfen schnell zu meistern. Orte, an denen man gut windsurfen (S. 40) kann, eignen sich auch gut zum Kitesurfen.

Kitesurfer, und zwar Anfänger wie Fortgeschrittene, kommen vor allem auf Maui auf ihre Kosten. Am Kite Beach (S. 388) wird Unterricht erteilt, hier wird auch die Ausrüstung dazu verliehen. Auch die Kailua Bay (S. 137) auf O'ahu eignet sich gut für Anfänger. Auf Kaua'i ist die Kawailoa Bay (s. Kasten S. 599) beliebt, und die Könner lockt das windige Moloka'i an (S. 485).

Schnorcheln

In Hawaii nicht zu schnorcheln ist wie mit verbundenen Augen den Eiffelturm zu besteigen – die bunteste und schönste Unterwasserwelt der Erde liegt einem zu Füßen, und um sie zu sehen, braucht man nur ein bisschen geformtes Plastik und Antibeschlaggel. Wer schwimmen kann, kann sich auch in den prächtigen Korallenriffen von Hawaii umschauen. Neben den über 500 Arten teils knallbunter tropischer Fische sind auch immer häufiger Meeresschildkröten zu sehen, und außerdem gibt's vielleicht Mantarochen, Spinnerdelphine, Makrelenbarsche, Haie und andere eindrucksvolle Räuber.

Jede Insel punktet mit atemberaubenden Schnorchelrevieren, und wer sich einer Tour anschließt, gelangt zu Schnorchelplätzen, zu denen man nicht schwimmen kann.

Die besten Schnorchelstellen

O'ahu	Hanauma Bay (S. 129)
	Pupukea Beach (S. 155)
Big Island (Hawai'i)	Kealakekua Bay (S. 206)
	Kapoho (S. 297)
	Two-Step (S. 218)
	abendliches Schnorcheln mit Mantarochen vor der Kona Coast (S. 204)
Maui	Molokini Krater (S. 399)
	Malu'aka Beach (S. 414)
	'Ahihi-Kina'u Natural Area Reserve (S. 416)
	Black Rock (S. 350)
Lana'i	Hulopo'e Beach (S. 475)
Moloka'i	Dixie Maru Beach (S. 515)
	Twenty Mile Beach (S. 499)
Kaua'i	Makua (Tunnels) Beach (S. 585)
	Po'ipu Beach (S. 595)

Leih- & Sicherheitstipps

» Das Leihen der Ausrüstung kostet je nach Qualität derselben etwa 10 $ pro Tag oder 25 $ pro Woche.

» Eine sinnvolle Investition ist vielleicht eine eigene gute Tauchmaske.

» Am besten sind die Schnorchelbedingungen oft frühmorgens, wenn die anderen Urlauber noch schlafen und sich nicht zu viele Leute im Wasser tummeln.

» Schnorchler denken oft nicht an die Wellen. Auch hier gelten unsere Sicherheitshinweise von S. 35.

» Zum Verhalten an Korallenriffen s. Kasten S. 703.

Praktische Informationsquellen

Für Hawaii gibt es jede Menge Meeres- und Schnorchelführer, besonders schöne veröffentlicht jedoch der Fotograf John Hoover: Schnorchler und Taucher sollten sich *Hawaii's Fishes* oder den wasserfesten

Taschenbuchführer *Reef Fish Hawaii* besorgen, für Fans von Gezeitenbecken bietet sich *Hawaii's Sea Creatures* an. Alles abgedeckt wird im *Ultimate Guide to Hawaiian Reef Fishes, Sea Turtles, Dolphins, Whales and Seals*.

Segeln

Meistens sind die angebotenen Segeltörns ein Doppeldeal, nämlich eine Katamaranfahrt, die gleichzeitig Schnorchel-, Tauch- oder Walbeobachtungstour ist. Manchmal können auch Leute, die nicht schnorcheln oder tauchen wollen, zu einem reduzierten Preis mitfahren. Wer aber wirklich nur erleben möchte, wie der Wind auf offener See die Segel bläht, geht auf den jeweiligen Inseln einfach zum Bootshafen und fragt bei den Kapitänen nach.

Die besten Bootshäfen

O'ahu	Waikiki (S. 110)
Big Island (Hawai'i)	Honokohau Harbor (S. 202)
Maui	Lahaina (S. 337)
	Ka'anapali (S. 353)
	Ma'alaea (S. 398)
Kaua'i	Port Allen (S. 608)
	Waimea (S. 615)

Strände & Schwimmen

Wer zum Baden und Schwimmen nach Hawaii gekommen ist, dem bieten die Strände der Inseln eine vielfältige Auswahl. Sie weisen alle möglichen Farbschattierungen und Beschaffenheiten auf – mit weißem, hellbraunem, schwarzem, dunkelgrauem, grünem oder orangefarbenem Sand und mit Seeglas, Kieseln, Felsen sowie Gezeitenbecken im Lavagestein.

Beste Plätze & Zeiten zum Schwimmen

Die Wassertemperaturen sind paradiesisch und liegen das ganze Jahr über bei 22 bis 27 °C. Egal, zu welcher Jahreszeit man hier ist: Man findet eigentlich immer ein Plätzchen zum Schwimmen. Und wenn es an einer Inselseite windig und regnerisch ist, ist es auf der anderen Seite gewöhnlich ruhig und trocken. Die einzige Insel, die keine guten Bedingungen zum Schwimmen bietet, ist Moloka'i, wo das Wasser des Ozeans wegen der ununterbrochen wehenden Winde meist zu aufgewühlt ist.

Jede Insel hat vier klar unterscheidbare Küstenregionen – die Nordküste (North Shore), die Südküste (South Shore), die Westküste (Leeward Coast) und die Ostküste (Windward Coast) –, jede mit ihren ganz eigenen Wasser- und Windverhältnissen. Im Winter kann man grob gesagt am besten an den Südküsten schwimmen, im Sommer an den Nordküsten.

Surfen & Stand Up Paddle (SUP) Boarding

Die Ureinwohner Hawaiis erfanden einst das Surfen, und heute bildet es in Hawaii nicht nur eine ganz eigene Subkultur, sondern ist gleichzeitig auch ein normaler Teil des Inselalltags. Die höchsten Wellen rollen von November bis Februar auf die Nordküsten der Inseln zu. Im Sommer wird die Dünung in Richtung der Südküsten geweht, jedoch brechen die Wellen nicht so häufig und sind auch nicht so hoch wie im Winter.

Der neueste Schrei beim Surfen ist das Stand Up Paddle (SUP) Boarding – dabei steht man, wie der Name schon andeutet, auf einem Surfbrett und benutzt ein Paddel, um sich Richtung Wellen fortzubewegen. SUP ist prima für nicht ganz so geschickte Leute, da man nicht so komplizierte Stellungen einnehmen muss. Das Erlernen erfordert zwar auch eine gewisse Koordination, jedoch nicht mehr als beim normalen Surfen.

Surfunterricht und Ausrüstungsverleih gibt es an so ziemlich allen Touristenstränden mit Surfwellen. Wer gebrauchte Ausrüstung kaufen oder verkaufen möchte, hält die Augen nach Surfboard-Tauschtreffen auf den Inseln offen.

Wegen ihrer tollen Vielfalt an Surfrevieren ist O'ahu diejenige Insel, auf der die meisten Surfwettkämpfe stattfinden; die legendäre North Shore ist Austragungsort des Surfwettbewerbs „Triple Crown" (S. 158). Auch an den anderen Inseln herrschen gute bis erstklassige Surfbedingungen, jedoch ist die Szene hier relaxter. Jedes Inselkapitel im Buch enthält einen Kasten, in dem die Surfszene der Insel und die besten Breaks und Strände beschrieben werden.

Surfen: Respekt und Etikette

Während Besuchern etliche Surfspots offenstehen, gibt es einige, die mehr oder weniger tabu sind. Für viele Einheimische sind die Beachparks Orte, an denen sie sich seit Generationen versammeln, um das Leben in der Sonne zu zelebrieren. Sie fühlen sich diesen Orten durch ein besonderes Gemeinschaftsgefühl und eine besondere Kultur verbunden. Die Einheimischen teilen Surfstellen, die sich zu beliebten Zielen von Touristen entwickelt haben, gewöhnlich gern mit Besuchern, aber sie behalten sich das Recht vor, gewisse „geheime" oder „heilige" Surfspots für sich zu behalten. Als verantwortungsbewusster Reisender respektiert man das.

Im Wasser ist das Beachten einer grundlegenden Surfetikette erforderlich. Die Person, die sich am weitesten draußen befindet, hat Vorfahrt. Wenn jemand schon auf dem Brett stehend unterwegs ist, darf man sich nicht die Welle vor diesem Surfer schnappen. Als Besucher in der Warteschlange darf man außerdem nicht darauf vertrauen, jede Welle zu bekommen, auf die man eigentlich Anspruch hätte. Hier herrscht eine bestimmte Hackordnung, und dabei befinden sich Touristen ganz unten. Doch wer auch einmal eine Welle anderen überlässt, dem wird dann auch gerne einmal eine Welle zugestanden. Im Allgemeinen sollte man sich im Wasser großzügig verhalten, sich über seinen Platz im Klaren sein und mit einem Lächeln auf den Lippen surfen – dann dürfte es keine Probleme geben. An Stellen, die dafür bekannt sind, dass die einheimischen Surfer ihr Terrain verbissen verteidigen, sollte man sich zunächst von einem Einheimischen in die Szene einführen lassen.

Die besten Surfstrände & Surfbreaks

» O'ahu (S. 63)
» Big Island (Hawai'i) (S. 183)
» Maui (S. 332)
» Lana'i (S. 470)
» Moloka'i (S. 492)
» Kaua'i (S. 522)

PADDELN AUF POLYNESISCHE ART

Hawaii wurde von Polynesiern besiedelt, die mit ihren Auslegerkanus Entfernungen von mehr als 3000 km bewältigten, sodass das Kanufahren quasi die erste hawaiische Sportart war. Die Europäer, die über so vieles staunten, als sie zum ersten Mal nach Hawaii kamen, bewunderten die Fertigkeit, mit der die Hawaiianer vor der Küste ihre Kanus steuerten, das Ablegen und Anlanden perfekt timten und in den Wellen wie Delphine herumpaddelten.

Heute pflegen Dutzende von Auslegerkanuclubs auf den Inseln den offiziellen Staatssport, und zwar vor allem dadurch, dass sie Wettrennen in Einer-, Zweier- und Sechserkanus veranstalten. Die Hauptrennsaison dauert von Januar bis Mai. Die wichtigsten Organisationen für Kanurennen:

Kanaka Ikaika (www.kanakaikaika.com) Auf O'ahu.
Hawaii Island Paddlesports Association (www.hawaiipaddling.com) Auf Big Island.
Maui Canoe & Kayak Club (http://mauicanoeandkayak.org)
Garden Island Canoe Racing Association (www.gicra.com) Auf Kaua'i.

Die eindrucksvollsten Langstreckenrennen finden jedoch im Herbst statt. Beim Queen Lili'uokalani Canoe Race (S. 652) Anfang September werden an der Kona Coast von Big Island knapp 30 km zurückgelegt. Ende September und Anfang Oktober bewältigen die Kanuten und Kanutinnen in zwei separaten Rennen über die Meerenge zwischen Moloka'i nach O'ahu (S. 109) 66 km.

Wer selbst einmal Hand ans Paddel legen möchte: Trips mit einem Auslegerkanu werden angeboten am Kuhio Beach (S. 108) in Waikiki, auf dem Wailua River (S. 542) und an der Hanalei Bay (S. 575) auf Kaua'i, in Kihei (S. 43) und Wailea (S. 409) auf Maui und am Kamakahonu Beach (S. 183) auf Big Island.

Praktische Informationsquellen

Surf News Network (www.surfnewsnetwork.com) Umfassende Informationen über Wetter und Wellen.

Surfer's Guide to Hawaii (aktualisierte Ausgabe 2006; hrsg. von der Bess Press) Greg Ambrose hilft bei der Suche nach den besten Wellen.

Surfrider Foundation (www.surfrider.org) Gemeinnützige Organisation mit Ablegern auf O'ahu, Big Island, Maui und Kaua'i zum Schutz von Meer und Stränden.

Tauchen

Die Unterwasserwelt Hawaiis steht derjenigen über Wasser in nichts nach: Man kann an Schiffswracks und Lavaröhren tauchen, dem Gesang der Wale lauschen und Haien und Mantarochen in die Augen blicken. Zum Verhalten an Korallenriffen s. S. 793.

Wer noch nie getaucht ist: Hawaii ist ein idealer Ort, um es zu lernen. Die meisten Tauchanbieter haben sowohl Einführungstauchgänge für Anfänger als auch Zertifizierungskurse zu vernünftigen Preisen im Angebot. Erfahrene Taucher sollten ihren Tauchschein dabeihaben.

Die Kosten fürs Tauchen hängen stark von der Ausrüstung, der Dauer, dem Ort usw. ab; im Allgemeinen kosten Tauchgänge mit einer oder zwei Flaschen 110 bis 160 $, und **PADI** (Professional Association of Divers; www.padi.com)-Kurse kosten 450 bis 650 $.

Die besten Gerätetauchreviere

O'ahu	Hanauma Bay (S. 129)
	Three Tables (S. 155)
	Shark's Cove (S. 155)
Big Island (Hawai'i)	vor der Kona Coast (S. 204)
	Kealakekua Bay (S. 213)
	abendliches Tauchen mit Mantarochen (S. 239)
Maui	vor dem Molokini-Krater (S. 399)
Lana'i	Hulopo'e Bay (S. 475)
Moloka'i	Pala'au Barrier Reef (S. 505)
Kaua'i	vor Po'ipu (S. 591)
	vor der Nachbarinsel Ni'ihau (S. 599)
Nordwestliche Inseln	Midwayinseln (S. 630)

Näheres zum Tauchen in Hawaii bietet *Diving & Snorkeling Hawaii* von Lonely Planet.

Sicherheitstipps

» Der Reiseverbandskasten sollte etwas zum Behandeln von Schnitten durch Korallen und von tropischen Ohrinfektionen sowie gewöhnlicheren Problemen beinhalten.

» Vor der Abreise sollte man sich hinsichtlich der Tauchtauglichkeit ärztlich untersuchen lassen – die Tauchanbieter erkundigen sich vielleicht nicht immer nach möglichen gesundheitlichen Einschränkungen, die dem Tauchen entgegenstehen.

» Es sollte geprüft werden, ob die Reise- oder Krankenversicherung auch die Druckfallkrankheit abdeckt – ansonsten bietet sich eine spezielle Taucherversicherung beim **Divers Alert Network** (DAN; www.diversalertnetwork.org) an.

Walbeobachtung

Jeden Winter wandern vor allem von Januar bis März rund 10 000 Nordpazifik-Buckelwale (S. 693) in die flachen Küstengewässer vor den Hawaii-Inseln, um sich hier zu paaren, um zu gebären und ihren Nachwuchs aufzuziehen. Fünf Hauptgebiete stehen als **Hawaiian Islands Humpback Whale National Marine Sanctuary** (http://hawaiihumpbackwhale.noaa.gov) unter Schutz. Ein Besuch in einem der Schutzgebiete ist zu dieser Zeit heiß begehrt. Die Westküste von Maui (s. Kasten S. 405), die Ostküste von Lana'i und die Südküste von Moloka'i sind die wichtigsten Gebär- und Aufzuchtgründe der Wale. Auch an der Westküste von Big Island ist einiges los; z. B. ist hier das akrobatische Auftauchen aus den Wellen zu bewundern, für das die Buckelwale berühmt sind. Auf allen Inseln werden Walbeobachtungstouren angeboten, außerdem gibt es Stellen an Land, von denen aus die Meeressäuger zu sehen sind, so auch vom Besucherzentrum beim Hauptquartier des Schutzgebietes in Kihei (S. 400) auf Maui.

AUGE IN AUGE: SCHWIMMEN MIT DELPHINEN

Ob man sich für eines der Angebote zum Schwimmen mit Delphinen, besonders auf O'ahu, entscheidet, sollte man sich gut überlegen. Obwohl viele Anbieter ihre Programme als umweltfreundlich und lehrreich preisen, kann die Begegnung mit dem Menschen für die Delphine sehr nachteilig sein, und einige Anbieter setzen sich über die USA-weit geltenden Richtlinien zum Schutz dieser intelligenten Tiere einfach hinweg. Hier einige Bedenken, die häufig geäußert werden:

» In der Wildnis fressen die akrobatischen Spinnerdelphine nachts, um sich dann am Tag in geschützten Buchten auszuruhen; sie reagieren empfindlich auf Störungen durch den Menschen, und den US-Richtlinien zufolge sollten sich Schwimmer ihnen nicht weiter als bis auf 50 m nähern. Auf einigen Touren dürfen sich die Teilnehmer den Delphinen erheblich weiter nähern.

» Vielen Meeresbiologen zufolge kann die Begegnung mit Menschen die Delphine ermüden, sodass sie später nicht mehr genügend Energie zum Fressen oder zur Selbstverteidigung haben. Manche Delphine sind durch die wiederholten Begegnungen mit Menschen dazu verleitet worden, ihren natürlichen Lebensraum zu verlassen und sich weniger sichere Ruheplätze zu suchen.

» In der Gefangenschaft werden die Delphine mit einer Reihe von Methoden darauf trainiert, für die Menschen Kunststücke zu vollführen, u. a. mit positiver Verhaltensbestärkung oder auch durch Nahrungsentzug. Außerdem können sie menschlichen Krankheiten und Bakterien ausgesetzt werden.

» Einige in Gefangenschaft gehaltene Delphine mussten an den Flossen operiert werden, nachdem sie in Shows eingesetzt worden waren, bei denen Menschen mit ihnen schwimmen konnten, indem sie sich an ihrer Rückenflosse festhielten.

» Der US National Marine Fisheries Service berichtet, dass Veranstaltungen, bei denen die Menschen die Delphine berühren dürfen, die in Gefangenschaft gehaltenen Tiere zu aggressiverem Verhalten verleiten können, besonders wenn die Menschen nervös sind. Daher sind schon Teilnehmer verletzt worden und haben etwa Arm- oder Rippenbrüche erlitten.

Der 2008 mit einem Oscar ausgezeichnete Dokumentarfilm eines ehemaligen Delphintrainers, der sich zum Tierschutzaktivisten wandelte, *The Cove* (Die Bucht), gewährt einen Einblick in das weltweite Geschäft mit den Delphinshows und Delphinarien. Näheres auf www.diebucht-derfilm.de.

Windsurfen

Dank des warmen Wasser und der beständig wehenden Winde rangiert Hawaii unter den besten Windsurfrevieren der Welt. Gewöhnlich sind die Windverhältnisse von Juni bis September am besten, jedoch gibt es aufgrund der Passatwinde das ganze Jahr über irgendwo ein gutes Plätzchen.

Was die North Shore von O'ahu für die Surfer ist, ist der Ho'okipa Beach (S. 417) auf Maui für die Windsurfer: Dies ist quasi der Mount Everest dieses Sports – ein gefährliches Gebiet, an dem die wichtigsten internationalen Wettkämpfe ausgetragen werden, um die Besten der Welt zu ermitteln. Auch vor den anderen Inseln gibt es Windsurfreviere, aber mit Maui können sie nicht mithalten. Nur Moloka'i, das von windgepeitschten Meereskanälen eingerahmt ist, bietet Könnern eine ähnliche Herausforderung.

Normalsterbliche praktizieren ihre Fertigkeiten im Windsurfen vielleicht besser am Kanaha Beach Park (S. 385) oder an der Ma'alaea Bay (S. 397) auf Maui. Anfängern bietet der Kailua Beach (S. 137) auf O'ahu das ganze Jahr über gute Bedingungen, und hier sind auch erstklassige Schulen angesiedelt. Andere Windsurfgebiete auf O'ahu sind der Fort DeRussy Beach (S. 107) in Waikiki, der Diamond Head (S. 126) und die Backyards (S. 154) an der North Shore.

Kaua'i kann nur mit einem tollen Gebiet für Windsurfer aufwarten, dem 'Anini Beach (S. 567), wo auch Unterricht und Ausrüstungsverleih angeboten werden. Auf Big Island sind die Bedingungen gleichbleibend gut an der 'Anaeho'omalu Bay (S. 227), wo

GREG ELMS / LONELY PLANET IMAGES ©

» (oben) Der **Sliding Sands
(Keonehe'ehe'e) Trail** (S. 4
windet sich hinunter zum Grund
Haleakalā-Kraters.
» (links) **Skyline Eco-Adventu**
(S. 430) bietet Ziplining an den
Hängen des Haleakalā.

ebenfalls oft Ausrüstung verliehen und Unterricht angeboten wird.

An Land

Wenn sich die Vulkanberge Hawaiis aus dem Meer erheben, entwickeln sich auf ihnen Ökosysteme, die zu den reichsten und vielfältigsten der Welt zählen – ein wahres Paradies.

Drachen- & Gleitschirmfliegen

Wenn man auf den Motor verzichtet, ist das Fliegen eine wunderbar umweltfreundliche Art, sich einen Adrenalinrausch zu verschaffen.

» Auf O'ahu wird Drachenfliegen (und Fallschirmspringen) ab dem Dillingham Airfield (S. 163) an der North Shore angeboten.

» Auf Maui sind nicht weit von der Polipoli Spring State Recreation Area (S. 431) Tandem-Gleitschirmflüge möglich, Tandemflüge in einem Ultraleichtflieger (einem motorisierten Drachen) außerhalb von Hana (S. 430).

» Auf Kaua'i werden in Hanapepe (S. 610) Ultraleichtflüge angeboten.

Golf

Golfspielen in Hawaii ist sowohl bei den Einheimischen als auch bei den Profis beliebt, denen jede Ausrede recht ist, um hier spielen zu können. Die Resorts auf den Inseln unterhalten Plätze, die zu den berühmtesten, schwierigsten und schönsten Plätzen auf der ganzen Welt zählen. Eine Runde auf einem dieser professionell angelegten Eliteplätze kann mehr als 200 $ kosten, jedoch gibt es in Hawaii auch beliebte und erschwingliche städtische Golfplätze (gewöhnlich 10–50 $) in schöner Lage. Nachmittags spielt man in aller Regel zu ermäßigten Preisen.

Einen Überblick über das Angebot in Hawaii bietet **Tee Times Hawaii** (www.teetimeshawaii.com).

Höhlenwandern

Lava ist schon etwas Merkwürdiges. Während sich die Oberfläche eines Lavastroms schon abkühlt und verhärtet, fließt das flüssige Gestein darunter noch weiter. Dann, wenn die Eruption zu Ende ist und die Lava abfließt, bleibt ein unterirdisches Labyrinth aus Tunneln zurück wie bei einem riesigen Ameisenhaufen. Weitere Informationen bietet die Website der **Cave Conservancy of Hawai'i** (www.hawaiicaves.org).

Die jüngste der Hawaii-Inseln, die weiterhin vulkanisch aktive Big Island, ist ein Zentrum der Höhlenerkundung und wartet mit sechs der zehn längsten Lavaröhren der Welt auf. Viele dieser Lavaröhren sind nicht nur ökologische, sondern auch kulturelle Wunderwerke, da die alten Hawaiianer sie als Begräbniskammern, Wasserspeicher, temporäre Behausungen und mehr nutzten. Besonders interessant ist das Kanohina-Höhlensystem in Ka'u (S. 324) mit einer Gesamtlänge von über 30 km und die Kazumura Cave (S. 292) in Puna. Im Hawai'i Volcanoes National Park können Besucher von Rangern geführte Höhlentouren buchen (s. Kasten S. 308).

Auf den anderen Inseln bieten sich weniger Möglichkeiten zur Höhlenerforschung, am Hana Highway (S. 434) auf Maui liegt jedoch ein Höhlensystem, das einst als Schlachthof diente.

Rundflüge mit Hubschrauber & Flugzeug

Die bei Weitem beliebtesten Ziele von Rundflügen sind die abgeschiedene Na Pali Coast (S. 588) auf Kaua'i und die aktive Vulkanzone auf Big Island (s. Kasten S. 186). Rundflüge bieten in diesen Gebieten Ausblicke und Erlebnisse, wie sie sonst nicht möglich sind. Hubschrauberflüge sind außerdem eine beliebte Art und Weise, Maui (S. 388) zu erkunden; bei einigen Anbietern ist ein Abstecher zur steil aufragenden Pali Coast auf Moloka'i inbegriffen.

Trotz allem bleibt natürlich festzuhalten, dass Rundflüge per Hubschrauber oder Flugzeug negative Auswirkungen auf die Umwelt haben, indem jede Menge Lärm erzeugt und Treibstoff verbrannt wird. Einen Überblick über die ökologischen Aspekte bietet der Kasten auf S. 612.

Laufen

Die wunderbaren Landschaften Hawaiis veredeln jede Sportart, und auch das Laufen bildet dabei keine Ausnahme. Recht beliebt sind Marathons: Jede der größten Inseln veranstaltet einen eigenen.

Die besten Marathons & Volksläufe

Honolulu Marathon (S. 86) Im Dezember auf O'ahu.

Volcano Art Center Rain Forest Runs (S. 302) Im August auf Big Island.

Maui Marathon (http://mauimarathonhawaii. com) Im September.

Kaua'i Marathon (www.thekauaimarathon. com) Im September.

Die besten Triathlons

Ironman World Championship (S. 188) Jeden Oktober findet an der Kona Coast auf Big Island einer der härtesten Ausdauerwettkämpfe überhaupt statt: Die Teilnehmer schwimmen knapp 3,9 km, fahren 180 km mit dem Rad und laufen 42 km.

Ironman 70.3 Hawaii (www.ironman703 hawaii.com) Der halbe Ironman findet im Juni an der Kohala Coast auf Big Island statt.

Tinman Triathlon (www.tinmanhawaii.com) Im Juli in Honolulu.

Xterra World Championship (www.xterra planet.com/maui) Offroad-Veranstaltung im Oktober auf Maui.

Radfahren & Mountainbiken

Hinsichtlich der Möglichkeiten zum Radfahren und Mountainbiken in Hawaii siegt Qualität über Quantität. Die fahrradfreundlichsten Straßen und den am besten organisierten Support finden Radler auf O'ahu und Big Island, jedoch gibt es auf allen Inseln Leihmöglichkeiten sowie Trails und Allradpisten, die sich auch für Drahteselabenteuer eignen.

Weitere Informationen über Verkehrsregeln, das Leihen von Rädern und ihren Transport in Flugzeugen und öffentlichen Bussen s. S. 722

Die besten Strecken für Radler und Biker

O'ahu	Ka'ena Point (S. 163)
	'Aiea Loop Trail (S. 101)
	Maunawili Trail (S. 134)
Big Island (Hawai'i)	Ironman Triathlon World Championship (S. 188)
	Hawai'i Volcanoes National Park (S. 300)
	Pine Trees (S. 221)
	Puna (S. 291)
Maui	Haleakalā's Skyline Trail (S. 458)
	Polipoli Spring State Recreation Area (S. 431)
Lana'i	Munro Trail (S. 475)
Moloka'i	Moloka'i Forest Reserve (S. 502)
Kaua'i	Ke Ala Hele Makalae (s. Kasten S. 556)
	Waimea Canyon (S. 620)
	Powerline Trail (S. 571)

Nützliche Informationen

» *Mountain Biking the Hawaiian Islands* von John Alford ist ein guter Trail-Guide zu allen Inseln. Der Autor bietet auf O'ahu geführte Touren und Multisport-Abenteuer an (s. www.bikehawaii. com).

» Die Website der **Hawaii Bicycling League** (www.hawaiibicyclingleague.org) liefert Informationen und hilft bei der Suche nach Fahrradläden und Möglichkeiten, an Gruppenfahrten teilzunehmen.

Reiten

Auf allen Inseln bieten sich herrliche Möglichkeiten für Ausritte zu Pferd an. Die lebendigste *paniolo*-Kultur (Kultur der hawaiischen Cowboys) und die vielfältigsten Reitmöglichkeiten bieten Big Island (S. 270 und S. 250) und Maui (S. 331). Auf Moloka'i sind außerdem noch Maultierritte hinunter zur Kalaupapa-Halbinsel (S. 510) im Angebot.

Tennis

Kostenlose öffentliche Tennisplätze sind in fast allen größeren Orten vorhanden. Jedoch schießen wie bei den Golfplätzen auch hier die nobleren Resorts den Vogel ab und bieten oft makellos gepflegte Plätze auf professionellem Niveau, manchmal auch Läden für Profiausrüstung, Rundenturniere und Tennispartnervermittlung. In vielen Resorts und Hotels sind die Plätze für Gäste reserviert, aber in einigen können auch

HISTORISCHE EXTREMSPORTARTEN

Von wegen die alten Hawaiianer hatten keine Ahnung vom Sport! Jeder Herrscher musste seine Geschicklichkeit im Sport nachweisen – um sein Häuptlings-*mana* (spirituelle Kraft) unter Beweis zu stellen –, und je größer die Gefahr, desto besser. *He'e nalu* („Wellengleiten" oder Surfen) war ein integraler Bestandteil des gesellschaftlichen Lebens; wenn die Brandung gut war, beeilten sich die *ali'i* (Königlichen), um die besten Wellen mitzunehmen. Bei Boxkämpfen wichen die Kämpfenden den Schlägen nicht aus. Kamehameha der Große soll seine Geschicklichkeit einmal dadurch bewiesen haben, dass er sechs Speere gleichzeitig nach sich werfen ließ – zwei fing er, den Rest wehrte er ab.

Kein Wettkampf war schwieriger als die Fahrt mit dem *holua* – einem alten Schlitten, der durchschnittlich 15 cm breit und 3,60 m lang war. Richtig, er war nur ein bisschen breiter als dieses Buch, und mit diesem Schlitten schoss man mit Geschwindigkeiten von bis zu 80 km/h den Berg hinunter. Die längste bekannte Bahn bei Keauhou auf Big Island führte mehr als 1 ½ km bergab und endete direkt am Meer. Wer die Balance verlor, konnte dafür mit dem Leben bezahlen – aber wer nicht wagt, gewinnt bekanntlich nicht.

Zwar war nicht jede alte Sportart potenziell tödlich, doch bei vielen wurde gewettet, wie etwa bei den Lauf- oder Kanurennen, beim Ringen, bei den Hahnenkämpfen und beim *'ulu maika* (Steinbowling). Unter den Göttern war keiner besser als Lono, der mit Steinen Haie töten konnte. Eine andere Legende berichtet von einem jungen Häuptling, der hochnäsig die Herausforderung einer gebrechlichen alten Frau zu einem *holua*-Rennen abwies. Die Frau verwandelte sich sodann in eine sehr zornige Pele, die mit Donner unter den Füßen und Blitzen im Haar auf einer Lavawelle den Berg hinuntersurfte und alle tötete, die über sie gelacht hatten.

Nicht-Gäste Plätze mieten und Ausrüstung leihen.

Wandern & Trekking

Die Hawaii-Inseln warten an jeder Ecke mit atemberaubenden Ausblicken und einer geradezu unwirklich schönen Landschaft auf. Und da sie recht klein sind, sind selbst die entlegensten Felslandschaften im Rahmen von Tageswanderungen erreichbar. Nur selten muss man Übernachtungen einplanen, wofür die Wanderer dann aber auf vielfältige Weise über Gebühr entlohnt werden. Eine Einführung ins Wegenetz Hawaiis bietet **Na Ala Hele** (Hawaii Trail & Access System; http://hawaiitrails.ehawaii.gov). Einen Überblick über die Nationalparks und Naturschutzreservate Hawaiis gibt's auf S. 696.

Die besten Inseln für Wanderungen

Am vielfältigsten ist **Big Island**. Der Hawai'i Volcanoes National Park umfasst einen aktiven Vulkan sowie dampfende Krater, Lavawüsten und einheimischen Regenwald. Außerdem kann man noch die beiden rund 4200 m hohen Gipfel erklimmen, den Mauna Loa und den Mauna Kea.

Der Vulkan auf **Maui** ist zwar inaktiv, aber im Haleakalā National Park bieten sich atemberaubende Abstiege über die erodierten Mondlandschaften des Gipfels. Der Hana Highway wartet mit zahlreichen Gelegenheiten zu Exkursionen zu Wasserfällen und durch Regenwald auf.

Der legendäre Kalalau Trail an der Na Pali Coast auf **Kaua'i** führt an spektakulären Meeresklippen vorbei; eine Vielzahl von Pfaden durchzieht den Koke'e State Park und den gewaltigen Waimea Canyon.

Auf **O'ahu** können Wanderer Honolulu in Windeseile durch die Wälder des Manoa und des Makiki Valley am Mt. Tantalus entfliehen, und am Ka'ena Point hat man die Besuchermassen dann endgültig hinter sich gelassen.

Die besten Tageswanderungen mit Aussicht

Sliding Sands Trail und Halemau'u Trail, Haleakalā National Park, Maui (S. 455 und S. 456)

STERNE BEOBACHTEN

Der Nachthimmel über Hawaii zieht Astronomen genauso an wie die großen Wellen die Surfer. Die Sicht vom Vulkan Mauna Kea auf Big Island ist an Klarheit nicht zu überbieten, und hier oben stehen mehr Sternwarten als auf jedem anderen Berg der Erde. Die Onizuka Visitor Information Station an der Gipfelstraße des Mauna Kea veranstaltet kostenlose Sternenbeobachtungsprogramme (S. 256). Außerdem gibt es in Hilo auf Big Island noch das tolle 'Imiloa Astronomy Center of Hawai'i (S. 278).

Von den Sternwarten auf dem Vulkan Haleakalā auf Maui werden nicht die Sterne beobachtet, sondern die Sonne. Jedoch leiten auch die Ranger des Haleakalā National Park kostenlose Sternenbeobachtungstouren (S. 454), gewöhnlich an Sommerwochenenden. Ansonsten bieten in ganz Hawaii und besonders auf Big Island und Maui die noblen Resorthotels ihren Gästen Himmelsbeobachtungen mit erstklassigen Teleskopen.

'Awa'awapuhi Trail und Nu'alolo Cliffs Trail, Koke'e State Park, Kaua'i (S. 625)

Kilauea Iki Trail, Hawai'i Volcanoes National Park, Big Island (S. 308)

Kalaupapa Trail, Kalaupapa-Halbinsel, Moloka'i (S. 510)

Ka'ena Point Trail, Ka'ena Point State Park, O'ahu (S. 171)

Die besten Wildnis- & Trekkingrouten

Kalalau Trail, Na Pali Coast, Kaua'i (S. 588)

Muliwai Trail, Big Island (S. 269)

Kaupo Trail, Haleakalā National Park, Maui (S. 457)

Mauna Loa Trail, Big Island (S. 312)

Pepe'opae Trail, Kamakou Preserve, Moloka'i (S. 503)

Sicherheitstipps

» Wandern auf Hawaii ist großartig. Bei aller Begeisterung für die Landschaft, darf man die potenziellen Gefahren aber nie aus den Augen verlieren: Das können plötzliche flutartige Überschwemmungen (S. 713) an der Küste und im Landesinneren bei Flüssen oder Wasserfällen sein, bröckelnde Klippen (von oben wie von unten), in vulkanischen Regionen *vog* (S. 728), dazu Hitzschlag und Hitzeerschöpfung (S. 727) ebenso wie Eiseskälte (z. B. auf dem Mauna Loa) oder Höhenkrankheit.

» Vor einer Wanderung sollte man sich grundsätzlich gutes Kartenmaterial sowie ausführliche, aktuelle Wegbeschreibungen beschaffen. Am besten holt man sich auch bei Einheimischen oder Infozentren vor Ort Hinweise und Tipps, denn die wissen am besten, ob Jahreszeit, Wetterverhältnisse usw. günstig sind.

» Hut, Sonnencreme und jede Menge Wasser müssen immer mit an Bord sein; auf den Küstenwegen kann es sehr heiß sein, besonders wenn sie über Lava führen, die die Sonne reflektiert.

» Wer mehrere Stunden – oder gar Tage – unterwegs sein möchte, sollte mit Wanderschuhen und Regenkleidung ausgerüstet sein; das Wetter ist sehr wechselhaft, und die Wege können felsig, uneben und matschig sein.

» Wer einen Gipfel erklimmen will, sollte (auch im Sommer) eine Fleecejacke dabeihaben.

» Immer eine Taschenlampe mitnehmen: In Hawaii wird es nach Sonnenuntergang schnell dunkel.

» Sämtliches Süßwasser – ob aus einem Bach oder einem Teich – muss vor dem Trinken entkeimt werden, um sich nicht eine Darminfektion (S. 726) oder Leptospirose (S. 726) einzufangen.

Yoga, Spas & Massage

Yogastudios haben überall auf den Inseln guten Zulauf, sodass Yogafreunde auch im Urlaub nicht auf ihre Übungen verzichten müssen, und es gibt auch Yogazentren, in denen man den gesamten Urlaub verbringen kann. In den Spas kommen häufig traditionelle hawaiische Heilmethoden zum Einsatz wie *lomilomi* und Warmsteinmassagen oder auch Kräuteranwendungen. Am umfassendsten ist das Wellnessangebot in den Luxusresorts.

Die Resorthotels in Waikiki auf **O'ahu** sind für ihre Wellnesszentren berühmt (S. 113), während es in Kailua eine bunte

Ansammlung von Yogastudios und Massagetherapeuten gibt (S. 139).

Auf **Big Island** konzentrieren sich Yogastudios vor allem in Kailua-Kona (S. 189) und Hilo (S. 283), aber auch in kleineren Orten; das Hauptreiseziel von Leuten, die ihren ganzen Urlaub in einem Yoga-Retreat verbringen möchten, ist Puna (S. 299).

Auf **Kaua'i** und **Maui** sind Yogastudios dünner gesät, aber es gibt immer noch genug, um nicht aus der Übung zu kommen. Sogar das winzige **Moloka'i** wartet mit einem privaten Zurück-zur-Natur-Yogazentrum (S. 496) auf.

Ziplining

Eine weitere in Hawaii um sich greifende Outdoor-Modesportart ist das Ziplining – eine spannende Rutschpartie an einem Drahtseil durch die Baumwipfel; das Ziplining wurde zuerst als Touristenabenteuer im Regenwald Costa Ricas erfunden und breitet sich weltweit in den Wäldern aus. Das Einzige, was man für das Seilrutschen können muss, ist sich festhalten – und den Mageninhalt bei sich behalten. Derzeit werden Drahtseil-Abenteuer auf Kaua'i (S. 529), Maui (S. 331) und Big Island (S. 177) angeboten.

Reisen mit Kindern

Inseltipps für Kinder

Oʻahu

Waikiki Beach quillt über von familienfreundlichen Unterkünften. Nichts ist auf Oʻahu weiter als eine Halbtagesfahrt entfernt, von den Wanderwegen am Diamond Head bis zum Schnorchelvergnügen in der Hanauma Bay.

Big Island (Hawaiʻi)

Reiten wie ein *paniolo* (hawaiischer Cowboy), Ziplining (Seilrutschen) in den Wäldern und Bootsausflüge zu einem fließenden Lavastrom sind nur einige der unvergesslichen Erlebnisse für *na keiki* (Kinder) auf Big Island.

Maui

An der sonnigen Westküste können sich Familien in einer Ferienwohnung prima entspannen. Große Augen machen die Kinder sicher bei einer Walbeobachtungstour im Winter, oder beim Baden unter Wasserfällen abseits des Hana Highway oder beim Sonnenaufgang auf dem Haleakalā-Vulkan.

Kauaʻi

Die ruhigen Strände und Flüsse eignen sich für die Kleinen bestens zum Herumplantschen. Größere Kinder können in Hanalei Surfen lernen. Auf jeden Fall sollte man einen Blick in den „Grand Canyon des Pazifiks" zu werfen! Danach bieten sich abenteuerliche Wanderungen im Kokeʻe State Park an.

Mit seiner grandiosen natürlichen Schönheit spricht Hawaii zwar in erster Linie Paare in den Flitterwochen und Abenteurer an, aber es ist auch ein perfektes Urlaubsziel für Familien, besonders für aktive Familien mit einem Hang zu Outdoor-Aktivitäten. Die Kinder können die Sandstrände genießen, zwischen tropischen Fischen schnorcheln, hoch oben in der Wäldern an Drahtseilen entlangschweben und vielleicht sogar einen fließenden Lavastrom bestaunen. Ein tieferes Verständnis der Inseln vermittelt seinen Kindern, wer zusätzlich auch Museen, Aquarien und historische Sehenswürdigkeiten besucht, von Schlachtschiffen aus dem Zweiten Weltkrieg bis zu uralten hawaiischen Tempeln. Und auch eine *luau*-Show mit Abendessen ist keinesfalls zu kitschig – die meisten Kinder finden die Shows ausgesprochen faszinierend!

Hawaii für Kinder

Wer in Hawaii mit Kindern unterwegs ist, braucht sich nicht allzu viele Sorgen zu machen, solange die Kinder ordentlich mit Sonnenschutzcreme eingeschmiert sind. Die Temperaturen an den Küsten fallen selten unter 18 ºC, und die Entfernungen für Autofahrten sind recht kurz.

Jedoch erleichtert eine vernünftige Planung (S. 51) natürlich das etwas kompliziertere Reisen mit Kindern. Je nach Alter, Interessen und Ausdauer der Kinder kann man die empfohlenen Reiserouten (S. 27) entweder straffen oder sich einfach mehr Zeit lassen. Auf jeden Fall sollte man sich nicht zu viel vornehmen, besonders wenn

Travel with Children (Lonely Planet) steckt voller wertvoller Tipps und witziger Anekdoten, besonders für frisch gebackene Eltern.

Lonelyplanet.com (www.lonelyplanet.com) Hier können Nutzer in den Thorn-Tree-Foren „Kids to Go" und „Hawaii" Fragen stellen und sich von anderen Reisenden Tipps geben lassen (auf Engl.).

GoHawaii.com (www.gohawaii.com) Auf der offiziellen Tourismusseite des Bundesstaates Hawaii sind Aktivitäten, Veranstaltungen und anderes für Familien aufgelistet (auch auf Dt.) – zu finden, indem man nach Begriffen wie „Kinder" oder „Familie" sucht .

Family Travel Files (www.thefamilytravelfiles.com/locations/hawaiianislands) Massenweise Infos sowie Reiseangebote für alle Hauptinseln Hawaiis auf einer Seite – für die Planung von Familienurlauben.

Parents Connect (www.parentsconnect.com/family-travel) Alles, was Eltern wissen müssen, die zum ersten Mal mit ihren Kindern reisen, sowie zusätzliche Tipps für O'ahu.

man zum ersten Mal in Hawaii ist. Am besten lässt man es langsam angehen, relaxt und genießt die Zeit mit der Familie.

Obwohl Eltern mit kleinen Kindern keine steilen Pfade begehen können und auf Tauchausflüge verzichten müssen, gibt es auf allen Inseln genügend Alternativen für Unternehmungen in der freien Natur, die der ganzen Familie Spaß machen. Bei einigen Aktivitäten müssen die Kinder über ein bestimmtes Mindestalter, eine Mindestgröße oder ein Mindestgewicht verfügen (s. Kasten oben); am besten fragt man gleich bei der Buchung nach etwaigen Einschränkungen, damit am Ende keines der Kinder enttäuscht ist.

Die einzelnen Inselkapitel in diesem Reiseführer umfassen gesonderte Hinweise auf die besten kinderfreundlichen Sehenswürdigkeiten und Aktivitäten:

» O'ahu (S. 87)
» Big Island (Hawai'i) (S. 198)
» Maui (S. 428)
» Lana'i (S. 475)
» Moloka'i (S. 497)
» Kaua'i (S. 550)

Essen gehen & Unterhaltung

Hawaii ist familienfreundlich und unkompliziert – in den meisten Restaurants sind Kinder also willkommen; Ausnahmen bilden lediglich die Speisesäle einiger nobler Resorts. Normalerweise gibt es überall spezielle Gerichte für Kinder und Kinderstühle. Wenn für jede Mahlzeit ein Hochstuhl benötigt wird, sollte man vielleicht besser selbst ein zusammenklappbares Exemplar mitbringen.

Wer lieber nicht im Restaurant essen möchte – kein Problem! Ein Picknick in einem Strandpark zählt zu den einfachsten und schönsten Erlebnissen auf den Inseln. Obst dafür gibt es etwa auf den Bauernmärkten, Smoothies an Ständen an der Straße und Mittagessen zum Mitnehmen bei einem Drive-in. Etwas zu essen zu finden, was die Kinder mögen, sollte kein Problem sein. Und angesichts der Vielfalt der angebotenen Inselspeisen und der vielen ungewohnten Süßigkeiten wie *crack seed* (S. 669) werden sich viele Kinder vielleicht sogar auf Neues einlassen.

Bei einem *luau* in einem Resorthotel gibt es für Kinder eine Eintrittsermäßigung oder sogar freien Eintritt, wenn ein Erwachsener dabei ist, der Eintritt zahlt. Die kommerziellen *luau* wirken auf Erwachsene vielleicht sehr kitschig, aber viele Kinder finden die Tänze und die Feuertricks toll.

Und wenn die Eltern abends mal etwas alleine unternehmen möchten: Die einfachste Art, einen zuverlässigen Babysitter zu bekommen, ist es, den Hotelconcierge zu fragen.

Highlights für Kinder

Strände

Kuhio Beach Sand, Wellen und Fahrten mit dem Auslegerkanu in Waikiki

Ko Olina Lagoons Künstliche Becken zum Herumplantschen auf O'ahu

BIN ICH ALT GENUG?

Um Surfen zu lernen Kinder, die sich im Meer wie ein Fisch im Wasser fühlen, können auch Surfunterricht nehmen. Teenager können gewöhnlich an Gruppenunterricht teilnehmen, kleinere Kinder benötigen hingegen vielleicht Einzelunterricht.

Um an einer Schnorcheltour teilzunehmen Je nach Veranstalter und Bootstyp (Katamaran, Schlauchboot) gibt es für diese Touren manchmal ein Mindestalter, normalerweise zwischen fünf und acht Jahren. Auf größeren Booten können vielleicht auch schon Zweijährige mitfahren.

Um mit einem Hubschrauber zu fliegen Die meisten Anbieter verlangen ein Mindestalter (z. B. zwei bis fünf Jahre) und einige auch ein Mindestkörpergewicht (z. B. 15 kg). Kleinkinder müssen in einen eigenen Sitz geschnallt werden und den vollen Flugpreis bezahlen.

Um Ziplining zu machen Das erforderliche Mindestalter fürs Seilrutschen schwankt je nach Anbieter zwischen acht und zwölf Jahren. Außerdem müssen die Teilnehmer ein bestimmtes Mindestgewicht aufweisen (gewöhnlich zwischen 27 und 36 kg).

Um reiten zu gehen Für Ausritte auf Wegen in der freien Natur beträgt das Mindestalter je nach Anbieter zwischen sieben und zehn Jahren. Einfacher ist es auf jeden Fall, wenn das Kind vorher schon einmal auf einem Pferd gesessen hat. Für kleinere Kinder gibt es vielleicht kurze Ponyritte.

'Anaeho'omalu Beach Sonnenuntergänge an der Kohala Coast auf Big Island

Wailea Beach Der sanfteste halbmondförmige Strand von South Maui

Baby Beach Seichte Gewässer auf der Westside von Kaua'i

Abenteuer in und auf dem Wasser

Hanauma Bay Schnorcheln in einem riesigen natürlichen Aquarium auf O'ahu

Kealakekua Bay Schnorcheltrips vor der Kona Coast von Big Island

Walbeobachtungstouren Wintertrips mit der Pacific Whale Foundation vor Maui

Hulopo'e Beach Schnorcheln und Segeln in der Manele Bay auf Lana'i

Tubing Familienfreundliche Ausflüge auf Reifenschläuchen ab Lihu'e auf Kaua'i

Wandern

Makapu'u Point Zu einem Leuchtturm auf O'ahu hinaufsteigen und dabei im Winter nach Walen Ausschau halten

Pololu Valley Auf Big Island tief in ein uraltes Tal hineinwandern

Sliding Sands Trail In der vulkanischen Mondlandschaft auf Maui oberhalb der Wolken wandern

Waihe'e Valley Trail Auf Maui über Seilbrücken zu einem versteckten Wasserfall gehen

Iliau Nature Loop Die Westseite von Kaua'i bietet Canyons, Wasserfälle und einheimische Pflanzen

Landabenteuer

Kualoa Ranch Film- und TV-Kulissen, Ausritte und Hula-Unterricht an der Windward Coast von O'ahu

Dahana Ranch Roughriders Echte Cowboy-Ausritte über offenes Terrain auf Big Island

Ziplining auf Maui Das ursprüngliche Seilrutschabenteuer Hawaiis an den Hängen des Vulkans Haleakalā

Kalaupapa Mule Ride Auf Moloka'i gigantische *pali* (Meeresklippen) bewältigen

Kultur

Waimea Valley Botanische Gärten und archäologische Stätten an der North Shore von O'ahu, mit Unterricht im *poi-pounding* (Zerstampfen der Tarowurzel), *lei*-Binden und Hula-Tanz

Na Mea Hawai'i Hula Kahiko Traditioneller Hula-Tanz und -Gesang im Hawai'i Volcanoes National Park

Old Lahaina Luau Zum authentischsten *luau* in Hawaii gehören Musik, Tanz und ein im *imu* geröstetes ganzes Schwein; auf Maui

Kamokila Hawaiian Village Fahrten mit dem Auslegerkanu, tropische Obstbäume und Nachbauten alter hawaiischer Häuser auf Kaua'i

Museen

Bishop Museum Polynesische Kriegskeulen, Federmasken, eine nachgestellte Vulkaneruption und faszinierende Planetariumshows in Honolulu

Hawaii Children's Discovery Center An einem Regentag die beste Spielstätte für Klein- und Schulkinder nicht weit von Waikiki

'Imiloa Astronomy Center of Hawai'i Interaktives Multimedia-Astronomiemuseum und 3-D-Planetarium sowie Mythologie der Ureinwohner Hawaiis bei Hilo auf Big Island

Whalers Village Museum In West Maui können sich Kinder in die Arbeit auf einem Walfänger des 19. Jhs. zurückversetzen, komplett mit Harpunen und Knochenschnitzereien

Aquarien & Zoos

Maui Ocean Center Das größte Tropenaquarium der USA bietet spezielle Beobachtungspunkte für Kinder

Waikiki Aquarium Aquarium der Universität am beliebtesten Strand von O'ahu

Ocean Rider Seahorse Farm Einzigartiges Ausflugsziel für Familien auf Big Island

Pana'ewa Rainforest Zoo & Gardens Kostenloser Kinderzoo mit Wanderpfaden außerhalb von Hilo auf Big Island

Reiseplanung

Um den Familienurlaub in Hawaii möglichst umfassend zu genießen, sollte man gut vorausplanen. Infos zur besten Reisezeit und zu den Reisekosten s. S. 18. Die wichtigsten jährlichen Veranstaltungen in Hawaii, von denen viele auch für Kinder interessant sind, sind auf S. 23 aufgeführt.

Reisegepäck

Insgesamt ist Hawaii eher kleinstädtisch geprägt, und daher geht es außer in erstklassigen Restaurants und 5-Sterne-Resorts auch nirgends sehr formell zu, sowohl was das allgemeine Verhalten als auch was die Kleidung betrifft. Die Designerjeans der Kids können also ruhig zu Hause bleiben. Mit T-Shirt, Shorts und Flipflops gehen die Kinder dann fast als einheimische Kids durch.

In den Supermärkten und Touristenläden auf den Hauptinseln wie den überall vorhandenen Filialen der Ketten ABC Store und Costco kann man billige Wassersportausrüstung wie Schwimmflügel, Schnorchelsachen und Boogieboards kaufen oder leihen, sodass man diese Dinge also nicht von zu Hause mitschleppen muss, es sei denn, die Kinder haben irgendwelche Spezialausrüstungen.

Babysachen wie Wegwerfwindeln und Säuglingsnahrung sind überall erhältlich, wobei es die größte Auswahl und die günstigsten Preise natürlich in den größeren Orten gibt. Einrichtungen zum Windelwechseln und Stillen sind nur selten vorzufinden; wahrscheinlich muss man das auf dem Rücksitz des Autos erledigen. Auf jeden Fall sollte man dabei diskret vorgehen.

Wer etwas Wichtiges vergessen hat: **Baby's Away** (✆auf O'ahu 800-496-6386, auf Big Island 800-996-9030, auf Maui 800-942-9030; www.babysaway.com) verleiht Wiegen, Kinderwagen, Kindersitze fürs Auto, Hochstühle, Rucksäcke, Strandsachen und vieles mehr. Die großen Autoverleiher sind verpflichtet, Babyschalen und Kindersitze zur Verfügung zu stellen, jedoch nur, wenn sie im Voraus reserviert wurden (S. 720). Wer seine eigenen Sitze mitbringt, vermeidet irgendwelche Buchungsprobleme und spart außerdem die zusätzlichen Kosten (gewöhnlich 10 $ pro Tag, maximal 50 $ pro Ausleihe).

Übernachtung

Bei der Auswahl einer Unterkunft sollte in Betracht gezogen werden, welche Aktivitäten und welche Arten von Sehenswürdigkeiten die Familie bevorzugt. Resorts bieten spektakuläre Swimmingpools und andere Einrichtungen sowie spezielle Programme für Kinder und sofort verfügbare Babysitter. Jedoch finden es viele Familien praktischer – und außerdem ist es insgesamt billiger –, eine vollständig eingerichtete Küche sowie Waschmaschine und Trockner zur Verfügung zu haben, was in vielen Apartments und Ferien- und Strandhäusern der Fall ist.

Vor der Buchung einer Unterkunft sollte man sich immer nach den Mietbedingungen erkundigen sowie etwa danach, ob Bettwäsche vorhanden ist. Kinder unter 17 oder 18 Jahren übernachten in Hotels und Resorts im Zimmer der Eltern oft gratis, jedoch nur, wenn sie keine spezielle Kinderbettwäsche benötigen. Vielleicht sind Kinder- und Klappbetten erhältlich, meistens für einen Aufpreis. Die Preise für Ferienwohnungen und Ferienhäuser gelten oft nur für eine Doppelbelegung, Kinder über einem bestimmten Alter gelten u. U. als zusätzliche Gäste und kosten dann extra.

Kinder und sogar Babys sind in einigen, jedoch nicht allen B&Bs willkommen. Hinweise zum Camping und zu den Wildnishütten in Hawaii s. S. 716.

Die Inseln im Überblick

Bereit zum Inselhüpfen? Egal, wo man in Hawaii hinfährt: Fantastische Strände, freundliche Gesichter und *'ono grinds* (gutes Essen) sind fast immer garantiert. Die Hauptinsel O'ahu beeindruckt mit ihrem pulsierenden Leben. Maui bietet für jeden etwas, ist aber vor allem ein Paradies für Leute, die am Strand abhängen wollen. Auf dem uralten Kaua'i überwältigen die Besucher hoch aufragende Meeresklippen, während auf Big Island, der jüngsten Hawaii-Insel, Vulkane neues Land gebären. Auf Lana'i können sich Reisende in Luxusresorts verwöhnen lassen, auf dem ländlichen Moloka'i, wo hawaiische Traditionen immer noch tief verankert sind, können sie lernen, wie man sich von den Früchten des Landes ernährt. Egal, welche Art Paradies man sucht: Der Aloha State hat's – man muss nur die Augen öffnen.

O'ahu

Strände ✓✓✓
Essen ✓✓✓
Museen ✓✓✓

Multikulti
O'ahu steht für das multikulturelle Hawaii, das sämtliche Kategorisierungsversuche der Statistiker hinfällig macht. Hier verschmelzen Ost und West, Alt und Neu.

Große Stadt, kleine Insel
Drei Viertel der Bewohner Hawaiis leben in Honolulu. Wie in jeder Großstadt drängeln sich in den Bussen und auf den Bürgersteigen die Menschen. Aber nicht weit entfernt von den Galerien und Museen der Stadt liegen kilometerlange Strände.

Schlemmen ohne Ende
O'ahu bietet eine äußerst vielfältige Esskultur: japanisches *izakaya,* typische Inselspeisen und erstklassige Fusionsgerichte, kreiert von den besten Köchen der Inseln.

S. 56

Big Island (Hawai'i)

Wandern ✓✓✓
Kultur ✓✓✓
Tiere ✓✓

Ein Paradies für Wanderfreaks
Der Kilauea, der aktivste Vulkan der Welt, zaubert eine Wunderwelt für Wanderer: smaragdgrüne Täler, eisige Wasserfälle, neue und alte Lavaströme, die sich in den Regenwald ergießen, und einige der höchsten Gipfel, auf die man je den Fuß setzen wird.

Kulturelle Grenzgänge
Big Island bietet Gelegenheit zu aktivem Kulturerleben: Besucher können einen *lei* binden und Hula tanzen, sie können nach den geisterhaften Nachtwanderern Ausschau halten und beim traditionellen Fischen zuschauen.

Tiere
Häufig sind Spinnerdelphine, Seeschildkröten und bedrohte *nene* (Hawaiigänse) zu sehen. Im Winter stehlen die Buckelwale allen die Show.

S. 172

Maui

Strände ✓✓✓
Wandern ✓✓✓
Essen ✓✓✓

Sonne & Surfen

Das für seine fantastischen Strände berühmte Maui hat für jeden etwas Passendes: Kitesurfing-Mekkas, Schnorchelbuchten, versteckte Strandjuwele und einige der höchsten Surferwellen der Erde.

Wanderwege ohne Ende

Die Wanderwege auf Maui führen zu atemberaubenden Plätzen: zu Bambuswäldern, hoch aufragenden Bergkämmen, herabstürzenden Wasserfällen und einem Vulkan-Nationalpark.

Frischeste Lebensmittel

Rinder von den Weiden des Binnenlandes, frisch gefangener Fisch und üppige Gemüsegärten sorgen dafür, dass die Restaurants auf Maui über die richtigen Zutaten für ihre berühmte hawaiische Küche verfügen.

S. 326

Lana'i

Strände ✓✓
Einsamkeit ✓✓
Geschichte ✓✓

Südseeparadies

Für sich genommen wirkt Lana'i wie ein abgeschiedenes subtropisches Paradies. Hier wohnen nur wenige Menschen, die Landschaft ist eher karg, und die Erkundung der wenig besuchten Ecken der Insel ist ein reizvolles Abenteuer.

Ananas

Fast die gesamte Insel wurde mit Ananas bepflanzt, die lange in die ganze Welt exportiert wurden. Die Feldfrüchte sind verschwunden, doch die alte Plantagenstadt Lana'i City übt immer noch eine Faszination aus.

Hulopo'e Beach

Der Hauptstrand der Insel ist wunderschön: ein langer, geschwungener Sandstrand mit guten Schnorchelmöglichkeiten und einem gepflegten Park.

S. 466

Moloka'i

Kultur ✓✓✓
Geschichte ✓✓
Aktivitäten ✓✓

Die Hawaiischste

Mehr als die Hälfte der Bewohner Moloka'is verfügt über indigene Wurzeln. Die Einheimischen wollen lieber Land und Kultur bewahren, als den Tourismus fördern. Trotzdem werden Besucher mit einem von Herzen kommenden Lächeln empfangen.

Father Damien

Ein junger Priester, der 1873 an die Kalaupapa-Halbinsel reiste, um für Leprakranke zu sorgen, wurde der erste amerikanische Heilige. Die spektakuläre Halbinsel ist heute ein wunderbar abenteuerlicher Nationalpark.

Wildnisabenteuer

Die höchsten Seeklippen der Welt, nebelverhangene Regenwälder, versteckte Wasserfälle und einsame Strände sind nur einige der Naturschönheiten, die es zu entdecken gilt.

S. 482

Kaua'i

Strände ✓✓✓
Trekking ✓✓✓
Essen ✓✓

Northern Bubble

An der North Shore leben viele Leute, die hier irgendwie hängen geblieben sind. Surfen, Wandern und eine ansteckende relaxte Stimmung durchdringen das Leben an der Nordküste der Insel.

Sonniges Po'ipu

Das sonnige Po'ipu ist wie die tropische Version eines Ferienlagers. An der South Shore können sich Besucher fast jeden Tag auf eine Vielzahl von Aktivitäten freuen.

Canyons & Kliffs

Die zerklüfteten Landschaften der Garden Island reichen von tiefen Schluchten bis zu atemberaubenden Meeresklippen, alles mit einer sehr üppigen Flora. Ein tolles Beispiel dafür, was Mutter Erde uns an Naturlandschaften zu bieten hat.

S. 518

Empfehlungen von Lonely Planet:

 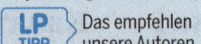 Das empfehlen unsere Autoren

Nachhaltig und umweltverträglich

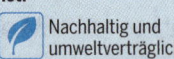 **GRATIS** Hier bezahlt man nichts

O'AHU. 56
HONOLULU. 64
PEARL HARBOR. 99
WAIKIKI 102
SOUTHEAST COAST 126
Diamond Head &
Kahala 126
Hawai'i Kai. 127
Hanauma Bay Nature
Preserve. 129
Koko Head Regional Park . .130
Makapu'u Point. 132
Sea Life Park. 132
WINDWARD COAST. 133
Pali Highway 133
Waimanalo. 133
Kailua 137
Kane'ohe 143
Waiahole 144
Kualoa 145
Ka'a'awa 146
Kahana Valley 147
Punalu'u. 147
Hau'ula 147
La'ie 147
Malaekahana State
Recreation Area 150
Kahuku. 150
NORTH SHORE 151
Kawela (Turtle) Bay 152
Waimea 154
Hale'iwa. 157
Waialua. 161
Von Mokule'ia bis
Ka'ena Point 162
CENTRAL O'AHU 163
Wahiawa. 164
Kolekole Pass 165
Honouliuli Forest Reserve. .165
Hawaii's Plantation
Village 165
WAI'ANAE (LEEWARD)
COAST 166
Ko Olina Resort. 166
Kahe Point. 167
Nanakuli. 167
Ma'ili. 167
Wai'anae 167

Makaha 168
Makua Valley 169
Ka'ena Point State Park . . .170

BIG ISLAND
(HAWAI'I). 172
KAILUA-KONA 179
UMGEBUNG VON
KAILUA-KONA 196
KEAUHOU RESORT AREA . 196
Holualoa 200
Honokohau Harbor &
Umgebung. 202
SOUTH KONA COAST 204
Honalo 205
Kainaliu 205
Kealakekua 206
Captain Cook 210
Kealakekua Bay State
Historical Park 212
Honaunau 216
Pu'uhonua o Honaunau
National Historical Park . . .207
Ho'okena & Umgebung . . .219
Miloli'i. 220
NORTH KONA COAST 220
Kaloko-Honokohau
National Historical Park . . 220
Keahole Point 221
Kekaha Kai State Park. . . . 223
Ka'upulehu 224
Kiholo Bay 226
SOUTH KOHALA. 226
Waikoloa Resort Area 226
Mauna Lani Resort Area . . .231
Hapuna Beach State
Recreation Area 235
Mauna Kea Resort Area . . 236
Kawaihae & Umgebung. . . .237
NORTH KOHALA 240
Akoni Pule Highway
(Hwy 270) 240
Hawi 243
Kapa'au 245
Pololu Valley 247
WAIMEA (KAMUELA) 247
MAUNA KEA &
SADDLE ROAD 255

Wanderungen an
der Saddle Road. 261
HAMAKUA COAST 262
Honoka'a & Umgebung. . . 262
Kukuihaele 266
Waipi'o Valley 267
Kalopa State
Recreation Area 271
Laupahoehoe 272
Hakalau & Umgebung 272
Honomu 273
Onomea Bay & Umgebung .274
HILO 275
PUNA 291
Kea'au & Umgebung 291
Pahoa 293
Lava Tree State Monument 296
Kapoho. 296
Red Road (Hwy 137) 297
HAWAI'I VOLCANOES
NATIONAL 300
Volcano 315
KA'U 318
Punalu'u. 319
Whittington Beach Park &
Umgebung. 319
Na'alehu. 320
Wai'ohinu & Umgebung . . .321
South Point 322
Ocean View 324
Road to Sea. 325
Manuka State
Wayside Park 325

MAUI. 326
LAHAINA 333
WEST MAUI. 346
Von Lahaina bis Ka'anapali 349
Ka'anapali 350
Honokowai 374
Kahana 375
Napili 375
Kapalua & Umgebung 377
Kahekili Highway 382
'IAO VALLEY &
CENTRAL MAUI 385
Kahului. 385
Haleki'i-Pihana Heiau
State Monument 391

Alle in diesem Buch vorgestellten Reiseziele listet das Register auf.

Reiseziele in Hawaii

Wailuku 392
'Iao Valley State Park 395
Pu'unene 396
Kealia Pond National
Wildlife Refuge 397
Ma'alaea 397
Molokini-Krater. 399
KIHEI & SOUTH MAUI 399
Kihei 400
Wailea. 409
Makena. 414
Jenseits von Makena 415
NORTH SHORE &
UPCOUNTRY 417
Pa'ia 417
Makawao 417
Hali'imaile 424
Makawao 424
Ha'iku 427
Pukalani & Umgebung. . . . 428
Kula 429
Polipoli Spring State
Recreation Area 431
Keokea 432
'Ulupalakua Ranch. 433
HANA HIGHWAY. 434
Twin Falls 434
Huelo 434
Ko'olau Forest Reserve . . . 435
Waikamoi Nature Trail 435
Waikamoi Falls 435
Garden of Eden
Arboretum. 436
Puohokamoa Falls 436
Haipua'ena Falls. 436
Kaumahina State
Wayside Park 436
Honomanu Bay. 436
Ke'anae 436
Wailua. 438
Von Wailua nach Nahiku . . 439
Nahiku 439
'Ula'ino Road. 439
Wai'anapanapa State Park .441
HANA & EAST MAUI 442
Hana. 442
Von Hana nach Kipahulu. . 442
Kipahulu. 443
Pi'ilani Highway 450

HALEAKALĀ NATIONAL
PARK 451
Kraterbereich 451
Der Kipahulu-Abschnitt
('Ohe'o Gulch) 460

KAHO'OLAWE 462

LANA'I 467
Lana'i City 470
Munro Trail. 475
Hulopo'e & Manele Bays. .475
Keomuku Road 477
Straße zum Garden
of the Gods 479
Kaumalapa'u Highway. 479

MOLOKA'I 482
KAUNAKAKAI. 490
EAST MOLOKA'I. 495
Fischteiche 496
Kawla 496
Kamalo 496
'Ualapu'e 497
Kalua'aha. 497
'Ili'iliopae Heiau 497
Puko'o 498
Waialua. 499
Von Waialua nach Halawa. 499
Halawa Valley 500
Pali Coast. 501
CENTRAL MOLOKA'I 502
Region Kamakou 502
Kualapu'u 504
Kala'e 505
Pala'au State Park 505
Ho'olehua 506
Mo'omomi Beach 507
KALAUPAPA NATIONAL
HISTORICAL PARK 507
WEST END. 511
Maunaloa 512
Kaluakoi Resort Area 512
Strände am West End 514

NI'IHAU 515

KAUA'I 518
LIHU'E 525
KAPA'A & DIE EASTSIDE . .538
Wailua. 539
Waipouli 549
Kapa'a 552
Kealia Beach 558
Anahola 558
Ko'olau Road. 560
HANALEI BAY &
NORTH SHORE 561
Kilauea 561
Kalihiwai. 567
'Anini 567
Princeville 568
Hanalei Valley 574
Hanalei. 575
Rund um Hanalei 583
Ha'ena 584
Ha'ena State Park 587
Na Pali Coast State Park . 588
PO'IPU &
SOUTH SHORE 590
Koloa 590
Po'ipu 594
Kalaheo 606
WAIMEA CANYON &
DIE WESTSIDE 501
'Ele'ele & Numila 608
Port Allen. 608
Hanapepe 610
Waimea 613
Kekaha 618
Barking Sands 619
Polihale State Park 619
Waimea Canyon State Park 620
Koke'e State Park 622

PAPAHANAUMOKUAKEA
MARINE NATIONAL
MONUMENT 628
Nihoa &
Mokumanamana 629
French Frigate
Shoals 629
Laysan Island 629
Midway Islands. 630

Oʻahu

Inhalt »

Honolulu............................64
Pearl Harbor 99
Waikiki...........................102
Diamond Head &
Southeast Coast...........126
Windward Coast &
Kailua 133
North Shore &
Haleʻiwa 151
Central Oʻahu................163
Waiʻanae Coast
(Leeward Oʻahu)...........166

Gut essen

» Morimoto Waikiki
(S. 116)

» Roy's Waikiki Beach
(S. 117)

» Ted's Bakery (S. 157)

» Leonard's (S. 119)

» Halili's Hawaiian Foods
(S. 91)

Schön übernachten

» Halekulani (S. 112)

» Royal Hawaiian (S. 109)

» Waikiki Edition (S. 113)

» Malaekahana State
Recreation Area (S. 150)

Auf nach Oʻahu

Auf Oʻahu, auch „The Gathering Place" (Versammlungsort) genannt, leben fast drei Viertel der Einwohner Hawaiis. Gleich bei der Landung auf dem Flughafen Honolulus wartet der Großstadtdschungel, trotzdem ist die Insel typisch polynesisch. Selbst zwischen den Hochhäusern der Innenstadt laufen die Geschäftsleute in Hawaiihemden herum.

Die lärmende Schaltzentrale der Inselgruppe zeigt das moderne Gesicht Hawaiis, nicht die Postkartenidylle. Auf Oʻahu lebt die vielschichtigste multiethnische Gesellschaft der Inseln, aber die fußt auf hawaiischen Traditionen.

Oʻahu ist nicht nur eine Durchgangsstation zu den Nachbarinseln, sondern bietet selbst Einmaliges: Surfen auf den Riesenwellen der North Shore, Wandern auf schmalen *pali* (Klippen), Tauchen in der geschützten Hanauma Bay, Windsurfen oder Kajakfahren zu unbewohnten Inseln vor Kailua – und den obligatorischen Sunset-Drink in Waikiki. Alles easy, Leute.

Reisezeit

Honolulu

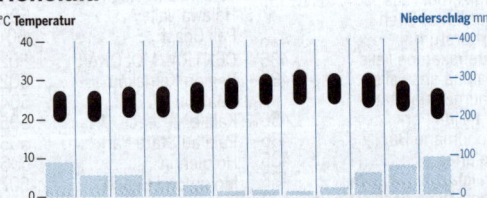

April Sonniges Wetter; nach den Frühjahrsferien wird es ruhiger; Waikiki's Spam Jam.

Sept. Zimmerpreise sinken nach den Sommerferien; Kunst- und Kulturfestivals in Honolulu und Waikiki.

Mitte Nov.–Mitte Dez. Die Champions der Triple Crown of Surfing bevölkern die North Shore vor der Hochsaison.

Geschichte

Um 1350 n. Chr. verlegte Ma'ilikukahi, der damalige *mo'i* (König) von O'ahu, seine Hauptstadt nach Waikiki, ein Feuchtgebiet an der Küste mit fruchtbarem Ackerland und reichen Fischgründen, aber auch ein Ort zum Erholen. Mit der Eroberung O'ahus durch Kamehameha den Großen 1795 wurde ein vereinigtes hawaiisches Königreich geschaffen. Kamehameha verlegte später seinen Hof nach Honolulu („geschützter Hafen").

Die englische Fregatte *Butterworth* war 1793 das erste ausländische Schiff, das im heutigen Honolulu anlegte. In den 1820er-Jahren entstanden die ersten Kneipen und Bordelle für Walfänger aus aller Welt. Etwa zur gleichen Zeit trafen die protestantischen Missionare ein. 1845 ersetzte Honolulu Lahaina (Maui) als Hauptstadt des Königreichs Hawai'i. Die erste Kirche Hawaiis liegt heute nur einen Steinwurf vom 'Iolani Palace entfernt.

In den 1830er-Jahren entwickelte sich der Zuckeranbau zum Haupterwerbszweig O'ahus. Plantagenarbeiter aus Asien und Europa kamen ins Land, da es auf der Insel nicht genug Arbeitskräfte gab. Viele Namen der reichsten und mächtigsten Plantagenfamilien – Alexander, Baldwin, Cooke und Dole – lesen sich wie die Passagierlisten der ersten Missionsschiffe. Das 19. Jh. endete mit dem gewaltsamen Sturz der hawaii-

ischen Monarchie in Honolulu und brachte eine kurzlebige unabhängige Republik hervor, die von Zuckerbaronen dominiert wurde. 1898 wurde Hawaii schließlich von den USA annektiert.

Nach der Bombardierung von Pearl Harbor im Zweiten Weltkrieg kam O'ahu unter Kriegsrecht. Die Bürgerrechte wurden aufgehoben und Amerikaner japanischer Abstammung sowie Ausländer erst in ein Gefangenenlager auf Sand Island gesteckt und später in ein Internierungslager bei Honouliuli an der Kunia Road im Zentrum O'ahus. Die US-Regierung entschuldigte sich erst 1988 für dieses Unrecht.

Nach dem Zweiten Weltkrieg erfuhr der Tourismus auf O'ahu durch den modernen Flugverkehr und den Wohlstand der Nachkriegszeit einen Aufschwung. Er ersetzte rasch die schwindende Schiffsindustrie. In den 1960er- und 1970er-Jahren erblühte die Renaissance hawaiischer Kultur, besonders auf dem Campus der Manoa University of Hawai'i und nach der erfolgreichen Fahrt der *Hokule'a* (S. 70) von O'ahus Windward Coast nach Tahiti.

Durch den ungezügelten Bau von Touristenburgen wurde Waikiki in den 1980er-Jahren völlig zubetoniert und die landwirtschaftlichen Flächen teilweise in bewässerungsintensive Golfplätze und weitläufige Resorts verwandelt. Die letzten Zuckerfabriken der Insel schlossen in den 1990er-

O'AHU IN ...

... zwei Tagen

Nur wenig Zeit? Dann heißt es Abhängen in **Waikiki**: Faulenzen am Strand, Surfen, die Fackeln am Abend und den Hula genießen. Am nächsten Tag geht es frühmorgens zum Schnorcheln zur **Hanauma Bay,** dann am Nachmittag zu Fuß zum **Diamond Head** oder raus zum Leuchtturm am **Makapu'u Point**. Zur Belohnung gibt es auf einer **Katamarantour** oder im **House Without a Key** in Halekulani einen Mai Tai zum Sonnenuntergang.

... vier Tagen

Mit zwei zusätzlichen Tagen lohnt sich ein Mietwagen oder eine Busfahrt zur **North Shore** und der **Windward Coast**. Zwischenstopps sind immer drin, wenn goldene Strände locken, besonders um die **Waimea** oder **Kailua Bay**. Mindestens ein halber Tag sollte der Hauptstadt **Honolulu** mit ihren Museen, historischen Stätten, der neuesten Kunstszene und dem Nachtleben in Chinatown gewidmet werden, eine Alternative ist ein Besuch der Gedenkstätten zum Zweiten Weltkrieg in **Pearl Harbor**.

... einer Woche

Jetzt kann es inselmäßig lockerer zugehen. Die Rundtour wird durch eine Fahrt entlang den nahezu leeren Stränden der **Wai'anae Coast** vorbei bis zum **Ka'ena Point** vervollständigt.

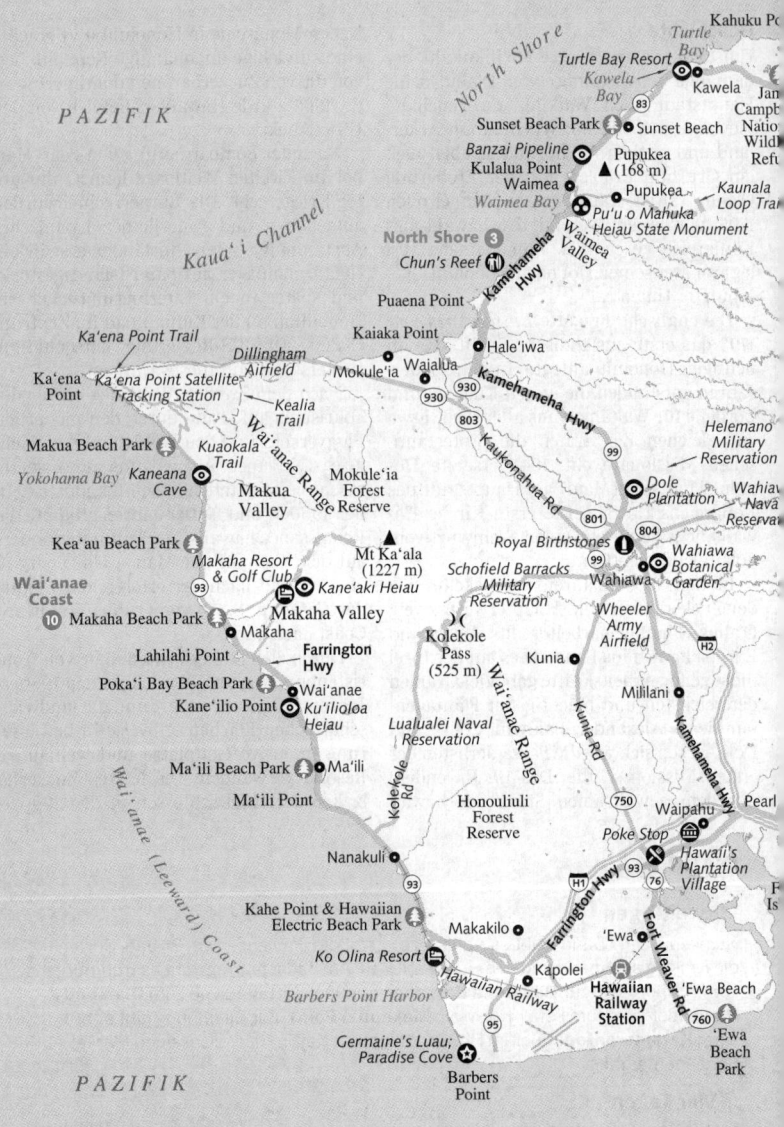

Kahuku Po

Turtle Bay

North Shore

Turtle Bay Resort

Kawela Bay

Kawela

83

Jan
Campt
Natio
Wild
Refu

Sunset Beach Park • Sunset Beach

Banzai Pipeline
Kulalua Point
Waimea
Waimea Bay

Pupukea
▲ (168 m)
• Pupukea

Kaunala
Loop Tra

PAZIFIK

Kaua'i Channel

North Shore ③

Chun's Reef

Pu'u o Mahuka
Heiau State Monument

Waimea
Valley

Kamehameha Hwy

Puaena Point

Kaiaka Point

Ka'ena Point Trail

Dillingham
Airfield

Mokule'ia

Waialua

• Hale'iwa

930

930

*Ka'ena Point Satellite
Tracking Station*

Ka'ena
Point

*Kealia
Trail*

Kamehameha Hwy

803

Helemano
Military
Reservation

Wai'anae Range

Kaukonahua Rd

99

Makua Beach Park

*Kuaokala
Trail*

Yokohama Bay Kaneana
Cave

Makua
Valley

Mokule'ia
Forest
Reserve

801

Dole
Plantation

Wahia
Nava
Reserva

Kea'au Beach Park

Mt Ka'ala
▲ (1227 m)

Royal Birthstones

804

Wahiawa
Botanical
Garden

Makaha Resort
& Golf Club

• Kane'aki Heiau

Schofield Barracks
Military
Reservation

99

Wahiawa

**Wai'anae
Coast**

93

⑩ Makaha Beach Park

Makaha Valley

• Makaha

Wheeler
Army
Airfield

H2

Lahilahi Point

**Farrington
Hwy**

Kolekole
Pass
(525 m)

Kunia •

Poka'i Bay Beach Park

Kane'ilio Point

• Wai'anae

Ku'ilioloa
Heiau

*Lualualei Naval
Reservation*

Wai'anae Range

Kunia Rd

Mililani •

Kamehameha Hwy

Ma'ili Beach Park

•● Ma'ili

750

Wai'anae (Leeward) Coast

Ma'ili Point

Kolekole Rd

Honouliuli
Forest
Reserve

Waipahu •

Pearl

• Nanakuli

93

Poke Stop

Hawaii's
Plantation
Village

Kahe Point & Hawaiian
Electric Beach Park

Makakilo •

H1

93

76

F
Is

Ko Olina Resort

• Kapolei

'Ewa •

Fort Weaver Rd

**Hawaiian
Railway
Station**

760

'Ewa
Beach
Park

Hawaiian Railway

Farrington Hwy

Barbers Point Harbor

95

*Germaine's Luau;
Paradise Cove*

'Ewa Beach

PAZIFIK

Barbers
Point

Highlights

① In **Waikiki** (S. 121) bei
Sonnenuntergang zu Gitarren-
klängen Mai Tai schlürfen

② In **Pearl Harbor**
(S. 99) Geschichte des
Zweiten Weltkriegs erleben

③ An der **North Shore**
(S.151) riesige Winterwellen
surfen

④ In der **Hanauma Bay**
(S. 129) mit Meerestieren
schnorcheln und tauchen

⑤ Vom **Kailua Beach** (S. 181)
mit dem Kajak zu einsamen
Inseln paddeln

⑥ Im trendigen **Chinatown**
(S. 71) in Honolulu
Kunstgalerien besuchen,

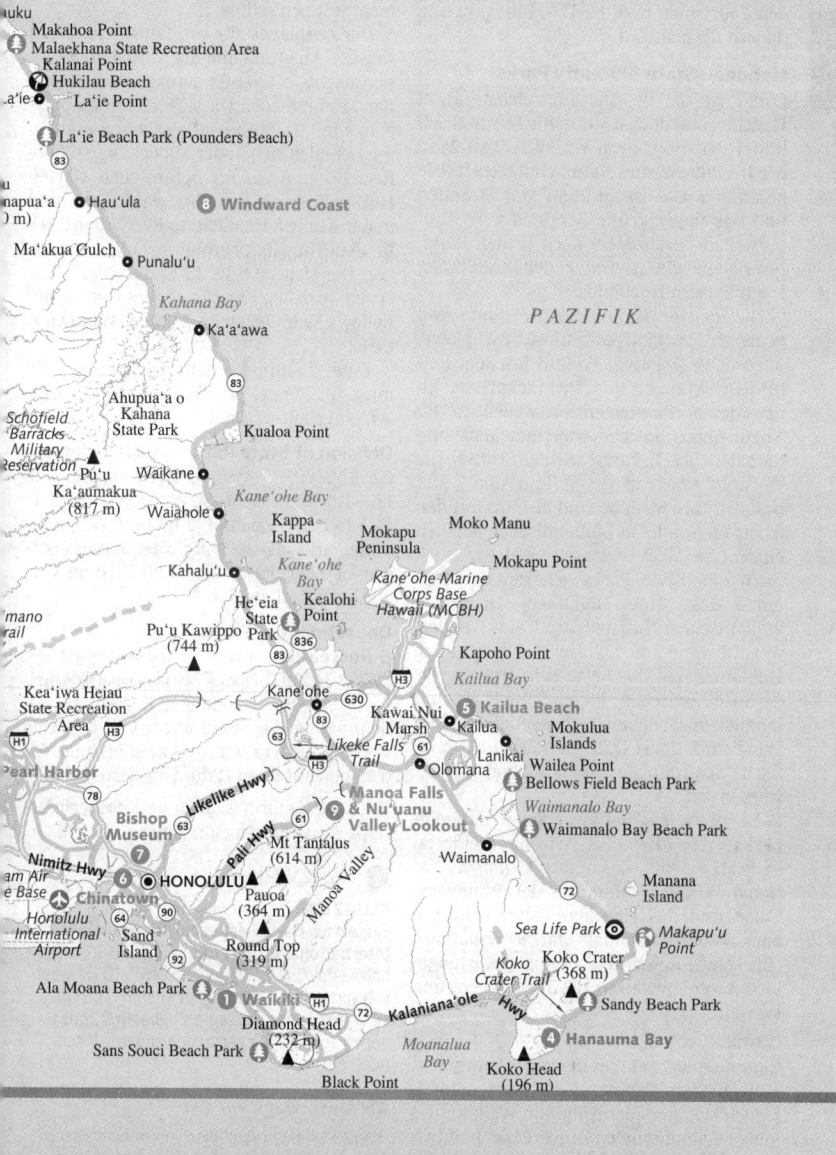

Makahoa Point
Malaekhana State Recreation Area
Kalanai Point
Hukilau Beach
La'ie Point
La'ie Beach Park (Pounders Beach)
83

8 **Windward Coast**
Hau'ula

Ma'akua Gulch
Punalu'u

Kahana Bay

PAZIFIK

Ka'a'awa

Ahupua'a o Kahana State Park
83
Kualoa Point

Schofield Barracks Military Reservation
Pu'u Ka'aumakua (817 m)
Waikane
Waiahole

Kane'ohe Bay

Kappa Island
Mokapu Peninsula
Moko Manu
Mokapu Point

Kahalu'u
Kane'ohe Bay
He'eia State Park
Kealohi Point
Kane'ohe Marine Corps Base Hawaii (MCBH)

Pu'u Kawippo (744 m)
83 836
Kapoho Point

H3
Kailua Bay

Kea'iwa Heiau State Recreation Area
H1 H3
Kane'ohe
83
630
Kawai Nui Marsh
Kailua
5 **Kailua Beach**
Mokulua Islands

Pearl Harbor
78
63
Likelike Hwy
63
Likeke Falls Trail
61
H3
Olomana
Lanikai
Wailea Point
Bellows Field Beach Park

Bishop Museum
7
61
Manoa Falls & Nu'uanu Valley Lookout 9
Waimanalo Bay
Waimanalo Bay Beach Park

Nimitz Hwy
am Air e Base
6 HONOLULU
Chinatown
64
90
Mt Tantalus (614 m)
Pauoa (364 m)
Manoa Valley
Waimanalo
72
Manana Island

Honolulu International Airport
Sand Island
92
Round Top (319 m)
Sea Life Park
Koko Crater Trail
Koko Crater (368 m)
Makapu'u Point

Ala Moana Beach Park
1 **Waikiki**
H1
72
Kalaniana'ole Hwy
Sandy Beach Park

Sans Souci Beach Park
Diamond Head (232 m)
Black Point
Moanalua Bay
Koko Head (196 m)
4 **Hanauma Bay**

Trödel kaufen und das Nachtleben genießen

7 Im **Bishop Museum** (S. 77) königliche Federumhänge und alte Tempelreliefs anschauen

8 An die **Windward Coast** (S. 133) fahren: ländliche Täler, Ranches, wilde Strände und Krabbenimbisswagen

9 In Honolulus Umland zu den **Manoa Falls** und zum

Nu'uanu Valley Lookout (S. 81) wandern

10 An den Stränden der **Wai'anae Coast** die Ruhe genießen (S. 166)

Jahren, wodurch O'ahu mehr denn je vom Tourismus abhängig wurde. Diskussionen über wirtschaftliche Streuung, nachhaltigen Tourismus und die US-Militärpräsenz dauern bis heute an.

National, State & County Parks

O'ahu ist die bevölkerungsreichste Insel Hawaiis, und doch beginnt die Natur gleich hinter den Hotels von Waikiki. Etwa 25 % der Inselfläche sind Naturschutzgebiet. Die gesamte Küste ist gesäumt von Stränden und das üppig grüne Bergland von Wanderwegen durchzogen, auch in den Waldreservaten gleich hinter den stählernen Hochhäusern Honolulus.

Die meisten kommunalen Strände sind gepflegt; es gibt kostenlose Parkplätze, öffentliche Toiletten, Freiluftduschen, Rettungsschwimmer und Picknickplätze. Einige der berühmtesten Surfwellen an der North Shore brechen vor einfachen kommunalen Beach Parks an den Strand. Die Wai'anae Coast wird von Touristen kaum besucht, ihre Strände sind also bis auf den einen oder anderen Einheimischen herrlich einsam.

Zu den State Parks gehören das Diamond Head State Monument, zu dessen vulkanischem Tuffsteinkegel ein Wanderweg führt, und die idyllische, sichelförmige Hanauma Bay, das beste Schnorchelrevier der Insel. Zwischen einigen State Parks und ländlichen Gemeinden, besonders an der Windward Coast, gibt es allerdings politische Spannungen, wie das Land genutzt werden soll.

Es gibt auf O'ahu zwar keine Nationalparks, aber das USS Arizona Memorial in Pearl Harbor, das James Campbell National Wildlife Refuge an der Windward Coast und das Hawaiian Islands Humpback Whale National Marine Sanctuary (Buckelwal-Reservat) vor einigen Küstengebieten werden von der US-Bundesregierung verwaltet.

CAMPING

Campingplätze gibt es in vielen County und einigen State Parks auf der ganzen Insel, jedoch keinen in der Nähe von Waikiki. Die meisten kommunalen Beach Parks und privaten Campingplätze befinden sich an der Windward Coast im Schatten der majestätischen Ko'olau Range.

Alle Campingplätze in State Parks sind mittwochs und donnerstags geschlossen, einige nur am Wochenende geöffnet. Vorgeblich dienen diese Schließzeiten zur Wartung der Parks, aber auch um die Obdachlosen fernzuhalten, besonders an der Wai'anae Coast, wo Ortsfremde besser nicht campen sollten.

Der Zeltplatz sollte sorgfältig ausgesucht werden. An straßennahen Stränden treffen sich nachts oft Säufer, Drogenhändler und Bandenmitglieder. Die sichersten Campingplätze mit 24-Stunden-Bewachung und Toren befinden sich in der Malaekahana State Recreation Area, im botanischen Garten Ho'omaluhia an der Windward Coast und in der Kea'iwa Heiau State Recreation Area in den Hügeln oberhalb von Pearl Harbor. Der sicherste der 15 County Parks auf O'ahu, in denen Camping erlaubt ist, ist der Bellows Field Beach Park an der Windward Coast.

Eine Campinggenehmigung *(permit)* muss im Voraus bei den folgenden Adressen eingeholt werden:

Division of State Parks CAMPINGGENEHMIGUNG (☑587-0300; www.hawaiistateparks.org; Zi. 131, 1151 Punchbowl St, Honolulu; ⊘Mo–Fr 8–15.15 Uhr) Genehmigung fürs Zelten in State Parks (12–30 $ pro Nacht); muss persönlich oder online bis zu 30 Tage im Voraus beantragt werden.

Department of Parks & Recreation CAMPINGGENEHMIGUNG (☑768-3440; EG, Frank F Fasi Municipal Bldg, 650 S King St; ⊘Mo–Fr 8–16 Uhr) Kostenlose Genehmigungen für Camping in County Parks werden vor Ort spätestens zwei Freitage vor dem gewünschten Datum ausgestellt.

Wichtige Informationen und Sicherheitstipps zum Camping auf Hawaii s. S. 716.

ⓘ An- & Weiterreise

FLUGZEUG Die überwiegende Mehrheit der Flüge nach Hawaii landet auf dem **Honolulu International Airport** (Karte S. 65; HNL; http://hawaii.gov/hnl; 300 Rodgers Blvd), 10 km westlich von Honolulu und 14 km westlich von Waikiki. Vom einzigen Passagierflughafen O'ahus gehen auch die Flieger zu den anderen Inseln (s. S. 719).

ⓘ Unterwegs vor Ort

O'ahu ist verkehrstechnisch unproblematisch, egal ob mit dem Bus oder mit dem Mietwagen.

AUTO, MOTORRAD & MOPED Allgemeine Infos über Verkehrsregeln, Autovermietung und -reservierung stehen auf S. 720.

Für O'ahu: Die meisten größeren Autoverleiher haben mehrere Niederlassungen in Waikiki, meist in den Lobbys größerer Hotels. Die güns-

AKTIVITÄT	ORT
Bodyboarding & Bodysurfen	Kapahulu Groin (Waikiki; S. 108) Sandy Beach (Southeast Coast; S. 130) Makapuʻu Beach (Southeast Coast; S. 132) Waimea Bay (North Shore; S. 156)
Drachenfliegen & Fallschirmspringen	Dillingham Airfield (North Shore; S. 163)
Golfen	Olomana Golf Links (Windward Coast; S. 136) Koʻolau Golf Club (Windward Coast; S. 144) Turtle Bay Resort (North Shore; S. 153) Ko Olina Golf Club (Leeward Oʻahu; S. 166)
Kajakfahren	Kailua Beach (Windward Coast; S. 138)
Kitesurfen	Kailua Beach (Windward Coast; S. 138)
Mountainbiken	ʻAiea Loop Trail (Pearl Harbor; S. 101) Maunawili Trail (Windward Coast; S. 134) Kaʻena Point (Waiʻanae Coast; S. 163)
Reiten	Kualoa Ranch (Windward Coast; S. 146) Turtle Bay Resort (North Shore; S. 153)
Schwimmen	Ala Moana Beach Park S. 64 Waikiki S. 106 Waimanalo (Windward Coast; S. 133) Kailua (Windward Coast; S. 137) Kualoa (Windward Coast; S. 145) Malaekahana State Recreation Area S. 150
Surfen	Waikiki S. 63 North Shore S. 63 Waiʻanae Coast S. 63
Tauchen & Schnorcheln	Hanauma Bay (Southeast Coast; S. 129) Shark's Cove (North Shore; S. 155) Three Tables (North Shore; S. 155) Kawela Bay (North Shore; S. 152)
Vogelbeobachtung	James Campbell Wildlife Refuge S. 151
Wandern	Manoa Falls & Nuʻuanu Valley Lookout (Honolulu; S. 81) Waʻahila Ridge Trail (Honolulu; S. 84) ʻAiea Loop Trail (Pearl Harbor; S. 101) Diamond Head Crater (Southeast Coast; S. 128) Kaʻena Point (Waiʻanae Coast; S. 163)
Windsurfen	Kailua Beach (Windward Coast; S. 137) Backyards (North Shore; S. 154) Fort DeRussy Beach (Waikiki; S. 107)

tigsten Mietpreise gibt es zwar meist am Flughafen, aber wenn ein Auto nur für ein oder zwei Tage gebraucht wird, sind die Filialen in Waikiki praktischer.

Unabhängige Autovermietungen in Waikiki bieten oft viel niedrigere Preise, besonders bei Tagesverleih und Vierradantrieb (z. B. Jeeps). Sie vermieten auch eher an Fahrer unter 25 Jahren. Viele verleihen außerdem Mopeds und Motorräder (S. 723).

Hawaii Campers (☎222-2547; www.hawaiicampers.net) vermietet VW-Wohnmobile mit Dachaufbau, die mit Küche, Schaumstoffmatratzen und mehr ausgestattet sind (ab 125 $ pro Tag). Hinzu kommen die Kosten für Campingplätze und die Campingerlaubnis (vorher beantragen, s. S. 60).

Die Fahrzeiten sind je nach Verkehrsaufkommen unterschiedlich. Im Folgenden eine Orientierung für Fahrten ab Waikiki:

ZIEL	MEILEN (KM)	DAUER
Diamond Head	2 (3)	10 Min.
Hale'iwa	37 (60)	60 Min.
Hanauma Bay	11 (18)	25 Min.
Honolulu International Airport	9 (14)	25 Min.
Ka'ena Point State Park	47 (75)	70 Min.
Kailua	17 (27)	35 Min.
Makaha Beach	41 (66)	60 Min.
Makapu'u Point	15 (24)	30 Min.
Nu'uanu Pali Lookout	10 (16)	25 Min.
Sunset Beach	43 (69)	65 Min.
USS Arizona Memorial	15 (24)	30 Min.

BUS O'ahus Busnetz, genannt **TheBus** (☎848-5555; www.thebus.org), ist flächendeckend, aber Wanderwege und einige der schönsten Aussichtspunkte liegen außerhalb des Streckennetzes.

Am Ala Moana Center (Karte S. 74) befindet sich Honolulus zentraler Busbahnhof. Vereinzelt steuern manche Buslinien verschiedene Destinationen an. Busse haben generell für Hin- und Rückfahrt dieselbe Nummer.

Alle Busse sind rollstuhlgerecht und haben Gepäckträger für zwei Fahrräder ohne Zusatzkosten (der Fahrer sollte aber erst informiert werden). Die Klimaanlagen sind übrigens eisig.

WICHTIGE BUSLINIEN AUF O'AHU

BUSLINIE	ZIEL
A City Express!	Manoa University, Ala Moana Center, Honolulu-Zentrum, Chinatown, Aloha-Stadion
B City Express!	Waikiki, Honolulu Academy of Arts, Honolulu-Zentrum, Chinatown, Bishop Museum
E Country Express!	Waikiki, Ala Moana Center, Restaurant Row, Aloha Tower, Honolulu-Zentrum
2 & 13	Waikiki, Honolulu Convention Center, Honolulu Academy of Arts, Honolulu-Zentrum, Chinatown; auch Waikiki Aquarium und Bishop Museum (Nr. 2) und Kapahulu Avenue (Nr. 13)
4	Waikiki, Honolulu Zoo, Manoa University, Honolulu-Zentrum, 'Iolani Palace, Foster Botanical Garden, Queen Emma Summer Palace
6	Manoa University, Ala Moana Center, Honolulu-Zentrum
8	Waikiki, Ala Moana Center
19 & 20	Waikiki, Ala Moana Center, Ward Centers, Restaurant Row, Aloha Tower, Honolulu-Zentrum, Chinatown, Honolulu International Airport
22	„Beach Bus": Waikiki, Diamond Head, Koko Marina, Sandy Beach, Hanauma Bay (nicht am Dienstag)
23	Ala Moana, Waikiki, Diamond Head, Hawai'i Kai (Binnenland), Sea Life Park
42	Waikiki, Ala Moana, Honolulu-Zentrum, Chinatown, USS Arizona Memorial (eingeschränkte Zeiten)
52 & 55	„Circle Isle"-Busse: Ala Moana Center, North Shore, Windward Coast
57	Ala Moana, Kailua, Waimanalo, Sea Life Park

Die einfache Fahrkarte für Erwachsene kostet 2,50 $ (Kinder 6–17 Jahre 1 $). Nur mit Münzen oder Eindollarnoten bezahlen; Busfahrer geben kein Wechselgeld. Ein Fahrschein ist für eine Fahrt bis zu zwei Stunden gültig. Ein Besucherpass für 25 $ gilt für unbegrenzte Fahrten an vier aufeinanderfolgenden Tagen und wird in den allgegenwärtigen ABC Stores in Waikiki und im **TheBus Pass Office** (☎848-4444; 811 Middle St; ⏰Mo–Fr 7.30–16 Uhr) verkauft.

ⓘ MIETWAGEN AM FLUGHAFEN

Avis, Budget, Dollar, Enterprise, National und Hertz vermieten Autos am Honolulu International Airport. Alamo und Thrifty haben ihre Büros etwa eine Meile (1,6 km) außerhalb des Flughafens am Nimitz Hwy (kostenloser Flughafenshuttle). Da sie sich preislich nichts nehmen, kann man sich direkt an eine Firma auf dem Flughafengelände wenden. Auf der Rückfahrt zum Flughafen weisen Schilder auf die Rückgabeparkplätze hin. Einen Platz außerhalb kurz vor dem Abflug zu finden, kann stressig sein.

Die Insel hat sich zum Surfzentrum Hawaiis entwickelt. Es gibt vielfältigste Breaks und für jeden Surfer die richtige Welle.

Waikiki stellt mit langsamen und sanften Strandwellen das perfekte Übungsgelände für Anfänger dar. Surfbrettverleihe gibt es reichlich am Waikiki Beach, und einheimische Beachboys geben Unterricht an Stränden wie dem sanften **Queens**, **Canoes** mit weichen Wellen von rechts und links, dem sachten, aber oft überfüllten **Populars** und dem stets beliebten **Publics**. Der **Ala Moana** direkt in Honolulu liefert wuchtige Tube-Wellen. Die Bedingungen sind in dieser Gegend im Sommer am besten, wenn die Dünung von Süden aus Neuseeland und Tahiti anrollt.

Profisurfer pilgern an die berühmte North Shore. Im Winter, wenn die Wellen bis über 10 m hoch werden, zieht es die Besten der Weltbesten in die **Waimea Bay**, zur **Pipeline** und zum **Sunset Beach**. Aber: Die Einheimischen sind hier sehr revierbewusst und z. T. in regelrechten Surferbanden organisiert.

Die Wai'anae Coast im Westen hat zwar tolle Wellen, aber hier werden auch mehr Revierkriege ausgetragen. Die Einheimischen lieben dieses Gebiet und wollen ihre hawaiische Kultur und Gemeinschaft bewahren. Riesige Wogen aus Westen sind im Winter an Stränden wie dem **Makaha Beach** super zum Surfen, doch die Einheimischen kennen sich untereinander und wissen sofort, wer von außerhalb kommt.

Wellen für jede Gelegenheit gibt es am **Diamond Head Beach**, auch gut geeignet für Shortboards, Longboards, Windsurfer und Kitesurfer. Zum abenteuerlichen Bodysurfen sind der **Sandy Beach** und der **Makapu'u Beach** an der Südostküste der Insel ideal. Wer sich hier rauswagt, sollte vorsichtig sein: Die krachenden Wellen und der flache Grund können ernsthafte Kopf- und Rückenverletzungen zur Folge haben.

Bei **Surf News Network** (☎596-7873; www.surfnewsnetwork.com) gibt es automatische Telefonansagen zu den Surfbedingungen, mit Infos zu Wind, Wellenhöhe und Gezeiten.

Eine Monatskarte (60 $) für unbegrenzte Fahrten während eines Kalendermonats (nicht für beliebige 30 Tage) ist im TheBus Pass Office, in 7-Eleven-Läden und den Supermärkten Foodland und Times erhältlich.

Senioren (ab 65 Jahren) und körperlich Behinderte können für 10 $ einen Ermäßigungsausweis im TheBus Pass Office erwerben, mit dem sie pro einfache Fahrt nur 1 $ oder für eine Monats-/Jahreskarte 5/30 $ zahlen.

FAHRRAD Radfahren ist auf O'ahu möglich, aber um aus dem Stadtverkehr Honolulus rauszukommen, ist es besser, den Bus zu nehmen. Hawaiis **Department of Transportation** (Verkehrsamt; http://hawaii.gov/dot/highways/Bike) gibt die Streckenkarte *Bike O'ahu* heraus, die im Bike Shop (S. 84) in Honolulu erhältlich ist; hier werden auch exzellente Fahrräder verliehen.

VOM/ZUM FLUGHAFEN Nach Honolulu oder Waikiki fahren Flughafenbusse, Stadtbusse und Taxis (um die 35 bis 45 $). Zu anderen Zielen auf O'ahu ist ein Mietwagen praktischer.

Es gibt mehrere Flughafen-Busunternehmen mit Tür-zu-Tür-Service. **Roberts Hawaii** (☎808-441-7800, 800-831-5541; www.robertshawaii.com) fährt rund um die Uhr alle 20 bis 60 Minuten Hotels in Waikiki an. Der Fahrpreis beträgt 9/15 $ einfach/hin & zurück mit Aufpreis für Fahrräder, Surfbretter, Kinderwagen oder Mehrgepäck. Die Rückfahrt sollte mindestens 48 Stunden im Voraus reserviert werden.

TheBus 19 oder 20 fährt ins Zentrum von Honolulu, zum Ala Moana Center und nach Waikiki. Die Busse sind schnell voll, sollten also schon am ersten Halt am Flughafen vor dem Terminal für den Inselverkehr bestiegen werden; der nächste Halt ist vor dem Hauptterminal Lobby 4. Die Busse fahren von 6 bis 23 Uhr alle 20 Minuten, der Fahrschein kostet 2,50 $. An Gepäck darf nur das mitgenommen werden, was auf den Schoß oder unter den Sitz passt (maximale Größe 45 x 60 x 30 cm). In Waikiki halten die Busse alle paar Blocks auf der Kuhio Avenue.

Die einfachste Strecke nach Waikiki per Auto ist der Nimitz Hwy (92), der in den Ala Moana Blvd übergeht. Auf der Straße herrscht zwar viel Verkehr, aber verfahren kann man sich kaum. Schneller geht es über den Freeway H-1 nach Osten, dann den Schildern „To Waikiki" folgen. Zurück zum Flughafen ist Vorsicht beim schlecht ausgeschilderten Autobahnkreuz geboten, wo sich H-1 und Hwy 78 teilen; wer bis dahin nicht auf der rechten Spur fährt, endet auf Hwy 78.

TAXI Taxis gibt es reichlich am Flughafen, in Resorthotels und Einkaufszentren. Sonst muss eins telefonisch bestellt werden. Taxis haben Zähler und verlangen 3,25 $ Grundgebühr, plus 3 $ pro Meile sowie 35 ¢ pro Koffer oder Rucksack.

GEFÜHRTE TOUREN Preise enthalten meist Hotelabholung in Waikiki; bei der Buchung nachfragen.

Roberts Hawaii (☎954-8652, 866-898-2519; www.robertshawaii.com) Konventionelle Bus- und Kleinbustouren durch O'ahu, ganztägige „Circle Island"-Trips (Erw./Kind ab 51/28 $) und diverse Angebote wie abendliche Geister-Stadtrundgänge in Honolulu (Erw./Kind 29/22 $).

E Noa Tours (☎591-2561, 800-824-8804; www.enoa.com) Lokales Unternehmen mit kleineren Bussen und kenntnisreichen, staatlich geprüften Reiseführern. Die Standardtouren umfahren die Insel (Erw./Kind ab 80/66 $), mit Besuch in Pearl Harbor (Erw./Kind ab 24/22 $).

Earth Bound Tours (☎776-1771; http://earthboundtours.com) Minibustouren für kleine Gruppen mit Schwerpunkt auf Agrotourismus; Besuch von Biohöfen, kleinen Kakao- und Kaffeeplantagen und nachhaltigen Fischzuchtfarmen.

HONOLULU

377 360 EW.

Wer während seines Besuchs aus dem Stadtteil Waikiki nicht rauskommt, kann nicht behaupten, Honolulu und O'ahu wirklich kennengelernt zu haben. Also auf ins Stadtzentrum, nicht nur wegen der unvergleichlichen historischen Stätten, Museen und Parks, sondern auch um sich durch die verschiedenen köstlichen Ethnoküchen zu futtern – von den Straßenmärkten in Chinatown über die Imbisslokale mit *saimin* (Nudelsuppe) bis zu den Bistros mit den frischesten Früchten von Land und Meer.

AUTO-EINBRÜCHE

Strandbesucher und Wanderer Achtung: Abseits der Hauptstraßen sollten alle Wertgegenstände aus dem Auto mitgenommen werden. Nichts sollte sichtbar im Innenraum, auch nicht im Kofferraum liegen. Autoeinbrüche sind auf der ganzen Insel üblich – was in O'ahu nicht nur Mietwagen betrifft, sondern auch Autos von Einheimischen. Sie passieren oft innerhalb weniger Minuten. Manche Autobesitzer schließen ihre Autos deswegen gar nicht ab, um den Ärger mit eingeschlagenen Scheiben oder aufgehebelten Türen zu vermeiden.

Dann geht es raus aus dem Betondschungel zu einer Wanderung in den üppigen Tälern der zerklüfteten Ko'olau Range, besonders in die Waldreservate um den Mount Tantalus, auf Hawaiisch Pu'u 'Ohi'a genannt. Bei Sonnenuntergang verspricht ein Spaziergang am historischen Hafen von Honolulu Abkühlung, alternativ nimmt man am schönen Stadtstrand Ala Moana ein Bad im Pazifik. Zu später Stunde geht es ins trendige Nachtleben von Chinatown. Waikiki? Was soll ich da?

 Strände

Ala Moana Beach Park   STRAND

(Karte S. 74; 1201 Ala Moana Blvd; Ⓟ) Das Schmuckstück der Stadt, direkt gegenüber dem Einkaufszentrum Ala Moana Center, besteht aus einem breiten, goldenen und etwa 1,5 km langen Sandstrand. Hohe, schattige Bäume schirmen ihn vom Verkehrslärm ab. Wer rausschwimmen will, sollte vorsichtig sein: Bei Ebbe kann die tiefe Rinne vor der ganzen Breite des Strands gefährlich werden – sie fällt unvermittelt auf eine übermannshohe Tiefe ab.

Ala Moana ist enorm beliebt, aber groß genug, um nie überfüllt zu wirken. Die Einwohner Honolulus joggen hier nach der Arbeit, spielen Volleyball und picknicken am Wochenende. Die Anlage ist gut ausgestattet, einschließlich Baseballplätzen, beleuchteten Tennisplätzen, Picknicktischen, Toiletten, Duschen, Trinkwasser und kostenlosen Parkplätzen.

Die Halbinsel an der Ostseite der Strandanlage ist die 'Aina Moana State Recreation Area bzw. **Magic Island**. Auslegerkanuteams der Highschools trainieren während des Schuljahres hier am späten Nachmittag. Im Sommer ist es ein angesagtes Surfrevier. Ein idyllischer Wanderweg um die ganze Halbinsel ist besonders bei Sonnenuntergang malerisch, wenn Segelboote vom und zum benachbarten Ala Wai Yacht Harbor gleiten.

⊙ Sehenswertes

Die kompakte Innenstadt Honolulus, nur einen Steinwurf vom Hafen entfernt, bildete im 19. Jh. den Schauplatz für Aufstieg und Fall der hawaiischen Monarchie. In den quirligen Straßen von Chinatown drängen sich Märkte, Antiquitätenläden, Kunstgalerien und Bars. Östlich der Innenstadt und nicht weit von Waikiki liegt der Stadtstrand Ala Moana. Die Gegend um die

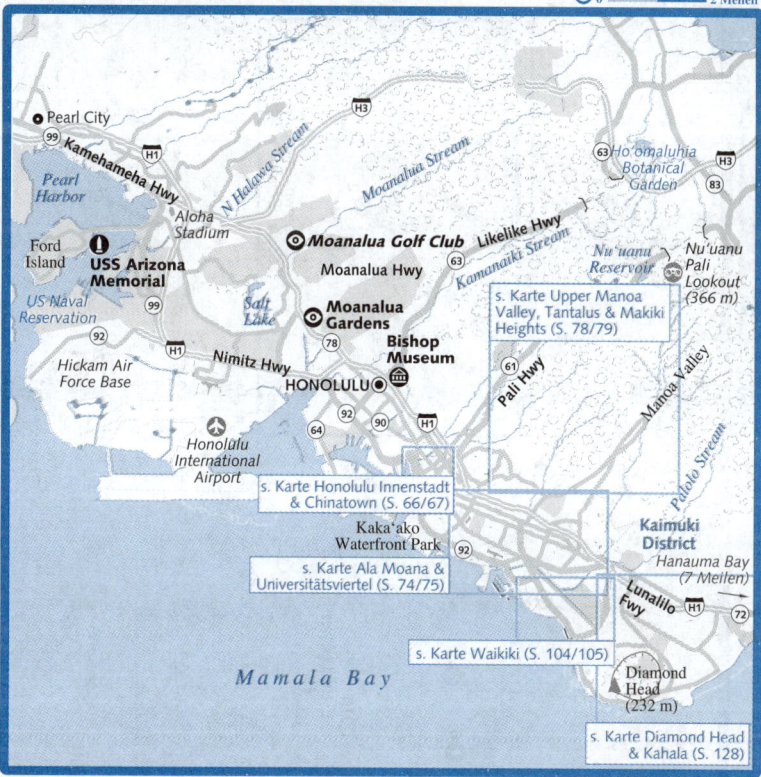

University of Hawai'i bildet das Tor zum grünen Umland mit dem Manoa Valley und dem Mount Tantalus. Ein paar Sehenswürdigkeiten außerhalb, wie das Bishop Museum, lohnen ebenfalls einen Abstecher.

INNENSTADT

'Iolani Palace HISTORISCHES GEBÄUDE
(Karte S. 66; Info 538-1471, Tourbuchung 522-0832/0823; www.iolanipalace.org; 364 S King St; Gelände Eintritt frei, Erw./Kind 5–12 J. Ausstellung 6/3 $, Audiotour 12/5 $, Führung 20/5 $; Mo-Sa 9–16 Uhr) Kein anderer Ort erinnert wohl mehr an die schmerzliche Seite der Geschichte Hawaiis als dieser Königspalast, in dem Verschwörungen und Gegenverschwörungen sich abwechselten.

Der majestätische Palast wurde 1882 von König David Kalakaua errichtet. Damals befolgte die hawaiische Monarchie weitgehend die diplomatischen Protokolle. Der König reiste ins Ausland, traf sich mit Staatsoberhäuptern in der ganzen Welt und empfing ausländische Gesandte im 'Iolani Palace. Der Palast war für die damalige Zeit modern und luxuriös. Die Souveränität Hawaiis aber konnte er nicht verteidigen, als die US-amerikanischen Wirtschaftsmächte das Königreich 1893 stürzten.

Zwei Jahre nach dem Putsch wurde die ehemalige Königin Lili'uokalani, Nachfolgerin ihres Bruders David, wegen Hochverrats verurteilt. Sie verbrachte die folgenden neun Monate als Gefangene in ihrer einstigen Residenz. Danach diente der Palast als Regierungssitz der Republik, des amerikanischen Hoheitsgebiets und später des US-Bundesstaats Hawaii. 1969 zog die Regierung schließlich in den heutigen Regierungssitz um und hinterließ den 'Iolani Palace nahezu als Trümmerhaufen. Der Palast wurde mittlerweile sorgfältig restauriert. Leider sind viele originale Gegenstände im Lauf der Jahre verloren gegangen oder gestohlen worden.

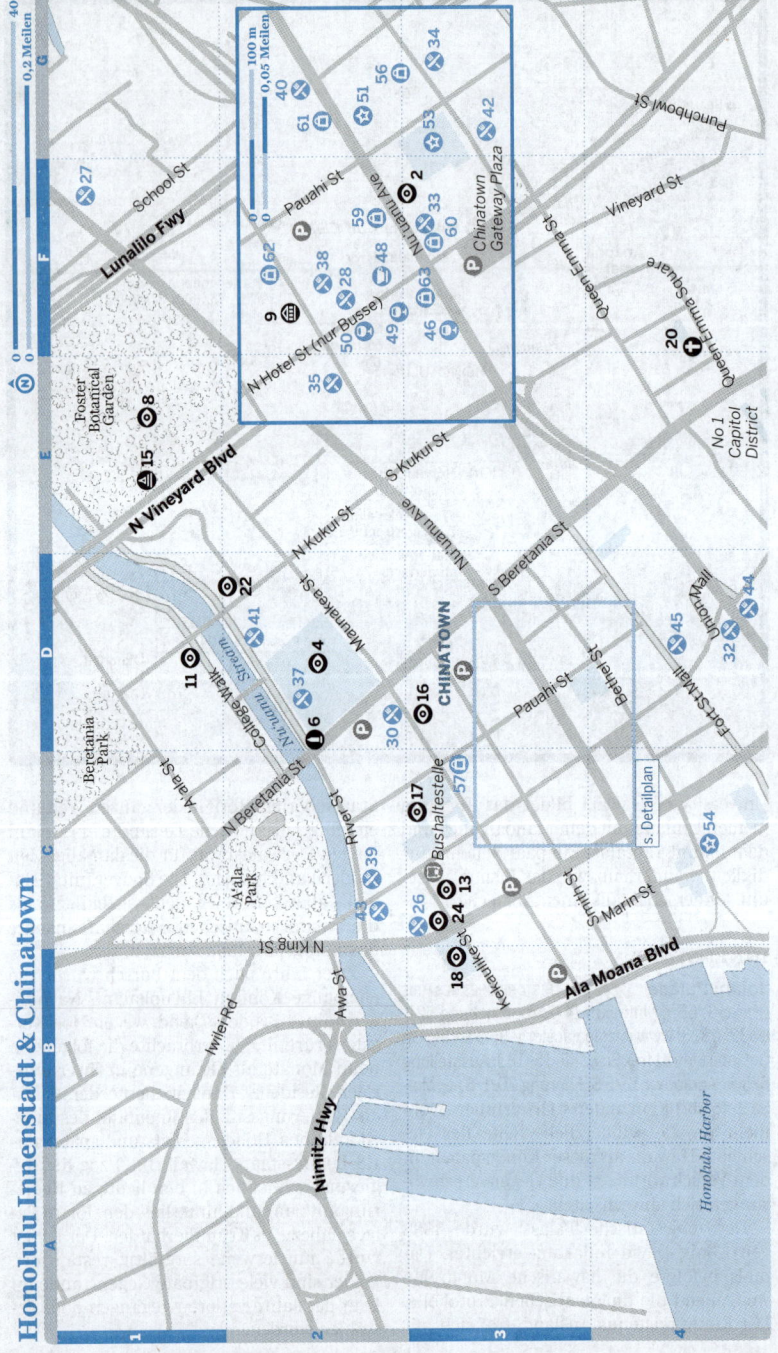

Honolulu Innenstadt & Chinatown

Foster Botanical Garden

Lunalilo Fwy

N Vineyard Blvd

School St

Punchbowl St

Vineyard St

Queen Emma St

Queen Emma Square

No 1 Capitol District

Chinatown Gateway Plaza

Pauahi St

Nuʻuanu Ave

N Hotel St (nur Busse)

S Kukui St

N Kukui St

Nuʻuanu Ave

Maunakea St

S Beretania St

Beretania Park

N Beretania St

College Walk

Nuʻuanu Stream

ʻAʻala Park

CHINATOWN

Bushaltestelle

s. Detailplan

Pauahi St

Betel St

Union Mall

Fort St Mall

River St

Smith St

Marin St

Ala Moana Blvd

N King St

Kekaulike St

Awa St

Maunakea St

Iwilei Rd

Nimitz Hwy

Honolulu Harbor

400 m
0,2 Meilen

100 m
0,05 Meilen

s. Karte Ala Moana &
Universitätsviertel (S. 74/75)

Washington
Place
23

Hawaiʻi State Art
Museum

29

19 21
7

'Iolani
Palace

'Iolani
Barracks

Kawaiaʻo
Church

Mission Houses
Museum

Kawaiahao St

Historischer
Friedhof

14

Friedhof

12
Territorial
Building

1

DOWNTOWN

YWCA
36

25

47

5

Old
Federal
Building

Merchant St

KAKAʻAKO

58

Halekauwila St

Pohukaina St

Restaurant
Row

31

Ala Moana Blvd

Aloha Tower Dr

3

Pier 6

Falls of
Clyde &
Hokulea

10

Pier 7

Aloha
Tower

52 55

Pier 8

Pier 9

Alakea St

N King St

Punchbowl St

Richards St

Mililani St

S King St

Alapaʻi St

Aupuni St

Cooke St

Kapiʻolani Blvd

Fort St

Bishop St

Reed Ln

South St

Honolulu Innenstadt & Chinatown

◉ Highlights

Aloha Tower B6
Hawai'i State Art Museum E5
'Iolani Palace E5
Kawaiaha'o Church E7
Mission Houses Museum F7

◉ Sehenswertes

1 Ali'iolani Hale D6
  Aloha Tower Marketplace .... (s. 55)
2 Anna Li Clinic Chinese Medicine F3
3 Atlantis Adventures B6
4 Chinatown Cultural Plaza D2
5 Contemporary Museum im First
  Hawaiian Center D5
6 Sun Yat-sen-Statue D2
7 Father Damien-Statue F5
8 Foster Botanical Garden E1
9 Hawaii Heritage Center F2
10 Hawai'i Maritime Center B6
11 Izumo Taisha Shrine D1
12 Statue von Kamehameha dem Großen E6
13 Kekaulike Market C3
14 König Lunalilos Grab E6
15 Kuan Yin Temple E1
16 Leanne Chee Chinese
  Acupuncture Clinic & Herbs D3
17 Maunakea Marketplace C3
18 O'ahu Market B3
19 Statue von Königin Lili'uokalani E5
20 St. Andrew's Cathedral F4
21 State Capitol E5
22 Taoistischer Tempel D2
23 Washington Place F5
24 Yat Tung Chow Noodle Factory C3

Aktivitäten, Kurse & Touren

25 Sierra Club D5

⊗ Essen

26 Ba Le C3
27 Bangkok Chef F1
  Bonsai .... (s. 31)
28 Downbeat F2
29 Downtown @HISAM E5
30 Duc's Bistro D2
31 Hiroshi Eurasian Tapas D8

32 Hukilau D4
33 Indigo F3
34 JJ Dolan's Pizza Pub G3
35 Ken Fong E2
36 Laniakea YWCA D5
37 Legend Buddhist Vegetarian
  Restaurant D2
38 Little Village Noodle House F2
39 Mabuhay Cafe & Restaurant C2
  Maunakea Marketplace .... (s. 17)
40 Mei Sum G2
41 Royal Kitchen D2
42 Soul de Cuba G3
43 To Chau C2
44 Umeke Market & Deli D4
  Vino .... (s. 31)
45 Vita Juice D4

♥ ☺ Ausgehen

  Bar 35 .... (s. 50)
46 Hank's Cafe F3
47 Honolulu Coffee Company D5
  Indigo Lounge .... (s. 33)
48 Manifest F2
  Next Door .... (s. 50)
49 Smith's Union Bar F2
50 thirtyninehotel F2

✪ Unterhaltung

51 ARTS at Marks Garage G2
52 Chai's Island Bistro B5
  Dragon Upstairs .... (s. 46)
53 Hawaii Theatre G3
54 Kumu Kahua Theatre C4
  The Venue .... (s. 56)

🔒 Shoppen

55 Aloha Tower Marketplace B6
56 Bethel Street Gallery G2
  Chinatown Boardroom .... (s. 61)
57 Cindy's Lei Shoppe C3
58 Kamaka Hawaii D8
59 Lai Fong Department Store F2
60 Louis Pohl Gallery F3
61 Pegge Hopper Gallery G2
62 Ramsay Galleries F2
63 Tin Can Mailman F3

Die Besichtigung der schönen Innenräume sind nur mit Führungen oder Audiotouren möglich (Kinder unter fünf Jahren sind nicht gestattet). Führungen gibt es dienstags und donnerstags von 9 bis 10 Uhr sowie mittwochs, freitags und samstags von 9 bis 11.15 Uhr. Ohne Führung ist die Besichtigung montags ab 9 Uhr, dienstags oder donnerstags ab 10.30 Uhr oder mittwochs, freitags und samstags ab 12 Uhr möglich. Manchmal ist es möglich, sich Führungen spontan anzuschließen, aber es ist doch ratsam, vorher zu reservieren und sich die Zeit bestätigen zu lassen, besonders in der

Hochsaison. Wer wenig Zeit hat, kann sich die Ausstellung unten anschauen, die u. a. königliche Insignien, historische Fotos und Rekonstruktionen der Palastküche und des Büros des Haushofmeisters umfasst.

Die 'Iolani Barracks, ehemalige Kaserne der königlichen Leibwache auf dem Palastgelände, beherbergen heute den Kartenschalter. Der Kuppelpavillon wurde ursprünglich für die Krönung von König Kalakaua gebaut, und zwar unter einem gewaltigen Banyan-Baum, der angeblich von Königin Kapi'olani gepflanzt worden war. Die Royal Hawaiian Band gibt hier oft freitags von 12 bis 13 Uhr kostenlose Konzerte.

Gegenüber dem 'Iolani Palace steht die **Statue von Kamehameha dem Großen**. Sie wurde 1880 in Florenz von dem amerikanischen Bildhauer Thomas Gould gegossen. Die heutige Statue ist allerdings eine Nachbildung, da die erste beim Transport vor den Falkland-Inseln im Meer versank. Das Original wurde später geborgen und steht heute in Kapa'au auf Big Island (Hawai'i), wo Kamehameha geboren wurde.

GRATIS **Hawai'i State Art Museum** MUSEUM (Karte S. 66; ☎586-0900; www.hawaii. gov/sfca; 1. Stock, No 1 Capitol District Bldg, 250 S Hotel St; ☻Di-Sa 10–16 Uhr, 1. Fr im Monat 17–19 Uhr) Das Kunstmuseum mit seiner lebendigen und interessanten Sammlung zeigt traditionelle und zeitgenössische Kunst der multikulturellen Gesellschaft Hawaiis. Das Museum ist in einem prächtigen Gebäude im spanischen Missionsstil von 1928 untergebracht, das einst dem YMCA gehörte. Oben gibt es Wechselausstellungen von Gemälden, Skulpturen, Textilkunst, Fotos und Multimediakunst – eine Mischung aus westlichen, asiatischen und polynesischen Kunstformen und Traditionen, die mit einer eigenen Ästhetik den Geist der Inseln und die Seele der Menschen einfängt. Am letzten Dienstag des Monats findet der kostenlose „Art Lunch" statt, am zweiten Samstag des Monats von 11 bis 15 Uhr Interaktives für Familien.

Mission Houses Museum MUSEUM (Karte S. 66; ☎447-3910; www.missionhouses. org; 553 S King St; Gelände Eintritt frei, einstündige Führung Erw./Kind 6–1 J. 10/6 $; ☻Di–Sa 10–16 Uhr, Führungen Di–Sa meist 11, 13 & 14.45 Uhr) Das einfache Museum im einstigen Haus der Sandwich-Island-Mission ist authentisch mit handgefertigten Bettdecken und Eisenkochtöpfen auf steinernen Feuerstellen eingerichtet.

Die protestantischen Missionare brachten mehr als nur ihre Koffer aus Boston mit; sie transportierten auch ein vorgefertigtes Holzhaus aus der Heimat (um Kap Hoorn herum!), das heutige **Frame House**. Die kleinen Fenster sollten eigentlich die kalten Winterstürme Neuenglands abhalten. Hier jedoch blockierten sie die kühlenden Passatwinde Honolulus; das Haus war daher heiß und stickig. Es wurde 1821 erbaut und ist somit das älteste Holzgebäude von Hawaii.

Das aus Korallenkalkstein gebaute **Chamberlain House** war das Vorratshaus der ersten Mission, das mangels Läden in Honolulu in jener Zeit notwendig war. Oben sind Fässer, Holzkisten für Lebensmittel sowie Tisch und Federkiel von Levi Chamberlain ausgestellt. Er war dafür zuständig, für die Missionarsfamilien, die nur wenig Geld erhielten, Vorräte zu kaufen, zu lagern und zu verteilen – wie die Geschäftsbücher auf seinem Schreibtisch belegen.

In der benachbarten **Druckerei** ist eine Bleidruckpresse zu sehen, auf der die erste Bibel auf Hawaiisch gedruckt wurde.

GRATIS **Kawaiaha'o Church** HISTORISCHES GEBÄUDE (Karte S. 66; www.kawaihao.org; 957 Punchbowl St; ☻Mo–Fr 8–16 Uhr, Gottesdienst So 9 Uhr) O'ahus älteste christliche Kirche wurde auf dem Grund gebaut, auf dem die ersten protestantischen Missionare kurz nach ihrer Ankunft 1820 eine grasgedeckte Kirche errichtet hatten. Das ursprüngliche Gebäude hatte Platz für 300 Hawaiianer auf *lauhala*-Matten, die aus Schraubenbaumblättern (*hala*) geflochten waren.

Die Kirche von 1842 im neogotischen Neuenglandstil besteht aus 14 000 Korallenblöcken, die Taucher aus den Riffen vor O'ahu geschlagen hatten – ein Unternehmen, das vier Jahre dauerte. Den Uhrenturm stiftete Kamehameha III., und die alte Uhr von 1850 geht immer noch genau. Die hinteren Bänke der Kirche mit ihren *kahili* (federgschmückte Stäbe) und Samtpolstern waren für das Königshaus reserviert.

Das Grab Königs Lunalilos, des kurzlebigen Nachfolgers von Kamehameha V., befindet sich nahe dem Haupteingang des Kirchhofs. Der Friedhof hinter der Kirche liest sich fast wie ein „Who is Who" der Kolonialgeschichte. Hier sind die ersten Missionare neben anderen Persönlichkeiten begraben, wie dem berüchtigten Sanford Dole, dem ersten Territorialgouverneur Hawaiis nach dem Sturz von Königin Lili'uokalani.

Aloha Tower
WAHRZEICHEN

(Karte S. 66; www.alohatower.com; 1 Aloha Tower Dr; Eintritt frei; ⏱9–17 Uhr; 🅿) Das zehnstöckige Wahrzeichen von 1926 war einst das höchste Gebäude der Stadt. In jener Zeit, als alle Touristen noch mit dem Schiff anreisten, grüßte das Gebäude jeden Besucher. Noch heute legen hier am Terminal unter dem Turm die Kreuzfahrtschiffe an. Ein Aufzug bringt Besucher bis zur Aussichtsplattform im obersten Stock, wo sie einen weiten Rundumblick genießen können. Durch die Fenster im Kreuzfahrtterminal im Erdgeschoss sind farbenprächtige Wandbilder zu sehen, die das alte Honolulu darstellen.

Hawai'i Maritime Center
MUSEUM

(Karte S. 66; ☎523-6151; www.bishopmuseum. org; Pier 7, Honolulu Harbor; ⏱vorübergehend geschl.; 🚸) Zur Zeit der Recherche war das Museum vorübergehend geschlossen, vor einem Besuch also anrufen. Das informative Museum vermittelt wunderbar die Geschichte Hawaiis, von der Ankunft Captain James Cooks und den Walfangschiffen des 19. Jhs. bis zu den Windsurfern der Neuzeit. Zu den Exponaten, die die Anfänge des Tourismus auf Hawaii verdeutlichen, gehören ein Nachbau einer Kabine eines Matson-Linienschiffs und historische Fotos von Waikiki im frühen 20. Jh.

Hauptattraktion ist das *Hokule'a*, ein traditionelles Doppelrumpf-Segelkanu, das mehrmals von Hawaii in den Südpazifik und zurück gesegelt ist. Die Segler folgten damit den Spuren der ursprünglichen polynesischen Siedler der Inseln und verwendeten alte Navigationsmethoden, indem sie sich nur an Sonne, Sternen, Wind- und Wellenbewegungen orientierten.

Draußen geht es an Bord der *Falls of Clyde*, des letzten Viermasters der Welt, der 1878 in Glasgow gebaut wurde. Das Schiff transportierte einst Zucker und Passagiere zwischen Hilo auf Big Island und San Francisco, dann Öl, bis es schließlich zum Frachtkahn umgebaut wurde. Heute ist es ein schwimmendes Nationaldenkmal.

GRATIS Contemporary Museum im First Hawaiian Center
KUNSTGALERIE

(Karte S. 66; www.tcmhi.org; 999 Bishop St; ⏱Mo–Do 8.30–16, Fr bis 18 Uhr) Die Kunstgalerie in der Hochhauszentrale der First

Hawaiian Bank im Stadtzentrum bringt mit Wechselausstellungen moderner und zeitgenössischer Kunst etwas Schwung in das Geschäftsviertel. Selbst die Gebäudefassade ist ein gläsernes Kunstwerk aus 185 Prismen über vier Stockwerke.

GRATIS Ali'iolani Hale
HISTORISCHES GEBÄUDE

(Karte S. 66; 417 S King St; ⏱Mo–Fr 9–16 Uhr) Das „Haus der himmlischen Könige", das erste große Regierungsgebäude, das die Monarchie 1874 errichten ließ, wurde von dem australischen Architekten Thomas Rowe als Königspalast entworfen, aber nie als solcher genutzt. Genau auf diesen Treppen verkündete Sanford Dole im Januar 1893 das Ende der hawaiischen Monarchie. Heute residiert in dem ehrwürdigen, italienisch beeinflussten Gebäude der Oberste Gerichtshof von Hawaii. Innen gibt es eine Ausstellung über die hawaiische Justizgeschichte.

GRATIS State Capitol
INTERESSANTE ARCHITEKTUR

(Karte S. 66; 415 S Beretania St) Hawaiis Staatskapitol, erbaut in den architektonisch interessanten 1960er-Jahren, ist kein üblicher Prachtbau, sondern mehr ein Aushängeschild der konzeptuellen Postmoderne. Die beiden kegelförmigen Füße, die Plenarsäle, stehen für die Vulkane Hawaiis, die tragenden Säulen symbolisieren Palmen und das große Wasserbecken um das Gebäude herum stellt den Pazifik um die hawaiischen Inseln dar.

Vor dem Kapitol befindet sich eine stark stilisierte Statue von Father Damien. Der belgische Priester lebte und arbeitete mit Menschen, die an der Hansen-Krankheit (Lepra) litten und im 19. Jh. auf der Insel Moloka'i leben mussten. Father Damien, später heilig gesprochen, starb selbst an der Krankheit.

Eine Bronzestatue von Königin Lili'uokalani, Hawaiis letzter regierender Monarchin, steht symbolisch zwischen dem Palast und dem Staatskapitol. In ihrer Hand hält sie die Verfassung, die sie 1893 im vergeblichen Bemühen um die Stärkung hawaiischer Herrschaft geschrieben hatte, „Aloha 'Oe", ein von ihr komponiertes, beliebtes Lied und das *Kumulipo*, das Schöpfungslied der indigenen Hawaiianer.

Washington Place
HISTORISCHES GEBÄUDE

(Karte S. 66; ☎586-0240; ⏱Führung nur nach Vereinbarung) Die große, von stattlichen Bäumen umgebene Villa im Kolonialstil wurde 1846 vom US-amerikanischen Kapitän John Dominis errichtet. Sein Sohn, ebenfalls mit Namen John, wurde Gouverneur von O'ahu und heiratete eine hawaiische Prinzessin, die spätere Königin Lili'uokalani. Nach ihrer Freilassung aus dem Hausarrest im 'Iolani Palace 1896 lebte die Königin bis zu ihrem Tod 1917 im Washington Place. Eine Plakette nahe dem Bürgersteig trägt den Text von „Aloha 'Oe", des Abschiedslieds, das Lili'uokalani komponiert hatte. Führungen können telefonisch vereinbart werden.

St. Andrew's Cathedral   KIRCHE
(Karte S. 66; ☑524-2822; www.saintandrews cathedral.net; 229 Queen Emma Sq; ⊙Führung meist So um 11.15 Uhr; 🅿) In dem Bau der gotischen Kathedrale drückt sich die persönliche Verehrung Kamehamehas IV. aus, die er der Architektur und dem Glauben der anglikanischen Kirche entgegenbrachte. Er und seine Gemahlin Königin Emma gründeten 1861 die anglikanische Kirche auf Hawaii. Führungen beginnen meist an der Kanzel nach dem Sonntagsgottesdienst (10 Uhr), sollten aber zuvor erfragt werden. Kostenlose Konzerte auf der größten Pfeifenorgel im Pazifik finden jeden Mittwoch um 12.15 Uhr statt.

CHINATOWN

Die Lage dieses Geschäftsviertels ist kein Zufall. Hier, zwischen Hafen und einer einstmals ländlichen Gegend, schossen Läden aus dem Boden, die sowohl an die Städter als auch an Schiffsmannschaften Waren verkauften. Viele dieser Läden wurden Ende des 19. Jhs. von chinesischen Arbeitern eröffnet, nachdem sie ihre Vertragsarbeit auf Zuckerrohrplantagen beendet hatten. Die erfolgreichsten Unternehmer sind jedoch schon lange aus dem einfachen Viertel in die Vorstädte gezogen und haben Platz für neue südostasiatische Immigranten gemacht.

Der Duft brennenden Räucherwerks zieht noch immer durch die quirligen Märkte Chinatowns, feuerspeiende Drachen steigen die Häuserreihen hinauf und dampfendes Dim Sum weckt selbst noch den schwächsten Appetit. Eine Erkundung braucht ein bisschen Zeit: Es gibt trendige Kunstgalerien und Antiquitätenläden, unterwegs kann man sich mit Nudelgerichten stärken, einen Kräuterarzt (Kasten S. oben) konsultieren, einen Blumen-*lei* kaufen und einen beschaulichen Spaziergang im bota-

CHINESISCHE KRÄUTERMEDIZIN

Die Kräuterärzte (Herbalists) in Chinatown sind zugleich Mediziner und Apotheker. Ihre Läden sind voll gepackt mit verschiedenen Kräutern in kleinen Holzschubladen. Die Herbalists begutachten ihre Kunden, fühlen den Puls und lassen sich die Erkrankung beschreiben. Dann entscheiden sie, welche Schubladen zu öffnen sind, mischen Kräuter und Blüten und geben sie mit nach Hause, wo man sich einen Sud herstellt. Traditionelle Kräuterärzte befinden sich im **Chinatown Cultural Plaza** (Karte S. 66), in der **Anna Li Clinic of Chinese Medicine** (Karte S. 66; ☑537-1133; 1121 Nu'uanu Ave) oder im **Leanne Chee Chinese Herbs & Acupuncture** (Karte S. 66; ☑533-2498; 1159 Maunakea St).

nischen Garten machen. Infos zu historischen Stadtrundgängen s. S. 83.

An der Nordseite Chinatowns, besonders entlang des Nu'uanu Stream und der Fußgängerpromenade River Street, sind Drogenhandel und Bandenkriminalität verbreitet. Nach Einbruch der Dunkelheit sollte man diese Bereiche meiden. Zwielichtig sind auch Abschnitte der Hotel Street.

Märkte in Chinatown   MARKT
Das geschäftliche Zentrum Chinatowns spielt sich rund um die Märkte und Lebensmittelläden in der Kekaulike und der Maunakea Street ab. Nudelfabriken, Bäckereien und Stände mit Obst und Gemüse säumen die Straßen, in denen sich resolute Großmütter und einkaufende Familien drängen.

Im **O'ahu Market** (Karte S. 66; 145 N King St) werden seit 1904 alle Zutaten verkauft, die ein chinesischer Koch braucht: Ingwer, frischer Tintenfisch, Wachteleier, Thunfischstücke, Jasminreis, Spargelbohnen und eingesalzene Quallen. Wer einen Schweinskopf an den Ständen entdeckt, hat sich einen Schaumtee verdient.

Einen Block weiter liegt die **Yat Tung Chow Noodle Factory** (Karte S. 66; 150 N King St), eine der wenigen Nudelfabriken in Familienbetrieb. Am frühen Morgen ist dort jede Fläche mit Mehlstaub bedeckt.

In der Nähe befinden sich noch der **Kekaulike Market** (Karte S. 66; Kekaulike St, zwischen N King & Hotel St) und der **Maunakea**

Marketplace (Karte S. 66; 1120 Maunakea S) mit seinem wuseligen Food-Court.

Foster Botanical Garden BOTANISCHER GARTEN (Karte S. 66; www.co.honolulu.hi.us/parks/hbg/fbg.htm; 50 N Vineyard Blvd; Erw./Kind 6–12 J. 5/1 $; ⊙9–16 Uhr, Führungen meist Mo–Sa 13 Uhr; P) In diesem botanischen Garten, der 1850 angelegt wurde, gedeihen prachtvolle tropische Pflanzen, die die meisten Besucher nur aus Büchern kennen. Zu den seltensten Exemplaren gehören die hawaiische *loulu*-Palme und der ostafrikanische *Gigasiphon macrosiphon,* die beide in freier Natur als ausgestorben gelten. Mehrere gewaltige Bäume im Garten sind die größten ihrer Art in den USA. Zu den Kuriositäten gehört der Kanonenkugelbaum, der Leberwurstbaum und die Seychellenpalme, die eine 22 kg schwere Kokosnuss produzieren kann – Kopf weg, wenn die fällt! Im Gewürz- und Kräutergarten gedeihen duftende Vanilleranken und Zimtbäume, aber auch Gift- und Farbstoffpflanzen. Besonders schön ist der blühende Orchideengarten. Alle Arten sind beschriftet. Am Garteneingang gibt es eine kostenlose Rundgangsbroschüre.

GRATIS **Kuan Yin Tempel** TEMPEL (Karte S. 66; 170 N Vineyard Blvd; ⊙unterschiedl. Zeiten) Der verschnörkelte, chinesisch-buddhistische Tempel mit grünem Keramikdach und leuchtend roten Säulen ist der älteste in Honolulu. Die reich verzierten Räume sind erfüllt von süßem, durchdringenden Räucherduft. Der Tempel ist Kuan Yin (Guanyin), der Göttin der Barmherzigkeit, geweiht, deren Statue die größte in der Gebetshalle ist. Die Gläubigen verbrennen „Papiergeld" als Gabe für Wohlstand und Glück und legen frische Blumen und Früchte an den Altar. Die großen, pyramidenförmig gestapelten Zitrusfrüchte sind Pomelos – wegen ihrer vielen Kerne ein Symbol der Fruchtbarkeit.

GRATIS **Izumo Taisha** TEMPEL (Karte S. 66; 215 N Kukui St; ⊙meist 9–16 Uhr) Der Shintō-Schrein jenseits des Flusses wurde 1906 von japanischen Immigranten gebaut. Im Zweiten Weltkrieg hatte die Stadt ihn beschlagnahmt und erst Anfang der 1960er-Jahre der Gemeinde zurückgegeben. Die großen Reissäcke nahe dem Altar symbolisieren Gesundheit. Das Klingeln der Glocke am Schreineingang dient zur Läuterung der Gläubigen,

die hier beten und einen Segen erhalten wollen, besonders am 1. Januar, wenn Priester aus ganz O'ahu in den Tempel kommen.

Taoistischer Tempel TEMPEL (Karte S. 66; 1315 River St; ⊙meist 8.30–14 Uhr) Die 1889 gegründete Lum-Sai-Ho-Tong-Gesellschaft war eine der über hundert Gesellschaften, die von chinesischen Immigranten auf Hawaii zum Erhalt ihrer kulturellen Identität gegründet wurden. Der taoistische Tempel mit seinem kunstvollen Altar ehrt die Göttin Tin Hau, ein Kind der Lum, das seinen Vater vor dem Ertrinken rettete und später zur Göttin wurde – gläubige Bootsfahrer behaupten, dass sie ihnen erscheine.

Hawai'i Heritage Center MUSEUM (Karte S. 66; 1040 Smith St; Eintritt 1 $; ⊙Mo–Sa 9–14 Uhr) Ehrenamtliche der chinesischen Gemeinde betreiben die Galerie mit Wechselausstellungen, die sich mit chinesischen und anderen ethnischen Gemeinschaften auf O'ahu beschäftigen.

ALA MOANA

Ala Moana, der „Weg zum Meer", ist der Spitzname des Viertels westlich von Waikiki. Der größte Beach Park Honolulus und Hawaiis größtes Einkaufzentrum befinden sich hier.

LP TIPP **Honolulu Academy of Arts** MUSEUM (Karte S. 74; ☎532-8700; www.honoluluacademy.org; 900 S Beretania St; Erw./Kind 10 $/frei, 1. Mi & 3. So im Monat Eintritt frei; ⊙Di–Sa 10–16.30, So 13–17 Uhr, jeden letzten Fr im Monat auch 18–21 Uhr; P ♿) Das herausragende Museum ist vielleicht die größte Überraschung auf O'ahu. Es besitzt eine Sammlung, die die Kunstgeschichte fast aller Kontinente repräsentativ wiedergibt; das Museum spielt auf dem Gebiet der asiatischen Kunst sogar eine führende Rolle. Zu sehen sind Meisterwerke von Monet, Matisse und O'Keefe, Sammlungen aus der römischen und griechischen Antike, Gemälde der italienischen Renaissance, bedeutende Werke der amerikanischen Moderne, alte japanische Holztafeldrucke von Hiroshige und Hokusai, chinesische Kalligrafien aus der Ming-Dynastie, indische Tempelreliefs, Schwertkeulen und Masken aus Papua-Neuguinea – und unendlich viel mehr.

Das Museum wurde 1927 von Anna Rice Cooke gegründet. Sie wollte mit ihrem

ABENDLICHE KUNST IN CHINATOWN

Die Nu'uanu Avenue und Hotel Street in Chinatown sind zwar stellenweise ein etwas zwielichtiges Pflaster, aber gleichzeitig auch eine trendige Kunst- und Kulturmeile, eine coole Gegend zum Ausgehen und gute Adresse für Livemusikkonzerte. Besonders spannend ist ein **First Friday Honolulu Gallery Walk** (www.firstfridayhawaii. com), ein Galerienrundgang am ersten Freitag im Monat zwischen 17 und 21 Uhr. Kostenlose Stadtpläne gibt es in jeder der zwei Dutzend Kunstgalerien Chinatowns; die meisten befinden sich im näheren Umkreis des Hawaii Theatre (S. 95).

Die folgenden alteingesessenen Galerien sind an diesen Freitagen länger geöffnet:

» **ARTS at Marks Garage** (Karte S. 66; 1159 Nu'uanu Ave; ⊙Di–Sa 11–18 Uhr) Vielfältige Arbeiten in allen möglichen Medien von Nachwuchskünstlern der Insel.

» **Bethel Street Gallery** (Karte S. 66; www.bethelstreetgallery.com; 1140 Bethel St; ⊙Di–Fr 11–16, So 11–15 Uhr) Die Künstlerkooperative stellt eine bunte Palette von Werken aus, von mundgeblasenen Glasskulpturen bis zu abstrakten Gemälden.

» **Chinatown Boardroom** (Karte S. 66; www.chinatownboardroom.com; 1160 Nu'uanu Ave; ⊙Di–Sa 11–16 Uhr) Hat supercoole Kunst und einen Shop u. a. mit ausgefallenen Surfbrettunikaten.

» **Louis Pohl Gallery** (Karte S. 66; www.louispohlgallery.com; 1111 Nu'uanu Ave; ⊙Di–Sa 11–18 Uhr) Gemälde von zeitgenössischen Inselkünstlern.

» **Pegge Hopper Gallery** (Karte S. 66; www.peggehopper.com; 1164 Nu'uanu Ave; ⊙Di–Fr 11–16 Uhr) Charakteristische Drucke und Gemälde üppiger Inselfrauen des namensgebenden Künstlers.

» **Ramsay Galleries** (Karte S. 66; www.theramasymuseum.org; 1128 Smith St; ⊙Di–Fr 9–17 Uhr) Detaillierte Tuschzeichnungen und andere Arbeiten von bekannten hawaiischen Künstlern wie Dietrich Varez.

Eine Pause von all der Kultur bieten Hank's Cafe (S. 93), eine Kneipe für durstige Anwohner, oder die Jazzkonzerte im Dragon Upstairs (S. 94). Für leibliches Wohl sorgt eines der lokalen Restaurants, bevor es später am Abend in die Club- und Livemusikszene von Chinatown geht.

Erbe eine Kunstsammlung schaffen, die die Vielfalt der Inselbevölkerung widerspiegelt. Das Museum sollte ein Ort sein, wo auf Hawaii geborene Kinder mittels Kunst ihre eigenen kulturellen Wurzeln erkunden können und – genauso wichtig – auch etwas über die ihrer Nachbarn erfahren.

Ein paar Stunden sind hier schon nötig, vielleicht mit Mittagsimbiss im Pavilion Café und einer geführten Tour nach **Shangri La** (S. 127), Doris Dukes zauberhaftem Anwesen nahe dem Diamond Head. Auf der Website des Museums sind besondere Veranstaltungen angekündigt: Galerienführungen, familienfreundliche Sonntage, Filmvorführungen und Kammerkonzerte im **Doris Duke Theatre** sowie die trendigen Partys **Art After Dark** (www.artafterdark. org) mit Essen, Getränken und Liveunterhaltung.

Parken auf dem Parkplatz des Art Center, gleich südöstlich des Museums, kostet bis zu vier Stunden 3 $. Von Waikiki ist es mit TheBus 2 oder 13 oder dem B City Express! zu erreichen.

UNIVERSITÄTSVIERTEL

Das Universitätsviertel in den Ausläufern des Manoa Valley ist gut zu Fuß zu erkunden. Hier stößt man auf etliche coole Cafés, ethnische Restaurants und gute Boutiquen.

University of Hawai'i at Manoa
UNIVERSITÄT, MUSEUM

(UH; Karte S. 74; ☎956-8111; www.uhm.hawaii. edu; Ecke University Ave & Dole St; Ⓟ) Die Universität von Hawai'i, zu spät für die verzopfte akademische Architektur des Festlands gegründet, ist der zentrale Campus aller Hochschulen im Bundesstaat Hawaii. Schwerpunkt der UH Manoa mit ihren

O'AHU HONOLULU

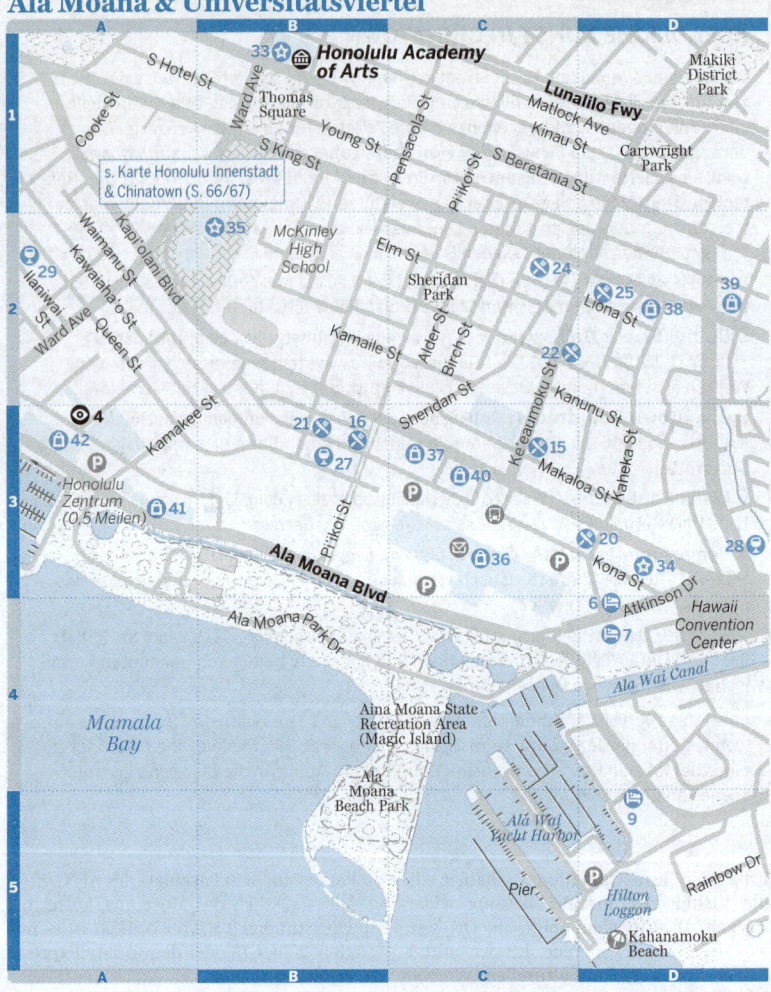

schattigen Bäumen und braun gebrannten Studenten aus ganz Polynesien sind Astronomie, Geophysik, Meereskunde sowie hawaiische und pazifische Wissenschaften.

Das **UH Information & Visitor Center** (Karte S. 74; Zimmer 212, Campus Center; ⊙Mo–Fr 8.30–16.30 Uhr) bietet kostenlose einstündige Führungen über den Campus mit Schwerpunkt Geschichte und Architektur. Die Führungen beginnen meist montags, mittwochs und freitags um 14 Uhr. Reservierungen sind nicht nötig, nur eine Anmeldung zehn Minuten vorher. Die Broschüre *Campus Art*, ebenfalls im Informationszentrum erhältlich, beschreibt einen Rundgang außerhalb der Gebäude zu den Skulpturen und anderen Werken bedeutender hawaiischer Künstler.

Das **John Young Museum of Art** (Karte S. 74; www.outreach.hawaii.edu/JYMuseum; Krauss Hall, 2500 Dole St; Eintritt frei; ⊙Mo–Fr 11–14, So 13–16 Uhr), ein kurzes Stück zu Fuß bergab vom Campus Center, birgt eine Sammlung von Artefakten aus dem Pazifikraum, Afrika und Asien. Dazu gehören Keramiken, Töpferwaren und Skulpturen. Ein hawaiischer Künstler des 20. Jhs. hat sie zusammengestellt. Es sind zwar nur zwei

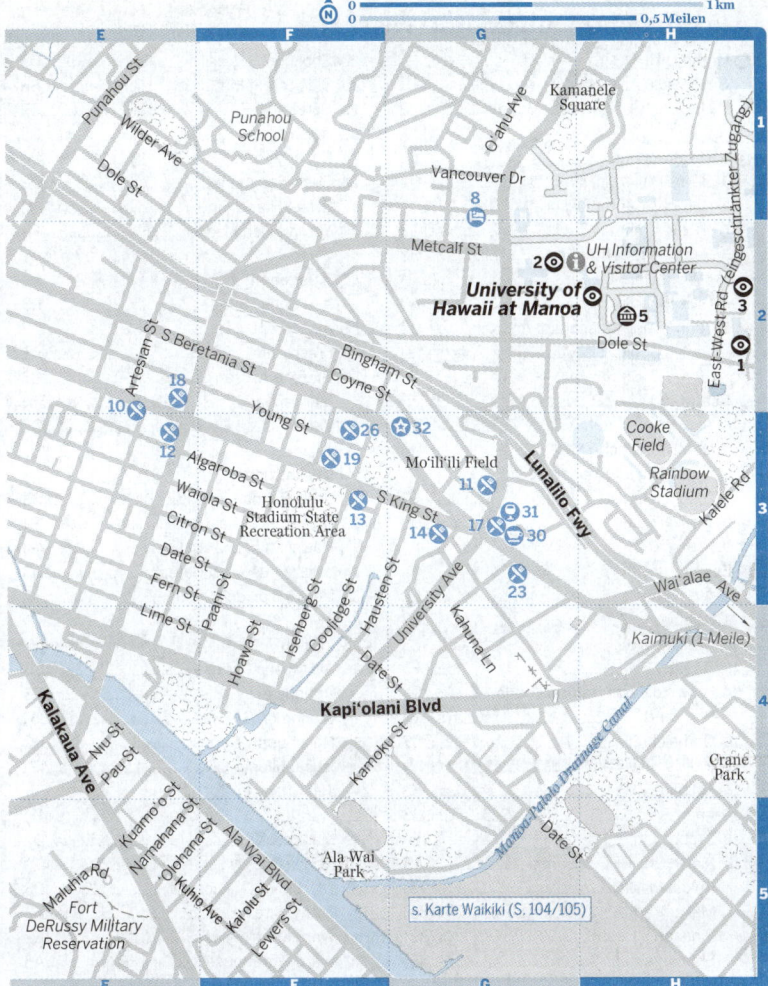

Räume, sie lohnen aber einen schnellen Blick.

Das **East-West Center** (Karte S. 74; ☏ 944-7111; www.eastwestcenter.org; 1601 East-West Rd) an der Ostseite des Campus dient der Förderung des gegenseitigen Verständnisses der Menschen aus Asien, dem Pazifikraum und den USA. Wechselnde Ausstellungen zu Kunst und Kultur sind in der **EWC Gallery** (Burns Hall; Eintritt frei; ⏲ meist Mo–Fr 8–17, So 12–16 Uhr) des Center zu sehen. Es veranstaltet auch multikulturelle Programme (Vorträge, Filme, Konzerte, Tanz).

Parken auf dem Campus kostet werktags vor 16 Uhr 4 $, sonst 5 $.

UPPER MANOA VALLEY & MAKIKI HEIGHTS

Willkommen in Honolulus Grüngürtel! Das üppig bewachsene Manoa Valley zieht sich hinter der UH Manoa durch exklusive Wohnviertel bis zu den Waldreservaten oberhalb der Innenstadt hinauf.

Lyon Arboretum   PARK

(Karte S. 78; ☏ 988-0456; www.hawaii.edu/lyonarboretum; 3860 Manoa Rd; Eintritt Spende

Ala Moana & Universitätsviertel

◉ Highlights
Honolulu Academy of Arts B1
University of Hawaii at Manoa H2

◉ Sehenswertes
1 Burns Hall H2
2 Campus Center Leisure
   Programs G2
3 East-West Center H2
   EWC Gallery ....(s. 1)
4 Girls Who Surf A3
5 John Young Museum of Art.................H2
   Native Books/Nā Mea Hawaii ....(s. 42)

◎ Schlafen
6 Ala Moana Hotel.................................D4
7 Central Branch YMCA D4
8 Hostelling International (HI)
   Honolulu..G1
9 Waikiki Edition D5

✕ Essen
10 Alan Wong's.....................................E2
11 Bubbies G3
12 Chef Mavro E3
13 Da Kitchen F3
14 Down to Earth Natural Foods...............G3
   Foodland ....(s. 36)
15 Gomaichi C3
   Halili's Hawaiian Foods ....(s. 42)
16 Ichiriki B3
17 Imanas Tei G3
18 Jimbo..E2
19 Kiawe Grill BBQ & Burgers F3
   Kokua Market ....(s. 23)
   Makai Market ....(s. 36)
   Pineapple Room......................(s. 36)
   Shirokiya ....(s. 36)

20 Shokudo...D3
21 Side Street Inn B3
22 Sorabol C2
23 Spices G3
24 Sushi Izakaya Gaku C2
25 Sushi Sasabune D2
   Sweet Home Café.....................(s. 19)
26 Yama's Fish Market...............................F3

◉◉ Ausgehen
27 Aku Bone Lounge B3
28 Apartment 3 ....D3
29 Fresh Cafe...A2
30 Glazer's Artisan Coffee.......................G3
   Mai Tai Bar ....(s. 36)
31 Varsity...G3

✦ Unterhaltung
32 Anna Bannanas...................................G3
33 Doris Duke Theatre B1
   HawaiiSlam ....(s. 29)
34 Jazz Minds Art & Café..........................D3
35 Neal S Blaisdell Center B2

◉ Shoppen
36 Ala Moana Center C3
37 Antique Alley C3
   Cinnamon Girl ....(s. 36)
38 Hula Supply Center D2
   Island Slipper ....(s. 42)
   Jeff Chang Pottery & Fine
   Crafts ....(s. 41)
39 Manuheali'i D2
   Nohea Gallery ....(s. 42)
40 T&L Muumuu Factory C3
   Tutuvi Sitoa ....(s. 17)
41 Ward Centre A3
42 Ward Warehouse.................................A3

erbeten, Führung 5 $; ☺Mo–Fr 8–16, Sa 9–15 Uhr; P 🚻) Wunderbar verwilderte Wanderwege winden sich durch die 80 ha des hoch gelobten Parks, der 1918 angelegt und von der University of Hawai'i verwaltet wird. Kein typischer, super gepflegter Tropenblumengarten, sondern ein ausgewachsenes und weitgehend waldiges Arboretum, wo verwandte Arten in nahezu natürlichem Zustand zusammenstehen. Führungen gibt es werktags um 10 Uhr (Anmeldung erforderlich).

Im Garten für hawaiische ethnobotanische Pflanzen gedeihen u. a. *'ulu* (Brotfruchtbaum), *kalo* (Taro) und *ko* (Zuckerrohr), die die ersten polynesischen Siedler mitbrachten, dann *kukui,* das zur Herstellung von Laternenöl genutzt wurde, und *ti,* das in alter Zeit für medizinische Zwecke und nach Ankunft der Europäer für die Schwarzbrennerei verwendet wurde. Nach etwa einer Meile (1,6 km) auf einer Jeeppiste bergauf beginnt ein von Baumwurzeln verknorrter Pfad, der zu den jahreszeitlichen 'Aihualama Falls führt, einer filigranen Klippenkaskade (Schwimmen nicht möglich).

Vom Ala Moana Center fährt TheBus 5 zum Manoa Valley. Von der Endstation sind es noch 0,6 Meilen (1 km) zu Fuß bergauf bis zum Ende der Manoa Road. Es gibt dort kostenlose, zeitliche begrenzte Parkplätze.

Contemporary Museum   MUSEUM

(TCM; Karte S. 78; ☎526-1322; www.tcmhi.org; 2411 Makiki Heights Dr; Erw./Kind unter 13 J. 6 $/ frei, 3. Do im Monat Eintritt frei; ☉Di–Sa 10–16, So 12–16 Uhr, Führungen meist 13.30 Uhr; P) Das kleine Kunstmuseum in einem Gutshaus mit beschaulichen Skulpturen- und Blumengärten zeigt Wechselausstellungen von Gemälden, Skulpturen und anderen Kunstwerken von hawaiischen, US-amerikanischen und internationalen Künstlern von den 1940er-Jahren bis heute. In einem Pavillon befindet sich das wertvollste Stück, eine dreidimensionale Installation von David Hockney, inspiriert von Szenen aus Ravels Oper *L'Enfant et les Sortilèges* von 1925. Das einfache **Contemporary Café** im Erdgeschoss serviert Getränke und kleine Speisen und stellt romantische Picknickkörbe bereit (vorher bestellen).

Von Waikiki fahren TheBus 2 oder der B City Express! Richtung Innenstadt von Honolulu bis zur Haltestelle Beretania und Alapaʻi Street. Von dort geht es zu Fuß auf der Alapaʻi Street Richtung Meer bis zur King Street, wo TheBus 15 zum Museum abfährt.

Manoa Heritage Center   HEIAU (TEMPEL)

(☎988-1287; www.manoaheritagecenter.org; Erw./Kind 7 $/frei; ☉Führungen nur nach Vereinbarung Mi–Sa 9.30–15.30 Uhr; P) Das Manoa Heritage Center, eine einzigartige historische Anlage, liegt versteckt auf einem privaten Anwesen im üppigen Tal oberhalb der UH Manoa. Kernstück ist ein ummauerter *heiau* (Tempel), umgeben von einem ethnobotanischen Garten, in dem seltene einheimische und von Polynesiern eingeführte Pflanzen wachsen. Vorbei am *konane*-Brettspiel (eine hawaiische Version von „Dame") führt ein Pfad bergab zu einem Tarofeld, das traditionell bestellt wird.

Rundgänge werden von kenntnisreichen Freiwilligen und Angestellten angeboten, die gerne über Inselsagen und hawaiische Traditionen berichten. Die Touren sollten mindestens eine Woche im Voraus telefonisch reserviert und die Wegbeschreibung erfragt werden (spontane Besuche sind nicht möglich, um die Anlage und die Privatsphäre der ansässigen Familie zu schützen).

Tantalus–Round Top Drive   PANORAMASTRECKE

Eine enge Serpentinenstraße beginnt nur 2 Meilen (3,2 km) oberhalb von Honolulus Innenstadt und windet sich hinauf in das Waldschutzgebiet des Makiki Valley. Sie steigt fast bis zur Spitze des Mount Tantalus (614 m) bzw. Puʻu ʻOhiʻa hinauf und belohnt die Autofahrer mit einem weiten Blick. Bambus, Ingwer, elefantenohrgroße Taroblätter und Eukalyptusbäume säumen den Weg, Kletterpflanzen ranken sich an Telegrafenmasten hoch und um die Kabel herum. Die 8,5 Meilen (13,5 km) lange Rundstrecke heißt auf der Westseite Tantalus Drive und auf der Ostseite Round Top Drive.

Puʻu ʻUalakaʻa State Wayside

(Karte S. 78; ☉April–Anf. Sept. 7–18.45 Uhr, Sept.–März bis 19.45 Uhr) Der Aussichtspunkt an der Puʻu ʻUalakaʻa State Wayside bietet einen umwerfenden Panoramablick. Etwa 2,5 Meilen (4 km) über den Round Top Drive ab Makiki Heights befindet sich der Parkeingang, von wo es nochmals etwa 0,5 Meilen (800 m) bis zum Aussichtspunkt sind (an der Gabelung links halten). Der weite Blick reicht bis zum Diamond Head ganz links, über Waikiki und Honolulu, bis zu der Waiʻanae Range ganz rechts. Im Südosten erstreckt sich die University of Hawaiʻi, leicht an ihrem Sportstadion zu erkennen. Im Südwesten ist der grüne Hügel des Punchbowl-Kraters zu sehen. Der Flughafen liegt an der Küste und dahinter Pearl Harbor.

GROSSRAUM HONOLULU

Bishop Museum   MUSEUM

(Karte S. 65; ☎847-3511; www.bishopmuseum. org; 1525 Bernice St; Erw./Kind 4–12 J. 18/ 15 $; ☉Mi–Mo 9–17 Uhr; P🚻) Das Museum präsentiert ein bemerkenswertes Spektrum kulturhistorischer, naturkundlicher und wissenschaftlicher Exponate. Es gilt oft als das beste polynesisch-anthropologische Museum der Welt. Gegründet wurde es 1889 zu Ehren von Prinzessin Bernice Pauahi Bishop, eine Nachfahrin der Kamehameha-Dynastie. Ursprünglich enthielt es nur hawaiische und königliche Artefakte.

Die jüngst renovierte Hauptgalererie, die **Hawaiian Hall,** liegt in einem ehrwürdigen viktorianischen Gebäude. Die Ausstellung umreißt die Kulturgeschichte Hawaiis und enthält Exponate wie ein mit *pili*-Gras

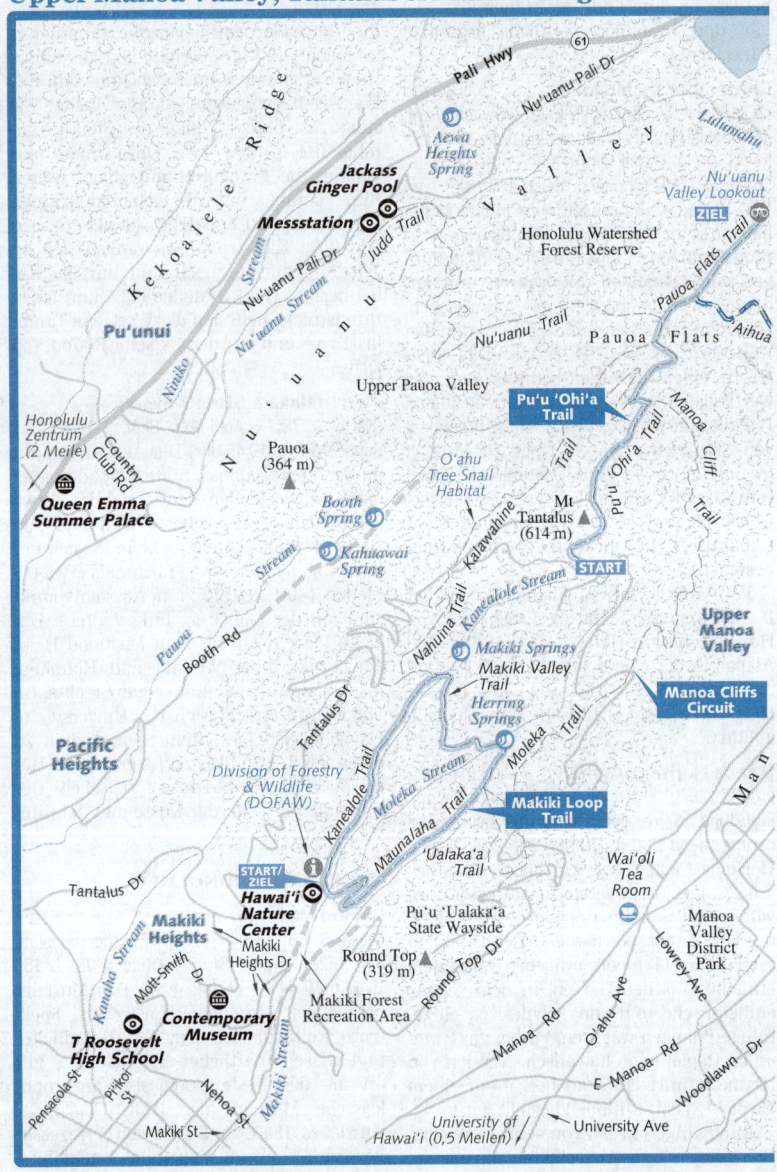

Pali Hwy

61

Nu'uanu Pali Dr

Aewa
Heights
Spring

Nu'uanu Valley Lookout

ZIEL

Jackass
Ginger Pool

Messstation

Judd Trail

Honolulu Watershed
Forest Reserve

Pauoa Flats Trail

Kekoalele Ridge

Nu'uanu Pali Dr

Nu'uanu Stream

Pu'unui

Nu'uanu Trail

Pauoa Flats

Aihua

Ninilko

Upper Pauoa Valley

Pu'u 'Ohi'a
Trail

Manoa
Cliff
Trail

Honolulu
Zentrum
(2 Meile)

Country Club Rd

Pauoa
(364 m)

O'ahu
Tree Snail
Habitat

Kalawahine Trail

Pu'u 'Ohi'a Trail

Queen Emma
Summer Palace

Booth
Spring

Mt
Tantalus
(614 m)

START

Kahuawai
Spring

Nahuina Trail

Kanealole Stream

Upper
Manoa
Valley

Pauoa

Booth Rd

Makiki Springs

Makiki Valley
Trail

Manoa Cliffs
Circuit

Pacific
Heights

Tantalus Dr

Division of Forestry
& Wildlife
(DOFAW)

Herring
Springs

Moleka Stream

Moleka
Trail

Moleka

Man

Kanealole Trail

Maunalaha Trail

Makiki Loop
Trail

Tantalus Dr

'Ualaka'a
Trail

Wai'oli
Tea
Room

START/
ZIEL

Hawai'i
Nature
Center

Pu'u 'Ualaka'a
State Wayside

Manoa
Valley
District
Park

Makiki
Heights

Makiki
Heights Dr

Kanaha Stream

Mott-Smith Dr

Round Top
(319 m)

Round Top Dr

T Roosevelt
High School

Contemporary
Museum

Makiki Forest
Recreation Area

Manoa Rd

O'ahu Ave

Lowrey Ave

E Manoa Rd

Woodlawn Dr

Pensacola St

Prikor St

Nehoa St

Makiki Stream

Makiki St

University of
Hawai'i (0,5 Meilen)

University Ave

gedecktes Haus, geschnitzte *ki'i akua* (Tempelbilder), *kahili* (federgeschmückte Stäbe, die bei königlichen Beerdigungen und Krönungen genutzt wurden), Schwertkeulen mit Haifischzähnen und traditionellen *tapa*-Stoff, der aus der zerstampften Rinde des Papiermaulbeerbaums hergestellt wird. Unbedingt sehenswert ist der Federumhang von Kamehameha dem Großen, der gänzlich aus den gelben Federn des heute ausgestorbenen *mamo* besteht – um die 80 000 Vögel wurden allein für dieses Prachtstück gefangen und gerupft. Die Ausstellungen im oberen Geschoss gehen tiefer

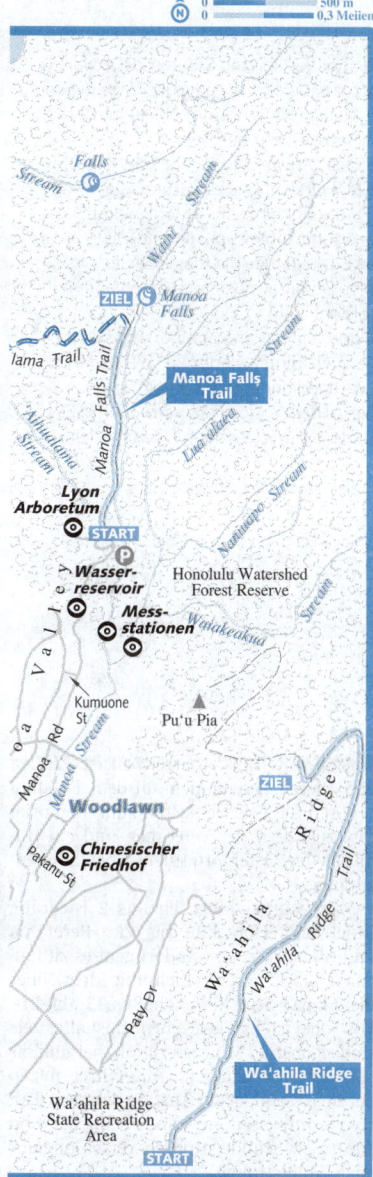

Map labels:
- 0 — 500 m
- 0 — 0,3 Meilen
- N
- Falls Stream
- Waihi Stream
- ZIEL — Manoa Falls
- lama Trail
- Manoa Falls Trail
- Manoa Falls Trail
- Luaʻalaea Stream
- Aihualama Stream
- Lyon Arboretum
- START
- Wasser-reservoir
- Mess-stationen
- Honolulu Watershed Forest Reserve
- Naniuapo Stream
- Waiakeakua Stream
- Kumuone St
- Puʻu Pia
- Manoa Rd
- Manoa Stream
- ZIEL
- Woodlawn
- Ridge
- Chinesischer Friedhof
- Pakanu St
- Waʻahila Ridge Trail
- Waʻahila Ridge Trail
- Paty Dr
- Waʻahila Ridge Trail
- Waʻahila Ridge State Recreation Area
- START

ens. Besucher könnten Stunden mit den erstaunlichen und seltenen rituellen Artefakten verbringen: kunstvollen Tanzmasken und zeremoniellen Kostümen, geschnitzten Kanus und Kriegswerkzeug. Der moderne Museumsflügel nebenan, das **Castle Memorial Building,** zeigt Wechselausstellungen.

Das hochmoderne, familienorientierte **Science Adventure Center** auf der anderen Seite der großen Rasenfläche nutzt interaktive Multimediaexponate und -vorführungen, um die Natur Hawaiis näherzubringen. Kinder können durch einen „ausbrechenden" Vulkan laufen oder in einem Mini-U-Boot abtauchen. Im Museum befindet sich auch das einzige Planetarium (848-4136) Oʻahus, das traditionelle, polynesische Navigationsmethoden, Astronomisches und das Observatorium auf dem Mauna Kea erläutert. Vorführungen finden meist um 11.30, 13.30 und 15.30 Uhr statt und sind im Eintrittspreis für das Museum eingeschlossen.

Ein **Andenkenladen** an der Eingangshalle verkauft Bücher über den Pazifik, die sonst nur schwer zu finden sind, sowie hochwertiges hawaiisches Kunsthandwerk und Souvenirs. Auf der Website des Museums sind Sonderveranstaltungen angekündigt, etwa die beliebten Sommerkonzerte „Moonlight Mele" unter den Sternen, familienfreundliche, hawaiische Kulturfeste und nächtliche Planetariumsvorstellungen (Karten sollten im Voraus gekauft oder reserviert werden).

Von Waikiki oder der Innenstadt von Honolulu fahren TheBus 2 bis zur School/Ecke Middle Street oder der B City Express! bis zur Kreuzung der School Street mit der Kapalama Avenue; von dort geht man auf der Kapalama Avenue einen Block *makai* (Richtung Meer), dann rechts auf die Bernice Street. Autofahrer nehmen den Freeway H-1 nach Osten bis zur Ausfahrt 20, biegen rechts auf die Houghtailing Street, dann links auf die Bernice Street ab; Parken ist kostenlos.

GRATIS **National Memorial Cemetery of the Pacific** HISTORISCHE STÄTTE
(2177 Puowaina Dr; 30. Sept.–1. März 8–17.30 Uhr, 2. März–29. Sept. 8–18.30 Uhr, Memorial Day am letzten Mo im Mai 7–19 Uhr; P) Etwa eine Meile (1,6 km) nordöstlich von Honolulu liegt umgeben von Autobahnen und Wohnvierteln ein kesselförmiger Krater, Punchbowl genannt, der durch einen

auf die Geschichte der *aliʻi* (Könige) und die Beziehung zwischen indigenen Hawaiianern und der Natur ein.

Die Ausstellungen über zwei Stockwerke in der angrenzenden **Polynesian Hall** befassen sich mit den unzähligen Kulturen Polynesiens, Mikronesiens und Melanesi-

OBAMAS HEIMAT

Im Wahlkampf um das Amt des 44. Präsidenten der Vereinigten Staaten 2008 warf Sarah Palin, die republikanische Vizepräsidentenkandidatin, ständig die Frage in den Raum: „Wer ist Barack Obama?" Obamas Frau Michelle antwortete schließlich darauf: „Wer Barack wirklich verstehen will, muss erst Hawaii verstehen."

Obama, der in Makiki Heights aufwuchs, schrieb: „Hawaiis Geist der Toleranz … wurde zu einem integralen Bestandteil meiner Weltsicht und zur Grundlage all jener Werte, die ich am meisten schätze." Für die einheimischen Medien und viele *kama'aina* (Menschen, die in Hawaii geboren und aufgewachsen sind) ist es selbstverständlich, dass ihr multiethnisches Sozialgefüge die Biografie des Präsidenten geprägt hat. Und ihm auch die vielen Stimmen aus ganz verschiedenen Ecken der amerikanischen Gesellschaft eingebracht hat.

Hawaii sei für ihn ein Ort, wo er sich erholen und regenerieren könne, sagte Obama einmal – was er in den Ferien mit seiner Familie auch immer wieder tut. 1999 schrieb er: „Wenn ein langer Tag voller Sitzungen und Verhandlungen vor mir liegt, lass ich meine Gedanken zurück zum Sandy Beach oder zu den Manoa Falls schweifen … Es hilft mir irgendwie zu wissen, dass es solch wunderbare Orte gibt und [dass] … ich immer zu ihnen zurückkehren kann."

Wer auf Obamas Spuren auf O'ahu wandeln will – hier sind ein paar seiner Lieblingsorte:

» Manoa Falls (S. 81)
» Rainbow Drive-In (S. 119)
» Kapi'olani Beach Park (S. 108)
» Hanauma Bay (S. 129)
» Sandy Beach (S. 130)
» Olomana Golf Links (S. 136)

längst erloschenen Vulkan gebildet wurde. Die ersten Hawaiianer nannten den Krater Puowaina (Hügel der Menschenopfer). Es wird angenommen, dass hier in einem alten *heiau* die getöteten Leichen derjenigen, die ein *kapu* (Tabu) gebrochen hatten, auf einem Altar zeremoniell verbrannt wurden.

Heute teilen die Hawaiianer, die einst zur Beschwichtigung der Götter geopfert wurden, den Friedhof auf dem Kraterboden mit den fast 50 000 Leichen von US-Soldaten, die überwiegend im Zweiten Weltkrieg im Pazifik ums Leben kamen. Der Leichnam von Ernie Pyle liegt im Abschnitt D im Grab 109. Der angesehene Kriegskorrespondent, der über beide Weltkriege berichtete, kam in den letzten Tagen des Zweiten Weltkriegs durch Maschinengewehrfeuer auf Iejima ums Leben. Fünf Grabsteine weiter links, im Grab D-1, liegt der Astronaut Ellison Onizuka, der von Big Island stammt und 1986 bei der Explosion der Raumfähre *Challenger* ums Leben kam.

Erstklassige Blicke über die Stadt und auf den Diamond Head bietet ein Aussichtspunkt, der nach der Fahrt durch den Fried-

hofseingang links zu erreichen ist. Zu den besonderen Zeremonien auf dem Friedhof gehören die Feierlichkeiten zum Memorial Day zu Ehren der Veteranen und ein traditioneller Ostergottesdienst bei Sonnenaufgang.

Von Waikiki fährt TheBus 2 Richtung Innenstadt Homolulu bis zur Beretania und Alapa'i Street, von dort geht es zu Fuß einen Block *makai* (Richtung Meer) über die Alapa'i Street, wo TheBus 15 abfährt. Von der nächst gelegenen Bushaltestelle sind es noch 15 Minuten zu Fuß bergauf bis zum Friedhofseingang. Autofahrer folgen der ausgeschilderten Ausfahrt ab dem Pali Hwy – aufpassen, sie kommt schnell! – und dann den Schildern durch verschlungene, enge Wohnstraßen.

Queen Emma
Summer Palace HISTORISCHES GEBÄUDE

(Karte S. 78; ☎595-3167; www.daughtersof hawaii.org; 2931 Pali Hwy; Erw./Kind 6/1 $; ☺9–16 Uhr; ℗) Während der heißen und feuchten Sommermonate zog sich Königin Emma, die Gemahlin von Kamehameha IV., auf diesen eleganten Ruhesitz zurück, der heute ein Museum ist. Das Gebäude ähnelt mit seiner Säulenveranda, den hohen Decken und Fensterläden ein bisschen einem Südstaaten-Plantagenhaus.

Das Anwesen geriet nach Königin Emmas Tod 1885 in Vergessenheit, sollte dann abgerissen und das Gelände als öffentlicher Park umgestaltet werden. Die Organisation „Daughters of Hawai'i", deren Mitglieder allesamt Nachfahrinnen der ersten Missionare sind, sorgten für den Erhalt. Die Innenräume sehen heute weitgehend wie zur Zeit von Königin Emma aus und sind historisch ausgestattet, z. B. mit einer Vitrine aus Koa-Akazienholz, in der ein Porzellanservice der englischen Königin Viktoria ausgestellt ist, und aufwendige Federumhänge, wie sie einst von den hawaiischen Königen getragen wurden.

Zu erreichen ist der Palast mit TheBus 4 ab Waikiki oder der Innenstadt von Honolulu oder auch mit dem Bus 56 oder 57A ab Ala Moana Center. Dem Busfahrer sollte das Ziel mitgeteilt werden, damit man an der richtigen Haltestelle aussteigt. Autofahrer folgen der Einfahrt nahe dem Meilenstein 2 am Pali Hwy (Hwy 61) Richtung Norden.

🏃 Aktivitäten

Die **Campus Center Leisure Programs** der UH Manoa (Karte S. 74; ☎956-6468; www. hawaii.edu/cclp; Zimmer 101, Hemenway Hall, 2445 Campus Center Rd) bieten eine Vielfalt an Kursen und Outdoor-Tripps an, z. B. Halbtagswanderungen (10 $), Kajaktouren (30 $), Einführungskurse für Bodyboarding (20 $) oder Segelunterricht (130 $).

Wandern

Wanderer könnten Tage in der Einsamkeit der Wälder um die Stadt verbringen. Ein paar der beliebtesten Wanderwege O'ahus führen in die grüne, windige Ko'olau Range gleich oberhalb des Stadtzentrums. Weitere Wanderwege außer jenen, die hier beschrieben sind, werden auf der staatlich unterstützten Website des Na Ala Hele Trail & Access System (http://hawaiitrails.ehawaii. gov) dargestellt. Gruppenwanderungen werden im Programmteil der kostenlosen Zeitschrift *Honolulu Weekly* angekündigt oder von den folgenden Organisationen angeboten:

Hawai'i Nature Center OUTDOOR-AKTIVITÄTEN (Karte S.78; ☎955-0100; www.hawaiinaturecenter.

org; 2131 Makiki Heights Dr) Preisgünstige, familienorientierte Wanderungen und Umweltprogramme; Reservierung ist meist erforderlich.

Hawaiian Trail & Mountain Club WANDERN (http://htmclub.org; Spende pro Erw. 3 $) Die von Freiwilligen betriebene, kommunale Organisation unternimmt Wanderungen und veröffentlicht umfassende Informationen im Internet.

Sierra Club WANDERN (Karte S. 66; ☎538-6616; www.hi.sierracluborg/ oahu; 1040 Richards St) Wanderungen am Wochenende und andere Ausflüge auf O'ahu, auch Freiwilligenarbeit bei Wegeausbesserung und Wiedereinführung einheimischer Pflanzen.

Manoa Falls & Nu'uanu Valley Lookout WANDERN (Karte S. 78) Der 1,6 Meilen (2,5 km; hin & zurück) lange **Manoa Falls Trail** verläuft durch üppige Vegetation an einem felsigen Bachbett entlang und ist vielleicht der schönste Kurzwanderweg Honolulus. Hohe Bäume säumen den oft matschigen und rutschigen Weg, wie *Eucalyptus robusta* mit weicher, schwammiger, rötlicher Rinde, Afrikanische Tulpenbäume mit orangefarbenen Blüten und andere Bäume, die wie alte Holztüren knarzen. Wilde Orchideen und roter Ingwer wachsen nahe dem Wasserfall, der etwa 30 m tief in einen kleinen, seichten Teich stürzt. Wegen der Gefahr von Steinschlag und Leptospirose (s. S. 726) ist Baden leider nicht ratsam.

Kurz vor den Manoa Falls zweigt der unscheinbare **'Aihualama Trail** westlich eines Maschendrahtzauns ab und bietet ein kurzes Stück weiter einen weiten Blick über das Manoa Valley. Nach fünf Minuten beginnt ein Bambuswald mit einigen gewaltigen alten Banyanbäumen, der sich am Grat entlang und dann bergauf erstreckt. Der Weg lässt sich als Abstecher vom Manoa Falls Trail erwandern oder als 5,5 Meilen (9 km) langer Rundweg mit Anschluss an den **Pauoa Flats Trail,** der zum **Nu'uanu Valley Lookout** führt. Dort reicht der Blick durch eine Kluft in den steilen *pali* (Klippen) bis hin zur Windward Coast.

Autofahrer folgen der University Avenue nördlich der UH Manoa, dann weiter auf die O'ahu Avenue und an der nächsten Gabelung rechts auf die Manoa Road bis zum Parkplatz (5 $) am Wegbeginn. Vom Ala Moana fährt TheBus 5 zum Manoa Valley

(25 Min., stündl.). Von der Endstation sind es noch 0,5 Meilen (800 m) bergauf bis zum Wegbeginn. Ein paar kostenlose Straßenparkplätze gibt es ein Stück unterhalb der Bushaltestelle, aber auf ausgewiesene zeitliche Einschränkungen ist zu achten.

Makiki Valley Loop & Manoa Cliffs Circuit
WANDERN

(Karte S. 78) Der 2,5 Meilen (4 km) lange **Makiki Loop Trail**, eine beliebte Joggingstrecke der Städter, verbindet drei Wege um den Tantalus. Sie sind meist matschig; Schuhe mit Profilsohle und ein Wanderstock sind daher ratsam. Der Rundweg führt durch einen üppigen und abwechslungsreichen Tropenwald, der hauptsächlich aus standortfremden Baumarten besteht. Sie wurden zur Wiederaufforstung eines Gebiets eingeführt, das bereits im 19. Jh. für den Handel mit *'iliahi* (Sandelholz) abgeholzt worden war. Unterwegs sind eingestürzte alte hawaiische Steinmauern und eine historische Kaffeeplantage zu sehen.

Der **Maunalaha Trail**, der hinter dem Hawaii Nature Center beginnt, überquert einen kleinen Bach, führt an Tarofeldern vorbei und steigt den Ostrand des Makiki Valley durch Norfolktannen, Banyanbäume und Bambus hinauf und bietet hier und da einen weiten Blick. Nach 0,7 Meilen (1,1 km), kommt eine Kreuzung. Dort geht es, mit gelegentlicher Aussicht auf die Stadt, weiter auf dem gut 1 Meile (1,8 km) langen **Makiki Valley Trail** über schmale Schluchten und sanfte Bächlein, die von Ingwer und Guavenbäumen gesäumt sind. Der **Kanealole Trail** beginnt nach Überquerung des Kanealole Stream und führt den Bach entlang zurück zum 0,7 Meilen (1,1 km) entfernten Ausgangspunkt und durch ein Feld von Hiobstränen. Die kugelförmigen Scheinfrüchte der weiblichen Blüten des hohen Grases werden manchmal für *lei*-Gebinde verwendet.

Alternativ gibt es noch eine anstrengendere 6,2 Meilen (10 km) lange Wanderung vom gleichen Wegbeginn, der schließlich einen weiten Blick über das Tal bis hin zum Meer bietet. Der **Manoa Cliffs Circuit**, auch „Big Loop", startet ebenso am Maunalaha Trail, führt dann über den Moleka Trail bis zum Manoa Cliff, den Kalawahine und den Nahuina Trail. An der Kreuzung mit dem Kalawahine Trail geht es rechts auf dem Pauoa Flats Trail bis hoch zum **Nu'uanu Valley Lookout**. Von diesem Aussichts-

punkt geht es zurück bis zum Kalawahine Trail, der sich mit dem Kanealole Trail vereinigt und wieder zum Ausgangspunkt führt.

Startpunkt für beide Rundwanderwege ist der Parkplatz der Makiki Forest Recreation Area knapp 0,5 Meilen (800 m) ab der Makiki Street den Makiki Heights Drive hoch. Der Abzweig zum Waldparkplatz ist ein kleiner Weg an einer scharfen Kurve auf der Hauptstraße. Geparkt wird am Seitenstreifen vor Erreichen des Hawaii Nature Center und des Büros der **Division of Forestry & Wildlife (DOFAW)** (Karte S. 78; ☎973-9778; http://hawaii.gov/dlnr/dofaw; 2135 Makiki Heights Dr; ⊗Mo–Fr 7.45–16.30 Uhr). Dort gibt es kostenlose Wanderkarten.

Von der Innenstadt fährt TheBus 15 nach Pacific Heights. Von der Haltestelle an der Kreuzung von Mott-Smith Drive und Makiki Heights Drive sind es noch 0,4 Meilen (650 m) zu Fuß über den Makiki Heights Drive bis zum Ausgangspunkt. TheBus 4 nach Nu'uanu ab Waikiki hält an der Ecke Wilder Avenue und Makiki Street, von wo es noch etwa 0,7 Meilen (1,1 km) zu Fuß über die Makiki Street sind.

Pu'u 'Ohi'a (Mount Tantalus) Trail
WANDERN

(Karte S. 78) Von der Aussichtsstraße Tantalus–Round Top Drive (S. 77) führen etliche Wege voller duftender *liliko'i* (Passionsfruchtpflanzen) rund um den Mount Tantalus. Auf den beschaulichen Waldwanderungen eröffnen sich Blicke über die Stadt. Der stramme Marsch auf dem **Pu'u 'Ohi'a Trail** führt in Verbindung mit dem Pauoa Flats Trail hoch zum **Nu'uanu Valley Lookout**, gut 3 km für jede Strecke. Der Wegbeginn verbirgt sich auf dem obersten Punkt des Tantalus Drive, etwa 3,6 Meilen (5,8 km) vom Makiki Heights Drive. Gegenüber dem Wegbeginn, an der Meerseite der Straße, ist ein Abzweig zum Parkplatz.

Der Weg beginnt mit befestigten Stufen und ist gesäumt von duftendem Ingwer, rauschenden Bambushainen und viel Eukalyptus, ein schnell wachsender Baum, der zum Schutz der Wasserscheide angepflanzt wurde. Nach 0,5 Meilen (800 m) ist der Gipfel des **Mount Tantalus** (614 m) bzw. Pu'u 'Ohi'a erreicht, wo der Weg dann auf eine Zufahrtsstraße mündet, die an einer Telefonrelaisstation endet. Hinter diesem Gebäude führt der Weg weiter bis zum **Manoa Cliff Trail,** wo es nach links weitergeht. An der nächsten Kreuzung zweigt

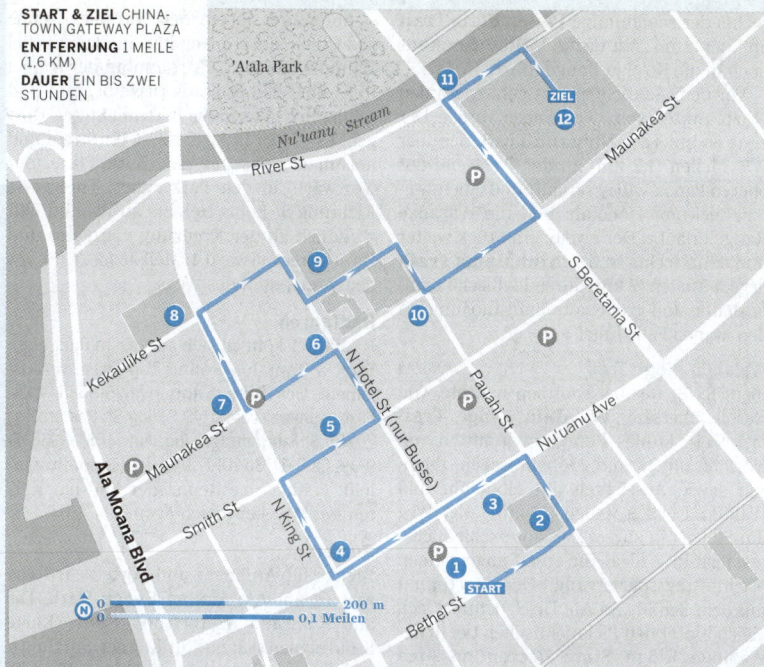

START & ZIEL CHINA-
TOWN GATEWAY PLAZA
ENTFERNUNG 1 MEILE
(1,6 KM)
DAUER EIN BIS ZWEI
STUNDEN

'A'ala Park

Nu'uanu Stream

River St

Maunakea St

ZIEL

S Beretania St

Kekaulike St

Maunakea St

N Hotel St (nur Busse)

Pauahi St

Nu'uanu Ave

Ala Moana Blvd

Smith St

N King St

START

Bethel St

N 0   200 m
0   0,1 Meilen

Stadtspaziergang
Historisches Chinatown

❯ Chinatown ist das fußgängerreichste und
auch das historischste Viertel Honolulus.
Startpunkt ist die ① **Chinatown Gateway
Plaza**, wo Steinlöwen den offiziellen Eingang
des Viertels markieren. Von hier geht's nordöstlich zum neoklassischen ② **Hawaii Theatre** von 1922 mit dem Spitznamen „Pride of
the Pacific" (Stolz des Pazifik), dann um die
Ecke auf die Pauahi Street nach Nordwesten.

Links zweigt die Nu'uanu Avenue ab, wo
die heute verwaiste ③ **Pantheon Bar** einst
ein Treffpunkt der Seeleute war. Die Bürgersteige aus Granitblöcken hier wurden mit
dem ausrangierten Ballast von Handelsschif-
fen im 19. Jh. gebaut, die Tee aus China im
Tausch gegen 'iliahi (Sandelholz) brachten.
An der Ecke King Street lohnt ein Blick in die
④ **First Hawaiian Bank** mit ihren alten,
hölzernen Kassenschaltern.

Rechts in die King Street und dann
wieder rechts in die Smith Street liegt das
⑤ **Hawai'i Heritage Center**. Kurz darauf
kreuzt die Straße die Hotel Street, die sich
derzeit vom Rotlicht- zum Amüsierviertel
mit Clubs, Bars und Cafés wandelt. Links die
Hotel Street runter steht an der Ecke Mau-

nakea Street das verschnörkelte ⑥ **Wo Fat
Building**, das einem chinesischen Tempel
gleicht. Hier geht's links in die Maunakea
Street, dann rechts in die King Street.

Nach den roten, von Drachen umschlun-
genen Säulen vor der ⑦ **Bank of Hawaii**
wartet an der Ecke Kekaulike Street der
wuselige ⑧ **O'ahu Market**. Weiter geht's
Richtung Norden zum ⑨ **Maunakea Marketplace**, dann erneut auf die Pauahi Street
wieder rechts. Dort befinden sich ⑩ **lei-
Geschäfte**, wo geschickte Hände Blüte um
Blüte auffädeln und flechten und die Luft mit
dem Duft von Jasmin und Ingwer erfüllt ist.

Dann geht es links in die Maunakea und
nochmal links in die Beretania Street. Am
Flussufer steht die ⑪ **Statue von Sun Yat-
sen**, dem chinesischen Revolutionär des
frühen 20. Jhs., der seine Jugend in Hawaii
verbracht hatte. Davor spielen Senioren im
Freien Halma und Mahjong. Im Innenhof der
modernen ⑫ **Chinatown Cultural Plaza**
arbeiten Akupunkteure und Kalligrafen für
ältere Chinesen, die hier auch Räucherwerk
vor einer Statue der Kuan Yin (Guanyin), der
Göttin der Barmherzigkeit, entzünden.

rechts der schlammige **Pauoa Flats Trail** ab, der zum **Nu'uanu Valley Lookout** hoch in die Ko'olau Range führt.

Vor dem Aussichtspunkt geht es an den Startpunkten von zwei Wegen vorbei. Der erste ist links der **Nu'uanu Trail**, der über 0,75 Meilen (1,2 km) an der Westseite des oberen Pauoa Valley verläuft und einen weiten Blick auf Honolulu und die Wai'anae Range erlaubt. Der zweite ein Stück weiter und dann rechts ist der **'Aihualama Trail**, der 1,3 Meilen (2 km) durch idyllische Bambushaine und große, alte Banyanbäume zu den Manoa Falls führt.

Wa'ahila Ridge Trail WANDERN

(Karte S. 78) Der bei Familien beliebte, von Geröll übersäte **Wa'ahila Ridge Trail** bietet ein kühles Refugium inmitten von Norfolktannen und einheimischen Pflanzen sowie Aussichten auf Honolulu und Waikiki. Der 4,8 Meilen (7,7 km) lange Weg durchquert in kurzer Zeit unterschiedlichstes Terrain – ideal für einen angenehmen Nachmittagsspaziergang. Der Startpunkt mit dem Schild „Na Ala Hele" befindet sich gleich hinter den Picknicktischen tief in der **Wa'ahila Ridge State Recreation Area** (www.hawaiistateparks.org; ☉Sonnenauf- bis -untergang) hinter dem Stadtteil St Louis Heights östlich des Manoa Valley.

DIE BESTEN GRATIS-TIPPS FÜR HONOLULU

» Sonnenuntergang über Magic Island (S. 64)

» Aussicht übers Meer vom Aloha Tower (S. 70)

» Stöbern auf den Märkten Chinatowns (S. 71)

» Besuch im Hawai'i State Art Museum (S. 69)

» Wanderung zu den Manoa Falls & zum Nu'uanu Valley Lookout (S. 81)

» Teilnahme an einem First-Friday-Galerierundgang (S. 73)

» Ein Konzert der Royal Hawaiian Band (S. 122)

» Hawaiisch lernen und einen *lei* binden im Native Books/Nā Mea Hawaii (s. rechts)

» Feiern auf dem Honolulu Festival (S. 85) und dem Pan-Pacific Festival (S. 112)

Autofahrer folgen der Wai'alae Avenue südöstlich der Universität in das Viertel Kaimuki (Karte S. 78), dann an der Ampel links über den St Louis Drive bergauf und schließlich links in die Bertram Street. Dort geht es wieder links in die Peter Street und nochmals links auf den Ruth Place, der westwärts in den Park führt. TheBus 14 Richtung St Louis Heights ab Waikiki hält stündlich an der Kreuzung von Peter und Ruth Street etwa 0,4 Meilen (640 m) vor dem Startpunkt des Wegs.

Radfahren

Radfahrer können sich auf der malerischen Strecke Tantalus–Round Top Drive verausgaben. Der **Bike Shop** (☑596-0588; www.bikeshophawaii.com; 1149 S King St; Rad pro Tag 20–85 $, Fahrradträger fürs Auto 5 $; ☉Mo–Fr 9–19, Sa 9–17, So 10–17 Uhr) in Honolulu verleiht erstklassige Rennräder und hat Karten mit Streckenvorschlägen.

Surfen

Breaks für Anfänger und Fortgeschrittene gibt es am **Ala Moana Beach Park**. Die am **Kaka'ako Waterfront Park** (Karte S. 65) eignen sich nur für Könner. Surfbrettverleih und Unterricht gibt es in Waikiki (s. S. 110).

Golfen

Moanalua Golf Club GOLFEN
(☑839-2411; 1250 Ala Aolani St; Greenfee 20–30 $; ☉nur nach Vereinbarung) Hawaiis ältester Golfclub, 1898 von einer Missionarsfamilie angelegt, ermöglicht mit seinem erhöhten Green, den geraden Fairways und neun Löchern einen ziemlich schnellen Durchgang, der von verschiedenen Tees in zwei Runden bespielt werden kann.

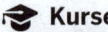 Kurse

Campus Center
Leisure Programs KUNST, FITNESS
(Karte S. 74; ☑956-6468; www.hawaii.edu/cclp; Zi. 101, Hemenway Hall, 2445 Campus Center Rd; Kurse 10–65 $) Die UH Manoa bietet verschiedene Kurzzeitkurse, nicht nur für Studierende. Einige Kurse, wie Hula, tahitianischer Tanz, Yoga und Ukulele finden einen Monat lang ein- oder zweimal pro Woche statt.

Native Books/
Nā Mea Hawaii KUNST, KULTUR
(Karte S. 74; ☑596-8885; www.nativebookshawaii.com; Ward Warehouse, 1050 Ala Moana Blvd) Der unabhängige Buchladen ver-

anstaltet kostenlose Kurse, Workshops und Vorführungen für Hula, hawaiische Sprache, traditionelle *lei*-Herstellung mit Federn, *lauhala*-Flechten, Ukulele und mehr.

Aloha Tower Marketplace KUNST, KULTUR
(Karte S. 66; ☎566-2337; www.alohatower marketplace.com; 1 Aloha Tower Dr) In dem Einkaufszentrum am Hafen gibt es Einführungskurse ohne Anmeldung für Hula und Ukulele (gegen eine kleine Gebühr).

Honolulu für Kinder

Endloser Sandstrand und ein Kinderspielplatz warten auf die *keiki* im Ala Moana Beach Park (S. 64), wo auch einheimische Familien hingehen. Wildere Natur gibt es im Lyon Arboretum (S. 75) im Manoa Valley mit anschließender Wanderung zu den hübschen Manoa Falls (S. 81).

Das Bishop Museum (S. 77) ist für Kinder jeden Alters spannend. Im Untergeschoss der Honolulu Academy of Arts (S. 72) gibt es ein interaktives Kunstzentrum für Familien.

Die besten Kinderaktivitäten für alle Inseln stehen auf S. 48.

Hawaii Children's Discovery Center MUSEUM
(☎524-5437; www.discoverycenterhawaii.org; 111 'Ohe St; Erw./Kind 1–17 J. 10/10 $; ⊙Di–Fr 9–13, Sa & So 10–15 Uhr; ℗ 🚼) Wenn es regnet und der Strandbesuch ausfällt, geht's mit den Kindern in dieses praxis- und familienorientierte Museum. Das 3500 m² große Gelände am Meer war einst die Müllverbrennungsanlage der Stadt, wie noch an den erhaltenen Schornsteinen zu erkennen ist.

Die interaktiven Exponate richten sich an Kinder im Vor- und Grundschulalter. Die Ausstellung **Fantastic You!** erkundet den menschlichen Körper; Kinder können durch einen menschlichen „Magen" laufen. In der Abteilung **Your Town** fahren Kinder ein Spielzeugfeuerwehrauto oder dürfen ein Fernsehinterview leiten. Zwei weitere interessante Abteilungen, **Hawaiian Rainbows** und **Your Rainbow World,** erläutern das multikulturelle Erbe Hawaiis.

Von Waikiki fährt TheBus 19 oder 20 bis zur nächstgelegenen Bushaltestelle im Ala Moana Blvd Höhe Kolua Street. Zum Center sind es dann noch fünf Minuten zu Fuß Richtung Meer. Es gibt dort auch einige kostenlose Parkplätze.

Für einen Stadtspaziergang durch Chinatown s. S. 83. Bus- und Minibusrundfahrten über die Insel s. S. 60.

Atlantis Adventures BOOTSTOUREN
(Karte S. 66; ☎800-548-6262; www.atlantis adventures.com; Pier 6, 1 Aloha Tower Dr; 2 Std. Erw./Kind ab 49/25 $; 🚼) Atlantis bietet meist von Ende Dezember bis März Walbeobachtungstouren mit Fachleuten auf Hightech-Katamaranen an, die durch ihre Bauart weniger schlingern. Zur Tour gehört ein leichtes Frühstück oder ein Mittagsbuffet; Reservierung erforderlich.

Hawaii Food Tours MINIBUSTOUREN
(☎926-3663; www.hawaiifoodtours.com; Touren inkl. Transport ab 99 $) Diese vierstündigen, mittäglichen Touren hat sich ein ehemaliger Koch und Restaurantkritiker ausgedacht. Geboten werden Kostproben in Chinatowns Imbisslokalen, inseltypische Tellergerichte, Stopps in berühmten Bäckereien, Crack-Seed-Läden und dergleichen.

O'ahu Ghost Tours STADTSPAZIERGÄNGE
(☎877-597-7325; www.oahughosttours.com; Touren inkl. Transport Erw./Kind ab 34/29 $) Auf diesen lustigen Stadtführungen geht es zu unheimlichen Plätzen, und einheimische Guides erzählen gruselige Geschichten. Skeptiker sind nicht erwünscht.

✸ Festivals & Events

Das ganze Jahr über finden in der ganzen Stadt und in Waikiki (S. 111 Festivals und Events statt.

Chinesisches Neujahr KULTUR
(www.chinatownhi.com) Zwischen Ende Januar und Mitte Februar wird in Chinatown mit einer Parade, Straßenfesten, Löwentänzen und Knallkörpern gefeiert.

Honolulu Festival KUNST, KULTUR
(www.honolulufestival.com) Drei Tage Mitte März asiatisch-pazifischer Kulturaustausch mit Musik, Tanz, Theater, einer Parade und Feuerwerk.

Pan-Pacific Festival KUNST, KULTUR
(www.pan-pacific-festival.com) Drei Tage Anfang Juni im Ala Moana Center japanische, hawaiische und südpazifische Unterhaltung mit Musik, Tanz und *taiko*-Trommeln.

King Kamehameha Hula Competition

HULA

(www.hulacomp.com) Einer der größten Hulawettbewerbe Hawaiis, das mit Hunderten Tänzern Ende Juni im Neal S Blaisdell Center stattfindet.

Prince Lot Hula Festival

HULA

(www.mgf-hawaii.org) Die älteste und größte, nicht wettbewerbliche Hulaveranstaltung am dritten Samstag im Juli in den Moanalua Gardens.

Hawaii Dragon Boat Festival

SPORT, MUSIK

Farbenprächtiges Drachenbootrennen zu Trommelrhythmen Ende Juni am Ala Moana Beach Park.

Talk Story Festival

ERZÄHLKUNST

(www.co.honolulu.hi.us/parks/programs; ▣) Geschichtenerzähler treffen sich Mitte Oktober im Ala Moana Beach Park; freitags gibt's meist Gruselgeschichten.

Hawaii International Film Festival

FILM

(www.hiff.org) Ein Fest Ende Oktober für Filme aus dem Pazifischen Raum und für hawaiische Produktionen.

King Kalakaua's Birthday

MUSIK, KULTUR

Am 16. November lockt der 'Iolani Palace mit viktorianischem Festschmuck und traditioneller Musik aus der Zeit der Monarchie.

Honolulu Marathon

SPORT

(www.honolulumarathon.org) Eines der zehn größten Marathonrennen der Welt am zweiten Dezembersonntag von der Innenstadt bis zum Diamond Head.

🛏 Schlafen

Im Zentrum Honolulus gibt es nicht viele Unterkünfte. Waikiki ist die Schlafstadt für Touristen (s. S. 112).

Ala Moana Hotel

HOTEL $$

(Karte S. 74; ☎955-4811, von Nachbarinseln 800-446-8990, vom US-Festland 800-367-6025, von Europa 001-303-369-7777; www.alamoana hotelhonolulu.com; 410 Atkinson Dr; Zi. 120–200 $, Suite 260–310 $; 🅿✳@🛜🏊) Das mehrstöckige Hotel der Outrigger-Kette nahe dem Kongresszentrum am Ala Moana Center hat luxuriöse, aber langweilig ausgestattete Zimmer. Die Preise steigen mit den Stockwerken und dem Stadt- oder Meerblick – die Zimmer im Waikiki Tower haben einen *lanai*. Hier checken auch viele Kongressteilnehmer und Flugpersonal ein. Die Zimmer haben kostenlosen Internetanschluss, WLAN in der Lobby kostet extra. Parkplatz 20 $.

Central Branch YMCA

HOSTEL $

(Karte S. 74; ☎941-3344; www.ymcahonolulu. org; 401 Atkinson Dr; EZ/DZ 52/67 $, mit Gemeinschaftsbad 42/60 $; @🛜🏊) Der gute alte YMCA (CVJM) liegt in Gehweite von Waikiki und ist für anspruchslose Reisende wie stets ideal. Zur Wahl stehen einfache Zimmer mit Gemeinschaftsbad oder geringfügig größere Zimmer mit eigenem Bad auf Stockwerken, die entweder nach Geschlechtern getrennt oder gemischt sind. Pluspunkte sind ein wettkampfgroßer Swimmingpool und ein moderner, voll ausgestatteter Fitnessraum.

Hostelling International (HI) Honolulu

HOSTEL $

(Karte S. 74; ☎946-0591; www.hostelsaloha. com; 2323-A Seaview Ave; B 20–23 $, Zi. 50–56 $; ⏰Rezeption 8–12 & 16–24 Uhr; 🅿@🛜) Das gepflegte, kleine Haus liegt in einem Wohnviertel nahe der UH Manoa, nur eine kurze Busfahrt von Waikiki entfernt. Die nach Geschlechtern getrennten Schlafsäle sind sonnig und luftig. Studenten übernachten hier manchmal auf der Suche nach einer Wohnung, es ist also oft voll. Es gibt eine Küche, eine Waschküche, Spinde und einige kostenlose Parkplätze.

Für eine letzte Nacht nahe dem Flughafen mit kostenlosem 24-Stunden-Shuttleservice zum Airport:

Ohana Honolulu Airport Hotel

HOTEL $$

(☎836-0661, 866-968-8744; www.ohana hotels.com; 3401 N Nimitz Hwy; Zi. ab 110 $; 🅿✳@🛜🏊) Das beste Hotel in Flughafennähe bietet kostenloses WLAN in der Lobby und Internetanschluss in den Zimmern. Parkplatz kostet 20 $.

Best Western Plaza Hotel

HOTEL $$

(☎836-3636, 800-800-4683; www.bestwestern hawaii.com; 3253 N Nimitz Hwy; Zi. 130–170 $; 🅿✳@🏊) Die Zimmer zur Straße sind lauter. Kostenloser Internetanschluss in den Zimmern; Parkplatz kostet 20 $.

🍴 Essen

Waikiki mag zwar Unterkunft und Vergnügen bieten, aber essen sollten Besucher unbedingt in Honolulu. Wäre O'ahu nicht so weit weg vom US-Festland, wäre die multikulturelle Feinschmeckerhauptstadt weitaus berühmter. Während der **Restaurant Week Hawaii** (www.restaurantweekhawaii.com), meist Mitte November, bieten viele Restaurants Ermäßigungen und auch Menüs zum Sonderpreis an.

» Mit dem Auslegerkanu fahren, Schwimmen und Fackeln entzünden bei Sonnenuntergang mit Hula am Kuhio Beach in Waikiki (S. 110)

» Fische zum Anfassen im Waikiki Aquarium (S. 109)

» Planetariumvorführungen und künstliche Vulkane im Bishop Museum in Honolulu (S. 77)

» Wandern zu den Manoa Falls (S. 81) oder zum Diamond Head (S. 126)

» Schnorcheln in der Hanauma Bay (S. 129)

» Baden in den Ko-Olina-Lagunen (S. 166)

» Dampfeisenbahnfahrten und ein riesiges Labyrinth auf der Dole Plantation (S. 164)

» Film- und Fernsehschauplätze auf der Kualoa Ranch (S. 146)

» Spaß an Regentagen im Hawaii Children's Discovery Center (S. 85)

INNENSTADT

Viele Restaurants in der Innenstadt sind nur werktags für die Mittagspause der Angestellten geöffnet. Im Aloha Tower Marketplacc gibt es abendliche Cocktails und *pupu* (Häppchen), aber keine richtigen Mahlzeiten. In der Restaurant Row sind abends ein paar Lokale geöffnet, die aber oft kommen und gehen.

Hiroshi Eurasian Tapas FUSION **$$**
(Karte S. 66; ☎533-4476; www.hiroshihawaii.com; Restaurant Row, 500 Ala Moana Blvd; Gruppenmenü 11–17 $, Hauptgerichte 25–28 $; ⊗17.30–21.30 Uhr) Der Koch Hiroshi Fukui verleiht pazifischer Fusionsküche einen japanischen Touch, von Krebs-Cannelloni mit Miso-Sauce bis zu geräucherter *hamachi* (Gelbschwanzmakrele) mit Habanero-Chili und einem Hauch Knoblauch. An der Bar gibt es schaumige Tropenmartinis und frische Fruchtsäfte, nebenan in der Weinbar Vino italienische Tapas oder im schlichten Bonsai Sushi, Sake und Shochu.

Downtown@HiSAM MODERNE INSELKÜCHE **$$**
(Karte S. 66; www.slowdowntown.com; 1. Stock, 250 S Hotel St; Hauptgerichte 10–16 $; ⊗Mo–Fr 11–14, 1. Fr. im Monat 17.30–21.30 Uhr) Das Café im Hawai'i State Art Museum ist ein Trendsetter der schicken Bistroszene im Stadtteil Kaimuki. Erntefrische Salate, Suppen, Sandwiches und kreative Mittagsgerichte durchbrechen kulinarische Grenzen: Lotuswurzel-Pommes, Clubsandwiches mit *ahi* und Guaven-Chiffonkuchen.

Hukilau MODERNE INSELKÜCHE **$$**
(Karte S. 66; ☎523-3460; www.dahukilaucom/honolulu; 1088 Bishop St; Mittagsgerichte 11–17 $, Abendessen 12–20 $; ⊗Mo–Fr 11–14 & 16–

21 Uhr) Die freundliche Tiki-Sportbar mit Grillrestaurant liegt im Untergeschoss im höchsten Hochhaushotel der Stadt. Die riesigen Salate, Sandwiches und Hamburger sind nicht so verlockend wie die hawaiischen Spezialitäten, z. B. Medusenfisch mit Miso, Frühlingsrollen mit Kalua-Schwein, Thunfisch-*poke* und andere leckere *pupus*.

People's Open Market BAUERNMARKT **$**
(POM; Parkdeck der City Hall, Ecke Alapa'i & Beretania St; ⊗Mo 11.45–12.30 Uhr; ⊘) Verkauft frische Inselprodukte von Land und Meer.

'Umeke Market & Deli SUPERMARKT **$**
(Karte S. 66; www.umekemarket.com; 1001 Bishop St; Hauptgerichte 4–10 $; ⊗Mo–Fr 7–16 Uhr; ⊘) Bioprodukte, Naturkost und ein vegetarierfreundliches Café mit Takeaway.

Laniakea YWCA CAFÉ **$**
(Karte S. 66; 1040 Richards St; Hauptgerichte 8–12 $; ⊗Mo–Fr meist 11–14.30 Uhr) Das Café im historischen, von der amerikanischen Architektin Julia Morgan entworfenen YWCA (weltweite ökumenische Frauenorganisation) hat ein täglich wechselndes Angebot leichter Gerichte aus lokal und oft biologisch angebauten Zutaten.

Vita Juice NATURKOST, TAKEAWAY **$**
(Karte S. 66; 1111-C Fort St Mall; je Stück 3–6 $; ⊗Mo–Fr 7–17 Uhr; ⊘) Exotische Smoothie-Bar und hausgebackene Kekse.

CHINATOWN

Das historische Viertel steckt voller Straßenmärkte, Nudelküchen, Dim-Sum-Lokale, panasiatischer und trendiger Fusionsrestaurants.

Royal Kitchen
CHINESISCH, BÄCKEREI $

(Karte S. 66; http://royalkitchenhawaii.com; Chinatown Cultural Plaza, 100 N Beretania St; Backwaren 1–2 $; ⊙Mo–Fr 5.30–16.30, Sa 6.30–16.30, So 6.30–14.30 Uhr) Allein schon für sein berühmtes *manapua* mit süßer oder pikanter Füllung, wie *char siu* (chinesisches gegrilltes Schweinefleisch), Hühnercurry, Süßkartoffel, *kalua*-Schwein oder schwarzer Zucker, lohnt sich der Kampf durch den chaotischen Verkehr Chinatowns zu diesem schlichten Imbissladen.

Little Village Noodle House
CHINESISCH $$

(Karte S. 66; ☏545-3008; www.littlevillage hawaii.com; 1113 Smith St; Hauptgerichte 10–22 $; ⊙So–Do 10.30–22.30, Fr & Sa bis 24 Uhr) Von wegen Chop Suey. Wer auf Fisch in Schwarze-Bohnen-Sauce steht, findet hier die Glanznummer. Auf der vielseitigen panchinesischen Speisekarte stehen regionale Gerichte mit viel Knoblauch, viel Schärfe oder mit der genau richtigen Dosis Salz. Extras: Klimaanlage und hinten kostenlose Parkplätze. Reservierung ist ratsam.

Duc's Bistro
EURASISCH $$

(Karte S. 66; ☏531-6325; www.ducsbistro.com; 1188 Maunakea St; Hauptgerichte 12–26 $; ⊙Mo–Fr 11–14, tgl. 17–22 Uhr) Das mondäne französisch-vietnamesische Bistro ist eine Oase in der schäbigen Umgebung. Schultersteaks, buttrige Weinbergschnecken, geröstete Auberginen mit Limonensauce, grüner Papayasalat und gebratener Fisch mit Mangorelish vervollständigen ein Menü der „Haute Fusion". An manchen Abenden spielt eine kleine Jazzcombo. Reservierung ist ratsam.

To Chau
VIETNAMESISCH $

(Karte S. 66; 1007 River St; Hauptgerichte 6–9 $; ⊙8–14.30 Uhr) Das stets volle vietnamesische Restaurant hat sich seinen Ruf für das beste *pho* (Nudelsuppe) bewahrt. Rindfleisch, Brühe und Gemüse – das Gericht ist eine ganze Mahlzeit für sich, aber es stehen auch andere vietnamesische Klassiker auf der Karte. Es gibt nur 16 Tische und entsprechend lange Schlangen.

Soul de Cuba
KUBANISCH $$

(Karte S. 66; ☏545-2822; www.souldecuba.com; 1121 Bethel St; Hauptgerichte 8–22 $; ⊙Mo–Do 11.30–22, Fr & Sa bis 23, So bis 20.30 Uhr) Appetit auf afrokubanisches Essen und göttliche Mojitos wird in der schicken Restaurant-Lounge nahe den Kunstgalerien China-

towns befriedigt, nachts auch oft mit Livemusik. Lecker sind Klassiker wie *ropa vieja* (Rindergeschnetzeltes in Tomatensauce) und Schwarze-Bohnen-Suppe.

Bangkok Chef
THAILÄNDISCH $

(Karte S. 66; www.bangkokchefexpress.com; 1627 Nu'uanu Ave; Hauptgerichte 6–9 $; ⊙Mo–Sa 10.30–21, So 12–20 Uhr) Die Open-Air-Küche wirkt irgendwie hinterhofmäßig. Aber wen kümmert's, wenn die Thai-Currys, Nudelgerichte und herzhaften Salate genauso schmecken wie von einem Straßenkarren in Bangkok? Als Dessert gibt es Mangoeis auf warmem Klebreis und mit gesalzenen Erdnüssen bestreut. Eine Filiale befindet sich in der East Manoa Road 2955, nördlich der UH Manoa.

Indigo
FUSION $$

(Karte S. 66; ☏521-2900; www.indigo-hawaii. com; 1121 Nu'uanu Ave; Mittagsbuffet 16 $, Abendgerichte 18–30 $; ⊙Di–Fr 11.30–14, Di–Sa 18–21.30 Uhr) Das immer noch gut besuchte Lokal, einst Vorreiter des revitalisierten Chinatown, serviert mittags nur noch ein Buffet. Zu den kreativen Dim-Sum-Vorspeisen gehören *ahi*-Tempura und Wan-Tan aus Ziegenkäse. Abends gibt es pazifische und asiatische Fusionsküche, wie Curry aus Kakaobohnen und Meeresfrüchten und kaum bekannte Klassiker wie malaysisches Rindfleisch-*rendang*.

Ken Fong
CHINESISCH $

(Karte S. 66; 1030 Smith St; Hauptgerichte 5–12 $; ⊙Mo–Sa 10.30–15 & 17–21 Uhr) Die schicke Chinatown-Kunstszene taucht in dem heimeligen Lokal sicher nicht auf. Hier gibt es pikante Bratente oder Ingwerhuhn auf einem Berg Jasminreis oder scharfen Lammeintopf. Die Familie, die kocht, isst auch selbst hier – das schafft Vertrauen.

Mei Sum
CHINESISCH $

(Karte S. 66; 1170 Nu'uanu Ave; Dim-Sum-Gerichte 2–4 $, Hauptgerichte 6–12 $; ⊙7–20.45 Uhr) Wo sonst ließe sich der Heißhunger auf Dim Sum am Nachmittag befriedigen? Das nüchterne Lokal tischt den ganzen Tag über günstige, köstliche kleine Tellergerichte auf. Es gibt auch eine ganze Palette chinesischer Hauptgerichte. Ein Tipp, der nicht auf der Karte steht: Knoblauchauberginen.

Mabuhay Cafe & Restaurant
PHILIPPINISCH $$

(Karte S. 66; 1049 River St; Hauptgerichte 6–12 $; ⊙10–22 Uhr) Rot-weiß-karierte Tischdecken, abgenutzte Thekenhocker und eine

Jukebox weisen schon darauf hin, dass dies ein alter Familienbetrieb ist. Und wirklich wird an dieser Ecke am Fluss seit den 1960er-Jahren töpfeweise saftiges, knobliges Schweine-Adobo und *kare-kare* (Ochsenschwanzeintopf) gebrutzelt.

Ba Le
VIETNAMESISCH, FEINKOST $
(Karte S. 66; www.ba-le.com; 150 N King St; Hauptgerichte 3–9 $; ⊙ Mo–Sa 6–17, So bis 15 Uhr) Der Name des neonbeleuchteten Bäckerei-Cafés soll asiatisch-lautmalerisch an „Paris" erinnern. Es gehört einer einheimischen Kette und ist bekannt für seine leckeren belegten Baguettes und den ebenso leckeren Kaffee, der heiß oder geeist mit viel Milch und Zucker serviert wird. Auch in der Fort Street Mall 1154.

JJ Dolan's Pizza Pub
KNEIPENIMBISS $
(Karte S. 66; www.jjdolans.com; 1147 Bethel St; Pizzas ab 15 $; ⊙ Mo–Sa 11–2 Uhr t) Zwei Typen betreiben ein geselliges irisches Pub in Chinatown, backen New Yorker Pizza und zapfen kaltes Bier. Kann man nicht meckern.

Downbeat
DINER $
(Karte S. 66; www.downbeatdiner.com; 42 N Hotel St; Hauptgerichte 6–9 $; ⊙ Mo–Do 11–3, Fr & Sa bis 4 Uhr; 🖉) Das blitzblanke Late-Night-Diner mit eine vegetarier- und veganerfreundliche Speisekarte, auch Hamburger, Sandwiches sowie hawaiisches Frühstück wie *loco moco*. Ottos Käsekuchen macht süchtig.

Maunakea Marketplace
PANASIATISCH, TAKEAWAY $
(Karte S. 66; 1120 Maunakea St; Hauptgerichte 4–8 $; ⊙ 7–17.30 Uhr) Versteckt in einem Food Court servieren hier kleine Händler chinesische, philippinische, thailändische, vietnamesische, koreanische und japanische Hausmannskost. Nur Barzahlung.

Legend Buddhist Vegetarian Restaurant
CHINESISCH, VEGETARISCH $
(Karte S. 66; Chinatown Cultural Plaza, 100 N Beretania St; Hauptgerichte 8–13 $; ⊙ Do–Di 10.30–14 Uhr; 🖉) Das ausschließlich vegetarische Mittagslokal hat ein großes, wenn auch etwas fades Speisenangebot aus Fleisch- und Fischersatz.

ALA MOANA
In den Seitenstraßen um das Einkaufszentrum Ala Moana Center gibt es zahlreiche Restaurants.

LP TIPP ⟩ Alan Wong's
HAWAIISCH $$$
(Karte S. 74; 🖉 949-2526; www.alanwongs. com; 1857 S King St; Hauptgerichte 27–52 $; ⊙ 17–22 Uhr) Alan Wong, einer der Spitzenköche O'ahus, serviert seine kreativen Interpretationen hawaiischer Küche in einem Bürogebäude (leider ohne Aussicht). Schwerpunkt sind frische Meeresfrüchte und lokale Erzeugnisse, speziell bei den zweimonatlichen Essen der sogenannten „Farmers series". Das tägliche Degustationsmenü kann man guten Gewissens übergehen. Viel besser sind typische Gerichte wie *onaga* (Schnapperfisch) mit Ingwerkruste und doppelt gegarte *kalbi*-Rinderrippchen. Reservierung ist notwendig. Parkservice.

Side Street Inn
MODERNE INSELKÜCHE $$
(Karte S. 74; 🖉 591-0253; www.sidestreeetinn. com; 1225 Hopaka St; Mehrpersonenplatten 9–21 $; ⊙ 14–2 Uhr) Von außen sieht es scheußlich aus und die Sportbaratmosphäre würde auch keinen Michelinstern einbringen, aber in dem nächtlichen Mekka mit Kunstledernischen finden sich nach der Arbeit einige der Topköche Honolulus ein. Göttlich zarte *kalbi*-Rinderrippchen und Schweinskoteletts sind die berühmtesten Gerichte. Große, hungrige Gruppen fühlen sich hier wohl. Reservierung ist ratsam. Filiale in der Kapahulu Avenue 614 in Waikiki.

Sushi Izakaya Gaku
JAPANISCH $$$
(Karte S. 74; 🖉 589-1329; 1329 S King St; fast alle Mehrpersonenplatten 6–28 $; ⊙ Mo–Sa 17–23 Uhr) Das *izakaya* (japanisches Kneipenrestaurant), durch Mundpropaganda bekannt geworden, schlägt die Konkurrenz durch gepflegte Tradition und äußerst frische Sushi und Sashimi. Zum Angebot herzhafter und süßer heißer und kalter Gerichte gehören auch seltene Spezialitäten wie *chazuke* (in Tee gequollener Reisbrei) und *natto* (vergorene Sojabohnen). Reservierung ist ratsam.

Chef Mavro
EURASISCH $$$
(Karte S. 74; 🖉 944-4714; www.chefmavro. com; 1969 S King St; 3-Gänge-Menü ohne/mit Wein ab 75/123 $; ⊙ Di–So 18.30–21.30 Uhr) In Honolulus avantgardistischstem Restaurant kreiert der eigenwillige Koch George Mavrothalassitis konzeptuelle Gerichte wie Kürbis-Kokosnusscreme und Großaugen-Thunfisch mit Oliventapenade, beide mit Weinen aus der alten und neuen Welt kombiniert. Die innovative und experimen-

DIE BESTE JAPANISCHE KÜCHE

Keine Lust mehr auf pazifische Fusionsküche? Nicht verzagen: In Sachen authentischer Gerichte aus dem Land der aufgehenden Sonne sind Honolulu und Waikiki unschlagbar.

Imanas Tei (S. 91) Traditionelles *izakaya* (Kneipenrestaurant) mit Sake ohne Ende

Sushi Izakaya Gaku (S. 89) Geheimtipp-*izakaya* mit Kultcharakter

Ichiriki (S. 91) Hier gibt's jeden erdenklichen *nabemono*-Eintopf

Sushi Sasabune (s. unten rechts) Hier dürfen nur eingefleischte Sushi-Fans rein

Menchanko-tei (S. 117) *Ramen* (Nudeln) à la Hakata und Tonkotsu-Schweinekoteletts

Ramen Nakamura (S. 118) Hektisch wie ein Tokioter U-Bahnhof

Chibo (S. 118) Schicker *okonomiyaki*- und *teppanyaki*-Grill

Shirokiya (S. 91) Ein Feinschmeckerfest im Kaufhaus

Iyasume Musubi-ya (S. 118) Winziger *musubi*- und *bento-box*-Laden

Gomaichi (s. oben rechts) Die *ramen* mit Sesam sind spitzenmäßig!

Jimbo (s. rechts) Wohltuende Soba- und Udonnudeln

Gyū-kaku (S. 117) Japanisches Restaurant zum Selbergrillen

telle Küche ist jedoch oft reizlos, das halbleere Ambiente ebenso. Reservierung erforderlich.

Pineapple Room HAWAIISCH $$
(Karte S. 74; ☎945-6573; www.alanwongs.com; 3. Stock, Macy's, Ala Moana Center, 1450 Ala Moana Blvd; Hauptgerichte Frühstück & mittags 12–22 $, abends 19–35 $; ☺Mo–Fr 11–20.30, Sa 8–10.30 & 11–20.30, So 9–10.30 & 11–15 Uhr) In dem schlichten Kaufhauscafé werden Klassiker des gefeierten hawaiischen Kochs Alan Wong in einer Schauküche zubereitet, darunter auch hawaiische Sattmacher wie Sandwich mit *kalua*-Schwein und Salat, *loco moco* und umwerfende Desserts. Reservierung ist ratsam.

Gomaichi JAPANISCH, TAIWANESISCH $$
(Karte S. 74; www.rikautsumi.com/demo/gomaichi; 631 Ke'eaumoku St; Hauptgerichte 7–10 $; ☺Mo–Sa 11–14 & 17.30–21 Uhr) Der Name des blitzblanken Ramen-Lokals lautet grob übersetzt „Sesam Nr. 1" und eingefleischte Fans stimmen zu. Gomaichis *tantan*-Angebot mit Nudelsuppen in Sesambrühe ist einfach spitze, besonders wenn eine Beilage von schmelzzartem *char-siu*–Schwein dazu bestellt wird. Lecker auch eine scharf-saure chinesische *sung-hong*-Nudelsuppe.

Shokudo JAPANISCH $$
(Karte S. 74; ☎941-3701; www.shokudojapanese .com; 1585 Kapi'olani Blvd; Mehrpersonenplatten 5–25 $; ☺So–Do 11.30–1, Fr & Sa bis 2 Uhr, letzte Bestellung 1 Std. vor Schließung) Das moderne, ballsaalgroße Restaurant mit den leckeren Saketinis (Sake-Cocktails) ist stets proppenvoll. Die Speisekarte besteht aus einer Mischung traditionell japanischer und Fusionsküche, mit unglaublich vielen Kleinigkeiten, von *mochi*-Käse-Gratin bis zu Hummer-*dynamite rolls* (eine Sushi-Art), traditionelleren Nudeln und Sushi und weichem, hausgemachtem Tofu. Reservierung ist ratsam.

Jimbo JAPANISCH $
(Karte S. 74; 1936 S King St; Hauptgerichte 10–15 $; ☺tgl. 11–14.30, So–Do 17–21.30, Fr & Sa bis 22.30 Uhr) Hier gibt's handgemachte Soba- und dicke Udonnudeln, immer frisch und schmackhaft. Ob an Regentagen in heißer Brühe oder kalt an einem Sommernachmittag – sie schlürfen sich immer prächtig.

Makai Market IMBISS $
(Karte S. 74; 1. Stock, Ala Moana Center, 1450 Ala Moana Blvd; Hauptgerichte 6–12 $; ☺Mo–Sa 9.30–21, So 10–19 Uhr; 👶) Manche sterben ja lieber als beim Essen in einem Einkaufszentrum erwischt zu werden. Aber auf diesem asiatisch-pazifischen Markt sollten die Vorurteile beiseite gefegt werden. Köstlichkeiten gibt es u. a. im japanischen CoCo Ichibanya Curry House und im Donburiya Dondon sowie im hawaiischen Lahaina Chicken und im Ala Moana Poi Bowl.

Sushi Sasabune JAPANISCH $$
(Karte S. 74; ☎947-3800; 1417 King St; Gerichte 15–31 $; ☺Mo–Fr 12.30–14, Mo–Sa 17.30–22 Uhr) Spitzenwahl für Sushi-Puristen; Einheimische warnen aber vor dem „Sushi-Despoten" hinter dem Tresen. Reservierung ist ratsam.

Ichiriki

JAPANISCH $$

(Karte S. 74; ☏589-2299; http://ichirikinabe.com; 510 Pi'ikoi St; Tagesgerichte 11–23 $, abends 22–60 $; ⊙tgl. 11–14, Mo–Do 17–23, Fr & Sa bis 24, So bis 22 Uhr) Das authentische japanische Restaurant für Eintöpfe, wie *nabemono*, *shabu-shabu* und *sukiyaki*, verwendet frische, hawaiische Zutaten. Reservierung ist ratsam.

Halili's Hawaiian Foods

HAWAIISCH, TAKEAWAY $

(Karte S. 74; http://mybackyardluau.ning.com; Ward Warehouse, 1050 Ala Moana Blvd; Tellergerichte 6-10 $; ⊙Mo–Fr 11–15 Uhr) Der Imbisswagen gehört zu einer Kette, die Familien in Waikiki lieben. Er parkt unter dem Schraubenbaum vor dem Gebäude.

Shirokiya

IMBISS $

(Karte S. 74; Ala Moana Center, 1450 Ala Moana Blvd; Gerichte 2–12 $; ⊙Mo–Sa 9.30–20, So bis 18 Uhr) Der Markt im Obergeschoss des japanischen Kaufhauses ist eine Goldgrube für heiße und kalte Gerichte zum Mitnehmen.

Sorabol

KOREANISCH $$

(Karte S. 74; www.sorabolhawaii.com; 805 Ke'eaumoku St; Gerichte 15–38 $; ⊙24 Std.) Im koreanischen Grillrestaurant essen tagsüber müßige Damen im Morgengrauen übernächtigte Kneipengänger.

Foodland

SUPERMARKT $

(Karte S. 74; Ala Moana Center, 1450 Ala Moana Blvd; ⊙Mo–Sa 5–22, So 6–20 Uhr) Ein Supermarkt mit allem Drum und Dran im größten Einkaufszentrum Hawaiis.

UNIVERSITÄTSVIERTEL

Preiswerte Restaurants aus aller Welt drängen sich südlich der UH Manoa, nur eine kurze Busfahrt von Waikiki.

LP TIPP Imanas Tei

JAPANISCH $$$

(Karte S. 74; ☏941-2626; 2626 S King St; Mehrpersonengerichte 5–30 $; ⊙Mo–Sa 17–23.30 Uhr) Das Personal ruft im Chor „*Irrashaimase!*", sobald ein Gast ans *izakaya* (japanisches Kneipenrestaurant) betritt. Sushi- und Sakefans können hier zuschlagen und sich dann durch das scheinbar endlose Angebot an japanischen Feinschmecker- und ländlichen Gerichten futtern. Dazu gehört auch das allseits beliebte *nabemono* (Fleisch- und Gemüsesuppe im Tontopf). Reserviert werden muss Tage, manchmal auch Wochen vorher.

Spices

SÜDOSTASIATISCH $$

(Karte S. 74; ☏949-2679; www.spiceshawaii.com; 2671 S King St; Hauptgerichte 13–16 $; ⊙Di–

Fr 11.30–14, Di–Sa 17.30–21.30, So 17–21 Uhr; ☏) Das moderne südostasiatische Lokal mit lässiger Atmosphäre ohne nervenden Kitsch ist teurer als die Konkurrenz, aber die vielfältigen hausgemachten thailändischen Currys, laotischen Suppen und burmesischen Nudeln rechtfertigen den Preis. Eine Kostprobe lohnen die abgefahrenen hausgemachten Eissorten, wie Durian, Chilipfeffer-Zitronengras, Ananas-Basilikum, Banane-Zimt oder Okinawa-Süßkartoffel.

Sweet Home Café

TAIWANESISCH $

(Karte S. 74; ☏947-3707; 2334 S King St; Hauptgerichte 6–14 $; ⊙16–23 Uhr) Die Schlangen vor dem Restaurant in einer Einkaufspassage sind schier unglaublich. Auf zehn langen, familiengerechten Holztischen stehen volle, dampfende Töpfe mit geschmortem Rindfleisch in Zitronengras, Sauerkraut, gemischtem Tofu oder Kürbis, außerdem würzige Saucen und extra Lamm, Huhn oder zarte Rinderzungen als Beilagen. Wer nicht reserviert, muss mit mindestens einer Stunde Wartezeit rechnen.

Kiawe Grill BBQ & Burgers

KOREANISCH, GRILL $

(Karte S. 74; www.kiawegrill.com; 2334 S King St; Mahlzeiten 8–14 $; ⊙Mo–Sa 10–21, So bis 20 Uhr) Die Resopaltische biegen sich unter den Plastiktellern mit exotischem Wild, Strauß, Büffel und Hamburgern aus Kobe-Rindfleisch samt Bergen von Pommes frites und scharfem koreanischen Gemüse. Achtung: Hinterher riecht man den ganzen Tag wie selbst gegrillt.

Da Kitchen

REGIONALE KÜCHE $

(Karte S. 74; www.da-kitchen.com; 925 Isenberg St; Mahlzeiten 7–12 $; ⊙Mo–Sa 11–21 Uhr) Der stets volle Laden ist das Stammhaus einer geschäftstüchtigen Familie, deren hawaiisches Essen so verdammt 'ono (köstlich) ist, dass sie sogar schon im Weißen Haus für den auf O'ahu geborenen Präsidenten Obama gekocht hat.

Imbiss und Snacks:

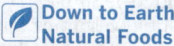 Kokua Market

SUPERMARKT $

(Karte S. 74; http://kokuamarket.ning.com; 2643 S King St; ⊙8–21 Uhr; ☏) Die einzige Naturkostkooperative Hawaiis hat eine Biosalatbar und veganerfreundliche Feinkost.

Down to Earth Natural Foods

SUPERMARKT $

(Karte S. 74; www.downtoearth.org; 2525 S King St; ⊙7.30–22 Uhr; ☏) Naturkostsupermarkt und Feinkostladen mit vegetarierfreundlicher Salatbar.

Yama's Fish Market
HAWAIISCH, SEAFOOD $

(Karte S. 74; www.yamasfishmarket.com; 2332 Young St; Mahlzeiten 5–10 $; ⏱Mo–Sa 9–19, So 9–17 Uhr) Hawaiische Tellergerichte (z. B. *kalua*-Schwein, *lau lau*, *lomilomi*-Lachs) sowie pfundweise frisch zubereiteter *poke*.

Bubbies
SÜSSWAREN $

(Karte S. 74; Varsity Center, 1010 University Ave; pro Portion 2–6 $; ⏱Mo–Do 12–24, Fr & Sa bis 1, So bis 23.30 Uhr; 🚻) Hausgemachtes tropisches Eis, auch gefrorene Mini-*mochi*.

GROSSRAUM HONOLULU

Die Wai'alae Avenue im ruhigen Viertel Kaimuki östlich der Universität ist Honolulus ureigenste „Restaurantmeile“. Weitere Lokale verteilen sich im Zentrum des Viertels.

🖊 Town
MODERNE INSELKÜCHE $$

(📞735-5900; www.townkaimuki.com; 3435 Wai'alae Ave; Hauptgerichte Frühstück & mittags 5–16 $, abends 16–26 $; ⏱tgl. 7–14.30, Mo–Do 17.30–21.30, Fr & Sa bis 22 Uhr) Das Motto in diesem lebhaften Bistro im urbanen Kaffeehausstil lautet: „Stets lokale Zutaten, Bio wenn möglich, Aloha immer.“ Zu den täglich wechselnden, mutig gewürzten Gerichten gehören Hamburger und Steaks von freilaufenden North-Shore-Rindern und Salate, die wie frisch aus dem Garten schmecken.

Soul
SÜDSTAATEN $$

(📞735-7685; http://pacificsoulhawaii.com; 3040 Wai'alae Ave; Hauptgerichte 8–20 $; ⏱Di–Do 11–21, Fr 11–22, Sa 9–22, So 10.30–20 Uhr) Authentisches, sättigendes Soul Food der Südstaaten mit Motown-Sound in Honolulu? Koch Sean strahlt übers ganze Gesicht, wenn er Krautsalat aus heimischem Kohl, Brathuhn in Buttermilch, gegrillte Rippchen und klasse vegetarisches Chili serviert. Gumbo, Maisgrütze und mariniertes Carolina-Schwein stehen ebenso auf der Karte. Mittwochs gibt's Waffeln mit Huhn, die schnell ausverkauft sind.

🖊 Helena's Hawaiian Food
HAWAIISCH $$

(1240 N School St; Gerichte 1–10 $, Mahlzeiten 9–18 $; ⏱Di–Fr 10.30–19.30 Uhr) Die schlichte Honolulu-Institution gibt es seit 1946. Im Angebot sind meistens Gerichte à la carte, manche geräuchert und salzig,

andere süß oder scharf. Ein kleines *luau* beginnt mit *poi* (gestampfter Taro), dann folgen *pipi kaula* (Trockenfleisch), *kalua*-Schwein, gebratener Butterfisch oder in Kokosmilch gegarter Tintenfisch.

Nico's at Pier 38
SEAFOOD, REGIONALE KÜCHE $

(www.nicospier38.com; 1133 N Nimitz Hwy; Mahlzeiten 5–10 $; ⏱Mo–Fr 6.30–17, Sa bis 14.30 Uhr) Der französische Koch Nico brutzelt inseltypische Gerichte aus frischen Meeresfrüchten vom nahen Fischgroßmarkt in Honolulu. Zu den einheimischen Speisen gehören mit Furikake (japanisches Gewürz) panierter *ahi* mit Ingwer-Knoblauch-Sauce, gebratene Calamari auf Gemüse von der Nalo-Farm, japanische Hühnerschnitzel und mariniertes Grillhuhn. Die Tische draußen stehen quasi direkt am Wasser.

Ebenfalls empfehlenswert:

Liliha Bakery
BÄCKEREI, DINER $

(www.lilihabakeryhawaii.com; 515 N Kuakini, Ecke Liliha St; pro Portion ab 2 $, Hauptgerichte 6–10 $; ⏱durchgehend Di 6 bis So 20 Uhr) Der Diner mit Bäckerei verursacht schon seit den 1950er-Jahren Verkehrsstaus – wegen seiner Coco Puffs (Windbeutel mit Creme; Schokolade und Grüntee sind die Klassiker).

Kaimuki Crack Seed
SÜSSWAREN $

(1156 Koko Head Ave; ⏱Mo–Sa 9–18.30 Uhr; 🚻) Tante-Emma-Laden voller Gläser mit *crack seed* sowie süße, halbgefrorene Getränke mit *li hing mui* (salzige Trockenpflaumen).

🖊 Whole Foods
SUPERMARKT $$

(4211 Wai'alae Ave; ⏱7–22 Uhr; 🖊) Der Bio-und Naturkostladen nahe Kaimuki hat eine vegetarierfreundliche Imbisstheke und eine Bar mit warmen und kalten Salaten.

🍷 Ausgehen & Unterhaltung

Aktuelle Hinweise zu Livekonzerten, DJ-Clubs, Kino-, Theater- und Kulturprogramm stehen in der TGIF-Rubrik (Thank God it's Friday) der Freitagsausgabe des *Honolulu Star-Advertiser* und im kostenlosen Boulevardblatt *Honolulu Weekly,* das mittwochs herauskommt.

Cafés

Manifest
CAFE

(Karte S. 66; http://manifesthawaii.com; 32 N Hotel St; ⏱Mo–Sa 1–24 Uhr; 📞) Das geräumige, wohnungsartige Lokal mit provokativen

Fotos und Gemälden an den Wänden liegt mitten in der Kunstszene Chinatowns. Tagsüber ist es ein stilles Café, nachts eine Cocktailbar mit Events, z. B. Film- und Quizabende sowie DJ-Musik (kein Eintritt).

Fresh Cafe
CAFE

(Karte S. 74; www.freshcafehi.com; 831 Queen St; ⏰Mo–Do 7–1, Fr & Sa 7–1.30, So 12–19 Uhr; 🛜) Café für Künstler und die Alternativszene in einem Industriegebiet in Ala Moana. Es gibt vietnamesischen Kaffee, geeisten Jasmintee, Latte mit Kokoscreme oder Chai, gesunde Suppen, Sandwiches und veganische Muffins.

Honolulu Coffee Company
CAFE

(Karte S. 66; www.honolulucoffee.com; 1001 Bishop St; ⏰Mo–Fr 6–17.30, Sa 7–12 Uhr; 🛜) Zum Blick über den Bishop Square und die Skyline der Stadt gibt es hier einen Kaffee aus handgepflückten, handgerösteten Bohnen von der Kona-Plantage. Kostenloses WLAN. Eine Filiale befindet sich im Ala Moana Center.

Glazer's Artisan Coffee
CAFE

(Karte S. 74; www.glazerscoffee.com; 2700 S King St; ⏰Mo–Do 6.30–23, Fr 6.30–21, Sa & So 9–23 Uhr; 🛜) Im Studentenlokal mit bequemen Sofas und poppiger Kunst wird richtig guter Espresso und frisch gerösteter Kaffee serviert. Kostenloses WLAN.

Lion Coffee
CAFE $

(1555 Kalani St; ⏰Mo–Fr 6–17, Sa 9–15 Uhr; 🛜) In dem abgelegenen Lagerhaus dieses hawaiischen Kaffeediscounters werden Geschmacksrichtungen von stark (100 % Kona 24-Karat und Diamond-Head-Espresso) bis zu absolut abgefahren (Schokolade-Macadamia, geröstete Kokosnuss) gemischt. Auf Anfrage gibt es Gratiskostproben. Kostenloses WLAN.

Waioli Tea Room
CAFE $

(Karte S. 78; ☎888-340-8917; www.thewaiolitearoom.net; 2950 Manoa Rd; ⏰10.30–15.30 Uhr) Würde sich Robert Louis Stevenson, der bekannte Schriftsteller des 19. Jhs., heute in Honolulu aufhalten, säße er wahrscheinlich in diesem Tea Room. Das Open-Air-Café im grünen Manoa Valley blickt über eine üppige Gartenlandschaft. Das Highlight hier ist der High Tea am Nachmittag (nur mit Reservierung).

Bars, Lounges & Clubs

Jede anständige Bar oder Lounge in Honolulu serviert eine *pupu*-Platte als Grundlage für die Flüssignahrung. Manche Bars sind für ihre Häppchen ebenso berühmt wie für ihre Partyatmosphäre. Ein wichtiger Begrif ist *pau hana* (buchstäblich „hör auf zu arbeiten"), hawaiisches Pidgin für „Happy Hour". Das coole Nachtleben in Chinatown konzentriert sich um die Nu'uanu Avenue und North Hotel Street, einst das berüchtigte Rotlichtviertel der Stadt.

thirtyninehotel
CLUB, LOUNGE

(Karte S. 66; http://thirtyninehotel.com; 39 N Hotel St; ⏰Di–Sa 16–2 Uhr) Der Multimedialaden ist mehr Kunst- als Clubszene – tagsüber Galerie, nachts Club. Am Wochenende legen DJs in Hawaiiklamotten auf, werktags testen manchmal Rockbands die Akustik aus. Die Bar 35 nebenan hat über 100 Sorten Flaschenbier auf Lager und ebenfalls DJs und Livebands.

Next Door
CLUB, LOUNGE

(Karte S. 66; www.nextdoorhnl.com; 43 N Hotel St; ⏰Mi–Sa 20–2 Uhr) Die elegante Lounge im gleichen Kneipenabschnitt der Hotel Street ist mit ihren knallroten Sofas und flackernden Kerzen hinter Backsteinmauern eine Oase. DJs legen meist House und Hip-Hop auf, lokale Bands spielen so ziemlich alles.

Hank's Cafe
KNEIPE

(Karte S. 66; www.hankscafehonolulu.com; 1038 Nu'uanu St; ⏰Mo–Sa 13–2, So 13–24 Uhr) Authentischer als diese Bar am Rand von Chinatown geht es nicht. Der Besitzer Hank Taufaasau ist ein Alleskönner, was das Kneipengeschäft angeht: Die Wände sind mit polynesisch angehauchter Kunst dekoriert, jeden Abend gibt es Livemusik und für Stammgäste ist das hier ein zweites Zuhause.

🏷 LP TIPP La Mariana Sailing Club
TIKI-BAR

(http://lamarianasailingclub.squarespace.com; 50 Sand Island Access Rd; ⏰11–21 Uhr) Wer sagt denn, dass alle tollen Tiki-Bars vor die Hunde gegangen sind? In den kompromisslosen und kitschigen Laden aus den 1950er-Jahren an der Lagune strömen Yachtbesitzer und leidgeprüfte Einheimische. Klassische Mai Tais sind ebenso gut wie die anderen tropischen Mixgetränke samt Rührstäbchen mit Tiki-Köpfen. Draußen am Wasser lässt es sich nostalgisch von Tahiti träumen ...

Indigo Lounge
BAR, LOUNGE

(Karte S. 66; www.indigo-hawaii.com; 1121 Nu'uanu Ave; ⏰Di 17–24, Mi–Sa bis 1.30 Uhr) Das

Restaurant Indigo mixt zur Happy Hour in seiner Lounge tropisch fruchtige Martinis. Werktags gibt es oft Livejazz, am Wochenende DJs mit alten Hits und Electronica-Scheiben.

Apartment 3 LOUNGE
(Karte S. 74; www.apartmentthree.com; 1750 Kalakaua Ave; ⊙Mo–Sa 18–2 Uhr) Die winzige Cocktaillounge ist ziemlich unbeachtet, dabei war hier schon Johnny Depp. Der Klassiker ist der Cocktail Honolulu No 2. Dienstags dauert die Happy Hour bis in die Nacht, Livemusik gibt es meist donnerstags und DJs das ganze Wochenende.

Mai Tai Bar BAR
(Karte S. 74; www.maitaibar.com; Ho'okipa Tce, 3. Stock, Ala Moana Center; ⊙11–1 Uhr; 🛜) Eine angesagte Bar in einem Einkaufszentrum? Während der freitäglichen Happy Hour wird hier dicht gedrängt angebaggert. Hawaiian angehauchte Livemusik gibt's jeden Abend, reifere Tanzdivas sind im benachbarten Club Pearl anzutreffen.

Aku Bone Lounge KNEIPE
(Karte S. 74; 1201 Kona St; ⊙17–2 Uhr) Die bodenständige Kneipe bringt eine leckere *pupu*-Platte auf den Tisch und ältere Badelatschengäste an die Theke, die davon überzeugt sind, das „alte Hawaii am Leben zu erhalten – Bierchen für Bierchen". An manchen Abenden wird Karaoke und hawaiische Livemusik geboten.

Smith's Union Bar KNEIPE
(Karte S. 66; 19 N Hotel St; ⊙18–24 Uhr) Nur wahre Kneipenfans werden Smith's Union schätzen. Der Laden stammt von 1935, als dieser Teil von Chinatown noch ein Rotlichtviertel und Tummelplatz der Matrosen war. Knapp Besoldete können sich hier billig einen antrinken, bevor es in die Clubs geht.

Varsity STUDENTENKNEIPE
(Karte S. 74; 1019 University Ave; ⊙11–2 Uhr) Die studentische Bar, das ehemalige Magoo's, hat Straßentische und zapft viele Biere von Mikrobrauereien aus Hawaii und dem US-Festland. Die Happy-Hour-Angebote an Werktagen locken auch Studenten an.

Sam Choy's Big Aloha Brewery BRAUEREIKNEIPE
(580 N Nimitz Hwy; ⊙So–Do 10.30–21, Fr & Sa bis 22 Uhr) Hinter dem Restaurant Sam Choy's Breakfast, Lunch & Crab wird neben glänzenden Bierfässern und TVs mit Sportkanä-

len Kaka'ako Cream Ale und Kiawe Honey Porter ausgeschenkt.

Livemusik
Traditionelle und moderne hawaiische Musik wird in Waikiki geboten. Wer auf Jazz, Alternative Rock und Punk steht, muss sich in andere Stadtviertel außerhalb der Touristenzone begeben.

LP TIPP Chai's Island Bistro LIVEMUSIK
(Karte S. 66; ☎585-0011; www.chais islandbistro.com; Aloha Tower Marketplace, 1 Aloha Tower Dr; ⊙Livemusik tgl. ab 19 Uhr) Wenn über Honolulu Harbor die Sonne untergeht, spielen hier einige der besten zeitgenössischen Musiker Hawaiis, wie die Brothers Cazimero und Jerry Santos. Drinks und Musik sind super, das Essen weniger.

The Venue LIVEMUSIK
(Karte S. 66; ☎528-1144; 1146 Bethel St; ⊙unterschiedl. Termine) Das Venue am Rand des neuen Kunstviertels in Chinatown ist eine zwanglose Mehrzweckbühne für alle: unabhängige Liedermacher, zeitgenössische hawaiische Musiker oder DJs für alten und neuen Hip-Hop. Weitere Events sind Poetry Slams.

Dragon Upstairs LIVEMUSIK
(Karte S. 66; ☎526-1411; www.thedragonupstairs. com; 1. Stock, 1038 Nu'uanu Ave; ⊙unterschiedl. Termine, meist Mo–Sa) Der versteckte und intime Laden über Hank's Café hat eine anheimelnde Atmosphäre, schräge Kunst und viele Spiegel. Hier spielen verschiedene Jazzgruppen, ob experimentell, Bebop, Piano oder Gesangssolisten.

Jazz Minds Art & Café LIVEMUSIK
(Karte S. 74; ☎945-0800; www.honolulujazzclub. com; 1661 Kapi'olani Blvd; Eintritt 5 $, plus mind. zwei Drinks; ⊙Mo–Sa 21–2 Uhr) Die benachbarten Striplokale sollten nicht unbedingt abschrecken. In der schäbigen Kaschemme landen irgendwie die besten Jazzer Honolulus – Big Band, Bebop, Salsa und Minimalisten.

Anna Bannanas LIVEMUSIK
(Karte S. 74; ☎946-5190; 2440 S Beretania St; ⊙meist tgl. bis 2 Uhr) Die Studentenkneipe, eine Mischung aus Raststätte und Szenebar, geht über das Hippieflair der 1960er-Jahre hinaus und lässt Bands mit Reggae, Alternative Rock, Punk und Metal auf die Bühne.

Ward's Rafters LIVEMUSIK
(☎735-8012; freiwillige Spende; ⊙unterschiedl. Termine) Jackie Ward bietet in ihrem Haus

eine Bühne für die eingeweihte Jazzgemeinde O'ahus. Der Laden läuft über Mundpropaganda und lädt Stammgäste per E-Mail zu den Gigs ein. Outsider können telefonisch um die Adresse und nach Aufnahme in die Gästeliste fragen. Getränke müssen selbst mitgebracht werden.

Bühne

Die Hauptstadt Hawaiis besitzt ein Sinfonieorchester, eine Oper, ein Ballett, ein Kammerorchester und über ein Dutzend Laientheater.

Hawaii Theatre   BÜHNE
(Karte S. 66; ✆528-0506; www.hawaiitheatre. com; 1130 Bethel St) In dem wunderschön restaurierten historischen Gebäude in Chinatown gibt es Tanz-, Konzert- und Theateraufführungen, ob nun lokale Livemusik und internationale Gastspiele oder moderner Tanz, zeitgenössisches Theater und Filmfestivals. In dem großen Theaterhaus findet auch der Wettstreit berühmter hawaiischer Musiker statt, der Ka Himeni 'Ana. Führungen durch das Theater werden meist am ersten Dienstag im Monat um 11 Uhr angeboten (nur mit Anmeldung).

Neal S Blaisdell Center   BÜHNE
(Karte S. 74; ✆591-2211; www.blaisdellcenter. com; 777 Ward Ave) Ort für Orchester- und Kammermusikkonzerte, Opern und Ballett, renommierte Hula-Wettbewerbe, Broadway-Shows, Kunsthandwerks- und Bauernmärkte und dergleichen mehr. Manchmal treten auch, wie im Aloha Stadion (Karte S. 65), international berühmte Pop- und Rockbands auf.

ARTS at Marks Garage   BÜHNE
(Karte S. 66; ✆521-2903; www.artsatmarks.com; 1159 Nu'uanu Ave) Die kommunale Galerie und Performancebühne gehört zu den innovativsten der Chinatown-Kunstszene. Sie veranstaltet diverse Liveshows, Gespräche mit Künstlern aus Hawaii, Jazz- und hawaiische Musikkonzerte.

Kumu Kahua Theatre   THEATER
(Karte S. 66; ✆536-4441; www.kumukahua.org; 46 Merchant St) In dem kleinen Schmuckstück mit 100 Sitzen im Gebäude des Kamehameha V Post Office werden Stücke multikultureller, zeitgenössischer Dramatiker, oft stark gewürzt mit hawaiischem Pidgin, uraufgeführt.

HawaiiSlam   SPRECHBÜHNE
(Karte S. 74; ✆387-9664; www.hawaiislam.com; Fresh Cafe, 813 Queen St; Eintritt 3–5 $; ☺1. Do

im Monat 20.30 Uhr) Auf einem der größten Poetry Slams der USA teilen sich internationale Autoren, Künstler, Musiker, MCs und DJs die Bühne. Anmeldung für angehende Poetry-Slam-Stars ab 19.30 Uhr.

Kinos

Doris Duke Theatre   KINO
(Karte S. 74; ✆532-8768; www.honoluluacademy. org; Honolulu Academy of Arts, 900 S Beretania St; Eintritt 5–9 $) Das intime Kino in einem Kunstmuseum zeigt Off- und ausländische Filme sowie avantgardistische und experimentelle Kurzfilme. Hinzu kommen Vorführungen von hawaiischen und pazifischen Dokumentarfilmen. Tickets werden online verkauft.

Movie Museum   KINO
(✆735-8771; www.kaimukihawaii.com; 3566 Harding Ave; Eintritt 5 $; ☺meist Do–Mo 12.30–22.30 Uhr) Das gesellige Kiezkino in Kaimuki zeigt alte Klassiker, ausländische und Indie-Filme, auch hawaiische Uraufführungen in einem Raum mit Digitalsoundsystem und nur 20 bequemen Barcalounger-Sesseln. Reservierung ist ratsam.

🔒 Shoppen

Honolulu ist zwar kein Shoppingparadies wie Waikiki, aber einzigartige Läden bieten viel Lokalkolorit, von traditionellen Blumen-*lei* und Ukulelen bis zu Antiquitäten und hawaiischer Kleidung.

Ala Moana Center   EINKAUFSZENTRUM
(Karte S. 74; www.alamoanacenter.com; 1450 Ala Moana Blvd; ☺Mo–Sa 9–21, So 10–19 Uhr; 🖶) Wow! Die nach oben offene Shopping Mall könnte auf internationaler Bühne einigen der berühmtesten Einkaufsparadiesen Asiens die Show stehlen. Ein Muss ist das Crack Seed Center mit all den Gläsern voller eingelegter Mangos, getrockneter Pflaumen, kandiertem Ingwer und Dutzenden weiterer exotischer Tropenleckereien.

📮 TIPP Ward Warehouse   EINKAUFSZENTRUM
(Karte S. 74; www.victoriaward.com; 1050 Ala Moana Blvd; ☺Mo–Sa 10–21, So bis 18 Uhr) In dem kleinen Einkaufszentrum gegenüber dem Ala Moana Beach Park gibt es mehr individuelle hawaiische Läden, wie das Native Books/Nā Mea Hawaii, das Gourmetlebensmittel, Schüsseln aus Koa-Holz, handgeschnitzter Angelhakenschmuck, authentische Hawaii-Decken und jede Menge Bücher, CDs und DVDs verkauft.

Aloha Tower Marketplace EINKAUFSZENTRUM
(Karte S. 66; www.alohatower.com; 1 Aloha Tower Dr; ☉Mo–Sa 9–21, So bis 18 Uhr) Das Einkaufszentrum am Hafen neben dem charakteristischen Aloha Tower hat Dutzende Läden unterschiedlicher Qualität, von kitschig bis edel, und kaum ein Kettengeschäft von außerhalb der Insel. Am nahen Kai begrüßen oft Hulatänzerinnen einlaufende Kreuzfahrtschiffe.

Kunst & hawaiisches Kunsthandwerk

Kunstgalerien in Chinatown s. Kasten S. 73.

Cindy's Lei Shoppe KUNSTHANDWERK, SOUVENIRS
(Karte S. 66; www.cindysleishoppe.com; 1034 Maunakea St; ☉Mo–Sa 6–19.30, So 6–18 Uhr) Das freundliche, einladende Geschäft verkauft *leis* aus *maile* (eine einheimische Schlingpflanze), Malven-*ilima* (ein einheimischer Bodendecker) und mikronesischem Ingwer sowie aus den üblichen Orchideen und Frangipani. Wer hier nicht das Gewünschte findet, kann sich noch in über einem halben Dutzend weiterer *lei*-Geschäften in den Straßen der Umgebung umschauen.

Kamaka Hawaii MUSIK
(Karte S. 66; www.kamakahawaii.com; 550 South St; ☉Mo–Fr 8–16 Uhr) Die Läden, die billige Ukulelen aus Plastik und Holz verkaufen, können links liegen gelassen werden. Kamaka ist auf handgefertigte Ukulelen spezialisiert, die seit 1916 auf O'ahu hergestellt werden und ab 500 $ kosten. Der Klassiker ist eine ovale „Ananas"-Ukulele, die einen weicheren Klang hat. Dienstags bis freitags

HAWAIILÄDEN IN HONOLULU & WAIKIKI

» Bishop Museum (S. 77)
» Native Books/Nā Mea Hawai'i (S. 84)
» Cindy's Lei Shoppe (S. 96)
» Bailey's Antiques & Aloha Shirts (S. 124)
» Na Lima Mili Hulu No'eau (S. 124)
» Manuheali'i (S. rechts)
» Tin Can Mailman (S. 97)
» Kamaka Hawaii (S. 96)
» Hula Supply Center (S. 96)
» Hawai'i State Art Museum (S. 69)

wird oft eine 30-minütige Werksführung angeboten (vorher anrufen).

Hula Supply Center SOUVENIRS
(Karte S. 74; www.hulasupplycenter.com; 1481 S King St; ☉Mo–Fr 9–17.30, Sa bis 17 Uhr) Seit über 60 Jahren kaufen hawaiische Musiker und Tänzer hier ihre *lei* aus *kukui* (Kerzennuss), Flaschenkürbistrommeln, tahitianische Grasröcke, Nasenflöten und dergleichen. Wer noch keinen Hula tanzt, kann sich hier auch mit Hawaiihemden, hawaiischen Büchern, CDs und DVDs eindecken. Eine Filiale gibt es am Waikiki Beach Walk.

Jeff Chang Pottery & Fine Crafts KUNST, KUNSTHANDWERK
(Karte S. 74; ☎591-1440; www.wardcentre.com; Ward Centre, 1200 Ala Moana Blvd; ☉Mo–Fr 10–17 Uhr) Nicht alles in dieser Kunstgalerie im Einkaufszentrum stammt aus Hawaii, aber es ist stets handgefertigt. Auffällige *raku*-Keramik, von Chang selbst modelliert, steht neben handgedrechselten Schüsseln aus tropischem Hartholz, künstlerischem Schmuck und mundgeblasenem Glas von den besten Kunsthandwerkern Hawaiis. An einigen Sonntagen demonstriert Chang Techniken an der Drehscheibe und dem *raku*-Brennofen (Unterricht 20 $, einschließlich eines Objekts zum Mitnehmen).

Nohea Gallery KUNST, KUNSTHANDWERK
(Karte S. 74; www.noheagallery.com; Ward Warehouse, 1050 Ala Moana Blvd; ☉Mo–Sa 10–21, So bis 18 Uhr) Die Edelgalerie, ein meditativer Ort inmitten all dem Einkaufsgewusel, verkauft Schmuck, Glas, Keramik und Holzarbeiten, die überwiegend in Hawaii handgefertigt werden. Einheimische Kunsthandwerker führen oft ihre Fertigkeiten draußen auf dem Bürgersteig vor.

Kleidung & Schuhe

Manuheali'i KLEIDUNG
(Karte S. 74; www.manuhealii.com; 930 Punahou St; ☉Mo–Fr 9.30–18, Sa 9–16, So 10–15 Uhr) Der einheimische Laden verkauft originelle und moderne Designs. Hawaiische Musiker tragen oft Manuhealis kühn bedruckte Hawaiihemden aus Seide. Die wallenden Viskosekleider sind vom traditionellen *muumuu* inspiriert, erhielten aber einen frisch-modernen Look. Filiale in Kailua.

Tutuvi Sitoa KLEIDUNG
(Karte S. 74; www.tutuvi.com 2636 King St; ☉Di–Sa 10–17 Uhr) Der Laden der Designe-

rin Colleen Kimura nahe der UH Manoa hat Tiki-Atmosphäre und steckt voller T-Shirts, Kleider, *pa'u*-Röcke, Strandtücher, Hawaiihemden und Sandalen aus Naturfasern – alles aus Stoffen handgefertigt, die mit Motiven aus der Natur (Bananenblätter, Hibiskus und Waldfarne) bedruckt sind.

Montsuki KLEIDUNG
(📞734-3457; 1132 Koko Head Ave; ⊙Di–Sa 8.30–18 Uhr) Das Mutter-Tochter-Designteam Janet und Patty Yamasaki im ruhigen Viertel Kaimuki arbeitet klassische Kimonos und *obi* (japanische Gürtel) zu moderner Kleidung um. Westöstliche Hochzeitskleider, formelle Kleidung oder elegante Tagesmode werden hier nach Maß gefertigt. Ein Besuch sollte besser telefonisch vereinbart werden.

Cinnamon Girl KLEIDUNG
(Karte S. 74; http://cinnamongirl.com; Ala Moana Center, 1450 Ala Moana Blvd; ⊙Mo–Sa 9–21, So 10–19 Uhr) Sexy Viskosekleider, die cool, modern und in Hawaii hergestellt sind, hängen im Laden der modebegeisterten Jonelle Fujita, und feminine Sandalen, glitzernde Halsketten und niedliche weiche Sonnenhüte liegen auf den Regalen. Auch im Ward Warehouse vertreten.

Island Slipper SCHUHE
(Karte S. 74; www.islandslipper.com; Ward Warehouse, 1050 Ala Moana Blvd; ⊙Mo–Sa 10–21, So bis 18 Uhr) Es gibt in ganz Honolulu massenhaft Läden, die Flipflops („*rubbah slippah*", Gummilatschen) verkaufen, aber niemand hat solche superbequemen Schlappen aus Wild- und Glattleder – einige hier auf der Insel hergestellt – und schon gar nicht in solch großen Größen.

Lily Lotus KLEIDUNG
(http://lilylotus.com; 1127 11th Ave; ⊙10–17 Uhr) Die Boutique im feinen Viertel Kaimuki wird von Momi Chee geführt, die sich einen Namen mit dem Design von umweltfreundlicher Yoga- und Fitnesskleidung für Frauen machte. Das Personal stellt auf Wunsch Kontakt zur lokalen Yogaszene her.

T&L Muumuu Factory KLEIDUNG
(Karte S. 74; www.muumuufactory.com; 1423 Kapi'olani Blvd; ⊙Mo–Sa 9–18, So 10–16 Uhr) So viel brennbare Hawaiikleidung auf dichtem Raum! Es ist ein Laden für *tutu* (Großmütter), für die Polyester Fortschritt bedeutet. Wild bedruckte *muumuu* gibt es in Größen von spindeldürr bis üppig, und die *pa'u*-

Röcke sind flippig genug, um damit ein lässiges Outfit zu ergänzen.

Antiquitäten & Secondhand

Tin Can Mailman ANTIQUITÄTEN, BÜCHER
(Karte S. 66; http://tincanmailman.net; 1026 Nu'uanu Ave; ⊙Mo–Sa 11–17, So 11–16 Uhr) Fans von altem Tiki-Kram und Büchern über Hawaii aus dem 20. Jh. werden den kleinen Antiquitätenladen in Chinatown lieben. Zu den sorgfältig gesammelten Schätzen gehören Schmuck und Ukulelen aus dem 20. Jh., seidene Hawaiihemden, Tropenholzmöbel, Schallplatten sowie seltene Poster und Touristenbroschüren aus den Nachkriegsjahren.

Antique Alley ANTIQUITÄTEN
(Karte S. 74; www.portaloha.com/antiquealley; 1347 Kapi'olani Blvd; ⊙11–17 Uhr) Der Laden ist wunderbar vollgestopft mit seltenen Sammlerstücken aus dem Hawaii der letzten Jahrzehnte und tauchte auch schon in der Fernsehsendung *Antiques Roadshow* auf. Verkauft wird alles, von *poi*-Stößeln bis zu alten Hula-Püppchen und Gegenständen vom Matson-Kreuzfahrtschiff.

Lai Fong Department Store ANTIQUITÄTEN
(Karte S. 66; 1118 Nu'uanu Ave; ⊙meist Mo–Sa 9–18.30 Uhr) Der familiäre Laden verkauft ein Sammelsurium an Antiquitäten und Trödel in allen Preislagen, von Kleidung aus chinesischer Seide und Brokat bis zu alten Hawaii-Postkarten aus dem frühen 20. Jh.

ℹ Praktische Informationen

Geld
Banken mit Filialen und Geldautomaten auf der ganzen Insel:

Bank of Hawaii (📞888-643-3888; www.boh. com)

First Hawaiian Bank (📞844-4444; www.fhb. com)

Internetzugang
Billigere kurzlebige Internetcafés nahe der UH Manoa sind bis in die Nacht geöffnet.

FedEx Office (www.fedex.com; pro Std. 12 $) Ala Moana (1500 Kapi'olani Blvd; ⊙Mo–Do 7.30–21, Sa 10–18, So 12–18 Uhr); Stadtzentrum (590 Queen St; ⊙Mo–Fr 7–23, Sa & So 9–21 Uhr); Univiertel (2575 S King St; ⊙24 Std.; @📶) Prepaid-Computerterminals und WLAN sowie Möglichkeiten zum Ausdrucken von Digitalfotos und Brennen von CDs.

Hawaii State Library (📞586-3500; www. librarieshawaii.org; 478 S King St; ⊙Mo & Mi

10–17, Di, Fr & Sa 9–17, Do 9–20 Uhr; @🛜) Die Zentrale der staatlichen Bibliothek, neben 23 Filialen auf ganz O'ahu. Alle bieten kostenlose Internetnutzung auf Vorbestellung (s. S. 710), einige auch kostenloses WLAN.

Medien

ZEITUNGEN & ZEITSCHRIFTEN Honolulu Magazine (www.honolulumagazine.com) Monatliche Hochglanzzeitschrift für Kunst, Kultur, Mode, Lifestyle und Kochen.

Honolulu Star-Advertiser (www.staradvertiser. com, http://tgif.staradvertister) Tageszeitung, mit der freitäglichen Beilage TGIF (Thank God it's Friday) für Events und Unterhaltung.

Honolulu Weekly (www.honoluluweekly.com) Kostenlose wöchentliche Boulevardzeitung mit Programmkalender für Kunst und Unterhaltung, Unterricht, Freiwilligenarbeit und Outdoor-Aktivitäten.

RADIO & TV KDNN (89,5 FM) Inseltypische Musik und hawaiischer Reggae.

KHET (Kabelkanal 10) Öffentlicher Fernsehsender Hawaiis (PBS).

KHPR (88,1 FM) Öffentliches Radio Hawaiis; klassische Musik.

KIKU (Kabelkanal 9) Multikulturelles Fernsehprogramm.

KINE (105,1 FM) Klassische und zeitgenössische hawaiische Musik.

KIPO (89,3 FM) Öffentliches Radio Hawaiis; Jazz und Weltmusik.

KTUH (90,3 FM) Studentenradio der University of Hawai'i.

Medizinische Versorgung

Hyperbaric Treatment Center (☎851-7030, 851-7032; www.hyperbaricmedicinecenter.com; 275 Pu'uhale Rd) Für Taucher mit Taucherkrankheit.

Longs Drugs (☎949-4781; www.cvs.com/ longs; 2220 S King St; ⏱24 Std.) Praktische 24-Stunden-Apotheke nahe der UH Manoa.

Queen's Medical Center (☎538-9011; www. queensmedicalcenter.net; 1301 Punchbowl St; ⏱24 Std.) Das größte, bestausgestattete Krankenhaus auf O'ahu hat eine 24-Stunden-Notaufnahme.

Straub Clinic & Hospital (☎522-4000; www. straubhealth.org; 888 S King St; ⏱24 Std.) Hat eine 24-Stunden-Notaufnahme.

Notfall

Polizei, Feuerwehr & Krankenwagen (☎911) Für Notfälle.

Polizei (☎529-3111) Für allgemeine Belange.

Post

Ala Moana (www.usps.com; EG, Ala Moana Center, 1450 Ala Moana Blvd; ⏱Mo–Fr 8.30–17, Sa bis 16.15 Uhr)

Innenstadt (www.usps.com; Old Federal Bldg, 335 Merchant St; ⏱Mo–Fr 9–16.30 Uhr)

Hauptpostamt (☎423-6029; www.usps.com; Honolulu International Airport, 3600 Aolele St, Honolulu, HI 96820; ⏱Mo–Fr 8–20, Sa 8–16 Uhr) Postlagernde Sendungen werden meist bis zu zehn Tage lang aufbewahrt (internationale Sendungen bis zu 30 Tage).

An- & Weiterreise

Auto

Die Innenstadt Honolulus bzw. Chinatowns ist voller Einbahnstraßen, der Verkehr ist dicht und Parken schwierig. Am besten also gleich den Bus nehmen.

Der Verkehr ist zu Stoßzeiten werktags von 7 bis 9 und von 15 bis 18 Uhr stockend. In dieser Zeit herrscht auf dem Freeway H-1 in beiden Richtungen dichter Verkehr, ebenso morgens stadteinwärts und am Spätnachmittag stadtauswärts auf dem Pali und dem Likelike Hwy.

PARKEN Stundenweises Parken ist auf mehreren städtischen Parkplätzen und an Tankstellen in der Innenstadt möglich. Gebührenpflichtige Parkplätze am Straßenrand sind werktags schwer zu finden, am Wochenende eher. Viele 25-Cent-Stücke sollten zur Hand sein. Größere Einkaufszentren haben kostenlose Kundenparkplätze. Der Aloha Tower Marketplace gewährt Kunden ermäßigte Parkplatzgebühren: Werktags nach 16 Uhr und ganztags an Wochenenden und Feiertagen gilt ein Einheitspreis von 2 $; ansonsten kostet es 2 $ für die ersten drei Stunden, dann 3 $ pro 30 Minuten.

Bus

Das Einkaufszentrum Ala Moana Center, gleich nordwestlich von Waikiki, ist der zentrale Busbahnhof O'ahus für TheBus. Weitere Informationen zu TheBus, wie Strecken, Fahrpläne, Preise und Buspässe s. S. 62.

Zum/vom Flughafen

Beförderung zum/vom Honolulu International Airport s. S. 60.

Taxi

Taxis müssen meist telefonisch bestellt werden (Zählerpreise s. S. 63):

Charley's (☎233-3333, von Telefonzellen ☎877-531-1333; www.charleystaxi.com)

City Taxi (☎524-2121; www.citytaxihonolulu. com)

TheCab (☎422-2222; www.thecabhawaii.com)

PEARL HARBOR

Der Schlachtruf aus dem Zweiten Weltkrieg „Remember Pearl Harbor!", der einst eine ganze Nation mobilisierte, hallt auf O'ahu noch dramatisch nach. Hier fand am 7. Dezember 1941 der Überraschungsangriff der Japaner statt, der die USA in den Krieg riss. Jedes Jahr besuchen 1,5 Mio. Menschen die einzigartige Ansammlung von Kriegsdenkmälern und Museen von Pearl Harbor, die sich um die stille Bucht westlich von Honolulu drängen, in der einst Austern gezüchtet wurden.

Heute befindet sich noch immer ein unglaublich großer US-Marinestützpunkt in Pearl Harbor. Wer ein bisschen wohltuende Ruhe und Frieden sucht, besonders nach einem bewegenden Besuch des USS Arizona Memorial, kann sich in die neblige Ko'olau Range oberhalb der Bucht begeben, wo ein alter hawaiischer Heiltempel und Waldwanderwege warten.

⊙ Sehenswertes & Aktivitäten

Die Gedenkstätte über dem Wrack der gesunkenen USS *Arizona* ist die meistbesuchte Touristenattraktion Hawaiis. In der Nähe befinden sich zwei weitere schwimmende Stätten: das U-Boot USS *Bowfin*, der „Pearl Harbor Avenger" (Rächer von Pearl Harbor), und das Kriegsschiff USS *Missouri*, auf dem General Douglas Mac-Arthur am Ende des Zweiten Weltkriegs die japanische Kapitulation entgegennahm. Für die USA repräsentieren diese militärischen Denkmäler den Anfang, die Mitte und das Ende des Kriegs. Für den Besuch aller drei und noch des Pacific Aviation Museum sollte mindestens ein halber Tag eingeplant werden, vorzugsweise werktags an einem Vormittag, wenn sie weniger überlaufen sind. Alle Sehenswürdigkeiten Pearl Harbors sind rollstuhlgerecht und an Thanksgiving (4. Do im Nov.), Weihnachten und Neujahr geschlossen.

⎣LP TIPP⎦ USS Arizona Memorial   MUSEUM, GEDENKSTÄTTE

(☑422-3300; www.nps.gov/valr; 1 Arizona Memorial Dr, 'Aiea; Eintritt frei; ⊙Besucherzentrum & Museum 7–17 Uhr, Bootsabfahrten 8–15 Uhr) Die ergreifende Gedenkstätte, eines der bedeutendsten Kriegsdenkmäler der USA, erzählt die Geschichte des Angriffs auf Pearl Harbor und erinnert an die gefallenen Soldaten. Das Denkmal wird vom National Park Service (NPS) verwaltet und umfasst ein Besucherzentrum und den Schrein vor der Küste. Im neu gebauten Besucherzentrum auf dem Land zeigt ein modernes, multimediales Museum seltene Memorabilien des Zweiten Weltkriegs, ein Modell des Kriegsschiffes mit dem Denkmal sowie historische Fotos.

Der Schrein auf dem Meer wurde quer über den Mittelrumpf der gesunkenen

---

„EIN TAG DER NIEDERTRACHT"

Am 7. Dezember 1941 – „ein Datum, das für immer mit Niedertracht verbunden bleibt", sagte Präsident Franklin D. Roosevelt einmal – begann um 7.55 Uhr eine Angriffswelle von über 350 japanischen Flugzeugen, die über die Ko'olau Range auf die ahnungslose US-Pazifikflotte in Pearl Harbor herabstießen.

Das Kriegsschiff USS *Arizona* wurde direkt getroffen und sank mit der eingeschlossenen Mannschaft in weniger als neun Minuten. Das Durchschnittsalter der 1177 Soldaten, die auf dem Schiff starben, betrug nur 19 Jahre. Erst 15 Minuten nach der Bombardierung schossen amerikanische Flugabwehrgeschütze auf die japanischen Kampfflugzeuge zurück. Während des zweistündigen Angriffs wurden 20 weitere US-Kriegsschiffe versenkt oder schwer beschädigt und 347 Flugzeuge zerstört.

In der Rückschau gab es zwei deutliche Warnsignale vor dem Angriff, die katastrophalerweise nicht wahrgenommen bzw. falsch gedeutet wurden. Über eine Stunde vor dem Eintreffen der japanischen Flugzeuge sichtete die USS *Ward* den Kommandoturm eines U-Boots, das sich der Einfahrt von Pearl Harbor näherte. Die *Ward* beschoss es sofort mit Unterwassergeschützen – es stellte sich heraus, dass es eines von fünf winzigen japanischen U-Booten war, die in den Hafen vordringen sollten. Um 7.02 Uhr meldete eine Radarstation an der Nordküste O'ahus herannahende Flugzeuge. Obwohl sie von Westen statt von Osten kamen, wurde angenommen, dass es sich um Flugzeuge vom US-amerikanischen Festland handelte.

Weiteres zur Geschichte Hawaiis im Zweiten Weltkrieg s. S. 655.

USS *Arizona* gebaut. Die Geometrie ist beabsichtigt, um anfängliche Niederlage, endgültigen Sieg und ewige Ruhe zu repräsentieren. In der äußersten der drei Kammern des Schreins sind auf einer Marmorwand die Namen der bei dem Angriff getöteten Besatzungsmitglieder eingraviert. Der mittlere Raum hat Fensterschächte, durch die Besucher das Wrack des Schiffes sehen können, aus dem noch heute täglich knapp ein Liter Öl ins Meer läuft. Unter dem Druck, sich von dem Angriff zu erholen und auf den Krieg vorzubereiten, beschloss die US-Marine, die Soldaten im gesunkenen Schiff zu belassen. Sie blieben im Rumpf eingeschlossen, begraben im Meer. Besucher werden gebeten, zu jeder Zeit respektvoll zu schweigen, allerdings halten sich leider einige Reisegruppen und ihre Guides nicht daran.

Die Boote zum Schrein legen vom Besucherzentrum von 8 bis 15 Uhr alle 15 Minuten ab (wenn das Wetter es zulässt). Passagiere werden mitgenommen, wie sie kommen; im Besucherzentrum werden Tickets ausgegeben mit der jeweils genauen Uhrzeit der 75-minütigen Tour, der ein 23-minütiger Film über den Angriff gehört. Nachmittags kann es oft zu ein paar Stunden Wartezeit kommen. Zu Spitzenzeiten im Sommer nehmen täglich 4500 Personen an der Tour teil; die Tickets sind oft schon gegen Mittag vergeben.

USS Bowfin Submarine Museum & Park MUSEUM

(☏423-1341; www.bowfin.org; 11 Arizona Memorial Dr, 'Aiea; Parkeintritt frei, Museum & Audiotour durch das U-Boot Erw./Kind 10/4 $; ☺7–17 Uhr, letzter Eintritt 16.30 Uhr) Wer ein oder zwei Stunden auf den Beginn seiner Tour durch das USS Arizona Memorial warten muss, kann sich das benachbarte U-Boot USS *Bowfin* aus dem Zweiten Weltkrieg samt einem kleinen Museum anschauen. Es zeigt die Entwicklung der U-Boote von ihren Ursprüngen zum Atomzeitalter, mit Filmmaterial von U-Bootpatrouillen während des Kriegs.

Highlight des Parks ist zweifellos ein Besuch im Bauch des historischen U-Boots. Die USS *Bowfin* wurde am 7. Dezember 1942, ein Jahr nach dem Angriff auf Pearl Harbor, vom Stapel gelassen, führte neun Frontfahrten durch und versank bis Ende des Zweiten Weltkriegs 44 feindliche Schiffe im Pazifik. Eine Audiotour erklärt das Leben der Mannschaft – Kopf einziehen

unter Deck! Kinder unter vier Jahren dürfen nicht an Bord.

Im Park am Ufer können Besucher durch ein Periskop spähen und einen japanischen *kaiten* (Selbstmordtorpedo) begutachten. Er ist das Unterwasserpendant zu den Kamikazefliegern und wurde als letzter Verzweiflungsakt des japanischen Militärs gegen Ende des Zweiten Weltkriegs entwickelt.

Battleship Missouri Memorial MUSEUM, GEDENKSTÄTTE

(☏455-1600, 877-644-4896; www.ussmissouri.com; 63 Cowpens St, Ford Island; Eintritt inkl. Tour Erw./Kind 4–12 J. ab 20/10 $; ☺8–16 Uhr) Die USS *Missouri* war das letzte Kriegsschiff, das gegen Ende des Zweiten Weltkriegs gebaut wurde. Sie stellt somit den „Abschluss" des US-Feldzugs im Pazifik während des Kriegs dar. Das ausgemusterte Kriegsschiff mit dem Spitznamen „Mighty Mo" (es ist größer als die RMS *Titanic*) war während der entscheidenden Schlachten von Iwo Jima und Okinawa im Einsatz.

Die USS *Missouri* ist heute auf Ford Island angedockt, nur ein paar hundert Meter von der gesunkenen USS *Arizona* entfernt. Besucher können mit einer Audiotour in den Offiziersquartieren herumlaufen, Exponate zur Geschichte des Schiffs besichtigen und auf dem Deck spazieren, auf dem General Douglas MacArthur am 2. September 1945 die japanische Kapitulation entgegennahm. Teurere Führungen zu den Gefechtsstationen werden manchmal von kenntnisreichen Veteranen angeboten.

Zum Besuch der Gedenkstätte muss zuerst ein Ticket in Bowfin Park gekauft werden, bevor es mit dem verbindlichen Shuttlebus nach Ford Island geht.

Pacific Aviation Museum MUSEUM

(☏441-1000; www.pacificaviationmuseum.org; 319 Lexington Blvd, Ford Island; Erw./Kind 4–12 J. 20/10 $, inkl. Führung 30/20 $, plus 10 $ für Flugsimulator; ☺9–17 Uhr, Führungen 10–15 Uhr, letzter Eintritt 16 Uhr) Das noch nicht fertiggestellte militärische Luftfahrtmuseum umfasst die Zeit vom Zweiten Weltkrieg bis zu den Kriegen in Korea und Vietnam. Im ersten Hangar befindet sich eine Ausstellung zum Angriff auf Pearl Harbor, zum Doolittle Raid, dem Überraschungsangriff auf Japan 1942, und zur entscheidenden Schlacht um Midway, als sich der Zweite Weltkrieg im Pazifik zu Gunsten der Alliierten wendete. Zu den restaurierten Flugzeugen, die hier ausgestellt sind, gehören eine japani-

Anders als auf vielen anderen hawaiischen Inseln ist ein Mietwagen oder eine geführte Tour zur Erkundung O'ahus nicht nötig. Individueller und sparsamer – und auch umweltfreundlicher – ist eine Fahrt rund um die Insel mit dem öffentlichen Verkehrsmittel TheBus.

TheBus 52 Wahiawa Circle Isle fährt im Uhrzeigersinn ab dem Ala Moana Center bei Waikiki über den Hwy 99 nach Hale'iwa und die North Shore entlang. Am Turtle Bay Resort an der Nordspitze der Insel ändert er seine Nummer zu 55 und fährt entlang der Windward Coast nach Kane'ohe und zurück über den Pali Hwy zum Ala Moana Center. Der Bus 55 Kane'ohe Circle Isle fährt die gleiche Strecke in umgekehrter Richtung. Die Busse verkehren täglich ab 6.30 bis etwa 22 Uhr alle 30 Minuten. Ohne Zwischenaufenthalt dauert eine solche Rundtour vier Stunden.

Ein kürzerer Ausflug von Waikiki ist die reizvolle Rundstrecke um den Südosten O'ahus mit dem „Beach Bus" 22 (verkehrt nicht am Dienstag) bis zum Sea Life Park, dann weiter mit dem Bus 57 Richtung Kailua und zurück über den Pali Hwy zum Ala Moana Center. Beim Einsteigen sollte der Fahrer nach kostenlosem Transfer gefragt werden. Bei gutem Anschluss dauert die Strecke etwa 2½ Stunden.

sche Zero und ein Dauntless-Marinesturzbomber. Derzeitige Führungen gibt es zur Ausstellung über die MiG Alley im Koreakrieg; sie erlauben einen Blick hinter die Kulissen der Restaurierungsarbeiten im historischen Hangar 79.

Für den Museumsbesuch muss zuerst ein Ticket in Bowfin Park gekauft werden, bevor es mit dem verbindlichen Shuttlebus nach Ford Island geht.

GRATIS Kea'iwa Heiau State Recreation Area   PARK

(am 'Aiea Heights Dr, 'Aiea; ⏲April–Anf. Sept. 7–19.45 Uhr, Anf. Sept.–März 7–18.45 Uhr) In dem Erholungspark in den Hügeln oberhalb von Pearl Harbor steht der **Kea'iwa Heiau**, ein alter hawaiischer Steintempel, den *kahuna lapa'au* (kräuterkundige Heiler) nutzten. Die *kahuna* verwendeten Hunderte Heilpflanzen und bauten viele davon auf dem Tempelgelände an. Noch heute wachsen hier der *noni* (indischer Maulbeerbaum), dessen streng riechenden, gelben Früchte gegen Herzkrankheiten eingesetzt wurden, der *kukui* (Lichtnussbaum), ein Abführmittel, und *ti*-Blätter, in die ein Kranker eingewickelt wurde, um das Fieber zu senken. Nicht nur waren diese Pflanzen heilkräftig, auch der *heiau* selbst soll lebensspendende Energie besessen haben, die sich durch die *kahuna* manifestierte.

Für Wanderer und Mountainbiker gibt es den reizvollen, 4,5 Meilen (7,2 km) langen **'Aiea Loop Trail**, der oben an der asphaltierten Rundstraße beginnt und am Campingplatz, 0,3 Meilen (480 m) unterhalb

des Startpunkts, endet. Unterwegs eröffnen sich weite Ausblicke auf Pearl Harbor, den Diamond Head und die Ko'olau Range. Etwa nach zwei Dritteln der Strecke ist durch das Dickicht am östlichen Bergrücken das Wrack eines C-47-Frachtflugzeugs zu sehen, das 1943 abgestürzt ist.

Die Campingplätze des Parks sind gut gepflegt, aber viel Privatsphäre bieten sie nicht. Im Winter ist wasserdichte Kleidung wichtig, da es in diesen Höhen häufig regnet. Im Park gibt es überdachte Picknickpavillons mit Grill, Toiletten, Duschen, Trinkwasser und öffentlichem Telefon. Am Eingangstor, das nachts aus Sicherheitsgründen abgeschlossen wird, wacht ein Parkwärter. Camping ist mittwochs und donnerstags nicht erlaubt; eine Genehmigung muss vorher eingeholt werden (s. S. 60).

Zu erreichen von Honolulu oder Waikiki über den Freeway H-1 Richtung Westen, dann weiter auf den Hwy 78 bis zur Abfahrt 13A 'Aiea auf die Moanalua Road. An der dritten Ampel geht es dann rechts auf den 'Aiea Heights Drive. Die Straße führt über 2,5 Meilen (4 km) bis zum Park durch ein Wohnviertel. TheBus 11 'Aiea Heights ab der Innenstadt Honolulus hält etwa 1,3 Meilen (2 km) unterhalb des Parkeingangs (35 Min., stündl.).

☞ Geführte Touren

Pearl-Harbor-Touren, die überall in Waikiki angekündigt werden, gibt es als Bustour bis hin zu Exkursionen in gepanzerten Amphibienfahrzeugen *(„ducks")* aus dem Zweiten

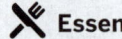

Weltkrieg. Diese Touren bringen jedoch auch nicht mehr beim Besuch der Gedenkstätten und Museen. Touristenboote dürfen übrigens nicht am USS Arizona Memorial anlegen.

Essen

Im Bowfin Park neben dem Besucherzentrum gibt es Imbissstände. Auf Ford Island bieten das Battleship Missouri Memorial und das Pacific Aviation Museum jeweils Fast-Food-Cafés. Bodenständige hawaiische Restaurants befinden sich weiter östlich am Kamehameha Hwy (99) nahe dem Einkaufszentrum Pearlridge Center.

Poke Stop   MEERESFRÜCHTE, TAKEAWAY $
(Karte S. 58; www.poke-stop.com; Waipahu Town Center, 94-050 Farrington Hwy, Waipahu; Gerichte 4–10 $, Mahlzeiten 8–14 $; ⏱Mo–Sa 8–19, So 9–16 Uhr) Es ist zwar ein längerer Umweg westlich von Pearl Harbour, aber der Weg lohnte sich auch, wenn es quer über die Insel ginge, um die scharfen frittierten Auberginen, Schüsseln mit geformten (nicht gerollten) Sushi, Gourmetteller und über 20 Arten *poke* zu genießen – vom *furikake*-Lachs und dem *'o'io* (Grätenfisch) mit allem Drum und Dran kann man nicht genug kriegen.

Chun Wah Kam
Noodle Factory   PANASIATISCH $$
(www.chunwahkam.com; Waimalu Shopping Center, 98-040 Kamehameha Hwy, 'Aiea; Portion 1–8 $, Mahlzeiten 7–10 $; ⏱Mo–Fr 7.30–18.30, Sa 8.30–18.30, So 8.30–16 Uhr) Fanatiker stehen Schlange für *manapua* gefüllt mit tausenderlei Sachen, etwa *char-siu-* oder *kalua*-Schwein bis zu schwarzem Zucker und Taro. Die großzügigen gemischten Teller reichen locker für zwei Personen. Das kleine Einkaufszentrum steckt auch voller asiatischer Imbissläden, wie Shiro's Saimin und Egoziku Ramen.

Kuru Kuru Sushi   JAPANISCH $$
(Pearl Kai Shopping Center, 98-199 Kamehameha Hwy; pro Portion 2–8 $; ⏱So–Do 11–21, Fr & Sa bis 22 Uhr) Die einheimische Sushi-Kette serviert die *nigiri*-Sushi, *kalbi*-Rippchenrollen, Gemüsekroketten und Obstgelees auf einem Fließband.

Forty Niner Restaurant   EINHEIMISCH $
(98-110 Honomanu St, 'Aiea; Hauptgerichte 3–8 $; ⏱tgl. 7–14, Mo–Do 16–20, Fr & Sa bis 21 Uhr) Der kleine Nudelladen mit Eisbar aus den 1940er-Jahren sieht vielleicht vernachlässigt aus, aber die altmodische *saimin* (Nu-

delsuppe) wird nach einem Geheimrezept hergestellt.

Elena's House of Finest
Fillipino Foods   PHILIPPINISCH $
(www.elenasrestaurant.com; Tropicana Sq, 94-866 Moloalo St, Waipahu; Hauptgerichte 6–12 $; ⏱6–21 Uhr) In Elenas bodenständiger Küche werden seit 1974 Reisomelettes mit *adobo*-Schwein, *pansit* (Nudeln), *sari-sari*-Eintopf und andere philippinische Klassiker gebrutzelt.

❶ Praktische Informationen

An den Gedenkstätten, Museen und Besucherzentren von Pearl Harbor herrschen strikte Sicherheitsvorkehrungen. Besucher dürfen nichts mitbringen, in dem sich etwas verstecken lässt (z. B. Hand-, Kamera-, Gürtel- oder Wickeltaschen und Rucksäcke). Kleinkameras und Camcorders sind erlaubt. Wertgegenstände sollten nicht im Auto, sondern in der **Aufbewahrung** (pro Stück 3 $; ⏱6.30–17.30 Uhr) rechts vor dem Bowfin Park gelassen werden.

❶ An- & Weiterreise

AUTO Das Besucherzentrum des USS Arizona Memorial und der Bowfin Park liegen nahe dem Kamehameha Hwy (99) südwestlich des Aloha-Stadions. Anfahrt von Honolulu oder Waikiki (30 Minuten bei normalem Verkehr) ist über den Freeway H-1 Richtung Westen bis zur Ausfahrt 15A (Arizona Memorial/Stadium), dann der Ausschilderung zum USS Arizona Memorial, nicht Pearl Harbor, folgen; letztere führt zum Militärstützpunkt. Es gibt reichlich kostenlose Parkplätze.

Zivilisten dürfen nicht auf die Ford Island fahren, da sie ein Militärstützpunkt ist. Zu erreichen ist sie aber mit dem häufig verkehrenden Touristenbus, der vor dem Bowfin Park Ticketinhaber einsammelt und am Battleship Missouri Memorial und danach am Pacific Aviation Museum abládt.

BUS TheBus 42 'Ewa Beach ab Waikiki ist die direkteste Route. Der Bus hält täglich von 7.30 bis 15 Uhr vor dem Besucherzentrum des USS Arizona Memorial und braucht pro Strecke eine Stunde. TheBus 20 Airport-Pearlridge fährt auch bis zum Flughafen und braucht 15 Minuten länger. Beide Buslinien verkehren mindestens zweimal stündlich.

WAIKIKI

27 510 EW.

Waikiki – allein der Name beschwört schon das Bild von endlosem Horizont, pazifischen Sonnenuntergängen und Hula-Tänzerinnen, die sich sanft zu den Inselrhythmen wiegen. Der einstige Tummelplatz der hawaiischen Könige ist noch immer *der* klassische Strand auf O'ahu.

Nach den schweren Zeiten im Zweiten Weltkrieg wurde Waikiki wieder zum idyllischen Traumziel für Urlauber, die Tropeninsel *par excellence,* samt Blumen-*lei*, Hawaiihemd und Romanze. Berühmtheiten wie Elvis Presley sangen über Waikiki und klimperten dazu auf der Ukulele, und braungebrannte Surfer ritten mit ihren langen Holzbrettern auf den Wellen.

Heute hat sich Waikiki ein neues Image verpasst. Zwar gehören immer noch klebrige Tiki-Drinks, Resort-*luaus* mit All-you-can-eat-Buffets und samoanischer Feuertanz zum Gesamtbild. Aber der meistbesuchte Strand Hawaiis hat sich mit seinen schicken Boutiquehotels und kultivierten Restaurants und Cocktailbars weit vom billigen Massentourismus entfernt.

Ein träger Tag am weißen Strand ist für den Anfang ok. Dann warten Surfunterricht, ein fruchtiger Mai Tai bei Sonnenuntergang über dem Meer, Hawaiigitarren- und Ukuleleklänge – reinster Lebensgenuss. Es hat schon seine guten Gründe, warum alle hierher kommen.

Geschichte

Waikiki („Spritzendes Wasser") war einst ein fruchtbares, von Bergbächen aus dem Manoa Valley gespeistes Feuchtgebiet mit *kalo lo'i* (Tarofeldern) und Fischteichen. Als 1795 Kamehameha der Große O'ahu eroberte, errichtete er hier seinen Königshof. Über fast ein Jahrhundert lang wurde Waikiki zur bevorzugten königlichen Ferienresidenz. Aber ab den 1880er-Jahren bauten sich hier die reicheren Einwohner Honolulus schnuckelige Häuser am schmalen Strand.

1901, als das Moana als erstes Luxushotel Waikikis auf einstmals königlichem Grund eröffnete, begann der Touristenboom. Eine Straßenbahn verband Waikiki mit Honolulu, und die Stadtbewohner zuckelten mit ihr am Wochenende zum Strandausflug. Die Strandbesucher waren bald von den lästigen Moskitos des Feuchtgebiets genervt und reichten ein Gesuch ein, die „Sümpfe" aus der Welt zu schaffen. 1922 wurde der Ala Wai Canal gegraben, um die Bäche umzuleiten und das Feuchtgebiet auszutrocknen.

Das alte Hawaii verschwand: Den einheimischen Bauern wurde buchstäblich

» Waikiki (S. 106) – Der stets volle Tummelplatz am Meer

» Hanauma Bay (S. 129) – Schnorcheln auch für Kinder

» Waimanalo (S. 133) – längster, ruhigster goldener Strand von O'ahu

» Kailua (S. 137) – Schwimmen, Kajakfahren, Stand Up Paddling, Wind- und Kitesurfen

» Malaekahana State Recreation Area (S. 150) – wilder, urtümlicher und windseitiger Strand

» Pipeline (S. 154) – super Breaks zum Surfen an der North Shore

» Pupukea (S. 154) – klasse Schnorcheln und Tauchen im Sommer

» Makaha (S. 169) – bester Großwellenstrand an der Wai'anae Coast

das Wasser abgegraben und Waikikis Wasserbüffel durch Touristen ersetzt. 1927 eröffnete das Royal Hawaiian Hotel, um die Passagiere der Luxusschiffe aus San Francisco unterzubringen. Im Zweiten Weltkrieg diente der „Rosa Palast" als Freizeittummelplatz für US-Marinesoldaten auf Landgang.

Noch in den 1950er-Jahren konnten Surfer bis direkt an den Waikiki Beach fahren und ihr Auto im Sand parken. Schon bald landeten reguläre Linienflugzeuge auf Hawaii, als der Tourismus vom US-Festland wieder boomte. Ende der 1980er-Jahre wurde Waikikis weiterer Ausbau nur deswegen gestoppt, weil nicht mehr genügend Land zur Verfügung stand. Die einzige Möglichkeit war, in die Höhe zu expandieren, weswegen sich hier auch so viele Hochhäuser drängen.

Gefahren & Ärgernisse

Ob bei Tag oder Nacht, es ist kaum möglich, auf der Kalakaua Avenue zu laufen, ohne auf Kundenfänger zu stoßen, die oft in einem sogenannten „Activity Center" sitzen und Touristen mit kostenlosen *luaus*, abendlichen Kreuzfahrten oder Mietwagen für 10 $ pro Tag anlocken. Hier ist Vorsicht geboten!

Es kann nach Einbruch der Dunkelheit riskant sein, am Strand oder am Ala Wai Canal entlangzulaufen, ob allein oder in

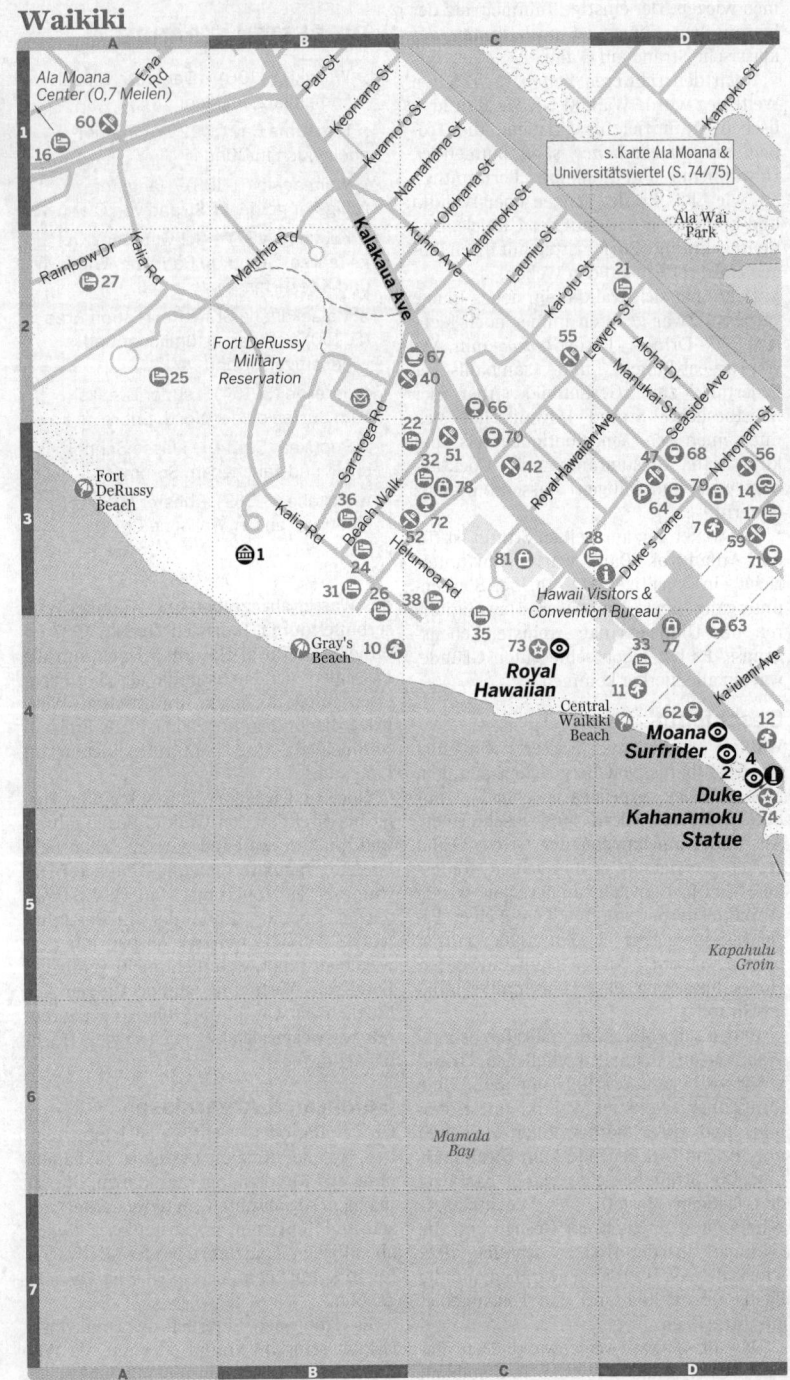

Ala Moana Center (0,7 Meilen)

Ena Rd

Pau St

Keoniana St

Kuamo'o St

Namahana St

Olohana St

Kalaimoku St

s. Karte Ala Moana & Universitätsviertel (S. 74/75)

Kamoku St

Ala Wai Park

60

16

Rainbow Dr

27

Kalia Rd

Maluhia Rd

Kalakaua Ave

Kuhio Ave

Launiu St

Kai'olu St

Lewers St

Ala Wai Blvd

Aloha Dr

21

55

25

Fort DeRussy Military Reservation

67

40

Manukai St

Seaside Ave

Nohonani St

Fort DeRussy Beach

Saratoga Rd

22

32 51

78

66

70

42

Royal Hawaiian Ave

47

68

56

79

14

Beach Walk

36

72

64

7

17

59

1

Helumoa Rd

52

24

28

Duke's Lane

71

31

26

38

81

35

Hawaii Visitors & Convention Bureau

33

77

63

Gray's Beach

10

73

Royal Hawaiian

11

Ka'iulani Ave

Central Waikiki Beach

62

Moana Surfrider

12

2

4

Duke Kahanamoku Statue

74

Kapahulu Groin

Mamala Bay

0 400 m
0 0,2 Meilen

E   F   G   H

Crane Park

Kaimuki Ave

45 1

Olu St

Kapahulu Ave

Winam Ave

Paliuli St

Date St

2

43

Palani Ave
80   48

Hunter St

13

3

Nahua St

Ala Wai Canal

Walina St

41

Ala Wai Blvd

Kaiulani Ave

58   9

Kuhio Ave

Herbert St

WAIKIKI

76

29
44   15

Castle St

Cleghorn St

57

Prince Edward St

50

Koa Ave   46

39

53

61

Brokaw St

Ulunu Ave   34

Alohea Ave

20

3

Lili'uokalani Ave

18

Kealohilani Ave

Pualani Way   Wai Nani Way

5

5

Ohua Ave

Paoakalani Ave

Kuhio Ave

Kanaina Ave

Kapahulu Ave

Kalakaua Ave

54

Cartwright Rd

19   37

Kapahulu Ave

Paki Ave

s. Karte Diamond Head
& Kahala (S. 128)

30

Lemon Rd

Kuhio Beach Park

69   8   23

Honolulu Zoo

6

Queen's Surf Beach

Diamond Head Market
& Grill (0.1 Meile),
Diamond Head
State Monument (1 Meile)

Monsarrat Ave

65

Kalakaua Ave

75

49

Kapi'olani Beach Park

Kapi'olani Park

Leahi Ave

Kanaina Ave

Paki Ave

7

Waikiki Aquarium (0.1 Meile),
Sans Souci (Kaimana)
Beach (0.3 Meilen)

E   F   G   H

Waikiki

⊙ **Highlights**

    Duke Kahanamoku-Statue D4
    Honolulu Zoo F6
    Moana Surfrider D4
    Royal Hawaiian C4

⊙ **Sehenswertes**

 1 Hawai'i Army Museum B3
    Mana Hawai'i .... (s. 78)
    Royal Hawaiian Center .... (s. 81)
 2 Waikiki Beach Center D4
 3 Waikiki Community Center F4
 4 Wizard Stones of Kapaemahu D4

Aktivitäten, Kurse & Touren

 5 24-Hour Fitness E5
    Abhasa Spa.. (s. 73)
 6 Ala Wai Golf Course F3
    AquaZone...(s. 31)
 7 Go Nuts Hawaii D3
 8 Hans Hedemann Surf E6
 9 Hawaiian Fire Surf School H4
10 Maita'i Catamaran B4
11 Na Hoku II D4
12 Na Ho'ola Spa D4
    Outrigger Catamaran .... (s. 31)
13 Snorkel Bob's H3
14 Waikiki Diving Center D3

⊙ **Schlafen**

15 Aqua Bamboo & Spa E4
16 Aqua Bamboo & Spa A1
17 Aqua Waikiki Pearl D3
18 Aston at the Waikiki Banyan F5
19 Aston Waikiki Beach Hotel E5
    Aston Waikiki Beach Tower .... (s. 20)

20 Aston Waikiki Circle Hotel E5
21 Best Western Coconut Waikiki D2
22 Breakers C3
23 Castle Waikiki Grand...............................F6
24 Embassy Suites Waikiki Beach
    Walk...B3
25 Hale Koa...A2
26 Halekulani B3
27 Hilton Hawaiian Village A2
28 Holiday Inn Waikiki
    Beachcomber C3
29 Hostelling International (HI)
    Waikiki...E4
30 Hotel Renew E5
31 Outrigger Reef on the Beach B3
32 Outrigger Regency on
    Beachwalk..C3
33 Outrigger Waikiki on the Beach............D4
34 Royal Grove E4
35 Sheraton Waikiki C4
36 Trump Waikiki Beach Walk B3
37 Waikiki Beachside Hostel F5
38 Waikiki Parc...C3
39 Waikiki Prince E4

⊗ **Essen**

    BLT Steak ....(s. 36)
    Chibo ....(s. 81)
40 Eggs 'n' Things C2
41 Food Pantry E3
42 Gyū-kaku C3
43 Halili's Hawaiian Foods H2
    Hula Grill .... (s. 33)
44 Iyasume Musubi-ya E4
    La Mer .... (s. 26)
45 Leonard's..H1

Gruppen. Nachts machen sich besonders auf der Kuhio Avenue Prostituierte aggressiv an männliche Touristen ran.

☂ Strände

Der gut 3 km lange weiße Sandstrand, gemeinhin Waikiki Beach genannt, erstreckt sich vom Hilton Hawaiian Village bis zum Kapi'olani Park und wechselt dabei häufig den Namen und den Charakter. Am frühen Morgen gehören die ruhigen Uferpfade den Spaziergängern und Joggern. Am Vormittag sieht er wie ein Hotelstrand aus – Wassersportbuden und jede Menge Körper. Mittags ist es kaum möglich, über den Strand zu gehen, ohne auf jemanden zu treten.

Die Küste vor Waikiki eignet sich fast das ganze Jahr über gut zum Schwimmen, Bodyboarden, Surfen, Segeln und für andere Wassersportarten. Am Strand gibt es überall Rettungsschwimmer und Freiluftduschen. Zwischen Mai und September ist die Brandung zum Schwimmen etwas zu stark, aber toll zum Surfen. Für Schnorchler bietet sich der Sans Souci Beach oder der Queen's Surf Beach an, für Windsurfer am Fort DeRussy Beach.

Seit dem Beginn des Tourismusbooms in den 1950er-Jahren wurde die Uferregion Waikikis zwangsläufig dichter bebaut. Private Landbesitzer errichteten planlos Ufermauern und Wellenbrecher im Meer, um ihr Eigentum zu schützen. Dadurch verhin-

46 Me BBQ E4
47 Menchanko-tei D3
   Nobu Waikiki .... (s. 38)
48 Ono Seafood H2
49 People's Open Market G7
50 Rainbow Drive-In H4
51 Ramen Nakamura C3
52 Roy's Waikiki Beach C3
53 Ruffage Natural Foods E4
54 Sansei Seafood Restaurant
   & Sushi Bar E5
55 Siam Square C2
56 Tapa's Restaurant & Lanai
   Bar D3
57 Tokkuri Tei H4
58 Uncle Bo's H4
59 Veggie Star Natural Foods D3
   Waikiki Farmers Market .... (s. 3)
60 Waliana Coffee House A1
61 ZenShu H4

⚉⊙ **Ausgehen**
62 Banyan Court Beach Bar D4
63 Coconut Willy's D4
64 Da Big Kahuna D3
65 Diamond Head Cove Health
   Bar H7
   Duke's Waikiki .... (s. 33)
   Fusion Waikiki .... (s. 68)
   House Without a Key .... (s. 26)
   Hula's Bar & Lei Stand .... (s. 23)
66 In-Between C2
67 Kimo Bean C2
   Lewers Lounge .... (s. 26)
68 Lo Jax Waikiki D3
69 Lulu's Surf Club E6

   Mai Tai Bar .... (s. 73)
   Moana Terrace .... (s. 54)
70 Moose McGillicuddy's C3
71 Nashville Waikiki D3
   Rumfire .... (s. 35)
   Tapa Bar .... (s. 27)
   The Shack .... (s. 47)
   Tiki's Grill & Bar .... (s. 19)
   Top of Waikiki .... (s. 28)
   Wang Chung's .... (s. 44)
72 Yard House C3

⚉ **Unterhaltung**
73 'Aha 'Aina C4
74 Kuhio Beach Hula Show D4
   Pacific Swing .... (s. 54)
75 Royal Hawaiian Band F7
   Royal Hawaiian Center .... (s. 81)
   Waikiki Starlight Luau .... (s. 27)

⚉ **Shoppen**
   80% Straight .... (s. 23)
76 Bailey's Antiques & Aloha
   Shirts H4
   Bob's Ukulele .... (s. 54)
77 International Market Place D4
   Island Treasures Antiques .... (s. 64)
   Little Hawaiian Craft Shop .... (s. 81)
78 Mana Hawai'i C3
79 Muse D3
80 Na Lima Mili Hulu No'eau H2
   Newt at the Royal .... (s. 73)
   Reyn Spooner .... (s. 35)
81 Royal Hawaiian Center C3

derten sie aber die natürliche Anschwemmung von Sand. Der steigende Meeresspiegel tut ein übriges, dass die Strände weggespült werden. Der legendäre weiße Sand von Waikiki muss heute teilweise vom Papohaku Beach auf der Nachbarinsel Moloka'i herangeschleppt werden.

Die Strände sind im Folgenden von Nordwesten nach Südosten aufgeführt:

Kahanamoku Beach
STRAND
Der Kahanamoku Beach vor dem Hilton Hawaiian Village ist an der einen Seite durch eine Mole und an der anderen durch einen Kai geschützt, die beide durch ein Korallenriff verbunden sind. Er hat einen sanft abfallenden, etwas felsigen Grund und eignet sich gut zum Schwimmen. Der Strand ist nach Duke Kahanamoku (1890–1968) benannt, dem legendären Waikiki-Beachboy, Champion-Surfer und Olympiasieger im Schwimmen, dessen Familie das Land einst gehörte.

Fort DeRussy Beach
STRAND
Der selten volle, oft übersehene schöne Strand erstreckt sich an der Küste eines Militärgeländes. Wie alle Strände in Hawaii ist er öffentlich zugänglich; das einzige für Zivilisten verbotene Areal ist das militäreigene Hale Koa Hotel. Das Wasser ist meist ruhig und gut zum Schwimmen geeignet, aber flach bei Ebbe. Bei guten Bedingungen tummeln sich hier Windsurfer, Bodyboarder und Surfer.

Es gibt zwei täglich geöffnete Strand-hütten, die Windsurferausrüstung, Body-boards, Kajaks und Schnorchel verleihen, sowie Rettungsschwimmer und Freiluftdu-schen. Ein Rasen mit Palmen bietet etwas spärlichen Schatten, eine Alternative zum Braten auf dem Sand. Gebührenpflichtige Parkplätze gibt es vor dem Hawai'i Army Museum.

Gray's Beach   STRAND
Gray's Beach vor dem Halekulani Hotel litt mit am meisten unter der Erosion und dem schwindenden Sand. Da die Ufermauer vor dem Halekulani Hotel so dicht an der Was-serlinie steht, liegt der Strand oft völlig un-ter Wasser. Das Küstengewässer ist meist flach und ruhig, insofern eignet es sich ganz gut zum Schwimmen.

Central Waikiki Beach   STRAND
Der meistbesuchte Strandabschnitt Waiki-kis zwischen dem Royal Hawaiian Hotel und dem Moana Surfrider ist ein super Ter-rain zum Sonnenbaden, Schwimmen und Leutegucken.

Ein Großteil des Strandes verläuft flach und mit leichter Neigung. Der einzige Nachteil für Schwimmer sind die Surfan-fänger und die gelegentlich anlandenden Katamarane. **Queens** und **Canoes**, Waiki-kis bekannteste Surfbreaks, liegen direkt davor, und manchmal warten draußen massenhaft Surfer auf eine Welle. **Popu-lars** (kurz „Pops") noch weiter draußen wird von Longboardern bevorzugt.

Toiletten, Duschen, eine Snackbar, Surf-boardschließfächer und Buden für Strand-klamotten gibt es im **Waikiki Beach Center**.

Kuhio Beach Park   STRAND
(2453 Kalakaua Ave; 🛗) Hier kann man alles machen, von sicher Schwimmen bis Ausle-gerkanufahrten. An einer Seite ist er vom **Kapahulu Groin** begrenzt, einer begehba-ren Mauer, die bis ins Meer reicht. Die niedri-ge Steinmole (Buhne), auch **The Wall** genannt, verläuft parallel zum Strand. Ge-baut wurde diese Mauer zur Kontrolle der Sanderosion, bildete aber in der Folge zwei fast abgeschlossene Schwimmbecken.

Die einheimischen Kids laufen gern auf der Mauer herum, aber das kann wegen der rutschigen Oberfläche und der bre-chenden Wellen gefährlich sein. Das Was-ser am nächsten zum Kapahulu Groin ist super zum Schwimmen und reicht an der Steinmole gerade über den Kopf. Allerdings

ist das Wasser wegen mangelnder Zirku-lation trübe und oft von einem sichtbaren Sonnenölfilm bedeckt. Die Schilder „Watch Out Deep Holes" (Vorsicht, tiefe Löcher) be-ziehen sich auf Löcher im Sandboden des Beckens, die durch Wirbelströmungen ent-stehen. In den tieferen Teilen des Beckens kann man also beim Laufen plötzlich weg-sacken.

Der Kapahulu Groin ist einer der ange-sagtesten Bodyboarding-Strände Waikikis. Bei richtiger Brandung gleiten hier ein paar Dutzend Bodyboarder, meistens Teenager, auf den Wellen. Die geübten Einheimischen steuern direkt auf die Zementmauer des Groins zu und drehen im letzten Moment ab – ein spannendes Schauspiel für diejeni-gen, die ihnen vom kleinen Kai aus zu-schauen.

Kapi'olani Beach Park   STRAND
Der stille Strandabschnitt südlich des Ka-pahulu Groin bis zum Natatorium (S. 108) ist von Banyanbäumen und Rasenflächen gesäumt. Hier herrscht weitaus weniger Trubel als an den Stränden vor der Hotel-meile. Er ist am Wochenende ein beliebter Picknickplatz für Familien, die grillen und ihre Kinder im Wasser planschen lassen.

Queen's Surf Beach ist der Spitzname für den breitesten Abschnitt des Kapi'olani Beach. Das Areal vor dem Pavillon mit Toi-letten und Duschen wird gern von Schwu-len besucht. Es ist mit seinem sandigen Grund gut zum Schwimmen geeignet. Der Strand zwischen Queen's Surf und The Wall ist flach und von Korallenstückchen über-sät. Das Surfrevier weiter draußen, **Pub-lics** genannt, hat im Winter ein paar gute Wellen.

Das **Natatorium** (http://natatorium.org) aus den 1920er-Jahren am Strandabschnitt Richtung Diamond Head steht unter Denk-malschutz. Das 100 m lange Meerwasser-schwimmbad wurde als Gedenkstätte für Soldaten errichtet, die im Ersten Weltkrieg starben. Zwei olympische Goldmedaillen-gewinner – Johnny Weissmuller und Duke Kahanamoku – schwammen in dem von den Gezeiten gespeisten Pool. Er ist bis auf Weiteres nicht zugänglich, da er renoviert werden soll.

Sans Souci Beach Park   STRAND
Der Sans Souci Beach Park (oder auch **Kaimana Beach**) am New Otani Kaima-na Beach Hotel am Rand Waikikis Rich-tung Diamond Head ist ein erstklassiger Sandstrand, ideal zum Sonnenbaden und

Schwimmen weitab von der trubeligen Touristenwelt. Die Einheimischen kommen täglich zum Schwimmen her. Es gibt u. a. eine Rettungsstation und Freiluftduschen. Ein flaches Korallenriff dicht am Strand sorgt für ruhiges, geschütztes Wasser und für gute Schnorchelbedingungen. Noch mehr Korallen sind beim Schwimmen über den Kapua Channel, der das Riff durchschneidet, zu entdecken. Allerdings ist dann auf starke Strömungen zu achten, die schnell entstehen können. Wer hinaus schwimmen will, sollte vorher einen Rettungsschwimmer nach der Lage befragen.

◉ Sehenswertes

Klar, man kommt wegen der Strände her. Aber in Waikiki gibt es auch historische Hotels, tolle Wellnessanlagen, einen viel besuchten Golfplatz und ein geniales Aquarium.

Waikiki Aquarium AQUARIUM
(☎923-9741; www.waquarium.org; 2777 Kalakaua Ave; Erw./Kind 9/2 $; ☺9–17 Uhr, letzter Eintritt 16.30 Uhr; 🚼) Das moderne und kinderfreundliche Aquarium neben einem lebenden Riff an der Küste Waikikis gehört zur Universität und zeigt umwerfende Haie und Dutzende Becken, die verschiedene Ökosysteme des pazifischen Riffs nachbilden. Eine tolle Gelegenheit, um all die bunten Korallen und Fische zu identifizieren, die man bereits beim Schnorcheln gesichtet hat.

Es gibt dort seltene Fischarten der nordwestlichen Inseln Hawaiis, faszinierende Ohrenquallen und Blitzlichtfische, auf denen biolumineszente Bakterien leben. Besonders faszinierend sind die Palau-Nautilusse mit ihren spiralförmigen Schalen – es ist das erste Aquarium der Welt, das diese gefährdeten Tiere in Gefangenschaft züchtet. In einem Freiluftbecken tummelt sich ein Paar seltener und gefährdeter hawaiischer Mönchsrobben.

Über die Website oder telefonisch können nen Reservierungen für besondere Familien-Events und spannende, informative Veranstaltungen für Kids getätigt werden, z. B. „Aquarium bei Nacht".

Moana Surfrider HISTORISCHES GEBÄUDE
(☎922-3111; www.moana-surfrider.com; 2365 Kalakaua Ave; ☺kostenlose Führungen meist Mo, Mi & Fr 11 Uhr) Das Hotel im Beaux-Arts-Stil eines Plantagenhauses wurde 1901 als Moana Hotel eröffnet. Es wurde in einem damals exklusiven Viertel errichtet, in dem

VIER ZAUBERER & EIN SURFER

An der Polizeiwache Waikikis, an der Seite Richtung Diamond Head, stehen vier Felsbrocken, die **Wizard Stones of Kapaemahu** (Zauberersteine von Kapaemahu). Sie sollen die Geheimnisse und Heilkraft von vier Zauberern enthalten, die im 16. Jh. aus Tahiti nach Hawaii kamen.

Gleich östlich der Steine steht eine **Bronzestatue von Duke Kahanamoku** mit Surfbrett und oft mit frischen Blumenkränzen um den Hals. Duke gilt als Vater des modernen Surfens, ließ sich in Waikiki nieder und führte seine Surfkunst in der ganzen Welt, von Sydney bis New York, vor. Viele einheimische Surfer haben gegen die Ausrichtung der Statue protestiert – Duke steht mit dem Rücken zum Meer, eine Haltung, die er selbst vermutlich nicht befürwortet hätte.

der hawaiische Adel und Großunternehmer lebten. Zu den Hotelgästen gehörten Aristokraten und Hollywoodstars. Wer keine Führung mitmachen will, sollte sich wenigstens das **Museum** im Hochparterre anschauen, mit historischen Fotos und Hotelmemorabilien, darunter Manuskripte der berühmten Radiosendung *Hawaii Calls*, die zwischen 1935 und 1975 vom Hotelhof ausgestrahlt wurde.

Royal Hawaiian HISTORISCHES GEBÄUDE
(☎923-7311; www.royal-hawaiian.com; 2259 Kalakaua Ave; ☺kostenlose Führungen meist Di, Do & Sa 14 Uhr) Das prachtvoll restaurierte Art-déco-Hotel von 1927 mit seinen maurisch anmutenden Türmchen und Bögen ist ein Wahrzeichen. In der Zeit der Luxus-Ozeanriesen stellte das Hotel praktisch das Äquivalent der Matson-Kreuzfahrtschiffe an Land dar. Die Gästeliste des „Rosa Palastes", wie es genannt wird, liest sich wie das „Who is Who" der Superprominenz, vom Hochadel bis zu den Rockefellers und Stars wie Charlie Chaplin und Babe Ruth. In den Führungen wird die Architektur und Geschichte dieser großen alten Dame erläutert, auch die Gärten, wo einst der Sommerpalast von Königin Ka'ahumanu stand.

BOOTSFAHRT AHOI!

Mehrere Katamarantouren legen direkt am Waikiki Beach ab – Passagiere müssen nur über den Strand ins Wasser laufen und an Bord springen. Eine 90-minütige Tour mit beliebig vielen freien Getränken („*booze cruise*") kostet pro Erwachsenem 25 bis 40 $.

Maita'i Catamaran (☎922-5665, 800-462-7975; www.leahi.com; ⛵) Die größte Vielfalt an Bootstouren, auch Riffschnorcheln, Mondscheinfahrten und eine Mai-Tai-Tour in den Sonnenuntergang (nicht nur für Erwachsene). Fahrpläne und Reservierung über Telefon.

Na Hoku II (☎554-5990; www.nahokuii. com) Die Katamarane mit ihren gelbroten Segeln sind beliebt bei trinkfesten männlichen Gruppen und legen zwischen 9.30 und 17.30 Uhr fünfmal täglich ab. Die abendlichen Touren sind schnell ausverkauft, sollten also reserviert werden.

Outrigger Catamaran (☎922-2210; www.outriggercatamaranhawaii.com) Familienfreundliche Schnorcheltrips, Ausflüge am Tag und ja, auch eine „*booze cruise*" bei Sonnenuntergang. Reservierung erforderlich.

GRATIS **Hawai'i Army Museum** MUSEUM (www.hiarmymuseumsoc.org; 2161 Kalia Rd; Spenden willkommen, Audiotour 5 $; ⊙Di–So 9–17 Uhr; P) Das Museum im Fort DeRussy präsentiert eine im Grunde sterbenslangweilige Anhäufung von militärischen Utensilien mit Bezug zur Geschichte Hawaiis, angefangen bei den Haifischzahnkeulen, mit denen Kamehameha der Große vor über 200 Jahren die Insel erobert hat. Die US-Militärpräsenz auf Hawaii wird umfassend dargestellt, darunter auch Exponate zum japanisch-amerikanischen 442. Infanterieregiment, des höchst dekorierten US-Regiments des Zweiten Weltkriegs, sowie ein Cobra-Hubschrauber, Panzer usw. Kostenlose Parkplätze für Besucher.

Kapi'olani Park PARK
Ganz früher waren Pferderennen und Orchesterkonzerte die größte Attraktion in der beliebtesten Grünanlage Waikikis. Die Rennbahn gibt es zwar schon lange nicht mehr, aber der nach der hawaiischen Königin benannte Park ist noch immer beliebt und Schauplatz für Livemusik-Events oder Bauern- und Kunsthandwerksmärkte. Der baumbeschattete Kap'iolani-Musikpavillon **Waikiki Shell** ist auch die perfekte Bühne für die altehrwürdige **Royal Hawaiian Band,** die hier an manchen Sonntagnachmittagen Klassiker aus der Zeit der Monarchie spielt.

Honolulu Zoo ZOO
(☎971-7171; www.honoluluzoo.org; Erw./Kind 4–12 J. 6/3 $; ⊙9–16.30 Uhr; P⛵) Der Zoo an der Nordseite des Kapi'olani Park mit etwa 300 Tierarten auf 16 ha tropischer Vegetation bräuchte dringend eine Sanierung. Im Vogelhaus nahe dem Eingang leben einheimische Vögel, wie *ae'o* (Hawaiischer Stelzenläufer), *nene* (Hawaiigans) und *'apapane,* ein leuchtend roter Kleidervogel. Auf der Website sind Events wie Abendtouren für Familien, Übernachten im Zelt und „Frühstück mit einem Wärter" angekündigt (Reservierung ist ratsam). Der Zooparkplatz kostet 1 $ pro Stunde. Kostenlose Parkplätze gibt es in der Monsarrat Avenue an der Waikiki Shell.

🏃 Aktivitäten

Frühmorgens traben Jogger auf dem Weg neben dem Ala Wai Canal, am Spätnachmittag gleiten Auslegerkanus auf dem Kanal zum Ala Wai Yacht Harbour. Im **Kapi'olani Park** gibt es Tennisplätze und Sportplätze für Fußball und Softball, sogar für Cricket. Und das Fitnesscenter **24-Hour Fitness** (☎923-9090; www.24hourfitness.com; 2490 Kalakaua Ave; Tages-/Wochenkarte 25/69 $; ⊙24 Std.) bietet einen kleinen, voll ausgestatteten Fitnessraum und Gruppenkurse.

Surfen

Waikiki hat das ganze Jahr über gute Surfbedingungen, aber für Anfänger ist die sanftere Brandung im Winter besser geeignet. Surfunterricht (zwei Stunden in der Gruppe ab etwa 100 $) und Verleih (20 bis 45 $ pro Tag) von Surf- und Stand Up Paddle Boards (SUP) findest folgende Adressen:

LP TIPP **Hawaiian Fire Surf School** UNTERRICHT
(☎737-3743, 888-955-7873; www.hawaiianfire. com; 3318 Campbell Ave; 2-stündiger Gruppen-/Einzelunterricht ab 109/189 $) Die sicherheitsbewusste Surfschule mit echten Feuerwehrleuten als Lehrer holen die Kunden kostenlos in Waikiki ab und transportie-

ren sie von/zu einem ruhigen Strand nahe Barbers Point in Leeward O'ahu.

Hans Hedemann Surf VERLEIH, UNTERRICHT
(☎924-7778; www.hhsurf.com; Park Shore Waikiki, 2586 Kapahulu Ave; ⊙8–17 Uhr) Bewährte Schule eines Profisurfers direkt gegenüber dem Strand.

Girls Who Surf VERLEIH, UNTERRICHT
(Karte S. 74; ☎772-4583; www.girlswhosurf. com; 1020 Auahi St; ⊙8–18 Uhr) Surfunterricht in Waikiki und im Ko Olina mit kostenloser Hotelabholung. Der Verleih und Transport von Surfbrettern kostet 10 $ extra.

Go Nuts Hawaii VERLEIH, UNTERRICHT
(☎926-3367; www.gonuts-hawaii.com; 2301 Kuhio Ave; ⊙8–21 Uhr) Eine gruppenfreundliche Surfschule mit Verleih.

Tauchen & Schnorcheln

Um die wirklich tollen Sachen zu sehen – Korallengärten, Mantarochen, exotische Tropenfische – lohnt eine Tauchbootfahrt. Verleih von Schnorchel- und Tauchausrüstung, Kurse mit PADI-Zertifikat (ab 350 $) und Bootsfahrten (ab 110 $) bieten folgende Unternehmen:

AquaZone VERLEIH, UNTERRICHT
(☎866-923-3483; www.scubaoahu.com; Outrigger Waikiki on the Beach, 2335 Kalakaua Ave; ⊙Mo–Sa 8–17 Uhr) Der Laden für Tauchtouren und -ausrüstung hat eine Filiale am Strand vor dem Waikiki Beach Marriott Resort.

Waikiki Diving Center UNTERRICHT, TOUREN
(☎922-2121; www.waikikidiving; 424 Nahua St; ⊙7–17 Uhr) Der Laden mit vollem Service bietet Tauchboottouren für kleine Gruppen an.

Snorkel Bob's VERLEIH
(☎735-7944; www.snorkelbob.com; 700 Kapahulu Ave; ⊙8–17 Uhr) Die Preise variieren je nach Qualität der Schnorchelausrüstung und Extras.

O'ahu Diving UNTERRICHT, TOUREN
(☎721-4210; www.oahudiving.com; ⊙8–21 Uhr) Spezialist für erste Tauchversuche von Anfängern ohne PADI-Zertifikat.

Golfen

Ala Wai Golf Course GOLF
(☎733-7387, Anmeldung 296-2000; www1.honolulu.gov/des/golf/alawai.htm; 404 Kapahulu Ave; Greenfee 23–46 $, Golfwagenverleih 20 $) Der ebene 18-Loch- und 70-Par-Golfplatz mit

Blick auf den Diamond Head kam als meistbesuchter Golfplatz der Welt ins Guinness-Buch der Rekorde. Spielzeiten sollten so früh wie möglich reserviert werden. Wer frühmorgens eintrifft und auf die Warteliste kommt, kann wohl am Nachmittag spielen, solange alle Mitspieler am Platz warten. Golfschläger werden ebenfalls verliehen.

🛶 Kurse

Mana Hawai'i HAWAIISCHE KULTUR
(☎923-2220; www.waikikibeachwalk.com; 226 Lewers St) Der Laden veranstaltet kostenlos Kurse unter anderem für hawaiische Sprache, *lei*-Flechten, Hula und Ukulele, auch nur für *keiki* (Kinder).

Royal Hawaiian Center HAWAIISCHE KULTUR
(☎922-2299; www.royalhawaiiancenter.com; 2201 Kalakaua Ave) Ein Megaeinkaufszentrum, in dem Unterricht in hawaiischer Kultur und Vorführungen von Kunsthandwerk geboten werden, z. B. Herstellung von Decken, *lei*, *kapa* (Baststoffe), Flechten von Kokosblättern, Hula und Ukulele.

Waikiki Community Center HAWAIISCHE KULTUR
(☎923-1802; www.waikikicommunitycenter. org; 310 Pa'oakalani Ave; Unterricht 3–15 $) Hier kann sich jeder an Mahjongg, der Ukulele, an Hula oder anderer Inselkunst probieren. Die Lehrer in diesem Gemeindezentrum sind personifiziertes Aloha. Die meisten Kurse finden werktags statt; Stundenpläne sind online oder telefonisch zu erfahren (Anmeldung ist manchmal erforderlich).

✨ Festivals & Events

Waikiki feiert gerne. Jeden Freitag von Oktober bis März um 19.30 Uhr (von April bis September um 20 Uhr) schießt das Hilton Hawaiian Village ein super Feuerwerk in den Himmel, das vom Strand aus zu sehen ist. Weitere Festivals und Events um Honolulu s. S. 85.

Duke Kahanamoku Challenge KULTUR, SPORT
(www.waikikicommunitycenter.com) Auslegerkanu und Stand Up Paddling, einheimisches Essen, traditionelle hawaiische Spiele, Kunsthandwerk und Liveunterhaltung; im Januar.

Honolulu Festival KUNST, KULTUR
(www.honolulufestival.com) Kulturelles am Waikiki Beach Walk und in der Waikiki

Shopping Plaza sowie ein Festumzug über die Kalakaua Avenue mit anschließendem Feuerwerk; Mitte März.

Waikiki Spam Jam ESSEN, MUSIK
(www.spamjamhawaii.com) Ende April findet ein Straßenfest zu Ehren dee liebsten Fleischkonserve der Hawaiianer statt: Spam.

Pan-Pacific Festival KUNST, KULTUR
(www.pan-pacific-festival.com) Hula, japanische *taiko*-Trommel, ein Kunsthandwerksmarkt und ein großes *ho'olaule'a* (Stadtteilfest); Anfang Juni.

Na Hula Festival KUNST, KULTUR
(www1.honolulu.gov/parks/programs) Lokale Hula-*halau* (Schulen) treffen sich einen Tag lang zu einem Musik- und Tanzfest im Kapi'olani Park; Anfang August.

Hawaiian Slack Key Guitar Festival MUSIK
(www.slackkeyfestival.com) Traditionelle Musik mit Hawaiigitarre und Ukulele im Kapi'olani Park; Mitte August.

Aloha Festivals KUNST, KULTUR
(www.alohafestivals.com) Während des inselweiten Kulturfestivals ist Waikiki berühmt für seine königlichen Zeremonien und die *ho'olaule'a* (Stadtteilfest); im September.

🛏 Schlafen

In Waikiki sollten alle Unterkünfte so früh wie möglich gebucht werden. Parken in der Nacht kostet 10 bis 30 $, ob nun mit Parkservice oder selbst Parken. Immer mehr Hotels verlangen nun auch eine „Resortgebühr" (vergleichbar einer Kurtaxe), die zusätzlich nochmals 5 bis 25 $ pro Tag kostet. Resortgebühren schließen manchmal Internetnutzung, kostenlose Ortsgespräche und Benutzung des Fitnessraums mit ein oder – auch gar nichts, auf jeden Fall müssen sie so oder so bezahlt werden.

Vorsicht vor den Begriffen „Meerblick" (*ocean view*) oder „in Meeresnähe" (*ocean front*) und „teilweiser Meerblick" (*partial ocean view*). Sie werden ziemlich großzügig eingesetzt und bedeuten oft, dass das Meer bestenfalls mit einem Periskop zu erkennen ist. Stadt-, Garten- oder Bergblick sind manchmal nur Umschreibungen für einen Blick auf den Parkplatz. Bei Hotel- oder Condo-Reservierung sollte vorher die Lage auf einem Stadtplan im Internet gecheckt oder direkt ein Reservierungsbüro gefragt werden.

Modernen Komfort bietet die hawaiische Hotelkette **Aqua Hotels & Resorts** (www.aquaresorts.com). Die besten Häuser bieten kostenlosen Highspeed-Internetzugang, kontinentales Frühstück, winzige Swimmingpools und kleine Fitnessräume. Die Aqua-Hotels richten sich an Geschäftsreisende und Touristen und sind zudem schwulenfreundlich.

Resorthotels

Waikikis Strandpromenade, die Kalakaua Avenue, ist von Spitzenhotels gesäumt.

LP TIPP **Halekulani** RESORT $$$
(☏923-2311, 800-367-2343; www.halekulani.com; 2199 Kalia Rd; Zi. 435–690 $; P ❄ @ 🛜 🌊) Das Resorthotel mit der modernen Eleganz wird seinem Namen gerecht, der übersetzt „himmelsgleiches Haus" bedeutet. Hier übernachtet man nicht nur, sondern genießt allumfassend die mondäne Atmosphäre. Die behaglichen Zimmer sind mit modernen Extras ausgestattet, wie High-Tech-Unterhaltungsgeräten, riesigen Badewannen und großen *lanais*. Eine der unterschiedlich gestalteten Luxussuiten wurde persönlich von Vera Wang entworfen. Ultimative Entspannung gibt es in der Wellnessoase des Halekulani.

Royal Hawaiian RESORT $$$
(☏923-7311, 866-716-8110; www.royal-hawaiian.com; 2259 Kalakaua Ave; Zi. 295–505 $; P ❄ @ 🛜 🌊 🍴) Das aristokratische Royal Hawaiian war das erste Luxushotel Waikikis. Heute sieht der „Rosa Palast" dank einer millionenschweren Renovierung schöner aus denn je. Das ganze Ambiente stimmt: luftige Gänge, hohe Decken und ein opulenter Wellnessbereich. Die Zimmer im alten Bereich behielten ihren klassischen Charme bei. Viele Gäste bevorzugen jedoch den Meerblick des modernen Hochhauses. Internetanschluss im Zimmer und WLAN in einigen öffentlichen Bereichen kosten extra.

Moana Surfrider RESORT $$$
(☏922-3111, 866-716-8109; www.moana-surfrider.com; 2365 Kalakaua Ave; Zi. 250–525 $; P ❄ @ 🛜 🌊) Waikikis ältestes Hotel hat in den öffentlichen Räumen weitgehend seinen Kolonialcharakter bewahrt: hohe Decken, hawaiisches Kunstwerk und Schaukelstühle aus Koa-Holz auf der vorderen Veranda. Die kleinen Zimmer wurden mit neuesten Annehmlichkeiten modernisiert. Allerdings gibt es hier oft Hochzeitsgesell-

schaften, die sich in der Lobby und in den Fluren rumtreiben. Internetanschluss im Zimmer und WLAN in der Lobby und am Swimmingpool kosten extra. Parkplätze befinden sich außerhalb des Geländes.

Outrigger Reef on the Beach   RESORT $$$
(☏923-3111, 866-956-4262; www.outriggerreef.com; 2169 Kalia Rd; Zi. 189–389 $; P✳@🛜🏊🍴) Im Ougrigger herrscht nicht das vornehme Getue wie in den benachbarten teuren Hotels. Hier erlebt man Hawaii pur, vom handgebauten Auslegerkanu in der polynesisch angehauchten Lobby bis zu Hula- und *lei*-Unterricht und historischen Stadtführungen durch Waikiki. Die Zimmer sind modern und funktional, die Gäste überwiegend bürgerlich. Kostenloser Internetanschluss in den Zimmern und in der Lobby, WLAN am Swimmingpool.

Sheraton Waikiki   RESORT $$$
(☏922-4422, 866-716-8109; www.sheratonwaikiki.com; 2255 Kalakaua Ave; Zi. 235–390 $; P✳@🛜🏊🍴) Das riesige Kettenhotel neben dem historischen Royal Hawaiian bietet moderne Annehmlichkeiten. Es ist gigantisch genug, um ganze Reisegruppen und Konferenzteilnehmer unterzubringen. Ein „Superpool"-Spielplatz direkt am Strand bespaßt die Kids mit einer 20 m langen Wasserrutsche, während die Erwachsenen am Infinity Pool mit Meerblick relaxen. Internetanschluss in den Zimmern und WLAN in den öffentlichen Räumen kosten extra.

Hilton Hawaiian Village   RESORT $$$
(☏949-4321, 800-445-8667; www.hawaiianvillage.hilton.com; 2005 Kalia Rd; Zi. 210–425 $; P✳@🛜🏊🍴) Das Hilton nahe dem Fort DeRussy ist Waikikis größtes Hotel – praktisch eine autarke Touristenfestung aus Hochhaustürmen, Restaurants, Bars und Läden. Es richtet sich fast gänzlich an Familien und Pauschaltouristen. Die Check-in-Schlangen bewegen sich so langsam vorwärts wie bei den Sicherheitskontrollen auf amerikanischen Flughäfen.

Boutiquehotels
In Waikiki entstehen mehr und mehr schicke Boutiquehotels.

LP TIPP | Waikiki Edition   BOUTIQUEHOTEL $$
(☏943-5800, 800-466-9695; www.editionhotels.com; 1775 Ala Moana Blvd; Zi. 345–525 $; P✳@🛜🏊) Verspielte Postmoderne ist das Markenzeichen des Hoteliers Ian Schrager, von der rotierenden Bücherwand,

Was ist schon ein Strandurlaub ohne etwas Wellnesskomfort? Besonders mit der hawaiischen Tradition des *lomi-lomi* („zärtliche Berührung") und der *pohaku*-Massage (heiße Steine), verbunden mit reichlich Aloha. Reservierung ist angesagt, auch bei den folgenden erstklassigen Wellnessoasen:

Abhasa Spa (☏922-8200; www.abhasa.com; Royal Hawaiian Hotel, 2259 Kalakaua Ave) Hawaiische Massage und Hautstraffung mit Kona-Kaffeeöl in Hütten inmitten tropischer Vegetation.

Na Ho'ola Spa (☏923-1234; http://waikiki.hyatt.com; Hyatt Regency Waikiki Beach Resort & Spa, 2424 Kalakaua Ave) Traditionelle Algen-, Schlamm und *ti*-Blattpackungen sowie Makadamia-Exfoliation und Kokosfeuchtigkeitscremes.

AquaSPA (☏924-2782, 866-971-2782; www.aquaresorts.com/aqua-spa; verschiedene Filialen) Massagen in intimen Boutiquehotel-Hütten, oft zu ermäßigten Preisen, sowie Hautreinigung mit tropischen Früchten. Termine gibt es oft am selben Tag.

Die Resorthotels **Halekulani** und **Moana Surfrider** haben ebenfalls spitzenmäßige Wellnessbereiche.

hinter der sich die Lobby-Bar verbirgt, bis zu einem Freiluftkino, das Indie-Filme und zeitgenössische Videokunst zeigt. Die Zimmer und Suiten mit Terrassen und Meerblick sind klar, schick und natürlich und mit Teakholztüren und Marmorbädern ausgestattet. Der Terrassenpool blickt über den Ala Wai Yacht Harbor, ebenso das Gourmetrestaurant Morimoto Waikiki. Noch nicht bereit, sich an den Strand zu begeben? Dann ab ins „Surf Body Boot Camp" mit individuellen Angeboten bei einer prominenten Ernährungsberaterin, bei Yogis und Profisurfern.

🌿 Hotel Renew   BOUTIQUEHOTEL $$
(☏687-7700, 888-485-7639; www.hotelrenew.com; 129 Pa'oakalani Ave; Zi. mit Frühstück 150–215 $; P✳@🛜) Das umweltbewusste Boutiquehotel, nur einen halben Block vom Strand entfernt, hat aufmerksame Portiers, die sich verlässlich um all die netten

DIE BESTEN FAMILIENHOTELS IN WAIKIKI

» Royal Hawaiian (S. 109)
» Hilton Hawaiian Village (S. 113)
» Sheraton Waikiki (S. 113)
» Outrigger Reef on the Beach (S. 113)
» Trump Waikiki Beach Walk (s. rechts)
» Aston Waikiki Beach Tower (s. rechts)
» Aston at the Waikiki Banyan (S. 115)
» Aston Waikiki Beach Hotel (S. 115)
» Embassy Suites Waikiki Beach Walk (s. unten)
» Outrigger Regency on Beachwalk (S. 115)

kleinen Details kümmern, von gekühlten Drinks bei der Ankunft bis zu Strandmatten- und Bodyboardverleih. Die stilvollen Zimmer haben Podestbetten, TV-Projektionswände, Bademäntel, erdfarbene Einrichtung und *shōji*-Gleittüren. Romantisch genug für Hochzeitsreisende, außerdem schwulenfreundlich. Einen Swimmingpool gibt's jedoch nicht.

Waikiki Parc BOUTIQUEHOTEL $$$
(☎921-7272, 800-422-0450; www.waikikiparc. com; 2233 Helumoa Rd; Zi. 285–415 $; P❀❄) Das Parc, Personifizierung des neuen Waikiki, ist eine erschwinglich coole Unterkunft und mischt verblüffend nostalgische Details mit minimalistischer, moderner Einrichtung. Das Personal ist zwar höchst aufmerksam, aber die Zimmer sind nicht annähernd so schick wie das noble Schwesterhotel, das Halekulani, oder die Sushi-Bar Nobu im Erdgeschoss. Internetanschluss in den Zimmern und WLAN in der Lobby sind kostenlos.

Aqua Bamboo & Spa BOUTIQUEHOTEL $$
(☎922-7777, 866-971-2782; www.aquabamboo. com; 2425 Kuhio Ave; Zi. 129–159 $, Suite 199–239 $, alle mit Frühstück; P❀@❄) Eine meditative Oase im Großstadtdschungel Waikikis: das intime Boutiquehotel mit einem Cabana-Spa und einem Meerwasserpool, falls Abwechslung vom Ozean gesucht wird. Zu den stilvollen, minimalistischen Zimmern gehören auch Suiten mit Kochnische oder Küche. Internetanschluss in den Zimmern und WLAN in der Lobby und am Pool sind kostenlos.

New Otani Kaimana Beach BOUTIQUEHOTEL $$$
(☎923-1555, 800-356-8264; www.kaimana.com; 2863 Kalakaua Ave; Zi. 170–505 $; P❀@❄) Das unauffällige Hotel nur etwa 800 m vom pulsierenden Zentrum Waikikis liegt direkt am Meer vor dem Sans Souci Beach. Frühe Buchung ist angesagt, da Stammgäste ebenfalls die Abgeschiedenheit und den idyllischen Strandzugang schätzen. Die veralteten Zimmer sind klein, aber der Blick großartig, und alle haben einen *lanai*.

Kettenhotels & Condos

Wem es nichts ausmacht, ein paar Minuten zum Strand zu laufen, findet in der Kuhio Avenue und am Ala Wai Canal Hotels, die manchmal nur halb so teuer sind wie jene am Strand. Die Condos sind oft in renovierten Wohnhäusern oder alternden Hochhäusern aus den 1960er- oder 1970er-Jahren.

Trump Waikiki Beach Walk HOTEL $$$
(☎683-7777, 877-683-7401; www.trumpwaikiki hotel.com; 223 Saratoga Rd; Studio 329–699 $, 1-Schlafzi.-Apt. 449–1279 $; P❀@❄❄) Trumps Hochhaushotel ist auch der Gipfel des Luxus: Es bietet einen Infinity-Pool und apartmentartige Suiten mit Panoramafenstern, Marmorbädern, Küchen und 24-Stunden-Zimmerservice. Als Willkommensgruß für Kinder gibt es ein Plüschtier, Bücher, Spiele, Filme, Milch und Kekse sowie kleine Bademäntel und Slipper.

Aston Waikiki Beach Tower HOTEL $$$
(☎926-6400, 877-997-6667; www.astonhotels. com; 2470 Kalakaua Ave; 2-Schlafzi.-Apt. 455–710 $; P❀@❄❄) Ein Apartmenthotel mit vollem Service im Zentrum Waikikis, das sich für Familientreffen eignet. Jedes der modernen Condos ist über 90 m² groß und hat eine komplette Küche, Waschmaschine, Trockner und einen privaten *lanai* mit mindestens teilweise Meerblick. Internetanschluss in den Zimmern und WLAN in den öffentlichen Räumen sind kostenlos, ebenso der Parkservice.

Embassy Suites Waikiki Beach Walk HOTEL $$$
(☎921-2345, 800-362-2779; www.embassy suiteswaikiki.com; 201 Beach Walk; 1-Schlafzi.-Apt. 235–369 $, 2-Schlafzi.-Apt. 499–620 $, alle mit Frühstück; P❀@❄❄) Das neuere Kettenhotel nahe Strand, Restaurants und Nachtleben hat pragmatische, tropisch angehauchte Suiten, die groß genug für Familien sind. Jede hat eine Mikrowelle, Minikühlschrank und Flachbildschirm-TV.

Der Fitnessraum ist 24 Stunden geöffnet. Internetanschluss in den Zimmern und WLAN in den öffentlichen Räumen sind kostenlos.

Outrigger Regency on Beachwalk
HOTEL $$$

(☎922-3871, 866-956-4262; www.outrigger. com; 255 Beach Walk;1-Schlafzi.-Apt. 189–345 $, 2-Schlafzi.-Apt. 289–469 $; P✳@📶) Das elegante, moderne Hochhaus ist in erd- und juwelenfarbenen Tönen eingerichtet, hat Marmorbäder und leuchtende Kunstwerke. Die geräumigen Apartments haben alle eine komplette Küche, einige auch Terrassen mit teilweisem Meerblick. Vom Foyer geht es direkt auf den belebten Waikiki Beach Walk. Internetanschluss in den Zimmern ist kostenlos. Ein Swimmingpool befindet sich außerhalb des Geländes.

LP TIPP Best Western Coconut Waikiki
HOTEL $$

(☎923-8828, 866-971-2782; www.coconutwaikiki hotel.com; 450 Lewers St; Zi. mit Frühstück 115–210 $; P✳@📶🏊) Der Kettenhotelname sollte nicht täuschen. Das von Aqua geführte Haus ist hip und trendig eingerichtet: Strahlenkranzspiegel in den Fluren und coole, mintgrüne Zimmer mit *lanai*. Die Zimmer, die für Geschäftsreisende konzipiert sind, haben ergonomische Schreibtische, Mikrowelle und Minikühlschrank. Der kleine Fitnessraum ist gut ausgestattet, aber der Pool kaum groß genug, um sich die Füße nass zu machen.

Aston Waikiki Beach Hotel
HOTEL $$$

(☎922-2511, 800-877-7666; www.astonhotels. com; 2570 Kalakaua Ave; Zi. mit Frühstück 175–300 $; P✳@📶🏊) Das moderne Haus gegenüber dem Strand ist mit seiner fröhlichen Einrichtung und der von Fackeln beleuchteten Dachbar häufig ausgebucht. Mit Glück erwischt man über die Online-Buchung einen Rabatt. Kostenlose Kühltaschen werden fürs Frühstück am Strand zur Verfügung gestellt. Internetanschluss im Zimmer und WLAN in der Lobby und am Pool kosten extra.

Aston at the Waikiki Banyan
HOTEL $$

(☎922-0555, 877-977-6667; www.astonhotels. com; 201 Ohua Ave; 1-Schlafzi.-Apt. 130–235 $; P✳@📶🏊) Das familienfreundliche Hochhaushotel, ausschließlich mit Suiten, liegt nur ein kurzes Stück zu Fuß von Aquarium, Zoo und natürlich Strand entfernt. Die geräumigen, wenn auch manchmal verwohnten Suiten haben ein praktisches Sofabett im Wohnzimmer. Kinder erhalten beim Check-in ein kostenloses Eimerchen mit Spielzeug; am Pool gibt es einen Spielplatz, Tennis- und Basketballplätze und ein Übungsgrün für Golfer. Internetanschluss in den Suiten kostet extra.

Aqua Waikiki Pearl
HOTEL $$

(☎922-1616, 866-971-2782; www.aquaresorts. com; 415 Nahua St; Zi. 110–135 $, 1-/2-/3-Schlafzi.-Apt. 200/230/335 $; P✳@📶🏊) Das zentral gelegene, hundefreundliche Hotel mit einer Sportbar im Erdgeschoss kann ein Schnäppchen sein. Die winzigen Zimmer sind zwar irgendwie langweilig, haben aber Mikrowelle, Minikühlschrank und Kaffeemaschine. Einige der geräumigen Suiten besitzen eine komplette Küche. Internetanschluss im Zimmer und WLAN in der Lobby und am Pool sind kostenlos.

Aston Waikiki Circle
HOTEL $$

(☎923-1571, 877-997-6667; www.astonhotels. com; 2464 Kalakaua Ave; Zi. 105–210 $; P✳) Dieses runde Gebäude muss in der verspielten Zeit der Postmoderne sehr angesagt gewesen sein. Heute präsentiert das Relikt jener Zeit Nützlichkeit, nicht Mode. Etwa die Hälfte der Zimmer, alle mit *lanai*, haben einen uneingeschränkten Meerblick. Der Nachteil? Sie sind nicht groß genug, um Hula zu tanzen. Internetanschluss in den Zimmern kostet extra.

Aqua Palms & Spa
HOTEL $$

(☎947-7256, 866-971-2782; www.aquapalms. com; 1850 Ala Moana Blvd; Zi. mit Frühstück 99–200 $, 1-Schlafzi.-Apt. 250 $; P✳@📶🏊) Das Hochhaushotel nur ein Stück zu Fuß vom Ala Moana Center wirkt eher funktional als fröhlich, ist aber immer noch sein Geld wert. Den winzigen Zimmern fehlt tropischer Pep, aber die üppigen Betten oder flauschigen Bademäntel sind in Ordnung. Es gibt einen handtuchgroßen Swimmingpool und Fitnessraum. Internetanschluss im Zimmer und WLAN in der Lobby sind kostenlos.

Holiday Inn Waikiki Beachcomber
HOTEL $$

(☎922-4646, 888-465-4329; www.holiday inn.com; 2300 Kalakaua Ave; Zi. 160–235 $; P✳@📶🏊) Das moderne Nichtraucherhotel an Waikikis Hauptstraße zeichnet sich durch beste Lage und niedrige Preise aus. Internetanschluss im Zimmer und WLAN am Pool sind kostenlos.

Castle Waikiki Grand
HOTEL $$

(☎923-1814, 800-367-5004; www.waikikigrand.com; 134 Kapahulu Ave; Zi. 85–450 $; P✳@≋) Das schwulenfreundliche Apartmenthotel vermietet Studios (einige mit Kochnische) von verschiedenen Privatbesitzern, die von grauenhaft bis himmlisch reichen. Fotos im Internet sollten mit Skepsis betrachtet werden. Internetanschluss in den Zimmern ist kostenlos. Nach ermäßigten Wochenpreisen fragen.

Unabhängige Hotels

Breakers
HOTEL $$

(☎923-3181, 800-426-0494; www.breakers-hawaii.com; 250 Beach Walk; Zi. 120–185 $; P✳≋) Manche mögen's, andere nicht: Das ältere, polynesisch anmutende Hotel ist eine Reminiszenz an frühere Zeiten und hat einen zierlichen Garten und deckenhohe Fenster mit Jalousien. Die sehr alten, knarzenden Zimmer haben alle eine Kochnische, die im zweiten Stock auch japanische *shōji* (hölzerne Schiebetüren mit durchscheinendem Papier). WLAN am Pool und in der Lobby ist kostenlos. Es gibt nur sehr wenige Parkplätze.

Royal Grove
HOTEL $

(☎923-7691; www.royalgrovehotel.com; 151 Uluniu Ave; Zi. mit Kochnische 55–125 $; ✳@≋) Keine Extras aber reichlich Aloha kennzeichnen dieses grell-rosa Haus mit Innenhof, einem Vogel als Haustier und einem Piano in der Lobby. Es ist beliebt bei US-amerikanischen Pensionären, den „Snowbirds", die jeden Winter in ihre zweite Heimat fliegen. Die billigeren Zimmer im älteren Mauka-Flügel haben keine Klimaanlage und sind dem Verkehrslärm ausgesetzt. In der Nachsaison gibt es Wochenpreise.

Waikiki Prince
HOTEL $

(☎922-1544; www.waikikiprince.com; 2431 Prince Edward St; Zi. 55–80 $; P✳☎) Von wegen Meerblick! Und dann die beengte Rezeption. Aber das Apartmenthaus aus den 1970er-Jahren ist eine erstklassige Budgetunterkunft, da einige der zwei Dutzend kompakten, fröhlichen Zimmer eine Kochnische haben. Kostenloses WLAN in der Lobby gibt es nur zu Geschäftszeiten, Wochenpreise das ganze Jahr über.

Hale Koa
HOTEL $$

(☎955-0555, 800-367-6027; www.halekoa.com; 2055 Kalia Rd; Zi. 90–290 $; P✳@≋✳⚓) Das Hochhaushotel vor dem Fort DeRussy Beach ist ausschließlich für US-Armeeangehörige reserviert.

Hostels

In der Lemon Road, einer kleinen Straße hinter dem Strand nahe dem Diamond Head, gibt es reichlich Backpackerhostels für junge Weltreisende.

Hostelling International (HI) Waikiki
HOSTEL $

(☎926-8313; www.hostelsaloha.com; 2417 Prince Edward St; B 25–28 $, DZ 58–64 $; ⊙Rezeption 7–3 Uhr; P@) Das saubere Hostel in einem umgebauten, hellblauen Wohnhaus hat schlichte, nach Geschlechtern getrennte Schlafsäle, eine Gemeinschaftsküche und Bodyboardverleih. Es gibt weder Sperrstunde noch Schließung der Schlafsäle am Tag. Rauchen und Alkohol sind nicht erlaubt. Reservierung wird unbedingt empfohlen. Eingeschränktes Parken (5 $).

Waikiki Beachside Hostel
HOSTEL $

(☎923-9566, 866-478-3888; www.waikikibeachsidehostel.com; 2556 Lemon Rd; B 15–35 $, halbprivates Zi. 75 $; P@☎) Sicherheit und Sauberkeit sind nicht immer so doll, aber ein hauseigenes Internetcafé und Ermäßigungen für den Verleih von Surfbrettern, Bodyboards, Schnorchelausrüstung und Mopeds sind Pluspunkte für die internationalen Partybackpacker. Jeder Schlafsaal (gemischt bzw. nur Frauen) hat eine eigene Küche und ein Telefon. Parkhaus (7 $).

✖ Essen

Viele durchschnittliche Restaurants Waikikis sind überteuert und lohnen keinen Besuch, egal wie verlockend der Meerblick ist. In der Kalakaua Avenue sind zahlreiche Massenketten wie die Cheesecake Factory vollgestopft mit hungrigen Touristen; einige erstklassige Hotelrestaurants am Strand wiederum werden von Spitzenköchen geführt. In der Kuhio Avenue einen Straßenblock landeinwärts liegt ein preiswertes Lokal neben dem anderen, besonders multiethnische Imbissläden. In der Kapahulu Avenue am Stadtrand von Waikiki gibt es herausragende kleine Restaurants, Drive-Ins und Bäckereien.

Kalakaua & Kuhio Avenue

 **Morimoto Waikiki**
JAPANISCH, FUSION $$$

(☎943-5900; www.morimotowaikiki.com; Edition Waikiki, 1775 Ala Moana Blvd; Frühstück 16–30 $; Hauptgerichte mittags & abends 22–50 $; ⊙tgl. 6.30–10 & 11–14.30, So–Do 17–22, Fr & Sa bis 23 Uhr) Das oben im Strandhotel Waikiki

Edition versteckte Restaurant des Fernsehkochs Morimoto verführt sofort mit Kokoscocktails und Blick auf den Ala Wai Yacht Harbor. Auf einer sonnigen Terrasse am Pool sitzen die Gäste auf Bänken mit meergrünen Kissen und essen *ahi poke*, in Ingwer und Sojaöl geschmorten Antarktisdorsch und einen ganzen gebratenen Curryhummer – selbst das Frühstück wird mit einem *loco moco* mit *wagyū*-Rind aufgepeppt. Jedes Gericht wird mit dem gleichen vollendeten Aplomb präsentiert wie im Fernsehen. Kostenloser Parkservice für Restaurantgäste.

Roy's Waikiki Beach HAWAIISCH $$$
LP TIPP
(☎923-7697; www.roysrestaurant.com; 226 Lewers St; Hauptgerichte 28–40 $; ◷11–22 Uhr) Der Strandableger von Roy Yamaguchis hawaiischer Kette ist perfekt für ein romantisches Date oder auch nur, um sich mit Freunden des Lebens zu erfreuen. Der Chefkoch für innovative hawaiische Küche kocht hier eigentlich nicht selbst, aber sein charakteristischer *misoyaki*-Butterfisch, geschwärzter Thunfisch, *mahimahi* mit Makadamiakruste und geformte (nicht gerollte) Sushi stehen stets auf der Karte. Das Soufflé aus geschmolzener Schokolade ist als Dessert ein Muss.

La Mer EURASISCH, SEAFOOD $$$
(☎923-2311; Halekulani, 2199 Kalia Rd; 2-/3-/4-Gänge-Menü ab 95/125/145 $, 9-gängiges Verkostungsmenü 165 $; ◷18–22 Uhr) La Mer im feudalen Resorthotel Halekulani bietet durch wogende Palmen hindurch einen spektakulären Blick auf den Diamond Head. Die klassisch-französische Küche setzt den Schwerpunkt auf provençalische Gerichte mit frischen Zutaten aus Hawaii (auch vegetarische Auswahl). Die Weine sind perfekt auf das Essen abgestimmt. Formale Kleidung ist erwünscht: Männer müssen ein Jacket oder ein langärmliges Oberhemd tragen.

Sansei Seafood Restaurant & Sushi Bar JAPANISCH, FUSION $$
(☎931-6286; www.sanseihawaii.com; 4. Stock, Waikiki Beach Marriott Resort, 2552 Kalakaua Ave; Hauptgerichte 16–35 $; ◷So–Do 17.30–22, Fr & Sa bis 1 Uhr) Einer der trendigsten Köche Hawaiis, DK Kodama, hat diese pazifische Fusionsküche kreiert, zu der traditionelle Sashimi ebenso gehören wie Dungeness-Krebs-Ramen mit Buttersauce und schwarzen Trüffeln. Die Tische auf der von Fackeln erleuchteten Veranda genießen einen erstklassigen Blick auf den Sonnuntergang. Lohnenswert ist das *early-bird*-Angebot am Sonntag und Montag von 17.15 bis 18 Uhr. Von Donnerstag bis Samstag kosten alle Gerichte ab 22 Uhr nur noch die Hälfte.

Nobu Waikiki JAPANISCH, FUSION $$$
(☎237-6999; www.noburestaurants.com/waikiki; Waikiki Parc, 2233 Helumoa Rd; Mehrpersonengerichte 2–32 $, Hauptgerichte 32–40 $; ◷So–Mi 17.30–22, Do–Sa bis 23 Uhr, Bar tgl. 17–24 Uhr) Fernsehkoch Matsuhisas erstes japanisches Fusionsrestaurant und Sushi-Bar in Waikiki erregte bei der Eröffnung viel Aufsehen. Seine modernen Gerichte sind auch noch im Waikiki Parc Hotel stimmig. Gebratener schwarzer Kabeljau mit Miso-Sauce, japanisch-peruanisches *tiradito* (Ceviche) und Tartar aus Meeresfrüchten mit Kaviar sind typische Gerichte des Nobu. In der dämmrigen Cocktailbar werden kleine Häppchen und „Sake-tinis" (Sake-Cocktails) serviert.

BLT Steak STEAK, SEAFOOD $$$
(☎683-7440; www.bltsteak.com; Waikiki Beach Walk, 223 Saratoga Rd; Hauptgerichte 26–52 $; ◷So–Do 17.30–22, Fr & Sa bis 23 Uhr) Das Steakhouse von Koch Laurent Tourondel, ein trendiger Import aus New York, brät die Fleischstücke bei 100 °C und serviert sie mit Kräuterbutter und einer Auswahl von neun Saucen. Auf der täglichen Angebotstafel stehen frische pazifische Meeresfrüchte, wie hawaiischer Hummer, sowie Austern, die vom US-Festland eingeflogen werden. Die Walnussholzböden, dunkelbraunen Ledersitze und eine luftige Veranda bieten das richtige Ambiente für ein Date.

Gyū-kaku JAPANISCH $$
(☎926-2989; www.gyu-kaku.com; 307 Lewers St; Mehrpersonengerichte 4–24 $; ◷11.30–24 Uhr) Wer mag nicht ein japanisches Lokal mit Tischgrill? Da kann sich die ganze Bande über Kobe-Steak, *kalbi*-Rippchen, Knoblauchgarnelen und Enokipilze hermachen, alles serviert mit süßen und pikanten Marinaden und Dips. Zur nachmittäglichen Happy Hour gibt's kleine Gerichte und mittags All-you-can-eat-Angebote (ab 15 $).

Menchanko-tei JAPANISCH $$
(Waikiki Trade Center, 2255 Kuhio Ave; Hauptgerichte 6–12 $; ◷11–23 Uhr) Hawaiische Japaner besuchen diese bescheidene Küche, um sich Hakata-Ramen mit frischen Nudeln, Zitronenpfeffer und cremiger Brühe zu

gönnen. Das Mechanko-tei serviert auch ein klasse *tonkatsu* (frittiertes Schweine-kotelett), *gyōza* und Nagasaki-*sara-udon* (gebratene Nudeln mit Gemüse).

Ramen Nakamura
JAPANISCH $$

(2141 Kalakaua Ave; Hauptgerichte 9–14 $; ☺11–23.30 Uhr) Gäste müssen sich strategisch ihren Weg durch japanische Touristen mit Gucci- und Chanel-Taschen schubsen, nur um einen Platz zu ergattern. Dann geht es endlich ran an die Schüsseln mit herzhafter Ochsenschwanz- oder *tonkotsu-kim-chi*-Ramen (Suppe mit Schweineknochen und eingelegtem Gemüse) mit gebratenen Knoblauchscheiben garniert. Die Wartezeit lohnt sich fast immer.

Chibo
JAPANISCH $$

(☎922-9722; www.chibohawaii.com; 4. Stock, Royal Hawaiian Center, 2201 Kalakaua Ave; Hauptgerichte 11–25 $, Abendmenüs 30–75 $; ☺11.30–14 & 17–22 Uhr) Der noble japanische *teppanyaki*-Grill glänzt vor allem mit seinen hausgemachten *okonomiyaki* (pikante Krautpfannkuchen). Traditionell werden sie mit *buta* (Schwein) oder *ika* (Tintenfisch) serviert, opulent werden sie mit Steak, Jakobsmuscheln und Garnelen. Mittags ist es preiswerter.

Iyasume Musubi-ya
JAPANISCH, EINHEIMISCH $

(2410 Koa Ave; Mahlzeiten 4–8 $; ☺6–16 Uhr) Imbisslokal, das frische *onigiri* (Reisbäll-chen) gefüllt mit Algen, Lachsrogen, ein-gelegten Pflaumen und sogar mit Spam (Frühstücksfleisch) serviert. Weitere Spezialitäten sind *donburi*-Reisschalen, herzhafte *udon*-Nudelsuppe, japanisches Curry und hawaiisches *mochiko*-Brathuhn. In Eile? Dafür gibt es *bentō*-Boxen zum Mitnehmen.

Me BBQ
EINHEIMISCH, TAKEAWAY $

(151 Uluniu Ave; Mahlzeiten 4–11 $; ☺Mo-Sa 7–20.45 Uhr;) Die Imbissbude hat null Atmosphäre, aber es gibt immerhin Plastikpicknicktische. Saftige *kalbi*-Rippchen und scharfe *kimchi* sind Hausspezialitäten, auf der wandgroßen Bildspeisekarte stehen auch hawaiische gemischte Tellergerichte mit Hünchen-*katsu*, Krabben-Tempura und dergleichen.

Siam Square
THAILÄNDISCH $$

(www.siamsquaredining.com; 3. Stock, 408 Lewers St; Hauptgerichte 11–16 $; ☺Mo-Sa 11–24, So bis 22 Uhr;) Waikikis authentischstes Thai-Restaurant – was aber nicht viel heißt. Lust auf scharf? Gut, weil das hier die bes-te Variante für *larb* (Schweinefleischsalat) oder gebratenen Fisch mit Chilisauce ist. Der Service ist freundlich, aber reserviert.

Ruffage Natural Foods
VEGETARISCH, TAKEAWAY $

(2443 Kuhio Ave; pro Portion 4–8 $; ☺9–18 Uhr;) Der winzige Naturkostladen brutzelt Taro-Hamburger, Gemüse-Burritos, veganisches Chilli und Smoothies aus frischen Früchten, die ganzheitlich erfrischen. Abends öffnet hier auch eine klitzekleine, bei Backpackern beliebte Sushi-Bar eines japanischen Kochs.

Hau Tree Lanai
PAZIFISCH $$$

(☎921-7066; New Otani Kaimana Beach Hotel, 2863 Kalakaua Ave; Frühstück & mittags 12–17 $, abends 30–52 $; ☺Frühstück 7–10.45 Uhr, Mittagessen Mo-Sa 11.45–14, So 12, 14 Uhr, Abendessen 17.30–21 Uhr) Unter dem Blätterdach von Hibiskusbäumen am Sans Souci Beach versteckt sich dieses Gartenlokal mit rosa Tischdecken. Die Frühstücks- und Mittagsgerichte sind ganz auf Regionales abgestimmt, von *poi*-Pfannkuchen bis zu *furikake*-Thunfisch-Hamburgern. Die Abendgerichte mit Fleisch und Fisch sind eher mittelmäßig.

Eggs 'n' Things
FRÜHSTÜCK $

(www.eggsnthings.com; 343 Saratoga Rd; Hauptgerichte 6–12 $; ☺6–14 & 17–22 Uhr;) Das stets volle Imbisslokal serviert Bananen-Makadamia-Pfannkuchen mit Honig, Guaven- oder Kokosnusssirup, sowie schaumige Omelettes mit Chorizo für Touristen mit Jetlag. Es gibt auch Kindergerichte.

Hula Grill
MODERNE INSELKÜCHE $$

(☎923-4852; www.hulagrillwaikiki.com; 2. Stock, Outrigger Waikiki on the Beach, 2335 Kalakaua Ave; Frühstück 4–9 $, Abendgerichte 17–33 $; ☺Mo-Sa 6.30–10.30, So 9–14, tgl. 17–22 Uhr;) Frühe Ankunft ist ratsam, um auf der Rundumveranda den Sonnenuntergang genießen zu können. Zur Belohnung gibt's „Wrong-Island"-Eistees und ein hawaiisches *pupu*, wie gegrillte Rippchen mit Mango. Parken für Gäste 5 $.

Wailana Coffee House
DINER $

(1860 Ala Moana Blvd; Hauptgerichte 5–15 $; ☺24 Std., außer Mi 24–6 Uhr) Das klassische Nachtcafé steckt mit seinen Vinylsitzen und Barhockern immer noch in den 1970er-Jahren und serviert gigantische Portionen fettiger Gerichte und tropische Fruchtdrinks. Die Bedienung kennt die Stammgäste mit Namen. In der Cocktailbar singen Einheimische Karaoke.

Kapahulu Avenue & Umgebung

LP TIPP **Leonard's** BÄCKEREI $
(933 Kapahulu Ave; Gebäck 75 ¢–2 $; ⊙So–Do 5.30–21, Fr & Sa bis 22 Uhr; 🚻) Das auffallende Neonschild aus den 1950er-Jahren macht es nahezu unmöglich, hieran vorbeizufahren. Die portugiesische Bäckerei ist in ganz O'ahu berühmt für ihre *malasadas* (eine Art „Berliner"), die ofenfrisch und warm in einer grell-rosa Schachtel gereicht werden. Lecker sind die mit *haupia* (Kokoscreme) oder *liliko'i* (Passionsfrucht) gefüllten Bällchen – sie machen süchtig. T-Shirts mit der Aufschrift „got malasadas?" gibt es hier auch.

Halili's Hawaiian Foods HAWAIISCH $$
(http://mybackyardluau.ning.com; 760 Palani Ave; Mahlzeiten 10–15 $; ⊙Mo 10–15, Di–Do 10–19, Fr & Sa 10–20, So 11–15 Uhr) Halili's brutzelt hier seit den 1950er-Jahren bodenständige hawaiische Gerichte. Einheimische zwängen sich in fröhliche Nischen und genießen üppige Portionen von *kalua*-Schwein, *lomilomi*-Lachs und *laulau* (Fleisch in *ti*-Blättern gedünstet) mit *poi* oder Reis sowie Tellergerichte mit *ahi*, Schüsseln mit Kutteln und dicke Tortilla-Wraps. Filiale nahe dem Ala Moana Center.

Uncle Bo's ASIA-FUSION $$
(☎735-8311; www.unclebosrestaurant.com; 559 Kapahulu Ave; kleine Teller 7–14 $, Hauptgerichte 16–27 $; ⊙17–2 Uhr) In dem schlichten Laden genießen ausgelassene Gruppen ein endloses Angebot von *pupu* mit hawaiischem Touch, wie Thai-Grillhuhn oder *kalua*-Schwein-Nachos mit frittierten *wonton* (Klößchen). Abends gibt es frische Meeresfrüchte wie gebackenen *opah* (Gottesfisch) mit Parmesan-Semmel-Pannade oder gedünsteter *opakapak* (Schnappfisch) auf chinesische Art. Reservierung ist ratsam.

ZenShu JAPANISCH, KOREANISCH $$
(☎739-7017; 477 Kapahulu Ave; Mehrpersonenteller 4–20 $; ⊙Di–Sa 11–13.30, Mo–Do 17–22, Fr & Sa bis 24 Uhr) Ist es eine rustikale Sportlerkneipe? Eine Sushi- und Sake-Bar? Eine nette japanische *izakaya* mit koreanischem Touch? Ja, ja und ja! Hier gibt's *kimchi*-Cäsarsalat (mit eingelegtem Gemüse), Schweinekoteletts mit Zitronengras, frittiertes *okonomiyaki* und für Mutige *natto* (fermentierte Sojabohnen). Zur Happy Hour gibt es Ermäßigungen und am Wochenende

NICHT VERSÄUMEN

SÜSSES VON DER INSEL

» Leonard's (s. links) – ofenfrische, zuckrige *malasadas*

» Liliha Bakery (S. 92) – Schoko-Windbeutel, die Verkehrsstau verursachen

» Bubbies (S. 92 & S. 121) – *mochi*-Eis in allen Geschmacksrichtungen

» Lanikai Juice (S. 140) – die besten frischen Smoothies O'ahus

» Ching's General Store (S. 148) – die zartesten, buttrigen *mochi*-Riegel

» Matsumoto's (S. 160) –Shave-Ice-Klassiker an der North Shore

» Dole Plantation (S. 164) – Eis aus Ananascreme

» Pa'ala'a Kai Bakery (S. 162) – Heimat des „Snow Puffy", Blätterteig mit Schokocreme

spät nachts Tages- bzw. Abendteller. Reservierung am Abend ist ratsam.

Diamond Head Market & Grill EINHEIMISCH, TAKEAWAY $
(www.diamondheadmarket.com; 3158 Monsarrat Ave; Mahlzeiten 5–15 $; ⊙Markt 6.30–21 Uhr, Grill 7–10.30 & 11–21 Uhr) Der Markt mit Drive-In, Bäckerei und Feinkostladen verköstigt Familien, die keine Lust auf Selberkochen haben. Zu futtern gibt es an den Picknicktischen *char siu* (gegrilltes Schweinefleisch), Champignon-Hamburger, *kimchi*-Reis oder Pfannkuchen mit tropischen Früchten.

Tokkuri Tei JAPANISCH $$
(☎732-6480; 449 Kapahulu Ave; kleine Teller 3–15 $; ⊙Mo–Fr 11–14, Mo–Sa 17.30–24, So 17–22 Uhr) Die fröhliche *izakaya* (japanische Kneipe) bietet moderne Versionen japanischer Traditionsgerichte. Im Regal hinter der Bar werden private Flaschen mit Sake und *shōchū* (Kartoffelschnaps) von Stammkunden aufbewahrt. Beliebte Gerichte sind hier *poke* mit Fischrogen oder Sushi mit *hamachi kama* (Thunfischbacken). Wer vorher nicht reserviert, muss mit langen Wartezeiten rechnen. Parkservice kostet 5 $.

Rainbow Drive-In EINHEIMISCH, TAKEAWAY $
(www.rainbowdrivein.com; 3308 Kanaina Ave; Mahlzeiten 4–8 $; ⊙7–21 Uhr; 🚻) Das klassi-

INSELMUSIK

Erstaunlicherweise geben einige führende hawaiische Musiker regelmäßig in den Hotels und Bars Waikikis Konzerte. Auf diese Stars sollte man achten:

» **Jake Shimabukuro** Der „Jimi Hendrix der Ukulele" wurde von Plattenfirmen von den Inseln weggelockt, tritt aber noch manchmal in seiner Heimatstadt Honolulu auf.

» **Henry Kapono** Der Liedermacher aus Kapahulu ist O'ahus Allroundtalent und bringt seit den 1970er-Jahren hawaiische Rockalben raus.

» **Brothers Cazimero** Das auf O'ahu geborene, traditionsbewusste Duo (12-saitige Gitarre und Bass) spielte Anfang der 1970er-Jahre in Peter Moons legendärer Band Sunday Manoa.

» **Kapena** Die Gruppe Kapena mag zwar ihrerzeit beim Highschool-Wettbewerb keinen Preis gewonnen haben, aber das Gründungsmitglied Kelly Boy De Lima ist ein Ukulele-Star.

» **Jerry Santos and Olomana** Die Truppe von der Windward Coast tritt seit Jahrzehnten mit ihren traditionellen und modernen Ukulele- und Falsettgesangs-darbietungen auf.

» **Martin Pahinui** Der Sohn des verstorbenen Hawaiigitarrenmeisters Gabby Pahinui ist ein begabter Sänger und tritt häufig mit dem Gitarristen George Kuo und dem Leiter der Royal Hawaiian Band, Aaron Mahi, auf.

» **Keawe 'Ohana** Manche behaupten, dass sich die Enkelin der verstorbenen großen *ha'i*-Sängerin (Falsett) Genoa Keawe wie ihre Großmutter in jungen Jahren anhört.

» **Sam Kapu III** Sam Kapu gehört zu einer musikalischen Dynastie und spielt mit seinem Trio traditionelle Ukulele-Musik und moderne Dreiklangharmonik.

» **Po'okela** Ein modernes Trio mit dem aus Honolulu stammenden Hawaiigitarren-künstler, der beim verstorbenen großartigen Hawaiigitarristen Jerry Byrd gelernt hat.

» **Makana** Ein Liedermacher aus O'ahu, der bei Sonny Chillingworth Gitarre lernte und ein führender Vertreter des Hawaiigitarrenrock ist.

» **Natural Vibrations** Eine Spitzentruppe unter O'ahus „jawaiischen" Reggaegruppen.

sche hawaiische Drive-In in kunterbunten Neonfarben wurde von einem auf Hawaii geborenen Koch der US-Armee gegründet und ist eine Reise in die Vergangenheit. Bauarbeiter und schlaksige Surfer bestellen an der Imbisstheke die üblichen lokalen Gerichte: *loco moco,* Teriyaki-Hamburger, gemischte Teller, portugiesische Backwaren, French Toast und dergleichen.

Selbstversorger

Food Pantry   LEBENSMITTEL $
(2370 Kuhio Ave; ⊙6–1 Uhr) Teurer als die großen Supermärkte (alle außerhalb Waikikis), aber billiger als die kleinen Läden.

Veggie Star Natural Foods   LEBENSMITTEL $
(417 Nahua St; ⊙Mo–Sa 9–21 Uhr; ☑) Bio- und Naturkostlebensmittel sowie Smoothies und vegetarische Burritos, Hamburger, Sandwiches und Salate.

Ono Seafood   SEAFOOD $
(747 Kapahulu Ave; Portion 3,50–14 $; ⊙Mo–Sa 9–18, So 10–15 Uhr) *Poke*-Laden mit indiduell zusammengestellten Fischsalaten, die süchtig machen – schnell ausverkauft, also früh erscheinen.

Gina's Barbecue   KOREANISCH $
(Market City Shopping Center, 2919 Kapi'olani Blvd; Hauptgerichte 6–10 $; ⊙Mo–Fr 10–22 Sa & So 10–23 Uhr) Simpler koreanischer Imbiss im Einkaufszentrum mit gigantischen Portionen gegrillter Rippchen.

People's Open Market   MARKT $
(Ecke Monsarrat & Paki Aves, Kapi'olani Park; ⊙Mi 10–11 Uhr; ☑) Frische Inselprodukte von Land und Meer.

Waikiki Farmers Market   MARKT $
(Waikiki Community Center, 310 Pa'oakalani Ave; ⊙Di & Fr 7–13 Uhr; ☑) Frisches Obst und Gemüse auf dem Parkdeck.

Ausgehen & Unterhaltung

Waikiki ist absolut touristisch mit all dem zugehörigen Ramsch: schwach alkoholische Fruchtdrinks mit Schirmchen oder Bikinioberteile aus Kokosnussschalen. Aber unter all der standardisierten Geschmacklosigkeit feiern hawaiische Musik und Hula ein erfreuliches Comeback.

Nachts wird die Kuhio Avenue zur Party- und Kneipenmeile. Infos zu abendlichen „Saufbootsfahrten" stehen auf S. 110.

Cafés, Bars & Lounges

Kimo Bean   CAFE
(http://kimobean.com; 2113 Kalakaua Ave; ⊘7–18 Uhr; 🖥) In der hawaiischen Kaffeerösterei mit mehreren Filialen in Waikiki gibt es aromatischen, frisch gebrühten Kaffee aus handgepflückten Kona-Bohnen, Maui Moka und Auslese vom Ka'aui Estate. Fruchtsmoothies, Bananenwaffeln und Bubbies *mochi*-Eiscreme runden das Angebot ab. Auch im Hyatt Regency und im Ohana East Hotel.

Duke's Waikiki   BAR
(Outrigger Waikiki, 2335 Kalakaua Ave; ⊘16–24 Uhr) Eine lärmende Partyszene mit Surferappeal überwiegend für die Nachkriegsgeneration, mit betrunkenen Verbrüderungen und Erinnerungsfotos. Bei den nachmittäglichen Konzerten am Wochenende von Stars wie Henry Kapono (meist sonntags 16 bis 18 Uhr) drängen sich die Leute bis auf den Strand.

Lewers Lounge   LOUNGE
(Halekulani, 2199 Kalia Rd; ⊘19.30–1 Uhr, Livemusik meist Mi & Do 20.30–24, Fr & Sa 20.30–0.30 Uhr) Das Waikiki aus königlichen Zeiten wird im Halekulani Hotel lebendig erhalten. Cocktails werden hier mit frischen Säften (nicht aus der Tüte) gemacht, z. B. aus tropischen Lychees und Ingwer. An manchen Abenden spielen sanfte Jazzcombos.

The Shack   BAR
(Waikiki Trade Center, 2255 Kuhio Ave; Eintritt für Liveshows meist 10 $; ⊘11–4 Uhr) Wer sich fragt, wo sich die Hotelbarkeeper Waikikis nach Feierabend treffen, sollte sich in die Tiki-Sportbar mit riesigen TVs und einem Wasserfall begeben. Livemusik gibt es fast jeden Abend (außer sonntags), oft „jawaiischen" Reggae, Rock oder Hip-Hop.

Diamond Head Cove Health Bar   CAFÉ, BAR
(www.diamondheadcovehealthbar.com; 3045 Monsarrat Ave; ⊘Fr 10–20, Sa–Do 10–23 Uhr)

Warum sich den Magen mit Alkohol verderben, wenn es sich doch schön mit einer Kokosnussschale *'awa* (Kava) entspannen lässt? Polynesiens würziges, leicht berauschendes Elixir wird aus *Piper methysticum* gewonnen. An manchen Abenden legen hier einheimische Musiker los.

Tiki's Grill & Bar   BAR
(Aston Waikiki Beach Hotel, 2570 Kalakaua Ave; ⊘10.30–24 Uhr, wochenends manchmal länger) Stillos und touristisch, okay. Aber auch ganz oben mit einer Veranda mit Meerblick und einheimischen Bands, die hier fast jeden Abend spielen (mittwochs ist „Open Mic").

Yard House   BAR
(226 Lewers St; ⊘11–1 Uhr) Die lärmende Bar einer Kette vom Festland ist die belebteste Bar am Waikiki Beach Walk. Es gibt hier Sport-TV und Großbildschirmen, Bier vom Fass aus Mikrobrauereien in großen Gläsern und permanentes Gedudel von Classic Rock.

Lulu's Surf Club   BAR
(2586 Kalakaua Ave; ⊘7–2 Uhr) Einheimische Bands spielen hier gegenüber dem Strand für aufgedrehte Partygäste, meist am Wochenende ab 22 Uhr, an einigen Werktagen ab 20 Uhr.

Da Big Kahuna   BAR
(2299 Kuhio Ave; ⊘7–4 Uhr) Die Tiki-Bar serviert Studentenklüngeln fruchtige, Kool-Aid-farbene Drinks mit Namen wie „Da Fish Bowl" in Keramikbechern mit Gesichtern polynesischer Götter. Poolbillard und Kneipenessen gibt's bis 3 Uhr.

Top of Waikiki   BAR
(www.topofwaikiki.com; 19. Stock, Waikiki Business Plaza, 2270 Kalakaua Ave; ⊘17–23 Uhr) Die langsam rotierende Restaurant-Cocktailbar braucht eine ganze Stunde pro Umdrehung und hat jeden Abend zwei Happy Hours.

Hawaiische Musik & Hula

Aufführungen sind kostenlos, wenn nicht anders erwähnt. Alle Termine sind ohne Gewähr. (Mehr hawaiische Musik gibt es in Chai's Island Bistro (S. 94) am Strand in Honolulu.)

LP TIPP Kuhio Beach Hula Show   MUSIK, HULA
(www.honolulu.gov/moca; Kuhio Beach Park; ⊘meist Di, Do, Sa & So 18.30–19.30 Uhr, bei gutem Wetter; 🚸) Einige der besten Hula-Gruppen O'ahus treten auf der Hula-Fläche

am Strand nahe der Statue von Duke Kahanamoku auf. Die Show beginnt nach Sonnenuntergang mit dem tradionellen Entzünden der Fackeln und einer Muschelhornzeremonie. Die Zuschauer können dann auf dem Rasen oder dem Sand die authentische hawaiische Musik- und Tanzaufführung mit viel Aloha genießen. Nach der Vorstellung plaudern die Darsteller oft noch an der Bühne mit den Besuchern.

House Without a Key   MUSIK, HULA

(Halekulani Hotel, 2199 Kalia Rd; ⏱7–21 Uhr, Livemusik meist 17.30–20.30 Uhr) Die feine Open-Air-Bar am Strand unter einem 100 Jahre alten *kiawe*-Baum wurde nach einem Charlie-Chan-Roman von 1925 mit Schauplatz Honolulu benannt und hat ohnehin keine Tür zum abschließen. Gut betuchte Gäste genießen hier Waikikis beste Sonnenuntergang-Cocktails, weiten Meerblick, Livemusik und Solo-Hula, dargeboten von ehemaligen Miss Hawaii.

Mai Tai Bar   LIVEMUSIK

(Royal Hawaiian Hotel, 2259 Kalakaua Ave; ⏱10–23 Uhr, Livemusik meist Di–So 18–22 Uhr) In der zwanglosen Bar des Royal Hawaiian (keine schicke Kleidung erforderlich) treten großartige hawaiische Musikduos und -trios auf. Selbst wer keine Ahnung hat, wer da gerade spielt, wird vom namensgebenden Royal Mai Tai auf jeden Fall umgehauen. Der romantische Blick auf die krachenden Wellen reicht bis zum Diamond Head.

Royal Hawaiian Center   MUSIK, HULA

(☎922-2299; 2201 Kalakaua Ave; ⏱unterschiedliche Termine) Das Einkaufszentrum bietet zwar keinen Meerblick, dafür aber fast jeden Abend hawaiische Musik und Hula-Aufführungen von Spitzentalenten und zweimal wöchentlich mittags Aufführungen von Künstlern des Polynesian Cultural Center.

Royal Hawaiian Band   LIVEMUSIK

(☎922-5331; www1.honolulu.gov/rhb; Kapi'olani Park; ⏱meist So 14–15 Uhr) Hawaiis „offizielles" Orchester spielt meist am Sonntagnachmittag auf der Kapi'olani-Bühne klassische Musik aus der Monarchiezeit des 19. Jhs. Es ist eine urhawaiische Angelegenheit, die damit endet, dass das Publikum sich an den Händen fasst und das „Aloha 'Oe" von Königin Lili'uokalani singt. Weitere Konzerte auf O'ahu finden im 'Iolani Palace statt.

Weitere Strandhotelbars mit hawaiischer Livemusik:

Banyan Court Beach Bar   LIVEMUSIK

(Moana Surfrider, 2365 Kalakaua Ave; ⏱10.30–24 Uhr, Livemusik meist Mi–Sa 18–21 Uhr) Moderne Hawaiimusik unter dem alten Banyanbaum, von wo die Radiosendung *Hawaii Calls* ab 1935 über vier Jahrzehnte landesweit übertragen wurde.

Rumfire   LIVEMUSIK

(Sheraton Waikiki, 255 Kalakaua Ave; ⏱11–24 Uhr, Livemusik meist So–Fr 17–20, Sa 17–24 Uhr) Vitrinen voller Jahrgangsrum, romantische Feuerstellen am Strand mit Meerblick und zeitgenössische Hawaii- oder Jazzmusiker, meistens Solisten.

Moana Terrace   LIVEMUSIK

(2. Stock, Waikiki Marriott Beach Resort, 2552 Kalakaua Ave; ⏱11–23 Uhr, Livemusik meist 18.30–21.30 Uhr) Lokale Hawaiigitarristen, Ukulele-Spieler und *ha'i*-Falsettsänger spielen für ganze Familien in dieser Open-Air-Bar am Pool.

Tapa Bar   LIVEMUSIK

(Tapa Tower, Hilton Hawaiian Village, 2005 Kalia Rd; ⏱15–23 Uhr, Livemusik zu unterschiedlichen Zeiten) Während der freitäglichen Feuerwerkshows spielen im Hotel Hilton Hawaiian Village Jerry Santos und Olomana meist ein paar Stücke.

Clubs

Wer keine Lust hat, nachts bis nach Ala Moana oder Chinatown zu ziehen, findet immer noch ein paar Clubs in Waikiki zum Abtanzen.

Coconut Willy's   CLUB, BAR

(Waikiki Beach Walk, 227 Lewers St; ⏱22–4 Uhr, Bar Mo–Do ab 17, Fr–So ab 11 Uhr) Kampftrinken, Biergläser-Ping-Pong und wildes Abtanzen zu Sounds der 1980er-, 1990er- und 2000er-Jahre von DJs, die sich für Komiker halten.

Nashville Waikiki   CLUB, BAR

(2330 Kuhio Ave; ⏱16–4 Uhr) In der Country- und-Western-Bar mit Grillrestaurant kann es so wüst zugehen wie bei einer Cowboy-Prügelei in Texas. Hier werden Sport-TVs, Billard-, Dart- und Poolbillardturniere sowie kostenloser Line-Dancing-Unterricht geboten.

Moose McGillycuddy's   CLUB, BAR

(310 Lewers St; ⏱16–4 Uhr) Der Laden über einem Restaurant ist ein totales Touristenklischee. Er hat Poolbillardtische und nach 22 Uhr spielen DJs Hip-Hop, Rock und bunte Mischung.

Waikikis Schwulen- und Lesbenszene ist eine enge Gemeinschaft, aber immer noch mit viel Aloha für Besucher. Das kostenlose Monatsmagazin **Odyssey** (www.odysseyhawaii.com) berichtet über die Szene. Es ist im kleinen Laden **80% Straight** (www.80percentstraight.com; Castle Waikiki Grand, 134 Kapahulu Ave; ☺Mo–Do 10–23, Fr & Sa 10–24, So 12–23 Uhr) erhältlich, der auch Bücher, Zeitschriften, Videos, Strandklamotten und Krimskrams verkauft.

Die freundliche **Hula's Bar & Lei Stand** (www.hulas.com; 2. Stock, Castle Waikiki Grand, 134 Kapahulu Ave; ☺10–2 Uhr; @☎) über dem 80% Straight hat einen tollen Meerblick bis zum Diamond Head. Hier treffen sich die unterschiedlichsten Leute auf einen Drink, spielen Poolbillard, tanzen oder machen Yoga am Strand. Nonstop-Karaoke gibt es im **Wang Chung's** (www.wangchungs.com; 2410 Koa Ave; ☺14–2 Uhr) in einer Seitenstraße.

Tapa's Restaurant & Lanai Bar (www.tapaswaikiki.com; 407 Seaside Ave; ☺9–2 Uhr) ist ein weiterer beliebter Treff mit gesprächigen Barkeepern, Poolbillard, einer Jukebox und Karaoke-Abenden. Das nahe **Lo Jax Waikiki** (www.lojaxwaikiki.com; 2256 Kuhio Ave; ☺Mo–Sa 12–2, So 6–2 Uhr; ☎) ist eine schwule Sportbar mit Poolbillardturnieren, Revuen mit ausschließlich Männern und am Wochenende DJs. Das **Fusion Waikiki** (www.fusionwaikiki.com; 3. Stock, 2260 Kuhio Ave; ☺So–Do 22–4, Fr & Sa 20–4 Uhr) nebenan ist ein aufgekratzter Nachtclub mit Transvestitenshows am Wochenende. In die relaxte Nachbarschaftsbar **In-Between** (2155 Lau'ula St; ☺Mo–Do 16–2, Fr & Sa 12–2, So 14–2 Uhr) weiter nordwestlich zieht es ältere Gäste zur „happiest of happy hours".

Tagsüber hängt die Szene am Queen's Surf Beach und am Diamond Head Beach ab (verbotenerweise auch FKK). Übernachtet wird dann im schwulenfreundlichen Castle Waikiki Grand, im Hotel Renew oder in jedem beliebigen Haus von Aqua Hotels & Resorts.

Luau & Dinnershows

Wer einen Hawaii-Urlaub ohne ein touristisches *luau* nicht für vollendet hält, kann an einer Hotelshow direkt am Strand oder an einem großen Fest außerhalb der Stadt teilnehmen.

'Aha 'Aina
LUAU
(☎921-4600; www.royal-hawaiian.com/dining/ahaaina; Royal Hawaiian, 2259 Kalakaua Ave; Erw./Kind 5–12 J. ab 155/83 $; ☺meist Mo 17.30–21 Uhr) Die zauberhaft auf dem gepflegten Uferrasen des historischen Royal Hawaiian Hotel ausgerichtete Dinnershow erzählt wie ein Singspiel in drei Akten die Geschichte des hawaiischen *mele* (Gesang) und Hula-Tanzes seit uralten Zeiten. Der Eintritt ist hoch, aber das Essen ist Spitzenklasse und die Drinks sind kostenlos.

Pacific Swing
DINNERSHOW
(☎800-453-8020; www.pacificswinghawaii.com; Waikiki Beach Marriott Resort, 2552 Kalakaua Ave; Erw./Kind unter 12 J. ab 87/67 $; ☺meist Di–Do 19 Uhr) Die Big-Band-Show im Stil der 1940er-Jahre, präsentiert von Nathan Osmond (der Neffe von Donny und Marie), ist eine nostalgische und vergnügliche Tour durch das Hawaii vergangener Zeiten.

Nach der Show können die Gäste den Jitterbug tanzen. Kostenlose Parkplätze (auch mit Service) für Dinnergäste.

Waikiki Starlight Luau
LUAU
(☎949-4321; www.hiltonhawaiianvillage.com; Hilton Hawaiian Village, 2005 Kalia Rd; Erw./Kind 4–11 J. ab 98/49 $; ☺So–Do 17.30–20 Uhr, bei schönem Wetter) Das *luau* auf dem Dach besteht aus einem Buffetessen und nur zwei kostenlosen Mai Tais. Die engagierte, wenn auch nicht gerade authentische polynesische Show mit Feuertanz und Modenschau erfreut vor allem Familien. Kostenlose Parkplätze für Teilnehmer.

Kommerzielle *luau* außerhalb von Waikiki (Tickets enthalten Bustransfer von/nach Kapolei, pro Strecke eine Stunde Fahrzeit):

Germaine's Luau
LUAU
(Karte S. 58; ☎949-6626, 800-367-5655; www.germainesluau.com; 91-119 Olai St, Kapolei; Erw./Kind 6–13 J. 72/52 $; ☺18–21 Uhr) Jeden Abend Buffet und polynesische Show am Strand.

Paradise Cove
LUAU
(Karte S. 58; ☎842-5911, 800-775-2683; www.paradisecove.com; 92-1089 Ali'inui Dr, Kapolei; Erw./Kind 4–12 J. 82/62 $; ☺17–21 Uhr; ⊞) Glei-

ches Programm wie Germaine's, plus Vorführungen von hawaiischen Spielen und Kunsthandwerk.

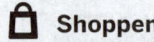 Shoppen

Edeldesignerboutiquen sind um die DFS Galleria am Nordende der Kalakaua Avenue zu finden, eine Handvoll einheimischer Geschäfte am Waikiki Beach Walk. In den allgegenwärtigen ABC gibt es Strandmatten, Sonnencreme, Snacks und Krimskrams, T-Shirts mit dem Aufdruck „I got lei'd in Hawaii" und batteriebetriebene Hula-Mädchen in Grasröcken fürs Armaturenbrett im Auto.

LP TIPP Bailey's Antiques & Aloha Shirts KLEIDUNG, ANTIQUITÄTEN
(www.alohashirts.com; 517 Kapahulu Ave; ☺10–18 Uhr) Bailey's hat zweifellos die besten Hawaiihemden auf O'ahu. Der Laden ist vollgestopft mit Tausenden alten Hawaiihemden in allen möglichen Farben und Stilen, von Klassikern aus Kimonoseide aus den 1920er-Jahren bis zu Polyesterexemplaren aus den 1970er-Jahren. Die modernen Hemden stammen ausschließlich von hawaiischen Labels, wie Mamo und RJC. Die Preise reichen von fünf bis zu mehreren 100 Dollars.

Na Lima Mili Hulu No'eau LEI
(☎732-0865; 762 Kapahulu Ave; ☺meist Mo–Sa 9–17 Uhr) Paulette, die Tochter von Tante Mary Louise Kaleonahenahe Kekuewa, bewahrt in dem unscheinbaren Laden die alte Tradition des Flechtens von Feder-*lei*. Der Name des Ladens bedeutet „die geschickte Hand, die Federn berührt". Mutter und Tochter schrieben auch das Buch *Feather Lei as an Art*, um eine Wiederbelebung der hawaiischen Kunst anzuregen. Die Herstellung eines einzigen, bei Sammlern geschätzten *lei* kann Tage dauern.

Mana Hawai'i KUNST, KUNSTHANDWERK
(www.manahawaiiinwaikiki.com; 2. Stock, Waikiki Beach Walk, 226 Lewers St; ☺10–22 Uhr) Anders als viele andere Läden am Waikiki Beach Walk verkauft dieses geräumige Geschäft authentische, in Hawaii hergestellte Waren, wie Holzschnitzereien, Kunstfotografien und Bücher und CDs über Hawaii von Bruddah Iz bis Jake Shimabukuro. Der Laden veranstaltet auch kostenlose Kurse zur hawaiischen Kultur.

Reyn Spooner KLEIDUNG
(www.reynspooner.com; Sheraton Waikiki, 2259 Kalakaua Ave; ☺8–22.30 Uhr) Reyn Spooners raffiniert bedruckte, elegante Hawaiihemden sind seit 1956 Standard für die Oberschicht Honolulus. Das neue repräsentative Geschäft in Waikiki ist ein heller und moderner Raum mit klaren Linien. Verkauft werden Männerhemden und Surfershorts. In Reyn's Rack im Stadtzentrum gibt es verbilligte Waren zweiter Wahl.

Muse KLEIDUNG
(www.musebyrimo.com; 2310 Kuhio Ave; ☺10–23 Uhr) Verspielte, luftige, feminine Mode wird von diesem Designer aus Los Angeles kreiert, dessen Läden am Waikiki Beach besonders Jet-Setter aus Tokio anzieht. Geboten werden zarte Hemden, superleichte Strandkleider, Schlapphüte und glitzernde Gürtel und Schmuck. Auch in Kailua.

Newt at the Royal KLEIDUNG
(www.newtattheroyal.com; Royal Hawaiian Hotel, 2259 Kalakaua Ave; ☺9–21 Uhr) Newt spezialisiert sich mit Flair und Stil auf Montecristi-Panamahüte – klassische weiche Filzhüte für Männer, Strohhüte und elegante Damenhüte – sowie edle Reproduktionen von Hawaiihemden mit Designs der 1940er- und 1950er-Jahre. Alles ist tropisch, makellos und von einer Spitzenqualität.

Royal Hawaiian Center EINKAUFSZENTRUM
(www.royalhawaiiancenter.com; 2201 Kalakaua Ave; ☺10–22 Uhr) Waikikis größtes Einkaufszentrum besteht überwiegend aus internationalen Markenketten, führt aber auch einige hawaiische Labels wie Crazy Shirts und Honolua Surf Co. Der Little Hawaiian Craft Shop verkauft billiges Hawaiizeugs, neben hochwertigen Schalen aus Koa-Holz, Muschelhalsketten aus Ni'ihau und anderes polynesisches Kunsthandwerk.

Bob's Ukulele MUSIK
(www.bobsukulele.com; Waikiki Beach Marriott Resort, 2552 Kalakaua Ave; ☺9–12 & 17–21 Uhr) Die billigen Import-Ukulelen, die überall in Einkaufszentren angeboten werden, taugen nichts. Hier jedoch verkauft das kenntnisreiche Personal Instrumente, die in Hawaii aus einheimischen Hölzern handgefertigt wurden, darunter auch solche von Kamaka (S. 96).

International Market Place SOUVENIRS
(www.internationalmarketplacewaikiki.com; 2330 Kalakaua Ave; ☺10–21 Uhr) Auf diesem kitschigen Markt unter einem ausladenden Banyanbaum verkaufen über 100 Stände Touristenkram, von Muschelketten bis zu Sarongs und mit Hibiskusblüten bedruck-

te Handtaschen. Hawaiische Livemusik und polynesische Tänze gibt es fast jeden Abend.

Praktische Informationen

Geld

Überall in Waikiki gibt es 24-Stunden-Geldautomaten, auch in den folgenden Banken:

Bank of Hawaii (www.boh.com; 2155 Kalakaua Ave; ⊙Mo–Do 8.30–16, Fr 8.30–18, Sa 9–13 Uhr)

First Hawaiian Bank (www.fhb.com; 2181 Kalakaua Ave; ⊙Mo–Do 8.30–16, Fr 8.30–18 Uhr) In der Schalterhalle befinden sich Wandbilder des französischen Künstlers Jean Charlot zur hawaiischen Geschichte.

Internetzugang

Internetcafés an der Kuhio Avenue und in Backpackerhostels in der Lemon Road haben selten WLAN. Viele Hotels bieten Highspeed-Internet über Kabel in Gästezimmern, aber WLAN nur in der Lobby oder am Pool, was manchmal ab 10 $ pro Tag extra kostet.

Hula's Bar & Lei Stand (2. Stock, Castle Waikiki Grand, 134 Kapahulu Ave; ⊙10–2 Uhr) Kostenloses WLAN und zwei Internetterminals in der Bar.

Waikiki-Kapahulu Public Library (☏733-8488; www.librarieshawaii.org; 400 Kapahulu Ave; ⊙Mo–Di & Do–Fr 10–17, Mi 13–20 Uhr) Kostenloses WLAN und Internetterminals auf Bestellung.

Medizinische Versorgung

Straub Doctors on Call (www.straubhealth.org) North Waikiki (☏973-5250; 3. Stock, Rainbow Bazaar, Hilton Hawaiian Village, 2005 Kalia Rd; ⊙Mo–Fr 8–16.30 Uhr); South Waikiki (☏971-6000; Sheraton Princess Kaiulani, 120 Ka'iulani Ave; ⊙24 Std.) Auskunft über Nachtapotheken und Krankenhäuser mit 24-Stunden-Notaufnahme im Zentrum Honolulus. Arztpraxen ohne Anmeldung akzeptieren zum Teil Reiseversicherungen.

Notfall

Polizei, Feuerwehr & Krankenwagen (☏911)

Polizei (www.honolulupd.org; 2405 Kalakaua Ave; ⊙24 Std.) Am Kuhio Beach; hilft in allen Lagen, auch bei Wegbeschreibungen.

Post

Post (www.usps.com; 330 Saratoga Rd; ⊙Mo–Fr 9–16.30, Sa 9–13 Uhr)

Touristeninformation

Kostenlose Urlaubermagazine mit Rabattgutscheinen wie *This Week O'ahu* und *101 Things to Do* liegen an Straßenecken, in Hotelfoyers und am Flughafen aus.

Hawaii Visitors & Convention Bureau (HVCB; ☏923-1811, 800-464-2924; www.gohawaii.com; Suite 801, Waikiki Business Plaza, 2270 Kalakaua Ave; ⊙Mo–Fr 8–16.30 Uhr) Die Touristeninformation verteilt kostenlose Karten und Broschüren.

Anreise & unterwegs vor Ort

Auto

Mehrere Autoverleiher in Waikiki gehören zu internationalen Mietwagenfirmen, aber die Preise sind meist höher als am Flughafen (s. S. 60).

Die meisten Hotels verlangen pro Nacht 20 bis 30 $ für einen Parkplatz. Die Parkhäuser **Waikiki Trade Center Parking Garage** (2255 Kuhio Ave, Zufahrt über Seaside Ave) und die **Waikiki Parking Garage** (333 Seaside Ave) nebenan bieten in der Regel die günstigsten Tages-, Abend- und Nachtpreise im Ort. Am äußersten Südosten de Waikikis gibt es an der Monsarrat Avenue neben dem Kapi'olani Park einen kostenlosen und zeitlich unbegrenzten Parkplatz. Waikikis billigster gebührenpflichtiger Parkplatz (25 Cent pro Stunde, höchstens vier Stunden) befindet sich in der Kapahulu Avenue neben dem Zoo. Aber keiner dieser Parkplätze ist für Leihwagen besonders sicher.

Bus

TheBus bedient regelmäßige Strecken in Waikiki, die meisten Haltestellen sind in der Kuhio Avenue. Das Ala Moana Center außerhalb Waikikis ist O'ahus zentraler Busbahnhof und Umsteigebahnhof zu anderen Linien in Honolulu und auf der ganzen Insel. Weitere Informationen über TheBus, einschließlich Strecken, Fahrpläne, Preise und Pässe, s. S. 62.

Fahrrad

Mehrere Läden verleihen Strand- oder Stadtfahrräder für etwa 20 $ pro Tag oder ermäßigt für mehrere Tage oder wochenweise. Hochwertige Tourenräder und Mountainbikes gibt es im Honolulu's Bike Shop (S. 84).

Zum/vom Flughafen

Verkehrsverbindungen zum/vom Honolulu International Airport s. S. 60.

Moped

Mopeds scheinen ein prima Fortbewegungsmittel in Waikiki zu sein, aber können tatsächlich teurer werden als ein Leihwagen. Sie eignen sich am besten für Leute, die Erfahrung mit dem Stadtverkehr haben. Weitere Infos zu Mopeds und Motorrädern, einschließlich Mietgebühren und Verkehrsregeln, s. S. 723.

Straßenbahn

Der motorisierte **Waikiki Trolley** (☏593-2822; www.waikikitrolley.com; Erw./Kind 52/20 $, 7-Tages-Karte 58/22 $) befährt drei farblich gekennzeichnete Strecken, die Waikiki mit dem

Ala Moana Center und dem Zentrum Honolulus verbinden. Im Vergleich mit TheBus sind sie jedoch nicht gerade preiswert. Die Fahrkarten gibt es in der **DFS Galleria Waikiki** (330 Royal Hawaiian Ave) oder im **Royal Hawaiian Center** (2201 Kalakaua Ave). Im Internet sind sie günstiger.

Taxi

Taxis mit Gebührenzähler warten an Resorthotels und Einkaufszentren (s. S. 63).

DIAMOND HEAD & SOUTHEAST COAST

Hier kann sich jeder wie ein Star im eigenen Hollywoodfilm fühlen und in einem tropischen Paradies am schicksten Küstenstrich O'ahus auf großem Fuß leben. Der Kalaniana'ole Highway (72), eine Küstenstraße, die auf und ab wie das Meer selbst um den alten vulkanischen Koko Head verläuft, führt durch die Villenvororte Kahala und Hawai'i Kai. Das Schnorchelmekka Hanauma Bay, Wanderwege auf den Diamond Head und der windige Leuchtturm am Makapu'u Point sowie O'ahus berühmteste Bodysuferstrände liegen nur eine kurze Busfahrt von Waikiki entfernt. Zeit sollte auch für weitere verborgene Schönheiten sein, wie die ehemalige Villa der Milliardärin Doris Duke mit ihrem Schatz an islamischer Kunst.

Diamond Head & Kahala

Der Diamond Head, der gewaltige Hintergrund für Waikiki und das reiche Viertel Kahala, ist das bekannteste Wahrzeichen O'ahus. Der Tuffsteinkegel mit Krater entstand durch eine gewaltige Dampfexplosion, lange nachdem die meisten anderen Vulkane der Insel erloschen waren. Die alten Hawaiianer nannten ihn Le'ahi und bauten auf seinem Gipfel einen *luakini heiau*, einen Tempel, der dem Kriegsgott Ku geweiht war und für Menschenopfer genutzt wurde.

Seit 1825, als britische Seeleute Kalzitkristalle in der Sonne glitzern sahen und glaubten, sie wären auf Diamanten gestoßen, wird der Kegel Diamond Head genannt. Anfang des 20. Jhs. errichtete die US-Armee am Kraterrand das Fort Ruger. Sie gruben ein Tunnelnetz und bauten Geschützstände, Bunker und Beobachtungsposten auf den Rand. Die im Zweiten Weltkrieg verstärkte Festung ist ein stiller Wachposten, dessen Kanonen nie abgefeuert wurden.

🏖 Strände

TheBus 14 fährt von Waikiki ein- oder zweimal pro Stunde zu den folgenden Stränden.

Diamond Head Beach Park   STRAND

(3300 Diamond Head Rd) Der Strand südwestlich des Leuchtturms lockt Surfer, Schnorchler ein paar Picknicker an und hat interessante Gezeitentümpel. Der schmale Strand nördlich des Leuchtturms ist bei Schwulen beliebt, die in der Sackgasse Beach Road, abseits der Diamond Head Road parken und dann die Küste entlanglaufen, um etwas Abgeschiedenheit zu finden und sich (illegal) nackt zu sonnen.

Kuilei Cliffs Beach Park   STRAND

(3450 Diamond Head Rd) Wenn die Passatwinde wehen, tummeln sich hier erfahrende Windsurfer, und wenn die Brandung anschwillt, kommen die Surfer. Der kleine Strandpark hat Trinkwasser und Freiluftduschen, aber sonst keine Einrichtungen. Vom Parkplatz an der Diamond Head Road gleich südlich des Leuchtturms führt ein befestigter Weg zum Strand runter.

Wai'alae Beach Park   STRAND

Zwischen Kahalas millionenteuren Villen sorgen ein halbes Dutzend öffentliche Durchgänge für Zugang zum Strand. Schwimmen ist dort aber nicht gerade umwerfend – es ist meistens seicht und es gibt nur einige Sandabschnitte. Eine Ausnahme ist der malerische Strand nahe Kahalas Resorthotel. Dort gibt es einen Sandstrand, wo der Wai'alae-Bach ins Meer mündet, und davor ein flaches Riff. Surfer wagen sich an den Razors, einen Break nahe der Westseite des Bachbetts.

◉ Sehenswertes & Aktivitäten

Diamond Head State Monument   WANDERN

(www.hawaiistateparks.org; abseits der Diamond Head Rd zw. Makapu'u & 18th Aves; Eintritt pro Fußgänger/Fahrzeug 1/5 $; ⊙ Wandern 6–18 Uhr, letzter Zugang 16.30 Uhr; 🚹) Der Weg zum Gipfel des Diamond Head wurde 1908 als Zugang zu militärischen Beobachtungsstationen am Kraterrand gebaut. Zur Spitze geht es zwar über 0,8 Meilen (1,3 km) ziemlich steil bergauf, aber der Weg ist gepflastert und für Leute jeden Alters geeignet. Der Rückweg dauert etwa eine Stunde.

Der Weg, der durch mehrere Tunnel und schwindelerregende Treppen hinauf führt, ist überwiegend schattenlos und heiß. Wanderer sollten also Wasser mitnehmen und einen Hut und Sonnenschutz tragen. Der windige Gipfel bietet einen phantastischen Rundumblick auf die Südostküste bis zum Koko Head und nach Westen bis zu den Wai'anae Range. Unten sind ein Leuchtturm, Korallenriffe und Surfer zu sehen.

Von Waikiki fährt zweimal stündlich TheBus 22 oder 23. Von der nächsten Haltestelle sind es noch 20 Minuten zu Fuß bis zum Wegbeginn. Autofahrer nehmen die Monsarrat Avenue zur Diamond Head Road und zweigen hinter dem Kapi'olani Community College rechts in den Parkplatz ab.

Shangri La
HISTORISCHES GEBÄUDE

(☎866-385-3849; www.shangrilahawaii.org; 2½-Std.-Tour inkl. Transport 25 $; ⊙Führung meist Okt.–Aug. Mi-Sa 8.30, 11 & 13.30 Uhr) Doris Duke (1912–93), einst als „reichstes kleines Mädchen der Welt" bezeichnet, begeisterte sich ihr Leben lang für islamische Kunst und Architektur. Diese Leidenschaft begann nach einem Besuch des Taj Mahal während ihrer Flitterwochen in Indien 1935. Auf ihrer Hochzeitsreise kam sie auch nach O'ahu, verliebte sich in die Insel und beschloss den Bau von Shangri La, eine private Sommerresidenz am Black Point. Im Lauf der nächsten 60 Jahre reiste sie von Indonesien bis Istanbul durch die Welt und sammelte dabei unbezahlbare Kunstschätze.

Doris Duke gestaltete Shangri La als intime Zuflucht, nicht als protzige Villa. Eine der wahrhaft schönsten Eigenschaften des Hauses ist seine harmonische Einpassung in die Natur. Die edel handgefertigten Innenräume öffnen sich zum Garten und den Brunnenhöfen. Die Sammlungen fügen sich der Architektur ein, um thematisch und regional eine Einheit zu bilden. Ein Beispiel ist das Damaskus-Zimmer, die restaurierte Innenausstattung eines syrischen Kaufmannshauses aus dem 18. Jh. Zu Dukes umfangreichen Sammlungsstücken gehören edelsteinverzierte Emaillearbeiten, Gemälde aus glasierter Keramik und seidene *suzanis* (filigran gestickte Tapisserien).

Der Besuch von Shangri La ist nur mit einer Führung ab der Honolulu Academy of Arts (S. 72) möglich. Nicht für Kinder unter zwölf Jahren geeignet. Vorherige Reservierung ist erforderlich.

🛏 Schlafen & Essen

Am Strand gibt es ein Luxushotel und Restaurants um die Kahala Mall.

Saturday Farmer's Market am KCC
MARKT $

(www.hfbf.org; Parkplatz C, Kapi'olani Community College, an der Diamond Head Rd; ⊙Sa 7.30–11 Uhr; 🅟) Auf dem besten Bauernmarkt O'ahus, der eine treue Stammkundschaft hat, stammen alle Waren aus lokalem Anbau, von 'Nalo-Gemüse bis zu Kahuku-Krabben und Mais. Jede Woche wird ein anderes Restaurant eingeladen, leckere Imbissgerichte zu verkaufen.

Hoku's
PAZIFISCH $$$

(☎739-8780; www.kahalaresort.com; 5000 Kahala Ave; Hauptgerichte abends 30–65 $, Sonntagsbrunch Erw./Kind 4–12 J. 58/29 $; ⊙So 10.30–14, tgl. 17.30–22 Uhr) Das altmodische Resorthotel an einem privaten Strand ist ein intimes Refugium für die Reichen und Berühmten, denen Privatsphäre über alles geht. Die Zimmer sind überteuert, aber das Restaurant Hoku's wird für seine ostwestliche Fusionsküche hoch geschätzt, wie Kurobata-Schweinelende mit Apfel-Miso-Sauce oder Maine-Hummer mit Trüffeln und Algensalat. Reservierung ist erforderlich; die Kleidungsregeln sollten vorher erfragt werden.

Olive Tree Cafe
MEDITERRAN $

(☎737-0303; 4614 Kilauea Ave; Ecke Pahoa Ave; Hauptgerichte 6–13 $; ⊙17–22 Uhr) Das stets volle mediterrane Restaurant, etwas versteckt an der Ostseite der Kahala Mall, schwört auf das Motto: „Überwiegend griechische, keineswegs schnelle Küche". Empfehlenswert ist das saftige Hühner-Souvlaki und die Dolmadakia (gefüllte Weinblätter). Lange Wartezeiten, nur Barzahlung. Der griechische Feinkostladen nebenan verkauft importierte Weine zum Mitnehmen ins Restaurant.

Hawai'i Kai
29 875 EW.

Die sorgfältig geplante neureiche Vorstadt mit ihrem Yachthafen und den malerischen, von Bergen umgebenen Kanälen wurde vom verstorbenen Stahlmagnaten Henry J. Kaiser entworfen. Zentrum sind die Megaeinkaufszentren neben dem Kalaniana'ole Highway (72). Für Reisende durch den Südosten O'ahus ist der Ort ein

Diamond Head & Kahala

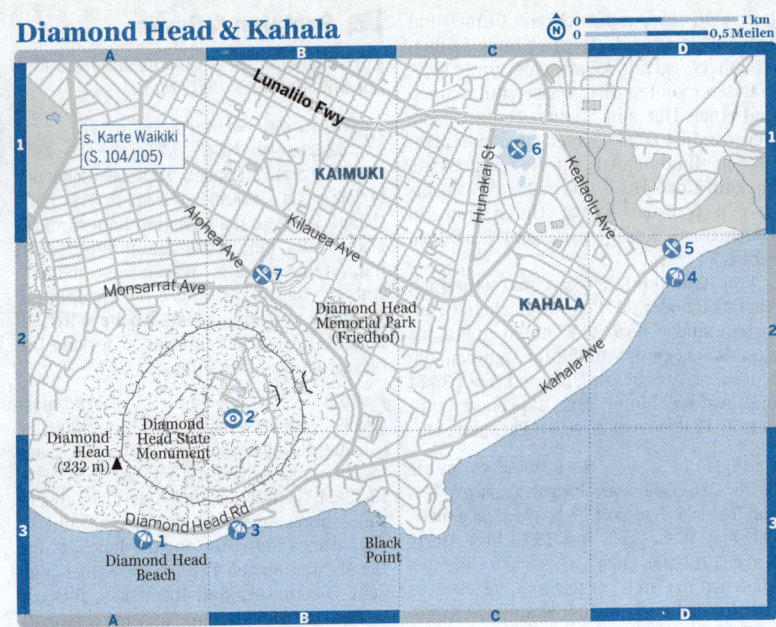

Diamond Head & Kahala

◉ Sehenswertes

1 Diamond Head Beach Park................A3
2 Diamond Head State
   Monument...B2
3 Kuilei Cliffs Beach Park B3
4 Wai'alae Beach Park............................D2

✕ Essen

5 Hoku's...D2
6 Olive Tree Cafe C1
7 Saturday Farmers' Market
   am KCC B2
   Whole Foods ....(s. 6)

zweckmäßiger Stopp, um etwas zu essen zu kaufen oder einen Drink zum Sonnenuntergang zu nehmen.

🏃 Aktivitäten

Am Yachthafen drängen sich Reiseveranstalter und Wassersportunternehmen, die Jetskis, Boxauto- und Bananenboote, Fallschirmsegeln, Wakeboarden, Tauchausflüge und Speedsailing anbieten – was immer gewünscht ist. Einfach umschauen und die Angestellten fragen (einige sind professionell, andere wenig hilfsbereit).

Hawai'i Kai Golf Course   GOLFEN

(☎395-2358; www.hawaiikaigolf.com; 8902 Kalaniana'ole Hwy; Greenfee inkl. Golfwagen 40–110 $) Der Hawai'i Kai Golf Course etwa 4 Meilen (rund 6,5 km) östlich des Orts bietet einen anspruchsvollen Championship-Golfplatz mit Par 72 und Blick auf den Koko Head sowie einen kleineren Platz mit Par 54, entworfen in den 1960er-Jahren von Robert Trent Jones Sr. Telefonische Reservierung ist erforderlich, Golfschläger werden verliehen.

Wandern

In den Bergen der Ko'olau Range, die eine traumhafte Kulisse für Hawai'i Kai bilden, gibt es kaum bekannte Wanderwege. Gleich westlich von Hawai'i Kai wartet der 5 Meilen (8 km) lange Rundweg **Kuli'ou'ou Ridge Trail** auf Wanderer und Mountainbiker. Er windet sich über bewaldete Serpentinen hinauf und führt dann steil, aber herrlich über einen Kamm zum windigen Gipfel mit einem umwerfenden Rundumblick auf den Koko Head, Makapu'u Point, die Windward Coast, den Diamond Head und Honolulu. Der teilweise überwucherte Weg beginnt an der Wegmarkierung **Na Ala Hele** (www.hawaiitrails.org) am Ende des Kala'au Place, der rechts von Kuli'ou'ou

Road eine Meile (1,6 km) *mauka* (landeinwärts) ab dem Kalaniana'ole Highway (72) abzweigt.

 Essen & Trinken

BluWater Grill
SEAFOOD $$

(☎395-6224; Hawai'i Kai Shopping Center, 377 Keahole St; Hauptgerichte mittags 10–16 $, abends 13–29 $; ⊗Mo–Do 11–23, Fr & Sa 11–24, So 10–23 Uhr) Das luftige Open-Air-Restaurant mit Blick aufs Meer ist nicht nur ideal zum Relaxen bei einem Cocktail, sondern es serviert auch ganz anständige, auf *kiawe*-Holz gegrillte Gerichte, wie Meeresfrüchtespieße und Huhn mit Papaya-Ingwer-Glasur. Zum Sonntagsbrunch gehören scharfe *ahi* Eier, edles *loco moco* und eine tropische Pfannkuchenbar. Unbedingt einen Patio-Tisch verlangen.

Kona Brewing Company
BRAUEREIKNEIPE $$

(☎394-5662; www.konabrewingco.com; Koko Marina Center, 7192 Kalaniana'ole Hwy; Hauptgerichte 11–28 $; ⊗11–22 Uhr) Die Brauerei aus Big Island ist bekannt für ihre Biere, wie Longboard Lager und Castaway IPA, und für hawaiische Livemusik am Wochenende mit großen Musikern, wie dem Hawaiigitarren- und Ukulele-Virtuosen Ledward Ka'apana. Das *pupu*, die Holzofenpizza, Hamburger und Salate sind eher mittelprächtig. Es gibt auch Kindergerichte.

Für Snacks und Strandpicknicks:

Kale's Natural Foods
SUPERMARKT $

(www.kalesnaturalfoods.com; Hawai'i Kai Shopping Center, 377 Keahole St; Hauptgerichte 8–11 $; ⊗Mo–Fr 8–20, Sa & So bis 17 Uhr; ☑) Der gesundheitsbewusste Lebensmittelladen nahe einem Safeway-Supermarkt hat eine Imbisstheke, ein Café und eine Smoothie-Bar.

Bubbie's
SÜSSWAREN $

(Koko Marina Center, 7192 Kalaniana'ole Hwy; pro Portion 2–6 $; ⊗So–Do 10–23, Fr & Sa bis 24 Uhr; ⊛) *Mochi*-Eiscreme mit tropischen Geschmacksrichtungen; in der Nähe befindet sich ein Foodland-Supermarkt.

Hanauma Bay Nature Preserve

In der schüsselförmigen Bucht, umgeben von den Resten eines erodierten Vulkans, verbindet sich eine überwältigende Palette aus Saphir- und Türkistönen zu einem phantastischen Gemälde. Unter der glitzernden Wasserfläche liegen Korallenriffs, die wohl teilweise 7000 Jahre alt sind. Die zerklüfteten und alten Unterwasserformationen bilden eine Stadt der Fische, sorgen für Futter und Unterschlupf. Hier tummeln sich ganze Schwärme silbern glitzernder Fische, hier und da leuchtend blaue Papageienfische und manchmal auch Meeresschildkröten, die so gewöhnt an Schnorchler sind, dass sie ihnen direkt in die Gesichtsmaske starren. Die heiß geliebte Bucht ist seit 1967 ein Meeresschutzgebiet, aber trotzdem noch immer ein labiles Ökosystem, das in ständiger Gefahr ist, von den unzähligen Besuchern zu Tode geliebt zu werden – durchschnittlich schlagen jeden Tag 3000 Menschen an dem Strand auf.

Hinter dem Kartenschalter am Eingang zum Park befindet sich ein preisgekröntes Informationszentrum der University of Hawai'i. Hier klären interaktive und familienfreundliche Exponate die Besucher über die einzigartige Geologie und Ökologie der Bucht auf. Alle sollten sich das zwölfminütige, atemberaubende Video anschauen, das über umweltgerechtes Verhalten beim Schnorcheln informiert. Unten am Strand gibt es Schnorchelausrüstungsverleiher, Schließfächer, Rettungsschwimmer und Toiletten.

Aktivitäten

Die Bucht ist durch mehrere Riffs und die kurvige Form gut vor dem weiten Ozean geschützt, was ganzjährig ideale Schnorchelbedingungen schafft. Das Riff, das am dichtesten an der Küste liegt, umschließt eine große, sandige Fläche, die **Keyhole-Lagune,** die für Schnorchelanfänger am besten geeignet ist. Das Wasser ist hier maximal 3 m tief, aber sehr seicht über dem Korallenriff. Die Keyhole-Lagune ist gut geschützt und meist sehr ruhig. Da die meisten Besucher Anfänger sind, ist sie am Nachmittag auch der belebteste Teil der Bucht. Durch die vielen Schwimmer kann die Sichtweite sehr gering sein. Vorsicht ist bei den Korallen geboten: Sie sollten nicht betreten oder versehentlich mit den Flossen gestoßen werden. Fische füttern ist strikt verboten.

Für erfahrene Schnorchler und gute Schwimmer ist es besser außerhalb des Riffs, da sich dort mehr Korallengebilde, größere Fische und weniger Menschen befinden. Auf einer Tafel ist der Weg hinaus ins Meer erklärt, andernfalls weiß auch der Rettungsschwimmer am Südende des Strands Bescheid. An beiden Seiten der Bucht befinden sich Wasserrinnen, in denen sich starke Strömungen entwickeln können. Bei rauer See ist Schwimmen außerhalb des Riffs gefährlich.

Tauchern steht die ganze Bucht mit ihrem kristallklaren Wasser, den Korallengärten und Meeresschildkröten offen. Vorsicht vor Strömungen bei starker Brandung, besonders vor den Wellen nahe dem haiverseuchten Witches' Brew an der rechten Seite der Bucht und dem sogenannten Moloka'i Express, einer tückischen Strömung links von der Buchtöffnung.

ℹ Praktische Informationen

Die Hanauma Bay ist sowohl ein County Beach Park als auch ein State-**Unterwasserpark** (☎396-4229; www.honolulu.gov/parks/facility/hanaumabay, www.soest.hawaii.edu/seagrant/education/Hanauma; Erw./Kind unter 13 J. 7,50 $/frei; ⊙Nov.–März Mi–Mo 6–18 Uhr, April–Okt. Mi–Mo bis 19 Uhr; ♿). Wer die Massen vermeiden will, besonders in der Hochsaison im Sommer, sollte gleich morgens bei Öffnung des Parks erscheinen und die Tage Montag und Mittwoch vermeiden. Alle Bauten des Parks sind rollstuhlgerecht.

ℹ An- & Weiterreise

Die Hanauma Bay liegt etwa 10 Meilen (16 km) östlich von Waikiki am Kalaniana'ole Highway (72). Der Parkplatz ist manchmal bereits am Vormittag voll und Autofahrer werden abgewiesen. Je früher Besucher anreisen, desto besser. Parken kostet 1 $.

TheBus 22 („Beach Bus" genannt) fährt stündlich von Waikiki zur Hanauma Bay, außer dienstags, wenn der Park sowieso geschlossen ist. Die Fahrt dauert etwa 50 Minuten. Die Busse verkehren ab Waikiki zwischen 8 und 16 Uhr (samstags und sonntags bis 16.45 Uhr). Erste Haltestelle ist Ecke Kuhio Avenue und Namahana Street, danach wird der Bus schnell voll. Die Busse zurück nach Waikiki fahren zwischen 10.35 und 17.15 Uhr (am Wochenende um 17.45 Uhr) an der Hanauma Bay los.

Koko Head Regional Park

Die Fahrt an dieser Küste entlang zählt mit den Bergen an der einen Seite und einem Meer voller Buchten und Stränden an der anderen zu den schönsten O'ahus. Die Straße um die Spitze der Ko'olau Range führt auf und ab und blickt auf Felsschichten, Lavaklippen und andere faszinierende Formationen hinab. Endlich raus aus der Stadt!

Der **Lana'i Lookout** an der Straße nur knapp eine Meile (1,6 km) östlich der Hanauma Bay eröffnet an klaren Tagen einen Panoramablick auf mehrere hawaiische Inseln: Rechts liegt Lana'i, in der Mitte Maui und links Moloka'i. Etwa 0,5 Meilen (800 m) weiter östlich steht am höchsten Punkt einer Klippe namens Bamboo Ridge ein **Fischerschrein**. Der tempelartige Felshaufen umgibt Jizō, eine japanisch-buddhistische Gottheit und Schutzpatron der Fischer. Die Statue ist oft mit bunten *lei* geschmückt und von Sake-Schälchen umgeben.

☂ Strände

Halona Blowhole & Cove   STRAND

Alle Reisebusse halten am Halona Blowhole. Das Wasser brandet hier durch einen Unterwassertunnel in den Felsen und schießt durch ein Loch am Klippenrand in die Höhe. Zuvor ist ein Rauschen zu hören, das durch die vom strömenden Wasser herausgepresste Luft entsteht. Allerdings hängt die Aktion von den Wasserbedingungen ab – manchmal ist sie kaum wahrnehmbar, an anderen Tagen ein Knüller. Keinesfalls sollten die Schilder ignoriert werden, die vor einem Abstieg Richtung Loch warnen. Mehrere Menschen starben, als sie von Monsterwellen vom Klippenrand gerissen wurden.

Rechts vom Parkplatz des Aussichtspunkts geht es hinab zur Halona Cove, jenem traumhaften Strand, wo die heiße Liebesszene mit Burt Lancaster und Deborah Kerr in *Verdammt in alle Ewigkeit* (1953) gefilmt wurde. Es gibt dort keinen Rettungsschwimmer, und wenn die Brandung hoch ist, verdient der Strand wirklich seinen Spitznamen „Pounders" (Schläger) – niemals dem Meer den Rücken zukehren.

Sandy Beach Park   STRAND

(8800 Kalaniana'ole Hwy) Hier schwillt und donnert der Ozean wie ein wütendes Tier. Er ist einer der gefährlichsten Strände O'ahus, mit einem erbarmungslosen Shore Break, gewaltigem Rückstrom und starken Rippströmungen. Erfahrene Bodysurfer versuchen stundenlang, auf eine der schädelbrechenden Wellen zu gelangen, während die Leute am Strand beobachten, wie die Teufelskerle herumgewirbelt werden. Wenn die Brandung groß ist, stürzen sich die Bodyboarder auf die Mehrfachbrecher.

Map labels:
N
0 ————— 2 km
0 ————— 1 Meile

A B C D

Manana (Rabbit) Island
Kaohikaipu Island
Makapu'u Point (205 m)
5 Makapu'u Beach Park
Kuli'ou'ou Ridge Trail
Kuli'ou'ou Stream
Hawai'i Kai Golf Course
6
Makapu'u Lighthouse Trail
Kuli'ou'ou Forest Reserve
Kuli'ou'ou Neighborhood Park
Kuli'ou'ou Rd
Kealahou St
Sandy Beach Park
HAWAI'I KAI
Hawai'i Kai Rd
Keahole St
7
3 Koko Head Regional Park
Koko Crater Trail
Koko Crater (368 m)
1 Halona Blowhole Halona Cove
8
Anapalau St
Hanauma Bay Rd
2
Maunalua Bay
Hanauma Bay State Underwater Park
Hanauma Bay
Pazifik
Koko Head (196 m)

Sandy Beach ist breit, lang und natürlich sandig, aber kein Ort für sorgloses Herumtollen. Dutzende Menschen verletzen sich hier jedes Jahr, manche kommen mit gebrochenen Armen und ausgerenkten Schultern davon, andere erleiden schwere Rückenverletzungen. Rote Flaggen am Strand warnen vor gefährlichen Wetterbedingungen. Selbst wenn keine Flagge zu sehen ist, sollten stets die Rettungsschwimmer gefragt werden, bevor es ins Wasser geht.

Nicht alles dreht sich hier um Wasservergnügen. Der Grasstreifen landeinwärts vom Parkplatz wird von Leuten genutzt, die in der Luft ihr Abenteuer suchen – er ist ein Landeplatz für Drachenflieger und auch beliebt, um kleine Drachen fliegen zu lassen. Am Wochenende steht auf dem Parkplatz meist ein Imbisswagen, der Tellergerichte verkauft. Der Beach Park hat Picknicktische, Toiletten, Freiluftduschen und ein paar schattige Bäume.

Southeast Coast

⊙ Sehenswertes

1 Fischerschrein C3
2 Hanauma Bay Nature Preserve B4
3 Koko Crater Botanical Garden C3
4 Makapu'u Point Lighthouse D2
5 Sea Life Park D1

Aktivitäten, Kurse & Touren

6 Hawai'i Kai Golf Course C2

⊗ Essen

7 BluWater Grill B3
  Bubbie's .... (s. 8)
8 Kona Brewing Company B3

TheBus 22 von Waikiki hält hier ungefähr stündlich (Vorsicht, kein Verkehr am Dienstag!); die Fahrt dauert etwa eine Stunde.

◉ Sehenswertes & Aktivitäten

Koko Crater
BOTANISCHER GARTEN

Laut einer hawaiischen Legende ist der Koko Crater der Abdruck der magischen, fliegenden Vagina (doch, wirklich) von Kapo, die sie von der Big Island hinüberschickte, um den Schweinegott Kamapua'a von seiner Schwester Pele, der Göttin des Feuers und der Vulkane, hinwegzulocken.

Der Koko Crater ist einer der höchsten und besterhaltenen Tuffsteinkegel O'ahus und umschließt heute den vom County verwalteten, 24 ha großen **botanischen Garten** (am Ende der Kokonani St; Eintritt frei; ☉Sonnenauf- bis -untergang) mit Aloe, Kakteen und anderen exotischen und einheimischen Trockenzonenpflanzen. Besucher haben vermutlich die Wege des Gartens ganz für sich allein.

Autofahrer zweigen vom Kalaniana'ole Highway (72) landeinwärts in die Kealahou Street gegenüber dem Nordende von Sandy Beach ab. Nach 0,5 Meilen (800 m) geht es links auf die Kokonani Street. TheBus 23 von Waikiki hält ungefähr stündlich nahe der Ecke Kealahou Street und Kalohelani Street, etwa 0,4 Meilen (etwa 600 m) vom Garteneingang; die Fahrt dauert eine Stunde.

Makapu'u Point

Der **Leuchtturm** an der Spitze des Makapu'u Point markiert den östlichsten Punkt O'ahus. Die etwa 1 Meile (1,6 km) lange Zufahrtsstraße ist für private Fahrzeuge gesperrt, nicht aber für Wanderer. Das Auto kann auf dem Parkplatz an der Hauptstraße abgestellt werden. Es ist zwar eine schwierige Wanderung, aber es geht beständig bergauf, und es kann heiß und sehr windig sein. Der Weg und der Aussichtspunkt am Leuchtturm bieten einen spektakulären Blick auf die Küste. Im Winter lassen sich manchmal auch Wale blicken.

Ein Stück weiter an der Straße gibt es am Nordende des Makapu'u Point am Straßenrand einen **Aussichtspunkt** mit malerischem Blick auf türkisblaues Wasser, gerahmt von weißen Stränden und schwarzen Lavaschichten – der spektakuläre Anblick wird noch getoppt, wenn Drachenflieger von den Klippen abheben. Vor der Küste liegt die **Manana Island**. Der alte Vulkankrater ist von Wildkaninchen und Keilschwanz-Sturmtauchern bevölkert. Die Insel sieht sogar entfernt wie ein Kaninchenkopf mit zurückgelegten Ohren aus. Davor liegt die kleinere, flache **Kaohikaipu Island**. Beide Inseln sind Vogelreservate.

Der **Makapu'u Beach Park** (41-095 Kalaniana'ole Hwy) gegenüber dem Sea Life Park und vom Leuchtturm gerade noch zu erkennen ist im Winter einer der besten Strände der Insel zum Bodysurfen, da die Wellen hier über 3,5 m hoch werden. Auch gibt es den besten Shorebreak der Insel. Ebenso wie der Sandy Beach ist der Makapu'u strikt das Revier erfahrener Bodysurfer, die mit dem wilden Wasser und den gefährlichen Strömungen umgehen können. Sogar für die Profis besteht immer die Gefahr von Verletzungen, besonders im Winter. Selbst wenn keine Warn-Flaggen am Strand zu sehen sind, sollte immer der Rettungsschwimmer befragt werden, bevor es ins Wasser geht. Surfen ist verboten. Im Sommer ist das Wasser ohne die wilden Wellen ruhiger und zum Schwimmen geeignet. Der Beach Park hat Toiletten, Freiluftduschen, Trinkwasser und Rettungsschwimmer.

Sea Life Park

Hawaiis einziger **Meerespark** (www.sealifeparkhawaii.com; 41-202 Kalaniana'ole Hwy; Erw./Kind 3–11 J. 30/20 $; ☉10.30–17 Uhr; ♿) ist mehr Zirkus als Aquarium – eine bunte Mischung aus verlotterten und verfallenden Attraktionen, die ehrlich gesagt keinen Besuch lohnen. Die Freizeitparkunterhaltung besteht aus Dressurshows und Pool-Kontakt mit importierten Delphinen aus dem Atlantik, was höchst umstritten ist (s. Kasten S. 41).

Im Aquarium des Parks mit über einer Million Liter Wasser schwimmen überwiegend Meerestiere, die es in hawaiischen Gewässern nicht gibt, darunter auch Rochen und Haie. Es gibt auch ein Pinguingehege, eine Schildkrötenlagune und ein „Reservat" für Seevögel mit einheimischen *'iwa*. Der Park kümmert sich um verletzte Seevögel und unterhält eine Brutkolonie von Suppenschildkröten, deren Junge jedes Jahr wieder in ihren natürlichen Lebensraum ausgesetzt werden. Wer aber wirklich etwas über die Meerestiere Hawaiis erfahren will, sollte besser das informative, umweltbewusste Waikiki Aquarium (S. 109) besuchen.

Parken auf dem Hauptparkplatz kostet 5 $, aber weiter am Kartenschalter vorbei gibt es eine mit „additional parking" markiertes Areal, das meist nichts kostet. The-Bus 22 („Beach Bus"), 23 (Hawai'i Kai-Sea Life Park) und 57 (Kailua-Sea Life Park) halten alle hier.

WINDWARD COAST & KAILUA

In der dramatischen Ko'olau Range sind die *pali* (Klippen) ebenso oft in Dunst gehüllt wie von strahlendem Sonnenschein durchflutet. Tropische Regenschauer sorgen für hundert verschiedene Grünschattierungen, was im Kontrast mit den türkisfarbenen Buchten und weißen Sandstränden der Windward Coast noch überwältigender wirkt. Stammbesucher auf O'ahu lassen sich gern auf dieser Seite der Insel nieder, ob zum Kajakfahren, Windsurfen, Schnorcheln, Tauchen oder einfach, um faul am Strand zu liegen.

Es gibt hier zwar verlockende Strände, besonders um Waimanalo und Kailua, aber einige weiter nördlich an der Küste sind verschlickt und lohnen nur einen kurzen Blick. Nach Verlassen der wohlhabenden Vorstädte Kailua und Kane'ohe ist die übrige Windward Coast überraschend ländlich mit verstreuten kleinen Höfen und Tarofeldern. Der Kamehameha Highway wird zur kleinen, zweispurigen Straße, die die ganze Küste entlangführt und unterwegs in kleinen Städtchen zur Main Street, Hauptstraße, wird.

Pali Highway

Der Pali Highway (61) durch die smaragdgrüne Ko'olau Range verläuft zwischen Honolulu und Kailua. Kurz nach heftigen Regenfällen strömt über jede Furche und Spalte in den zerklüfteten *pali* (Klippen) ein märchenhafter Wasserfall hinab.

Ein alter Trampelpfad schlängelte sich einst gefahrvoll über diese Klippen. 1845 wurde er zu einem Reiterweg verbreitert und später zu einer gepflasterten Straße, die für Kutschen geeignet war. Ein malerischer Abschnitt des **Old Pali Highway,** der **Nu'uanu Pali Drive** (Karte S. 78) ist noch befahrbar und zwar ab dem Abzweig Richtung Osten vom modernen Pali Highway (61) eine halbe Meile (800 m) nördlich des Queen Emma Summer Palace. Die Strecke führt durch eine „Kathedrale" aus Bäumen hindurch, darunter Banyanbäume mit hängenden Luftwurzeln, Bambushaine und Goldbecher, eine hohe Kletterpflanze mit prächtigen goldenen Blüten.

Der kurze Abstecher führt rechtzeitig auf den Pali Highway zurück, um am **Nu'uanu Pali Lookout** (Karte S. 134) mit seinem weiten Blick von über 360 m Höhe über die Windward Coast anzuhalten. Kane'ohe liegt direkt unterhalb dieses beliebten Aussichtspunkts, Kailua rechts und Mokoli'i Island und der Fischteich am Kualoa Point ganz links. Der Wind, der hier durch die *pali* weht, ist so stark, dass man sich manchmal gegen ihn lehnen kann, und es ist meist so kühl, dass eine Jacke notwendig ist.

Ein Abschnitt nur für Fußgänger des Old Pali Highway windet sich rechts vom Aussichtspunkt hinab und endet abrupt an einer Barriere nahe dem modernen Highway etwa eine Meile (1,6 km) weiter. Nur wenige Menschen wissen, dass die Straße hier verläuft oder gehen sie gar hinunter. Es lohnt sich, ein paar Schritte den gepflasterten Weg hinabzulaufen, um von dort ein Foto zu schießen und von unten auf die großartige, zerklüftete Ko'olau Range und weit über das breite Tal zu blicken.

Zurück auf der Straße besteht die Gefahr, das Schild zum Parkplatz leicht zu übersehen und in die falsche Richtung zu fahren. Von der Ausfahrt des Parkplatzes geht es links Richtung Kailua oder rechts nach Honolulu. Mehrere Linien von TheBus befahren den Pali Highway, aber keine hält am Aussichtspunkt.

Waimanalo

3740 EW.

Die stolze hawaiische Gemeinde Waimanalo liegt inmitten einer „Kornkammer". Kleine Familienhöfe bestimmen das Bild – und der längste Strand auf O'ahu in Waimanalo Beach. Weißer Sand erstreckt sich kilometerweit bis zum Makapu'u Point. Er wäre nur einer von diesen bekannten palmengesäumten Stränden, hätte er nicht die hübsch vor der Küste gelegenen Inseln und ein Korallenriff, das krachende Wellen einigermaßen fernhält.

🏃 Strände

Wie überall an O'ahus Stränden sollten keine Wertsachen im Auto gelassen werden, da Einbrüche und Diebstahl häufig vorkommen.

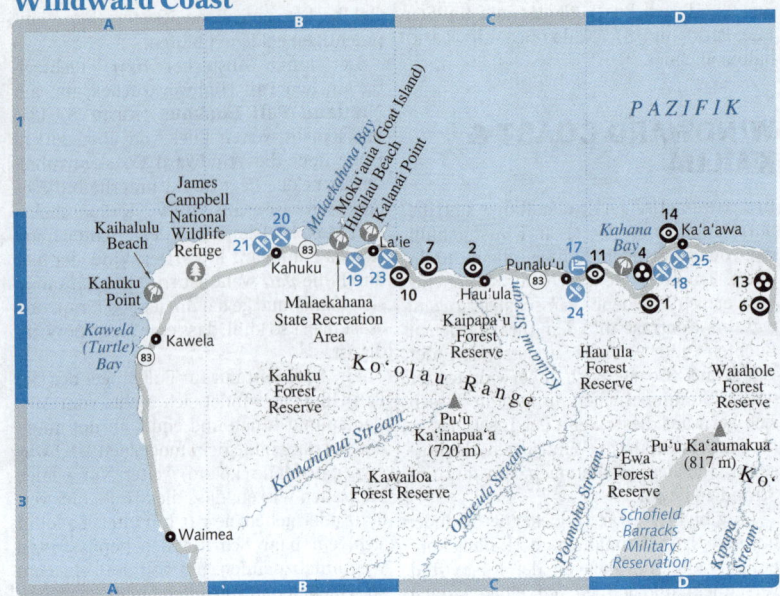

Waimanalo Beach Park STRAND

(41-147 Kalaniana'ole Hwy) Der weiche, weiße Sandstreifen neben der Straße hat kleine Babywellen, die ideal zum Schwimmen sind. Der zum Ort gehörige Park zeichnet sich durch einen schattigen Bereich mit Eisenholzbäumen aus und einen Blick auf Manana Island (Kanincheninsel) und den Makapu'u Point im Süden. Er bietet auch einen Picknickrasen, einen Kinderspielplatz, Ballspielfelder, Rettungsschwimmer, Trinkwasser, Toiletten und Freiluftduschen. Camping ist auf einem Areal nahe der Straße erlaubt, aber nicht gerade attraktiv.

Waimanalo Bay Beach Park STRAND

(41-043 Aloiloi St) Gut eine Meile (1,6 km) nördlich des Waimanalo Beach Park locken hier die größten Wellen der Waimanalo Bay passionierte Surfer und Bodysurfer an. Hinter einem ausgedehnten Eisenholzwald erstreckt sich ein breiter und goldener Sandstrand für lange Spaziergänge am Meer. Es gibt Rettungsschwimmer, ein Picknickareal mit Grillplätzen, Toiletten, Freiluftduschen und knapp ein Dutzend halbwegs akzeptable Campingplätze.

Bellows Field Beach Park STRAND

(41-043 Kalaniana'ole Hwy) Der lange und feine Sandstrand vor der Bellows Air Force Sta-

tion ist gesäumt von Eisenholzbäumen. Die kleinen Shorebreak-Wellen sind ideal für Bodysurf- und Surfanfänger. Der Strand ist für Zivilisten nur an staatlichen Feiertagen und Wochenenden zugänglich, meist von Freitag 12 bis Montag 8 Uhr. Es gibt hier Rettungsschwimmer, Toiletten, Trinkwasser und 60 Campingplätze zwischen den Bäumen und am Strand. Busse halten vor der Parkeingangsstraße gleich nördlich des Waimanalo Bay Beach Park; von der Bushaltestelle sind es noch 1,5 Meilen (2,4 km) zu Fuß.

🏃 Aktivitäten

Maunawili Falls WANDERN

(Karte S. 136) Der 2,5 Meilen (4 km) lange Rundweg **Maunawili Falls Trail** zu einem kleinen Wasserfall an einem schlammigen, moskitoverseuchten Bach ist eine familienfreundliche Wanderung. Sie führt über Holztreppen hinauf und hinab und überquert den Maunawili-Bach mehrmals. Der Weg ist vernetzt mit dem 10 Meilen (16 km) langen Wander- und Mountainbikeweg **Maunawili Trail**, der gemächlich entlangführt an einigen *pali*-Aussichtspunkten zwischen dem Pali Highway und Waimanalo in der Ko'olau Range.

Von Honolulu geht es zum Startpunkt des Maunawili Falls Trail über den Pali

Windward Coast

◉ **Sehenswertes**

1	Ahupua'a o Kahana State Park	D2
	Crouching Lion	(s. 18)
2	Hau'ula Beach Park	C2
3	Ho'omaluhia Botanical Garden	F 3
4	Huilua Fishpond	D2
5	Ko'olau Golf Club	F 2
6	Kualoa Ranch	D2
7	La'ie Beach Park (Pounders)	C2
8	Olomana Golf Links	G2
9	Pali Golf Course	G2
10	Polynesian Cultural Center	C2
11	Punalu'u Beach Park	D2
12	Senator Fong's Plantation & Gardens	E2
13	Sugar Mill	D2
14	Swanzy Beach Park	D2
15	Ulupo Heiau	G2
16	Valley of the Temples & Byōdō-In	F2

● **Schlafen**

	Ho'omaluhia Botanical Garden	(s. 3)

17	Pat's at Punalu'u	C2

✕ **Essen**

	Angel's Ice Cream	(s. 23)
	Aunty Pat's Cafe	(s. 6)
	Ching's General Store	(s. 24)
18	Crouching Lion Inn Bar & Grill	D2
	Fiji Market	(s. 20)
	Foodland	(s. 23)
19	Hukilau Cafe	B2
20	Kahuku Grill	B2
21	Kahuku Krabbenimbisswagen	B2
22	Keneke's	H2
23	La'ie Chop Suey	B2
24	Shrimp Shack	C2
	Sweet Home Waimanalo	(s. 27)
25	Uncle Bobo's	D2
26	Waiahole Poi Factory	E2

● **Shoppen**

27	Naturally Hawaiian Gallery	G2
28	Sunshine Arts Gallery	E2

Highway Richtung Norden und dann über die zweite Ausfahrt rechts auf die A'uloa Road. An der ersten Gabelung zweigt dann links die Maunawili Road ab, die in ei-nem Vorort endet; links befindet sich das Tor zur Zufahrtsstraße zum Wanderweg. Diese Straße ist nur für Fußgänger und die Fahrzeuge der Anwohner zugelassen,

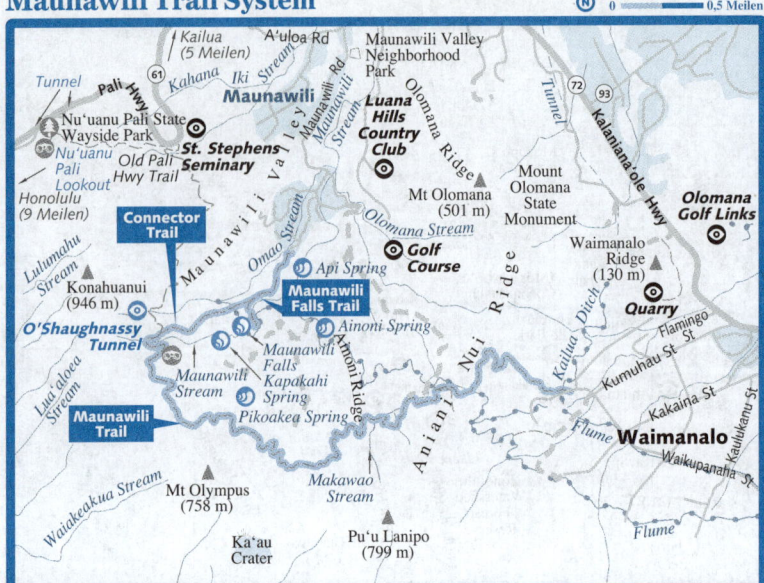

andere dürfen hier weder fahren noch parken. Parkmöglichkeiten gibt es in den umliegenden offenen Wohnstraßen. Die Anwohner sollten nicht belästigt werden, also nicht in der Straße herumschlendern und lärmen.

Olomana Golf Links   GOLFEN

(☎259-7926; www.olomanagolflinks.com; 41-1801 Kalaniana'ole Hwy; Greenfee inkl. Golfwagen ab 80 $, Golfschlägerverleih 35 $) Hier vor der dramatischen Kulisse der Ko'olau Range begann der LPGA-Golfstar Michelle Wie ihre Karriere, und auch Präsident Obama schwingt hier seine Golfschläger, wenn er auf O'ahu weilt. Zwei anspruchsvolle 9-Loch-Plätze werden zusammen als 18-Loch-Platz mit Par 72 bespielt.

🛏 Schlafen & Essen

In allen drei öffentlichen Beach Parks von Waimanalo ist Camping mit vorher einzuholender Genehmigung erlaubt (s. S. 60).

🌿 Sweet Home Waimanalo   EINHEIMISCH, TAKEAWAY

(☎259-5737; http://sweethomewaimanalo.com; 41-1025 Kalaniana'ole Hwy; Hauptgerichte 6–12 $; ◷9.30–19 Uhr) In dem Farmrestaurant in Waimanalo kommt Bodenständiges aus lokalem Anbau auf den Tisch, wie Lenden-steak mit Guaven-Chipotle-Sauce, Wraps mit Grillhuhn und Bok-Choy-Krautsalat und Smoothies aus Tropenfrüchten. Serviert wird an Picknicktischen mit Sonnenschirmen vorne an der Straße. Der angeschlossene Markt verkauft frisches Obst und Gemüse.

Keneke's   EINHEIMISCH, TAKEAWAY

(☎259-9811; www.kenekes.net; 41-857 Kalaniana'ole Hwy; Portion 3–7 $; ◷9.30–17.30 Uhr; 🖥) Das rot-weiß-karierte Drive-In gleich nördlich des Waimanalo Beach Park brutzelt inseltypische Grillgerichte, riesigen *loco moco*, Tellergerichte (*laulau* und *mochiko*-Huhn) und buntes *shave ice*. Christliche Sprüche schmücken die Wände, aber Sauberkeit kommt hier nicht unbedingt gleich nach Gottesfurcht.

🛍 Shoppen

Naturally Hawaiian Gallery   KUNST, SOUVENIRS

(www.naturallyhawaiian.com; 41-1025 Kalaniana'ole Hwy; ◷10–18 Uhr) In der umgebauten Tankstelle gibt es handgefertigte Arbeiten von O'ahu-Künstlern, wie Schüsseln aus Koa-Holz, geschnitzte Fischhakenanhänger und anderen Schmuck. Der Besitzer Patrick Ching verkauft hier auch seine eigenen naturalistischen Gemälde, Drucke und Bildbände.

ⓘ An- & Weiterreise

TheBus 57 zwischen dem Ala Moana Center in Honolulu und Waimanalo (1 Std.) über Kailua fährt ein- oder zweimal stündlich und hält im Ort mehrmals auf dem Kalania'ole Highway (72). Einige Busse fahren weiter bis zum Sea Life Park.

Kailua

36 510 EW.

Die Wohnstadt Kailua ist der größte Ort an der Windward Coast – was nicht weiter schwer ist. Berühmt ist Kailua für die lange, reizvolle und von einem Korallenriff geschützte Bucht. Viele Stammbesucher O'ahus lassen das touristische Waikiki links liegen und hängen hier lieber im relaxten Surferstil ab.

Das sonnige Wetter und die Wellen sind perfekt zum Schwimmen, Kajakfahren, Wind- und Kitesurfen. Altmodische Strandhütten, die meist von Passatwinden und nicht von Klimaanlagen gekühlt werden, drängen sich in kleinen Wohnstraßen. Weiter südlich an der Küste bietet die exklusive Enklave unbezahlbare Aussichten – und Villen, die für Normalsterbliche ebenfalls unbezahlbar sind.

In alter Zeit war Kailua (was „zwei Meere" bedeutet) ein legendenreicher Ort und Sitz hawaiischer Könige, kurzzeitig auch von Kamehameha dem Großen nach seiner Eroberung O'ahus. Kailua versorgte mit dem von Bächen bewässerten Ackerland, reichen Fischgründen und geschützten Kanuanlegern mindestens drei Tempelanlagen, von denen einer noch zu besichtigen ist.

🌂 Strände & Sehenswertes

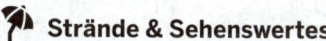
Kailua Beach Park   STRAND

(526 Kawailoa Rd; ♿) Ein weiter Bogen aus weißem Sand und imposante vulkanische Landzungen auf beiden Seiten umhüllen das juwelenfarbene Gewässer der Kailua Bay. Meeresschildkröten stecken ihre Köpfe aus den sanften Wellen, und die Anwohner tauschen beim täglichen Gassigehen am Strand Klatsch aus.

Der Strand fällt sanft und sandig ab und hat meist ruhiges Wasser, ist also ganzjährig, besonders morgens, gut zum Schwimmen geeignet. Nachmittags verwandelt der Wind die Bucht in ein Wind- und Kitesurferrevier.

Der Beach Park bildet den Haupteingang für Strandbesucher und hat die üblichen öffentlichen Einrichtungen, wie Rettungstürme, Trinkwasser, Toiletten und Freiluftduschen.

Lanikai Beach   STRAND

Lanikai südöstlich des Kailua Beach Park besitzt den einstmals schönsten pudrig weißen Sandstrand Hawaiis. Heute schrumpft der Strand: Fast die Hälfte des Sandes wurde seit dem Bau der Schutzmauern um die Millionärsvillen weggeschwemmt. Er ist dennoch eine seltene Schönheit und am wunderbarsten bei Vollmond.

Nach dem Kailua Beach Park wird die Küstenstraße zur Einbahnstraße A'alapapa Drive, die als Mokulua Drive in einer Schleife zurückführt und dabei fast ein Dutzend schmale Zugangswege zum Strand passiert. Der herrlichste Strandabschnitt liegt weiter südöstlich Richtung Wailea Point.

DIE SCHLACHT VON NU'UANU

O'ahu war die letzte Insel, die Kamehameha der Große in seinem Krieg zur Vereinigung der hawaiischen Inseln unter seiner Herrschaft eroberte. Mit seiner Kanuflotte landete er an den damals noch ländlichen Stränden von Waikiki, um gegen Kalanikupule, den *mo'i* (König) von O'ahu, zu kämpfen.

Die heftigen Kämpfe begannen um den Puowaina („Opferhügel", heute „Punchbowl" genannt) und setzten sich bis ins Nu'uanu Valley fort. O'ahus Krieger waren mit ihren Speeren und Steinen den Soldaten Kamehamehas, zu denen auch einige westliche Scharfschützen gehörten, nicht gewachsen. Die Verteidiger O'ahus fochten ihr letztes Gefecht am schmalen Klippenrand nahe dem heutigen Nu'uanu Pali Lookout. Hunderte wurden von der Klippe in den Tod getrieben. Ein Jahrhundert später wurden beim Bau des Old Pali Highway am Fuß der Klippe über 500 Schädel gefunden.

Einige O'ahu-Krieger konnten mit ihrem König in die Hochlandwälder fliehen. Aber als Kalanikupule ein paar Monate später wieder auftauchte, wurde er von Kamehameha dem Kriegsgott Ku geopfert. Kamehamehas Eroberung von O'ahu war die letzte Schlacht, die seither zwischen Hawaiianern geführt wurde.

Kalama Beach Park
STRAND

(248 N Kalaheo Ave;) Der Strand an der Nordseite der Kailua Bay hat den wildesten Shorebreak und ist daher beliebt bei erfahrenen Bodyboardern. Surfer zieht es meist zur nördlichsten Spitze der Kailua Bay am Kapoho Point. Bei ruhigem Wasser sonnen sich hier Familien mit planschenden Kindern und Anwohner joggen auf dem weichen Sand. Der Park hat Toiletten, aber keine Duschen und kein Trinkwasser.

Ulupo Heiau State Monument
HEIAU (TEMPEL)

(Karte S. 134; www.hawaiistateparks.org; Eintritt frei; ☉Sonnenauf- bis -untergang) Der Legende nach soll der Tempel von den *menehune*, den „kleinen Leuten", gebaut worden sein, die viele Steinbauten Hawaiis jeweils in einer Nacht errichtet haben sollen. Ulupo heißt so auch treffend „nächtliche Inspiration". Vor dem Tempel, der wohl ein *luakini* für Menschenopfer war, befindet sich ein Bild, wie er vermutlich im 18. Jh. aussah.

Der Tempel liegt eine Meile (1,6 km) südwestlich von Kailua hinter dem YMCA in der Kailua Road 1200. Autofahrer, die über den Pali Highway von Honolulu kommen, zweigen nach der Kreuzung mit dem Highway 72 links in die Uluoa Street ab, dann rechts in die Manu Aloha Street und nochmals rechts in die Manu O'o Street.

🏃 Aktivitäten

Kajakfahren & Surfen
Drei der hübschen kleinen Inseln vor Kailua sind Schutzgebiete für Seevögel und nur mit dem Kajak zu erreichen. Anlegen ist auf der **Popoi'a (Flat) Island** vor dem Südende des Kailua Beach Park gestattet. Die beiden **Mokulua-Inseln,** Moku Nui und Moku Iki, liegen direkt vor Lanikai. **Moku Nui** ist mit dem Kajak vom Kailua Beach Park zu erreichen und hat einen wunderschönen Strand zum Sonnenbaden und Schnorcheln. Auf **Moku Iki** hingegen, der kleineren der beiden Inseln, ist Anlegen verboten.

Ein paar Buden am Strand und Läden im Ort verleihen Ausrüstung für Kajakfahrer, Windsurfer, Kitesurfer und Stehpaddler (Stand Up Paddling; SUP) und bieten auch privaten oder Gruppenunterricht und geführte Touren an.

Kailua Sailboards & Kayaks, Inc
VERLEIH

(☎262-2555, 888-457-5737; www.kailuasailboards.com; Kailua Beach Center, 130 Kailua Rd;

Kajakverleih pro Tag 50–70 $; ☉8.30–17 Uhr) Ein kurzes Stück zu Fuß vom Strand.

Twogood Kayaks Hawaii
VERLEIH

(☎262-5656; www.twogoodkayaks.com; 345 Hahani St; Kajakverleih pro Tag 55–65 $; ☉Mo–Fr 9–18, Sa & So 8–18 Uhr) Kostenlose Lieferung neben dem Kailua Beach Park.

Naish Hawaii
VERLEIH

(☎262-6068, 800-767-6068; www.naish.com; 155 Hamakua Dr; Windsurfausrüstung pro Tag 45–55 $; ☉9–17.30 Uhr) Gehört dem Windsurfchampion Robby Naish.

Hawaiian Watersports
VERLEIH

(☎262-5483; www.hawaiianwatersports.com; 354 Hahani St; Kajakverleih pro Tag 40–80 $; ☉9–17 Uhr) Ermäßigungen bei Internetbuchung.

Tauchen

Aaron's Dive Shop
TAUCHEN

(☎262-2333, 888-847-2822; www.hawaii-scuba.com; 307 Hahani St; 2 Tauchgänge pro Bootstour 115–125 $; ☉Mo–Fr 7–19, Sa bis 18, So bis 17 Uhr) Meereshöhlen, Lavaröhren, Korallengärten und Schiffswracks aus dem Zweiten Weltkrieg können dank dieses 5-Sterne-Unternehmens mit PADI-Zertifikat erkundet werden. Ermäßigungen bei Internetbuchungen.

Vogelbeobachtung

GRATIS Kawai Nui Marsh
PARK

(Karte S. 134; www.kawainuimarsh.com; ☉Sonnenauf- bis -untergang) Das Kawai Nui ist eines der größten Sumpfgebiete Hawaiis und dient als Hochwasserschutz für die Stadt. Das Binnenwasserreservoir ist auch einer der größten erhaltenen Fischteiche der alten Hawaiianer. Der Legende nach lebte einst ein *mo'o* (Echsengeist) im essbaren Schlamm des Teichs. Parkplätze gibt es am Ende der Kaha Street, einer Nebenstraße der Oneawa Street, nur gut eine Meile (1,6 km) nordwestlich der Kailua Road. Ein rollstuhlgerechter Spazierweg führt rund um das Sumpfgebiet.

GRATIS Hamakua Marsh Wildlife Sanctuary
PARK

(http://hamakuamarsh.com; ☉Sonnenauf- bis -untergang) Das kleinere Sumpfgebiet flussabwärts vom Kawai Nui ist auch ein Lebensraum für seltene einheimische Wasservögel, wie *koloa maoli* (Hawaiiente), *ae'o* (hawaiischer Stelzenläufer), *'alae ke'oke'o* (Hawaiiblesshuhn) und *'alae 'ula* (Hawaiisumpfhuhn). Vogelbeobachter kommen gern nach heftigem Regen hierher. Kostenlose Parkplätze gibt es am Hamakua Drive hinter dem Supermarkt Down to Earth Natural Foods.

Yoga & Massage

Yoga ist in Kailua schwer angesagt. Besucher müssen mit 12 bis 18 $ für eine Unterrichtsstunde in der Gruppe rechnen. Das **Kailua Movement Studio** (☎262-1933; www.kailuamovementstudio.com; 776 Kailua Rd) gibt Kurse aller Stufen für Yoga, Pilates, Bauchtanz, Capoeira sowie afrikanische und lateinamerikanische Tänze.

Wer lieber andere an den Muskeln arbeiten lassen will, kann sich im **Hawaiian Healing Arts College** (☎266-2648; www.hhacdirect.com; 407 Uluniu St; 1 Std. Massage 30–60 $ plus Trinkgeld; ☺nur nach Vereinbarung) oder bei **Windward Community Massage** (☎853-0491; http://windwardmassage.com; 22 Oneawa St; 1 Std. Massage ab 60 $ plus Trinkgeld; ☺nur nach Vereinbarung) anmelden.

🛏 Schlafen

In Kailua gibt es keine Hotels, dafür jede Menge gutbürgerliche B&Bs und Ferienwohnungen, viele nur ein paar Schritte zu Fuß vom Strand entfernt. Die meisten haben Rauchverbot, akzeptieren keine Kreditkarten, verlangen eine Anzahlung und Buchung mehrerer Nächte, berechnen eine Reinigungsgebühr und dürfen keine Schilder aushängen oder warmes Frühstück servieren. Buchung sollte lange im Voraus getätigt werden (nicht erst am Flughafen oder am Pali Highway!), am besten ein paar Monate vorher.

Kailua Guesthouse B&B $$
(☎261-2637, 888-249-5848; www.kailuaguesthouse.com; 3BZ 129–159 $; 🛜) Das moderne Haus nicht weit von der Innenstadt vermietet zwei wunderbar ruhige apartmentartige Suiten mit großem Doppel- oder zwei Einzelbetten. Die Zimmer führen auf einen von Frangipaniblüten überwucherten *lanai*. Zum modernen Komfort gehören Flachbildschirm-TVs mit DVD-Player, digitale Safes im Zimmer und Benutzung von Waschmaschine und Trockner.

Tee's at Kailua B&B $$
(☎261-0771; www.teesinn.com; 771 Wana'ao Rd; DZ mit Frühstück 200 $; 🟦🟦) Das gutbürgerliche Haus vermietet nur ein Luxuszimmer, das mit Möbeln aus tropischem Hartholz und Ayurveda-Produkten im Bad ausgestattet ist. Zum Frühstück werden auch selbst

angebaute Biotees aus dem Kräutergarten gereicht.

Manu Mele Bed & Breakfast B&B $$
(☎262-0016; www.manumele.net; 153 Kailuana Pl; DZ 100–120 $; 🟦🟦🛜) Das moderne Haus der geborenen Engländerin Carol Isaacs mit seinen einfachen, aber ansprechenden Gästezimmern liegt etwas abseits, und nur ein paar Schritte vom Strand. Jedes Zimmer hat einen privaten Eingang, himmlisch luxuriöse Betten mit einer hawaiischen Tagesdecke, Kabel-TV, Minikühlschrank, Mikrowelle und Kaffeemaschine.

Hula Breeze B&B $$
(☎469-7623; www.vrbo.com/242098; 172 Ku'umele Pl; DZ 135 $; 🟦🟦) Das Studio-Apartment mit Kochnische und hochwertiger Bettwäsche im modernen Haus, 15 Minuten zu Fuß vom Kailua Beach Park, ist in tropischen Farben gehalten. Gäste dürfen

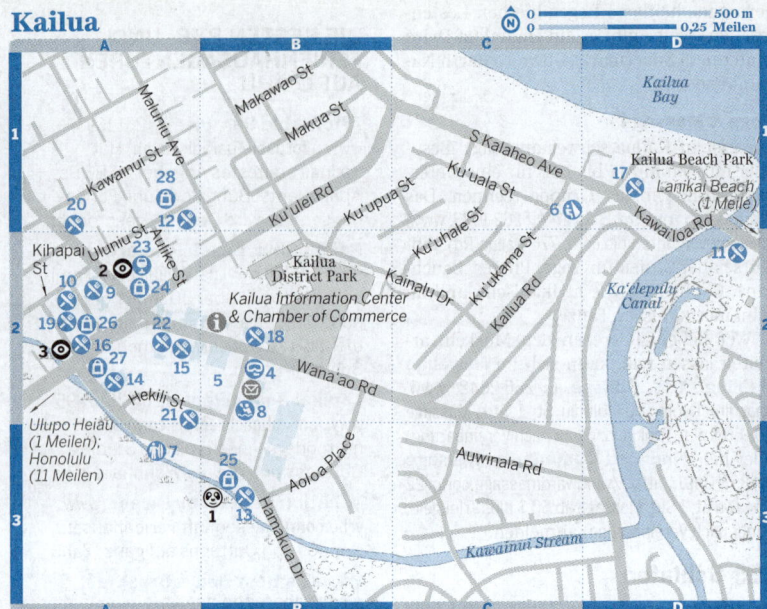

Waschmaschine und Trockner, Freiluftdusche, Swimmingpool und Gartengrill benutzen.

Sheffield House
B&B $$

(☎262-0721; www.hawaiisheffieldhouse.com; 131 Ku'ulei Rd; DZ 120–145 $; 🛜) Das kinderfreundliche Haus gleich um die Ecke vom Kailua Beach hat geschmackvolle Küchenzeilen. Das kleinere Gästezimmer verfügt über rollstuhlgerechte Badezimmer und Regale voller Strandlektüre. Die Suite hat einen ausklappbaren Futon und einen beschaulichen *lanai*.

Papaya Paradise Bed & Breakfast
B&B $$

(☎261-0316; www.kailuaoahuhawaii.com; 395 Auwinala Rd; DZ mit Frühstück ab 100 $; 🛜🏊) Das gutbürgerliche Haus eines pensionierten Paares liegt etwa eine Meile (1,6 km) vom Strand landeinwärts und hat eine große Terrasse und einen Garten mit Blick auf den Mount Olomana, Kühlschrank und Mikrowelle für Gäste sowie ruhige Zimmer, die eher ältere Besucher ansprechen.

Paradise Palms Bed & Breakfast
B&B $$

(☎254-4234; www.paradisepalmshawaii.com; 804 Mokapu Rd; DZ 110–120 $; 🏊) Das adrette Haus vermittelt das Gefühl, eigentlich Verwandte zu besuchen. Die Betten nehmen den Großteil der kleinen Zimmer ein, aber

die Studios haben immerhin private Eingänge und Kochnischen.

Beach Lane B&B
B&B $$

(☎262-8286; www.beachlane.com; DZ 95–135 $; 🛜) Das luftige, moderne Haus liegt nur ein kurzes Stück zu Fuß vom Strand und vermietet zart geblümte Studios mit Kochnische und ein separates Cottage mit zwei Schlafzimmern und kompletter Küche. Strandsachen können kostenlos ausgeliehen werden. Es wird Deutsch gesprochen.

🍴 Essen

Kailua hat Dutzende Esslokale, von Fast Food bis zu Edelrestaurants, aber die meisten sind mittelmäßig. Im Folgenden ein paar herausragende Ausnahmen:

🌿 Lanikai Juice
GESUND, TAKEAWAY $

(www.lanikaijuice.com; Kailua Shopping Center, 600 Kailua Rd; pro Portion 4–8 $; ⊘Mo–Fr 6–20, Sa & So 7–19 Uhr) Die Saftbar mit frischen Früchten aus lokalem Anbau, deren Saft in biologisch abbaubare Becher gefüllt wird, verkauft göttliche Smoothies mit Namen wie Ginger 'Ono und Coco Champ. Morgens gibt es an sonnigen Straßentischen bergeweise Müsli mit *açai*-Beeren, Apfelbananen und geriebener Kokosnuss.

Kailua

◉ Sehenswertes

1 Hamakua Marsh Wildlife
 Sanctuary B3
2 Hawaiian Healing Arts College A2
3 Kailua Movement Studio A2

Aktivitäten, Kurse & Touren

4 Aaron's Dive Shop B2
5 Hawaiian Watersports......................B2
6 Kailua Sailboards & Kayaks...............C1
7 Naish Hawaii A3
8 Twogood Kayaks Hawaii B2

⊗ Essen

9 Agnes Bake Shop............................A2
10 Boston's North End Pizza
 Bakery....................................A2
11 Buzz's..D2
12 Cinnamon's Restaurant A1
13 Down to Earth Natural Foods...........B3
14 Foodland A2
15 Kailua Farmers Market....................A2
16 Kalapawai Café & Wine Bar A2
17 Kalapawai Market D1
18 Lanikai Juice B2
19 Lemongrass A2
20 Rai Rai Ramen A1
 Sweet Paradise Chocolatier ....(s. 19)
21 Uahi Island Grill A2
22 Whole Foods.................................A2

◉ Ausgehen

23 Kailua Town Pub A2
 Morning Brew ....(s. 18)
 Ohana Karaoke........................(s. 21)

◉ Shoppen

24 Coconut Grove Music.......................A2
25 Island Glassworks..........................B3
26 Maunaheali'i A2
27 Mu'umu'u Heaven...........................A2
28 Muse Room A1

Kalapawai Market   FEINKOST, TAKEAWAY $

(306 S Kalaheo Ave; pro Portion 2–10 $; ⊙6–21 Uhr, Laden 18.30–20 Uhr) Auf dem Weg zum Strand stellen sich viele hier in diesem Wahrzeichen aus den 1930er-Jahren ihr Picknick zusammen: nach Wunsch belegte Sandwiches und marktfrische Salate. Morgendliche Stammkunden toasten ihre Bagels selbst, während sie sich mit frischem Kaffee bedienen. Der Laden führt in der Stadt auch ein Café mit Weinbar und edlen Bistrogerichten.

(☎266-4646; www.uahiislandgril.com; 131 Hekili St; Hauptgerichte 7–20 $; ⊙Mo–Do 10.30–20.30, Fr 10.30–21.30, Sa 11.30–21.30 Uhr) Hier gibt es täglich bis 17 Uhr frische, schmackhafte und gesunde Tellergerichte – mit *furikake* panierter und gegrillter Tofu, rotes Meeresfrüchtecurry und Knoblauchhühnchen mit braunem Reis. Für ein edles Abendessen wie gebratenes Steak mit Maui-Zwiebeln, Lamm mit Zitronengras oder veganisches Tempeh mit japanischem Kürbis muss reserviert werden. Die Tische im eleganten Speiseraum stehen dicht an dicht.

Cinnamon's Restaurant   FRÜHSTÜCK, CAFE $

(www.cinnamonsrestaurant.com; 315 Uluniu St; Hauptgerichte 6–13 $; ⊙Mo–Sa 7–14 Uhr; ♿) Die Einheimischen schätzen das Familiencafé im Stil von Omas Wohnstube wegen der Pfannkuchen, die in Guavensirup schwimmen, French Toast aus süßem portugiesischem Brot, Eier Benedikt mit Mahimahi, Salat aus Curryhuhn und Papaya und Frittatas mit Pesto aus sonnengetrockneten Tomaten und Artischockenherzen.

Rai Rai Ramen   JAPANISCH $

(124 Oneawa St; Hauptgerichte 7–10 $; ⊙Mi–Mo 11–20.30 Uhr) Zu erkennen ist die hell erleuchtete Nudelküche an dem rot-weißen Banner mit japanischen Schriftzeichen. Das einfache Angebot an Ramen-Variationen reicht von Sapporo bis Hakata, alle mit kräftiger Brühe und auf Wunsch mit zartem Schweinefleisch. *Gyōza* (eine Art Maultaschen) sind gegrillt oder gedämpft einfach himmlisch.

Lemongrass   SÜDOSTASIATISCH $$

(20 Kainehe St; Hauptgerichte 8–15 $; ⊙Mo–Fr 11–15, So–Do 17–21, Fr & Sa 17–22 Uhr) Das thailändisch-vietnamesische Lokal hat mit der erdfarbenen Einrichtung, einer avocadofarbenen Bar und tropischen Blumendrucken an den Wänden eine besänftigende Atmosphäre. Das *pho* mit Thai-Nudeln und die Currygerichte sind ein Hauch zu süß anstatt pikant. Aber alles ist frisch und wird mit einem Lächeln serviert.

Buzz's   STEAKHAUS $$$

(☎261-4661; www.buzzssteakhouse.com; 413 Kawailoa Rd; Hauptgerichte mittags 9–15 $, abends 15–36 $; ⊙11–15 & 16.30–21.30 Uhr) Das altmodische Lokal am Kanal gegenüber dem Kailua Beach Park hat eine von Fackeln beleuchtete Terrasse und eine oft enttäuschende Speisekarte mit Fisch vom Holzkohlegrill und Hamburger am Mittag sowie auf Süßhülsenholz gegrillte Meeresfrüchte mit Fleisch am Abend. Die Wartezeit ist lang und der Service mittelprächtig.

Für schnellere Mahlzeiten und Selbstversorger:

Kailua Farmer's Market MARKT $
(http://hfbf.org; Parkhaus hinter Longs Drugs, 609 Kailua Rd; ⊙Do 17–19.30 Uhr; ✏) Brot aus Kleinbäckereien, Bio-Obst und -Gemüse und inseltypische Tellergerichte.

Down to Earth Natural Foods SUPERMARKT $
(www.downtoearth.org; 201 Hamakua Dr; ⊙8–22 Uhr; ✏) Naturkostladen mit köstlichem Imbiss und Salatbar.

Whole Foods SUPERMARKT $
(www.wholefoodsmarket.com; 70 Ka'ahumanu Ave; ⊙8–21 Uhr; ✏) Die Biosupermarktkette hat auch einen Feinkostimbiss und eine Salatbar.

Foodland SUPERMARKT $
(www.foodland.com; 108 Hekili St; ⊙24 Std.) In der Supermarktfiliale gibt es den Gourmetladen R Field Wine Co.

Agnes Bake Shop BÄCKEREI, TAKEAWAY $
(☎262-5367; http://agnesbakeshop.com; 46 Ho'olai St; Stücke ab 1 $; ⊙Di–Sa 6–18, So bis 14 Uhr) Schoko-Macadamia-Kuchen und warme *malasadas* (brauchen 15 Minuten Wartezeit, können aber auch vorbestellt werden).

Boston's North End Pizza Bakery
PIZZERIA, TAKEAWAY $
(31 Ho'olai St; Stücke 4–6 $; ⊙So–Do 11–20, Fr & Sa bis 21 Uhr; 🖼) Riesenstücke mit dicker, weicher Kruste.

Sweet Paradise Chocolatier SÜSSWAREN $
(www.sweetparadisechocolate.com; 20 Kainehe St; pro Stück 3 $; ⊙Di–Sa 11–18 Uhr) Feinste, handgefertigte Schokoladen und Pralinen mit tropischen Aromen.

🍷 Ausgehen & Unterhaltung

Kailua hat zwar kein Nachtleben wie Waikiki, aber es gibt ein paar Bars.

Morning Brew CAFE
(http://morningbrewhawaii.com; Kailua Shopping Center, 600 Kailua Rd; ⊙So–Do 6–21, Fr & Sa bis 22 Uhr; @🛜) Lebhafte Espressobar mit lokalem Flair. Thai-Eistee oder ein „Funky Monkey"-Mokka gefällig?

Kailua Town Pub PUB
(26 Ho'olai St; ⊙Mo–Sa 10–2, So 7–2 Uhr) Auf Irisch gemachtes Pub mit leckeren, aus frischen Zutaten gemixten Bloody Marys; das Essen kann man allerdings vergessen.

Ohana Karaoke BAR
(131 Hekili St; ⊙17–2 Uhr) Inseltypische *pupus* und plärrende Karaoke-Nächte.

🛍 Shoppen

In der Innenstadt gibt es reichlich Antiquitätenläden, Kunstgalerien und exzentrische Modeboutiquen.

Mu'umu'u Heaven KLEIDUNG
(www.muumuuheaven.com; 767 Kailua Rd; ⊙Mo–Sa 10–18, So 11–16 Uhr) Die schicke moderne Boutique, versteckt hinter der Nohea-Kunstgalerie, verkauft tropisch bedruckte fließende Kleider, Röcke und feminine Tops, die alle aus alten *muumuus* hergestellt und auch schon in Modezeitschriften wie *Lucky* abgebildet wurden.

Island Glassworks KUNST, KUNSTHANDWERK
(☎261-1705; www.islandglassworks.com; 171-A Hamakua Dr; ⊙meist Mo–Mi & Fr 9–16, Sa 10–16 Uhr) Der Laden, sowohl Glasbläserworkshop als auch Kunstgalerie, verkauft einzigartige Stücke, wie kalebassenförmige Vasen und Schüsseln in Elementarfarben. Telefonisch können die Öffnungszeiten erfragt oder ein Workshop gebucht werden.

Coconut Grove Music MUSIK
(418 Ku'ulei Rd; ⊙Mo–Sa 10–18 Uhr) Der Gitarrenladen verkauft Marken-Ukulelen, wie von Kamaka, die in Honolulu handgefertigt werden, sowie alte Ukus aus dem 20. Jh. Im Hungry Ear Records nebenan gibt es neue, gebrauchte und seltene CDs und Platten mit hawaiischer Musik.

Manuheali'i KLEIDUNG
(5 Ho'olai St; ⊙Mo–Fr 9.30–18, Sa 9–16, So 10–15 Uhr) Filiale des berühmten Designers aus Honolulu.

Muse Room KLEIDUNG
(332 Uluniu St; ⊙10–17 Uhr) Verträumte, feminine Strandkleidung à la Los Angeles und Waikiki.

ℹ Praktische Informationen

Bibliothek (☎266-9911; www.librarieshawaii.org; 239 Ku'ulei Rd; ⊙Mo, Mi, Fr & Sa 10–17, Di & Do 13–20 Uhr) Kostenlose Internetterminals auf Bestellung mit einem befristeten Bibliotheksausweis (10 $).

Kailua Information Center & Chamber of Commerce (📱261-2727; www.kailuachamber. com; Kailua Shopping Center, 600 Kailua Rd; ⊕Mo–Fr 10–16 Uhr) Kostenlose Karten und Broschüren der Umgebung.

Morning Brew (http://morningbrewhawaii. com; Kailua Shopping Center, 600 Kailua Rd; pro Std. 6 $; ⊕So–Do 6–21, Fr & Sa bis 22 Uhr) Gebührenpflichtige Internetterminals, kostenloses WLAN für zahlende Gäste.

Post (335 Hahani St; ⊕Mo–Fr 8.30–17, Sa 9–16 Uhr)

ℹ An- & Weiterreise

TheBus-Linien 56 und 57 ab dem Ala Moana Center in Honolulu fahren über den Pali bis nach Kailua (45–60 Min., alle 15 Min.). Haltestelle zum Kailua Beach Park oder nach Lanikai ist Ecke Kailua Road/Oneawa Street im Zentrum Kailuas. Von hier fährt TheBus 70 alle 60 bis 90 Minuten weiter zu den Stränden.

FAHRRAD Parkprobleme und Verkehrsstau sind mit einem Leihfahrrad einfach zu vermeiden.

Bike Shop (📱261-1553; www.bikeshophawaii. com; 270 Ku'ulei Rd; pro Tag/Woche ab 20/ 100 $; ⊕Mo–Fr 10–19, Sa 9–17, So 10–17 Uhr) Verleih von hochwertigen Rädern und Radlerausrüstung; Reparaturen.

Kailua Sailboards & Kayaks (📱262-2555, 888-457-5737; www.kailuasailboards.com; Kailua Beach Center, 130 Kailua Rd; halbtags/ ganztags/Woche 20/25/85 $; ⊕8.30–17 Uhr) Verleiht Strandräder.

Kane'ohe

35 915 EW.

Kane'ohe besitzt zwar Hawaiis größte, durch ein Riff geschützte Bucht, aber das größtenteils schlickige Wasser eignet sich nicht gerade zum Schwimmen. Die alltägliche Stadt neben dem Marine Corps Base Hawaii hat nicht annähernd so viele Besucher wie das Surf-und-Sonne-Dorf Kailua, aber durchaus ein paar Attraktionen, die einen kurzen Besuch lohnen.

Zwei Hauptverkehrswege verlaufen in Nord-Süd-Richtung durch Kane'ohe. Der Kamehameha Highway (836) an der Küste ist langsamer, aber malerischer. Der Kahekili Highway (83) über Land kreuzt den Likelike Highway (63) und geht weiter nordwärts am Valley of the Temples vorbei. Beide Straßen verbinden sich zum Kamehameha Highway (83) ein paar Meilen nördlich des Orts.

Valley of the Temples
FRIEDHOF

Das Valley of the Temples (Tal der Tempel) ist ein überkonfessioneller Friedhof. Er ist berühmt für den **Byōdō-In** (www.byodo-in. com; 47-200 Kahekili Hwy; Erw./Kind unter 13 J. 3/1 $; ⊕9–17 Uhr), eine Replik eines 900 Jahre alten Tempels aus dem japanischen Uji. Die Symmetrie des Tempels ist ein klassisches Beispiel der japanischen Heian-Architektur. Das kräftig rote Gebäude leuchtet geradezu vor der üppig grünen, gezackten Bergsilhouette der Ko'olau Range.

Die knapp 3 m hohe, vergoldete Statue des Amida Buddha in der Haupthalle ist so aufgestellt, dass morgens die ersten Sonnenstrahlen auf sie fallen. Draußen stolzieren wilde Pfauen neben einem Koi-Teich. Die Gestaltung des Gartens symbolisiert das „Reine Land" des Amitabha-Buddhismus. Die 3 t schwere Messingglocke soll jedem Frieden und Glück bringen, der sie läutet – was dann auch alle tun.

TheBus 65 ab dem Ala Moana Center in Honolulu hält nahe dem Friedhofseingang am Kahekili Highway, von wo es noch 0,7 Meilen (1,1 km) zu Fuß bergauf zum Tempel sind.

GRATIS Ho'omaluhia
Botanical Garden
BOTANISCHER GARTEN

(📱233-7323; www.co.honolulu.hi.us/parks/hbg; 45-680 Luluku Rd; ⊕9–16 Uhr) O'ahus größter botanischer Garten liegt vor dem dramatischen Hintergrund der *pali* zu Füßen der Ko'olau Range. Er besteht aus über 160 ha mit Bäumen und Sträuchern aus allen tropischen Regionen der Welt.

Das friedliche Naturreservat ist durchzogen von gelegentlich markierten, graswachsenen und oft matschigen Wegen rund um einen künstlichen Stausee (kein Schwimmen). Ein kleines Besucherzentrum zeigt eine Ausstellung zur Geschichte des Gartens, zu Fauna und Flora und hawaiischer Ethnobotanik. Anmeldung sind für die zweistündigen geführten Naturwanderungen erforderlich, die meist samstags um 10 Uhr und sonntags um 13 Uhr stattfinden. Camping ist erlaubt (s. S. 60).

Der Park liegt am Ende der Luluku Road, über eine Meile (1,6 km) *mauka* (landeinwärts) vom Kamehameha Highway. TheBus 55 hält hinter dem Windward City Shopping Center gegenüber dem Anfang der Luluku Road. Von dort sind es noch 2 Meilen (3,2 km) zu Fuß hoch zum Besucherzentrum.

Senator Fong's Plantation & Gardens
GARTEN

(☎239-6775; www.fonggarden.net; 47-285 Pulama Rd; Erw./Kind 5–12 J. 14,50/9 $; ⏰10–14 Uhr, Führungen meist 10.30 & 13 Uhr) Die Blumengärten waren eine Leidenschaft von Hiram Fong (1907–2004), des ersten Amerikaners asiatischer Herkunft im US-Senat. Er wollte hawaiische Pflanzen für die Nachwelt erhalten. Die Fongs bieten Besuchern zwanglosen *lei*-Flechtunterricht (6,50 $) und einstündige geführte Touren, die über eine Meile (1,6 km) an tropischen Blumen, Sandelholzbäumen, Palmen und anderen einheimischen Pflanzen entlangführen.

Die Gärten liegen 0,8 Meilen (1,3 km) *mauka* (landeinwärts) vom Kamehameha Highway – ein ausgeschilderter Abzweig befindet sich eine halbe Meile (800 m) nördlich der **Sunshine Arts Gallery** (www.sunshinearts.net; 47-653 Kamehameha Hwy; ⏰9–17.30 Uhr). Die Galerie mit Werken einheimischer Töpfer, Maler, Grafiker und Fotografen lohnt ebenfalls einen Besuch.

GRATIS He'eia State Park
PARK

(46-465 Kamehameha Hwy; ⏰Anf. Sept.–März 7–18.45 Uhr, April–Anf. Sept. bis 19.45 Uhr) Der Park wirkt zwar verwaist, bietet aber malerische Aussichten auf den **He'eia Fishpond**, ein eindrucksvolles Überbleibsel aus der Zeit, als ummauerte Teiche zur Fischzucht für den Adel an hawaiischen Küsten üblich waren. Er ist weitgehend intakt geblieben, trotz der wuchernden Mangroven.

Moku o Lo'e dicht vor der Küste weiter im Südosten war ein Tummelplatz des Adels. Der Spitzname „Kokosnussinsel" bezieht sich auf die Bäume, die Prinzessin Bernice Pauahi Bishop Mitte des 19. Jhs. hier gepflanzt hatte. Im Zweiten Weltkrieg nutzte die US-Armee sie als Fronturlaubsinsel. Heute nimmt das Hawai'i Institute of Marine Biology einen Großteil der Insel ein. Hier wurde in den 1960er-Jahren die Auftaktszene der amerikanischen Fernsehserie *Gilligans Insel* gedreht, die auch im Deutschen Fernsehen damals ausgestrahlt wurde.

Nahe dem Parkeingang befindet sich ein traditionelles Bootshaus mit Kanuwerkstatt.

🏃 Aktivitäten

Golfen

Golfschläger und Handkarren werden auf diesen beliebten Golfplätzen verliehen (Spielzeiten müssen vorher reserviert werden):

Ko'olau Golf Club
GOLFEN

(☎247-7088; www.koolaugolfclub.com; 45-550 Kionaole Rd; Greenfee 60–150 $) O'ahus härtester Championship-Platz, der malerisch unterhalb der Ko'olau Range gelegen ist.

Pali Golf Course
GOLFEN

(☎266-7612, Reservierung ☎296-2000; www1.honolulu.org/des/golf; 45-050 Kamehameha Hwy; Greenfee 23–46 $) Kommunaler 18-Loch-Platz mit hinreißendem Blick auf die Berge jenseits der Kane'ohe Bay.

🛏 Schlafen & Essen

Im nahen Strandort Kailua (S. 139) gibt es mehr Unterkünfte und Restaurants.

Ho'omaluhia Botanical Garden
CAMPINGPLATZ $

(☎233-7323; www.co.honolulu.hi.us/parks/hbg; 45-680 Luluku Rd; Campen kostenlos; ⏰Besucherzentrum 9–16 Uhr) In dem vom County verwalteten Garten ist Campen von Freitag 9 Uhr bis Montag 16 Uhr erlaubt. Mit einem Nachtwächter und Toren, die nach der Besuchszeit nur für angemeldete Camper geöffnet werden, ist er einer der sichersten Campingplätze auf O'ahu. Die Genehmigung ist im Besucherzentrum erhältlich, aber erst sollte telefonisch geklärt werden, ob ein Platz frei ist. Alkohol ist nicht erlaubt.

ℹ An- & Weiterreise

TheBus 55 fährt vom Ala Moana Center in Honolulu alle 30 Minuten ab und braucht bis Kane'ohe etwa eine Stunde. TheBus 56 fährt ein- oder zweimal pro Stunde von Kailua nach Kane'ohe. Von dort verkehrt TheBus 55 nordwärts über den Kamehameha Highway zum Turtle Bay Resort und braucht eine Stunde bis La'ie; tagsüber fährt er alle 30 Minuten, abends jede Stunde.

Waiahole

Auf der Fahrt nach Norden auf dem Kamehameha Highway markiert die Überquerung der Brücke neben Kahulu'u's Hygienic Store den physischen und kulturellen Abschied vom Einflussbereich Honolulus. Jetzt ist man offiziell „auf dem Land". Der Highway verengt sich zur zweispurigen Landstraße, und das Meer grenzt an den Randstreifen. Der Weg führt durch sonnengefleckte Täler mit kleinen Dörfern und Bauernhöfen. Die unübersehbare **Waiahole Poi Factory** (☎239-5117; 48-140 Kame-

LIKEKE FALLS

Startklar für einen versteckten Wasserfall, der vielleicht mit etwas Glück nur für einen allein dahinfließt? Der familiengeeignete **Likeke Falls Trail** windet sich durch einen Wald aus einheimischen und exotischen Bäumen in der üppig grünen Ko'olau Range.

Der Weg beginnt am oberen Parkplatzende des Ko'olau Golf Club. Eintritt ist an der Kionaole Road, gleich westlich des Kamehameha Highway (83) nahe der Kreuzung mit dem Freeway H-3. Hinter dem Maschendrahttor geht es auf einer asphaltierten Versorgungsstraße bergauf. Vor dem Wassertank zweigt ein viel benutzter Weg nach links ab und steigt über abwechselnd Holztreppen und moosbedeckte Felsen samt knorrigen Baumwurzeln bergauf.

Der schattige Waldweg mündet schließlich auf eine gepflasterte Straße, die weiter hinauf führt. Irgendwann kommt ein (oft matschiger) Seitenweg in Sicht, der rechts zum Wasserfall abzweigt. An der filigranen, 6 m hohen Kaskade sind nur das Rauschen des Wassers und der Gesang tropischer Vögel zu hören. Das Wasser ist zu seicht zum Baden, aber immerhin lassen sich die Füße kühlen.

Die Wanderung sollte auf keinen Fall unternommen werden, wenn Regen angesagt ist oder sich dunkle Wolken am Himmel zeigen, da es dann zu Sturzfluten im Bach kommen kann. Der Weg ist hin und zurück 2 Meilen (3,2 km) lang und dauert etwa eine Stunde.

Der Weg befindet sich auf privatem Land und gewährt nur ein informelles Durchgangsrecht. Zur Zeit der Recherche waren zwar keine Schilder mit „Kapu" oder „No Trespassing" (Zutritt verboten) aufgestellt, aber das kann sich jederzeit ändern. Wenn es so ist, gilt der Weg als gesperrt für die Öffentlichkeit. Unbefugtes Betreten ist in Hawaii verboten (und auch gefährlich).

hameha Hwy; ⊘meist Fr & Sa 10–14 Uhr) am Straßenrand verkauft köstliche hawaiische Tellergerichte.

Kualoa

Heute ist zwar nicht mehr viel davon zu sehen, aber in alter Zeit war Kualoa einer der heiligsten Orte auf O'ahu. Wenn ein König auf dem Kualoa Point stand, holten vorbeifahrende Kanus aus Respekt ihre Segel ein. Die Kinder der *ali'i* (Adligen) wurden hier erzogen, und es war vermutlich auch eine Zuflucht, wo *kapu* (Tabu)-Brecher und gefallene Krieger Gnade fanden.

1850 verpachtete Kamehameha III. über 240 ha des Landes an Gerrit Judd, einen Missionarsarzt und Berater des Königs. Judd pflanzte hier Zuckerrohr an, baute Kanäle für dessen Transport und holte Chinesen ins Land für die Feldarbeit. Eine Dürre brachte 1870 das Ende der ersten Zuckerplantage O'ahus. Heute ist noch etwa eine halbe Meile (800 m) nördlich des Beach Parks nach dem Haupteingang der Kualoa Ranch die Ruine des steinernen Fabrikschornsteins und ein Stück der verfallenden Mauern zu sehen.

 Strände

Kualoa Regional Park   STRAND

(49-479 Kamehameha Hwy) Der Park vor dem Hintergrund großartiger Berglandschaften bietet einen weiten Blick auf Inseln vor der Küste. Palmen säumen den schmalen, weißen Sandstrand, der gefahrlos zum Schwimmen ist. Nur im Sommer nerven Quallen. Es gibt Picknickplätze, Toiletten, Trinkwasser, Freiluftduschen und manchmal einen Rettungsschwimmer.

Bei Ebbe waten Fischer Richtung Mokoli'i hinaus. Wer ihnen folgt, sollte auf keinen Fall die empfindliche Insel selbst betreten oder die Seevögel aufschrecken. Vogelbeobachter sollten am Strand südwärts zum **'Apua Pond** gehen, einer 1,2 ha großen Salzmarsch am Kualoa Point und Nistgebiet für den gefährdeten *ae'o* (hawaiischer Stelzenläufer). Ein Stück weiter den Strand runter sind die von Mangroven überwucherten Felsmauern des **Moli'i Fishpond** zu sehen.

Das auffällig spitze, vulkanische Inselchen vor der Küste heißt **Mokoli'i** („kleine Echse"). Der Legende nach handelt es sich um den Schwanz eines *mo'o* (Echsengeist), der von der Göttin Hi'iaka getötet

WEM GEHÖRT DAS LAND?

Nicht alles ist in dieser Gegend so friedlich wie die *lo'i kalo* (Tarofelder) am Kamehameha Highway. Im Zweiten Weltkrieg hat das US-Militär bis in die 1970er-Jahre große Gebiete des Waikane Valley für Ausbildung und Schießübungen vereinnahmt. Das Militär behauptete einst, dass das Land noch soviel scharfe Munition enthalte, dass es nicht an die (meist hawaiischen) Familien, von denen es gepachtet wurde, zurückgegeben werden könne – ein dauernder Streitpunkt mit den Einheimischen. Nach jahrzehntelangem Druck seitens der Einwohner beginnt das Militär langsam mit den Aufräumarbeiten. Kein Wunder, dass hier recht viele hawaiische Autonomieaktivisten anzutreffen sind. Überall am Straßenrand sind Antibebauungsschilder, umgekehrte Hawaiifahnen (ein Zeichen für Notlage) und Autoaufkleber mit Slogans wie „Keep the Country Country" (lasst das Land Landschaft bleiben) zu sehen.

und ins Meer geworfen wurde. Nach der Einwanderung chinesischer Arbeiter nach Hawaii wurde die kegelförmige Insel auch „Chinaman's Hat" (Chinesenhut) genannt, ein Spitzname, der – obwohl politisch nicht korrekt – noch heute verwendet wird.

Campen am Straßenrand ist in dem Park erlaubt, allerdings wird hier nachts oft getrunken und randaliert. Erforderliche Genehmigungen s. S. 60.

◉ Sehenswertes & Aktivitäten

Kualoa Ranch   TOUREN
(☎237-7321, 800-231-7321; www.kualoa.com; 49-560 Kamehameha Hwy; 1 Std. Filmtour, Katamaranausflüge oder Hula-Unterricht Erw./Kind 3–12 J. ab 23/15 $; ☒) Das Reisebusziel mit der nahezu unwiderstehlich malerischen Lage kommt manchem Besucher aus verschiedenen Filmen und Fernsehserien bekannt vor. Wer sehen will, wo Hurley aus *Lost* seinen Golfplatz anlegte, wo Godzilla seine Fußspuren hinterließ oder wo sich die Kinder aus *Jurassic Park* vor den Dinosauriern versteckten, sollte eine Jeep- oder Geländewagentour zu den Schauplätzen buchen (möglichst ein paar Tage vorher; mit et-

was Glück erwischt man auch so einen freien Platz). Die Reitausflüge der Ranch sind etwas lahm.

 Essen

Aunty Pat's Café   CAFE
(www.kualoa.com; 49-560 Kamehameha Hwy; Portion 2–10 $, Mittagsbuffet 16 $; ☒7.30–15 Uhr, Buffet 10.30–13.30 Uhr; ☒) Die Cafeteria im Besucherzentrum der Kualoa Ranch bietet ein gutes und riesiges Buffet mit inseltypischen Grillgerichten. Bananenpfannkuchen und Hamburger von den Weiderindern der Ranch werden mittags à la carte angeboten.

Ka'a'awa

Hier führt die Straße wirklich dicht an der Küste entlang und die *pali* ebenso – es gibt kaum genug Platz für ein paar Häuser zwischen dem Fuß der Klippen und der Straße. Der **Swanzy Beach Park** (51-369 Kamehameha Hwy), ein schmaler, überwiegend von Fischern genutzter Strand, ist von einer Küstenmauer abgegrenzt. Am Wochenende planschen hier Kinder herum, und Familien kommen zum Picknick.

Auf der anderen Straßenseite befinden sich ein kleiner Laden, eine Tankstelle und ein Postschalter. Der Drive-In **Uncle Bobo's** (www.unclebobos.com; 51-480 Kamehameha Hwy; Hauptgerichte 7–12 $; ☒Di–So 10.30–19 Uhr) versorgt Strandbesucher mit geräuchertem Grillteller, Chili-Käse-Pommes, Schoko-Macadamia-Keksen und *shave ice*.

Der **Crouching Lion** ist ein Felsengebilde gleich nördlich des 27-Meilen-Schilds am Kamehameha Highway. Die hawaiische Version der Legende geht wie folgt: Ein Halbgott aus Tahiti, der als Wächter nach O'ahu geschickt worden war, wurde an den Berg gemörtelt, als er versuchte seinen Posten zu verlassen, um dem süßen Gesang der Göttin Hi'iaka zu folgen. Als er sich befreien wollte, wurde er zu Stein verwandelt. Zu erkennen ist er mit dem Rücken zum Meer vom Restaurantschild aus und dann oben auf der Klippe links von der Kokospalme.

Auf dem Parkplatz des **Crouching Lion Inn Bar & Grill** (☎237-8981; www.crouchinglionhawaii.com; 51-666 Kamehameha Hwy; Hauptgerichte 12–27 $; ☒11–22 Uhr) stolzieren Hähne herum. Tagsüber halten ganze Busladungen von Tagesausflüglern für einen Imbiss aus erwartungsgemäß faden Salaten und Sandwiches. Abends werden Fackeln entzündet zu einem langweiligen Essen aus Fleisch und Fisch und zu Cocktails auf der Terrasse mit Blick auf den Sonnenuntergang.

Kahana Valley

Im alten Hawaii waren alle Inseln in *ahupua'a* aufgeteilt – Landstücken, die von den Bergen zum Meer verliefen und für alles sorgten, was die dort lebenden Hawaiianer zum Leben brauchten. Moderne Landverteilung und Ortsgrenzen haben diese traditionelle Aufgliederung ausgemerzt, nur hier in O'ahus letztem *ahupua'a* in öffentlichem Besitz nicht.

Bevor die Abendländer eintrafen, war das Kahana Valley mit Taro bepflanzt, der im regenreichen Tal gedieh. Archäologen konnten die Reste von über 120 Feldterrassen und Bewässerungskanälen ausmachen, auch die Reste eines *heiau*, von Fischerschreinen und zahlreichen *hale* (Häuser).

Anfang des 20. Jhs. wuchs im unteren Tal Rohrzucker, der über eine kleine Bahnlinie nach Kahuku im Norden transportiert wurde. Im Zweiten Weltkrieg hat das US-Militär das obere Tal in Besitz genommen und nutzte es zur Ausbildung der Soldaten für den Dschungelkrieg. Es liegt bis heute brach und wird überwiegend von den Einheimischen am Wochenende zur Jagd auf Wildschweine genutzt.

Strände & Sehenswertes

Kahana Bay   STRAND
Viele archäologische Stätten liegen zwar unzugänglich tief im Tal versteckt, aber die eindrucksvollste Stätte Kahanas, der **Huilua Fishpond,** ist von der Hauptstraße aus zu sehen und kann gleich unten am Strand besichtigt werden. Der von Einheimischen gern besuchte Strand gehört zum Ahupua'a o Kahana State Park und ist überwiegend gefahrlos für Schwimmer, da er flach und sandig ins Meer abfällt. Vorsicht ist aber vor der Rückströmung nahe am Riff am Südende der Bucht geboten. Es gibt hier Toiletten, Freiluftduschen, Picknicktische und meist auch Trinkwasser. Die zehn Campingplätze an der Straße bieten nicht viel Privatsphäre und werden meist von einheimischen Familien benutzt. Campinggenehmigungen (vorgeschrieben) s. S. 60.

Aktivitäten

GRATIS **Ahupua'a o Kahana State Park**   PARK
(www.hawaiistateparks.org; 52-222 Kamehameha Hwy; ☺Sonnenauf- bis -untergang) Trotz der über 40 Jahre andauernden politischen Kontroverse ist der Park derzeit noch für Besucher zugänglich. Allerdings fühlt man sich wie beim Eindringen in ein fremdes Haus. Ist es auch irgendwie. Als der Staat Hawaii das Kahana Valley kaufte, bekam er auch die Pächter mit „vererbt", meist hawaiische Familien, die seit langer Zeit im Tal lebten. Was die Zukunft bringt, weiß niemand, besonders seit der Zwangsräumungsstopp der Pächter aufgehoben wurde.

Der ausgeschilderte Parkeingang liegt etwa eine Meile (1,6 km) nördlich des Crouching Lion Inn. Der gemächliche, 1,2 Meilen (knapp 2 km) lange **Kapa'ele'ele Trail** beginnt am unbesetzten Orientierungszentrum und verläuft auf einem ehemaligen Bahndamm und dann die Straße zurück zum Parkeingang. Auf dem Weg liegen ein Fischerschrein und ein Aussichtspunkt über die Bucht.

Der weniger gut gepflegte **Nakoa Trail** ab der holprigen, unasphaltierten Talstraße ist ein 2,5 Meilen (4 km) langer Waldrundweg, der verwirrenderweise mehrmals den Kahana Stream überquert und an einem Badesee neben einem künstlichen Damm vorbeiführt. Beide Wege können bei Nässe sehr glitschig und matschig sein. Der Nakoa Trail sollte vermieden werden, wenn Regen angekündigt ist oder dunkle Wolken aufziehen. Es können gefährliche Sturzfluten auftreten.

Punalu'u

905 EW.

Das unscheinbare Dorf am Meer besteht nur aus einer der üblichen Häuserreihen an der Straße, an der die meisten Besucher auf dem Weg zur North Shore schlicht vorbeifahren. Es liegt etwa eine Stunde vom Surfzentrum O'ahus entfernt; die erschwinglichen Unterkünfte hier machen es für manche interessant als Übernachtungsoption.

🏖 Strände

Punalu'u Beach Park   STRAND
(53-509 Kamehameha Hwy) Das seichte Wasser des langen, schmalen Badestrands wird
durch ein vorgelagertes Riff geschützt, außer bei stürmischem Wetter. Vorsicht vor
den starken Strömungen bei der Bachmün-
dung und des Bachbetts ins Meer, besonders
bei hoher Brandung. Der Park hat Toiletten,
Freiluftduschen und Picknicktische.

🛏 Schlafen

Pat's at Punalu'u   CONDO $$
(☎255-9840; 53-567 Kamehameha Hwy; ⊠)
In dem etwas vernachlässigt wirkenden
Wohnblock am Meer werden Eigentums-
wohnungen vermietet, die geräumig, wenn
auch abgewohnt sind. Sie eignen sich am
besten für Stammgäste der Insel, die wirklich abseits des Trubels unterkommen wollen. Es gibt keine Rezeption; Vermietungen
werden von lokalen Maklern und den Eigentümern getätigt, auch über **Vacation
Rentals by Owner** (www.vrbo.com).

Paul Comeau Condo Rentals   CONDO $$
(☎293-2624, 800-467-6215; www.paulspunaluu
condos.com; Studio/1-Schlafzi.-Apt. 100/
125 $, plus Reinigungsgebühr 50 $; ⊠) Einige
Wohnungen haben Klimaanlage und
Highspeed-Internet.

Oceanfront Condo
& Our Getaway   CONDO $$
(☎261-0316, 262-1008; http://kailuaoahuhawaii.
com; DZ ab 125 $, plus Reinigungsgebühr 75 $;
⊠) B&B-Besitzer aus Kailua vermieten
zwei Studios im Pat's.

🍴 Essen

Shrimp Shack   SEAFOOD, TAKEAWAY $$
(http://shrimpshackoahu.com; 53-352 Kama-
meha Hwy; Snacks 2–4 $, Hauptgerichte 11–18 $;
◷10–17 Uhr) Hier gibt's frittierte, aus Kaua'i
importierte Kokosgarnelen oder Meeres-
früchteteller mit Eismeerkrebsbeinen oder
Muscheln, alles frisch zubereitet und heiß
aus dem sonnengelben Imbisswagen serviert. Das Dessert verkauft Ching's Laden
nebenan, z. B. die süchtig machenden But-
ter-*mochi* (Reisbreiküchlein).

🔒 Shoppen

Kim Taylor Reece Gallery   KUNST
(www.kimtaylorreece.com; 53-866 Kamehameha
Hwy; ◷Do–Sa 12–17 Uhr) Reeces Sepiafotos

von tradionellen hawaiischen *hula-kahiko*-
Tänzerinnen in Bewegung sind weithin
anerkannt. Wahrhaft bewegend sind seine
Bilder von der Kalaupapa-Halbinsel auf der
Insel Moloka'i, wo Leprakranke leben. Die
Galerie befindet sich in dem weißen Haus
mit vielen Fenstern an der *mauka*-Seite
(landeinwärts) der Straße.

Hau'ula
3750 EW.

Abgesehen von den paar Tanksäulen, dem
Kramladen und dem 7-Eleven ist das einzig
Interessante in dem kleinen Küstendorf der
seichte, felsige **Hau'ula Beach Park** (54-135
Kamehameha Hwy). Camping an der Straße
ist erlaubt, allerdings ist es überwiegend
das Revier der Einheimischen, von denen
einige in ihren Autos leben. Campingsgeneh-
migung (erforderlich) s. S. 60.

Hinter Hau'ulas Einkaufsstraße bilden
Hügel und Norfolktannen eine malerische
Kulisse mit abgelegenen Wanderwegen,
die in die Ko'olau Range führen. Ein ausgeschilderter Weg beginnt an einer scharfen Kurve der Homestead Road in Hau'ula
oberhalb des Kamehameha Highway nördlich des Hau'ula Beach Park. Eine asphaltierte Zugangsstraße führt landeinwärts
und an einer Jagdstation vorbei, wo das
Waldreservat beginnt.

Der stille **Hau'ula Loop Trail** führt
durch die Waipilopilo Gulch (Schlucht) und
auf einen Kamm oberhalb des Kaipapa'u
Valley. Wanderer werden den ganzen Weg
über mit Aussichten auf das üppige Hinterland belohnt. Herrlich sind die einheimischen Pflanzen, wie süß duftende Gua-
ven- und Regenschirmbäume mit rosaroten
Blüten besetzt und ausladenden Zweigen.
Die mittelschwere 2,5 Meilen (4 km) lange
Rundwanderung dauert etwa 1½ Stunden.
Es sollte Kleidung in leuchtenden Sicherheitsfarben getragen werden.

La'ie
4585 EW.

La'ie wirkt im Vergleich zu den ländlichen
Nachbarorten fast wie eine Großstadt.
Zentrum ist die Brigham Young University-
Hawaii (BYUH), an der Studenten von allen
Inseln des Pazifik mit Stipendien angelockt
werden. Einige Studenten verdienen sich
als Führer im Polynesian Cultural Center
(PCC) ein Zubrot. Der touristische Meg-

akomplex lockt jährlich fast eine Million Besucher an.

La'ie war vermutlich der Standort eines alten hawaiischen *pu'uhonua* – ein Ort, an dem *kapu* (Tabu)-Brecher der Todesstrafe entgehen konnten. Heute ist La'ie das Zentrum der Mormonen-Gemeinde Hawaiis. Nach einem gescheiterten Versuch, Mitte der 1860er-Jahre eine „Stadt Joseph" auf Lana'i zu gründen, zogen die Mormonenmissionare an die Windward Coast auf O'ahu weiter.

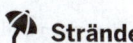 Strände

La'ies Strände sind reizvoller als die unmittelbar südlich gelegenen, aber sie sind nicht so beeindruckend wie in der Malaekahana State Recreation Area gleich nördlich der Stadt.

Lai'e Beach Park STRAND

Der Strand eine halbe Meile (800 m) südlich des Haupteingangs des PCC eignet sich hervorragend zum Bodysurfen, aber der Shorebreak kann brutal sein, deswegen der Spitzname **Pounders Beach**. Schwimmen geht hier im Sommer ganz gut, aber im Winter gibt es starke Strömungen. Das Wasser ist rund um den alten Landungssteg meist am ruhigsten.

Hukilau Beach STRAND

Der versteckte weiße Sandstrand, nur gut eine halbe Meile (800 m) nördlich des Lai'e Shopping Center, eignet sich wunderbar zum Schwimmen im Sommer, wenn das Wasser ruhig ist. Im Winter drohen nur starke Strömungen, und bei heftiger Brandung sollte niemand ins Wasser gehen.

Der Strand ist nach der traditionellen hawaiischen Methode des Schleppnetzfischens benannt. Über zwei Jahrzehnte hatten die Mormonen diese Tradition für Touristen als Geldquelle wiederbelebt, bis das PCC 1963 eröffnete.

◉ Sehenswertes & Aktivitäten

Polynesian Cultural Center FREIZEITPARK

(PCC; ☎293-3333, 800-367-7060; www.polynesia .com; 55-370 Kamehameha Hwy; Park Erw./ Kind 5–11 J. 50/40 $, inkl. Abendshow ab 70/ 55 $; ⊙Mo–Sa 11.45–21 Uhr, Dörfer nur 12–17 oder 17.30 Uhr; 🖐) Das Center, ein gemeinnütziger Freizeitpark, der die Kulturen Polynesiens präsentiert, gehört den Mormonen und ist nach dem USS Arizona Memorial in Pearl Harbor eine der größten Attraktionen O'ahus.

Im Zentrum des stets von Bustouristen überlaufenen Parks stehen acht polynesische „Dörfer", die Hawaii, Rapa Nui (Osterinseln), Samoa, Aotearoa (Neuseeland), Fidschi, Tahiti, Tonga und andere südpazifische Inseln repräsentieren. Die Dörfer bestehen aus authentisch wirkenden Hütten und Zeremonialhäusern, von denen viele aufwendig mit Seilen und handgeschnitzten Pfosten errichtet wurden. Studenten der BYUH in traditioneller Kleidung demonstrieren mit Begeisterung *poi*-Stampfen, Kokospalmblätterflechten, Kunsthandwerk und Spiele.

Der Eintrittspreis ist zwar recht hoch, aber beinhaltet auch eine Kanuparade am Nachmittag. Die polynesische Gesangs- und Tanzrevue am Abend kostet extra. Sie wird teils authentisch, teils im Bollywoodstil mit kreativen Kulissen und Kostümen von BYUH-Studenten schwungvoll aufgeführt.

Lai'e Point State Wayside PARK

Donnernde Brandung, ein Lavabogen und eine hawaiische Legende warten am La'ie Point. Die winzigen Inseln sollen die Reste eines *mo'o* (Echsengeist) sein, der von einem legendären Krieger getötet wurde. Die kleine Insel links mit dem Loch heißt Kukuiho'olua (Puka-Felsen). Zum Park geht es ab der Hauptstraße gegenüber dem La'ie Shopping Center Richtung Küste, dann rechts auf die Naupaka Street, die schließlich am Meer endet.

Lai'e Temple TEMPEL

(www.ldschurchtemples.com/laie; 55-600 Naniloa Loop) 1919 bauten die Mormonen hier zu Füßen der Ko'olau Range einen Tempel, der zwar kleiner als der in Salt Lake City (Utah) ist, aber dennoch prächtig. Es war der erste Mormonentempel, der außerhalb des US-amerikanischen Festlands gebaut wurde. Heute ist das strahlend weiße Gebäude der wohl unpassendste Anblick an der Windward Coast. Es gibt ein Besucherzentrum, in dem freiwillige Mitarbeiter von ihrem Glauben erzählen, aber Nichtgläubige dürfen den Tempel selbst nicht betreten.

✗ Essen

Restaurants, Läden und Dienstleistungsbetriebe befinden sich im Lai'e Shopping Center, etwa eine halbe Meile (800 m) nördlich des PCC.

Hukilau Cafe EINHEIMISCH $

(55-662 Wahinepe'e St; Hauptgerichte 4–9 $; ⊙Di–Fr 7–14, Sa 7–11.30 Uhr) Das Imbisslokal im nördlichen Teil der Stadt würden die Einheimischen wohl lieber für sich behalten. Die riesengroßen Frühstücks- und Mittagsportionen, wie French Toast mit portugiesischem Süßbrot, *loco moco* und Teriyaki-Hamburger, sind meist wirklich gut.

La'ie Chop Suey CHINESISCH, AMERIKANISCH $

(La'ie Shopping Center, 55-510 Kamehameha Hwy; Hauptgerichte 6–12 $; ⊙Mo–Sa 10–20.45 Uhr) Kein Lokal ist hier besser besucht als dieser chinesische Familienbetrieb mit seinen unendlich vielen amerikanisierten und inseltypisch variierten Gerichten, von Zitronenhühnchen bis Schweinsbraten.

Foodland SUPERMARKT $

(La'ie Shopping Center, 55-510 Kamehameha Hwy; ⊙Mo–Sa 5–24 Uhr) Lebensmittelgeschäft, Bäckerei, Feinkost und Apotheke, aber nichts Alkoholisches und sonntags geschlossen (Mormonenland eben).

Angel's Ice Cream EISCREME, SMOOTHIES $

(La'ie Shopping Center, 55-510 Kamehameha Hwy; Portion 3–6 $; ⊙Mo–Fr 9–21, Sa bis 23 Uhr; ▣) Erfrischung mit einem *shave ice* „Angel's Halo" oder einem Smoothie aus frischen Früchten.

Malaekahana State Recreation Area

Besucher sind oft unglaublich beeindruckt, wenn sie diesen wilden und schroffen Strand gleich nördlich der Stadt entdecken. Der lange, schmale Sandstreifen erstreckt sich zwischen Makahoa Point im Norden und Kalanai Point im Süden, landeinwärts geschützt durch einen dichten Wald aus Eisenholzbäumen.

Schwimmen ist meist das ganze Jahr über möglich, allerdings gibt es im Winter starke Strömungen. Der beliebte Familienstrand eignet sich auch gut für viele andere Wassersportarten, wie Bodysurfen, Surfen und Windsurfen. Der Kalanai Point nimmt den Hauptteil des Parks ein. Er befindet sich knapp eine Meile (1,6 km) nördlich von La'ie. Es gibt dort Picknicktische, Grill- und Campingplätze, Toiletten, Trinkwasser und Freiluftduschen, aber keine Rettungsschwimmer.

Die Insel **Moku'auia (Ziegeninsel)**, ein Vogelschutzgebiet etwa 350 m vor dem Malaekahana Beach, hat eine kleine Sandbucht, die sich gut zum Schwimmen und Schnorcheln eignet. Die nistenden Seevögel dürfen nicht gestört werden! Bei Ebbe und ruhigem Wasser ist es möglich, zur Insel zu waten. Vorsicht allerdings vor Korallen (spitz) und Seeigeln (noch spitzer). Wenn das Wasser tiefer ist, schaffen es auch Schwimmer hinüber, allerdings nur bei Niedrigwasser – und auf Rückströmungen achten!

🛏 Schlafen

Im Malaekahana gibt es die sichersten und bestgeschützten Campingplätze der Windward Coast. Zum Campen am **Kalanai Point** ist eine Genehmigung der Parkverwaltung erforderlich (s. S. 60). Wie bei allen staatlichen Campingplätzen auf O'ahu ist Campen mittwochs und donnerstags nicht erlaubt.

Übernachtung am Strand ist auch am Makahoa Point möglich, etwa 0,7 Meilen (rund 1 km) nördlich des Haupteingangs zum Park. Die **Friends of Malaekahana** (📞293-1736; www.malaekahana.net; 56-335 Kamehameha Hwy; Stellplatz pro Pers. 8,50 $, Hütten/Jurten ab 80/130 $) verwalten diese Ecke des Parks und vermieten Zeltplätze, sehr rustikale „kleine Grashütten", Doppelhäuschen und Öko-Jurten, alles mit 24-Stunden-Wachdienst und heißen Freiluftduschen. Reservierung wird unbedingt empfohlen, meist werden mindestens zwei Übernachtungen verlangt. Die Tore werden um 19 Uhr geschlossen.

Kahuku

2155 EW.

Kahuku ist ein ehemaliges Zuckerplantagendorf, dessen Straßen von den Holzhäusern der ehemaligen Arbeiter gesäumt sind. Die alte Zuckerfabrik, die hier bis 1996 betrieben wurde, ist größtenteils abgerissen. Aber die Reste des Schornsteins und die alten Eisengeräte sind noch hinter dem Postamt zu sehen. Der Rest des alten Fabrikgeländes wird heute als kleines Einkaufszentrum umgenutzt, mit Bank, Tankstelle und Cafés.

🍴 Essen

Kahukus Zuckerfabriken sind zwar längst stillgelegt, aber die Einheimischen verdienen ihren Lebensunterhalt immer noch mit den Früchten des Landes und des

NUR FÜR VÖGEL

Im Süßwasser-Feuchtgebiet **James Campbell National Wildlife Refuge** (☎637-6330; www.fws.gov/jamescampbell), das knapp 2 Meilen (3 km) nördlich von Kahuku liegt und nur spärlich ausgeschildert ist, leben vier der sechs gefährdeten Wasservögel Hawaiis: *'alae ke'oke'o* (Hawaiiblesshuhn), *ae'o* (Hawaiischer Stelzenläufer), *koloa maoli* (Hawaiiente) und *'alae 'ula* (Hawaiisumpfhuhn). Während der Nistzeit der Stelzenläufer, in der Regel von Mitte Februar bis Mitte Oktober, dürfen Besucher das Schutzgebiet nicht betreten. Im übrigen Jahr gibt es kostenlose Vogelbeobachtungstouren von freiwilligen Mitarbeitern, meist donnerstagnachmittags und samstags entweder morgens oder nachmittags. Reservierung ist erforderlich, allerdings können spontane Besucher manchmal auch einfach mitlaufen, wenn sie zu einer festgesetzten Tour auftauchen. Das Schutzgebiet ist nicht einfach zu finden, Wegbeschreibungen und aktuelle Tourtermine telefonisch erfragen.

Meeres. Imbissbuden verkaufen Kahuku-Maiskolben, eine allseits bekannte süße Maisart, die in den Restaurants Honolulus als Markenqualität angepriesen wird. Auch die Krabbenzuchtbecken am Nordrand des Orts versorgen die Spitzenrestaurants O'ahus. Und quietschbunte Imbisswagen, die Krustentiere zubereiten – z. B. in süßscharfer Sauce oder in Butter und Knoblauch gebraten – gibt es massenhaft an der Straße.

Die bei Bustouristen und Autoreisenden stets beliebten Krabbenimbisswagen (Food Trucks) in Kahuku sind meist täglich von 10 bis 18 Uhr geöffnet (im Sommer länger), je nach Nachschub und Nachfrage. Aber nicht alle Imbisswagen servieren Krabben und Garnelen aus Kahuku. Einige importieren das Krustengetier aus anderen Regionen Hawaiis oder sogar aus dem Ausland.

Ein Teller mit einem Dutzend Krabben oder Garnelen mit zwei Kugeln Reis kann bis zu 13 $ oder mehr kosten. An den berühmtesten Imbisswagen Kahukus (von Süd nach Nord aufgelistet) ist meist mit langen Wartezeiten zu rechnen.

Giovanni's KRABBENIMBISS $$
(56-505 Kamehameha Hwy) Giovannis graffitigeschmückter Wagen ist das Original und immer noch der Klassiker. Die Wagen nebenan servieren auch Smoothies, *shave ice* und Grillgerichte.

Famous Kahuku Shrimp KRABBENIMBISS $$
(56-580 Kamehameha Hwy) Bietet eine ungewöhnlichere Auswahl, wie japanische Tempura-Krabben und höllisch scharfe Tintenfische.

Fumi's KRABBENIMBISS $$
(www.fumiskahukushrimp.com; 56-777 Kamehameha Hwy) Gäste sitzen an Tischen neben dem Becken mit lebenden Krabben und lassen sich einen Teller mit Kokosnusskrabben schmecken.

Romy's KRABBENIMBISS $$
(www.romyskahukuprawns.org; 56-781 Kamehameha Hwy) Die Picknicktische am Nordrand des Orts blicken auf eine Fischfarm. Der Gipfel sind *Pani popo* (samoanische Kokosküchlein)!

Kahuku Grill HAMBURGER, SEAFOOD $
(55-565 Kamehameha Hwy; Hauptgerichte 6–12 $; ⊙Mo–Sa 11–21 Uhr; ♿) Das adrette, ländliche Lokal auf dem alten Fabrikgelände mitten im Ort verströmt reines Aloha. Die hausgemachten Hamburger sind saftig und die mit Kokos panierten Krabben delikat gebraten – mjam.

Fiji Market POLYNESISCH, TAKEAWAY $
(55-565 Kamehameha Hwy; Hauptgerichte 7–11 $; ⊙Mo–Sa 9–21 Uhr) Der kleine polynesische Laden im hinteren Teil des Einkaufszentrums serviert südpazifische Currygerichte mit frischen, warmen Rotis (indisches Fladenbrot) oder importierte Fleischpasteten aus Neuseeland.

NORTH SHORE & HALE'IWA

Die Welt der Surfer mag zwar nicht allen vertraut sein, aber von *der* North Shore hat wohl jeder schon mal gehört. Berühmte Breaks, wie Pipeline, Sunset und Waimea, sind in der ganzen Welt bekannt.

Im Winter rollen die großen Wellen an und erreichen gigantische Höhen. Der Ozean zeigt sich mit unglaublicher Schönheit

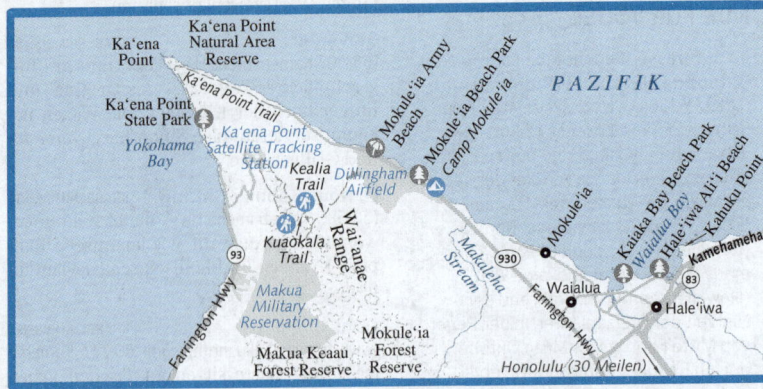

oder absolutem Schrecken – je nach Sichtweise.

Doch an der North Shore dreht sich nicht alles um große Wellen – die Strände sind nämlich auch schlichtweg umwerfend, und das verschlafene Landleben passt bestens zum unkonventionellen Lebensstil. Im Sommer werden die Wellen sanfter, und die Surferszene zieht zum nächsten großen Break – zurück bleiben die hinreißenden Strände und ruhiges Wasser, das ideal zum Schnorcheln ist.

Vor der Surfrevolution in den 1950er-Jahren war die North Shore nicht mehr als eine Ansammlung von Fischerdörfern, Zuckerrohrplantagen und verwahrlosten Häusern.

Die Wiedergeburt des Wellenreitens brachte Surfer, Surfwettbewerbe und schließlich auch jene mit sich, die an dem Trend verdienen wollten. Die North Shore wird trotzdem nicht rein vom Kommerz regiert – es gibt eine starke Tendenz unter den Einheimischen, den Charakter der North Shore zu bewahren. Touristische Erschließung ist verpönt, Naturschutz steht an erster Stelle.

Kawela (Turtle) Bay

Die charakteristischen Buchten und Lavaschichten der Kawela Bay ganz oben im Norden O'ahus bilden die Grenze zwischen der Windward Coast und der North Shore. Das Turtle Bay Resort mit Hotel, Golfplatz, Feriendorf und öffentlichem Zugang zu den Stränden der Umgebung ragt massiv über dieser Landschaft auf. Es gibt Gerüchte, dass eine Erweiterung geplant ist – das

Resort will sie unbedingt, aber die meisten Einheimischen sind dagegen. Nur die Zeit wird zeigen, ob der Ausbau nach einer vom Obersten Gericht verordneten Umweltverträglichkeitsstudie genehmigt wird. Vielleicht wird die harte wirtschaftliche Lage die Anwohner zwingen, ihre Meinung zu ändern.

☂ Strände

Kuilima Cove   STRAND
Die Kuilima Cove ist mit ihrem wunderschönen kleinen Strand, dem **Bayview Beach**, einfach hinreißend. Sie bietet für jeden etwas und ist groß genug, um auch die Ruhesuchenden zufriedenzustellen. An der rechten Seite der Bucht liegt draußen ein Riff, das nicht nur die Wellen bricht, sondern im Sommer auch toll zum Schnorcheln ist – und im Winter zum gemäßigten Surfen.

Die **Sand Bar** (⊘meist 9–17 Uhr) des Turtle Bay Resort am Hauptstrand verleiht Schnorchel, Bodyboards und Zubehör für Beach Volleyball. Parkplätze für Strandbesucher auf dem Gelände des Resorts kosten 5 $ pro Tag.

Kaihalulu Beach   STRAND
Nur eine Meile (1,6 km) östlich der Kuilima Cove liegt der Kaihalulu Beach, ein herrlicher, gebogener weißer Sandstrand, gerahmt von Eisenholzbäumen. Der felsige Grund ist zum Schwimmen nicht so gut, aber die Strandlinie zieht morgens Strandgutsammler an. Eine weitere Meile weiter östlich befindet sich der malerische **Kahuku Point**, wo einheimische Fischer ihre Netze auswerfen und von den Felsen angeln.

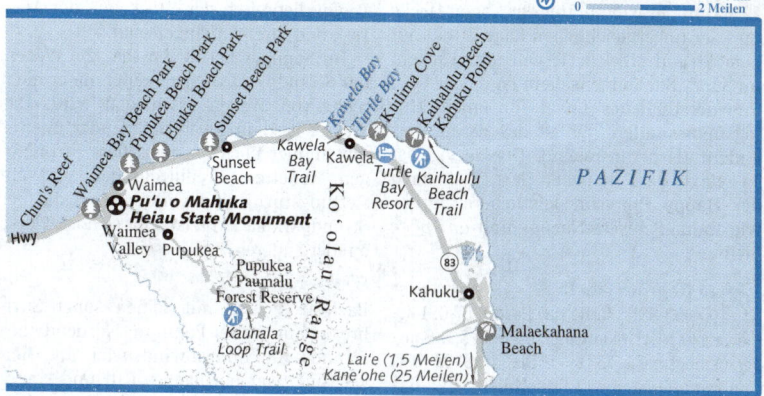

Kawela Bay

STRAND

1,5 Meilen (2,4 km) westlich der Kuilima Cove über einen Küstenweg, der vom Resort bis zur Kawela Bay reicht, gibt es exzellente Schwimm- und Schnorchelgelegenheiten. Im Winter sind von dort manchmal Wale zu sehen. Nach 15 Minuten Fußweg ist die westliche Landspitze der Turtle Bay erreicht, wegen des Bunkers aus dem Zweiten Weltkrieg **Protection Point** genannt. Hinter der Landspitze liegt die Kawela Bay. Die besten Schwimm- und Schnorchelbedingungen gibt es direkt in der Mitte der Bucht.

🏃 Aktivitäten

Das **Turtle Bay Resort** (☎293-6000; www.turtlebayresort.com; 57-091 Kamehameha Hwy, Kahuku) bietet etliche Aktivitäten: Zwei erstklassige 18-Loch-Championship-**Golfplätze** (☎293-8574; Greenfee 100–175 $; ☺nur nach vorheriger Reservierung), der eine von George Fazio entworfen, der andere von Arnold Palmer. Es gibt dort auch einen Golfladen, Lehrer und Schlägerverleih, ein **Tenniszentrum** (Platzgebühr pro Std. 10 $, Verleih von Schlägern & Bällen 16 $), das von der Zeitschrift *Tennis* hoch gelobt wird und Lehrer bzw.Tennispartner vermittelt, sowie **Reitausflüge** (pro Pers. 65–125 $) auf angenehmen Wald- und Küstenwegen. Das Resort organisiert für Gäste außerdem Kajaktouren auf dem Meer und Surfunterricht.

🛏 Schlafen

Turtle Bay Resort

RESORT $$$

(Karte S. 134; ☎293-6000, 800-203-3650; www.turtlebayresort.com; 57-091 Kamehameha Hwy,

Kahuku; Hotel DZ 215–560 $; ❄@🏠🏊🐾) Das Turtle Bay, das so gar nicht zum Hippieflair der North Shore passt, bietet den modernen Komfort eines familienfreundlichen Resorthotels. Jedes der veralteten und dringend renovierungsbedürftigen Zimmer hat einen eigenen *lanai* mit atemberaubendem Meerblick. Etwas romantischer sind die schicken Cottages und Ferienwohnungen mit hohen Decken, tiefen Badewannen und dem Strand direkt vor der Tür. Vier Nächte Mindestaufenthalt.

Die Condos des Resorts sind jeweils im Privatbesitz, entsprechend entweder traumoder grauenhaft eingerichtet. Die Wohnung sollte sorgfältig über Internetfotos und -besprechungen ausgewählt werden.

Die genannten Preise enthalten nicht die einmalige Reinigungsgebühr (50–200 $); mehrere Nächte werden als Minimumaufenthalt erwartet. Vermietungen wickeln folgende Agenturen ab:

Turtle Bay Condos (☎293-2800, 888-266-3690; www.turtlebaycondos.com; Studio ab 11 $, 1-/2-/3-Schlafzi.-Apt. ab 135/190/240 $)

Estates at Turtle Bay (☎293-0600, 888-200-4202; www.turtlebay-rentals.com; Studio ab 90 $, 1-/2-/3-Schlafzi.-Apt. ab 125/175/200 $)

Team Real Estate (☎637-3507, 800-982-8602; www.teamrealestate.com; 1-/2-Schlafzi.-Apt. ab 100/150 $) Befindet sich in Hale'iwa.

🍴 Essen & Ausgehen

Ola

MODERNE INSELKÜCHE $$$

(☎293-0801; Turtle Bay Resort, 57-091 Kamehameha Hwy; www.olaislife.com; Hauptgerichte mittags 11–24 $, abends 20–60 $; ⊙11–22 Uhr) In der *cabana* mit der hohen Decke und der unvergleichlichen Lage direkt auf dem Strand stecken Tische und Fackeln im Sand. Bei Sonnenschein ist das Ola ein unwiderstehliches Lokal für einen Mittagsimbiss, allerdings ist das Essen alles andere als herausragend. Der Service ist so relaxt, dass mancher Gast noch nach der Happy Hour für köstlichere *pupus*, wie Kalua-Schwein-Nachos und *ahi poke* bleibt.

21 Degrees North PAZIFISCH $$$

(☎293-8811; Turtle Bay Resort, 57-091 Kamehameha Hwy; Hauptgerichte 27–50 $, 5-Gang-Verkostungsmenü 75 $; ⊙Di–Sa 18–22 Uhr) Panoramafenster mit Meerblick sind das Markenzeichen des eleganten Restaurants. Auf weißen Tischdecken werden perfekt zubereitete Meeresfrüchte mit regionalem Touch und alles Bio serviert, z. B. geschmorter Kuna-Hummer oder *ahi* in Pfefferkruste mit frittierten Kahuku-Maisküchlein. Anspruchsvolle internationale Weinkarte.

Waimea

2450 EW.

Das winzige Dorf besteht nur aus ein paar maroden Läden und Häusern, aber es liegt direkt an einem der besten Surfbreaks der Welt. Waimea ist weltweit wegen der winterlichen Monsterwellen heiß begehrt, es ist ein informeller Treffpunkt für die weltbesten Surfer, wie auch von leidenschaftlichen Hobbysurfern und Möchtegernhelden. Hinter dem Strand, der auch nicht schlecht ist, wuchert üppig schönes Grün.

Wer nicht surft, findet im Flusstal und in den Hügeln tropische Wälder mit einheimischen Pflanzen und archäologische Schätze. Im alten Hawaii war das Waimea Valley dicht besiedelt. Im Tiefland gab es Taroterrassenfelder, im Tal zahlreiche Häuser und auf den Hügeln *heiau* (Tempel). Der Waimea River, der heute durch eine Sandbank am Meer blockiert ist, war eine Wasserstraße für Kanus zu den Dörfern flussaufwärts.

🏖 Strände

Sunset Beach Park STRAND

(59-104 Kamehameha Hwy) Wie so viele Strände an der North Shore zeigt sich auch dieser je nach Jahreszeit von verschiedenen Seiten. Im Winter rollt die schwere Brandung an und spektakulär hohe Wellen krachen an den Strand. Er ist ein Brennpunkt der Profiwellenreiter, der „Rockstars des Meeres", und ihrer Anhängerschar.

Im Sommer beruhigen sich die Wogen, der Strand wird wieder breiter, da er nicht mehr von Wellen erschlagen wird. Das Wasser ist dann zwar einladender, aber es gibt immer noch ein paar fiese Strömungen. Toiletten, Freiluftduschen und ein Rettungsturm sind vorhanden. Falls der Strandparkplatz voll ist, gibt es noch Plätze auf der anderen Straßenseite.

Backyards

Backyards zieht mit seinen super Surfbreaks am Sunset Point am Nordende des Strands die Spitzenwindsurfer an. Heikel sind zwar ein flaches Riff und starke Strömungen, aber hier gibt's die größten Wellen zum Windsurfen. Zu erreichen vom Kamehameha Highway *makai* (Richtung Meer) auf die O'opuola Street nahe Ted's Bakery.

'Ehukai Beach Park STRAND

(59-337 Ke Nui Rd) 'Ehukai Beach, Banzai Pipeline, Pipeline, Pipe – wie immer auch der Strand genannt wird: Wer große Wellen sucht, ist hier richtig. Pipeline ist in der ganzen Welt bekannt für die größten, heftigsten und nahezu perfekten Tonnenwellen aller Surfstrände. Wenn im Winter die starke Brandung aus Westen anrollt, türmen sich die Wellen zu Monstergrößen auf und erreichen oft bis zu 5 m Höhe, bevor sie am sehr flachen Riff brechen. Für Leute, die wissen was sie tun (ein Tag Surfunterricht in Waikiki gilt nicht), könnte dies sehr wohl der heilige Gral des Surfens sein.

Für Freizeitsurfer bietet sich immerhin die Gelegenheit, die weltbeste Surfer zu beobachten – die Wellen brechen nur ein paar Meter vom Strand, die Zuschauer sind also ganz vorne und mittendrin. Im Sommer ist es ruhig, und sogar Schnorcheln ist vom Strand aus möglich.

Der Eingang zum 'Ehukai Beach Park liegt gegenüber dem Sunset Beach Neighborhood Park. Am Strand gibt es einen Rettungsturm, Freiluftduschen, Toiletten und Trinkwasser.

Pupukea Beach Park STRAND

(59-727 Kamehameha Hwy) Der lange Pupukea Beach Park liegt weiter südwestlich entlang der Straße und umfasst Three Tables im Süden, Shark's Cove im Norden und Old Quarry in der Mitte. Pupukea (weiße Muschel) ist ein ungewöhnlich malerischer

Eddie Aikau war ein legendärer Bootsfahrer und Rettungsschwimmer aus Waimea. Wer jemals Waimea an einem stürmischen Wintertag erlebt hat, kann sich vorstellen, wieviel Mut es braucht, um ins Wasser zu gehen und einen Schwimmer in Not zu retten. Der Slogan „Eddie Would Go" (Eddie würde losziehen), der noch heute auf Autoraufklebern auf allen Inseln zu sehen ist, erinnert allerdings an eine andere heroische Tat.

1978 schloss sich Eddie einer Expedition an, die die Reise der Polynesier nach Hawaii mit einem nachgebauten Doppelrumpfkanu von O'ahu nach Tahiti und zurück nachvollziehen wollte. Kurz nach Verlassen der Küste geriet das Boot in Schwierigkeiten und kenterte im stürmischen Meer. Eddie beschloss, Hilfe zu holen – er schnappte sich sein Surfboard und wollte die etwa 30 km zur Küste paddeln, um Hilfe zu holen. Eddie wurde nie wieder gesehen. Seine Kameraden überlebten, aber der legendäre Bootsfahrer starb.

Ein jährliches Surfevent mit Riesenwellen in der Waimea Bay, das nach Eddie Aikau benannt wurde, ist wohl der renommierteste und spirituellste Surfwettbewerb überhaupt. Nur eingeladene Surfer dürfen teilnehmen, und er findet nur statt, wenn die Wellen gigantisch genug sind (d. h. mindestens 10 m). Das Datum wird also von der Bucht bestimmt. Er findet nicht jedes Jahr statt, auch kann niemand die Wellen vorhersagen – aber das ist auch irgendwie angemessen. Menschen wie Eddie gibt es nur selten, und auf Wellen, die sein Andenken würdigen, lohnt es sich zu warten.

Strand mit tiefblauem Wasser, einer abwechslungsreichen Küstenlinie und einer Mischung aus Lava und weißem Sand. Das Gewässer des Pupukea Beach ist ein Meeresschutzgebiet.

Die großen Felsbrocken an der Spitze des Kulalua Point markieren den nördlichsten Punkt von Pupukea Beach. Der Legende nach sind die Felsen Gefolgsleute von Pele, der hawaiischen Göttin des Feuers und der Vulkane. Um ihre Treue zu belohnen (oder in anderen Versionen, um ihre Neugier zu bestrafen, als sie den Weg der Göttin zur Küste hinab beobachteten), verwandelte Pele ihre Anhänger zu Stein und machte sie unsterblich.

Es gibt hier Freiluftduschen, Trinkwasser und Toiletten vor Old Quarry.

Shark's Cove

Shark's Cove ist sowohl über als auch unter der Wasseroberfläche traumhaft. Der Name, Haibucht, ist kein Grund zur Sorge – die Weißspitzen-Riffhaie hier sind normalerweise nicht aggressiv, es sei denn, sie werden belästigt oder sonstwie provoziert. Trotzdem Abstand halten und ihnen auf keinen Fall nahekommen!

Im Sommer, wenn das Meer ruhig ist, bietet die Shark's Cove super Schnorchelbedingungen und auch die beliebtesten Höhlentauchtouren O'ahus. Ziemlich viele

Anfänger nehmen hier Tauchunterricht. Die Meereshöhlen faszinieren geübte Taucher.

Um zu den Höhlen zu gelangen, müssen Taucher aus der Bucht raus und dann nach rechts schwimmen. Einige der Höhlen sind sehr tief und labyrinthartig. Es sind dort schon Menschen ertrunken. Man sollte sich also nur mit einem einheimischen Experten hineinwagen.

Old Quarry

Die Felsformationen des Strands sind zerklüftet und sehen wie von Menschenhand gebildet aus, sind aber absolut natürlich. Die Gezeitentümpel stellen interessante Mikrobiotope für Meeresgetier dar; am besten bei Ebbe zu erforschen. Vorsicht, wenn Kinder dabei sind, da die Felsen messerscharf sind.

Three Tables

Die Three Tables (drei Tafeln) erhielten ihren Namen von den abgeflachten Felsen, die aus dem Wasser ragen. Im Sommer, wenn das Wasser ruhig ist, sind die Three Tables ideal zum Schnorcheln und Tauchen. Es gibt beim Schnorcheln um die Tafeln durchaus eine Menge zu sehen, aber die schönsten Korallen und Fische sowie ein paar kleine Höhlen, Lavaröhren und -bögen sind weiter draußen im tieferen Wasser zu finden. Der Abschnitt ist nur für den Sommer geeignet! Im Winter gibt es zwischen

Strand und den Tafeln gefährliche Rückströmungen. Vorsicht auch vor scharfen Felsen und Korallen – und wie immer niemals das empfindliche Riff berühren.

Waimea Bay Beach Park   STRAND

(61-031 Kamehameha Hwy) Die Waimea Bay mag zwar eine Schönheit sein, sie ist aber launisch. Denn sie ändert sich je nach Jahreszeit dramatisch: Im Sommer kann sie ruhig und flau wie ein See sein, im Winter dann wild mit unglaublichen Surfwellen und den gemeinsten Rückströmungen, die man sich denken kann.

Der Winter ist Hochsaison für Surfer. An ruhigeren Tagen sind hier massenhaft Bodyboarder draußen, aber selbst dann rollen die Brecher mit voller Kraft rein und schmettern Leute an den Strand. Wasseraktivitäten im Winter sind hier nichts für Anfänger. Wie üblich ist nur die Zeit zwischen Juni und September ruhig genug zum Schwimmen und Schnorcheln.

Da es der beliebteste Strand an der North Shore ist, mangelt es oft an Parkplätzen. Parken an der Straße ist nicht erlaubt, auch wenn es manche tun; die Polizei schleppt gleich dutzendweise Autos ab, besonders wenn Surfwettbewerbe stattfinden. Am Strand gibt es Toiletten, Freiluftduschen und Trinkwasser. Ein Rettungsschwimmer ist jeden Tag da.

◉ Sehenswertes & Aktivitäten

Deep Ecology (S. 159) im nahen Hale'iwa unternimmt Tauchexkursionen rund um Waimea, auch in der Shark's Cove und um die Three Tables.

Waimea Valley   BOTANISCHER GARTEN

(☎638-7766; www.waimeavalley.net; 59-864 Kamehameha Hwy; Erw./Kind 4–12 J. 13/6 $; ⊗9–17 Uhr; ♿) Lust auf Dschungel statt Strand? Der über 700 ha große hawaiische Natur- und Kulturpark gleich hinter der Waimea Bay ist eine Oase tropischer Ruhe. Besucher können im botanischen Garten am Kamananui-Bach umherschweifen oder sogar ein Bad unter den 15 m hohen Waimea Falls nehmen. Hier gedeihen bis zu 5000 einheimische und exotische Pflanzenarten.

Ebenso interessant sind die Nachbildungen von alten hawaiischen Wohnhäusern und ein restaurierter *heiau* (Tempel) des Lono, des traditionellen Gottes für Fruchtbarkeit und Ackerbau. Die täglich angebotenen kulturellen Aktivitäten, wie *poi*-Stampfen, *lei*-Flechten und Hula-Unterricht, richten sich an Bustouristen. Die geführten botanischen Touren lohnen sich unbedingt; Termine sollten vorher telefonisch erfragt werden.

Pu'u o Mahuka
Heiau State Monument   HEIAU (TEMPEL)

Ein fabelhafter Blick auf die Küste und ein Spaziergang auf dem Gelände des größten Tempels O'ahus belohnen all jene, die sich zu diesem historischen Denkmal hoch auf einem Felsvorsprung über Waimea hinaufwagen.

Der Tempelbau aus Trockensteinmauern wird den *menehune* zugeschrieben (den „kleinen Menschen", die der Legende nach viele der Fischteiche, *heiau* und andere Steinbauten Hawaiis in jeweils nur einer Nacht errichteten). Pu'u O Mahuka bedeutet „Hügel des Entkommens" – allerdings war dies ein *luakini*-Tempel, wo Menschenopfer stattfanden.

Die terrassierten Mauern aus Lavagestein sind nur um einen Meter hoch und stammen vermutlich aus dem 16. Jh. Zusammen sind die drei angrenzenden Einfriedungen, die das Zentrum des *heiau* bilden, etwa 170 m lang. Es ist ein atemberaubender Platz für einen Tempel und lohnt allein schon wegen des eindrucksvollen Blicks die Fahrt, besonders bei Sonnenuntergang.

Innerhalb der Stätte bitte nicht herumlaufen, damit sie nicht beschädigt wird. Zu erreichen ist sie ab dem Foodland-Supermarkt über die Pupukea Road *mauka* (landeinwärts); der Abzweig zum *heiau* ist eine halbe Meile (800 m) weiter, von wo es noch holprige 0,7 Meilen (gut 1 km) bis zum Tempel sind.

Kaunala Loop Trail   WANDERN, MOUNTAINBIKEN

Der kaum bekannte Kaunala Loop Trail oberhalb des Waimea Valley ist eine Mischung aus einfachem Wanderweg und gemäßigt steilem Aufstieg. Nach dem Blick auf die Schönheit der Bucht von Aussichtspunkten ganz oben auf dem Wanderweg ist leicht zu verstehen, warum der hawaiische Adel sie für heilig hielt.

Die 4,5 Meilen (gut 7 km) lange Wanderung dauert etwa zwei Stunden. Offiziell ist der Weg nur an Wochenenden und an gesetzlichen Feiertagen öffentlich zugänglich. In der Gegend darf gejagt werden, Wanderer sollten also helle Farben tragen und nicht vom Weg abweichen. Der Trail darf auch von Mountainbikern genutzt werden.

Anfahrt zum Startpunkt ist über die Pupukea Road ab dem Foodland-Supermarkt *mauka* (landeinwärts) und dann 2,5 Meilen (4 km) weiter, bis die Straße am Pfadfinderlager (Boy Scout Camp) endet. Vom Parkplatz weisen Schilder mit der Aufschrift „Na Ala Hele" zum Weg.

🛏 Schlafen

Wie fast überall an der North Shore sind auch hier Unterkünfte dünn gesät. Am Schwarzen Brett im Foodland-Supermarkt in Pupukea hängen Anzeigen für Mitbewohner und manchmal auch Ferienwohnungen aus. Mehrere Ferienwohnungsbesitzer verlassen sich z. B. auf Mundpropaganda und lokale Makler im nahen Hale'iwa (s. S. 159).

Ke Iki Beach Bungalows   FERIENHÄUSER $$
(☎638-8229, 866-638-8229; www.keikibeach. com; 59-579 Ke Iki Rd; 1-Schlafzi.-Apt. 155–215 $, 2-Schlafzi.-Apt. 175–230 $; ❄) Die versteckten Refugien gleich nördlich des Pupukea Beach Park sind ganz tropisch mit Blumenmustern und Rattansesseln ausgestattet, die perfekt zur Lage am Strand passen. Jeder der fast ein Dutzend Bungalows hat Küche, TV und Telefon, und alle Gäste können einen Grill, Picknicktische und die Hängematten zwischen Kokospalmen benutzen. Die Lage ist idyllisch – manche Häuser liegen direkt am Strand, andere sind nur ein paar Minuten zu Fuß vom Wasser entfernt.

Backpackers Vacation Inn & Plantation Village   HOSTEL, CABINS $
(☎638-7838; http://backpackers-hawaii.com; 59-788 Kamehameha Hwy; B/DZ/Studio/Cabins ab 30/72/130/175 $; @) Das ungepflegte Backpackerdorf ist die einzige billige, coole Unterkunft im Ort. Die Schlafstätten sind entsprechend schlicht bis hin zu marode. Wer kein Problem mit abblätternder Farbe und kunterbunter Einrichtung hat, wird sich hier zu Hause fühlen. Die Lage ist unschlagbar.

✕ Essen

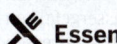
Ted's Bakery   EINHEIMISCH, TAKEAWAY $
(www.tedsbakery.com; 59-024 Kamehameha Hwy; Gerichte 1–8 $; ◷Mo & Di 7–18, Mi–So 7–20 Uhr; 🐾) Der Drive-In-Imbiss ist der Inbegriff der North Shore und auf der ganzen Insel berühmt. Zu Ted's kommen die Gäste für einen schnellen Happen oder ein riesiges Tellergericht (wie Hühnchen-*katsu*, Teriyaki-Rindfleisch, gegrilltes Schweinefleisch, *mahi mahi*), der gleich für zwei hungrige Surfer reicht. Der Schokohaupia-Kuchen ist legendär, dazu gibt es noch weit über ein Dutzend weitere Leckereien, wie Macadamia-Creme und *lilikoi*-Käsekuchen.

Tacos Vicente   MEXIKANISCH, TAKEAWAY $
(Kamehameha Hwy; Snacks 3–6 $, Mahlzeiten 8–12 $; ◷meist Do & Sa 11–16 Uhr) Der rotgrüne Imbisswagen an der Straße *makai* (Richtung Meer) nahe dem Sunset Beach ist leicht zu erkennen. Dort gibt's einen Teller mit Tacos *al pastor* (Hirten-Taco) oder ein Burrito mit Grillfleisch oder Gemüse, Bohnen, Käse und Reis gefüllt, dazu ein *horchata* (Reisgetränk) mit Zimt. Auf der Website stehen aktuelle Öffnungszeiten und Standorte.

Shark's Cove Grill   EINHEIMISCH, TAKEAWAY $
(www.sharkscovegrill.com; 59-712 Kamehameha Hwy; Gerichte 7–15 $; ◷8.30–20.30 Uhr) Der kleine, hellblaue Schuppen am Straßenrand serviert halbwegs gute Taro-Sandwiches, Smoothies sowie Steak- und Meeresfrüchtespießchen auf Pappteller.

Foodland   SUPERMARKT $
(59-720 Kamehameha Hwy; ◷6–23 Uhr) Der Laden gegenüber dem Pupukea Beach Park hat alles für ein Strandpicknick.

Hale'iwa
2285 EW.

Das eindeutigste Zeichen dafür, wie die Surfwellen gerade anrollen, ist die Geschäftigkeit in Hale'iwa. Wenn im Dorf viel los ist, heißt das meist, dass die Wellen lahm sind. Wenn es unheimlich still ist, sind alle am Strand – weil dann garantiert die Wellen krachen. So ist das Dorf eben: Alles dreht sich ums Surfen und alle finden es gut.

Obwohl es ein ziemlich touristischer Ort ist, hat Hale'iwa ein relaxtes Flair, das genau zur restlichen North Shore passt. Da es der größte Ort in der Gegend ist, finden Besucher hier auch etwas Anständiges zu essen, sie können T-Shirts kaufen und tageweise Surfboards mieten. Beim abendlichen Abhängen wünscht man sich, noch etwas länger bleiben zu können ...

TRIPLE CROWN OF SURFING

Auf der **Triple Crown of Surfing** (www.triplecrownofsurfing.com) an der North Shore, dem größten Surfwettbewerb der Welt, konkurrieren die Profis um die Ehre – und um Preisgelder von 1 Mio. $. Der Wettkampf der Männer, der Reef Hawaiian Pro Mitte November, beginnt am Hale'iwa Ali'i Beach Park. Die zweite Phase des Wettkampfs, der O'Neill World Cup of Surfing (Ende November bis Anfang Dezember) findet am Sunset Beach statt, der letzte, der Billabong Pipe Masters, wird Anfang bis Mitte Dezember an der Banzai Pipeline ausgetragen. Die Frauenwettkämpfe finden gleichzeitig zu den Männerwettkämpfen statt.

🏖 Strände

Hale'iwa hat einen malerischen Bootshafen, der auf beiden Seiten von Beach Parks gerahmt ist. Besonders im Winter kommen wegen der Wellen internationale Surfer zu Wettbewerben her, aber auch ebenso viele Hawaiianer.

Hale'iwa Ali'i Beach Park   STRAND
(66-167 Hale'iwa Rd) Einer der besten Surfstrände an der North Shore und daher beliebt für Surfwettbewerbe. Ende November beginnt hier die Triple Crown of Surfing mit den besten Surfern der Welt. Die Wellen sind manchmal gigantisch, und Doppel- oder Dreifach-Tubes kommen häufig vor.

Bei Flaute stürzen sich die Kids mit ihren Bodyboards in die Wellen, Normalsterbliche versuchen sich am Stand Up Paddling. Die seichten Stellen an der Südseite des Strands sind zum Schwimmen am ruhigsten. Es gibt hier Toiletten und Rettungsschwimmer (nebenbei: Szenen für *Baywatch – Die Rettungsschwimmer von Malibu* wurden hier gefilmt).

Hale'iwa Beach Park   STRAND
(62-449 Kamehameha Hwy) Der Strand an der Nordseite der Waialua Bay ist durch eine Untiefe und durch Wellenbrecher geschützt, also meist ruhig und gut zum Schwimmen. Die Wellen sind in der Regel lahm, außer wenn die Brandung von Norden in die Bucht rollt.

Der Strand ist zwar nicht so hübsch wie die anderen um Hale'iwa, aber er hat Basket- und Volleyballplätze, einen Softballplatz, einen Kinderspielplatz, Toiletten und Freiluftduschen. Er bietet auch einen schönen Blick auf den Ka'ena Point im äußersten Westen.

Kaiaka Bay Beach Park   STRAND
(66-449 Hale'iwa Rd) Wer raus aus Hale'iwa will, muss sich nur knapp eine Meile (1,6 km) weiter südwestlich begeben. Es gibt hier mehr Bäume, die bei Hitze Kühlung und Schatten spenden. Schwimmen ist jedoch besser an anderen Stränden der Umgebung. Wer also ins Wasser will, sollte sich anderswo umschauen. Es gibt hier Toiletten, Freiluftduschen, Picknicktische und Campingplätze.

👁 Sehenswertes

1832 errichteten John und Ursula Emerson, die ersten Missionare an der North Shore, das Grashaus Hale'iwa – das Haus *(hale)* des Bindenfregattvogels *('iwa)* – als Missionarsschule am Ufer des Flusses Anahlu, der hier ins Meer fließt.

North Shore Surf & Cultural Museum   MUSEUM
(📱637-8888; www.northshoresurfmuseum.com; North Shore Marketplace, 66-250 Kamehameha Hwy; Eintritt mit Spende; ⊙meist Di–So 12–18 Uhr) Surfen und die Kultur der North Shore sind unmöglich voneinander zu trennen – der beste Ort, um die enge Verbindung zu erfahren, verbirgt sich in einem Einkaufszentrum. Das kleine Museum ist vollgestopft mit alten Surfbrettern, verblichenen Fotos und guten Geschichten. Auch werden coole, alte Artikel verkauft. Lohnt sich unbedingt.

🏃 Aktivitäten
Surfen & Schnorcheln

Für Surfanfänger bietet die North Shore ein paar zahme Breaks wie am Puaena Point, gleich nördlich des Hale'iwa Beach Park, und Chun's Reef, nördlich der Stadt. Selbst wer schon ein paar Wellen in Waikiki geritten ist, sollte einen Kurs bei einem der vielen freiberuflichen Lehrer belegen, um sich mit den hiesigen Unterwassergefahren vertraut zu machen. Nach guten Adressen kann man sich umhören oder einfach nur am Strand auftauchen, wo Surfschulwagen Ausrüstungen verleihen und Unterricht am gleichen Tag anbieten, auch für Stand Up Paddling. Kostenpunkt ist ab 75 $ für einen zweistündigen Gruppensurfkurs oder 30 bis 45 $ pro Tag für den Boardverleih (mit

Paddel 60 $). Zu den gängigen lokalen Surfschulen und Allround-Anbietern für Wassersport gehören die folgenden:

Surf 'n' Sea
VERLEIH, KURSE

(www.surfnsea.com; 62-595 Kamehameha Hwy; ⏱9–19 Uhr) Verleiht Surfboards, Paddel, Taucheranzüge, Autogepäckträger, Schnorchelausrüstung, Kajaks, Strandsonnenschirme und -stühle.

North Shore Surf Girls
KURSE

(☎637-2977; www.northshoresurfgirls.com; 66-031 Kamehameha Hwy; ⏱nach Vereinbarung) Surf- und Stand Up Paddling-Kurse und Camps mit mehrsprachigen Ausbildern.

Rainbow Watersports
KURSE

(☎372-9304, 800-470-4964; www.rainbow watersports.com; Hale'iwa Beach Park; ⏱nach Vereinbarung) Spezialisiert auf Stand Up Paddling, Unterricht in seichtem Gewässer.

Sunset Surratt Surf Academy
KURSE

(☎783-8657; http://sunsetsurattsurfschool. com) Surfunterricht beim Profitrainer Uncle Bryan, der an der North Shore geboren und aufgewachsen ist.

Deep Ecology
VERLEIH

(☎637-7946; www.oahuscubadive.com; 66-456 Kamehameha Hwy; ⏱8–17 Uhr) Der umweltbewusste Tauchladen verleiht Bodyboards und Schnorchel.

Tauchen & Walbeobachtung

Deep Ecology
VERLEIH, TOUREN

(☎637-7946, 800-578-3992; www.oahu scubadive.com; 66-456 Kamehameha Hwy; Küsten-/Boottauchgänge ab 109/139 $, Waltouren 80 $; ⏱8–17 Uhr) Wer lieber unter den Wellen schwimmt, als auf ihnen zu reiten, kann sich vertrauensvoll an die Leute von Deep Ecology wenden. Die Taucher dort gehen sorgfältig mit der Ökologie des Meeres um und bieten entsprechende Tauchexkursionen. Küstentauchgänge im Sommer führen zur Shark's Cove und zu den Three Tables im nahen Waimea, Bootsexkursionen zu Lavaröhren, Korallenriffen, Bögen und Kathedralen. Ausrüstung wird ebenfalls verliehen. Zwischen Januar und April fahren die Boote zur Walbeobachtung hinaus.

🛏 Schlafen

Ferienwohnungen und -häuser sind die häufigsten Unterkünfte in Hale'iwa. Es gibt auch ein paar B&Bs und gelegentlich geöffnete Hostels. Die Einwohner vermieten manchmal Zimmer in ihren Häusern – oft

angeboten über die Website von **Vacation Rentals By Owner** (www.vrbo.com) oder über die Schwarzen Bretter im Malama Market und im Celestial Natural Foods. Weitere Unterkünfte gibt es im nahen Waimea (S. 157). Es existieren keine Hotels oder Condos an der North Shore, außer im Turtle Bay Resort (S. 153).

Hale'iwas einziger Campingplatz befindet sich im Kaiaka Bay Beach Park, wo Zelten außer mittwochs und donnerstags gestattet ist. Infos zu Genehmigungen (erforderlich) s. S. 60.

Team Real Estate
FERIENWOHNUNGEN $$

(☎637-3507, 800-982-8602; www.teamreal estate.com; North Shore Marketplace; 66-250 Kamehameha Hwy; 1/2/3 Schlafzimmer ab 100/150/200 $) Das Maklerbüro kümmert sich um ein paar Dutzend Ferienunterkünfte an der North Shore: Maisonettewohnungen, Condos, sogar Luxushäuser am Strand mit mehreren Schlafzimmern. Angebote gibt es in jeder Preislage – sofern früh gebucht wird, besonders in der gefragten Wintersaison.

🍴 Essen & Ausgehen

Die meisten Restaurants in Hale'iwa befinden sich an der Hauptstraße Kamehameha Highway.

Luibueno's
MEXIKANISCH, SEAFOOD $$

(☎637-7717; www.luibueno.com; Hale'iwa Town Center, 66-165 Kamehameha Hwy; Hauptgerichte 7–25 $; ⏱11–24 Uhr) Das solide mexikanische Essen lockt massenhaft Einheimische und Auswärtige in diese sonnenuntergangsfarbene, auf Adobe gemachte Hacienda. Wer noch nie einen Taco mit Goldmakrele in

ESSEN AUF RÄDERN

Am Südrand von Hale'iwa befindet sich zwischen der Brücke und dem Kreisverkehr ein Parkplatz mit **Imbisswagen (Food Trucks)**. Mahlzeiten und Tellergerichte kosten um 6 bis 12 $. Die Einheimischen diskutieren heiß, welcher Imbisswagen die besten Garnelen grillt, aber fast alle sind sich einig, dass **Opal** das beste Thai-Essen hat und **Holy Smokes** der Grillkönig ist. **Roy's Kiawe Broiled Chicken** im Ortszentrum ist ein weiterer spitzenmäßiger Imbisswagen.

SHAVE ICE

Die klassische O'ahu-Inselrundfahrt ist nicht vollständig, ohne ein *shave ice* aus **Matsumoto's** (www.matsumoto shaveice.com; 66-087 Kamehameha Hwy; 9–18 Uhr;) wellblechgedeck- ten Gemischtwarenladen aus den 1950er-Jahren. Manche Familien fahren von Honolulu nur mit einem Ziel an die North Shore: um sich hier in die Schlange für eine Tüte köstliches geschabtes Eis zu stellen. Es gibt die inseltypischen Sorten wie *liliko'i* (Passionsfrucht), Banane, Mango und Ananas.

Andererseits – Touristen gehen zu Matsumoto's, Einheimische ziehen **Aoki's** (www.aokisshaveice.com; 66- 117 Kamehameha Hwy; 11–18.30 Uhr) vor. Da sind die Schlangen sehr viel kürzer. Nur die Souvenir-T-Shirts sind nicht annähernd so cool wie die im Matsumoto's.

Bierpannade oder einen deftigen *ahi*-Burri- to gekostet hat, bekommt hier die Gelegen- heit dazu. Luibueno's serviert auch gute, anspruchsvolle Meeresfrüchte und Steaks. Die Après-Surf-Szene hängt an der Bar und kippt zur zweimal täglichen „*bueno*" Happy Hour Margaritas.

Kua 'Aina   HAMBURGER $

(www.kua-aina.com; 66-160 Kamehameha Hwy; Hauptgerichte 7–10 $; 11–20 Uhr;) Die bes- ten Hamburger auf ganz O'ahu gibt es in diesem Klassiker an der North Shore. Kua 'Aina führt eine ellenlange Liste von mons- tergroßen Hamburgern und Sandwiches: Zur Auswahl stehen gegrillter *ahi* oder *ma- himahi* mit Ortega-Käse, Hühnchen Teriya- ki, pfeffrige Aubergine oder Hamburger aus North-Shore-Freilandrind mit Ananas und hausgemachten Pommes.

Café Hale'iwa   FRÜHSTÜCK, BRUNCH $

(66-460 Kamehameha Hwy; Hauptgerichte 5–10 $; Mo–Sa 7–12.30, So 7–14 Uhr;) Den relax- ten Surfer-Diner gibt's in Hale'iwa schon seit den 1980er-Jahren. Hier können sich Wassersportler morgens an einem Tisch auf der sonnigen Veranda mit einem „improvi- sierten" Omelette oder einem „*breakfast in a barrel*" (mexikanischer Burrito mit grü-

nem Salsa) stärken. Kinderfreundlich ist der Laden auch.

Grass Skirt Grill   EINHEIMISCH, TAKEAWAY $

(66-214 Kamehameha Hwy; Hauptgerichte 7–13 $; 11–18 Uhr) Hale'iwas Mini-Tiki-Lokal mit Retro-Surferdeko an den Wänden passt perfekt zu den inseltypischen gemischten Platten, Meeresfrüchtespezialitäten (lecker ist das saftige *ahi*-Steak) und *luau*-Salaten. Es ist beliebt bei den Einheimischen und verkauft auch Essen zum Mitnehmen an den Strand.

Banzai Sushi   JAPANISCH $$

(North Shore Marketplace, 66-246 Kamehameha Hwy; Hauptgerichte 10–20 $; 12–21.30 Uhr) In der einzigen Sushibar der North Shore steht das Ambiente im Vordergrund: Surfervideos laufen an den Wänden, und Bands spielen live am Wochenende. Die klassischen Nigiri- und kreativen Maki- Sushi gehen gerade so, der Service kann sehr laaaangsam sein. Die Happy Hour ist klasse.

Hale'iwa Joe's   SEAFOOD, STEAK $$

(637-8005; www.haleiwajoes.com; 66-011 Ka- mehameha Hwy; Hauptgerichte mittags 9–20 $; abends 17–30 $; So–Do 11.30–21.30, Fr & Sa bis 22 Uhr) Hale'iwa Joe's mit malerischer Lage am Yachthafen ist schlichtweg über- bewertet. Frische ist das Ziel, und einige Meeresfrüchte kommen direkt von den Booten, die draußen zu sehen sind. Aber die Zubereitung wird dem Ruf des Lokals nicht gerecht. Besser sind die Cocktails und die kreativen *pupus*.

Hale'iwa Farmers Market   MARKT $

(www.haleiwafarmersmarket.com; Kreu- zung Kamehameha Hwy & Joseph Leong Hwy; So 9–13 Uhr;) Am Nordrand des Orts, wo sich die Umgehungsstraße teilt, ver- kaufen 40 Anbieter saisonale Biolebens- mittel und Kunsthandwerk.

Storto's Deli   FEINKOST, TAKEAWAY $

(66-215 Kamehameha Hwy; Sandwiches 5– 8 $; 10–18 Uhr) Der Laden mit den nach Wunsch belegten Riesensandwiches ist der Knüller. Bloß nicht die nervigen Hüh- ner draußen füttern!

Waialua Bakery   BÄCKEREI, TAKEAWAY $

(66-200 Kamehameha Hwy; pro Stück 2–8 $;) Der abseits eines Parkplatzes versteckte Laden verkauft hausgebackene Lecke- reien, Gourmet-Sandwiches, Schälchen mit Acai-Beeren und frische Smoothies.

Celestial Natural Foods
LEBENSMITTEL $

(66-443 Kamehameha Hwy; ⊘Mo–Sa 9–18, So 10–18 Uhr; ⊘) Kleiner Laden mit karmafreundlichem Biogemüse und -lebensmitteln und einem winzigen Café mit veganischen Angeboten.

Malama Market
SUPERMARKT $

(66-190 Kamehameha Hwy; ⊘7–21 Uhr) Der moderne Supermarkt ist ideal für einen schnellen Imbiss vom Feinkostcounter; hier gibt's auch Futter fürs Picknick.

🔒 Shoppen

Hale'iwa ist der beste Ort an der North Shore, um ein bisschen auf Shoppingtour zu gehen. Die meisten Läden und Galerien, von trendig bis schräg, befinden sich am oder um den **North Shore Marketplace** (66-250 Kamehameha Hwy).

Turtles & More
KUNST, SOUVENIRS

(66-218 Kamehameha Hwy; ⊘10.30–17.30 Uhr) Falls die eigenen Digitalfotos nicht gerade toll sind, beeindrucken mit Sicherheit die Fotos dieser Galerie die Lieben daheim. Es gibt umwerfende Unterwasserbilder und super Surferfotos.

Oceans in Glass
KUNSTHANDWERK, SOUVENIRS

(North Shore Marketplace, 66-250 Kamehameha Hwy; ⊘10–18 Uhr) Wer sagt denn, dass gläserne Weihnachtskugeln nur was für Oma sind? Handgefertigte Fische, Schildkröten und Delphine entstehen vor den Augen der Besucher und werden sogar kostenlos ersetzt, wenn sie auf dem Heimweg kaputt gehen.

Barnfield's Raging Isle Surf
KLEIDUNG, OUTDOOR

(www.ragingisle.com; North Shore Marketplace, 66-250 Kamehameha Hwy; ⊘10–18.30 Uhr) Voller Strandklamotten, Surfboards, Skateboards und allem anderen, was man an der North Shore benötigt.

Guava
KLEIDUNG

(http://guavahawaii.com; 66-165 Kamehameha Hwy; ⊘10–18 Uhr) Elegante Strandboutique für Damen: Strandkleider mit Kimonomuster, sexy Bikinis, coole Jeans und Riemchensandalen.

North Shore Swimwear
KLEIDUNG

(www.northshoreswimwear.com; North Shore Marketplace, 66-250 Kamehameha Hwy; ⊘10–18 Uhr) Angesagtester Laden für schicke Damenbademode, die frei kombiniert werden kann. Maßanfertigungen werden in Hawaii handgenäht.

Growing Keiki
KLEIDUNG, SPIELZEUG

(66-051 Kamehameha Hwy; ⊘meist 10–18 Uhr; ⊘) Die Kinderboutique führt Kleidung für kleine Nachwuchssurfer und angehende Strandhäschen, wie Minihawaiihemden, Badeshorts und Spielzeug.

Global Creations & Interiors
SOUVENIRS

(www.globalcreationscart.com; 66-079 Kamehameha Hwy; ⊘10–18 Uhr) Flippiger, blumiger und farbenfroher Laden für inseltypische Kleidung, Schmuck, Haushaltskram, Kunst, Musik und dergleichen.

Hale'iwa Art Gallery
KUNST, SOUVENIRS

(www.haleiwaartgallery.com; North Shore Marketplace, 66-252 Kamehameha Hwy; ⊘10–18 Uhr) Präsentiert Arbeiten von über 20 lokalen und regionalen Malern, Fotografen, Bildhauern und Mixed-Media-Künstlern, von kitschig bis dramatisch.

ℹ️ Praktische Informationen

Coffee Gallery (☎637-5355; North Shore Marketplace, 66-250 Kamehameha Hwy; je 30 Min. 3 $; ⊘6.30–20 Uhr; @🖧) Prepaid-Internetterminals, kostenloses WLAN.

First Hawaiian Bank (Hale'iwa Town Center, 66-135 Kamehameha Hwy; ⊘Mo–Do 8.30–16, Fr bis 18 Uhr) 24-Stunden-Geldautomat.

Longs Drugs (☎637-9393; Hale'iwa Shopping Plaza, 66-197 Kamehameha Hwy; ⊘Mo–Sa 8–20, So 8–19 Uhr) Apotheke und Minimarkt.

Post (66-437 Kamehameha Hwy; ⊘Mo–Fr 8–16, Sa 9–12 Uhr) Am Südrand des Orts.

Waialua
3860 EW.

Wem der relativ gemächliche Lebensrhythmus an der North Shore noch zu hektisch ist, kann sich nach Waialua begeben. Das Zuckerfabrikstädtchen fiel in den Dornröschenschlaf, als 1996 die Fabrik für immer schloss. Seither haben einfallsreiche Einwohner die alte Fabrik zu einem inseleigenen Einkaufszentrum mit Handwerksbetrieben umfunktioniert.

Dennoch ist die Region wirtschaftlich geschwächt. Viele der umliegenden Felder sind von verwildertem Zuckerrohr überwuchert. Manche Abschnitte sind neu mit Kaffeebäumen bepflanzt – eine arbeitsintensive Nutzpflanze, die Hoffnung auf Arbeitsplätze gibt. Die Kaffeebäume, die in akkuraten Reihen gepflanzt wurden, sind schon bei der Anfahrt nach Waialua zu sehen.

Der **Waialua Farmers Market** (⊙ 8.30–14, Mi 16.30–19.30 Uhr) findet nahe der Zuckerfabrik statt. Einige ehemalige Zuckerplantagenarbeiter bestellen jetzt kleine Äcker, die sie von der Dole Food Company gepachtet haben. Surfboardhersteller und Kunsthandwerkshändler beleben den Markt.

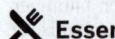 Essen

Nui's Thai　　　　THAILÄNDISCH, TAKEAWAY $
(www.nuisthaifood.com; 67-196 Goodale Ave; ⊙10.30–18.30 Uhr) Ein Koch aus Bangkok werkelt in der engen Küche des Imbisswagens, draußen stehen ein paar Picknicktische. Die Gerichte sind eher zahm gewürzt (extra scharf auf Wunsch), aber die großen Portionen traditioneller Currys, gebratener Nudeln und herzhafter Salate überzeugen.

Pa'ala'a Kai Bakery & Market　　　　BÄCKEREI, TAKEAWAY $
(www.pkbsweets.com; 66-945 Kaukonahua Rd; ⊙5.30–20 Uhr) Die Familienbäckerei ist nur über einen Umweg über eine Landstraße zu finden, eine Wallfahrt für alle, die Appetit auf ein *snow puffy* haben (Blätterteig mit Schokocreme und Puderzucker).

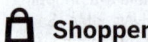 Shoppen

Waialua Sugar Mill (www.sugarmillhawaii. com) Wurde als Zentrum umgenutzt, mit Läden und Betrieben der Ortsansässigen.

North Shore Soap Factory　　　　KUNSTHANDWERK, SOUVENIRS
(Old Sugar Mill, 67-106 Kealohanui St; ⊙Mo–Sa 9–18, So 10–17 Uhr) Durch das Fenster können die Seifenmacher bei der Herstellung ihrer Seifen beobachtet werden, alle zubereitet mit einheimischen Zutaten, wie *kukui* (Kerzennussbaum), Nüsse und Kokoscreme.

Island X Hawaii　　　　SOUVENIRS
(Old Sugar Mill, 67-106 Kealohanui St; ⊙Mo–Fr 9–17, Sa 8.30–17, So 10–17 Uhr) Weitläufiges Warenlager mit breitem Angebot, von billigen Hawaiihemden bis zu originalen und alten Kunstwerken, sowie Kaffee, Schokolade und Limonade aus Waialua.

Von Mokule'ia zum Ka'ena Point

Der östlichste Zipfel der Insel zeigt die letzten, spärlichen Zeichen menschlicher Besiedlung. Dann endet man am tiefen, furchterregenden Ozean. Der Farrington Highway (930) verläuft westwärts von Thompson Corner Richtung Ka'ena. Die Straße entlang der Wai'anae Coast heißt ebenfalls Farrington Highway, aber sie sind nicht miteinander verbunden – jede endet als Sackgasse etwa 2½ Meilen (4 km) vor dem Ka'ena Point.

Strände

Mokule'ia Beach Park　　　　STRAND
(68-919 Farrington Hwy) Begeisterte Windsurfer kommen oft an diesen Küstenstrich und nutzen die beständigen Winde. Der Beach Park hat eine Rasenfläche mit Picknicktischen, Toiletten und Freiluftduschen. Der Strand selbst ist ein schöner Sandstreifen, aber mit felsigem Meeresgrund, der schlecht zum Baden ist.

Wenn das Wasser im Sommer ruhig ist, schwimmen Schnorchler draußen am flachen Riff entlang. Im Winter werden die Strömungen stärker, und es ist nicht ratsam, ins Wasser zu gehen. Keine Rettungsschwimmer.

Mokule'ia Army Beach　　　　STRAND
Gegenüber dem Westrand des Dillingham Airfield befindet sich der breiteste Sandstrand an der Küste von Mokule'ia. Der Strand war einst für Armeeangehörige reserviert, ist aber heute auch für die Öffentlichkeit zugänglich. Er wird allerdings

nicht instandgehalten und besitzt keine sanitären Anlagen. Auch ist er ungeschützt, und das Meer zeigt starke Rückströmungen, besonders bei hoher Brandung im Winter.

Ka'ena Point
STRAND

Vom Mokulei'a Army Beach geht es weitere 1,6 Meilen (2,6 km) auf der Straße weiter, vorbei an noch mehr weißen Sandstränden mit tiefblauem Wasser. Das Terrain besteht aus Buschland bis hoch zum Fuß der Wai'anae Range. Die Küste ist wild und windumtost.

Die Gegend ist nicht nur trostlos, sondern auch ein bisschen zugemüllt. Graffiti, leere Schnapsflaschen und Autoeinbrüche sind hier normal.

Der Farrington Highway endet an einem unbefestigten Fußweg zum Ka'ena Point. Die Landspitze kann zu Fuß oder mit dem Mountainbike umrundet werden. Autofahrer müssen, um auf die andere Seite zu kommen, zurück ins Binnenland und dann die Wai'anae Coast hochfahren, eine etwa 50 Meilen (80 km) lange Strecke, die über eine Stunde dauert.

🏃 Aktivitäten

Fallschirmspringen & Segelfliegen

Alle Anbieter befinden sich auf dem Dillingham Airfield.

Honolulu Soaring Club
SEGELFLIEGEN

(☎637-0207; www.honolulusoaring.com; 69-132 Farrington Hwy; ☉10–17.30 Uhr) Die Passatwinde auf O'ahu schaffen perfekte Bedingungen, um mit Segelflugzeugen über die North Shore zu gleiten. Zehn Minuten kosten ab 80 $ und steigen auf bis zu 305 $ für einen einstündigen Flug mit praktischer Flugstunde. Vorher anrufen, da die Flüge wetterabhängig sind.

Pacific Skydiving Center
FALLSCHIRMSPRINGEN

(☎637-7472; www.pacific-skydiving.com; 68-760 Farrington Hwy; Sprung per Pers. 180–320 $; ☉8–15 Uhr) Wer traut sich, freiwillig aus einem Flugzeug geworfen zu werden (vorzugsweise mit Fallschirm)? Neulinge können sich für einen Tandemsprung mit einem Ausbilder anmelden. Sie stürzen aus magenumdrehenden 4200 m Höhe im freien Fall hinab und schweben 15 Minuten lang zur Erde zurück. Tauchen ist für 24 Stunden vor dem Sprung nicht erlaubt.

Wandern

(Karte S. 58) Der **Kealia Trail** schlängelt sich durch Eisenholz- und *kukui*-Wälder mit Blick aufs Meer die Klippen hoch. Der Weg ist ideal für alle, die nicht erst eine Genehmigung beantragen und die Wai'anae (Leeward) Coast hochfahren wollen, nur um auf dem **Kuaokala Trail** (S. 170) wandern zu können. Der ist allerdings zu Recht ein berühmter Aussichtspunkt über das Makua Valley und die Wai'anae Range.

Der Kealia Trail beginnt hinter dem Dillingham Airfield. Eintritt ist das Westtor kurz vor dem Ende des Flugplatzes, wo die Straße mit der Bezeichnung „Gate D" etwa 0,4 Meilen (650 m) landeinwärts führt. Vom Parkplatz am Flugkontrollturm geht es zu Fuß über 0,3 Meilen (500 m) über die Zufahrtsstraße rechts bis zu einer braungelben „Na-Ala-Hele"-Wegmarkierung. Die Wanderung über 5 Meilen (8 km) hin und zurück auf dem Kealia Trail dauert etwa drei Stunden, plus 2½ weitere Stunden, wenn der Kuaokala Loop einbezogen wird.

Es ist möglich, auf diesen Wegen auch mit dem Mountainbike zu radeln. Fußgänger und Radfahrer sollten stets auf Steinschlag achten.

🛌 Schlafen

Camp Mokule'ia
CAMPINGPLATZ $

(☎637-6241; www.visitcampmokuleia.com; 68-729 Farrington Hwy; Platz pro Pers. 15 $; ☉Büro Mo–Fr 8.30–17, Sa 10–17 Uhr) Wer wirklich dem Touristenrummel entkommen will, findet hier seine Ruhe. Der von der Kirche geführte Platz gegenüber dem Dillingham Airfield steht allen offen, sofern vorher keine Gruppe angemeldet ist.

Die Anlagen sind sehr schlicht: Freiluftduschen und Chemietoiletten. Die abgenutzten Zimmer, Hütten und das Strandcottage kann man vergessen. Zugang nur mit Reservierung.

CENTRAL O'AHU

Das Zentrum O'ahus ist das vergessene Hinterland der Insel. Die Region zwischen riesigen Militärsperrzonen und der coolen, lässigen North Shore wird kaum als Durchgangsstrecke als eigentliches Reiseziel. Drei Straßen führen von Honolulu nordwärts nach Wahiawa, dem Hauptort der Region. Der Freeway H-2 ist die schnellste Strecke, die Kunia Road (750) im Westen die male-

ANANAS

» 1901 pflanzte James Dole das erste Ananasfeld O'ahus in Wahiawa.

» Heute wachsen auf jedem Feld von knapp einem halben Hektar um die 30 000 Pflanzen.

» Die Handelsmarke der auf Hawaii angebauten Ananas ist „Smooth Cayenne".

» Bis zur Reife braucht eine Ananaspflanze fast zwei Jahre.

» Jede Ananaspflanze bringt in der Regel nur zwei Früchte hervor, eine im zweiten Jahr und eine im dritten Jahr. Danach wird sie rausgerissen.

» Ananas wird das ganze Jahr über geerntet, aber die langen, sonnigen Sommertage produzieren die süßesten Früchte.

» Die Ananas reift, anders als andere Früchte, nach der Ernte nicht weiter.

rischste. Die uninteressanteste Straße ist der Farrington Highway (93) mit seinem Lokalverkehr. Ab Wahiawa führen zwei Straßen durch Ananasplantagen zur North Shore, die ländliche Kaukonahua Road (Highway 803) und der viel befahrene Kamehameha Highway (99).

Wahiawa

16 590 EW.

Die Stadt selbst ist nicht groß interessant – außer für Leute, die ein neues Tattoo, einen militärischen Haarschnitt oder glänzende Felgen fürs tiefergelegte Auto wünschen.

👁 Sehenswertes & Aktivitäten

GRATIS **Dole Plantation** FREIZEITPARK
(☎621-8408; 64-1550 Kamehameha Hwy (99); ☺9.30–17.30 Uhr; 🚼) Die viel besuchte Anlage, knapp 3 Meilen (4,8 km) nördlich der Stadt, hat zwei Gesichter. Draußen bieten das riesige Labyrinth und die Minibahn Kindern reichlich Spaß. Innen quillt der Andenkenladen mit geschmacklosem Touristenkitsch rund um die Ananas über. Es ist eine unerträgliche Überdosis von Ananaskrempel – der Gipfel sind die Ananas, die hier 20 % teurer sind als im Lebensmittelladen in der Stadt.

Nach dem Genuss einer Tüte gefrorener Ananascreme geht es ab ins **Labyrinth** (Erw./Kind 4–12 J. 6/4 $), das „größte der Welt", laut Guinness-Buch der Rekorde von 2008. Das Teil ist mit insgesamt 2,5 Meilen (4 km) Pfaden wirklich riesig. Ziel ist es, die acht geheimen Stationen zu finden, bevor es wieder rausgeht. Der derzeitige Rekord liegt bei sechs Minuten – die meisten Leute brauchen 30 Minuten und die mit null Orientierungssinn *Stunden*!

Eine altmodische **Dampfeisenbahn** (Erw./Kind 8/6 $) nimmt angehende Lokführer und Schaffner auf eine 20-minütige Reise über die Plantage mit. Alternativ bietet sich der **Audiorundgang** (Erw./Kind 5/4,25 $) durch die üppigen Gärten der Plantage an, auf der Ananas, Bananen, Mango, Papaya, Kaffee, Kakao und andere importierte exotische und einheimische polynesische Pflanzen angebaut werden.

GRATIS **Wahiawa Botanical Garden** BOTANISCHER GARTEN
(1396 California Ave; ☺9–16 Uhr) Wahiawa ist zwar größtenteils trübselig, grau und fast schon hässlich, aber dieser botanische Garten, gut eine Meile (1,6 km) östlich des Kamehameha Highway (83), ist ein kleines Baumparadies. Naturfreunde und Gärtner werden von dem opulenten, 11 ha großen Gelände begeistert sein.

Der Garten wurde in den 1920er-Jahren als Experiment lokaler Zuckerrohrbauern angelegt. Gepflegte Bereiche mit schönen Rasen und gestutzten Zierpflanzen wechseln sich ab mit einer wilden Schlucht mit hohen Hartholzbäumen, tropischen Farnen und Bambuswäldchen. Durch den Garten führen mehrere Pfade, etwa die Hälfte davon sind rollstuhlgerecht. Enthusiastische Freiwillige beantworten Fragen und weisen die Richtung.

🍴 Essen

Maui Mike's GRILL, TAKEAWAY $
(96 S Kamehameha Hwy; Mahlzeiten 5–9 $; ☺11-20.30 Uhr) In dem Fast-Food-Laden besteht die Wahl zwischen Hühnchen, Hühnchen und Hühnchen, alle über offenem Feuer gegrillt und so frisch, dass sie noch gackerten, als die Sonne aufging. Dazu gibt's Grillsaucen und Cajun-Pommes.

Sunny Side EINHEIMISCH, DINER $
(1017 Kilani Ave; Mahlzeiten 4–8 $; ☺7–14 Uhr) Der Parkplatz in einer Seitenstraße wirkt wie eine Motorcrossstrecke. Die letzte Re-

novierung dürfte ein halbes Jahrhundert her sein: alles Plastikmöbel und verblichene Fotos. Aber wenn die gute Hausmannskost kommt, ist alles vergessen – Platz lassen für den sündhaft köstlichen Kuchen!

Da Pokeman
SEAFOOD, TAKEAWAY $

(36 N Kamehameha Hwy; Tellergerichte 7–10 $; ☻Mo–Sa 10.30–18 Uhr) Vorne in dem kleinen Laden steht frischer *poke* zur Auswahl (*kimchi* oder scharfer Thunfisch?). Hawaiisch wird's mit Schweins-*laulau* oder einem Tellergericht mit Butterfisch.

Kolekole Pass

Plantagen breiten sich links und rechts der Kunia Road (Highway 750) aus, bis die Schofield Barracks Military Reservation auftaucht. Der riesige Armeestützpunkt ist der größe auf O'ahu und höchst aktiv – es kann schon vorkommen, dass auf der Straße Humvees (geländegängige Fahrzeuge) in Tarnfarben entlangbrausen und oben ein Black-Hawk-Hubschrauber rattert.

Der 525 m hoch gelegene Kolekole Pass führt durch jenen Spalt in der Wai'anae Range, den japanische Kampfflugzeuge im Zweiten Weltkrieg auf ihrem Weg zur Bombardierung Pearl Harbors wohl durchflogen haben. Filmfans werden die Landschaft wiedererkennen, da der historische Flug hier drei Jahrzehnte später für den Kriegsfilmklassiker *Tora! Tora! Tora!* nachgespielt wurde.

Der Kolekole Pass befindet sich auf Militärgelände oberhalb der Schofield Barracks und kann besichtigt werden, sofern der Stützpunkt nicht in Alarmbereitschaft ist. Zugang ist nur gegen Vorlage eines Lichtbildausweises sowie des Automietvertrags oder des Nachweises der Autoversicherung gestattet. Gewährt wird er von den Wachsoldaten am Lyman Gate am Highway 750, knapp eine Meile (1,6 km) südlich der Kreuzung vom Highway 750 mit dem Highway 99. Zum Pass geht es dann 5 Meilen (8 km) weiter auf der Lyman Road vorbei an einem Infanteriegefechtsplatz. Das Auto muss an der linken Seite der Straße vor dem Sicherheitstor geparkt werden (ohne Militärausweis ist eine Weiterfahrt bis zur Küste nicht möglich).

Von der Parkbucht führt ein kurzer, steiler Fußpfad mit Holztreppen nach zehn Minuten zu einem Aussichtspunkt. Unterwegs geht es an einem großen Stein vorbei, der von den alten Hawaiianern angeblich für rituelle Opferungen gefallener Krieger–*ali'i* (Könige) genutzt wurde. In der hawaiischen Mythologie soll der Stein auch die Verkörperung einer Frau namens Kolekole sein, der ewigen Hüterin des Passes. Wer den Stein berührt, wird Pech haben, behaupten die Einheimischen.

Honouliuli Forest Reserve

Im Honouliuli-Waldreservat gedeihen fast 70 seltene und gefährdete Pflanzen- und Tierarten. Das Land gehörte einst der hawaiischen Königsfamilie und wurde Honouliuli („dunkler Hafen") genannt. Der Name bezog sich auf die dunkle, fruchtbare *ahupua'a* (eine traditionelle Landaufteilung), die sich von Pearl Harbor bis zum Gipfel der Wai'anae Range erstreckte.

Zur Zeit der Recherche waren die Wanderwege durch das Waldreservat an den Hängen der Wai'anae Range vorübergehend für die Öffentlichkeit gesperrt. Auf der Website des Na Ala Hele (http://hawaiitrails.ehawaii.gov) ist zu erfahren, ob die Wanderwege zugänglich sind. Auch werden dort Freiwilligendienste angeboten, z. B. um die Wanderwege zu pflegen.

Hawaii's Plantation Village

Das **Hawaii's Plantation Village** (☏677-0110; www.hawaiiplantationvillage.org; 94-695 Waipahu St, Waipahu; Erw./Kind 4–11 J. 13/5 $; ☻90-min. Touren jede volle Stunde Mo–Sa 10–14 Uhr) beschreibt das Leben der Menschen, die zur Arbeit auf den Zuckerrohrplantagen nach Hawaii kamen. Waipahu war eine der letzten Plantagenstädte O'ahus. Die stillgelegte Zuckerfabrik, die bis zur Schließung 1995 fast ein Jahrhundert in Betrieb war, sitzt noch immer auf einer Anhöhe direkt oberhalb dieser Anlage.

Das verstaubte, ausgedehnte Informationszentrum richtet sich in erster Linie an Schulklassen. Es umfasst zwei Dutzend Gebäude, wie sie typisch für ein Plantagendorf des frühen 20. Jhs. waren, darunter ein kommunales Badehaus, ein japanischer Shintō-Schrein und authentisch nachgebaute Wohnhäuser der Plantagenarbeiter (Hawaiianer, Japaner, Chinesen, Koreaner, Portugiesen, Puerto Ricaner und Filipinos).

Zu erreichen ist das Dorf ab Honolulu über die H1 bis zur Ausfahrt 7, dann links auf die Paiwa Street, danach rechts auf die Waipahu Street, an der Zuckerfabrik vorbei und links in die Anlage. Ansonsten fährt auch TheBus 42 von Waikiki hierher und hält etwa eine halbe Meile (800 m) unterhalb des Dorfs.

WAI'ANAE (LEEWARD) COAST

O'ahus vergessene Küste steckt voller Widersprüche. Es herrscht hier ein allgemeines Gefühl der Verlorenheit, da die Reichen aus Honolulu alles, was sie vor ihrer eigenen Haustür nicht wollen, unter den Wai'anae-Teppich kehren. Hier befinden sich die Mülldeponie, das Kraftwerk und die wirtschaftlich Benachteiligten.

Das mag sich vielleicht bedrückend anhören, aber eigentlich ist es das Gegenteil. Die Wai'anae (Leeward) Coast ist auf gewisse Art das wahre O'ahu. Hier gibt es mehr indigene Hawaiianer als irgendwo sonst, und das mit ganzem kulturellem Stolz. Das Land mag zwar trocken sein und die Berge scheinen ins Meer zu drängen, aber die Strände sind breit und unberührt vom Tourismus. Das Aloha ist einfach nur authentisch.

Der Farrington Highway (93) verläuft die gesamte Wai'anae Coast entlang, vorbei an Arbeitervierteln und Einkaufszentren auf der einen Seite und hinreißenden weißen Sandstränden auf der anderen. Weiter die Küste hinauf wird die Besiedlung dünner und geht in die samtig grünen Berge und Klippen der Küste über, die schließlich zur heiligen Spitze der Insel am Ka'ena Point führen.

Ko Olina Resort

Kein Strand? Kein Problem. Als das Resort noch in der Planung war, fehlte ihm der wesentliche Bestandteil, der für ein hawaiisches Resort unabdingbar ist – ein Strand. Als Gegenleistung für öffentlichen Zugang durften die Investoren vier nierenförmige Lagunen ausbaggern und sie mit weichem, weißen (importierten) Sand säumen.

Heute lohnen die künstlichen Strände einen Besuch – das ruhige Wasser ist ideal für Kids, allerdings nimmt die Strömung nahe der Öffnung zum Meer zu. An der größten Lagune ganz im Norden werden Schnorchel verliehen, um die regenbogenfarbenen Tropenfische im Wasser zu erleben. Ein breiter, befestigter Weg verbindet alle vier Lagunen und lädt zu einem gemächlichen Spaziergang ein. Zeitlich begrenzte, kostenlose Parkplätze für die Strände gibt es an jeder Lagune am Aliinui Drive auf dem Resortgelände. Vom Flughafen Honolulu sind es etwa 30 Minuten Fahrt über den Farrington Highway (93), im Berufsverkehr länger.

Für Aktive bietet das Resort auch den für Profis geeigneten **Ko Olina Golf Club** (☎676-5300; 92-1220 Aliinui Dr, Kapolei; www.koolinagolf.com; Greenfee 110–170 $, Golfschlägerverleih 50 $, Transfer hin & zurück von Waikiki 10 $; ☺nur nach Anmeldung). Wer sich stattdessen lieber etwas verwöhnen lassen mag, kann sich ins **Ihilani Spa** (☎679-3321; www.ihilanispa.com; JW Marriott Ihilai Resort, 92-1001 Olina St, Kapolei; 50-min. Massage ab 140 $; ☺nur nach Vereinbarung tgl. 7–19 Uhr) begeben.

🛏 Schlafen & Essen

JW Marriott Ihilani Resort   RESORT $$$ (☎679-0079, 800-626-4446; www.ihilani.com; 92-1001 Olina St, Kapolei; Zi. 290–795 $; ✴☀@📶🏊♿) Das Resorthotel direkt am Strand, aber weitab von der restlichen Insel, ist feudal und architektonisch wohltuend. Trotz der Abgeschiedenheit und der Schwindel erregend hohen Preise ist es unerklärlicherweise beliebt bei erstmaligen Inselbesuchern, Familien mit Kindern und allen, die die Waikiki-Szene vermeiden wollen und trotzdem all das Drum und Dran des üblichen Luxus wünschen. Hollywood hatte sich hier schon eingenistet – im Ihilani hatten die Surferinnen in dem Film *Blue Crush* gearbeitet.

Hawaiische Spitzenküche wird im Hotelrestaurant Azul oder im Roy's Ko Olina im Golfclub serviert.

Ko Olina Hawaiian Bar-b-que   EINHEIMISCH, TAKEAWAY $ (92-1047 Olina St, Kapolei; Mahlzeiten 8–15 $; ☺9–21 Uhr; ♿) Eine Alternative zur teuren Küche des Ko Olina sind die spitzenmäßigen Tellergerichte mit in *mochiko* (Reismehl) gebratenem Huhn, Grillrippchen, Rinds-Teriyaki, Schweins-*katsu* und vielem mehr, alles serviert mit Naturreis und grünem Salat. Das Lokal verbirgt sich in einem Einkaufszentrum auf dem Resortgelände, nahe einem ABC-Laden, der Snacks, Getränke und anderen Proviant für den Strand verkauft.

Pho & Co
VIETNAMESISCH $

(890 Kamokila Blvd, Kapolei; Mahlzeiten 6–
10 $; ⊙Mo–Fr 10–21, Sa 11–21, So 11–19 Uhr)
Die Einheimischen finden, dass niemand
das *pho* (Nudelsuppe mit Rind) in dem
Laden im Einkaufszentrum versäumen
sollte. Es gibt hier auch Frühlingsrollen,
Reisgerichte, knackige Sandwiches und
Bubble Tea („Perlentee").

Marketplace
at Kapolei
INTERNATIONAL, TAKEAWAY $

(http://themarketplaceatkapolei.com; 590
Farrington Hwy, Kapolei; Mahlzeiten 6–10 $;
◨) Das bodenständige Einkaufszentrum
steckt voller Buden mit panasiatischen
Nudelsuppen, hawaiischen Grillgerichten,
amerikanischer Pizza, Pfannkuchen und
einem Safeway-Supermarkt mit Feinkosttheke.

Kahe Point

Ein massives Kraftwerk mit hohen Schorn-
steinen ist nicht gerade der angenehmste
Nachbar an einem Strand. Im **Kahe Point
Beach Park** (92-301 Farrington Hwy) gibt es
eigentlich keinen Strand, nur eine Felsnase. Der Ort ist bei Anglern beliebt und auch
bei Schnorchlern, die gute Schwimmer sein
müssen, um mit den starken Strömungen
klarzukommen.

Der Blick nach Norden bietet tolle Aus-
sichten, zudem gibt es hier Picknicktische,
Toiletten und Freiluftduschen, aber keine
Rettungsschwimmer.

Weiter nördlich vom Kahe Point befindet
sich der **Hawaiian Electric Beach Park.**
Die Einheimischen nennen den Sandstrand
Tracks (Gleise), denn vor dem Zweiten
Weltkrieg reisten die Strandbesucher aus
Honolulu mit dem Zug an. Der Strand eig-
net sich im Sommer gut zum Schwimmen
und im Winter zum Surfen.

Nanakuli

Nanakuli, die größte Ortschaft an der
Wai'anae Coast, ist auch eine hawaiische
„Homestead"-Siedlung (freie Landnahme)
mit der größten indigenen hawaiischen
Bevölkerung auf O'ahu. Aber fast alles, was
von der Straße aus zu sehen ist, sind Fast-
Food-Läden.

Der **Nanakuli Beach Park** (89-269 Farrington Hwy) besteht aus einem breiten
Sandstrand vor dem Ort und ist in der ru-

higeren Sommersaison gut zum Schwimmen, Schnorcheln und Tauchen. Im Winter
kann die hohe Brandung zu Rückströmungen und gefährlichen Shore Breaks führen. Da es sich um einen Gemeindepark
im Ort handelt, gibt es auch einen Spielplatz, Sportplätze, Picknicktische und alle
Strandeinrichtungen. Zu erreichen ist er
über den Abzweig *makai* (Richtung Meer)
an der Ampel in der Nanakuli Avenue.

Ma'ili

Ma'ili hat einen langen Grasstreifen entlang
der Straße mit einem scheinbar endlosen
weißen Strand. Wie überall an dieser Küste ist das Meer am **Ma'ili Beach Park** im
Winter oft heimtückisch (zur Freude der
einheimischen Surfer), aber im Sommer
ruhig genug zum Schwimmen. Es gibt eine
Rettungsstation und heruntergekommene
sanitäre Einrichtungen. Kokospalmen sorgen für etwas Schatten.

Wai'anae
10 790 EW.

Wai'anae ist die Versorgungsstadt der Lee-
ward Coast, mit Lebensmittelläden, einem
Handelshafen und einem viel genutzen
Beach Park.

🏝 Strände & Sehenswertes

Poka'i Bay Beach Park
STRAND

(85-037 Wai'anae Valley Rd) Der Strand ist
durch den Kane'ilio Point und einen langen
Wellenbrecher geschützt. Er ist dadurch der
ruhigste Badestrand der Wai'anae Coast.
Wellen brechen selten innerhalb der Bucht,
und der sandige Meeresboden fällt sachte
ab, weswegen der Strand gern von Famili-
en besucht wird. Schnorcheln ist ganz gut
um die Felsen des Wellenbrechers, wo sich
Fische tummeln. Am späten Nachmittag
paddeln hier lokale Kanuclubs, und am Wochenende feiern viele Familien ihr *luau*. Es
gibt Toiletten, Freiluftduschen, Trinkwasser und Picknicktische sowie an jedem Tag
einen Rettungsschwimmer.

Ku'ilioloa Heiau
HISTORISCHE STÄTTE

Am Kane'ilio Point an der Südseite der
Bucht befindet sich ein Steintempel, der
von der US-Armee im Zweiten Weltkrieg
teilweise zerstört und später von lokalen
Umweltschützern rekonstruiert wurde. Zu
erreichen ist er über die Lualualei Home-

stead Road *makai* (Richtung Meer) ab dem Farrington Highway. Vom Strandparkplatz geht es dann zu Fuß Richtung Meer. Unterhalb des *heiau* sind auch kleine Gezeitentümpel mit Meeresgetier zu entdecken, falls die Wellen nicht allzu heftig brechen.

✖ Essen

In den Einkaufszentren am Farrington Highway gibt es jederzeit einheimische Kost.

Kahumana Cafe 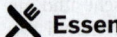 NATURKOST $$

(☏696-8844; http://kahumanafarms.org; 86-660 Lualualei Homestead Rd; Mahlzeiten 8–13 $; ⊙Di-Sa 11.30–14.30 & 18–19.30 Uhr; ⌂) Das gemeinnützige Café einer Biofarm abseits der üblichen Routen ist ein angenehm ruhiger Raum mit Hartholzboden und Blick auf grüne Felder. Serviert werden frische Tagesgerichte, üppige Salate, Pasta mit Macadamia-Pesto, internationale Gemüsepfannen und -wraps sowie hausgemachter Passionsfrucht- und Mangokäsekuchen. Vorher anrufen, ob geöffnet ist. Die Farm liegt etwa 2 Meilen (3,2 km) *mauka* (landeinwärts) ab dem Farrington Highway über die Ma'ili'ili Road.

Ono
Polynesian Market POLYNESISCH, TAKEAWAY $

(85-998 Farrington Hwy; Mahlzeiten 6–10 $; ⊙7–21 Uhr) Lust auf echte Südseeküche? Der klapprige, kleine Laden gegenüber dem Strand serviert Imbissleckereien wie samoanische *palusami* (Corned Beef in Taroblättern in Kokosmilch gekocht) und polynesische Currys.

Barbeque Kai EINHEIMISCH, TAKEAWAY $

(85-973 Farrington Hwy; Hauptgerichte 4–8 $; ⊙8–20 Uhr) An sonnigen Tagen sind die Straßentische des klassischen Drive-In voll besetzt mit Einheimischen. Auf der Anschlagtafel stehen inseltypische gemischte Platten, Hamburger und andere Köstlichkeiten.

Tacos & More MEXIKANISCH $

(85-993 Farrington Hwy; Hauptgerichte 7–12 $; ⊙So–Do 11–20,Fr & Sa 11–21 Uhr) Die kontinuierlich expandierende mexikanische *cantina* (auch mit vegetarischen Gerichten) einer aus Mexiko-Stadt stammenden Familie ist hier sehr beliebt und verströmt reichlich Aloha.

Makaha

7695 EW.

Im touristenfreien Makaha begann in den 1950er-Jahren der Trend, auf Riesenwellen zu surfen. Makaha bedeutet „grimmig", was zur berüchtigten Vergangenheit des Tals passen mag, als Banditen an den Klippen Reisende überfielen. Es könnte aber auch die schroffe Landschaft gemeint sein. Heute bietet Makaha ganzjährig erstklassige Surfbedingungen, einen hübschen Strand und den am schönsten restaurierten *heiau* (Tempel) von O'ahu.

OBDACHLOS IM PARADIES

Auf O'ahu, besonders an der Wai'anae Coast, wurden einige kommunale Beach Parks zu fast permanenten Obdachlosenlagern. Doch die Hintergründe der Durchschnittsobdachlosen unterscheidet sich hier von jenen auf dem US-Festland. Viele Strandzelter sind einkommenschwache Familien, die vom früheren Immobilienboom der Insel rausgedrängt wurden, andere verloren in der jüngsten Rezession erst ihre Arbeit, dann ihre Wohnung.

Das County hat keine genauen Zahlen, wieviele Menschen an den Stränden leben. Aber jüngste Schätzungen gehen davon aus, dass etwa 5800 Menschen auf O'ahu obdachlos sind. Als Hawaiis Wirtschaft blühte und die Immobilienpreise sprunghaft anstiegen, wurden viele Mietobjekte verkauft, somit die verfügbaren Mietwohnungen reduziert und die Mieten hochgetrieben. Viele einkommensschwache Familien konnten sich die Mieterhöhungen einfach nicht mehr leisten.

Ein weiterer erschwerender Faktor ist der stagnierende soziale Wohnungsbau auf Hawaii – es gibt auf allen Inseln eine Warteliste mit 10 000 Anträgen. Ende 2010 stimmten Wähler auf O'ahu für neue Geldmittel für den sozialen Wohnungsbau, aber das Problem der Obdachlosigkeit der Insel dauert an, ebenso die Vertreibung der illegalen Strandbesetzer an der Wai'anae Coast. Ein großes, bisher ungelöstes Dilemma.

Strände & Sehenswertes

Makaha Beach Park `STRAND`

(84-369 Kamehameha Hwy) Makaha verfügt nicht nur über eine Surfgeschichte, die zu den schillerndsten der Insel gehört, sondern ist auch ein traumhafter, gebogener Strand mit weichem Sand. Hier mag man das Handtuch ausbreiten und den ganzen Tag bleiben. Es gibt Duschen und Toiletten sowie Rettungsschwimmer.

Am Makaha Beach fand 1954 Hawaiis erster internationaler Surfwettbewerb statt. Der lange Point Break hier begeisterte die erste Generation der Riesenwellensurfer. Eine Pionierstimmung mag immer noch aufkommen, da der Strand oft praktisch menschenleer ist.

Im Winter rollen die großen Wellen an, die Schwimmen meist unmöglich machen – der goldene Sand ist jedoch immer da. Das ruhigere Wasser im Sommer ermöglicht Schnorcheln mit Meeresschildkröten oder Tauchexkursionen zu den Makaha Caverns.

Kane'aki Heiau `HEIAU (TEMPEL)`

(☏695-8174; Eintritt frei; ⊙Di–So 10–14 Uhr) Der auf stille Art imposante Tempel tief im Makaha Valley ist einer der am besten restaurierten heiligen Stätten O'ahus. Der Tempel, der ursprünglich Lono, dem hawaiischen Gott des Ackerbaus und der Fruchtbarkeit geweiht war, wurde später als ein *luakini* genutzt, als Tempel des Kriegsgotts Ku und Stätte für Menschenopfer. Kamehameha der Große betete hier, und der Tempel wurde bis zu seinem Tod 1819 genutzt.

Die Restaurierung wurde vom Bishop Museum durchgeführt und 1970 vollendet. Durch sie kamen zwei Gebetstürme, ein *kapu*-Haus (Tabuhaus), ein Trommelhaus, ein Altar und Götterbildnisse hinzu. Der *heiau* wurde mit traditionellen *ohia*-Holz und *pili* (eine hawaiische Grasart, die zum Dachdecken verwendet wird) von der Big Island wiederaufgebaut. Die unmittelbare Umgebung des *heiau* blieb unberührt, er befindet sich allerdings mitten in einem Wohnviertel.

Zu erreichen ist er über den Abzweig vom Farrington Highway *mauka* (landeinwärts) in die Makaha Valley Road. Nach gut einer Meile (1,6 km) geht es auf den Huipu Drive, der sich nach links und gleich wieder nach rechts windet. Dann geht es rechts in die Mauna Olu Street, die in die Mauna Olu Estates führt. Nach einer halben Meile (800 m) lässt ein Wachmann an einem Torhaus Besucher zum *heiau* passieren, der von hier nur noch ein kurzes Stück entfernt ist. Der öffentliche Zugang ist nicht immer gewährleistet, besonders während (und unmittelbar nach) Regenfällen. Vorher anrufen.

Schlafen

Zu den abgelegenen Unterkünften gehören Condos am Strand und ein Hotel im Binnenland.

Makaha Resort & Golf Club `HOTEL $$`

(☏695-9544; www.makaharesort.net; 84-626 Makaha Valley Rd; Zi. ab 100 $; ✳@🌐☲) Das absolut altmodische Hotel direkt aus den 1970er-Jahren bietet zumindest einen Panoramablick auf das Tal und den Ozean weiter unten. Die standardisierten Zimmer sind veraltet, aber da es direkt vor der Tür einen Golfplatz und Tennisplätze gibt, wird es sportlichen Gästen oder allen, die Ruhe suchen, nicht viel ausmachen. WLAN in der Lobby und am Pool.

Hawaii Hatfield Realty `CONDOS $$`

(☏696-4499; www.hawaiiwest.com; Suite 201, 85-833 Farrington Hwy, Wai'anae; Studio/1-Schlafzi.-Apt. ab 75/100 $) Vermittelt Condos für Ferien- und längeren Aufenthalt.

Makua Valley

Das malerische Tal – breit, grasig und gerahmt von tief zerklüfteten Bergen – ist der umstrittene Schießübungsplatz der Makua Military Reservation. Eine Straße am Meer gegenüber dem südlichen Ende des Sperrgebiets führt zu einem kleinen Friedhof unter Bäumen mit gelben Blüten. Er ist der traurige Rest der Bewohner des Makua Valley. Sie wurden im Zweiten Weltkrieg zwangsweise evakuiert, als das US-Militär das gesamte Tal für Bombenübungen in Besitz nahm.

Kriegsspiele finden immer noch im Tal statt. Es ist mit Stacheldraht und Schildern abgesperrt, die vor Blindgängern warnen. Eine Bürgerinitiative hat Klage gegen die US-Armee erhoben, weil diese die Umweltauswirkung, auch auf die archäologischen Stätten der hawaiischen Kultur, nicht ordnungsgemäß überprüft habe.

 ## Strände

Makua Beach `STRAND`

Der Strand hat eine interessante Geschichte: Im alten Hawaii war er Kanuanlegeplatz für Reisende zwischen den Inseln. Ende der 1960er-Jahre diente er als Kulisse für den Film *Hawaii* mit Julie Andrews und Max von Sydow. Heute ist er nur noch ein hübscher Strand gegenüber der Makua Military Reservation.

Die Einheimischen erholen sich hier an langen Wochenenden bei Sonne, Sand und Meer von ihren Jobs. Die gewaltigen Shore Breaks sind bei Bodyboardern beliebt, und im Winter und Frühjahr lassen hohe Wellen den Strand praktisch verschwinden. Im Sommer tummeln sich Spinnerdelphine – sie sollten unbedingt in Ruhe gelassen werden, also nicht versuchen, sich ihnen zu nähern.

Es gibt an jeder Seite des Strands einen Parkplatz, aber keine sanitären Einrichtungen. Oft lassen sich hier an der Küste einheimische Obdachlose nieder.

⊙ Sehenswertes & Aktivitäten

Kaneana Cave
HISTORISCHE STÄTTE
Die Wellen, die dieses riesige steinerne Amphitheater schufen, sind längst zurückgewichen. Nun führt der Farrington Highway zwischen der Küste und der Höhle etwa 2 Meilen (3,2 km) nördlich des Kea'au Beach entlang. *Kahuna* (Priester) zelebrierten einst in der inneren Kammer der Höhle Rituale. Der Legende nach war sie die Wohnstatt eines grausamen Haimenschen, eines Gestaltwandlers, der Menschen in die Höhle lockte, um sie dann zu verschlingen. Einige Hawaiianer halten sie für einen heiligen Ort und weigern sich, die Höhle zu betreten – sie fürchteten sich vor den Geistern verstorbener Häuptlinge. Angesichts der vielen zerbrochenen Bierflaschen und der Graffiti in der Kammer scheint nicht jeder diese Angst zu teilen.

Ka'ena Point Satellite Tracking Station
WANDERN
Die US Air Force betreibt hoch auf dem Bergzug an O'ahus nordwestlichster Spitze eine Satellitenbodenstation. Ursprünglich wurde sie in den 1950er-Jahren als erste Aufklärungssatellitenstation der USA gebaut. Heute leiten die riesigen weißen Golfbälle auf den Bergen Wetter-, Frühwarnungs-, Navigations- und Nachrichtensatelliten.

Die Station ist für die Öffentlichkeit nicht zugänglich, aber die Umgebung wird von der hawaiischen **Division of Forestry & Wildlife** (DOFAW; Forst- und Wildverwaltung; ☎587-0166) verwaltet, die Wandergenehmi-

DER SPRUNG DER SEELEN

Die alten Hawaiianer glaubten, dass die Seelen tief schlafender oder bewusstloser Menschen umherwanderten. Seelen, die zu weit wanderten, zog es nach Westen zum Ka'ena Point. Wenn sie Glück hatten, trafen sie hier auf ihren *'aumakua* (Schutzgeist), der die Seelen zurück zu ihren Körpern führte. Wenn nicht, würden die Seelen gezwungen, vom Ka'ena Point in die endlose Nacht zu springen und nie wieder zurückzukehren.

gungen für die Wege bis zur North Shore ausstellt. In einem Teil des Gebiets darf auch gejagt werden, Wanderer sollten also Kleidung in leuchtenden Sicherheitsfarben tragen. Der staubige 2,5 Meilen (4 km) lange **Kuaokala Trail** (Karte S. 58) folgt einem hohen Bergrücken bis ins Mokule'ia Forest Reserve. Allerdings ist der Wegbeginn nur mit einem Allradantrieb zu erreichen. An klaren Tagen können Wanderer den Mount Ka'ala (1227 m) sehen, O'ahus höchsten Berg und Teil der Wai'anae Range. Diese Strecke ist mit dem **Kealia Trail** (S. 163) verbunden, der am Dillingham Airfield an der North Shore beginnt und für den man weder eine Wandergenehmigung noch einen Vierradantrieb zur Anfahrt benötigt.

Ka'ena Point State Park

Niemand muss sich gut mit hawaiischen Legenden auskennen, um an diesem dramatischen Zusammentreffen von Land und Meer an der äußersten Nordwestspitze der Insel etwas Mystisches zu erleben. Gewaltige Meeresströmungen, die von der Landmasse O'ahus abgebremst werden, kämpfen hier seit Jahrtausenden gegeneinander. Die Wassermassen donnern auf die langgestreckten Lavavorsprünge und lassen schäumende Gischt hochspritzen. An dem gesamten ungebändigten Küstenteil erscheint die Natur in ihrer wildesten und schönsten Form.

Der Ka'ena Point State Park, der sich beiderseits des westlichsten Punkts O'ahus erstreckt, ist heute ein völlig unerschlossener Küstenstrich. Bis 1947 fuhr die O'ahu Railway von Honolulu bis hier hinauf und dann weiter um die Landspitze bis nach Hale'iwa an der North Shore. Der hinreißende, endlos lange Sandstrand an der Südseite des Ka'ena Point heißt Yokohama Bay, benannt nach den japanischen Fischern, die zur Zeit der Eisenbahnlinie hierher kamen.

Im Ka'ena Point State Park sollten keinerlei Wertsachen im Auto gelassen werden. Die Splitterhaufen zerbrochener Windschutzscheiben auf dem Parkplatz am Ende der Straße, der von Wanderern genutzt wird, sprechen Bände. Besser ist es, näher an der Lebensrettungsstation und den Toiletten zu parken. Am besten die Türen gar nicht erst abschließen und die Fenster offen lassen, um den Schaden bei einem Autoeinbruch zu minimieren.

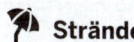 Strände

Yokohama Bay
STRAND

Es gibt Leute, die behaupten, dies sei der beste Fleck der Insel bei Sonnenuntergang. Und er hat ja auch die richtige Lage nach Westen und einen herrlich malerischen, ellenlangen Sandstrand. Im Winter gibt es hier riesige, krachende Wellen, weswegen Yokohama ein beliebtes Surf- und Bodysurfziel ist – allerdings wegen der unter Wasser liegenden Felsen, starken Rückströmungen und gefährlichen Shore Breaks nur für Könner.

Schwimmen ist nur im Sommer möglich und dann auch nur, wenn es ruhig ist. Bei flauem Wasser ist Schnorcheln machbar. Das beste Revier mit dem einfachsten Zugang befindet sich an der Südseite der Bucht. Am Südende des Parks gibt es Toiletten, Duschen und eine Lebensrettungsstation. Gelegentlich rollt auch ein Imbisswagen

an, aber sicherer ist es, reichlich Essen und Getränke mitzubringen.

⚡ Aktivitäten

Ka'ena Point Trail
WANDERN, MOUNTAINBIKEN

Ein extrem windiger, aber meist ebener 2,5 Meilen (4 km) langer Küstenweg führt von der Yokohama Bay zum Ka'ena Point, dann über 2 Meilen (3,2 km) um die Landspitze herum auf dem alten Bahndamm entlang zur North Shore. Die meisten Wanderer nehmen den Weg, der am Ende der Asphaltstraße an der Yokohama Bay beginnt, nur bis zur Landspitze und kehren dann auf dem gleichen Weg zurück, was insgesamt etwa zwei bis drei Stunden dauert. Vorsicht vor Mountainbikern, die den Weg ebenfalls benutzen dürfen.

Die familienfreundliche Wanderung bietet auf der ganzen Strecke schöne Aussichten, nämlich auf den Ozean auf der einen und die schroffe Wai'anae Range auf der anderen Seite. Am Wegesrand gibt es Gezeitentümpel, Brandungstore und träge „Blaslöcher", die bei hohem Wellengang gelegentlich aufgischten. Neben unzähligen einheimischen und überwinternden Vögeln sind auch manchmal hawaiische Mönchsrobben auf dem Strand zu sehen – die gefährdeten Tiere dürfen auf keinen Fall in irgendeiner Weise gestört werden.

Der Weg ist extrem ungeschützt und bietet keinen Schatten; Sonnenschutz und viel Wasser gehören also ins Gepäck. Vorsicht an der Küstenlinie, da es starke Strömungen gibt und einzelne Wellen extrem hoch werden können. Tatsächlich sind die winterlichen Wellen am Ka'ena Point die höchsten Hawaiis und werden manchmal bis zu 15 m hoch!

Big Island (Hawai'i)

Inhalt »

Kailua-Kona 179
Umgebung von Kailua-
Kona 196
Kona Coast 204
Kohala 226
Waimea (Kamuela) 247
Mauna Kea 253
Hamakua Coast 262
Hilo 275
Puna 291
Hawai'i Volcanoes National
Park & Umgebung 300
Ka'u 318

Gut essen

» Annie's Island Fresh
Burgers (S. 205)

» Hilo Bay Café (S. 286)

» Sansei Seafood Restaurant & Sushi Bar (S. 230)

» Holuakoa Gardens & Café
(S. 201)

Schön
übernachten

» Mauna Lani Bay Hotel &
Bungalows (S. 233)

» Holualoa Inn (S. 200)

» Volcano Rainforest Retreat (S. 316)

Auf nach Big Island

Als wir vom Boot aus beobachteten, wie sich die Lava ins Meer ergoss, brachte unser Kapitän das Abenteuer Big Island treffend auf den Punkt: Nur wenigen ist es vergönnt zu erleben, wie aus rohen Erdkräften neues Land entsteht. Abgesehen vom Regenbogen bei Sonnenaufgang und von den spielenden Delphinen im Meer dreht sich hier alles um die Lava – vom schwarzen Sand der Palmenstrände bis zu den Lava-Gezeitenbecken, wo sich buntes Leben tummelt.

Aber es sind die Menschen, ebenso wie die Natur, die Legenden wie die der Vulkangöttin Pele auf Big Island am Leben halten. Die alten Gesänge, begleitet vom heiligen Hula, erklingen hier nach wie vor, Fische werden in traditionellen Netzen (hukilau) gefangen, und der Arbeitstag endet traditionell in einer pau hana (einer Art Happy Hour).

Big Island ist doppelt so groß wie alle anderen Inseln des Archipels zusammen und sie ist die einzige Insel, auf der Reisende beim Autofahren das Gefühl haben, sich auf einem echten Road Trip zu befinden.

Reisezeit
Kailua-Kona

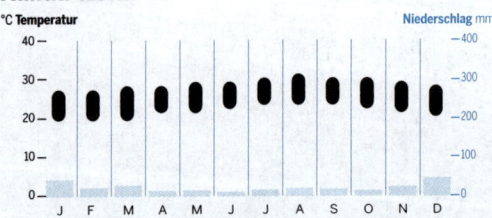

°C Temperatur — Niederschlag mm

Januar
Der „Winter"
verspricht eine
gute Brandung
und schnee-
bedeckte Berge.

**Ende März–
Anfang April**
Den weltbesten
Hula gibt's beim
Merrie Monarch
Festival in Hilo.

Oktober Gestählte
Triathleten kämp-
fen beim Ironman
in Kailua-Kona um
die Krone des Aus-
dauersports.

Geschichte

Die neuere Geschichte von Big Island macht sich an zwei Städten fest: Kailua-Kona und Hilo. Sie repräsentieren das gespaltene Wesen der Insel, nämlich West Hawai'i und East Hawai'i. Kamehameha der Große, geboren in West Hawai'i, verlebte seine letzten Lebensjahre in Kailua. Das gesamte 19. Jh. hindurch wählten die Angehörigen des hawaiischen Königshauses die Stadt als Erholungsort, wobei sie im Hulihe'e Palace abstiegen.

Zur gleiche Zeit entwickelte sich Hilo zu einem wichtigeren Geschäftszentrum. Durch die Eisenbahnstrecke entlang der Hamakua Coast war Hilo mit den Zuckerrohrplantagen der Insel verbunden, und der geschäftige Hafen wurde bald zu einem wichtigen Umschlagplatz für landwirtschaftliche Produkte und Ankunftshafen für neue Arbeitskräfte. Im 20. Jh. behauptete sich Hilo endgültig als wirtschaftliches und politisches Zentrum der Insel. Hier befindet sich auch heute noch der Sitz der Inselverwaltung.

Am 1. April 1946 wurde die Hamakua Coast von einem gewaltigen Tsunami heimgesucht, der die Eisenbahnstrecke sowie Orte an der Küste, darunter Laupahoehoe, zerstörte. Am schlimmsten war Hilo betroffen: Der Hafenbereich wurde komplett zerstört, 96 Menschen kamen ums Leben. Die Stadt wurde wieder aufgebaut, aber 14 Jahre später, im Jahr 1960, wiederholte sich das Unglück: Ein tödlicher Tsunami fegte über den Uferbereich hinweg. Diesmal wurde hier nichts wieder aufgebaut, stattdessen befinden sich zwischen Innenstadt und Bucht heute weite Parkanlagen.

Danach ging es mit der Zuckerindustrie langsam, aber sicher bergab. Der Tiefpunkt war schließlich in den 1990er-Jahren erreicht. Die neue Einnahmequelle der Insel, der Tourismus, konzentrierte sich vorwiegend auf die sonnigen Strände auf der Westseite der Insel, an der sich einst Hawaiis Könige tummelten. Seit den 1970er-Jahren ringen Resortbetreiber und Immobilienhaie um die besten Lagen und die größten Profite, so dass sich das Augen-

BIG ISLAND IN ...

... zwei Tagen

Wer in **Kona** ankommt, sollte seine Zeit auf der Westseite der Insel verbringen. Los geht's mit einem Bad am **Hapuna Beach**, einem Kajak- und Schorcheltrip in der **Kealakekua Bay** und einem Besuch der alten hawaiischen Stätte **Pu'uhonua o Honaunau**. Der zweite Tag ist für die Kunstgalerien in **Holualoa** und eine Führung über eine Kaffeeplantage reserviert.

Wer in **Hilo** ankommt, stattet nach einem Bummel über die Bauernmärkte und durch das historische Stadtzentrum dem 'Imiloa Astronomy Center einen Besuch ab. Falls sich die Lava gerade ins Meer ergießt, sollte man sich abends nach **Puna** aufmachen, um sich das Spektakel anzuschauen. Der zweite Tag wird durch Wanderungen im **Hawai'i Volcanoes National Park** ausgefüllt.

... vier Tagen

Wer vier Tage Zeit hat, kombiniert die 2-Tages-Vorschläge für die West- und Ostseite der Insel und schiebt gegen Abend noch einen Besuch auf dem **Mauna Kea** ein, um sich den Sonnenuntergang und die Sterne anzuschauen; alternativ lässt sich auch eine Wanderung im **Waipi'o Valley** einbauen. Unterwegs liegt Waimea, die Restauranthauptstadt der Insel: Das lockere **Pau** und das großartige **Merriman's** sind zu empfehlen.

... einer Woche

Wer Big Island wirklich kennen lernen möchte, sollte sich eine Woche Zeit nehmen. Neben dem 4-Tages-Programm wird ein weiterer Tag an Stränden der Kona Coast zugebracht, z. B. im **Kekaha Kai State Park** und an der **Kiholo Bay**, als Abschluss abends mit Mantarochen schnorcheln oder tauchen. Es bieten sich auch ein Besuch im urigen **Hawi** und eine Wanderung im **Pololu Valley** an. Am Ende der Woche steht eine Fahrt zum **South Point** und **Green Sands Beach** an.

Highlights

1 Durch die dampfenden Krater und die Lavalandschaft des **Hawai'i Volcanoes National Park** (S. 308) wandern

2 Am **Mauna Kea** (S. 253) den Sonnenuntergang und das Funkeln der Sterne erleben

3 In der **Kealakekua Bay** (S. 213) in der schönsten Unterwasserwelt Hawaiis schnorcheln

4 Mit Wildpferden und Surfern auf schwarzem Sand im **Waipi'o Valley** (S. 267) abhängen

5 Auge in Auge mit **Pazifischen Mantarochen** (S. 186) schnorcheln

6 Entspannen und Surfen am **Hapuna Beach** (S. 235), einem der schönsten Strände der Insel

7 Sich beim **Merrie Monarch Festival** (S. 283) von traditionellem Hula verzaubern lassen

8 Im **Pu'uhonua o Honaunau National Historical Park** (S. 217) mit den Ahnen kommunizieren und am tollen **Two Step** (S. 218) schnorcheln

9 Den feinen Sprühregen am Rand der **Akaka Falls** (S. 273) genießen

10 **Lavaröhren** in Ka'u (S. 324) oder Puna (S. 291) erkunden

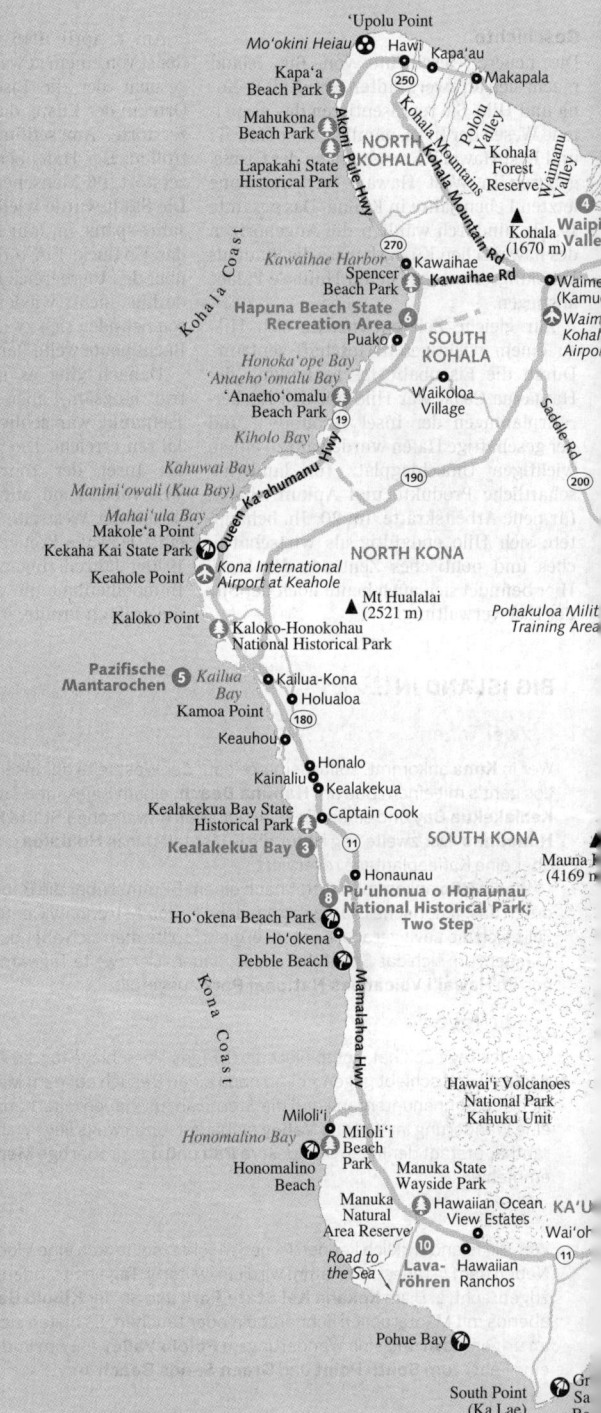

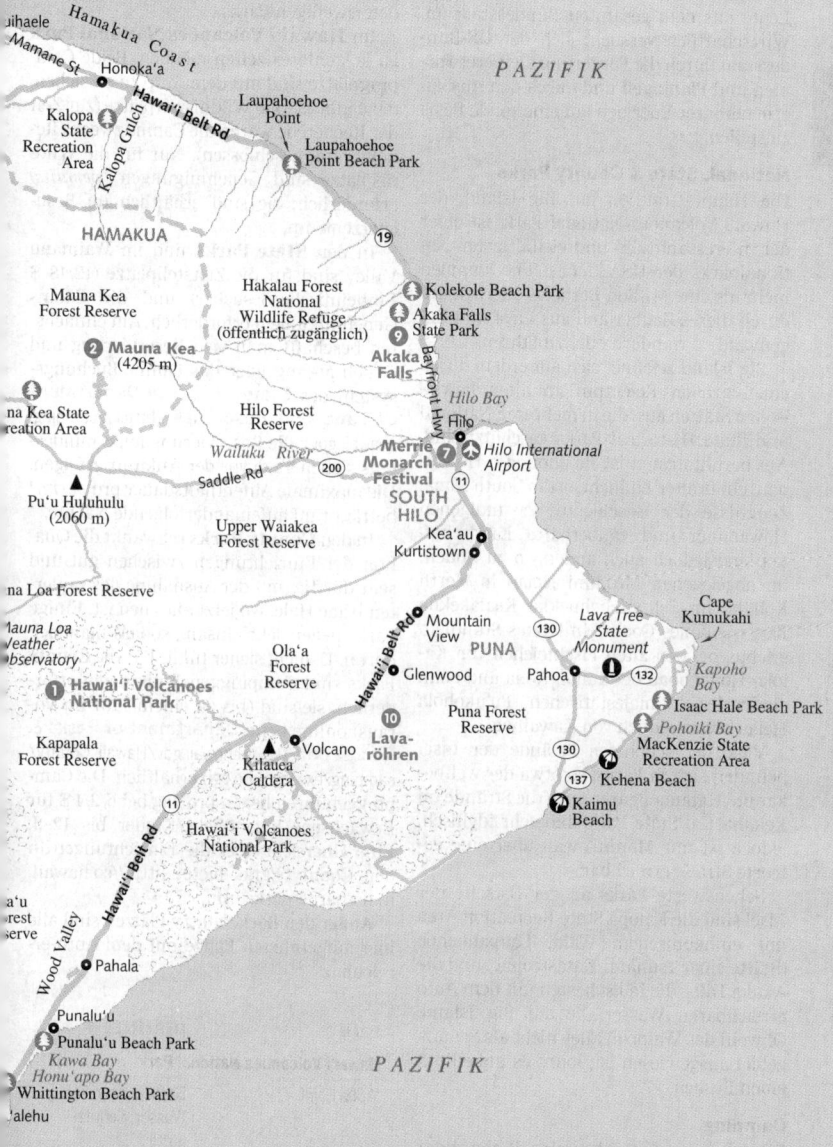

merk heute wieder überwiegend auf West Hawai'i richtet.

Trotz steigender Immobilienpreise gilt Big Island als erschwinglichste Hawaii-Insel (auch für Reisende) und zieht junge Leute aus dem gesamten Bundesstaat an. Wirtschaftlich versucht sich der US-Bundesstaat durch die Förderung kleinerer Farmen und Plantagen und durch den Ausbau erneuerbarer Energien auf eine solide Basis zu stellen.

National, State & County Parks

Die Hauptattraktion auf Big Island, der Hawai'i Volcanoes National Park, ist einer der interessantesten und vielfältigsten Nationalparks der USA. Jedes Jahr kommen mehr als eine Million Besucher hierher, um durch dieses Zauberland aus Lava und Regenwald zu wandern oder zu fahren.

Big Island zeichnet sich außerdem durch einen großen Reichtum an alten hawaiischen Stätten aus, die in mehreren National und State Historical Parks geschützt sind. Am berühmtesten ist Pu'uhonua o Honaunau, ein uralter Zufluchtsort in South Kona. Zeugnisse der Geschichte der indigenen Hawaiianer und zauberhafte Landschaften sind jedoch auch anderswo zu finden: im abgelegenen Mo'okini Heiau in North Kohala, im Schnorchelmekka Kealakekua Bay, wo James Cook sein letztes Stündlein erlebte, bei den alten Fischteichen von Kaloko-Honokohau bei Kailua-Kona und beim eindrucksvoll majestätischen Pu'ukohola Heiau etwas südlich von Kawaihae.

Viele der schönsten Strände der Insel befinden sich in Parks, so etwa der weltbekannte Hapuna Beach. Auch die Strände im Kekaha Kai State Park sind sehr idyllisch, jedoch ist nur Manini'owali über eine geteerte Straße erreichbar.

Sehenswerte Parks an der Ostseite der Insel sind die Kalopa State Recreation Area mit einheimischem Wald, Laupahoehoe (Stätte einer Tsunami-Katastrophe) und die Akaka Falls, die hübschesten mit dem Auto erreichbaren Wasserfälle auf Big Island. Obwohl das Waipi'o Valley nicht als Schutzgebiet ausgewiesen ist, lohnt es unbedingt einen Besuch.

Camping

Big Island verfügt über eine Reihe guter Campingplätze, die über die Insel verstreut liegen; dazu gibt es mehrere sehr schöne, abgelegene Wildniszeltplätze für das sogenannte Backcountry Camping. In einigen Parks stehen außerdem einfache Cabins (Hütten mit Betten und ggf. Kochgelegenheit) zur Verfügung. Wer möchte, kann auch ein Wohnmobil mieten (Kasten S. 285). Empfehlungen im Einzelnen bei den jeweiligen Parks.

Im **Hawai'i Volcanoes National Park** ist kostenloses zelten möglich. Beide Campingplätze sind mit dem Auto zu erreichen, dazu gibt es tolle Wildniszeltplätze (zur Zeit der Recherche waren die Cabins zwecks Renovierung geschlossen). Nur für die Wildnisplätze sind Genehmigungen *(permits)* erforderlich; sie sind erhältlich im Besucherzentrum.

In den **State Parks** und im Waimanu Valley sind für die Zeltstellplätze (12/18 $ Einheimische/Besucher) und die Cabins Genehmigungen erforderlich. Am einfachsten beschafft man sich Reservierung und Genehmigung über das Online-Buchungssystem des **State of Hawaii Department of Land and Resources** (https://camping.ehawaii.gov); die Reservierung muss mindestens sieben Tage vor der Ankunft erfolgen. Die maximale Aufenthaltsdauer pro *permit* beträgt fünf aufeinanderfolgende Nächte.

In den **County Parks** schwankt die Qualität der Einrichtungen zwischen gut und sehr dürftig, mit der Ausnahme des sanierten Isaac Hale, wo jetzt alles neu ist. Einige Parks liegen sehr einsam, sodass man sich dort u. U. nicht sicher fühlt. Für die County Parks sind Campinggenehmigungen erforderlich, sie sind (bis zu einem Jahr im Voraus) online beim **Department of Parks & Recreation** (www.ehawaii.gov/Hawaii_County/camping/exe/campre.cgi) erhältlich. Die Campinggebühren liegen pro Tag bei 6/2/1 $ für Erwachsene/Jugendliche/Kinder bis 12 J. Eine Übersicht über die Einrichtungen in den County Parks bietet http://co.hawaii.hi.us/parks/parks.htm.

Außer den Backcountry-Plätzen sind alle hier aufgeführten Plätze mit dem Auto erreichbar.

NAME	MERKMALE
Hawai'i Volcanoes National Park	
'Apua Point	Backcountry; kein Wasser; Schutzhütte
Halape Shelter	Backcountry; in der Trockenzeit geschlossen; Schildkröten-Nistplatz

AKTIVITÄT	ORT
Angeln	Kailua-Kona (S. 184)
	Fischen vom Kajak aus (S. 197)
Golf	Mauna Kea & Hapuna (S. 236)
	Mauna Lani (S. 231)
	Hilo Municipal (S. 282)
Höhlenerkundung	Kazumura (S. 292)
	Lavaröhren im Hawai'i Volcanoes National Park (S. 308)
	Kula Kai Caverns (S. 177)
Kajakfahren	Kealakekua Bay (S. 213)
	Puako (S. 235)
	Pebble Beach (S. 219)
Schnorcheln	Kahalu'u Beach Park (S. 184)
	Kapoho Tide Pools (S. 297)
	Kealakekua Bay (S. 213)
	Two Step (S. 218)
Stand Up Paddling (SUP)	Kailua-Kona (S. 186)
	Kealakekua Bay (S. 212)
	Kahalu'u Beach (S. 182)
Tauchen	Kealakekua Bay (S. 212)
	Mantarochen bei Dunkelheit (S. 186)
	Two Step (S. 218)
Wandern	Hawai'i Volcanoes National Park (S. 308)
	Waimanu Valley (S. 269)
	Mauna Kea (S. 258)
Ziplining	Hawi (S. 242)
	Hakalau & Umgebung (S. 273)

Ka'aha Shelter	Backcountry; Schutzhütte		**County Parks**	
Keauhou Shelter	Backcountry; Schutzhütte		Ho'okena Beach Park	Voll ausgestattet
			Isaac Hale Beach Park	Voll ausgestattet; Surfen
Kulanaokuaiki Campground	Kein Wasser; Ausblick		Kapa'a Beach Park	Kein Wasser
Namakanipaio Campground & Cabins	Voll ausgestattet		Kolekole Beach Park	Voll ausgestattet; Surfen
Napau Crater	Backcountry; kein Wasser		Laupahoehoe Point Beach Park	Voll ausgestattet
State Parks			Mahukona Beach Park	Kein Wasser
Hapuna Beach State Recreation Area	Nur Cabins		Miloli'i Beach Park	Kein Wasser
Kalopa State Recreation Area	Voll ausgestattet; Cabins		Punalu'u Beach Park	Voll ausgestattet; Schildkröten
MacKenzie State Recreation Area	Voll ausgestattet		Spencer Beach Park	Voll ausgestattet
Manuka State Wayside Park	Kein Wasser		Whittington Beach Park	Voll ausgestattet

❶ An- & Weiterreise

Die meisten Flugzeuge von den anderen Inseln und aus den übrigen USA kommen in Kona an. Nur Continental fliegt vom US-Festland nach Hilo; viele Flüge gehen zunächst über Honolulu.

Hilo International Airport (ITO; ☎961-9321; http://hawaii.gov/ito) Abgehend vom Hwy 11, knapp 1 Mile (1,6 km) südlich der Kreuzung der Hwys 11 und 19.

Kona International Airport at Keahole (KOA; ☎327-9520; http://hawaii.gov/koa) Am Hwy 19; 7 Meilen (11,3 km) nördlich von Kailua-Kona. Wegbeschreibung vom/zum Flughafen s. S. 195.

Die beiden wichtigsten Fluglinien für Flüge zwischen den Inseln sind: **Hawaiian Airlines** (HA; ☎800-367-5320; www.hawaiianair.com) und **go!** (YV; ☎888-435-9462; www.iflygo.com). Beide bieten täglich zahlreiche Flüge zwischen den Inseln, jedoch hat go! mehr direkte Verbindungen, während viele der Flüge von Hawaiian Airlines über Honolulu führen. Die Ticketpreise für einen einfachen Flug liegen bei 70–90 $, jedoch kann es bei Vorausbuchung u. U. bis zu 50 % billiger sein.

Eine weitere Möglichkeit ist **Island Air** (WP; ☎800-652-6541; www.islandair.com) mit einem Flug täglich zwischen Kona und Maui und täglichen Direktverbindungen von Kona nach Honolulu und Kaua'i. Ein einfacher Flug kostet gewöhnlich 90–100 $.

Weitere Informationen zu Flügen zwischen den Inseln s. S. 723.

❶ Unterwegs vor Ort

Big Island ist in sechs Verwaltungsbezirke (Distrikte) untergliedert: Kona, Kohala, Waimea, Hilo, Puna und Ka'u. Um die Insel führt die Hawai'i Belt Rd und verbindet die wichtigsten Orte und Sehenswürdigkeiten. Es ist durchaus möglich, die Insel per Bus zu umrunden, das ist jedoch weder effizient noch praktisch. Wer die Insel wirklich erkunden möchte, braucht ein Auto.

Die beste Faltkarte ist *Big Island Manini Map* aus der Reihe Hawaii Street Guide. Die bunte *Hawai'i (Big Island) Guide Map* von Franko verzeichnet Wassersportgebiete und ist in Taucherläden erhältlich. Für längere Aufenthalte lohnt sich die Anschaffung der Bände East und West Hawai'i aus der Ready-Mapbook-Reihe.

Auto & Motorrad

Autovermietungen mit Schaltern an den Flughäfen Kona und Hilo sind auf S. 720 aufgeführt. Lokale Firmen sind:

Harper Car & Truck Rentals (☎969-1478, 800-852-9993; www.harpershawaii.com; 456 Kalaniana'ole Ave, Hilo) Allradfahrzeuge dürfen den Mauna Kea hinaufgefahren werden, jedoch

sind Fahrten ins Waipi'o Valley und zum Green Sands Beach untersagt. Schäden am Fahrzeug werden teuer in Rechnung gestellt; die Preise liegen insgesamt höher als bei den großen Autovermietungen.

Big Island Harley-Davidson (☎635-0542; www.hawaiiharleyrental.com) 19 neue, gepflegte Maschinen. Ab 139 $/Tag.

» Wer günstige Preise haben möchte, muss weit im Voraus buchen.

» In Zeiten, in denen nicht so viel los ist, fallen die Wochenpreise auf 130 $ für einen kleinen und 160 $ für einen normalen Pkw; durch Steuern und Gebühren kommen noch einmal 16–30 % hinzu.

» In der Hochsaison und bei kurzfristigen Buchungen steigen die Preise bis auf 300–400 $ pro Woche plus Steuern und Gebühren.

» Allradfahrzeuge kosten 60–100 $ pro Tag, jedoch erlaubt nur Harper Car & Truck Rentals die Fahrt zum Gipfel des Mauna Kea.

ENTFERNUNGEN & FAHRZEITEN

Die Umrundung der Insel auf der 230 Meilen (370 km) langen Hawai'i Belt Rd (Hwys 19 und 11) dauert etwa sechs Stunden.

VON HILO

ZIEL	MEILEN (KM)	DAUER
Hawai'i Volcanoes National Park	28 (45)	½ Std.
Hawi	86 (138)	2¼ Std.
Honoka'a	40 (64)	1 Std.
Kailua-Kona	92 (148)	2½ Std.
Na'alehu	64 (103)	1¾ Std.
Pahoa	16 (26)	½ Std.
Waikoloa	80 (129)	2¼ Std.
Waimea	54 (87)	1½ Std.
Waipi'o Lookout	50 (80)	1¼ Std.

VON KAILUA-KONA

ZIEL	MEILEN (KM)	DAUER
Hawai'i Volcanoes National Park	98 (158)	2½ Std.
Hawi	51 (82)	1¼ Std.
Hilo	92 (148)	2½ Std.
Honoka'a	61 (98)	1½ Std.
Na'alehu	60 (97)	1½ Std.
Pahoa	108 (174)	3 Std.
Waikoloa	18 (29)	¾ Std.
Waimea	43 (69)	1 Std.
Waipi'o Lookout	70 (113)	1¾ Std.

Bus

Mit dem inselweit verkehrenden **Hele-On Bus** (☑961-8744; www.heleonbus.org) sind die meisten Orte auf Big Island zu erreichen, jedoch sind sonntags nur beschränkt Busse unterwegs. Die Fahrt kostet zwischen 50 ¢ und 1 $; die aktuellen Routen und Fahrpläne sind der Website zu entnehmen. Die meisten Busse fahren vom Busbahnhof Mo'oheau in Hilo ab. Surfbretter und Bodyboards dürfen nicht mitgenommen werden, Gepäckstücke, Rucksäcke und Fahrräder kosten jeweils 1 $.

Fahrrad

Wer Big Island mit dem Fahrrad erkunden möchte, macht dies am besten im Rahmen einer organisierten Tour. Es ist auch allein zu schaffen, aber dann durchaus eine Herausforderung, besonders wenn das Wetter nicht mitspielt. In Kona – Dreh- und Angelpunkt des Ironman-Triathlons – befinden sich erstklassige Radläden, die Räder und Zubehörteile verkaufen und Reparaturen durchführen.

Von/zu den Flughäfen

AUTO Die meisten Besucher mieten am Flughafen ein Auto; an beiden Flughäfen gibt es an der Straße vor dem Ankunftsbereich Schalter der großen Autovermietungen.

SHUTTLE Shuttlebusse kosten normalerweise genauso viel wie Taxis. **Speedi Shuttle** (☑329-5433, 877-242-5777; www.speedishuttle.com) bringt Reisende zu Zielen an der Kona Coast, außerdem nach Waimea, Honoka'a und zum Hawai'i Volcanoes National Park (das kostet allerdings 165 $ oder mehr). Vorausbuchen!

TAXI Taxis warten am Straßenrand.

» Die Fahrt vom Flughafen Hilo in die Stadtmitte kostet ca. 20 $.

» Die Fahrt vom Flughafen Kona nach Kailua-Kona kostet etwa 30 $, nach Waikoloa etwa 55 $.

Taxi

An den beiden Flughäfen sind Taxis leicht zu bekommen, ansonsten sind sie nachts selten unterwegs und fahren auch nicht herum, um nach Fahrgästen zu suchen; in den Städten muss man Taxis daher telefonisch bestellen. Der Standard-Grundpreis liegt bei 2 $, jede Meile kostet ebenfalls 2 $.

Geführte Touren

Touren, die Aktivitäten wie Schnorcheln, Hubschrauberflüge und Farmbesuche beinhalten, sind in den jeweiligen Regionalabschnitten aufgeführt. Die üblichen Sightseeing-Touren bieten **Jack's Tours** (www.jackshawaii.com), **Roberts Hawaii** (www.robertshawaii.com) und **Polynesian Adventure Tours** (www.polyad.com).

Empfohlene Tourenveranstalter:

Road Scholar (☑800-454-5768; www.road scholar.org) Pauschaltouren (inklusive Unterkunft, Verpflegung und Vorträgen) für Leute ab 50. Bei den meisten thematischen Rundreisen werden mehrere Inseln besucht; im Mittelpunkt stehen Geschichte, Kultur und Geografie des Landes.

Earth Bound Tours (http://earthboundtours.com) Ausgezeichnete Art und Weise, verschiedenste Kleinfarmen zu besuchen, von denen viele ansonsten für die Öffentlichkeit nicht zugänglich sind. Gründer Jim Reddekopp ist ebenfalls Farmer und Eigentümer der Hawaiian Vanilla Company.

Orchid Isle Bicycling (☑800-219-2324; www. orchidislebicycling.com) Das in Kona ansässige Unternehmen bietet u.a. geführte Radtouren durch die Kohala Mountains und zum South Point an.

KAILUA-KONA

11 465 EW.

Im Jahr 1866 beschrieb Mark Twain Kailua-Kona als „eine kleine Ansammlung von Grashäusern der Eingeborenen unter hohen Kokosnussbäumen – der verschlafenste, ruhigste und sonntäglichste Ort, den man sich nur vorstellen kann". Inzwischen sieht es hier etwas anders aus ...

Die Einheimischen nennen den Ort „Kona Town", aber man hört auch andere Bezeichnungen wie Kailua, Kailua-Kona oder einfach nur Kona. Der Ort wurde offiziell in Kailua-Kona umbenannt, um ihn von Kailua auf O'ahu zu unterscheiden.

Kailua zeichnet sich inzwischen durch den dichtesten Verkehr aus, hier gibt's die meisten Hotels und Apartments, die meisten Touristen und die meisten Souvenirläden pro Quadratmeter. Dafür ist hier auch inselweit die Chance am größten, sonn-

---

DIE BESTEN STRÄNDE

Hapuna Beach (S. 235) Steht bei den meisten ganz oben auf der Liste der besten Strände.

Mauna Kea Beach (S. 236) Wie gemalt.

Beach 69 (S. 234) Schwulen- und familienfreundlich.

Waipi'o Valley (S. 269) Schönheit mit schwarzem Sand.

Manini'owali Beach (S. 224) Ranfahren und Handtuch ausrollen.

Makalawena Beach (S. 224) Schön abgelegen.

Kailua-Kona

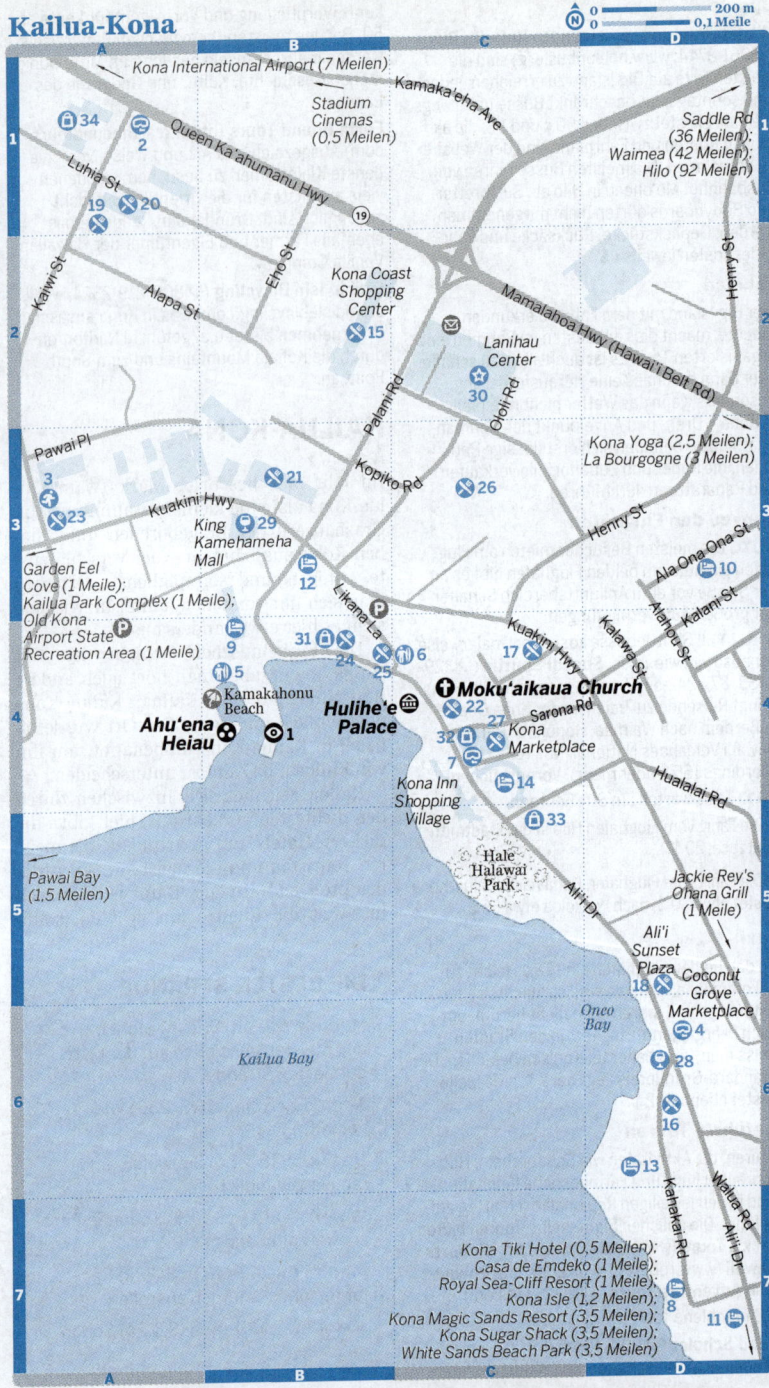

Kona International Airport (7 Meilen)

Kamaka'eha Ave

Stadium
Cinemas
(0,5 Meilen)

Saddle Rd
(36 Meilen);
Waimea (42 Meilen);
Hilo (92 Meilen)

Queen Ka'ahumanu Hwy

Luhia St

Kaiwi St

Alapa St

Eho St

Palani Rd

Mamalahoa Hwy (Hawai'i Belt Rd)

Henry St

Kona Coast
Shopping
Center

Lanihau
Center

Pawai Pl

Kopiko Rd

Kona Yoga (2,5 Meilen);
La Bourgogne (3 Meilen)

Kuakini Hwy

King
Kamehameha
Mall

Ala Ona Ona St

Kalani St

Garden Eel
Cove (1 Meile);
Kailua Park Complex (1 Meile);
Old Kona
Airport State
Recreation Area (1 Meile)

Kamakahonu
Beach

Ahu'ena
Heiau

Hulihe'e
Palace

Moku'aikaua Church

Kona
Marketplace

Kona Inn
Shopping
Village

Sarona Rd

Hualalai Rd

Likana La

Kuakini Hwy

Kalawa St

Alahou St

Henry St

Pawai Bay
(1,5 Meilen)

Hale
Halawai
Park

Jackie Rey's
Ohana Grill
(1 Meile)

Ali'i
Sunset
Plaza

Coconut
Grove
Marketplace

Oneo
Bay

Kailua Bay

Ali'i Dr

Kahakai Rd

Waltua Rd

Ali'i Dr

Kona Tiki Hotel (0,5 Meilen);
Casa de Emdeko (1 Meile);
Royal Sea-Cliff Resort (1 Meile);
Kona Isle (1,2 Meilen);
Kona Magic Sands Resort (3,5 Meilen);
Kona Sugar Shack (3,5 Meilen);
White Sands Beach Park (3,5 Meilen)

0   200 m
0   0,1 Meile

Kailua-Kona

◉ **Highlights**

    Ahuʻena Heiau B4
    Huliheʻe Palace C4
    Mokuʻaikaua Church C4

◉ **Sehenswertes**

  1 Kailua Pier B4
    Kona Brewing Company .... (s. 21)

Aktivitäten, Kurse & Touren

  2 Big Island Divers A1
  3 Bikram Yoga Kona A3
  4 Jack's Diving Locker D6
  5 Kona Boys Beach Shack B4
  6 Pacific Vibrations C4
  7 Sandwich Isle Divers C4
    Snorkel Bob's .... (s. 16)

🛏 **Schlafen**

  8 Hale Kona Kai D7
  9 King Kamehameha's Kona
    Beach Hotel B4
10 Koa Wood Hale
    Inn/Patey's Place D3
11 Kona Reef D7
12 Kona Seaside Hotel B3
13 Royal Kona Resort D6
14 Uncle Billy's Kona Bay
    Hotel C4

✖ **Essen**

15 Ba-Le Kona B2
16 Basik Acai D6
17 Big Island Grill C4
18 Island Lava Java D5

19 Island Naturals A1
    Kanaka Kava .... (s. 4)
20 Killer Tacos A1
21 Kona Brewing Company B3
22 Kope Lani C4
    KTA Super Store .... (s. 15)
23 Orchid Thai A3
24 Rapanui Island Café B4
25 Scandinavian Shaved Ice
    Internet Café B4
    Sushi Shiono .... (s. 18)
26 Tex Drive-In C3
27 You Make the Roll C4

🍸 **Ausgehen**

    Don's Mai Tai Bar .... (s. 13)
28 Huggo's on the Rocks D6
    Humpy's Big Island Alehouse .... (s. 4)
    Java on the Rocks .... (s. 28)
29 Mixx B3
    Okolemaluna Tiki Bar .... (s. 18)

✪ **Unterhaltung**

    Journeys of the South Pacific ......(s. 13)
30 KBXtreme C2
    King Kamehameha's Kona Beach
    Hotel Luau .... (s. 9)

🛍 **Shoppen**

31 Big Island Jewelers B4
32 Conscious Riddims Records C4
    Crazy Shirts .... (s. 32)
33 Kailua Village Farmers Market C5
34 Kona International Market A1
    Na Makana .... (s. 6)

tags geöffnete Geschäfte zu finden. An der Uferstraße Aliʻi Drive gibt sich Kailua als lockeres, sonnenverwöhntes Tropenparadies, mit eher künstlichem, billigem Beigeschmack.

Das heißt nicht, dass Kailua unbedingt zu meiden ist. Die meisten Big-Island-Touristen kommen irgendwann einmal her. Denn Kailua ist eine erschwingliche und praktische Basis, um die phantastischen Schnorchel- und Wassersportmöglichkeiten der nahen Strände entlang der Kona Coast zu nutzen oder die herausragenden alten hawaiischen Stätten der Gegend zu besichtigen. Außerdem herrscht in Kailua ein turbulentes Nachtleben. Inmitten all des Tourikitsches gibt es ein paar sehr gute Restaurants und coole Läden – und viele Gelegenheiten, die Reiseabenteuer bei einer Kokosnuss voll *kava* oder einem Cocktail mit anderen Travellern zu teilen.

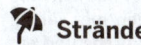 **Strände**

White Sands Beach Park   STRAND
(außerhalb der Karte S. 180) Dieser kleine, wunderschöne Strand (auch Laʻaloa Beach genannt) wartet mit kristallklarem, türkisfarbenem Wasser und hohen Palmen, jedoch wenig Schatten auf. Während der hohen Winterbrandung kann der Strand buchstäblich über Nacht seine Sanddecke einbüßen, was ihm Spitznamen wie „Magic Sands" und „Disappearing Sands" eingebracht hat. Wenn die Felsen und Korallen frei liegen, wird der Strand für die meisten

SURFSTRÄNDE & -BREAKS AUF BIG ISLAND

Da Big Island die jüngste der Hawaii-Inseln und die Küste noch recht zerklüftet ist, wird oft angenommen, dass hier für Surfer nicht viel zu holen ist. Inseln wie Oʻahu und Kauaʻi stehen daher mehr im Rampenlicht der Surferszene. Jedoch nehmen Archäologen und Forscher an, dass die alten Polynesier in der **Kealakekua Bay** wahrscheinlich zum ersten Mal auf den Wellen ritten. Heute bricht ein netter kleiner Lefthander (Keʻei) in der Nähe der Bucht.

Im Unterschied zu den Nachbarinseln, wo die Brandung an den Nord- und Süd-küsten am besten ist, werden auf Big Island die West- und Ostküste bevorzugt. Da Big Island aber etwas durch die anderen Inseln abgeschirmt ist, sind die Wellen hier nicht so hoch. Die Kona Coast (Karte S. 222) bietet die besten Surfbedingungen mit Nord- und Süddünung und Passatwinden vor der Küste. Im **Kawaihae Harbor** gibt's beim Wellenbrecher mehrere nette Reefbreaks für Anfänger, weiter südlich ist beim **Kekaha Kai State Park** ein weitaus anspruchsvollerer Break zu finden, der selbst für Profis eine Herausforderung darstellt. Wer ein Allradfahrzeug zur Verfügung hat oder einen einstündigen Marsch auf sich nimmt, kann es mit den starken Reefbreaks wie Mahaiʻula und Makalawena probieren. Am besten brechen die Wellen bei Nordwest-dünung, sodass hier die späteren Wintermonate die Hauptsaison fürs Surfen darstel-len. Auch **Pine Trees** am Keahole Point ist nur zu Fuß oder mit einem Allradfahrzeug zu erreichen.

In East Hawaiʻi gibt es nicht weit außerhalb von Hilo (Karte S. 275) mehrere gute, mittelschwere Wellen. **Richardson Ocean Park** ist ein langsamer Reefbreak, der gut für Anfänger geeignet ist, und etwas westlich der Stadt ist **Honoliʻi**, ein schneller und linker Peak, der in eine Flussmündung hinein bricht. Weiter oben an der Hamakua Coast liegt die **Waipiʻo Bay**; der Strand ist nur nach einem langen Marsch oder mit einem Geländewagen zu erreichen, aber Wellen und Landschaft sind die Mühen wert. Die **Pohoiki Bay** in Puna bietet mit drei Breaks nach Meinung vieler die besten Surfbedingungen der Insel; der schwerste Break kann 4,5 m hohe Wellen pro-duzieren – nach der stark untertreibenden hawaiischen Messweise. In Kaʻu nehmen die Einheimischen einen langen Paddeltrip raus aufs Meer auf sich, um auf dem fast perfekten linken Break an der **Kawa Bay** lange Ritte hinzulegen. Neulinge nehmen Unterricht und testen die Wellen im **Kahaluʻu Beach Park**.

Die besten Bodyboarding- und Bodysurfing-Stellen sind z. B. **Hapuna Beach**, **White Sands Beach** (die Surfer bevorzugen **Banyans**, markiert durch einen Banyan-Baum) bei Kailua-Kona und die Strände im **Kekaha Kai State Park**.

---

zu gefährlich zum Schwimmen. Der Sand kehrt aber langsam wieder zurück. White Sands ist immer voll und ein extrem be-liebter Bodyboarding- und Bodysurfing-Strand. Zu den Einrichtungen hier zählen Toiletten, Duschen, Picknicktische und ein Volleyballfeld; ein Rettungsschwimmer hält Wacht. Der Park liegt etwa 4 Meilen (6,4 km) südlich der Ortsmitte.

Old Kona Airport State Recreation Area   STRAND

(außerhalb der Karte S. 180) Vielleicht liegt's am Namen, aber dieser ruhige, knapp 1 km² große Park, eine Meile (1,6 km) vom Zentrum entfernt, wird von Reisenden oft übersehen. Die alte Landebahn verläuft an einem langen Sandstrand entlang, der mit dicken schwarzen Lavastreifen durchsetzt ist. Deshalb kann man hier auch nicht gut schwimmen, aber bei Ebbe kommen zahl-lose **Gezeitenbecken** zum Vorschein. Am besten bringt man sich ein Picknick mit, wandert an den Becken wie an Aquarien entlang und genießt die Einsamkeit. Gleich hinter dem südlichen Eingang gibt es einen Gezeitentümpel, groß und sandig, ein per-fektes Kinderplanschbecken. Die Gewässer vor der Küste sind Meeresschutzgebiet.

Dort, wo die Lava unterbrochen ist, ge-langt man gut ins Wasser, vor allem wird hier jedoch **gefischt**. Gerätetaucher und erfahrene Schnorchler können die **Garden Eel Cove** ansteuern, nicht weit vom Nord-ende des Strands entfernt. Hier tummeln sich zahlreiche große Rifffische, und eine steile Korallenwand in tieferem Gewässer beherbergt Muränen und kleine Höhlen. Bei ausreichender Brandung zieht es die einheimischen Surfer hierher zu einem Break vor der Küste.

An Einrichtungen sind vorhanden: Toiletten, Duschen und überdachte Picknicktische auf einer Rasenfläche mit kleinen Kokospalmen. Für Lauffreunde gibt's eine 1,5 km lange **Joggingstrecke**.

Anfahrt über den Kuakini Hwy bis zum Ende.

⊙ Sehenswertes

In Kailua weht immer eine Meeresbrise. Die Hauptattraktion dieses Touristenortes sind somit auch die vielen Möglichkeiten, im glitzernden Pazifik Wassersport zu treiben. Daneben gibt's ein paar durchaus sehenswerte historische Gebäude. Doch die meisten Besucher kommen her wegen der Strände, der Kreuzfahrtschiffe, die hier ihre Passagiere abladen, und der Wassersportreviere Richtung Norden und Süden.

Hulihe'e Palace
HISTORISCHES GEBÄUDE

(Karte S. 180; ☑329-1877; www.daughtersof hawaii.org; 75-5718 Ali'i Dr; Erw./Sen./unter 18 J. 6/4/1 $; ☺Mi–Sa 10–15 Uhr) Der zweite Gouverneur von Hawai'i, „John Adams" Kuakini, ließ sich dieses schlichte zweistöckige Haus aus Lavagestein 1838 als Privatresidenz erbauen. Nach seinem Tod 1844 wurde das Gebäude das bevorzugte Feriendomizil der hawaiischen Monarchen. Mitte der 1880er-Jahre ließ König David Kalakaua den Hulihe'e Palace umfassend renovieren, denn er wünschte sich mehr Glanz. Das Lavagestein außen erhielt ein bisschen Stuck, innen wurde es verputzt und das Ganze dann mit verzierten Decken und Kristalllüstern ausgeschmückt.

Zu Beginn des 20. Jhs. machte das Königshaus eine schwere Zeit durch. Das Haus wurde verkauft, Möbel und Kunstwerke ließ Prinz Kuhio versteigern. Glücklicherweise nummerierten seine Frau und andere Mitglieder des Königshauses jedes Stück sorgsam und notierten außerdem die Namen der Käufer. 1925 erwarb das Territory of Hawaii das Haus, um es in ein Museum umzuwandeln. Heute wird es von den Daughters of Hawai'i geführt, einer Frauengruppe, die sich der Bewahrung der hawaiischen Kultur und Sprache verschrieben hat. Sie spürten Einrichtungsgegenstände und Erinnerungsstücke wieder auf, wie etwa einen Tisch mit Intarsien aus

25 verschiedenen einheimischen Hölzern oder Kriegsspeere von Kamehameha dem Großen.

Diese und weitere Geschichten hören Besucher bei den 40-minütigen **Führungen**. Die kostenlosen **Konzerte**, die hier am dritten Sonntag eines jeden Monats um 16 Uhr stattfinden, sind ein echter Genuss: Auf der Rasenfläche vor der glitzernden Kailua Bay werden dann hawaiische Musik und Hula-Tänze aufgeführt.

Ahu'ena Heiau
HEIAU (TEMPEL)

(Karte S. 180) Nachdem Kamehameha der Große die Hawaii-Inseln vereint hatte, etablierte er seinen königlichen Hof in Lahaina auf Maui, aber er nutzte den Ahu'ena Heiau weiterhin als seinen persönlichen Rückzugsort und Tempel. Hier starb er auch im Mai 1819, und hier wurde sein Leichnam für die Beisetzung hergerichtet. Jedoch wurden seine Knochen gemäß der Tradition an einem streng geheimen Ort beigesetzt, sodass sie nie gefunden worden sind.

Die mit Palmwedelhütten und geschnitzten *ki'i* (Statuen) rekonstruierte kleine Tempelanlage (für die Öffentlichkeit nicht zugänglich) befindet sich neben dem Kailua Pier. Das benachbarte King Kamehameha Beach Hotel nutzt den Tempel als Kulisse für seine *luau*. Die winzige Bucht dient gleichzeitig als stilles Meerwasserbecken, wo die Einheimischen angeln, Kinder baden und sich Senioren auf dem winzigen Sandstrand, dem **Kamakahonu Beach**, ausstrecken.

Moku'aikaua Church
KIRCHE

(Karte S. 180; www.mokuaikaua.org; 75-5713 Ali'i Dr; ☺Sonnenauf- bis Sonnenuntergang) Am 4. April 1820 segelten die ersten christlichen Missionare in die Kailua Bay. König Liholiho überließ ihnen diesen Platz nur ein paar Fußminuten von Kamehamehas Ahu'ena Heiau für den Bau der ersten christlichen Kirche auf Big Island.

Das 1836 fertig gestellte Gotteshaus ist ein hübsches Gebäude mit Mauern aus Lavagestein, das durch einen Mörtel aus Sand und Korallenkalk zusammengehalten wird. Die Pfähle und Balken sind aus dem *ohia*-Baum, die Bänke und die Kanzel aus *koa*, dem begehrtesten einheimischen Hartholz. Der Kirchturm ist 34 m hoch und die Kirche somit das höchste Bauwerk in Kailua. Im Inneren gibt's ein staubiges Modell der *Thaddeus*, des Schiffs der Missionare; dazu wird die Geschichte ihrer Ankunft erzählt.

Moderne **Gottesdienste** finden sonntags um 9 Uhr statt, eine traditionelle Messe folgt um 11 Uhr. Bei Letzterer singt der Ohana Choir; danach beleuchtet ein kurzer Vortrag die Geschichte der Kirche.

Kailua Pier   WAHRZEICHEN
(Karte S. 180) Der 1915 gebaute Pier der Stadt war einst ein wichtiger Verladeplatz für Rinder. Diese wurden von den Ranches an den Hängen hinunter zur Stadt und dann ins Wasser getrieben und gezwungen, zu wartenden Dampfschiffen zu schwimmen, wo sie anschließend an Bord gehievt und in die Schlachthöfe von Honolulu verfrachtet wurden.

Heute ist der Kailua Pier der Ort, an dem die Einheimischen während der Mittagspause ein kurzes Bad nehmen, der Ironman-Triathlon beginnt und endet und beim jährlichen Hawaiian International Billfish Tournament die offizielle Waage steht.

🖉 **Kona Brewing Company** MIKROBRAUEREI
(Karte S. 180; ☏334-2739; www.kona brewingco.com; North Kona Shopping Center, 75-5629 Kuakini Hwy; Eintritt frei; ⏰Führungen Mo–Fr 10.30 & 15 Uhr) Das 1994 gegründete Unternehmen war die erste Kleinbrauerei der Insel. Heute exportiert die Brauerei ihre Biere auch auf die anderen Inseln und zu weiter entfernten Orten. Die Führungen durch den Familienbetrieb, der sich inzwischen zu einem Wahrzeichen von Kona gemausert hat, sind kostenlos und umfassen auch eine Bierprobe.

🏃 **Aktivitäten**

Die meisten in Kailua angebotenen Aktivitäten haben mit dem Wasser zu tun. Der Coconut Grove am Ali'i Drive hat ein sandiges Volleyballfeld (Ball selbst mitbringen oder bei anderen mitspielen); Fahrradverleih s. S. 196.

Kailua Park Complex   FREIZEITZENTRUM
(außerhalb der Karte S. 180; ☏327-3553; ⏰Mo–Fr 6.30–19.30, Sa & So 8.30–17.30 Uhr) Der Kailua Park Complex neben der Old Kona Airport State Recreation Area ist sehr vielfältig, hier gibt's u. a. einen Spielplatz für Kleinkinder, ein schönes Schwimmbecken mit 50-m-Bahn und ein Kinderbecken, außerdem Fußball- und Softballplätze, vier beleuchtete Tennisplätze und ein Fitnesscenter.

Angeln

Kona ist weltweit das beste Revier, um Pazifischen Blauen Marlin (vor allem Juni–Aug.) zu angeln. Heimisch sind hier auch Gelbflossen-Thunfisch (Ahi), *aku* (Echter Bonito), Schwertfisch, Speerfisch und Mahimahi (ein weißfleischiger Fisch, der im Englischen auch als „dolphin" bezeichnet wird). Die meisten Weltrekorde für Fänge solcher Fische werden von Anglern aus Kona gehalten.

Insofern überrascht es kaum, dass hier Hunderte von gecharterten Fischerbooten unterwegs sind; viele Bootsbetreiber sind in der Zeitschrift *Fishing* aufgeführt, die überall im Ort kostenlos erhältlich ist, außerdem im Internet bei den *Hawaii Fishing News* (www.hawaiifishingnews.com). Wer zu einer schon bestehenden Gruppe hinzustößt, zahlt ab 80 $ p. P. für einen Vierstundentrip (entspricht einem halben Tag). Ansonsten kostet das Chartern eines Boots für bis zu sechs Personen zwischen 450 und 600 $ für einen halben Tag und zwischen 750 und 3500 $ für einen ganzen Tag, je nach Boot. Im Preis inbegriffen sind Ausrüstung und Angelerlaubnis.

Hauptbuchungsbüro ist der **Charter Desk** (Karte S. 222; ☏326-1800, 888-566-2487; www.charterdesk.com; ⏰6–18 Uhr) neben der Wiegestation an der Honokohau Marina. Eine andere Möglichkeit ist **Charter Services Hawaii** (☏800-567-2650; www.kona zone.com).

Über Wettkampfkalender verfügt der **Hawaii Big Game Fishing Club** (www.hbgfc. org).

Angeln vom Kajak aus s. S. 197.

Auslegerkanu

Kona Boys Beach Shack   AUSLEGERKANU
(Karte S. 180; ☏329-2345; www.konaboys.com; Kamakahonu Beach; Erw./Kind 50/25 $; ⏰8–17 Uhr) Dank der freundlichen Betreiber des Kona Boys Beach Shack am Kamakahonu Beach können sich Besucher nun auch an einem traditionellen Auslegerkanu (Outrigger Canoe) versuchen. Mit dem gefeierten hawaiischen Paddler Uncle Jesse als Guide können sie sich wie die alten Polynesier fühlen, die anno dazumal der vulkanischen Big Island näherten. Die oben angegebenen Preise gelten pro Person bei mindestens zwei Teilnehmern. Es werden auch Kajaks, Stand Up Paddleboards und Surfbretter verliehen. Unterricht möglich.

Schnorcheln

Mit die besten und besonders leicht zugänglichen Schnorchelreviere der Insel befinden sich eine kurze Autofahrt von Kai-

THREE RING RANCH

Dr. Ann Goody spricht nicht nur mit den Tieren, sie kümmert sich auch um ihre verletzten Knochen und ihre angeknackste Psyche. Nach der Behandlung werden die Tiere, wenn möglich, wieder in die Wildnis entlassen, alternativ werden sie ständige Bewohner des **Three Ring Ranch Exotic Animal Sanctuary** (www.threeringranch.org), eines schönen, 2 ha großen Geländes oberhalb von Kona.

Three Ring ist vom US Department of Agriculture lizenziert und bei der American Association of Sanctuaries akkreditiert. Es beherbergt derzeit Südafrikanische Kronenkraniche, Zwergflamingos, David und Goliath (zwei riesige Afrikanische Spornschildkröten) und viele weitere Tiere, darunter bedrohte einheimische Arten wie die Hawaii-Eule. Ein ungewöhnlicher Fall ist das Zebra Zoe: Es wurde aus dem bankrottgegangenen Moloka'i Ranch Safari Park gerettet und hat eine Pigmentstörung, erkennbar an den sandfarbenen Streifen und den blauen Augen.

Dr. Goody hat selbst schon einige Schicksalsschläge hinter sich (sie überlebte einen Blitzschlag, den Angriff eines Hais und die Diagnose Brustkrebs). Auf jeden Fall kann sie mit Menschen genauso gut umgehen wie mit Tieren. So sind sehr erfolgreiche Bildungsinitiativen entstanden, z. B. für Schulkinder, Praktikanten und angehende Tierärzte. Da das Wohl der Tiere im Vordergrund steht, finden die zweistündigen **Führungen** (⊙11 Uhr; empfohlene Spende 35 $) nur nach Vereinbarung statt; Näheres auf der Website.

---

lua entfernt – Richtung Süden: Kahalu'u Beach Park, Two Step und Kealakekua Bay; Richtung Norden: Makalawena Beach. Den gesamten Ali'i Drive säumen Läden, die Ausrüstung für 7–10 $ pro Tag oder 15–45 $ pro Woche verleihen; gut ist **Snorkel Bob's** (Karte S. 180; ☑329-0770; www.snorkelbob.com; 75-5831 Kahakai Rd; ⊙8–17 Uhr).

Bootstouren (auch „Dolphin Cruises" genannt) mit Gelegenheit zum Schnorcheln werden um Kona massenhaft angeboten. Bei einer vierstündigen Exkursion werden ansonsten unzugängliche Stellen angesteuert, mit Glück sieht man Delphine und Wale. Die Touren leiten erfahrene Guides. Die besten Bedingungen herrschen vormittags.

Im Zweifelsfall entscheidet immer der Bootsführer über das beste Ziel unter den jeweils herrschenden Bedingungen, am häufigsten steuern die Boote jedoch die (deswegen überfüllte) Kealakekua Bay an. Die Küste südlich von Kona zeichnet sich durch schöne Lavaklippen und Höhlen aus, während die Nordküste ein flacher Lavaschild ist.

Bei den Fahrten kommen überwiegend zwei Bootstypen zum Einsatz: kleine Schlauchboote (Zodiacs), die auch in Meereshöhlen hineinfahren können, aber gewöhnlich keinen Schatten und keine Toiletten bieten, und große Katamarane, mit denen die Fahrt insgesamt ruhiger ist, die

aber in kleinen Buchten nicht so wendig sind. Im Preis inbegriffen sind gewöhnlich die Schnorchelausrüstung, Getränke und Imbiss. Die meisten Veranstalter bieten Rabatte bei Online-Buchung.

Captain Zodiac   SCHLAUCHBOOT
(Karte S. 222; ☑329-3199; www.captainzodiac.com; Honokohau Harbor; Halbtagestour Erw./Kind 4–12 J. 100/84 $) Seit 1974 bietet Captain Zodiac täglich Fahrten zur Kealakekua Bay in gut 7 m langen Festrumpfschlauchbooten für bis zu 16 Passagiere.

Sea Quest   SCHLAUCHBOOT
(Karte S. 206; ☑329-7238, 888-732-2283; www.seaquesthawaii.com; Keauhou Bay; Fahrt mit 1 Schnorchelgang Erw./Kind 72/62 $, mit 2 Schnorchelgängen 92/75 $, Walbeobachtungstour 72/62 $) Sea Quest verfügt über vier Festrumpfschlauchboote für 6–14 Passagiere. Im Angebot sind Schnorchelabenteuer mit einem und zwei Stopps, außerdem **Walbeobachtungstouren**. Alle Schnorcheltouren führen zur Kealakekua Bay, der zweite Stopp ist ggf. in der Honaunau Bay (Two Step).

LP TIPP   **Sea Paradise**   KATAMARAN
(Karte S. 206; ☑322-2500, 800-322-5662; www.seaparadise.com; Keauhou Bay; Schnorcheltour mit 2 Mahlzeiten Erw./Kind 99/59 $, Schnorcheln mit Mantarochen 89/59 $, 2-Flaschen-Tauchgänge 145 $, Tauchen mit Manta-

rochen 110 $) Sea Paradise bietet morgendliche Schnorcheltrips zur Kealakekua Bay, Tauchtouren und einen Sonnenuntergangs-Segeltörn mit Abendessen auf einem klassischen 15-m-Katamaran mit einer gut aufgelegten professionellen Crew. Die **Abendtouren zu den Mantarochen** werden von Experten vom Manta Network begleitet, Sichtungen sind garantiert (oder man darf ein zweites Mal umsonst mitfahren).

Fair Wind KATAMARAN
(Karte S. 206; ☎345-0268, 800-677-9461; www.fair-wind.com; Keauhou Bay; Schnorcheltour vormittags Erw./Kind 125/75 $, nachmittags 109/69 $) Die *Fair Wind II* ist ein Katamaran mit Platz für 100 Passagiere, es gibt zwei tolle 4,5-m-Wasserrutschen und einen Grill. Täglich geht's zur Kealakekua Bay, dort hat man 2½ Stunden Zeit zum Schnorcheln, eine Mahlzeit ist inbegriffen. Die Fahrten auf dem Luxus-Luftkissenkatamaran *Hula Kai* (155 $ p. P. inkl. Mahlzeit) dauern länger und führen zu sehr wenig frequentierten Stellen. Mit der *Hula Kai* ist auch ein **Abendtrip zu den Mantarochen** (Schnorcheln 99 $; Tauchen 130–145 $) im Programm. Sichtungen werden garantiert, oder man darf noch einmal umsonst mitfahren. Vorausbuchen!

Kamanu Charters KATAMARAN
(Karte S. 222; ☎329-2021, 800-348-3091; www.kamanu.com; Honokohau Harbor; Erw./Kind 90/50 $) Schnorcheln abseits der Massen in der Pawai Bay gleich nördlich des Wasserschutzgebietes des Old Kona Airport State Park. Der 11-m-Katamaran fährt mit Motorantrieb hin und segelt zurück, er nimmt maximal 24 Gäste an Bord. Angeboten wird auch ein **Abendschnorcheln mit Mantarochen** (80 $). Es ist möglich, das Boot privat zu chartern.

Stand Up Paddling (SUP)

Zwei Trends haben in den letzten Jahren Big Island im Sturm erobert: Der Tanzstil Zumba und der Funsport Stand Up Padd-

---

RUNDFLÜGE IM HUBSCHRAUBER

Aus der Vogelperspektive einen Blick auf den aktivsten Vulkan der Welt, auf fließende Lava und auf donnernde Wasserfälle werfen, das ist schon ein Urlaubshighlight. Im Hubschrauber lässt sich die majestätische Schönheit von Big Island auf ganz besondere Weise erleben, gerade auch für Reisende mit Behinderungen. Zwar wird viel mehr Werbung für Hubschrauberflüge gemacht, jedoch sind Rundflüge mit Flugzeugen ruhiger und billiger.

Die Standardrundflüge mit Vulkan und Wasserfall dauern 45 Minuten (160–200 $). Eine Inselumrundung in zwei Stunden kostet 400 $. Außerdem gibt es Varianten mit offenen Türen und Tallandungen. Vor der Buchung sollte klar sein, was man zu sehen bekommt, ob alle Passagiere einen Rundumblick genießen, ob man bei den „Valley Tours" tatsächlich in die Täler hineinfliegt und ob gegen den Fluglärm Kopfhörer gestellt werden. Die beste Aussicht und den ruhigsten Flug genießt, wer vorne sitzt.

Hubschrauberrundflüge finden auch statt, wenn es bewölkt ist, jedoch nicht bei Regen. Wer kann, sollte einen klaren Tag abwarten – die sind häufiger im Sommer. Wer den Rundflug ans Ende seines Aufenthalts stellt, kann das, was er zu sehen bekommt, besser einordnen. Die meisten Veranstalter gewähren Ermäßigung bei Buchung übers Internet, auch in den kostenlosen Touristenbroschüren sind oft Rabattgutscheine enthalten. (Zu Hubschrauberflügen und ihren Auswirkungen auf die Umwelt s. Kasten S. 612.)

Blue Hawaiian Helicopters (☎961-5600, 800-786-2583; www.bluehawaiian.com) Zuverlässig und viele Flüge. Start ab Waikoloa und Hilo.

Iolani Air Tour Company (☎329-0018, 800-538-7590; www.iolaniair.com) Billigere 50-minütige Rundflüge mit kleinen Propellermaschinen. Ermäßigungen für Kinder.

Paradise Helicopters (☎969-7392, 866-876-7422; http://paradisecopters.com) Genießt einen guten Ruf für maßgeschneiderte Touren.

Safari Helicopters (☎969-1259, 800-326-3356; www.safarihelicopters.com)

Tropical Helicopters (☎866-961-6810; www.tropicalhelicopters.com) Auch Charterflüge nach Kundenwunsch.

ling (SUP). Bei beidem kommt man in Bewegung, aber nur SUP fordert wirklich ganzheitlichen Körpereinsatz. Begleitet von Delphinen, Schildkröten und tropischen Fischen kann sich jeder an dieser einfachen und spaßigen Wasseraktivität versuchen. Unterricht und Ausrüstungsverleih bei der Kona Boys Beach Shack am Kamakahonu Beach (S. 184; 90 Min. Unterricht 75 $, Ausrüstungsverleih 1 Std. 25 $).

Surfen

Die geringe Brandung, die die Leeward Coast (Westküste) bietet, finden Surfer nicht in Kailua-Kona, sondern eine kurze Autofahrt weiter nördlich bei Banyans und Pine Trees oder südlich am Kahalu'u Beach (Ausrüstungsverleih und Unterricht). Weitere Infos im Kasten auf S. 182.

Direkt in Kailua verleiht der Familienbetrieb **Pacific Vibrations** (Karte S. 180; ☎329-4140; 75-5702 Likana Lane; Surfbrett 15–20 $ pro Tag; ⊗Mo–Fr 10–17.30, Sa bis 15.30 Uhr) Bretter und Kleidung. Surfbretterverleih sowie Unterricht gibt's auch bei der Kona Boys Beach Shack.

Tauchen

In Kailua-Kona sitzen viele Anbieter von Schnorchel- und Tauchtouren.

In Küstennähe können Taucher steile Abbrüche mit Lavaröhren, Höhlen und einer vielfältigen Tier- und Pflanzenwelt sehen. In tieferen Gewässern werden 40 beliebte Tauchstellen vom Boot aus angefahren, darunter vor dem Keahole Point ein Flugzeugwrack. Die Sicht beträgt gewöhnlich 30 m, die besten Bedingungen herrschen von April bis August.

Ein bekanntes Tauchrevier ist **Red Hill** (Karte S. 206), ein Unterwasser-Schlackenkegel etwa 10 Meilen (16 km) südlich von Kailua. Hier gibt es schöne Lavaformationen (z. B. Gesteinsvorsprünge und jede Menge wabenartige Lavaröhren) sowie Korallenspitzen und bunte Nacktschnecken.

Tauchgänge mit zwei Flaschen kosten zwischen 100 und 140 $. Tauchgänge bei Dunkelheit mit einer Flasche oder mit Mantarochen sind ähnlich teuer. Die größeren 5-Sterne-PADI-Veranstalter bieten zertifizierte Tauchkurse für 500–600 $ an.

Einige der Anbieter von Schnorcheltrips (S. 184) haben auch Tauchen im Programm und umgekehrt.

Ein wirklich atemberaubendes Erlebnis ist **abendliches Schnorcheln** oder **Tauchen mit Pazifik-Mantarochen**. Bei Dunkelheit wirkt das Meer sehr geheimnisvoll, und das Bild, wie diese anmutigen, sanften Kreaturen mit einer Flügelspannweite zwischen 2,5 und 4 m aus der Dunkelheit herausgleiten und bei der Nahrungsaufnahme Räder schlagen, ist einfach unvergesslich. Hierfür gibt es vor allem zwei Tauchgebiete: vor dem Sheraton Keauhou Bay Resort (Karte S. 206) und weiter nördlich bei der Garden Eel Cove (S. 182). Beim Sheraton ist es gewöhnlich welliger, und der Meeresboden, wo sich die Taucher während der „Vorführung" niederlassen, ist felsiger, sodass sich das Ganze hier insgesamt etwas schwieriger gestaltet. Die meisten abendlichen Tauchtrips mit Mantarochen umfassen zwei Tauchgänge, zunächst an einer mittelmäßig interessanten Stelle zum Sonnenuntergang, dann in Mantarochen-Gebieten.

LP TIPP 🐠 **Jack's Diving Locker** TAUCHEN (Karte S. 180; ☎329-7585, 800-345-4807; www.jacksdivinglocker.com; Coconut Grove Marketplace, 75-5813 Ali'i Dr) Einer der besten Anbieter von Tauchgängen und Unterricht für Anfänger, mit einem umfassenden Angebot für Kinder. Das Unternehmen residiert in einem 460 m² großen Gebäude mit Laden, Unterrichtsräumen, einem Flaschenraum und einem 3,65 m tiefen Tauchbecken. Es bietet Tauchgänge vom Boot oder direkt an der Küste sowie abendliches Tauchen mit Mantarochen; auf vielen Trips können auch Schnorchler mitfahren. Die fünf Boote (7–14 m) sind für 6–18 Taucher ausgelegt. Jack's legt bei seinen Unternehmungen Wert darauf, Tiere und Natur so wenig wie möglich zu beeinträchtigen.

Big Island Divers TAUCHEN (Karte S. 180; ☎329-6068; www.bigislanddivers. com; 74-5467 Kaiwi St) Dieser Veranstalter hat sympathisches Personal und bietet eine breite Palette an Touren sowie Tauchscheinkurse. An allen Bootstouren können auch Schnorchler teilnehmen. Spezielle Angebote sind Tauchen am Abend, nachts und mit Mantarochen.

Sandwich Isle Divers TAUCHEN (Karte S. 180; ☎329-9188, 888-743-3483; www. sandwichisledivers.com; Kona Marketplace, 5729 Ali'i Dr) Das von einem Ehepaar geführte kleinere Unternehmen blickt auf jahrzehntelange Erfahrungen in den Gewässern um Kona zurück. Die Trips sind auf maximal sechs Taucher begrenzt, was eine persönlichere Atmosphäre schafft. Der Kapitän ist Meeresbiologe.

Walbeobachtung

Die Saison für Buckelwale beginnt im Januar und dauert bis März oder April.

Dan McSweeney's
Whale Watch
WALBEOBACHTUNG

(322-0028, 888-942-5376; www.ilovewhales.com; 3-Std.-Fahrt Erw./Kind 80/70 $; Juli, Aug. & Nov.–April) Obwohl viele Anbieter von Bootsausflügen in der Walsaison auch Beobachtungstouren mit in ihr Programm aufnehmen, empfehlen wir unbedingt Dan McSweeney. Der Meeressäugetierbiologe ist Forscher und führt Bildungsexkursionen durch, bei denen die Beobachtung der Wale wirklich immer im Mittelpunkt steht. In den Gewässern vor Kona sind das ganze Jahr über mehrere Walarten und fünf Delphinarten anzutreffen. Mit Horchgeräten können die Teilnehmer den Gesängen der Wale lauschen. Die Exkursionen starten am Honokohau Harbor.

Yoga

Kona Yoga
(außerhalb der Karte S. 180; 331-1310; www.konayoga.com; Sunset Shopping Plaza, 77-6425 Hwy 11, D202; Unterricht 15 $, ohne Anmeldung) Beliebtes, schlichtes Yogastudio mit begrenztem Angebot; Betreiberin Barbara Uechi unterrichtet Iyengar-Yoga mit großer Sorgfalt und viel Humor.

Bikram Yoga Kona
(Karte S. 180; 443-9990; www.bikramkona.com; Kuakini Center, 74-5563 Kaiwi St; Unterricht 16 $, ohne Anmeldung) Das einzige Bikram-Studio der Insel.

Geführte Touren

LP TIPP Body Glove Historical
Sunset Dinner Cruise
BOOTSFAHRT

(800-551-8911; www.bodyglovehawaii.com; Erw./Kind 94/58 $; Bootsfahrt mit Kommentar Di, Do & Sa 16 Uhr, Cocktailfahrt Mi & Fr 17.30 Uhr) Diese beliebte Bootstour entlang der Kona Coast dauert drei Stunden und umfasst Abendessen, tolle Livemusik und einen fesselnden Kommentar zur Geschichte der Küste. Die **Tour zum Sonnenuntergang** mit kostenlosen alkoholischen Getränken dauert zwei Stunden.

Kona Historical Society
SPAZIERGANG

(323-3222; www.konahistorical.org; 90-min. Rundgang 15 $) Bei diesen lohnenswerten Führungen werden historische Stätten im Zentrum von Kailua-Kona besucht. Die Teilnehmer (mind. 10) erhalten eine informative Broschüre. Termin nach Vereinbarung.

Atlantis Submarines
U-BOOT

(329-6626, 800-548-6262; www.atlantisadventures.com; Erw./Kind 99/45 $; Fahrten 10, 11.30 & 13 Uhr) Die Unterwasserfahrt dauert 35 Minuten. Das batteriebetriebene U-Boot taucht 30 m tief in eine Korallenspalte vor dem Royal Kona Resort und erkundet Schiffswracks in der Nähe. Durch die 26 Bullaugen können bis zu 48 Passagiere blicken.

Kailua Bay Charter
Company
GLASBODENBOOT

(324-1749; www.konaglassbottomboat.com; 50-min. Tour Erw./Kind 40/20 $; Touren stdl. ab 10.30 Uhr) Erkundung der Küste um Kailua und der Unterwasserwelt an den Riffen und im offenen Meer mit einem 11-m-Glasbodenboot mit netter Crew und einem Naturforscher an Bord. Einfaches Besteigen des Schiffes für Personen mit eingeschränkter Mobilität.

Festivals & Events

LP TIPP Kona Brewers Festival
BIER & ESSEN

(331-3033, 334-1884; www.konabrewersfestival.com; Eintritt 50 $) Bei diesem Mitte März stattfindenden Bierfest werden Gerstensäfte aus 30 Kleinbrauereien ausgeschenkt und Gourmetspeisen von zahlreichen ortsansässigen Restaurants serviert. Die Gewinne gehen an örtliche Umwelt- und Kulturorganisationen. Tickets rechtzeitig besorgen!

Hawaiian International Billfish
Tournament
ANGELN

(www.hibtfishing.com) Der Angelwettbewerb, der sich selbst den „grandfather of all big-game fishing tournaments" nennt, ist der renommierteste in Kona. Die Veranstaltung Ende Juli/Anfang August wird eine Woche lang von festlicher Unterhaltung begleitet. 2009 war das 50. Jubiläum des Wettbewerbs.

Ironman Triathlon World
Championship
TRIATHLON

(http://ironman.com) Bei diesem legendären Wettkampf Anfang Oktober müssen die potenziellen „Eisenmänner" in höchstens 17 Stunden fast 4 km im Meer schwimmen, 180 km mit dem Rad fahren und einen vollen Marathon laufen – der ultimative Ausdauertest. Jedes Jahr geben rund 1800 Sportler ihr Bestes.

Kona Coffee Cultural Festival KAFFEE
(www.konacoffeefest.com) Während der Erntezeit im November werden zehn Tage lang die Kaffeepioniere Konas und ihr schwarzes Gold gefeiert. Zu den Veranstaltungen zählen ein Verkostungswettbewerb, Kunstausstellungen, Plantagentouren, Umzüge, Konzerte und ein Kaffeebohnenpflückrennen.

🛏 Schlafen

Die Qualität der Hotels und Apartments am Ali'i Drive in fußläufiger Nähe zum Zentrum von Kailua-Kona ist eher mittelmäßig. Bessere Unterkünfte finden sich rundherum außerhalb des Zentrums, auch hügelaufwärts („upcountry"). In der Hochsaison sollten alle Unterkünfte vorgebucht werden.

Condos (Ferienapartments) sind für längere Aufenthalte in der Regel günstiger als Hotels und bieten Selbstversorgern und Familien ein höheres Maß an Unabhängigkeit. Die Apartments werden entweder direkt über die Eigentümer oder über eine Immobilienverwaltung vermietet. Eine weitere Option für Familien sind Ferienhäuser; einen Überblick über das Angebot geben **Alternative Hawaii** (www.alternative-hawaii.com) und **Vacation Rentals by Owner** (www.vrbo.com).

ATR Properties (📞329-6020, 888-311-6020; www.konacondo.com)

Kona Hawaii Vacation Rentals (📞329-3333, 800-244-4752; www.konahawaii.com)

Knutson & Associates (📞329-6311, 800-800-6202; www.konahawaiirentals.com)

SunQuest Vacations & Property Management Hawaii (📞329-6438, 800-367-5168; www.sunquest-hawaii.com)

LP TIPP Kona Tiki Hotel HOTEL $
(außerhalb der Karte S. 180; 📞329-1425; www.konatiki.com; 75-5968 Ali'i Dr; Zi. 85–113 $; 🅿🤚📶) Die eher durchschnittlichen Zimmer (mit Kühlschrank, aber ohne TV oder Telefon) in dem schon älteren dreistöckigen Haus könnte man eigentlich vergessen, wenn man nicht abends vom Plätschern der Wellen in den Schlaf gewiegt würde. Das Kona Tiki liegt direkt an einer Bucht und ist annehmbar gepflegt und freundlich; dass es auch überraschend romantisch ist, liegt allein an der Lage. Die teureren Zimmer verfügen über Kochnischen – ideal für Selbstversorger. Keine Kreditkarten.

LP TIPP Plumeria House INN $$
(Karte S.222; 📞326-9255; www.plumeriahouse.com; Kilohana St; 1 Schlafzimmer 80–120 $; @) Diese makellose 74 m² große Unterkunft ist für längere Aufenthalte (mindestens 4 Nächte) ein echtes Schnäppchen. Die Wohnung liegt in einem höher gelegenen Wohngebiet und verfügt über viele praktische Einrichtungen: eine voll ausgestattete Küche, gefiltertes Wasser und einen Sitzbereich im Freien; Waschmaschine und Trockner können mitbenutzt werden. Auch für Rollstuhlfahrer zugänglich; Endreinigung 50 $.

LP TIPP Hale Kona Kai CONDO $$
(Karte S. 180; 📞329-6402, 800-421-3696; www.halekonakai-hkk.com; 75-5870 Kahakai Rd; 1 Schlafzimmer 140–185 $; 🅿🤚📶🐾) Das dreistöckige Haus in ruhiger Lage an einer versteckten Gasse und noch eben fußläufig zur Stadtmitte ist eine gute Wahl; die Wohnungen im Haus werden ständig modernisiert. Alle Einheiten gehen zum Meer hinaus und haben Terrasse oder Balkon.

LP TIPP Royal Sea-Cliff Resort CONDO $$
(außerhalb der Karte S. 180; 📞329-8021, 800-688-7444; www.outrigger.com; 75-6040 Ali'i Dr; Studios 130 $, 1 Schlafzimmer 150–195 $, 2 Schlafzimmer 165–200 $; 🅿🤚@🐾) Die Ferienwohnungen in diesem siebenstöckigen Apartmentkomplex werden wie ein besseres Hotel verwaltet, sodass die Gäste die Vorteile aus beiden Welten genießen. Die makellosen Wohnungen sind recht großzügig bemessen und nett und praktisch eingerichtet, mit gut ausgestatteten Küchen, Waschmaschinen und Trocknern; außerdem gibt es eine Sauna und zwei Pools am Meer. Hier liegt man auf jeden Fall richtig.

LP TIPP Kona Sugar Shack INN $$
(außerhalb der Karte S. 180; 📞895-2203, 877-324-6444; www.konasugarshack.com; 77-6483 Ali'i Dr; Zi. 140–500 $; 🅿🤚📶🐾) Die freundlichen, kunstsinnigen Gastgeber haben ein schön funkiges, aber auch heimeliges Haus mit drei Gästezimmern geschaffen, das meist über Solarstrom versorgt wird. Draußen gibt es eine überdachte Gemeinschaftsküche, einen Minipool, bunt zusammengewürfelte Liegen und jede Menge praktische Ausstattungen. Außerdem sind hier Kinder sehr willkommen. Die Lage gegenüber vom White Sands Beach und die Aussicht sind toll. Mindestaufenthalt drei Nächte; wer möchte, kann das gesamte Haus für bis zu 15 Personen mieten.

BIG ISLAND (HAWAI'I)

Casa de Emdeko
CONDO $$

(außerhalb der Karte S. 180; ☎329-2160; www.casadeemdeko.org; 75-6082 Ali'i Dr, 1 & 2 Schlafzimmer ab 95 $; ❄❄) Dieser Ferienwohnungskomplex mit spanischen Dachziegeln, makellos gepflegtem Garten und zwei Pools präsentiert sich stilvoll und ruhig. Die Wohnungen sind im Großen und Ganzen auf dem neuesten Stand, gepflegt und recht preisgünstig. Dank der Lage abseits der Straße hören die Gäste hier nichts als den Wind, die Brandung und das Klingen der Windspiele.

Koa Wood Hale Inn/ Patey's Place
HOSTEL $

(Karte S.180; ☎329-9663; www.alternative-hawaii.com/affordable/kona.htm; 75-184 Ala Ona Ona St; B/EZ/DZ ab 25/55/65 $; @☎) Dieses gut geführte Hostel fußläufig zum Ali'i Drive ist die beste Budget-Unterkunft in Kona und bietet in einem Wohnviertel einfache, ruhige und saubere Schlafsäle und Zimmer (mit Gemeinschaftsbädern, -küchen und -aufenthaltsräumen). Außerdem steht ein gut ausgestattetes Apartment mit 2 Schlafzimmern zur Verfügung (130 $ pro Nacht). Die jüngeren und älteren Traveller schaffen eine freundliche, gelassene Stimmung. Drinnen keine Drogen, kein Alkohol und keine Straßenschuhe.

Kona Magic Sands Resort
CONDOS $$

(außerhalb der Karte S. 180; ☎329-3333, 800-244-4752; www.konahawaii.com/ms.htm; 77-6452 Ali'i Dr; Studios 125–160 $; ❄❄) Das dreistöckige Gebäude ist ein hässlicher Kasten, aber die kompakten Studios sind überraschend kühl und ruhig. Jedes Apartment verfügt über eine voll ausgestattete Küche und einen Sitzbereich zum Meer hin. Ein Plus ist der White Sands Beach nebenan.

King Kamehameha's Kona Beach Hotel
HOTEL $$

(Karte S. 180; ☎329-2911, Buchung 800-367-2111; www.konabeachhotel.com; 75-5660 Palani Rd; Zi. 170–230 $; ❄❄☎) Die Lage und eine schicke Renovierung sprechen eindeutig für das historische „King Kam" am Ali'i Drive. Elegante Zimmer, ein nagelneues Werk von Herb Kawainui Kane in der Lobby (die auch Nichtgästen offensteht) und kostenloses WLAN auf den Zimmern sind weitere Pluspunkte. Einige sehr gute Restaurants sind zu Fuß erreichbar. Nebenan bei der Kona Boys Beach Shack kann man sich im Stand Up Paddling oder Seekajaken versuchen.

Royal Kona Resort
RESORT $$$

(Karte S. 180; ☎329-3111, Buchung 800-222-5642; www.royalkona.com; 75-5852 Ali'i Dr; Zi. 180–265 $, Suite 210–330 $; ❄❄@☎) Das Royal Kona streckt sich wie ein Schiffsrumpf Richtung Meer hinaus, kaum zu übersehen. Es quillt über von polynesischem Kitsch im Stil der Siebziger – trotzdem eindeutig das netteste große Hotel in Kailua. Die recht großen, frisch renovierten Zimmer sind schön eingerichtet, mit netten Details wie schlichten Holzlamellentüren. Von den Balkonen der Eckzimmer eröffnen sich großartige Ausblicke, leider sind sie jedoch zu wenig blickgeschützt. Angeschlossen ist das **Lotus Center Spa** (www.konaspa.com) mit umfangreichem Angebot.

Wer unter allen Umständen in Zentrumsnähe unterkommen möchte, kann sich folgende funktionale Unterkünfte anschauen. Eventuell gibt's im Internet Ermäßigungen.

Kona Reef
CONDOS $$$

(Karte S. 180; ☎329-2959, 800-367-5004; www.kona-reef.com; 75-5888 Ali'i Dr; 1 Schlafzimmer 260–350 $, 2 Schlafzimmer 425–520 $; ❄❄@☎) Geräumige, gepflegte Ferienwohnungen in gesichtslosem Komplex; Internet-Rabatt.

Kona Seaside Hotel
HOTEL $$

(Karte S. 180; ☎329-2455, 800-560-5558; http://seasidehotelshawaii.com; 75-5646 Palani Rd; Zi. 110–130 $; ❄❄☎) Am ruhigsten ist der Garden Wing; die Zimmer mit Aussicht lohnen den Aufpreis nicht.

Uncle Billy's Kona Bay Hotel
HOTEL $

(Karte S. 180; ☎329-1393, 800-367-5102; www.unclebilly.com; 75-5744 Ali'i Dr; Zi. 95–120 $; ❄❄☎) Von außen retro-cool, aber drinnen schlecht designt; zu viel Verkehrslärm.

Kona Isle
CONDO $$

(außerhalb der Karte S. 180; ☎329-6311, 800-800-6202; www.konaislacondos.com; 75-6100 Ali'i Dr; 1 Schlafzimmer 95–155 $; ❄❄☎) Schmuckloses, sauberes Apartment als Basis für Erkundungstouren. Meerwasserpool.

✕ Essen

Gutes Essen muss in Kailua-Kona nicht teuer sein – man muss nur wissen, wo man es findet.

LP TIPP **Kanaka Kava**
HAWAIISCH $

(Karte S. 180; www.kanakakava.com; Coconut Grove Marketplace, 75-5803 Ali'i Dr; Kleinigkeiten 4–6 $, Hauptgerichte 14–16 $;

PAUL STREITER, GASTRONOM

Der Exil-New-Yorker Streiter führt mit seiner Frau ein Restaurant, das der begeisterte Vater nach seiner kleinen Tochter benannt hat.

Highlights für Kinder

Toll ist die Schnorcheltour von Fair Wind (S. 186) zur Kealakekua Bay. Die Crew ist klasse, und die Kinder haben jede Menge Spaß, vom Oberdeck oder über die Rutsche ins Meer zu platschen. Klasse Wasserspielzeug. Die Eltern können in Ruhe schnorcheln ...

Romantisch essen gehen

Am Meer im Beach Tree (S. 225). Das Restaurant ist komplett renoviert, es gibt eine phantastische mediterrane Karte, die der neue junge Küchenchef entworfen hat. Das Holuakoa Gardens & Café (S. 201) ist ebenfalls sehr romantisch.

Fabelhafte Fische

Big Island hat das Glück, direkt vor der Küste tolle Fischgründe zu haben. Deswegen gibt's hier auch den besten frischen Fisch von ganz Hawaii. Der KTA Super Store (S. 289) hat die beste Fischtheke. Erstklassige Qualität, nichts wird eingefroren – vom Feinsten! Probieren sollte man *poke*.

Ironman-Tipps

Erst schaut man sich vom Kailua Pier den Schwimmteil an, dann zieht man um zu Jackie Rey's Ohana Grill (s. u.) und beobachtet das Radrennen. Die Radler fahren mit 40 km/h den Berg hoch und mit 70 km/h wieder runter. Wer sich selbst für einen Tag wie ein Ironman fühlen möchte, leiht sich ein sehr gutes Rennrad und fährt die offizielle Strecke von Kailua-Kona nach Hawi ab.

⊗ So–Mi 10–22, Do–Sa bis 23 Uhr) In diesem winzigen Café sollte man *kava* probieren, denn Betreiber und Koch Zack Gibson baut die Pflanze selbst an. Eigentlich sieht *kava* wie schmutziges Wasser aus, wer's dennoch probiert, wird bald die legendäre entspannende Wirkung des Trunks verspüren. Gibsons köstliche Bio-Salate gibt's mit Fisch, Seafood, Huhn, Tofu oder *poke*. Das traditionell gegarte *kalua*-Schwein ist phänomenal. Nur Barzahlung.

LP TIPP **Big Island Grill** DINER $$
(Karte S. 180; 75-5702 Kuakini Hwy; Plate lunches 10 $, Hauptgerichte 10–19 $; ⊗ Mo–Sa 7.30–21 Uhr) Die Gäste lieben dieses Lokal, das mit hawaiischem Essen (*plate lunches* und *loco moco*) für die Seele verwöhnt. Alles ist so frisch und geschmacksintensiv wie bei Mama zubereitet. Es gibt z. B. gebratenes Hühnchen-*katsu*, gebratenen Mahimahi-Fisch, Garnelen-Tempura, Rindfleisch-Teriyaki, *kalua*-Schwein und mehr. Zu jedem Gericht gibt's zwei Kellen Reis, Kartoffel-Macadamianuss-Salat und eine cremige Sauce. Der Laden ist immer voll, der Service flink und herzlich.

Rapanui Island Café MODERNE INSELKÜCHE $$
(Karte S. 180; Banyan Court Mall, 75-5695 Ali'i Dr; mittags 6–10 $, Hauptgerichte abends 10–16 $; ⊗ Mo–Fr mittags & abends, Sa abends) Die neuseeländischen Betreiber dieses Cafés kennen sich bestens mit Currys aus, die sie mit einer köstlichen leichten Schärfe zubereiten. Auf der Karte stehen verschiedene Satays, scharfes Schweinefleisch, Seafood und Salate. Dazu sollte Kokosreis nach Art des Hauses bestellt werden. Runterspülen lässt sich das Ganze mit einem Zitronengras-Ingwer-Tee oder einem neuseeländischen Wein.

Jackie Rey's Ohana Grill MODERNE INSELKÜCHE $$
(außerhalb der Karte S. 180; www.jackiereys.com; Pottery Terrace, 75-5995 Kuakini Hwy; Hauptgerichte mittags 11–15 $, abends 14–28 $; ⊗ Mittagessen Mo–Fr 11–17, Abendessen tgl. 17–21 Uhr) Dieser lockere Familienbetrieb versprüht polynesisches Flair und eine nette Retro-Hawaii-Atmosphäre. Das köstliche Essen, darunter Short Ribs, mit Wasabi kurzgebratener Ahi und superfrische Fisch-Tacos, wird mit viel Liebe zubereitet, sodass es nicht verwundert, dass das Lokal bei den Einheimischen extrem beliebt ist. Kinder

sind hier König: Sie bekommen ihre eigene Speisekarte, Malstifte, mit denen sie auf den Tischtüchern ihrer Kreativität freien Lauf lassen können und eine Führung durch den Gefrierraum, wo riesige Fische hängen. Montags bis freitags gibt's von 14 bis 17 Uhr *pupu* zum halben Preis – die Gäste danken's mit zahlreichem Besuch.

Island Lava Java
CAFE $$

(Karte S. 180; www.islandlavajava.com; Ali'i Sunset Plaza, 75-5799 Ali'i Dr; Mahlzeiten 9–18 $; ⏱6.30–21.30 Uhr; @🖘) Dieses Café ist ein beliebter Treffpunkt für ein Frühstück in der Sonne (oder einen Sonntagsbrunch), denn die Terrasse befindet sich dicht am Meer. Das Essen tendiert Richtung besseres Diner-Essen; manchmal ist's auch nicht so toll, aber das stört die meisten Gäste nicht sonderlich, da der Kaffee zu 100 % aus Kona kommt und Bio-Rind und -Huhn von Big Island stammen. Die Portionen sind riesig, die Backwaren jede Sünde wert.

La Bourgogne
FRANZÖSISCH $$$

(außerhalb der Karte S. 180; ☎329-6711; Kuakini Plaza, 77-6400 Nalani St, Ecke Hwy 11; Hauptgerichte 28–38 $; ⏱Di–Sa 18–22 Uhr) Die beste Wahl für ein schniekes Abendessen zu einem besonderen Anlass: ein klassisches französisches Restaurant, in dem der Geschmack und die Präsentation der Speisen von Können und Raffinesse zeugen. Auf der Karte stehen gebackener Brie in Blätterteig, Bratente, Kaninchen in Weißwein und Foie gras, dazu gibt's die beste Weinkarte Konas. Der Speiseraum gibt sich parisisch-intim, der Service ist gut, wenn auch nicht immer so gut wie das Essen. Ohne Reservierung geht nichts.

🌿 Kona Brewing Company
AMERIKANISCH $$

(Karte S. 180; ☎334-2739; www.konabrewingco.com; 75-5629 Kuakini Hwy; Sandwiches & Salate 11–16 $, Pizzas 15–26 $; ⏱So–Do 11–21, Fr & Sa bis 22 Uhr) Gutes Bier, umweltfreundliche Ausrichtung (Certified Green Restaurant) und jede Menge Aloha: In der ersten Mikrobrauerei von Big Island herrscht ein sehr munteres Ambiente. Zu den neuesten Erzeugnissen der Kona Brewing Company zählen Oceanic Organic Saison (ein einzigartiger Bio-Gerstensaft) und Suncharged Pale Ale, zu dessen Herstellung nur Strom aus Sonnenenergie verwendet wurde. In der hellen Bar – die eine Stunde nach der Küche schließt – und auf der fackelbeleuchteten Terrasse werden Salate in Hauptge-

richtgröße, saftige Burger und dünnkrustige Steinoffenpizzas serviert. Reservieren empfehlenswert.

Orchid Thai
THAILÄNDISCH $$

(Karte S. 180; Kuakini Center, 74-5555 Kaiwi St; Mittagsspecials 10 $, abends 10–16 $; ⏱Mo–Sa 11.30–15, 17–21 Uhr; 🖘) Erste Adresse der Bewohner des Viertels, wenn ihnen der Sinn nach Asiatisch steht. Die klassischen Gerichte sind gut und schlicht zubereitet. Der Laden liegt leider in einem Einkaufszentrum, aber Backstein-Optik und auberginenfarbene Vorhänge verleihen dem Ganzen mehr Wärme. Alkohol selbst mitbringen!

You Make the Roll
SUSHI $

(Karte S. 180; Kona Marketplace, 75-5725 Ali'i Dr; Sushi 5–7 $; ⏱Mo–Fr 11–19, Sa bis 16 Uhr) In diesem winzigen Lokal können die Gäste 20 Sushi-Zutaten nach Gutdünken kombinieren. Dicke Sushirollen, günstige Preise, sehr vergnüglich und versteckte Lage: toll für Leute mit kleiner Reisekasse.

Ba-Le Kona
VIETNAMESISCH $

(Karte S. 180; Kona Coast Shopping Center, 74-5588 Palani Rd; Sandwiches 4–7 $, Suppen & Tellergerichte 9–13 $; ⏱Mo–Sa 10–21, So 11–19 Uhr; 🖘) Der neonbeleuchtete Speiseraum und die Styroporteller sollten einen nicht abschrecken: Das Ba-Le serviert superköstliches vietnamesisches Essen. Die Speisen sind geradlinig und erfrischend, vom Salat mit grüner Papaya bis zum traditionellen *pho* und *saimin*. Außerdem gibt's Reisgerichte mit pikantem Zitronengras-Huhn, Tofu, Rindfleisch und gebratenem Schweinefleisch.

Killer Tacos
MEXIKANISCH $

(Karte S. 180; 74-5483 Kaiwi St; Hauptgerichte 3–8 $; ⏱Mo–Fr 10–20, Sa bis 18 Uhr; 🖘) Wer sich schon gefragt hat, wo sich die Einheimischen nach einem langen, heißen Arbeits- oder Surftag stärken, sollte hier mal vorbeischauen. Die Burritos bieten mehr fürs Geld als die Tacos, aber alles wird köstlich nach Kundenwunsch zubereitet. Wer möchte, kann sich zusätzlich scharfe Saucen reichen lassen – die normale Salsa ist eher schwach.

Scandinavian Shaved Ice Internet Café
SHAVE ICE $

(Karte S. 180; www.scandinavianshaveice.com; 75-5699 Ali'i Dr; Shave ice 3,50–7,25 $; ⏱11–19 Uhr) *Shave ice* wird hier in riesigen, kopfgroßen Bergen und in psychedelischen

Farben serviert. Dazu kann man aus einer wahren Orgie an verschiedenen Sirupsorten wählen. Abends werden manchmal Brettspiele ausgepackt.

Weitere empfehlenswerte Lokale im Zentrum:

Sushi Shiono SUSHI $
(Karte S. 180; www.sushishiono.com; Ali'i Sunset Plaza, 75-5799 Ali'i Dr; Sushi 4–12 $; ⊙Mo–Fr mittags, tgl. abends) Phantastischer frischer Fisch und gute Sake-Auswahl.

 Basik Acai ACAI-SCHALEN $
(Karte S. 180; www.basikacai.com; 75-5831 Kahakai Rd; Schalen 6–11 $; ⊙Mo–Sa 8–16 Uhr; ⊙⊙) Schälchen mit gesunden, nahrhaften Sachen (Müsli, tropische Früchte, Nüsse), angereichert mit stärkenden Acai-Beeren (Palmfrüchte, die wie Heidelbeeren aussehen). Schöner Meerblick von hier oben.

Tex Drive-In DRIVE-IN $
(Karte S. 180; Kopiko Plaza; ⊙) Himmlische *malasadas* gibt's jetzt in dieser neuen Filiale des berühmten Drive-in in Honoka (S. 265), außerdem vegetarisches *loco moco.*

Kope Lani CAFE $
(Karte S. 180; www.kopelani.com; 75-5719 Ali'i Dr; ⊙7–21 Uhr) Starker Kaffee, Eiscreme und Sandwiches.

KTA Super Store (Karte S. 180; www. ktasuperstores.com; Kona Coast Shopping Center, 74-5594 Palani Rd; ⊙5–23 Uhr) und **Island Naturals** (Karte S. 180; www.island naturals.com; 74-5487 Kaiwi St; ⊙Mo–Sa 7.30–20, So 9–19 Uhr; ⊙) sollten alles vorrätig haben, was Urlauber an Lebensmitteln brauchen. Beide Supermärkte haben auch eine Feinkosttheke *(deli),* im KTA gibt's außerdem Sushi, mit den besten *poke* der Insel und andere Spezialitäten.

Ausgehen

Das Nachtleben auf Big Island kann mit dem von Waikiki oder Maui nicht mithalten. Zwar gibt's in Kailua-Kona viele Kneipen und Bars, aber die meisten sind ziemlich touristisch. Immer im Hinterkopf behalten sollte man die Kona Brewing Company (S. 184).

Humpy's Big Island Alehouse PUB
(Karte S. 180; www.humpys.com/kona; Coconut Grove Marketplace, 75-5815 Ali'i Dr; ⊙9–1 Uhr) Das direkt an der Bucht gelegene Humpy's würde im touristischen Kailua-Kona wohl auch dann überleben, wenn es nicht mit

mehr als drei Dutzend Biersorten vom Fass beeindrucken könnte. Doch das frisch Gezapfte lockt auch die Einheimischen an – weitere Qualitätsmerkmale sind Meeresbrise und Meerblick von den Balkonen der Kneipe. Happy Hour ist montags bis freitags von 15 bis 18 Uhr.

Mixx BAR
(Karte S. 180; www.mixxbistro.com; King Kamehameha Mall, 75-5626 Kuakini Hwy; Pupu 6–15 $; ⊙Di–Sa 17 Uhr bis spät) Das Mixx ist eine kleine, in einem Einkaufszentrum versteckte Bar, die vor allem Einheimische anzieht. Oft ist es recht ruhig und wie geschaffen für ein Gläschen Wein zu *pupu* (Snacks), aber falls ein DJ auflegt, wird's richtig munter. Martinis für 5 $: super!

Huggo's on the Rocks BAR
(Karte S. 180; www.huggos.com/all/rocksdefault. htm; 75-5828 Kahakai Rd; ⊙11.30–24 Uhr) Diese Bar mit Strohdach direkt am Wasser veranstaltet jeden Abend Livemusik und ist ein ideales Plätzchen für Sonnenuntergangsromantik. Ob es sich lohnt, länger zu bleiben, hängt davon ab, wer gerade spielt und wer noch so da ist. Vormittags heißt das Ganze **Java on the Rocks** (⊙6–11 Uhr), mit phantastischen Kaffeegetränken und phantasievollem Frühstück.

Don's Mai Tai Bar BAR
(Karte S. 180; www.royalkona.com; 75-5852 Ali'i Dr; ⊙10–22 Uhr) Das Don's im Royal Kona Resort ist ein Paradies für Salonlöwen und die Krone kitschiger Einrichtung. Dazu gibt's grandiose Meerblicke und zehn verschiedene Mai Tais. Die echten Fans rauschen hier zum jährlichen **Mai Tai Festival** im August an.

Okolemaluna Tiki Bar BAR
(Karte S. 180; www.okolemalunalounge.com; Ali'i Sunset Plaza, 75-5799 Ali'i Dr; ⊙Mo–Fr 15–23, Sa & So bis 24 Uhr) Dicht am Meer gelegene neue Bar mit massenhaft tropischen Cocktails. Alle Obstsäfte werden frisch gepresst.

Unterhaltung

Die folgenden beiden *luau* – kitschig und für Kreuzfahrtschiffpublikum – umfassen eine Zeremonie, ein Buffet mit hawaiischen Spezialitäten, kostenlose Getränke und eine polynesische Abendshow mit Tanz und Feuerjongleuren.

Journeys of the South Pacific LUAU
(Karte S. 180; ⊙329-3111; www.konaluau.com; Royal Kona Resort; Erw./Kind 6–11 J. 60/24 $;

ORIENTIERUNG VOR ORT

Die Highways und Hauptstraßen im Bezirk Kona verlaufen parallel zur Küste, sodass die Orientierung einfach ist. Kailua-Kona liegt südlich des Flughafens am Hwy 19 (Queen Ka'ahumanu Hwy), der ab der Kreuzung mit der Palani Rd (die im weiteren Verlauf Mamalahoa Hwy, dann Hawaii Belt Rd heißt) zum Hwy 11 wird. Der Kuakini Hwy verläuft näher am Meer parallel zum Hwy 11 und trifft schließlich auf diesen.

Vom Highway sind die Hauptrouten in die Stadt Kaiwi St, Palani Rd und Henry St. Der Ali'i Drive ist die Hauptstraße von Kailua; die erste Meile von der Palani Rd bis zur Kahakai Rd ist fußgängerfreundlich und von Geschäften, Restaurants und Hotels gesäumt. Der Ali'i Drive führt dann weitere 4 Meilen (6,4 km) an der Küste entlang nach Keauhou, hier wechseln sich Apartmentkomplexe, Ferienhäuser, B&Bs, Hotels und Privathäuser ab.

Wer dem Pendlerverkehr in die Stadt hinein und aus ihr hinaus ausweichen möchte, kann es auf der neuen Haleki'i Bypass Rd zwischen Kealakekua und Keauhou (S. 208) versuchen.

⊘Mo, Mi & Fr 18 Uhr) Ein Kind unter 6 Jahren erhält in Begleitung eines zahlenden Erwachsenen freien Eintritt.

King Kamehameha's
Kona Beach Hotel   LUAU
(Karte S. 180; ☑329-4969; www.islandbreeze luau.com; Erw./Kind 5–12 J. 74/37 $; ⊘Di, Do & So 17 Uhr)
Wenn es regnet oder der *vog* alles einnebelt, kann man in die **Stadium Cinemas** (außerhalb der Karte S. 180; ☑327-0444; Makalapua Shopping Center; 74-5469 Kamaka'eha Ave) flüchten und sich den neuesten Hollywoodschinken anschauen oder sich zum Bowling ins **KBXtreme** (☑326-2695; www.kbxtreme.com;75-5591 Palani Rd; 29 $/Std., Schuhverleih 3 $; ⊘9–24, Bar bis 2 Uhr) aufmachen – an Wochentagen ist es von 13 bis 16 Uhr erheblich billiger, am Wochenende gibt's abends „cosmic bowling", gefolgt von DJ und Tanz.

Shoppen

Kailua-Kona quillt über von „hawaiischen" Massenartikeln eher zweifelhafter Qualität, aber es gibt auch gute Sachen – und vielleicht stößt man ja auf ein fast schon wieder schönes Stück Superkitsch.

 Big Island Jewelers   SCHMUCK
(Karte S. 180; ☑329-8571; www.big islandjewelers.com; 75-5695 Ali'i Dr) Dieser seit fast vier Jahrzehnten bestehende Familienbetrieb unter Leitung von Meister-Juwelier Flint Carpenter verkauft authentischen Schmuck von Big Island – oder auch Verlobungsringe für Urlauber, die sich unter der Sonne von Hawaii zu einem Antrag bewegt fühlen. Besonders schön sind die natürlichen Keshi-Perlen.

Na Makana   SOUVENIRS
(Karte S. 180; ☑938-8577; 75-5722 Likana Lane; ⊘9–17 Uhr) Dieser Kramladen fällt in Kailua etwas aus dem Rahmen. Hier finden sich authentische Hawaii-Andenken, Bücher und Sammlerartikel, darunter Ungewöhnliches wie japanische Angelschwimmer aus Glas. Öffnungszeiten je nach Lust und Laune des Besitzers.

Kailua Village Farmers Market   SOUVENIRS
(Karte S. 180; www.konafarmersmarket.com; Ali'i Dr; ⊘Mi–So 7–16 Uhr) Zuerst sollte man sich bei einem Bummel einen Überblick über das Angebot auf diesem Markt verschaffen. Es gibt auch Lebensmittel, aber Kunstgewerbestände dominieren hier das Bild. Danach kann man dann bei Kokos-Portemonnaies, günstiger Kinderkleidung und Harleys aus *koa*-Holz zuschlagen. Und am Ende besorgt man sich wie die Einheimischen seine frischen *lei* (5 $).

Kona International Market   SOUVENIRS
(Karte S. 180; www.konainternationalmarket.com; 74-5533 Luhia St; ⊘9–17 Uhr) Dieser weitläufige, hübsche Komplex besteht aus fünf großen Lagerhäusern. An Einzelständen wird alles nur Erdenkliche feilgeboten: Strandausrüstung, frischer Fisch, Boutiquebekleidung, Musik, Geschenke und Kunsthandwerk. Außerdem gibt's einen Gastrobereich und jede Menge Parkplätze.

Crazy Shirts   BEKLEIDUNG
(Karte S. 180; www.crazyshirts.com; Kona Marketplace, 75-5719 Ali'i Dr; ⊘9–21 Uhr) Diese bekannte, 1964 gegründete T-Shirt-Firma präsentiert auf schwerer Baumwolle einzigartige Designs von den Hawaii-Inseln. Die Qualität ist sofort erkennbar. Nur so zum

Spaß werden T-Shirts mit Kaffee, Bier, Tee, Vulkanasche und vielem mehr gefärbt.

Conscious Riddims Records MUSIK
(Karte S. 180; ☎326-7685; www.conscious riddims.org; Kona Marketplace, Ali'i Dr; ⏱So–Fr 10–18 Uhr) Große Auswahl an Reggae- und Jawaii-Musik (Mix aus Reggae und Hawaii-Klängen) sowie Kleidung.

 ## Praktische Informationen

Bücher

Kona Bay Books (www.konabaybooks.com; 74-5487 Kaiwi St; ⏱10–18 Uhr) Der beste Laden auf der Insel für gebrauchte Bücher, mit einer guten Auswahl an Büchern über Hawaii sowie gebrauchten CDs.

Geld

An folgenden Banken sind rund um die Uhr zugängliche Geldautomaten:

Bank of Hawaii (Lanihau Center, 75-5595 Palani Rd)

First Hawaiian Bank (Lanihau Center, 74-5593 Palani Rd)

Infos im Internet

Big Island Visitors Bureau (www.bigisland. org) Grundlegende Infos für Normaltouristen; praktischer Veranstaltungskalender.

Kona Web (www.konaweb.com) Die wunderbar hilfreiche Website sammelt seit 1995 Kommentare von Einheimischen und Besuchern über Einrichtungen auf der gesamten Big Island.

Internetzugang

Island Lava Java (☎327-2161; Ali'i Sunset Plaza, 75-5799 Ali'i Dr; 4 $/20 Min.; ⏱6–22 Uhr) WLAN plus zwei Computer.

Kona Business Center (☎329-0006; www. konacopy.com; Suite B-1A, Kona International Market, 74-5533 Luhia St; 5,25 $/30 Min., 10 $/Std.; ⏱Mo–Fr 8.30–17.30 Uhr) Alle Büroservices; Internet und WLAN.

Scandinavian Shaved Ice Internet Café (☎331-1626; 75-5699 Ali'i Dr; 8 $/Std.; ⏱10–19 Uhr) Sechs Computer, alle mit Druckern verbunden.

Medien

ZEITUNGEN

Hawaii Tribune-Herald (www.hawaiitribune-herald.com) Die wichtigste Tageszeitung auf Big Island.

West Hawaii Today (www.westhawaiitoday. com) Tageszeitung der Kona Coast.

RADIO

Eine Übersicht über die Sender gibt's auf http:// hawaiiradiotv.com/BigIsleRadio.html.

KAGB 99.1 FM (www.kaparadio.com) Der

Kona-Ableger des quirligen Senders KAPA – hawaiische und Inselmusik.

KKUA 90.7 FM (www.hawaiipublicradio.org) Hawaii Public Radio; klassische Musik, Wortbeiträge und Nachrichten.

KLUA 93.9 FM Native FM spielt Inselmusik und Reggae.

KMWB 93.1 Classic Rock.

Medizinische Versorgung

Kona Community Hospital (☎322-9311; www. kch.hhsc.org; 79-1019 Haukapila St, Kealakekua) Etwa 10 Meilen südlich von Kailua-Kona.

Longs Drugs (Lanihau Center, 75-5595 Palani Rd; ⏱Mo–Sa 8–21, So bis 18 Uhr) Zentral gelegene Drogerie und Apotheke.

Post

Postamt (Lanihau Center 74-5577 Palani Rd; ⏱Mo–Fr 8.30–16.30, Sa 9.30–13.30 Uhr)

 ## An- & Weiterreise

AUTO Für die 92 Meilen (148 km) lange Strecke von Hilo nach Kailua-Kona müssen über Waimea 2½ Stunden, über Volcano ein bisschen mehr veranschlagt werden; weitere Fahrzeiten und Entfernungen s. S. 178.

Während der Stoßzeiten sollte man vielleicht auf die Haleki'i Bypass Rd (S. 208) ausweichen.

BUS Der **Hele-On Bus** (www.heleonbus.org) verkehrt täglich außer sonntags mehrmals am Tag von Kailua-Kona nach Captain Cook (1½ Std.). Zweimal täglich außer sonntags fährt er nach Pahala (2 Std.), Hilo (3½ Std.) und Waimea (1½ Std.). Die Resorts von South Kohala werden außer sonntags täglich dreimal angesteuert (1½ Std.).

Eine weitere Option zwischen Kailua-Kona und Keauhou ist der Honu Express (S. 200), ein 1-$-Shuttlebus, der täglich zwischen Kailua Pier und Keauhou Shopping Center verkehrt.

FLUGZEUG Der wichtigste Flughafen der Insel ist **Kona International Airport at Keahole** (KOA; ☎327-9520; http://hawaii.gov/koa; Hwy 19), 7 Meilen (11,3 km) nördlich von Kailua-Kona. Bei der Fahrt zum Flughafen daran denken, dass an Wochentagen der Verkehr auf dem Hwy 19 am späten Nachmittag katastrophal sein kann.

 ## Unterwegs vor Ort

AUTO Auf dem Ali'i Drive wird es im Zentrum von Kailua-Kona ab dem späten Nachmittag recht voll. Ein kostenloser Parkplatz befindet sich zwischen Likana Lane und Kuakini Hwy. Die Einkaufszentren am Ali'i Drive verfügen hinter den Gebäuden meist über kostenlose Kundenparkplätze.

BUS Der **Hele-On Bus** (www.heleonbus.org) und der **Honu Express** (S. 200) halten beide mehrfach in Kailua-Kona.

FAHRRAD Ein Fahrrad ist das ideale Transportmittel für Kailua.

Hawaiian Pedals (☎329-2294; www.hawaiianpedals.com; Kona Inn Shopping Village, 75-5744 Ali'i Dr; 20 $/Tag; ⊙9.30–20 Uhr) Vermietet stark abgenutzte Tourenräder.

Bike Works (☎326-2453; www.bikeworkskona.com; Hale Hana Center, 74-5583 Luhia St; 40–60 $/Tag; ⊙Mo–Sa 9–18, So 10–16 Uhr) Verleiht Mountainbikes und Tourenräder von sehr guter Qualität für echte Radenthusiasten; Rabatte bei mehrtägiger Anmietung. Inbegriffen sind Helm, Schloss, Luftpumpe und Flickzeug.

VOM/ZUM FLUGHAFEN Wer am Flughafen keinen Mietwagen nimmt: Taxis sind am Straßenrand zu finden; die Fahrt nach Kailua-Kona kostet rund 30 $, nach Waikoloa sind es 55 $. Der **Speedi Shuttle** (☎329-5433, 877-242-5777; www.speedishuttle.com) kostet etwa so viel wie ein Taxi. Vorausbuchen!

Wer hier einen Mietwagen abgeholt hat: Vom Flughafen nach rechts geht's 7 Meilen (11,3 km) Richtung Süden nach Kailua-Kona, nach links geht's die Küste hinauf nach North Kona.

MOPED & MOTORRAD **Scooter Brothers** (☎327-1080; www.scooterbrothers.com; King Kamehameha Mall, 75-5626 Kuakini Hwy; 20/60/266 $ pro 6 Std./Tag/Woche; ⊙10–18 Uhr) Wie die Einheimischen kann man sich in Kailua auch gut mit einem Moped bewegen. Der offizielle Fahrbereich liegt zwischen Waikoloa im Norden und Captain Cook im Süden.

Big Island Harley Davidson (☎635-0542; www.hawaiiharleyrental.com; 75-5633 Palani Rd; 179/763 $ pro Tag/Woche)

TAXI Bei den folgenden Unternehmen kann man telefonisch ein Taxi anfordern:

Laura's Taxi (☎326-5466; www.luanalimo.com; ⊙5–22 Uhr)

D&E Taxi (☎329-4279; ⊙6–21 Uhr)

UMGEBUNG VON KAILUA-KONA

Unmittelbar südlich schließt sich an Kailua-Kona die Keauhou Resort Area an. In den Bergen Richtung Südosten liegt der historische Ort Holualoa, heute eine interessante Künstlersiedlung. Gleich nördlich befindet sich der Honokohau Harbor, wo die meisten Bootstouren beginnen. Landeinwärts und bergan vom Hafen gibt's einige ausgezeichnete Unterkünfte und Restaurants.

Keauhou Resort Area

Keauhou hat – abgesehen vom Einkaufszentrum – kein echtes Zentrum. Vielmehr handelt es sich um eine Ansammlung verschiedener Anlaufstellen: Keauhou Harbor für Bootstouren, Kahalu'u Beach zum Schnorcheln und Surfen, Resorts und Apartmenthäuser zum Übernachten, ein Bauernmarkt und gute Restaurants, schließlich noch eine bedeutende althawaiische Siedlung.

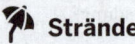 **Strände**

Kahalu'u Beach Park   STRAND
(Karte S. 206) Die Kahalu'u Bay ist eines der spannendsten und besonders leicht zugänglichen Schnorchelreviere, eine riesiges Naturaquarium. Hier lockt das klassische „Angebot" an regenbogenfarbenen Papageienfischen, Süßwasser-Hornhechten, schillernden Gelben Seebadern und Halfterfischen, außerdem kommen oft Suppenschildkröten hierher, um nach Nahrung zu suchen und sich am Strand auszuruhen. Ein uralter Wellenbrecher, der der Legende zufolge von den *menehune* (dem mythischen „kleinen Volk") erbaut wurde, schützt auf dem Riff die Bucht.

Auch Surfer kommen gern her; wenn es ruhig ist, ist es ideal für Anfänger und Stand Up Paddling (SUP); bei rauer See ist es aufgrund von starken Brandungsrückströmen erheblich schwieriger. Auf der östlichen Straßenseite befindet sich die **Kona Surf School** (Karte S. 206; ☎217-5329; www.konasurfschool.com; 78-6685 Ali'i Dr; Surfbrettmiete 25/99 $ pro Tag/Woche, Surfunterricht 100–150 $; ⊙8.30–17 Uhr); Unterricht auch für SUP (75 $) – reservieren!

Was man hier nicht findet, ist Ruhe. Der winzige schwarz-weiß gefleckte Strand wird von allen Seiten bedrängt: vom verkehrsreichen Highway, vom benachbarten Resort, vom überdachten Pavillon mit picknickenden Familien und von den Massen an Schnorchlern, die ständig ins Wasser hinein- und aus dem Wasser herauspaddeln. Auf jeden Fall sollte man früh hier sein: Der Parkplatz kann schon um 10 Uhr voll sein. Zu den Einrichtungen zählen Duschen, Toiletten, Picknicktische, Grills, Schnorchelausrüstungs- und Schließfachvermietung. Ein Rettungsschwimmer ist im Einsatz.

⊙ **Sehenswertes & Aktivitäten**

St. Peter's Church   KIRCHE
(Karte S. 206) Diese die „Kleine blaue Kirche" ist eine der meistfotografierten von Hawai'i und auch für Hochzeiten äußerst beliebt. Das auffallende meeresgrün-weiße Gebäude steht direkt an der Kahalu'u Bay.

Ganz groß im Kommen auf Big Island ist das neueste Wassersport-Abenteuer: Kajakfischen. Man stelle sich vor, von einem Kajak aus einen 10-kg-Ahi oder einen 15-kg-ono an die Angel zu bekommen – natürlich mit entsprechender Gegenwehr! Ein paar professionelle, lizenzierte Veranstalter können Freunden des Angelsports genau dieses Erlebnis verschaffen, wahrscheinlich mit kleineren Fischen. Es ist keine Erfahrung vonnöten. Da es sich um einen ziemlich speziellen Sport handelt, ist man oft mit dem Guide allein unterwegs.

Voll lizenzierte Guides und die gesamte Ausrüstung bieten:

Lucky Gecko Kayak Fishing (557-9827; www.luckygeckokayakfishing.com; 5-Std.-Tour 125 $) Ab Keauhou Bay.

Kayak Fishing Hawai'i (936-4400; www.kayakfishinghawaii.com; 6-Std.-Tour 250 $) Hauptquartier in Kawaihae (South Kohala), aber auf der ganzen Insel im Einsatz.

Die in den 1880er-Jahren erbaute Kirche wurde 1912 vom White Sands Beach an diese Stelle verfrachtet. Heute steht sie auf einer hawaiischen Kultstätte, dem Ku'emanu Heiau. Angehörige des hawaiischen Königshauses, die in der Kahalu'u Bay surften, beteten in dem Tempel vor dem Surfen für gute Wellen.

Heiau &
Historische Stätten   HISTORISCHE STÄTTE
(Karte S. 206) Die Kahalu'u Bay beginnt direkt hinter dem Outrigger Keauhou Beach Resort, wo sich einst eine bedeutende Siedlung der alten Hawaiianer befand. Vom Strand führt ein einfacher Pfad zu den geschützten Stätten – an der Rezeption sind Infotafeln zu lesen, es gibt eine Broschüre mit Karte. Das Outrigger Keauhou Beach Resort (S. 198) bietet zudem Führungen an (Di 8 Uhr).

Am nördlichen Ende befinden sich die **Kapuanoni**-Ruinen, ein Fischertempel, und neben einem Teich, früher möglicherweise ein Fischteich oder ein königliches Bad, der Nachbau des **Sommerstrandhauses von König Kalakaua**. Richtung Süden stehen zwei bedeutende *heiau*. Der **Hapaiali'i Heiau** wurde vor 600 Jahren errichtet und 2007 komplett als 1400 m² große Plattform restauriert; es wird angenommen, dass der Tempel als Sonnenkalender zur Markierung von Sonnenwende und Tagundnachtgleiche diente. Neben dem Hapaiali'i ist der noch größere **Ke'eku Heiau**, der ebenfalls kürzlich restauriert wurde. Der Überlieferung zufolge war der Ke'eku ein *luakini* (Tempelstätte für Menschenopfer); hier wurde demnach ein Häuptling von Maui geopfert, der versucht hatte, Big Island ein-

zunehmen, und seine trauernden Hunde bewachen die Stätte noch immer. Bei Ebbe sind in der Nähe Petroglyphen zu sehen, die diese Geschichte erzählen.

GRATIS Im **Keauhou Kahalu'u Heritage Center** (10–17 Uhr), einer gut beleuchteten, aber nicht mit Personal besetzten Stätte im Keauhou Shopping Center, sind die Restaurierungsarbeiten der Tempel in Keauhou dokumentiert; das Heritage Center befindet sich in der Nähe des KTA Super Store. Schautafeln und Videos informieren auch über *holua*, den alten hawaiischen Sport des Schlittenfahrens.

Keauhou Bay   PARK
Diese Bucht mit kleinem Bootshafen und einer Bootsrampe gehört zu den besonders geschützten an der Westküste. Eigentlich gibt es keinen Grund, hierher zu kommen, es sei denn, man hat eine Tour gebucht oder möchte eine buchen (S. 184). Jedoch gibt es hier eine kleine Grasfläche mit Picknicktischen, Duschen und Toiletten, einen Volleyball-Sandplatz und das Hauptquartier des örtlichen Outrigger Canoe Club. Zur Bucht gelangt man, indem man vom Ali'i Drive Richtung Meer *(makai)* auf die Kamehameha III Rd abbiegt.

LP TIPP **Keauhou Farmers Market**   MARKT
(www.keauhoufarmersmarket.com; Sa 8–12 Uhr) Einer der besten Bauernmärkte der Insel findet beim Keauhou Shopping Center statt. Der Markt ist nicht groß und konzentriert sich fast ausschließlich auf erstklassige Bioerzeugnisse von kleinen Höfen der Umgebung. Das nette Gemeinschaftsgefühl wird noch verstärkt durch hawaiische Livemusik und Kochvorführungen. Am besten früh da sein!

BIG ISLAND MIT KINDERN

» Bei einer Schnorcheltour die zauberhafte Unterwasserwelt von Big Island erkunden (S. 184)

» Im Kahalu'u Beach Park Stand Up Paddling oder surfen lernen (S. 196)

» Bei einer Führung durch die Original Hawaiian Chocolate Factory erleben, wie aus der Kakaobohne eine Tafel Schokolade wird (s. u.)

» Bei den Kapoho Tide Pools (S. 297) und in Puako (S. 234) zwischen den mit tropischen Fischen gefüllten Gezeitenbecken herumspringen und darin baden

» Bei einem Ziplining-Abenteuer in Kohala über Regenwald und Wasserfälle schweben (S. 242)

» Bei einer spektakulären Bootstour erleben, wie sich flüssige Lava ins Meer ergießt (S. 294)

» Im Lili'uokalani Park picknicken und im Meer baden (S. 277)

» Durch die Berge reiten (S. 250)

Original Hawaiian Chocolate Factory
SCHOKOLADENFABRIK

(☎322-2626, 888-447-2626; www.ohcf.us; Erw./Kind unter 12 J. 10 $/frei; ⊙Mi 9, Fr 9.30 Uhr) Ein Muss für alle Schokoladenfreaks sind die exklusiven einstündigen Führungen, bei denen gezeigt wird, wie die einzige hawaiische Schokolade angebaut, geerntet, verarbeitet und verpackt wird. Am Ende der Tour werden Kostproben verteilt, und man kann eine der süßen Verführungen erstehen. Nur nach Vereinbarung.

🖝 Geführte Touren & Kurse

🖋 Outrigger Keauhou Beach Resort Cultural Program
KUNST, KULTUR

(☎324-2540; www.keauhoubeachresort.com, auf den Tab „Dining/Activities" klicken; ⊙Unterricht wochentags 8–15 Uhr) Als Teil seines Kulturprogramms bietet das Outrigger auf seinem Gelände Unterricht in der hawaiischen Sprache, im Hula und im Herstellen von *lei*. Außerdem gibt es Ukulele- und Gesangsunterricht. Durchgeführt werden tagsüber zudem **Führungen** (Erw./Kind 8–12 J. inkl. Mittagessen 60/30 $) zu den historischen und kulturellen Stätten auf dem Gelände; bei den **abendlichen Führungen** (Erw./Kind 8–12 J. inkl. Abendessen 85/45 $) steht die traditionelle Navigationskunst („wayfaring") im Mittelpunkt.

Das Outrigger veranstaltet darüber hinaus kostenlose einstündige **Kulturführungen** (⊙Di 8 Uhr) über das Gelände, darunter auch zu den restaurierten *heiau*.

Keauhou Shopping Center
MUSIK, TANZ

(www.keauhoushoppingcenter.com) Mittwochs finden von 18 bis 20 Uhr kostenlose **Ukulele-Jamsessions** statt (eigene Ukulele mitbringen), freitags um 18 Uhr **polynesische Tanzdarbietungen**. Andere Aktivitäten sind der Website zu entnehmen.

🎎 Festivals & Events

Das **Kona Chocolate Festival** (☎987-8722; www.konachocolatefestival.com; Sheraton Keauhou Bay Resort; Vorverkauf/Tageskasse 40/50 $; ⊙Ende März/Anfang April) ist eine dreitägige Feier rund um die Schokolade. Dazu gehört ein „Schokoladensymposion" mit Workshops. Das Ganze endet mit einem Galaabend, mit Livemusik und einem Schokoladen-Kochwettbewerb. 2011 wurde das Festival verschoben, weil ein Tsunami, vom Erdbeben in Japan ausgelöst, größere Schäden verursacht hatte. Aktuelle Informationen auf der Website.

🛏 Schlafen

Eine Liste der Immobilienverwaltungen s. S. 189.

Outrigger Kanaloa at Kona
CONDO $$$

(Karte S. 206; ☎322-9625, Buchung 866-733-0361; www.outriggerkanaloaatkonacondo.com; 78-261 Manukai St; 1 Schlafzimmer 295–365 $, 2 Schlafzimmer 325–499 $; P⊛@🤶🐾) Diese Ferienapartments im Stadthausstil sind einfach klasse! Die großen, makellosen und voll ausgestatteten Wohnungen sind in kleinen, schön angelegten Grüppchen angeordnet, sodass die Privatsphäre der Gäste gewahrt ist. In den Wohnungen mit einem Schlafzimmer findet problemlos eine vierköpfige Familie Platz, und die Küche ist so toll, dass man sie am Ende am liebsten mit nach Hause nehmen würde. Täglicher Zimmerservice inbegriffen, Mindestaufenthalt zwei Nächte.

Outrigger Keauhou Beach Resort
RESORT $$

(Karte S. 206; ☎322-3441, Buchung 866-326-6803; www.keauhoubeachresort.com; 78-6740 Ali'i Dr; Zi. 140–230 $; P⊛@🤶🐾) Diese geschlossene Apartmentanlage im Stadthausstil auf einem Lavavorsprung am Meer wirkt exklusiv, sicher und abgeschieden. Die Wohnungen sind riesig (mit einem Schlafzimmer durchschnittlich 110–120 m²); zu den Wohnungen mit zwei Schlafzimmern gehören auch zwei voll eingerichtete Bäder. Angesichts der drei Pools, der beleuchteten Tennisplätze und eines benachbarten Golfplatzes brauchen sich die Gäste praktisch gar nicht von hier fortbewegen. Von den 166 Wohnungen werden 84 vom Outrigger gemanagt.

Sheraton Keauhou Bay Resort RESORT $$$
(Karte S. 206; ☎930-4900, 866-716-8109; www. sheratonkeauhou.com; 78-128 'Ehukai St; Zi. 350–460 $; ✷@☎✷✷) Das einzige echte Resort in der Kailua-Kona-Region besticht durch ein schickes modernes Design, über 500 Zimmer, ein nobles Spa, edle Restaurants und einen riesigen Pool mit Wendelrutsche im canyonartigen Atrium. Allerdings gibt's keinen Strand. Abends versammeln sich im Meer vor dem Hotel die Mantarochen. Zusätzlich zum Übernachtungspreis wird eine Resortgebühr von 16 $ pro Nacht erhoben (fürs Parken, WLAN und andere Einrichtungen). Teils erhebliche Rabatte online.

✗ Essen

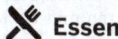 **Kenichi Pacific** JAPANISCH $$
(☎322-6400; www.restaurantenteur.com/ kenichi; Keauhou Shopping Center; Sushi 5,50–10 $, Hauptgerichte 26–33 $; ⊙Di–Fr 11.30–13.30, tgl. abends ab 17 Uhr) Das Kenichi serviert gut zubereitete und schön angerichtete Speisen aus der Pazifik-Fusionsküche. Zu den Highlights zählen Jakobsmuscheln in rotem Curry auf Soba-Nudeln, gegrillter *ono* mit *ponzu*-Glasur und Süßkartoffeln sowie sautierte Shiitake-Pilze auf Spaghettini. Sushi und Sashimi sind hier außergewöhnlich frisch. Die Lage im Einkaufszentrum schadet zwar der Atmosphäre im Speisesaal nicht, der Terrasse jedoch ganz erheblich. Happy Hour mit Sushi zum halben Preis und Getränkespecials von 16.30 bis 18.30 Uhr.

Peaberry & Galette CAFE $
(www.peaberryandgalette.com; Keauhou Shopping Center; Crêpes 8–14 $; ⊙Mo–Do 7–19, Fr & Sa bis 20, So 8–18 Uhr) Wer sich nach europäischem Ambiente sehnt, kann hier süße oder herzhafte Crêpes bestellen. Die Qualität der Salate und Quiches ist überdurchschnittlich, die Espressomaschine zischt pausen-

los. Auch Teetrinker müssen nicht auf dem Trockenen sitzen.

Kama'aina Terrace REGIONALE KÜCHE $$
(Karte S. 206; ☎322-3441; Outrigger Keauhou Beach Resort; ⊙6.30–10.30 & 17.30–21 Uhr) Das Frühstück oder die *pupu* schmecken gleich besser, wenn man den Ozean sehen, riechen und hören kann, wie das im Restaurant des Outrigger der Fall ist. Beim jeden dritten Sonntag stattfindenden **Buffet** (Erw./Kind 6–12 J. 26/13 $; ⊙11–13 Uhr) gibt es besondere traditionelle hawaiische Speisen, dazu erklingt schöne Hawaii-Musik.

Günstige Lebensmittel und billiges Essen zum Mitnehmen:

KTA Super Store LEBENSMITTEL
(Keauhou Shopping Center; ⊙7–22 Uhr)

Habaneros MEXIKANISCH
(☎324-4688; Keauhou Shopping Center; Kleine Gerichte 3–7 $, Tellergerichte 7–8 $; ⊙Mo–Sa 9–21 Uhr). Passables mexikanisches Essen.

🍸 Ausgehen & Unterhaltung

Verandah Lounge BAR
(Karte S. 206; ☎322-3441; Outrigger Keauhou Beach Resort; ⊙So–Do 11–21, Fr & Sa bis 22 Uhr) Diese umlaufende Bar lebt atmosphärisch von den direkt unter den Gästen ans Ufer brechenden Wellen. Freitags und samstags mischen sich von 18.30 bis 21.30 Uhr die Töne hawaiischer Livemusik dazu.

Firenesia LUAU
(Karte S. 206; ☎326-4969; www.firenesia.com; Sheraton Keauhou Bay Resort; Erw./Kind 5–12 J. 80/50 $; ⊙Mo 16.30 Uhr) Das *luau* im Sheraton erzählt mit viel Feuer eine Heldengeschichte, die sich aus mehreren polynesischen Legenden und Motiven zusammensetzt.

Regal Cinemas Keauhou KINO
(☎324-0172; Keauhou Shopping Center) Hollywoodstreifen auf sieben Leinwänden. Reduzierte Karten mittags und dienstags.

❶ Praktische Informationen

Die folgenden Einrichtungen befinden sich alle im **Keauhou Shopping Center** (www.keauhou shoppingcenter.com; Ali'i Dr, Ecke Kamehameha III Rd):

Bank of Hawaii (⊙Mo–Fr 9–18, Sa & So bis 14 Uhr) Mit rund um die Uhr zugänglichem Geldautomaten.

Keauhou Urgent Care Center (☎322-2544; ⊙9–19 Uhr) Kleinere Notfälle und leichtere

Erkrankungen. Man kann problemlos ohne Termin auftauchen.

Kona Stories (www.konastories.com; ⊘Mo–Fr 10–19, Sa bis 20, So bis 17 Uhr) Guter unabhängiger Buchladen mit netten Veranstaltungen für Kinder und Erwachsene.

Longs Drugs (⊘Mo–Sa 8–21, So bis 18 Uhr)

Post (⊘Mo–Fr 9–16, Sa 10–15 Uhr)

ⓘ Unterwegs vor Ort

Der **Honu Express** (⊘9–20 Uhr; einfaches Ticket 1 $) pendelt zwischen dem Keauhou Shopping Center und dem Kailua Pier in Kailua-Kona und hält unterwegs u. a. bei den Resorts in Keauhou und am White Sands Beach. Der Bus fährt ein halbes Dutzend Mal ins Zentrum von Kailua-Kona. Fahrpläne sind im Einkaufszentrum, auf www.keauhoushoppingcenter.com und in den Hotels in Keauhou erhältlich.

Holualoa

7093 EW.

Holualoa liegt auf rund 400 m Höhe an den üppigen Hängen des Mt. Hualalai oberhalb von Kailua-Kona. Seit den Tagen als verschlafenes Kaffeedorf hat es sich erheblich weiterentwickelt. Heute ist diese freundliche Siedlung eine der besten Adressen in West Hawai'i. In den wackeligen Häusern befinden sich unglaublich viele erstklassige Kunstgalerien. Wer einen Blick auf ein einzigartiges, uriges historisches Städtchen werfen möchte, ist hier richtig.

Die meisten Geschäfte sind sonntags und montags geschlossen. Während des Kona Coffee Cultural Festival (S. 189) im November findet in Holualoa eine beliebte eintägige Party statt, der **Coffee & Art Stroll**. Das Event **Summer Farmfest & 'Ukulele Jam** beeindruckt jeden Juni mit zahllosen Produkten der Region und viel Musik, und im Dezember steigt ein tolles weihnachtliches Fest, das **Music & Light Festival**. Näheres auf www.holualoahawaii.com.

◉ Sehenswertes & Aktivitäten

GRATIS **Donkey Mill Art Center** KUNSTGALERIE (www.donkeymillartcenter.org; 78-6670 Hwy 180; ⊘Di–Sa 10–16 Uhr) Die Holualoa Foundation for Arts & Culture hat dieses Gemeindekulturzentrum 2002 geschaffen. Hier gibt es kostenlose Ausstellungen sowie Vorträge und Workshops, die von national und international bekannten Künstlern

gegeben werden und auch Besuchern offenstehen. Das Gebäude aus dem Jahr 1953 war einst eine Kaffeemühle mit einem aufs Dach gemalten Esel – daher der Name. Das Zentrum liegt 3 Meilen (4,8 km) südlich der Dorfmitte.

Malama I'ka Ola
Holistic Health Center GESUNDHEITSZENTRUM (☏324-6644; 76-5914 Hwy 180) Rundumversorgung für Geist, Körper und Seele, mit Yoga, Pilates, Massagen, Akupunktur und anderen alternativen Behandlungs- und Heilmethoden.

🛏 Schlafen

LP TIPP **Holualoa Inn** B&B $$$
(☏324-1121, 800-392-1812; www.holualoainn.com; 76-5932 Hwy 180; Zi. 260–350 $, Suite 280–375 $; P 🅿🐾🖥) Das Holualoa Inn ist eine der schicksten und romantischsten Unterkünfte der Insel. Von den glänzenden Eukalyptusböden zu den Wänden aus ungeflochtenen *lauhala* (Hala-Blättern) und Kieselstein-Duschen spricht aus jedem Detail eine heitere Schönheit und jede Menge Komfort. Mehrere wunderschöne öffentliche Bereiche mit geschmackvoller asiatischer Kunst und exquisit verzierten Holzmöbeln gehen übergangslos in den Außenbereich mit Garten und Pool über; ein Dachpavillon thront über allem. Die sechs Zimmer machen diesen friedlichen und intimen Rückzugsort zu einem unvergesslichen Erlebnis. Kein TV, kein Telefon (aber Kinder auch erst ab 13 Jahre!). Gäste können eine kleine Küche benutzen. Preise inklusive Frühstück.

LP TIPP **Lilikoi Inn** (☏333-5539; www.lilikoiinn.com; 110–135 $ mit Frühstück; 🖥) Vier sehr schöne Zimmer, alle mit separatem Eingang sowie Zugang zu Whirlpool, Gästewaschküche, Küche und *lanai*. Das Frühstück ist restaurantwürdig.

The Orchid Inn (☏324-0252; www.theorchidinn.com; 76-5893A Old Government Rd; DZ 169 $; @🖥) Eine afrikanisch-exotische Suite mit hübschem Bett, von dem sich ein atemberaubender Meerblick bietet.

Kona Hotel HOTEL $
(☏324-1155; Hwy 180; EZ 30 $, DZ 35–40 $) Obwohl diese grell rosafarbene historische Pension von etwa 1926 von draußen nett aussieht, ist sie eine der Unterkünfte, die man nur ansteuern sollte, wenn es nicht anders geht. Das Hotel ist billig, und dementsprechend sind auch der schlecht gelaunte

KAFFEEFAHRT IM UPCOUNTRY

Heutzutage hat ein hervorragender Kaffee nichts Exklusives mehr an sich. Viele Plantagen haben inzwischen Besucherzentren eingerichtet, wo Führungen und kostenlose Proben angeboten werden. Eine Liste findet sich auf www.konacoffeefest.com/drivingtour.

Mountain Thunder Coffee Plantation (Karte S. 222; ☐325-2136, 888-414-5662; www.mountainthunder.com; 73-1944 Hao St; ⊗Mo–Sa 9–16 Uhr) Diese 1998 angelegte preisgekrönte Bioplantage liegt im üppigen Kaloko Mauka, 15 Minuten von Kailua-Kona. Die 20-minütigen Führungen (auch für Rollstuhlfahrer geeignet) sind recht detailliert; einen wirklich fundierten Einblick in den Kona-Kaffee vermitteln die VIP Tours (65–135 $ p. P., vorausbuchen, Mittagessen kostet extra). Oder man betätigt sich gleich als „Roast Master for a Day" (199 $ p. P.) und röstet selbst fünf Pfund (knapp 2,3 kg) Bohnen.

Holualoa Kona Coffee Company (☐877-322-9937, 800-334-0348; www.konalea.com; 77-6261 Mamalahoa Hwy; ⊗Mo–Fr 8–16 Uhr) Die Kona Le'a Plantation in Holualoa setzt auf ihrer schönen Bioplantage keine Pestizide und Herbizide ein. Die Führungen sind ausgezeichnet.

Hula Daddy Kona Coffee (☐327-9744, www.huladaddy.com; 74-4944 Hwy 180; ⊗10–16 Uhr) Im schönen Probierraum dieser mehrfach ausgezeichneten Plantage finden Verkostungsseminare statt. Den Weg in die Berge nach Honokohau schaut man sich am besten vorher auf der Website an.

Kona Blue Sky Coffee (☐877-322-1700; www.konablueskycoffee.com; 76-973A Hualalai Rd; ⊗Mo–Sa 9–15.30 Uhr) Die Führung über diese Plantage im Dorf Holualoa führt auch zu den traditionellen Trockengestellen im Freien; Videovorführung und schöner Andenkenladen.

Service, die schmutzigen Gemeinschaftsbäder (für alle Zimmer) und einige besitzergreifende Langzeitgäste, mit denen man sich diese teilen muss.

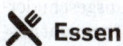

Essen

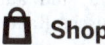 **Holuakoa Gardens & Café** MODERNE INSELKÜCHE $$
(☐322-2233; Hwy 180; Brunch 11–15 $, Abendessen 22–32 $; ⊗Restaurant Di–Fr 10–14.30 & 17.30–20.30, Sa ab 9, So 9–14.30 Uhr, Café Mo–Fr 6.30–15, Sa & So ab 8 Uhr) Das Café vorne serviert Espresso und Sandwiches, das Slow-Food-Biorestaurant im Garten raffinierte, aber zwanglose Bistroküche. Auf der kreativen saisonalen Karte stehen je nachdem hausgemachte Gnocchi mit Morcheln, Lauch und Edamamen (gekochte Sojabohnen) oder gegrillter Ahi mit gerösteter Feige und gebratenem Ingwerreis. Dies ist eines der Restaurants, die sich die Unterstützung der heimischen Bauern und Fischer ganz besonders auf die Fahnen geschrieben haben. Fürs Abendessen vorausbuchen. Bioprodukte aus der Umgebung werden auf dem **Saturday Farmers' Market** (⊗9–12 Uhr) verkauft.

🛍 Shoppen

Ipu Hale Gallery IPU-LADEN
(www.ipuguy.com; Hwy 180; ⊗Di–Sa 10–16 Uhr) In dieser Galerie werden *ipu* (Flaschenkürbisse) verkauft, die hübsch mit hawaiischen Motiven verziert sind. Die alte Schnitztechnik von der Hawaii-Insel Ni'ihau (S. 515) geriet nach der Einführung westlichen Geschirrs in Vergessenheit und wurde erst vor 15 Jahren auf Big Island wiederbelebt. Michael Harburg, Künstler und Mitinhaber der Galerie, übt sie aus.

Holualoa Ukulele Gallery MUSIK
(☐324-4100; www.konaweb.com/ukegallery/index.html; Hwy 180; ⊗Di–Sa 11–16.30 Uhr) Im supercoolen historischen Postamt von Holualoa verkauft Sam Rosen seine handgefertigten Ukulelen sowie von anderen Meistern angefertigte Instrumente. Sam ist immer zu einem Schwätzchen aufgelegt und zeigt Besuchern gern seine Werkstatt. Mittwochabends findet von 18 bis 20.30 Uhr eine Ukulele-Jamsession statt; wer zwei Wochen Zeit hat, kann auch lernen, eine eigene Ukulele zu bauen.

Kimura Lauhala Shop ACCESSOIRES

(☎324-0053; Hualalai Rd, Ecke Hwy 180; ⏱Mo–Fr 9–17, Sa bis 16 Uhr) Drei Generationen der Kimuras flechten hier *lauhala*-Produkte, wie schon seit den 1930er-Jahren. Ursprünglich kauften sie *lauhala*-Produkte von hawaiischen Flechtern, um sie weiterzuverkaufen. Als die Nachfrage stieg, fingen sie selbst an zu flechten. Unterstützt werden sie durch Bauersfrauen der Gegend, die außerhalb der Kaffeesaison Stücke in Heimarbeit anfertigen. Man sollte nicht auf billige Importe hereinfallen – die *lauhala*-Hüte, -Sets, -Körbe und -Matten, die hier verkauft werden, sind authentisch.

Studio 7 Gallery KUNSTGALERIE

(☎324-1335; hDi–Sa 11–17 Uhr) Der Künstler Hiroki Morinoue war führend an der künstlerischen Wiederbelebung von Holualoa in den 1980er-Jahren beteiligt. In seiner stillen Galerie sind japanische Holzstempel und raffinierte Kunst ausgestellt.

Dovetail KUNSTGALERIE

(☎322-4046; www.dovetailgallery.net) Funkige, coole Kunst im Stil Asiens und Hawaiis.

Holualoa Gallery KUNSTGALERIE

(☎322-8484; www.lovein.com; ⏱Di–Sa 10–17 Uhr) Matt und Mary Lovein sind auf übergroße Gemälde und japanische Raku-Töpferei spezialisiert.

❶ An- & Weiterreise

Von Kailua-Kona geht's vom Hwy 11 landeinwärts *(mauka)* auf die Hualalai Rd und dann 3 Meilen (4,8 km) bergan zum Hwy 180; die meisten Sehenswürdigkeiten liegen links. Von North Kona aus führen Hina Lani St und Palani St schneller zum Hwy 180 als die Hualalai Rd, auch wenn sie ein wenig indirekt verlaufen. Von South Kona geht's unmittelbar nördlich von Honalo hinauf zum Hwy 180.

Honokohau Harbor & Umgebung

Fast der gesamte Fisch, den die Fischer von Kona fangen, wird hier an diesem Hafen 2 Meilen (3,2 km) nördlich von Kailua-Kona angelandet, darunter auch die „granders" – Fische mit einem Gewicht von mehr als 1000 amerikanischen Pfund (454 kg). Wer bei den teilweise dramatischen **Weigh-ins** zuschauen möchte, begibt sich um 11 oder 15.30 Uhr zum Ende des Hafens (bei der Tankstelle); die Wiegestation befindet sich hinter Bite Me Bar & Grill.

Von hier starten die allermeisten Schnorchel- und Tauchtouren, Walbeobachtungstouren und Angelchartertrips (S. 184). Zum Hafen biegt man etwas nördlich vom 98er-Meilenstein seewärts auf die Kealakehe Rd ab.

☂ Strände

Honokohau Beach STRAND

(Karte S. 222) Nur Minuten vom Trubel in Kailua-Kona liegt dieser schöne hakenförmige Strand mit einer Mischung aus schwarzer Lava, weißen Korallen und von den Wellen angespülten Muscheln. Um auf den Felsen hier herumlaufen zu können, sind Riffschuhe nötig. Das Wasser ist gewöhnlich zu trübe zum Schnorcheln, aber auch vom Ufer aus sind Meeresschildkröten zu sehen. Weitere suchen oft an der 'Ai'opio-Fischfalle nach Nahrung, die am südlichen Ende des Strands neben einem alten Tempel liegt. Schnorcheln und Schwimmen sind hier erlaubt, ideal auch für Kinder. Nur sollte man nicht auf den Felsen herumklettern oder die Schildkröten stören.

Hierher gelangt man, indem man rechts in den ersten Hafenparkplatz einbiegt (auf das kleine Schild, das auf den öffentlichen Zugang zum Ufer hinweist, achten). Beim Ende der Straße beginnt der ausgeschilderte Weg; nach fünf Minuten auf dem gut ausgetretenen Pfad ist der Strand erreicht. Der Honokohau Beach ist außerdem über den einfachen Ala Hele Ike Trail zu erreichen, der im Kaloko-Honokohau National Historical Park (S. 220) beginnt.

🏃 Aktivitäten

Schnorcheln & Tauchen

Das Gebiet südlich des Honokohau Harbor bis zur Kailua Bay ist ein (per Boot zugängliches) Meeresschutzgebiet. Tauchen ist hier besser als Schnorcheln; eine gute Schnorchelalternative ist die nahe Ai'opio-Fischfalle.

Turtle Pinnacle TAUCHEN

(Karte S. 222) Dieses Gebiet ist eine tolle Tauchstelle. Hier versammeln sich viele Schildkröten, damit kleine Fische ihnen die Algen und Parasiten vom Panzer fressen.

KONA CLOUD FOREST SANCTUARY

Die Kaloko Mauka Subdivision umfasst am Hang des Mt. Hualalai oberhalb von 900 m Höhe ein spektakuläres 28 ha großes **Waldschutzgebiet** (Karte S. 222; www.konacloudforest.com). Geschützt wird ein ungewöhnliches Nebelwald-Ökosystem, ein üppiges Paradies für einheimische Pflanzen und Vögel. Zum Schutzgebiet gehören außerdem Schaugärten mit nicht einheimischen Arten, darunter mehr als 100 Bambusarten, deren Nutzbarkeit auf Big Island der Gartenbauexperte Norm Bezona untersucht. Wer sich für nachhaltige Landwirtschaft oder Gartenbau interessiert, wird einen Besuch in diesem gut gehüteten Geheimnis, das selbst den meisten Einheimischen verborgen bleibt, nicht versäumen wollen.

Hawaiian Walkways (☎800-457-7759; www.hawaiianwalkways.com; Erw./Kind 95/75 $; ⏰8.30–13 Uhr) hat eine tägliche Vormittagstour ins Schutzgebiet im Programm; inbegriffen ist ein Besuch bei der benachbarten Mountain Thunder Coffee Plantation (S. 201).

Kaiwi Point
TAUCHEN

(Karte S. 222) Vor dieser Landspitze südlich des Honokohau Harbor schwimmen Meeresschildkröten, große Fische und riesige Adlerrochen um einige respektable Abbrüche.

Suck 'Em Up
TAUCHEN

(Karte S. 222) Die Dünung saugt Taucher durch ein paar Lavaröhren beim Kaiwi Point.

Kajakfahren

Kajaks werden mittlerweile nicht nur zum Paddeln, sondern auch zum Segeln, Surfen, Schnorcheln und sogar Angeln verwendet.

Plenty Pupule
KAJAKFAHREN

(Karte S. 222; ☎880-1400; www.plentypupule.com; Kaloko Industrial Park, Suite 102, 73-4976 Kamanu St; ⏰Mo–Fr 9–17 Uhr; Einer-/Zweierkajakmiete 20/28 $ pro Tag). Dies ist einer der besten Anbieter für Abenteuer-Kajaktouren; hier gibt's Tipps für gute Startpunkte und Schnorchelgebiete über die Kealakekua Bay hinaus, maßgeschneiderte Touren, Unterricht im Kajaksurfen und **Kajaksegeln** (Halbtagestour 195 $) – besonders während der Walsaison ein unvergessliches Erlebnis.

Surfen

Nicht weit vom Hafen gibt es einige recht gute Breaks.

Ocean Eco Tours (Karte S. 222; ☎324-7873; www.oceanecotours.com; Honokohau Harbor; Surfunterricht in der Gruppe/einzeln 95/150 $) Unterricht und Ausrüstung; der einzige Anbieter, der innerhalb der Grenzen des Kaloko-Honokohau National Historical Park surfen darf.

Wandern

Erkundung der üppigen oberen Hänge des Mt. Hualalai (größtenteils Privatland) bieten nur Hawaii Forest & Trail und **Hawaiian Walkways** (☎800-457-7759; www.hawaiianwalkways.com). Preise und Routenbeschreibungen auf den Webseiten.

LP TIPP **Hawaii Forest & Trail** (Karte S. 222; ☎331-8505, 800-464-1993; www.hawaii-forest.com; 74-5035B Queen Ka'ahumanu Hwy) Dieses mehrfach ausgezeichnete Unternehmen taucht mit seinen Gästen in die grünsten Lungen der Insel ein. Von der populären **Mauna-Kea-Sternbeobachtungstour** bis zu den exklusiven Wanderungen in das **Hakalau Forest National Wildlife Refuge**: Einen Abenteuertrip mit diesen Experten und Naturschützern wird man nicht bereuen. Im angeschlossenen **Laden** werden erstklassige Outdoor-Ausrüstung und -Bekleidung, topografische Karten und Campingausrüstung verkauft.

🛏 Schlafen

Zu den bestgehüteten Geheimnissen an diesem Küstenabschnitt unmittelbar nördlich von Kailua-Kona gehören die B&Bs im kühlen Nebelwald an den Hängen des Mt. Hualalai.

Honu Kai B&B
B&B $$

(Karte S. 222; ☎329-8676; www.honukaibnb.com; 74-1529 Hao Kuni St; DZ mit Frühstück 150–195 $; @🛜) Dieses schöne, abgeschiedene B&B glänzt mit vier vornehmen Zimmern, super schönen Stoffen, verzierten Bettgestellen und asiatischen und hawaiischen Möbeln. Wer die Lani- oder die Mahina-Suite bucht, hat Zugang zur Dachterrasse.

Das separate Cottage verfügt über eine voll ausgestattete Küche. Der gepflegte Garten bietet Möglichkeiten sich zurückzuziehen, ebenso auf der riesigen Veranda wie auch im Whirlpool.

Nancy's Hideaway
B&B $$

(Karte S. 222; ☏325-3132, 866-325-3132; www.nancyshideaway.com; 73-1530 Uanani Pl; Studio/Cottage mit Frühstück 130/150 $; ☏) Wer Stille und Abgeschiedenheit sucht, für den ist das separate Cottage oder das Studio in diesem gut gelegenen Wohnviertel ideal. Die Einrichtung ist funktional. Beide Unterkünfte verfügen über Kochnischen, *lanai* mit Ausblick und breite Betten. Beide sind perfekt für ein Paar. Wegbeschreibung telefonisch erfragen!

Mango Sunset B&B
B&B $$

(Karte S. 222; ☏325-0909; www.mangosunset.com; 73-4261 Mamalahoa Hwy; Zi. 100–120 $; @☏) Eng zusammenliegende Unterkünfte auf einer Biokaffeeplantage mit weiten Ausblicken vom Gemeinschafts-*lanai;* nicht alle Zimmer haben diesen Blick.

🍴 Essen & Ausgehen

🌱 Ceviche Dave's
CEVICHE $

(Karte S. 222; Suite 100, 73-4976 Kaloko Industrial Park, Kamanu St; Ceviche 8 $; ⊘Di–Sa 11–19, So & Mo bis 15 Uhr) Dave ist Surfer, Weltenbummler, umweltbewusster Unternehmer und Ceviche-Phänomen. Wer sich auf einem der vier Hocker niederlässt, kann sich an von der Inselküche inspiriertem Kohanaiki (Koriander, Macadamianüsse, Paprika und *lilikoʻi*-Saft) oder am tahitischen Taʻapuna mit Kokosmilch erfreuen. Alles wird mit frisch gefangenem Fisch zubereitet. Die strohgedeckten *lanai,* gute Unterhaltung und jede Menge Aloha verleihen Dave's die Wärme einer echten Strandbuden-*cevicheria.*

📗LP TIPP Kailua Candy Company
SÜSSIGKEITEN $$

(Karte S. 222; ☏329-2522, 800-622-2462; www.kailua-candy.com; Kaloko Industrial Park, Kamanu St, Ecke Kauhola St; ab 25 $/Pfund (454 g); ⊘So geschl.) Ein Abstecher zu diesem Schokoladengeschäft ist ein Muss für alle Schleckermäuler: handgemachte Macadamianuss-Schildkröten mit Schokoladenüberzug, Kona Coffee Swirls, *lilikoʻi*-Trüffel oder mit dunkler Schokolade überzogener kandierter Ingwer. Der Käsekuchen ist himmlisch! Man darf auch Sachen probieren. Vom Hwy 19 landeinwärts auf die Hina Lani St, dann rechts in die Kamanu St abbiegen.

Bite Me Bar & Grill
SEAFOOD $$

(Karte S. 222; www.bitemefishmarket.com; Honokohau Harbor Complex; Seafood-Bar & Hauptgerichte 9–23 $; ⊘6–21 Uhr; ☏♿) Das zwanglose Lokal, nur Schritte von der Bootsrampe des Hafens entfernt, ist die logische Anlaufstelle nach einem Angeltag oder einem abendlichen Tauchgang mit Mantarochen. Es gibt Mahimahi-Tacos und Longboard Lager. Mit seiner Kinderkarte und den schattigen Picknicktischen auf der Terrasse (mit Blick auf den Hafen) eignet es sich auch bestens für Familien. Im **Fischmarkt** wird jeden Tag mehr als ein Dutzend Arten frischer Fisch verkauft.

Harbor House Restaurant
SEAFOOD $$

(Karte S. 222; Honokohau Harbor Complex; Hauptgerichte 8–20 $; ⊘Mo–Sa 11–19, So bis 18 Uhr) Nach dem Angeln kann man sich hier an einem der Tische am Pier über seine Heldentaten auslassen, während man einen Burger oder hervorragende Fish 'n' Chips verdrückt. Happy Hour ist montags bis samstags von 16 bis 18 Uhr (sonntags bis 17.15 Uhr); einen halben Liter Bier gibt's dann für 2,50 $. Guter Service.

Kona Coffee & Tea Company
CAFE $$

(www.konacoffeeandtea.com; Suite 5A, 73-5053 Hwy 19; ⊘Mo–Fr 7–17.30, Sa 8–17, So ab 11 Uhr; ☏) Das Leben ist zu kurz für schlechten Kaffee: Deshalb gibt's hier preisgekrönten 100 % Kona. Kostenlos probieren kann man u. a. die Bohne Peaberry, was für die Lage am Parkplatz entschädigt.

SOUTH KONA COAST

Von Kailua-Kona steigt der Hwy 11 Richtung Süden stetig an. Je höher man kommt, desto weiter geht es zurück in die Vergangenheit. In South Kona existieren Vergangenheit und Gegenwart verträumt am steilen Berghang nebeneinander. Den unglaublich üppigen Hängen drohen Unheil verheißende graue Wolken täglich mit Regen, während unten an der gleißenden Küste kaum ein Tröpfchen fällt.

Dies ist der berühmte „Kona Coffee Belt", ein 22 Meilen (35 km) langer Gürtel mit mehr als 600 kleinen Kaffeeplantagen. Das Pflücken per Hand und die Verarbeitung der Bohnen lassen sich nicht kosteneffizient verindustrialisieren, und dies trägt zu der Beschaulichkeit des Alltags hier bei. Aber dafür gibt es auch kulturelle Gründe: Zu Beginn des 20. Jhs. kamen Tausende japanischer Immigranten hierher, um als Kaffeebauern zu arbeiten. Sie hinterließen zusammen mit den chinesischen, philippinischen und portugiesischen Arbeitern ein reiches Erbe an buddhistischen Tempeln, Stoffläden und Speisen.

Zugleich wird in Küstendörfern wie Miloli'i argwöhnisch darüber gewacht, den traditionellen hawaiischen Lebensstil zu bewahren. Die alten hawaiischen Stätten entfalten hier eine noch stärkere Wirkung. Das ist etwa beim Schnorcheln im Schatten des Pu'uhonua o Honaunau oder beim Kajaken in der Bucht zu spüren, in der Captain James Cook sein grausiges Ende fand.

Honalo

2300 EW.

Das kleine Honalo an einer Straßenkurve hinter der Kreuzung der Highways 11 und 180 unterscheidet sich mehr als nur durch die reine Entfernung vom touristischen Kailua. Das erste Gebäude, das man sieht, ist die Daifukuji Soto Mission (Karte S. 206; www. daifukuji.org; 79-7241 Hwy 11; ☺Mo–Sa 8–16 Uhr), ein eher bescheiden wirkender buddhistischer Tempel. Nachdem man die Schuhe abgelegt hat, bietet sich ein Blick auf die beiden reich verzierten, liebevoll umsorgten Altäre. Jedermann ist mittwochs um 6 Uhr bei den **Zenmeditationen** willkommen; dienstags um 18.30 Uhr und samstags um 18 Uhr finden Gruppenübungen im japanischen Trommeln mit der **Taiko** statt.

Wer mit Kindern unterwegs ist, kann sich als nächstes zum eine Meile (1,6 km) nördlich gelegenen schattigen Higashihara Park (Karte S. 206; ☺7–20 Uhr) aufmachen. Das einzigartige, hübsche Holzklettergerüst mit hawaiischen Motiven bietet endlose Klettermöglichkeiten. Der Park liegt auf der dem Meer zugewandten Seite zwischen den Meilensteinen 114 und 115.

Einen authentischen Einblick in die örtliche Kultur gewährt ein Essen im Teshima Restaurant (Karte S. 206; Hwy 11; Hauptgerichte 13–23 $; ☺6.30–13.45 & 17–21 Uhr; ♿). Es zaubert schon seit den 1940er-Jahren köstliches japanisches Essen auf den Tisch. Die im altmodischen Diner-Atmosphäre servierten schnörkellosen Landspeisen sind gewöhnlich makellos zubereitet – donburi (ein Schälchen Reis mit einem Hauptgericht),

Ahi-Sashimi, Amerikanischer Butterfisch und Teriyaki oder, noch besser, ein bisschen von allem bei einem *teishoku* (Menü). Seit vier Generationen beglücken die Teshimas schon ihre Gäste, aber der Star ist eindeutig Großmutter Teshima, die reizende hundertjährige Besitzerin, die immer noch die Tische abräumt – es sei denn, die Stammgäste bestehen darauf, dass sie sich setzt, um ein Schwätzchen zu halten. Nur Barzahlung.

Kainaliu

Mit seinen urigen Geschäften und guten Lokalen ist Kainaliu ein toller Ort für ein Mittagessen und zum Verweilen – praktisch für alle, die im Verkehrsgewühl („Kainaliu Krawl") stecken bleiben. Schöne hawaiische Stoffe bietet der alteingesessene Kimura Store (Karte S. 206; 79-7408 Mamalahoa Hwy; ☺Mo–Sa 9–18, So 12–16.30 Uhr), Instrumente sowie Fotos des talentierten Kim Taylor Reece Just Ukes (Karte S. 206; ☎323-0808; 79-7412 #A Mamalahoa Hwy; ☺Mo & Mi–Fr 12–17, Di bis 18.30, Sa bis 16 Uhr). Auf der anderen Straßenseite verkauft Yoganics Hawaii Limited (Karte S. 206; www.yoganicshawaii.com; 79-7401 Mamalahoa Hwy; ☺Mo–Sa 10–17 Uhr) vollkommen naturbelassene Stoffe; in dem angeschlossenen Studio wird **Yoga** praktiziert, dazu **Bauchtanzunterricht** (15 $, ohne Anmeldung).

Wer abends hier ist, kann sich im Aloha Theatre Café (Karte S. 206; ☎322-3383; www. alohathetrecafe.com; 79-7384 Mamalahoa Hwy; Frühstück & Mittagessen 7–15 $, Abendessen 14–22 $; ☺7.30–14.30 Uhr, Abendessen an Abenden mit Vorstellung) ein schmackhaftes Essen oder einen *liliko'i*-Mojito gönnen oder sich Karten für das hübsche Aloha Theatre (Karte S. 206; 79-7384 Mamalahoa Hwy; ☎322-2323; www.apachawaii.org; Karten 10–25 $) besorgen. Zu sehen gibt's hier gutes Theater, Indie-Filme und Livemusik. Im Vorverkauf sind die Karten 5 $ günstiger.

LP TIPP Roadhouse Café (Karte S. 206; 79-7399 Mamalahoa Hwy; Sandwiches 5 $; ☺Mo–Fr 11–17 Uhr) Das Café ist eines der preisgünstigsten Lokale der Insel; hier gibt's riesige Baguettes und phantasievolle Blätterteigtaschen. Alles ist hausgemacht, auch das Brot für die Sandwiches. Sehr gut sind auch der Möhren- und der Käsekuchen.

Annie's Island Fresh Burgers (Karte S. 206; www.anniesislandfreshburgers. com; Mango Court, 79-7460 Hwy 11; Burger 9–14 $; ☺11–20 Uhr; ♿) Dieser Laden entwickelt sich zu einem echten kulinarischen Superstar.

South Kona Coast

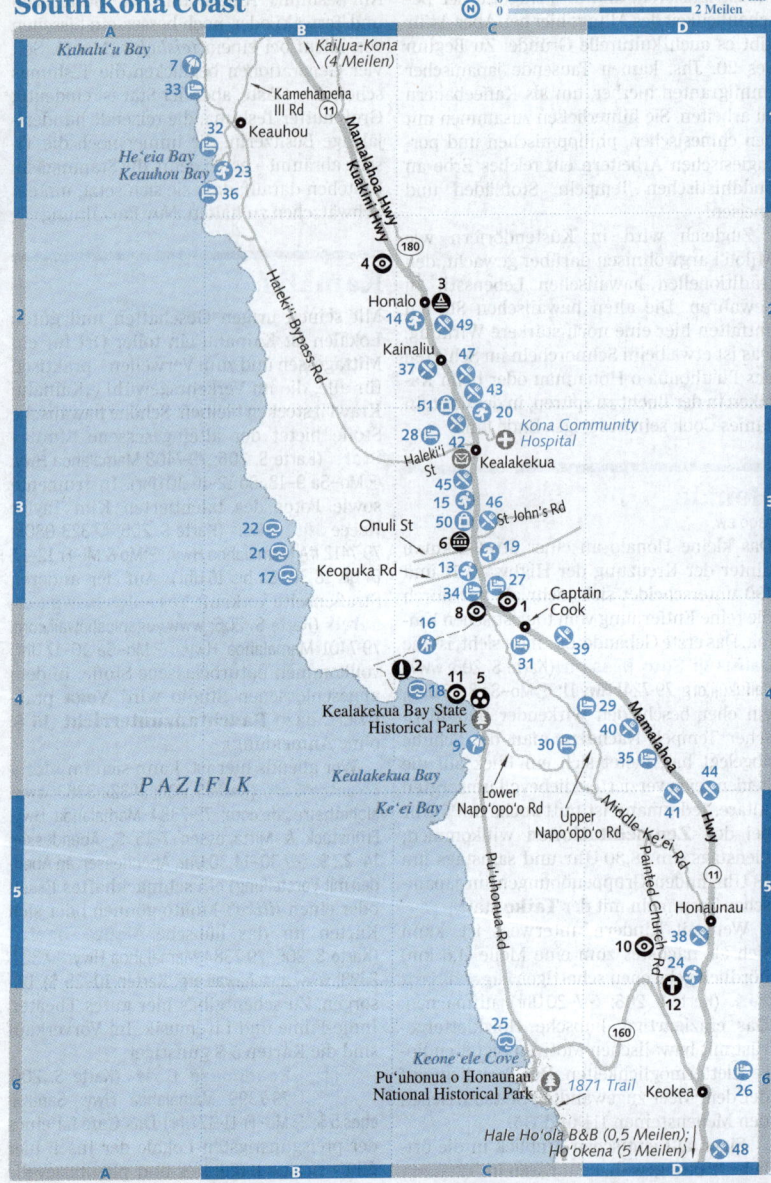

Gemüse aus der Umgebung und Rindfleisch von Weidetieren von Big Island werden hier zu den besten Hamburgern der Insel verarbeitet. Auch Vegetarier kommen nicht zu kurz, etwa mit Champions, gefüllt mit Parmesan und Bulgur. Als Zugabe gibt's noch den Blick von der Terrasse hinterm Lokal.

Kealakekua

1900 EW.

Kealakekua zeichnet sich vor allem durch praktische Einrichtungen aus: Bank, Post, Krankenhaus usw. Es wirkt daher auch eher nützlich als einladend. Trotzdem gibt

South Kona Coast

⊙ Sehenswertes

1 Amy BH Greenwell
  Ethnobotanical Garden C4
2 Captain Cook-Denkmal C4
3 Daifukuji Soto Mission..................... C2
  Greenwell Farms ....(s. 6)
  Heiau & Historische Stätten...........(s. 33)
4 Higashihara Park B2
5 Hiki'au Heiau C4
6 HN Greenwell Store Museum C3
7 Kahalu'u Beach Park A1
8 Kona Coffee Living History
  Farm C4
  Kona Potter's Guild...................... (s. 24)
9 Manini Beach....................................C4
10 Paleaku Gardens Peace
  Sanctuary D5
11 Pali Kapu o Keoua C4
12 St. Benedict's Painted Church.............D6
  St. Peter's Church........................(s. 7)

Aktivitäten, Kurse & Touren

13 Adventures in Paradise C3
14 Aloha Kayak Company........................ C2
15 Big Island Yoga Centre....................... C3
16 Captain Cook Monument Trail C4
17 Driftwood B3
  Fair Wind ....(s. 23)
18 Ka'awaloa Cove.................................. C4
19 Kings' Trail Rides C3
20 Kona Boys C3
  Kona Surf School ....(s. 7)
21 Long Lava Tube.................................B3
22 Red Hill B3
23 Sea Paradise..................................... B1
  Sea Quest......................................(s. 23)
24 SKEA D5
25 Two Step...C6

🛏 Schlafen

26 Aloha Guest House D6
27 Areca Palms Estate B&B C3
28 Banana Patch C3
29 Ka'awaloa Plantation &
  Guesthouse D4
30 Luana Inn...C4
31 Manago Hotel....................................C4
32 Outrigger Kanaloa at Kona.................. B1
33 Outrigger Keauhou Beach
  Resort A1
34 Pineapple Park..................................C3
35 Pomaika'i 'Lucky' Farm B&B D4
36 Sheraton Keauhou Bay Resort B1

🍴 Essen

  Adriana's..(s. 39)
37 Aloha Theatre Café C2
  Annie's Island Fresh Burgers ....(s. 42)
  Big Jake's Island BBQ ....(s. 44)
38 Bong Brothers & Sistahs....................D5
39 ChoiceMart.......................................C4
40 Coffee Shack D4
41 Coffees 'n' Epicurea D5
42 Island Naturals.................................C3
  Kama'aina Terrace ....(s. 33)
43 Ke'ei Café C2
  Kona Cold Lobsters........................(s. 27)
44 Kona Seafood D4
  Manago Hotel.................................(s. 31)
  Mi's Italian Bistro ....(s. 27)
45 Orchid Isle Café C3
46 Patz Pies C3
47 Roadhouse Café C2
48 South Kona Fruit Stand D6
  South Kona Green Market ....(s. 39)
49 Teshima Restaurant C2

🍸 Ausgehen

  Verandah Lounge ....(s. 33)

🎭 Unterhaltung

  Aloha Theatre ....(s. 37)
  Firenesia ....(s. 36)

🛍 Shoppen

50 Discovery Antiques C3
51 Just Ukes C2
  Kimura Store ....(s. 51)
  Re-Psychles ....(s. 27)
  Yoganics Hawaii Limited ....(s. 47)

es hier ausgezeichnete Möglichkeiten, um
die regionale Geschichte „zum Anfassen"
zu erleben. Der Name des Ortes bedeutet
„Pfad der Götter": Eine Kette von 40 Tempeln zog sich einst von der Kealakekua Bay
nach Kailua-Kona.

Wer Richtung Norden nach Kailua-Kona
unterwegs ist, kann zwischen den Meilensteinen 111 und 112 auf die praktische
Haleki'i-Umgehungsstraße abbiegen.

⊙ Sehenswertes

Kona Coffee Living
History Farm
KAFFEEPLANTAGE

(Karte S. 206; ☎323-2006; www.konahistorical.
org; Erw./Kind 5–12 J. 20/5 $; ☺Führungen Mo–

DEM VERKEHR EIN SCHNIPPCHEN SCHLAGEN

Die lang ersehnte Umgehungsstraße zwischen Keauhou und Kealakekua ist nunmehr eröffnet. Somit können umsichtige Autofahrer dem schlimmsten Pendlerverkehr nach und aus Kailua-Kona ausweichen. Die Straße verbindet die Haleki'i Rd in Kealakekua (zwischen den Meilensteinen 111 und 112) mit der Kamehameha III Rd in Keauhou und dem Ali'i Drive sowie mit dem Hwy 11. Sie ist in beiden Richtungen die ganze Woche von 6.30 bis 18.30 Uhr geöffnet.

Do 10–14 Uhr jeweils zur vollen Stunde) Viele der kostenlosen Führungen auf Kaffeeplantagen sind oberflächliche 15-Minuten-Rundgänge. Wer einen besseren Einblick in den Kaffeeanbau und ins Leben der japanischen Einwanderer erhalten möchte, sollte der gut 2 ha großen Kaffeeplantage der Kona Historical Society einen Besuch abstatten. Bis 1994 lebte hier die Familie Uchida. Heute ist die Pflanzung in den Zustand der 1920er- bis 1940er-Jahre zurückversetzt worden. Mehrere der Guides sind auf ähnlichen Anwesen aufgewachsen und wissen, wovon sie reden, wenn sie den Gästen die Kaffeegärten, das Verarbeitungsgebäude, die Trockendächer und das Haupthaus zeigen. Bei den zweistündigen Führungen lernen die Teilnehmer, wie man Kaffeekirschen pflückt, ein Badehaus anheizt und ein traditionelles *bentō* (japanische Lunchbox) zubereitet. Die Führungen sind den recht hohen Preis auf jeden Fall wert. Am besten vorher anmelden, da die Führungen recht begehrt sind.

Greenwell Farms HISTORISCHE STÄTTE
(Karte S. 206; 888-592-5662; www.greenwell farms.com; Hwy 11; ☺8–17 Uhr) Diese 60 ha große Plantage wurde 1850 gegründet und wird heute in der vierten Generation der Familie Greenwell bewirtschaftet. Sie ist eine der ältesten und bekanntesten Kaffeeplantagen von Kona. Heute werden hier Kaffeebohnen von mehr als 200 Anbauern der Umgebung geröstet. Besucher können an einer kostenlosen **Führung** teilnehmen und ein schattigen Picknicktischen Kaffee und Obst probieren. Außerdem gibt's **Kona Red** (www.konared.com), einen interessan-

ten neuen Kaffeefruchtdrink, der aus dem Fruchtfleisch der Kaffeekirschen hergestellt wird. Die Plantage liegt zwischen den Meilensteinen 110 und 111.

HN Greenwell Store Museum MUSEUM
(Karte S. 206; Hwy 11; Erw./Kind 7/3 $; ☺Mo–Do 10–14 Uhr) Neben den Greenwell Farms hat die Kona Historical Society das Steingebäude des Greenwell General Store von 1890 in ein cleveres Museum umgebaut. Die Regale und Wände sind sorgfältig mit Trockengut und landwirtschaftlichen Gerätschaften bestückt, wie sie für die damalige Zeit typisch waren. Drinnen verteilt das Museumspersonal eine Einkaufsliste und die Beschreibung eines Mitglieds der multiethnischen Bauern- und Viehzüchtergemeinde der 1890er-Jahre (sie basiert auf den persönlichen Aufzeichnungen Henry Greenwells über seine damaligen Kunden). Dann kauft man ein und erfährt dabei so einiges über die Zeit. Hinterm Haus wird im **portugiesischen Brotofen** donnerstags um 11 Uhr frisches Brot gebacken. Das Museum befindet sich zwischen den Meilensteinen 110 und 111.

Amy BH Greenwell Ethnobotanical Garden PARK
(Karte S. 206; www.bishopmuseum.org/green well; empfohlene Spende 4 $; Führungen 5 $; ☺Mo–Sa 8.30–17 Uhr, Führungen Mi & Fr 13 Uhr) Die alten Hawaiianer kannten keine Keramik und keine Metalle, und so fertigten sie das Meiste, was sie brauchten, aus Pflanzen. Dieser ethnobotanische Garten bewahrt ursprüngliche einheimische und aus dem übrigen Polynesien eingeführte Pflanzen in einem typischen *ahupua'a*: Das traditionelle Landteilungsgebiet gewährleistete, dass alle Hawaiianer Zugang zu allem hatten, was sie benötigten. Die Informationstafeln sind aufschlussreich, besser für das Verständnis des Ganzen sind jedoch die Führungen. Diese werden jeden zweiten Samstag des Monats um 10 Uhr kostenlos abgehalten. Insektenschutzmittel mitbringen. Der Garten liegt unmittelbar südlich des Meilensteins 110.

🏃 Aktivitäten

LP TIPP **Mamalahoa Hot Tubs & Massage** HEISSE BECKEN
(☏323-2288; www.mamalahoa-hottubs.com; Hot Tub 30 $ pro Std. für 2 Pers.; ☺nach Voranmeldung Mi–Sa 12–21 Uhr) Inmitten dieser Minioase stehen zwei Dscharrabaumholz-

Becken in einem üppigen Garten. Die Becken, geschützt durch Flechtdächer und -wände, sind offen, bewahren aber dennoch die Privatsphäre. Neben den heißen Becken werden Massagen angeboten: hawaiische Warmsteinmassage, *lomilomi* (traditionelle hawaiische Massage), schwedische Massage, Tiefengewebe- und Paarmassage. Ein Paket mit einem halbstündigen Bad und einer einstündigen Massage kostet 95 $. Trinkwasser, Handtücher und Badeutensilien werden gestellt.

Big Island Yoga Center YOGA

(Karte S. 206; ☎329-9642; www.bigislandyoga.com; 81-6623 Hwy 11; Unterricht für Erw. ohne Anmeldung 14 $) Das Big Island Yoga Center ist die beste Adresse für Iyengar-Yoga. Das helle Studio befindet sich im oberen Stockwerk eines schönen alten Hauses. Am ersten Sonntag des Monats ist um 10.30 Uhr das Mitmachen kostenlos.

🛏 Schlafen

Areca Palms Estate B&B B&B $$

(Karte S. 206; ☎800-545-4390, 323-2276; www.konabedandbreakfast.com; Mamalahoa Hwy; Zi. mit Frühstück 110–145 $; 🐾) Ländliche Behaglichkeit und ein herzliches Willkommen gehen in diesem makellosen Holzhaus eine harmonische Verbindung ein. Die luftigen Zimmer sind sorgfältig ausgestattet (jede Menge Kissen und Platz für Kleidung sowie flauschige Bademäntel). Die Gastgeber teilen ihren Gästen gern ihr Wissen über die Umgebung mit. Entspannung bieten das Familienzimmer und der Whirlpool. Morgens werden die Gäste mit einem frischen, einzigartigen Frühstück verwöhnt. Das B&B befindet sich zwischen den Meilensteinen 110 und 111.

Banana Patch COTTAGE $$

(Karte S. 206; ☎322-8888, 800-988-2246; www.bananabanana.com; Mamao St; Studio 115 $, 1-/2-Schlafzimmer-Cottages 125/150 $; 🐾) In diesen gemütlichen, in tropischer Vegetation versteckten Cottages können FKK-Anhänger die Seele baumeln lassen und auf Kleidung verzichten. Die sauberen und geschmackvollen Studios eignen sich bestens für Selbstversorger und verfügen über voll ausgestattete Küchen, *lanai*, Gärten und Whirlpools.

Pineapple Park HOSTEL $

(Karte S. 206; ☎323-2224, 877-800-3800; www.pineapple-park.com; 81-6363 Mamalahoa Hwy; B 25 $, Zi. mit/ohne Bad 85/65 $; ⏱Büro 7–20 Uhr;

(@🕿) Beim einzigen Hostel in South Kona handelt es sich um eine einfache Backpacker-Absteige. Gäste haben die Wahl zwischen engen Schlafsälen (am besten ist Nr. 10) und frischeren, komfortableren (aber zu teuren) Zimmern. Gemeinschaftsbäder. Kajaks: Einer/Zweier 38/58 $. Das Hostel liegt zwischen den Meilensteinen 110 und 111.

🍴 Essen

Mi's Italian Bistro ITALIENISCH $$

(Karte S. 206; ☎323-3880; www.misitalianbistro.com; 81-6372 Hwy 11; Hauptgerichte 15–30 $; ⏱Di–So 16.30–20.30 Uhr) Das von dem Ehepaar Morgan Starr und Ingrid Chan geführte Lokal serviert hausgemachte Pasta und Biogemüse in einer zwanglosen, aber edlen Atmosphäre. Nach einem verführerisch guten Seafood-Mais-Chowder schmecken dünnkrustige Pizza oder Penne rigate mit italienischer Wurst. Die Lasagne ist eher mittelprächtig, und mit dem Wein wird zuweilen etwas gegeizt, sodass man sich am besten seinen eigenen mitbringt (Korkgebühr 15 $).

Patz Pies PIZZA $

(Karte S. 206; ☎323-8100; 86-6596 Hwy 11; Stücke/Pizzas 2,50/17 $; ⏱10–20 Uhr) Dünne Kruste, würzige Sauce und gute Preise. Hier gibt's gute New Yorker Pizza – kein Wunder, denn Pat ist dort geboren.

Orchid Isle Café CAFÉ $

(Karte S. 206; ☎323-2700; 81-6637 Hwy 11; Snacks 5–9 $; ⏱Mo–Fr 6–17, Sa & So 7–14 Uhr; @🕿) Auf der Terrasse abhängen, im Internet surfen (10 $/Std.) und sich mit Kaffee und Quiche stärken.

Ke'ei Café BRASILIANISCH $$

(Karte S. 206; ☎322-9992; 79-7511 Hwy 11; Hauptgerichte 15–23 $; ⏱Di–Fr 11–14 & 17–21, Sa 17–21 Uhr) In diesem alteingesessenen nobleren Bistro können Essen und Bedienung klasse sein, aber manchmal auch nicht. Am besten sind die Tische auf dem Balkon.

Kona Cold Lobsters SEAFOOD $

(Karte S. 206; ☎854-1881; 81-6372 Hwy 11) Wer freitags früh bei Re-Psychles (s. unten) ist, kann vielleicht einen der frischen Maine-Hummer ergattern.

🛍 Shoppen

LP TIPP Re-Psychles GEBRAUCHTWARENLADEN

(Karte S. 206; www.repsychles.com; 81-6372 Hwy 11; ⏱Mo, Di, Do & Fr 10–17, Sa & So ab

12 Uhr) Wer auf gute gebrauchte Kleidung und Designermode abfährt, für den ist dieser Laden auf dem Weg die Kona Coast entlang ein Muss. Es gibt auch Hawaiihemden, Haushaltswaren für Sammler und tolle Accessoires. Freitags werden ab 10 Uhr für 10 $ pro Pfund (454 g) **Kona Cold Lobsters** verkauft.

Discovery Antiques   ANTIQUITÄTEN
(Karte S. 206; Hwy 11; ⊙Mo–Sa 10–17, So 11–16 Uhr) Blechspielzeug und Hawaiihemden, Trödel und Boxhandschuhe – man weiß nie, was man in diesem Secondhand-, Antiquitäten- und Trödelladen alles so findet.

ℹ Praktische Informationen

Eine **Post** (Hwy 11, Ecke Haleki'i St), mehrere Banken mit Geldautomaten und das wichtigste Krankenhaus auf der Westseite der Insel, das **Kona Community Hospital** (☎322-9311; www. kch.hhsc.org; 79-1019 Haukapila St), liegen allesamt dicht beieinander.

Captain Cook

3700 EW.

Wenn sich der Hwy 11 Richtung Süden windet, wird die Vegetation dichter, die Ausblicke auf das Meer werden immer fesselnder; es ist oft schwierig zu sagen, wo ein Ort aufhört und der nächste beginnt. Captain Cook kündigt sich durch das historische Manago Hotel an, das sein Dasein 1917 als Restaurant für Handelsreisende begann, die auf der damals langwierigen Strecke zwischen Hilo und Kona unterwegs waren. Das untersetzte Gebäude ist auch heute noch ein regionales Wahrzeichen für Reisende und Einheimische.

Von Captain Cook aus gelangt man auch zur Kealakekua Bay. Es gibt ein tolles Angebot an B&Bs und Hausmacherkost. Die Napo'opo'o Rd eignet sich für einen kleinen Bummel; nicht verpassen sollte man den **lei-Stand** am unteren Abschnitt der Straße, gleich hinter der Kreuzung mit der Middle Ke'ei Rd, wo man 3 $ für einen frischen *lei* in eine Sammelbox wirft.

🛏 Schlafen

LP TIPP **Ka'awaloa Plantation & Guesthouse**   B&B $$
(Karte S. 206; ☎323-2686; www.kaawaloa plantation.com; 82-5990 Upper Napo'opo'o Rd; Zi. mit Frühstück 125–145 $, Cottage/Suite 150/195 $; @🖥) Dieses weitläufige Plan-

tagenhaus steht in einem üppigen, 2 ha großen Dschungelgarten voller tropischer Früchte. Es ist eine der romantischsten Unterkünfte in South Kona. Vielleicht liegt das an den schönen Himmelbetten, dem Kamin im Wohnzimmer, der geschmackvollen Kunst und den feinen Stoffen, an der göttlichen Freiluftdusche oder am Whirlpool und dem hawaiischen Dampfbad. Ganz sicher aber liegt es an der gastfreundlichen Wärme und der Detailverliebtheit der Gastgeber. Die Krönung des Ganzen ist die umlaufende Terrasse mit Blick auf die Küste – zauberhaft bei Sonnenuntergang. Die Suite verfügt als einziges der Zimmer über ein voll ausgestattetes Bad – und das ist echt toll; das separate Cottage bietet eine Kochnische, dafür aber keinen Ausblick.

Luana Inn   B&B $$
(Karte S. 206; ☎328-2612; www.luanainn.com; 82-5856 Lower Napo'opo'o Rd; Zi. mit Frühstück 180–200 $; ▣@🖥🐾) Willkommen im makellosen, freundlichen Luana Inn! Jedes der geräumigen, ordentlichen und dezent-geschmackvoll eingerichteten Zimmer verfügt über einen eigenen Eingang und eine voll ausgestattete Kochzeile. Zwei Zimmer liegen direkt am Pool und Whirlpool mit atemberaubenden Ausblicken auf die Bucht; zwei weitere sind behaglich und abgeschiedener – gut für Paare oder Familien. Beim üppigen Frühstück lassen sich die perfekten Gastgeber gern über Big Island ausfragen.

Manago Hotel   HOTEL $
(Karte S. 206; ☎323-2642; www.managohotel. com; Hwy 11; EZ 33–61 $, DZ 36–62 $, EZ/DZ im japanischen Stil 75/78 $) Das Manago steht für das klassische Hawaii-Erlebnis schlechthin. Die Zimmer (alle ohne eigenes Bad) im alten Haus präsentieren sich noch genauso wie vor 80 Jahren – einfach, schlicht und gepflegt. Hinter dem historischen Gebäude steht ein neuer motelähnlicher Block; die Zimmer im 1. und 2. Stock sind am ruhigsten und haben Meerblick, die im Erdgeschoss sind Raucherzimmer. Leichte Schläfer brauchen vielleicht Ohrstöpsel gegen das Verkehrsbrummen vom Highway und die frühmorgendlichen Weckrufe der Hähne. Weit im Voraus reservieren! Das Hotel liegt zwischen den Meilensteinen 109 und 110.

Pomaika'i 'Lucky' Farm B&B   B&B $
(Karte S. 206; ☎328-2112, 800-325-6427; www. luckyfarm.com; 83-5465 Mamalahoa Hwy; DZ mit Frühstück 80–140 $; 🖥🏠) Auf dieser Ma-

Am 17. Januar 1779 segelte Captain Cook in die Kealakekua Bay (s. S. 644) und löste damit einen der umstrittensten Zeitabschnitt in der Geschichte Hawaiis aus.

Cooks Besuch fiel mit der jährlichen *makahiki*-Zeit zusammen; in dieser viermonatigen Periode wurden alle kriegerischen Auseinandersetzungen und alle schweren Arbeiten ausgesetzt, um Lono zu ehren, den Gott der Landwirtschaft und des Friedens. Gleichzeitig fand eine inselweite Prozession statt, bei der die jährlichen Tributzahlungen an den obersten Häuptling eingesammelt wurden, gefolgt von Feierlichkeiten, schrankenloser Sexualität und Spielen.

Der Empfang für Cook in der Kealakekua Bay war spektakulär: Über 1000 Kanus umringten seine Schiffe, und 9000 Hawaiianer begrüßten ihn an Land. Nach seiner Anlandung wurde Cook mit großer Unterwürfigkeit behandelt – er wurde gefeiert wie ein amtierender Häuptling, mit umfangreichen Feierlichkeiten und überwältigenden Gaben. Die Hawaiianer tauschten außerdem Waren; besonders erpicht waren sie auf Metallwaren, die sie vorher nie gesehen hatten. Mit dem Versuch zu verhindern, dass sich seine Matrosen mit den hawaiischen Frauen einließen, scheiterte Cook kläglich und gab im Schließlich auf. Die hawaiischen Frauen strömten auf die Boote und gaben sich den Matrosen im Tausch für Eisennägel ohne Scheu und wiederholt hin.

Am 4. Februar hatte Cook seinen Proviant aufgefrischt und verließ die Kealakekua Bay um weiterzusegeln. Jedoch geriet er ein kurzes Stück weiter nördlich in einen schweren Sturm. Auf der *Resolution* brach ein Fockmast. Da er so nicht weitersegeln konnte, kehrte Cook am 11. Februar in die Kealakekua Bay zurück.

Dieses Mal wurde Cook nicht von Booten begrüßt. Stattdessen schien Häuptling Kalaniopu'u anzudeuten, dass Cook nicht mehr willkommen war. Cook und seine Besatzungen hatten die Essensvorräte der Hawaiianer bereits erschöpft, auch die *makahiki*-Zeit war beendet und die Party vorbei.

Im gleichen Maße, wie die Gastfreundschaft der Hawaiianer nachgelassen hatte, stiegen die kleinen Diebstähle. Beleidigungen und Verdächtigungen ersetzten nun auf beiden Seiten die Höflichkeit. Als ein Ruderboot gestohlen wurde, befahl Cook eine Blockade der Kealakekua Bay. Er wollte Häuptling Kalaniopu'u als Geisel nehmen, um die Rückgabe des Boots zu erzwingen – eine Taktik, die auf anderen Inseln zum Erfolg geführt hatte.

Cook überzeugte Kalaniopu'u, auf die *Resolution* zu kommen, um ihren Zwist beizulegen. Als sie aber ans Ufer gingen, erfuhr Kalaniopu'u, dass die Seeleute einen Unterhäuptling getötet hatten, der versucht hatte, in seinem Kanu die Bucht zu verlassen. Da setzte sich Kalaniopu'u offenbar nieder und weigerte sich weiterzugehen. Eine große wütende Menge versammelte sich.

Um den Hawaiianern Angst einzujagen, feuerte Cook sein Pistole ab und tötete dabei einen der Leibwächter des Häuptlings. Daraufhin griffen die aufgebrachten Hawaiianer an. In dem tödlichen Handgemenge erlitt Cook einen Stich mit einem Dolch und wurde mit Keulen erschlagen.

Durch Cooks Tod wurden beide Seiten aufgeschreckt: Die Auseinandersetzungen wurden eingestellt. In den folgenden Tagen nahmen die Hawaiianer Cooks Leichnam an sich und zergliederten ihn auf die hohen Häuptlingen vorbehaltene traditionelle Weise. Die Engländer forderten seinen Leichnam zurück und zündeten in einem Ausbruch grausamer Gewalt Hütten an. Sie schlachteten Inselbewohner ab, darunter auch Frauen und Kinder. Die Hawaiianer gaben schließlich einige Teile des Leichnams zurück – Teile des Schädels, Hände und Füße –, die die Engländer dann gemäß Marinetradition auf See bestatteten. Jedoch behielten die Hawaiianer die Knochen, die das meiste *mana* (spirituelle Kraft) besaßen – etwa die Oberschenkelknochen –, zurück.

cadamia- und Obstplantage mit mehreren gemütlichen Unterkünften herrscht tropischer Überfluss. Im Haupthaus befinden sich zwei einfache Zimmer; daneben gibt es zwei luftige „Greenhouse"-Zimmer mit schmalen Doppelbetten und Fenstern mit

Insektengittern. Das Zimmer „The Barn" liegt versteckt inmitten von Bananenpflanzen und ist ein reizend schlichter Schuppen mit halboffenen Wänden (aber Insektengitter!) und einer Außendusche – eine Dschungelphantasie für Budget-Traveller. Familien sind besonders willkommen. Das Frühstück ist immer eine gesellige Angelegenheit. Mindestaufenthalt zwei Nächte.

✕ Essen

 **Manago Hotel** GEMISCHTE KÜCHE $
(Karte S. 206; ☎323-2642; Hwy 11; Frühstück 4–6 $, Hauptgerichte abends 8–14 $; ⏲Di–So 7–9, 11–14 & 17–19.30 Uhr; 🏃) Von der eher dürftigen Einrichtung dieses historischen Gasthauses sollte man sich nicht abschrecken lassen: Sowohl Einheimische als auch Besucher strömen hierher, um die berühmten Schweinekoteletts des Manago zu verspeisen. Eine Spezialität des Hauses sind auch Leber mit Zwiebeln und der gebratene ganze *'opelu* (Bastardmakrele). Zum Frühstück gibt's Eier, Fleisch, Toast, Saft und Kaffee für nur 5,50 $ – einer der besten Deals in South Kona.

Coffees 'n' Epicurea KAFFEESHOP $
(Karte S. 206; www.coffeeepicurea.com; 83-5315 Hwy 11; ⏲6.30–18 Uhr) Ein Kaffeeprobierraum mit Teebar ist ein eher ungewöhnlicher Ort für diese himmlische Pâtisserie mit Blätterteiggebäck, zarten Éclairs und grandiosen Pasteten. (Der Bäcker ist von den Resorts an der Kohala Coast hierher geflüchtet.) Außerdem gibt es ein Andenkengeschäft. Das Café liegt auf der Meeresseite *(makai)* beim Meilenstein 106.

Coffee Shack CAFE $$
(Karte S. 206; ☎328-9555; www.coffeeshack. com; 83-5799 Hwy 11; Mahlzeiten 9–14 $; ⏲7.30–15 Uhr) Die prekär direkt am Highway gelegene Bude ist berühmt für die Wahnsinnsaussicht auf die Kealakekua Bay von der Veranda; die meisten Gäste genießen ihren Kaffee vielleicht nie wieder mit einem solchen Blick. Jedoch lassen der Service und das Essen (Omeletts, Pizza und Salate) zuweilen etwas zu wünschen übrig, auch die Preise sind recht hoch. Ein Stopp lohnt sich hier dennoch, auch wenn man seinen Appetit eher woanders stillen sollte. Das Café liegt zwischen den Meilensteinen 108 und 109.
Andere empfehlenswerte Adressen in der Gegend sind:

Big Jake's Island BBQ BBQ $
(Karte S. 206; Mamalahoa Hwy; Mahlzeiten 10–16 $; ⏲Sa–Do 11–18, Fr bis 19 Uhr) Schmackhafte Köstlichkeiten aus dem Räucherfass beim Meilenstein 106.

Kona Seafood SEAFOOD $$
(Karte S. 206; 83-5308 Hwy 11; ⏲Mo–Fr 10–18.30, Sa & So bis 17.30 Uhr) Gutes Angebot an frischem Fisch.

Adriana's MEXIKANISCH $
(Karte S. 206; Kealakekua Ranch Center, Mamalahoa Hwy; Mahlzeiten 5–11 $; ⏲Mo–Fr 10–17 Uhr; 📞) Solides mexikanisches Essen in munterem Latino-Ambiente.

South Kona Green Market MARKT $
(Karte S. 206; www.skgm.org; ⏲So 9–14 Uhr) Dieser Bauernmarkt hinter dem Choice-Mart verkörpert die Vielfalt von South Kona, mit Bioprodukten, Musik und originellem Kunsthandwerk.

ChoiceMart LEBENSMITTEL $
(Karte S. 206; Kealakekua Ranch Center, Hwy 11; ⏲Mo–Sa 6–21, So bis 20.30 Uhr) Der größte Lebensmittelladen in South Kona.

Kealakekua Bay State Historical Park

Die Kealakekua Bay ist eine weite, ruhige Bucht, die im Norden durch eine niedrige Lavaspitze, in der Mitte durch hohe rötliche *pali* (Klippen) und im Süden durch kilometerlange grüne Berghänge geschützt ist. Die Bucht ist sowohl ein State Park als auch ein Meeresschutzgebiet; sie ist berühmt für ihr vielfältiges Meeresleben wie etwa die Spinnerdelphine. Das gesamte Gebiet gilt als heilig, und Besucher sollten sich entsprechend verhalten.

Die Napo'opo'o Rd, die vom Hwy 11 abzweigt, windet sich 4,5 Meilen (7,2 km) hinunter zum Meer; unterwegs macht die üppige Vegetation der regenreicheren Hänge der ununterbrochen scheinenden Sonne der Küste Platz – Regen am Highway bedeutet also noch lange nicht Regen unten in der Bucht. Die Straße endet am Parkplatz des Napo'opo'o Beach and Wharf, dem Startplatz für Kajaktouren (S. 213).

🏊 Strände

Manini Beach STRAND
(Karte S. 206) Das Südufer der Kealakekua Bay ist felsig und einer regelmäßigen Dünung aus Nordwesten ausgesetzt, sodass

die Bade- und Schnorchelbedingungen hier schlecht sind. Jedoch stellt der Manini Beach einen landschaftlich sehr reizvollen, schattigen Picknickplatz dar, und gute Schwimmer können durch eine Lücke in der Lava (rechts) zum Wasser gelangen. Surfer steuern die Spitze etwas südlich vom Manini Beach an. Der Park verfügt über mobile Toiletten und Picknicktische. Anfahrt: von der Napo'opo'o Rd links auf die Pu'uhonua Rd abbiegen, dann rechts auf die Kahauloa Rd; nach 400 m geht's rechts auf die Manini Beach Rd, Parkplätze beim blauen Haus.

Ke'ei Bay   STRAND
Wer auf der Pu'uhonua Rd weiter nach Süden fährt, kommt zur schönen Ke'ei Bay. Die Bucht ist bei Surfern und Kajakern beliebt, aber zum Schwimmen ist die See hier zu rau. Hierher gelangt man, indem man hinter der Abzweigung zum Manini Beach die holprige Staubpiste nimmt (bei der Ke'ei Transfer Station ist man schon zu weit). Wer mit einem normalen Pkw unterwegs ist, parkt besser an der Staubstraße und geht zu Fuß weiter. An der Bucht gibt es einen Strand, einen kleinen Kanuanleger und ein paar Hütten, aber keine weiteren Einrichtungen. Besucher sollten sich hier umsichtig verhalten – sie befinden sich praktisch im Vorgarten der Anwohner.

Die Pu'uhonua Rd führt durch Sträucher und Gebüsch mehrere Meilen weiter Richtung Süden zum Pu'uhonua o Honaunau National Historical Park.

◉ Sehenswertes

Hiki'au Heiau   HEIAU (TEMPEL)
(Karte S. 206) Am Ende der Napo'opo'o Rd geht es rechts zu öffentlichen Toiletten und zum Hiki'au Heiau, auf einer großen Plattform. Von dem Steinstrand vor dem Tempel lässt sich ein atemberaubender Ausblick genießen, zum Schwimmen ist es allerdings zu rau hier.

Captain Cook Monument   HISTORISCHE STÄTTE
(Karte S. 206) Ein gut 8 m hoher weißer Obelisk etwas oberhalb der Ka'awaloa Cove markiert die Stelle, wo 1779 Captain Cook getötet wurde (s. Kasten S. 211). 1877 schenkte das Königtum Hawai'i das 1,5 m² große Stück Land, auf dem das Monument steht, Großbritannien als Zeichen der Freundschaft. Hinter dem Denkmal befinden sich die Ruinen des alten Dorfes Ka'awaloa.

Pali Kapu o Keoua   HISTORISCHE STÄTTE
(Karte S. 206) Die „heiligen Klippen von Keoua" sind nach einem Häuptling und Rivalen von Kamehameha I. benannt. In zahlreichen Höhlen in den Klippen sind Angehörige des hawaiischen Königshauses bestattet, und es wird darüber spekuliert, ob nicht auch Teile des Leichnams von Captain Cook hier beigesetzt sind. In den höher gelegeneren, unzugänglichen Höhlen liegen wahrscheinlich noch weitere Gebeine.

🏃 Aktivitäten

Schnorcheln
Die geschützte Ka'awaloa Cove (Karte S. 206) am nördlichen Ende der Kealakekua Bay zählt zu den besten Schnorchelspots in Hawaii. Die Fische und Korallen hier sind absolut wunderbar, und wer einen eisernen Magen hat, kann 30 m rausschwimmen, um dann über dem blauen Abgrund zu schweben.

Das Wasser ist gegen die Ozeandünung geschützt und außergewöhnlich klar. Schnorcheln ist nur in einem schmalen Abschnitt an der Küste erlaubt, wo sich Seesterne und Seeaale durch Korallengärten winden und bunte Fischschwärme vorbeiziehen. Gute Schwimmer können sich zu einem Unterwasser-Lavabogen an der Landspitze vorwagen. Wer Glück hat, wird von Schildkröten und Spinnerdelphinen begleitet – aber nicht vergessen, zu diesen Säugetieren Abstand zu halten (s. S. 704), und nicht auf Korallen treten! Neuere Studien haben ergeben, dass die Zahl der Delphine hier abnimmt, die Stellen mit toten Korallen dagegen zunehmen. Daher empfehlen wir, auf andere Schnorchelreviere wie Two Step oder die Kahalu'u Bay auszuweichen.

Die Ka'awaloa Cove ist auf dreierlei Art zu erreichen: mit einem Kajak, einer Schnorcheltour (S. 185) oder zu Fuß über den Captain Cook Monument Trail (S. 215). Am besten ist es hier morgens, mit wenig Wind und verlässlichem Sonnenschein.

Kajakfahren
GENEHMIGUNGEN
Die ruhigen Gewässer der Kealakekua Bay eignen sich bestens für eine tolle Kajaktour, selbst für Anfänger. Da die Bucht aber auch ein beliebtes Schnorchelgebiet ist, haben die anhaltenden Debatten über die vielen Besucher und die Auswirkungen auf die Umwelt dazu geführt, dass jetzt für Kajaker einige Vorschriften gelten. Um die

STRITTIGE UMWELTTHEMEN

Eingeführte Tiere und Pflanzen, der Bau von Hotelanlagen, erneuerbare Energien, Souveränität – all das und vieles mehr sind Themen, die die Einheimischen beschäftigen. Reisende stoßen unterwegs immer wieder auf Plakate, Graffiti oder Aktionen zu diesen Themen.

10 %-Kona-Kaffeemischungen Diese billigeren Kaffeemischungen mit ausländischen Bohnen bedrohen die Existenz der einheimischen Plantagenbetreiber, die gegenwärtig versuchen, Kona-Kaffee als „Produkt mit geschützter Herkunftsbezeichnung" registrieren zu lassen. Auf diese Weise würden Name und Herkunft des Kona-Kaffees genauso geschützt sein wie Champagner in Frankreich oder der Parmigiano Reggiano-Käse in Italien.

Kaffeebeerenbohrer Der Befall von über 20 Kona-Kaffeeplantagen bis Anfang 2011 durch diesen schädlichen Käfer führte dazu, dass die Big-Island-Ernte im Wert von 30 Mio. $ unter Quarantäne gestellt wurde. Es wird nach Möglichkeiten gesucht, der Plage Herr zu werden, denn sie löst unter den Kaffeebauern in Kona große Unsicherheit aus.

Sonnenenergie Im Jahr 2010 wollte die Hawaiian Electric Company (HECO) neue Solaranlagen verbieten lassen mit der Begründung, dass die zusätzliche Energie, die durch sie ins Netz gespeist würde, auf die Preise destabilisierend wirken könne. Das Ansuchen wurde zwar am Ende vom Bundesstaat Hawaii abgelehnt, aber HECO versucht weiter, gegen solche kleineren und dezentralisierteren Möglichkeiten der Energiegewinnung aus Sonnenkraft vorzugehen.

30-m-Teleskop Auf dem Mauna Kea – der heiligsten Stätte auf Big Island – soll bis 2018 das Thirty Meter Telescope (TMT) entstehen. Die Bewohner diskutieren kontrovers über dieses Projekt, das Wissenschaftler gespannt verfolgen. Näheres auf www.kahea.org.

Mensch und Delphin Ob in der Gefangenschaft oder in der Wildnis – Begegnungen zwischen Mensch und Delphin beinhalten für die Tiere potenzielle Risiken. Wild lebende Delphine bemühen sich manchmal selbst nicht mehr, Nahrung zu finden, und „Show"-Delphine zeigen Stresssymptome oder leiden an Infektionen und kaputten Rückenflossen. Näheres im Kasten S. 41.

negativen Auswirkungen auf die fragilen kulturellen und natürlichen Ressourcen im Kealakekua Bay State Historical Park möglichst gering zu halten, benötigen Kajaker seit 2010 Genehmigungen. Allerdings: Wer nur in der Bucht oder in der Ka'awaloa Cove herumpaddeln möchte, ist von der Genehmigungspflicht befreit; Kajaker dagegen, die hier anlegen möchten, brauchen ein *permit*. Dies gilt für Anlandungen am Ufer wie auch am Pier neben dem Captain Cook Monument.

Das **Department of Land and Natural Resources** (☏974-6200; www.hawaiistateparks.org; kostenlos) stellt pro Tag zehn Landegenehmigungen aus. Ein Antrag kann auf der „Announcements"-Seite der Website heruntergeladen werden. Jeder Kajakfahrer muss über eine Genehmigung verfügen, und diese gilt nur für einen Tag. Wer hier ohne Genehmigung anlandet, kann mit einem Bußgeld belegt werden bzw. das Kajak kann konfisziert werden.

Wer sich nicht um eine Genehmigung kümmern will, kann der Bucht einen Besuch abstatten, ohne anzulanden. Beim Schnorcheln muss man das Kajak dann an einem Seil hinter sich her ziehen, oder man wechselt sich beim Schnorcheln mit einem Kajakpartner ab. Eine weitere Möglichkeit wäre eine geführte Kajaktour durch die Bucht.

ABLEGEN

Kajaks dürfen nicht um den Hiki'au Heiau herum ins Wasser gelassen werden – die **Napo'opo'o Wharf** bietet Kajakern eine Ablegestelle. Die Anwohner helfen manchmal dabei, das Kajak ins Wasser oder aus ihm heraus zu hieven (gut für Solokajaker); wer diese Hilfe in Anspruch nimmt, sollte sich mit einem Trinkgeld von einem oder zwei Dollar erkenntlich zeigen. Zur Ka'awaloa Cove zu paddeln – gewöhnlich gegen den Wind – dauert etwa eine halbe Stunde, zurück geht's dann schneller. Am besten ist man vor 9.30 Uhr, d. h. vor den Schnorcheltouren, hier; danach kann sich die Bucht in ein buntes Meer aus Schwimmern verwanden.

VERLEIH & GEFÜHRTE TOUREN

Ausrüster am Hwy 11 verleihen Kajaks und Schnorchelausrüstung, ebenso ein paar Leute auf dem Parkplatz. Zur Kajakausstattung sollten Paddel, Schwimmwesten, Rückenpolster und nicht kratzende Polster gehören, mit denen man das Kajak am Auto befestigen kann; für die eigenen Habseligkeiten ist eine wasserfeste Tasche nützlich. Die einzigen Anbieter, die derzeit geführte Touren durch die Bucht anbieten dürfen, sind die Aloha Kayak Company (S. 215) und Adventures in Paradise (s. oben rechts). Die folgenden Ausrüster haben allesamt einen guten Ruf:

LP TIPP **Kona Boys** VERLEIH, TOUREN
(Karte S. 206; ☏328-1234; www.kona boys.com; 79-7539 Hwy 11, Kealakekua; Kajakverleih Einer/Zweier 47/67 $, Touren 125–250 $; ⏱7–17 Uhr) Dieser lockere, professionelle Wassersport-Veranstalter ist der größte der Gegend. Zu den angebotenen Kajaktouren zählen Einzel- oder Gruppentouren in die abgeschiedene Pawai Bay, Sonnenuntergangstouren und Touren mit Übernachtung im Zelt.

Hawaii Pack and Paddle VERLEIH, TOUREN
(☏328-8911; www.hawaiipackandpaddle.com; Touren Erw./Kind 3–12 J. 120/75 $) Die fünfstündige Tour zur Kealakekua Bay umfasst eine Wanderung, Tierbeobachtung, Schnorcheln und ein Mittagspicknick. Mehrtagestouren sind ab 285 $ p. P. und Tag im Programm. Wer auf der Suche nach einem maßgeschneiderten oder längeren Abenteuer mit Wandern und Kajakfahren ist, ist hier genau richtig.

Aloha Kayak Company VERLEIH, TOUREN
(Karte S. 206; ☏322-2868, 877-322-1444; www. alohakayak.com; Hwy 11, Honalo; Kajakverleih Einer/Zweier/Dreier ganzer Tag 35/60/85 $, halber Tag 25/45/60 $, Touren 90–130 $; ⏱7.30–17 Uhr) Dieser beliebte Anbieter im Besitz von Hawaiianern kennt sich in den Gewässern der Gegend bestens aus und verleiht Kajaks auch für einen halben Tag (12–17 Uhr) sowie Kajaks mit Glasboden. Geführte Paddelausflüge führen u. a. zur

Keauhou Bay sowie zu Meereshöhlen und Klippen, von denen man ins Meer springen kann.

Adventures in Paradise VERLEIH, TOUREN
(Karte S. 206; ☏323-3005, 800-979-3370; www.bigislandkayak.com; 81-6367 Hwy 11, Kealakekua; Kajakverleih Einer/Zweier/Dreier 35/60/75 $, Touren 80 $; ⏱8–16 Uhr) Freundlicher und professioneller Ausrüster, der sich vergewissert, dass die Kunden wissen, was sie tun. An der Kreuzung von Hwy 11 und Keopuka Rd.

Tauchen

Um die Kealakekua Bay herum gibt es zahlreiche gute Tauchstellen, darunter die **Ka'awaloa Cove** mit ihrer außergewöhnlichen Vielfalt an Korallen und Fischen in Tiefen von 1,5 bis 36 m. Andere Tauchgebiete hier sind **Hammerhead** (Tiefseetauchen), **Coral Dome** (große Höhle mit viel Leben und riesigem Lava-„Skylight") und **Driftwood** (Karte S. 206; mit Lavaröhren und Weißspitzen-Riffhaien).

In der treffend benannten **Long Lava Tube** (Karte S. 206), einem mittelschweren Tauchspot unmittelbar nördlich der Kealakekua Bay, lassen Lava-„Skylights" Licht durch die Decke der 20 m langen Röhre. Wer Glück hat, sieht Krebstiere, Muränen – und vielleicht sogar Spanische Tänzerinnen. In den zahllosen Lavaformationen draußen tummeln sich Congeraale, Tritonshörner und Hawaii-Husarenfische.

Tauchanbieter s. S. 187.

Andere Aktivitäten

Captain Cook Monument Trail WANDERN
(Karte S. 206) Wer in der Ka'awaloa Cove schnorcheln möchte, ohne ein Kajak zu mieten oder an einer Bootstour teilzunehmen, erreicht die Bucht über den Captain Cook Monument Trail. Der Weg selbst ist nicht sonderlich interessant – es kann hier heiß sein und von Insekten wimmeln –, aber er führt direkt zur Schnorchelbucht. Der Hinweg hinunter dauert eine Stunde, aber für den Rückweg sollten etwa zwei Stunden veranschlagt werden, denn der Höhenunterschied von 400 m bei einer Streckenlänge von knapp 3 km ist nach einem Schnorchelvormittag hart.

Den Ausgangspunkt des Weges erreicht man, indem man vom Hwy 11 Richtung Meer (*makai*) auf die Napo'opo'o Rd abbiegt; auf den ersten 150 m sollte man in einer der Parkbuchten an der schmalen

Straße parken – wo immer es sicher erscheint. Der Weganfang liegt vier Telefonmasten vom Beginn der Straße entfernt, Richtung Meer gegenüber von drei großen Palmen. Auf dem Weg nach unten ist der Weg klar zu sehen und leicht zu finden; wer sich an einer Gabelung nicht sicher ist, hält sich immer links. Der Weg endet an der Stelle, wo Kajaker (mit Anlandegenehmigung!) auf den Felsen anlegen. Unten gibt es keinerlei Einrichtungen; viel Wasser mitnehmen!

Auf dem Weg zurück nach oben hält man sich an der Gabelung rechts (zurück auf die Lavakante); links ist eine Allradpiste, die sich meilenweit Richtung Norden an der Küste entlangzieht.

Kings' Trail Rides   REITEN

(Karte S. 206; ☎323-2388, 345-0661; www.konacowboy.com; 81-6420 Mamalahoa Hwy; Ausritte 135 $; ⊗Mo–Fr 9–16 Uhr) Kings' bietet vierstündige geführte Ausritte an die Küste gleich nördlich der Kealakekua Bay. Inbegriffen sind Mittagessen und, wenn das Meer ruhig genug ist, Schnorcheln. Beim Meilenstein 111.

Honaunau

2800 EW.

Das inmitten von dichten Kaffee- und Macadamiahainen sich rasant ausdehnende Honaunau lässt sich wunderbar leicht erkunden. Hauptanziehungspunkt ist der nahe „Place of Refuge", aber auch ein Bummel die Painted Church Rd hinunter mit Stopps an Obstständen und Kaffeebuden – immer das Meer im Blick – hat durchaus seinen Reiz.

⊙ Sehenswertes & Aktivitäten

St. Benedict's Painted Church   KIRCHE

(Karte S. 206; www.thepaintedchurch.org; 84-5140 Painted Church Rd) Der katholische Priester John Berchmans Velghe kam 1899 aus Belgien nach Big Island. Nachdem er die St. Benedict's Church übernommen hatte, ließ er sie von ihrem ursprünglichen Standort an der Küste beim *pu'uhonua* (Place of Refuge) 3 km bergauf versetzen. Es ist nicht klar, ob er dies vorbeugend vor Tsunamis machte oder weil er sich – sowohl im wörtlichen Sinne als auch symbolisch – über die aus christlicher Sicht heidnische Eingeborenenkultur erheben wollte.

Dann bemalte Velghe die Wände mit biblischen Szenen – inzwischen stark in Mitleidenschaft gezogen –, um die Geschichten der Bibel besser vermitteln zu können. Auf mit Palmenwedeln gekrönten Säulen sind Sprüche in hawaiischer Sprache zu finden, darunter die Aufforderung: „Hebe dich weg von mir, Satan!"

Paleaku Gardens Peace Sanctuary   PARK

(Karte S. 206; ☎328-8084; www.paleaku.com; 83-5401 Painted Church Rd; Eintritt 5 $; ⊗Di–Sa 9–16 Uhr) Dieser 3 ha große Park in der Nähe der Kirche an der Painted Church Rd beherbergt Schreine für die Religionen der Welt sowie einen interessanten „Galaxy Garden", in dem der berühmte Weltraummaler Jon Lomberg ein Modell der Milchstraße geschaffen hat – mit Pflanzen! Die Anlage ist wahrhaftig ein friedlicher Rückzugsort. Besucher können hier außerdem an **Yoga**- und **Qigong**-Klassen (12 bzw. 10 $) teilnehmen.

SKEA   KULTUR

(Karte S. 206; Society for Kona's Education & Art; ☎328-9392; www.skea.org; 84-5191 Mamalahoa Hwy) Im SKEA ist viel los: Unterricht in Pilates, polynesischem Tanz und japanischem Tuschezeichnen, außerdem auf dem Rasen Dichterlesungen in Hawaii Pidgin English und Konzerte (Veranstaltungskalender auf der Website). Zwischen den Meilensteinen 105 und 106.

Hinter dem SKEA befindet sich die Kona Potter's Guild (Karte S. 206), wo Besucher Töpfern bei der Arbeit zuschauen können.

🛏 Schlafen

LP TIPP Aloha Guest House   B&B $$

(Karte S. 206; ☎328-8955, 800-897-3188; www.alohaguesthouse.com; 84-4780 Mamalahoa Hwy; Zi. mit Frühstück 140–280 $; @🛜) Wer schon den weiten Weg auf sich genommen hat, sollte sich auch etwas Gutes zum Übernachten gönnen. Die Ausblicke hier von der Terrasse, vom Gästewohnzimmer und vom breiten Doppelbett sind wirklich atemberaubend. Die Einrichtung ist luxuriös, es gibt Bio-Badeprodukte, sehr schöne Badezimmer und einen herrlichen Whirlpool. Das Zimmer „Honu" ist auch per Rollstuhl zugänglich.

Hale Ho'ola B&B   B&B $$

(außerhalb der Karte S. 206; ☎328-9117, 877-628-9117; www.hale-hoola.com; 85-4577 Mamalahoa Hwy; Zi. mit Frühstück 110–150 $; @🛜) Das freundliche B&B ist eine heimelige, entspannte Übernachtungsmöglichkeit mit drei kleinen, gemütlichen Zimmern unterhalb vom Haupthaus. Die Zimmer verfügen über schöne Betten und Außensitzbereiche, das Ganze ist aber recht beengt – nicht empfehlenswert für Flitterwöchner oder Menschen, die viel Abstand zu anderen brauchen. Die besten Aussichten bieten sich beim üppigen Frühstück von der Hauptveranda des Hauses.

 Essen

South Kona Fruit Stand
OBSTSTAND $
(Karte S. 206; 328-8547; www.southkona fruitstand.com; 84-4770 Hwy 11; Smoothies 5,25– 6,25 $, Sandwiches 7–8,50 $; ⊙Mo–Sa 9–18, Café Mo–Sa 10–16 Uhr) An diesem extravaganten Stand für Bioerzeugnisse werden nur die besten Sachen verkauft. Im Café gibt es himmlische Frucht-Smoothies und gute Sandwiches; von der Terrasse öffnen sich schöne Ausblicke. Der Stand befindet sich zwischen den Meilensteinen 103 und 104.

Bong Brothers & Sistahs
IMBISS $
(Karte S. 206; www.bongbrothers.com; Hwy 11; Feinkost 3–5 $; ⊙Mo–Fr 9–18, So 12–18 Uhr;) In diesem kleinen Bioladen und vegetarischen Feinkostgeschäft in einem Gebäude von 1929 sind Lebensmittel eine politische Lebenseinstellung. Die frisch gemachten Currys, Suppen und Salate sind extrem lecker, auch wenn sie von unverbesserlichen Landwirtschaftsaktivisten mit störrischer Freundlichkeit serviert werden. Außerdem gibt's hier coole Andenken und Geschenke.

Pu'uhonua o Honaunau National Historical Park

Dieser einzigartige Nationalpark (Karte S. 206; 328-2288, 328-2326; www.nps.gov/ puho; 1-Woche-Pass Erw./Auto 3/5 $; ⊙7–19 Uhr, Besucherzentrum 8–17 Uhr) an der Honaunau Bay vermittelt einen der fesselndsten Einblicke in das alte Hawaii.

Der lange Name des Parks bedeutet einfach „Zufluchtsort in Honaunau". 2008 erhielt der Park zusätzliche 96 ha und verdoppelte so seine Größe.

2010 erhielten alle Tempel und hale (Häuser) neue Dächer. Gekrönt durch ein Picknick oder Schnorcheln am nahen Two Step wird ein Besuch hier zu einem unvergesslichen Erlebnis.

Geschichte
Im alten Hawaii war jedes Detail des Alltags durch das System des kapu (Tabu) geregelt. Ein Untertan durfte einen ali'i (Häuptling) weder anschauen noch in seinen Fußstapfen gehen. Frauen durften nicht für Männer kochen und auch nicht zusammen mit ihnen essen. Angeln, Jagen und Holzsammeln war auf bestimmte Jahreszeiten begrenzt – und so weiter.

Wer diese Tabus verletzte, wurde gejagt und getötet. Denn nach dem Glaubenssystem der Hawaiianer erzürnte ein Tabubruch die Götter. Und Götter sorgten für Vulkanausbrüche, Tsunamis, Hungersnöte und Erdbeben.

Jedoch gab es ein „Schlupfloch": Untertanen, die ein Tabu verletzt hatten, konnten ihren sicheren Tod abwenden, wenn sie das heilige Gelände eines pu'uhonua erreichten. Ein pu'uhonua bot auch geschlagenen Kriegern und in Kriegszeiten Männern, die zu alt, zu jung oder nicht kampffähig waren, Schutz.

Solch einen Zufluchtsort zu erreichen, war jedoch nicht einfach. Da um die Zufluchtsstätte herum Angehörige des Königshauses und deren Krieger lebten, mussten die Tabubrecher durch z. T. stürmische, offene See schwimmen und es dabei mit Strömungen und Haien aufnehmen. Wenn sie den Zufluchtsort tatsächlich erreicht hatten, führten die Priester Absolutionszeremonien durch, um die Götter zu besänftigen. Danach konnten die Tabubrecher nach Hause zurückkehren und ihr Leben von Neuem in Angriff nehmen. Der pu'uhonua in Honaunau wurde mehrere Jahrhunderte lang genutzt und erst um 1819 aufgegeben.

Sehenswertes & Aktivitäten
Die wichtigsten Stätten des Parks sind über einen knapp 1 km langen **Rundweg** zu erreichen – das Besucherzentrum hält Broschüren mit einer Karte und Informationen bereit. Die Mittagszeit ist am besten zu meiden, da es hier dann heiß wird und es nur wenig Schatten gibt. Zwar ist der größte Teil des sandigen Weges auch mit einem Rollstuhl zu bewältigen, jedoch muss man bei den in der Nähe des Wassers gelegenen Stätten über raues Lavagestein.

Besucher betreten den Nationalpark im dorfähnlichen königlichen Anwesen, in dem die ali'i von Kona und ihre Krieger lebten; die stille spirituelle Atmosphäre

EINSAMKEIT HAT EINEN PREIS

Viele Urlauber auf Big Island finden gerade die abgelegenen Strände und Wanderwege genial – jedoch werden Mietautos auch gern zum liebsten Ziel von Dieben. Am besten hält man sich an die Ratschläge der Einheimischen: nichts Wertvolles im Auto lassen, auch nicht im Kofferraum. Besondere Vorsicht ist u. a. am Kehena Beach und im Ahalanui Beach Park (Puna), an den abgeschiedenen Stränden der Kona Coast und in Hoʻokena und Miloliʻi geboten.

Ein weiterer Tipp ist, das Fahrzeug nicht abzuschließen, damit Diebe von vornherein wissen, dass hier nichts zu holen ist. Dadurch kann man sich die böse Überraschung ersparen, dass ein Fenster eingeschlagen wird, was – zumindest dem Glaskonfetti auf den Parkplätzen nach zu urteilen – recht häufig passiert. Diese Strategie kann jedoch auch nach hinten losgehen: In Miloliʻi ließen wir die Türen unseres Wagens unverschlossen und machten uns auf zum Honomalino Beach. Während wir uns amüsierten, machte ein frecher Einheimischer die Türen sperrangelweit auf, sodass wilde Katzen drinnen ihr kleines Geschäft verrichten konnten ...

verstärkt sich noch durch die sanft ans Ufer plätschernden Wellen und das Rascheln der Palmen im Wind. Der **Hale o Keawe Heiau**, der Tempel an der Landspitze der Bucht, wurde um 1650 errichtet und birgt die Gebeine von 23 Häuptlingen. Man glaubte, dass das *mana* (spirituelle Kraft) der Häuptlinge in ihren Gebeinen erhalten blieb und denjenigen, die das Gelände betraten, Unantastbarkeit verlieh. Außerdem gibt es hier noch einen Fischteich, Lavabaumsäulen, ein handgefertigtes *koa*-Kanu und strohgedeckte Hütten und Unterstände. Die königliche Kanu-Anlegestelle **Keoneʻele Cove**, eine Sandzunge, ist ein beliebter Rastplatz von Meeresschildkröten.

Vor einem authentisch wirkenden Nachbau eines *heiau* stehen bis zu 4,5 m große hölzerne *kiʻi* (Götterfiguren). Zum Tempel führt die **Great Wall**, die den Königspalast

vom *puʻuhonua* trennt. Die um 1550 errichtete Steinmauer ist mehr als 300 m lang und 3 m hoch. Innerhalb der Mauer befinden sich zwei ältere Tempelplattformen sowie legendäre Menhire.

Gleich südlich des mittleren Dorfbereichs befindet sich in einem Palmenhain am Meer einer der schönsten **Picknickplätze** in South Kona. Hier gibt es Parkplätze, Tische und Grills und eine große Fläche aus *pahoehoe*-Lava, die mit **Gezeitenbecken** und vom Meer herumgeworfenen Lavabrocken übersät ist. Hier zu schwimmen ist möglich, kann aber gefährlich sein; Schnorcheln ist verboten.

🏃 Aktivitäten

Hier kann man auch nach Tieren Ausschau halten: Im Winter sind vor der Küste Buckelwale zu sehen, ansonsten Schildkröten und Delphine und sogar *hoary bats* (Fledermäuse), am besten nach Einbruch der Dunkelheit.

Two Step   SCHWIMMEN & SCHNORCHELN

(Karte S. 206) Dieses tolle Schnorchelgebiet unmittelbar nördlich des Parks ist auch bei Tauchern, Kajakern und Stand-Up-Paddlern beliebt. Das Auto lässt man auf dem Parkplatz des Parks und hält sich dann vor dem Eingang links. Ansonsten gibt es gegenüber vom Schnorcheleinstieg Parkplätze (3 $).

Hier ist kein Strand – die Schnorchler gehen an einem Lavavorsprung neben der Bootsrampe ins etwa 3 m tiefe Wasser, das schnell auf eine Tiefe von 7,5 m abfällt. Dank einiger natürlicher Stufen (daher der Name der Stelle) sind das Eintauchen ins Wasser und das Rausgehen recht einfach.

Die Sicht ist meist hervorragend, besonders unter der Mittagssonne. Schon nahe der Küste sind recht große Rifffische und schöne Korallen zu sehen. Wenn die Flut kommt, wird das Wasser tiefer und bringt mehr Fische Richtung Küste. Mit etwas Glück sieht man, wie der räuberische Dornenkronenseestern lebende Korallenpolypen verspeist. Kühle Süßwasserquellen sprudeln aus dem Boden und trüben stellenweise das Wasser. Taucher können ein Stück weiter draußen einen 30 m tiefen Felsabbruch erkunden.

1871 Trail   WANDERN

(Karte S. 206) Dieser hübsche, hin und zurück 3,2 km lange Weg führt zum verlassenen Dorf Kiʻilae. Im Besucherzentrum des Nationalparks kann eine Wegbroschüre ausgeliehen werden, in der die archäologischen Stätten unterwegs beschrieben sind. Unter anderem führt der Weg an einer eingestürzten Lavaröhre und einer eindrucksvollen, wenn auch überwucherten *holua* (Schlittenbahn) vorbei, auf dem die *ali'i* mit ihren Schlitten bergab rasten. In dieser Gegend sind oft wilde Ziegen unterwegs.

Über die steile **Alahaka Ramp** konnten früher Reiter von Dorf zu Dorf reiten; auf halbem Weg hinauf öffnet sich die aus Sicherheitsgründen gesperrte **Lavaröhre Waiu o Hina** zum Meer hin. Oben bietet sich von der Rampe ein unglaublicher Ausblick auf Meeresbuchten und zerklüftete Klippen. Für erfahrene Schnorchler bietet sich an einigen dieser kleinen Buchten bei ruhiger See ein Zugang ins Meer. Weiter den Weg entlang wird ein Tor erreicht, das einst die Grenze des Parks markierte; hier befand sich das Dorf Ki'ilae, es ist jedoch kaum noch etwas davon zu sehen.

Wer fit ist, kann den gesamten Weg bis zum **Ho'okena Beach** (5,6 km) gehen; hinter der Alahaka Ramp wird er allerdings immer unwegsamer.

🎎 Festivals & Events

An dem Wochenende, das dem 1. Juli am nächsten liegt, findet im Park ein **Kulturfestival** (🕘 9–15 Uhr) mit traditionellem Kunsthandwerk und Essen, *hukilau* (Fischen mit traditionellen Netzen), Kanufahrten und einem „königlichen Hof" statt. Während des Festivals ist der Eintritt zum Park frei.

Ho'okena & Umgebung

Ho'okena ist ein winziges, verarmtes Fischerdorf. Es liegt an einer schönen Bucht mit einem beliebten Strandpark mit dunkelgrauem Sand. Hier sind vor allem Einheimische anzutreffen: Große Familiengruppen picknicken hier, und Jugendliche hängen ab und unterhalten die Umgebung mit lauter Musik aus ihren Autoradios. Im Gegensatz zu Miloli'i (S. 220) ist die Stimmung freundlich und auch Außenstehende sind willkommen; besonders tagsüber kann man sich bedenkenlos hier aufhalten.

Ho'okena war früher voller Leben. König Kalakaua schickte 1889 seinen Freund Robert Louis Stevenson hierher, weil dieser ein typisch hawaiisches Dorf kennenlernen sollte. Stevenson schrieb dann in seinen *Travels in Hawaii* über Ho'okena. In den

1890er-Jahren ließen sich chinesische Immigranten in Ho'okena nieder, eine Taverne und ein Hotel öffneten ihre Pforten, der Ort wurde immer rauer und lauter. Damals wurden vom Schiffsanleger von Ho'okena Rinder verschifft; als aber die Rundstraße um die Insel fertig war, legten hier keine Dampfschiffe mehr an, und die Menschen zogen weg. In den 1920er-Jahren war der Ort so gut wie verlassen.

🏖 Strände

LP TIPP > **Ho'okena Beach Park**   STRAND
Dieser bescheidene, dunkelgraue Strand erstreckt sich vor einem steilen grünen Hang. Wenn die See ruhig ist, eignet sich die Bucht gut zum Schwimmen, Kajaken und Schnorcheln (der Meeresboden fällt jedoch recht schnell ab). Weiter draußen gibt es starke Strömungen. Wenn im Winter die Brandung höher ist, nutzen die Jugendlichen der Umgebung die Wellen zum Bodyboarden. Von Dezember bis April sind hier auch Delphine und Buckelwale zu sehen.

Im Strandpark gibt es einen Picknickpavillon, Toiletten, Duschen, einen Kiosk und Trinkwasser. Am Fuß der Klippen kann man direkt auf dem Sand zelten. Die Stellplätze liegen phantastisch, für Sicherheit sorgen eine Wachpatrouille und die **Friends of Ho'okena Beach Park** (http://hookena.org). Über deren Website sind die erforderlichen Genehmigungen erhältlich. Es gibt Campingausrüstung zu leihen. Genehmigungen erteilt ebenfalls das Department of Parks & Recreation (S. 176). Jeden Mittwochnachmittag findet im Park ein **Nachbarschaftspicknick** statt, zu dem jeder etwas zu essen mitbringt und auch jeder willkommen ist.

Die ausgeschilderte Abzweigung liegt zwischen den Meilensteinen 101 und 102. Eine schmale Straße führt 2 Meilen (3,2 km) zum Strand. Am Ende links halten.

Pebble Beach   STRAND
Die Größe der Lavakiesel an diesem Strand am Ende der Kona Paradise Subdivision reicht von Gummibärchen- bis Faustgröße. Hier legen gern Kajakfahrer ab. Der Strand ist schön ruhig und abgeschieden, sodass man hier ein Weilchen entspannen, herumpaddeln und der Sonne beim Untergehen zuschauen kann.

Der Pebble Beach liegt am Ende der eine Meile (1,6 km) langen, sehr steilen und kurvenreichen Kaohe Rd, die zwischen den

Meilensteinen 96 und 97 abzweigt. Obwohl der Strand durch ein nicht versperrtes Siedlungsgebiet zu erreichen ist, stehen hier Schilder mit der Aufschrift „private road" und „keep out" – bei den Anwohnern also um Erlaubnis fragen. Vorsicht vor unerwarteten Monsterwellen: 2009 ertrank hier eine Frau!

Miloli'i

Die Einwohner von Miloli'i legen großen Wert darauf, die traditionelle Lebensweise in ihrem bescheidenen Fischerdorf zu bewahren. Im Vergleich zu Ho'okena wirkt Miloli'i recht wohlhabend; neue Häuser sind an den Hängen und auf einem Lavastrom von 1926 zu sehen, dazu gepflegte Kirchen. Die Fischer sind mit Motorbooten unterwegs – daneben gibt es aber auch Bretterbuden und ältere Fischer, die geduldig am Wasser ihre Netze flicken. Miloli'i bedeutet „feines Garn", und früher war das Dorf für die Kunstfertigkeit der Flechter bekannt, die aus der Rinde des *olona* (ein einheimischer Strauch) feine Fäden und begehrte Fischernetze fertigten.

Miloli'i ist aber auch für seinen Widerstand gegen den Tourismus bekannt. Die Dorfbewohner schätzen ihre Abgeschiedenheit und freuen sich nicht über Besucher. Am Ende der steilen, kurvenreichen 5 Meilen (8 km) langen Straße zum Dorf liegt ein kleiner **Strandpark** mit Toiletten, einem Pavillon und eher mittelmäßigen Zeltstellplätzen (County Permit erforderlich; s. S. 176). Der Strand ist recht hübsch, mit vielen Gezeitenbecken, aber er ist auch abgelegen und klein. Als Urlauber fühlt man sich hier eher wie ein Fremder auf einer Familienfeier. Wegen der abgeschiedenen Lage ist das Zelten hier auch nicht unbedingt sicher.

Besser man begibt sich zum **Honomalino Beach**, 15 Minuten zu Fuß von Miloli'i. Der Pfad ist im Lauf der Jahre erheblich besser geworden; er ist hinter der gelben Kirche und links die Felsen hoch markiert und wird instand gehalten. Der Strand, der alle Sandfarben von Big Island in sich vereint – grün, golden, gelbbraun und schwarz –, bietet gute Möglichkeiten zum Baden (auch für Kinder) und Schnorcheln sowie recht viel Schatten. Jedoch sollten alle Schilder, die auf Tabus und unerlaubten Zutritt hinweisen, respektiert werden.

Die Abzweigung nach Miloli'i befindet sich unmittelbar südlich des Meilensteins 89.

NORTH KONA COAST

Auf der ansonsten üppigen Big Island an die trockene North Kona Coast zu kommen, ist ein Schock. Unendliche Lavafelder überziehen die Küste, aber wer sich einmal durch diese Wüste gekämpft hat, kann dann an der Küste mit Schildkröten schnorcheln, auf schwarzem Sand spazieren gehen und einen tollen Sonnenuntergang erleben.

Landeinwärts erheben sich der Mauna Kea, der Mauna Loa – beide im Winter mit Schneekrone – und zwischen den beiden der Mt. Hualalai. North Kona zieht sich über 33 Meilen (53 km) am Queen Ka'ahumanu Hwy (Hwy 19) entlang, von Kailua-Kona die Kona Coast hinauf bis nach Kawaihae. Informationen zum Honokohau Harbor, 2 Meilen (3,2 km) vom Zentrum von Kailua entfernt, s. S. 202.

Kaloko-Honokohau National Historical Park

Dieser gut 4,5 km² große **Nationalpark** (✆326-9057; www.nps.gov/kaho; Besucherzentrum 8.30–16 Uhr, Park immer offen) gleich nördlich vom Honokohau Harbor ist wahrscheinlich die meistunterschätzte alte hawaiische Stätte der Insel. Die Hauptattraktionen sind zwei alte Fischteiche und ein schildkrötenfreundlicher Strand, aber es gibt hier auch alte Tempel- und Häuserstätten (2010 restauriert), Begräbnishöhlen, Petroglyphen, *holua* (Schlittenbahn) und einen 1,5 km langen Abschnitt des alten Pfades King's Trail. Man vermutet, dass die Gebeine von Kamehameha dem Großen bei Kaloko beigesetzt wurden.

Seinen Namen verdankt der Park den beiden *ahupua'a* (alte Landteilungsgebiete), auf denen er liegt. Diese umfassen ein scheinbar ödes Gebiet mit schwarzer Lava, was vielleicht den Mangel an Besuchern erklärt. Wem die relativ kurzen, aber heißen Pfade durch diese Mondlandschaft nicht zusagen, kann auch mit dem Auto herumfahren. Der Hauptzugang zum Besucherzentrum liegt abseits des Hwy 19 zwischen den Meilensteinen 96 und 97.

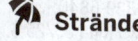 Strände & Sehenswertes

Kaloko Fishpond
HISTORISCHE STÄTTE

(Karte S. 222) Am nördlichen Ende des Parks liegt der interessantere der beiden Fischteiche; hier sind die massiven Felswände komplett neu aufgebaut worden, sodass wieder auf traditionelle Weise gefischt werden kann. Außerdem bieten sich von hier tolle Ausblicke. Vom Besucherzentrum folgt man dem Hwy 19 Richtung Norden bis zu einem weiteren Eingang an der Kaloko Rd.

'Aimakapa Fishpond
HISTORISCHE STÄTTE

(Karte S. 222) Der 'Aimakapa am südlichen Ende ist der größte Fischteich an der Kona Coast. Er ist vom Meer durch eine hohe Böschung getrennt und ähnelt einem rechteckigen See; hier sind der *ae'o* (Hawaii-Schwarznacken-Stelzenläufer) und das *'alae kea* (Hawaii-Blässhuhn) zu Hause, beides vom Aussterben bedrohte einheimische Wasservögel.

Honokohau Beach
STRAND

(Karte S. 222) Der schwarz-weiße Honokohau Beach neben dem 'Aimakapa Fishpond eignet sich wunderbar zum Sonnenbaden, Spazierengehen und sogar zum Baden – wenn das Meer ruhig ist! Ein schönes Ziel für Parkbesucher, um den Sonnenuntergang zu genießen.

Keahole Point

Am Keahole Point fällt der Meeresboden kurz vor der Küste steil ab. Hier herrschen ideale Bedingungen für ein Meereswärmekraftwerk: stets kühles Wasser aus 600 m Tiefe und gleichzeitig warmes Oberflächenwasser (die Versuchsanlage ist nicht mehr in Betrieb). Das Gebiet am Point eignet sich auch bestens für die Blumenzucht; wer zwischen den Meilenstein 93 und 94 auf den Kai'iminani Drive abbiegt, kommt zum **Keahole Ag Park** (Karte S. 222) – eine wunderbare Bezugsquelle für frische *lei*. Man biegt in die erste Einfahrt rechts oder links ein und findet dann Kühlboxen mit Blumen (Geld einfach hinterlegen).

🏄 Strände

Wawaloli (OTEC) Beach
STRAND

(Karte S. 222; ⊘6–20 Uhr) Die Zugangsstraße zur staatlichen Forschungsanstalt Natural Energy Laboratory of Hawaii Authority (Nelha) führt zum Wawaloli Beach mit Gezeitenbecken am Lavafelsufer. Schwimmen kann man hier nicht so gut, aber es gibt Toiletten sowie Duschen im Freien. Am besten genießt man hier am späten Nachmittag ein Picknick, während die Wellen ans Ufer krachen und die Sonne untergeht; Kinder können in einem geschützten Becken spielen (am besten bei Flut). Von den Flugzeugen darf man sich nicht stören lassen.

◉ Sehenswertes & Aktivitäten

Pine Trees
SURFBREAK

(Karte S. 222; ⊘6–20 Uhr) Pine Trees, einer der besten Surfbreaks der westlichen Big Island, befindet sich gleich nördlich von der Nelha. Aber warum „Pine Trees" (Kiefern)? Die alten hawaiischen Surfer erblickten Mangrovenbäume in der Nähe des Breaks und dachten, es handele sich um Kiefern. Heute sind hier keine Mangroven – und natürlich auch keine Kiefern – zu sehen, aber der Name hat sich gehalten.

Der Break erstreckt sich an einem hübschen Strand entlang, der zu felsig zum Baden ist. Je nach Tidenstand und Dünung gibt es an verschiedenen Stellen eine Brandung. Die letzte Bucht verfügt über die beständigsten Wellen, die jedoch eher einfach sind. Am besten ist eine einlaufende mittlere Gezeit, aber wenn die Dünung im Winter stärker wird, tendieren diese Breaks oft dazu, auf der gesamten Länge gleichzeitig umzuschlagen. Hier sind recht viele Surfer unterwegs; wer rauspaddeln will, sollte die Vorrechte der Einheimischen respektieren.

Wo die Zugangsstraße zur Nelha eine Rechtskurve beschreibt, geht links eine Holperpiste zum 2 Meilen (3,2 km) weiter südlich gelegenen Pine Trees. Mit einem normalen Pkw ist die Straße nicht zu befahren; man kann zu Fuß gehen, aber der Weg ist heiß. Die Tore sind zwischen 20 und 6 Uhr geschlossen.

🔬 Natural Energy Laboratory of Hawaii Authority (Nelha)
FORSCHUNGSANSTALT

(Nelha; Karte S. 222; www.nelha.org) Das merkwürdig aussehende Gebäude mit den riesigen Solarzellen am Hwy 19 ist das Besucherzentrum der Nelha und das Juwel des Laboratoriums: das **Hawaii Gateway Energy Center**. Diese Nullenergie-Einrichtung wurde 2007 vom American Institute of Architects zu einem der zehn ökologischsten Gebäude der USA gewählt. Hier

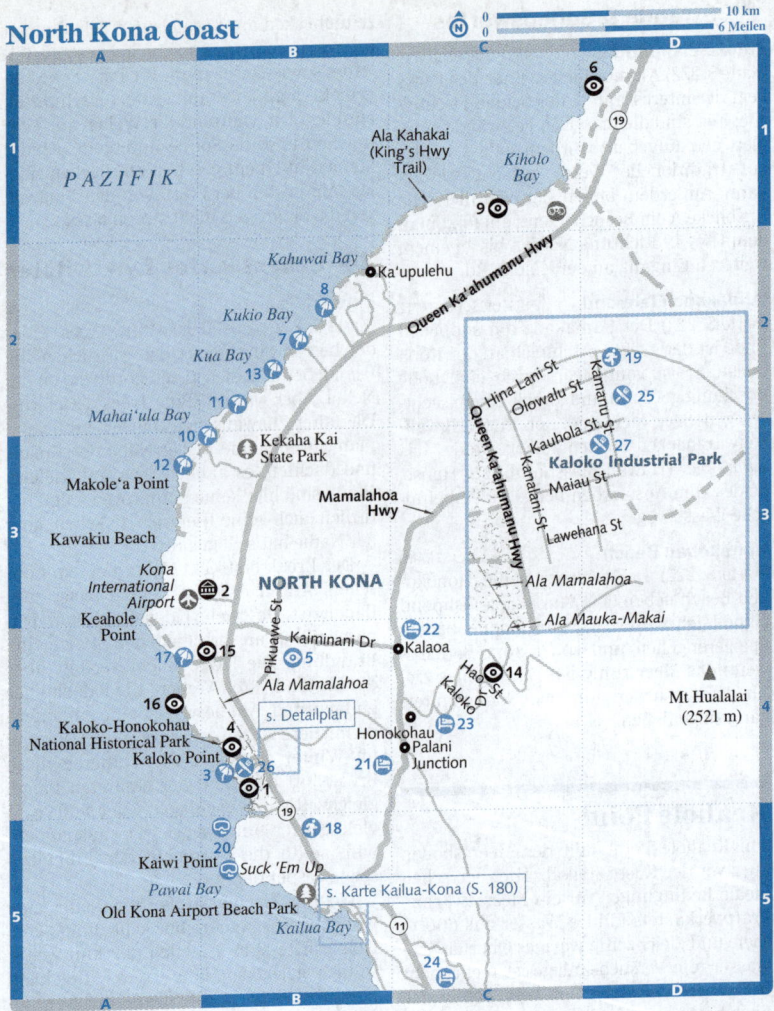

kann man sich bei **öffentlichen Vorträgen** (☎329-8073; Erw./Stud. & Sen. 8/5 $; ☉Mo–Do 10–12 Uhr) über die Ocean Thermal-Energy Conversion (OTEC; Meereswärmekraftwerk) und weitere Forschungsvorhaben informieren (Reservierung erforderlich). Die **Abalone Farm Tour & Tasting** (Erw./Stud. & Sen. 18/15 $) schließt sich montags, mittwochs und donnerstags an den Vortrag an; dienstags folgt auf den Vortrag die **Solar Thermal Plant Tour**.

Die Nelha fördert heute eine Vielzahl von kommerziellen Unternehmungen, darunter die Aquakultur-Produktion von *ogo* (Seetang), Algen und schwarzen Perlen. Eines dieser Partnerunternehmen ist eine japanische Firma, die reines hawaiisches Meereswasser entsalzt und es in Japan als Stärkungsmittel verkauft. Ihre riesigen Teiche sind nicht zu übersehen. Außerdem befindet sich hier die **Ocean Rider Seahorse Farm** (☎329-6840; www. oceanrider.com; Führungen Erw./Kind 35/25 $; ☉Mo–Fr 10, 12 & 14 Uhr), die einzige Seepferdchenzuchtstation in den USA – ein Hit bei Kindern!

Zwischen den Meilensteinen 94 und 95 weist ein Schild den Weg zur Nelha.

North Kona Coast

⊙ **Sehenswertes**

1 'Aimakapa-Fischteich.............................B4
2 Astronaut Ellison S. Onizuka
   Space Center...................................B3
   Hawaii Gateway Energy Center ......(s. 15)
3 Honokohau Beach B4
   Ka'upuleho Cultural Center.............(s. 8)
4 Kaloko Fishpond B4
5 Keahole Ag Park..................................B4
6 Keawaiki Beach D1
7 Kikaua Beach..B2
   Kona Cloud Forest Sanctuary ....(s. 14)
8 Kukio Beach..B2
9 Luahinewai...C1
10 Mahai'ula Beach B3
11 Makalawena Beach..............................B2
12 Makole'a Beach A3
13 Manini'owali Beach..............................B2
14 Mountain Thunder Coffee
   Plantation...C4
15 Natural Energy Laboratory of
   Hawaii Authority (NELHA)................B4
   Ocean Rider Seahorse Farm ....(s. 15)
16 Pine Trees A4
17 Wawaloli (OTEC) Beach A4

Aktivitäten, Kurse & Touren

   Captain Zodiac....................................(s. 3)
   Charter Desk ....(s. 3)
18 Hawaii Forest & Trail..............................B5
   Kamanu Charters ....(s. 3)
   Ocean Eco Tours ....(s. 3)
19 Plenty Pupule D2
20 Turtle Pinnacle B5

🛏 **Schlafen**

   Four Seasons Resort Hualalai ....(s. 8)
21 Honu Kai B&B B4
22 Mango Sunset B&B...............................C4
23 Nancy's Hideaway................................C4
24 Plumeria House.....................................C5

✖ **Essen**

   Beach Tree Bar & Grill ....(s. 8)
   Bite Me Bar & Grill ....(s. 3)
25 Ceviche Dave's......................................D2
26 Harbor House Restaurant..................B4
   Hualalai Grille ....(s. 8)
27 Kailua Candy Company D3
   Kona Coffee & Tea Company ....(s. 18)

Kekaha Kai State Park

Die wunderschönen Strände von **Kekaha Kai** (⊙9–19 Uhr) entfalten auch deshalb eine so große Wirkung, weil sie jenseits einer riesigen schwarzen Lavawüste liegen. Dieser so gut wie unerschlossene 6,5 km² große Park wartet mit vier Stränden auf, von denen nur einer über eine geteerte Straße zu erreichen ist. Die anderen sind am besten mit einem Geländewagen oder zu Fuß zu erreichen; wer zu Fuß geht, sollte aber gute Schuhe anhaben und Proviant und jede Menge Wasser mitnehmen. Es kann hier brutal heiß werden. Einmal am Strand angekommen, wollen die meisten bleiben, bis auch noch der letzte Sonnenstrahl verblichen ist.

🌂 Strände

Mahai'ula Beach   STRAND
(Karte S. 222) Dieser raue, grau durchsetzte Sandstrand, der größte des Parks, eignet sich nicht gut zum Baden, aber im Winter kann man hier gut surfen und das ganze Jahr über Kajak fahren. Der Strand verfügt über schattige Picknicktische und Plumpsklos. Ein paar Fußminuten weiter nördlich befindet sich ein zweiter, weniger felsiger gebogener Strand mit hellbraunem, weichem Sand (mit dem Namen **Magoon's**), wo man klasse sonnenbaden und schwimmen kann.

Der Mahai'ula Beach liegt am Ende der Hauptzufahrtsstraße zum Park, einer holprigen, 1,5 Meilen (2,4 km) langen Staubpiste, die zwischen den Meilensteinen 90 und

---

LANGEWEILE AM FLUGHAFEN?

Wer immer das **Astronaut Ellison S. Onizuka Space Center** (Karte S. 222; ☎329-3441; Erw./Kind unter 12 J. 3/1 $; ⊙8.30–16.30 Uhr) am Flughafen von Kona unterbrachte, hatte eine wirklich gute Idee. Das kleine Museum ist dem von Big Island stammenden Astronauten gewidmet, der bei der *Challenger*-Katastrophe von 1986 zu Tode kam. Hier sind u. a. Mondgestein und Raumanzüge ausgestellt – da wartet man doch gern auf seinen Flug.

DIE KONA COAST FÜR KINDER

» Schildkröten am Makalawena Beach (s. u.)

» Schwimmen und Strandvergnügen in der Kiholo Bay (S. 226)

» Schnorcheln in der Ka'awaloa Cove (S. 213)

» Am Manini'owali Beach andere Kinder treffen (s. u.)

91 abzweigt. Empfehlenswert ist ein Geländewagen; mit einem normalen Pkw riskiert man ein Loch in der Ölwanne. Am Ende der Straße liegen die Abzweige zum Makalawena und zum Makole'a Beach.

Makalawena Beach STRAND

(Karte S. 222) Kurz vor dem Parkplatz des Mahai'ula Beach bieten sich an der Kreuzung zwei Möglichkeiten: Richtung Süden zum Makole'a Beach oder Richtung Norden zum Makalawena Beach. Wer sich nach einem fast verlassenen, malerischen Stück Strand mit reinem weißem Sand sehnt, gesäumt von efeubedeckten Dünen und kristallklarem blaugrünen Wasser, sollte sich Richtung Norden halten.

Die Zugangsstraße zum Makalawena Beach ist gesperrt, also parken und zu Fuß die Straße weitergehen, alternativ geht man vom Mahai'ula Beach am Ufer entlang (was erheblich schöner ist) und hält sich in Richtung der verlassenen roten Häuser; nördlich von diesen führt ein 1,5 km langer Weg über raue, zerklüftete Lava zum Makalawena Beach.

Nach der heißen Wanderung wirken die idyllischen Strände mit gleißendem, samtig-weißem Sand fast unwirklich. Unter der Woche ist man hier vielleicht allein. Man kann toll schwimmen, wenn das Meer auch rau sein kann, ebenso bodyboarden und schnorcheln. Die Meeresschildkröten scheinen die entfernteste kleine Bucht zu bevorzugen. Einige waschen sich in einem brackigen Teich hinter der südlichsten Bucht das Meerwasser ab. Offiziell ist kein Camping vorgesehen, jedoch zelten hier ab und zu Einheimische, die über weitere Camper zuweilen wenig erfreut sind.

Makole'a Beach STRAND

(Karte S. 222) Von der Kreuzung Richtung Süden gelangt man zum Makole'a Beach,

allerdings definitiv nur für Allradfahrzeuge geeignet. Am besten wird das Auto nach knapp 1 km geparkt; hier markieren Korallen den Pfad zum Meer. Wer zu Fuß unterwegs ist, kann sich kaum verlaufen: Entweder folgt man der Straße oder vom Mahai'ula Beach dem Ufer und hält auf den einsamen Baum zu.

Dem schwarzen Sandstrand fehlt es an Schatten, und es ist hier zu felsig zum Baden. Daher ist der Strand vor allem bei den Fischern der Gegend beliebt. Jedoch werden diejenigen, die die Mühe der Anfahrt auf sich nehmen, durch die Schönheit des Strandes belohnt.

Manini'owali Beach (Kua Bay) STRAND

(Karte S. 222; ⊘ 9–19 Uhr) Willkommen im Paradies! Hier lockt ein sichelförmiger Strand mit weißem Sand, glitzerndem türkisfarbenem Wasser, besten Möglichkeiten zum Baden und Bodyboarden (besonders im Winter) und bei ruhiger See sogar mit recht guten Gelegenheiten zum Schnorcheln. Jedoch führt im Gegensatz zum Makalawena Beach eine geteerte Straße direkt hierher. Daher kann es auch recht voll werden, besonders am Wochenende. Spätaufsteher müssen dann ggf. eine halbe Meile entfernt an der Straße parken. Das alles ist jedenfalls genug Grund für die Einheimischen, sich über den einfachen Zugang zu beschweren, den die geteerte Straße ermöglicht. Am Parkplatz gibt's Toiletten und Duschen.

Die Straße zum Strand zweigt zwischen den Meilensteinen 88 und 89 nördlich der Hauptzufahrt zum Kekaha Kai ab. Wanderer können vom Strand über einen schönen Küstenweg zum Kukio Beach (S. 225) gehen.

Ka'upulehu

Ka'upulehu, einst eines von zahlreichen blühenden Fischerdörfern an diesem Küstenabschnitt, wurde durch den Tsunami von 1946 ausgelöscht. 1965 wurde an der Stelle das Kona Village Resort eröffnet (leider ist das Hotel nach Schäden durch den japanischen Tsunami von 2011 auf unabsehbare Zeit geschlossen). 1996 folgte das luxuriöse Four Seasons Hualalai – das nobelste Resorthotel der Insel. Diese und andere Resorts sind gesetzlich verpflichtet, einen öffentlichen Zugang zur Küste zu gewährleisten, sodass Besucher schöne Strände genießen können, ohne die hohen Resortpreise zahlen zu müssen. Auf dem von der Golflegende Jack Nicklaus entworfenen **Four Seasons Hualalai Course** (☏325-8000; www.fourseasons.com/hualalai/golf.html) dürfen dagegen nur Mitglieder und Hotelgäste eine Runde Golf spielen.

🏖 Strände

Kikaua Beach STRAND

(Karte S. 222) Der Zugang zu diesem Strand am südlichen Ende der Kukio Bay erfolgt über das Gelände eines privaten Country Clubs. Es lohnt sich, früh da zu sein, da es auf dem Parkplatz am Strand nur 28 Plätze gibt, die sich recht schnell füllen. Dieser hübsche, ruhige, schattige Strand umschließt eine geschützte Bucht, in der Kinder in sehr ruhigem Wasser baden und schnorcheln können. An der mit *kiawe*-Bäumen bedeckten Landspitze sammeln sich Schildkröten zu einem Nickerchen. Sowohl der Kikaua als auch der Kukio Beach verfügen über Toiletten, Duschen und Trinkwasser. Die Zufahrt erfolgt über die Kuki'o Nui Rd, die beim Meilenstein 87 abzweigt; am Tor nach einem Passierschein fragen.

Kukio Beach STRAND

(Karte S. 222) Vom Kikaua Beach ist der nördliche Strand der Bucht, der Kukio Beach, zu sehen und zu Fuß zu erreichen. Dieser Strand liegt auf dem Gelände des Four Seasons, und die malerische Sandsichel eignet sich toll zum Baden und Relaxen. Ein befestigter Pfad führt Richtung Norden vorbei an der interessanten Lavafelsküste zu einem weiteren Strand. Die Anfahrt erfolgt zwischen den Meilensteinen 87 und 86 über die (nicht ausgeschilderte) Ka'upulehu Rd; an der Einfahrt zum Four Seasons fragt man nach einem Passierschein zum Strand. Der Parkplatz hat Platz für 50 Fahrzeuge und ist so gut wie nie voll.

👁 Sehenswertes

🖼 Ka'upuleho Cultural Center MUSEUM

(Karte S. 222; ☏325-8520; Four Seasons Resort; Eintritt frei; ⊙Mo–Fr 8.30–16 Uhr) Dieses Kulturzentrum auf dem Gelände des Four Seasons wird leider oft übersehen. Elf Originalgemälde von Herb Kawainui Kane werden von weiteren Ausstellungsstücken ergänzt: Jedem Gemälde ist ein Stück zugeordnet, das der Besucher in die Hand nehmen kann, z. B. eine *'uli'uli* (gefiederte Hula-Rassel) und *adzes* (Steinwerkzeug).

Das Zentrum wird von indigenen Fachleuten geführt, die die hawaiische Kultur der Gegenwart und Vergangenheit miteinander verbinden wollen. Im Zentrum finden auch Kurse statt, die meist jedoch nur Hotelgästen offen stehen; Interessenten werden aber gern an Lehrer verwiesen. Am Tor des Four Seasons Bescheid sagen, dass man zum Cultural Center möchte.

🛏 Schlafen

Four Seasons Resort Hualalai RESORT $$$

(Karte S. 222; ☏325-8000; 800-819-5053; www.fourseasons.com/hualalai; 72-100 Ka'upulehu Dr; Zi. 625–1095 $, Suite ab 1350 $; ❄@🛜🏊) Es ist kein Wunder, dass das Hualalai das einzige 5-Diamanten-Resort der Insel ist. Diese Auszeichnung verdient man sich nur durch eine umfassende Liebe zum Detail (frische Orchideen auf den Zimmern, Malstifte und Bademäntel für die Kinder, eine Multimedia-Bibliothek) sowie einen erstklassigen Service. Golfplatz, Spa und Langschwimmbecken sind Weltklasse, außerdem gibt es ein großes natürliches Schnorchelbecken, gut bestückt u. a. mit Mantarochen. Die Gartenzimmer verfügen über wunderbare Duschen im Freien. Die hippe Klientel trägt zum Gesamteindruck bei. Den an öffentlichen Bereichen gelegenen Zimmern mangelt es ein wenig an privater Abgeschiedenheit.

Kona Village Resort RESORT $$$

(Karte S. 222; ☏325-5555, 800-367-5290; www.konavillage.com; 1 Kahuwai Bay Dr; 1 Zimmer 349–649 $, 2 Zimmer 630–1180 $; @🛜🏊) Zum Zeitpunkt der Drucklegung war dieses Resort aufgrund von Schäden durch den japanischen Tsunami von 2011 geschlossen, und die Wiedereröffnung stand noch in den Sternen. Aktuelle Infos auf der Website.

🍴 Essen

Beach Tree Bar & Grill GEMISCHTE KÜCHE $$

(Karte S. 222; ☏325-8000; Four Seasons Resort Hualalai; Hauptgerichte mittags 12–18 $, abends 15–33 $; ⊙11.30–20.30 Uhr) Der Trend, dass sich New Yorker Köche nach Big Island absetzen (z. B. ins Holuakoa Café oder Jackie Rey's), hat auch das Beach Tree erreicht. Nick Mastrascusa zaubert würziges Ceviche, dünne Steinofenpizzas mit köstlichen Belägen (z. B. Hamakua-Pilzen oder Macadamianuss und Gorgonzola) sowie verschiedene Leckereien mit Fleisch und Seafood (feurige Paella). Die Lage am

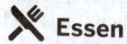

Strand ist genauso romantisch wie entspannend. Es ist herrlich, auf den Sofas zu liegen und bei traditioneller Hawaii-Musik, Cocktails und Snacks den Sonnenuntergang zu zelebrieren.

Hualalai Grille
REGIONALE KÜCHE $$$

(Karte S. 222; ☎325-8525; Golf Clubhouse, Four Seasons Resort Hualalai; Hauptgerichte 30–56 $; ⏰17.30–21 Uhr) Seit dem Weggang des Küchenchefs Alan Wong 2008 sucht der Hualalai Grille – genannt „Loch 19" – noch immer nach einem neuen Weg. Zur Zeit der Recherche war das Golfrestaurant zwecks Renovierung geschlossen.

Kiholo Bay

LP TIPP Mit ihrem klaren türkisfarbenen Wasser und den Kokospalmen ist die **Kiholo Bay** (⏰7–19 Uhr) eine weitere Oase. Das Ufer und die Strandbuchten sehen immer anders aus und eignen sich wunderbar zum Erkunden.

Der Hauptstrand beim Parkplatz besteht aus Kieseln, hier kann man bei ruhiger See gut schwimmen. Wer einem Pfad Richtung Süden über Lava folgt, gelangt zu abgeschiedenen Plätzchen mit feinem schwarzem Sand sowie weiter südlich zum **Luahinewai** (Karte S. 222), einem hübschen aus Quellen gespeisten Becken in einem Kokospalmenhain. Richtung Norden sind bei Ebbe Gezeitenbecken zu sehen, in denen gern Meeresschildkröten nach Nahrung suchen und ausruhen und wo man gut schnorcheln kann. Landeinwärts befindet sich beim Ende des Schotterwegs eine mit klarem Süßwasser gefüllte **Lavaröhre**, die von abenteuerlustigen Schwimmern erkundet werden kann. Gleich dahinter liegt ein Stück Sand mit einem **Kinderbecken**. Dann geht's vorbei an einem großen Privatanwesen mit einem gelben Haupthaus und Tennisplätzen, und am nördlichen Ende der Bucht kann man durch eine seichte Wasserrinne zu einer kleinen Insel mit weißem Sand waten.

Die Anfahrt erfolgt über eine nicht ausgeschilderte planierte Schotterstraße, die zwischen den Meilensteinen 82 und 83 Richtung Meer abzweigt. Nach einer Meile (1,6 km) geht's bei einer Gabelung links bis zum Parkplatz am aufgegebenen Rundhaus. An der Bucht zelten gern Einheimische; es gibt kein Trinkwasser.

Ein wenig mehr Abenteuer und sogar noch mehr Abgeschiedenheit bietet der **Keawaiki Beach** (Karte S. 222) nördlich der Kiholo Bay. Dieser einsame schwarze Sandstrand erstreckt sich beim ehemaligen Anwesen von Francis I'i Brown, einem einflussreichen hawaiischen Geschäftsmann des 20. Jhs. Bei ruhiger See kann man hier gut schwimmen, jedoch sollte man sich mit Riffschuhen gegen die Seeigel auf den Felsen schützen. Um hierher zu gelangen, parkt man zwischen den Meilensteinen 78 und 79 am Hwy 11; vor einer mit Felsbrocken versperrten Schotterstraße gibt es einen kleinen Parkplatz. Die Straße führt zum Zaun des Anwesens, dann führt ein Pfad rechts am Zaun entlang zum Strand.

SOUTH KOHALA

Was in North Kona begann, setzt sich in South Kohala fort: Der teils schnurgerade Highway durchschneidet weite Küstenebenen; öde Lavafelder wechseln sich mit kargen Weiden ab, die alle unter der erbarmungslosen Sonne brüten. An einigen der besten Naturstrände der Insel – oder auch an künstlich angelegten Stränden – sind direkt am Wasser luxuriöse Resorthotels wie grüne Oasen entstanden. Dieses Gebiet ist als „Gold Coast" bekannt, aber ob dies der Sonne, dem gelben Seetang im Meer oder den Dollars der Touristen zu verdanken ist, ist schwer zu sagen.

Als Kontrast zu der sehr modernen Welt der Hotelanlagen wartet South Kohala auch mit zahlreichen alten hawaiischen Stätten auf. Offensichtlich war die gesamte Kohala Coast früher dichter besiedelt als heute. Es lassen sich noch viele Spuren von Dörfern, Tempeln, Fischteichen, Felszeichnungen und historischen Pfaden aufspüren.

Waikoloa Resort Area

4800 EW.

Von den Hotelgebieten von South Kohala ist das **Waikoloa Beach Resort** (www.waikoloabeachresort.com) das erschwinglichste und lebendigste. Die beiden Großhotels Marriott und Hilton und die Golfplätze sind nicht so prestigeträchtig wie diejenigen weiter nördlich. Dafür gibt es hier zwei Einkaufszentren, und auch finden hier die meisten Veranstaltungen statt.

Das Waikoloa Beach Resort ist nicht zu verwechseln mit dem Waikoloa Village, einem Wohngebiet weiter landeinwärts. Zum Resort biegt man etwas südlich des Meilensteins 76 Richtung Meer ab. Zum Dorf mit Geschäften, Post usw. geht's nördlich des Meilensteins 75 landeinwärts über die Waikoloa Rd.

 **Strände**

LP TIPP **ʻAnaehoʻomalu Beach Park** STRAND
(Karte S. 228; Waikoloa Beach Dr; Parken 6–20 Uhr) Obwohl die „A Bay" weniger berühmt ist als andere Strände auf Big Island, ist sie nicht minder beeindruckend: leichter Zugang, grau durchwirkter Sand und ruhiges Wasser – der einzige Ort auf Big Island, an dem man windsurfen kann. Der klassisch schöne Strand ist von Hunderten Palmen gesäumt und bietet bei Sonnenuntergang ein phantastisches Bild. Hier ist weniger los als am Hapuna Beach weiter nördlich.

Das Waikoloa Beach Marriott liegt am nördlichen Ende des Strands, jedoch bilden **alte Fischteiche** eine Pufferzone zwischen Hotel und Strand. In diesem Bereich kann man direkt vor dem Flechtgitter recht gut schnorcheln; hier gibt es Korallenformationen, eine hübsche Fischwelt und vielleicht sogar Meeresschildkröten. Trinkwasser, Duschen und Toiletten sind vorhanden.

ʻAnaehoʻomalu war einst ein Areal mit königlichen Fischteichen. Archäologen haben Zeugnisse für eine mehr als 1000 Jahre zurückreichende Besiedlung gefunden. Bei den Duschen beginnt ein kurzer Pfad mit Infotafeln; er führt vorbei an Fischteichen, Höhlen, alten Hausplattformen und einem Schrein. Anfahrt: Gegenüber den Kings' Shops vom Waikoloa Beach Drive links abbiegen.

Sehenswertes & Aktivitäten

Waikoloa Petroglyph Preserve HISTORISCHE STÄTTE
(Karte S. 228; Waikoloa Beach Dr; Eintritt frei) Diese Ansammlung von Felszeichnungen ist so leicht zu erreichen, dass sie schon deshalb einen Abstecher lohnt, obwohl die Puako Petroglyph Preserve weiter nördlich größer und spektakulärer ist. Viele der Petroglyphen stammen aus dem 16. Jh.; einige zeigen Menschen, Vögel oder Kanus, andere sind eher kryptischer Natur und bestehen aus Punkten und Linien. Westliche Einflüsse zeigen sich in Form von Pferden und Buchstaben in lateinischer Schrift.

Vom Einkaufszentrum Kings' Shops führt ein fünfminütiger ausgeschilderter Pfad zur Stätte. Die Felszeichnungen dürfen nicht berührt oder betreten werden! Das Einkaufszentrum Kings' Shops bietet eine kostenlose einstündige **Petroglyphentour** (10.30–11.30 Uhr); Treffpunkt ist an der Bühne des Einkaufszentrums.

Ocean Sports WASSERSPORT
(Karte S. 228; 886-6666; www.hawaiiocean sports.com; 69-275 Waikoloa Beach Dr) Das 1981 gegründete Unternehmen Ocean Sports hat quasi das Monopol über die Wassersportaktivitäten in South Kohala. Glücklicherweise wird die Firma gut geführt, wenn auch die Preise etwas hoch sind. Zu den angebotenen Touren gehören Walbeobachtung und Schnorcheln (93 bzw. 132 $) auf einem Katamaran für 49 Passagiere, Glasbodenbootsfahrten (28 $) und Sonnenuntergangsfahrten mit Abendessen (110 $). Kinder zwischen sechs und zwölf Jahren zahlen die Hälfte. Die Touren beginnen an der ʻAnaehoʻomalu Bay oder am Kawaihae Harbor. Am ʻAnaehoʻomalu Beach Park und im Hilton Waikoloa Village vermietet der Veranstalter Strandausrüstung wie Bodyboards (10 $/Std.), Kajaks (Einer 14 $/30 Min.) und abgedrehte Hydrobikes (25 $/30 Min.).

Waikoloa Beach Course & Kings' Course GOLF
(Karte S. 228; 886-7888; www.waikoloabeach golf.com/golf/proto/waikoloabeachgolf; Waikoloa Beach Marriott, 69-275 Waikoloa Beach Dr; Gäste/Nichtgäste 135/165 $) Das Waikoloa Beach Marriott hat zwei Golfplätze: Der Beach Course am Strand ist für sein Par-5-Loch Nr. 12 berühmt; der Kings' Course ist schwieriger und im schottischen Stil gestaltet. Je später man anfängt, desto billiger wird's (11.30/13/14 Uhr 115/105/85 $). Golfwagen sind Pflicht.

Star Gaze Hawaii STERNBEOBACHTUNG
(Karte S. 228; 323-3481; www.stargazehawaii. com; Erw. & Kind über 12 J./Kind 5–11 J. 30/15 $; Fairmont Orchid Fr 19.30–20.30 Uhr, Hapuna Beach Prince Hotel So & Mi 20–21 Uhr, Hilton Waikoloa Village Di & Do 20–21 Uhr) Mit einem starken Teleskop und unter professioneller Anleitung von Astronomen lässt sich der durchgehend klare Abendhimmel von Kohala erforschen.

Dolphin Quest SCHWIMMEN MIT DELPHINEN
(Karte S. 228; 886-2875, 800-248-3316; www. dolphinquest.com; Hilton Waikoloa Village, 425

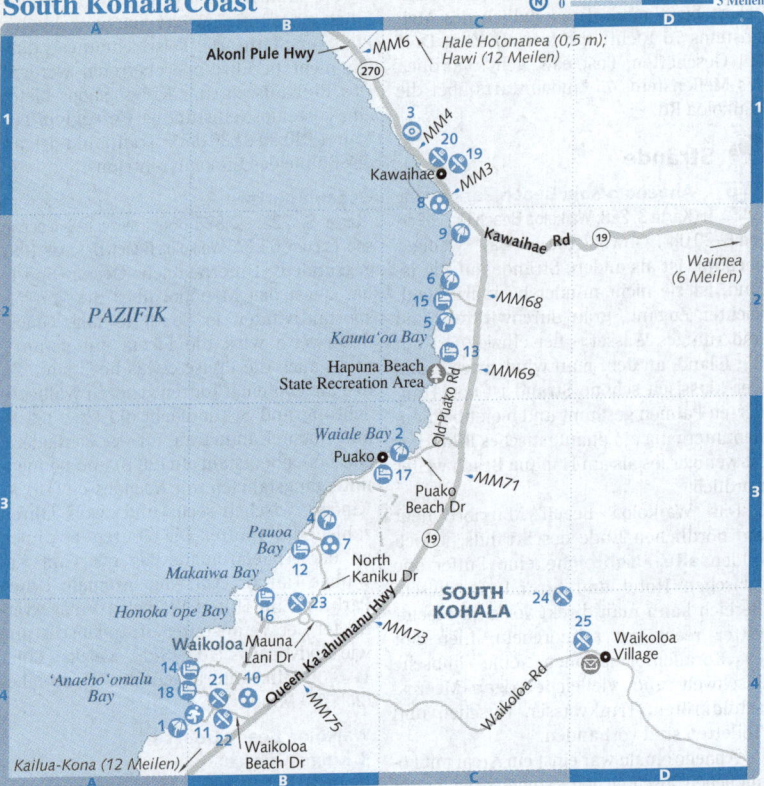

N 0 — 5 km
0 — 3 Meilen

Waikoloa Beach Dr; ab 210 $ p. P., Gruppen bis 6 Pers. 1350 $, Parken selbst/mit Parkdienst 15/21 $; ⊙9–16 Uhr; ℗) Ob die Begegnung von Mensch und Tier gut für die Delphine ist, da gehen die Meinungen auseinander (s. S. 41). Der Popularität dieses Angebots nach zu urteilen, sind jedenfalls jede Menge Leute bereit, für eine Begegnung mit den bewunderten Meeresbewohner richtig Geld auf den Tisch zu legen: Für 210 $ bekommt man lediglich einen 30-Minuten-Kontakt mit den Tieren. Die Lage von Dolphin Quest im protzigen, disneymäßigen Hilton Waikoloa Village ist jedenfalls passend.

Hilton Waikoloa Village Pools   SCHWIMMEN
(Karte S. 228; ☎886-1234, 800-221-2424; www. hiltonwaikoloavillage.com; 425 Waikoloa Beach Dr; Tagesgäste-Poolpass für bis 4 Pers. 80 $, Parken selbst/mit Parkdienst 15/21 $; ℗) Gut möglich, dass die Schwimmbecken in diesem überkandidelten Resort Kinder verzücken. Neben den beiden lächerlich großen ver-

schlungenen Pools mit mehreren Wasser-rutschen, Wasserfällen, Whirlpools und sandigen Kleinkindbereichen gibt es an einer geschützten Lagune (von Meeresschildkröten und tropischen Fischen bevölkert) noch einen künstlichen Strand sowie einen Minigolfplatz. Wer zu viert ist, für den lohnt sich vielleicht der hohe Preis.

✿ Festivals & Events

LP TIPP **A Taste of the Hawaiian Range**   ESSEN
(www.tasteofthehawaiianrange.com; Hilton Waikoloa Village; Eintritt Vorverkauf/Tageskasse 40/60 $) Ende September oder Anfang Oktober zaubern Meisterköche von Big Island mit Fleisch von freilaufenden Tieren (Rind, Lamm, Schwein, Hammel, Geflügel und Ziege) und Zutaten aus der Umgebung kulinarische Köstlichkeiten. Platz lassen für Nachspeisen und Getränke! Die Portionen sind großzügig, der Preis ist angemessen.

South Kohala Coast

Sehenswertes

1 'Anaeho'omalu Beach Park A4
2 Beach 69 .... C3
3 Hamakua Macadamia Nut
    Company C1
4 Holoholokai Beach Park B3
    Kalahuipua'a-Fischteiche .... (s. 16)
    Kalahuipua'a Historic Trail .... (s. 16)
5 Mauna Kea Beach C2
6 Mau'umae Beach C2
7 Puako Petroglyph Preserve B3
8 Pu'ukohola Heiau National
    Historic Site C1
9 Spencer Beach Park C2
10 Waikoloa Petroglyph
    Preserve B4

Aktivitäten, Kurse & Touren

Dolphin Quest .... (s. 14)
Francis I'i Brown North &
    South Golf Courses .... (s. 16)
Hapuna Golf Course .... (s. 13)
Hilton Waikoloa Village Pools .... (s. 14)
Kohala Divers .... (s. 20)
Mauna Kea Golf Course .... (s. 15)
Mauna Lani Sea Adventures .... (s. 16)
Mauna Lani Spa .... (s. 16)
11 Ocean Sports B4
Spa Without Walls .... (s. 12)
Star Gaze Hawaii .... (s. 14)
Star Gaze Hawaii .... (s. 13)
Star Gaze Hawaii .... (s. 12)
Waikoloa Beach & Kings'
    Courses .... (s. 18)

Schlafen

12 Fairmont Orchid B3
13 Hapuna Beach Prince Hotel C2
14 Hilton Waikoloa Village B4
15 Mauna Kea Beach Hotel C2
16 Mauna Lani Bay Hotel &
    Bungalows B4

17 Puako B&B C3
18 Waikoloa Beach Marriott A4

Essen

Anuenue .... (s. 20)
Blue Dragon Musiquarium .... (s. 19)
Brown's Beach House .... (s. 12)
Café Pesto .... (s. 20)
CanoeHouse .... (s. 16)
Foodland Farms .... (s. 23)
Huli Sue's .... (s. 16)
19 Kawaihae Harbor Grill C1
Kawaihae Market & Deli .... (s. 20)
Kawaihae Seafood Bar .... (s. 19)
20 Kawaihae Shopping Center C1
21 Kings' Shops B4
Merriman's Market Café .... (s. 21)
Monstera .... (s. 23)
22 Queens' MarketPlace B4
Roy's Waikoloa Bar & Grill .... (s. 21)
Sansei Seafood Restaurant &
    Sushi Bar .... (s. 22)
23 Shops at Mauna Lani B4
Waikoloa Kings' Shops Farmers
    Market .... (s. 21)
24 Waikoloa Village Farmers
    Market C4
25 Waikoloa Village Market D4

Ausgehen

Honu Bar .... (s. 16)
Luana Lounge .... (s. 12)

Unterhaltung

Gathering of the Kings .... (s. 12)
Hilton Waikoloa Village .... (s. 14)
Kings' Shops .... (s. 21)
Legends of the Pacific .... (s. 14)
Mauna Kea Hawaiian Luau .... (s. 15)
Queens' Market Place .... (s. 22)
Royal Luau .... (s. 18)
Waikoloa Beach Marriot .... (s. 18)

BIG ISLAND (HAWAI'I) WAIKOLOA RESORT AREA

Moku O Keawe HULA
(www.mokif.com; Waikoloa Resort Area; Hula-Wettbewerb Eintritt 6,50–30,25 $ pro Abend) Bei diesem seit 2006 bestehenden Hula-Wettbewerb, der immer Anfang November stattfindet, gibt es die Kategorien *kahiko* (alt), *'auana* (modern) und *kupuna* (für Ältere). Die dreitägige Veranstaltung findet im Vergleich zum bekannten und gut besuchten Merrie Monarch Festival (S. 283) in einem eher kleinen Rahmen statt, nämlich auf einer Rasenfläche im Freien. Es nehmen auch Gruppen aus den restlichen USA und aus Japan teil.

Schlafen

Waikoloa Beach Marriott HOTEL $$$
(Karte S. 228; ☎886-6789, 888-924-5656; www.waikoloabeachmarriott.com; 69-275 Waikoloa Beach Dr; Zi. 200–450 $; ❄@🏊) Das Hilton ist das „Glamourgirl" von Waikoloa,

ALTE HAWAIISCHE KUNST

Die alten Hawaiianer schufen *ki'i pohaku* (Felszeichnungen), so genannte Petrogly-phen. Diese geheimnisvollen Steinritzungen sind vor allem auf Big Island zu finden, vielleicht weil die Insel als jüngste der Hawaii-Inseln die größten Lavafelder (*pahoehoe*) aufweist. Die einfachen Abbildungen zeigen Menschen, Tiere und wichtige Alltags-gegenstände wie Kanus und Segel. Niemand weiß, warum die alten Hawaiianer *ki'i pohaku* schufen oder gerade dort platzierten, wo sie heute zu sehen sind. Viele Petro-glyphenfelder liegen an wichtigen Wegen und an den Grenzen zwischen den *ahupua'a* (Landunterteilungen).

Neben den Felszeichnungen von Waikoloa gibt es weiter nördlich an der Küste von South Kohala in Puako noch ein großes Petroglyphenfeld. Weitere sind im Hawai'i Volcanoes National Park zu finden.

Durch Berühren oder gar Betreten werden die Felsritzungen beschädigt. Fotogra-fieren ist okay, am besten früh am Morgen oder spät am Nachmittag, wenn die Sonne tief steht.

das Marriott eher das nette Mädel von ne-benan. Dieses luftige 555-Zimmer-Hotel ist durchschnittlich designt, dafür liegt es an der 'Anaeho'omalu Bay und punktet mit ei-ner phantastischen Strandlage sowie einem Pools am Meer. Die um das Jahr 2006 reno-vierten Zimmer verfügen über gute Betten mit Daunendecken und dicker Bettwäsche, einer geschmackvoll dezenten Einrichtung und üblicher Ausstattung wie Kabel-TV und Kühlschrank. Internetzugang ist in den öffentlichen Bereichen über WLAN möglich, auf den Zimmern über ein LAN-Kabel. Die „Resortgebühr" für Parkplatz, Telefon, Internet usw. beträgt 20 $. Erhebli-che Rabatte bei Vorausbuchung.

Hilton Waikoloa Village   HOTEL $$$
(Karte S. 228; ☎ 886-1234, 800-221-2424; www.
hiltonwaikoloavillage.com; 425 Waikoloa Beach
Dr; Zi. 220–540 $, Parken selbst/mit Parkdienst
15/21 $; ❄@☎) Entweder man mag die
großspurige Art dieser 25 ha großen Ho-telanlage im Disneypark-Stil mit 1240 Zim-mern oder man hasst sie. Es gibt hier keinen Naturstrand, sodass die Pracht rein von Menschenhand geschaffen ist. Das weitläu-fige Gelände können Gäste mit einer Bahn und überdachten Booten erkunden, Kinder können auf künstlichen Wasserwegen mit Kajaks herumpaddeln. Überall gibt's was zu sehen, ob riesiger Buddha bei der Lobby oder polynesische und asiatische Kunst(kopien). Die Zimmer sind recht komfortabel, eher Business-Class-Standard und nicht luxuriös (und keins liegt direkt am Meer). Die Nut-zung zusätzlicher Einrichtungen (Internet, Fitessstudio, Küchengeräte) ist im Über-nachtungspreis nicht enthalten.

✗ Essen

Das Essensangebot in den Resorts lässt sich leicht um das der zwei Einkaufszentren in Waikoloa erweitern: **Kings' Shops** (Karte S. 228; www.kingsshops.com; 250 Waikoloa Beach Dr), mit zwei Ausflugsrestaurants, und **Queens' MarketPlace** (Karte S. 228; www.waikoloabeachresort.com; 201 Waikoloa Beach Dr), mit einer berühmten Sushi-Bar sowie günstigeren Food-Court-Einrichtungen wie Subway, Dairy Queen und Arby's.

LP TIPP **Sansei Seafood Restaurant
& Sushi Bar**   JAPANISCH $$$
(Karte S. 228; ☎ 886-6286; www.sanseihawaii.
com; Queens' MarketPlace; Hauptgerichte 25–
50 $, Sushi 4–22 $; ⏱17.30–22 Uhr) Der auf
der Insel berühmte Koch D. K. Kodama überrascht seine Gäste mit innovativer Fusionsküche und bietet etwa Dungeness-Taschenkrebs-Ramen in Trüffelbrühe oder Ahi (Gelbflossenthunfisch) mit japanischer Semmelbröselkruste. Das saftige trocken abgehangene Rind setzt neue Steak-Stan-dards. Kellermeister Chuck Furuya gebietet über einen umfangreichen Weinkeller. Für frühe Gäste gibt's erhebliche Rabatte: Wer sonntags oder montags vor 18 Uhr bestellt, zahlt fürs Essen nur die Hälfte, an den an-deren Tagen ein Viertel.

Merriman's Market Café   MITTELMEERKÜCHE $$
(Karte S. 228; ☎ 886-1700; www.merrimanshawaii.
com; Kings' Shops; Hauptgerichte abends 20–
30 $; ⏱11.30–21.30 Uhr) Peter Merrimans Café in Waikoloa sollte man nicht mit sei-nem Flaggschiff in Waimea verwechseln. Dieses Café unter freiem Himmel ist locke-rer, billiger und touristischer. Gourmets

aus großen Städten halten das von der Mittelmeerküche beeinflusste Essen vielleicht für kaum bemerkenswert, aber es werden Biozutaten von der Insel und frischer Fisch von hier verwendet. Das bessere Preis-Leistungs-Verhältnis bietet das Mittagessen, mit Salaten, Sandwiches, Pizzas und Pasta für 12 bis 18 $.

Roy's Waikoloa
Bar & Grill
REGIONALE KÜCHE $$$

(Karte S. 228; ☑886-4321; www.roysrestaurant .com; Kings' Shops; Hauptgerichte 30–35 $; ⏱17.30–21.30 Uhr) Das immer lächerlich umtriebige und laute Roy's entzückt oder enttäuscht. Am besten konzentriert man sich aufs Essen und lässt sich von der Atmosphäre und dem eher durchschnittlichen Service nicht ablenken. Die Hauptgerichte wie das Lammkarree in Passionsfrucht-Cabernet-Sauce oder der scharf angebratene Ahi mit eingelegtem Ingwer sind heute nicht mehr der letzte Schrei, trotzdem lecker.

Waikoloa Village Market
LEBENSMITTEL

(Karte S. 228; ☑883-1088; Waikoloa Highlands Center, 68-3916 Paniolo Ave; ⏱6–21 Uhr) Diese im Waikoloa Village landeinwärts vom Highway gelegene Filiale der hervorragenden KTA-Kette ist ein Lebensmittelgeschäft mit Deli, Bäckerei und Geldautomat.

Waikoloa Village Farmers Market
MARKT

(Karte S. 228; Waikoloa Community Church, Paniolo Ave; ⏱Sa 7–10 Uhr) Landeinwärts vom Highway im Waikoloa Village.

Waikoloa Kings'
Shops Farmers Market
MARKT

(Karte S. 228; Kings' Shops; ⏱Mi 8.30–13 Uhr) Dieser Markt, den es seit 2010 gibt, ist der erste im Resortbereich und bietet zu 100 % auf der Insel angebaute und erzeugte Lebensmittel (jedoch kein Kunsthandwerk). Frische saisonale Produkte, Backwaren, Kaffee, Tee und Orchideen.

☆ Unterhaltung

Die beiden Einkaufszentren vor Ort warten mit einem umfassenden Unterhaltungsprogramm auf:

Kings' Shops
MUSIK, HULA

(Karte S. 228; www.kingsshops.com; 250 Waikoloa Beach Dr) Hawaii-Musik, u. a. dienstags 18 Uhr vom Hawaii-Gitarristen John Keawe, sowie freitags von 18 bis 19 Uhr Hula-Shows.

Queens' Marketplace
HULA

(Karte S. 228; www.waikoloabeachresort.com; 201 Waikoloa Beach Dr; ⏱Hula-Shows Mi 18–19 & Do 17.30–19.30 Uhr, Hula-Unterricht Fr 17–18 Uhr) Vielseitiges Programm (siehe Website), darunter Hula-Shows und -Unterricht.

Einen Überblick über besondere Abendveranstaltungen wie Rockkonzerte und Hula-Shows bietet **Waikoloa Nights** (www.waikoloanights.com). In Waikoloa gibt es ständig zwei *luau*-Shows.

Legends of the Pacific
LUAU

(Karte S. 228; ☑886-1234; www.hiltonwaikoloa village.com; Hilton Waikoloa Village; Erw./Kind 5–12 J./Sen. & Kind 13–18 J. 99/51/89 $; ⏱Di, Fr & So 17.30 Uhr) Die *luau*-Show „The Legends of the Pacific" umfasst Tänze aus dem Südpazifik sowie ein Abendbuffet und einen Cocktail.

Royal Luau
LUAU

(Karte S. 228; ☑886-6789, 888-924-5656; www.waikoloabeachmarriott.com; Waikoloa Beach Marriott; Erw./Kind 5–12 J. 88/40 $; ⏱So & Mi 17 Uhr) Dieser *luau* am Pool ist eine typische kommerzielle Vorführung mit einem hawaiischen Abendbuffet, kostenlosen Getränken und polynesischen Tänzen. Ein Pluspunkt ist der Veranstaltungsort an der 'Anaeho'omalu Bay.

Mauna Lani Resort Area

Die 1983 von einer japanischen Firma erbaute Mauna Lani Resort Area ähnelt ihren Nachbarn, hier liegen teure Hotels, Ferienwohnungen und Golfplätze. Besondere Beachtung verdient sie vor allem wegen der historischen Stätten. Das Mauna Lani Bay Hotel & Bungalows zeigt sich erfrischend offen gegenüber Nichtgästen, die die Wege und Fischteiche auf dem Gelände erkunden möchten.

☂ Strände

Die besten Bade- und Schnorchelstrände sind klein und befinden sich um die beiden großen Hotels herum.

Der Strand vor dem Mauna Lani Bay Hotel & Bungalows ist geschützt und recht ruhig, aber das Wasser ist flach. Nur zehn Gehminuten südlich vom Hotel gibt's in der **Makaiwa Bay** eine kleine, ruhige Lagune vor dem Apartmentkomplex Mauna Lani Beach Club. Um hierher zu gelangen, parkt man beim Hotel und geht dann an den Fischteichen vorbei Richtung Süden.

Eine Meile (1,6 km) südlich des Hotels liegt an der Grenze des gesamten Resortbereichs in der **Honoka'ope Bay** ein kleiner Strand. Bei ruhiger See kann man hier gut, wenn auch nicht überragend gut schwimmen und schnorcheln. Hierher geht man über einen alten Küstenpfad, oder man fährt in Richtung der Golfplätze und biegt am Honoka'ope Place links ab.

Die **Pauoa Bay** beim Fairmont Orchid ist ein toller kleiner Schnorchelspot, jedoch sieht das Hotel es nicht gern, wenn Nichtgäste die Bucht aufsuchen.

Holoholokai Beach Park   STRAND

(Karte S. 228) Sand und sanfte Wellen kann man hier vergessen. Stattdessen bietet sich ein Picknick oder ein Spaziergang an diesem angenehm leeren Strand an, der mit Brocken weißer Korallen und schwarzer Lava übersät ist. An den ruhigsten Tagen eignet sich das Wasser zum Schnorcheln. Toiletten, Duschen, Trinkwasser, Picknicktische und Grills sind vorhanden.

Die Zufahrt erfolgt über den Mauna Lani Drive und dann am Kreisverkehr rechts, an der beschilderten Straße direkt vor dem Fairmont Orchid wieder rechts abbiegen. Von diesem Park aus gelangt man auch zu den Puako-Petroglyphen.

👁 Sehenswertes

LP TIPP **Puako Petroglyph Preserve**   HISTORISCHE STÄTTE

(Karte S. 228) Mit mehr als 3000 Felszeichnungen gehört dieses Petroglyphengebiet zu den größten Ansammlungen alter Lavaritzungen in Hawaii. Aus den einfachen Bildern kann man vielleicht nicht viel herauslesen, aber in ihrer Gesamtheit sind sie faszinierend und auf jeden Fall einen Abstecher wert.

Der 1,2 km lange Weg vom Holoholokai Beach Park zur Preserve ist recht nett; auf der landeinwärts gelegenen Seite des Parks den gut ausgeschilderten Pfad nehmen. Es ist ein einfacher Weg, jedoch sollte man festes Schuhwerk tragen und sich gegen die gleißende Sonne schützen – der Pfad ist nur teils schattig.

🪶 Kalahuipua'a Historic Trail
HISTORISCHE STÄTTE

(Karte S. 228; Mauna Lani Bay Hotel & Bungalows, 68-1400 Mauna Lani Dr; Eintritt frei; **P**) Der einfache Pfad beginnt an der landeinwärts gelegenen Seite des Hotels an einem ausgewiesenen Parkplatz gegenüber vom kleinen Lebensmittelladen des Resorts.

Der erste Teil des historischen Weges windet sich durch eine ehemalige hawaiische Siedlung aus dem 16. Jh., vorbei an **Lavaröhren**, die früher als Schutzräume dienten, und einigen anderen archäologischen und geologischen Stätten mit Erläuterungstafeln. Vogelfreunde können die Augen nach Wachteln, Rot- und Graukardinalen, Safranammern und Japanbrillenvögeln offen halten.

Der Pfad führt dann an alten, von Kokospalmen gesäumten **Fischteichen** vorbei zum Strand, wo es einen Unterstand mit einem Auslegerkanu und ein **historisches Cottage** mit hawaiischen Artefakten gibt. Wer hinter dem Cottage weiter Richtung Südwesten geht, kann um den Fischteich herum und in einer Schleife zurück zum Ausgangspunkt gehen (insgesamt 2,4 km).

🪶 Kalahuipua'a Fishponds

Diese alten Fischteiche zählen zu den wenigen noch nutzbaren Fischteichen der Insel, und wie in alten Zeiten sind sie mit *awa* (Hawaii-Milchfisch) bestückt. Das Meereswasser zirkuliert durch traditionelle *makaha* (Gittergeflechte), durch die kleine Fische schwimmen, große Fische aber nicht entkommen können.

Um direkt zu den Fischteichen zu gelangen, ohne den Pfad zu nehmen, verlässt man die Hotellobby und geht nach Süden in Richtung Strand. Die Teiche liegen teilweise in einem schattigen Hain aus Kokospalmen und *milo*-Bäumen (ein einheimisches Hartholz).

🏃 Aktivitäten

Mauna Lani Sea Adventures   WASSERSPORT

(Karte S. 228; ☎ 885-7883; www.hawaiisea adventures.com; Mauna Lani Bay Hotel & Bungalows, 68-1400 Mauna Lani Dr) Dieser Veranstalter bietet an fünf Vormittagen der Woche dreistündige Schnorcheltouren (90 $) an; der Preis gilt für alle, jedoch zahlen Kinder zwischen drei und zwölf Jahren sonntags und mittwochs nur die Hälfte. Von Mitte Dezember bis Mitte April finden an fünf Nachmittagen der Woche anderthalbstündige Walbeobachtungstouren statt (Erw./Kind 3–12 J. 75/45 $).

Obwohl Kailua-Kona das Tauchmekka von Big Island ist, sind die Gewässer vor Mauna Lani vielleicht sogar noch besser – und erheblich leerer. Mauna Lani Sea Adventures ist auch der wichtigste Tauchveranstalter hier (2-Flaschen-Tauchgang 160 $). Die Divemaster sind kompetent, freundlich und flexibel. Die Tauchplätze liegen nahe bei der Küste, sodass das Boot zwischen den Tauchgängen anlegt und die Teilnehmer etwas essen oder die Toilette aufsuchen können. Außerdem werden Tauchscheinkurse angeboten, die einen guten Ruf genießen.

Francis I'i Brown North & South Golf Courses
GOLF

(Karte S. 228; ☎885-6655; Mauna Lani Bay Hotel & Bungalows, 68-1400 Mauna Lani Dr; Gäste/Nichtgäste 160/265 $) Die beiden Mauna-Lani-Golfplätze zählen zu den besten Weltklasseplätzen der Insel. Der South Course ist landschaftlich reizvoller und beliebter, mit einem berühmten Tee Shot über die krachende Brandung beim 15. Loch. Der North Course ist schwieriger und interessanter, mit einem Par-3-Loch Nr. 17 in einem Amphitheater aus schwarzer Lava. Rabatte für Online-Buchungen und abendliche Abschlagzeiten.

Mauna Lani Spa
SPA

(Karte S. 228; ☎881-7922; www.maunalani.com; Mauna Lani Bay Hotel & Bungalows, 68-1400 Mauna Lani Dr; Massagen & Gesichtsbehandlungen ab 159 $; ⊙Anwendungen 10–16 Uhr) Große Anlage mit Innen- und Außenbereichen, exotischen tropischen Pflanzen und Lavafelssauna. Die Anwendungen sind teuer, eigentlich zu teuer; am besten wählt man etwas denkwürdig Hawaiisches wie *lomi-lomi* oder Warmsteinmassagen.

Spa Without Walls
SPA

(Karte S. 228; ☎887-7540; www.fairmont.com/orchid; Fairmont Orchid, 1 North Kaniku Dr; Massagen & Gesichtsbehandlungen ab 159 $; ⊙Anwendungen 8–20 Uhr) Die Anwendungen erfolgen teils in *hale* (Hütten) inmitten von Orchideen, Kokospalmen, Wasserfällen, Bächen und Seerosenteichen. Bei einigen Anwendungen kommen pflanzliche Stoffe vom Kona-Kaffee bis zu Matcha-Grüntee zum Einsatz. Wie das Mauna Lani Spa ist auch diese Einrichtung gehoben, aber nicht luxuriös.

🛏 Schlafen

🌿 Mauna Lani Bay Hotel & Bungalows
HOTEL $$$

(Karte S. 228; ☎885-6622, 800-367-2323; www.maunalani.com; 68-1400 Mauna Lani Dr; Zi. 400–950 $; 🅿❄🛜🏊) Das Mauna Lani zählt zu den Top-Resorts in South Kohala und zeich-

net sich durch eine wunderbar hawaiische Atmosphäre aus. Die parkähnliche Anlage umfasst schön gestaltete tropische Gärten, Hunderte hoch aufragender Kokospalmen und wertvolle historische Stätten. Das Personal ist außergewöhnlich höflich und der hawaiischen Kultur verpflichtet. Die Mitte der 1990er-Jahre renovierten 342 Zimmer verfügen über eine moderne Ausstattung und Einrichtung; 90 % liegen direkt am Meer oder bieten zumindest einen Ausblick darauf. Normale Services (Parken, Telefon, schnelles Internet) sind im Preis inbegriffen. Das umweltfreundliche Resort verwendet für die Wasserpumpen tagsüber Sonnenenergie, trockenheitsresistentes Gras für die Golfplätze und aufbereitetes Wasser für die Bewässerung. Auf dem Gelände werden vom Aussterben bedrohte Schildkröten gezüchtet.

Fairmont Orchid
HOTEL $$$

(Karte S. 228; ☎885-2000, 800-845-9905; www.fairmont.com/orchid; 1 North Kaniku Dr; Zi. 310–700 $, Parken selbst/mit Parkdienst 17/22 $ pro Tag; 🅿❄@🛜🏊) Das elegante und für hawaiische Verhältnisse fast formelle Orchid lässt seine Gäste nie im Unklaren darüber, dass sie sich in einem exklusiven Luxushotel aufhalten. Die Architektur wirkt nicht sehr hawaiisch, aber die sorgfältigst gepflegten Außenanlagen präsentieren sich überbordend tropisch. Die 540 Zimmer sind recht nobel, jedoch nicht so nobel wie die Zimmer im Mauna Lani. Das erstklassige Spa und die Spitzenrestaurants des Orchid runden das Verwöhnpaket ab. Dienstleistungen wie der Internetanschluss auf dem Zimmer (14,50 $) sind relativ teuer.

✗ Essen

Die Restaurants in Mauna Lani zählen zu den besten und teuersten der Insel.

LP TIPP Monstera
JAPANISCH $$$

(Karte S. 228; ☎887-2711; www.monsterasushi.com; Shops at Mauna Lani; Tellergerichte 12–25 $, Sushi 9–20 $; ⊙11.30–14.30 & 17.30–22 Uhr) Küchenchef Norio Yamamoto verließ das nach ihm benannte Restaurant im Fairmont Orchid, um sein eigenes Lokal im Izakaya-Stil zu eröffnen. In dem lockeren und coolen Restaurant kann er verschiedenste Dinge anbieten, vom klassischen Nigiri-Sushi und scharf angebratenen Thunfisch-Tataki bis zu Kimchi mit im Wok angebratener Schweinelende und Teriyaki-Huhn. Wegen der frischen Zutaten und dem freundlichen Service kommen viele Gäste gern wieder.

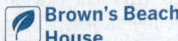 Brown's Beach House
REGIONALE KÜCHE $$$

(Karte S. 228; ☏885-2000; Fairmont Orchid, 1 North Kaniku Dr; Hauptgerichte 40–56 $; ⏱17.30–21 Uhr) Die Preise wirken leicht abschreckend, aber ansonsten präsentiert sich dieses Juwel am Meer so gut wie makellos. Der Service ist anmutig und die Karte eine Rundtour zu den besten Zutaten, die Big Island zu bieten hat. Küchenchef Thepthikone „TK" Keosavang reichert die Speisen mit asiatischem Touch an; so gibt es etwa Tom-Yum-Suppe mit hawaiischem *ono* (Wahoo) und Hilo-Palmherzen. Klasse sind auch der Salat mit gerösteter Roter Rübe und Heirloom-Tomaten sowie das „Seafood-Trio", drei Fischsorten von der Kona-Küste.

CanoeHouse
REGIONALE KÜCHE $$$

(Karte S. 228; ☏885-6622; Mauna Lani Bay Hotel & Bungalows, 68-1400 Mauna Lani Dr; Hauptgerichte meist 35–40 $; ⏱18–21 Uhr) Das edelste Restaurant des Mauna Lani ist rundum reizend, mit schöner Lage am Meer und einer Karte, auf der Meeresfrüchte und regionale Zutaten im Mittelpunkt stehen. In einer Tempura-Vorspeise glänzt gezüchteter Hummer der Region; eine gute Wahl für Vegetarier sind die Ravioli mit Ahualoa-Ziegenkäse- und Kartoffelfüllung mit Hilo-Mais und Hamakua-Pilzen.

Huli Sue's
ITALIENISCH $$$

(Karte S. 228; ☏885-7777; Golf Club House, Mauna Lani Bay Hotel & Bungalows, 68-1400 Mauna Lani Dr; Hauptgerichte abends 26–45 $; ⏱11–20 Uhr) Dieses angenehme Restaurant mit Blick auf den Golfplatz und den Ozean bietet von 17 bis 20 Uhr traditionelles italienisches Essen. Eine Vorspeise könnte der Caprese-Salat mit einheimischen Tomaten und hausgemachtem Mozzarella sein, darauf könnte eine florentinische Lasagne oder ein Kalbfleisch-Ossobuco folgen. Es gibt Pizza-Varianten für jeden Geschmack, von Seafood bis Marinara ohne Käse. Während die Preise fürs Abendessen recht hoch sind, gibt's den ganzen Tag über eine Mittagskarte mit Burgern, Sandwiches und Salaten für 12 bis 16 $.

Foodland Farms
LEBENSMITTEL

(Karte S. 228; ☏887-6101; Shops at Mauna Lani, 68-1330 Mauna Lani Dr; ⏱5–23 Uhr) Supermarkt mit reichhaltigem Angebot und beeindruckender Feinkostabteilung.

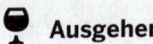 Ausgehen

Für einen abendlichen Drink (und ein günstigeres Abendessen) bieten sich die Bars am Meer an:

Honu Bar
BAR

(Karte S. 228; ☏885-6622; Mauna Lani Bay Hotel & Bungalows, 68-1400 Mauna Lani Dr; Vorspeisen 12–18 $, Hauptgerichte 16–44 $; ⏱17.30–23 Uhr) Die tolle Speisekarte (Küche bis 21 Uhr) reicht von Pizza mit Brathuhn und Hamakua-Pilzen bis zu Keahole-Hummerschwänzen. Oder man entspannt sich einfach bei tollen Weinen, Cocktails und Likören.

Luana Lounge
BAR

(Karte S. 228; ☏885-2000; Fairmont Orchid, 1 North Kaniku Dr; ⏱16–23 Uhr) In dieser lockeren Bar mit Innen- und Außenbereich können Gäste den Sonnenuntergang, Getränke und *pupu* genießen sowie Werke bester einheimischer Künstler anschauen.

☆ Unterhaltung

Gathering of the Kings
LUAU

(Karte S. 228; ☏326-4969; http://ibphawaii. com/luaus; Fairmont Orchid; Erw./Kind 6–12 J. 99/65 $; ⏱Sa) Bei diesem *luau* wird eine Geschichte erzählt und dabei Tanz und Musik aus Hawaii und dem übrigen Polynesien leicht modernisiert präsentiert. Hebt sich durch ein überdurchschnittliches Abendbuffet und kostenlosen Alkoholausschank hervor.

Puako
430 EW.

Puako, eine alte Strandgemeinde, besteht eigentlich nur aus einer anderthalb Kilometer langen Häuserreihe. An der einzigen Straße durch den „Ort" gibt es zahlreiche Zugangspunkte zum Ufer. Zwischen den Meilensteinen 70 und 71 Richtung Meer auf den Puako Beach Drive abbiegen.

🏖 Strände

Das klare Wasser und das flache Riff der Puako Bay eignen sich super zum Kajaken, Schnorcheln und Tauchen. Kajaks verleiht Plenty Pupule Adventure Sports (S. 203).

Beach 69
STRAND

(Karte S. 228; Waialea Bay; ⏱7–20 Uhr) Diese hübsche weiße Sandsichel ist bei den Einheimischen sehr beliebt, liegt aber immer noch etwas abseits der Touristenpfade.

Der sowohl familien- als auch schwulen-freundliche Strand ist weniger überlaufen als der Hapuna Beach, und morgens kann man in dem ruhigen, geschützten Wasser prima schnorcheln. Am Rande des Strands spenden Bäume Schatten. Toiletten und Duschen sind vorhanden, jedoch wacht hier kein Rettungsschwimmer. Anfahrt: Vom Puako Beach Drive die erste Straße rechts (Old Puako Rd) nehmen. Beim Telefonmast Nr. 71 auf der linken Seite parken. Der „Straße" bis zum Ende folgen und auf einem Pfad parallel zu einem Holzzaun gehen. Falls sich jemand wundert: Telefonmast Nr. 71 war früher Nr. 69, und daher hat der Strand seinen Namen.

⊙ Sehenswertes & Aktivitäten

Puako Tide Pools   WAHRZEICHEN
(Karte S. 228) Puako ist für seine riesigen Gezeitenbecken in der *pahoehoe*-Lavaküste bekannt. Einige Becken sind tief genug, sodass lebende Korallen und andere Meerestiere hier ihren Lebensraum haben. Es gibt keinen Sandstrand, aber ein schmaler Streifen pulverisierter Korallen und Lava bedeckt das Ufer.

Zu den Becken gelangt man, indem man an der Straße bei einem der sechs ausgeschilderten Strandzugangswege parkt. Den einfachsten Zugang bietet der südlichste Pfad: Zum Südende des Dorfes fahren und vor dem Schild mit der Aufschrift „Road Closed 500 Feet" parken, dann die kurze Staubstraße zu einer kleinen Bucht nehmen (schnorcheln und tauchen möglich; im Winter ist die See allerdings gewöhnlich zu rau). Ein paar Fußminuten weiter nördlich befinden sich Felszeichnungen, ein in die Lava gehauenes Spielfeld für *konane* (ein schachähnliches Spiel) sowie Gezeitenbecken, die tief genug sind, um sich darin abzukühlen.

Kohala Kayak   KAJAKFAHREN
(☑882-4678; www.kohalakayak.com; 3-stündige Tour 60 $; ⊙Abfahrt 9 Uhr) Mit dem Kajak sind eine oder zwei Schnorchelstellen in den klaren Gewässern von Puako zu erreichen. Das Wasser ist etwa 6 m tief; in 3 m Tiefe können Unterwasserbögen durchschwommen werden. Kajaker aller Level sind willkommen; die hilfsbereiten Guides helfen Neulingen, erzählen etwas über die Korallen-Habitate und identifizieren merkwürdige Meeresbewohner.

🛏 Schlafen

LP TIPP ⟩ **Puako B&B**   B&B $$
(Karte S. 228; ☑882-1331, 800-910-1331; www.bigisland-bedbreakfast.com; 25 Puako Beach Dr; Zi. 100–155 $, Suite 175 $; 🛜) Wer die Nähe zu den Stränden von South Kohala und eine persönliche Note wünscht, sollte dieses einladende B&B als Basislager wählen. Die Zimmer sind geschmackvoll mit hawaiischen Motiven eingerichtet, und die Gäste dürfen die Küche mitbenutzen. Die besten Zimmer sind die größten drei, jedes mit Schiebtür raus zum Garten. Eigentümer Paul „Punahele" Andrade, der in diesem Haus aufwuchs, ist ein *kumu hula* (Hula-Lehrer), der einen gern in die hawaiische und örtliche Kultur einführt. Frühstück ist im Preis inbegriffen.

Hapuna Beach State Recreation Area

Der Hapuna Beach ist berühmt für seinen wundervollen, fast 1 km langen Bogen mit weißem Sand und kristallklarem Wasser. Die Wasserbedingungen variieren je nach Jahreszeit. Im Sommer ist die See eher ruhig – also gute Bade-, Schnorchel- und Tauchbedingungen –, die Fischpopulationen haben allerdings seit den 1980er-Jahren rapide abgenommen. Wenn im Winter die Dünung höher ist, kann man hier toll bodyboarden. Im Allgemeinen ist das Wasser zu rau für Kleinkinder oder ungeübte Schwimmer. Wellen von über 1 m Höhe sollten den Experten überlassen werden; es sind hier schon Leute ertrunken.

Da der Strand mit dem Auto erreichbar und sehr beliebt ist und es dem Bundesstaat Hawaii an Geld mangelt, können die Toiletten und der Picknickplatz in der **State Recreation Area** (⊙Tor 7–20 Uhr; 🅿) ziemlich übel aussehen. Andere Einrichtungen sind öffentliche Telefone, Trinkwasser und Duschen. Rettungsschwimmer sind im Einsatz.

Die Zufahrt erfolgt über die Hapuna Beach Rd gleich südlich vom Meilenstein 69. Am besten ist man früh da, um einen Parkplatz und ein schönes Plätzchen am Strand zu ergattern. 2011 wurde überlegt, ob von Touristen eine Eintrittsgebühr verlangt werden sollte, aber zur Zeit der Recherche war noch keine Entscheidung gefallen. Da es nur wenig Schatten gibt, unbedingt eine starke Sonnenschutzcreme einstecken.

Outdoor-Freunde können in einer der sechs staatlichen **A-frame-Cabins** (Einheimische/Auswärtige 30/50 $) beim Strand unterkommen. Die tolle Lage ist wie geschaffen, um wunderbare Sonnenuntergänge und Mondaufgänge zu bestaunen. Obwohl die Hütten für den Preis ziemlich heruntergekommen und provisorisch wirken, kann man in ihnen einigermaßen gut übernachten; jede Hütte hat auf Holzplattformen Platz für vier Personen (Bettzeug selbst mitbringen). Es gibt Toiletten, Duschen und einen Kochpavillon mit Herd und Kühlschrank. Zu den erforderlichen Genehmigungen s. S. 176.

Mauna Kea Resort Area

Die Geschichte der für ihre Nähe zu tollen Stränden gefeierten Mauna Kea Resort Area begann in den frühen 1960er-Jahren. Damals erhielt der inzwischen verstorbene Laurance Rockefeller von seinem Freund Richard Smart, Eigentümer der Parker Ranch (Kasten S. 248), eine auf 99 Jahre angelegte Pacht für das Land um die Kauna'oa Bay. Fünf Jahre später erblickte das Mauna Kea Beach Hotel das Licht der Welt, das erste Luxushotel auf den Hawaii-Inseln außerhalb von O'ahu. „Jeder tolle Strand verdient ein tolles Hotel", soll Rockefeller gesagt haben. Vielleicht ist nicht unbedingt jeder seiner Meinung, aber in diesem Fall hat er sich zumindest durchgesetzt.

Wer außerhalb der Hotels essen möchte, kann Waimea, Kawaihae oder die Waikoloa Resort Area ansteuern.

🏃 Strände & Aktivitäten

LP TIPP **Mauna Kea Beach**   STRAND
(Karte S. 228) Dieser malerische Strand, der inoffiziell nach dem Hotel, das hier liegt, benannt wurde, war sicher keine schlechte Wahl von Rockefeller. Die sichelförmige **Kauna'oa Bay** ist von feinem weißem Sand gesäumt, und das klare Wasser hier ist ruhig und flach (zumeist weniger als 3 m tief). In Ufernähe sind die Schnorchelbedingungen nur mittelmäßig; besser ist's am nördlichen Ende an dem felsigen Vorsprung.

Das Beste ist, dass es an diesem Strand nie voll wird. Zwar ist er für die Öffentlichkeit zugänglich, aber das Hotel hat für Nichtgäste nur 40 Parkplätze pro Tag reserviert. Am besten vor 9 Uhr hier sein und sich dann am Eingangshäuschen einen Parkschein geben lassen.

Mau'umae Beach   STRAND
(Karte S. 228) Noch ein schöner Strand mit weißem Sand, Schatten spendenden Bäumen und geschütztem Wasser, er wirkt noch abgeschiedener als die Kauna'oa Bay. Die Einheimischen wachen – aus gutem Grund – argwöhnisch über dieses Juwel, was Besucher respektieren sollten.

Zum Strand gelangt man, indem man Richtung Mauna Kea Beach Hotel fährt, dann rechts auf die Kamahoi Rd abbiegt und zwei Holzbrücken überquert. Nach dem Telefonmast Nr. 22 auf der linken Seite Ausschau halten und parken (wahrscheinlich parken hier schon ein paar Autos). Den Weg bis zum Ala-Kahakai-Schild entlanggehen und links zum Strand abbiegen. Der Strand ist auch vom nahen Spencer Beach in zehn Minuten über den Ala Kahakai Trail zu erreichen.

Ala Kahakai Trail   SPAZIERGANG
Über diesen Weg ist die Kauna'oa Bay zu Fuß zu erreichen. Ein knapp 10 km langer Abschnitt des 282 km langen historischen Ala Kahakai Trail führt an vielen der schönsten Strände von South Kohala vorbei. Dazwischen liegen wunderbare Küstenabschnitte und natürliche anchialine Teiche (Tümpel mit Frischwasser-Salzwassermischung, die von den alten Hawaiianern zum Fischfang genutzt wurden) – vom Highway aus nicht zu sehen.

Eine Wanderung auf dem Trail kann an beliebiger Stelle begonnen werden, vom Norden etwa am südlichen Ende des Spencer Beach Park, von wo es durch dichte *kiawe*-Haine geht, bis der Mau'umae Beach und schließlich die Mauna Kea Resort Area mit dem berühmten Golfplatz erreicht werden. Hinter dem Hapuna Beach Prince Hotel und dem Strand führt der Weg weiter zum Beach 69. Der gesamte Weg, besonders der letzte Teil, liegt unter praller Sonne. Man kann jederzeit umkehren. Sonnenschutz mitnehmen und sich aufs Schwitzen einstellen.

Mauna Kea & Hapuna Golf Course   GOLF
(Karte S. 228; ☎882-5400, 880-3000; www.princeresortshawaii.com; Mauna Kea Beach Hotel; Hapuna Beach Prince Hotel; Mauna Kea Course Gäste/Nichtgäste 225/250 $, Hapuna Course Gäste/Nichtgäste 95/135 $) Golfer träumen davon, die zusammen 36 Löcher auf diesen

beiden erstklassigen Plätzen zu bespielen. Der Mauna Kea Course ist ein 72-Par-Championship-Platz, der sich mit großer Beständigkeit unter den besten Plätzen der USA wiederfindet. Er wurde von Robert Trent Jones Sr. entworfen und 2008 von dessen Sohn Rees Jones umgestaltet. Der Hapuna Course zeichnet sich durch einen Höhenunterschied von 210 m aus und wurde von Arnold Palmer und Ed Seay entworfen.

🛏 Schlafen

Die Zimmerpreise schwanken von Jahreszeit zu Jahreszeit erheblich.

Mauna Kea Beach Hotel HOTEL $$$

(Karte S. 228; ☎882-7222, 888-977-4623; www. maunakeabeachhotel.com; 62-100 Mauna Kea Beach Dr; Zi. 325–760 $, Parken selbst/mit Parkdienst 15/20 $ pro Tag, Internet 15 $/Tag; 🅿✳🛏🐾📶) Die Grande Dame der „Goldküste" zeigt sich vornehm zurückhaltend und ist sich auf ruhige Art und Weise ihrer Position sicher. Auf den ersten Blick nimmt das Hotel einen vielleicht nicht unbedingt für sich ein, aber das Haus hat Geschichte; viele Gäste kommen teils schon seit Jahren immer wieder, und auch unter dem Personal gibt es einige, die seit ewigen Zeiten hier arbeiten. Bei den Renovierungen nach dem Erdbeben von 2006 wurde das Gesamtdesign beibehalten, die 258 Zimmer wurden jedoch luxuriös ausgestattet, besonders die Bäder im südlichen Hauptturm. Das Beste überhaupt ist aber die phantastische Lage an der Kauna'oa Bay mit vielleicht dem besten Strand der Insel.

Hapuna Beach Prince Hotel HOTEL $$

(Karte S. 228; ☎880-1111, 866-774-6236; www. hapunabeachprincehotel.com; 62-100 Kauna'oa Dr; Zi. 200–500 $, Parken selbst/mit Parkdienst 15/20 $ pro Tag, Internet 12 $/Tag; ✳🐾📶) Das 1994 eröffnete Schwesterresort des Mauna Kea Beach Hotel (s. o.) liegt in idealer Lage am Hapuna Beach. Die Preise sind erschwinglich. Es ist Geschmackssache, ob man die Architektur als plump oder prächtig bezeichnet, einig sich aber alle, dass die Ausstattung einer Auffrischung bedarf. Die 350 Zimmer sind zwar sauber und haben große Bäder, aber die Einrichtung ist veraltet und ziemlich abgenutzt. Die Hauptzielgruppe des Hotels sind japanische Touristen. Die Facilities teilt man sich mit dem Mauna Kea, zwischen den beiden Hotels verkehren Busse für die Gäste. Trotzdem: gutes Preis-Leistungs-Verhältnis.

☆ Unterhaltung

Mauna Kea Hawaiian Luau LUAU

(Karte S. 228; ☎882-5810; www.princeresorts hawaii.com; Mauna Kea Beach Hotel; Erw./Kind 5–12 J. 96/48 $; ⏰Di 17.45 Uhr) Zu dieser *luau*-Show unter freiem Himmel gehören die Standardelemente wie Feuertänze und Gruppen-Hulas. Das Ganze findet in tollem Ambiente am Strand statt. Das Buffet ist großzügig und überdurchschnittlich, die Drinks sind stark, aber mit 15 $ pro Getränk auch exorbitant teuer.

Kawaihae & Umgebung

Über die Hafenstadt Kawaihae lässt sich nicht viel sagen. Treibstofftanks und Container verleihen ihr ein industrielles Gepräge. Der Ort ist vor allem ein praktischer Zwischenstopp für eine Mahlzeit, es gibt einen Familienstrand und einen historischen *heiau* (Tempel) Richtung Süden. Vor der Küste kann man relativ ungestört tauchen und schnorcheln. Einen Einblick in Kawaihae bietet die Internetseite **Pacific Worlds Kawaihae** (www.pacificworlds.com/kawaihae).

🏖 Strände

Spencer Beach Park STRAND

(Karte S. 228) Der sandige und sanft abfallende Strand mit flachem Wasser genießt keinen besonders erhabenen Ruf, aber er ist ideal für Kinder und beliebt bei einheimischen Familien. Hier kann man besser schwimmen als schnorcheln; das Wasser ist wegen des nördlich gelegenen Kawaihae Harbor leicht verschlammt.

Der abgehend vom Akoni Pule Hwy (Hwy 270; nördlich des Meilensteins 2) gelegene Park ist mit Strandwacht, Picknicktischen, Grills, Toiletten, Trinkwasser und Zeltplätzen ausgestattet. Ein Pfad führt Richtung Süden zum Mau'umae Beach.

Die Stellplätze sind zwar ungeschützt und recht eng beieinander, dies ist aber trotzdem der beste Campingstrand nördlich von Kona; zum Zelten ist eine Genehmigung erforderlich (s. S. 176).

◉ Sehenswertes

Pu'ukohola Heiau National Historic Site HISTORISCHE STÄTTE

(Karte S. 228; ☎882-7218; Eintritt frei; ⏰7.30–16 Uhr) 1790 herrschte Kamehameha der Große über Maui, Lana'i und Moloka'i. Über seine Heimatinsel Hawai'i (Big Island)

HEILIGE STÄTTEN

Die alten Hawaiianer erbauten für ihre Götter und für verschiedene Zwecke unterschiedliche *heiau* (Tempel) – für die Heilung von Kranken, das Aufteilen der Ernte, die Beeinflussung des Wetters, für Menschenopfer und Erfolg im Krieg. Einige *heiau* waren einfache Strohkonstruktionen, andere wiederum große Steinbauten.

Die heute auf den Inseln zu findenden erodierten Ruinen der Tempel zeugen meist kaum noch von der einstigen Pracht. Nachdem Kamehameha II. (Liholiho) 1819 das Tabu-System abgeschafft hatte, wurden viele Tempel zerstört oder aufgegeben. Auf Big Island sind jedoch noch zwei der größten und besterhaltenen *heiau* vorhanden: **Pu'ukohola Heiau** (ein Kriegstempel) und **Mo'okini Luakini Heiau** (ein Opfertempel).

Bei den Kriegstempeln handelte es sich gewöhnlich um massive Plattformen aus Steinblöcken; dazu gab es Schutzhütten für die *kahuna* (Priester), Zeremonialtrommeln und Figuren des Gottes, dem der Tempel gewidmet war. Je größer die *heiau* waren, desto bedrohlicher wirkten sie auf Feinde. So kündete schon allein die Größe des Pu'ukohola Heiau, der entstand, als Kamehameha der Große die Macht an sich riss, von seiner bevorstehenden Eroberung der Hawaii-Inseln.

Luakini heiau (Tempel für Menschenopfer) waren immer Ku geweiht, dem Kriegsgott. Nur Ku stand die größte Opfergabe zu – ein menschliches Leben – und nur die höchsten Häuptlinge konnten ein solches Opfer anordnen. Menschenopfer wurden nicht leichtfertig dargebracht; normalerweise erhielt Ku Opfergaben in Form von Lebensmitteln. Der eigentliche Akt des Tötens war nicht notwendigerweise rituell; auch ein im Kampf getöteter Feind war hinreichend. Jedoch musste es sich bei dem Opfer um einen gesunden Mann handeln – niemals um eine Frau, ein Kind oder einen alten oder versehrten Mann.

erwies sich die Ausübung der Macht jedoch als schwierig. Als ein Weissager ihm prophezeite, dass er über alle Inseln herrschen würde, wenn er auf dem Pu'ukohola (Whale Hill) in Kawaihae seinem Kriegsgott Kuka'ilimoku einen Tempel baute, ließ er den Pu'ukohola Heiau errichten.

Es heißt, dass Kamehameha und seine Männer eine 30 km lange Kette bildeten, um vom Pololu Valley in North Kohala von Hand zu Hand Steine zu transportieren. Als der Tempel im Sommer 1791 fertig gestellt war, hielt Kamehameha eine Weihezeremonie ab und lud dazu seinen Rivalen und Cousin Keoua ein, den Häuptling von Ka'u. Als Keoua an Land kam, wurde er getötet und als erste Gabe an die Götter zum *luakini heiau* (Tempel für Menschenopfer) gebracht. Nach Keouas Tod übernahm Kamehameha die alleinige Kontrolle über Big Island und hatte schließlich 1810 die Herrschaft über alle Inseln inne.

Damals war der Pu'ukohola Heiau mit hölzernen *ki'i* und Strohbauten geschmückt, darunter ein Orakelturm, ein Altar, ein Trommelhaus und ein Schutzhaus für den Hohepriester. Nach Kamehamehas Tod im Jahr 1819 ließen sein Sohn Liholiho und seine mächtige Witwe Ka'ahumanu die

Götterbildnisse zerstören, und der Tempel wurde aufgegeben.

Heute ist nur noch das Steinfundament vorhanden, das aber mit 65 x 30 m ziemlich groß ist und über 5 bis 6 m hohe Mauern verfügt. Anfahrt vom Akoni Pule Hwy auf halber Strecke zwischen den Meilensteinen 2 und 3 Richtung Meer.

Hamakua Macadamia Nut Company
NUSSFABRIK

(Karte S. 228; ☎882-1690; www.hawnnut.com; Maluokalani St; Eintritt frei; ☺8–17 Uhr) Verglichen mit der Macadamianussfabrik Mauna Loa bei Hilo (im Besitz des US-Konzerns Hershey's) ist dieses Unternehmen in einheimischem Besitz winzig. Aber in der blitzblank sauberen Fabrik und dem Andenkenladen arbeiten Einheimische verschiedener Generationen. Sie veranstalten Führungen, beantworten Fragen und schaffen auch ansonsten eine warmherzige Atmosphäre. Das umweltbewusste Unternehmen verwendet statt fossiler Brennstoffe gemahlene Macadamianusshülsen zum Trocknen der Nüsse. Kostenlose Proben werden großzügig verteilt. Anfahrt: nördlich des Meilensteins 4 landeinwärts abbiegen, weniger als eine Meile von Kawaihae.

🏃 Aktivitäten

Die meisten Besucher zieht es zum Tauchen und Schnorcheln gleich nach Kailua-Kona und an die Kona Coast. Aber die Gewässer vor der Kohala Coast sind genauso klar und tierreich – dabei nicht so bevölkert. Das Riff fällt hier weniger steil ab als an der Kona Coast, sodass man wahrscheinlich auf Riffhaie, Spinnerdelphine, Schildkröten und Mantarochen trifft, jedoch nicht auf große Thunfischschwärme oder Schwärme anderer Tiefseefische. Kohala ist der älteste Teil von Big Island: Hier gibt es üppige Korallen und jede Menge Lavaröhren, -bögen und spitzen. Auch das Kajakfahren ist in Kawaihae erstklassig und abseits der Touristenströme.

Kohala Divers
WASSERSPORT
(Karte S. 228; ☑ 882-7774; www.kohaladivers.com; Kawaihae Shopping Center, Akoni Pule Hwy; Tauchgänge 100–230 $, Schnorcheln 75 $) Der beste Tauch- und Schnorchelveranstalter liegt praktisch in der Nähe des Kawaihae Harbor und bietet Tauchkurse für Anfänger und Fortgeschrittene, Schnorcheln und in der Saison Walbeobachtung an. Das Personal ist freundlich und kompetent, die Gruppen sind mit maximal sechs Teilnehmern klein. Auch Kajakverleih (Einer/Zweier ab 30/40 $ für 24 Std.).

🍴 Schlafen & Essen

In diesem eher ländlichen Gebiet sind die einzigen Unterkünfte B&Bs und Ferienhäuser.

Hale Hoʻonanea
B&B $$
(außerhalb der Karte S. 228; ☑ 882-1653, 877-882-1653; www.houseofrelaxation.com; Ala Kahua Dr; Suite 100–130 $; 📶) Der Preis für die drei B&B-Suiten auf friedvollen grasbewachsenen Anhöhen etwa 5 Meilen (8 km) nördlich von Kawaihae ist angemessen. Am teuersten ist die Bamboo Suite, aber die hohe Decke, der Hartholzboden und der atemberaubende 180-Grad-Ausblick rechtfertigen den Preis. Die anderen beiden werden, je niedriger der Preis, immer kleiner und provisorischer. Alle Suiten sind sauber und heimelig und verfügen über Kochnische, Terrasse, Satelliten-TV und WLAN.

Café Pesto
REGIONALE KÜCHE $$
(Karte S. 228; ☑ 882-1071; www.cafepesto.com; Kawaihae Shopping Center, Akoni Pule Hwy; Mittagessen 11–14 $, Pizza 9–20 $, Hauptgerichte abends 17–33 $; ⏰ So–Do 11–21, Fr & Sa bis 22 Uhr) Dieses nette, stylische Restaurant

ℹ️ WERDE ICH EINEN MANTAROCHEN SEHEN?

Ob man bei einem abendlichen Tauch- oder Schnorchelgang einen oder mehrere dieser Schönheiten zu Gesicht bekommt, hängt ganz von den Launen von Mutter Natur ab. Gute Chancen bieten sich an der Garden Eel Cove (auch bekannt als „Manta Heaven" – hier liegen die Chancen, einen Mantarochen zu sehen, bei 81 %). Einige Veranstalter lassen Teilnehmer, die beim ersten Mal keinen Mantarochen gesehen haben, ein zweites Mal umsonst mitfahren.

Daten über die Sichtungen von Mantarochen und Vorschriften für das behutsame Beobachten der Tiere veröffentlicht die **Manta Pacific Research Foundation** (www.mantapacific.org). Wer mit eigener Tauchlampe unterwegs ist, kann die Mantarochen damit anlocken.

erfreut sich großer Beliebtheit. Die innovative Küche kann man entweder mediterran mit asiatischem Touch oder italienisch mit hawaiischem Einschlag nennen. Im Angebot sind Currys und griechische Salate, Seafood-Risotto und Räucherlachs-Alfredo, heiße Calzones und dünnkrustige Gourmet-Pizza. Die Wände schmückt Kunst, die gemütliche Lounge lädt zu einem Cocktail ein.

🔺 LP TIPP Blue Dragon Musiquarium
REGIONALE KÜCHE $$
(Karte S. 228; ☑ 882-7771; www.bluedragonhawaii.com; Hwy 270; Hauptgerichte 18–36 $; ⏰ 17.30–22 Uhr, Bar Do–So bis 23 Uhr) In dem blau angeleuchteten Restaurant unter hoch aufragenden Palmen erklingt fast allabendlich Live-Jazz oder Hawaii-Gitarre einheimischer Meister wie John Keawe. Die Stimmung ist dadurch sehr fröhlich und locker – unterstützt durch starke Spezialcocktails. Selbst schüchterne Paare wagen sich auf die kleine Tanzfläche. Die Zutaten fürs Essen stammen aus der Umgebung, die Speisen wie Wokgerichte und Currys, Ribeye-Steaks und Teriyaki sind gut zubereitet. Der Service ist eher lässig. Die Musik endet um 22 Uhr, aber die Bar ist solange geöffnet, bis der letzte Gast geht.

Kawaihae Harbor Grill
AMERIKANISCH $$
(Karte S. 228; ☑ 882-1368; Hwy 270; Frühstück 9–16 $, Abendessen 27–33 $; ⏰ 7–21.30 Uhr) Der

KOHALA MOUNTAIN ROAD

Die vielleicht landschaftlich schönste Straße auf Big Island ist die Kohala Mountain Road (Hwy 250). Es eröffnen sich grandiose Ausblicke auf die Kohala und Kona Coast und die drei majestätischen Vulkane, den Mauna Kea, den Mauna Loa und den Hualalai. Die Straße windet sich an den gut 1000 m hohen Kohala Mountains entlang nach Waimea. In der Nähe von Hawi heißt die Straße übrigens Hawi Road.

Grill hat sich mit seinen gut zubereitetem frischem Seafood, seiner Pasta und seinen Steaks eine treue Kundschaft erkocht, die auch die freundliche Atmosphäre mag. Hier gibt's auch ein komplettes Frühstück im Diner-Stil.

Kawaihae Seafood Bar SEAFOOD $$
(Karte S. 228; 880-9393; Hwy 270; Pupu 9–16 $, Hauptgerichte 15–27 $; 11–23.30 Uhr) Die Bar über dem Kawaihae Harbor Grill lockt ein lauteres Publikum an, das eher etwas trinkt oder sich an gehobenerem Kneipenessen wie *poke*-Burgern und Ingwer-Venusmuscheln gütlich tut.

Anuenue EISCREME $
(Karte S. 228; 882-1109; Kawaihae Shopping Center, Akoni Pule Hwy; Eis in der Waffel ab 2,50 $, Fastfood 3,50 $) Hervorragendes *shave ice* und beste Eiscreme. Der freundliche Betreiber lässt probieren und gibt Ratschläge. Außerdem gibt's hier Hotdogs, Gemüseburger, Chili con carne und anderes Fastfood.

Kawaihae Market & Deli LEBENSMITTEL
(Karte S. 228; 880-1611; Mo–Fr 4.30–21, Sa & So 5.30–20 Uhr) Standard-Fertiggerichte plus selbstgemachte Pasta und Tofusalate.

NORTH KOHALA

Das ländliche North Kohala hat ein ganz eigenes Flair: ein reizendes Nebeneinander von Farmern und Künstlern, indigenen Hawaiianern und Zugezogenen, properen Vorstorthäusern, Läden aus der Plantagenära, grünen Tälern und alten Tempeln. Nur wenige Besucher und auch nur wenige Bewohner von Big Island verlassen die Hawai'i Belt Rd, um diese Mischung kennenzuler-

nen – das finden die Einheimischen ziemlich schade.

Die North Kohala Coast, geologisch gesehen der älteste Teil von Big Island, ist reich an alter Geschichte. So befindet sich hier z. B. der Geburtsort von König Kamehameha I. In neuerer Zeit stand North Kohala ganz im Zeichen der Zuckergewinnung, bis die Kohala Sugar Company 1975 die Pforten schloss. Heute versuchen die kleinen historischen Orte Hawi und Kapa'au mit Kunstgalerien, Boutiquen und besonderen Restaurants auf sich aufmerksam zu machen.

Während man die Spitze der Halbinsel auf dem Hwy 270 umrundet, verlässt man den Regenschatten der Kohala Mountains, und das knochentrockene Land wird immer üppiger und tropischer. Am Ende der Straße hat die feuchte Landschaft dramatische Formen angenommen. Höhepunkt ist das Pololu Valley, das Juwel von North Kohala.

Akoni Pule Highway (Hwy 270)

Das Land am Akoni Pule Hwy ist größtenteils noch unerschlossen. Die Ausblicke auf die Küste hier sind spektakulär. Dabei hat es fast den Anschein, als könnte man mal eben kurz nach Maui hinüberschwimmen.

Strände & Sehenswertes

In Fahrtrichtung mit dem Ziel Hawi liegen die folgenden Strände und Sehenswürdigkeiten:

Pua Mau Place BOTANISCHER GARTEN
(Karte S. 241; 882-0888; www.puamau.org; Ala Kahua Dr; Erw./Kind 10/8 $; 9–16 Uhr) Wie kommt jemand auf die Idee, 6 ha des trockensten Landes der Insel in einen „umweltfreundlichen" botanischen Garten zu verwandeln? Der über 80 Jahre alte Virgil Place hat sich diesen Traum einer (künstlich bewässerten) Oase zu einem kleinen Teil verwirklicht. Besucher sollten sich auf brüllende Hitze einstellen. Nördlich vom Meilenstein 6 landeinwärts auf den Ala Kahua Drive abbiegen.

Lapakahi State Historical Park HISTORISCHE STÄTTE
(Karte S. 241; 882-6207; Eintritt frei; 8–16 Uhr, an Feiertagen geschl.) Dieser Küstenpark war vor 600 Jahren ein abgeschiedenes Fischerdorf. Schließlich zogen einige

der Bewohner ins feuchtere Hochland, um dort Ackerbau zu betreiben. Dadurch wurde Lapakahi zu einem *ahupua'a*. Als im 19. Jh. der Grundwasserspiegel sank, wurde das Dorf aufgegeben.

Über das 100 ha große Gelände führt ein schattenloser, eine Meile langer **Rundweg**, vorbei an den Überresten von Steinmauern, Hausstätten, Kanuschuppen und Fischerschreinen. Besucher können sich in **hawaiischen Spielen** versuchen: Es gibt Material und Anleitungen für *'o'o ihe* (Speerwerfen), *konane* (Schach) und *'ulu maika* (Steinkegeln). Großartige Erläuterungen gibt es nicht, sodass Besucher eine Menge Phantasie benötigen, um die bescheidenen Ruinen mit Leben zu füllen.

In den klaren Gewässern von Lapakahi, die zu einem Meeresschutzgebiet gehören, tummeln sich zahlreiche tropische Fische. Jedoch ist dies ein historischer und kein Freizeitpark, und die Gewässer sind historisch heilig. Das Parkpersonal kann Schnorchelgenehmigungen erteilen, sieht solche Vorhaben aber im Allgemeinen nicht gern.

Der Park liegt etwas südlich des Meilensteins 14.

Mahukona Beach Park STRAND

(Karte S. 241) Da der Mahukona Beach Park keinen Sandstrand bietet und man hier auch nicht baden kann, lohnt er nur einen kurzen Abstecher. Nach der Abzweigung vom Akoni Pule Hwy führt das rechte Sträßchen zu einem kleinen Pier. Hier befand sich einst ein wichtiger Hafen für die Kohala Sugar Company, heute ist hier nur noch ein ruhiges Angelplätzchen der Einheimischen.

Hinter dem Bootsanleger befinden sich Schnorchel- und Tauchstellen, die bei ruhiger See erkundet werden können. Über eine Leiter geht's in ungefähr 1,5 m tiefes Wasser. Weiter nördlich kann man einer

Ankerkette zu einem unter Wasser liegenden Schiffskessel und den Überresten eines Schiffs in 7,5 m Tiefe folgen. Jedoch ist das Ambiente im Ganzen nicht sehr einladend.

Wer sich nach der Abzweigung links hält, kommt zum County Park; hier steht an einem reizvollen, aber auch umtosten Strand eine schäbige Ansammlung von Picknicktischen und Toiletten. Der Campingbereich macht einen tristen Eindruck.

King Kamehameha's Birthplace
HISTORISCHE STÄTTE

(Karte S. 241) An der Küste südlich des Mo'okini Heiau befindet sich der vermeintliche Geburtsort von Kamehameha, markiert mit einem von Steinmauern umgebenen Fundament. Der Überlieferung zufolge wurde Kamehameha 1758 an einem stürmischen Winterabend geboren und ein *kahuna* (Priester oder Zauberer) sagte zu seiner Mutter, dass ihr Sohn einst ein mächtiger Herrscher werden und alle Inseln erobern würde. Als der herrschende höchste Häuptling von Big Island dies hörte, ließ er alle männlichen Neugeborenen töten. Deshalb wurde Kamehameha versteckt, nachdem er für die Geburtsrituale zum Mo'okini Heiau gebracht worden war.

Hierher führt eine Staubpiste, die etwa 400 m südlich des Mo'okini Heiau Richtung Meer abzweigt.

Mo'okini Luakini Heiau
HEIAU (TEMPEL)

(Karte S. 241; ☎373-8000; Eintritt frei; ☺9–20 Uhr, Mi geschl.) Dieser abgelegene Tempel beim 'Upolu Point an der Nordspitze von Big Island gehört zu den bedeutendsten hawaiischen Stätten und ist auch einer der ältesten Tempel (er stammt von etwa 480 n. Chr.). Die eine Fläche von 75 x 37 m einnehmenden und von 1,8 m hohen Mauern umgebenen gewaltigen Steinruinen erheben sich einsam und verlassen in einer windzerzausten Grasebene.

Der Überlieferung zufolge wurde der Tempel zwischen „Sonnenaufgang und erstem Licht" von bis zu 18 000 „kleinen Leuten" (Gnomen) errichtet, die in völliger Stille unter Aufsicht von Kuamo'o Mo'okini vom Wasser geglättete Basaltsteine aus dem 20 km entfernten Pololu Valley herüberreichten. Dies war ein „geschlossener" Tempel, das heißt, er war den *ali'i nui* (höchsten Häuptlingen) vorbehalten.

500 Jahre später ließ Pa'ao, ein Priester aus Samoa, die Mauern auf 10 m erhöhen und baute den Altar als eine *ho'okupu* (Gabe) an die Götter um. Er führte Men-

schenopfer ein, um die Verunreinigung des königlichen Blutes aufzuhalten und eine strengere Verhaltensmoral durchzusetzen; so wurde dieser Tempel zum ersten *luakini heiau*.

Im Jahr 1963 wies der National Park Service den Mo'okini Heiau als erstes National Historic Landmark in Hawaii aus. Fünfzehn Jahre später wurde es dem Bundesstaat Hawaii übermacht.

Die derzeitige *kahuna nui* (Hohepriesterin), Leimomi Mo'okini Lum, ist die siebte Hohepriesterin aus der Mo'okini-Blutlinie, die dem Tempel dient. 1978 hob sie das Tabu auf, das den Zugang zum Tempel untersagte, und öffnete ihn so für Besucher.

Um hierher zu gelangen, biegt man zwischen den Meilensteinen 18 und 19 auf die Old Coast Guard Rd ab und folgt dieser für etwa 1,5 km. Dann geht's rechts auf eine Straße aus roter Schlacke, die durch ein abgesperrtes Tor verschlossen ist. Entweder man ruft vorher an, damit das Tor aufgeschlossen wird, oder man parkt hier (ohne das Tor zu blockieren) und geht 15 Minuten bis zum Tempel. Wer mit einem Geländewagen unterwegs ist, kann auch Richtung 'Upolu Airport fahren und dann nach Süden auf die zerfurchte Küstenstraße abbiegen, die allerdings nach Regenfällen unpassierbar ist.

Hawi
940 EW.

In Hawi sind alle Geschäfte in zwei Straßenblocks untergebracht, doch trotz der geringen Größe ist es malerisch und charmant und besitzt empfehlenswerte Restaurants. Früher war Hawi eine wichtige Plantagenstadt der Kohala Sugar Company, und viele der Bewohner sind Nachfahren der Zuckerarbeiter. Zuzügler vom Festland der USA bringen das große Geld ins kleine Hawi und sind die treibende Kraft bei der Umwandlung des Hinterlands in ein Touristenziel. Ansonsten bietet der Ort nützliche Einrichtungen wie eine Post, einen Lebensmittelladen und eine Tankstelle.

🏃 Aktivitäten

LP TIPP **Big Island Eco Adventures**
ZIPLINING

(☎889-5111; www.bigislandecoadventures.com; 55-514 Hawi Rd; 3–4-stündige Tour 159 $) Die Waldwildnis beim Pololu Valley ist perfekt

LEBEN AUF DER RANCH

Weideland, über das der Wind pfeift. Grasende Rinder. Wolkenfetzen am Himmel. In North Kohala wünschen sich viele Reisende, ein *paniolo* (Cowboy) zu sein, zumindest für einen Tag. Also auf zu einer richtigen Ranch an der atemberaubenden Kohala Mountain Rd! Wer in Waimea untergekommen ist: Auch dort gibt es tolle Ranches.

Kahua Ranch

(Karte S. 241; ☎882-7954; www.exploretheranch.com; Kohala Ranch Rd) Das in ganz Hawaii bekannte Rind- und Lammfleisch von der Kahua Ranch ist begehrt bei anspruchsvollen Küchenchefs und wird auf Speisekarten oft besonders herausgehoben. Einen Einblick in das Leben auf der knapp 3500 ha großen Ranch, die sich im Besitz der Familie Richards befindet, erhalten Besucher beim **Evening at the Ranch BBQ Dinner** (Erw./Kind 6–11 J. 95/47,50 $; ☺Sommer 18–21, Winter 17.30–20.30 Uhr), zu dem es ein Abendessen mit Steak und Huhn und Bier und Wein sowie Livemusik, Rodeo, Sternbeobachtung und Lagerfeuer gibt. Abholung und Rücktransport möglich (Erw./ Kind 6–11 J. 119/59,50 $).

Na'alapa Stables

(☎889-0022; www.naalapastables.com; Kohala Ranch Rd; Ausritte 68–88 $, Wagentour Erw./Kind 36/18 $) Na'alapa bietet Ausritte über die Weiden der 3500 ha großen Kahua Ranch an, bei denen sich aus knapp 1000 m Höhe schöne Ausblicke eröffnen. Oder lieber eine historische Tour über die Ranch mit einem Pferdewagen im Stil der 1860er-Jahre?

Paniolo Riding Adventures

(☎889-5354; www.panioloadventures.com; Hwy 250; Ausritte 69–159 $) Kurze und lange Ausritte, mit Picknick oder bei Sonnenuntergang: Die Pferde der fast 4500 ha großen Rinderranch werden je nach Erfahrung der Reiter ausgesucht. Stiefel, Hüte, lederne Cowboy-Reithosen und Jacken erhält man kostenlos.

fürs Ziplining. Acht Mal haben die Teilnehmer bei dieser ausgezeichneten Tour Gelegenheit, an Seilen herunterzuzischen; außerdem wird gewandert, und obendrein gibt's zwei Hängebrücken und Ausblicke auf Wasserfälle. Vom Treffpunkt bei Luke's Place geht's mit einem Sechsradfahrzeug zum Ziplining-Parcours. Täglich werden zwischen 8 und 14 Uhr sieben Touren angeboten, mit jeweils maximal zehn Teilnehmern.

Kohala Ditch Adventures   KAJAKFAHREN

(☎889-6000, 888-288-7283; www.kohaladitch adventures.com; Tour Erw./Kind unter 12 J. 129/65 $) Diese einzigartigen Touren (die früher „Flumin' da Ditch" hießen) wurden 2006 nach dem Erdbeben eingestellt. 2011 wurden sie wieder aufgenommen, allerdings zu spät für eine Besprechung hier im Buch – es sah aber vielversprechend aus. Auf einer 4 km langen Kajaktour auf alten Plantagenwasserwegen durchfahren die Paddler Regenwald, zehn Tunnel und sieben Bewässerungskanäle.

🛏 Schlafen

Kohala Village Inn   INN $

(☎889-0404; www.kohalavillageinn.com; 55-514 Hawi Rd; Zi. 70–80 $, Suite 120–140 $; 🐾) Die 19 gemütlichen Zimmer sind erheblich schöner, als es das motelähnliche Gebäude aus der Plantagenzeit vermuten lässt. Sie verfügen über Holzfußböden, gefliste Bäder, weiche Handtücher und Kabel-TV. Das im Preis inbegriffene kleine Frühstück und die praktische Lage einen halben Block von der Hauptstraße machen die dünnen Wände und den fehlenden Ausblick wieder wett.

Plantation House   COTTAGE $$

(Karte S. 241; ☎889-6951; www.hawiplantation house.com; Akoni Pule Hwy; Cottage/Haus/beides 150/800/900 $; 🐾) Das 30-m²-Studiocottage ist, wenn niemand das benachbarte Haus mietet, ein romantischer Rückzugsort. Es gibt einen Kühlschrank und ein schmales Doppelbett. Für größere Gruppen bietet sich das schön restaurierte Plantagenhaus mit sechs Schlafzimmern und sechs Bädern an – insgesamt haben 14 Personen Platz.

Es gibt eine professionelle Küche, einen Waschraum, Pool und Tennisplatz: perfekt für Großfamilienurlaub, Hochzeiten und andere Events. Den Weg bei den Eigentümern erfragen!

✕ Essen & Ausgehen

LP TIPP **Sushi Rock** SUSHI $$
(☏889-5900; www.sushirockrestaurant
.net; Akoni Pule Hwy; Nigiri 6 $, Sushi 8–20 $, Hauptgerichte 15–28 $; ⏱So–Di & Do 12–15 & 17.30–20, Fr & Sa bis 21 Uhr) Sushimeister Rio Miceli ist zwar nicht mehr Küchenchef, doch werden in dieser populären Sushi-Bar weiterhin erfolgreich seine ziemlich ungewöhnlichen, von der Inselküche beeinflussten Spezialitäten gerollt wie etwa die Kohala Inside-out (Ahi-*poke*, frische Papayas und Gurken, Macadamianüsse). Puristen schrecken vielleicht vor Schafskäse, karamellisierter Maui-Zwiebel oder geschmolzenem Parmesan in ihrem Sushi zurück – bis sie diese phantasievollen Kreationen probiert haben. Auf jeden Fall sollte man reines Wasabi bestellen: Dabei handelt es sich um die gemahlene Wurzel, nicht um die Paste. Früh da sein!

Bamboo REGIONALE KÜCHE $$
(☏889-5555; Kohala Trade Center, Akoni Pule Hwy; Mittagessen 9–14 $, Abendessen 14–35 $; ⏱Di–Sa 11.30–14.30 & 18–20, So 11.30–14.30 Uhr) Das Bamboo, eine alteingesessene Institution, erfreut sich großer Beliebtheit. Die Ost-West-Fusionsküche kommt im „frischen Inselstil" auf den Tisch – eine erfolgreiche Kombination, nur darf man keine Innovationen erwarten. Die fröhliche Mischung aus balinesischen Schirmen, blinkenden Weihnachtslichtern und dem warmen Holz der Wände des historischen Gebäudes steht für das echte Hawi, besonders am Wochenende, wenn die Livemusik alle mitreißt.

Kohala Coffee Mill CAFÉ $
(☏889-5577; Akoni Pule Hwy; Snacks 3–5 $; ⏱Mo–Fr 6–18, Sa & So bis 17.30 Uhr) Ein gemütliches Café zum Abhängen bei Muffins, frischem Kona-Kaffee und göttlicher Tropical-Dreams-Eiscreme. Interessant sind auch das *shave ice* und das *fudge* im benachbarten **Upstairs at the Mill** (☏889-5015; ⏱11–17 Uhr; 🖥), wo es auch Internetzugang (5 $/30 Min.) und Kunstausstellungen gibt. Abends wird daraus eine **Kavabar** (⏱16.30–21 Uhr). Dann haben Gäste die Wahl zwischen traditionellem *kava* (dem leicht entspannenden Saft der 'awa-Pflanze) und einer Variante mit Geschmack wie etwa Maya Chocolate (mit Kokosmilch, Ingwer, Schokolade, Cayennepfeffer und Zimt).

Luke's Place & Tiki Lounge AMERIKANISCH $$
(☏889-1155; www.lukeskohala.com; 55-510 Hawi Rd; Sandwiches 9–13 $, Hauptgerichte abends 12–27 $; ⏱11–21, Bar bis 22 Uhr) Dieses freundliche Lokal ähnelt einer Freiluft-Sportbar und serviert recht gute amerikanische Standardgerichte wie Seafood, Steaks und Rippchen, verfeinert durch einheimische Aromen und Zutaten. Die klassischen Sandwiches sind turmhoch frisch belegt, in den Burgern wird Fleisch von Big-Island-Weiderindern verbraten. Freitag- und sonntagabends gibt's Livemusik.

Hula La's Mexican Kitchen MEXIKANISCH $
(☏889-5668; Kohala Trade Center, Akoni Pule Hwy; Hauptgerichte 7–9,50 $; ⏱Mo–Do 11–20, Fr–So bis 16 Uhr) Dieses kleine mexikanische Lokal ist toll für Gerichte zum Mitnehmen (es gibt nur wenige Sitzplätze), Vegetarier und Salsa-Süchtige. Besonders gut sind die sättigenden Burritos, der Grillfisch auf Biogemüse und die hausgemachte Papaya-Salsa.

Takata Store LEBENSMITTEL
(Karte S. 241; ☏889-5413; Akoni Pule Hwy; ⏱Mo–Sa 8–19, So bis 13 Uhr) Gut bestückter, familiengeführter Markt zwischen Hawi und Kapa'au.

🛍 Shoppen

LP TIPP **Living Arts Gallery** GALERIE
(www.livingartsgallery.net; 55-3435 Akoni Pule Hwy; ⏱10.30–17, Fr bis 20 Uhr) Kunstgalerien müssen nicht spießig sein, wie diese einladende Galerie beweist, die von einer Künstlerkooperative geführt wird.

Elements ACCESSOIRES
(3413 Akoni Pule Hwy; ⏱Mo–Fr 10–18, Sa bis 17 Uhr) Dieser früher in Kapa'au ansässige unwiderstehliche Schmuck- und Andenkenladen verkauft eine vielseitige Auswahl an regional hergestellten Kleinigkeiten.

L Zeidman Gallery GALERIE
(Hwy 270; ⏱Di–Sa 10–18, So & Mo bis 17 Uhr) Die meisten Besucher können sich die exquisit gearbeiteten Holzschalen und -skulpturen in dieser Galerie nur anschauen; die hier verkauften Stücke von Künstlern der Insel haben Museumsqualität.

KULINARISCHE ERLEBNISSE

» *Poke* auf dem Suisan Fish Market (S. 286)

» Taro-, Brotfrucht- und Süßkartoffel-chips von Aaron's Blue Kalo (S. 273 und S. 288)

» Wilde Sushikreationen bei Sushi Rock (S. 244)

» Turtle Cheesecake von der Kailua Candy Company (S. 204)

» Tempura-Ahi-Rolle im Kaleo's (S. 295)

» *Poha* (Stachelbeere), *liliko'i* (Passionsfrucht) und andere hausge-machte Konfitüren von Mr Ed's Bakery (S. 274)

Gallery at Bamboo
GALERIE

(www.bamboorestaurant.info; Hwy 270; ⊙Di–Sa 11.30–20, So bis 14.30 Uhr) Die Galerie, die zusammen mit dem Restaurant Bamboo im Old General Store residiert, quillt über von Gemälden, Fotos, funkiger Kunst und teuren Geschenken. Den oberen Bereich nicht vergessen!

Kapa'au
1160 EW.

Kapa'au ist eine weitere ehemalige Zucker-stadt, die sich zu einem attraktiven Ziel für Reisende gemausert hat, wenn sie auch nicht so schön urig ist wie Hawi. Kapa'au ist das Verwaltungszentrum von North Kohala, mit einem Gericht, einer Polizei-station, einer Bibliothek und einer Bank mit Geldautomat. In North Kohala wuchs Kamehameha auf, sodass die Feierlichkei-ten zum King Kamehameha Day hier eine besondere Bedeutung haben.

⊙ Strände & Sehenswertes

GRATIS **Kenji's House**
MUSEUM

(☎884-5556; www.kohalaartists.com; Akoni Pule Hwy; ⊙11–17 Uhr) Der aus Kapa'au stammende Kenji Yokoyama (1931–2004) ist für seine Muschelkunst bekannt. Der be-geisterte Taucher, Recycler und Bastler sam-melte Steine, Treibholz und Muscheln, die er zu kleinen Skulpturen zusammenleimte. Vielleicht keine „große" Kunst, aber das Zu-sammenspiel von Sammlung und Haus hat was, ist irgendwie originell und phantasie-voll und dann auch durchaus ernst zu neh-men. Neben der Ausstellung mit dem Titel **Kenji's Room: A Mini Museum** befindet sich in Kenji's House auch ein **Restaurant** (Pico's Bistro) und die **North Kohala Ar-tists Cooperative Gallery**.

Statue von Kamehameha dem Großen
DENKMAL

Das Standbild auf dem Rasen vor dem North Kohala Civic Center hat einen be-rühmten Zwilling in Honolulu (gegenüber vom 'Iolani Palace). Die Statue in Kapa'au war zuerst da, angefertigt 1880 in Florenz von dem amerikanischen Bildhauer Tho-mas Gould. Als das Schiff, auf dem die Sta-tue transportiert wurde, vor den Falkland-Inseln sank, wurde mit der Originalform eine zweite Statue gegossen. Diese zweite erreichte Hawaii 1883 und nahm ihren Platz in der Innenstadt von Honolulu ein. Später wurde die erste Statue vom Meeres-boden geborgen und in die Stadt geschickt, in der Kamehameha aufwuchs.

Keokea Beach Park
STRAND

(abseits des Akoni Pule Hwy; ⊙Tor 7–23 Uhr) Die-ser Strandpark rund 3,5 Meilen (5,6 km) von Kapa'au ist kein Besuchermagnet, da es hier keinen Sandstrand gibt. Rötliche Klippen erheben sich an einer Bucht, in der große Steine liegen. Die Brandung ist dank einer westlichen Dünung recht stark und zieht eine bunte Mischung erfahrener ein-heimischer Surfer an. Baden ist eher nicht so gut wegen gefährlicher Shorebreaks und starker Strömungen. Die Einrichtungen sind lausig, es gibt immerhin Grills, Du-schen, Trinkwasser und Toiletten. Der aus-geschilderte Abzweig liegt etwa 1,5 Meilen (2,4 km) vor dem Pololu Valley Lookout. Der Weg hinunter zum Strand führt an einem alten **japanischen Friedhof** vorbei, mit japanischen Schriftzeichen auf den Grab-steinen.

Kalahikiola Church
KIRCHE

1855 errichteten die protestantischen Mis-sionare Elias und Ellen Bond diese Kirche auf ihrem großen Anwesen (das Leben eines Missionars war nicht unbedingt von Armut gekennzeichnet). Das Gebäude selbst ist un-spektakulär, aber die hohen Banyan-Bäume und die friedvollen Macadamiahaine um die Kirche herum ergeben ein nettes Bild. Drei der vier Kirchenwände wurden beim Erdbeben von 2006 stark beschädigt, aber die Gemeinde begann sofort Geld für den Wiederaufbau zu sammeln.

Die Kirche liegt gut 800 m die 'Iole Rd entlang, die zwischen den Meilensteinen 23 und 24 landeinwärts vom Highway abzweigt.

Kamehameha Rock   WAHRZEICHEN

Der Überlieferung zufolge trug Kamehameha diesen Felsbrocken vom Strand den Berg hinauf, um seine gewaltige Stärke zu demonstrieren. Viel später, als Straßenbauarbeiter versuchten, den Stein woandershin zu verfrachten, fiel der Fels andauernd vom Wagen – ein Zeichen dafür, dass er bleiben wollte, wo er war. Da die Arbeiter die spirituelle Kraft von Kamehameha nicht herausfordern wollten, ließen sie den Stein an Ort und Stelle. Der Standort ist leicht zu übersehen: Er liegt auf der landeinwärtigen Straßenseite etwa 2 Meilen (3,2 km) östlich von Kapa'au, in einer Kurve gleich hinter einer kleinen Brücke. Zwischen den Bäumen oberhalb versteckt liegt das alte bunte chinesische **Tong Building** mit interessanter Fassade (chinesische Migranten organisierten sich in so genannten Tongs – Gesellschaften zur gegenseitigen Unterstützung).

✦ Festivals & Events

North Kohala Kamehameha Day Celebration   HISTORISCHE FEIER
LP TIPP

(www.kamehamehadaycelebration.org; Eintritt frei) Tausende Besucher strömen am 11. Juni nach Hawi und Kapa'au, um Kamehameha den Großen zu ehren. An die spektakuläre Parade mit blumengeschmückten Reitern und Festwagen schließt sich ein ganztägiges Fest mit Musik, Kunsthandwerk, Hula und Essen an.

🛏 Schlafen

Kohala Club Hotel   INN $

(Karte S. 241; ☎889-6793; www.kohalaclub hotel.com; 54-3793 Akoni Pule Hwy; Zi./Cottage 56/90 $) Das winzige Inn nur eine halbe Meile vom Ort bietet saubere Zimmer mit Bad zu einem unglaublichen Preis. Im Haupthaus gibt es vier kleine, schlichte Zimmer mit schmalem Doppelbett oder zwei Einzelbetten sowie TV. Das Cottage ist mit seinen beiden Schlafzimmern perfekt für Familien geeignet.

Kohala Country Adventures Guest House   INN $$

(Karte S. 241; ☎889-5663, 866-892-2484; www. kcadventures.com; abseits des Akoni Pule Hwy; Zi. 85–175 $) Wer es ländlich mag, ist in diesem Wohnhaus auf einem 4 ha großen Grundstück mit wildem tropischem Garten, Obstbäumen, Vieh und Küstenblicken vielleicht richtig. Die Sundeck Suite ist gut für Familien, mit Kochzeile, drei Betten und offener Loftbauweise. Eine gemütliche, keine schicke Unterkunft, und Gastgeber Bobi Moreno schafft es, dass sich alle wie zu Hause fühlen.

✗ Essen

Pico's Bistro   CAFE $
LP TIPP

(☎884-5555; Kenji's House, Akoni Pule Hwy; Hauptgerichte 8–12 $; ⊙11–18.30 Uhr) Terrasse, Schirme und die winzige Küche ähneln mehr einer Imbissbude am Strand. Aber nicht beirren lassen: Die Karte des Pico's ist hervorragend, mit hausgemachten Nudelgerichten, Quiches, Huhn- und Lammkebabs und klassischen Salaten. Die Zutaten stammen aus biologischem Anbau der Region. Zu den frischen Frucht-Smoothies (5 $) gehört z. B. Lime Malia (hausgemachtes Limettensorbet, Mineralwasser und frischer Limettensaft). Becher, Besteck und Behälter sind biologisch abbaubar.

Sammy D's   DINER $

(☎889-5288; 54-3854 Akoni Pule Hwy; Mahlzeiten 7–9 $; ⊙Di–Sa 11–20, So bis 16 Uhr) Sättigende Burger, Sandwiches und *plate lunches* u. a. mit Mahimahi, koreanischem Huhn und der Hausspezialität – Schweinerostbraten.

Sushi To Go   SUSHI $

(☎756-0132; 54-3877 Akoni Pule Hwy; Sushi 6–10 $) Einfach gutes Sushi zum Mitnehmen für ein leckeres Mittagessen oder eine Zwischenmahlzeit.

Pololu Valley

Die atemberaubend steilen und geheimnisvollen Klippen dieses uralten Tals sind unglaublich – und beweisen gleichzeitig die Vielseitigkeit der Landschaften auf Big Island. Steht das Waipi'o Valley für satte grüne Natur, so verkörpert das Pololu Valley die zurückhaltende Seite von Big Island mit Schatten und rollendem Nebel. Der Akoni Pule Hwy endet am **Pololu Valley Lookout**. Wer keine Wanderung durchs Tal unternimmt, kann hier wenigstens tolle Fotos schießen.

Zu Zeiten, als der Pololu Stream von weither im Inselinneren Wasser zum Talgrund beförderte, gediehen im Pololu Valley üppigst die Taro-Pflanzen. Als jedoch 1906 das Bewässerungssystem Kohala Ditch gebaut wurde, wurde ein Großteil des Wassers umgeleitet, und der Taro-Anbau fand ein Ende. Die letzten Bewohner verließen das Tal in den 1940er-Jahren. Das Gebiet ist heute ein Waldschutzgebiet.

Mehr als 100 Jahre lang bildete das Bewässerungssystem die Lebensader für die Ranches und Farmen in Kohala, die Kanaltouren entwickelten sich zu einer Touristenattraktion. Beim Erdbeben im Oktober 2006 wurde das Kanalsystem jedoch stark beschädigt, und zwei Jahre lang floss hier kein Wasser mehr. Derzeit wird der Kohala Ditch für mehrere Millionen Dollar umfassend instand gesetzt.

⚡ Aktivitäten

LP TIPP **Pololu Valley Trail** WANDERN
Dieser steile, felsige Pfad hinunter zum Talgrund ist dank der vielen Serpentinen und der recht kurzen Länge von nur gut 1 km von den meisten Besuchern zu bewältigen. Ohne Stopps nimmt der Abstieg bei herrlicher Aussicht nur 20 Minuten in Anspruch, der Rückweg vielleicht eine halbe Stunde. Nach einem Regenguss ist Vorsicht angebracht, da die schlammigen Steine dann sehr rutschig sind. Am Beginn des Weges sind oft Wanderstöcke zu finden. Es gibt hier keinerlei Einrichtungen.

An der Mündung des Tals befindet sich ein wundervoller **Strand** mit schwarzem Sand. Die Brandung ist heftig, besonders im Winter, und das ganze Jahr über treten Brandungsrückströme auf – Baden ist gewöhnlich nicht möglich. Jedoch sieht man manchmal einheimische Surfer und Bodyboarder die Wellen testen. Hinter dem Strand taucht ein märchenhaftes Wäldchen aus Ironwood-Bäumen (Eisenholz) auf – wie aus einem Tolkien-Buch. Ein tieferes Vordringen ins Tal wird durch einen Teich verhindert, hinter dem Rinder frei herumlaufen (das Wasser des Teichs sollte man also nicht trinken).

☞ Geführte Touren

Hawaii Forest & Trail GEFÜHRTE WANDERUNG
(☎331-8505, 800-464-1993; www.hawaii-forest.com; Kohala Waterfalls Tour Erw./Kind unter 13 J. 159/129 $) Die 2,5 km lange Schleife folgt dem Kohala Ditch Trail zu Wasserfällen (Bademöglichkeit); der Transfer von der Waikoloa Resort Area ist inbegriffen.

7030 EW.

Das kühle, grüne, sanft gewellte Weideland um Waimea herum erwartet man in Big Island vielleicht am wenigsten. Dies ist das Land der Rinder und Cowboys, und fast alles – inklusive Waimea selbst – gehört, verwaltet oder verpachtet die Parker Ranch, fünftgrößte Kuh- und Kälberranch in den USA.

Waimea ist voller Kontraste. Wettertechnisch etwa teilt es sich in die trockene und eine feuchte Seite. Die Stadt wird von den Einheimischen meist Kamuela genannt, um dieses Waimea von den gleichnamigen Orten auf O'ahu und Kaua'i zu unterscheiden. Vom Highway aus sieht man nur öde Einkaufszentren, aber bei näherem Hinsehen offenbaren sich Kunstgalerien und Gourmetrestaurants. Und dann gibt's da noch die vielen Zugezogenen – Biobauern, Astronome, Künstler und Neureiche.

Für Reisende ist Waimea eine gute Basis, wenn man die Ziele Kohala, Mauna Kea und Hamakua Coast hat, da alles leicht zu erreichen ist. Wer gutes Essen und Theater mag – umso besser: Dieses „Kuhdorf" offeriert mit das beste Angebot der Insel. Das Wetter spielt im 800 m hoch gelegenen Waimea oft verrückt. Von einem Augenblick zum nächsten kann die Sonne verschwinden und Regen einsetzen, also kleidungstechnisch entsprechend vorsorgen.

Orientierung

Die Ortsmitte bildet die Kreuzung von Kawaihae Rd (Hwy 19) und Mamalahoa Hwy (Hwy 190).

Ab Hilo heißt der Hwy 19 gewöhnlich Mamalahoa Hwy, aber westlich der Kreuzung mit dem Hwy 190 wird er zur Kawaihae Rd, während der Hwy 190 wiederum als Mamalahoa Hwy weiterläuft. Um die Sache noch weiter zu verkomplizieren, gibt es weiter östlich einen Abschnitt des „Old Mamalahoa Hwy", der sich mit dem Hwy 19 kreuzt und parallel zu diesem verläuft.

◉ Sehenswertes

Bis vor kurzem waren die Hauptattraktion in Waimea das Museum und die historischen Wohnhäuser der Parker Ranch aus dem 19. Jh. Letztere sind jetzt auf Dauer geschlossen, aber folgende Adressen lohnen sich auch:

GRATIS **Isaacs Art Center** KUNSTGALERIE
(☎885-5884; http://isaacsartcenter.hpa.edu; 61-1268 Kawaihae Rd; ☺Di-Sa 10–

Waimea (Kamuela)

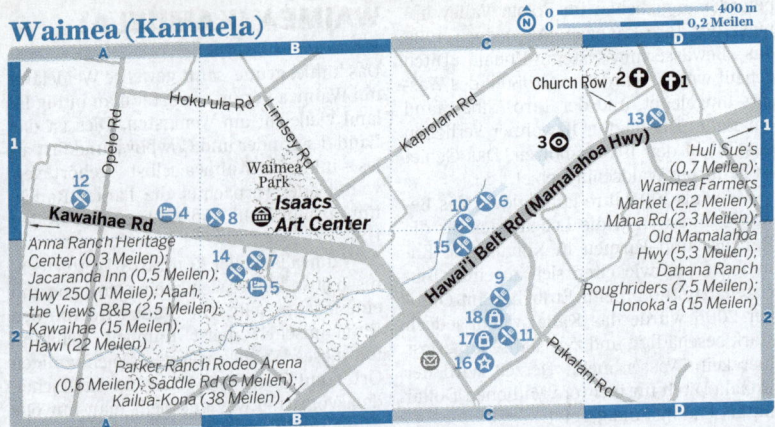

17 Uhr) Manchmal sind die Orte, an denen Kunst gezeigt wird, genauso bewegend wie die Kunst selbst. Bei dieser Galerie ist das jedenfalls der Fall. Als die Schule von Waimea abgerissen werden sollte, wollten George und Shirley Isaacs sowie ein paar Freunde das alte Gebäude von 1915 retten. Sie versetzten es Stück für Stück an seinen heutigen Standort. Das Ergebnis: helle, geräumige Galerieräume, in denen mittlerweile eine schöne Sammlung ein-

heimischer und ausländischer Kunst ausgestellt ist.

Beim Laufen über die Original-Douglas-fichtenböden mischt sich in den Geruch der Ölfarben und der exotischen Hölzer der Traum, diesen wunderbaren Schaukelstuhl aus *koa*-Holz (8000 $) oder jenen exquisiten Schrank aus *milo-, tiger-* und *kahili-koa*-Holz (15 000 $) zu besitzen. Einige Stücke stehen nicht zum Verkauf, wie etwa Herb Kawainui Kanes Klassiker *The Arri-*

VON RINDERN UND COWBOYS

Bis vor Kurzem war die **Parker Ranch** (www.parkerranch.com) mit einer Fläche von über 1000 km² die größte private Ranch der USA. Um unter den heutigen schwierigen Marktverhältnissen überleben zu können, musste jedoch Land abgestoßen werden; so wurden 2006 knapp 100 km² an das US-Militär verkauft. Heute ist die Parker Ranch immer noch den fünftgrößte Kuh- und Kälberranch der USA, mit mindestens 12 000 Mutterkühen auf über 500 km² Land (5 % der gesamten Big Island); jedes Jahr werden hier 5400 t Rindfleisch produziert.

Die Geschichte begann 1793, als der britische Kapitän George Vancouver König Kamehameha eine Herde Langhornrinder schenkte. Damit die Herde wachsen konnte, belegte der clevere Kamehameha die Kühe mit einem *kapu,* sodass sie für seine Untertanen tabu waren. Bis 1815 hatte sich die gedeihende wilde Herde zu einer echten Plage entwickelt.

1809 traf der Seemann John Palmer Parker aus Massachusetts im zarten Alter von 19 Jahren auf Big Island ein. Parker konnte so geschickt mit dem Gewehr umgehen, dass Kamehameha ihn mit der Beseitigung des Rinderproblems beauftragte. Mit dem Schneid und der Entschlossenheit, wie sie vielen neuenglischen Pionieren eigen waren, reduzierte Parker die Größe der Herde auf eine vernünftige Größe und verlangte als Bezahlung einige besonders prächtige Exemplare. Kamehameha dankte Parker mit erstklassigen Kühen und der Hand einer seiner Enkelinnen. Mit der Prinzessin und den Rindern kam königliches Hab und Gut dazu: ein Stück Land, das schließlich auf die gesamte *ahupua'a* von Waikoloa ausgedehnt wurde, ein traditionelles Landteilungsstück von den Bergen zum Meer. Die Parker Ranch wurde schließlich 1847 aus der Taufe gehoben.

Näheres über die heutigen hawaiischen Cowboys auf www.paniolopreservation society.org.

Waimea (Kamuela)

◉ Highlights

　　Isaacs Art Center B1

◉ Sehenswertes

　1 Imiola Congregational Church D1
　2 Ke Ola Mau Loa Church D1
　3 WM Keck Observatory Office C1

◉ Schlafen

　4 Kamuela Inn A1
　5 Waimea Rental Cottages B2

◉ Essen

　6 Charley's Thai Cuisine C1
　7 Daniel Thiebaut B2
　8 Hawaiian Style Cafe B1
　9 Healthways II C2
　10 KTA Super Store C1
　11 Lilikoi Cafe C2
　　Merriman's .... (s. 12)
　12 Pau A1
　13 Tako Taco D1
　14 Waimea Coffee & Co B2
　15 Waimea Ranch House C2

◉ Unterhaltung

　16 Kahilu Theatre C2

◉ Shoppen

　　Gallery of Great Things .... (s. 14)
　17 Parker Ranch Center C2
　　Parker Square .... (s. 14)
　18 Reyn's C2
　　Waimea General Store .... (s. 14)

val of Captain Cook at Kealakekua Bay in January 1779 im Eingangsbereich.

Direktor Bernard Nougés beweist, dass Kunstgenuss nichts Versnobtes oder Abschreckendes haben muss. Er begrüßt Besucher – auch abgewrackt aussehende Backpacker – oft persönlich und erläutert handwerkliche Aspekte eines bestimmten Stückes oder die Symbolsprache eines Gemäldes. Ein Teil der Gewinne aus den Verkäufen fließt an die Hawai'i Preparatory Academy.

Waimea Farmers Market　　　MARKT

(◉Sa 7–12 Uhr) Der Bauernmarkt von Waimea ist ein echtes Inselhighlight und mit Sicherheit das bunteste kommunale Ereignis der Woche. Die Menschen strömen in Massen hierher, um sich mit frischen Lebensmitteln einzudecken und den neuesten Klatsch und Tratsch auszutauschen. Im Mittelpunkt stehen Bioerzeugnisse sowie frische Eier, Kräuter und Pflanzen, Fleisch und Honig aus der Umgebung, schöne Blumen und viel fertig zubereitetes Essen. Außerdem gibt es einige wenige Stände mit hochqualitativem Kunsthandwerk. Der Markt findet vor dem Büro von Hawaiian Home Lands statt, in der Nähe des Meilensteins 55 am Hwy 19.

Anna Ranch Heritage Center　　　HISTORISCHE STÄTTE

(☑885-4426; www.annaranch.org; 65-1480 Kawaihae Rd; Führungen 7 $; ◉Andenkenladen 10–16 Uhr) Dem Leben und der Ära der hawaiischen „First Lady of Ranching", Anna Leialoha Lindsey Perry-Fiske, ist dieses historische 14-Zimmer-Ranchhaus gewidmet, das beeindruckende *koa*-Möbel, die umfangreiche Garderobe der Dame und zahlreiche Erinnerungsstücke beherbergt. Da die anderen historischen Häuser der Parker Ranch nun geschlossen sind, ist dies die einzige Möglichkeit, einen Einblick in das damalige Leben zu gewinnen. Führungen müssen im Voraus gebucht werden. Das Haus befindet sich eine Meile westlich der Ortsmitte.

WM Keck Observatory Office　　　BESUCHERZENTRUM

(☑885-7887; www.keckobservatory.org; 65-1120 Mamalahoa Hwy; ◉Di–Fr 10–14 Uhr) Die Lobby ist für die Öffentlichkeit zugänglich. Besucher finden hier Modelle und Bilder der beiden 10-m-Keck-Teleskope, faszinierende Fotos und ein Teleskop, das auf den Mauna Kea gerichtet ist. Fachkundige Ehrenamtliche berichten von den neuesten Entdeckungen und beantworten Fragen. Wer es nicht ins Onizuka Center auf dem Mauna Kea (S. 256) geschafft hat, sollte wenigstens hierher kommen.

Church Row　　　KIRCHEN

An dieser Straße gibt es Versammlungsorte der Buddhisten, Baptisten und Mormonen. Seit 1830 steht hier ein christliches Gotteshaus, zunächst eine Grashütte, die die wachsende Gemeinde 1838 durch ein Holzgebäude ersetzte. Die Gemeindemitglieder schleppten das Baumaterial wie Korallensteine und Bretter auf ihrem Rücken heran. Auf diese Weise entwickelte die **Imiola Congregational Church** (www.imiolachurch.com; Eintritt frei; ◉Gottesdienste 9.30 Uhr), Waimeas erste christliche Kirche, eine enge Beziehung zum Land.

Die derzeitige Kirche, gänzlich aus *koa*-Holz, wurde 1857 erbaut und 1976 restauriert. Auf dem Kirchhof befindet sich das Grab des Missionars Lorenzo Lyons, der 1832 in Waimea ankam und hier 54 Jahre verbrachte. Lyons übersetzte viele Kirchenlieder ins Hawaiische und schrieb auch neue in dieser Sprache, darunter das beliebte „Hawai'i Aloha", das hier immer noch jeden ersten Sonntag des Monats auf Hawaiisch gesungen wird.

Die Kirche mit dem grünen Türmchen nebenan ist die viel fotografierte **Ke Ola Mau Loa Church**.

🏃 Aktivitäten

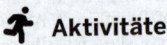

Dahana Ranch Roughriders

REITEN

(☏885-0057, 888-399-0057; www.dahanaranch. com; 90-min. Ausritt Erw./Kind 70/60 $; ⏰Ausritte 9, 11, 13 & 15 Uhr) Im Land der Pferde sind Ausritte natürlich kein Problem. Dahana Ranch Roughriders in den großartigen Ausläufern des Mauna Kea befindet sich im Besitz einer indigenen hawaiischen Familie. Beim renommiertesten Reitveranstalter von Big Island stehen American Quarter Horses zur Verfügung, die von Cowboys in der dritten und vierten Generation gezüchtet, eingeritten und trainiert werden. Die Ausritte führen über offenes Terrain und eignen sich teils auch für Kinder ab drei Jahren. Anspruchsvollere Ausritte werden ebenfalls angeboten. Die Ranch liegt 7,5 Meilen (12,1 km) östlich von Waimea abseits des Old Mamalahoa Hwy. Buchung erforderlich.

Parker Ranch Horseback Riding Tours

REITEN

(☏885-7655, 877-855-7999; www.parkerranch. com; Ausritte 79 $; ⏰8.15 & 12.15 Uhr) Die zweistündigen Ausritte (auch für Kinder ab sieben Jahren) beschäftigen sich vor allem mit der Geschichte der Ranch und führen u. a. zu den Viehpferchen und zur Arena. Gebucht werden können die Reittouren am „Gear Up and Go"-Schalter im Laden des Centers. Die Parker Ranch bietet nach Vereinbarung auch Jagdausflüge an.

🎉 Festivals & Events

Waimea Cherry Blossom Heritage Festival

JAPANISCHE KULTUR

(☏961-8706; Parker Ranch Center & Church Row Park; Eintritt frei) Die dunkelrosa Kirsch-blüten werden am ersten Samstag im Februar mit *taiko*-Trommeln, Stampfen von *mochi* (klebriger Reiskuchen) und anderen japanischen Kulturtraditionen begrüßt.

Waimea Ukulele & Slack Key Guitar Institute Concert

MUSIK

(☏885-6017; www.kahilutheatre.org; Eintritt ab 5 $) Dies ist die angesagteste Veranstaltung im Kahilu Theatre, mit Konzerten, abendlichen *kanikapila* (Jamsession) und Workshops mit den Größen der Ukulele und der Hawaii-Gitarre, darunter Cyril Pahinui und Dennis Kamakahi (Mitte Februar). Privatunterricht möglich (65 $).

Fourth of July Rodeo

RODEO

(☏885-2303; Parker Ranch Rodeo Arena, 67-1435 Mamalahoa Hwy; Eintritt 6 $) Am Nationalfeiertag wird über 45 Jahre Ranchgeschichte mit Lassoschwingen, Bullenreiten und anderen Highlights zelebriert.

Old Hawaii on Horseback

KULTUR

Das traditionelle *pa'u*-Reiten von *lei* geschmückten Frauen sollte man nicht versäumen, genauso wie das Konzert nach dem Ritt. Alle zwei Jahre im August.

Round-Up Rodeo

RODEO

(☏885-5669; www.parkerranch.com; Parker Ranch Rodeo Arena, 67-1435 Mamalahoa Hwy; Eintritt 5 $) Ein weiteres Event mit viel Peitschenknallen, am ersten Montag im September nach dem Labor-Day-Wochenende.

Aloha Festivals Ho'olaule'a

KULTUR

(☏885-7786; http://alohafestivals.com/v3/ pages/events/hawaii.jsp; Eintritt frei) Die in ganz Hawaii stattfindenden Aloha Festivals bringen in der dritten Septemberwoche Konzerte, Kunstgewerbemärkte und die Paniolo Parade nach Waimea.

Weihnachtsparade

WEIHNACHTEN

Anfang Dezember gibt's ein weihnachtliches Straßenfest.

🛏 Schlafen

Waimea ist nicht billig, aber die ländliche Umgebung und das gute Schlafklima bieten eine willkommene Abwechslung zur heißen Kohala Coast, die nur 20 Autominuten bergab liegt.

LP TIPP Waimea Garden Cottages

COTTAGES $$

(☑885-8550; www.waimeagardens.com; Studios 150 $, Cottages 165–180 $, mit Frühstück; ☏) Wer eine unabhängige, gemütliche Unterkunft sucht, wo man in einem Whirlpool baden, sich seine Mahlzeiten selbst zubereiten und den Morgenkaffee in einem separaten Garten einnehmen kann, der ist beim Kohala Cottage richtig. Das kleinere Waimea Cottage ist leicht kitschig, mit Kamin, Kochecke und eigenem Gartenbereich. Außerdem gibt es noch ein geräumiges Studio. Diese Unterkünfte für Nichtraucher liegen 2 Meilen (3,2 km) westlich der Stadt bei der Kreuzung von Kawaihae Rd und Hwy 250; Mindestaufenthalt drei Nächte.

LP TIPP Kamuela Inn

HOTEL $

(☑885-4243, 800-555-8968; www.hawaii-inns.com/hi/wai/kin; 1600 Kawaihae Rd; Zi. 60–85 $, Suite 90–100 $, mit Frühstück; ☏) Das motelähnliche Gästehaus bietet ein phantastisches Preis-Leistungs-Verhältnis. Die Standardzimmer verfügen über TV und Bad, in den Suiten gibt's noch eine Kochnische; die Zusammenstellung der Betten variiert. Der Mauna Kea Wing ist renoviert, was sich u. a. an den freiliegenden Deckenbalken, großen Fenstern und der adretten Einrichtung zeigt. Die teuerste Suite, die Executive Suite (185 $), ist entsprechend schicker und umfasst eine vollständig ausgestattete Küche. Zum Frühstück gibt's u. a. Toast, Muffins, Kaffee und Tee.

Aaah, the Views B&B

B&B $$

(☑885-3455; www.aaahtheviews.com; 66-1773 Alaneo St; Zi. ohne Bad 105–135 $, mit Bad 165–205 $; ☏) Dieses B&B verkörpert sowohl Aloha als auch 'ohana (Familie). Mit anderen Worten: sehr einladend. Das Haus mit dem hübschen Garten an einem plätschernden Bach scheint als B&B entworfen worden zu sein. Die Zimmer sind reichlich mit Panoramafenstern bestückt (v.a. der Dream Room), das Bergpanorama kann man so voll genießen (aaah ...!). Zu den Einrichtungen zählen Kabel-TV, DVD, Telefon, Kühlschrank, Mikrowelle und Kaffeekocher. Das B&B liegt 3 Meilen (4,8 km) westlich der Ortsmitte und hat nur einen Nachteil: Die billigeren Zimmer haben kein eigenes Bad. Frühstück ist im Preis inbegriffen.

Jacaranda Inn

INN $$$

(☑885-8813; www.jacarandainn.com; 65-1444 Kawaihae Rd; Zi./Suite/Cottage ab 150/180/250 $; ☏) Versteckt inmitten eines reizenden Gartens hinter dem Herrenhaus, in dem einst Kissinger und Jackie Onassis zu Gast waren (allerdings wohl nicht zur gleichen Zeit). Jedes der acht Zimmer ist gut mit Antiquitäten bestückt, außerdem mit Himmelbetten, opulenten gefliesten Bädern, Whirlpools, Hartholzböden und orientalischen Teppichen. Keins der Zimmer ähnelt dem anderen. Vorher anrufen – das Anwesen steht seit Langem zum Verkauf, soll aber als Gästehaus weitergeführt werden.

Waimea Rental Cottages

COTTAGES

(☑885-8533; www.waimearentalcottages.com; PO Box 2245, Kamuela, HI 96743; Studio pro Tag/Woche 125/850 $, 1 Schlafzimmer 135/925 $; ☏) Die zwei kleinen, gemütlichen (und teuren) Cottages liegen praktisch in der Stadt. Das Studio verfügt über eine Küche, das 1-Schlafzimmer-Cottage nur über eine Kochnische.

 Essen

Merriman's

REGIONALE KÜCHE $$$

(☑885-6822; www.merrimanshawaii.com; Opelo Plaza, 65-1227 Opelo Rd; Mittagessen 10–18 $, Abendessen 30–55 $; ◷Mo–Fr 11.30–13.30, tgl. 17.30–21 Uhr) Küchenchef und Eigentümer Peter Merriman gehört mit zu den Erfindern der so genannten Hawaii Regional Cuisine. Er schuf das erste Gourmetrestaurant von Big Island, das sich ganz auf die inseleigene Bio- und Fleischproduktion stützt. Er lebt jetzt auf Maui, aber seine Angestellten führen sein Erbe fort, mit hawaiisch und asiatisch inspirierten Gerichten wie in *ponzu*-Sauce mariniertem Mahimahi, im Wok angebratenem Ahi und Rinderfilet von Big Island mit Hamakau-Pilzen. In Merrimans berühmter Kokosnuss-Crème brûlée möchte man einfach nur baden. Das Mittagessen hat ein gutes Preis-Leistungs-Verhältnis.

Daniel Thiebaut

ASIATISCH/SEAFOOD $$$

(☑887-2200; www.danielthiebaut.com; 65-1259 Kawaihae Rd; Hauptgerichte mittags 11–14 $, abends 21–45 $; ◷Mo–Fr 11–13.30, So 10–13.30, tgl. 15.30–21 Uhr) Küchenchef und Eigentümer Daniel Thiebaut scheint die Karte des Restaurants, das seinen Namen trägt, alle zwei Jahre vollständig umzukrempeln. Aber egal, was er in dem schön restaurierten alten Gebäude auf den Tisch zaubert – es ist immer gut. Die Happy Hour (15.30–17.30 Uhr) bildet mit köstlichen *pupu* und kreativen Cocktails einen tollen Anfang.

Beim Mittagessen geht's entspannt, beim Abendessen romantischer und förmlicher zu. Thiebaut hat ein gutes Händchen für Seafood, das immer ausgezeichnet ist, und auf der derzeitigen Karte gibt's außerdem Currys, Steaks, *pad thai* und interessante Pasta-Gerichte.

LP TIPP **Pau** GEMISCHTE KÜCHE $
(☎885-6325; www.paupizza.com; Opelo Plaza, 65-1227 Opelo Rd; Salate & Sandwiches 4–9 $; ☺Mo–Fr 11–20 Uhr) In diesem relaxten Esslokal können die Gäste am Tresen gesunde Salate, Sandwiches, Pastagerichte und Pizzas bestellen. Auf der vielseitigen Karte stehen z. B. Sobanudelsalat mit Ingwer-Dressing, Inselfisch mit Pesto auf Pasta sowie über ein Dutzend dünnkrustige Pizzas (17–26 $ für eine 40-cm-Pizza).

Lilikoi Cafe CAFE $
(☎887-1400; Parker Ranch Center, 67-1185 Mamalahoa Hwy; Hauptgerichte 5–11,50 $; ☺Mo–Sa 7.30–16 Uhr) In diesem sonnigen Café ist die Lage in einem Einkaufszentrum schnell vergessen. Serviert werden gesunde, innovative Speisen wie mit Thunfisch, Apfel, Rosinen und Pinienkernen gefüllte Avocados sowie ein schöner Artischocken-Nudel-Salat. Der frische „House Cocktail" mit Karotten, Apfel, Roten Rüben und Ingwer ist super (5,50 $). Hier wird mal kein Styropor benutzt.

Huli Sue's BBQ $$
(☎885-6268; www.hulisues.com; 64-957 Mamalahoa Hwy; Hauptgerichte 12–24 $, BBQ 15–19 $; ☺Mo–Sa 11.30–20.30 Uhr) Die über *kiawe*-Holz geräucherten Grillspeisen im Huli Sue's sind süß (nicht scharf) und können fettig ausfallen. Aber die Beilagen wie Maispudding, Zwiebelringe und Kartoffelpüree mit Knoblauch sind grandios, und die Salatbar ist klasse. Teilweise werden als Wochenspecial auch Currys und andere indische Gerichte angeboten.

Charley's Thai Cuisine THAI $$
(☎885-5591; Waimea Center, 65-1158 Mamalahoa Hwy; Vorspeisen & Salate 7–11,95 $, Hauptgerichte 9,50–14 $; ☺11–15 & 17–21 Uhr) Eine echt grandiose Kombination: tolles Preis-Leistungs-Verhältnis und phantastische Aromen. Die Atmosphäre dieses sehr beliebten Restaurants entspricht eher der einer thailändischen Touristeninformation, aber wen stört das schon, wenn er ein perfekt gewürztes Curry mit Garnelen genießen kann? Auch die anderen Currys schmecken hervorragend, die *tom kha gai* (Hühnersuppe mit

Kokosmilch und Zitronengras) ist göttlich. Nur das *pad talay* (scharf angebratene Garnelen) schmeckt eher fad.

Tako Taco MEXIKANISCH $
(☎887-1717; 64-1066 Mamalahoa Hwy; Hauptgerichte 5–12 $; ☺Mo–Sa 11–20.30, So 12–20 Uhr) Dieses kleine, bunte Lokal gleicht einer mexikanischen *taqueria* und serviert große Portionen Tacos, Nachos und Burritos (auch mit Fisch und Gemüse). Dazu passt ein starker Mango-Margarita (6 $). Die Quesadilla mit Pilzen, Käse und karamellisierten Zwiebeln ist köstlich, das Chicken Taco eher durchschnittlich. Kinderkarte und Einrichtung machen dieses Restaurant auch für Familien empfehlenswert.

Hawaiian Style Cafe EINHEIMISCH $
(☎885-4295; Hayashi Bldg, 64-1290 Kawaihae Rd; Gerichte 6–10 $; ☺Mo–Sa 7–13.30, So bis 12 Uhr) In diesem Imbiss versammeln sich die Einheimischen an der hufeisenförmigen Theke. Gereicht werden große Portionen *loco moco*, Pfannkuchen, *laulau* (Schweinefleisch oder Huhn und gesalzener Butterfisch, eingewickelt in Taro- und *ti*-Blätter und dann gedämpft), *poi*, gebratener Reis, Burger und vieles mehr. Früh da sein!

Waimea Ranch House STEAKHAUS $$
(☎885-2088; Waimea Center, 65-1158 Mamalahoa Hwy; Hauptgerichte 15–33 $; ☺Mi–Mo 11–13.30 & 17–20.30 Uhr) Wem der Sinn nach einem perfekt gegrillten Ribeye-Steak steht, sollte wie die Einheimischen dieses Steakhaus ansteuern. Es gibt eine eher einfache Bar und einen formelleren Speisesaal. Quasi jeder bestellt Steak. Angeblich soll es auch andere Sachen geben – vielleicht beim nächsten Mal …

Waimea Coffee & Co CAFE $
(☎885-8915; www.waimeacoffeecompany.com; Parker Sq, Kawaihe Rd; Sandwiches 7–8,50 $; ☺Mo–Fr 7–17.30, Sa 8–16, So 10–15 Uhr; ☎) Dieses etwas edlere Café erfreut sich wegen seiner Kaffees und Sandwiches einer treuen Stammkundschaft.

KTA Super Store LEBENSMITTEL
(☎885-8866; Waimea Center, 65-1158 Mamalahoa Hwy; ☺6–23 Uhr) Gute Auswahl an Gerichten zum Mitnehmen. Mit Apotheke.

Healthways II NATURKOST
(☎885-6775; Parker Ranch Center, 67-1185 Mamalahoa Hwy; ☺Mo–Sa 9–19, So bis 17 Uhr) Alles, was man in einem Reformhaus erwartet.

Unterhaltung

Kahilu Theatre THEATER
(☎885-6017, Kasse 885-6868; www.kahilu
theatre.org; Parker Ranch Center, 67-1185 Mamalahoa Hwy; Karten 35–50 $; ⌚Kasse Mo–Fr
9–15 Uhr, Vorstellungszeiten variieren) Hierher
kommen Bewohner der gesamten Big Island, um sich Musiker wie Badi Assad und
Hugh Masekela anzuhören und sich Musi-
caltheater (z. B. *Aida* von Elton John und
Tim Rice) und Tanz (z. B. die Paul Taylor
Dance Company) anzuschauen. Ein weiterer Besuchermagnet ist das Waimea Ukulele & Slack Key Guitar Institute Concert im
Februar. In der Lobby ist **Kunst** ausgestellt.

 Shoppen

Drei Einkaufszentren säumen in der Stadt
den Hwy 19: **Parker Ranch Center** (67-1185
Mamalahoa Hwy), **Waimea Center** (65-1158
Mamalahoa Hwy) und **Parker Sq** (65-1279 Kawaihae Rd). In den ersten beiden gibt es Lebensmittel und andere Dinge des täglichen
Bedarfs sowie Souvenirs; Parker Square hat
die Andenkenkäufer mit besser gefülltem
Geldbeutel im Visier.

Gallery of Great Things KUNSTGALERIE
(www.galleryofgreatthings.com; Parker Sq;
⌚Mo–Sa 9–17.30, So 10–16 Uhr) Diese Galerie vertritt mehr als 200 Künstler und
verkauft Antiquitäten, erstklassige Kunst
und Sammlerstücke aus Hawaii, dem
übrigen Polynesien und Asien.

Reyn's BEKLEIDUNG
(www.reyns.com; Parker Ranch Center; ⌚Mo–
Sa 9.30–17.30, So bis 16 Uhr) Wer sich wie ein
Einheimischer kleiden möchte, sollte bei
Reyn's einkaufen. Die klassischen, eher
dezenten Hawaiihemden kommen nie aus
der Mode.

Waimea General Store GEMISCHT
(www.waimeageneralstore.com; Parker Sq,
65-1279 Kawaihae Rd) In dem extrem vielfältigen Angebot lässt es sich herrlich
stöbern. Hier gibt's alles: arabische
Kompasse, Seife und alte Hula-Mädchen-
Karten.

ℹ **Praktische Informationen**

Big Island Visitors Bureau (☎885-1655; www.
bigisland.org; Suite 27B, Waimea Center, 65-
1158 Mamalahoa Hwy; ⌚Mo–Fr 8–16.30 Uhr)
Eigentlich ein Vertriebsbüro, aber auch Besucher sind willkommen. Im Einkaufszentrum, um
die Ecke von KTA.

ℹ **DIE STERNE BEOBACHTEN**

Hier einige Hinweise zu den – in himm-
lischer Hinsicht – besten Zeiten für
einen Besuch auf dem Mauna Kea:

» Mondfinsternis und Meteorschauer
sind in dieser klaren Luft natürlich
ein besonders grandioses Spektakel;
die Leoniden im November sind sehr
beeindruckend. Auf **StarDate** (http://
stardate.org/nightsky/meteors) kann
man sich über Sternschnuppen-
schwärme, Finsternisse, Mondphasen
und vieles mehr informieren.

» Von Januar bis März erstrahlt die
Milchstraße hell und weiß am Nachthimmel.

» Spielt sich jeden Monat aufs Neue
ab: der Vollmond; spektakulär erhebt
er sich direkt über dem Betrachter –
zum Greifen nah.

North Hawaii Community Hospital (☎885-
4444; 67-1125 Mamalahoa Hwy) 24-Stunden-
Notdienst.

Post (☎800-275-8777; 67-1197 Mamalahoa
Hwy; ⌚Mo–Fr 8–16.30, Sa 9–12 Uhr) Nach
Waimea versandte Post sollte mit „Kamuela"
adressiert werden.

MAUNA KEA & SADDLE ROAD

Mauna Kea

Mit 4205 m ist der Mauna Kea der höchste
Berg auf Big Island. Wenn er jedoch vom
Meeresboden aus gemessen wird, kommen
noch einmal fast 5500 m hinzu. Damit ist
er – so gesehen – der höchste Berg der Erde
(und rund 30 m höher als der Mauna Loa).
Die Höhenmeter sind nur eine Art, die Größe und Erhabenheit des Berges zu beschreiben. Natur, Spiritualität und Wissenschaft
treffen am Berg aufeinander und treten
manchmal in konfliktträchtige Beziehung
zueinander. Auf dem kargen ruhenden
Vulkan gab es einst einen Gletscher. Hier
sind zahlreiche vom Aussterben bedrohte
endemische Arten zu Hause. Der Mauna
Kea ist vor allem aber auch einer der heiligsten Orte der traditionellen hawaiischen

Mauna Kea & Mauna Loa

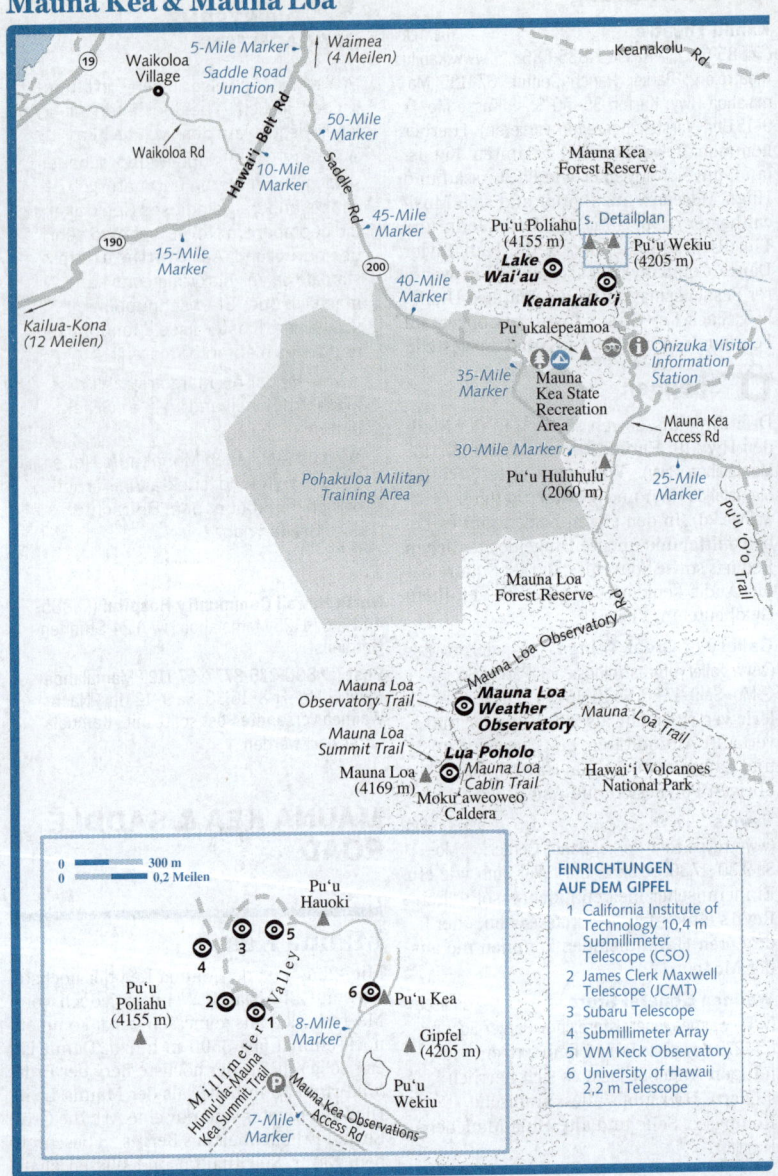

EINRICHTUNGEN AUF DEM GIPFEL

1 California Institute of Technology 10,4 m Submillimeter Telescope (CSO)
2 James Clerk Maxwell Telescope (JCMT)
3 Subaru Telescope
4 Submillimeter Array
5 WM Keck Observatory
6 University of Hawaii 2,2 m Telescope

Mythologie, und ausgerechnet an der aller-heiligsten Stelle, dem Gipfel, befindet sich die weltweit größte Ansammlung bedeu-tender Sternwarten. Die Pläne zum Bau des „leistungsfähigsten und fortschrittlichsten Teleskops der Welt" auf dem Gipfel bis zum Jahr 2018 haben Unterstützer wie Gegner auf den Plan gerufen. Ein Streit um die Zu-kunft des Berges ist entfacht (s. S. 214).

Das Museum in Hilo, ʻImiloa, bietet eine wunderbare Einführung zum Berg und sei-ner Geschichte – einen Besuch am Mauna

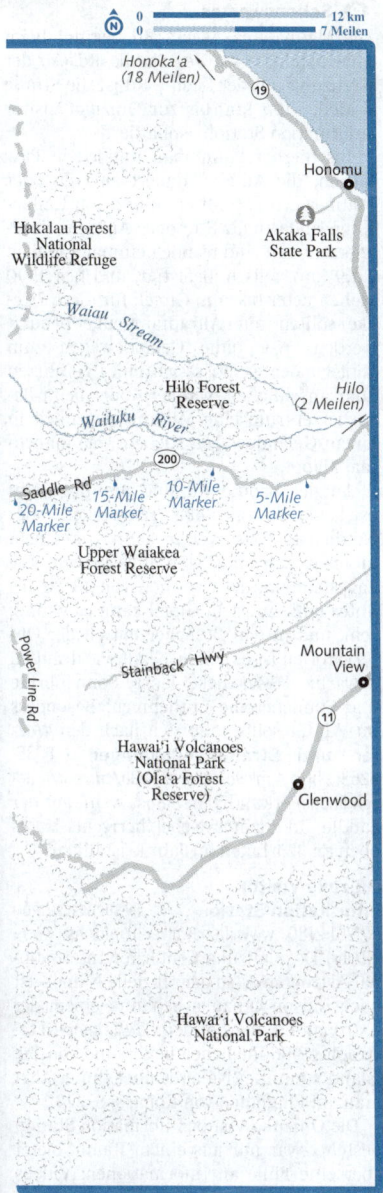

wenn man hier oben lange Hosen und eine dicke Jacke tragen muss und der Ausflug einiges an Planung erfordert, so wird man nicht bereuen, sich vom Strand mal wegbewegt zu haben.

Geschichte & Umwelt

Gemäß dem hawaiischen Schöpfungsmythos wurden jede Palme, jedes Sandkorn, jeder Vulkan und jedes Tal auf den Hawaii-Inseln am Mauna Kea geschaffen. Dieser geheiligte Mount of Wakea ist die Heimstatt der Götter und der Ort zwischen Himmel und Erde, wo die *na kanaka maoli* (die indigenen Hawaiianer) und ihr heiliger Taro geboren wurden. Der Berg gilt als Reich der Götter – wo Menschen nicht leben sollten. Für die Hawaiianer war und ist der Mauna Kea ein Tempel, eine Kultstätte und eine heilige Begräbnisstätte.

Drei Schwestergottheiten sind auf dem Gipfel zu Hause. Die berühmteste davon ist die Schneegöttin Poli'ahu, die in dem Schlackekegel Pu'u Poli'ahu lebt. In den Legenden konkurriert Poli'ahu oft mit Pele. Ihre Schnee- und Lavakämpfe sind eine bildlich korrekte Abbildung der Geologie des Mauna Kea.

Vor 40 000 bis 13 000 Jahren bedeckten Gletscher den Gipfel des Mauna Kea, unter dem weiter Lava hervorquoll. Der Mauna Kea hat sich seitdem vom Hotspot wegbewegt. Der letzte Ausbruch geschah vor rund 4500 Jahren – der mächtige Vulkan ist also heute nicht mehr aktiv.

Bestimmte Pflanzen und Tiere passten sich an dieses einzigartige Umfeld an. Beim Aufstieg zum Gipfel wandeln sich die Vegetationszonen von Regenwald über *koa*- und *ohia*-Wald, offenes Waldland und Gebüsch schließlich – oberhalb von 3500 m – zur Felswüste. Auf jeder Höhe gibt es Arten, die es nur auf Big Island gibt, einige davon nur am Mauna Kea. Zu den am Gipfel endemischen Pflanzen zählen das eindrucksvolle Mauna-Kea-Silberschwert, das erst nach 50 Jahren blüht und das auch nur ein einziges Mal.

An Tieren gibt es auf dem Gipfel fast nur Insekten. Das merkwürdigste ist der endemische *wekiu,* eine Wanze, die sich der Umgebung anpasste, indem sie sich von einem Kräuterfresser zu einem Insektenfresser verwandelte und zum Überleben in den frostigen Temperaturen eine spezielle Zusammensetzung des Blutes entwickelte. Weiter unten am Berg sind endemische Vogelarten von Big Island zu Hause, darunter

Kea und besonders des Gipfels kann das aber nicht ersetzen. Ein unvergessliches Erlebnis: Ganz Hawaii liegt unter einem, wenn die Sonne im Wolkenmeer versinkt – und sich die Observatorien still öffnen und ihre Augen gen Himmel richten. Selbst die Hawaii-Gans, der *palia* (ein Kleidervogel) und die gefährdete hawaiische Fledermaus, die *'ope'ape'a*.

Die Europäer, die hier am Ende des 18. Jhs. ankamen, brachten wilde Rinder, Ziegen und Schafe mit zum Mauna Kea. Zu Beginn des 20. Jhs. hatten diese Tiere die natürlichen Habitate am Berg schon nachhaltig geschädigt. Mit der Eindämmung dieser Störenfriede wurde in den 1920er-Jahren begonnen; die Maßnahmen dauern auch heute noch an, und die Natur hat sich teilweise wieder erholt.

1960 stellte der Astronom Gerard Kuiper ein Teleskop an Pu'u Poli'ahu auf. Dies sei der „wahrscheinlich beste Ort der Welt, um Mond, Planeten und Sterne zu beobachten". Kuiper sollte Recht behalten.

1968 wurde das erste Observatorium auf dem Mauna Kea gebaut. Der Gipfel – jetzt Mauna Kea Science Reserve – wurde auf 65 Jahre an die University of Hawai'i (UH) verpachtet. Die Universität wiederum verpachtet Teile des Gipfels an Dritte, und heute stehen hier 13 Teleskope, mehr als auf jedem anderen Berg. Dazu gehören drei der weltgrößten Teleskope. Zusammen ist ihre Lichtausbeute 60-mal höher als die des Hubble-Weltraumteleskops.

Die Baumaßnahmen auf dem ökologisch fragilen und kulturell bedeutsamen Land haben in der Vergangenheit zu hitzigen Debatten geführt. Heute werden gemeinschaftliche Anstrengungen unternommen, um allen Bedürfnissen gerecht zu werden, aber die Pläne zum Bau des **Thirty Meter Telescope** (TMT; www.tmt.org), die 2010 genehmigt wurden, haben die abgeflaute Diskussion wieder angefacht. Das Teleskop wird bei Fertigstellung das genaueste der Welt sein. Die Fläche, mit der Daten gesammelt werden, wird neunmal größer sein als bei den aktuellen größten optischen Teleskopen. Aber auch die Auswirkungen auf die Umwelt und die kulturelle Integrität werden erheblich größer sein als bei den anderen Observatorien auf dem Gipfel. Die Baugegner – die TMT mit „The Monster Telescope" übersetzen – sind vor Gericht gezogen. Sie kritisieren die ihrer Meinung nach mangelhaften Studien zur Umweltbelastung, die von der UH und des Board of Land and Natural Resources (Verwaltung des Mauna Kea) in Auftrag gegeben wurden. Die Auseinandersetzungen gehen weiter: Verfolgen kann man sie z. B. auf **Kahea** (http://kahea.org/issues/sacred-summits).

⊙ Sehenswertes

Die Mauna Kea Access Rd beginnt beim Meilenstein 28 an der Saddle Rd. Ab der Kreuzung mit der Saddle Rd ist die Straße 6 Meilen (9,7 km) bis zur Onizuka Visitor Information Station asphaltiert.

Bis hierher kann man mit jedem Pkw fahren; die Anfahrt dauert ab Hilo oder Waimea etwa 50 Minuten und von Kailua-Kona anderthalb Stunden. Ab dem Besucherzentrum sind es noch einmal 8 Meilen (12,9 km), teils unbefestigt, und fast 1500 Höhenmeter bis zum Gipfel; für diese Strecke sollten nur Allradfahrzeuge benutzt werden. Wer ohne Geländewagen zum Gipfel möchte, muss sich einer geführten Tour anschließen, wandern oder beim Besucherzentrum eine Mitfahrgelegenheit in einem Geländewagen suchen, was manchmal klappt.

An der Saddle Rd und am Berg gibt es keine Restaurants, Tankstellen oder Notdienste. Das Wetter kann von einem Moment zum nächsten umschlagen; die Tagestemperaturen reichen von 10 °C bis unter null. Auf dem Gipfel kann es windig sein, und in den Besucherzentren der Observatorien ist es genauso kalt wie draußen – warme Hose, dicke Jacke, Sonnenbrille und Sonnencreme mitnehmen. Besonders im Winter sollte man sich nach den **Wetter- und Straßenbedingungen** (☏935-6268; http://mkwc.ifa.hawaii.edu/current/road-conditions) erkundigen. Selbst wenn auf der Saddle Rd dichter Nebel herrscht, ist es oben an 325 Tagen im Jahr kristallklar.

Onizuka Visitor Information Station BESUCHERZENTRUM

(☏961-2180; www.ifa.hawaii.edu/info/vis; ⊙9–22 Uhr) Das Onizuka Center for International Astronomy – so der offizielle Name – ist nach Ellison Onizuka benannt, einem der Astronauten, die bei der *Challenger*-Katastrophe 1986 ihr Leben ließen und aus Big Island stammte (Näheres über ihn erfährt man am Flughafen von Kona; s. S. 223).

Die Onizuka Visitor Information Station besteht zwar nur aus einem Raum, bietet aber eine Fülle an Informationen: Videos über Astronomie, virtuelle Touren durch mehrere der Sternwarten und Ausstellungen zur Geschichte, Ökologie und Geologie des Berges. Die Ranger, Guides und freiwilligen Helfer kennen sich in der Astronomie und in der kulturellen Bedeutung des Mauna Kea sehr gut aus, sie geben gern Ratschläge zu Wander- und Autotouren.

GIPFEL-WEBCAMS

Dank einer Reihe von Webcams, die den Gipfelbereich und den Abend- und Nachthimmel abdecken, kann man sich auch zu Hause am Computer Bilder vom Gipfel anschauen. Am besten sind folgende Webcams:

Live from Mauna Kea! (http://nightskylive.net/mk/) Der Abend- und Nachthimmel zwischen Sonnenuntergang und Sonnenaufgang.

Joint Astronomy Center Webcam (www.jach.hawaii.edu/weather/jac) Ausblicke Richtung Südwesten vom James Clerk Maxwell Telescope und UK Infrared Telescope.

CFH Telescope Timelapse Webcam (http://cfht.hawaii.edu/webcam) Grandiose Ausblicke Richtung Norden, Süden, Nordnordwest und Nordnordost von einer Webcam mit großer Lichtempfindlichkeit und Zeitraffer- und Filmfunktion.

Außerdem kann man hier Bücher und Andenken kaufen sowie Kaffee, heiße Schokolade und Instantnudeln (Mikrowelle vorhanden) oder auch gefriergetrocknete Astronautennahrung verspeisen. Von der Visitor Station sind mehrere Wanderungen möglich. Abends findet hier eine kostenlose **Himmelsbeobachtung** statt.

Gipfelzone

Mit einem Allradfahrzeug können Besucher tagsüber zum Gipfel hinauffahren, jedoch muss man die Gipfelzone 30 Minuten nach Sonnenuntergang wieder verlassen haben, denn zwischen Sonnenuntergang und Sonnenaufgang stört das Licht von Fahrzeugen die Himmelsbeobachtung. Für die Fahrt auf der 8 Meilen (12,9 km) langen Summit Rd braucht man etwa eine halbe Stunde; die erste Weghälfte ist geschottert. Das Gebiet östlich der Straße kurz vor Beginn der Asphaltierung wird **Moon Valley** genannt, da hier die Apollo-Astronauten vor ihrer Reise zum Mond mit ihrem Mondfahrzeug trainierten.

Die **Sonnenuntergänge** von der Gipfelzone aus gesehen sind phänomenal: Richtung Osten ist „der Schatten" zu sehen, die gigantische Silhouette des Mauna Kea über Hilo. Auch der **Mondaufgang** kann sehr beeindrucken: Je nach Stand wirkt der Mond z. B. zusammengequetscht oder wie ein Buschfeuer. Zu Besuchen bei besonderen Himmelserscheinungen s. unten.

Keanakako'i　HISTORISCHE STÄTTE

Gleich hinter dem Meilenstein 6 befindet sich ein Parkplatz; unterhalb des Parkplatzes beginnt der Weg zum Lake Waiau und zum alten *adze*-Steinbruch Keanakako'i. Die Wanderung zu beiden Orten dauert etwa eine Stunde, je nachdem wie schnell man sich akklimatisiert.

Während der Eiszeit am Mauna Kea quoll unter den Gletschern geschmolzene Lava hervor. Es entstand ein extrem hartes Basaltgestein, das die alten Hawaiianer im Keanakako'i zu scharfen *adzes* (Werkzeugen) zurechtschnitten. 800 Jahre lang wurden diese Werkzeuge am Berg hergestellt und auf allen Inseln gehandelt; bei den Petroglyphen (Felszeichnungen) in Pu'u-Loa im Hawai'i Volcanoes National Park (S. 300) sieht man, wozu sie benutzt wurden. Der bröckelnde Steinbruch sollte nicht betreten werden.

LP TIPP **Lake Waiau**　BERGSEE

Ganz in der Nähe befindet sich im Pu'u Waiau auf knapp 4000 m Höhe der Lake Waiau. Dieser einzigartige Bergsee ist der dritthöchste in den USA und einer von zwei Seen auf Big Island (der andere, der Green Lake, liegt in Puna). Die alten Hawaiianer glaubten, dass der See keinen Grund hatte – jedoch ist er in Wahrheit nur 3 m tief und trocknet trotz der wüstenähnlichen Umgebung nie aus. Aus Asche gebildeter Lehm verhindert das Versickern des Wassers, das von geschmolzenem Schnee, dem Permafrost und den Regenfällen (380 mm pro Jahr) stammt. Den Hawaiianern galt dieses Wasser als „Nabelschnur" *(piko)* zwischen Himmel und Erde. Traditionell wird die Nabelschnur eines Neugeborenen in das Wasser gelegt, um dem Baby eine gute Gesundheit zu sichern.

Sternwarten　STERNWARTEN

In der Gipfelzone stehen die gewaltigen kuppelförmigen Sternwarten, die sich aus der kargen Landschaft wie eine futuristische menschliche Kolonie auf einem anderen Planeten abheben. Leider ist in den Observatorien selbst nicht viel zu sehen. Derzeit sind nur zwei für Besucher geöffnet: In der **WM Keck Observatory Visitor Gallery** (www.keckobservatory.org; Eintritt frei; Mo–Fr 10–16 Uhr) gibt es eine Ausstellung, ein 15-minütiges Video, Toiletten und eine Schaugalerie in der Keck-I-Kuppel; im **Subaru Telescope** werden Führungen angeboten.

True Summit
WAHRZEICHEN

Der kurze, knapp 200 m lange Weg zum eigentlichen Gipfel des Mauna Kea beginnt gegenüber vom UH-Teleskop. Der Weg ist beschwerlicher, als es auf den ersten Blick aussieht, und man muss auch nicht unbedingt den Sonnenuntergang vom Gipfel aus gesehen haben oder damit angeben, den Gipfel des Mauna Kea erklommen zu haben. Am Gipfel befindet sich ein Vermessungspunkt des US Geological Survey (USGS) und ein hawaiischer Altar. Angesichts der beißenden Winde, der Höhe und der extremen Kälte halten sich die wenigsten hier lange auf.

🏃 Aktivitäten

Kürzere Wanderungen
WANDERN

An der Onizuka Visitor Information Station beginnen mehrere kurze Wanderwege. Abseits des Parkplatzes liegt ein Schutzgebiet für das endemische Silberschwert. Gegenüber vom Besucherzentrum beginnt ein zehnminütiger Anstieg auf einem gut ausgetretenen Pfad zum Rand des **Pu'ukalepeamoa**; von dem Schlackenkegel gibt es einen der besten Ausblicke bei **Sonnenuntergang** in der Nähe des Besucherzentrums. Auch an der Summit Rd beginnen mehrere mittelschwere Wanderwege.

Humu'ula-Mauna Kea Summit Trail
WANDERN

Außerdem gibt es noch den knapp 10 km langen Humu'ula-Mauna Kea Summit Trail, der stetig die 1400 Höhenmeter bis zum Gipfel ansteigt. Dies ist eine sehr anstrengende Ganztageswanderung in großer Höhe. Die kargen Hänge sind teils so steil, dass man das Gefühl hat, vom Berg in den Himmel zu treten. Der Weg ist dem Wind und dem wechselhaften Wetter offen ausgesetzt – insgesamt ein unheimliches, sehr elementares Erlebnis.

Wer diesen Trail in Angriff nehmen möchte, sollte möglichst schon vor 6 Uhr aufbrechen. Bis zum Gipfel dauert es gewöhnlich fünf Stunden und dann zweieinhalb Stunden wieder hinunter, und natürlich benötigt man dazwischen noch Zeit für Rast und Erkundungen. Man sollte sich vorher bei den Rangern nach ihrer aktuellen Einschätzung erkundigen, sich eine

Karte besorgen und am Wanderschalter des Besucherzentrums registrieren.

Nachdem man am Onizuka Center geparkt hat, geht's zunächst 300 m die Straße hoch; wo die Asphaltierung endet, folgt man links einer Staubstraße sowie mehreren Humu'ula-Trail-Schildern zum eigentlichen Weg. Reflektierende T-Pfosten und Steinmännchen markieren den Weg. Nach etwa einer Stunde kommt rechts wieder die Gipfelstraße in den Blick, und die Vegetation verschwindet langsam. Auf dem Weg um Aschekegel herum und über zerbröckelte 'a'a-Lava und rutschiges Geröll passiert man verschiedene abzweigende Wege; diese führen allesamt zurück zur Zufahrtsstraße.

Der größte Teil des Weges verläuft durch die **Mauna Kea Ice Age Natural Area Reserve**. Nach etwa drei Stunden führt ein kurzer steiler Anstieg zum adze-Steinbruch Keanakako'i (rechter Hand). Das Schutzgebiet sollte nicht betreten werden, und von hier sollte auch nichts mitgenommen werden.

Den schwersten und steilsten Teil des Wegs hat man nun hinter sich. Nach einer weiteren Meile wird eine Kreuzung erreicht; ein zehnminütiger Abstecher nach links führt zum Waiau Lake. Zurück an der Kreuzung geht's Richtung Norden (bergan) aufs letzte Stück bis zur Mauna Kea Summit Rd, die an einem Parkplatz erreicht wird. Plötzlich sind die Observatorien auf dem Gipfel zu sehen, und geradeaus liegt das Millimeter Valley, das seinen Spitznamen drei Submillimeter-Observatorien verdankt. Der Weg endet offiziell an Meilenstein 7 der Gipfelstraße, der eigentliche Gipfel liegt aber noch 2,5 km entfernt.

Für die indigenen Hawaiianer ist der Gipfel eine Region, ein Reich, nicht ein Punkt auf der Landkarte; wer also hier umdreht, kann trotzdem von sich behaupten, den Gipfel erklommen zu haben. Wer seine Füße auf den „eigentlichen" Gipfel des Mauna Kea, den **Pu'u Wekiu**, setzen möchte, geht weiter bis zum 2,2-m-Teleskop der University of Hawaii, wo der kurze Weg zum Gipfel beginnt.

Für den Abstieg nimmt man besser den Randstreifen neben der Gipfelstraße als den Wanderweg. Die Straße ist zwar gut 3 km länger, aber angenehmer für die Knie und außerdem bei anbrechender Dunkelheit besser zu finden. Zudem wird an der Straße Wanderern oft eine Mitfahrgelegenheit den Berg hinunter angeboten.

GRATIS Onizuka Visitor Information Station
STERNBEOBACHTUNG, VORTRÄGE

Die Onizuka Visitor Information Station bietet abends von 18 bis 22 Uhr eine kostenlose **Himmelsbeobachtung**. Diese kann nicht gebucht werden; einen bewölkten Himmel gibt's hier nur zwei- oder dreimal im Monat; wer auf Nummer sicher gehen möchte, kann vorher anrufen. Aus einer Höhe von 2800 m ist der Himmel hier so klar und dunkel wie sonst kaum irgendwo auf der Erde. Außerdem befindet man sich bei der Informationsstation schon in größerer Höhe als die meisten größeren Teleskope auf der Welt. Dies ist der einzige Ort, an dem Besucher auf dem Mauna Kea durch ein Teleskop blicken können; auf dem Gipfel ist dies nicht möglich. Was man sieht, hängt von der Bewölkung und der Mondphase ab. Am vollsten ist es hier freitags und samstags. Für Rollstuhlfahrer gibt es spezielle Vorrichtungen an den Teleskopen.

Während größerer Meteorschauer sind Teleskope mit Personal für **nächtliche Sternenpartys** besetzt; Näheres telefonisch. Jeden Samstag um 18 Uhr finden im Onizuka Center Veranstaltungen statt: Am ersten Samstag gibt es den **astronomischen Vortrag** „The Universe Tonight"; am zweiten Samstag helfen Studierende vom UH Hilo Astrophysics Club bei der **Himmelsbeobachtung**; am dritten Samstag gibt's den **Kulturvortrag** „Malalo I Ka Lani Po"; und am vierten Samstag findet ein **internationaler Musikabend** statt.

Skifahren & Snowboarden

Einen oder zwei Monate lang – ab Januar oder Februar – fällt auf dem Mauna Kea gewöhnlich genügend Schnee für Wintersport. An einem schönen Tag bevölkern Einheimische mit Skiern, Snowboards, Surfbrettern, Bodyboards, Reifenschläuchen und Anderem die Hänge. Aktivisten und Umweltschützer sehen das nicht sehr gern, weil diese zusätzlichen Beanspruchungen nach Schneefällen und die Zerstörungen, die die Monstertrucks als Transportmittel anrichten, die Biotope zerstören und kulturell wichtige Stätten hier oben entweihen. Die Wintersportbedingungen sind im Grunde auch nicht umwerfend, und es ist nicht so einfach, die Ausrüstung zusammenzubekommen – warum also nicht einfach nur einen Schneemann bauen?

Wer hier dennoch Wintersport betreiben möchte, muss alles selbst organisieren – kommerzielle Skitouren sind verboten. Es gibt keine präparierten Abfahrten, keine Skilifte und keine Aufsicht; freiliegende Felsen und Eis sind ständige Gefahren.

☞ Geführte Touren

GRATIS Onizuka Visitor Information Station
GIPFELTOUREN

(📞 935-6268; ⊙ Sa & So 13 Uhr) Die Onizuka Visitor Information Station bietet kostenlose Gipfeltouren, jedoch müssen die Teilnehmer ein eigenes Allradfahrzeug stellen. Es ist keine Vorausbuchung nötig; man kreuzt einfach bis 13 Uhr im Besucherzentrum auf und schließt sich der Tour an. In der ersten Stunde sollen sich die Teilnehmer akklimatisieren, es werden Videos über den Mauna Kea gezeigt. Dann geht's im Konvoi zum Gipfel, wo es einen Vortrag über die Geschichte und die Arbeit der Teleskope auf dem Gipfel gibt. Danach wird mindestens eins der Teleskope angeschaut, gewöhnlich das WM-Keck-10-m-Teleskop. Etwa um 16.30 Uhr geht's wieder hinunter vom Gipfel, jedoch bleiben die meisten bis zum Sonnenuntergang und fahren einzeln wieder hinunter. Schwangere Frauen, Kinder unter 16 und Personen mit Kreislauf- und Atembeschwerden sind auf den Touren nicht zugelassen. Bei schlechtem Wetter finden keine Touren statt, also am besten vorher anrufen.

GRATIS Subaru Telescope Tour
STERNWARTENTOUREN

(www.naoj.org/Information/Tour/Summit; ⊙ 10.30, 11.30 & 13.30 Uhr) Das weltgrößte einteilige Spiegelteleskop kann bei 40-minütigen Gipfeltouren an bis zu 15 Wochentagen pro Monat besichtigt werden. Diese Führungen müssen im Voraus im Internet reserviert werden. Die Anfahrt zum Gipfel müssen die Teilnehmer selbst organisieren.

Sunset Summit Tour
GIPFELTOUREN

Sehr empfehlenswert ist eine Gipfeltour bei Sonnenuntergang. Die beiden empfehlenswertesten Anbieter, Hawaii Forest & Trail und Mauna Kea Summit Adventures, schicken ausgezeichnete Guides, die sich in der Geschichte und der Astronomie bestens auskennen; mit den 11-Zoll-Teleskopen erwacht der Himmel buchstäblich zum Leben. Die Touren finden mit bequemen Vans statt, Handschuhe und Parkas werden gestellt; es gibt ein leckeres warmes Abendessen (mit vegetarischer Option) und Snacks. Die Touren beginnen in der Regel nachmittags, dann gibt es einen Essensstopp, kurz

BIG ISLAND: DIE TOP-ERLEBNISSE

» Sonnenaufgang und Sonnenuntergang am Mauna Kea (S. 253)

» Wanderung auf dem Mulawai Trail ins Waimanu Valley (S. 269)

» Selbst Kaffee rösten (S. 201)

» Abendliches Tauchen mit Mantarochen (S. 186)

» Aufstieg zum Gipfel des Mauna Loa (S. 261)

vor Sonnenuntergang ist man am Gipfel, wo man rund 40 Minuten bleibt (also keine Zeit für Wanderungen hat); dann geht's zurück zum Onizuka Center zum Sternegucken, und kurz nach 21 Uhr sind die Teilnehmer wieder zu Hause. Nur bei Mauna Kea Summit Adventures dürfen Kinder unter 16 Jahren mitfahren. Alle Veranstalter außer Arnott's holen die Teilnehmer auf Wunsch aus Kona, Waikoloa und Waimea ab. Vorausbuchung erforderlich.

LP TIPP
Mauna Kea Summit Adventures
GIPFELTOUREN

(☎322-2366, 888-322-2366; www.maunakea.com; Touren 200 $) Mauna Kea bot vor über 20 Jahren als erster Veranstalter Gipfeltouren an und ist auch heute noch ausgezeichnet. Die Mahlzeiten werden draußen beim Onizuka Center eingenommen. Wer mindestens zwei Wochen im Voraus bucht, erhält 15 % Ermäßigung. Es dürfen Kinder ab 13 Jahren mitfahren.

Hawaii Forest & Trail
GIPFELTOUREN

(☎331-8505, 800-464-1993; www.hawaii-forest.com; Touren 190 $) Dieser hervorragende Veranstalter bietet den schönsten Verpflegungsstopp, und zwar auf einer privaten Ranchaußenstelle. Guides und Ausrüstung sind erstklassig.

Arnott's Lodge
GIPFELTOUREN

(☎969-7097; www.arnottslodge.com; 98 Apapane Rd, Hilo; Gäste/Nichtgäste 80/125 $) Die Tour von Arnott's eignet sich besser für Budget-Wanderer als für Sternefans. Sie ist billiger, startet in Hilo und schickt die Teilnehmer auf den Weg zum eigentlichen Gipfel des Mauna Kea. Der astronomische Teil fällt recht karg aus, und die Guides sind meist auf Laserpointer angewiesen. Essen und warme Kleidung müssen die Teilneh-

mer selbst mitbringen. Arnott's bietet außerdem eine Mauna-Kea-Tour zum Sonnenaufgang an (300 $ für 2 Pers.).

🛏 Schlafen

Mauna Kea State Recreation Area
CABINS $

Beim Meilenstein 35 gibt's einen einfachen Campingplatz mit Cabins (nur am Wochenende; Einheimische/Auswärtige 50/80 $ pro Nacht). Zu Campinggenehmigungen s. S. 176. In Trockenzeiten ist der Platz, den vor allem einheimische Jäger nutzen, manchmal geschlossen. Über die aktuelle Lage informiert die **Division of State Parks** (☎974-6200; www.hawaii.gov/dlnr/dsp). Die 6-Personen-Hütten verfügen über einfache Küchen und Plumpsklos, aber kein Wasser. Wenn in der benachbarten Pohakuloa Military Training Area Manöver stattfinden, kann es laut werden.

ℹ Praktische Informationen

GEFAHREN Die Onizuka Visitor Information Station liegt auf 2800 m Höhe. Manche Besucher leiden hier bereits unter Kurzatmigkeit und leichten Symptomen der Höhenkrankheit. Auf dem 4205 m hohen Gipfel beträgt der Luftdruck nur 60 % des Meereshöhe-Wertes, Symptome der Höhenkrankheit sind recht häufig. Diese sind u. a. Übelkeit, Kopfschmerzen, Schwindel, Gleichgewichtsstörungen, Kurzatmigkeit und Flüssigkeitsmangel. Die einzige Möglichkeit, sich zu erholen, besteht darin, sich auf geringere Höhen zu begeben. Kinder unter 16 Jahren, schwangere Frauen und Personen mit hohem Blutdruck oder Kreislaufproblemen sollten nicht zum Gipfel hinauffahren. Außerdem sollte man 24 Stunden vor dem Besuch des Gipfels nicht gerätetauchen.

Beste vorbeugende Maßnahme ist ein langsamer Aufstieg. Alle, die zu Fuß oder mit dem Auto zum Gipfel unterwegs sind, sollten beim Besucherzentrum eine mindestens halbstündige Pause einlegen, um sich zu akklimatisieren.

ℹ Anreise & unterwegs vor Ort

Anfahrt von Kona: Die Saddle Rd (Hwy 200) beginnt etwas südlich des Meilensteins 6 am Hwy 190. Von Hilo geht's landeinwärts auf dem Kaumana Drive, der dann zur Saddle Rd (Hwy 200) wird. Von Volcano nimmt man den Hwy 11 bis zur Puainako St, die in den Kaumana Drive mündet. Man sollte immer mit vollem Tank losfahren, da es an der Saddle Rd keine Tankstellen gibt.

Ab dem Besucherzentrum ist die Straße nur für Allradfahrzeuge geeignet. Über die Hälfte der Straße ist Schotterpiste, zuweilen mit einer Steigung von 15 %. Oben kann die Straße aufgrund von Eis glatt sein. Beim Hinunterfahren einen kleinen Gang wählen (oder man ruiniert die Bremsen) und aufmerksam auf Symptome der Höhenkrankheit achten. Wer bei niedrigem Sonnenstand fährt – in der Stunde nach Sonnenaufgang und vor Sonnenuntergang –, muss damit rechnen, gefährlich geblendet zu werden.

Wanderungen an der Saddle Road

Von der Saddle Rd gehen mehrere Wanderwege ab. Der legendärste und schönste ist der Mauna Loa Observatory Trail – die einzige Möglichkeit, innerhalb eines Tages bis zum Gipfel zu kommen.

Pu'u Huluhulu Trail   WANDERN

Der einfache Weg auf den Schlackenkegel des **Pu'u Huluhulu** (Shaggy Hill), einer vor mehr als 10 000 Jahren entstandenen *kipuka* (Oase), ist ein schöner Appetithappen auf dem Weg zum Mauna Kea. Der 20-minütige Weg führt durch niedrigen Bewuchs zur Spitze des Berges, von wo sich Panoramablicke auf den Mauna Kea, den Mauna Loa und den Hualalai eröffnen. Die *pahoehoe*- und *'a'a*-Lava um die *kipuka* herum ist zwischen 1500 und 3000 Jahren alt und stammt vom Mauna Kea. Der Weg beginnt ganz in der Nähe der Abzweigung zum Mauna Kea (in westlicher Richtung) hinter dem Meilenstein 28.

Pu'u 'O'o Trail   WANDERN

Ein längerer, aber ebenso friedvoller Weg ist der Pu'u 'O'o Trail (auch Power Line Rd Trail genannt), eine 13 km lange Schleife über Weiden, alte Lavaströme und durch mehrere hübsche *kipuka*-Wälder mit *koa* und *ohia*, begleitet vom Gesang hawaiischer Kleidervögel. (Achtung: Auch im Hawai'i Volcanoes National Park gibt es einen Pu'u 'O'o Trail!)

Der ausgeschilderte Wegbeginn (mit kleinem Parkplatz) befindet sich auf halber Strecke zwischen den Meilensteinen 22 und 23 an der Saddle Rd. Der Pfad ist mit *ahu* (Steinhaufen) markiert; bei gutem Wetter ist er leicht zu finden, bei Regen oder Nebel nicht so gut. Wer meint, sich verlaufen zu haben, geht einfach den Weg wieder zurück. Der Pfad mündet schließlich in die Power Line Rd (beschildert), eine Allradstraße, die auch für den Rückweg genommen werden kann. Allerdings endet die Straße etwa anderthalb Kilometer vom Ausgangsparkplatz entfernt.

Mauna Loa Observatory Trail   WANDERN

Dieser Weg ist der beste Aufstieg zum Mauna Loa; wer eine größere Herausforderung sucht, kann sich an den schwierigen, mehrere Tage in Anspruch nehmenden Mauna Loa Trail (S. 312) begeben. Zwar ist auch der Observatory Trail ein schwieriges Ganztagesabenteuer, jedoch gibt es nur wenige 4000 m hohe Berge, die für durchschnittliche Wanderer so gut erreichbar sind – ein seltenes und unvergessliches Erlebnis.

Tageswanderer benötigen keine Genehmigung, wer jedoch in der Mauna Loa Cabin (S. 312) nächtigen möchte, muss sich am Tag zuvor beim Kilauea Visitor Center im Hawai'i Volcanoes National Park (s. S. 313) registrieren.

Zum Anfangspunkt des Weges gelangt man, indem man beim Meilenstein 28 der Saddle Rd die nicht beschilderte Mauna Loa Observatory Rd nimmt; sie befindet sich fast gegenüber der Mauna Kea Access Rd neben dem Pu'u Huluhulu. Die einspurige, 17,5 Meilen (28 km) lange geteerte Straße kann mit einem normalen Pkw befahren werden, aber abgesehen von den ersten 4 Meilen (6,4 km) befindet sie sich in furchtbarem Zustand mit zahllosen nicht einsehbare Kurven. Für die Anfahrt sollte man eine Stunde einrechnen; die geschlängelte weiße Linie dient Autofahrern im Nebel zur Orientierung. Die Straße endet an einem Parkplatz etwas unterhalb der Wetterstation auf 3400 m Höhe. Es gibt hier keinerlei Einrichtungen für Besucher oder Toiletten. Von der Wetterwarte steigt der Mauna Loa Observatory Trail hinauf zum Gipfel.

Die Wanderung sollte vor 8 Uhr beginnen. Falls nachmittags Wolken aufziehen, sollte man den Berg, auf jeden Fall aber den Gipfel wieder verlassen haben. Der Weg ist mit Steinmännchen markiert, die im Nebel allerdings verschwinden. Wenn dies passiert, sollte man stoppen und in einer von mehreren kleinen Röhren und Senken an der Route Schutz suchen, bis man wieder etwas sehen kann, selbst wenn das erst am nächsten Morgen wieder der Fall ist.

Bis zur Kreuzung mit dem **Mauna Loa Trail** sind es fast 6,5 km. Für den langsamen Aufstieg über fast 600 Höhenmeter sollte man sich drei Stunden Zeit lassen. Wenn dieser Weg nicht so hoch läge, wäre er ein Klacks. Trotzdem: Langsam, aber stetig vorangehen und immer wieder kurze Pausen einlegen. Wer an sich Symptome der Höhenkrankheit (S. 728) feststellt, sollte wieder absteigen. Nach zwei Stunden erreicht man wieder den Nationalpark, und die alten Lavaströme zeigen sich in allen Farben des Regenbogens: Saphirblau, Türkis, Silber, Ocker, Orange, Gold und Magenta.

An der Wegkreuzung übersteigt die Erhabenheit der **Moku'aweoweo-Caldera** des Gipfels jede Vorstellungskraft. Tageswanderer haben jetzt zwei Möglichkeiten: Entweder sie gehen gut 4 km (drei Stunden) auf dem **Summit Trail** zum 4169 m hohen, in der Ferne sichtbaren Gipfel, oder sie erkunden die Caldera (Krater) selbst, indem sie dem 3,4 km langen **Mauna Loa Cabin Trail** folgen. Wer es mit sich vereinbaren kann, den Gipfel nicht zu erreichen, dem wird mit der zweiten Option eine äußerst interessante Variante geboten: Hier gibt's noch tollere Caldera-Blicke sowie einen Schwindel erregenden Blick in die atemberaubende Tiefe des **Lua Poholo** – eines kraterähnlichen Lochs in der Landschaft.

Der Abstieg dauert halb so lang wie der Aufstieg; je nachdem, wie weit man geht, muss man für Hin- und Rückweg zusammen sieben bis zehn Stunden einplanen. Auf jeden Fall sollte man jede Menge Wasser, Proviant, eine Taschenlampe und Regenkleidung mitnehmen sowie Wanderstiefel, eine Winterjacke und eine Mütze tragen – hier oben ist es das ganze Jahr über kalt und windig.

HAMAKUA COAST

Wo auf Big Island finden Reisende noch das Klischee vom unberührten üppig-tropischen Hawaii-Paradies? Vielleicht an der Hamakua Coast! Die Nordostküste von Big Island erstreckt sich vom Waipi'o Valley bis nach Hilo und steht vor allem im Zeichen des Regens: Zahllose Bäche ergießen sich die Flanken des Mauna Kea hinunter, schneiden dabei tiefe Schluchten aus und stürzen über 300 m hohe Klippen. Die Bauern bearbeiten noch immer uralte Taro-Flächen, und gut erhaltene Zuckerplantagen-Städtchen erinnern an die goldenen Zeiten, als über die weiten Brücken Dampfzüge ratterten. Diese und andere Geister – von den legendären Nachtwanderern von Kukuihaele (S. 266) zu den Schulkindern von Laupahoehoe – spuken in dieser fruchtbaren Region, wo es an den überwucherten, vergessenen Straßen den Anschein hat, dass die Vergangenheit nur durch einen dünnen Schleier von der Gegenwart getrennt ist.

Honoka'a & Umgebung

Wer hätte gedacht, dass Honoka'a einmal nach Honolulu und Hilo die drittgrößte Stadt Hawaiis war? Honoka'a war das Zentrum der ertragreichen Rinderzucht und Zuckerproduktion. Als diese Erwerbszweige zusammenbrachen, musste es sich neu orientiern.

1993 verarbeitete die Honoka'a Sugar Company ihre letzte Ernte. Die Landwirtschaftsstadt war gezwungen, sich nach neuen Feldfrüchten umzuschauen. Heute werden auf den Farmen im höher gelegenen Pa'auilo und Ahualoa u. a. Tomaten und Pilze angebaut; diese finden reißenden Absatz bei den Gourmetköchen, die nur die frischesten und besten einheimischen Erzeugnisse verarbeiten wollen. Hier boomt der ökologische Landbau – vom Ziegenkäse bis zum Grüntee –, und es ist nur eine Frage der Zeit, bis sich der Ort als Hauptstadt des Agritourismus auf der Insel gemausert hat.

Bis es soweit ist, bummeln Besucher durch die vielen Antiquitätenläden im netten Honoka'a. Danach geht's gestärkt mit einem Tempeh- oder Rindfleischburger mit Fleisch von Rindern aus Weidehaltung ins Waipi'o Valley. Oder man verweilt noch ein bisschen und lässt den lieben Gott einen guten Mann sein. Glücklicherweise gibt's auch ein paar sehr nette Quartiere, um sein Haupt zur Nacht zu betten.

⊙ Sehenswertes

Die folgenden Plantagen und Höfe befinden sich alle in Pa'auilo und Ahualoa auf der landeinwärtigen Seite des Highways. Pa'auilo liegt etwa 5 Meilen (8 km) östlich, Ahualoa eine Meile (1,6 km) westlich von Honoka'a.

LP TIPP **Hawaiian Vanilla Company**   PLANTAGE
(☎776-1771; www.hawaiianvanilla.com; Pa'auilo; Führungen 25 $, Mittagessen pro Erw./Kind 4–12 J. 39/15 $) Freunde dieser duftenden Schote haben hier die Gelegenheit, etwas über ihren Anbau, ihr Aroma und ihre Nutzung zu erfahren. Der Familienbetrieb ist die erste kommerzielle Vanilleplantage in den USA. Die Führungen und Verkostungen sind preislich recht günstig und lohnen

sich auf jeden Fall. Der Vanilla Experience Luncheon umfasst eine vanillegestärkte Mahlzeit, eine informative Präsentation und eine Führung durch die Anlage. Wer dafür keine Zeit hat, sollte zumindest beim **Souvenirshop** (☺10–17 Uhr) halten; hier gibt's alles Mögliche mit Vanille wie Kaffee, Tee, Badezusätze und Körperpflegemittel sowie natürlich Vanilleschoten und -extrakte.

LP TIPP	**Volcano Island Honey Company**	IMKEREI

(☑775-1000, 888-663-6639; www.volcanoisland honey.com; Ahualoa; 1½-stündige Führung 50 $) Mitte der 1970er-Jahre begann Richard Spiegel den süßen Bienennektar der *kiawe*-Blüten zu gewinnen. Heute leitet er einen blühenden Familienbetrieb, der Rare Hawaiian Organic White Honey (Glas zu 8 Unzen/227 g 14,50–16 $) aus einem einzigen *kiawe*-Wald in Puako gewinnt. Das Unternehmen hat sich dem Umweltschutz verschrieben und die Imkerei generell nur sehr geringfügige Auswirkungen auf die Natur. Bienenschutzanzug verfügbar.

🌿 **Mauna Kea Tea** PLANTAGE
(☑775-1171; www.maunakeatea.com; Ahualoa; Führungen 20–30 $) Wer sich für Tee, ökologischen Landbau und die Philosophie dahinter interessiert, sollte eine Führung über diese kleine, familienbetriebene Plantage buchen. Die Grün- und Oolong-Tees sollen das dem Land innewohnende „Aroma" widerspiegeln und nicht nach Kunstdünger schmecken. Auf der Website stehen philosophische Einsichten zum Teeanbau und zum Leben als solchem. Wer möchte, kann hier in die Lehre gehen oder freiwillige Arbeit leisten.

🌿 **Long Ears Coffee** PLANTAGE
(☑775-0385; www.longearscoffee.com; Ahualoa; Führungen 35 $) Toller Hawaii-Kaffee kommt heutzutage nicht nur aus Kona. Wer sich eine eigene Meinung bilden möchte, probiert den „gereiften" Hamakua-Kaffee in diesem Familienbetrieb. Wendell und Irmanetta Branco verarbeiten ihre eigenen Bohnen sowie Bohnen von anderen Plantagen in Hamakua und schaffen so für die hiesigen Bauern eine nachhaltige Möglichkeit des Landbaus. Bei den freundlichen Führungen erhalten die Teilnehmer einen Einblick in den gesamten Produktionsprozess: vom Anbau der Pflanzen über das Ernten und die Aufbereitung der Früchte bis zum Rösten.

Katsu Goto Memorial DENKMAL
Neben der Bücherei an der Mamane St in Honoka'a steht ein Denkmal für den japanischen Rohrzuckerfeldarbeiter Goto, der später einen Gemischtwarenladen in Honoka'a eröffnete. Die einheimischen Zuckerbosse und ihre Komplizen hängten Goto 1889, weil er sich für bessere Arbeitsbedingungen auf den Plantagen in Hamakua einsetzte. Er gilt als einer der ersten Gewerkschaftsaktivisten.

Gotos Geschichte wird in *Hamakua Hero: A True Plantation Story* lebendig, einer mangaähnlichen Graphic Novel von Patsy Y. Iwasaki und Avery Berido.

🎉 Festivals & Events

Honoka'a Western Weekend WESTERN
(Mamane St; Eintritt frei) Die verschlafene Mamane St erwacht Ende Mai mit Grillfest, Umzug, Country Dance und Rodeo zum Leben.

Hamakua Alive ESSEN
(www.hamakuaalive.com; Pa'ahau Plantation Park; Eintritt frei) Dieses lokale Bauernfest ist ein nettes altmodisches Vergnügen. Es gibt einen Backwettbewerb, Wassermelonen-Wettessen und Eierwerfen – und natürlich Essen, im Duo zubereitet von einem Koch und einem Bauern. Findet normalerweise am dritten Samstag im Oktober statt.

🛏 Schlafen

Die besten Unterkünfte liegen im Landesinneren etwas außerhalb von Honoka'a im dunstigen Ahualoa und im Weideland von Pa'auilo Richtung Osten. Wenn Geld keine Rolle spielt, ist Kukuihaele (S. 266) mit atemberaubenden Ausblicken aufs Waipi'o Valley die bessere Adresse.

LP TIPP	**Mountain Meadow Ranch**	COTTAGE $$

(☑775-9376; www.mountainmeadowranch.com; 46-3895 Kapuna Rd, Ahualoa; Cottage 150 $, Suite mit Frühstück 115 $) Frische Luft zum Durchatmen! Das grüne, dunstige Ahualoa ist Ranchland wie aus dem Bilderbuch. Wenn die Wahl hierauf fällt, macht man nichts falsch. Das Cottage mit zwei Schlafzimmern bietet vier Personen Platz (zum selben Preis) und umfasst eine komplett eingerichtete Küche, einen Holzofen und eine Waschmaschine samt Trockner. Die

Hamakua Coast

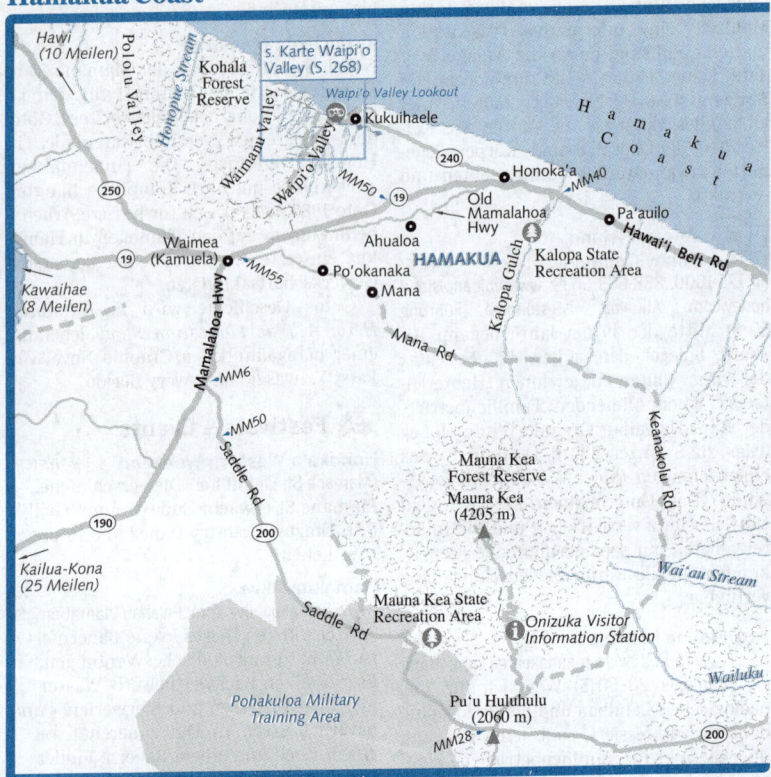

Suite eignet sich ideal für zwei Personen und hat zwar keine Küche, aber immerhin eine Mikrowelle, einen kleinen Kühlschrank und eine Trockensauna. Die Gastgeber sind versierte Reiter und hier seit Langem ansässig. Einziger Nachteil: kein WLAN im Cottage.

Keolamauloa   FERIENHAUS $$
(☎776-1294; www.keolamauloa.com; 43-1962 Pa'auilo Mauka Rd, Pa'auilo; Haus mit 2 Schlafzimmern 2/3/4 Pers. 100/125/150 $; ☎) Wer auf der Suche nach einem erdverbundenen Zurück-zur-Natur-Zufluchtsort ist: Hier ist er! Die gemütliche Unterkunft auf der gepflegten Familienfarm in Pa'auilo umfasst eine voll ausgestattete Küche und Möglichkeiten zum Wäschewaschen. Das Gelände besteht aus hoch aufragenden einheimischen Bäumen, Obstbäumen, Gemüsebeeten, Hühnern und anderen Tieren, der Blick reicht bis zum Meer in der Ferne. Die Gäste genießen frische Eier und andere Erzeugnisse und können auch bei der Arbeit mithelfen. Rabatte bei längeren Aufenthalten.

Waipi'o Wayside B&B   B&B $$
(☎775-0275, 800-833-8849; www.waipioway side.com; Hwy 240; Zi. mit Frühstück 100–190 $; ☎) Dieses schön eingerichtete Plantagenhaus von 1932 ist ein klassisches B&B. Die fünf Zimmer der einladenden Gastgeber sind sehr unterschiedlich, aber jedes zeichnet sich durch einen besonderen Touch aus (alte eiserne Bettgestelle, einen hölzernen chinesischen Barbierstuhl, Hartholzböden). Zu den Gemeinschaftsbereichen zählen ein Wohnzimmer mit Büchern und einem Großbild-TV (mit DVDs) sowie eine geräumige, abgeschiedene Terrasse. Ein komplettes hausgemachtes Frühstück mit Bioerzeugnissen ist im Preis inbegriffen. Zwischen den Meilensteinen 3 und 4 am Hwy 240, etwa 2 Meilen (3,2 km) nördlich von Honoka'a.

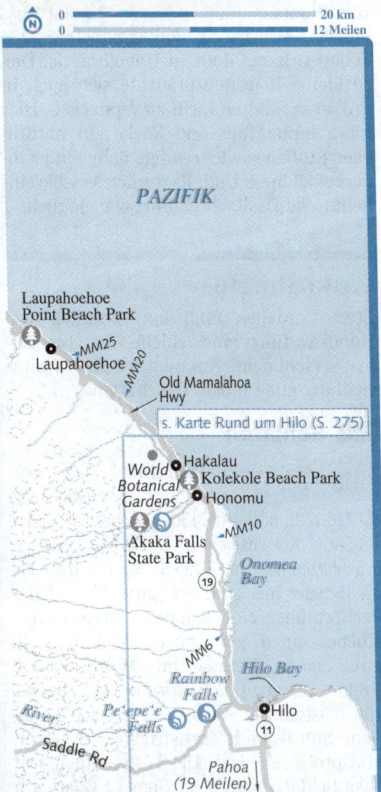

kann man eigentlich nicht anders als entspannen, ob bei einem Kaminfeuer oder im Whirlpool. Jede Ecke zeugt von einem wunderbar unprätentiösen Geschmack: Es gibt schöne Kunst, Tiffany-Lampen, witzige Philippe-Starck-Stühle und glänzende Hartholzböden. Bei 48-stündiger Vorbestellung werden auch Gourmet-Abendessen serviert (48–58 $ p. P.). Frühstück ist im Preis inbegriffen.

Hotel Honoka'a Club   HOSTEL $

(☎775-0678, 800-808-0678; www.hotelhonokaa. com; Mamane St, Honoka'a Club; B/Zi. mit Gemeinschaftsbad 20/30 $, Zi. 65–95 $, Suite 130 $; @) Dieses Hostel/Hotel in einem alten Plantagengebäude hat zwar viel Flair, ist aber mit Blick auf die dünnen Wände, Fabrikteppiche und dunklen Duschkabinen zu teuer. Die Dorm-Betten werden mit Bettwäsche, aber ohne Decken angeboten. Die billigen Zimmer sind das eingesparte Geld vielleicht wert, aber jede andere Unterkunft über 80 $ kann nur besser sein.

✖ Essen

┌LP┐ Simply Natural   CAFE $
└TIPP┘

(☎775-0119; www.hawaiisimplynatural. com; 45-3625 Mamane St, Honoka'a; Gerichte 5–9 $; ⊙Mo-Sa 8–15 & Di-Sa 17–20 Uhr; @🖥) Das helle, fröhliche Ambiente und das Personal hier passen gut zum gesunden Essen, am Wochenende etwa leckere Waffeln mit frischem Obst. Mittags ist der Auflauf mit Feta, Spargel und Tomaten zu empfehlen. Die Behälter für die Speisen zum Mitnehmen sind biologisch abbaubar.

Café il Mondo   ITALIENISCH $$

(☎775-7711; www.cafeilmondo.com; 45-3626A Mamane St, Honoka'a; Calzones 12 $, Pizzas 12–24 $; ⊙Mo-Sa 11–20 Uhr) Das beliebte italienische Café ist auf Pizza und Pasta spezialisiert. Die Calzones sind riesige Kissen und voll mit leckerem Gemüse; den Wein dazu kann man selbst mitbringen. Zuweilen gibt Eigentümer Sergio noch ein Ständchen auf seiner Gitarre.

Tex Drive-In   DRIVE-IN $

(☎775-0598; Hwy 19, Meilenstein 43; Sandwiches & Plate lunches 5–9 $; ⊙6.30–20 Uhr) *Malasadas* sind eigentlich nur Doughnuts, aber das Tex Drive-In ist dafür berühmt, sie heiß und frisch zu servieren. Es gibt sie einfach (96 ¢) oder gefüllt (1,31 $). Mittags gibt's außerdem einen überdurchschnittlich guten *plate lunch* mit frischem grünem Salat; gut sind auch die Burger mit Milchbrötchen.

Waianuhea B&B   B&B $$$

(☎775-1118, 888-775-2577; www.waianuhea .com; 45-3505 Kahana Dr, Ahualoa; Zi. 210–310 $, Suite 400 $; 🖥) Reisende mit gut gefüllter Kasse können sich gleich zu dieser exquisiten Unterkunft im friedvollen Bergland von Hamakua auf den Weg machen. Hier

---

ⓘ Die meisten kleinen Plantagen sind für Besucher geschlossen. Im Mittelpunkt der Arbeit steht der Anbau der Pflanzen und nicht die Besucherführung. Eine Möglichkeit, einen Einblick in die Landwirtschaft der Gegend zu erhalten, sind die vom Eigentümer der Hawaiian Vanilla Company, Jim Reddekopp, angebotenen **Earth Bound Tours** (http://earthboundtours.com). Zur Auswahl stehen verschiedene Tagesausflüge zu einigen der besten Plantagen und Höfe auf den Inseln.

DIE NACHTWANDERER

Kukuihaele bedeutet „Licht, das kommt und geht" auf Hawaiisch. Das bezieht sich auf die *huaka'ipo* (Nachtwanderer), die fackeltragenden Geister hawaiischer Krieger, die hier auf dem Weg nach Waipi'o durchkommen. Wer die Nachtwanderer anschaut oder ihnen in die Quere kommt, stirbt der Legende zufolge. Überleben kann nur, wer einen Ahnen unter den Nachtwanderern hat – oder wer sich mit dem Gesicht nach unten auf den Boden legt.

Jolene's Kau Kau Korner EINHEIMISCH $
(☎775-9498; 45-3625 Mamane St, Honoka'a; Sandwiches & Burger 5–8 $, Hauptgerichte 10–15 $; ⏰tgl. 10.30–15.30, Mo & Mi bis 20 Uhr) Wer nichts gegen Fleisch und Kalorien hat, kann hier große Portionen Garnelen, Huhn, Rippchen usw. vertilgen.

Honoka'a Farmers Market MARKT
(Mamane St, Honoka'a; ⏰Sa 7.30–12 Uhr) Frische Erzeugnisse direkt vom Bauern. Vor der Honoka'a Trading Company.

☆ Unterhaltung

Honoka'a People's Theatre THEATER
(☎775-0000; Mamane St, Honoka'a; Kinokarten Erw./Kind/Sen. 6/3/4 $) In diesem Theater in einem historischen Gebäude von 1930 werden Filme gezeigt und finden besondere Veranstaltungen statt.

🔒 Shoppen

Honoka'a Trading Company ANTIQUITÄTEN
(Mamane St, Honoka'a; ⏰10.30–17 Uhr) Wenn ein paar ältere Tantchen aus Honoka'a Speicher, Keller und Garage entrümpeln würden, dann würde es so aussehen wie in diesem hangargroßen Laden. Hier gibt's alte hawaiische Kleidung, Antiquitäten, Secondhandbücher (tolle Auswahl an Hawaii-Titeln), Rattan- und *koa*-Möbel sowie handverlesene hawaiische „Artefakte".

Taro Patch SOUVENIRS
(Mamane St, Honoka'a; ⏰9–17 Uhr) Hier gibt's von allem etwas, und deswegen ist dieser Laden ein tolles Souvenirgeschäft: von schönem Keramikgeschirr und funkigen Feder-Flipflops bis zu Waipi'o-Valley-Mauspads und Bio-Seifen. Die in der Schale gerösteten Bio-Macadamianüsse des Ladenbesitzers sollte man sich nicht entgehen lassen.

Symbiosis BEKLEIDUNG
(45-3587 Mamane St, Honoka'a; ⏰Di–Sa 10–17 Uhr) Urbane Mode in Honoka'a? Ja. Diese kleine Boutique bräuchte sich auch in größeren Städten nicht zu verstecken. Hier gibt's hippe Tops und Röcke aus natürlichen Stoffen sowie trendige Baby- und Kinderbekleidung. Und: Es werden so viele einheimische Designer geführt wie möglich.

Kukuihaele

Etwa 7 Meilen (11,3 km) nördlich von Honoka'a führt eine Schleife vom Hwy 240 ins verschlafene Kukuihaele, eine Wohnsiedlung mit ein paar Geschäften.

🛏 Schlafen

LP TIPP **Hale Kukui Orchard Retreat** FERIENHAUS $$
(☎775-1701, 800-444-7130; www.halekukui.com; 48-5460 Kukuihaele Rd; Studios 160–195 $, 2-Schlafzimmer-Einheit 195 $; 📶) Die drei Ferienhäuser hier sind eine gute Wahl: Jedes verfügt über eine komplett ausgestattete Küche, einen geräumigen Wohnbereich, eine eigene Terrasse mit Whirlpool im Freien sowie phantastische Meerblicke. Im Obstgarten wachsen Papayas, Bananen, Stern- und Zitrusfrüchte, die man alle probieren darf. Die Wohneinheit mit zwei Schlafzimmern ist für vier Gäste ein Schnäppchen: Sie zahlen nur den Preis von zwei Personen; die siebte Nacht ist gratis.

Waipio Rim B&B B&B $$
(☎775-1727; www.waipiorim.com; DZ 200 $) Näher als in diesem hübschen B&B kommt man dem Waipi'o Valley übernachtungstechnisch nicht; es liegt toll auf einer Klippe hinter dem Aussichtspunkt (Weg vorher telefonisch klären!). Das Studio im Obergeschoss bietet eine tolle Drinnen-draußen-Mischung, mit vielen Fenstern und einer eigenen Terrasse mit Blick aufs ganze Tal. Zu den Einrichtungen gehören eine Mikrowelle und ein Kühlschrank. Die fünfte Nacht ist gratis. Woanders gibt's vielleicht mehr Fläche fürs Geld, aber dieses B&B punktet eindeutig durch den Ausblick.

Cliff House Hawaii FERIENHAUS $$
(☎775-0005, 800-492-4746; www.cliffhousehawaii.com; Hwy 240; Haus mit 2 Schlafzimmern 200 $, zusätzliche Person 35 $; @) Dieses Haus auf weitläufigem Weideland verspricht jede Menge Abgeschiedenheit und Platz. Es ist

gut ausgestattet und verfügt über zwei Schlafzimmer, eine komplett eingerichtete Küche, recht große Wohn-und Esszimmer, einen Grill, ein Teleskop, ein Satelliten-TV und eine Waschmaschine samt Trockner. Ums Haus zieht sich eine Veranda – vielleicht der beste private Platz auf Big Island, um den Sonnenaufgang und Wale zu beobachten. Weiter landeinwärts befindet sich auf derselben Parzelle das nicht ganz so atemberaubend, aber trotzdem schön gelegene **Hawaii Oceanview House** (Haus mit 2 Schlafzimmern 165 $).

✗ Essen & Shoppen

LP TIPP
Waipiʻo Valley Artworks KUNSTGALERIE
(Karte S. 268; ☎775-0958, 775-7157, 800-492-4746;www.waipiovalleyartworks.com;◷8–17 Uhr) Dieser luftige kleine Laden bietet vielerlei: Eis, Muffins, Sandwiches und Kaffee für ein Päuschen sowie Möbel, Schalen und andere Andenken aus *koa*-Holz in jeder Preislage. Außerdem kann man hier das Parken über Nacht arrangieren, wenn man im Waimanu Valley zeltet (15 $/Tag); im Juli und August und wenn man vor 8 Uhr parken möchte, zuerst anrufen!

Last Chance Store LEBENSMITTEL
(Karte S. 268; ◷Mo–Sa 9–15.30 Uhr) Dies ist die letzte Einkaufsgelegenheit vor dem Waipiʻo Valley für Snacks, Dosen mit Chili con carne, Bier, Wasser oder Wein.

Waipiʻo Valley

Das Ende einer Straße übt immer einen besonderen Reiz aus. Hier beginnt das Unbekannte – „Was kommt jetzt?" Dieses Gefühl beschleicht auch Reisende, die das Ende des Hwy 240 erreichen und an den Klippen des Waipiʻo Valley stehen, des größten von sieben spektakulären Amphitheatertälern auf der Ostseite der Kohala Mountains. Waipiʻo (gekrümmtes Wasser) ist ein 10 km langer smaragdgrüner Flickenteppich aus Wäldern, Lotusteichen und Tarofeldern. Von 600 m hohen senkrechten Klippen ergießen sich Wasserfälle ins Tal. Höhepunkt des Naturschauspiels ist der Fluss, der den Talgrund durchschneidet und bis zum schwarzen Sandstrand fließt, wo die Brandung tost und Felsen herumliegen. Nur wenige Orte in Hawaii können es mit dem atemberaubend schönen Waipiʻo-Tal aufnehmen, das den indigenen Hawaiianern heilig ist.

Der Aussichtspunkt befindet sich am Ende der Straße; wer hier steht, ist mit Fotoapparat bewaffnet. Es gibt auch einen mit einem Ranger besetzten **Informationsstand** (◷8 Uhr bis Sonnenuntergang).

Geschichte

Das auch als „Valley of the Kings" (Tal der Könige) bekannte Waipiʻo war früher die Kornkammer von Big Island. Nicht zufälligerweise war es auch das politische und religiöse Zentrum der Insel und das Zuhause der höchsten *aliʻi*. ʻUmi, herrschender Häuptling von Big Island und spiritueller Führer im frühen 16. Jh., war ein Bauer und Fischer, der viele der ursprünglichen Tarofelder von Waipiʻo anlegte. Einige werden auch heute noch kultiviert, manchmal sieht man Bauern knietief in ihren Feldern stehen. In Waipiʻo erhielt Kamehameha der Große die Schutzherrschaft über den furchteinflößenden Kriegsgott Kukailimoku.

Mündlicher Überlieferung zufolge lebten in diesem fruchtbaren Tal vor Ankunft der Europäer mehrere Tausend Menschen. Im ganzen Tal finden sich wichtige *heiau,* die von der Bedeutung des Tals zeugen. Der heiligste Tempel, Pakaʻalana, war ein *luaki-ni heiau* (Tempel für Menschenopfer) und einer von zwei wichtigen *puʻuhonua* (Zufluchtsstätten) der Insel – der andere ist der im Puʻuhonua O Honaunau National Historical Park. Vom Pakaʻalana ist allerdings nichts mehr zu sehen: Er wurde in einem Krieg zwischen Kaʻeokulani von Kauaʻi und Kamehameha I. zerstört.

1823 schätzte William Ellis, der erste Missionar, der ins Waipiʻo-Tal hinabstieg, die Zahl der Einwohner auf rund 1300. In den 1880er-Jahren ließen sich vor allem chinesische Einwanderer in der grünen Landschaft nieder. Der Taro-Anbau machte Platz für Reis, wenn auch die traditionelle Feldfrucht nie ganz verdrängt wurde. Mit der Zeit konnte Waipiʻo mit dem billigeren Reisanbau in Kalifornien nicht mehr konkurrieren, sodass der Taro eine Renaissance erlebte. In Fabriken im Tal wurde das arbeitsintensive *poi* (gedämpfter gestampfter Taro) hergestellt.

1946 drangen beim verheerendsten Tsunami von Big Island Wellen bis weit ins Tal hinein. Glücklicherweise mussten sowohl bei dieser Naturkatastrophe als auch bei der großen Überschwemmung 1979 keine Todesopfer beklagt werden. Als das Wasser zurückgeflossen war, ließen sich die meis-

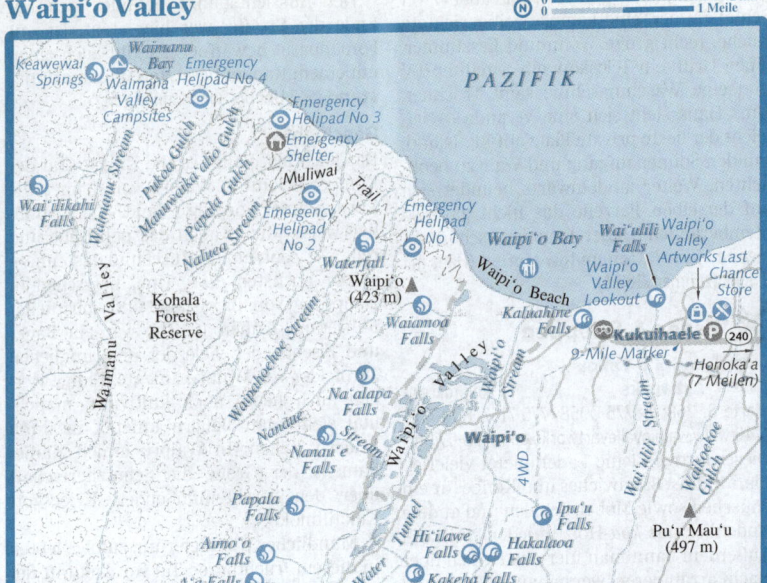

```
                                                    N   0              2 km
                                                        0          1 Meile

Keawewai          Waimanu          Emergency              PAZIFIK
Springs           Bay              Helipad No 4
        Waimanu
        Valley          Emergency
        Campsites       Helipad No 3
Waiʻilikahi                         Emergency
Falls                               Shelter
                    Muliwai    Trail
                    Emergency        Emergency
        Waimanu Stream   Helipad        Helipad
        Pakoa Gulch      No 2           No 1        Waipiʻo Bay    Waiʻulili  Waipiʻo
        Manawaika'alia Gulch                                      Falls      Valley
        Papala Gulch                   Waterfall    Waipiʻo Beach            Artworks  Last
        Naluea Stream                  Waipiʻo                    Waipiʻo             Chance
Kohala                                 (423 m)                    Valley              Store
Forest                                              Kaluahine     Lookout
Reserve                         Waiamoa             Falls                   Kukuihaele  240
        Waipaohwehoe Stream     Falls                                      9-Mile Marker
                                                                                      Honokaʻa
                                Naʻalapa                                              (7 Meilen)
Waimanu Valley                  Falls      Waipiʻo Valley
                    Nanau       Stream
                    Nanauʻe              Waipiʻo       Waipiʻo
                    Falls                              Stream
        Papala                                                      Waiʻulili Stream
        Falls                             4WD                                  Waikekoe Gulch
        Aimoʻo                   Hiʻilawe             Ipuʻu
        Falls        Tunnel      Falls    Hakalaoa    Falls       Puʻu Mauʻu
Aʻa Falls         Water                   Falls                   (497 m)
                             Kakeha Falls
```

ten Menschen nur noch weiter oben nieder. Seitdem ist Waipiʻo dünn besiedelt.

Der Taro-Anbau und die *poi*-Produktion sind wichtige Elemente der hawaiischen Identität. Beides findet auch heute noch in diesem mit Argusaugen geschützten Tal statt. Die kulturelle Renaissance der 1960er- und 1970er-Jahre und die Suche jüngerer Generationen nach ihren eigenen Wurzeln haben für das Überleben dieser Kulturtechniken gesorgt. Zu den anderen Erzeugnissen des Tals zählen Lotuswurzeln, Avocados, Zitrusfrüchte und *pakalolo* (Marihuana).

🏃 Aktivitäten

Die meisten Besucher bewältigen die kurze steile Straße hinunter zum Waipiʻo Beach zu Fuß in 45 Minuten oder mit einem Allradfahrzeug in einer Viertelstunde – mit einem normalen Pkw ist hier nichts auszurichten. Unten gibt's Toiletten, jedoch kein Trinkwasser. Nur fitte und entsprechend vorbereitete Wanderer sollten sich die knapp 3 km (1½ Std.!) weiter ins Tal hinein begeben, um die mächtige Schönheit der Hiʻilawe Falls zu erleben – falls es das Wetter und der Wasserstand der Bäche überhaupt zulassen. Der Muliwai Trail (mit Übernachtung) eignet sich nur für erfahrene Wanderer.

Am Waipiʻo Beach kann man nicht baden, sodass man also eine kleine Abkühlung im Meer vergessen kann. Jedoch nehmen es zahlreiche einheimische Surfer mit dem schwierigen Break am Waipiʻo Beach auf. Die Brandungsrückströme und der gefährliche Sog sind definitiv nichts für Gelegenheitssurfer.

Waipiʻo Valley Hike   WANDERN

Der kurze, eine Meile (1,6 km) lange, aber sehr steile Abstieg vom Waipiʻo Valley Lookout nimmt vergleichsweise viel Zeit – 30 bis 45 Minuten – in Anspruch, da er über eine Straße mit 25 % Gefälle erfolgt. Jedoch ist die Straße asphaltiert, und daher ist das Ganze nicht allzu anstrengend. Es gibt keinen Schatten, also viel Wasser mitnehmen!

Unten im Tal führt die linke Straße zu einem Terrain, in dem an einem Bach gewöhnlich wilde Waipiʻo-Pferde grasen; wer hier weitergeht, hat bald einen Ausblick auf die **Hiʻilawe Falls** in der Ferne: mit über 420 m Höhe und 300 m freiem Fall die höchsten Wasserfälle Hawaiis. Die Wanderung zu den Wasserfällen ist machbar, aber recht schwierig; für die rund 3 km (hin und zurück 4 Std.) lange Strecke gibt es keine richtigen Wege, und der Bach muss ein halbes Dutzend Mal überquert werden, man sich recht oft durch den Wald kämpfen. Von Einheimischen die Erlaubnis zum Betreten ihres Landes einholen! Dieses Abenteuer ist für Kinder und unerfahrene Wanderer viel zu gefährlich – während oder nach Regenfällen für niemanden geeignet. Wer diese Wanderung in Angriff nimmt, sollte immer die Privatsphäre der Anwohner respektieren.

Wer unten am Fuß des Berges rechts geht, erreicht nach zehn Minuten den **Waipi'o Beach**. Der schwarzsandige Strand ist von anmutigen Eisenholzbäumen *(ironwood)* und großen dunklen Felsbrocken gesäumt; baden kann man hier nicht. Zu den meisten Zeiten sollte selbst davon abgesehen werden, in der rauen See herumzuwaten. Vor der Küste sind manchmal Spinnerdelphine und Wale zu sehen.

Von der Mündung des Bachs bietet sich ein schöner Blick auf die **Kaluahine Falls**, die sich im Osten über die Felsen ergießen. Den Wasserfall zu erreichen ist schwieriger, als es aussieht. Die Brandung erreicht auch die obersten Felsen, was gefährlich werden kann. Legenden zufolge kommen Nachtwanderer (S. 266 von den oberen Abschnitten des Tals von Zeit zu Zeit zum Strand und marschieren dann nach Lua o Milu, einem versteckten Eingang zur Unterwelt.

Der Muliwai Trail ins
Waimanu Valley   WANDERN, CAMPING
Dieser knapp 14 km lange Wildnisweg, der am Waipi'o Valley Lookout beginnt, ist nur für fitte Wanderer mit Erfahrungen auf steilem, rutschigem und potenziell gefährlichem Terrain geeignet. Unterschätzt werden sollte weder die Schwierigkeit noch die Schönheit dieser Wanderung, die sechseinhalb bis acht Stunden dauert und bei der zwölf *gulches* durchquert werden müssen – hübsche grüne kleine Schluchten, die schwer zu durchwandern sind und mit moosüberwachsenen Felsen, kleinen Wasserfällen und eiskalten Becken zum Baden. Auf jeden Fall ist für die Wanderung trockenes Wetter absolute Grundvoraussetzung, soll sie sicher sein und Spaß machen.

Es sollten mindestens zwei – idealerweise drei oder mehr – Nächte im Waimanu Valley eingeplant werden. Die Wanderung vom Waipi'o Lookout zum Waimanu Valley dauert etwa sieben Stunden, der Rückweg ist dann einfacher und geht schneller. Autos können am ausgeschilderten 24-Stunden-Parkplatz oder bei Waipi'o Valley Artworks in Kukuihaele (S. 266) abgestellt werden.

Die erste Regel beim Wandern lautet: Keine Spuren hinterlassen! Dies ist überall wichtig, besonders in ursprünglichen, heiligen Orten wie dem Waipi'o Valley und dem dahinter liegenden Gebiet. Die Zeltplätze hier werden nur minimal versorgt, sodass es an den Campern liegt, alles wieder mit hinauszunehmen, was sie mit hereingebracht haben. Leider stecken einige ihren Müll in Felsspalten um die Campingplätze herum; dadurch werden Kakerlaken, Mungos und andere Plagegeister angelockt. Ganz Gewissenlose lassen auch kaputte Ausrüstung im Tal zurück: Zelte, Schaumstoffunterlagen, Strandliegen, Riffschuhe, Seile, Dosen und so weiter. Der Rückweg ist leichter als der Hinweg, sodass man auch wieder hinaustragen kann, was man hereingetragen hat.

Um vom Waipi'o Beach zum Beginn des Muliwai Trail zu kommen, überquert man den Bach an der ruhigsten Stelle und geht bis zum hinteren Ende des Strands; etwas landeinwärts gibt's einen schattigen Weg, der zum Fuß der Klippen führt. Hier biegt der Pfad nach links, dann rechts und führt durch dichten Wald bergauf. Dieser alte hawaiische Fußpfad steigt an der steilen Nordwestwand des Tals auf einer Meile 360 m an – wegen der mörderischen Serpentinen heißt der Weg auch Z-Trail. Er wird auch von Jägern genutzt, die auf Wildschweinjagd sind.

Der Weg ist ungeschützt und heiß, sodass man diesen Abschnitt am besten früh hinter sich bringt. Schließlich führt der Pfad in Wald aus Eisenholz und Norfolktannen. Man erklimmt eine kleine Anhöhe, danach fällt der Weg leicht ab und wird schlammig (Moskitos!). Ein reißender Bach ersetzt den Ausblick aufs Meer.

Der Weg führt durch eine kleine Schlucht und steigt an einem Schild für den Emergency Helipad No. 1 wieder an. In den nächsten Stunden werden abwechselnd Schluchten durchquert und Anstiege im Wald bewältigt. Ein Wasserfall in der dritten Schlucht liefert frisches Wasser, das vor dem Trinken jedoch entkeimt werden muss. Als Orientierungspunkt dient der Emergency Helipad No. 2 ungefähr auf halber Strecke vom Waipi'o Beach. Dahinter befinden sich ein offener Unterstand mit Plumpsklos und der Emergency Helipad No. 3.

Hier sollte man vor dem letzten schwierigen Abstieg ausruhen. Hinter der Schutzhütte geht's durch drei weitere kleine Schluchten und vorbei am Emergency Helipad No. 4, von wo es weniger als eine Meile bis ins **Waimanu Valley** ist. Dieser letzte Abschnitt mit Serpentinen beginnt relativ mühelos, es gibt einige gehauene und auch natürliche Steinstufen, doch über einen 360 m hohen Abstieg ist der Weg in schlechtem Zustand und im weiteren Verlauf extrem gefährlich. Ein kurzer Blick auf die **Wai'ilikahi Falls** (45 Min.) auf der anderen Seite des Tals mag Wanderer zum Weitergehen verleiten, aber Vorsicht: Der Weg ist schmal und teilweise weggespült, mit senkrechten Abgründen zum Meer hin, und man kann sich an nichts festhalten als an moosigen Steinen und stacheligen Pflanzen. Wenn der Abstieg auch nur kleinste Probleme bereitet, auf jeden Fall zurück zum Unterstand gehen und dort übernachten.

Das Waimanu Valley ist ein Waipi'o-Tal im Kleinformat, aber ohne Touristen. Die Chancen, hier zwischen den Felswänden des atemberaubenden Tals mit Wasserfällen und einem felsübersäten Strand allein zu sein, stehen nicht schlecht. Vom unteren Ende der Serpentinen ist der **Waimanu Beach** zehn Minuten am Schild mit den Campingregeln vorbei entfernt. Um den Bach zu den **Zeltplätzen** am Westufer zu überqueren, sollte man das über den (tiefen) Bach gespannte Seil ignorieren. Besser überquert man ihn näher beim Meer, wo er flacher ist.

Das Waimanu Valley beherbergte einst eine recht große Siedlung. Es birgt zahlreiche Ruinen, darunter Haus- und Tempelterrassen, steinerne Einfriedungen und alte *lo'i*. Im frühen 19. Jh. lebten schätzungsweise 200 Personen hier, nach dem Tsunami von 1946 verließen die letzten drei Familien das Tal.

Auf dem Rückweg muss man darauf achten, dass man den richtigen Weg erwischt. Wenn man vom Waimanu Beach landeinwärts geht, darf man nicht links auf einen falschen Trampelpfad abbiegen, der durch ein felsiges Bachbett ansteigt. Stattdessen geht man geradeaus landeinwärts weiter vorbei am Schild mit den Campingregeln zum Pfad zu den Serpentinen. Der Weg bis

zum Unterstand nimmt etwa zwei Stunden in Anspruch, ebenso der Weg weiter zur Schlucht mit dem Wasserfall: Hier sollte man seine Wasservorräte auffüllen (und nicht vergessen: das Wasser vor dem Trinken entkeimen!). Nach dem Verlassen des Eisenholzwaldes kurz darauf führt der Weg zurück hinunter ins Waipi'o Valley.

Na'alapa Stables   REITEN

(☎775-0419; www.naalapastables.com; Ausritte 88 $; ⊙9 & 12.30 Uhr) 2½-stündige Reittouren ins Tal, auch für Kinder ab acht Jahren. Startpunkt ist bei Waipi'o Valley Artworks (S. 266).

Waipi'o Ridge Stables   REITEN

(☎775-1007, 877-757-1414; www.waipioridge stables.com; Ausritte 85–165 $; ⊙9 Uhr) Ausritte um den Rand des Tals zur Spitze der Hi'ilawe Falls (2½ Std.) oder Kombination mit einem Ritt auf Waldwegen (5 Std.) mit Picknick am Ende und Bad bei einem versteckten Wasserfall. Beginn bei Waipi'o Valley Artworks.

Waipi'o Valley
Wagon Tours   MAULTIERKARREN

(☎775-9518; www.waipiovalleywagontours.com; Erw./Kind 55/25 $; ⊙Mo–Sa 10.30, 12.30 & 14.30 Uhr) Bei dieser 1½-stündigen Tour in einem Maultierkarren erkunden die Teilnehmer den Talgrund. Ausgangspunkt der Touren ist die WOH Ranch, eine halbe Meile (800 m) hinter dem Meilenstein 7 am Hwy 240.

☞ Geführte Touren

Weniger erfahrene Wanderer sollten an einer geführten Tour teilnehmen.

Hawaii Forest & Trail   WANDERN

(☎331-8505, 800-464-1993; www.hawaii-forest. com; Waipi'o Rim Hike Adventure Erw./Kind unter 13 J. 149/119 $) Historischer Weg zu Flüssen, Taro-Farmen, einheimischem Wald, Wasserfällen und mehr.

Hawaiian Walkways   WANDERN

(☎775-0372, 800-457-7759; www.hawaiian walkways.com; geführte Wanderungen Erw./Kind 95/75 $) Über einen privaten Weg geht es zu Wasserfällen und Badebecken.

Die Alternative zum Land ist das Meer. Erfahrene Seekajaker können sich von Plenty Pupule (S. 203) Touren vorschlagen lassen. Mit dem Kajak ist es vom Waipi'o zum Waimanu Valley nur gut eine Meile (1,6 km), zu Fuß sind es hingegen 7,5 Meilen (12,3 km).

🛏 Schlafen

Für das Wildniszelten im Waimanu Valley ist eine Genehmigung für maximal sechs Nächte (Näheres S. 176) vonnöten. Camper haben die Wahl aus neun Plätzen: Zu empfehlen sind Nr. 2 (mit Talblick, Nähe zum Bach und grasigem Untergrund), Nr. 6 (Blick auf die Wai'ilikahi Falls, Zugang zum einzigen Sandstrand) und Nr. 9 (sehr abgeschieden am Ende des Tals, Lavafelsstühle und Tisch). Zu den Einrichtungen auf den Plätzen zählen Feuerstellen und Kompostklos.

Zehn Minuten hinter Zeltplatz Nr. 9 gibt es eine Wasserquelle, bei der Wasser von einem Wasserfall durch ein PVC-Rohr geleitet wird; Wasser muss grundsätzlich entkeimt werden.

ℹ️ Gefahren & Ärgernisse

BACHÜBERQUERUNGEN Beim Wandern im Tal und darüber hinaus müssen Bäche und Flüsse durchquert werden, die während der winterlichen Regenzeit schnell anschwellen können. Wenn das Wasser weiter als bis zu den Knien geht, ist das Durchqueren eines Bachs gefährlich. Steigende Wasserstände sind potenziell lebensbedrohlich, da es zu blitzartigen Überschwemmungen kommen kann. Dann sollte man auf jeden Fall abwarten – das Wasser geht normalerweise nach einigen Stunden wieder zurück.

WASSER Das Wasser aus Bächen und Flüssen darf auf keinen Fall ohne vorheriges Abkochen oder Entkeimen getrunken werden. In der Gegend sind wilde Tiere unterwegs, und Leptospirose ist verbreitet.

UNGEZIEFER Entlang des Weges gibt es Wespen sowie große Tausendfüßler, die sich gern in Schlafsäcken und Schuhen niederlassen; ihr Biss ist zwar schmerzhaft, aber nicht lebensgefährlich.

HUBSCHRAUBER Zwischen 7.30 und 16.30 Uhr sind gewöhnlich alle zwei Stunden Hubschrauber zu hören. Zwar stören sie die Ruhe der Landschaft, aber sie spüren auch verletzte oder verirrte Wanderer auf. Für den Notfall sollte man immer etwas dabeihaben, um auf sich aufmerksam machen zu können.

Kalopa State Recreation Area

Dieser 40 ha große State Park mit Wegen, Campingplatz und Cabins in einem stillen einheimischen Wald auf kühlen 600 m Höhe ist als Erholungsgebiet beliebt. Hier

DIE BESTEN HIGHWAY-STOPPS AN DER HAMAKUA COAST

» Waipi'o Valley Lookout (S. 268)
» Akaka Falls State Park (S. 273)
» Back to the 50s Highway Fountain Diner (S. 272)
» Tex Drive-In (S. 265)
» Laupahoehoe Train Museum (S. 272)

kann man die Wälder erkunden, wie sie bei der ersten Ankunft der Polynesier mehr oder weniger aussahen. Es gibt einen Naturlehrpfad und einen Wanderweg sowie große, mit Eisenholzbäumen gesäumte Grasflächen, auf denen sich die Kinder austoben können, während die Eltern das Picknick vorbereiten. Anfahrt: Beim Kalopa-Drive-Schild landeinwärts von der Hawai'i Belt Rd abzweigen und der Ausschilderung zum Park (3 Meilen/4,8 km) folgen.

Der **Campingplatz** liegt schön auf grasbewachsenem, von hohen Bäumen umgebenem Gelände. Die Cabins (für max. 8 Pers.) verfügen über Etagenbetten, Bettwäsche und Decken, dazu gibt's warme Duschen und eine voll ausgestattete Küche. Für die Übernachtung sind Genehmigungen (60/90 $ für Einheimische/Auswärtige) nötig; Näheres S. 176.

Der **Naturlehrpfad** ist ein 1,2 km langer Rundweg, der bei den Cabins beginnt und durch alten *ohia*-Wald führt (einige Bäume haben einen Durchmesser von fast 1 m). Vielleicht hört man den *'elepaio*, einen leicht zu erkennenden braun-weißen heimischen Waldvogel, der laut pfeift.

Ein längerer **Wanderweg** führt in das benachbarte Waldschutzgebiet mit Primärwald und riesigen Baumfarnen. Der Weg beginnt an der Robusta Lane, links zwischen dem Haus des Aufsehers und dem Campingplatz. Bis zum Rand der Kalopa Gulch sind es gut 500 m durch einen dichten Eukalyptuswald. Der Weg führt dann 1,5 km am Rand der kleinen Schlucht entlang; unterwegs zweigen mehrere Seitenwege Richtung Westen zurück in die Recreation Area ab. Man kann sich auf den eher lückenhaft unterhaltenen Wegen eine knapp 7 km lange Schleife zusammenstückeln.

Laupahoehoe

Ein weiterer Ort, der seine besten Zeiten hatte, als sich alles um den Zucker drehte, ist Laupahoehoe, heute eine kleine Siedlung mit einem netten Beach Park.

Am 1. April 1946 wurde das kleine Plantagenstädtchen von einer Katastrophe heimgesucht. Eine 9 m hohe Flutwelle spülte das Schulhaus auf der Landspitze weg und 20 Kinder und vier Erwachsene kamen zu Tode. Nach dem Tsunami wurde der Ort weiter oben am Berg wieder aufgebaut.

Jeden Februar findet im Beach Park das **Laupahoehoe Music Festival** (Eintritt 10 $; ☉9–17 Uhr) statt, um für Schüler aus dem Ort Stipendiengelder aufzubringen; es gibt gutes Essen, Hula-Darbietungen und Musik von Sugah Daddy und Bruddah Smitty.

🏖 Strände & Sehenswertes

Die 1,5 Meilen (2,4 km) lange **reizvolle Straße** zum Laupahoehoe Point lohnt sich schon wegen der Sicht auf die spektakulären Klippen in der Ferne und die dichte Vegetation drum herum.

Laupahoehoe Point Beach Park   STRAND

Nur Todesmutige schwimmen am windigen und zerklüfteten Laupahoehoe-Strandpark, wo die raue Brandung manchmal über die Felsen bis zum Parkplatz spritzt. Viele der eingewanderten Plantagenarbeiter setzten in Laupahoehoe zum ersten Mal den Fuß auf Big Island. Hier ist jetzt ein County Park mit allen Einrichtungen zum **Campen**.

Das **Denkmal** erinnert an die Schulkinder und Lehrer, die beim Tsunami von 1946 umkamen. Die Schule befand sich rund um den megagroßen Banyan-Baum, auf der rechten Seite, wenn man sich dem Park nähert.

🍃 Laupahoehoe Train Museum   MUSEUM

(☎962-6300; www.thetrainmuseum.com; Erw./Stud./Sen. 4/2/3 $; ☉Mo–Fr 9–16.30, Sa & So 10–14 Uhr) Dieses unscheinbare kleine Museum ist besonders für Geschichtsfreaks faszinierend. Zu sehen sind u. a. alte Fotografien aus der Zeit der Plantageneisenbahnen auf Big Island, heute schwer vorstellbar. Im Museumsshop gibt's eine Auswahl an Büchern, darunter *April Fool's: The Laupahoehoe Tragedy of 1946,* ein Buch mit Interviews der Überlebenden des Tsunamis. Das Museum befindet sich zwischen den Meilensteinen 25 und 26.

🍴 Essen & Schlafen

LP TIPP   Back to the 50s Highway Fountain Diner   DINER $

(☎962-0808; 35-2704 Mamalahoa Hwy; Burger 4–7 $, Teller 8–10 $; ☉Mi & Do 8–19, Fr & Sa bis 20, So bis 15 Uhr) Diese wundervolle Hommage an Elvis, Marilyn Monroe und die wilden Fünfziger steht ganz im Zeichen der Nostalgie. Der in einem alten Plantagenhaus untergebrachte Diner bildet mit seinem Tresen und den Sitznischen den passenden Rahmen für Hamburger (mit Rindfleisch aus der Region) und Milchshakes. Auf der Karte stehen Inselklassiker wie gebratene Wahoo-Filets mit Kartoffelpüree, Chili con carne sowie Frühstück mit Pfannkuchen und Eiern. In dem schlichten Laden verkehren meist Einheimische, Kinder mögen das lebendige Ambiente.

Old Jodo Temple   FERIENUNTERKUNFT $$

(☎772-3804, 650-355-5218; www.oldjodotemple. org; Haus 950/3500 $ pro Woche/Monat; ☎) In diesem alten, wunderbar restaurierten buddhistischen Tempel von 1899 finden Gäste Ruhe und Erholung. Unten gibt's zwei große Schlafzimmer (mit Platz für 6 Pers.), geräumige Wohn- und Essbereiche, luftige Veranden und eine komplett eingerichtete Küche. Oben (zusätzlich 550/1500 $ pro Woche/Monat) eignet sich der Tempel für Yogawochen. Waschmaschine und Trockner stehen zur Verfügung. In Fußnähe zum Laupahoehoe Point.

Hakalau & Umgebung

Dies ist eigentlich kein richtiger Ort, aber die Anwohner – eine Mischung aus Alteingesessenen und Neuankömmlingen – sind recht aktiv. An Neujahr kommen Hunderte Menschen hierher zum jährlichen *mochi*-Stampfen-Fest im Akiko's Buddhist B&B.

◉ Sehenswertes & Aktivitäten

Kolekole Beach Park   PARK

Dieser Park liegt unterhalb einer Straßenbrücke am Kolekole Stream. Der Flussmündungsbreak ist ein örtlicher Surf- und Bodyboarding-Hotspot, aber das Baden im Meer ist gefährlich. Es gibt hier kleine Wasserfälle und sämtliche Einrichtungen. **Camping** ist mit einem County Permit (S. 176) erlaubt, aber auf dem schmalen Streifen kann es dank picknickender ortsansässiger Familien voll und laut werden.

Anfahrt: Am südlichen Ende der Kole-kole Bridge von der Hawai'i Belt Rd land-einwärts abbiegen, etwa 1,2 km südlich des Meilensteins 15.

World Botanical Gardens
BOTANISCHER GARTEN

(☑963-5427; Hwy 19, Meilenstein 16; www.wbgi.com; Erw./Kind 13–17 J./Kind 5–12 J. 13/6/3 $; ☺9–17.30 Uhr) An diesem seit 1995 angeleg-ten Garten wird immer noch gearbeitet – ein lobenswertes Unterfangen. Dem Garten fehlt die Üppigkeit des Hawaii Tropical Bo-tanical Garden bei Hilo, und die Umauma Falls sind von hier aus nicht zu sehen, dafür aber die Kamae'e Falls. Vom Hwy 19 beim Meilenstein 16 landeinwärts abbiegen (aus-geschildert).

Zip Isle Zip Line Adventures
ZIPLINING

(☑963-5427, 888-947-4753; www.wbgi.com; Tour 99–147 $; ☺Tourstart 10.30, 13 & 15.30 Uhr) Die vergleichsweise erschwinglichen Seil-rutschtouren in den World Botanical Gar-dens lohnen sich, wenn man sowieso in der Gegend ist. Es gibt sieben Ziplines, darunter ein Doppelseil, und eine 45 m lange Hängebrücke. An einer Tour mit zwei Guides können maximal zwölf Perso-nen teilnehmen. Die Touren um 10.30 und 15.30 Uhr kosten nur 99 $.

✗ Essen & Schlafen

LP TIPP Aaron's Blue Kalo
BÄCKEREI $

(☑963-6929; 29-2110 Hwy 19; Chips pro Tüte 5–10 $; ☺Mo, Mi & Fr 9.30–14 Uhr) Hier gibt's nicht nur Kartoffelchips, sondern auch verschiedene andere Varianten wie knusprige Chips aus *kalo* (Taro), *'ulu* (Brot-frucht) und lila-gelben Süßkartoffeln. Die Eigentümer Aaron und Vinel Sumida be-ziehen ihre Zutaten von Farmern der Um-gebung, sie stellen die wunderschönen und köstlichen Chips per Hand her. Außerdem backen sie verschiedene Kekse mit hawai-ischem Wurzelgemüse. Filiale auch in Hilo.

Akiko's Buddhist Bed & Breakfast
HOSTEL $

(☑963-6422; www.alternative-hawaii.com/akiko; EZ/DZ 65/75 $, Cottages 65–85 $) In dieser friedvollen Unterkunft können die Gäste die wunderbare Einfachheit des Landle-bens genießen. Die Zimmer sind schlicht – Futons auf dem Fußboden im Haupthaus und zwei Einzelbetten im Nebengebäude. Die beiden Cottages sind winzig, aber wun-derbar von tropischer Vegetation umschlos-sen. Wer länger bleiben möchte, sollte sich nach dem Künstleratelier erkundigen. Das Beste an diesem B&B ist vielleicht Akiko selbst, eine *kama'aina* (geboren und aufge-wachsen in Hawaii), die das 8000 m² große Grundstück bestellt und die Gäste zu mor-gendlichen Meditationen einlädt, ein belieb-tes **mochi-Stampfen-Fest** am Ende des Jahres koordiniert und interessante Kul-turevents veranstaltet (http://alternative-hawaii.com/akiko/calendar.htm). Alle Zim-mer mit Gemeinschaftsbad; Frühstück ist im Preis inbegriffen. Das B&B liegt in Wai-lea, gut 2 Meilen (3,2 km) nördlich von Ho-nomu, an einer beschilderten Abzweigung vom Highway.

Honomu

Honomu ist ein uriger alter Zuckerort, den man leicht übersehen könnte, läge er nicht in der Nähe der Akaka Falls. Das Leben hier ist auch heute noch ländlich geprägt und geruhsam. Die Main St säumen alte Holz-häuser mit Geschäften und Lokalen.

⊙ Sehenswertes

LP TIPP Akaka Falls State Park
PARK

(Auto & Eintritt 5 $, Eintritt zu Fuß 1 $) Diese eindrucksvollen Wasserfälle wären nur dann noch einfacher zu erreichen, wenn sie direkt auf einem Parkplatz lägen – aber dann würde man den reizenden, rund 800 m langen Rundweg durch den Regen-wald versäumen, in dem dicht an dicht Banyan- und Regenbäume, riesige Philo-dendren, duftender Ingwer, herabhängen-de Helikonien, Orchideen und gigantische Bambushaine zu sehen sind. Nur ein win-ziger Teil des 26 ha großen Parks ist für die Öffentlichkeit zugänglich.

Am besten folgt man der vorgeschlage-nen Route und hält sich zunächst rechts. Zuerst erreicht man die **Kahuna Falls**, ein perfekter Wasserfall à la Hawaii, und dann die Nachbarfälle: Beim Anblick der 126 m hohen **Akaka Falls** kann man nur in Verzü-ckung ausbrechen. Das Wasser ergießt sich majestätisch über eine moos- und farnbe-wachsene Klippe, und im Sprühnebel bildet sich manchmal ein Regenbogen.

Nachdem man zwischen den Meilenstei-nen 13 und 14 auf den Hwy 220 abgebogen ist, fährt man 4 Meilen (6,4 km) landeinwärts bis zum Park. Parkgebühr entfällt, wenn man vor dem Parkplatz parkt, normaler Ein-tritt wird aber fällig (bar oder Kreditkarte).

✖ Schlafen & Essen

The Palms Cliff House Inn   B&B $$$

(☎963-6076; www.palmscliffhouse.com; Zi. mit Frühstück 299–449 $; ❄🛜) Dieses elegante B&B ist perfekt für alle diejenigen, die in der Nähe von Hilo eine romantische Absteige suchen. Die acht Zimmer mit Meerblick sind geräumig (50–60 m²), erstklassig ausgestattet und verfügen über separate Eingänge und Veranden. Das reichhaltige warme Frühstück kommt bei den Gästen bestens an. Die Preise sind hoch; günstiger wird es, wenn man einen Sonderrabatt ergattert.

LP TIPP Mr Ed's Bakery   BÄCKEREI $

(☎963-5000; www.mredsbakery.com; Hwy 220; ☉Mo–Sa 6–18, So 9–16 Uhr) Für diese köstlichen Backwaren kommen Leute selbst aus Hilo angereist; so gibt es etwa altmodische *long johns* (eine Art Éclair), herzhafte Kekse und die besten portugiesischen Milchbrötchen der Insel. Es gibt eine umwerfende Auswahl an hausgemachten Konfitüren (Glas 7,50 $) aus heimischen Früchten wie *poha* (Stachelbeere), *liliko'i*, Guave und *ohelo* (eine einheimische Beere).

Woodshop Gallery & Café   CAFE $

(☎963-6363; www.woodshopgallery.com; Hwy 220; Mittagsgerichte 6–9 $; ☉11–17.30 Uhr) Honomu wartet mit mehreren Speisemöglichkeiten auf, u. a. einer Pizzeria und einer Bäckerei, am besten ist jedoch dieses Café. Hamburger, Limonade, hausgemachte Eiscreme und Kaffee – alles schmeckt und wird mit Liebe serviert. Nach dem Mittagessen stöbert man noch ein bisschen in dem außergewöhnlichen Sortiment an handgefertigten Schalen, Fotos und geblasenem Glas.

Onomea Bay & Umgebung

Papaikou, Onomea und Pepe'ekeo sind drei weitere Plantagendörfer, die heute v. a. wegen ihrer schönen Lage Beachtung finden.

◉ Sehenswertes & Aktivitäten

Pepe'ekeo 4-Mile Scenic Drive   AUTOFAHRT

Der phantastische Regenwald an diesem Abschnitt des Old Mamalahoa Hwy zeigt, dass all die nervenden Regengüsse auch für etwas gut sind. Auf dieser Straße überquert man mehrere einspurige Brücken über Bäche und Wasserfälle. Mancherorts dringt die Sonne kaum durch die dichte Decke von *liliko'i*, Guaven und hohen Mango- und Afrikanischen Tulpenbäumen, deren orange-

farbene Blüten auf die Straße fallen. Diese Autofahrt kann an beiden Enden begonnen werden; von Richtung Süden (Hilo) zweigt die Straße zwischen den Meilensteinen 7 und 8 rechts vom Haupt-Highway ab.

LP TIPP Hawaii Tropical Botanical Garden   BOTANISCHER GARTEN

(☎964-5233; www.hawaiigarden.com; Erw./Kind 15/5 $; ☉9–16 Uhr) Inmitten von Bächen und Wasserfällen sind hier an Wegen 2000 tropische Pflanzenarten zu sehen. Der Weg durch den Garten endet an der Onomea Bay und dauert eine Stunde (inkl. Fotostopps). Eintrittskarten gibt's im gelben Gebäude auf der landeinwärts gelegenen Seite der Straße. Die Blumen und die Umgebung sind bei jedem Wetter toll (Regenschirme werden gestellt). Garden Manager Sean Callahan, der hier seit 20 Jahren arbeitet, bietet kostenlose **Führungen** (☉Mo, Mi & Sa 12 Uhr) an.

Onomea Tea Company   PLANTAGE

(www.onomeatea.com; Führung/Teeprobe/High Tea 10/20/35 $) Diese 3,6 ha große Plantage bietet Führungen, Teeproben und Teemahlzeiten (High Tea) mit Sandwiches und süßen Sachen im Haus des Besitzers. Bei den kleinen Führungen wird nett über Tee geplaudert. Reservierung erforderlich; bei Buchung nach dem Weg fragen!

Onomea Bay Hike   WANDERN

Die kurze, schöne Wanderung zur Bucht beginnt am Na Ala Hele Trailhead auf der Meer-Seite der Straße, etwas nördlich vom Botanischen Garten. Nach einer zehnminütigen Wanderung auf einem rutschigen Dschungelpfad wird ein ins Meer stechender Lavafinger erreicht. Rechts führt ein Pfad zu kleinen Wasserfällen und einer kleinen Bucht. Geradeaus geht's zu den Klippen an der Onomea Bay. Bei Ebbe kann man sich mit Hilfe eines Seils (an einem Mandelbaum befestigt) hinunter zum Strand begeben. Hier sind schon Hawaii-Mönchsrobben gesichtet worden.

✖ Essen & Ausgehen

What's Shakin'   SMOOTHIES, IMBISS

(☎964-3080; ☉10–17 Uhr) Das halb im Freien liegende Lokal am nördlichen Ende des Pepe'ekeo 4-Mile Scenic Drive serviert üppige Vollfrucht-Smoothies und köstliche Hauptmahlzeiten.

Baker Tom's   BÄCKEREI

(☎964-8444; 27-2111 Mamalahoa Hwy; ☉6.30–18.30 Uhr) Straßenstand auf der Land-Seite des Hwy 11 in Papaikou zwischen den Meilensteinen 6 und 7. Die Kekse und *malasadas* sind göttlich.

HILO

41 000 EW.

Wenn Hilo und Kona Schwestern wären, wäre Hilo die schwer arbeitende, vernünftige Goldmarie und Kona die faulenzende Pechmarie. Vielleicht ist Hilo so, weil die Bewohner hier ein Lied davon singen können, dass das Leben hart ist: Zweimal ist die Stadt durch Tsunamis zerstört worden, sie ist durch Lavaströme vom Mauna Loa bedroht worden (zuletzt 1984), und an zwei von drei Tagen im Jahr wird sie (statistisch gesehen) mit Wasser von oben überschüttet. Die Einwohner Hilos – eine Mischung aus Einwanderern aus Japan, China, Korea, den Philippinen, Puerto Rico, Portugal, weiteren europäischen Ländern sowie indigenen Hawaiianern – zählen meist zur Arbeiter- und Mittelschicht. Viele Familien kamen ursprünglich zur Arbeit auf den Zuckerrohrfeldern hierher und blieben dann einfach.

Die Sonne und Strände von Kona sind toll, klar, aber auch Hilo ist auf seine Art mit natürlicher Schönheit gesegnet. Die „regenreiche Stadt der USA" verfügt über eine fußgängerfreundliche historische Innenstadt, interessante Museen und ein sehr gutes Restaurantangebot mit einheimischem Essen. Sie liegt an einer ruhigen, von üppigem Regenwald gesäumten Bucht. Zwei Erzeugermärkte, verschiedene B&Bs und die Nähe zum Hawai'i Volcanoes National Park, zum Mauna Kea, nach Puna und zur Hamakua Coast machen aus Hilo eine gute Basis für Touren über die Insel.

Geschichte

Seit die ersten polynesischen Siedler am Wailuku River Ackerbau betrieben und fischten, ist Hilo ein lebendiger Hafenort. Im 20. Jh. war es wichtigster Umschlagplatz für Zuckerrohr aus Puna im Süden und Hamakua im Norden, denn der Ort war in beide Richtungen an das umfassende Eisenbahnnetz der Hawaii Consolidated Railway angebunden. Damals errichteten die Bewohner an der Bucht Wohnhäuser und Geschäfte. Jedoch wollte nach den beiden Tsunamikatastrophen von 1946 und 1960 niemand mehr im Zentrum leben. Heute erstrecken sich dort an der Kamehameha Ave Parks, Strände und freie Flächen.

Als die Zuckerindustrie in den 1980er- und 1990er-Jahren zusammenbrach, orientierten sich die landwirtschaftlichen Betriebe und der Handel auf andere Produkte um, die Universität wuchs und natürlich auch der Tourismus. Während die Innenstadt immer noch das reizende Herz der Stadt ist, sind die Shopping-Magneten heute die großen Handelsketten (Wal-Mart, Target, Home Depot usw.) südlich des Flughafens.

☂ Strände

Außer dem Honoli'i Beach Park befinden sich die Strände alle im Viertel Keaukaha.

LP TIPP **Onekahakaha Beach Park** STRAND (Karte S. 276) Der bei den einheimischen Familien beliebte Strand bietet ein breites, flaches, sandiges Becken, das durch einen Felsbrocken als Wellenbrecher geschützt ist. Das Wasser ist teilweise nur

Hilo

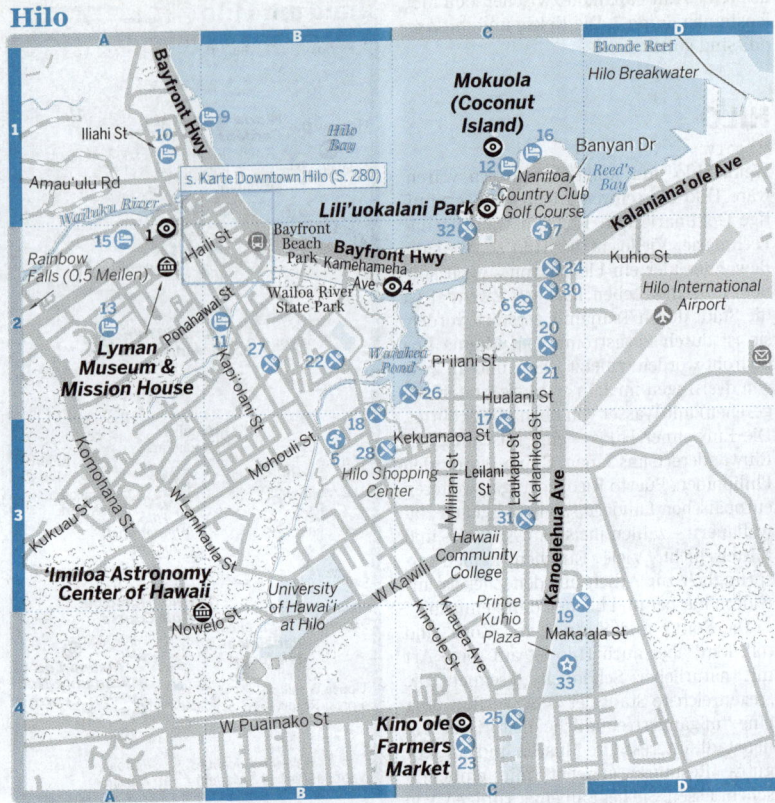

30 bis 60 cm tief, sodass auch Kleinkinder problemlos darin herumplantschen können. Eine ungeschützte kleine Bucht nördlich ist tiefer, kann jedoch aufgrund stacheliger *wana* (Seeigel) und rauer Brandung gefährlich sein; am besten hält man sich innerhalb des Damms auf. Am Wochenende und an Feiertagen sind Rettungsschwimmer im Einsatz; es gibt Toiletten, Duschen, Grasflächen und überdachte Pavillons.

James Kealoha Beach Park STRAND
(Karte S. 276) Dieser County Park weiter die Straße entlang eignet sich am besten für größere Kinder und Schnorchler. Die Einheimischen nennen den Strand „Four Miles" – das ist die Entfernung zwischen dem Park und dem Postamt im Zentrum. Schwimmen und schnorcheln kann man am besten am östlichen Ende, wo es ein tiefes, geschütztes Becken mit meist ruhigem, klarem Wasser und stellenweise weißem Sand gibt. Die Westseite des Parks liegt am offenen Meer und ist viel rauer. Im Winter surfen die Einheimischen hier, oder sie fangen mit Netzen Fische. Am Wochenende sind Rettungsschwimmer im Einsatz, ansonsten sind Toiletten, Duschen und überdachte Pavillons vorhanden.

Waiʻolena und Waiʻuli Beach Park STRAND
(außerhalb der Karte S. 276) Diese nebeneinander liegenden felsigen hübschen Strände (gewöhnlich zusammen unter ihrem alten Namen bekannt: **Leleiwi Beach**) stellen den besten Küstentauchspot in Hilo dar. Eventuell lassen sich Schildkröten blicken, auf jeden Fall sehen Taucher aber interessante Korallengebilde und verschiedene Falterfische. Bis hinter dem Riff ist das Wasser ziemlich kalt, und der Einstieg gestaltet sich etwas schwierig; am besten fragt man im Nautilus Dive Center um Rat. Aus kulturellen Gründen benannte die

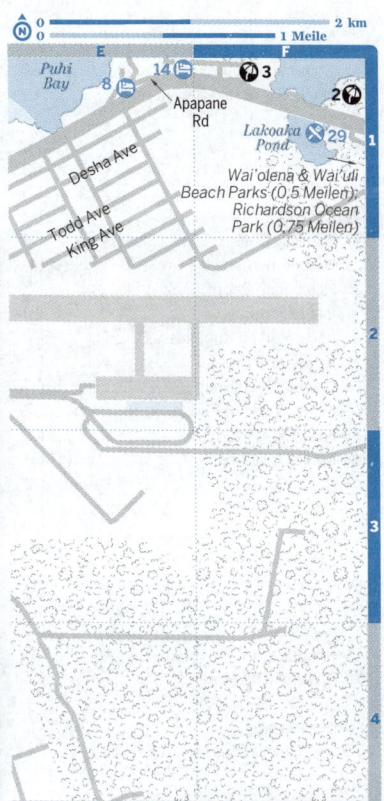

Innenstadt von Hilo ist der beste Surf- und Bodyboarding-Spot von Hilo. Zum Schwimmen ist die Bucht weniger geeignet, da das Wasser durch den benachbarten Fluss oft verschlammt. Es gibt hier eine nette Grasfläche zum Picknicken, Toiletten, Duschen und einen Strandwächter. Anfahrt von Hilo über den Bayfront Hwy Richtung Norden, dann nach dem Meilenstein 4 rechts in die Nahala St, danach links in die Kahoa St abbiegen. An der Straße parken und zu Fuß zum Strand hinuntergehen. Am Wochenende parken die Autos hier Stoßstange an Stoßstange.

◉ Sehenswertes

Die meisten Sehenswürdigkeiten befinden sich im Zentrum von Hilo. In den alten Gebäuden aus dem frühen 20. Jh. haben sich heute Restaurants, Geschäfte und Galerien eingenistet. Außerhalb des Zentrums ziehen sich die Hauptsehenswürdigkeiten an der Küste, der sogenannten „Bayfront", entlang: vom Pier, ein Wahrzeichen von Hilo, über den Suisan Fish Market zu den Stränden von Keaukaha.

LP TIPP — Liliʻuokalani Park & Banyan Drive   PARK

(Karte S. 276) Der **Japanische Garten** an der Bucht ist mittags ein herrliches Plätzchen für ein Picknick. Der nach der letzten hawaiischen Königin benannte 12 ha große County Park ist mit gepflegten Rasenflächen bestückt, seichten Teichen, Bambushainen, Bogenbrücken, Pagoden und einem Teehaus. Bei Sonnenauf- und Sonnenuntergang treffen sich die Einheimischen zum Joggen und Spazierengehen; man kann aber auch einfach die Aussicht auf den Mauna Kea genießen.

Am Park entlang verläuft der Banyan Drive, die Mini-Hotelstraße von Hilo und bekannt für die **gewaltigen Banyan-Bäume**, die die Straße säumen. Die Bäume wurden in den 1930er-Jahren u. a. von Angehörigen des Königshauses und Prominenten gepflanzt; wenn man genau hinschaut, findet man unterhalb der Bäume Schilder mit den Namen etwa des Baseballstars Babe Ruth, der Fliegerin Amelia Earhart und der Hollywood-Größe Cecil B. DeMille.

Mokuola (Coconut Island)   PARK

(Karte S. 276) Die winzige Insel Mokuola, gemeinhin Coconut Island genannt, ist in der Nähe des Liliʻuokalani Park durch eine Fußgängerbrücke mit dem Festland ver-

Stadtverwaltung die beiden Strände im Januar 2008 in Waiʻuli (dunkles Wasser) und Waiʻolena (helles Wasser) um.

Richardson Ocean Park   STRAND

(außerhalb der Karte S. 276) Dieser kleine schwarze Sandstrand am Ende der Kalanianaʻole Ave ist alles in allem der beste Strand der Stadt. Bei ruhiger See kann man hier baden, schnorcheln eher auf der wärmeren Ostseite. (Auf der Nordseite ist das Wasser wegen Unterwasser-Süßwasserquellen kühler.) Durch Lavafelsen werden interessante Nischen und Ecken geschaffen, oft sind hier auch Meeresschildkröten. Stärkere Brandung lockt Bodyboarder an. Es gibt Toiletten, Duschen, Picknicktische und einen Rettungsschwimmer.

Honoliʻi Beach Park   STRAND

(Karte S. 275) Diese geschützte kleine Bucht weniger als 2 Meilen (3,2 km) nördlich der

Hilo

◉ Highlights

'Imiloa Astronomy Center of
  Hawaii A4
Kino'ole Farmers Market C4
Lili'uokalani Park C1
Lyman Museum & Mission House A2
Mokuola (Coconut Island) C1

◉ Sehenswertes

1 Hilo Public Library A2
2 James Kealoha Beach Park F1
3 Onekahakaha Beach Park F1
4 Wailoa Center C2

Aktivitäten, Kurse & Touren

5 Balancing Monkey Yoga Center B3
6 Ho'olulu Complex C2
7 Nainiloa Country Club Golf
  Course C2

◉ Schlafen

8 Arnott's Lodge E1
9 Bay House B&B B1
10 Dolphin Bay Hotel A1
11 Hilo Bay Hale B2
12 Hilo Hawaiian Hotel C1
13 Hilo Honu Inn A2
14 Hilo Tropical Gardens Guest
  House E1

15 Shipman House B&B A2
16 Uncle Billy's Hilo Bay Hotel C1

◉ Essen

Aaron's Blue Kalo .... (s. 12)
17 Big Island Candies C3
18 Café 100 .... B3
19 Hilo Bay Café C4
Hilo Homemade Ice Cream .... (s. 14)
20 Hilo Lunch Shop C2
Island Naturals .... (s. 28)
21 Itsu's Fishing Supplies C2
22 Kawamoto Store B2
23 Kawate Seed Shop C4
24 Ken's House of Pancakes C2
25 KTA Super Store C4
Kuhio Grille .... (s. 33)
26 Miyo's C2
27 Nori's Saimin & Snacks B2
Queen's Court .... (s. 12)
28 Restaurant Miwa B3
29 Seaside Restaurant F1
30 Sombat's Fresh Thai
  Cuisine C2
31 Sputnik's C3
32 Suisan Fish Market C2

◉ Unterhaltung

33 Stadium Cinemas C4

bunden. Die Insel ist ein County Park mit Picknicktischen und Bademöglichkeiten. Auch ortsansässige Angler kommen gern her. Von der Insel bieten sich spektakuläre Ausblicke auf die Bucht, die Stadt und den majestätischen Mauna Kea in der Ferne.

Lyman Museum & Mission House MUSEUM
(Karte S. 276; ☎935-5021; www.lymanmuseum. org; 276 Haili St; Erw./Kind 10/3 $; ☉Mo–Sa 10–16.30 Uhr) Dieses kompakte Museum deckt die Kulturgeschichte und Naturkunde Hawaiis grundlegend ab. Unten erklären geologische Exponate die vulkanischen Ursprünge der Inseln; dazu zählen Lavagesteinsproben wie „Peles Tränen" (erstarrte Vulkanglastropfen) und „Peles Haare" (feine Vulkanglasfäden), beides benannt nach der hawaiischen Vulkangöttin.

Oben erfahren Besucher etwas über Sport, Religion und das *kapu*-System im alten Hawaii, sie sehen Exponate wie *adzes* (Steinwerkzeug), Feder-*lei* und *kapa* (Stoff aus gestampfter Papiermaulbeerrinde). Besonderer Blickfang ist ein perfekt kugel-

runder Stein. In anderen Abteilungen werden die Kulturen der hawaiischen Einwanderergruppen vorgestellt.

Sehr lohnenswert ist auch eine halbstündige **Führung** (☉11 & 14 Uhr) durch das benachbarte Mission House, das sich Reverend David Lyman und seine Frau Sarah 1839 errichteten. Das minimalistische Haus birgt zahlreiche originale Einrichtungsgegenstände, darunter Handorgel, Schaukelstuhl, Geschirr und Decken; hier wird Geschichte greifbar.

**'Imiloa Astronomy
Center of Hawai'i** MUSEUM
(Karte S. 276; ☎969-9700; www.imiloahawaii. org; 600 'Imiloa Pl; Erw./Kind 4–12 J. 17,50/9,50 $; ☉Di–So 9–16 Uhr, plus Memorial Day & Labor Day) Das 'Imiloa („neues Wissen erkunden") ist ein 28 Mio. Dollar teures Astronomiemuseum und Planetarium mit einem besonderen Ansatz: Es betrachtet die moderne Himmelsforschung auf dem Mauna Kea im Licht alter hawaiischer Mythologie und Ozeannavigation.

Diese Verbindung wirkt zunächst vielleicht unlogisch, aber es gibt durchaus Parallelen und Kontinuitäten zwischen den alten und neuen Erkundungen. In der Abteilung „Origins" führen schöne Exponate durch die mythische *Kumulipo* (hawaiische Schöpfungsgeschichte) und die wissenschaftliche Urknalltheorie. Die Abteilung „Voyaging" behandelt die Seereisen der alten Polynesier und die modernen Teleskope und Observatorien unserer Zeit.

Die vielen interaktiven Exponate, das 3-D-Kino, Restaurant (⊙7–16 Uhr) und Planetarium mit 120 Plätzen machen aus dem 'Imiloa ein klasse Familienziel und eine schöne Ergänzung für alle, die zum Mauna Kea wollen oder schon dort waren.

Im Eintrittspreis inbegriffen ist eine Planetariumsschau. Am empfehlenswertesten ist *Maunakea: Between Earth and Sky* (aktuelle Zeiten der Website entnehmen); die 3-D-Raumfahrt- und Astronomiefilme sind auch sehr gut.

LP TIPP **Pacific Tsunami Museum** MUSEUM
(Karte S. 280; ☎935-0926; www.tsunami.org; 130 Kamehameha Ave; Erw./Sen./Kind 6–17 J. 8/7/4 $; ⊙Mo–Sa 9–16 Uhr) Wer die Geschichte der Stadt als zweimaliges Tsunami-Opfer (1946 und 1960) nicht kennt, kann Hilo nicht verstehen. Dieses gemeinnützige Museum wirkt auf den ersten Blick eher bescheiden, es ist jedoch ein wichtiges Bildungs- und Forschungszentrum und randvoll mit fesselnden Informationen. Genügend Zeit sollte man für die interessanten Multimediaangebote einplanen (beängstigende Computersimulationen und bewegende Interview- und Dokumentarfilme mit Augenzeugen und Überlebenden).

Hilo Farmers Market BAUERNMARKT
(Karte S. 280; www.hilofarmersmarket.com; Mamo St, Ecke Kamehameha Ave; ⊙Mi & Sa 6–16 Uhr) Dieser Bauernmarkt von Hilo begann 1988 mit vier Farmern, die ihre Erzeugnisse vom Lkw aus verkauften. Heute ist dieser Markt einer der Orte, an dem „man" sich trifft. Es gibt 200 Lebensmittel- und Kunstgewerbehändler, die stets guten Zulauf haben. Leider kommen die Waren nicht unbedingt zu 100 % aus einheimischer Produktion. Die meisten tropischen Früchte stammen aber von hier, etwa köstliche Apfelbananen, Sternfrüchte, Ka'u-Orangen, *liliko'i* (Passionsfrucht) und Litschis. Papayas gibt's immer in Hülle und Fülle – aber aufgepasst: Die billige Rainbow-Variante ist genetisch verändert. Etwas Besonderes sind die per Machete geöffneten Kokosnüsse, deren Wasser man trinkt. Am nächsten Block locken Dutzende von Kunsthandwerks- und Bekleidungsstände für die Touristen mit Sarongs, T-Shirts und „hawaiischen" Holzschnitzarbeiten und Muschelschmuck an – manchmal sind diese Sachen echt, oft nicht.

Mittwoch und Samstag sind die bei Weitem lebendigsten Markttage (und die Tage, an denen es am schwierigsten ist, einen Parkplatz zu finden). Einige Händler sind auch montags, dienstags, donnerstags und freitags von 7 bis 16 Uhr präsent.

Kino'ole Farmers Market BAUERNMARKT
(Karte S. 276; Kino'ole St, Ecke Puainako Ave; ⊙Sa 7–12 Uhr) Während es sich bei dem Hilo Farmers Market um eine Art kleines Spektakel handelt, ist der Kino'ole Market eher ein Nachbarschaftstreff. Auf dem 2007 gegründeten und von den Hilo, Hamakua und Kohala County Farm Bureaus gesponserten Markt werden nur heimische Erzeugnisse verkauft, und zwar von den Erzeugern selbst. Die 15 bis 20 Händler warten in sauberen und ordentlichen Buden mit allem auf, was man braucht: frischen Lebensmitteln, Backwaren, Taro-Chips, *poi*, Pflanzen und Blumen. Dazu gibt's landwirtschaftliche Infos. Die Atmosphäre ist sehr entspannt. Hier wird kein Tourikitsch verhökert, und auch das Parken ist kein Problem.

GRATIS **Pana'ewa Rainforest Zoo and Gardens** ZOO
(Karte S. 275; ☎959-9233; www.hilozoo.com; ⊙9–16 Uhr, Streichelzoo Sa 13.30–14.30 Uhr) Nur 4 Meilen (6,4 km) südlich der Stadt liegt ein bescheidener 5 ha großer Zoo, nett, für einen Spaziergang oder um den Kindern eine Freude zu machen. Die Pfauen laufen frei herum, eingesperrt sind dagegen Affen, Reptilien, ein Zwergflusspferd und einige der vom Aussterben bedrohten hawaiischen Vögel. Der Star des Ensembles ist der weiße bengalische Tiger, genannt Namaste. Seinem Namen wird der Regenwaldzoo gerecht, denn er begeistert mit üppiger tropischer Vegetation, die von ortsansässigen Senioren im Zaum gehalten wird. Wo sonst gibt's das alles umsonst?

Anfahrt: Kurz hinter dem Meilenstein 4 vom Volcano Hwy landeinwärts auf die W Mamaki St abbiegen.

Downtown Hilo

East Hawai'i Cultural Center KUNSTGALERIE
(Karte S. 280; ☏961-5711; www.ehcc.org; 141
Kalakaua St; empfohlene Spende 2 $; ⏰Mo–Sa
10–16 Uhr) Die beste Adresse für einheimische Kunst ist dieses Kulturzentrum in der
Stadtmitte. Hier werden vor allem Arbeiten etablierter Vollzeitkünstler ausgestellt,
dazu aber auch wunderbare Werke von
Schulkindern und erwachsenen Amateu-
ren. **Workshops** und **Kurse** zu verschie-
densten Kunstformen wie Malen, Zeichnen,
Ukulele und Hula werden fortlaufend angeboten. Über Abendkonzerte mit Top-Künst-
lern informiert die Webseite.

Rainbow Falls WASSERFALL
(Karte S. 275) Der Aussichtspunkt für diesen
hübschen, 24 m hohen „Touristenwasser-
fall" liegt nur ein paar Schritte vom Parkplatz entfernt und ist daher ein beliebter
Stopp auf Busrundfahrten. Je nach Regen-
mengen ergießt sich das Wasser als müdes

Rinnsal oder als reißender Strom. Wer morgens da ist, sieht vielleicht – wenn Sonne
und Dunst gut zusammenspielen – schöne
Regenbögen. Der hawaiische Name für diesen Wasserfall lautet Waianuenue – „Regenbogen, den man im Wasser sieht". Anfahrt
über die Waianuenue Ave (wo sie sich in den
Kaumana Drive verzweigt, rechts halten)
etwa 1,5 Meilen (2,4 km) vom Zentrum von
Hilo, dann der Ausschilderung folgen.

GRATIS **Wailoa Center & Wailoa
River State Park** KUNSTGALERIE
(Karte S. 276; ☏933-0416; ⏰Mo, Di, Do & Fr
8.30–16.30, Mi 12–16.30 Uhr) Diese staatliche Galerie zeigt verschiedene, monatlich
wechselnde Ausstellungen. So gibt's vielleicht Quilts, Bonsai, chinesische Aquarelle
oder historische Fotos zu sehen, alles von
Einheimischen.

Um das Center herum befindet sich ein
State Park, ein hübsches ruhiges Örtchen.

Downtown Hilo

◎ **Highlights**
    Hilo Farmers Market...............................D3
    Pacific Tsunami Museum C1

◎ **Sehenswertes**
  1 East Hawai'i Cultural Center B2
  2 Mokupapapa Discovery Center D3

Aktivitäten, Kurse & Touren
  3 Nautilus Dive Center D3
  4 Orchidland Surfboards C2
  5 Sun & Sea Hawaii..................................... C2
  6 Yoga Centered B1

🛏 **Schlafen**
  7 Hilo Bay Hostel... B1

🍴 **Essen**
  8 Abundant Life Natural Foods C3
  9 Bayfront Coffee, Kava & Tea Co C1
 10 Café Pesto D3

 11 Koji's Bento Korner D4
 12 KTA Super Stores....................................C3
 13 Ocean Sushi Deli C2
 14 Short N Sweet..B4
 15 Two Ladies Kitchen.................................D4

🎭 **Unterhaltung**
 16 Kress Cinemas...C2
 17 Palace Theater...C2

🛍 **Shoppen**
 18 Alan's Art & Collectibles C2
 19 Basically Books.. C1
 20 Book Gallery..C3
 21 Books, Nooks. & Crannies..................... B1
 22 Dragon Mama C2
 23 Extreme Exposure Fine Art
    Gallery...C2
 24 Hilo Guitars & Ukuleles D4
 25 Most Irresistible Shop...........................C2
 26 Sig Zane Designs C1

Die erste Anlaufstelle hier ist die in Italien angefertigte, gut 4 m hohe **Bronzestatue** von Kamehameha dem Großen, die 1997 aufgestellt und 2004 mit Blattgold versehen wurde. Durch den Park fließt der Wailoa River; er endet am **Waiakea Pond**, einem durch eine Quelle gespeisten Mündungsbecken mit Meer- und Brackwasserfischen, zumeist Meeräschen. Zwei **Denkmäler** stehen im Park: Eins erinnert an die Tsunamiopfer 1946 und 1960, das andere mit einer ewigen Flamme an den Vietnamkrieg.

GRATIS **Mokupapapa
Discovery Center**   MUSEUM
(Karte S. 280; ☏933-8184; www.hawaiireef.noaa.gov/center; S Hata Bldg, 308 Kamehameha Ave; ⊙Di–Sa 9–16 Uhr) Der Hawaii-Archipel erstreckt sich weit über die acht Hauptinseln hinaus zu den Nordwestlichen Hawaii-Inseln. Vor dieser langen Kette unbewohnter Inseln und Atolle befinden sich die gesündesten Korallenriffe der USA. Über die in ihrer Ursprünglichkeit erhaltenen Ökosysteme der Insel informiert dieses kleine, ambitionierte Zentrum. Das knapp 10 000 l fassende Aquarium und die vielen interaktiven Exponate sind besonders für Kinder sehr fesselnd.

Pe'epe'e Falls & Boiling Pots   WASSERFALL
(Karte S. 275) 2 Meilen (3,2 km) hinter den Rainbow Falls befindet sich ein weiterer,

mit dem Auto erreichbarer Aussichtspunkt. Der Blick fällt auf eine wundervolle Reihe von Kaskaden, die sich in strudelnde, blubbernde Becken – die „boiling pots" – ergießen. Hier gibt's auch Toiletten. Wer versucht ist, näher an die Fälle heranzuwandern und dort ein Bad zu nehmen, sollte die Warnschilder ernst nehmen: Etwa einmal im Jahr ertrinkt jemand hier im Fluss. Die Strömungen sind erheblich stärker, als sie aussehen, und die Opfer werden den Fluss hinunter oder unter Wasser gezogen.

**Mauna Loa Macadamia-Nut
Visitor Center**   NUSSFABRIK
(Karte S. 275; ☏966-8618, 888-628-6256; www.maunaloa.com; Macadamia Rd; ⊙8.30–17.30 Uhr) In dem Macadamianuss-Verarbeitungsbetrieb Mauna Loa können Besucher durch große Fenster sehen, wie die einfache Macadamianuss geknackt, geröstet, in Schokolade getaucht und verpackt wird. Im angeschlossenen Laden sind Nüsse in allen möglichen Variationen käuflich zu erwerben (man darf auch probieren). Die Fabrik ist etwa 5 Meilen (8 km) südlich von Hilo gut ausgeschildert; die 3 Meilen (4,8 km) lange Zufahrtsstraße führt durch große Macadamia-Anbauflächen.

Hilo Public Library   BÜCHEREI
Die Hilo Public Library selbst ist nicht unbedingt sehenswert, aber wer gerade in der

Gegend ist, kann sich die beiden Lavasteine vor dem Gebäude anschauen. Der aufrecht stehende **Pinao Stone** schützte einst den Eingang des Tempels Pinao-*heiau*. Der liegende **Naha Stone** vom selben Tempel wiegt geschätzte 3,5 t. Gemäß hawaiischer Überlieferung hatte jeder, der diesen Stein zu bewegen vermochte, auch die Kraft, alle Hawaii-Inseln zu erobern und sie unter einer Herrschaft zu vereinen. Kamehameha der Große soll die Herausforderung gemeistert und den Stein in seiner Jugend umgestoßen haben.

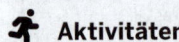 Aktivitäten

Da die Küste um Hilo nicht mit Sand, sondern mit Riffen gesäumt ist, eignen sich die ruhigen Gewässer bestens zum Stand Up Paddling (SUP), dem neuesten Schrei in Hawaii. Man leihe sich ein Brett und ein Paddel, und los geht's – von Mokuola (Coconut Island), Reed's Bay (Karte S. 276) oder vom Wailoa River State Park. Surfen kann man am besten am Honoli'i Beach Park.

Die Tauchgelegenheiten sind auf der Kona-Seite zwar besser, doch gibt es in Hilo auch gute Küstentauchspots wie den Wai'uli und den Wai'olena Beach Park, mit Tiefen von 3 bis 21 m, Lavabögen und Korallenriffen, und je nach Jahreszeit sind Schildkröten und Wale zu sehen.

Die folgenden Anbieter sind verlässlich und liegen sehr praktisch im Zentrum.

Sun & Sea Hawaii WASSERSPORT
(Karte S. 280; 934-0902; sunandseahawaii@gmail.com; 224 Kamehameha Ave; SUP-Paket halber/ganzer Tag 45/65 $) Dieser freundliche Laden für alle möglichen Wassersportarten verleiht SUP-Ausrüstungspakete und verkauft Schorchel-, Tauch- und Schwimmausrüstung.

Nautilus Dive Center TAUCHEN
(Karte S. 280; 935-6939; www.nautilusdivehilo.com; 382 Kamehameha Ave; Gerätetauchpaket 35 $/Tag; Di–Sa 9–17 Uhr) Hilos erste Adresse unter den Tauchgeschäften bietet geführte Tauchgänge und PADI-Kurse, Ratschläge zum Küstentauchen gibt's gratis. Leute mit Tauchschein können sich hier ihre Ausrüstung leihen und sich dann zum besten Tauchrevier des östlichen Big Island in der Pohoiki Bay in Puna begeben.

Orchidland Surfboards SURFEN
(Karte S. 280; 935-1533; www.orchidlandsurf.com; 262 Kamehameha Ave; Mo–Sa 9–17, So 10–15 Uhr) Surfbrettverleih und Ausrüs-

tungsverkauf; Eigentümer Stan Lawrence ist ein hervorragender Surfer und eröffnete 1972 das erste Geschäft für Surfausrüstung auf Big Island.

LP TIPP Hilo Municipal Golf Course GOLF
(Karte S. 275; 959-7711; 340 Haihai St; Greenfee Mo–Fr 29 $, Sa & So 34 $) Der Hauptgolfplatz in Hilo, der „Muni", ist gut gepflegt und sehr günstig. Die einheimischen Golfer bevorzugen den morgendlichen Abschlag.

Naniloa Country Club Golf Course GOLF
(Karte S. 276; 120 Banyan Dr; 935-3000; Greenfee 10 $) Die meisten Einheimischen schwingen ihre Schläger auf dem „Muni", sodass auf diesem 9-Loch-Platz in hübscher Lage gegenüber vom Lili'uokalani Park nicht viel los ist.

Yoga Centered YOGA
(Karte S. 280; 934-7233; www.yogacentered.com; 37 Waianuenue Ave; ohne Voranmeldung, 15 $; Boutique Mo–Do 10–17, So bis 16 Uhr) Jung gebliebene Yogalehrer, verschiedenste Stile (meist Flow Yoga) und schöne Räumlichkeiten in der Stadtmitte. In der angeschlossenen Boutique werden stylische, aber teure Klamotten verkauft.

Balancing Monkey Yoga Center YOGA
(Karte S. 276; 936-9590; www.balancingmonkey.com; 65 Mohouli St; ohne Voranmeldung, 14 $; So–Fr) Vinyasa-Yogastudio mit Flair in einem Wohnhaus.

Ho'olulu Complex SCHWIMMEN
(Karte S. 276; 260 Kalanikoa St; 961-8698) Wer ein paar Bahnen schwimmen möchte: Dieses 50-m-Becken im Freien ist tagsüber oft relativ leer. Öffnungszeiten telefonisch erfragen.

 Festivals & Events

LP TIPP Big Island Hawaiian Music Festival MUSIK
(961-5711; www.ehcc.org; Hilo High School, 556 Waianuenue Ave; Erw./Kind 10 $/frei) Zweitägiges Konzert Mitte Juli mit Virtuosen auf der Ukulele, Hawaii-Gitarre und im Falsettsingen. Zu den aus ganz Hawaii anreisenden Musikern, die hier schon aufgetreten sind, gehören Top-Namen wie Cyril Pahinui, Darlene Ahuna, Ozzie Kotani und Brittni Paiva.

May Day Lei Day Festival LEI
(934-7010; www.hilopalace.com; Palace Theater, 38 Haili St; Eintritt frei) Schöne *lei*-Aus-

Wenn um Ostern herum (Ende März oder Anfang April) in Hilo das **Merrie Monarch Festival** (☑935-9168; www.merriemonarchfestival.org; Afook-Chinen Civic Auditorium; Eintritt für 2 Abende ohne/mit Sitzplatz 10/15 $) stattfindet, ist in der Stadt kein Zimmer mehr frei. Der dreitägige Hula-Wettbewerb ist ein phänomenaler Besuchermagnet, der das verschlafene Hilo in eine wirbelnde Metropole verwandelt. Das seit 1964 stattfindende Fest ehrt König David Kalakaua (1836–91), der fast im Alleingang die hawaiische Kultur und die hawaiischen Künste wiederbelebte, so auch den Hula, der fast 70 Jahre lang von den christlichen Missionaren verboten worden war.

In den Kategorien *kahiko* (alt) und *'auana* (modern) wetteifern die besten Hula-Truppen von allen Inseln. Die *kahiko*-Darbietungen sind kraftvoll und ernst und werden nur von Gesängen begleitet. *'Auana* ist mehr Mainstream, mit sinnlichen Armbewegungen, lächelnden Tänzerinnen und melodischer Begleitung von Saiteninstrumenten o. a. Die alten Gesänge, die makellose Choreografie und die traditionellen Kostüme vereinen sich zu einem sehr bewegenden Erlebnis.

Wer sich unbedingt einen Sitzplatz sichern will, muss am 26. Dezember (ältere Poststempel werden ignoriert) Eintrittskarten per Post bestellen; Sitzpläne und Infos zur Bezahlung findet man auf der Website. Die etwa 2700 Karten sind innerhalb eines Monats ausverkauft. Hotelzimmer und Mietwagen müssen ein Jahr im Voraus reserviert werden.

stellungen, Vorführungen, Livemusik und Hula; am ersten Sonntag im Mai.

King Kamehameha Day Celebration
HISTORISCHER TAG

(☑935-9338; Mokuola; Eintritt frei) Am 11. Juni kommt die Geschichte von König Kamehameha zur Aufführung, dazu gibt's Musik und Kunsthandwerk.

Fourth of July
NATIONALFEIERTAG

Den ganzen Tag über Unterhaltung und Essen im Lili'uokalani Park; abends Feuerwerk auf Mokuola (Coconut Island).

International Festival of the Pacific
JAPANISCH

(☑934-0177; Japanese Chamber of Commerce, 400 Hualani St; Eintritt frei) Im August stattfindendes Fest der Japaner in Hawaii, mit Laternenumzug und japanischer Teezeremonie im Lili'uokalani Park.

Hawai'i County Fair
JAHRMARKT

(Afook-Chinen Civic Auditorium, 799 Pi'ilani St; Erw./Stud. 3/2 $) Nostalgie pur im September: Jahrmarktbetriebe und Zuckerwatte.

🛏 Schlafen

An der „Hotelstraße" von Hilo, dem Banyan Drive, liegen nur zwei empfehlenswerte Hotels; eine Resort Area mit guten Unterkünften gibt es nicht. Stattdessen wartet Hilo mit einem über die ganze Stadt verteilten tollen Angebot an B&Bs (zu unterschiedlichsten Preisen) auf.

Wer Meerblick möchte, wählt die Hotels am Banyan Drive und die B&Bs nördlich von Hilo.

Auch Budget-Traveller haben Glück: Hilo bietet überraschend viele gute Hostels. Die Innenstadtlage des Hilo Bay Hostel ist ideal; wer lieber in Strandnähe unterkommt, sollte sich die anderen beiden beim Onekahakaha Beach Park anschauen.

🏷 **LP TIPP** Orchid Tree B&B
B&B $$

(Karte S. 275; ☑961-9678; www.orchid tree.net; 6 Makaula Pl; Zi. mit Frühstück 150 $; ❄🐾🛜🐕) Wer ein B&B sucht, aber auch Wert auf Platz und Privatsphäre legt, kann es mit dieser tollen Unterkunft in der Nähe des Honoli'i Beach versuchen. Der Koi Room ist geräumig (46 m²) und modern-schick, mit glänzendem Hartholzboden und Koi-Teich draußen. Der Hula Room ist sogar noch größer, mit zwei Betten sowie einem Wohnbereich mit zwei gemütlichen Sofas. Draußen gibt's einen Pool und eine Terrasse mit Blick nach Osten. Die Abzweigung vom Highway zu diesem B&B befindet sich kurz hinter dem Meilenstein 4 (weniger als 2 Meilen nördlich vom Zentrum von Hilo) an der Nahala St.

🏷 **LP TIPP** Dolphin Bay Hotel
HOTEL $$

(Karte S. 276; ☑935-1466; www.dolphinbayhotel.com; 333 Iliahi St; Studios 109–119 $, 1 Schlafzimmer/2 Schlafzimmer 149/169 $; 🐕) In dieses familiengeführte Hotel kommen viele treue Stammgäste. Schon seit

1968 erfreuen sich diese an den 18 blitzsauberen Apartment-Einheiten, alle mit kompletter Küche und TV, nur fünf Minuten zu Fuß vom Zentrum entfernt. Der Eigentümer und Manager ist ein begeisterter Outdoorfan und gibt gerne sein Wissen über die Vulkane weiter. Zum Frühstück gibt's gratis Kaffee und Obst aus der Umgebung. Wer länger bleiben möchte, kann sich auch nach den 1-Schlafzimmer-Wohnungen im Annex (119/674/1400 $ pro Tag/Woche/Monat) auf der anderen Straßenseite erkundigen.

Hilo Bay Hale · B&B $

(Karte S. 276; ☑640-1113, 800-745-5049; www.hilobayhale.com; 301 Ponahawai St; Zi. 139–159 $; 🛜) Dieses wunderschön als B&B restaurierte Plantagenhaus von 1912 ist eine sehr gute Wahl. Die beiden Zimmer im oberen Stockwerk verfügen über eigene *lanai* mit Blick auf reizende Koi-Teiche, während das geräumige Zimmer im Erdgeschoss mit einer großen Gartendusche und einem eigenen Stück Rasen dienen kann. Die Gäste haben Zugang zur charmant altmodischen Küche und einer Speiseterrasse. Wegen der zentralen Lage können die Gäste das Auto stehen lassen und schön durch das Zentrum von Hilo bummeln. Wer eine Woche bleibt, zahlt pro Nacht nur 99 bis 119 $.

Hilo Honu Inn · B&B $$

(Karte S. 276; ☑935-4325; www.hilohonu.com; 465 Haili St; Zi. mit Frühstück 140–250 $; 🛜) Die drei sehr individuell eingerichteten Gästezimmer in einem hübschen altmodischen Haus sprechen Reisende mit mehr oder weniger gefülltem Geldbeutel an. Den höheren Preis wert ist die tolle Samurai Suite mit echter japanischer Einrichtung, Tatami-Boden, *furo* (Wanne), Teezimmer und weiten Blicken auf die entfernte Hilo Bay. Die aus zwei Zimmern bestehende Bali Hai Suite steht unter einem tropischen Motto und verfügt über eine köstliche „Regendusche"; das kleinste Zimmer, Honu's Nest, ist für zwei Personen okay.

Bay House B&B · B&B $$

(Karte S. 276; ☑961-6311, 888-235-8195; www.bayhousehawaii.com; 42 Pukihae St; Zi. mit Frühstück 150 $; 🛜) Drei makellose Gästezimmer gleich auf der anderen Seite der Singing Bridge direkt an der Bucht. Die geschmackvoll tropisch eingerichteten Zimmer mit edlen Hartholz- und Granitböden verfügen alle über erstklassige breite Doppelbetten, TVs und eigene Veranden (für den Kaffee zum Sonnenaufgang). Im Foyer gibt's eine kleine Gemeinschaftsküche und einen Sitzbereich. Die charmanten Gastgeber sind schon lange in Hawaii ansässig und respektieren die Privatsphäre ihrer Gäste.

Hale Kai Hawaii · B&B $$

(Karte S. 275; ☑935-6330; www.halekaihawaii.com; 111 Honoli'i Pl; Zi. 150–155 $, Suite 165 $; 🛜🏊) Drei Zimmer und eine Suite mit Panorama-Meerblick, u. a. auf die Surfer am Honoli'i Beach und Hilo in der Ferne. Alle Zimmer verfügen über Schiebetüren zur Veranda; es lohnt sich, 5 $ mehr für ein größeres Zimmer zu zahlen. Die Suite hat auch eine kleine Küche. Besonders gelobt wird von den Gästen das im Preis inbegriffene Frühstück. Kinder sind erst ab 13 Jahren willkommen. Nördlich von Hilo, abseits des Pauka'a Drive, etwas südlich des Meilensteins 5.

Shipman House B&B · B&B $$

(Karte S. 276; ☑934-8002, 800-627-8447; www.hilo-hawaii.com; 131 Kaiulani St; Zi. mit Frühstück 219–249 $; 🛜) Das stattliche viktorianische Haus der Familie Shipman sucht hinsichtlich seiner historischen Bedeutung seinesgleichen. Königin Lili'uokalani spielte auf dem Flügel; Jack London übernachtete im Gäste-Cottage. Inmitten museumsreifer Antiquitäten sind die drei Zimmer im Haupthaus gediegen und schön, wenn auch nicht luxuriös eingerichtet. Die zwei Zimmer im Cottage hinterm Haus sind lockerer und luftiger. Die freundlichen Gastgeber umsorgen ihre Gäste mit Freude; praktische Lage nicht weit vom Zentrum.

The Inn at Kulaniapia Falls · INN $$

(☑935-6789, 866-935-6789; www.waterfall.net; 1 Kulaniapia Dr; Zi. mit Frühstück 129–149 $, Haus mit 1 Schlafzimmer 200 $; 🛜) Um zu diesem prächtigen Gästehaus im Hinterland zu gelangen, muss man 4 Meilen (6,4 km) durch eine Macadamiaplantage auf 250 m Höhe fahren. Belohnt wird man mit einer phantastisch üppigen Lage, einem 36 m hohen Wasserfall und Schwimmbecken. Die acht Zimmer in zwei Gebäuden sind exquisit mit asiatischen Antiquitäten eingerichtet. Das Pagoda Guesthouse lohnt den Preis und umfasst eine Küche, Einrichtungen zum Wäschewaschen und anderthalb Badezimmer. Der gesamte Strom wird unabhängig durch Wasserkraft erzeugt. Die unbeleuchtete Zufahrtsstraße kann bei Dunkelheit etwas schwierig zu befahren sein. Anfahrtsbeschreibung siehe Website.

Holmes' Sweet Home
B&B $

(☎961-9089; www.holmesbandb.com; 107 Koula St; Zi. mit Frühstück 80–95 $; ☎) Dieses freundliche B&B in einem Wohngebiet 2,5 Meilen (4 km) vom Zentrum ins Landesinnere bietet gemütliche Zimmer (beide rollstuhlgerecht) mit eigenen Eingängen sowie einen großen Aufenthaltsbereich mit großem Kühlschrank und Mikrowelle. Das Zimmer zu 95 $ mit kleinem Doppelbett und zwei Einzelbetten, hoher Decke und zwei Waschbecken ist besonders nett. Das B&B ist zu erreichen über Kaumana Drive und Ainako Ave.

Old Hawaiian B&B
B&B $

(Karte S. 275; ☎961-2816; www.thebigisland vacation.com; 1492 Wailuku Dr; Zi. mit Frühstück 80–110 $; ☎) Die drei angenehmen Zimmer eignen sich perfekt für anspruchsvollere Budget-Traveller und verfügen über eigene Eingänge und eine ordentliche Ausstattung. Das größte (Hawaiian Room) und das kleinste Zimmer (Bamboo Room) bieten das beste Preis-Leistungs-Verhältnis. Alle gehen auf eine hinten am Haus gelegene Veranda hinaus, mit Esstisch, Mikrowelle und Kühlschrank. Etwa eine Meile (1,6 km) oberhalb der Rainbow Falls.

Hilo Hawaiian Hotel
HOTEL $$

(Karte S. 276; ☎935-9361, 800-367-5004; www. castleresorts.com; 71 Banyan Dr; Zi. 155–240 $, Suite ab 315 $; ✳@☎) Hier zählt vor allem die Lage, die das größte Hotel von Hilo genüber vom Liliʻuokalani Park genießt. Es bietet sich außerdem für diejenigen an, die gerne in einem größeren Hotel absteigen. Lobby und Restaurant wurden 2010 schick renoviert. Die Zimmer haben eher Standardniveau, eröffnen aber zum Meer raus tolle Ausblicke auf die Bucht. Kein WLAN. Bei Online-Buchung kosten die Zimmer 105–135 $ und die Suiten mit einem Schlafzimmer 255–285 $.

Uncle Billy's Hilo Bay Hotel
HOTEL $

(Karte S. 276; ☎935-0861, 800-442-5841; www.unclebilly.com; 87 Banyan Dr; Zi. 73–114 $; ✳☎☎) Das von drei Generationen einer Familie geführte Uncle Billy's ist ein echtes Schnäppchen. Es ist nicht schick, aber die Zimmer liegen an einem Innenhof mit Palmen, rotem Ingwer und leutseligen Mynah-Vögeln oder haben gar einen Blick aufs Meer – wo sonst gibt's Zimmer mit Meerblick für nur wenig mehr als 100 $? Ein schlichtes Hotel in toller Lage.

ZUHAUSE AUF RÄDERN: VW-CAMPINGBUSSE

Für die einen nostalgisch, für die anderen mal ganz was Neues: ein VW-Campingbus! **Happy Campers Hawaii** (☎896-8777, 888-550-3918; www.happycampershawaii.com; 125 $ für 24 Std.) verleiht eindrucksvoll restaurierte VW-Westfalia-Busse mit Hochdach und vier Schlafplätzen. Bei 125 $ pro Tag sind sie echt günstig, mit eingebauten Kochnischen, Waschbecken mit fließendem Wasser, Kochutensilien, Bettzeug und mehr. Abholung und Abgabe in Hilo.

LP TIPP Hilo Bay Hostel
HOSTEL $

(Karte S. 280; ☎933-2771; www. hawaiihostel.net; 101 Waianuenue Ave; B 27 $, Zi. ohne/mit Bad 67/77 $; ☎) Dieses so gut wie makellose Hostel ist der Traum eines jeden Backpackers! Es befindet sich in perfekter Zentrumslage (in fußläufiger Nähe zu allem, was interessant ist) in einem luftigen historischen Gebäude mit Hartholzböden, bemerkenswert sauberen Toiletten und einer großen Küche. Das Personal ist freundlich und achtet streng auf die Einhaltung der Regeln (nach dem Checkout um 11 Uhr muss man das Gelände verlassen). Die Kundschaft ist eher älter und sehr gemischt, die Stimmung ruhig und locker.

Arnott's Lodge
HOSTEL $

(Karte S. 276; ☎969-7097; www.arnottslodge. com; 98 Apapane Rd; B 25 $, Zi. ohne/mit Bad 60/70 $; ☎) Das älteste Hostel in Hilo ist auch weiterhin recht preisgünstig. Die Übernachtungsmöglichkeiten sind vielfältig. Die privaten und halbprivaten Zimmer eignen sich sehr gut für Gruppen. Da es jetzt auch andere Hostels gibt, ist es hier nicht mehr so voll, was durchaus von Vorteil sein kann. Boni wie Sonntagspizza und -bier gratis tragen zum zwanglosen Flair bei. Gäste können mit Ermäßigung Touren (z. B. zum Mauna Kea) buchen.

Hilo Tropical Gardens Guest House
HOSTEL $

(Karte S. 276; ☎217-9650; www.hilogardens. com; 1477 Kalanianaʻole Ave; B 25 $, DZ mit Gemeinschaftsbad 55–65 $; ☎) Die Schlafsäle und Zimmer sind winzig, aber die Lage in einem üppigen Garten ist sehr reizvoll. Wer hier sein Zelt aufschlägt (1/2 Pers. 15/20 $), campt im Dschungel! Hinter Hilo Homemade Ice Cream.

✕ Essen & Ausgehen

LP TIPP **Miyo's** JAPANISCH $$
(Karte S. 276; ☎935-2273; Waiakea Villas, 400 Hualani St; Hauptgerichte abends 11–15 $; ⊗Mo–Sa 11–14 & 17.30–20.30 Uhr) Bei Tageslicht sieht es zwar etwas mitgenommen aus, aber eigentlich ähnelt das Miyo's einem rustikalen japanischen Teehaus, mit *shoji*-Türen, die sich zum Waiakea Pond hin öffnen. Die köstliche Hausmacherkost umfasst die üblichen Klassiker, von gegrillter *saba* (Makrele) bis zu *tonkatsu* (gebackene Schweinekotelett), mit traditionellen Beilagen und frischem grünem Salat. Besonders empfehlenswert sind die Fischgerichte des Tages, etwa der in der Region gefischte ganze Fisch.

Kuhio Grille DINER $$
(Karte S. 276; ☎959-2336; Suite A106, Prince Kuhio Plaza, 111 E Puainako St; Hauptgerichte 8,50–17 $; ⊗So–Do 6–22, Fr & Sa bis 24 Uhr) Hier speisen die Einheimischen: in einem allseits sehr beliebten, familiengeführten Diner. Die luftigen Pfannkuchen, das *loco moco* mit gebratenem Reis und besonders das ein Pfund (454 g) schwere *laulau* (Schweine- oder Hühnchenfleisch und gesalzener Butterfisch, eingewickelt in Taro- und *ti*-Blätter und gedämpft) sind eine köstliche Hommage an die lokale Küche.

Café Pesto REGIONALE KÜCHE $$$
(Karte S. 280; ☎969-6640; S Hata Bldg, 308 Kamehameha Ave; Pizzas 12–20 $, Abendessen 20–30 $; ⊗So–Do 11–21, Fr & Sa bis 22 Uhr) Das Café Pesto in einem hübschen alten Haus im Zentrum ist eine sichere Wahl, egal ob für Geschäftsessen, Pizzagelage oder ein Abendessen mit der Schwiegermutter. In der vielseitigen Küche kommen in Risottos, Nudelgerichten und Salaten Zutaten aus der Region zum Einsatz. Die angeblich aus dem Holzofen stammenden Pizzen könnten allerdings knuspriger sein.

Hilo Bay Café REGIONALE KÜCHE $$$
(Karte S. 276; ☎935-4939; Waiakea Center, 315 Maka'ala St; Hauptgerichte 15–26 $; ⊗Mo–Sa 11–21, So ab 17 Uhr) Das mit seinem urbanen Schick unpassend in der Nähe eines Wal-Mart gelegene Restaurant erfreut die Gourmets. Für die vielfältigen Speisen werden einheimische Zutaten verwendet, von Bioerzeugnissen bis zu Fleisch von freilaufenden Tieren. Die phantasievollen Kreationen des jugendlichen Küchenchefs umfassen z. B. scharf angebratene Jakobsmuscheln mit Macadamianuss-Kruste, geschwärzte Schweinelendchen mit Risottoküchlein und Guinness-Zwiebelringe mit Balsamketchup. Begrenzte Auswahl für Vegetarier.

Seaside Restaurant SEAFOOD $$$
(Karte S. 276; ☎935-8825; www.seasiderestaurant.com; 1790 Kalaniana'ole Ave; Mahlzeiten 22–33 $; ⊗Di–Do 16.30–20.30, Fr & Sa bis 21 Uhr) Die einst kaum beachtete Meeräsche taucht heute öfter auf Gourmetkarten auf. Diese Familie jedoch züchtet schon seit 1921 in hawaiischen Fischteichen Meeräschen sowie *aholehole*, Regenbogenforellen und Catfish. Frischer Fisch kann nicht frischer sein! Ein edles Speiseerlebnis kann man trotzdem nicht erwarten. Dies ist ein einfaches Lokal mit schlichtem Geschirr und unprätentiösen Mahlzeiten (Tipp: in *ti*-Blätter gehüllte gedämpfte Meeräsche, außerdem Reis, Salat, Apfelkuchen und Kaffee).

Restaurant Miwa JAPANISCH $$
(Karte S. 276; ☎961-4454; Hilo Shopping Center, 1261 Kilauea Ave; Sushi 5–8 $, Mahlzeiten 9–17 $; ⊗mittags & abends) Das in einem öden Einkaufszentrum versteckte Miwa beeindruckt mit japanischen Küchenklassikern. Die großzügig bemessenen *teishoku*-(Menü-)Platten umfassen Miso-Suppe, Reis, Tee und zwei Hauptgerichte wie etwa gegrillte *saba* (Makrele), Teriyaki-Huhn oder *tonkatsu* (paniertes Kotelett). Das Ambiente ähnelt der lockeren Atmosphäre eines Diners, aber die kimonogewandeten Kellnerinnen geben dem Ganzen das gewisse Etwas. Hier sind keine Überraschungen zu erwarten, dafür solide Küche.

LP TIPP **Suisan Fish Market** FISCHMARKT $
(Karte S. 276; ☎935-9349; 93 Lihiwai St; Poke 13 $/Pfd.; ⊗Mo–Fr 8–17, Sa bis 16 Uhr) In diese Markthalle braucht man nur kurz seine Nase zu halten, und schon weiß man, dass man sich in einem Fischmarkt befindet. Glücklicherweise kommt alles, was hier verkauft wird, direkt frisch aus dem Meer. Das vielfältige Angebot an *poke* (pfundweise verkauft) ist zuweilen überwältigend, besonders köstlich sind *shoyu*-Ahi und *limu*-Ahi. Wer noch nie getrockneten Fisch probiert hat: Der getrocknete Marlin ist köstlich zart und flockig. Ein leckeres Gericht zum Mitnehmen ist eine Reisschale mit *poke* (5–7 $).

Short N Sweet
BÄCKEREI & CAFE $

(Karte S. 280; ☏935-4446; www.shortnsweet. biz; Kino'ole St; Backwaren 1,50–5 $, Sandwiches 7 $; ⏱Mo–Fr 8–16.30, Sa & So bis 15 Uhr) Die ursprünglich in Hawi wirkende Konditorin Maria Short erfreut heute die Leckermäuler von Hilo. Wer kann schon den hausgemachten Oreo-Cookies oder den Kreationen mit süßer *liliko'i* (Passionsfrucht) widerstehen? Hier werden unglaublich viele verschiedene Backwaren und Kuchen produziert, darunter grandiose Hochzeitstorten, auch Brot, feine Focaccia-Sandwiches und frische Salate. Es gibt sowohl drinnen als auch draußen Tische, sodass sich dieses Café auch für eine schöne Pause anbietet.

Nori's Saimin & Snacks
JAPANISCH $

(Karte S. 276; ☏935-9133; Suite 124, 688 Kino'ole St; Nudelsuppen 4–7 $; ⏱Mo 11.30–15, Di–Sa 10.30–15 & 16–24, So 10.30–23 Uhr) Die Lage in einer Einkaufspassage sollte man ignorieren und sich vielmehr auf die japanischen Nudelsuppen konzentrieren – köstlich, sättigend und perfekt an einem Regentag. Das *saimin* ist von unwiderstehlich guter Konsistenz. Der Service lässt allerdings zu wünschen übrig.

Ocean Sushi Deli
SUSHI $$

(Karte S. 280; ☏961-6625; 239 Keawe St; 6 Stk. 3–6 $, Mahlzeiten 12–14 $; ⏱Mo–Sa 10–14 & 17.30–21 Uhr) Eher ein Sushi-Feinkostladen als eine Sushi-Bar – kaum Einrichtung, hektische Bedienung und günstiges Essen. Die Sushi sind nicht hochgradig exzellent, aber ausreichend gut und kreativ, mit frischem Fisch und Macadamianüssen oder tropischen Früchten, *poke* oder sogar Hühnchen-*katsu*. Wenn viel los ist, kann die Qualität von Service und Essen nachlassen.

Ken's House of Pancakes
DINER $$

(Karte S. 276; ☏935-8711; 1730 Kamehameha Ave; Mahlzeiten 6–12 $; ⏱24 Std.) Das Interieur sieht aus wie das eines x-beliebigen Diners, aber der Laden ist rund um die Uhr geöffnet und hat eine ellenlange Speisekarte. Zur Auswahl stehen z. B. Macadamianuss-Pfannkuchen, Spam-Omeletts, *kalua*-Schweinefleisch und Schälchen mit dampfendem *saimin*.

Sombat's Fresh Thai Cuisine
THAI $$

(Karte S. 276; ☏936-8849; 88 Kanoelehua Ave; Gerichte 8–16 $; ⏱Mo–Fr 10.30–14 & Mo–Sa 17–20.30 Uhr) Hier gibt's gesunde Thai-Klassiker mit regionalen Zutaten und frischen Kräutern (vom Küchenchef selbst ohne Chemie gezogen). Die Saucen sind nie kleisterhaft, und die Karte wartet mit zahlreichen vegetarischen Gerichten auf, darunter ein erfrischender Salat mit grüner Papaya. Die Lage in einem traurigen verlassenen Geschäftshaus ist weniger berauschend. Toll auch für Speisen zum Mitnehmen.

Sputniks
BÄCKEREI, IMBISS $

(Karte S. 276; ☏961-2066; 811 Laukapu St; Doughnuts 80 ¢; ⏱Mo–Fr 6.30–14 Uhr) Wer die schweren, dichten Köstlichkeiten aus dieser Bäckerei, die in dritter Generation als Familienbetrieb geführt wird, noch nicht probiert hat, kennt keine echten Buttermilch-Doughnuts. Auch klasse: wunderbar weiche, saftige Butterbrötchen. Eine tolle Burger-Variation ist der Sputnik-Burger auf der Basis russischer Piroschki (Hefeteigbrötchen). Die *plate lunches* sind sehr großzügig proportioniert.

Queen's Court
AMERIKANISCH, HAWAIISCH $$$

(Karte S. 276; ☏935-9361, 800-367-5004; www. castleresorts.com; Erdgeschoss, Hilo Hawaiian Hotel, 71 Banyan Dr; Frühstückgerichte 8–10 $, Abendbuffet 37,50 $; ⏱tgl. 6.30–9.30 & 17.30–20, Fr–So bis 21 Uhr) Das Hotelrestaurant ist vor allem bei Geschäftsleuten, Rentnern und Leuten mit großem Hunger beliebt. Hier kommt keine Avantgarde-Küche auf den Teller – die Wochenendbuffets mit Seafood oder hawaiischem Essen sind einfach und gut zubereitet (Ermäßigungen für Kinder). Auch gut sind die Rippchen- und Krebsbuffets unter der Woche.

Bayfront Coffee, Kava & Tea Co
BAR $

(Karte S. 280; ☏935-1155; www.bayfront kava.com; 116 Kamehameha Ave; Tasse Kava 5 $; ⏱Mo–Do 10–21, Fr & Sa bis 22 Uhr) Wer einmal *kava* probieren möchte, kann dies in dieser minimalistischen Bar tun. Das freundliche Thekenpersonal serviert frisch zubereitete *kava*-Wurzeln aus der Umgebung in Kokosnussschalen. Das regt nicht nur die Geschmacksnerven an!

Snacks

In Hilo lässt sich jeder Heißhunger auf Süßes stillen.

Big Island Candies
SÜSSIGKEITEN

(Karte S. 276; ☏935-8890, 800-935-5510; www. bigislandcandies.com; 585 Hinano St; Schoko-Macadamia-Shortbread 6,75–17 $; ⏱8.30–17 Uhr) Dieser tolle Süßwarenhersteller bietet für jeden etwas, jedenfalls nach den Horden von Einheimischen und Touristen zu urteilen, die hier einkaufen. Suchtpotenzial

MITTAGESSEN WIE DIE EINHEIMISCHEN

Okazu-ya

In einem *okazu-ya*, einer Art japanischem Feinkostladen, lassen sich gut die Zutaten für ein typisches Hilo-Picknick zusammenstellen. Diese kleinen Läden werden gewöhnlich von Familien geführt, verkauft werden Dutzende essfertiger Speisen wie *musubi* (Reisbälle), *maki* (gerolltes) *sushi*, Nudeln aus dem Wok, Tofubratlinge, Garnelen- und Gemüse-Tempura, *nishime* (Wurzelgemüseeintopf), Teriyaki-Rind, gegrillte Makrele, koreanisches oder *nori*-Huhn und gegrilltes Rindfleisch.

Wer eine möglichst umfassende Auswahl genießen möchte, sollte bis zur Mitte des Vormittags in den Läden sein. Auch Vegetarier brauchen nicht zu verhungern, aber die meisten Speisen sind fleischlicher oder fischiger Natur. Nur Barzahlung.

Kawamoto Store (Karte S. 276; ☑935-8209; 784 Kilauea Ave; ☉Di–So 6–12.30 Uhr) Kleiner Laden mit allen Klassikern der heimischen kulinarischen Szene, zur Auswahl gestellt in altmodischen Holzregalen.

Hilo Lunch Shop (Karte S. 276; ☑935-8273; 421 Kalanikoa St; ☉Di–Sa 5.30–13 Uhr) Größerer Laden mit toller Auswahl.

Loco Moco & Plate Lunches

Hungrige Mäuler können selbige mit dem berühmten *loco moco* (Reis mit Hamburger-Bratling, zwei Spiegeleiern und viel brauner Sauce) von Hilo und den *plate lunches* stopfen. Hier zwei empfehlenswerte Adressen:

Koji's Bento Korner (Karte S. 280; ☑935-1417; 52 Ponahawai St; Loco moco 3,25–7,50 $; ☉Mo–Fr 7–14, Sa ab 9 Uhr) Auch bekannt für sehr gutes *loco moco*; das Nonplusultra ist jedoch der Koji-*loco*, mit zwei hausgemachten Hamburger-Frikadellen, Teriyaki- und Bratensauce, einem Ei, zwei portugiesischen Würstchen, Makkaroni-Salat und Kimchi (7,50 $).

Café 100 (Karte S. 276; ☑935-8683; 969 Kilauea Ave; Loco moco 2–5 $, Plate lunches 5–7 $; ☉Mo–Sa 6.45–20.30 Uhr) Berühmt für die 20 sättigenden *loco-moco*-Variationen. Extra Pluspunkte gibt's für die günstigen Preise – das Standard-*loco* kostet nur 2 $ – sowie für die Fisch- und Vegetarier-Versionen. Typisch für Hilo ist die Terrasse mit Picknicktischen, an denen sich Gäste in T-Shirts und Flipflops genüsslich ihrem Essen widmen.

haben die Schöpfungen mit Macadamianüssen und Schokolade.

Two Ladies Kitchen   JAPANISCH
(Karte S. 280; ☑961-4766; 274 Kilauea Ave; 8er-Schachteln 6 $; ☉Mi–Sa 10–17 Uhr) Dieser von zwei Damen aus Hilo gegründete winzige Laden fertigt japanisches *mochi* (Reiskuchen) im Inselstil. Die Spezialität des Hauses sind frische Erdbeeren in einer Paste aus süßen Adzuki-Bohnen und *mochi*.

Kawate Seed Shop   CRACK SEED
(Karte S. 276; ☑959-8313; 1990 Kino'ole St; ☉9.30–16.30 Uhr) Das Angebot an köstlichem *crack seed* – von süßer Mango bis zu pikanter Zitronenschale – ist wohl kaum zu übertreffen. Der altmodische Laden bietet außerdem tolles *shave ice* mit einzigartigen tropischen Sirupen.

Itsu's Fishing Supplies   SHAVE ICE
(Karte S. 276; ☑935-8082; 810 Pi'ilani St; Shave ice 1,50 $; ☉Mo–Fr 8–17 Uhr) Schon seit Generationen verzückt dieser Familienbetrieb Einheimische aller Altersstufen mit weichem *shave ice*. Ein Klassiker ist der „Regenbogen" (mit drei Geschmackssorten).

Hilo Homemade Ice Cream   EISCREME
(Karte S. 276; ☑217-9650; 1477 Kalaniana'ole Ave; Kugel 3,50 $; ☉11–18 Uhr) Ein praktischer Stopp auf dem Weg zum Strand: cremiges Eis z. B. mit Macadamia-, Kona-Kaffee- oder *poha*-Beeren-Geschmack.

Aaron's Blue Kalo   CHIPS
(Karte S. 276; ☑935-8085; 71 Banyan Dr; Chips 5–10 $ pro Tüte; ☉Mo–Sa 9–17.30 Uhr) So köstlich schmecken handgemachte *kalo*-, 'ulu- und Süßkartoffelchips. Auch in den

Keksen wird Wurzelgemüse von der Insel verarbeitet. Wird auch auf dem Kino'ole Farmers Market verkauft.

Lebensmittel

Abgesehen von den beiden Bauernmärkten sind diese Lebensmittelläden empfehlenswert:

LP TIPP **KTA Super Store** LEBENSMITTEL
Downtown (Karte S. 280; ☏935-3751; 323 Keawe St; ⏱Mo-Sa 7–21, So bis 18 Uhr); Puainako Town Center (Karte S. 276; ☏959-9111; 50 E Puainako St; ⏱5.30–24 Uhr) Die tolle hawaiische Kette führt eine große Auswahl normaler Lebensmittel sowie ein eindrucksvolles Angebot an Feinkost wie frischer *poke, bento* (Lunchbox mit gegrillter Makrele oder Lachs, Teriyaki-Rind oder Sushi) und anderen essfertigen Gerichten, die allesamt bis zum späten Vormittag ausverkauft sind.

Abundant Life Natural Foods LEBENSMITTEL
(Karte S. 280; ☏935-7411; 292 Kamehameha Ave; ⏱Mo, Di, Do & Fr 8.30–19, Mi & Sa 7–19, So 10–17 Uhr) Alteingesessener unabhängiger Supermarkt im Zentrum mit Take-away-Café (schließt etwa 1½ Std. vor dem Laden); Smoothies, gesunde Sandwiches mit z. B. in Sojasauce gebackenem Tofu oder Albacore-Thunfisch mit Curry.

Island Naturals LEBENSMITTEL
(Karte S. 276; ☏935-5533; Hilo Shopping Center, 1221 Kilauea Ave; Smoothies 3–3,75 $, Deli-Gerichte 7 $/Pfd.; ⏱Mo-Sa 8.30–20, So 10–19 Uhr) Große, gut bestückte Big-Island-Kette mit Smoothie-Theke und Gourmet-Deli.

☆ Unterhaltung

Nightlife in Hilo? Schwierig. Manchmal präsentiert das East Hawai'i Cultural Center oder das Palace Theater gute Veranstaltungen, aber im Allgemeinen werden in Hilo früh die Bürgersteige hochgeklappt.

Palace Theater THEATER, KULTUR
(Karte S. 280; ☏934-7010, Kasse 934-7777; www.hilopalace.com; 38 Haili St; Kinokarten 7 $) Dieses wieder zum Leben erweckte alte Theater ist Hilos kulturelles Kronjuwel. Zum bunten Programm gehören anspruchsvolle Filme und Stummfilme (letztere begleitet auf der hauseigenen Orgel), Musik und Tanz, Broadway-Musicals und Kulturfeste. Mittwochvormittags (11–12 Uhr) wird hier *Hawai'iana Live* (Erw./Kind 5 $/frei) präsentiert, eine Einführung in die hawaiische Kultur, mit Geschichtenerzählen, Film, Musik, *oli* (Gesang) und Hula.

Aktuelle Filme zeigen:

Kress Cinemas KINO
(Karte S. 280; ☏935-6777; 174 Kamehameha Ave; Karten 1,50–1,75 $) Dieses supergünstige Kino liegt mitten im Zentrum.

Stadium Cinemas KINO
(Karte S. 276; ☏959-4595; Prince Kuhio Plaza, 111 E Puainako St; Karten Erw./Kind 3–11 J./Matinee 9,50/6,25/7,50 $) Bei Teenagern und Kindern beliebtes, typisches Einkaufszentrumskino.

🛍 Shoppen

Während es die Einheimischen in die Einkaufszentren mit vielen Kettenläden südlich des Flughafens zieht, findet man Spezialgeschäfte eher im Zentrum.

Sig Zane Designs BEKLEIDUNG
(Karte S. 280; www.sigzane.com; 122 Kamehameha Ave; ⏱Mo-Fr 9.30–17, Sa 9–16 Uhr) Sig Zane erfreut sich in der Hula-Szene eines legendären Rufs und fertigt einzigartige bunte Stoffe, die sich durch ihre teils abstrakten Muster mit hawaiischen Pflanzen auszeichnen. Ein „Sig's" ist schon aus großer Ferne zu erkennen. Teuer, aber halt echte Kunst.

LP TIPP **Extreme Exposure Fine Art Gallery** GALERIE
(Karte S. 280; www.extremeexposure.com; 224 Kamehameha Ave; ⏱10–17.30 Uhr) Klar, auch die eigene DigiCam macht keine schlechten Bilder – trotzdem sollte man einmal einen Blick in diese Galerie werfen, die atemberaubende Naturaufnahmen von Big Island präsentiert, vor allem spektakuläre Lavaformationen des Kilauea. Hier werden Aufnahmen von zwei in Hilo gebürtigen Fotografen verkauft. Es gibt günstigere Fotos, gerahmte Abzüge und Postkarten.

Alan's Art & Collectibles ANTIQUITÄTEN
(Karte S. 280; ☏969-1554; 202 Kamehameha Ave; ⏱Mo & Mi–Fr 10–16.30, Di 13–16, Sa 10–15 Uhr) Dieser vollgestopfte Laden öffnet ein Fenster zurück in die Vergangenheit: altes Glas, Haushaltskrimskrams, Hawaii-Hemden, Schallplatten und alle möglichen weiteren Schätze für Sammler.

Dragon Mama HAUSHALTSWAREN, STOFFE
(Karte S. 280; www.dragonmama.com; 266 Kamehameha Ave; ⏱Mo-Fr 9–17, Sa bis 16 Uhr) Sinnliche Kimonos, einzigartige Hemden und maßgefertigte Kissen aus importierten japanischen Stoffen; wunderbar ist auch das Teegeschirr.

Hilo Guitars & Ukuleles MUSIKGESCHÄFT

(Karte S. 280; www.hiloguitars.com; 56 Ponahawai St; ⊘Mo–Fr 10–17, Sa bis 16 Uhr) Große Auswahl an Ukulelen, von Klassikern aus *koa* oder Mahagoni bis zu Messing- und Elektro-Ausführungen.

Most Irresistible Shop SOUVENIRS

(Karte S. 280; 256 Kamehameha Ave; ⊘Mo–Fr 9–17, Sa bis 16 Uhr) Alteingesessener Andenkenladen, der, wie der Name sagt, unwiderstehlich ist; hier gibt's handgefertigten Schmuck, Kinderbücher, Seifen und Kerzen, Gegenstände aus *koa*, kunstvolle Grußkarten und vieles mehr.

Buchläden

Als im Jahr 2010 Borders zumachte, verlor Hilo seinen einzigen großen Buchladen. Doch wie die unabhängigen Buchhandlungen im Zentrum beweisen, ist Größe nicht alles.

LP TIPP ⟩ Basically Books BÜCHER

(Karte S. 280; 160 Kamehameha Ave; ⊘Mo–Sa 9–17, So 11–15.30 Uhr) Ein Paradies für alle, die gern stöbern, speziell Landkarten, Reiseführer und Bücher über Hawaii. Außerdem findet man hier schöne Geschenke und Spielzeug.

Book Gallery BÜCHER

(Karte S. 280; 259 Keawe St; ⊘Mo–Fr 9.30–17, Sa bis 15 Uhr) Seit 1968 führt diese Buchhandlung eine große Auswahl an Geschichts-, Koch- und Kinderbüchern hawaiischer Autoren.

Books, Nooks, & Crannies BÜCHER

(Karte S. 280; 14 Waianuenue Ave; ⊘Mo–Do 9–21, Fr & Sa bis 23, So 13–19 Uhr) In diesem gemütlichen Laden mit Kaffeetheke und bequemen Sofas gibt's Neuerscheinungen, Bestseller, Geschichts- und Hawaii-Bücher.

ℹ Praktische Informationen

Gefahren & Ärgernisse

COQUI-FRÖSCHE Diese invasive Art hat sich in ganz Hilo ausgebreitet. Wen der Lärm stört – nachts sind sie am aktivsten – sollte sich Ohrstöpsel mitbringen. Oder besser noch fragt man gleich bei der Buchung nach, ob es in Hörweite Coqui-Frösche gibt. Näheres S. 293.

Geld

Alle Banken in Hilo haben rund um die Uhr zugängliche Geldautomaten.

Bank of Hawaii Kawili St (☏961-0681; 417 E Kawili St); Pauahi St (☏935-9701; 120 Pauahi St)

First Hawaiian Bank (☏969-2222; 120 Waianuenue Ave)

Internetzugang

Hilo Public Library (☏933-8888; www.librarieshawaii.org; 300 Waianuenue Ave; ⊘Di & Mi 11–19, Do & Sa 9–17, Fr 10–17 Uhr; @) Mit einer drei Monate gültigen Büchereikarte für nicht in Hawaii Ansässige (10 $) kann man Bücher ausleihen und auch die Internet-Terminals frei benutzen.

Medizinische Versorgung

Hilo Medical Center (☏974-4700, Notaufnahme 974-6800; 1190 Waianuenue Ave; ⊘24-Std.-Notaufnahme) Bei den Rainbow Falls.

KTA Super Store (☏959-9111, Apotheke 959-8700; Puainako Town Center, 50 E Puainako St; ⊘Apotheke Mo–Fr 8–19, Sa ab 21 Uhr) Supermarkt mit Apotheke.

Longs Drugs Kilauea Ave (☏935-3357, Apotheke 935-9075; 555 Kilauea Ave; ⊘Apotheke Mo–Fr 7–19, Sa bis 18, So 8–17 Uhr); Prince Kuhio Plaza (☏959-5881, Apotheke 959-4508; 111 E Puainako St; ⊘Apotheke Mo–Fr 8–20, Sa bis 19, So bis 17 Uhr) Gemischtwarenladen und Apotheke.

Polizei

Polizei (☏935-3311; 349 Kapi'olani St) Nicht für Notfälle.

Post

Beide Postämter haben Poste restante (Postlagerfächer) für gewöhnliche Sendungen, man muss allerdings persönlich ein Antragsformular ausfüllen.

Postamt Downtown (Karte S. 280; ☏933-3014; 154 Waianuenue Ave; ⊘Mo–Fr 9–16, Sa 12.30–14 Uhr) Im Federal Building.

Hauptpost (Karte S. 276; ☏933-3019; 1299 Kekuanaoa St; ⊘Mo–Fr 8–16.30, So 9–12.30 Uhr) Beim Flughafen von Hilo.

Touristeninformation

Big Island Visitors Bureau (Karte S. 280; ☏961-5797, 800-648-2441; www.bigisland.org; 250 Keawe St) Grundlegende Infos und Geschäftsbroschüren. Veranstaltungskalender auf der Website.

ℹ An- & Weiterreise

AUTO & MOTORRAD Die 92 Meilen (148 km) lange Fahrt von Hilo nach Kailua-Kona (über Waimea) dauert 2½ Stunden. Informationen über Auto- und Motorradvermietungen s. S. 720.

Die schnellste Strecke von Hilo zum Mauna Kea führt über die Puainako St, die in die Saddle Rd mündet. Über den durch Wohngebiete führenden, verschlungenen Kaumana Drive dauert's länger.

BUS Hele-On Bus (www.heleonbus.org)
Der wichtigste Busbahnhof von Hilo ist das
Mo'oheau Terminal (Karte S. 276; 329 Kameha-
meha Ave), wo alle Inselbusse abfahren. Aktuelle
Routen und Fahrpläne auf der Website.

FLUGZEUG Hilo International Airport (ITO;
☎934-5838; www.state.hi.us/dot/airports/
hawaii/ito) Hilo wird überwiegend nur von den
anderen Hawaii-Inseln aus angeflogen; Ausnahmen sind die Continental-Airlines-Flüge von Los
Angeles und San Francisco.

ⓘ Unterwegs vor Ort

AUTO & MOTORRAD Gewöhnlich finden Autofahrer einen kostenlosen Parkplatz. Im Zentrum
darf man zwei Stunden lang umsonst parken;
nur wenn mittwochs und samstags der Bauernmarkt stattfindet, gestaltet sich die Parkplatzsuche problematisch.

BUS Es gibt nur wenige beliebte Strecken; die
Website von **Hele-On Bus** (www.heleonbus.org)
informiert über Routen und Fahrpläne.

Bus 4 Kaumana Zur Hilo Public Library und
zum Hilo Medical Center.

Bus 6 Waiakea-Uka Zur University of Hawai'i
at Hilo und zur Prince Kuhio Plaza.

Bus 7 Downtown Hilo Zur Prince Kuhio Plaza.

FAHRRAD Das Rad ist in Hilo eher Freizeitgerät
als Transportmittel.

Da Kine Bike Shop (☎934-9861; www.bicycle
hawaii.com; 18 Furneaux Lane; ⊙Mo–Fr 12–18,
Sa 9–15 Uhr) Vernünftige Preise für gebrauchte
Räder; am besten fragt man erst telefonisch
nach, was vorrätig ist. Außerdem individuelle
geführte Radtouren.

Mid-Pacific Wheels (☎935-6211; www.mid
pacificwheels.com; 1133-C Manono St; ⊙Mo–
Sa 9–18, So 11–17 Uhr) Das große Geschäft
verleiht Mountainbikes für 15–20 $ pro Tag.

VOM/ZUM FLUGHAFEN Schalter der Autovermietungen sowie Taxis findet man gleich hinter
der Gepäckausgabe. Ein Taxi vom Flughafen in
die Innenstadt kostet etwa 15 $.

TAXI Marshall's Taxi (☎936-2654) oder
Percy's Taxi (☎969-7060).

PUNA

Der Distrikt Puna liegt mitten im Pfad des
aktiven Lavastroms und ist das Zuhause
von Hippies, schrägen Künstlern, alternativen Heilern, hawaiischen Unabhängigkeits-
aktivisten, Marihuanapflanzern, Biobauern
und weltabgewandten Überlebenskünst-
lern – es ist locker und cool und sehr intensiv. Dieser Teil von Big Island strotzt vor
Energie; hier regieren große Gefühle und
Kreativität.

In Puna lässt sich nur nieder, wer Wildnis
und Unbeständigkeit als Preis für seine Unabhängigkeit akzeptiert. Hier gibt es noch
dichten, unberührten Dschungel; manche
Siedlungen sind schon lange unter einer
dicken Schicht schwarzer Lava verschwunden. Das schwüle und leichte Klima verleitet
Reisende dazu, den Reiseführer wegzupa-
cken und sich treiben zu lassen.

Puna lag einst an der Siedlungsgrenze
von Big Island, heute ist es der am schnellsten wachsende Distrikt der Insel. Hier gibt's
mit das günstigste Land in ganz
Hawaii, auf Siedlungsgebieten, die schon
vor mehr als 50 Jahren vermessen wurden,
aber bisher nur dünn besiedelt sind. Der
nördliche Teil von Puna entwickelt sich
mehr und mehr zu einer endlosen Vorstadt,
und die Bevölkerung wird sich innerhalb
eines Jahrzehnts wohl fast verdoppeln. Die
meisten sind sich darin einig, dass auf Puna
eine Infrastrukturkrise zukommt, von einer
Identitätskrise ganz zu schweigen. Das Einkaufszentrum mit Ketten- und Fastfoodläden, das 2010 am Ende der historischen
Innenstadt von Pahoa errichtet wurde
– wogegen einige Anwohner protestierten –,
zeugt von der Spaltung des Gebiets.

Kea'au & Umgebung

2330 EW.

Von Volcano und dem Hawai'i Volcanoes
National Park (S. 300) hinunter nach Hilo
fährt man vorbei an Minisiedlungen, wo
sich einst Zuckerrohrplantagen befanden,
sich aber inzwischen Wohnsiedlungen
breitmachen. In dieser Gegend liegen einige
gute Unterkünfte versteckt, sodass sie sich
als attraktive Basis zwischen Hilo, Volcano
und Puna anbieten. Der Hauptversorgungs-
ort für diese Siedlungen ist Kea'au, eine
Ansammlung von Tankstellen und Läden
abseits des Hwy 11 – hier kann man sich
auf dem Weg nach Volcano gut mit Proviant
eindecken, denn die beiden Läden dort verlangen für ein Brot ein kleines Vermögen.

◉ Sehenswertes & Aktivitäten

GRATIS Fuku-Bonsai Cultural Center GÄRTNEREI
(☎982-9880; www.fukubonsai.com; 17-856 Ola'a
Rd) In dieser Gärtnerei wird die japanische
Baumkunst Bonsai gepflegt, und Besucher
können sich draußen Bonsai-Prachtexem-
plare anschauen. Die Spezialität des Hauses, die Zwerg-Strahlenaralie, hat Luftwur-

N
0 — 10 km
0 — 6 Meilen

Hilo
(7 Meilen)

SOUTH HILO
Upper Waiakea
Forest Reserve   Kea'au

Dan
DeLuz's   Kurtistown
Woods   Fuku-Bonsai
Cultural Center

Orr's Beach

Paradise Dr

Kahakai Blvd

Mountain   **Hilo**   Art &
View   **Coffee Mill**   Orchids   **Maku'u Craft**   Cape Kumukahi
B&B   **& Farmers**   Wa'a Wa'a   Kumukahi
South   130   **Market**   Lighthouse
Hawai'i Belt   Kulani Rd   **Kilauea**   Kapoho
Volcano   **Rd**   **Caverns**   Lava Tree   Village   Kapoho
Village (7 Meilen);   **PUNA**   **of Fire**   State   Inn
Eingang   Monument
Nationalpark   Pahoa   132
(8,5 Meilen)   Glenwood   Hot Dog Guy   Pohoiki   Ahalanui Beach
Leilani Ave   Rd   Park (Hot Pond)
S Glenwood Rd   Coconut   Hale   Isaac Kepo'okalani
Cottage B&B   Makamae   137   Hale Beach Park
Puna Forest Reserve   Kama'ili Rd   B&B   MacKenzie State
Kalani   Recreation Area
Space   Oceanside   Opihikao   **A'akepa**   Pohoiki Bay
Harry Schick   130   **Farmers**   Retreat
Market
Ramashala   Kehena Beach
East Rift Zone   **Royal**   **Star of the**   PAZIFIK
Pu'u 'O'o   **Gardens**   **Sea Church**
Vent   New Kaimu Beach   Kaimu
Hawai'i Volcanoes   **Lava Flow**   **Kalapana**
National Park   **Viewing Area**   **(ehemaliges Dorf)**
Kalapana
Naulu Trail   Trail

---

zeln wie ein winziger Banyan-Baum. Die Zu-
fahrtstraße befindet sich gleich hinter dem
Meilenstein 10 am Hwy 11.

Dan DeLuz's Woods — HOLZLADEN
(📞968-6607; Hwy 11; ⏱9–17 Uhr) Geschäft
und Atelier, in dem Holzkünstler Dan aus
Hölzern wie *koa,* Sandelholz, Mango und
Banyan wunderschöne Schalen, Teller und
Möbel herstellt.

Hilo Coffee Mill — CAFÉ, RÖSTEREI
(📞968-1333, 866-982-5551; www.hilocoffeemill.
com; 17-995 Hwy 11; ⏱Mo–Sa 7–16 Uhr; 📶) Kurze, kostenlose Führungen und Kaffeepro-
ben sowie eine luftige Veranda für köstliche
Sandwiches und eine Tasse tollen Kaffee
aus East Hawai'i.

👉 Geführte Touren

🄻🄿 TIPP Harry Schick — HÖHLENTOUREN
(📞967-7208; www.fortunecity.com/oa
sis/angkor/176; abgehend vom Volcano Hwy, hinter Meilenstein 22; Führungen ab 20 $; ⏱nach
Vereinbarung) Seit Harry Schick entdeckt
hat, dass unter seinem Grundstück die Kazumura Cave – die längste Lavaröhre der
Welt – liegt, hat er sich zu einem Experten
für Lavaröhren gemausert und führt jetzt
kurze, preisgünstige Führungen für vier
bis sechs Personen durch. Bei der kürzesten
und einfachsten Führung müssen die Teilnehmer Leitern erklimmen und über felsigen Grund gehen. Interessant sind auch
die Lavafall- und Labyrinthtouren. Ab zehn
Jahren.

Kilauea Caverns of Fire — HÖHLENTOUREN
(📞217-2363; www.kilaueacavernsoffire.com; 1-/3-
stündige Touren 29/79 $; ⏱nach Vereinbarung)
Eine weniger persönliche Tour durch die
Kazumura Cave. Teilnehmer haben die
Wahl zwischen einem einfachen, einstündigen Spaziergang oder einer dreistündigen
Kraxelei. Buchung und Wegbeschreibung
telefonisch.

Der meistgehasste „Ausländer" Hawaiis ist der puerto-ricanische Coqui-Frosch. Er ist nur 2,5 cm lang und trotzdem einfach nur eins: laut! Bei Sonnenuntergang beginnen die Coquis mit ihrem nächtlichen Gezirpe (einem zweitönigen „ko-ki"-Ruf), das in einem halben Meter Entfernung zwischen 90 und 100 Dezibel laut sein kann. Sogar weiter weg erreicht ihr Froschkonzert noch 70 Dezibel, was der Lautstärke eines Staubsaugers entspricht. Wer es sich anhören möchte: www.hear.org/AlienSpecies InHawaii/species/frogs.

Coquis erreichten die Hawaii-Inseln 1988 eher zufällig, und auf Big Island haben sie sich wild vermehrt. Um das Lava Tree State Monument herum herrscht die größte Froschdichte Hawaiis – sie ist doppelt so hoch wie in Puerto Rico. Abgesehen davon, dass sie nachts einen tierischen Lärm veranstalten, stören die Coquis das ökologische Gleichgewicht, weil sie die Insekten fressen, von denen sich einheimische Vögel ernähren.

Einige Hauseigentümer legen viel Wert darauf, ihr Grundstück froschfrei zu halten, und besprühen das Blattwerk mit Zitronensäure oder Löschkalk oder suchen mit Taschenlampen nach jedem Störenfried in Hörweite. Experten halten den Kampf für aussichtslos. Leute mit leichtem Schlaf sollten Ohrstöpsel einpacken.

🛏 Schlafen

LP TIPP **Art & Orchids B&B**   B&B $$
(☎982-8197, 877-393-1894; www.artand orchids.com; 16-1504 39th Ave; Zi. mit Frühstück 95–125 $; 🖥🐾) In diesem verträumten, entspannten B&B in einem *ohia*-Wald zeigt sich der Charakter von Puna. Die drei luftigen, altmodisch eingerichteten Zimmer haben Bäder mit Mosaikkacheln und jede Menge Annehmlichkeiten. Der geräumige Gemeinschaftsraum verfügt über eine komplett ausgestattete Küche und bequeme Sofas, und hinterm Haus gibt's noch einen einzigartigen Pool aus Lavagestein und Mosaikfliesen. Es werden auch Kurse in Papierherstellung und Mosaiktechnik angeboten, und wer möchte, kann sich in der Gartenlaube künstlerisch betätigen. Das hausgemachte Frühstück fällt großzügig aus, dazu gibt's Eier aus eigener Produktion. Eine der besten „grünen" Unterkünfte der Insel.

Butterfly Inn   INN $
(☎966-7936, 800-546-2442; www.thebutterfly inn.com; Kurtistown; EZ/DZ mit Gemeinschaftsbad 55/65 $) Seit 1987 heißen die Eigentümerinnen Kay und Patty in ihrem gemütlichen Haus in Kurtistown weibliche Reisende willkommen. Die beiden sauberen Zimmer mit eigenem Eingang teilen sich eine große Küche, ein Wohnzimmer, eine Essterrasse, das Bad sowie einen Whirlpool im Freien. Alleinreisende Frauen genießen die Sicherheit dieser netten Umgebung.

Pahoa

1120 EW.

Wenn Puna ein Gemütszustand ist, dann ist Pahoa das Herz des Ganzen. Der Ort hat sichtbar schon bessere Tage erlebt, davon zeugen die alten erhöhten Holzbürgersteige, die blätternde Farbe an den Fassaden und das verwaschene Boheme-Flair. Bevölkert wird der Ort von einer Gruppe Außenseitern und Exzentrikern. Geprägt wird er durch eine sanfte, von Herzen kommende Wärme.

⊙ Sehenswertes

Maku'u Craft & Farmers Market   MARKT
(www.makuufarmersassociation.org; ⊙So 8–14 Uhr) Beim Maku'u Craft & Farmers Market am Hwy 130 zwischen den Meilensteinen 7 und 8 trifft sich die gesamte Puna-Familie. Das Ganze ähnelt mehr einer großen Dorfparty als einem Markt, mit Spiritisten, Holzschnitzern, Massagen, altem Trödel, Surfbrettreparateuren, Ständen mit Orchideen, Biohonig, Sarongs und Schmuck, Fotos von der Kalapana-Eruption und sogar Obst und Gemüse. An warmem Essen gibt's u. a. hawaiische, samoanische, mexikanische und thailändische Gerichte. Die morgendlichen **Kulturworkshops** (9 Uhr) machen nachmittags Platz für Livemusik. Auf jeden Fall einen Besuch wert!

Pahoa Museum   MUSEUM
(http://pahoavillagemuseum.net; 15-2931 Pahoa Village Rd; empfohlene Spende 3 $; ⊙10–

17 Uhr) Dieses schöne Museum präsentiert die Geschichte und Kultur von Puna in all ihrer wunderbaren Vielseitigkeit, stellt örtliche Künstler aus und führt Gemeindeprojekte durch wie das Anlegen des blühenden Community Garden. Diese gemeinnützige Einrichtung ist auf Spenden angewiesen.

Aktivitäten

Pahoa Community Aquatic Center
SCHWIMMEN

(Kauhale St; ⊙Mo–Fr 8.30–17.10, Sa & So 9–16.40 Uhr) Tolles beheiztes 50-m-Becken im Freien hinter der Pahoa Neighborhood Facility; nette Duschen und separates Kinderbecken.

Jeff Hunt Surfboards
SURFEN

(15-2883 Pahoa Village Rd; ⊙Mo–Sa 10–17, So 11–15 Uhr) Jeff Hunt ist einer der besten Surfbrettbauer der Insel, und hier in seiner kleinen Hütte kann man eins kaufen, übers Surfen fachsimpeln oder Softtop-Bretter ausleihen (25 $/Tag).

LP TIPP | Paradissimo Tropical Spa
SPA

(%965-8883; www.spaparadissimo.com; 15-2950 Pahoa Village Rd; Gesichtsbehandlungen 25 $) Eigentlich gibt's keine bessere Art, einen verregneten Nachmittag rumzukriegen, als sich hier ordentlich verwöhnen zu lassen. Betreiberin Olivia ist eine zarte Seele mit talentierten Händen, und die natürlichen Produkte, die bei ihr zum Einsatz kommen, pflegen die Haut wie von Zauberhand. Auch Sauna und Massagen.

Geführte Touren

Höhepunkte einer geführten Tour in dieser Ecke der Insel sind zum Beispiel: auf dem Land oder dem Meer mit der Lava auf Tuchfühlung gehen, Vögel beobachten oder an der Küste Oasen der Stille und unberührte Natur entdecken. Wenn auch einige Veranstalter oder Einzelpersonen billigere Ausflüge anbieten – dies sind die besten:

LP TIPP | Lava Ocean Adventures
LAVATOUR PER BOOT

(☎966-4200; www.lavaocean.com; Touren Erw./Kind 6–12 J. 180/125 $) Der Stelle, an der die Lava ins Meer fließt, so nahe zu kommen, dass man die Hitze spüren und den Schwefel riechen kann, ist ein unvergessliches Erlebnis. Diese von einem kenntnisreichen Kommentar begleiteten Touren an Bord der *Lava Kai* beginnen an der Pohoiki Bay und gehen bis in die Nähe von Kalapana,

wo zu sehen ist, wie sich die Lava ins Meer ergießt und dabei das Wasser zum Kochen bringt. Die Passagiere genießen eine halbe Stunde lang das Spektakel, wie unter Wasser Lavabrocken explodieren und zu einem „Smoothie" aus Wasser und geschmolzenem Lavagestein verquirlt werden, während gleichzeitig ein neuer schwarzsandiger Strand entsteht – einfach atemberaubend! Wer die Sonnenaufgangstour wählt, wird von fliegenden Fischen, springenden Delphinen und vielleicht sogar einem Regenbogen begleitet.

Native Guide Hawaii
NATURTOUREN

(☎982-7575; www.nativeguidehawaii.com; Tour mit Mittagessen 150 $; ⊙nach Vereinbarung) Die Touren mit dem Hawaiianer Warren Costa, der seine angestammte Kultur auch wirklich lebt, sind etwas Besonderes. Er hat nicht nur eine unglaublich warme Ausstrahlung, sondern ist vor allem ausgebildeter Profi und kennt sein Land in- und auswendig. Die Geheimnisse von Puna erschließen sich auf ganztägigen Vulkan-, Küsten- und Vogelbeobachtungstouren in einer Weise, wie sie allein nicht zu bewerkstelligen ist.

Schlafen

Coconut Cottage B&B
B&B $$

(☎965-0973, 866-204-7444; www.coconutcottagehawaii.com; 13-1139 Leilani Ave; Zi. mit Frühstück 110–140 $; @🤶) Das romantische B&B mit vier Zimmern in einem properen Wohnviertel südlich von Pahoa quillt über von schönen balinesischen Dingen. Der Garten-Whirlpool in einer Tiki-Hütte und die luftige Veranda sind herrlich zum Relaxen – und die entspannte Atmosphäre wird durch die Warmherzigkeit und Anmut der Gastgeber noch verstärkt. Die Unterkünfte sind gemütlich; die größte ist der separate Bungalow mit kleiner Küche. Das Frühstück gleicht einem Fest.

Hale Makamae B&B
B&B $$

(☎965-7015; www.bnb-aloha.com; 13-3315 Makamae St; Studio mit Frühstück 100 $, 1-/2-Schlafzimmer-Suite 135/155 $; @🤶) Das makellose, familienfreundliche B&B in einem adretten Viertel ist ein echtes Schnäppchen. Besonders gemütlich sind die Suiten, mit gut ausgestatteten Kochecken und genug Platz zum Entspannen. Alle Unterkünfte verfügen über separate Eingänge von einem üppigen Garten aus. Das warme Frühstück wird in einem Raum voller Orchideen serviert. Die Gastgeberin ist Deutsche.

JoMamas Pahoa Town Hostel   HOSTEL $
(☎430-1573; Pahoa Village Rd; EZ/DZ 35/50 $;
🛜) Dieses Hostel an der Hauptstraße von Pahoa ist eine gute Absteige. Die Zimmer sind zwar einfach, aber keine Schlafsäle; Bäder und Küche werden geteilt, Garten und Veranda sind klasse. Keine Drogen, kein Alkohol.

Island Paradise Inn   HOTEL $
(☎990-0234; www.islandparadiseinn.com; 15-2937 Pahoa Village Rd; DZ 40 $; 🛜) Dieses Gästehaus in der Ortsmitte besteht eigentlich aus einer Reihe ehemaliger Plantagenarbeiterhäuser, die in 20 kleine, saubere und sehr erschwingliche Unterkünfte umgebaut wurden, alle mit eigenem Bad und kleiner Küche. Die Einrichtung variiert; nette Kleinigkeiten wie weiche Handtücher und Buntglas werden durch ältere Schreibtische und andere Möbelstücke ergänzt, die Kratzer und Macken aufweisen. Mindestaufenthalt drei Nächte.

Pahoa Town House   INN $
(☎937-0588; www.kapohovillageinn.com/id69.html; 15-2881 Pahoa Village Rd; DZ 60 $; 🛜) Kürzlich renoviert und mit derselben Effizienz geführt wie das Kapoho Village Inn (S. 296) vom gleichen Eigentümer.

 Essen

Vom Sechziger-Jahre- und Gemüsebeetflair von Pahoa sollte man sich nicht täuschen lassen: Hier kann man teils sehr gut essen, eben in lockerer Atmosphäre. Außerdem lässt sich hier am Straßenrand gut *huli-huli*-Grillhühnchen oder *ahi jerky* (Thunfisch-Dörrfleisch) probieren.

Kaleo's Bar & Grill   REGIONALE KÜCHE $$
(☎965-5600; 15-2969 Pahoa Village Rd; Hauptgerichte mittags 9–16 $, abends 12–25 $; ⏱9–20.30 Uhr; 🛜) Vielleicht sogar eines der besten Restaurants der Insel – auf jeden Fall gibt's hier frisches, einfallsreiches Essen wie Tempura-Ahi-Rollen, Nudelsalat oder *kalua*-Schwein und -Kohl. An den meisten Abenden Livemusik.

Pahoa's Village Café   DINER $
(☎965-1133; 15-2471 Pahoa Village Rd; Hauptgerichte 7–13 $; ⏱Mo & Di 11–19, Mi–Sa 8–24, So 7–19 Uhr; 🛜) Dieses schöne Café in einem Innenhof serviert gutes Diner-Essen: Burger, *plate lunches*, *loco moco* usw. Sehr günstige

und vergnügliche Happy Hour (das Billardspielen ist dann kostenlos!) sowie mittwoch- bis sonntagabends Livemusik.

Ning's Thai Cuisine   THAI $
(15-2955 Pahoa Village Rd; Hauptgerichte 10–14 $; ⏱Mo–Sa 12–21, So ab 17 Uhr; 🛜) In diesem kleinen Lokal wird sehr gute Thai-Küche serviert; Platz lassen für die *liliko'i*- oder Ingwer-Eiscreme!

Paolo's Bistro   ITALIENISCH $$
(Pahoa Village Rd; Hauptgerichte 13–26 $; ⏱Di–So 17.30–21 Uhr) Intimes Lokal mit gut zubereiteten authentischen norditalienischen Gerichten. *Vino* selbst mitbringen!

Island Naturals   NATURKOST $
(15-1403 Pahoa Village Rd; ⏱Mo–Sa 7.30–19.30, So 8–19 Uhr; 🛜) Bioerzeugnisse und Zutaten für Picknicks wie frische, interessante Sandwiches, abgepackte Salate, Backwaren und warme Speisen.

Ausgehen & Unterhaltung

Akebono Theater   LIVEMUSIK
(☎965-9205; Pahoa Village Rd, hinter Luquin's; Tickets 10–20 $) In diesem alten Theater finden alle möglichen Musikveranstaltungen statt, von „Big Island Elvis" bis zu Konzerten von Gastbands. Sonntags findet auf dem Parkplatz ein kleiner **Bauernmarkt** (⏱8–13 Uhr) statt.

Luquin's Mexican Restaurant   BAR
(☎965-9990; 15-2942 Pahoa Village Rd; Hauptgerichte 10–19 $; ⏱7–21 Uhr) Mexikaner mit dem üblichen Angebot an Speisen. In der munteren Bar gehen Margaritas wie warme Semmeln über die Theke (14 $ pro Pint; Tipp: *lilko'i*).

ℹ Praktische Informationen

Etwas abseits vom Highway liegt nördlich der historischen Ortsmitte der Pahoa Marketplace, ein Einkaufszentrum mit einem guten Lebensmittelgeschäft, einem Baumarkt und einem Fischhändler (die Fish 'n' Chips hier sind erstklassig!). Hier befindet sich auch das **Paradise Business Center** (Internet 5 $/Std.; ⏱Mo–Fr 8.30–17.30, Sa 9–13.30 Uhr; @), mit Internetzugang, Computerzubehör und Postdienstleistungen. Auf der anderen Seite des Highways befindet sich ein neues (umstrittenes) Einkaufszentrum mit einem riesigen **Long's Drugs**.

An der Hauptstraße im Ort liegen ein Mini-Markt, Banken, Tankstellen und eine **Post** (15-2859 Pahoa Village Rd) sowie **Sirius Coffee**

NEBENSTRASSEN IN PUNA

Der alte, von Pele verschonte Leuchtturm macht nicht viel her – er besteht nur aus einem großen, weiß gestrichenen Metallgerüst. Trotzdem lohnt es sich, vom Hwy 132 bei Four Corners geradeaus zu fahren und die zerfurchte 1,5 Meilen (2,4 km) lange Piste bis zum Ende des **Cape Kumukahi** auf sich zu nehmen. Dies ist immerhin der östlichste Punkt des Bundesstaats Hawaii, und die Luft, die hier vorbeigeblasen wird, soll angeblich die frischeste der Welt sein – meinen zumindest einige Wissenschaftler. Auf jeden Fall lässt sich von den lavaüberzogenen Klippen wunderbar das Zusammentreffen von Himmel, Meer und Lava bestaunen. Vom Parkplatz kann man auf den Allradpisten entlangwandern, die das Kap überziehen, und gelangt so etwa zum Champagne Pond und anderen Schnorchelspots.

Wer bei Four Corners nach links – also Richtung Norden – abbiegt, erreicht bald einen uralten, mit Ranken überwucherten Wald, in dem die Zeit stillzustehen scheint. Die Staubpiste führt nach **Wa'a Wa'a** und ist mit einem normalen Pkw zwar befahrbar, jedoch ist sie schlaglochübersät, schmal und kurvenreich. Hier sollte man die zahlreichen „Kapu"-Schilder respektieren und langsam fahren. Nach etwa 5 Meilen (8 km) kommt man zum felsenübersäten **Orr's Beach**, der von Eisenholzbäumen beschattet wird; hier am besten parken und am Ufer auf der Suche nach einem ruhigen Picknickplätzchen herumkraxeln.

(☉ Mo–Fr 7–18, Sa & So 7–16 Uhr; @ 🛜) mit Internetzugang (3 $ für 30 Min.), Espresso und Backwaren (2–5 $).

An- & Weiterreise

Der **Hele-On Bus** (www.heleonbus.org) fährt montags bis freitags elfmal und samstags viermal von Hilo nach Kea'au und Pahoa.

Lava Tree State Monument

Diesen **Park** (Eintritt frei; ☉ bei Tageslicht) unter dem dichten Dach aus (eingeführten) Schirmakazien zu betreten, ist ein außerweltliches Erlebnis. Ein kurzer, einfacher **Weg** führt durch eine tropische Ausgabe von Mittelerde voller Farne, Orchideen und Bambus und vorbei an ungewöhnlichen „Lavabäumen", die 1790 entstanden, als der Regenwald hier von *pahoehoe*-Lava aus der East Rift Zone des Kilauea verschlungen wurde. Die Lava umschloss die *ohia*-Bäume, zog sich dann zurück und hinterließ Lavaabgüsse der zerstörten Bäume. Diese moosüberzogenen Hüllen liegen jetzt wie Dinosaurierknochen verstreut herum und tragen zur unheimlich-mystischen Aura des Parks bei. Am späten Nachmittag hallt zwischen den Bäumen der Liebesgesang der Coqui-Frösche wider. Anfahrt über den Hwy 132 etwa 2,5 Meilen (4 km) östlich des Hwy 130.

Kapoho

Der Hwy 132 führt nach Osten, bis er bei **Four Corners** (wo vier Straßen aufeinandertreffen) bei Kapoho auf die Red Rd trifft. Das frühere kleine Bauerndorf Kapoho fiel im Januar 1960 der Vulkangöttin Pele zum Opfer, als in einem nahen Zuckerrohrfeld aus einer Spalte eine 800 m lange Wand aus feuriger Lava hervorstieß. Der Hauptstrom der dünnflüssigen Lava floss Richtung Ozean, aber ein kleinerer Strom von dickflüssiger 'a'a kroch Richtung Ort und begrub unterwegs Orchideenfarmen unter sich. Zwei Wochen später verschlang die Lava Kapoho mit fast 100 Wohn- und Geschäftshäusern.

Als die Lava sich beim **Cape Kumukahi** dem Meer näherte, teilte sie sich und floss um den Leuchtturm herum, der als einziger verschont blieb. Die Alten im Dorf meinen, der Leuchtturmwärter habe Pele eine Mahlzeit angeboten, als sie als alte Frau verkleidet am Vorabend der Katastrophe bei ihm erschien; deshalb habe sie den Turm verschont.

Das **Kapoho Village Inn** (☎ 937-0588; www.kapohovillageinn.com; 14-4587 Kapoho-Pahoa Rd; Zi./Suite 79/99 $) am Hwy 132 ist eine alte Pension in Kapoho, die von einem engagierten jungen Paar in drei schöne, luftige Zimmer mit zwei Gemeinschaftsbädern und einer Küche umgebaut wurde. Außerdem steht noch eine Suite mit zwei

Schlafzimmern zur Verfügung. Die Einrichtung ist durchgehend frisch und einfach, mit Rohrmöbeln, schönen Decken, Flachbild-TVs und Fenstern mit Insektengittern. Die gefliesten Bäder sind blitzblank, die Gäste können auch eine Waschmaschine und einen Trockner benutzen.

Red Road (Highway 137)

Der reizvolle, kurvenreiche Hwy 137 wird auch Red Rd genannt, da er in seinem nördlichen Abschnitt mit roter Schlacke befestigt ist. Die Strecke hat viel Flair und führt von Zeit zu Zeit durch die tunnelähnlichen Blätterdächer der Portia- (Küstenhibiskus) und Schraubenbäume. Von der Straße zweigen zahlreiche versteckte Pfade zum Meer ab – wer ein Stück Küste für sich allein haben möchte, nehme einen dieser Wege!

Zwei Nebenstraßen bieten sich als schöne Umwege oder Abkürzungen zurück nach Pahoa an: Die **Pohoiki Rd** verbindet den Hwy 137 mit dem Hwy 132 und ist wiederum eine schattige, mystische Straße, die sich durch dichten Wald windet, der hier und da von Papaya-Obstgärten und wilden Noni-Bäumen unterbrochen ist. Die **Kama'ili Rd** führt weiter südlich zum Hwy 130 und ist ebenfalls eine schöne ländliche Strecke. Wer unterwegs Hunger verspürt, hält beim **Hot Dog Guy** (Kreuzung von Hwy 132 & Pohoiki Rd; Hotdogs 5–7 $; ⊙tgl. „wenn es nicht schüttet"; 🚗), um sich mit Bison-, Rentier- oder Rindfleisch-Hotdogs in Weizenvollkornbrötchen zu stärken.

KAPOHO BEACH LOTS

Hinter den verschlossenen Toren dieser Wohnsiedlung am Meer liegen erstklassige Schnorchelreviere. Der bekannteste Schnorchelspot ist der **Champagne Pond**, ein ruhiges geschütztes Gebiet mit sandigem Ufer, das gerne von Grünen Meeresschildkröten aufgesucht wird. Um hierher zu gelangen, folgt man der Kapoho Beach Rd auf ihrem kurvigen Weg an der Küste entlang; hinter dem Grundstück 14-5027 Kapoho Beach Rd weist ein Schild den Zugang zur Küste.

Eine weitere tolle Schnorchelgegend ist die **Likeke Cove**, eine kleine, kristallklare Bucht, eingezwängt von den Mauern der Luxusanwesen hier und voller tropischer Fische. Anfahrt über die Kapoho Beach Rd zur Likeke St, dann links abbiegen und rechts dem Schild zum Ufer folgen.

Die **Ferienhäuser** eignen sich bestens für Familien, da viele der Häuser über flexible Schlafmöglichkeiten in mehreren Zimmern verfügen. Ein tolles solches Haus ist **Pualani** (📞805-225-1552; www.bigisland hawaiivacationhomes.com; Kapoho Beach Lots; 2-Schlafzimmer-Haus 145 $; @), ein modernes Haus mit Whirlpool, umlaufender Veranda, Fahrrädern und Strandspielsachen. Ein anderes Juwel ist das **Hale O Naia** (📞965-5340; www.hale-o-naia.com; Kapoho Beach Lots; Zi. mit Frühstück 90–110 $, Suite 175 $) – ein traumhaftes Strandhaus! Alle Zimmer glänzen mit Hartholzböden, Veranden mit Meerblick und Panoramafenstern, es gibt eine Sauna und einen Whirlpool. Die große Master Suite ist teuer, das Geld aber wert.

Dieser Küstenabschnitt ist eigentlich nur für diejenigen zugänglich, die innerhalb der geschlossenen Siedlung wohnen oder übernachten, jedoch ist der Champagne Pond vom Kumukahi Lighthouse auch mit einem Allradfahrzeug zu erreichen.

KAPOHO TIDE POOLS

Die besten Schnorchelmöglichkeiten auf der Ostseite von Big Island bietet dieses weitläufige Netz von **Gezeitenbecken** (⊙7–19 Uhr; empfohlene Spende 3 $) – offiziell der Wai Opae Tide Pools Marine Life Conservation District. Hier besteht die Lavafelsküste von Kapoho aus einem Mosaik von geschützten, seichten, miteinander verbundenen Becken mit einer großen Vielfalt an Meerestieren. Leicht kann man hier stundenlang von Becken zu Becken hüpfen und sich Duperreys Junker, Halfterfische, Falterfische, Seegurken und vieles mehr anschauen. Interessante Korallengärten findet man geradeaus vom blauen Haus; Meeresschildkröten mögen das warme Wasser ein Stückchen weiter südlich, hier kommen auch gelegentlich Tintenfische zu Besuch.

Eine Meile (1,6 km) südlich vom Leuchtturm geht's vom Hwy 137 rechts auf den Kapoho Kai Drive, der sich ein bisschen windet und dann in Wai Opae endet; hier links abbiegen und auf dem Parkplatz parken. Es gibt keinerlei Einrichtungen.

Auch an diesem Abschnitt gibt's jede Menge **Ferienhäuser** zu mieten; siehe www.vrbo.com.

AHALANUI BEACH PARK

Dieser Strandpark heißt auch „Hot Pond", und zwar wegen der Hauptattraktion: dem großen, von einer Quelle gespeisten Ther-

ⓘ VORSICHT, INFEKTIONSGEFAHR!

Sich in den Gezeiten- *(tide pools)* und Thermalbecken *(hot ponds)* zu tummeln, macht großen Spaß. Jedoch sollten sich Reisende der Gesundheitsrisiken in diesen abgeschlossenen Gewässern bewusst sein – hier haben in der Vergangenheit schon Bakterien wie Staphylokokken ihr Unwesen getrieben. Um das Risiko von Infektionen möglichst gering zu halten, empfehlen die Einheimischen, die Becken frühmorgens, wenn noch nicht so viele Leute da gewesen sind, und am besten eher bei Flut als bei Ebbe aufzusuchen, außerdem Montage und Tage nach Feiertagen, wenn viele Menschen in den Becken waren, zu meiden. Auf jeden Fall sollte man sich nicht mit offenen Wunden in dieses Wasser begeben. Hinterher sofort duschen.

malbecken (Eintritt frei; ⏱ 7–19 Uhr) im Lavagestein, das tief genug zum Schwimmen ist. Die Wassertemperatur beträgt durchschnittlich 32 °C (bei einlaufender Flut ist es kühler). Betonumrandungen und Geländer sorgen für einen einfachen Einstieg. Es gibt jede Menge tropische Fische, und obwohl das Meer ununterbrochen an den angrenzenden Wellenbrecher peitscht, ist das Wasser im Becken selbst immer ruhig. Allerdings besteht das Risiko bakterieller Infektionen (s. Kasten oben), auch wenn das Becken regelmäßig vom Meer durchspült wird.

Die Tore des Parks sind nie verschlossen – früh und spät hat man mehr Freiraum im Becken. Der Park ist mit Picknicktischen, mobilen Toiletten und tagsüber einer Strandwacht ausgestattet. Keine Wertsachen im Auto lassen!

ISAAC KEPO'OKALANI HALE BEACH PARK

Dank einer Sanierung hat der Isaac Hale Beach Park sein Gesicht komplett verändert. Der felsige Strand an der Pohoiki Bay ist natürlich derselbe geblieben; die Wellen sind hier gewöhnlich zum Schwimmen zu hoch, aber für Bodyboarder und Surfer gibt's sehr schöne Breaks. Das Gebiet um die Bootsrampe ist weiterhin eine beliebte Anglerstelle, und dahinter führt ein gut ausgetretener Pfad an einem Privathaus vorbei zu einem kleinen natürlichen **warmen Becken**. Am Wochenende fallen hier Massen an Familien mit Kindern ein – rechts von der Bootsrampe gibt's ein **Kinderbecken**. Neu aber ist dies alles: die Parkplätze, die Gehwege, die Picknicktische, die Duschen im Freien und – vor allem – der Park auf der anderen Seite der Straße.

Hier besteht der **Campingbereich** jetzt aus einer gepflegten Rasenfläche mit Übungsgrün für Golfer, 22 Stellplätzen, Picknicktischen, Grills und neuen Spül-Toiletten mit Trinkwasser. Ein Wachmann prüft die Campinggenehmigungen und stellt sicher, dass die Leute, die sich hier einst mehr oder weniger dauerhaft niedergelassen hatten, nicht zurückkehren. Früher eine Ecke, die man am besten gemieden hat, heute einer der besten Campingplätze in Puna (Genehmigungen s. S. 176). Von hier starten auch Bootstouren zum Lavastrom (s. S. 294).

MACKENZIE STATE RECREATION AREA

Dieser Hain mit Eisenholzbäumen an einer 12 m hohen Klippe über dem ruhelosen Ozean ist eine weitere stimmungsvolle Ecke von Puna. Tagsüber ist dieser ruhige, geschützte Park ein unvergleichlich herrlicher Picknickplatz. Nach dem Essen bietet sich die Erkundung der **Lavaröhre** kurz vor dem Klippenrand nicht weit vom Pavillon an. Den Eingang findet man, indem man sich Richtung Meer in den Wald begibt (man muss kurz steil über ein paar Felsen hinuntersteigen); nach etwa 20 Gehminuten auf unebenem Lavafelsterrain kommt man etwas unterhalb vom Parkeingang auf der anderen Straßenseite an. Zwar ist **Zelten** im MacKenzie Park erlaubt (Genehmigungen s. S. 176), es ist aber angesichts der einsamen Lage nicht anzuraten – hier sind schon Gewaltverbrechen passiert, wenn auch vor langer Zeit.

Etwa eine halbe Meile (800 m) südlich von hier ist A'akepa, ein Netz von Lavaflächen mit Gezeitenbecken, Flutwasserkanälen und gelbgrünem Bodenbewuchs. Palmenstämme bilden Brücken über kleine Lagunen; Flechten und Kiefernnadeln tropfen von Lavabrocken, auf kleinen Flächen mit weißem Sand kann man sich ausruhen. Nach dem Küstenpfad Ausschau halten, der auf staatlichen Besitz hinweist (Betreten ist hier erlaubt).

SCHWUL-LESBISCHES PUNA

In Puna leben nicht nur die meisten Unangepassten, Aussteiger, Überlebenskünstler, New-Age-Freaks und Biobauern von Big Island: Hier ist auch die Heimat vieler Schwulen und Lesben. Obwohl es (noch) keine Schwulenbars gibt, sind jede Menge Regenbogenfahnen zu sehen, dazu kommen schwulenfreundliche Unterkünfte, Workshops und Treffen. Die tolerante Einstellung zur sexuellen Orientierung schließt auch Lesben und Bisexuelle mit ein.

KEHENA BEACH & UMGEBUNG

Wenn irgendein Ort die freundliche und ungehemmte Intensität von Puna in Reinform verkörpert, ist es dieser schöne schwarze Sandstrand am Fuß felsiger Klippen, dem Kokospalmen und Eisenholzbäume Schatten spenden. Hier mischen sich Hippies unter Hawaiianer, Schwule unter Familien, Teenager unter Senioren und Touristen. Viele kommen hierher, um sich ihrer Kleidung zu entledigen, aber wenn jemand darauf keine Lust hat, dann ist das auch okay. Alte Männer tanzen mit geschlossenen Augen zum Getrommel, Eltern versuchen in der Brandung, ihre Kinder einzufangen, andere wiederum meditieren, trinken, baden und lassen es sich gutgehen. Wer es lieber etwas ruhiger mag, sollte morgens kommen und die aufgehende Sonne begrüßen sowie den hier lebenden Delphinen bei ihren Luftsprüngen zuschauen.

Die Brandung ist stark, auch wenn die See „ruhig" ist, sodass man beim Schwimmen etwas auf der Hut sein sollte. Jedes Jahr ertrinken Menschen! Auf jeden Fall sollte man sich nicht weiter als bis zur felsigen Landspitze am Südende wagen. Der Kehena Beach liegt unmittelbar südlich des Meilensteins 19. Vom kleinen Parkplatz führt ein kurzer, steiler Pfad hinunter zum Strand. Keine Wertsachen im Auto lassen!

⊙ Sehenswertes

Space Farmers Market BAUERNMARKT
(www.hawaiispace.com; Seaview Performing Arts Center for Education, 12-247 West Pohakupele Loop; ⊙Sa 8–11.30 Uhr) Dieser Erzeugermarkt findet in der Seaview Subdivision weiter Richtung Meilenstein 18 statt. Er ist vielfältiger als viele andere Märkte: Hier gibt's Tarotkartenleger, Batikstoffe, viele Bioprodukte und fertiges Essen. Hierher gelangt man, indem man in die Wohnsiedlung einbiegt, dann rechts in die Mapuana St und danach links in die Kehauopuna St biegt.

🛏 Schlafen

Kalani Oceanside Retreat RETREAT $
(☎965-7828, 800-800-6886; www.kalani.com; Zelte EZ/DZ 40/55 $, B 75 $, DZ 115–175 $, Baumhaus 265 $; @🛜🏊) Am Hwy 137 erwartet Besucher zwischen den Meilensteinen 17 und 18 eine echte Rückzugsoase: Die fast 50 ha große Anlage brummt vor Aktion und Energie. Hier zu übernachten, macht selbst dann Spaß, wenn man nicht an den Tagesprogrammen teilnimmt; zu denen gehören Yoga, Meditation, Tanz, alternatives Heilen und vieles mehr. Sehr zu empfehlen sind die Massagen (90–170 $). Nichtgäste können **Tagespässe** (20 $ p. P.; ⊙7.30–20 Uhr) erwerben, um die Einrichtungen und das Gelände zu nutzen. Auf einer Speiseterrasse, die ebenfalls Nichtgästen offensteht, werden gesunde Mahlzeiten vom Buffet gereicht (Frühstück/Mittag-/Abendessen 13/15/24 $). Die Zimmer sind alle einfach und luftig, mit bunten Decken in tropischen Farben und Sperrholzfußböden mit *lauhala*-Matten. Der Campingbereich ist ein tolles Plätzchen. Infos über Pauschalpakete und Arbeitsmöglichkeiten für Freiwillige siehe Website. Die wöchentlichen Treffen zum **Ecstatic Sun-Dance** (Eintritt 15 $; ⊙So 10.30–12.30 Uhr) erfreuen sich einer unglaublichen Beliebtheit; Kinderbetreuung kostet 5 $.

Direkt auf der anderen Straßenseite vom Kalani liegt der **Point** – ein wilder Küstenabschnitt, bestens geeignet für kontemplative Einsamkeit an einem rauen Strand unter einer einsamen Palme

Ramashala RETREAT $$
(☎965-0068; www.ramashala.com; 12-7208 Hwy 137; Zi. 50–250 $; 🕾) Dieses relaxte Retreat liegt direkt gegenüber vom Kehena Beach. Die sechs Zimmer in den balinesischen Gebäuden variieren erheblich: von winzigen Zimmern mit zwei Einzelbetten ohne eigenes Bad bis zu geräumigen Zimmern mit komplett eingerichteter Küche. Die Hartholzböden, die Ausstattung und das wunderschöne Gelände verströmen eine schlichte, meditative Eleganz. Es gibt einen Gemeinschafts-Whirlpool, und in zwei Studios findet jede Woche

Yoga-Unterricht statt. Wer mit einer Gruppe unterwegs ist: Die gesamte Anlage kann für 750-1000 $ pro Nacht gemietet werden.

KALAPANA (EHEMALIGES DORF)

Genauso wie 1960 Kapoho erwischte es 30 Jahre später Kalapana: 1990 wurde der größte Teil des Dorfes verschüttet, als eine Vulkaneruption die Richtung änderte. 100 Häuser wurden zerstört, und der einst berühmteste schwarze Sandstrand von Big Island, der Kaimu Beach, verschwand.

Heute endet der Hwy 137 abrupt am Ostrand des einstigen Dorfes. Einige Häuser blieben damals verschont und stehen heute inmitten all der Zerstörung. Am Ende der Straße gibt es noch einen bescheidenen Touristenkomplex und eine Außenstelle der hawaiischen Unabhängigkeitsbewegung. Im **Kalapana Village Café** (Hauptgerichte 8-11 $; ⊙8-21 Uhr) kann man aktuelle Lavafotos und Andenken, ein *shave ice* oder einen Smoothie kaufen und auch recht gute Burger und *plate lunches* bekommen. Nachmittags können Interessierte in **Uncle's Awa Bar** (⊙15-22 Uhr) *kava* probieren, Livemusik hören und Einheimische treffen. Ein Gesprächsthema ist auf jeden Fall die benachbarte Werbetafel, auf der eine „rechtmäßige hawaiische Regierung" gefordert wird. Hier ist außerdem die gesamte Geschichte Hawaiis aus der Perspektive der indigenen Bewohner dargestellt. Wer möchte, kann sich einen Guide für **Lavaspaziergänge** organisieren, falls die Lavaflüsse das zulassen (ab 25-50 $ p. P.).

Der gesamte Lavastrom, sowohl hier als auch bei der Lava Flow Viewing Area (S. 309), befindet sich auf Privatland, das Betreten ist somit widerrechtlich, auch wenn es keine Zäune und keine Hinweisschilder gibt. Außerdem sollte man sich darüber im Klaren sein, dass das Betreten der Lava – ob mit oder ohne Guide – auf eigenes Risiko geschieht.

Über die Lava führt ein kurzer öffentlicher Zugangsweg zum **New Kaimu Beach** (oder **Coconut Beach**), wo um einen winzigen schwarzen Sandflecken Hunderte kleiner Kokospalmen stehen. Das Meer ist hier zu rau zum Baden (im Oktober 2010 starb ein Bodyboarder), aber es ist ein nettes Fleckchen, vor allem wenn die fette Dampfwolke eines neuen Kalapana-Lavaflusses eine Meile entfernt gen Himmel aufsteigt.

Highway 130

Die Red Rd kreuzt sich mit dem Hwy 130 (Old Kalapana Rd), der Richtung Norden nach Pahoa führt. Die **Star of the Sea Church** (⊙9-16 Uhr) beim Meilenstein 20 lohnt einen Stopp: Sie ist innen mit naiven Wandbildern bemalt, und das Trompe-l'Œil hinter dem Altar ist wirklich verblüffend. Erzählt wird die Geschichte der Kirche und der Missionare in der Gegend, etwa die von Father Damien, der vor allem auf Moloka'i wirkte (s. S. 509). Die Kirche ist auch für Rollstuhlfahrer zugänglich.

Der Hwy 130 endet an einer öffentlichen Lavabeobachtungsstätte (Näheres im Kasten „Lava fließen sehen" S. 309), die hier so lange bestehen bleiben wird, wie der Strom fließt. Es gibt einen großen Parkplatz mit Parkwächtern, mobile Toiletten und Verkaufsstände.

HAWAI'I VOLCANOES NATIONAL PARK & UMGEBUNG

Hawai'i Volcanoes National Park

Keines der vielen Naturwunder Hawaiis ist so erhaben und geprägt von den elementaren Kräften der Natur wie die beiden aktiven Vulkane im **Hawai'i Volcanoes National Park** (HAVO; www.nps.gov/havo). Die gesamte Inselkette ist das Ergebnis vulkanischer Prozesse – hier ist dieser Prozess, der endlose Geburtszyklus Hawaiis, erlebbar.

Der ältere der beiden Vulkanbrüder ist der Mauna Loa, dessen ruhende Masse so sanft wie der Bauch des Buddha ansteigt, als ob die größte Vulkanformation der Erde (die über die Hälfte der Landmasse von Big Island ausmacht) nichts weiter als ein etwas zu groß geratener Hügel wäre. Aber mit einer Höhe von 4169 m ist der Gipfel eine kalte Bergwüste, die im Winter unter Schnee verborgen liegt.

Der jüngere Bruder ist der Kilauea – der jüngste und aktivste Vulkan der Welt. Seit 1983 bricht der Kilauea aus dem Pu'u-'O'o-Schlot (südöstlich der Caldera) in der East Rift Zone fast ununterbrochen aus. Seitdem hat die Insel mehr als 2 km² neues Land hinzugewonnen und sowohl Einheimischen als auch Besuchern gran-

Hawaiʻi Volcanoes National Park

8 km
4 Meilen
0
0

PUNA

Mountain View

Keaʻau (2 Meilen);
Hilo (9 Meilen)

Hawaiʻi Belt Rd

Glenwood

S Glenwood Rd

Puna Forest Reserve

Akatsuka
Orchid
Gardens

2400°
Fahrenheit

Old Volcano Rd

Ola a Forest Reserve

Kahaualeʻa Natural Area Reserve

Kupaianaha Vent

Puʻu ʻOʻo Vent

East Rift Zone

End of the Road
Holei Sea Arch

Puʻu Loa Petroglyphs

Makaopuhi Crater

Napau Crater

Puʻu Huluhulu

Mauna Ulu

Napau Crater

Napau Trail

Naulu Trail

Kaladpana Trail

Chain of Craters Rd

Kulanaokuaiki Campground

Kealakomo

Puna Coast Trail

Apua Point

s. Karte Kilauea Caldera & Volcano Map (S. 304)

Volcano

Hawaiʻi Volcanoes National Park

Cone Crater

Twin Pit Crater

Mauna Iki Trail

Puʻu Koaʻe

Mauna Iki

Keauhou Trail

Keauhou Shelter

Halape Shelter

Kaʻaha Shelter

Hilina Pali Rd

Hilina Pali Trail

Hilina Pali Overlook

Peperao Cabin

Kaʻena Trail

Kaʻu Desert Trail

Southwest Rift Zone

Kaʻu Desert

PAZIFIK

Hawaiʻi Belt Rd

(11)

South Point (Ka Lae) (30 Meilen);
Kailua-Kona (77 Meilen)

Pahala

Wood Valley

Mauna Loa Rd

Observatory Rd / Saddle Rd (8 Meilen)

Mauna Loa Weather Observatory

Puʻu ʻUlaʻula (3059 m)

Mauna Loa Trail

Bed Hill Cabin

Mauna Loa Cabin Trail

Mauna Loa Cabin

Hawaiʻi Volcanoes National Park

Mauna Loa Observatory Trail

Mauna Loa Summit Trail

Mauna Loa (4169 m)

Mokuʻaweoweo Caldera

Kapapala Forest Reserve

KAʻU

Kaʻu Forest Reserve

Hawaiʻi Volcanoes National Park Kahuku Unit

dioseste Schauspiele beschert. 2008 gab es innerhalb der Kilauea-Caldera tief unten im Halema'uma'u-Krater – dem Heim der Vulkangöttin Pele – neue Action. Bei Dunkelheit färbt sich der **Lavasee**, der in diesem Krater innerhalb eines Kraters vor sich hin blubbert, granatapfelrot und lockt Schaulustige von nah und fern an (wer fließende Lava sehen möchte, muss sich nach Puna begeben).

In geologischer Hinsicht mangelt es den Schildvulkanen auf Big Island an den explosiven Gasen anderer Vulkane. Explosionen wie von Bomben und Lavageysire sind hier nicht die Regel: Die meiste Zeit fließt die Lava einfach langsam zum Meer, wo sie ein dampfendes Feuerwerk veranstaltet. Wenn Pele doch einmal dramatische Feuereruptionen nach oben schickt, kommen die Leute natürlich von überall her, um sich das Schauspiel anzusehen.

Für dieses Entertainment verlangt Pele einen Preis. Seit 1983 erhielt diese Seite der Insel zunehmend ein neues Gesicht. 1988 blockierte die Lava die Küstenstraße nach Puna und verschlang 1990 das Dorf Kalapana. Dann krochen die Lavaströme weiter in Richtung Westen und zerstörten 1994 den Kamoamoa Beach; später wurden eine weitere Meile Straße und der größte Teil des Wahaula Heiau verschluckt. 2008 kam zum Halema'uma'u-Ausbruch auch noch Lava aus einem Schlot am sogenannten Thanksgiving Eve Breakout, die wieder durch Kalapana floss, und es lässt sich in keinster Weise voraussagen, wo und ob überhaupt Lava in Zukunft fließt. Möglich, dass Pele zum Reisezeitpunkt etwas bietet, aber sie lässt sich da nicht hineinreden.

Unabhängig von der Lava gibt es hier jede Menge zu sehen. Mit einer Fläche von rund 1300 km² ist der HAVO größer als die Insel Moloka'i, auch die Landschaft ist vielfältiger – es gibt schwarze Lavawüsten, Regenwälder, grasbewachsene Küstenebenen, schneebedeckte Gipfel und vieles mehr. Der Park ist mit einem 220 km langen Netz an Wanderwegen das beste Wander- und Campingrevier von Big Island. Wer keine schweißtreibenden Betätigungen mag: Um die Caldera herum gibt es gute Straßen, die an den Highlights des „dynamischsten" Nationalparks der USA vorbeiführen.

◉ Sehenswertes

In dem riesigen Nationalpark lassen sich beliebig viele Tage verbringen, vor allem – aber nicht nur – mit Wandern. Gleich hinter dem Parkeingang liegen das Kilauea Visitor Center, das Volcano House und das Volcano Art Center.

Die Hauptstraße des Parks ist der Crater Rim Drive, der um die Mondlandschaft der Kilauea-Caldera herumführt. Wer nur ein paar Stunden und ein Auto zur Verfügung hat, sollte sich den Sehenswürdigkeiten an dieser Straße widmen. Die andere schöne Straße im Park ist die Chain of Craters Rd, die nach 20 Meilen (32 km) Richtung Süden das Meer erreicht und an der Stelle der jüngsten Lavaaktivität endet. Ohne Pausen braucht man für die Fahrt hin und zurück zwei Stunden. Diese Straßen bzw. Teile von ihnen können jederzeit aufgrund von vulkanischen Aktivitäten gesperrt sein – zur Zeit der Recherche war dies beim Crater Rim Drive der Fall.

Eine Meile (1,6 km) vom Parkeingang entfernt liegt das Dorf Volcano (S. 315) mit Restaurants und Unterkünften.

CRATER RIM DRIVE

Diese unglaubliche, 11 Meilen (17,7 km) lange Rundstrecke (Karte S. 304) beginnt am Kilauea Visitor Center und führt am Rand der Kilauea-Caldera entlang. Wenn die Straße geöffnet ist, kommen Besucher vorbei an einem Museum, einer Lavaröhre, Dampfaustritten, Spalten, Wanderwegen und umwerfenden Ausblicken auf den dampfenden Krater. Diese Rundtour lohnt sich auf jeden Fall, und man sollte sich ein bis drei Stunden dafür Zeit lassen. Da die Straße recht flach verläuft, ist sie außerdem die beste Strecke im Park für **Radfahrer**. Die folgende Beschreibung beginnt beim Besucherzentrum und führt gegen den Uhrzeigersinn an der Straße entlang.

Anfang 2011 war der Abschnitt der Straße, der am Jaggar Museum und Halema'uma'u Overlook vorbeiführt, bis zur Kreuzung mit der Chain of Craters Rd wegen Vulkanaktivitäten gesperrt.

Volcano Art Center   KUNSTHANDWERK
(Karte S. 304; ☎ 866-967-7565; www.volcano artcenter.org) Diese Galerie im (umgesiedelten) Volcano House von 1877 neben dem Visitor Center verkauft erstklassige Töpferwaren von der Insel, Gemälde, Holzarbeiten, Skulpturen, Schmuck, hawaiische Quilts und vieles mehr. Das Stöbern durch das bemerkenswerte Sortiment mit Schaukelstühlen aus *koa*-Holz für 8000 $ und Drucken für 20 $ – lohnt sich. Die hier ansässige gemeinnützige Kunstvereinigung

veranstaltet Kunsthandwerks- und Kulturworkshops, Konzerte sowie Theater- und
Tanzaufführungen; die Termine sind dem
Veranstaltungskalender auf der Website zu
entnehmen.

Sulphur Banks
SPAZIERGANG

(Karte S. 304) Beim Art Center führen Holz-
wege durch ein Terrain mit dampfenden
schwefelüberzogenen Hügeln, die von den
Hunderten Tonnen an Schwefelgasen, die
hier jeden Tag austreten, gelb, orange und
neongrün gefärbt wurden. Das schwelen-
de, übel riechende Gelände sieht aus wie
nach einem Waldbrand. Am Art Center
beginnt ein kurzer, einfacher Spaziergang
über den schön restaurierten und rollstuhlgerechten **Holzweg**, der zunächst zu den
Sulphur Banks führt und dann über die
Straße zur Steaming Bluff. Wer länger wandern möchte, kann auf verschiedenen Wegen weitergehen, darunter auf dem Crater
Rim Trail.

Steam Vents & Steaming Bluff
WAHRZEICHEN

(Karte S. 304) Diese nicht schwefelhaltigen
Dampfaustritte (Fumarolen) beim nächsten Parkplatz sind tolle Fotomotive! Sie
entstehen, wenn Wasser hinunterrinnt und
am heißen Gestein in der Erde verdampft.
Eindrucksvoll ist der kurze Spaziergang
zum Kraterrand bei der Steaming Bluff:
Der Blick in den Krater gemahnt an ein
Bild aus der Hölle, Dampf aus dem unterhalb liegenden Gestein hüllt die Besucher
ein. An einem kühlen frühen Morgen oder
einem bewölkten Nachmittag zeigt sich der
Dampf von seiner besten Seite.

GRATIS Jaggar Museum
MUSEUM

(Karte S. 304; ⊗8.30–20 Uhr) Das kleine Museum ist eine gute Ergänzung zum
Visitor Center. Hier wird nicht nur der
Gründer des Museums, der berühmte Vul-
kanologe Thomas A. Jaggar, vorgestellt,
sondern auch ein tiefergehendes geologi-
sches Wissen vermittelt. Eine Reihe von
Seismografen überwacht die Erdbeben, die
jeden Tag im Park stattfinden, manchmal
nur zehn, manchmal Hunderte. Die Kinder
haben einen Riesenspaß daran, hier her-
umzutrampeln, um die Nadeln zum Aus-
schlagen zu bringen.

Als der Halemaʻumaʻu-Krater 2008 aus-
zubrechen begann, spielte sich das wahre
Geschehen draußen beim **Aussichtspunkt**
ab, wo ein Teleskop Tag und Nacht auf den
Lavasee in der Mitte des Kraters gerichtet

ist. Bei Dunkelheit finden sich stets zahlreiche Schaulustige ein. Bei diesem überwältigenden Beobachtungspunkt ist – bis zum
Ende der Eruptionen – auch die Straße in
dieser Richtung zu Ende.

Kurz vor dem Museum eröffnet sich vom
Kilauea Overlook (Karte S. 304) ein weiteres atemberaubendes Panorama, u. a. ein
Blick auf die **Southwest Rift Zone** ein paar
Meilen weiter südlich. Diese Felsspalte ist
größer und länger, als sie aussieht; sie zieht
sich vom höchsten Punkt des Kraters bis
hinunter zur Küste.

Halemaʻumaʻu Overlook
AUSSICHTSPUNKT

Am 18. März 2008 erschütterte der
Halemaʻumaʻu-Krater die ein Vierteljahr-
hundert währende Stille mit einer gewaltigen, dampfgetriebenen Explosion. Felsen
und Vulkanglasfäden („Peles Haare") wurden über eine Fläche von 30 ha verstreut. Es
folgte eine Serie von Ausbrüchen, durch die
im Kraterboden ein 90 m breiter Schlot entstand, der zu Beginn des Jahres 2011 noch
immer eine mächtige Rauchwolke ausstieß
und wo geschmolzene Lava blubberte, jedoch nicht ausgestoßen wurde. Im November 2008 war dies offiziell die längste ununterbrochene Eruption im Krater seit 1924.

1823 beschrieb der Missionar William
Ellis als Erster den brodelnden Kelch des
Halemaʻumaʻu. Schon damals zog dieses
Schauspiel Reisende aus der ganzen Welt
an. Der eine sah darin das Höllenfeuer,
der andere die urweltliche Schöpfung, aber
niemand verließ den Ort unbewegt. Mark
Twain beschrieb es so:

> Blitzkreise, -schlangen und -strahlen
> rankten und wanden sich empor und
> verbanden sich ... Ich habe seitdem
> den Vesuv gesehen, aber verglichen
> hiermit war er nur ein Spielzeug, ein
> Kindervulkan, ein Suppenkessel.

1924 sank der Kraterboden rapide ab und
verursachte eine Serie explosiver Eruptionen. Tagelang regnete es Felsbrocken und
Schlamm. Als das Spektakel vorbei war,
hatte sich der Krater auf die doppelte Größe
ausgedehnt – auf eine Tiefe von etwa 90 m
und eine Breite von 900 m. Der Lavastrom
versiegte, die Kruste kühlte sich ab.

Seitdem ist der Halemaʻumaʻu 18 Mal
ausgebrochen; dies ist die aktivste Zone auf
dem Gipfel des Vulkans. Während der letzten Eruption am 30. April 1982 merkten die
Seismologen erst am selben Morgen, dass
sich etwas zusammenbraute: Die Seismografen spielten nämlich verrückt. Der Park

Kilauea Caldera & Volcano

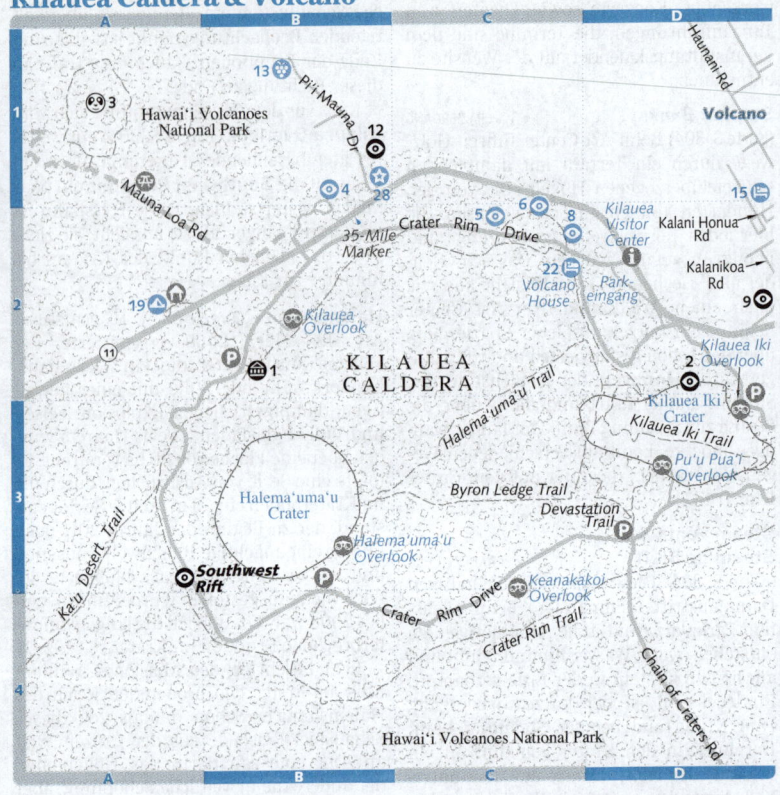

Service holte schnell alle Wanderer vom Kraterboden, und noch vor Mittag öffnete sich ein 800 m langer Spalt und spuckte fast 1 Mio. m³ Lava.

Die gesamte Big Island ist Peles Territorium, der Halemaʻumaʻu ist ihr Zuhause. Jeden zweiten Monat wird am Kraterrand ihr zu Ehren ein **zeremonieller Hula** aufgeführt (S. 313), auch im Park liegen hier und da Blumenkränze und andere Gaben an sie (diese Opferpraxis wird jedoch nicht gern gesehen). Anfang 2011 war der Aussichtspunkt noch geschlossen. Wenn er geöffnet ist, bildet er ein Ende des **Halemaʻumaʻu Trail** (Karte S. 304).

Devastation Trail   WANDERWEG
(Karte S. 304) Anfang 2011 war dieser Weg geöffnet und zu erreichen, indem man vom Visitor Center im Uhrzeigersinn hierher fuhr; die Straße westlich der Kreuzung mit der Chain of Craters Rd war allerdings geschlossen. Man kann entweder an dieser Kreuzung oder am anderen Ende des Weges, am Puʻu Puaʻi Overlook weiter östlich, parken.

Der Devastation Trail ist asphaltiert und führt durch das Gebiet, auf dem während der Eruption des Kilauea-Iki-Kraters im Jahr 1959 massenhaft Bimsstein niederging, wodurch dieser Teil des Regenwaldes zerstört wurde. Der Weg bietet sich für einen Spaziergang unter Leitung eines Rangers an, da hier auf den ersten Blick nicht viel Dramatisches zu erkennen ist. Am Aussichtspunkt wird man mit einem phantastischen Blick in den Krater belohnt, und nicht weit entfernt liegt der **Puʻu Puaʻi**, der während des Ausbruchs entstand.

Thurston Lava Tube   LAVARÖHRE
(Karte S. 304) Östlich der Kreuzung mit der Chain of Craters Rd erreicht man einen Regenwald aus einheimischen Baumfarnen und *ohia*-Bäumen, der die Ostflanke des Kilauea überzieht. Die oft extrem überfüllte

Hilo
(24 Meilen)

Wright Rd
Laukapu Rd
Keonelehua Ave
Volcano Visitor Center
First St
Jade Ave
Ruby Ave
Pearl Ave
Seventh St
Kilauea Rd
Old Volcano Rd
Thirteenth St
Ala Ohia St
Escape Rd

Lavaröhre bildet den Endpunkt eines schönen kurzen Spazierweges durch den reizenden, an Vögeln reichen *ohia*-Wald – hier ist gut der rotbauchige *'apapane* zu erspähen, ein einheimischer Kleidervogel. Die Lavaröhre selbst ist riesig – mehr oder weniger groß genug für einen Pkw –, und ein kurzer Abschnitt am Anfang ist beleuchtet. Wer eine Taschenlampe dabei hat, kann auch den unbeleuchteten Teil der Röhre erkunden – etwas unheimlich, aber klasse!

Kilauea-Iki-Krater
AUSSICHTSPUNKT
(Karte S. 304) Als der Kilauea Iki (Kleiner Kilauea) im November 1959 in ein feuriges Inferno ausbrach, verwandelte sich der gesamte Kraterboden in einen brodelnden See aus geschmolzener Lava. Fontänen erreichten eine Rekordhöhe von 580 m und erleuchteten den Abendhimmel meilenweit mit einem hellen orangefarbenen Schein. Zu den aktivsten Zeiten wurden hier 2 Mio. t Lava pro Stunde ausgespien.

Von einem **Aussichtspunkt** bietet sich ein eindrucksvoller Blick auf den anderthalb Kilometer großen Krater, und die **Wanderung** über seine erstarrte Oberfläche ist die beliebteste im Park. Eine gute Strategie für den Besuch dieses oft überlaufenen, aber sehr schönen Abschnitts des Crater Rim Drive ist, am Kilauea Iki Overlook zu parken und den Crater Rim Trail bis zur Thurston Lava Tube und zurück zu gehen; insgesamt sind das nur rund anderthalb kinderleichte Kilometer.

CHAIN OF CRATERS ROAD
Diese landschaftlich reizvolle Strecke (Karte S. 301) wird ständig kürzer – zuletzt 2003. Derzeit windet sie sich über 19 Meilen (30,6 km) die Südflanken des Kilauea Volcano hinunter und endet abrupt am jüngsten Lavastrom aus der East Rift Zone an der Puna Coast. Die Straße ist asphaltiert, aber kurvenreich; ohne Pausen ist pro Strecke etwa eine Stunde zu kalkulieren.

Die Straße kann es durchaus mit dem Crater Rim Drive aufnehmen: Bei der Fahrt Richtung Meer eröffnen sich weite Panoramen mit Hängen voller erstarrter „Finger" aus schwarzer Lava. Dann, an der Küste, blickt man von unten auf dieselben Ströme, wie sie sich Richtung Meer über die Klippen ergossen.

Ihren Namen verdankt die Straße einer Reihe kleiner, mit dem Auto zu erreichender Krater. Außerdem bietet die Straße Zugang zu mehreren Wanderwegen, einem Campingplatz, Felszeichnungen (Petroglyphen) und manchmal auch zum aktiven Lavastrom selbst.

Früher stieß die Chain of Craters Rd in Puna auf die Highways 130 und 137. Die Straße wurde 1969 durch Lavaströme blockiert, wurde dann etwas umgeleitet und 1979 wieder eröffnet. 1988 wurde die Verbindung erneut durch den Kilauea unterbrochen, indem ein 10 Meilen langer Abschnitt der Straße unter Lava begraben wurde. Das Schild mit der Aufschrift „Road Closed", das fast gänzlich in der Lava begraben ist, gehört zu den klassischen Big-Island-Fotomotiven. Zum Fotografieren ist übrigens die Zeit vor 9 und nach 15 Uhr am besten.

Hilina Pali Road
AUTOTOUR
(Karte S. 301) Die erste größere Kreuzung bildet diese 9 Meilen (14,5 km) lange, einspurige Straße. Nach 4 Meilen (6,4 km) auf dieser Straße erreicht man den kleinen Ku-

Kilauea Caldera & Volcano

⦿ **Sehenswertes**
1 Jaggar Museum B2
2 Kilauea Iki Crater D2
3 Kipukapuaulu A1
4 Lavabaumhüllen B1
5 Steam Vents & Steaming Bluff C2
6 Sulphur Banks C2
7 Thurston Lava Tube E3
8 Volcano Art Center C2
9 Volcano Art Center's Niaulani
    Campus.. D2
10 Volcano Farmers Market E1
11 Volcano Garden Arts E1
12 Volcano Golf & Country Club B1
13 Volcano Winery B1

Aktivitäten, Kurse & Touren
14 Hale Ho'loa Hawaiian Healing
    Arts Center & Spa............................. E2

🛏 **Schlafen**
15 Holo Holo In D1
16 Kilauea Lodge E2
17 Log Cabin at Hale Ohia........................ E2

18 My Island B&B E1
19 Namakanipaio Campground
    & Cabins A2
    Volcano Artists Cottage ....(s. 11)
20 Volcano Guest House F2
21 Volcano Hideaways E2
22 Volcano House......................................C2
23 Volcano Rainforest Retreat.................. F2
24 Volcano Tree House.............................. F2

✖ **Essen**
25 Café Ohi'a..E2
    Café Ono ....(s. 11)
    Kiawe Kitchen ....(s. 27)
26 Kilauea General Store E2
    Kilauea Lodge ....(s. 16)
    Lava Rock Café ....(s. 26)
    Thai Thai Restaurant ....(s. 26)
    Volcano House................................(s. 22)
27 Volcano Store E2

✪ **Unterhaltung**
28 Kilauea Military Camp
    Theater B1

lanaokuaiki Campground (S. 313) mit wunderbaren Ausblicken auf den Mauna Loa. Die Straße selbst ist nicht sonderlich spektakulär und außerdem so kurvenreich, dass eine Strecke durchaus über 40 Minuten in Anspruch nehmen kann. Jedoch endet sie am außergewöhnlich schönen **Hilina Pali Overlook**. Die grasbewachsene Küstenebene darunter verlockt manche Wanderer dazu, den steilen Hilina Pali Trail von hier hinabzusteigen, aber das Meer ist weiter entfernt, als es den Anschein hat, und nur wer für eine Wildniswanderung ausgerüstet ist, erreicht es auch.

Mauna Ulu   WAHRZEICHEN

(Karte S. 301) 1969 wurde durch die Eruptionen aus der East Rift Zone des Kilauea ein neuer **Lavaschild** aufgebaut, der sich schließlich 120 m über seine Umgebung erhob; er wurde Mauna Ulu (wachsender Berg) getauft. Als der Lavastrom 1974 versiegte, hatte er 4000 ha Parkfläche unter sich begraben und an der Küste 81 ha neues Land geschaffen.

Außerdem wurde ein 12 Meilen (19,3 km) langer Abschnitt der Chain of Craters Rd unter bis zu 90 m Lava begraben. Ein 800 m langer Teil der alten Straße ist noch vorhanden, und man kann ihm bis zum La-

vastrom folgen, indem man nach 3,5 Meilen (5,6 km) links von der Chain of Craters Rd abbiegt. Kurz dahinter liegt der Mauna Ulu selbst.

Der einfache **Pu'u Huluhulu Overlook Trail**, hin und zurück 4 km, beginnt am Parkplatz (wo auch der Napau Crater Trail beginnt; s. S. 311). Der Weg endet oben auf einem 45 m hohen Schlackenkegel, dem **Pu'u Huluhulu**, von dem sich an klaren Tagen eine weite Sicht eröffnet: Zu sehen sind der Mauna Loa, Mauna Kea, Pu'u 'O'o, Kilauea, die East Rift Zone und das Meer. Vor einem liegt der dampfende Mauna-Ulu-Krater. Nichts hindert Wanderer daran, die Gegend zu erkunden, aber den Park Rangern ist es lieber, wenn man das unterlässt. Der Kraterrand ist fragil, und diejenigen, die bei seiner „Geburt" dabei waren, wollen ihr „Baby" schützen. Wer die Gegend über den Aussichtspunkt hinaus zum Napau-Krater erkunden möchte, benötigt eine (kostenlose) Genehmigung, die im Besucherzentrum erhältlich ist.

Kealakomo   AUSSICHTSPUNKT

(Karte S. 301) Ungefähr auf halber Strecke der Straße befindet sich dieser Küstenaussichtspunkt mit Picknicktischen und weitem Blick. Der alternative Beginn des

Naulu Trail befindet sich auf der anderen Straßenseite. Hinter dem Kealakomo fällt die Straße in weiten Kehren ab, von denen einige tief in die Lava eingeschnitten sind.

Petroglyphen von Pu'u Loa
HISTORISCHE STÄTTE

(Karte S. 301) Der sanfte Pu'u Loa Trail führt in 1,5 km zur größten Ansammlung von Felszeichnungen in Hawaii. Hier hinterließen die alten Hawaiianer über 23 000 Bilder in der *pahoehoe*-Lava, eingemeißelt mit *adze*-Werkzeugen aus dem Steinbruch Keanakako'i (S. 257). Man findet abstrakte Darstellungen von Tieren und Menschen sowie Tausende merkwürdige Einkerbungen: Väter kamen her, um die Nabelschnur ihres neugeborenen Kindes hier anzubringen – das sollte dem Kind Gesundheit und ein langes Leben bescheren.

Parkplatz und Beginn des Wanderwegs sind zwischen den Meilensteinen 16 und 17 ausgeschildert. An der Petroglyphenstätte sollte man immer auf den Holzwegen bleiben, denn nicht alle Felsritzungen sind sofort als solche zu erkennen, und man tritt schnell darauf und beschädigt sie. Manchmal werden **von Rangern geführte Wanderungen** zu den Felszeichnungen abseits der Plankenwege angeboten; beim Visitor Center nachfragen.

Holei Sea Arch
WAHRZEICHEN

(Karte S. 301) Beim Ende der Straße befindet sich gegenüber von der Ranger-Station dieser Felsbogen ins Meer. Der zerklüftete Küstenabschnitt ist mit scharf erodierten Lavaklippen gespickt, den sogenannten Holei Pali, die ständig von der tosenden Brandung bearbeitet werden. Der hohe Felsbogen, der aus einer der Klippen ausgewaschen wurde, ist ziemlich beeindruckend; eines Tages wird die geballte Kraft der Wellen von Namakaokahai, der Göttin des Meeres und Schwester Peles, ihn ins Meer krachen lassen.

End of the Road
WAHRZEICHEN

Das Ende der Straße – genau! Sie endet da, wo die Lava, die diesen Küstenstreifen in den vergangenen 30 Jahren wiederholt überschwemmt hat, es vorgesehen hat. Früher nahmen an dieser Stelle die Wanderungen zum aktiven Lavastrom ihren Ausgang. Heute steht hier eine einfache Informationstafel, es gibt mobile Toiletten sowie einen Ranger-Außenposten und Imbisskiosk, die jedoch zumeist nur besetzt sind, wenn in der Nähe Lava fließt.

Wenn es keine flüssige Lava gibt, erlebt man hier eine der ruhigsten und doch spannendsten Tageswanderungen im Park. Es gibt keinen richtigen Weg; man kann über das Lavaterrain gehen, bis man von sich auftürmenden, erstarrten Adern umgeben ist; sie sehen aus, als wären sie erst gestern abgekühlt.

MAUNA LOA ROAD

Wer den Besuchermassen wirklich entkommen möchte, sollte die 11,5 Meilen (18,5 km) lange Mauna Loa Rd (Karte S. 304) erkunden, die westlich des Parkeingangs am Hwy 11 beginnt. Der erste Abzweig führt zu traurigen **Lavabaumhüllen**. Die tiefen röhrenförmigen Öffnungen entstanden, als die Lava den Regenwald niederwalzte. Eine Meile (1,6 km) weiter folgen ein Picknickplatz mit Toiletten und gleich dahinter **Kipukapuaulu**, bekannt als Bird Park. In diesem einzigartigen 40 ha großen Schutzgebiet hat sich ein uralter Wald mit seltenen endemischen Pflanzen, Insekten und Vögeln erhalten. Vor etwa 400 Jahren begrub ein größerer Lavastrom vom Mauna Loa das Land hier unter sich, aber Pele teilte den Strom und rettete diese kleine Vegetationsinsel (*kipuka* bedeutet auf Hawaiisch „Oase").

Ein einfacher 1,5 km langer **Rundweg** durch den Wald bietet Gelegenheit zu einem sehr meditativen Spaziergang, besonders am Morgen. Begleitet von einem Klangteppich aus Vogelstimmen sieht man jede Menge *koa*-Akazienbäume sowie eine Lavaröhre, in der 1973 eine einzigartige Art einer großäugigen Spinne entdeckt wurde.

Etwa 1,5 Meilen (2,4 km) hinter dem Bird Park passiert die Mauna Loa Rd eine weitere *kipuka* (Kipuka Ki); 2 Meilen (3,2 km) weiter verengt sich die Straße auf eine Spur. Langsam fahren ist angesagt, denn die Straße ist schlaglochübersät und hat viele nicht einsehbare Kurven. Unterwegs kann man an mehreren Stellen halten und die Aussicht genießen oder Wanderwege erkunden. Am Ende der Straße ist eine Höhe von 2000 m erreicht; hier beginnt der extrem schwere Mauna Loa Trail (S. 312) zum Gipfel. Wer den Weg nur ein kleines Stück läuft, wird mit weiten Ausblicken nach Süden belohnt, u. a. auf die dampfende Kilauea-Caldera weit unten.

GEHEIME LAVARÖHRE

Lavaröhren bilden sich, wenn die äußere Haut eines Lavastroms erkaltet und erstarrt, aber die flüssige Lava darunter weiterfließt. Wenn der Lavastrom abgeflossen ist, bleibt die harte Hülle zurück. Lavaröhren durchlöchern Big Island wie einen Schweizer Käse, und in diesen faszinierenden Höhlen entwickeln sich wunderbare neue Lebewesen: blinde Spinnen, flügellose Grillen, möglicherweise Bakterien, die Krebs heilen können, und vieles mehr, von dem wir überhaupt noch nichts wissen. 1992 wurde im Nationalpark eine unberührte, 500 Jahre alte Lavaröhre entdeckt, **Pua Po'o**. Sie ist heute das Ziel fesselnder, von Rangern geleiteter **Führungen** (☉Mi 12.30 Uhr, kostenlos).

Der einfache Weg (hin und zurück 6,4 km) führt durch *ohia*-Wald; das bizarre Ökosystem der Röhre wird etwa eine Stunde lang erforscht. Obwohl die alten Hawaiianer die Lavaröhren benutzten, um Wasser zu sammeln und Mitglieder des Königshauses zu bestatten, ist diese Röhre selbst nicht kulturell bedeutsam. Am Ein- und Ausgang muss man ein bisschen herumkraxeln, aber drinnen ist die Röhre 6 m hoch. Die verschiedenen Formationen sind sehr faszinierend.

Um die Röhre zu schützen, dürfen nur einmal pro Woche zwölf Leute hinein; Teilnehmer werden gebeten, die Lage der Röhre geheim zu halten. Wer sich für eine dieser Führungen anmelden möchte, ruft mittwochs die Woche zuvor um genau 7.45 Uhr beim **Kilauea Visitor Center** (☎985-6017) an; die Führungen sind innerhalb von einer Viertelstunde ausgebucht. Jeder Anrufer kann höchstens vier Plätze reservieren. Kinder müssen mindestens zehn Jahre alt sein.

 ## Aktivitäten

Wandern ist die Hauptbetätigung der Parkbesucher, und es gibt Wege für alle Fitnessgrade. Zu den schönsten Routen zählen der Kilauea Iki Trail, der Napau Crater Trail und die Pua Po'o Secret Lava Tube Tour (s. Kasten oben). Manche Wege können wegen vulkanischer Aktivitäten geschlossen sein, wie das zur Zeit der Recherche auch bei mehreren der Fall war.

Radfahrer können auf dem Crater Rim Drive die Kilauea-Caldera umrunden, Mountainbiker dürfen einige Brandschutzstraßen befahren wie etwa die Escape Rd, die an der Thurston Lava Tube vorbeiführt. Geführte Radtouren zur Lava und im Park bietet **Volcano Bike Tours** (☎934-9199, 888-934-9199; www.bikevolcano.com; Erw. 105–129 $, Kind 95–119 $) an. Beliebt sind auch Hubschrauberflüge (s. S. 186).

Wandern

Die Vielfalt an Wanderwegen im Nationalpark ist grandios: Man kann abgeschiedene Strände ansteuern oder den 4169 m hohen schneebedeckten Gipfel des Mauna Loa erklimmen, durch üppigen einheimischen Regenwald oder über karge Lavawüsten, über die erstarrte Oberfläche des aktivsten Vulkans der Erde und manchmal auch zur glühenden Lava selbst wandern.

Es gibt ausgezeichnete Wege jeglicher Länge und aller Schwierigkeitsgrade. Außerdem kreuzen sich viele Pfade, was eine sehr flexible Routenplanung möglich macht. Der größte Teil des Parks ist für Tageswanderer zugänglich; die meisten abgeschiedenen Ziele sind mit nur einer Übernachtung zu bewerkstelligen. Wer möchte, kann sich auch tagelang auf den Wildniswegen herumtreiben. Egal, wo und wohin man geht: Man sollte immer auf wechselhaftes Wetter eingestellt sein.

Wer eine Wanderung mit Übernachtung anpeilt, sollte wissen, dass die Möglichkeiten zum **wilden Campen** begrenzt sind und die wenigen Plätze nach der Reihenfolge der Ankunft eingenommen werden. An den abgelegeneren Wegen gibt es Unterstände, einfache Hütten oder primitive Zeltplätze, alle mit Plumpsklos. Ins Gepäck gehört ein Kocher, da offenes Feuer verboten ist. Fast nirgends ist frisches Wasser erhältlich; an einigen Zeltplätzen wird Wasser gesammelt (das aber immer entkeimt werden muss), und die Wasserstände werden jeden Tag vom Visitor Center veröffentlicht. Wer übernachten möchte, muss sich im Visitor Center eine kostenlose Genehmi-

LAVA FLIESSEN SEHEN

Wer Glück hat, bekommt auf dem 100 km langen Weg vom Pu'u 'O'o zum Ozean **flüssige Lava** zu sehen. Wo die Lava gerade fließt und wie gut man dort hinkommt, ist nicht vorherzusagen, aber zur Zeit der Recherche setzte der Lavastrom Bäume in Brand und zerstörte Häuser im Wohngebiet Royal Gardens. Dies befindet sich außerhalb der Nationalparksgrenzen, jedoch hat das County am Ende des Hwy 130 eine Lava Flow Viewing Area (Karte S. 292; ⊙14–22 Uhr, letzte Zufahrt 20 Uhr) zum Beobachten der Lava eingerichtet. Fahrzeuge werden abgestellt, dann können Besucher 1,5 km über einen schmalen Asphaltweg gehen und an einem kleinen Beobachtungsposten dem Schauspiel beiwohnen.

Wenn richtig was los ist, sind am Boden fließende Lava, Lava-„Skylights" und eine gewaltige Rauchsäule zu sehen, wo die Lava ins Meer fließt. Ansonsten befindet man sich über 1 km oder mehr vom Ozean entfernt und sieht höchstens ein rotes Glimmen und viel Rauch. All dies ändert sich ständig – am besten informiert man sich vorher, was es zu sehen gibt, damit es nachher – vor allem bei Kindern – keine Enttäuschung gibt. Über die aktuelle Lage informieren die Hotline (☏961-8093) der Civil Defense sowie Hawaiian Lava Daily (http://hawaiianlavadaily.blogspot.com).

Wenn im Park selbst Lava fließt, organisiert der National Park Service die Lavabeobachtung (☏Lavafluss-Updates 967-8862; http://hvo.wr.usgs.gov). Ende 2010 war der Lavasee im Halema'uma'u-Krater vom Jagger Museum aus zu sehen. Gelegentlich gibt es die Möglichkeit, vom Ende der Chain of Craters Rd (S. 305) zu fließender Lava zu wandern. Dazu muss man in der Regel mehrere Kilometer über zerklüftete Lava gehen.

Von ihrer besten Seite zeigt sich die Lava bei Sonnenuntergang, wenn die Küste in eine dämmrige Glut getaucht ist und die Lava in der Dunkelheit erstrahlt. Näher heran kommt man mit einem geführten Spaziergang (S. 300) oder bei einer Bootstour (S. 294). Hawai'i Forest & Trail (www.hawaii-forest.com) bietet geführte Wanderungen, ebenso die Park Ranger, wenn die Lava innerhalb des Nationalparks fließt. Egal, wo und wie – man sollte auf jeden Fall Regenbekleidung mitnehmen, festes Schuhwerk, lange Hosen und eine Kopfbedeckung tragen sowie Wasser und pro Person eine Taschenlampe dabeihaben.

Sich fließende Lava anzuschauen, ist ein wunderbares Abenteuer, das jedoch nicht ohne Gefahren ist. Durch das explosive Zusammentreffen von Meerwasser und geschmolzenem, über 1100 °C heißem Gestein kann kochend heißes Wasser mehrere Hundert Meter in die Luft steigen oder können brennende Lavabrocken weit landeinwärts geschleudert werden. Im Jahr 2000 erlitten hier zwei Menschen tödliche Verbrennungen. Neue Lavakanten und -bänke können plötzlich zusammenbrechen, wie 1993, als eine Lavabank zusammenbrach und eine Person ums Leben kam sowie ein Dutzend weitere schwer verletzt wurden. 2007 krachten durch den Abbruch einer Lavabank 24 ha Lava ins Meer – glücklicherweise kam niemand zu Schaden. Auch in der Erregung des Augenblicks darf die Macht der Feuergöttin Pele nicht unterschätzt werden. Ein Mindestabstand zum Meer von 500 m ist immer einzuhalten. Alle Anweisungen der Ranger sollten befolgt werden!

gung besorgen und sich registrieren (erst einen Tag vor der Wanderung möglich); für jede Campingstelle gilt eine Höchstübernachtungszahl von drei Nächten.

Die folgenden Wege gehören zu den beliebtesten und/oder empfehlenswertesten Wanderwegen, ergänzt durch einige abgelegene Strecken und Varianten. Einige kurze Wege sind in den Abschnitten zu den Hauptstraßen, die durch den Park führen, beschrieben.

Kilauea Iki Trail   WANDERWEG

(Karte S. 304) Wer nur Zeit für eine Wanderung hat, sollte diese hier wählen. Nicht ohne Grund ist dies der beliebteste Weg im Park: Auf der gut machbaren, nur mittelmäßig schwierigen, 6,4 km langen zweistündigen Strecke spiegelt sich die atemberaubende Schönheit und Faszination des Vulkangipfels. Eine gute Investition ist die Hochglanzbroschüre zum Weg (2 $).

Der Rundweg ist von mehreren Start-punkten aus zu begehen und kreuzt un-terwegs auch andere Wege, sodass sich die Wanderung leicht verlängern lässt. Man parkt am Kilauea Iki Overlook (nicht bei der vollen Thurston Lava Tube) und geht gegen den Uhrzeigersinn am Kraterrand entlang. Während man einen *ohia*-Wald durchquert, kann man unten schon mal die Lava-„Badewanne" *(bathtub ring)* bestau-nen, in die man hinabsteigt.

Nach rund 1,5 km ist die **Waldron Ledge** erreicht; auf verschiedenen abzweigenden kurzen Wegen lässt sich der Rand der Cal-dera erkunden, oder die Schleife lässt sich mit dem **Halema'uma'u** und dem **Byron Ledge Trail** zu einem Ganztagestrip verlän-gern. In jedem Fall geht's dann am westli-chen Ende des Kraters 120 m hinunter zum Kraterboden.

Der Weg über die *pahoehoe*-Lavakruste ist leicht zu sehen, und Steinhaufen helfen bei der Orientierung. Es ist auch möglich, den Eruptionskanal unterhalb des Schla-ckenkegels des Pu'u Pua'i zu betreten, wo inzwischen *ohia*-Bäume blühen. Beim Überqueren der Lavakruste sollte man ein-mal kurz daran denken, dass sich nur 70 m unter einem flüssiges Magma befindet ... Wenn das östliche Ende des Kraterkessels erreicht ist, geht es über Serpentinen wie-der 120 m zum Rand hinauf; auf dem Weg zurück zum Kilauea Iki Overlook bietet sich noch eine Visite in der Thurston Lava Tube an.

Halema'uma'u Trail   WANDERWEG

(Karte S. 304) Der Halema'uma'u-Krater war zur Zeit der Recherche für Wanderer ge-sperrt, jedoch waren kurze Abschnitte des Trails am Kraterrand offen. Wenn der Weg geöffnet ist, ist diese 11 km lange Schleife, die in der Nähe des Volcano House beginnt, sehr lohnenswert. Es geht recht zügig durch einen *ohia*-Wald, und die meiste Zeit überquert der Trail die zerklüfteten Lava-schichten der Kilauea-Caldera. Leicht kann man noch den Byron-Ledge-Trail hinzufü-gen, eine reizende Alternative durch den Wald, bevor es hinunter in den Kraterkes-sel geht. Der Weg verläuft komplett unge-schützt. Je nach Wetter ist es hier heiß und trocken oder kühl und feucht. Viel Wasser mitnehmen!

Wer bisher fand, dass eine Lava wie die andere aussieht, wird auf dieser Wande-rung schnell eines Besseren belehrt. Der Weg führt an zahlreichen Lavaströmen vorbei – einigen alten (1885) und einigen neuen (1982) –, und die Unterschiede sind erstaunlich, genauso erstaunlich wie der Gesamteindruck, den diese unwirkliche Landschaft erzeugt. Nach knapp 5 km vom Beginn des Wegs endet der Pfad am dampfenden (und derzeit geschlossenen) Halema'uma'u Overlook. Zurück geht's über den Byron Ledge Trail, der Blicke oder Ab-stecher in den Kilauea-Iki-Krater erlaubt.

Crater Rim Trail   WANDERWEG

(Karte S. 304) Dieser 18,5 km lange Wander-weg um den Gipfel herum verläuft mehr oder weniger parallel zum Crater Rim Drive; genau wie bei der Straße waren zur Zeit der Recherche große Abschnitte des Weges gesperrt. Für den gesamten Trail sind etwa fünf bis sechs Stunden einzupla-nen, viele laufen auch nur Teilabschnitte des Wegs ab. Insgesamt verläuft der Trail meist auf einer Höhe. Am vollsten ist er auf der Nordseite, da er hier am Kraterrand entlangführt; auf der Südseite verläuft er hinter der Straße, sodass es keinen Blick in die Caldera gibt, aber auch kaum eine Menschenseele unterwegs ist. Es sind jede Menge Nebenwege vorhanden, und man passiert unterschiedlichstes Terrain. Einer der schönsten Abschnitte des Weges ist der bewaldete Südostteil. Wanderer, die in nur einer Richtung gehen, parken gern am geplanten Endpunkt der Strecke, trampen zum Ausgangspunkt und laufen dann die Strecke zum Auto zu Fuß zurück.

Mauna Iki Trail   WANDERWEG

(Karte S. 301) Wer Einsamkeit in einer zau-berhaften Lavalandschaft sucht, wählt diesen Trail in die **Ka'u Desert**. Am bes-ten beginnt man ihn im Norden auf einem Weg, der auch **Footprints Trail** genannt wird. Hier ist der Ausgangspunkt der Wan-derung besser zu erreichen. Anfangs ist der Weg nicht so schwierig, und die Route kann je nach Wunsch sehr schön ausge-dehnt werden. So kann die Wanderung eine leichte 5,5 km lange Einführungstour, eine 11 bis 13 km lange Nachmittagstour oder eine 30 km lange Wanderung mit Über-nachtung werden. Zur Zeit der Recherche war der Weg vom Jaggar Museum bis zum Ausgangspunkt des Trails am Hwy 11 we-gen der fortdauernden Eruptionen des Halema'uma'u allerdings geschlossen.

Zwischen den Meilensteinen 37 und 38 befindet sich am Hwy 11 der Parkplatz des Ka'u Desert Trailhead. Am besten geht man früh los, da es mittags brutal heiß und trocken werden kann. Anfangs ist der Weg leicht zu erkennen, er verläuft eben und ist teils asphaltiert oder verläuft über sandige *pahoehoe*-Ströme. Nach 20 Minuten wird ein Schutzbau erreicht, wo in der gehärteten Asche Fußabdrücke erhalten sind; weitere Fußabdrücke finden sich im umliegenden Gestein. Der Überlieferung zufolge zog sich 1790 die Armee des hawaiischen Häuptlings Keoua von einer Schlacht gegen Kamehameha zurück, als durch eine der seltenen explosiven Eruptionen seine Soldaten verschüttet wurden und die Geschichte der Inseln somit einen anderen Verlauf nahm.

Hinter dem Schutzbau ist der Trail mit Steinmännchen markiert und leicht zu erkennen. Während der Weg langsam ansteigt, eröffnen sich immer weitere Blicke auf den sanften Riesen Mauna Loa im Hintergrund und die riesige Ka'u Desert im Vordergrund. Nach knapp 3 km ist der höchste Punkt am **Mauna Iki** (und die Wegkreuzung) erreicht – wahrscheinlich steht man hier allein inmitten eines weiten Lavafeldes.

Wer übernachten möchte, biegt rechts ab und folgt dem Ka'u Desert Trail gut 11 km zur Pepeiao Cabin. Tageswanderer können nach links abbiegen und dem Ka'u Desert Trail 1 km bis zur Kreuzung mit dem offiziellen Mauna Iki Trail folgen, der nach 10 km die Hilina Pali Rd (den anderen Ausgangspunkt) erreicht. Ein guter Endpunkt ist der Pu'u Koa'e auf halber Strecke des Mauna Iki Trail.

Das Lavaterrain wird erkennbar intensiver und wilder, je weiter man geht, mit bunten Rissen, eingestürzten Lavaröhren und Schweißschlackenkegeln; in Spalten und anderswo findet sich haufenweise goldenes „Pele-Haar". Hier gibt's unendlich viel zu entdecken.

Napau Crater Trail   WANDERWEG

(Karte S. 301) Dieser Trail ist einer der abwechslungsreichsten und schönsten im Nationalpark. Er führt vorbei an Lavafeldern, riesigen Kratern und dichtem Wald und endet mit einem Ausblick auf den Pu'u 'O'o in der Ferne. Wer es gern etwas ruhiger angeht, kann hier auch zelten; die Entfernung bis zum Campingplatz (dem derzeitigen Ende des Trails) beträgt gut 11 km bzw. 8 km vom Ausgangspunkt Kealakoma (hin und zurück 6–8 Std.). Dies ist die einzige Tageswanderung, für die eine Genehmigung erforderlich ist; alle Wanderer sollten

sich, bevor sie losgehen, im Visitor Center registrieren.

Wer den Trail nicht vom offiziellen Ausgangspunkt geht (demselben wie für den Pu'u Huluhulu Overlook Trail, S. 306), spart rund 6,5 km und mehrere Stunden (hin und zurück). Dann beginnt man die Wanderung auf dem Naulu Trail, der am Kealakomo (S. 306) an der Chain of Craters Rd startet. Auf dieser verkürzten Strecke versäumt man allerdings die besten Ausblicke auf den Makaopuhi Crater und den Mauna Loa sowie die paffenden Dampflöcher und -aufbrüche an der Eruptionsspalte. Im Folgenden ist die Kealakomo-Route beschrieben.

Die erste Stunde verläuft zumeist über geschmeidige *pahoehoe*-Lava, wobei man sich an Steinmännchen orientiert, die teils etwas schwierig zu erkennen sind. Es gibt einige Bäume und asphaltierte Abschnitte der alten Chain of Craters Rd, die beim Ausbruch von 1972 verschüttet wurde. Der Weg folgt der Straße (komplett mit weißer Mittellinie) vorbei an der Kreuzung mit dem nicht instand gehaltenen **Kalapana Trail**.

Nach einem kurzen Sprint über etwas 'a'a-Lava geht's in einen Wald mit Farnen und *ohia*-Bäumen; weniger als 1,5 km entfernt liegt die Kreuzung mit dem Napau Crater Trail – hier rechts abbiegen.

Links eröffnen sich manchmal Blicke in den 1,5 km breiten Makaopuhi-Krater. Nach etwa einer halben Stunde markieren Lavafelswände den Standort der Old Pulu Factory, einer ehemaligen Produktionsstätte. *Pulu* ist das goldene, seidige „Wollhaar" an den aufgerollten Spitzen (dem „Bischofsstab") der Farnwedel des *hapu'u* (Baumfarn). Die alten Hawaiianer benutzen *pulu* zur Einbalsamierung ihrer Toten; im späten 19. Jh. wurde es als Matratzen- und Kissenfüllung exportiert, bis man herausfand, dass sich *pulu* irgendwann in Staub auflöst. An diesem Wegabschnitt blühen oft bunte Orchideen.

Dem Hubschrauber-Flugverkehr nach zu urteilen, könnte man annehmen, sich in Flughafennähe zu befinden, jedoch ist man nur zehn Minuten entfernt von einem primitiven **Campingplatz** (mit Plumpsklo). Auf jeden Fall sollte man sich den Pfad zum **Aussichtspunkt** am Napau-Krater (um den dampfenden Pu'u 'O'o zu sehen) nicht entgehen lassen – ein Picknickplatz mit Ausblick. Zur Zeit der Recherche war der Rest dieses Trails wegen des Einsturzes eines Schlots des Pu'u 'O'o und wegen veränderter Eruptionsmuster gesperrt.

Wenn er geöffnet ist, führt der Trail im weiteren Verlauf durch ein wunderliches Terrain voller kleiner Hügel, Dampfaustritte und Lavabaumsäulen zum **Napau-Krater** selbst und durch ihn hindurch. Auf der anderen Seite führt der Weg für ein paar Kilometer weiter durch die zerstörte Landschaft zum klaffenden Pu'u 'O'o. Wie der kürzlich eingestürzte Schlot zeigt, ist dies ein gefährliches Gebiet, das sich stets verändert; alle Warnschilder sollten unbedingt beachtet werden! Außerdem gilt: Immer gesunden Menschenverstand walten lassen.

Mauna Loa Trail WANDERWEG

(Karte S. 301) Für extrem fitte und erfahrene Wanderer gibt es noch den Weg hinauf zum 4169 m hohen Gipfel des Mauna Loa. Wochenendwanderer sollten sich für den gut 10 km langen **Observatory Trail** entscheiden.

Der Trail beginnt am Ende der Mauna Loa Rd, ist 30 km lang und steigt etwa 2100 m an. Zwar ist er technisch nicht sonderlich schwierig, aber wegen der großen Höhe und der oft subarktischen Bedingungen erfordert er mindestens drei, meist vier Tage. An der Strecke liegen zwei einfache Hütten mit Etagenbetten (Schaumstoffmatratzen), Plumpsklos und aufgefangenem Wasser, das auf jeden Fall vor dem Trinken entkeimt werden muss. In der ersten Hütte haben acht, in der zweiten zwölf Personen Platz; die Plätze sind nicht reservierbar. Am Tag vor dem Aufbruch besorgt man sich im Kilauea Visitor Center (S. 313) ein kostenloses **Backcountry Permit**, aktuelle Ratschläge sowie Infos über die Wasserstände.

Normalerweise wandert man am ersten Tag 12 km bis zum Pu'u 'Ula'ula auf 3059 m Höhe, wo sich die **Red Hill Cabin** befindet. Am nächsten Tag geht's 15 km bis zur Moku'aweoweo-Caldera und weitere 3,2 km zur **Mauna Loa Cabin** auf 4039 m Höhe; von hier aus ist der Gipfel direkt auf der anderen Seite der Caldera zu bestaunen. Am dritten Tag geht man fast 8 km um die Caldera herum zum Gipfel und kehrt dann für eine zweite Übernachtung zur Mauna Loa Cabin zurück. Am vierten Tag ist der Rückweg angesagt.

Symptome der Höhenkrankheit sind normal, trotzdem ist Vorsicht geboten; langsames Gehen hilft bei der Akklimatisierung.

Nachts liegen die Temperaturen unter dem Gefrierpunkt, und Stürme können Schneefall, Schneestürme, Whiteouts, Regen und Nebel mit sich bringen – was alles dazu führen kann, dass die Steinmännchen, die den Weg markieren, nicht mehr zu erkennen sind. Immer bedenken: Der Mauna Loa ist noch aktiv und ein Ausbruch nach dem 20-Jahres-Zyklus überfällig.

Puna Coast Trails WANDERWEG

(Karte S. 301) Drei Hauptwanderwege führen hinunter zur Puna Coast: der Hilina Pali, der Keauhou und der Puna Coast Trail. Die Trails starten an ganz verschiedenen Stellen, kreuzen sich (und andere Wege) und führen zu vier separaten **Wildnis-Campingplätzen** oder Schutzhütten. Wegen des steilen Terrains und der recht großen Entfernungen übernachten die Wanderer auf diesen Wegen gewöhnlich einmal. Ein anderer Übernachtungsgrund ist, dass viele Wanderer die grasüberzogene, windumwehte Küste einfach noch länger genießen wollen. Die Ranger informieren über die Routen und die Wasserstände bei den Schutzhütten – wenn es zu wenig Wasser gibt, werden die Wege manchmal geschlossen, wie dies zur Zeit der Recherche beim Campingplatz Halape der Fall war. Wegen der guten Schwimm- und Schnorchelbedingungen ist Halape der beliebteste Zeltplatz (und daher oft voll), an zweiter Stelle rangiert Keauhou.

Für Tageswanderer sieht der **Hilina Pali Trail** auf der Karte am einfachsten aus – bis nach Ka'aha mit guten Schnorchelmöglichkeiten sind es nur 5,6 km –, er ist aber in Wahrheit der schwerste Weg. Am Anfang geht es sehr schwierig eine Klippe hinunter; der Startpunkt befindet sich am Ende der Hilina Pali Rd. Angenehmer für die Knie ist der knapp 11 km lange **Keauhou Trail**, der in etwa vier Stunden zur atemberaubenden Küste führt; der Ausgangspunkt liegt hinter dem Meilenstein 6 an der Chain of Craters Rd.

Geführte Wanderungen

Geführte Wanderungen sind nicht jedermanns Sache, aber Geologie, Flora, Fauna und Geschichte dieses einzigartigen Nationalparks werden nochmal lebendiger und packender, wenn sie von Experten erläutert werden. Zusätzlich zu den täglichen Spaziergängen mit Rangern, die im Visitor Center angeschlagen sind, sind die folgenden Anbieter zu empfehlen:

Friends of Hawaii Volcanoes National Park

(☎985-7373; www.fhvnp.org) Wochenend-wanderungen und Vermittlung von Freiwilligenarbeit wie Wegeräumung und Baumpflanzungen sowie auf Wunsch individuelle Touren.

Hawaii Forest & Trail

(☎331-8505, 800-464-1993; www.hawaii-forest. com; Erw./Kind 180/150 $) Tageswanderungen und Lavatouren in der Dämmerung.

Hawaiian Walkways

(☎775-0372, 800-457-7759; www.hawaiian walkways.com; Erw./Kind 170/120 $) Wanderungen vor- und nachmittags mit einem Certified Volcano Guide.

☆ Unterhaltung

Eine der regelmäßigen Veranstaltungen im Park ist **After Dark in the Park** (Kilauea Visitor Center Auditorium; empfohlene Spende 2 $; ⊙Di 19 Uhr). Bei kostenlosen Fachvorträgen erfährt man viel über Kultur, Historie und Geologie. Das Volcano Art Center veranstaltet das ganze Jahr über im **Kilauea Military Camp Theater** (Karte S. 304; ☎967-8333; Tickets Erw. 25–40 $, Stud. 10 $) zahlreiche Events, darunter extrem beliebte Konzert-, Tanz- und Theaterabende. Eine Veranstaltungsübersicht ist auf www.volcano artcenter.org zu finden.

Mehrmals im Jahr finden im Rahmen der **Na Mea Hawaiʻi Hula Kahiko Series** auf der *pa hula* (Steinplattform) im Freien mit Blick auf die Kilauea-Caldera kostenlose Hula-Darbietungen statt.

♣ Festivals & Events

Kilauea Cultural Festival   KULTUR

Bei dem seit mehr als 30 Jahren jeweils im Juli stattfindenden Festival hawaiischer Kultur gibt es Kunst, Kunsthandwerk, Musik und andere Darbietungen à la Hawaii.

Rain Forest Runs   HALBMARATHON

Jeweils Anfang August führen ein beliebter Halbmarathon, ein 10-km-Lauf und ein 5-km-Lauf durch das Dorf Volcano und die umliegenden Wohngebiete. Auch Kinder können teilnehmen.

Aloha Festivals
Ka Ho ʻolaʻao Na Aliʻi   KULTUR

(http://alohafestivals.com) Toller Umzug des hawaiischen Königshauses während des Aloha Festival im August/September am Rand des Halemaʻumaʻu-Kraters, mit zeremoniellen Gesängen und Hulas.

☷ Schlafen

Im Nationalpark selbst gibt es nur beschränkte Übernachtungsmöglichkeiten; größer ist das Angebot im nahen Ort Volcano. Zur Zeit der Recherche waren sowohl die Namakanipaio Cabins als auch das Volcano House (das einzige Hotel und Restaurant im Park) zwecks Renovierung geschlossen. Die Cabins sollen 2012 wieder eröffnet werden.

Auf den folgenden nur mit dem Auto zu erreichenden Campingplätzen können keine Stellplätze reserviert werden. An manchen Wochenenden ist es hier sehr voll. Die Einrichtungen sind gepflegt; nachts wird es frisch und kühl.

GRATIS Kulanaokuaiki Campground   CAMPINGPLATZ

(Karte S. 301; Hilina Pali Rd) Abgeschiedener, ruhiger Platz etwa 6,4 km in die Hilina Pali Rd entlang, mit acht Stellplätzen, Plumpsklos und Picknicktischen; kein Wasser!

GRATIS Namakanipaio Campground   CAMPINGPLATZ

(Karte S. 304) Der zwischen den Meilensteinen 32 und 33 abseits des Hwy 11 und 3 Meilen (4,8 km) westlich des Visitor Center gelegene Platz verfügt über zwei Wiesen, auf denen so viele Zelte aufgestellt werden können, wie Platz haben. Viel Privatsphäre gibt's hier also nicht, dafür aber gute Einrichtungen wie Toiletten, Wasser, Feuerstellen, Picknicktische und einen überdachten Pavillon.

✗ Essen & Ausgehen

Das einzige Restaurant im Park, das **Volcano House** (Karte S. 304; www.volcano househotel.com), ist zwecks Renovierung geschlossen; wann es wieder eröffnet wird, steht noch in den Sternen.

ⓘ Praktische Informationen

Der **Park** (☎985-6000; www.nps.gov/havo; 7-Tages-Pass mit dem Auto 10 $, zu Fuß oder mit dem Fahrrad bzw. Motorrad 5 $ p. P.) schließt nie. An der Mautstation am Parkeingang werden u. a. zwei Arten von Jahrespässen verkauft: ein Pass für die drei hawaiischen Nationalparks HAVO, Puʻuhonua o Honaunau und Haleakalā auf Maui (25 $) und einer für alle US-Nationalparks (80 $).

Erster Anlaufpunkt sollte das **Kilauea Visitor Center** (Karte S. 304; ☎985-6017; ⊙7.45–17 Uhr) sein. Hier informieren Ranger Besucher über vulkanische Aktivitäten, Luftqualität, Bedingungen auf den Wanderwegen und geben Tipps, wie man die zur Verfügung stehende Zeit

ⓘ WIE SCHLIMM IST DER VOG?

Vulkanischer Smog – oder *vog*, wie er hier heißt – ist ein toxischer Cocktail aus Schwefeldioxid und anderen in der Luft enthaltenen Partikeln wie Vulkanglas. Seit der Kilauea 2008 sein Eruptionsmuster geändert hat, wird die Insel sehr viel mehr von *vog* in Mitleidenschaft gezogen; den Park Rangern zufolge hat sich der *vog*-Ausstoß des Kilauea mehr als verdoppelt. Wenn man sich in Windrichtung befindet, können Atembeschwerden auftreten, besonders bei Menschen, die eh schon unter Atemproblemen leiden. Den Schwefeldioxidgehalt an verschiedenen Stellen der Insel veröffentlicht **SO₂ Alert Index** (www.hiso2index.info).

am besten nutzt. Auf einer Tafel sind ab spätestens 8.45 Uhr die an diesem Tag angebotenen geführten Wanderungen und sonstigen von Rangern geleiteten Veranstaltungen aufgelistet. In einem kleinen **Vorführraum** werden ununterbrochen kostenlos verschiedene kurze Filme mit spektakulären Bildern über den Kilauea und die aktuellen Eruptionen gezeigt. Außerdem gibt es im Center kostenlose Wegebroschüren, Backcountry Permits und speziell für Kinder ("„Junior Rangers") aufbereitete Informations- und Aufgabenhefte. Auf Anfrage werden kostenfrei **Rollstühle** zur Erkundung des Parks zur Verfügung gestellt; per Rollstuhl zugänglich sind z. B. die Waldron Ledge, der Devastation Trail, der Sulphur Banks Trail, der Pauahi-Krater und das Volcano Art Center. Im ausgezeichneten Buchladen werden jede Menge Bücher und Videos zu den Vulkanen, zur Flora, zu Wandermöglichkeiten und zur hawaiischen Kultur und Geschichte angeboten. Außerdem gibt es im Center einen Geldautomaten, einen öffentlichen Fernsprecher und Toiletten.

Die **Hotline** (☎985-6000; ⏰24 Std.) des Parks bietet vom Band tägliche Updates zum Wetter, zu Straßenschließungen und zur Lavabeobachtung. Der **USGS** (http://volcano.wr.usgs.gov/hvostatus.php) hat auf seiner Website ebenfalls die neuesten Eruptionsdaten. Die nächste Tankstelle befindet sich übrigens im Dorf Volcano.

An der auf 1200 m Höhe gelegenen Kilauea-Caldera ist es gewöhnlich 9–12 °C kälter als in Hilo oder Kona, jedoch ist das Wetter sehr wechselhaft, und innerhalb des Parks existieren stark unterschiedliche Mikroklimazonen. Man sollte immer auf brennende Sonne, trockenen Wind,

Nebel, kühle Schauer und alles durchdringende Regengüsse eingestellt sein. Auf jeden Fall gehören lange Hosen, eine Jacke oder ein Pullover und eine Regenjacke ins Gepäck.

Gefahren & Ärgernisse

Aktive Vulkane bergen besondere Gefahren. Obwohl extrem selten, sind Besucher im Park schon zu Tode gekommen. Interessanterweise stellt flüssige Lava nicht das Hauptrisiko dar. Stattdessen passieren die meisten Unglücke, wenn sich Besucher zu nahe an den aktiven Lavastrom heranwagen und auf instabilen „Lavabänken" herumlaufen, die dann zusammenbrechen. Oder wenn sie in Dampfexplosionen geraten, die unkontrolliert auftreten, wenn sich die Lava ins Meer ergießt.

Wer herumlaufen oder wandern möchte, sollte Wander- oder Sportschuhe, lange Hosen, eine Kopfbedeckung, Sonnenschutzmittel, Wasser und Proviant, eine Taschenlampe, Ersatzbatterien und Verbandszeug dabeihaben.

LAVA Erstarrte Lava ist uneben und brüchig, und die Gesteinskanten können messerscharf sein. Dünne Krusten über nicht zu erkennenden Hohlräumen und Lavaröhren können einbrechen; die Ränder von Kratern und Spalten sind ebenfalls sehr bröckelig. Unter Pflanzen können sich tiefe Risse im Boden verbergen. Beim Wandern besteht immer die Gefahr, dass man sich Abschürfungen, tiefe Schnitte oder sogar Brüche zuzieht. Insgesamt ist es hier noch wichtiger als anderswo, auf den markierten Wegen zu bleiben und Warnschilder ernst zu nehmen. Wer abseits der Wege querfeldein geht, begibt sich nicht nur in Gefahr, sondern kann fragile Gebiete schädigen und Spuren hinterlassen, die wiederum andere ermutigen, es gleich zu tun.

VOG & SCHWEFELDÄMPFE Eine weitere größere Gefahrenquelle ist die Luft. Aus dem Halemaʻumaʻu-Krater und dem Puʻuʻ-ʻOʻo-Schlot treten jeden Tag Tausende Tonnen Schwefeldioxid aus. Wo die Lava ins Meer fließt, entsteht eine Rauchfahne, die einen giftigen Cocktail aus Schwefel- und Salzsäure darstellt, vermischt mit in der Luft enthaltenen Vulkanglaspartikeln. Dies zusammen erzeugt den sogenannten *vog*, der sich je nach Wind auch über dem Park festsetzen kann. Außerdem werden aus Dampfaustritten (Fumarolen) im gesamten Park hohe Konzentrationen an Schwefelgasen ausgestoßen, die wie faule Eier riechen; vor allem betroffen sind der Halemaʻumaʻu Overlook und die Sulphur Banks. Angesichts all dessen sollten Personen mit Atem- oder Herzproblemen, schwangere Frauen und Eltern mit Babys und jüngeren Kindern beim Besuch im Park besonders vorsichtig sein.

FLÜSSIGKEITSMANGEL Große Teile des Parks sind wüstenähnliche Gebiete, in denen man leicht viel Flüssigkeit verliert. Standardempfehlung ist, pro Person 2 l Wasser mitzuführen, aber am besten hat man noch ein paar Liter Reserve dabei – man wird es brauchen!

NOTFÄLLE (📞981-6170, 911)

Karten

Die kostenlose farbige Karte, die am Parkeingang ausgegeben wird, ist okay, wenn man nur herumfahren, die wichtigsten Sehenswürdigkeiten abklappern oder ein paar kurze Wege ablaufen möchte. Wer sich weiter in die Wildnis vorwagt, für den gibt's im Visitor Center Wegkarten.

Wer längere und viele Wanderungen unternimmt, sollte sich überlegen, die Karte *National Geographic's Trails Illustrated Hawaii Volcanoes National Park* anzuschaffen. Auf der umfassenden, wasser- und reißfesten großformatigen topografischen Wanderkarte sind die meisten Landschaftsmerkmale sowie auch Campingplätze verzeichnet. Für spezielle Wanderungen sind auch die USGS-Karten *Kilauea*, *Volcano* und *Ka'u Desert* im Maßstab 1:24 000 hilfreich.

❶ Anreise & Unterwegs vor Ort

Der Nationalpark liegt 29 Meilen (47 km, ca. 40 Min.) von Hilo und 97 Meilen (156 km, 2½ Std.) von Kailua-Kona entfernt. Aus beiden Richtungen erreicht man den Park über den Hwy 11. Das Dorf Volcano liegt eine Meile (1,6 km) östlich des Parkeingangs.

Der **Hele-On Bus** (www.heleonbus.org) fährt dreimal täglich von Hilo auf dem Weg nach Ka'u in einer Stunde zum Visitor Center.

Volcano
2600 EW.

Das Dorf Volcano ist ein mystischer Ort – mit Riesenfarnen, *sugi* (Sicheltanne oder Japanische Zeder) und *ohia*-Bäumen mit quastigen roten Blüten. Hier finden zahlreiche Künstler und Schriftsteller Inspiration, was dem Ganzen noch zusätzlichen Reiz verleiht.

Wer im November in Volcano ist, sollte sich nicht den **Volcano Village Artists' Hui** entgehen lassen: An den drei Tagen nach Thanksgiving öffnen Künstler ihre Ateliers für Besucher. Ambitioniertere Hobbyfotografen können an einer **Fototour** (www.hawaiiphotoretreat.com; 1-/2-/3-Tages-Tour 275/500/725 $) mit den Knips-Assen Ken und Mary Goodrich teilnehmen, die in Volcano leben.

◉ Sehenswertes & Aktivitäten

LP TIPP **Volcano Farmers Market**   MARKT
(Karte S. 304; Cooper Community Center, 1000 Wright Rd; ⊙So 7–9 Uhr) Dieser

PLANUNGSHILFEN 315

Dank moderner Technologien und der neuen Medien können sich Besucher über Peles aktuelle Launen auf dem Laufenden halten und ihre Reisepläne entsprechend ausrichten (s. auch Kasten S. 309). Hier einige der besten Informationsquellen:

» **Weg- & Straßensperrungen** www.nps.gov/havo/closed_areas.htm

» **Luftqualität** www.hiso2index.info

» **Status des Kilauea** http://volcano.wr.usgs.gov/kilaueastatus.php

» **Webcams des Hawaiian Volcano Observatory** http://volcanoes.usgs.gov/hvo/cams

» **iApp für den Hawai'i Volcanoes National Park** www.MacroViewLabs.com

wöchentliche Bauernmarkt, bei dem fast der gesamte Ort zusammenkommt, um zu schwatzen und Bioerzeugnisse aus der Gegend, fertige Mahlzeiten und einzigartiges Kunsthandwerk zu kaufen, zählt zu den nettesten Gemeinschaftsevents der Insel. Auf einem bunten Spielplatz tummeln sich Kinder. Es gibt sogar gebrauchte Bücher.

Volcano Garden Arts   KUNSTGALERIE
(Karte S. 304; www.volcanogardenarts.com; 19-3834 Old Volcano Rd; ⊙Di–So 10–16 Uhr) Künstler Ira Ono und seine üppigen Masken scheinen überall zu sein, und seine Gartengalerie, die 80 Künstler vertritt, ist ein Zentrum der Kreativszene von Volcano. Hier können Besucher den Garten und den heiligen *sugi*-Hain erkunden, die Zwergziege Ernest streicheln oder sich bei Dichterlesungen und anderen Veranstaltungen unters Volk mischen. Außerdem gibt's ein **Café** und ein Cottage, das gemietet werden kann (Volcano Artists Cottage).

Hale Ho'ola Hawaiian Healing Arts Center & Spa   MASSAGE
(Karte S. 304; 📞756-2421; www.halehoola.net; 11-3913 7th St; Massagen 60 Min. 65–75 $, 90 Min. 100–110 $, 120 Min. 140–150 $, Anwendungen 45–120 $) Nach einem harten Tag auf der Piste können Wanderer bei traditioneller Hawaii-Massage oder einem Dampfbad entspannen. Im Angebot ist noch vieles

ABSTECHER

KIPUKA'AKIHI-WANDERUNG

Achtung, Wanderer! Die **Kahuku Unit** (Karte S. 321; ⏲Sa & So 9–15 Uhr) des Hawai'i Volcanoes National Park liegt 4 Meilen (6,4 km) südlich von Wai'ohinu in Ka'u. Hier bietet sich die seltene Gelegenheit, *kipuka* (bewaldete Oasen) mit einheimischen und gefährdeten Arten wie dem *'i'iwi* (*Vestiaria coccinea*, ein scharlachroter Kleidervogel) zu erkunden.

Der 2,4 km lange **Kipuka'akihi Hike** überwindet auf dem Weg durch üppigen Primärwald und über Lavafelder 240 Höhenmeter. Das Ganze kann im Alleingang erkundet werden oder auch im Rahmen einer fünfstündigen **Wanderführung** (☏985-6011; www.nps.gov/havo/planyourvisit/events.htm) mit einem Ranger. Die Touren sind auf 15 Teilnehmer begrenzt, Voranmeldung erforderlich.

mehr, darunter Massagen für Kinder und ältere Personen. Nur nach Terminvereinbarung.

2400° Fahrenheit KUNSTATELIER
(Karte S. 301; www.2400F.com; Old Volcano Rd; ⏲Do–Mo 10–16 Uhr) Im Glasbläseratelier 2400° Fahrenheit können Interessierte den Künstlern Michael und Misato Mortara zuschauen, wie sie ihre genialen Glasschalen und -vasen kreieren. In einer winzigen Galerie sind fertige Stücke ausgestellt. Hier gilt: „Wer nach dem Preis fragen muss, kann es sich sowieso nicht leisten." Das Atelier liegt außerhalb von Volcano am Hwy 11 beim Meilenstein 24.

GRATIS Akatsuka Orchid Gardens GÄRTNEREI
(Karte S. 301; ☏888-967-6669; www.akatsukaorchid.com; Hwy 11; ⏲8.30–17 Uhr) Die Akatsuka Orchid Gardens beim Meilenstein 22 sind berühmt für ihre einzigartigen Hybrid-Orchideen – Eigentümer Moriyasu Akatsuka, auch bekannt als Mr. Orchid, kultiviert jedes Jahres 50 bis 70 neue Hybridzüchtungen. Auch das Warehouse, das voll mit 100 000 mehrjährig blühenden Pflanzen ist, ist etwas ganz Besonderes. Ein Besuch hier ist ein Fest für Nase und Augen – und obendrein kann der Einkauf in die Heimat verschickt werden.

Volcano Winery WEINKELLEREI
(Karte S. 304; www.volcanowinery.com; 35 Pi'i Mauna Dr; ⏲10–17.30 Uhr) Die sehr schöne Volcano Winery wächst immer weiter. Mittlerweile können Weinfreunde acht Weine verkosten und kaufen. Die aktuellen Neuzugänge sind ein Pinot Noir und der preisgekrönte Infusion Tea Wine – eine köstliche, aber ungewöhnliche Kombination von Macadamianusshonig aus South Kona und in Volcano angebautem schwarzem Tee mit Wein.

Volcano Art Center's Niaulani Campus NATURSPAZIERGANG
(Karte S. 304; www.volcanoartcenter.org; 19-4074 Old Volcano Rd; ⏲Naturspaziergänge Mo 9.30 Uhr) Diese Filiale des Art Center im Nationalpark bietet kostenlose Naturlehrspaziergänge (knapp 1 km lang) durch tiefgrünen, hoch aufschießenden heimischen Wald. Außerdem stehen Autorenlesungen, Musik, Künstlervorträge und andere Veranstaltungen auf dem Programm.

Volcano Golf & Country Club GOLF
(Karte S. 304; ☏967-7331; www.volcanogolfshop.com; Pi'i Mauna Dr; Greenfee vor/nach 12 Uhr 73/59 $) Von dem beliebten 18-Loch-Platz bieten sich majestätische Ausblicke auf den Mauna Kea und den Mauna Loa.

🛏 Schlafen

Volcano wartet mit einem großen Angebot an B&Bs und Ferienhäusern auf. Die örtliche Maklerfirma **Volcano Gallery** (☏800-908-9764; www.volcanogallery.com) bietet mehr als zwei Dutzend gute Häuser an, viele in der Preisklasse 145–165 $. Sehr gut ist auch **Vacation Rental by Owner** (www.vrbo.com).

Bei fast allen Häusern gilt eine Mindestanzahl von zwei Übernachtungen; bei nur einer Übernachtung ist ein Aufpreis fällig.

LP TIPP Volcano Rainforest Retreat COTTAGE $$
(Karte S. 304; ☏985-8696, 800-550-8696; www.volcanoretreat.com; 11-3832 12th St, Ecke Ruby Ave; Cottage-DZ mit Frühstück 125–260 $; @🖵) In den vier luxuriösen, individuell eingerichteten Cottages in diesem meditativen B&B inmitten der für Volcano typischen Dschungelflora herrscht eine heitere Stille. Die kunstvoll unter riesigen Baumfarnen arrangierten Cottages verfügen über große Fenster sowie entweder über Whirlpools im Freien oder japanische Badebottiche,

damit die Gäste die Natur in vollen Zügen genießen können. Das Ganze ist wunderbar romantisch, nicht zuletzt wegen der angebotenen Massagen, der Abendessen bei Kerzenschein und des auf Wunsch erhältlichen Champagner-Services.

LP TIPP Volcano Artists Cottage COTTAGE $$

(☎967-7261; www.volcanoartistcottage.com; 19-3834 Old Volcano Rd; Cottage mit Frühstück 130 $; ☎) Dieses Hausmeistercottage auf dem Gelände von Volcano Garden Arts, einem Anwesen von 1908, erlebte eine Wiedergeburt als winziges Retreat. Irgendwie passen eine voll funktionierende Küche, ein Esstisch, ein gemütlicher Sessel und ein schmales Doppelbett (mit schönen Bettdecken) hinein, außerdem ein geniales Bad mit meeresgrünen Fliesen, das genauso groß wie der Wohnbereich ist. Der Whirlpool im Freien sollte bei Erscheinen dieses Buches fertig sein. Am besten für Singles und Paare, die nicht so viel Platz brauchen.

Log Cabin at Hale Ohia CABIN $$

(Karte S. 304; ☎735-9191; www.crubinstein. com; Hale Ohia Rd; DZ 125 $) In dieser schönen, 1906 errichteten Blockhütte reist man zurück ins alte Hawaii. Nicht nur die Unterkunft verströmt historisches Flair, auch die 100 Jahre alten *sugi*-Bäumen auf dem Grundstück oder das geschnitzte Wappen der Boys School von Hilo an der Wand (der erste Rektor der Schule erbaute die Hütte). Es gibt zwei Betten, eine gut ausgestattete Küche und einen Holzofen. Diese rustikale Unterkunft ist sicher nicht jedermanns Sache, aber manch einen wird sie begeistern.

Volcano Hideaways FERIENHÄUSER $$

(Karte S. 304; ☎985-8959; www.volcanovillage. net; Hale Ohia Rd; Häuser 130–150 $; ☎) Die vollständig renovierten Häuser an dieser ruhigen Nebenstraße in einem ausgewiesenen Historic District sind alle makellos sauber, bestens ausgestattet und geschmackvoll eingerichtet. Die Gastgeber haben viel Energie und Sorgfalt auf die Häuser verwendet. Das Haus mit einem Schlafzimmer und die beiden Häuser mit drei Schlafzimmern sind vollständig ausgestattet – inkl. Bademänteln, guten DVDs, Waschmaschinen und frisch geröstetem Kaffee von der Farm der Eigentümer in Laupahoehoe. Rainshower-Duschen, Whirlpools und schöne Stoffe sind weitere Trümpfe. Das Haus mit einem Schlafzimmer hat den Whirlpool in einer Laube.

Holo Holo In HOSTEL $

(Karte S. 304; ☎967-7950; www.volcanohostel. com; 19-4036 Kalani Honua Rd; B 25 $, Zi. 64–80 $; ☎☎) Vom Äußeren dieses kleinen Hostels sollte man sich nicht abschrecken lassen. Drinnen gibt's zwei Zimmer mit jeweils sechs Betten sowie vier normale Zimmer, die alle sorgfältig gepflegt, groß und ansprechend sind. Die Küche ist schön ausgestattet, es gibt auch Möglichkeiten, Wäsche zu waschen. Insgesamt eine ruhige, heimelige Unterkunft, geführt von einem netten Gastgeber.

Kilauea Lodge INN $$

(Karte S. 304; ☎967-7366; www.kilaualodge. com; 19-3948 Old Volcano Rd; Zi. 170–185 $, Cottage-DZ 185 $, 2-Schlafzimmer-Haus 200 $; ☎) Das größte Anwesen in Volcano ist ein altes renoviertes YMCA-Camp, das sich wie ein B&B mit Hotelservice ausnimmt. Die zwölf Zimmer variieren je nach Ausstattung. Alle verfügen über ein gehobenes Country-Ambiente mit Gaskaminen, hawaiischen Quilts, kunstvollem Buntglas und hohen Decken. Im entspannenden Aufenthaltsraum gibt's ein richtiges Kaminfeuer, und der gepflegte Dschungelgarten verbirgt einen wunderbaren Whirlpool. Zimmer 6 ist rollstuhlgerecht. Vermietet werden außerdem ein voll ausgestattetes Cottage und ein Haus an derselben Straße. Frühstück ist im Preis inbegriffen.

Volcano Guest House

(Karte S. 304; ☎967-7775; www.volcanoguest house.com; 11-3733 Ala Ohia St; Zi. 85–125 $, Cottages 130–150 $; ☎) Freundliche Gastgeber, unterschiedliche Unterkünfte (einige davon mit Küche); Whirlpool und Möglichkeiten zum Wäschewaschen. Frühstück inbegriffen.

Volcano Tree House

(Karte S. 304; www.volcanotreehouse.com; 11-3860 Eleventh St; Zi. 170–220 $; ☎) Urige Unterkünfte für ein echtes Waldabenteuer! Die drei Häuschen in einem Farnwald mit erhöhten Gehstegen verfügen über Küchen und TVs.

My Island B&B

(Karte S. 304; ☎967-7216; www.myislandinn hawaii.com; 19-3896 Old Volcano Rd; EZ 70–105 $, DZ 85–130 $, Haus DZ 160 $; ☎) Zur Auswahl stehen beengte Unterkünfte im historischen Haus, separate Studio-Apartments und ein Haus mit drei Schlafzimmern.

✕ Essen

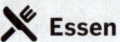 **Thai Thai Restaurant**   THAI $$
(Karte S. 304; ☎967-7969; Old Volcano Rd; Hauptgerichte 15–26 $; ⏰Do–Di 12–21 Uhr; 🅿) Die Betreiber beziehen ihre Gewürze direkt aus Thailand. Sie bereiten tolle Gerichte zu, die einen Umweg lohnen. Hier kommt das Satay nicht auf Spießen, und die großzügig bemessenen, schön präsentierten Currys und Suppen sind hervorragend gewürzt mit einer nett prickelnden Schärfe. Wer die Tische im kitschigen Andenkenladen lieber meidet: Das Essen gibt's auch zum Mitnehmen.

Kiawe Kitchen   BISTRO $$
(Karte S. 304; ☎967-7711; Old Volcano Rd, Ecke Haunani Rd; Pizzas 15–21 $, Hauptgerichte 20–29 $; ⏰11–14.30 & 17.30–20.30 Uhr) Die dünnkrustigen Pizzas aus dem Holzofen in diesem örtlich nur als „the pizza place" bekannten Bistro sind köstlich, die Vorspeisen gar göttlich, z. B. die grünen Bohnen mit Macadamianüssen. Die Hauptgerichte im Bistrostil wie die mit Krebs gefüllten Zuchtchampions und das Ribeye-Steak sind abends recht schnell aus – also früh da sein! Die Terrasse vorm Haus, die originelle Kunst und die voll ausgestattete Bar tragen zur einladenden Atmosphäre bei. An einem **Takeout-Fenster** (⏰Mo–Fr 7.30–10 Uhr) gibt's Espresso und Gebackenes.

Lava Rock Café   DINER $
(Karte S. 304; 19-3972 Old Volcano Rd; Hauptgerichte 8–20 $; ⏰Mo 7.30–17, Di–Sa bis 21, So bis 16 Uhr; @🛜♿) Dieser einfache Diner hinter dem Kilauea General Store ist nichts Besonderes, trotzdem aber die beliebteste Frühstücksadresse im Ort. Tipp: *French toast* mit der Hausspezialität *liliko'i*-Butter oder ein Burger.

Kilauea Lodge   GEMISCHTE KÜCHE $$$
(Karte S. 304; ☎967-7366; www.kilauealodge. com; Old Volcano Rd; Frühstück 7–13 $, Hauptgerichte abends 20–36 $; ⏰7.30–10 & 17–21 Uhr) Hier schaffen die Holzdecke, der alte Steinkamin und die auffallenden Gemälde ein edles rustikales Ambiente. Aus der Küche kommen Feinschmecker-Versionen von meist deutschen Gerichten wie Hasenpfeffer, außerdem Wild, Würstchen mit Sauerkraut sowie Parker-Ranch-Steaks. Zum Abendessen wird Mini-Brotlaibe gereicht, die Weinkarte ist umfangreich und der Service aufmerksam. Vor einer großen Wanderung bietet sich der Sonntagsbrunch

an. Reservierung empfohlen. Nicht so gut für Vegetarier.

Café Ono   VEGETARISCH $
(19-3834 Old Volcano Rd; Mittagessen 9–12 $; ⏰Di–So 10–16 Uhr; 🅿) Vegetarisches Café mit klasse Quiche und auch veganen Gerichten sowie hübschem Garten.

Café Ohi'a   CAFE $
(19-4005 Haunani Rd; Suppen & Sandwiches 7 $; ⏰6–19 Uhr) Frische Suppen sowie tolle Sandwiches und Backwaren (z. B. Pekannusstorte), perfekt für ein Picknick oder als Proviant für eine Wanderung. Mit dem Frühstücks-Croissant fängt der Tag gut an!

Lebensmittel gibt's im **Volcano Store** (Upper Store; Karte S. 304; Old Volcano Rd, Ecke Haunani Rd; ⏰5–18.45 Uhr) und **Kilauea General Store** (Lower Store; Karte S. 304; Old Volcano Rd; ⏰Mo–Sa 7–19.30, So bis 19 Uhr).

ℹ Praktische Informationen

Ein Waschsalon (tgl. geöffnet) und das **Volcano Visitor Center** (Karte S. 304; ☎985-7422; Old Volcano Rd; ⏰7–19 Uhr) – eine winzige unbesetzte Hütte mit jeder Menge Broschüren und einem Geldautomaten – befinden sich neben dem Thai Thai Restaurant. Das Lava Rock Café bietet Internetzugang und WLAN für 10/20 $ pro Std./Tag.

Die **Post** (Karte S. 304; 19-4030 Old Volcano Rd) liegt an derselben Straße wie der Volcano Store.

KA'U

Kopfbedeckungen festhalten! Der Distrikt Ka'u ist eine wilde und windige Gegend, die zudem voller Geheimnisse steckt. Hier kursieren viele Big-Island-Mythen. Das ergibt einen gewissen Sinn, da alles am Ka Lae (South Point) angefangen haben soll, dem mutmaßlichen Landungsort der Polynesier in Hawaii. Sicher kann man einen Tag am Green Sands Beach oder auf der so genannten Road to the Sea verbringen und dann den Eindruck gewinnen, dass diese karge Lavalandschaft nur schwer erreichbare Sandstreifen zu bieten hat. Aber wer sich etwas länger im südlichsten Teil der USA aufhält, erkennt bald, warum die Einheimischen so fanatisch auf den Schutz dieser Gegend erpicht sind. Denn Einwohner von Ka'u haben Küstenresorts abgeblockt und sich für den Ankauf von schützenswertem Land stark gemacht. Ka'u verstärkt mit seinen Sehenswürdigkeiten und seiner Geschichte den Reiz einer jeden Big-Island-Tour.

Pahala

1600 EW.

Pahala, ein alter Zuckerort, der sich irgendwie durch die harten Zeiten schmuggelt, überlebt im Moment dank kleinparzelliger Landwirtschaft und insbesondere dank dem Anbau von Macadamianüssen und Kaffee. Die Hauptstraßen dieses ruhigen Ortes sind mit charmanten Plantagenhäusern aus dem frühen 20. Jh. gesäumt. Für Reisende ist hier außer einem kurzen Einblick ins Landleben wenig Interessantes zu finden.

Vom Hwy 11 führt zwischen den Meilensteinen 51 und 52 die ausgeschilderte Kamani St in den Ort; an der Pikake St liegen dann Post, Bank und Tankstelle. Ganz in der Nähe ist das **Ka'u Hospital** (☑928-2050; www.kau.hhsc.org; 1 Kamani St).

Punalu'u

900 EW.

Punalu'u, früher eine wichtige hawaiische Siedlung, wartet heute mit einem beliebten schwarzen Sandstrand sowie dem SeaMountain auf, einem gespenstischen und umstrittenen Apartmenthauskomplex, der Hauptzielscheibe der Anti-Erschließungs-Aktivisten in dieser Gegend war.

LP TIPP Der **Punalu'u Beach Park** bietet einen einfachen Zugang zu einer hübschen kleinen Bucht mit einem schwarzen Sandstrand. Er ist für die hier nach Nahrung suchenden und sonnenden Grünen Meeresschildkröten berühmt; daher ist Schnorcheln ein besonderes Vergnügen. Obwohl sich die vom Aussterben bedrohten Schildkröten von den gaffenden Menschen anscheinend nicht beeindrucken lassen, sollten sie nicht irgendwie bedrängt oder sogar berührt werden. Punalu'u ist einer der wenigen Strände, an denen die seltenen Echten Karettschildkröten ihre Eier ablegen, auf keinen Fall also ihre sandigen Nester beschädigen! Wer sich tierfreundlich verhalten möchte, hält von den Meeresschildkröten mindestens 50 m Abstand.

Der beste Bereich zum Sonnenbaden ist der nördliche Strandabschnitt, wo es auch einen Ententeich gibt. An den meisten Tagen eignet sich das raue, kalte Meerwasser nicht zum Schwimmen, da es starke Unterströmungen gibt – inzwischen ist glücklicherweise auch ein Rettungsschwimmer im Einsatz. Etwas weiter nördlich liegen die Ruinen des alten Lagerhauses der Pahala Sugar Company und der Pier. Hinter dem Betonpier führt ein Weg den Hügel hinauf zu den Ruinen des **Kane'ele'ele Heiau** in einem riesigen 'a'a-Feld; der Weg führt dann weiter zu einigen einsamen kleinen Buchten.

Der Park ist ausgestattet mit Picknickpavillons, Toiletten, Duschen und Trinkwasser. Ein paar ältere Damen aus der Gegend betreiben einen Kiosk und sind auch immer zu einem Schwätzchen aufgelegt. Außerdem darf man hier zelten (mit County Permit, s. S. 176), was aber nicht sonderlich berauschend ist, da es wenig Privatsphäre gibt. An der ungeschützten Stelle können kräftige Winde wehen, und auf dem Parkplatz versammeln sich manchmal Einheimische zum Feiern. Morgens füllt sich der Park schnell mit Picknickfreunden und Reisegruppen.

Der **Golfplatz** (☑928-6222; Greenfee 47–50 $; ☉7–18 Uhr) von SeaMountain wartet an jedem der 18 Löcher, von denen viele Trockenerscheinungen aufweisen, mit Meeresblicken auf.

Zwischen den Meilensteinen 56 und 57 befinden sich zwei ausgeschilderte Abzweigungen nach Punalu'u.

Whittington Beach Park & Umgebung

Dieser kleine Strandpark beistzt Gezeitenbecken, einen Fischteich, der viele Vögel anlockt, und die Betonüberreste eines alten Piers, von dem aus bis zu den 1930er-Jahren Zucker und Hanf verschifft wurden. Das Meer ist hier zu rau zum Baden, und trotz des Namens gibt's keinen Strand … Grüne Meeresschildkröten sind zuweilen vor der Küste zu sehen. Offenbar frequentieren sie diese Gewässer schon seit einiger Zeit, da der Name der Bucht Honu'apo (gefangene Schildkröte) lautet.

Bei einer hübschen teichähnlichen Einbuchtung bilden Toiletten (kein Trinkwasser) und geschützte Picknickpavillons eine Gruppe. Mit einem County Permit (S. 176) kann man auf der Grasfläche zelten.

Die Abzweigung zum Park befindet sich zwischen den Meilensteinen 60 und 61. Sie

WOOD VALLEY

Bei Pahala liegt das tibetisch-buddhistische **Wood Valley Temple & Retreat Center** (Nechung Dorje Drayang Ling; 928-8539; www.nechung.org; erbetene Spende 5 $; 10–17 Uhr). Der 100 Jahre alte bunte Tempel hebt sich wunderbar von der Üppigkeit des 10 ha großen Geländes ab, auf dem Pfauen frei herumstolzieren. Der Name des Tempels, Nechung Dorje Drayang Ling, bedeutet „Unwandelbare Insel des melodischen Geräuschs", was die akustische Kulisse des Tals, die sich aus dem Rauschen des Waldes und des Windes und aus dem Gesang der Vögel zusammensetzt, perfekt wiedergibt.

Bei den täglichen **Gesangs- und Meditationssitzungen** (8 & 18 Uhr) sind Gäste herzlich willkommen. Man kann auch nur den Tempel und den Andenkenladen besuchen. Neben den regelmäßigen buddhistischen Veranstaltungen finden auch glaubensübergreifende Meditationstage statt.

Eine stille Unterkunft ist das freundlich gestrichene **Gästehaus** (EZ 65–75 $, DZ 85 $;). Die Gäste können das gesamte Haus nutzen, mit komplett eingerichteter Küche, Speiseraum und Veranda, beides mit Insektengittern geschützt und mit Ausblick auf den üppigen Garten. Die einfachen Zimmer sind nicht sehr geräumig, aber sie sind sauber und nett eingerichtet mit bunten Farbtupfern und neuen Bambusböden; die Zimmer haben kein eigenes Bad. In einigen Zimmern gibt es statt Türen nur Vorhänge. Obwohl es bei Regen feucht sein kann, ist die Luft hier nicht stickig. Mindestaufenthalt drei Nächte, bei zwei Übernachtungen gilt ein Aufpreis von 25 $.

Anfahrt vom Hwy 11 über die Maile St und die Pikake St, die dann zur Rt 151 (Wood Valley Rd) wird; das Retreat Center liegt 4,5 Meilen (7,2 km) landeinwärts. Die ins Wood Valley führende Straße ist eine der schönsten weniger bekannten Autostrecken der Insel, mit Farmen und Wald sowie einspurigen Brücken über gurgelnde Bäche.

liegt bei einem Stoppschild auf der Meer-Seite des Hwy 11, kurz bevor es zum Aussichtspunkt an der Honu'apo Bay hochgeht.

LP TIPP Den besten Surfbreak – vor Ort als **Windmills** bekannt – weist die **Kawa Bay** auf; hier werden auch manchmal Wettkämpfe ausgetragen. Sie ist über eine Staubstraße zu erreichen, die zwischen den Meilensteinen 58 und 59 abzweigt (sich geradeaus halten statt links abbiegen). Die Surfer paddeln am nördlichen Ende des Strands hinaus. Die Vorrechte der Einheimischen respektieren!

Na'alehu

1070 EW.

Das winzige, ruhige Na'alehu ist der südlichste Ort der USA – was er auch so gut wie möglich auszuschlachten versucht. Bedeutsamstes Wahrzeichen ist das verlassene alte Theater mit einer großen aufs Dach gemalten Schildkröte und Filmplakaten, die *Citizen Kane* und *African Queen* ankündigen ... ein paar Jahrzehnte ist's her. Die großen Banyan-Bäume und pastellgestrichenen Plantagenhäuser zeichnen von Na'alehu ein zeitlos ländliches Bild.

Hier gibt's einen Lebensmittelladen, einen Waschsalon, eine Bücherei, eine Tankstelle, einen Geldautomaten, eine Post, eine Polizeistation und ein halbes Dutzend Kirchen.

✕ Essen

Hana Hou Restaurant
DINER $$

(929-9717; Spur Rd; Hauptgerichte 10–16 $; So–Do 6–19, Fr & Sa bis 20 Uhr;). Dieser freundliche, heimelige Diner ist ein Eckpunkt der Gemeinde und bietet „von allem das Beste, und davon jede Menge". Tatsächlich sind die Portionen großzügig bemessen. Die Pfannen- und Fischgerichte zeichnen sich zwar nicht gerade durch Einfallsreichtum aus, schmecken aber in aller Regel gut. Im neuen Take-away gibt's für Picknicks frische Sandwiches und Wraps. Freitags und samstags erklingt Livemusik. Alkohol selbst mitbringen, und Platz fürs Dessert lassen!

Shaka Restaurant
DINER $$

(www.shakarestaurant.com; Frühstück & Mittagessen 5–11 $, Abendessen 11–20 $; 7–21 Uhr) Das andere Esslokal von Na'alehu bietet zumeist Brat- und Grillgerichte sowie jede Menge *pupu*. Freitags oft Livemusik.

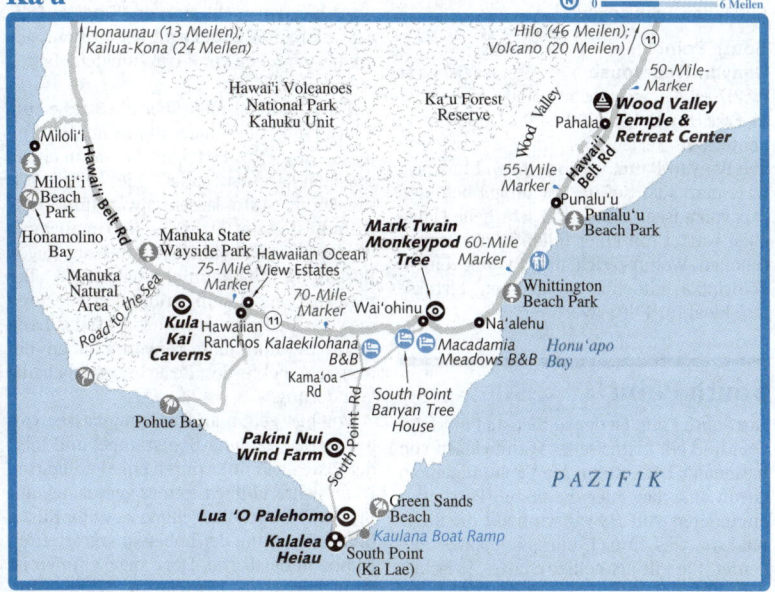

Der gut bestückte **Na'alehu Market** (☺Mo–Sa 8–19, So 9–18 Uhr) ist der beste zwischen Hilo und Captain Cook. Das **Punalu'u Bakeshop & Visitor Center** (www.bakeshophawaii.com; Hwy 11, nahe Ka'alaiki Rd; Sandwiches 6–8 $, Plate lunches 8 $) bietet Gratiskostproben, recht gute Sandwiches und im Garten hinterm Haus einen Picknickbereich.

Ein kleiner, aber guter **Bauernmarkt** (Hwy 11; ☺Mi & Sa 7–12 Uhr) findet vor Ace Hardware statt.

Wai'ohinu & Umgebung

Wai'ohinu hat kein Geschäftszentrum; ein Anzeichen dafür, dass man die Ortsmitte erreicht hat, ist der **Mark-Twain-Monkeypod Tree** (Regenbaum), den der Schriftsteller 1866 gepflanzt hat und der während eines Hurrikans 1957 umstürzte. Es sind mittlerweile aber neue robuste Stämme emporgesprossen. Hinter dem Baum befindet sich ein Macadamiagarten. Liegt am Hwy 11, keine Parkmöglichkeiten.

Die 4 Meilen (6,4 km) südlich von Wai'ohinu liegende Kahuku Unit des Hawai'i Volcanoes National Park bietet Wanderern die Chance, im Rahmen des Kipuka'akihi Hike (S. 316) uralte *kipuka* (Vegetationsoasen) zu erkunden.

🛏 Schlafen

LP TIPP **Margo's Corner**   CAMPINGPLATZ, COTTAGE **$$** (☎929-9614; www.margoscorner.com; Wakea St; Cottages mit Frühstück 90–130 $; @🛜) Das schwulenfreundliche Gästehaus bietet zwei helle, ansprechende Cottages und kann auch Camper mit Zelt beherbergen. Die Adobe Suite zeichnet sich durch eine eigene Sauna aus, große Fenster und eine spacige Nische wie bei *Raumschiff Enterprise*, in der sich die Doppelbetten befinden. Das lavendelfarbige Rainbow Cottage ist kleiner, mit einer friedvollen Gartenlage. Wegbeschreibung telefonisch erfragen!

Macadamia Meadows B&B   B&B **$$** (☎929-8097, 888-929-8118; www.macadamiameadows.com; DZ mit Frühstück 119–135 $, Suite 149 $; 🛜🏊) Nur eine halbe Meile (800 m) südlich des Orts vermietet eine freundliche Familie von Macadamianuss-Farmern Zimmer – eines im Erdgeschoss ihres Wohnhauses und ein paar weitere dahinter, alle mit eigenem Eingang. Die Einrichtung der Zimmer fällt plüschig und einfallslos aus, aber die Zimmer sind geräumig und sauber und verfügen über Terrassen, Kabel-TV und andere Annehmlichkeiten. Die Gäste werden kostenlos durch den umliegenden

Bio-Obstgarten geführt. Es gibt einen Pool und einen Tennisplatz.

South Point
Banyan Tree House
FERIENHAUS **$$**

(☏217-2504; www.southpointbth.com; Pinao St, Ecke Hwy 11; Haus 100 $; 📶) Dieses nette achteckige Ferienhaus unter einem riesigen Banyan-Baum vermittelt den Eindruck, dass man sich tief im Dschungel befindet. Das voll ausgestattete und sehr helle Häuschen wartet mit einer tollen Küche, einem schönen Wohnbereich mit TV und einem Whirlpool auf einer versteckten Terrasse auf. Ideal für Flitterwöchner!

South Point

Der South Point ist der südlichste Punkt der USA und ein historisches Wahrzeichen von nationaler Bedeutung. Man geht allgemein davon aus, dass hier die ersten Polynesier anlandeten. Auf Hawaiisch heißt die Stelle **Ka Lae**, was einfach nur „Landspitze" bedeutet. Sie gilt als heilige Stätte. Zwischen den Windrädern und grasenden Kühen ist die spirituelle Kraft des Ortes direkt zu spüren.

Hierher biegt die South Point Rd zwischen den Meilensteinen 69 und 70 ab. Die 12 Meilen (19,3 km) lange Straße ist größtenteils einspurig, sodass man beim Fahren Höflichkeit walten lassen sollte. Es gibt ein paar mobile Toiletten.

Landschaftlich reizvoll ist die alternative Strecke von der Kama'oa Rd in Wai'ohinu zur South Point Rd, eine 8 Meilen (12,9 km) lange Landpartie; am Ende landet man etwas nördlich des Windparks.

◉ Strände & Sehenswertes

Green Sands Beach (Papakolea)
STRAND

Das Grün des legendären Strands an der Mahana Bay stammt von Kristallen des Halbedelsteins Olivin. Diese Art vulkanisches Basaltgestein wird aus dem uralten Hügel, der sich über dem Strand erhebt, ausgelöst. Der Olivinsand vermischt sich mit schwarzem Sand und schafft so dieses ungewöhnliche Olivgrün, das in der Sonne hell funkelt und den Strand einzigartig macht. Als wirklicher Strand jedoch macht der Green Sands Beach nicht so viel her: Der winzige Strandstreifen wird selbst an ruhigen Tagen von einer heftigen Brandung umtost, sodass Baden gefährlich ist; bei starker Brandung kann der Strand

komplett überspült werden. Außerdem weht hier ein recht starker Wind. Auf die 4 km lange **Wanderung** begibt man sich am besten schon vor 8 Uhr, um den Massen zuvorzukommen.

Die Anfahrt erfolgt über die Straße zum South Point, dann nach 10 Meilen (16,1 km) links. Dieser Straße folgen, bis sie an einem grasigen Parkplatz endet – hier keine Wertsachen im Auto lassen! Zwar führt eine Allradpiste zum Strand – und manchmal warten hier Einheimische, um Leute gegen Bezahlung mit hinunterzunehmen –, aber man sollte nicht zum Strand fahren. Durch die verschiedenen Fahrwege wird das Land zerfurcht, und man versäumt einen der besten Aspekte des Besuchs, nämlich die Wanderung.

Von hier geht man Richtung Wasser, vorbei an der Kaulana-Bootsrampe, und folgt der Piste nach links durch ein Metallgatter. Dann geht's einfach immer geradeaus, mit Blick auf die wunderschöne gewellte Küste, immer Richtung der hohen quergestreiften Klippe in der Ferne. Dort angekommen ist dann ein wenig Kraxelei die Klippe zum Strand hinunter nötig. Auf der heißen, schattenlosen Wanderung sollte man viel Wasser dabeihaben.

Pakini Nui Wind Farm
WAHRZEICHEN

Hier weht ein strammes Lüftchen, was auch an den fast horizontal gebogenen Baumstämmen zu erkennen ist. Nach ein paar Meilen mit vereinzelten Häusern, Macadamia-Plantagen und Weideland kommen Windräder eines Windparks in den Blick. Viele davon sind nicht mehr funktionierende Überbleibsel einer älteren Windkraftanlage (Kama'oa), die 2007 durch 14 neue Räder ersetzt wurde.

Rund 4 Meilen (6,4 km) südlich des Windparks stößt man auf die verlassenen Gebäude der einstigen Pacific Missile Range Station. Bis 1965 wurde von hier aus die Flugbahn von Raketen verfolgt, die von Kalifornien aus zu den Marshallinseln in Mikronesien abgefeuert wurden.

Wo sich die Straße gabelt, geht's rechts nach Ka Lae und links zum Green Sands Beach.

🔲 LP TIPP Ka Lae
HISTORISCHE STÄTTE

Ist hier also das Ende der Welt? Nur unaufhörlicher Wind, steile Klippen und der endlose Ozean sind am Ka Lae zu sehen und fühlen. Selbst mit dem Rauschen des Windes im Ohr legt sich eine merkwürdige

HINTERGRUND

JOHN REPLOGLE: UMWELTFACHMANN – NATURE CONSERVANCY

Job: Anlage und Unterhaltung von Wegen, Landschutz-Lobbyarbeit, Schutz einheimischer Pflanzen

Unbedingt machen

Wanderung zum Green Sands Beach Diese Wanderung vermittelt ein umfassendes Bild dieser schönen, windzerzausten Küstenlandschaft. Fahrten mit Allradfahrzeugen dagegen zerstören das Land und verstärken die Erosion.

Mit dem Rad zum South Point fahren, dort fischen und abhängen.

Unbedingt sehen

Schwarzer Sand und Schildkröten am Punalu'u Ein sehr spezieller Ort. Nicht verpassen: den Kane'ele'ele Heiau.

Geheimtipp

Lua 'O Palehemo Die Hawaiianer sagen: „Wenn man Lua 'O Palehemo nicht gesehen hat, hat man Ka'u nicht gesehen."

Stille und Ruhe über alles. Vom Parkplatz führt ein kurzer Weg hinunter zum südlichsten Punkt selbst, wo es keine Schilder und keine Souvenirs gibt, sondern nur das endlose Krachen der Wellen gegen die zerklüftete Lava.

Das heißt natürlich noch lange nicht, dass man hier alleine ist. Da hier Meeresströme zusammenfließen, ist dies einer der reichsten Fischgründe Hawaiis. Einheimische fischen von der Klippe, einige auch von schmalen Vorsprüngen weiter unten. Die hölzernen Plattformen auf den Klippen sind mit Hebezügen und Leitern für die kleinen, unten vor Anker liegenden Boote ausgestattet. Manche Einheimische springen von den Klippen in die tosenden Gewässer – vielen Besuchern genügt allein schon der Blick über die Klippenkante. Hinter den Plattformen hebt und senkt sich das Wasser mit dem Wellengang in einem großen *puka* (Loch). Die einzigen Einrichtungen hier sind zwei mobile Toiletten.

In der Nähe des Parkplatzes befindet sich der **Kalalea Heiau**, der als *ko'a* (ein kleiner Steintempel, in dem Fischer Opfergaben für einen guten Fang darbrachten) interpretiert wird. Drinnen sieht man einen Fischerschrein, wo die alten Hawaiianer Gaben für Ku'ula, dem Gott der Fischer, hinterlegten. Ein aufrecht stehender Fels neben dem *heiau* weist mehrere Löcher auf, in denen Kanus festgemacht wurden. In den angeseilten Kanus ließen sich die alten Hawaiianer dann von den starken Strömungen hinauszuziehen, um im tiefen Wasser zu fischen.

LP TIPP **Lua 'O Palehomo** befindet sich etwa 100 m landeinwärts vom Tempel und ist mit einem vom Wind fast horizontal verbogenen Baum markiert. Das brackige Wasserloch (*lua* bedeutet „Loch" auf Hawaiisch) ist vielleicht voll genug für ein erfrischendes Bad, aber auf jeden Fall ist der Ausblick von hier atemberaubend: Er erstreckt sich über die massiven Flanken des Mauna Loa und reicht von der südlichen Kona Coast weit hinüber bis nach Puna.

🛏 Schlafen

LP TIPP **Kalaekilohana B&B** B&B $$$
(📞939-8052, 888-584-7071; www.kauhawaii.com; 94-2152 South Point Rd; Zi. mit Frühstück 249 $; @🛜) Dank der *ho'okipa* (Gastfreundschaft) von Kilohana Domingo und Kenny Joyce haben die Gäste das Gefühl, zur Familie zu gehören. Die vier luftigen Zimmer oben beeindrucken mit Hartholzböden, erstklassigen Stoffen, offenen Rainshower-Duschen und Fenstertüren hinaus zu einem großen Balkon. Unten laden das Bücher- und Musikzimmer und die breite Veranda zum Entspannen ein. Sehr zu empfehlen sind die persönlichen Workshops von Kilohana Domingo im **lei-Binden** und in anderen traditionellen Künsten. Beson-

ders toll ist die „Gemeindekredit-Initiative" hier: Für jeden Dollar, den die Gäste in Ka'u ausgeben, vermindert sich der Zimmerpreis (um bis zu 50 $ pro Tag).

Ocean View

2530 EW.

Ocean View, die größte *subdivision* (Wohngebiet) der USA (oder sogar der Welt, je nachdem, wen man fragt), besteht größtenteils aus den landeinwärts gelegenen Hawaiian Ocean View Estates (HOVE) und den meerwärts gelegenen Hawaiian Ranchos, zwei riesigen Siedlungsgebieten, die in den 1950er-Jahren in die öde schwarze Lavalandschaft gefräst wurden. Die einzelnen Parzellen wurden nie vollständig besiedelt, und daran hat sich auch bis heute nichts geändert, da es hier nur wenige Arbeitsplätze gibt, dafür aber jede Menge *vog*. Es kursieren auch Gerüchte über Drogenhandel – kein Wunder, dass die Einheimischen die Gegend den „schmutzigen Süden" nennen. Jedoch halten die hier Ansässigen eng zusammen und sind stolz auf ihr raues, einfaches, unabhängiges Dasein abseits des *rat race* (Überlebenskampf) in Kona und Hilo, wo viele von ihnen arbeiten.

Beiderseits des Highway liegen sich zwei Einkaufszentren gegenüber – Pohue Plaza und Ocean View Town Center; sie bilden das Geschäftszentrum von Ocean View. Hier gibt's Tankstellen, Lebensmittelgeschäfte, ein Internetcafé, Geldautomaten und einen Waschsalon.

🏄 Strände

Pohue Bay   STRAND

Der traditionell bei Schwimmern beliebte geschützte Palmenstrand mit dem türkisblauen Wasser und jeder Menge Platz ist schon seit geraumer Zeit ein Zankapfel zwischen Immobilienfirmen und Umweltschützern. Letztere argumentieren, dass in dem Gebiet Schildkröten nisten, es hier zahlreiche **Petroglyphen** gibt und der Strand außerdem ein alter Angelplatz ist. Die Immobilienfirmen möchten gerne ein 650 ha großes Golfresort und ein Heritage Village bauen, um mehr „Bildungstouristen" anzulocken – also Leute, die sich für hawaiische Kultur interessieren, nachdem sie auf dem Golfplatz den Schläger geschwungen haben. Zur Zeit der Drucklegung des Buches sah es so aus, als ob das lange blockierte Vorhaben nun doch umgesetzt würde.

Beide Seiten vertreten ihre Ansichten mit Nachdruck, und alle Abweichungen von der hier beschriebenen Route zum Strand unternimmt man auf eigenes Risiko. Es gibt nur einen öffentlichen Zugang zur Pohue Bay, per einstündiger Wanderung über lockere Lava zu erreichen. Es empfiehlt sich, früh aufzubrechen, um der Mittagssonne zu entgehen, und jede Menge Wasser mitzunehmen – ein Hitzschlag ist hier eine reelle Gefahr.

Vom Hwy 11 geht's am Prince Kuhio Blvd hinein in das Gebiet Hawaiian Ranchos, dann nimmt man die erste Straße links (Maile St) und fährt auf dieser bis zum Kama'aina Blvd. Hier geht's links und weiter bis zum Poko Drive am südlichen Ende des Siedlungsgebiets. Wieder links abbiegen; der Startpunkt des Weges befindet sich kurz vor dem dritten Telefonmasten. Unterwegs muss man immer auf die weißen Korallenmarkierungen achten. Das Gebiet ist ökologisch und kulturell bedeutsam, daher sollte man auf dem Weg bleiben, alles wieder mit zurücknehmen, was man mit zum Strand genommen hat, und das Land und die Anwohner respektieren.

🏃 Aktivitäten

Das Höhlensystem **Kula Kai Caverns** (📞929-9725; www.kulakaicaverns.com; Führungen Erw./Kind 6–12 J. ab 15/10 $) ist die zweitlängste Lavaröhre der Welt und auf einer Länge von über 40 km kartiert. Spuren der alten Hawaiianer finden sich im gesamten 1000 Jahre alten **Kanohina-Höhlensystem**. Bei den 40-minütigen Führungen wird viel Wert auf einen respektvollen Umgang mit diesen Kulturzeugnissen gelegt. Erkundet wird ein kurzer, beleuchteter Abschnitt der Höhle; dabei erläutern die kenntnisreichen Guides sowohl kultur- als auch naturgeschichtliche Aspekte. Außerdem wird noch eine längere „Kriechtour" (50 $) angeboten sowie eine zweistündige Führung (Erw./Kind 95/65 $). Die jeweiligen Gruppengrößen sind recht niedrig (Mindestteilnehmerzahl zwei oder vier Personen); Buchung erforderlich.

🛏 Schlafen & Essen

LP TIPP **Lova Lava Land**   ÖKORESORT $
(www.lovalavaland.com; Hawaiian Ranchos; Jurte/VW-Busse 60/40 $; 📞) Dieses abseits des Versorgungsnetzes gelegene „Ökoresort" (Sonnenenergie, Auffangwasser, raffinierte Toiletten mit geringem

Wasserverbrauch) verkörpert den Mut und den Erfindungsreichtum von Ocean View. Hier nächtigen die Gäste in ausstaffierten VW-Bussen, die auf einem alten Lavastrom geparkt sind, oder in einer Jurte. Alle teilen sich einen zentralen Bereich mit komplett eingerichteter Küche, Kräutergarten, WLAN und Lavagesteinsduschen. Die Jurte, mit Doppelbett, Hartholzboden und Tageslichtfenster, ist ein behagliches Liebesnest. Das Ganze steht für ein vergnügliches, gut durchdachtes unabhängiges Dasein. Buchung erforderlich.

Leilani Bed & Breakfast

B&B $

(☎929-7101; www.leilanibedandbreakfast.com; 92-8822 Leilani Pkwy, Hawaiian Ocean View Estates; EZ/DZ mit Frühstück 82/93 $; ☞) Die drei auf einem tropischen Grundstück in den Hawaiian Ocean View Estates versteckten Zimmer ermöglichen einen komfortablen Stopover zwischen Hilo und Kona. Die Unterkünfte sind ein bisschen beengt, aber das hübsche Grundstück (mit Grill) und die Terrasse machen das wieder wett.

Oven Treats

BÄCKEREI $

(Ocean View Town Center; Sandwiches & Mahlzeiten 6–8 $; ⊙Mo–Do 6.30–15, Fr & Sa bis 20, So bis 17 Uhr) Der neue Hotspot von Ocean View ist diese helle, gemütliche Bäckerei mit köstlichen Backwaren (halber Preis ab 15 Uhr), hausgemachtem Brot, Sandwiches und einfachen Mahlzeiten.

Ocean View Pizzaria

PIZZA $$

(☎929-9677; Ocean View Town Center; Pizza 13–15 $, Sandwiches 7–12 $; ⊙11–19, Fr & Sa bis 20 Uhr) Die belegten Baguettes sind klasse, die Pizzen gut und die Milchshakes auch nicht schlecht. Hier isst man und fährt nach dem letzten Bissen weiter.

Road to the Sea

Der Name der „Road to the Sea" suggeriert Abenteuer, aber die Strände am Ende der Straße sind nicht mehr so menschenverlassen wie früher, obwohl sie nur über eine äußerst zerfurchte Allradpiste zu erreichen sind. Dies ist ein rauer, windiger Küstenabschnitt, der den beschwerlichen Weg trotzdem lohnt.

Um hier zum Meer zu gelangen, biegt man bei den Briefkästen in der Nähe der Ka Ulu Malu Shady Grove Farm zwischen den Meilensteinen 79 und 80 Richtung Meer ab und stellt den Meilenzähler auf null. Von

hier geht es 6 Meilen (9,7 km) über eine rudimentäre, scheinbar endlose Lavastraße. Der erste und kleinere der beiden Strände liegt am Ende dieser Straße; für die Fahrt hierher braucht man etwa 45 Minuten, je nachdem, wie schnell man auf der rauen Straße vorwärtskommt.

Um zum zweiten Strand zu gelangen, fährt man eine halbe Meile (800 m) zurück landeinwärts. Die erste Gabelung nach links – eine Sackgasse – ignoriert man und hält sich dann bei der zweiten Gabelung links. Hier sind auf das Lavagestein Pfeile gemalt. Die Straße führt zunächst landeinwärts und dann wieder Richtung Meer; die Strecke ist nicht immer offensichtlich. Es gibt viele Stellen, an denen man die Bodenhaftung verlieren oder sich verfahren kann. Fast eine Meile von der Gabelung entfernt, erreicht man einen rötlichen Hügel. Hier parkt man und geht dann hinunter zum Meer. Wer die ganze Strecke zu Fuß gehen möchte: Es sind etwa 2,4 km. Dabei sollte man so viel Wasser mitnehmen, wie man tragen kann – es ist hier heiß und gibt keinen Schatten. In den hiesigen Gewässern bieten sich ausgezeichnete Angelmöglichkeiten.

Keiner der beiden Strände hat einen Namen, dafür aber wunderschönen schwarzgrünen Sand, ähnlich dem des Green Sands Beach, umgeben von Klippen. Bei Ebbe lassen sich interessante Strandwanderungen unternehmen. Für dieses Abenteuer sollte ein ganzer Tag eingeplant werden.

Manuka State Wayside Park

Die Einrichtungen dieses 5,5 ha großen State Park werden nun der lange überfälligen, 1 Mio. $ teuren Sanierung unterzogen. Mit einer entsprechenden Genehmigung (s. S. 176) kann hier gezeltet werden, aber der Park liegt sehr einsam, es gibt kein Trinkwasser und nur Plumpsklos. Warum manche trotzdem herkommen? Wegen des einfachen, 3,2 km langen **Naturlehrpfads**, der die für Ka'u seltene Gelegenheit zu einer Waldwanderung bietet und über die vielen einheimischen und eingeführten Pflanzen informiert, die es unterwegs zu sehen gibt. Der Weg führt außerdem vorbei an mehreren alten hawaiischen Stätten und Ruinen. Der Eingang zum Park liegt abseits des Hwy 11 etwas nördlich vom Meilenstein 81.

Maui

Inhalt »

Lahaina 333
West Maui 346
'Iao Valley &
Central Maui 385
Kihei & South Maui 399
North Shore &
Upcountry 417
Road to Hana 434
Hana & East Maui 442
Haleakalā
National Park 451

Gut essen

» Lahaina Grill (S. 341)
» Mama's Fish House
(S. 421)
» Hali'imaile General Store
(S. 424)
» Waterfront Restaurant
(S. 398)
» Café O'Lei (S. 406)

Schön
übernachten

» Ka'anapali Beach Hotel
(S. 373)
» Pineapple Inn Maui
(S. 404)
» Hotel Hana-Maui (S. 445)
» Four Seasons Maui at
Wailea (S. 412)

Auf nach Maui

Keine der Inseln lockt so viele Besucher an wie Maui, und alle sind sich einig: *Maui no ka 'oi* (Maui ist die Beste)! Aber was macht Maui so unwiderstehlich? Als Erstes wären da die Strände: atemberaubend schön und schier endlos lang. Zudem bietet die Insel für Wassersportfans beste Bedingungen, und auch Landratten kommen nicht zu kurz: Der Nationalpark rund um Mauis höchsten Gipfel ist eine einzigartige Mondlandschaft, die man gesehen haben muss. Die Strandresorts sind eine Klasse für sich, und die versteckten B&Bs bieten Romantik pur. Hochzeiten sind hier an der Tagesordnung, denn Verliebte verfallen dem Zauber von Maui reihenweise. Selbst die Buckelwale lieben Maui und steuern im Winter die Insel für ihre Paarung an.

Schon mal aus dem Innern eines Vulkankraters den Vollmond angeheult, mit dem Kajak zwischen Delphinen gepaddelt, mit Meeresschildkröten geschnorchelt oder durch einen versunkenen Vulkan getaucht? Auf Maui ist all das möglich – denn, wie gesagt, *Maui no ka 'oi!*

Reisezeit

Lahaina

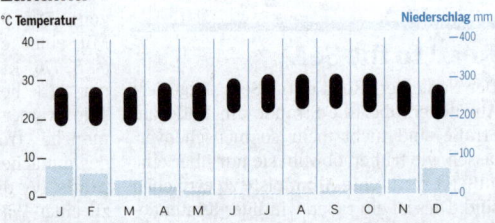

Jan.–März
Während der Wintermonate versammeln sich Buckelwale vor der Küste Mauis.

Juli Maui feiert den Independence Day am 4. Juli mit einem Rodeo und einer Parade der *paniolo* (Cowboys).

Okt.–Nov.
Ruhigere Urlaubssaison mit schönem Wetter und günstigeren Hotelpreisen.

Geschichte

Die Vergangenheit Mauis ist wie die gesamte hawaiische Geschichte geprägt von kriegslüsternen Herrschern, längeren Friedensperioden, Missionaren, Walfängern und Zuckerrohr. Als die Insel 1959 zum US-Bundesstaat erklärt wurde, lebten hier gerade mal 35 000 Menschen. Noch 1961 machte Maui einen so verlassenen Eindruck, dass der Regisseur Mervyn LeRoy seinen Klassiker *Der Teufel kommt um vier* in Lahaina drehte. Die staubigen Straßen und einsamen Küstenregionen boten die perfekte Kulisse für die verschlafene Südpazifikinsel, die in dem Abenteuerfilm der Hauptrolle spielte. In den wackligen zwölf Zimmern des Pioneer Inn in Lahaina drehten Spencer Tracy und Frank Sinatra viele Szenen, und sie schliefen sogar hier; Mauis Hotelszene hatte damals einfach noch nicht mehr zu bieten.

1962 betrat dann der Zuckerkonzern Amfac die Bühne, und verwandelte später in Ka'anapali knapp 243 ha Zuckerrohr in Hawaiis erstes Resort außerhalb von Waikiki. 1974 starteten die ersten Direktflüge vom amerikanischen Festland Richtung Maui. Damit wurde die Insel endgültig zu einem festen Ziel auf der touristischen Landkarte und stieg bald zum Liebling der hawaiischen Reisebranche auf.

Der Reiseboom war aber nicht immer zum Vorteil für die Insel. Mitte der 1970er-Jahre fielen Bauunternehmer ohne jede Rücksicht über das Stranddörfchen Kihei her. Bis heute wird es von den Gegnern der touristischen Entwicklung in ganz Hawaii als abschreckendes Beispiel genannt. In den letzten zehn Jahren waren die Behörden damit beschäftigt, die Folgen des unkontrollierten Wachstums in Kihei zu beseitigen. Außerdem versuchte man, die zunehmende Verkehrsüberlastung und die Gefahr weiterer sinnloser Bautätigkeiten im restlichen Maui in den Griff zu kriegen.

Klima

Sonnenanbeter zieht es an die Westküste der Insel, die von Kapalua im Norden bis Makena im Süden mit einem trockenen sonnigen Klima lockt. Hana und der grüne Osten bieten dagegen Regenwald und rauschende Wasserfälle. Für Inlandsaktivitäten wie Wandern und Reiten ist das Upcountry unterhalb des Haleakalā besser geeignet, denn hier sorgen durchziehende Wolken und üppiges Grün für Abkühlung. Einen inselweiten Wetterbericht gibt's unter ☎ 866-944-5025.

National, State & County Parks

Der Haleakalā National Park ist das Kronjuwel unter Mauis Nationalparks und umfasst die hoch aufragenden Vulkangipfel des östlichen Teils der Insel. Der Park hat

MAUI ...

... in drei Tagen

In **Ka'anapali** startet unser Maui-Trip mit einem Sprung ins kühle Meer, danach folgte eine Bootsfahrt bei Sonnenuntergang. Am zweiten Tag lockt ein Spaziergang durch die historische Walfangstadt **Lahaina**; anschließend geht's zum **Old Lahaina Luau**. Der Jetlag wird an dritten Tag zum Vorteil, denn der Wecker klingelt früh am Morgen. Zur Belohnung gibt's einen atemberaubenden Sonnenaufgang im **Haleakalā National Park** und eine Wanderung in den Krater. Auf dem Rückweg empfiehlt sich ein Stopp in einem der coolen Cafés in **Pa'ia**, bevor es zu den Surfspots im **Ho'okipa Beach Park** weitergeht.

... in sechs Tagen

Die ersten drei Tage folgen der oben genannten Reiseroute. An Tag vier führt uns Hawaiis legendärste Autostrecke vorbei an zahllosen Wasserfällen über die wildromantische **Road to Hana**. Am nächsten Tag geht's früh los, denn jede Menge Badespaß und Abenteuer stehen auf dem Programm. Zuerst wartet eine Schnorcheltour am **Malu'aka Beach**, danach geht's zum Picknick an den **Big Beach**. Der Nachmittag startet im **'Iao Valley State Park**, wo Mauis grüne Wunder locken, und endet am **Kanaha Beach**, an dem sich die Windsurferszene trifft. Am letzten Tag bildete das wohl spritzigste Vergnügen auf Maui den krönenden Abschluss: eine **Walbeobachtungstour**.

Honokohau

Napili
Bay ● Kapalua
● Napili

Kahana ●

Kahakuloa

Mokeʻehia
Island

Honolua
Stream

Kaleki[i]li Hwy

Kapalua/
West Maui
Airport

Honokowai ●

Kaʻanapali ●

West Maui
Forest
Reserve

▲ ʻEke Crater
(1448 m)

Waiheʻe
Waiehu

HA Bald[w]
Kanaha Beach Par[k]
Beach

West Maui Mountains

Puʻu Kukui
(1764 m)

Wailuku

Kahului
Bay

340

Kahului

Old Lahaina Luau 5
Lahaina ●

ʻIao Valley
State Park

6

30

Honoapiʻilani Hwy

Waikapu

Olowalu

30

Papalaua
Beach Park

Papawai
Point

Maʻalaea ●

Maʻalaea
Bay

**Wal-
beobachtungs-
touren**

10
36
Kahului
Airport
37

Puʻunene ●

Hale[akala]

Kuihelani Hwy

Mokulele Hwy

311
380

Kealia Pond National
Wildlife Refuge

4

Kihei

Piʻilani Hwy S Kihei Rd

PAZIFIK

31

● Wailea

37

Maluʻaka Beach 3
Makena ●

Molokini-Krater 8

Makena
State Park

▲ Puʻu Olaʻi
(110 m)

7
Big Beach

ʻUlupalak[ua]
Ranch

ʻAhihi-Kinaʻu
Natural Area Rese[rve]
La Peʻrouse
Bay

Kealaikahiki Channel

ʻAlalakeiki Channel

Kahoʻolawe

▲ Puʻu Moiwi
(354 m)

Kanapou
Bay

Highlights

1 Auf der **Road to Hana**
über 54 einspurige Brücken
(S. 434) überqueren

2 Am Vulkankrater im
Haleakalā National Park
einen phantastischen

Sonnenaufgang erleben
(Kasten, S. 455)

3 Am **Maluʻaka Beach**
mit Meeresschildkröten
schnorcheln (S. 414)

4 Eine **Walbeobachtungs-
tour** zu den Buckelwalen
unternehmen (S. 398)

5 Aloha-Feeling satt beim
Old Lahaina Luau (S. 344)

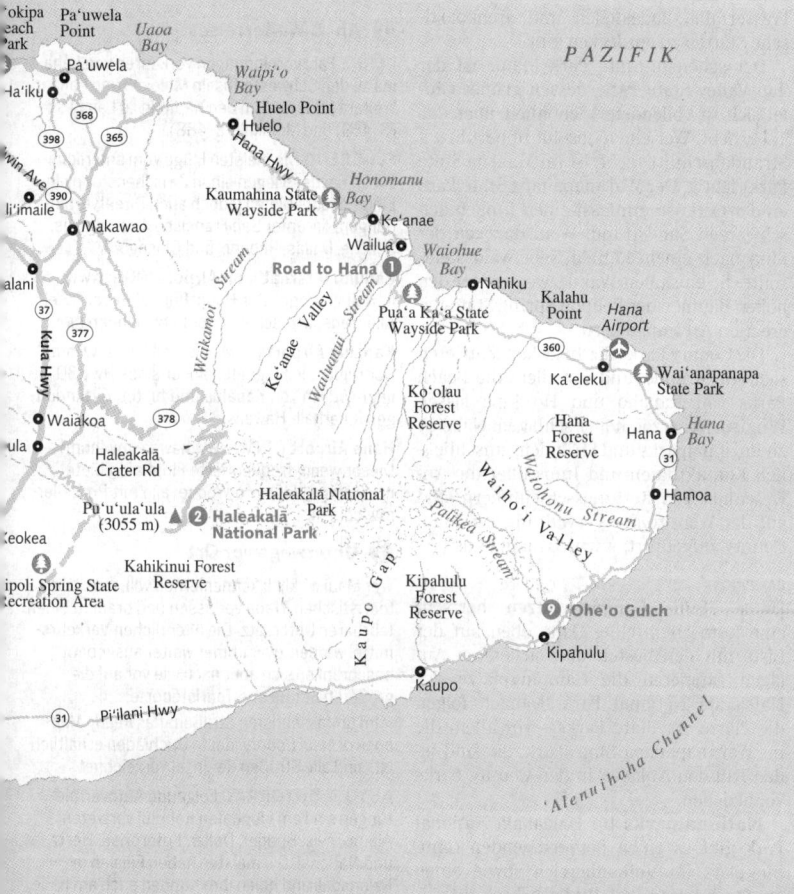

Scale: 0 — 12 km / 0 — 7 Meilen

N

PAZIFIK

'okipa
Beach
Park

Pa'uwela
Point

*Uaoa
Bay*

Pa'uwela

Ha'iku

*Waipi'o
Bay*

368

Huelo Point

398   365

Huelo

Hana Hwy

*Honomanu
Bay*

Kaumahina State
Wayside Park

Ke'anae

Twin Ave

390

Wailua

*Waiohue
Bay*

li'imaile

Makawao

Road to Hana ❶

Nahiku

Waikamoi Stream

Ke'anae Valley

Pua'a Ka'a State
Wayside Park

Kalahu
Point

*Hana
Airport*

alani

Wailuanui Stream

360

37

377

Ko'olau
Forest
Reserve

Ka'eleku

Wai'anapanapa
State Park

Waiakoa

378

Hana
Forest
Reserve

Hana

*Hana
Bay*

Haleakalā
Crater Rd

31

ula

Waiohonu Stream

Keokea

Pu'u'ula'ula ▲ ❷
(3055 m)

**Haleakalā
National Park**

Haleakalā National
Park

Palikea Stream

Hamoa

Kaupo Gap

Waiho'i Valley

ipoli Spring State
Recreation Area

Kahikinui Forest
Reserve

Kipahulu
Forest
Reserve

❾ **Ohe'o Gulch**

Kipahulu

31

Pi'ilani Hwy

Kaupo

'Alenuihaha Channel

❻ Im **'Iao Valley State Park**
Mauis grüne Wunder erleben
(S. 395)

❼ Am unvergleichlichen **Big
Beach** den Sonnenuntergang
genießen (S. 415)

❽ Im kristallklaren Wasser
des **Molokini-Kraters** tauchen
(Kasten, S. 399)

❾ In den Stufenbecken
vom **'Ohe'o Gulch** planschen
(S. 460)

❿ Auf dem Surfbrett über die
Wellen der Bucht am **Kanaha
Beach** gleiten (S. 385)

zwei sehr unterschiedliche Gesichter. Im Hauptteil erhebt sich der Vulkangipfel des Haleakalā mit atemberaubenden Aussichtspunkten vom Krater und einer von Wanderwegen durchzogenen Mondlandschaft. Einen krassen Kontrast dazu bietet der Regenwald um Kipahulu, in dem es viele Wasserfälle, Badestellen und archäologische Stätten zu entdecken gibt.

Der schönste State Park Mauis ist der 'Iao Valley State Park, dessen grüner Gipfel sich in vollendeter Schönheit über das Tal erhebt. Wer einen absolut unberührten Strandabschnitt sucht, ist im Makena State Park richtig. Der Wai'anapanapa State Park an der Ostküste umfasst einen funkelnden schwarzen Sandstrand. Wem dagegen der Sinn nach einem kühlen Nebelwald steht, sollte die einsamen Wanderwege unter den hohen Bäumen der Polipoli Spring State Recreation Area ansteuern.

Die County Parks der Insel konzentrieren sich auf Strände, und vor allem die Beach Parks von Kanaha und Ho'okipa lassen Windsurferherzen höher schlagen. Näheres zu Regionalparks und Stränden, einschließlich Kontaktdaten und Infos über die Anwesenheit von Rettungsschwimmern sind auf der Website der Verwaltung des Maui County aufgeführt: www.co.maui.hi.us.

CAMPING

Unter Mauis Campingplätzen herrscht eine feste Hierarchie. Ganz oben auf der Liste mit den besten und sichersten Anlagen rangieren die Campingplätze des Haleakalā National Park. Danach folgen die Plätze der State Parks – vor allem die im Wai'anapanapa State Park. Sie sind jeden Fall den Anlagen in den County Parks vorzuziehen.

Nationalparks Im Haleakalā National Park gibt es einen hervorragenden Campingplatz im Vulkanbereich sowie einen am Strand des Kipahulu-Parkabschnitts.

State Parks Im Wai'anapanapa State Park und in der Polipoli Spring State Recreation Area gibt es ebenfalls Campingplätze und Cabins. In allen Parks dürfen Besucher maximal fünf aufeinanderfolgende Nächte bleiben. Stellplätze für ein Zelt kosten 18 $ pro Nacht, Cabins 90 $. Reservierungen gibt's bei **Division of State Parks** (☏984-8109; www.hawaiistateparks.org; 54 S High St, Wailuku; ☉Mo–Fr 8.30–15.30 Uhr).

County Parks Im Maui County ist Camping im Kanaha Beach Park in Kahului sowie im Papalaua Beach Park südlich von Lahaina erlaubt. Besucher dürfen maximal drei aufeinanderfolgende Nächte campen und zahlen 5–8 $ pro Tag (Kinder unter 18 Jahren 2–3 $). Reservierungen gibt's beim **Department of Parks & Recreation** (☏270-7389; www.co.maui.hi.us; 700 Halia Nakoa St, Wailuku; ☉Mo–Fr 8–13 & 14.30–16 Uhr).

❶ An- & Weiterreise

FÄHRE Fährverbindungen verkehren von Lahaina zu den Schwesterinseln Moloka'i und Lana'i. Weitere Infos dazu in den Kapiteln zu Lana'i (S. 469) und Moloka'i (S. 488).

FLUGZEUG Die meisten Flüge vom amerikanischen Festland legen einen Zwischenstopp ein. Einige Städte bieten jedoch auch Direktverbindungen, darunter San Francisco, Los Angeles, Seattle, Dallas, Phoenix und Chicago.

Kahului International Airport (OGG; www. hawaii.org/ogg) Der Hauptflughafen der Insel. Alle transpazifischen Maui-Flüge landen hier.

Kapalua Airport (JHM; www.hawaii.gov/jhm) Der regionale Flughafen abseits des Hwy 30 liegt südlich von Kapalua und bietet Verbindungen innerhalb Hawaiis.

Hana Airport (HNM; www.hawaii.gov/hnm) Dieser wenig frequentierte Flughafen bietet nur wenige Flüge pro Woche, alle mit Propellermaschinen.

❶ Unterwegs vor Ort

Wer Maui wirklich kennenlernen will, muss die touristischen Pfade verlassen und braucht einen fahrbaren Untersatz. Die öffentlichen Verkehrsmittel werden zwar immer weiter ausgebaut, beschränken sich aber nach wie vor auf die größeren Städte und Touristenorte.

Im umfassendsten Straßenatlas *Ready Mapbook of Maui County*, der in Buchläden erhältlich ist, sind alle Straßen der Insel verzeichnet.

AUTO & MOTORRAD Folgende Autovermietungen sind am Flughafen Kahului vertreten: Alamo, Avis, Budget, Dollar, Enterprise, Hertz und National. Die meisten haben Filialen in Ka'anapali und holen ihre Kunden auch am nahe gelegenen Flughafen Kapalua ab. Am Flughafen Hana ist nur Dollar vertreten. Umweltbewusste Reisende wenden sich am besten an Bio-Beetle (S. 391) in Kahului.

Ist das richtige Auto erstmal gefunden, sollte man den Vertrag mit der Vermietung unbedingt auf Einschränkungen prüfen. Manche Verleihfirmen verbieten z. B. Fahrten auf dem Kahekili Hwy zwischen Honokohau und Waihe'e sowie auf dem Pi'ilani Hwy im Bezirk Kaupo.

Die Kontaktdaten der Autovermietungen auf Maui:

Alamo (☏871-6235, 800-462-5266; www. alamo.com)

TOP-AKTIVITÄTEN AUF MAUI

AKTIVITÄT	ORT
Kajakfahren	Makena (S. 414)
	Honolua-Mokuleʻia Bay Marine Life Conservation District (S. 378)
Kitesurfen	Kite Beach (S. 388)
Reiten	Pony Express (S. 430)
	Maui Stables (S. 449)
	Piiholo Ranch (S. 426)
	Mendes Ranch (S. 384)
	Thompson Ranch (S. 432)
Schnorcheln	Molokini-Krater (S. 399)
	Maluʻaka Beach (S. 414)
	Ulua Beach (S. 411)
	Kapalua Beach (S. 377)
	ʻAhihi-Kinaʻu Natural Area Reserve (S. 416)
	Puʻu Kekaʻa (Black Rock; S. 353)
Surfen	Lahaina (S. 337)
	Maʻalaea Pipeline (S. 398)
	Honolua Bay (S. 378)
Tauchen	Molokini-Krater (S. 399)
	Makena Landing (S. 414)
Wandern	Haleakalā National Park (S. 461)
	Waiheʻe Ridge Trail (S. 384)
	Polipoli Spring State Recreation Area (S. 431)
Windsurfen	Kanaha Beach (S. 385)
	Hoʻokipa Beach (S. 417)
Ziplining	Piiholo Ranch Zipline (S. 425)
	Kapalua Adventures (S. 379)
	Skyline Eco-Adventures (S. 430)

MAUI

Avis (☎871-7575, 800-331-1212; www.avis.com)

Budget (☎871-8811, 800-527-0700; www.budget.com)

Dollar (☎877-7227, 800-800-4000; www.dollarcar.com)

Enterprise (☎877-2350, 800-261-7331; www.enterprise.com)

Hertz (☎877-5167, 800-654-3131; www.hertz.com)

National (☎871-8852, 800-227-7368; www.nationalcar.com)

Die durchschnittlichen Entfernungen und Fahrzeiten von Kahului sind unten aufgeführt. Zu den Hauptverkehrszeiten morgens und am späten Nachmittag verlängern sich die Zeiten entsprechend.

ZIEL	MEILEN (KM)	DAUER
Gipfel des Haleakalā	36 (58)	1½ Std.
Hana	51 (82)	2 Std.
Kaʻanapali	26 (42)	50 Min.
Kapalua	32 (51,5)	1 Std.
Kihei	12 (19)	25 Min.
Lahaina	23 (37)	45 Min.
Makawao	14 (22,5)	30 Min.
Makena	19 (30,6)	40 Min.
ʻOheʻo Gulch	61 (98)	2¾ Std.
Paʻia	7 (11)	15 Min.
Wailuku	3 (4,8)	15 Min.

SURFSTRÄNDE & -BREAKS AUF MAUI

Während einige übrig gebliebene Hippies immer noch hartnäckig behaupten, dass der Geist von Jimi Hendrix in den Bergen der „Valley Isle" herumschleicht, pulsiert an Mauis Stränden das Leben. An der North Shore, in der Nähe des Städtchens Ha'iku, lockt das berühmt-berüchtigte Surfrevier **Pe'ahi** (genannt: **Jaws**) mit einer gewaltigen Monsterwelle. Bekannt wurde die größte und perfekteste Welle dieses Planeten durch Surfprofis wie Laird Hamilton, Dave Kalama und Derrick Doerner. Heute muss dieser türkisblaue Wassertunnel für American-Express- oder Aktienfonds-Werbefilme herhalten. Der Jaws-Break ist so riesig, dass die Surfer sich in die Wellen hineinschleppen lassen müssen.

Aber auch Surfer, die nicht lebensmüde sind, kommen auf Maui auf ihre Kosten. Die Westküste bietet etwas für jeden Geschmack, vor allem rund um **Lahaina**. Die Reefbreaks am **Wellenbrecher** und am **Hafen von Lahaina** sind sowohl für Anfänger als auch für Fortgeschrittene geeignet. Im Süden findet man die **Ma'alaea Pipeline**, eine tückische, rechtsbrechende Welle, die oft als eine der schnellsten Wellen der Welt eingestuft wird. Im Nordwesten der Insel liegt die majestätische **Honolua Bay**. Ihr rechtsbrechender Pointbreak bietet im Winter die besten Bedingungen und gilt nicht nur auf Hawaii, sondern weltweit als einer der Besten.

Sanftere Shorebreaks zum Bodysurfen gibt's rund um **Pa'ia**, **Kapalua** und an den Stränden zwischen **Kihei** und **Makena**.

MAUI

BUS Maui Bus (☏871-4838; www.mauicounty. gov/bus) Bietet das umfangreichste öffentliche Busnetz und verkehrt auf allen Inseln Hawaiis (außer O'ahu). Trotzdem kein Grund zur Euphorie: Die Busse verkehren zwar zwischen den wichtigsten Städten, die attraktiveren Ziele außerhalb, wie den Haleakalā National Park oder Hana, fahren sie aber nicht an.

Die wichtigsten Buslinien fahren einmal stündlich; bei einigen sind die Fahrpläne aufeinander abgestimmt, um günstige Anschlussmöglichkeiten zu gewährleisten.

Buslinien Für Maui-Besucher sind folgende Busverbindungen besonders praktisch: Kahului–Lahaina, Kahului–Wailea, Kahului–Wailuku, Kahului–Pa'ia, Ma'alaea–Kihei, Lahaina–Ka'anapali und Ka'anapali–Napili.

Kosten Der Fahrpreis beträgt unabhängig von der Länge der Strecke 1 $, Umsteigen ist nicht inklusive. Wer also zwei Busse nehmen muss, braucht für den zweiten Bus ein neues Ticket. Am günstigsten fährt man mit einer Tageskarte, die nur 2 $ kostet.

Kostenlose Buslinien Maui Bus befährt außerdem einige Rundstrecken rund um Wailuku und Kahului, die an den größeren Einkaufszentren, am Krankenhaus und an der Stadtverwaltung vorbeiführen. Diese Linien werden hauptsächlich von Einheimischen zum Shoppen genutzt. Sie sind für jeden kostenlos – einfach einsteigen und sich überraschen lassen, wo es hingeht!

Gepäck In allen Bussen ist nur soviel Gepäck erlaubt, wie unter den Sitz oder auf den Schoß passt. Das Surfbrett hat hier also keinen Platz.

Resort-Shuttle Neben den öffentlichen Bussen verkehren auch kostenlose Shuttlebusse

zwischen den Resorts und Restaurants um Ka'anapali und Wailea.

GEFÜHRTE TOUREN Diverse Touranbieter bieten halb- und ganztägige Rundfahrten auf Maui an und steuern dabei die wichtigsten Ziele an. Zu den beliebten Ganztagestrips zählen die Touren nach Hana und Haleakalā. Sie führen auch an den schönsten Sehenswürdigkeiten im Upcountry vorbei.

Polynesian Adventure Tours (☏877-4242; www.polyad.com; Rundfahrt 80–125 $) Eines der größten hawaiischen Unternehmen für Sightseeing-Rundfahrten, mit der größten Auswahl an Ausflügen.

Roberts Hawaii (☏866-898-2591; www. robertshawaii.com; Rundfahrt 65–120 $) Auch ein großer Anbieter. Die Auswahl ist kleiner, die Preise dafür aber oftmals auch.

Valley Isle Excursions (☏661-8687; www. tourmaui.com; Rundfahrt 124 $) Die Ausflüge sind etwas teurer, aber die Tour über die Road to Hana ist absolut empfehlenswert. Die Führer würzen die Fahrt mit lokalen Anekdoten und lassen keine Langeweile aufkommen. In die Kleinbusse passen nur zwölf Passagiere.

TAXI Die folgenden Taxiunternehmen verkehren auf ganz Maui.

Islandwide Taxi & Tours (☏874-8294)

Royal Cabs (☏875-6870)

Sunshine Cabs of Maui (☏879-2220)

VON/ZU DEN FLUGHÄFEN Mit den zwei unten aufgeführten Transportunternehmen kann die Anreise über den Flughafen Kahului zur eigenen Unterkunft erleichtert werden. Beide bieten Servicetelefone an der Gepäckabholung.

Und nicht vergessen: Auch für den Rückflug sollte man rechtzeitig einen Flughafentransfer buchen!

Speedi Shuttle (☏661-6667, 800-977-2605; www.speedishuttle.com) Der größte Flughafenshuttle-Service auf Maui. Großer Pluspunkt für Umweltbewusste: Speedi fährt mit Biodiesel aus recyceltem Pflanzenöl. Pro Person kostet die Fahrt vom Flughafen Kahului 50 $ nach Lahaina, 54 $ nach Ka'anapali, 74 $ nach Kapalua, 35 $ nach Kihei und 40 $ nach Wailea. Für jede weitere Person kommen 7–10 $ dazu.

Executive Shuttle (☏669-2300, 800-833-2303; www.mauishuttle.com) Nicht so umweltfreundlich, dafür aber günstiger. Wie bei Speedi richten sich auch hier die Fahrpreise nach dem Reiseziel und der Größe der Gruppe.

LAHAINA

10 100 EW.

Das ehemalige Walfängerdorf Lahaina liegt malerisch eingebettet zwischen den West Maui Mountains und dem funkelnden Meer. Es bietet beste Bedingungen für die Beobachtung von Regenbögen, und die ganze Kulisse ist so schön, dass selbst die Buckelwale die Gegend lieben und jedes Jahr mit ihren Jungen hierherkommen. Die Front St im Zentrum lädt zu einem Nachmittagsbummel durch die Galerien, trendigen Läden und Sehenswürdigkeiten aus der Walfangära ein. Wer es etwas actionreicher mag, kann im Hafen eine Bootstour zu den Walen buchen. Wenn sich dann nach einem ereignisreichen Tag voller neuer Eindrücke der Hunger meldet, kann man sich mit einem leckeren Essen in einem von Lahainas hervorragenden Restaurants am Meer belohnen. Und das Nachtleben? Naja, hier steppt nicht gerade der Bär, aber viel lebhafter ist es auf ganz Maui nicht, und ein Absacker in einem der Traditionspubs am Hafen ist an diesem historischen Ort genau das Richtige.

Geschichte

Im Altertum war Lahaina als Lele bekannt und beherbergte den königlichen Hof. Das fruchtbare Umland galt als Kornkammer von West Maui. Nachdem Kamehameha der Große die Inseln geeint hatte, wurde der Ort zur Hauptstadt ernannt und blieb es bis 1845. In den 1820er-Jahren kamen die ersten christlichen Missionare hierher; und zehn Jahre später war Lahaina stolze Besitzerin der ersten Steinkirche, der ers-

ten Missionsschule und der ersten Druckerpresse von Hawaii.

Lahaina entwickelte sich zum wichtigsten Walfanghafen – nicht nur auf Hawaii, sondern im ganzen Pazifikraum. Der Walfang erlebte in den 1840er-Jahren seine Blütezeit, als jedes Jahr Hunderte von Walfängern in Lahaina anlegten. Die Stadt passte sich den Bedürfnissen der Seeleute an, und es wurden Tanzlokale, Bars und Bordelle eröffnet. In den 1860er-Jahren ging es mit dem Walfang allmählich zu Ende. Zehn Jahre später etablierte sich der Zuckerrohranbau. Dieser bildete von nun an bis zur touristischen Erschließung der Insel in den 1960er-Jahren den wichtigsten Wirtschaftszweig auf Maui.

Orientierung

Die wichtigsten Zentren in Lahaina sind der Hafen und der benachbarte Banyan Tree Square. Die Touristenmeile der Stadt ist die Hauptstraße (Front St), die direkt am Meer entlangläuft.

◉ Sehenswertes

Die historischen Attraktionen in Lahaina sind geprägt vom Einfluss der Missionare, Walfänger und hawaiischen Könige. Die meisten Sehenswürdigkeiten liegen wenige Häuserblocks vom Hafen entfernt. Auf S. 339 ist ein Rundgang beschrieben.

GRATIS **Old Lahaina Courthouse** MUSEUM (☏667-9193; www.visitlahaina.com; 648 Wharf St; ⊙9–17 Uhr) Lahainas altes Gerichtsgebäude wurde 1859 erbaut und versteckt sich unter einem üppigen Banyanbaum. Der Standort direkt neben dem lebhaften Hafen wurde nicht zufällig gewählt: Zu Zeiten des Walfangs war das Schmuggeln eine derartige Plage, dass es sinnvoll war, genau hier den Zoll abzuwickeln und Gericht und Gefängnis im gleichen Gebäude unterzubringen. Auch das Büro des Gouverneurs befand sich in dem Haus, und 1898 wurde hier die formelle Annektierung Hawaiis durch die USA unterzeichnet. Heute stellt das Gebäude hawaiische Kunst und historische Exponate aus. Präsente für Gäste und Stadtpläne des Ortszentrums gibt's im **Besucherzentrum** im ersten Stock.

Im Keller befindet sich das ehemalige Gefängnis. Wo einst betrunkene Seeleute ihren Rausch ausschliefen, sind heute Ausstellungen der **Lahaina Arts Society** (http://lahaina-arts.com; ⊙9–17 Uhr) zu sehen.

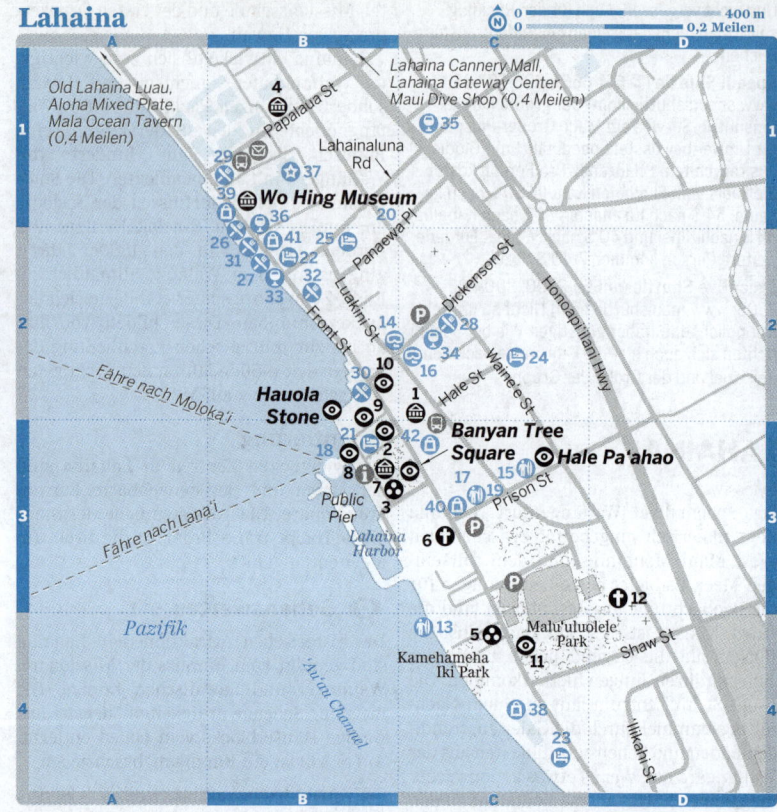

Gezeigt werden Gemälde, Schmuck und Holzplastiken der einheimischen Künstler, die diese Galerie als Kooperative betreiben. Der Eingang zum Gefängnis befindet sich außen, an der Nordseite des Gebäudes.

Im zweiten Stock zeichnet das **Lahaina Heritage Museum** (www.lahainarestoration. org; Eintritt frei; ☺9–16 Uhr) die Kultur und Geschichte der Stadt nach.

🍃 **Banyan Tree Square**   PARK
(Front St Ecke Hotel St) Klettermaxe aufgepasst! Zwischen den Ästen dieses unglaublichen Banyanbaums gehen längst vergessene Kinderträume in Erfüllung. Das schattige Wahrzeichen der Stadt liegt mitten im Zentrum, wo es sich über den ganzen Platz ausdehnt. Kein Wunder, dass der Riese als größter Banyanbaum der USA gilt! Am 24. April 1873 wurde er als Setzling hier gepflanzt, im Gedenken an die Ankunft der Missionare 50 Jahre zuvor. Seitdem ist er zu einem Miniwald herangewachsen, mit 16 Stämmen und Dutzenden von waagerecht wachsenden Ästen, die fast einen halben Hektar überspannen. An Wochenenden stellen Künstler und Handwerker ihre Stände im Schatten des Baumes auf.

Wo Hing Museum   MUSEUM
(www.lahainarestoration.org/wohing.html; 858 Front St; Eintritt 2 $; ☺10–16 Uhr) Der zweistöckige Tempel wurde 1912 für die Treffen des Wohltätigkeitsvereins Chee Kung Tong erbaut. Chinesische Einwanderer nutzten den Ort, um ihre Kultur zu pflegen, Feste zu feiern und ihre Muttersprache zu sprechen. Nach dem Zweiten Weltkrieg verstreute sich Lahainas chinesische Bevölkerung in alle Winde, und der Tempel verfiel. Das inzwischen wiederhergestellte Gebäude beherbergt heute ein Kulturmuseum mit historischen Fotos, einem zeremoniellen Löwenkostüm und einem taoistischen Schrein.

⊚ **Highlights**

Banyan Tree Square C3
Hale Pa'ahao C3
Hauola Stone B2
Wo Hing Museum B1

⊚ **Sehenswertes**

1 Baldwin House C2
Banyan Tree Gallery .... (s. 7)
2 Backsteinpalast B3
3 Fort B3
4 Hale Kahiko B1
5 Hale Piula C4
6 Holy Innocents' Episcopal
   Church C3
7 Lahaina Heritage Museum B3
8 Leuchtturm von Lahaina B3
9 Bibliotheksanwesen B2
10 Masters' Reading Room B2
11 Moku'ula B2
Old Lahaina Courthouse .... (s. 7)
12 Waine'e Church & Friedhof D3

Aktivitäten, Kurse & Touren

Atlantis Submarine .... (s. 21)
Goofy Foot Surf School .... (s. 38)
13 Lahaina Breakwall C4
14 Lahaina Divers B2
15 Maui Wave Riders C3
Nancy Emerson's School of
   Surfing .... (s. 38)
16 Pacific Dive C2
17 Pacific Whale Foundation C3
18 Reefdancer B3
19 Royal Hawaiian Surf Academy C3
20 Trilogy Excursions B1

⊚ **Schlafen**

21 Best Western Pioneer Inn B3
22 Lahaina Inn B2
23 Lahaina Shores C4
24 Outrigger Aina Nalu C2

25 Plantation Inn B2

⊗ **Essen**

Banyan Tree Deli & Bakery .... (s. 40)
Cool Cat Café .... (s. 42)
Foodland .... (s. 37)
Gerard's .... (s. 25)
I'O .... (s. 38)
26 Kimo's B2
Lahaina Grill .... (s. 22)
27 Ono Gelato Co. B2
Pacific'O. .... (s. 38)
28 Penne Pasta Café C2
29 Scoops B1
30 Sunrise Café B2
Thai Chef .... (s. 37)
31 Ululani's Hawaiian Shave Ice B2
32 Window 808 .... B2

⊚ **Ausgehen**

Best Western Pioneer Inn .... (s. 21)
33 Cheeseburger in Paradise B2
34 Lahaina Coolers C2
35 MauiGrown Coffee C1
36 Moose McGillycuddy's B1
Timba .... (s. 38)

⊗ **Unterhaltung**

Feast at Lele .... (s. 38)
37 Old Lahaina Center B1
'Ulalena .... (s. 37)

⊟ **Shoppen**

38 505 Front Street C4
39 Crazy Shirts Center B1
Hale Zen Home Décor & More .... (s. 28)
Lahaina Arts Society .... (s. 7)
Lahaina Printsellers .... (s. 38)
40 Maui Hands Center C3
41 Old Lahaina Book Emporium B2
Village Gifts & Fine Arts .... (s. 10)
42 Wharf Cinema Center C3

Besonders interessant ist das mit Wellblech überdachte Küchenhaus im Hinterhof. Drinnen befindet sich ein winziges Kino mit faszinierenden Filmen über Hawaii, die Thomas Edison 1898 und 1906 drehte – kurz, nachdem er die Filmkamera erfunden hatte. Die körnigen Schwarz-Weiß-Filme zeigen ergreifende Szenen des alten Hawaii: *paniolo* (Cowboys) mit ihren Herden, Arbeiter im Zuckerrohrfeld und den Alltag auf den Straßen.

GRATIS **Hale Pa'ahao**   MUSEUM
(www.lahainarestoration.org/paahao. html; Prison St Ecke Waine'e St; ⊙Mo–Sa 10–16 Uhr) Dieser mit einer Steinmauer umgebene Knast sieht für ein Gefängnis nicht gerade einschüchternd aus. Das Hale Pa'ahao („Haus für Leute in Ketten"), ein Relikt der Walfangära, wurde 1852 von Häftlingen erbaut, die mit dem Abriss einer alten Festung neben dem Hafen beschäftigt waren. Es hat sich seitdem kaum verändert. In

einer der winzigen Zellen hängt eine Liste mit den Festnahmen im Jahr 1855 – die drei häufigsten Delikte waren Trunkenheit (330), „wildes Reiten" (89) und wollüstiges Verhalten (20).

Baldwin House
MUSEUM

(www.lahainarestoration.org/baldwin.html; 120 Dickenson St; Erw./Paar 3/5 $; ⊙10–16 Uhr) Dieses Haus wurde 1834 vom Missionarsarzt und Pfarrer Dwight Baldwin erbaut und ist Lahainas ältestes Gebäude im westlichen Stil. Baldwin wohnte in dem Haus und richtete hier die erste medizinische Klinik der Gemeinde ein. Die gut 60 cm dicken Mauern bestehen aus Korallen- und Lavagestein und halten das ganze Jahr über die Innenräume angenehm kühl. Heute ist das Gemäuer außen verputzt, der Masters' Reading Room nebenan vermittelt aber noch immer einen Eindruck vom Originalzustand.

Baldwin und seine Frau gingen in ihrem Heimatort Connecticut an Bord eines Schiffes und umsegelten Kap Horn am südlichsten Zipfel von Südamerika, bevor es sie nach 161 Tagen hierher verschlug. Im Haus sind heute der Pass und die Bibel des Arztes sowie eine Sammlung typischer Möbel aus der Zeit zu sehen. Die Preisliste für seine Heilkünste reicht von 50 $ für eine „sehr große Krankheit" bis zu 10 $ für eine „sehr kleine Krankheit". Ach was, das war nur ein Schnupfen, Herr Doktor ...

Waine'e (Waiola) Church
KIRCHE

(535 Waine'e St) Die 1832 erbaute Waine'e Church war die erste Steinkirche auf Hawaii. Leider stand der Bau unter keinem guten Stern. 1858 stürzte der Glockenturm ein. Später sprach sich der Pfarrer für die Annektierung Hawaiis aus, worauf die Kirche 1894 von wütenden Königsgetreuen abgefackelt wurde. Doch die Gemeinde ließ sich nicht beirren und baute eine zweite Kirche, die 1947 ebenfalls abbrannte. Die dritte wurde wenige Jahre später von einem Sturm dem Erdboden gleichgemacht. Es hat den Anschein, als ob das fremdländische Gotteshaus den alten hawaiischen Göttern lange Zeit ein Dorn im Auge war. Inzwischen haben sie sich aber wohl mit der Kirche abgefunden, denn der vierte Bau, heute unter dem Namen Waiola Church bekannt, steht schon seit 1953, und nach wie vor finden hier jeden Sonntag Gottesdienste statt.

Der **Friedhof** liegt gleich daneben und ist genauso faszinierend wie die Kirche.

Hier ruhen einige Berühmtheiten: Gouverneur Hoapili, der den Bau der ersten Kirche anordnete, Pfarrer William Richards, Lahainas erster Missionar, und die Königin Ke'opuolani, Gemahlin von Kamehameha dem Großen und Mutter der Könige Kamehameha II. und III.

Bibliotheksanwesen
PARK

(680 Wharf St) Auf dem Anwesen der Bibliothek sind einige historische Stätten versammelt. So war der Hof einst ein königlicher Taroacker, den Kamehameha III. bestellte, um für seine Untertanen ein gutes Beispiel abzugeben.

Hawaiis erstes Gebäude im westlichen Stil war der **Backsteinpalast**, den Kamehameha I. um 1800 errichtete, um Ausschau nach ankommenden Schiffen zu halten. Auch wenn der großspurige Namen etwas anderes vermuten lässt – der „Palast" bestand nur aus einem einfachen zweistöckigen Bau, der von zwei ehemaligen Häftlingen aus Botany Bay errichtet wurde. Heute sind allerdings nur noch die ausgegrabenen Fundamente zu sehen.

Ein kurzer Spaziergang zum nördlichen Klippenrand gibt den Blick frei auf den weiter unten gelegenen **Hauola Stone**. Im alten Hawaii glaubte man, der sesselförmige Stein würde denen, die sich daraufsetzten, heilende Kräfte verleihen. Der mittlere von drei Lavasteinen erhebt sich knapp über die Wasseroberfläche. Im 14. und 15. Jh. wurde er von den Müttern der Könige und Fürsten als Gebärstuhl genutzt.

Etwa 30 m weiter südlich erhebt sich der **Leuchtturm von Lahaina**. An dieser Stelle stand der erste Leuchtturm des Pazifikraums. Er wurde 1840 in Auftrag gegeben und sollte den Walfängern helfen, den Weg in den Hafen zu finden. Der heutige Turm wurde 1916 erbaut.

Hale Kahiko
GRATIS   KULTURPARK

(Lahaina Center, 900 Front St; ⊙9–18 Uhr) So sieht es leider aus: Sie planierten ein Stück vom Paradies und legten einen Parkplatz für die Lahaina Center Mall an. Glücklicherweise wurde aber ein Fleckchen Erde freigelassen für Hale Kahiko, eine originalgetreue Nachbildung grasgedeckter *hale*, typischen Dorfhäusern aus dem alten Hawaii.

Die drei Häuser wurden im alten Stil von Hand errichtet. Dafür wurden *ohia*-Holzpfosten, Kokosfasern und einheimisches *pili*-Gras verwendet. Drumherum wachsen heimische Gemüse- und Heilpflanzen.

Ehrenamtliche Arbeit ist auf Maui wirklich unkompliziert. 2007 startete die Pacific Whale Foundation (S. 339 und S. 398) mithilfe der hawaiischen Touristenbehörde das Freiwilligenprogramm **Volunteering on Vacation** (☎808-249-8811, Durchwahl 1; www.volunteersonvacation.org). Damit wird die ehrenamtliche Arbeit für Touristen in ganz Maui koordiniert. Alle Projekte sind kostenlos, und die meisten werden an Orten angeboten, die man als Reisender sowieso ansteuern würde. Im Angebot sind so spannende Jobs wie die Vernichtung invasiver Pflanzenarten im Haleakalā National Park (Eintrittspreis wird bezahlt), die Mitarbeit auf einem Biohof oder die Pflege von Küstenwanderwegen. Seit den Anfängen des Programms haben bereits 3 000 Freiwillige rund 10 000 Stunden Arbeit geleistet. Auf der Website gibt es einen Kalender mit den aktuellen Projekten. Teilnehmer müssen sich ein bis zwei Tage vor Beginn des jeweiligen Projekts anmelden. Die meisten dauern etwa drei Stunden.

Jedes *hale* diente früher einem anderen Zweck: Eines war das Schlafquartier der Familie, in einem anderen nahmen die Männer ihre Mahlzeiten ein, und ein drittes wurde als Werkstatt genutzt, in der die Frauen *tapa* (einen groben Stoff aus gestoßener Baumrinde) herstellten.

GRATIS **Lahaina Jodo Mission** MISSION
(www.lahainajodomission.org; 12 Ala Moana St) Im Hof dieser buddhistischen Mission hockt eine friedliche 3,70 m hohe Buddhastatue und blickt über den Pazifik in die Richtung seiner japanischen Heimat. Die Statue wurde in Kyoto gegossen und 1968 zum hundertjährigen Jubiläum der Ankunft der ersten japanischen Einwanderer auf Hawaii aufgestellt. Sie gilt als größte Statue dieser Art außerhalb Japans. Auf dem Gelände der Mission sind außerdem eine 27 m hohe Pagode und eine 3,5 t schwere Tempelglocke zu sehen. Die Glocke schlägt täglich um 20 Uhr elfmal. Im Inneren des Tempels werden kostbare buddhistische Gemälde von Haijin Iwasaki aufbewahrt.

Hale Pa'i HISTORISCHE STÄTTE
(Karte S. 348; ☎667-7040; www.lahainaresto ration.org; 980 Lahainaluna Rd; Spenden willkommen; ⏰Mo–Fr 10–16 Uhr) Etwa 2 Meilen (3,2 km) Autofahrt von Lahainas Ortszentrum entfernt steht ein weißes Häuschen auf dem Gelände der Lahainaluna High School. In dem kleinen Bau war einst Hawaiis erste Druckerpresse untergebracht. Eigentlich sollte sie dazu beitragen, die Bibel auf Hawaii zu verbreiten, doch 1834 druckte sie auch Hawaiis erste Zeitung. *Ka Lama* (Die Fackel) war sogar die erste Zeitung westlich der Rocky Mountains.

Die ursprüngliche Presse wurde so häufig benutzt, dass sie in den 1850er-Jahren ihren Geist aufgab. Einige ihrer Druckerzeugnisse sind jedoch hier ausgestellt. Eine Ausstellung erläutert die Geschichte des zwölfbuchstabigen hawaiischen Alphabets, und es gibt die Reproduktion einer ziemlich drolligen „Karte der Mäßigung" (5 $). Sie wurde von einem der ersten Missionare gezeichnet und sollte vor den Gefahren der Trunkenheit warnen. Die Presse wurde von den Schülern der 1831 gegründeten benachbarten Schule bedient.

Da Hale Pa'i von Freiwilligen betrieben wird, sind die Öffnungszeiten nicht immer verlässlich. Besucher sollten vorher anrufen.

🏃 Aktivitäten

Lahaina ist nicht gerade für seine Strände bekannt, die eher klein und steinig sind. Wer schwimmen oder schnorcheln will, muss also die Küste bis nach Ka'anapali (S. 350) hinauffahren. Infos zu Walbeobachtungen und anderen Bootsausflügen stehen auf S. 339.

Stand Up Paddling
Dieser elegante Sport ist leicht erlernt, aber die Strömungen um Maui können für Neulinge tückisch sein. Anfänger sollten sich daher einen Kurs leisten.

Maui Wave Riders STAND UP PADDLING
(☎875-4761; www.mauiwaveriders.com; 133 Prison St; ⏰7–15 Uhr) Die Gruppen sind auf sechs Paddelschüler beschränkt. Surfstunden sind auch im Angebot.

Surfen
Noch nie gesurft? Dann ist Lahaina genau der richtige Ort, denn hier gibt's erstklas-

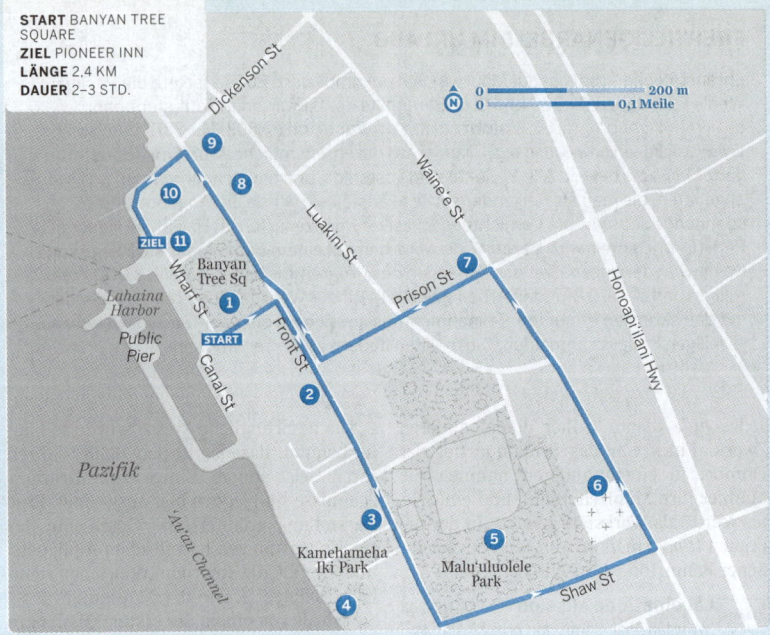

START BANYAN TREE
SQUARE
ZIEL PIONEER INN
LÄNGE 2,4 KM
DAUER 2–3 STD.

Stadtspaziergang
Lahaina

❯ Im Zentrum von Lahaina gibt's reichlich Historie zu entdecken. Die Touristeninformation (S. 346) hat einen kostenlosen Stadtplan für einen historischen Rundgang.

Los geht's am ❶ **Banyan Tree Square** (S. 334) mit dem charakteristischen Banyanbaum, dem alten Gerichtsgebäude (Old Lahaina Courthouse; S. 333) und einer Mauer aus Korallenblöcken (Ruine einer Festung von 1832) südlich des Platzes. Die Route führt nach rechts zur ❷ **Holy Innocents' Episcopal Church**. Die bunten Bilder im Inneren des Baus zeigen eine hawaiische Madonna, ein Auslegerkanu und Bauern bei der Taroernte. Hier befand sich einst die Sommerresidenz von Königin Lili'uokalani, der letzten hawaiischen Monarchin.

Südlich davon sieht man am ❸ **Hale Piula** Fundamente eines Königspalasts, der nie vollendet wurde, da Kamehameha III. ein traditionelles hawaiisches Haus vorzog. Heute werden hier traditionelle Auslegerkanus gefertigt. Davor liegt sich der ❹ **Kamehameha Iki Park**, auf der anderen Straßenseite der ❺ **Malu'uluolele Park**. Hier befand sich einst ein Teich, der die Insel Moku'ula umschloss. Sie war der Sitz der alten Könige und Standort einer reich verzierten Grabkammer. 1918 wurde der Teich verfüllt und der heutige Park entstand.

Der Friedhof der ❻ **Waine'e Church** (S. 336) ist Ruhestätte historischer Schlüsselfiguren des 19. Jhs. Viele Grabsteine sind mit rührenden Inschriften und Fotos verziert. Nördlich liegen die Gefängniszellen im ❼ **Hale Pa'ahao** (S. 335), wo früher betrunkene Walfänger ausnüchterten.

Das um 1834 errichtete ❽ **Baldwin House** (S. 336) an der Front St ist das älteste erhaltene Gebäude im westlichen Stil auf Maui. Daneben steht der aus Korallenstein erbaute ❾ **Masters' Reading Room**, der in der Walfangära als Offiziersklub diente.

Im Hafen lohnt das ❿ **Bibliotheksanwesen** (S. 336) einen Besuch. Highlights sind der Backsteinpalast und der Hauola Stone. Zum Schluss lockt ein Drink auf der Veranda des ⓫ **Pioneer Inn** (S. 341). Das Hotel verströmt Walfangatmosphäre, obwohl es erst 1901 gebaut wurde, als längst keine Walfänger mehr anlegten. Es blieb 50 Jahre lang das einzige Hotel in Lahaina und Berühmtheiten wie Jack London haben hier übernachtet.

sige Lehrer, sanfte Wellen und anfänger-freundliche Bedingungen. Eine beliebte Stelle für Neulinge ist die sogenannte **Lahaina Breakwall**, ein Küstenabschnitt nördlich des Kamehameha Iki Park. Auch unmittelbar vor der Küste des Launiupoko Beach Park (S. 346) stürzen sich Surfer gern in die Wellen.

In Lahaina gibt es mehrere Anbieter für Surfstunden. Die meisten bieten eine Geld-zurück-Garantie für alle, die nach einer zweistündigen Einweisung noch nicht auf der Welle reiten können. Je nach Teilnehmerzahl und Länge des Kurses sind die Preise unterschiedlich, aber zwei Stunden in einer Kleingruppe kosten meist um die 65 $, eine Einzelstunde 150 $.

Goofy Foot Surf School   SURFEN
(☎244-9283; www.goofyfootsurfschool.com; 505 Front St; ⊙Mo-Sa 7-21, So 8-20 Uhr) Diese erstklassige Surfschule bietet die optimale Kombination aus praktischen Grundlagen und Spaß. Neben den Surfstunden hat die Schule auch eintägige Surfcamps im Programm und vermietet Surfbretter an erfahrene Wellenreiter.

Nancy Emerson's School of Surfing   SURFEN
(☎244-7873; www.mauisurfclinics.com; 505 Front St, Suite 224B; ⊙8-20 Uhr) Die älteste Surfschule der Insel gehört Nancy Emerson, die bereits mit 14 Jahren zur internationalen Surfelite gehörte und Preise abräumte.

Tauchen & Schnorcheln

Im Hafen von Lahaina bieten Tauchboote Trips für Anfänger und Fortgeschrittene an. Wer Schnorcheln will, sollte Ka'anapali im Norden oder die Beach Parks südlich des Zentrums aufsuchen. Einen günstigen Verleih für Schnorchelausrüstung bietet **Snorkel Bob's** (☎661-4421; www.snorkelbob. com; 1217 Front St; ⊙Laden 8-17, Büro 8-20 Uhr) an der Front St, unmittelbar nördlich des Zentrums.

Lahaina Divers   TAUCHEN
(☎667-7496, 800-998-3483; www.lahainadivers. com; 143 Dickenson St; Ausfahrt mit 2 Tauchgängen ab 109 $; ⊙Laden 8-17, Büro 8-20 Uhr) Mauis erstes PADI-Center mit fünf Sternen hat die ganze Tauchpalette im Angebot, vom Nachttauchgang bis zum Schnupperkurs für Anfänger. Letztere dürfen sich die ersten Sporen an einem Riff mit vielen Meeresschildkröten verdienen: kein schlechter Anfang!

Maui Dive Shop   TAUCHEN, SCHNORCHELN
(Karte S. 348; ☎661-5388, 800-542-3483; www. mauidiveshop.com; 315 Keawe St; Ausfahrt mit 2 Tauchgängen ab 140 $; ⊙7-21 Uhr) Dieser Anbieter mit Rundumservice hat täglich Tauch- und Schnorchelausflüge im Programm. Egal, wo wir gefragt haben, überall schwärmen die Einheimischen vom 20-m-Katamaran *Alii Nui*, den Maui Dive für kleine Tauchgruppen und **Sonnenuntergangsfahrten** (Schnorcheln/Sonnenuntergang 129/99 $) nutzt. Der Maui Dive Shop hat acht Filialen auf der Insel – in Lahaina im Einkaufszentrum Lahaina Gateway Mall.

👉 Geführte Touren

Im Hafen von Lahaina gibt es viele Tourveranstalter mit Katamaranen, Glasbodenbooten und anderen Wasserfahrzeugen, die von Walbeobachtungstouren bis zum eintägigen Segeltörn nach Lana'i alles anbieten, was das Touristenherz begehrt.

Pacific Whale Foundation   ÖKOTOUR
(☎667-7447, 800-942-5311; www.pacificwhale. org; 612 Front St; Erw./Kind 7-12 J. ab 32/16 $; ⊙6-22 Uhr; ⛴) Die Umweltschützer, die die Ausflüge dieser gemeinnützigen Organisation begleiten, sind erfahren, freundlich, bestens informiert – und die besten Führer auf der Insel. Im Angebot sind mehrere Tourvarianten; alle konzentrieren sich auf die spektakuläre Meereswelt rund um Maui, und alle starten im Hafen von Lahaina. Beliebt sind vor allem die Walbeobachtungsfahrten, die im Winter mehrmals täglich angeboten werden. Sollte sich tatsächlich einmal kein Wal zeigen, bekommt man die nächste Fahrt kostenlos. Kinder unter sechs Jahren dürfen umsonst mitfahren.

LP TIPP Trilogy Excursions   SCHNORCHELTOUR
(☎874-5649, 888-225-6284; www.sail trilogy.com; 180 Lahainaluna Rd; Erw./Kind 3-15 J. 190/95 $; ⊙7-19 Uhr) Das familiengeführte Unternehmen hat sich auf persönlich zugeschnittene, umweltfreundliche Katamarantouren spezialisiert. Teilnehmer können allerdings schon mal nasse Füße bekommen. Die Tour für Frühaufsteher (6-16 Uhr) führt von Lahaina zum Hulopo'e Beach auf Lana'i; Schnorcheln und Mittagessen vom Grill inklusive. Langschläfer sollten das Boot um 10 Uhr nehmen. Bei dieser Tour gibt es zum Schluss ein Abendessen, und die Rückfahrt nach Lahaina findet bei Sonnenuntergang statt. Im Winter sind un-

terwegs Wale zu sehen und das ganze Jahr über Spinnerdelphine.

Atlantis Submarine UNTERWASSERTOUR

(☎661-7827, 800-548-6262; www.atlantis submarines.com; Pioneer Inn; Erw./Kind unter 13 J. 99/45 $; ☺) An Bord dieses 20 m langen U-Boots können auch Wasserscheue beobachten, was unter den Wellen los ist. Das Boot taucht bis auf eine Tiefe von 40 m, wo Korallen und tropische Fische warten. Außerdem wird das Wrack der *Carthaginian* angesteuert, einer Brigg, die im Spielfilm *Hawaii* (1965) eine Hauptrolle spielte. Die Fahrten starten zwischen 9 und 14 Uhr am Hafen von Lahaina; Reservierungen werden im Pioneer Inn an der Front St entgegengenommen.

Reefdancer GLASBODENBOOT

(☎667-2133; Lahaina Hafen; Erw./Kind 6–12 J. pro Std. 35/19 $, 1½ Std. 45/25 $; Abfahrt 10–14.15 Uhr; ☺) Dieses Glasbodenboot besitzt ein Unterwasserdeck mit Fensterfronten und ist ideal für kleinere Kids. Die Aussicht ist nicht so abwechslungsreich wie im U-Boot, aber trotzdem ein Augenschmaus – und Platzangst kriegt hier keiner!

✿ Festivals & Events

Während der größeren Veranstaltungen ist die Front St in Lahaina für den Verkehr gesperrt und der Andrang riesig. Aktuelle Infos gibt's beim **Lahaina Town Action Committee** (☎Eventhotline 667-9194; www. visitlahaina.com).

Ocean Arts Festival KUNST

Mit einem Wochenende voller hawaiischer Musik, Hula, Spielen und maritimer Kunst am Banyan Tree Square wird jedes Jahr Mitte März die Wanderung der Buckelwale gefeiert.

Banyan Tree Birthday Party HISTORISCHES FEST

An dem Wochenende rund um den 24. April lässt Lahaina eine zweitägige Geburtstagsparty für seinen Lieblingsbaum springen – inklusive Naturkunst, Geburtstagstorte und mit Süßigkeiten gefüllte *piñatas* für die *na keiki* (Kinder).

King Kamehameha Celebration HAWAIISCHE PARADE

Reiter in traditionell hawaiischen Trachten, Marschkapellen und blumenverzierte Festwagen ziehen an diesem Feiertag Mitte Juni zu Ehren von Kamehameha dem Großen durch die Front St. Danach

gibt's am Banyan Tree Square eine Preisverleihung und ein Kunstfestival.

Unabhängigkeitstag (4. Juli) FEUERWERK

Ab 17 Uhr spielen Kapellen auf dem Rasen der öffentlichen Bibliothek, um 20 Uhr gibt's über dem Hafen ein Feuerwerk.

Halloween in Lahaina STRASSENFEST

In der Halloween-Nacht verwandelt sich die gesamte Front St in ein riesiges Kostümfest. Parkplätze? Fehlanzeige. Ohne Bus oder Taxi geht gar nichts.

Weihnachtsschmuck im Banyanbaum WEIHNACHTEN

Am ersten Wochenende im Dezember hängen die Bürger Lahainas Tausende von bunten Lichtern in den größten Baum Hawaiis, begleitet von Musik, Weihnachtsliedern und einer Kunsthandwerksausstellung. Und für die *na keiki* kommt natürlich der Nikolaus.

🛏 Schlafen

In Lahaina sind zwar immer viele Touristen zu Gast, dafür gibt's aber erstaunlich wenige Übernachtungsoptionen. Die großen Hotelanlagen liegen weiter nördlich, wo es die schöneren Strände gibt. In Lahaina selbst sind die Unterkünfte dagegen eher klein und bieten gemütliche Atmosphäre. Zwischen Lahaina und dem Hafen von Ma'alaea im Süden haben sich ein Campingplatz am Meer (S. 347) und ein schickes B&B auf einem Hügel (S. 347) angesiedelt. Auf S. 349 sind einige Mittelklasse-B&Bs zwischen Lahaina und Ka'anapali aufgeführt.

LP TIPP Plantation Inn BOUTIQUEHOTEL $$$

(☎667-9225, 800-433-6815; www.the plantationinn.com; 174 Lahainaluna Rd; Zi. inkl. Frühstück 169–245 $, Suite 265–290 $; ❀ 🖨 🏊) Das Plantation Inn mit seinen 19 Zimmern ist eine vornehme Oase mit einem Schuss persönlichem Aloha. Das Haus steht etwas abseits vom hektischen Treiben der Strandpromenade. Die schicken Standardzimmer mit *lanai* (Balkon) und Himmelbett bieten eine harmonische Mischung aus Tradition und Moderne: Flachbild-TV und DVD-Spieler fügen sich nahtlos ein in die viktorianische Einrichtung aus der Zuckerrohrzeit. Ein Highlight ist das im Preis enthaltene Frühstück von Gerard's, das frisch aus der Küche am Swimmingpool serviert wird. Das Hotel steht zwar nicht direkt am Strand. Die Gäste dürfen aber den Strandabschnitt des Ka'anapali Beach Hotel (S. 373) benutzen, da es dem gleichen Eigentümer gehört.

Lahaina Inn
BOUTIQUEHOTEL **$$**

(☎661-0577, 800-222-5642; www.lahainainn. com; 127 Lahainaluna Rd; Zi. 145–175 $, Suite 195 $; ❄☎) Die Zimmer sind winzig, dafür aber so schick wie in einem waschechten Boutiquehotel: Kunstdrucke, Parkettböden und hier und da eine Zimmerpflanze. Und wem es zu eng wird, der kann auf den Balkon flüchten. Morgens gibt's in der Lobby Kaffee und Gebäck. Die zwölf Zimmer befinden sich oberhalb des höchst empfehlenswerten Lahaina Grill. Die Bar ist ein gemütlicher Ort für ein Gläschen Wein vor dem Ausgehen. Ein Parkplatz kostet pro Tag 6 $, WLAN 10 $.

Lahaina Shores
CONDO **$$$**

(☎661-3339, 866-934-9176; www.lahainashores. com; 475 Front St; Studio/1 Zi. ab 290/355 $; ❄☎❄) Das siebenstöckige Haus ist der einzige Condo-Komplex in der Innenstadt von Lahaina. Ähnlich wie in einem Hotel gibt es eine Rezeption und vollen Service. Der benachbarte Strand eignet sich gut für Surfanfänger und bietet abends etwas Nachtleben. Alle Wohneinheiten sind geräumig – selbst die Studios haben eine voll ausgestattete Küche und *lanai*. Parken kostet 8 $ pro Tag, WLAN 10 $.

Best Western Pioneer Inn
HOTEL **$$**

(☎661-3636, 800-457-5457; www.pioneerinn maui.com; 658 Wharf St; Zi. 150–180 $; ❄@☎❄) Von seinen Galionsfiguren bis zu den Saloon-Schwingtüren bietet dieses historische Hafenhotel Walfangflair pur. Die Gemeinschaftsbereiche strotzen vor Atmosphäre, dafür sind die Zimmer leider etwas klein. Meerblick gibt es auch nicht, aber egal – wer bleibt schon mitten in Lahaina in seinem Zimmer hocken?

Folgende Unterkünfte sind ebenfalls empfehlenswert:

Outrigger Aina Nalu
CONDO **$$**

(☎667-9766, 800-688-7444; www.outrigger. com; 660 Waine'e St; Studio/2 Zi. ab 185/275 $; ❄☎❄) Das ist ja wie im Dschungelbuch! In diesem Ferienwohnungskomplex wachsen tropische Bäume zwischen den Holzgängen im zweiten Stock. Am Strand liegt das Haus zwar nicht, dafür nur einen Häuserblock vom Wharf Cinema Center entfernt. In der Lobby gibt's einen hotelähnlichen Gästeservice, das WLAN funktioniert nur am Swimmingpool.

LAHAINAS EISIGE SPEZIALITÄTEN

Lahaina ist buchstäblich ein heißes Pflaster, aber zum Glück gibt's hier auch das perfekte Mittel zur Abkühlung: Shave Ice, Fruchteis und natürlich auch Milcheis. Im Zentrum von Lahaina sind alle drei in leckersten Variationen zu haben. Erstklassiges Shave Ice mit tropischer Geschmacksrichtung hat **Ululani's Hawaiian Shave Ice** (819 Front St). Vor den sündhaften italienischen Eiskreationen (auch mit Rohrzucker aus Maui) bei **Ono Gelato Co** (815 Front St) steht immer eine Menschentraube. **Scoops** (888 Front St) serviert das regional hergestellte Lappert's-Eis. Ein besonderer Tipp ist der Kauai Pie, eine göttliche Mischung aus Kona-Kaffeeeis, Kokos, Macadamianüssen und Fudge.

Makai Inn
CONDO **$$**

(☎662-3200; www.makaiinn.net; 1415 Front St; Zi. 105–185 $; @☎) In diesem etwas abgewohnten Gasthaus könnte die Einrichtung durchaus eine Auffrischung gebrauchen. Dafür ist die Atmosphäre freundlich und der Standort am Meer wunderbar. Alle Einheiten haben eine voll ausgestattete Küche.

✗ Essen

Schweinefleisch auf *kalua*-Art (in der Erde gegart), scharfer *ahi poke* (gewürzelter, marinierter, roher Fisch), saftige Burger, Fisch in Macadamiakruste, Drei-Beeren-Pastete … Da läuft einem wirklich das Wasser im Mund zusammen! In Lahaina gibt's das beste Essen auf ganz Maui. Leider hat sich das auch schon herumgesprochen. Viele, die in Ka'anapali Urlaub machen, kommen zum Abendessen nach Lahaina – und das sorgt für jede Menge Andrang. Also: Viel Zeit mitbringen und in den beliebten Restaurants vorher reservieren!

Lahaina Grill
HAWAIISCH REGIONAL **$$$**

LP TIPP (☎667-5117; www.lahainagrill.com; 127 Lahainaluna Rd; Hauptgerichte 36–52 $; ☉ abends) Was für ein schönes Bild bietet sich da, wenn man durch die Fenster des Lahaina Grill blickt! Schöne Menschen mit schönem Essen auf ihren Tellern – dieses

Restaurant hat einfach einen besonderen Zauber. Da sind sich alle sofort einig. Wer nicht nur sehnsüchtig durchs Fenster schaut, sondern auch hineingeht, wird von Service und Essen nicht enttäuscht. Auf der Speisekarte stehen frische Zutaten aus der Region, die innovativ zubereitet und kreativ angerichtet werden. Unter den Meeresfrüchten ist vor allem das mit Maui-Zwiebeln sautierte *ahi* an mit Vanilleschoten gekochtem Jasminreis mit Big-Island-Garnelen und einer Salsa aus geröstetem Mais aus Kula zu empfehlen. Der krönende Abschluss: eindeutig die Drei-Beeren-Pastete. Gar keine Frage.

Aloha Mixed Plate
HAWAIISCH $

(☑661-3322; www.alohamixedplate.com; 1285 Front St; Hauptgerichte 7–13 $; ⏱10.30–22 Uhr) So stellt man sich Hawaii vor: freundlich, unter freiem Himmel und am Strand. Das Essen ist erstklassig, die Preise erschwinglich. Gäste, die etwas typisch Hawaiisches essen wollen, sollten sich die Aliʻi-Platte bestellen. Darauf versammelt sind *laulau* (Fleisch und gesalzener Butterfisch, in Taro- und *ti*-Blättern gedämpft), Schweinefleisch auf *kalua*-Art, Lachs à la *lomilomi* (gehackt, gesalzen und mit Tomatenwürfeln und Zwiebel serviert), *poi* (gedämpfte, gestampfte Taroblätter) und *haupia* (Kokospudding) – alles natürlich begleitet von Makkaronisalat und Reis. Wiederholungstäter können beim nächsten Besuch die unglaublichen Kokosgarnelen probieren.

Mala Ocean Tavern
GEMISCHTE KÜCHE $$

(☑667-9394; www.malaoceantavern.com; 1307 Front St; Hauptgerichte mittags 12–24 $, abends 17–19 $; ⏱Mo–Fr 11–22, Sa 9–22, So 9–21 Uhr) Mark Ellmans stilvolles Bistro vereint die mediterrane Küche raffiniert mit der pazifischen Kochkunst und ist der Favorit der Schicken und Schönen auf Maui. Zu den besten Tapas gehören der Cheeseburger aus Kobe-Rind mit karamellisierten Zwiebeln und mit Äpfeln geräuchertem Bacon sowie der Mac & Cheese „für Erwachsene" mit Sahnepilzen und drei ausgefallenen Käsesorten. Alle Hauptgerichte mit Fisch sind ein Geschmackserlebnis, und beim Nachtisch „Caramel Miranda" geraten alle Gäste in Ekstase. Bei Sonnenuntergang ist der *lanai* am Wasser mit Tickifackeln beleuchtet – sehr romantisch!

Kimo's
HAWAIISCH $$

(☑661-4811; www.kimosmaui.com; 845 Front St; Mittagsgerichte 8–16 $, Abendessen 23–36 $;

⏱11–22.30 Uhr) Unser Favorit unter den Terrassenlokalen an der Front St. Kimo's kommt ganz im hawaiischen Stil daher, ist bei Einheimischen beliebt und macht mit zuverlässiger Qualität, einem wunderbaren Meerblick und familienfreundlicher Atmosphäre alle rundum glücklich. Zu den Hauptgerichten gehören frischer Fisch, XL-Steaks und Terriyaki-Hühnchen. Zum Mittagessen vielleicht etwas Leichteres? Dann ist der Caesar's Salad unschlagbar. Die Mai Tais werden in ulkigen Totemgläsern serviert.

I'O
HAWAIISCH REGIONAL $$$

(☑661-8422; www.iomaui.com; 505 Front St; Hauptgerichte meist 28–39 $; ⏱abends) Das I'O liegt direkt am Meer und ist das Werk von James McDonald, Mauis berühmtestem Koch. Serviert wird Nouvelle Cuisine auf hawaiische Art: fangfrischer Fisch, sautiert und mit Hummercurry, langsam gegarte Rippchen vom Maui-Rind und ähnliche Leckereien. McDonalds Küche unterliegt ganz und gar dem Prinzip der Frische. Der Koch betreibt sogar einen eigenen Bauernhof in Kula für den Gemüseanbau.

Cool Cat Cafe
50ER-JAHRE-DINER $$

(☑667-0908; www.coolcatcafe.com; Wharf Cinema Center, 658 Front St; Hauptgerichte 9–15 $; ⏱10.30–22.30 Uhr; 🖪) Die Burger und Sandwiches in diesem peppigen Diner sind nach Marylin Monroe, Buddy Holly, Elvis Presley und anderen Ikonen der 1950er-Jahre benannt. Die Burger wiegen 184 g und bestehen zu 100 % aus echtem Angus-Rind. Kein Wunder, dass sie als die besten auf Maui gelten.

Window 808
HAWAIISCH $

(www.thewindow808.com; 790 Front St; Hauptgerichte 3,50–8 $; ⏱9.30–21.30 Uhr) Dieser Tacoladen im Freien serviert die besten *mahimahi-tacos*, die wir in ganz Maui gegessen haben. Herzhaft, frisch und gut – und mit ein paar Tropfen der grünen Geheimsoße einfach nur himmlisch! Gut gewürzt ist auch das Schweinefleisch à la *kalua*. Das Lokal liegt gleich südlich der Kreuzung von Lahainaluna Rd und Front St in einem Hof versteckt.

Pacific'O
HAWAIISCH REGIONAL $$$

(☑667-4341; www.pacificomaui.com; 505 Front St; Mittagsgerichte 13–16 $, Abendessen 30–42 $; ⏱11.30–16 & 17.30–22 Uhr) Moderne Küche mit dem gewissen Etwas. In diesem schicken Lokal am Meer springt einem einfach alles ins Auge, was auf der Karte steht. Frei nach dem Motte „gewagt und innovativ" werden hier z. B. knusprige Kokosrollen mit sautierten Jakobsmuscheln und Limettenpesto serviert. Mittags geht's etwas konventioneller zu (Salate und Sandwiches), aber der Ausblick ist trotzdem extravagant.

Banyan Tree Deli & Bakery
BÄCKEREI & DELIKATESSEN $

(☎662-3354; 626 Front St; Hauptgerichte unter 10 $; ⊙7–18 Uhr) Muffins, Bananenbrot und Scones mit Mango und Macadamianüssen sind nur einige der Lockvögel im Fenster dieses neuen Konditor- und Sandwichladens. Schon morgens kommen die Wiederholungstäter scharenweise hierher, um sich diese Leckereien zu kaufen. Mittags stehen sie dann schon wieder da und wollen die erstklassigen Pastrami-Sandwiches. Der Inhaber ist freundlich, das WLAN umsonst: Was will man mehr?

Thai Chef
THAI $$

(☎667-2814; Old Lahaina Center, 878 Front St; Hauptgerichte 11–18 $; ⊙Mo–Fr mittags, Mo–Sa abends) Dieser Schuppen liegt hinter einem etwas heruntergekommenen Einkaufszentrum und sieht aus wie eine üble Absteige, aber das Essen ist unglaublich. Ein Supertipp ist die duftende Ingwer-Kokos-Suppe mit frischen Sommerbrötchen, gefolgt von den herzhaften Currys (eine Geschmacksexplosion!). Getränke müssen die Gäste selbst mitbringen, also am besten vorher beim Foodland vorbeischauen.

Penne Pasta Café
ITALIENISCH $$

(☎661-6633; 180 Dickenson St; Hauptgerichte 8–18 $; ⊙Mo–Fr 11–21.30 Uhr) Um die Preise niedrig zu halten, hat sich der renommierte Chefkoch Mark Ellman (auch Inhaber des vornehmeren Mala Ocean Tavern) in einer Seitenstraße etabliert und beschränkt sich dort auf Pasta, Pizza und Sandwiches. Klingt langweilig? Ist es aber nicht. Knoblauchthunfisch auf Linguine mit Pesto, gegrillte Zucchini mit Mandeln, warme Focaccia – Lecker!

Sunrise Café
CAFÉ $

(☎661-8558; 693 Front St; Hauptgerichte 5–11 $; ⊙6–16.40 Uhr) Dieser Winzling sieht etwas gewöhnlich aus, aber das Frühstück hat richtig Pepp. Es gibt Räucherlachs mit Eiern, einheimische Zwiebeln und Sauce Hollandaise mit Zitronen und Kapern, Schokopfannkuchen, Croissants mit Käse und frisches Obst. Zum Mittagessen gibt's

Frisch und günstig: An der Fischtheke im Lebensmittelladen Foodland (s. unten; www.foodland.com) gibt's Thunfisch-*poke* in allen erdenklichen Kombinationen. Einen besseren Deal bekommt man fast nirgends auf Maui. Und das Allerbeste: Probieren ist kostenlos! Zum Mitnehmen eignet sich die *poke*-Schüssel, die eine Riesenportion Reis beinhaltet. Das würzige Thunfisch-*poke* ist hervorragend.

alles, was das Herz begehrt – vom Gourmetsandwich bis zum Roastbeef-Teller. Nur Barzahlung.

Gerard's
FRANZÖSISCH $$$

(☎661-8939; www.gerardsmaui.com; 174 Lahainaluna Rd; Hauptgerichte 33–50 $; ⊙abends) Chefkoch Gerard Reversade verzaubert frische Meeresfrüchte aus Lahaina mit französischem *oh-là-là*. Heraus kommen herzhafte Kreationen wie pazifische Bouillabaisse. Serviert wird das Ganze auf einer ruhigen Veranda bei Kerzenlicht – ein Abend könnte kaum romantischer sein!

Star Noodle
ASIATISCH $$

(☎667-5400; www.starnoodle.com; 286 Kupuohi St; Mittagsgerichte 9–12 $, Abendessen 9–25 $; ⊙mittags 10.30–15, abends 17.30–22 Uhr) Leichte Kost gefällig? Dann ist die bunte Auswahl an asiatischen Fusion-Gerichten in diesem schicken Nudelschuppen genau das Richtige. Wem der Sinn nach Herzhafterem steht, nimmt Knoblauchnudeln, *ramen*-Nudeln mit *kimchi* oder das hawaiische *saimin* (Nudelsuppe mit Frühstücksfleisch).

Foodland

(☎661-0975; Old Lahaina Center, 878 Front St; ⊙6–24 Uhr) und **Safeway** (☎667-4392; Lahaina Cannery Mall, 1221 Honoapi'ilani Hwy; ⊙24 Std.) sind die besten Adressen für Selbstversorger. Die Frischetheken sind dort auch nicht schlecht.

Ausgehen

Die Front St ist das Zentrum des Nachtlebens. Die kostenlosen Wochenzeitungen *Lahaina News* und *Maui Time Weekly* veröffentlichen einen Veranstaltungskalender; Unternehmungslustige sollten sich aber einfach ins Getümmel stürzen.

Aloha Mixed Plate
OPENAIR-BAR

(☑661-3322; 1285 Front St; ⏱10.30–22 Uhr) Sich die Meeresbrise um die Nase wehen lassen und einen Mai Tai genießen – das ist Urlaubsfeeling pur! Und das Beste daran: Zwischen 14 und 18 Uhr kostet er nur 3 $. Nach Sonnenuntergang berieselt zusätzlich die Musik vom Old Lahaina Luau nebenan die Gäste.

Best Western Pioneer Inn
PUB

(☑661-3636; 658 Wharf St; ⏱7–22 Uhr) Wenn Moby Dicks Erzfeind Kapitän Ahab durch die Schwingtüren hereingehumpelt käme, würden die Gäste nicht mal von ihrem Grog aufschauen. Der alte Haudegen würde in der Walfängeratmosphäre und auf der Veranda mit Blick auf den Hafen gar nicht weiter auffallen. Landratten können während der Happy Hour (meist 15–18 Uhr) eine Menge Geld sparen.

Lahaina Coolers
CAFE

(☑661-7082; www.lahainacoolers.com; 180 Dickenson St; ⏱8–1 Uhr) In diesem bunt zusammengewürfelten Freiluftcafé treffen sich die Mittdreißiger, knabbern *pupu* (Snacks) und nippen an einem Glas Bowle. Und wenn nachts die Tanzfläche freigeräumt wird, ist das Lahaina Coolers der beste Ort für einen Absacker, denn kein Laden hat länger geöffnet. Am Morgen danach kann man dann den Kater mit dem phantastischen Schweinefleisch à la *kalua* mit Spiegeleiern auf Tortilla bekämpfen.

Moose McGillycuddy's
PARTY-LOCATION

(☑667-7758; www.moosemcgillycuddys.com; 844 Front St) Studenten, sexy Singles und Tanzwütige aufgepasst: Hier geht die Post ab! Die lebhafte Bar mit Restaurant zieht alle Partyhasen an, die bis zum Umfallen feiern wollen. Auf den beiden Tanzflächen vom McGillycuddy's gibt's freitags bis sonntags Livemusik, und täglich legt ein DJ auf. Die Bar ist bekannt für ihre 1-$-Drinks (Cocktails und Bier vom Fass). Die gibt's dienstags bis samstags, dann allerdings mit 5 $ Eintritt.

Cheeseburger in Paradise
KUSCHELROCK

(☑661-4855; www.cheeseburgerland.com; 811 Front St) Dieser Laden mit Meerblick befindet sich an einem wunderschönen Fleckchen an der Front St Ecke Lahainaluna Rd. Perfekt für den Sonnenuntergang! Von 16.30 bis 22 Uhr gibt's außerdem softe Countrymusik.

MauiGrown Coffee
COFFEESHOP

(☑661-2728; www.mauigrowncoffee.com; 277 Lahainaluna Rd; ⏱Mo–Sa 6.30–17 Uhr) Von der Veranda sieht man den Schornstein einer Zuckerrohrplantage und die wolkenverhangenen Gipfel der West Maui Mountains. Mit einem Kaffee, der zu 100 % aus Maui stammt, kann man hier bereits um 7 Uhr richtig gut in den Tag starten.

Timba
CLUB

(☑661-9873; www.timbamaui.com; 505 Front St; ⏱Do–Sa 21–2 Uhr) Etwas Schickeres als diesen Club über dem Pacific'O findet man auf der ganzen Insel nicht. Gedämpftes Licht, eine piekfeine Lounge, die frische Brise vom Meer und coole Houseklänge verleihen diesem Schuppen eine ordentliche Portion Stil. Leider hat Klasse in Lahaina auch ihren Preis: Am Wochenende kostet der Eintritt 10–15 $. Baseballkappen und andere Geschmacklosigkeiten sind verboten.

Hula & Luau

Wenn es um Hula und *luau* (hawaiisches Festessen) geht, ist man nirgends so gut aufgehoben wie in Lahaina. Eine Hula-Show ist definitiv ein Urlaubshighlight. Im Einkaufszentrum **Lahaina Cannery Mall** (www.lahainacannery.com; 1221 Honoapi'ilani Hwy) gibt es sie sogar umsonst (dienstags und donnerstags um 19 Uhr), für die *na keiki* (Kinder) samstags und sonntags um 13 Uhr.

LP TIPP Old Lahaina Luau
LUAU

(☑667-1998; www.oldlahainaluau.com; 1251 Front St; Erw./Kind 2–12 J. 95/65 $; ⏱Okt.–März 17.15–20.15 Uhr, April–Sept. 17.45–20.45 Uhr; ⏹) Der warmherzige Aloha-Empfang, das extravagante Festessen und die hypnotischen Hula-Tänze – all das ist erstklassig. Hier gibt es definitiv das authentischste und schönste *luau* auf ganz Maui. Zum hervorragenden Festessen gehören hawaiische Klassiker wie Schweinefleisch auf *kalua*-Art, Thunfisch-*poke*, *pulehu*-Steak (gebraten) und eine ganze Palette an Salaten und Beilagen. Aber Vorsicht: Ohne Reservierung geht nichts, der Laden ist oft schon einen Monat im Voraus ausgebucht.

Feast at Lele
LUAU

(☑667-5353; www.feastatlele.com; 505 Front St; Erw./Kind 2–12 J. 110/80 $; ⏱Okt.–März 17.30–20.30 Uhr, April–Sept. 18–21 Uhr) Bei diesem intimen polynesischen *luau* am Strand vor dem Restaurant I'O kommen die verschiedenen Menügänge aus Hawaii, Neuseeland, Tahiti und Samoa – und zu jedem Gang gibt's eine passende Tanzvorführung. Zur hawaiischen Musik werden Schweinefleisch à la *kalua* und *pohole*-Farn gereicht, zur Maori-Musik Entensalat mit einer Soße aus *poha* (Andenbeere) usw. Feinschmecker schweben hier im siebten polynesischen Himmel.

'Ulalena MODERNER TANZ
([☑]661-9913; www.ulalena.com; Old Lahaina Center, 878 Front St; Erw. 60–165 $; Kind 3–12 J. 25–80 $; ⊙Mo–Fr 18.30–20 Uhr) Diese Show im Maui Theater mit seinen 680 Sitzplätzen orientiert sich am Cirque du Soleil, aber hier stehen hawaiische Geschichte und die heimische Erzählkunst im Mittelpunkt. Moderner Tanz, brillante Bühnenbilder, Akrobatik und kunstvolle Kostüme sorgen für unterhaltsame, energiegeladene Aufführungen.

 Shoppen

An der Front St gibt es jede Menge schicke Boutiquen, billige Souvenirläden und schrille Galerien. Das **Wharf Cinema Center** ([☑]661-8748; www.thewharfcinemacenter. com; 658 Front St) und die **Lahaina Cannery Mall** ([☑]661-5304; www.lahainacannery.com; 1221 Honoapi'ilani Hwy) versammeln viele unterschiedliche Läden unter einem Dach.

 **Lahaina Arts Society** KUNST & HANDWERK
(http://lahaina-arts.com; 648 Wharf St) Eine gemeinnützige Kooperative aus fast hundert Inselkünstlern stellt auf zwei Stockwerken des Old Lahaina Courthouse ihre Arbeiten aus. Von moderner Malerei bis zu traditioneller Webkunst ist alles vertreten.

Lahaina Printsellers KUNST & LANDKARTEN
(www.printsellers.com; 764 Front St) Hawaiis größter Laden für antiquarische Landkarten verkauft unter anderem faszinierende Originale aus der Zeit von James Cook. Erschwingliche Drucke sind ebenfalls zu haben. Der Laden befindet sich innerhalb der Galerie Lahaina Giclee, die ein breites Angebot an hochwertiger *giclée*-Digitalkunst aus Hawaii verkauft.

Village Gifts & Fine Arts KUNSTHANDWERK & GESCHENKE
(Front St Ecke Dickenson St) In diesem Zimmerchen innerhalb des Masters' Reading Room werden Kunstdrucke, Holzschüsseln und Glasbläserarbeiten verkauft. Ein Teil des Erlöses geht an die Lahaina Restoration Foundation.

345

LANGE NACHT DER GALERIEN

Immer freitags ist „Art Night" in Lahaina. Dutzende von Galerien veranstalten dann Vernissagen, teilweise mit Unterhaltungsprogramm, Wein und Häppchen. Es gibt keine bessere Gelegenheit, die Kunstszene an der Front St auszuchecken, Künstler kennenzulernen und an einem Käsekanapee zu knabbern. Die Art Night dauert von 19 bis 22 Uhr und ist kostenlos – es sei denn, man kann nicht widerstehen und nimmt ein paar Schätze mit nach Hause.

Old Lahaina Book Emporium BÜCHER
(834 Front St) Der beste unabhängige Buchladen auf Maui verkauft neue und gebrauchte Bücher sowie alte hawaiische Artefakte.

Crazy Shirts Center BEKLEIDUNG
(www.crazyshirts.com; 865 Front St) Verkauft trendige T-Shirts mit Hawaiimotiven.

Lahaina Scrimshaw KUNSTHANDWERK
(845 Front St) Moderne und antike Kunst aus versteinerten Walrosszähnen, Mammutelfenbein und Knochen.

Maui Hands Center KUNST & HANDWERK
(612 Front St) Eine hervorragende Auswahl an auf der Insel hergestelltem Kunsthandwerk.

Hale Zen Home Décor & More WOHNKULTUR
(180 Dickenson St) Der einladende Laden macht eher einen balinesischen als einen hawaiischen Eindruck. Er verkauft eine große Auswahl an Kerzen, Cremes und Geschenken.

Praktische Informationen

Geld

Bank of Hawaii (www.boh.com; Old Lahaina Center, 130 Papalaua St)

Medizinische Versorgung

Longs Drugs ([☑]667-4384; www.cvs.com; Lahaina Cannery Mall, 1221 Honoapi'ilani Hwy; ⊙7–24 Uhr) Die größte Apotheke in Lahaina.

Maui Medical Group ([☑]661-0051; 130 Prison St; ⊙Mo–Fr 8–19, Sa & So 8–17 Uhr) Hier werden keine Notfälle behandelt.

Maui Memorial Medical Center (📞244-9056; www.mmmc.hhdc.org; 221 Mahalani St) Im Notfall sollte man sich an dieses Krankenhaus in Wailuku wenden.

Notfälle

Polizei (📞244-6400)

Polizei, Feuerwehr und Krankenwagen (📞911)

Post

Postamt im Zentrum (Old Lahaina Center, 132 Papalaua St; ⏱Mo–Fr 9–16 Uhr)

Touristeninformation

Lahaina Visitor Center (📞667-9193; www. visitlahaina.com; Old Lahaina Courthouse, 648 Wharf St; ⏱9–17 Uhr)

 An- & Weiterreise

Der Honoapiʻilani Hwy (Hwy 30) verbindet Lahaina mit Kaʻanapali im Norden, Maʻalaea im Süden und Wailuku im Osten. Fähren nach Lanaʻi und Molokaʻi legen am Hafen von Lahaina an.

 Unterwegs vor Ort

Auto & Motorrad

Die meisten Maui-Reisenden mieten ihr Auto gleich nach der Ankunft am Flughafen Kahului (s. oben rechts).

Harley-Davidsons gibt's bei **Eagle Rider** (📞662-4877; www.eaglerider.com; 94 Kupuohi St) in der Nähe des Lahaina Gateway Center. Hier werden die Kultmotorräder für 149 $ am Tag vermietet, inklusive Helm.

An der Front St kann man umsonst parken, aber die Konkurrenz beim Kampf um einen freien Parkplatz ist groß. In der winzigen Luakini St (zwischen Lahainaluna Rd und Dickenson Rd) gibt es einen kostenlosen Parkplatz, der allerdings schnell voll ist. Am besten ist der große kostenlose Parkplatz an der Front St Ecke Prison St. Hier ist das Parken allerdings auf drei Stunden beschränkt. Außerdem gibt es einige private Parkplätze, die im Schnitt 8 $ am Tag kosten. Der größte heißt Republic Parking und befindet sich in der Dickenson St. Eine andere Möglichkeit sind die Parkplätze der Einkaufszentren. Sie sind kostenlos, wenn man etwas einkauft und den Parkschein an der Kasse abstempeln lässt.

Bus

Maui Bus, S. 332 (www.mauicounty.gov) verbindet Kahului mit Lahaina (1 $, 1 Std.) mit Zwischenstopp in Maʻalaea, wo es auch Verbindungen nach Kihei und Wailea gibt. Ein anderer Bus verbindet Lahaina mit Kaʻanapali (1 $, 30 Min.). Beide Linien fahren zwischen 6.30 und 20.30 Uhr stündlich am Wharf Cinema Center ab.

Fahrrad

Fahrräder kann man bei **West Maui Cycles** (📞661-9005; 1087 Limahana Pl; 15–60 $ pro Tag; Mo–Sa 9–17, So 10–16 Uhr) ausleihen. Hier wird alles geboten – vom Trekkingrad bis zum Mountainbike, es gibt auch günstigere Stadträder.

Taxi

Die folgenden Taxiunternehmen fahren in Lahaina: **Aliʻi Cab** (📞661-3688), **LA Taxi** (📞661-4545) und **Paradise Taxi** (📞661-4455). Die einfache Fahrt zwischen Lahaina und Kaʻanapali kostet etwa 15–16 $.

Vom/Zum Flughafen

Vom Flughafen Kahului führt der Hwy 380 nach Süden bis zum Hwy 30, der bis nach Lahaina geht. Die Fahrt dauert etwa 45 Minuten. Reisende ohne Mietauto können den **Executive Shuttle** (📞669-2300, 800-833-2303; www. mauishuttle.com) nehmen. Er bietet die besten Preise für die Fahrt zwischen Lahaina und dem Flughafen (43 $ für 1, 45 $ für 2 Pers.).

WEST MAUI

Auf der Suche nach Action? Kein Problem! Ob Schnorcheln, Ziplining, Golfen, Dschungelabenteuer oder Segeln bei Sonnenuntergang – Mauis schöner Westen erfüllt alle Wünsche, und die hier angebotenen Aktivitäten sind so vielfältig wie die Landschaft. Kaʻanapali ist das quirlige Zentrum des Geschehens: ein schicker Ort mit Golfplätzen der Extraklasse, noblen Resorts, Restaurants am Meer und einem umwerfenden, 1,5 km langen Strand.

Wer dem Tourismus entfliehen möchte, ist in Kahana oder Napili am besten aufgehoben, beides entzückende Küstenorte, die für ihre Condos und günstigen Preise bekannt sind. Weiter nördlich im flotten Kapalua bilden hawaiische Geschichte und protzige Exklusivität eine interessante, wenn auch etwas ungemütliche Mixtur. Abseits der touristischen Pfade lockt eine Fahrt über den Kahekili Hwy rund um die wilde Nordküste.

Von Lahaina bis Maʻalaea

Die Straße von Lahaina nach Maʻalaea eröffnet herrliche Ausblicke auf eine schöne Berglandschaft. Im Winter blicken jedoch alle in Richtung Meer, auf der Suche nach Buckelwalen vor der Küste.

LAUNIUPOKO BEACH PARK

Surfanfänger und Profis zieht es zum **Launiupoko Beach Park**, einem beliebten Surf-

Im Winter kommen die Buckelwale manchmal bis auf 100 m an die Küste heran. Beach Parks und Parkbuchten an der Straße bieten einen tollen Blick auf ihr behäbiges Treiben. Der beste Aussichtspunkt ist der **Papawai Point** auf einer Steilklippe an der Westseite der Ma'alaea Bay. Hier befindet sich ein bevorzugtes Planschbecken für Buckelwalbabys – ein perfekter Ort, um den Sonnenuntergang zu genießen! Im Winter stehen Freiwillige der Pacific Whale Foundation am Parkplatz und leihen interessierten Besuchern ihre Ferngläser. Papawai Point liegt auf halbem Weg zwischen den Meilensteinen 8 und 9. Achtung: Auf dem Schild steht nicht der volle Name, sondern nur „Scenic Point" (Aussichtspunkt), aber dafür gibt es eine eigene Abbiegerspur. Wer langsam fährt, kann es nicht verfehlen.

revier 3 Meilen (knappe 5 km) südlich von Lahaina. Im Süden bietet der Strand kleine, anfängertaugliche Wellen. Für alle, die schon besser auf dem Brett stehen, legt er im Norden einen Zahn zu. Auch Stehpaddler kommen inzwischen gerne hierher. Für Familien ist der Park optimal – die *na keiki* können sich im großen, von Steinen eingefassten Planschbecken austoben, während schöne Picknickanlagen zum Ausruhen einladen. Selbst das Klo ist im Surfstil designt und mit einem Wandgemälde mit jungen Surfern verziert. Launiupoko liegt an der Ampel bei Meilenstein 18.

🛏 Schlafen

B&Bs sollte man auf Maui immer im Voraus buchen. Spät abends ohne Anmeldung oder Reservierung aufzutauchen, hat meist keinen Sinn.

Ho'oilo House   B&B $$$
(📞 667-6669; www.hooilohouse.com; 138 Awaiku St; Zi. 229–289 $; ❄ @ 🛜 🏊) Diese großartige Unterkunft in den West Maui Mountains ist der ideale Ort für Zen-Fanatiker. Die großen Fenster im Gemeinschaftsraum des A-frame-Hauses bieten einen großartigen Ausblick auf Lana'i. Drumherum liegen sechs Zimmer mit Asien- oder Maui-Thema. Die geschmackvolle Ausstattung ist von Zimmer zu Zimmer unterschiedlich (teilweise aus Bali importiert). Alle haben *lanai* und Außendusche mit bunt zusammengewürfeltem Design. Zum Frühstück gehören frische Muffins und Brot, Müsli, Cornflakes und Obst – natürlich unbehandelt und meist aus dem fast einen Hektar großen Obstgarten des Hauses. Die Inhaber Dan und Amy haben 2011 Solarzellen auf dem Dach installiert und rechnen damit, dass sie damit 90–95 % des Energiebedarfs decken werden.

OLOWALU

Vor der wunderbaren Kulisse der West Maui Mountains liegt das Örtchen Olowalu, dessen Name passenderweise wörtlich übersetzt „viele Hügel" bedeutet. Es ist so winzig, dass man es eigentlich nur am Olowalu General Store und am Olowalu Juice Stand erkennt.

◉ Sehenswertes & Aktivitäten

In der Nähe des Meilensteins 14 sieht man hin und wieder Schnorchler ins Wasser springen. Warum, ist allerdings ein Rätsel. Das Korallenriff ist flach und verschlickt, und die Schilder mit den Haiwarnungen sind durchaus ernst zu nehmen: Zwischen 1993 und 2002 wurden hier drei Menschen von Haien angegriffen.

Petroglyphen von Olowalu   PETROGLYPHEN
Hinter dem Gemischtwarenladen führt ein kurzer Spaziergang zu diesen uralten Steinschnitzereien. Hinter dem Wasserturm beim Laden ist Platz zum Parken. Von hier weist ein Tor mit Schild den Weg zur Straße, die nach etwa 400 m zu den Petroglyphen führt. Der Weg ist einfach zu finden – einfach immer dem Aschekegel des Vulkans folgen.

Wie alle meisten Petroglyphen auf Maui sind diese Figuren in die senkrechten Wände von Steilklippen und nicht (wie auf Big Island) in waagerecht liegende Lavaplatten gehauen. Die Figuren bei Olowalu sind größtenteils beschädigt, manche sind aber noch zu erkennen.

🛏 Schlafen & Essen

Camp Olowalu   CAMPING $
(📞 661-4303; www.campolowalu.com; 800 Olowalu Village Rd; Stellplatz pro Erw./Kind 6–12 J. 10/5 $) Der Campingplatz ist auf einer Seite begrenzt vom Meer, auf der ande-

ren durch einen dichten Wald. Hier hätte man ideal die TV-Serie *Survivor* drehen können! Die einfache Ausstattung (kalte Duschen, Toiletten, Picknicktische, Trinkwasser) und der freundliche Hausmeister geben dem Ganzen aber doch einen Hauch von Zivilisation. Für 20 $ pro Person sind auch A-Frame-Hütten mit sechs Betten zu haben.

Olowalu Juice Stand OBSTWAGEN $
(Olowalu Village Rd; Smoothies 5 $; 9–17.30 Uhr) Papaya, Banane, Ingwer, Guave, Limette, Mango, Mandarine und natürlich Ananas – dieser Obstwagen an

der Nordseite des Olowalu General Store mixt Smoothies in allen Geschmacksrichtungen und mit frisch gepresstem Zuckerrohrsaft. Frisches Obst ist auch zu haben.

UKUMEHAME BEACH PARK & UMGEBUNG

Auf halbem Weg zwischen den Meilensteinen 11 und 12 quetscht sich der glanzlose County Park **Papalaua Beach Park** zwischen Straße und Meer. Hier gibt es zwar Feuerstellen, Toiletten und Zeltstellplätze unter dornigen *kiawe*-Bäumen (Erlaubnis und Zahlung einer Gebühr er-

◎ **Sehenswertes**

1 Hale Pa'i B3
2 Nakalele Blowhole C1
3 Leuchtturm am Nakalele Point C1
4 Natürliche Meeresspools....................... C1
5 Ohai Viewpoint C1
6 Petroglyphen von Olowalu.................... B4
7 Pohaku Kani.. C1
8 Pohaku Park A2
9 Turnbull Studios & Sculpture
   Garden... D2
10 Waihe'e Ridge Trail (Startpunkt) D2

Aktivitäten, Kurse & Touren

Boss Frog.................................... (s. 20)
Maui Dive Shop ....(s. 25)
11 Mendes Ranch.................................... D2
12 Waiehu Municipal Golf Course............. D3

◉ **Schlafen**

13 Camp Olowalu.................................... B5
14 Guest House A3

15 Hale Kai...A2
16 Ho'oilo House..................................... B4
17 House of Fountains A3
18 Kahana Village A2
19 Noelani A2

◉ **Essen**

Farmers Market Deli .... (s. 20)
20 Honokowai Okazuya A2
21 Java Jazz & Soup Nutz A2
22 Maui Tacos...A2
23 Olowalu Juice Stand.............................B5
Roy's Kahana Bar & Grill .... (s. 25)
24 Star Noodle A3

◉ **Ausgehen**

Hawaiian Village Coffee................... (s. 25)
Maui Brewing Company .... (s. 25)

◉ **Shoppen**

25 Kahana Gateway.................................A2
26 Kaukini Gallery & Gift Shop...................C1

MAUI VON LAHAINA BIS KA'ANAPALI

forderlich, donnerstags ist Camping verboten), der Verkehrslärm dröhnt aber die ganze Nacht. Wer also nicht unbedingt hier schlafen muss, fährt lieber weiter zum Camp Olowalu.

Am Meilenstein 12 liegt der **Ukumehame Beach Park**. Dieser Sandstrand mit Schatten spendenden Eisenbäumen ist ganz okay für einen kurzen Sprung ins Wasser zur Abkühlung. Wegen der vielen Steine beschränken die Einheimischen hier aber ihre Aktivitäten meist auf Picknicken und Angeln. An den **Coral Gardens** unmittelbar vor der Küste gehen Tauch- und Schnorchelboote vor Anker. Das westliche Ende dieses Riffs bringt die Welle **Thousand Peaks** hervor, die vor allem von Longboardern und Surfanfängern geschätzt wird.

Eine Parkbucht befindet sich am westlichen Ende des Lahaina-Pali-Wanderwegs (S. 398). Sie liegt auf der landeinwärts gelegenen Straßenseite, gleich südlich des Meilensteins 11.

Von Lahaina bis Ka'anapali

An der Straße wischen Lahaina und Ka'anapali liegen zwei gute B&Bs und ein paar Beach Parks.

WAHIKULI WAYSIDE PARK
Der Wahikuli Wayside Park erstreckt sich drei Kilometer nördlich von Lahaina an einem schmalen Strand neben einer gut befahrenen Schnellstraße. Der Strand wird zwar hauptsächlich von schwarzen Felsen begrenzt, es gibt aber auch eine kleine Sandfläche. Normalerweise kann man hier gut schwimmen und bei ruhigem Wasser auch um die Lavafelsen am südlichen Ende des Parks schnorcheln. Duschen und Toiletten sind vorhanden.

🛏 Schlafen

Die folgenden B&Bs liegen nicht weit voneinander entfernt auf der Inlandsseite des Hwy 30 in einer Wohngegend zwischen Lahaina und Ka'anapali. Der Strand liegt zwar nicht direkt vor der Haustür, ist aber nur fünf Autominuten entfernt.

Guest House   B&B $$
(☎661-8085, 800-621-8942; www.mauiguest house.com; 1620 A'inakea Rd; EZ/DZ inkl. Frühstück 169–189 $; ✳@🛜🏊) Das einladende Guest House hat nicht nur einen brandneuen Salzwasserpool zu bieten, die gesamte Ausstattung ist besser als in den Ferienanlagen in der Umgebung. Jedes Zimmer hat einen eigenen Whirlpool und Plasma-TV mit 42-Zoll-Bilddiagonale. Buntglasfenster und Rattanmöbel geben dem Ganzen einen

tropischen Touch. Außerdem gibt's kostenlose Strandhandtücher und Schnorchelausrüstung, eine voll ausgerüstete Gemeinschaftsküche und eine Gästedusche.

House of Fountains   B&B $$
(☎667-2121, 800-789-6865; www.alohahouse. com; 1579 Lokia St; Zi. inkl. Frühstück 150–170 $; ❄🌐🐾) Das handgeschnitzte Auslegerkanu, das im Gemeinschaftsraum an der Decke hängt, ist ein Hingucker. Aber es ist nicht das einzige hawaiische Dekostück in dieser Unterkunft. In jeder Ecke hängen Hula-Rasseln und Kriegsmasken herum – und auf dem Boden des Swimmingpools sitzt sogar eine Meeresschildkröte. Jedes der Zimmer ist sehr angenehm mit französischen Betten, Kühlschrank und DVD-Player ausgestattet. Die Leitung ist kinderfreundlich; zweite Sprache des Hauses ist Deutsch!

HANAKAʻOʻO BEACH PARK
Dieser lange Sandstrand verläuft vom Kaʻanapali Beach Resort Richtung Süden. Auch unter Wasser ist der Boden hier sandig, und es herrschen meist sichere Schwimmbedingungen. Im Sommer tragen jedoch Südwinde manchmal größere Wellen und Shorebreaks heran, und im Winter sorgen hin und wieder Stürme auf der *kona*-Seite (Leeseite) für windige Verhältnisse. Schnorchler paddeln gerne um die zweite Felsgruppe am südlichen Ende des Parks. Aber die Unterwasserwelt ist nicht zu vergleichen mit den Schnorchelrevieren weiter im Norden. Der Park ist mit jedem Komfort ausgestattet und der Strand ist einer von nur zweien an der ganzen Küste von West Maui mit Rettungsschwimmern. Der Strand von Hanakaʻoʻo ist auch als „Canoe Beach" bekannt, weil die Auslegerkanuklubs am Spätnachmittag hier ihr Training absolvieren. Den Eingang markiert ein kleiner Einwandererfriedhof aus den 1850er-Jahren.

Kaʻanapali
986 EW.

Wer es sich mal so richtig gut gehen lassen will, muss nach Kaʻanapali! Mauis schillerndster Ferienort kann mit 5 km Sandstrand, Dutzenden Hotels direkt am Meer, zwei 18-Loch-Golfplätzen und endlos vielen Wassersportaktivitäten aufwarten. Dies ist der perfekte Ort für einen Nachmittag in einer malerischen Strandbar mit

einem tropischen Drink in der Hand. Den unvergleichlichen Ausblick auf Lanaʻi und Molokaʻi sowie hawaiische Gitarrenklänge gibt's gratis dazu.

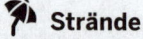 **Strände**

LP TIPP   **Kaʻanapali Beach**   STRAND
An diesem atemberaubend schönen Sandstrand, der sich zwischen dem Hyatt Regency Maui und dem Sheraton Maui eine Meile (1,6 km) Richtung Norden erstreckt, sind Kaʻanapalis Resorthotels angesiedelt. Es ist der lebendigste Strandabschnitt in ganz West Maui. Hier pulsiert – und posiert – das pralle Leben, frei nach dem Motto: „Sehen und gesehen werden". Surfer, Boogieboarder und Kitesurfer flitzen über das Wasser, und viele Segelboote liegen vor Anker. Schwimmer sollten sich allerdings in einer der hoteleigenen Strandhütten nach den Wasserbedingungen erkundigen, denn sie ändern sich je nach Jahreszeit und manchmal gibt es starke Strömungen.

Das beste Schnorchelrevier ist **Puʻu Kekaʻa**, auch bekannt als Black Rock. Diese Landzunge aus Lavagestein vor dem Sheraton bildet einen natürlichen Schutz für den Strand. Neulinge sollten sich auf die geschützte Südseite beschränken. Hier gibt es einiges zu sehen, aber leider wurden die Korallen im flachen Wasser größtenteils niedergetrampelt. Für gute Schwimmer lohnt sich die weniger frequentierte Hufeisenbucht an der Spitze der Landzunge. Hier tummeln sich tropische Fische, bunte Korallen und Meeresschildkröten. Oft herrscht an der äußersten Spitze der Felsnase eine starke Strömung, die das Hereinschwimmen in die Bucht erschwert. In der Bucht selbst ist das Wasser aber vollkommen ruhig. Puʻu Kekaʻa ist auch ein beliebter Ort zum Küstentauchen; einfach in einer der Strandhütten nachfragen.

Kahekili Beach Park   STRAND
Wer keine Lust auf die selbstverliebten Sonnenanbeter vor den Resorts hat, sollte diesen idyllischen goldenen Sandstrand am weniger überlaufenen nördlichen Ende von Kaʻanapali aufsuchen. Hier sind die Badebedingungen besser, Schnorcheln ist auch möglich, und vor allem kann man sein Handtuch ausbreiten, ohne einen anderen Sonnenbader zu stören. Der Park bietet alles, was für einen relaxten Tag am Strand nötig ist: Duschen, Toiletten, ein überdachter Picknickpavillon und Grillstellen. Er ist leicht zu finden und bietet jede Menge kos-

Ka'anapali

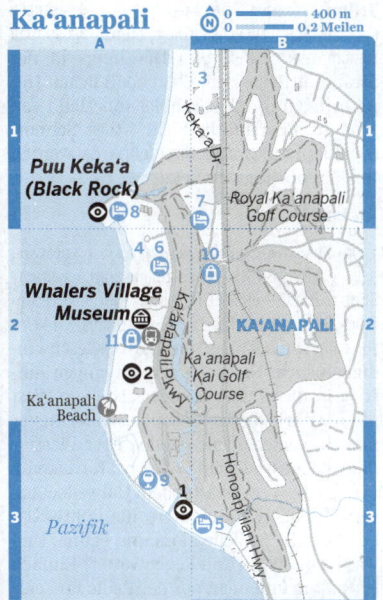

0 — 400 m
0 — 0,2 Meilen

Ka'anapali

◎ **Highlights**
Pu'u Keka'a (Black Rock) A1
Whalers Village Museum A2

◎ **Sehenswertes**
1 The Acrobats A3
2 Westin Maui Resort & Spa A2

Aktivitäten, Kurse & Touren
Ka'anapali Dive Company .... (s. 2)
3 Royal Lahaina Tennis Ranch B1
Skyline Eco-Adventures .... (s. 10)
Teralani Sailing .... (s. 11)
Tour of the Stars .... (s. 5)
4 Trilogy Ocean Sports A2

◎ **Schlafen**
5 Hyatt Regency Maui Resort &
Spa B3
6 Ka'anapali Beach Hotel A2
7 Outrigger Maui Eldorado B1
8 Sheraton Maui A1

Essen
China Bowl .... (s. 10)
CJ's Deli .... (s. 10)
Hula Grill & Barefoot Bar .... (s. 11)
Son'z at Swan Court .... (s. 5)

◎ **Ausgehen**
Leilani's .... (s. 11)
9 Longboards A3

◎ **Unterhaltung**
Drums of the Pacific .... (s. 5)
Hyatt Regency Maui Resort &
Spa .... (s. 5)
Ka'anapali Beach Hotel .... (s. 6)
Sheraton Maui .... (s. 8)
Whalers Village .... (s. 11)

◎ **Shoppen**
10 Fairway Shops B2
11 Whalers Village A2

MAUI KA'ANAPALI

tenlose Parkplätze. Schnorchler werden von den Korallen und Fischen in unmittelbarer Strandnähe begeistert sein; Meeresschildkröten lassen sich ebenfalls oft blicken.

Um hierher zu gelangen, biegt man vom Honoapi'ilani Hwy 300 m nördlich des Meilensteins 25 *makai* (Richtung Meer) auf den Kai Ala Drive ab und hält sich dann rechts.

◉ Sehenswertes

LP TIPP ▷ **Whalers Village Museum** MUSEUM
(☏661-5992; www.whalersvillage.com/ museum.htm; Whalers Village, 2435 Ka'anapali Pkwy, 3. Etage; Eintritt frei; ◷10–18 Uhr) Mitte der 1800er-Jahre war Lahaina ein beliebter Zwischenstopp für Walfänger auf der Route zwischen Japan und der Arktis. Dieses faszinierende Museum beleuchtet den mühsamen Alltag dieser Seeleute. Originalfotos, Logbücher, Harpunen und fesselnde Erläuterungen gehen der Geschichte des Walfangs auf den Grund. Besonders spannend ist ein nachgebautes Schiffsdeck in Originalgröße. Wie es eine 20-köpfige Crew wochenlang in diesem winzigen Raum aushalten konnte, ohne durchzudrehen, wird wohl ewig ein Rätsel bleiben. Ebenfalls einen Blick wert ist die komplizierte Takelage an den Segeln des maßstabsgerechten Modells eines Walfangschiffs aus den 1850er-Jahren.

Neugierig geworden? Das Museum versteckt sich hinter dem lebensgroßen **Pottwalskelett** vor dem Eingang des Einkaufszentrums.

Ka'anapali Beach Walk WANDERWEG
Hier kann man Seeluft schnuppern, die opulenten Resortanlagen bestaunen und die lebhafte Strandszene auf den 1,5 Kilometern zwischen Sheraton und Hyatt in

vollen Zügen genießen. Sowohl das Hyatt als auch das Westin sind wegen ihrer umwerfenden Gartenstatuen und Landschaftsgärten mit aufwendig gestalteten Tümpeln, Wasserfällen und Schwanenteichen einen Abstecher wert. Außerdem sind die Wände der riesigen Lobby im Hyatt so überbordend mit antiken hawaiischen Decken und meditativen Buddhabildern ausstaffiert, dass ein Gang durch diese heiligen Hallen beinah wie ein Museumsbesuch ist. Ebenfalls unbedingt sehenswert: die verwöhnten schwarzen Brillenpinguine, wenn sie durch ihre 4-Sterne-Höhle watscheln.

Am südlichen Ende der Strandroute wartet die dramatische Silhouette der 5 m hohen Bronzeskulptur **The Acrobats** *(Die Akrobaten)* des australischen Künstlers John Robinson, die besonders bei Sonnenuntergang beeindruckt. Am frühen Abend werden auch oft Unterhaltungsprogramme in den Strandrestaurants geboten.

☆ Aktivitäten

Im & auf dem Wasser

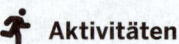
Teralani Sailing — SEGELN
(☎661-7245; www.teralani.net; Whalers Village, 2435 Ka'anapali Pkwy; Segeltörn 59–119 $; ◷unterschiedliche Öffnungszeiten) Dieses freundliche Unternehmen veranstaltet unterschiedliche Segeltörns mit zwei selbst gebauten Katamaranen, die am Strand neben Whalers Village ablegen. Die Sonnenuntergangsfahrt ist ein beeindruckender Ausflug entlang der Küste von West Maui. Ebenfalls im Angebot sind Schnorchel- oder Walbeobachtungstouren. Egal, für welche Fahrt man sich entscheidet, die Crew ist hervorragend, und für gute Verpflegung ist gesorgt.

Ka'anapali Dive Company — TAUCHEN
(☎800-897-2607; www.goscubamaui.com; Westin Maui Resort & Spa; Fahrt mit einem Tauchgang 65 $; ◷7–17 Uhr) Noch nie getaucht? Dann ist hier der richtige Ort, um es zu lernen. Der Schnupperkurs für Neulinge (95 $) beginnt mit einer Einweisung im Pool. Dann erst folgt ein geführter Tauchgang am Strand. Für Fortgeschrittene mit Tauchschein werden gesonderte Tauchgänge angeboten, die am Strand starten; kein Ausrüstungsverleih. Interessierte können einfach hingehen und mitmachen oder sich über die oben genannte 800er-Nummer (American-Express-Service-Hotline) anmelden.

Trilogy Ocean Sports — SEGELN
(☎661-7789; www.sailtrilogy.com; Ka'anapali Beach Walk; ◷8–17 Uhr) Die Jungs in der Strandhütte vor dem Ka'anapali Beach Hotel bringen ihre Surfschüler innerhalb von zwei Stunden auf die Welle (70 $). Schnorchelausrüstung und Boogieboards werden für 15 $ pro Tag vermietet.

An Land

Skyline Eco-Adventures — ZIPLINING
(☎878-8400; www.zipline.com; Fairway Shops, 2580 Keka'a Dr; 4-std. Tour inkl. Frühstück/Mittagsgerichte 150 $; ◷Abfahrt 7–14 Uhr zur vollen Stunde) Der ultimative Geschwindigkeitskick: Nach einem 3 km langen Aufstieg in die Wälder an der Küste von West Maui führt dieses Seilrutschenabenteuer an acht verschiedenen Seilen über Wasserfälle, Bäche und grüne Täler bei Ka'anapali. Da sich der Veranstalter dem Umweltschutz verschrieben hat, erläutern die Führer dabei auch die örtliche Flora und Fauna. Und was ist bei Wind und Regenwetter? Einfach festhalten und nicht aus der Reihe tanzen!

Golfplätze in Ka'anapali — GOLF
(☎661-3691; www.kaanapali-golf.com; 2290 Ka'anapali Pkwy; Greenfee 195–235 $, nach 13 Uhr 95–120 $; ◷Öffnungszeiten je nach Saison unterschiedlich, öffnet um ca. 6.45 Uhr) Der anspruchsvollere der beiden hiesigen Golfplätze ist der von Robert Trent Jones entworfene Royal Ka'anapali Golf Course. Er bietet Turnierbedingungen und einige Abschnitte, die beim Putten jede Menge Geschicklichkeit erfordern. Der Ka'anapali Kai Golf Course ist kürzer und eher für die Hotelgäste gedacht. Die Kulisse ist hier zwar nicht so spektakulär wie auf den Golfplätzen in Kapalua, dafür ist es meist nicht so windig – und günstiger ist es auch.

Tour of the Stars — STERNENBEOBACHTUNG
(☎667-4727; 200 Nohea Kai Dr; Eintritt 25–30 $) Auf dem Dach des Hyatt kommen Hobbyastronomen den Sternen näher. Maximal zehn Sternegucker können an klaren Nächten um 20, 21 und 22 Uhr an der 50-minütigen Reise mit dem 400-mm-Teleskop teilnehmen. Für Romantiker gibt's freitags und samstags um 23 Uhr die Pärchenvariante mit Champagner und Erdbeeren mit Schokolade.

Royal Lahaina Tennis Ranch — TENNIS
(☎667-5200; 2780 Keka'a Dr; pro Pers. und Tag 10 $; ◷Pro-Shop Mo–Fr 8–12 & 14–18, Sa & So bis 17 Uhr) Die größte Tennisanlage in West

SPRUNG DER SEELEN

Der Pu'u Keka'a (Black Rock) ist der westlichste Punkt der Insel und im traditionellen hawaiische Glauben der Ort, an dem die Seelen der Toten ins Ungewisse springen, um zu ihren Vorfahren zu fliegen. Der Legende nach entstand der Felsen, als ein Sterblicher die Überlegenheit des Halbgottes Maui anzweifelte. Es folgte ein Kampf, bei dem Maui den Ungläubigen bis hierher verfolgte, seinen Körper zu Stein erstarren ließ und seine Seele ins Meer warf. Heute stehen mutige Teenager Schlange, um einen Hechtsprung ins Wasser zu wagen.

Maui wurde 2010 vom US-Tennisverband USTA zur Anlage des Jahres gewählt. Sechs Plätze sind beleuchtet und daher auch nachts geöffnet, Schläger und Schuhe gibt's gegen eine Gebühr zum Ausleihen. Sowohl Einzel- als auch Gruppenunterricht ist möglich.

Festivals & Events

Maui Onion Festival   ESSEN
(www.whalersvillage.com) Dieses beliebte Fest findet Ende April oder Anfang Mai im Whalers Village statt und ist ganz und gar der berühmten Kula-Zwiebel gewidmet.

Hula O Na Keiki   HULA-WETTBEWERB
(www.kbhmaui.com) Bei diesem Hula-Tanzwettbewerb stehen die Kinder im Rampenlicht: Die kleinen Teilnehmer gehören zu Hawaiis besten.

Na Mele OMaui   HAWAIISCHE MUSIK
(www.kaanapaliresort.com) Beim Fest „Ein Lied für Maui" singen Kinderchöre traditionelle hawaiische Lieder zu Ehren von Königin Lili'uokalani, der letzten Monarchin von Hawaii, die auch als Komponistin und Unterstützerin der traditionellen Kultur bekannt war. Die Veranstaltung entspricht voll und ganz allen Aloha-Klischees und findet Anfang Dezember im Maui Arts & Cultural Center statt.

Schlafen

Bei den folgenden Unterkünften ist der Strand entweder vor der Tür oder schnell zu Fuß zu erreichen. Neben diesen Resort-Anlagen gibt's zwischen Ka'anapali und Lahaina auch einige B&Bs (S. 349).

 Ka'anapali Beach Hotel   FERIENANLAGE $$
(☎661-0011, 800-262-8450; www.kbhmaui.com; 2525 Ka'anapali Pkwy; Zi. ab 159 $; ❄@🖥🏊🐾) Diese einladende Anlage hat ein bisschen was von einem netten Sommercamp. Das Hotel ist etwas älter als seine Nachbarn und alles andere als nobel, aber es besitzt einen eigenen Charme. Dafür sorgen das warmherzige Personal, die allabendlichen Hula-Shows, eine Tikibar im Freien, hübsche Grünanlagen mit Palmen und nicht zuletzt der wunderbare Standort am Strand, der wirklich beneidenswert ist. Familienfreundliche Aktivitäten wie *lei*-Basteln und Ukulelesessions zum Mitsingen sorgen außerdem dafür, dass die *na keiki* bei Laune bleiben. Vor der Abfahrt gibt's eine *lei*-Zeremonie – Kamera und Taschentuch nicht vergessen! Parken kostet 9 $ pro Tag, WLAN 10 $ (in der Lobby kostenlos).

Outrigger Maui Eldorado   CONDO $$
(☎661-0021, 888-339-8585; www.outrigger.com; 2661 Keka'a Dr; Studio/Schlafzimmer ab 145/259 $; ❄@🖥) Jeder, der sich nicht darüber im Klaren ist, wie nahe er hier an den Golfplätzen des Maui Eldorado wohnt, wird durch das Hinweisschild daran erinnert: „Beware of flying golf balls in the lanai areas" (Vorsicht vor fliegenden Golfbällen im *lanai*-Bereich). Und die Warnung ist nicht übertrieben! Die ruhige Ferienwohnungsanlage liegt so nah am Ka'anapali Golf Course, dass man von der eigenen Terrasse direkt auf das Fairway laufen kann. Der Strand liegt zwar nicht vor der Tür, aber er ist nicht weit weg. Der Resort-Shuttlebus hält direkt vor der Anlage. Am besten sind die großen Studios, bei denen Küche und Schlafbereich getrennt sind. Parken kostet 7 $ pro Tag. WLAN gibt's in der Lobby.

Sheraton Maui   FERIENANLAGE $$$
(☎661-0031, 866-716-8109; www.sheraton-maui.com; 2605 Ka'anapali Pkwy; Zi. ab 525 $; ❄@🖥🏊🐾) Du Schatz, sollen wir mit den Schildkröten schnorcheln? Oder vom Hotelzimmer aus Wale beobachten? Oder vielleicht bei Sonnenuntergang tauchen gehen? In diesem schnieken Hotel mit einer Fläche von immerhin 9 ha am nördlichen Ende des Ka'anapali Beach Walk sind die Optionen

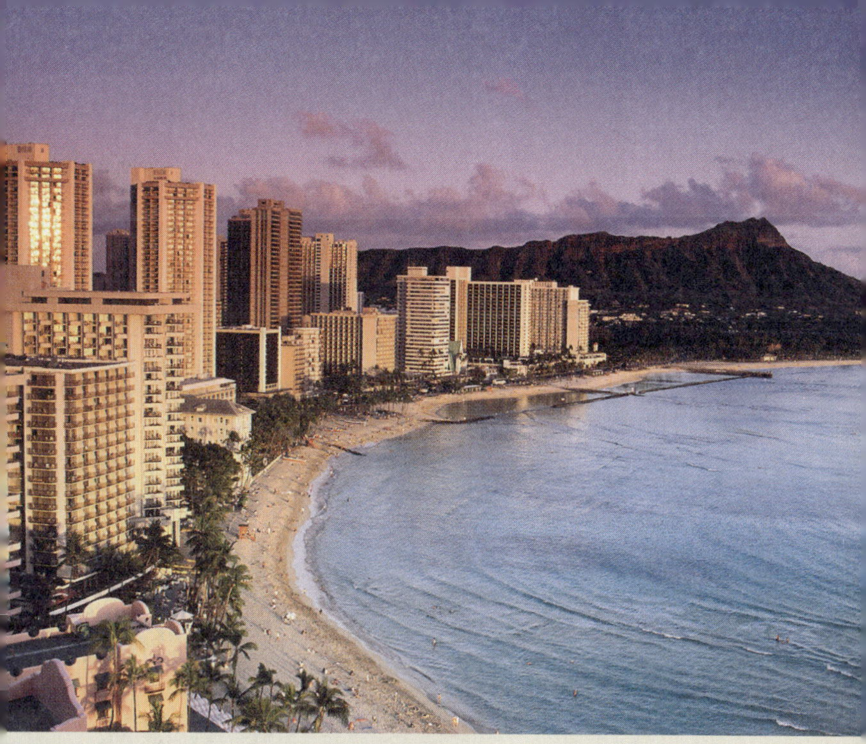

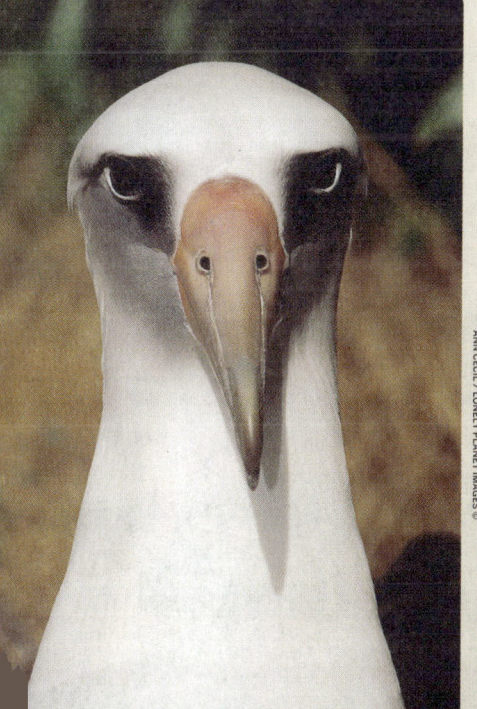

1. **Royal Hawaiian, Waikiki (S. 109)**
Einst Tummelplatz der Promis, darunter Rockefeller und Groucho Marx.

2. **Diamond Head & Waikiki (S. 126)**
Der Diamond Head ist O'ahus bekanntestes Wahrzeichen und ragt imposant hinter Waikiki auf.

3. **Shave Ice (S. 160)**
Das genialste „geschabte Eis" der Welt gibt es im Matsumoto's oder Aoki's.

4. **Laysanalbatros, Ka'ena Point (S. 171)**
Der Laysanalbatros, auch *moli* genannt, nistet im Winter am Ka'ena Point.

3

ANN CECIL / LONELY PLANET IMAGES ©

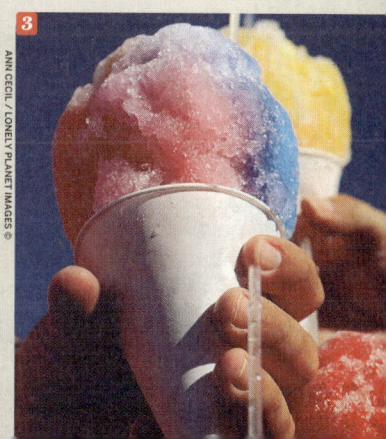

1

1. 'Iolani Palace, Honolulu (S. 65)
Der Palast schaut auf eine wechselvolle Vergangenheit, zuletzt als State Capitol, zurück.

2. Billabong Pipe Masters (S. 158)
Die Billabong Pipe Masters, Teil der Triple Crown
of Surfing, finden an der Banzai Pipeline statt.

3. Diamond Head (S. 128)
Wandern auf den Diamond Head – auch prima
mit Kindern.

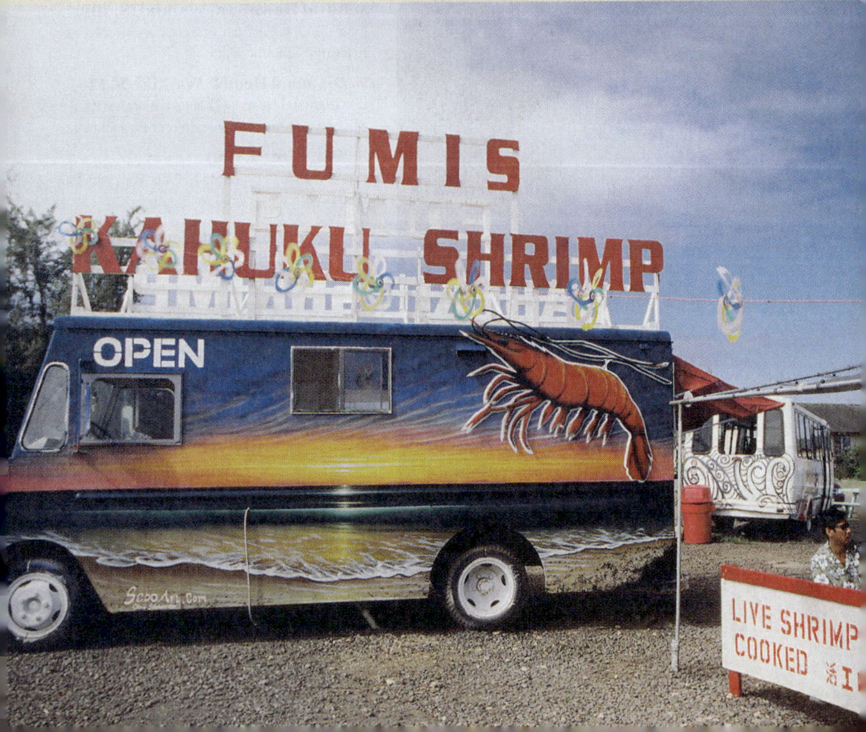

2

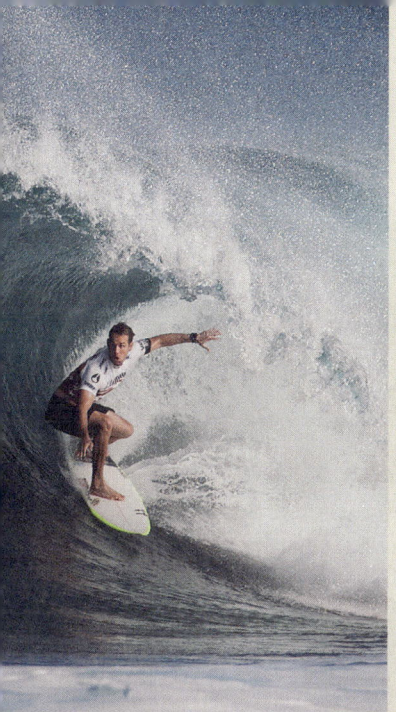

4. Makapu‘u Beach Park (S. 133)
Der Makapu‘u Beach Park ist im Winter eines der Top-Ziele für erfahrene Bodysurfer.

5. Fumi's Shrimp Truck, Kahuku (S. 151)
Bunte Krabbenimbisswagen (Food Trucks) sind in Kahuku ein häufiger Anblick.

CHRISTINA LEASE / LONELY PLANET IMAGES ©

3

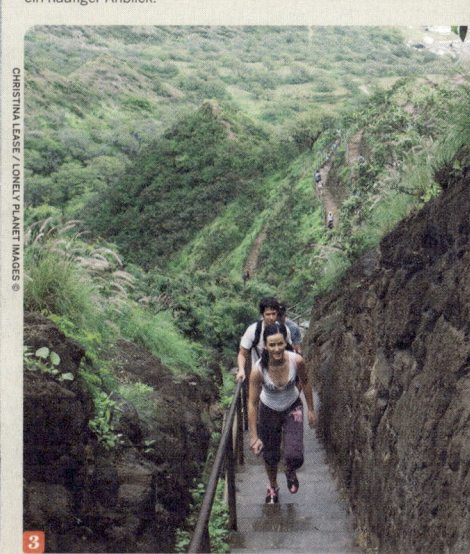

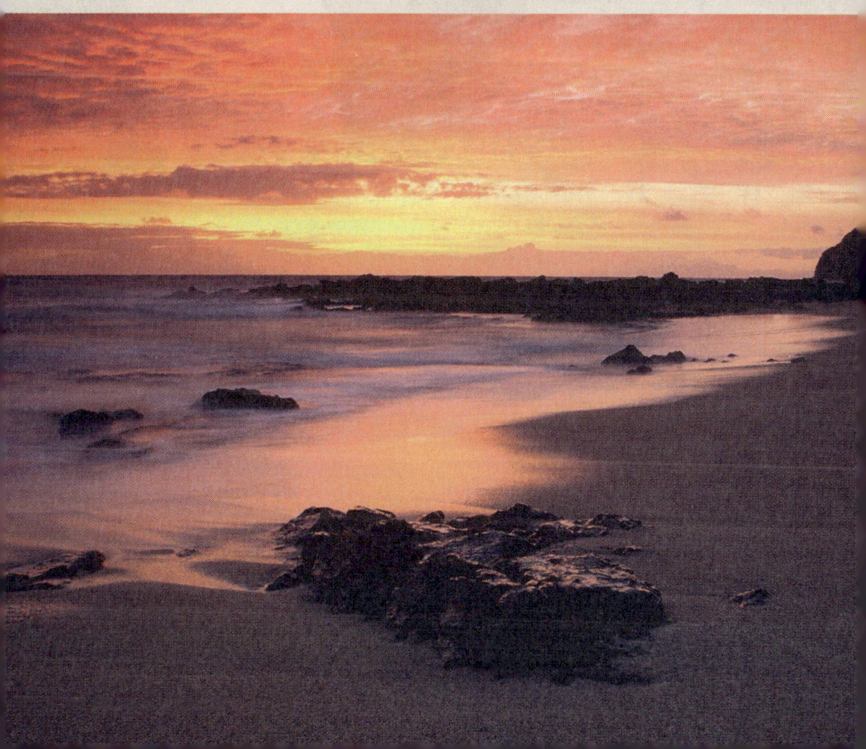

1. **Hawai'i Volcanoes National Park**
(S. 300) Die unaufhörlich tosende Brandung
hat aus Lavaklippen einen Bogen geformt.

2. **Fließende Lava (S. 309)**
Die Website http://hawaiianlavadaily.blogspot.
com verrät, wo gerade Lava fließt.

3. **Akaka Falls State Park (S. 273)**
Banyan-Bäume, Orchideen, gigantische
Bambushaine und die 126 m hohen Akaka Falls.

4. **Pu'uhonua o Honaunau (S. 217)**
Hölzerne *ki'i* (Götterfiguren) vor einem *heiau*
(Tempel) im Pu'uhonua o Honaunau.

ANN CECIL / LONELY PLANET IMAGES ©

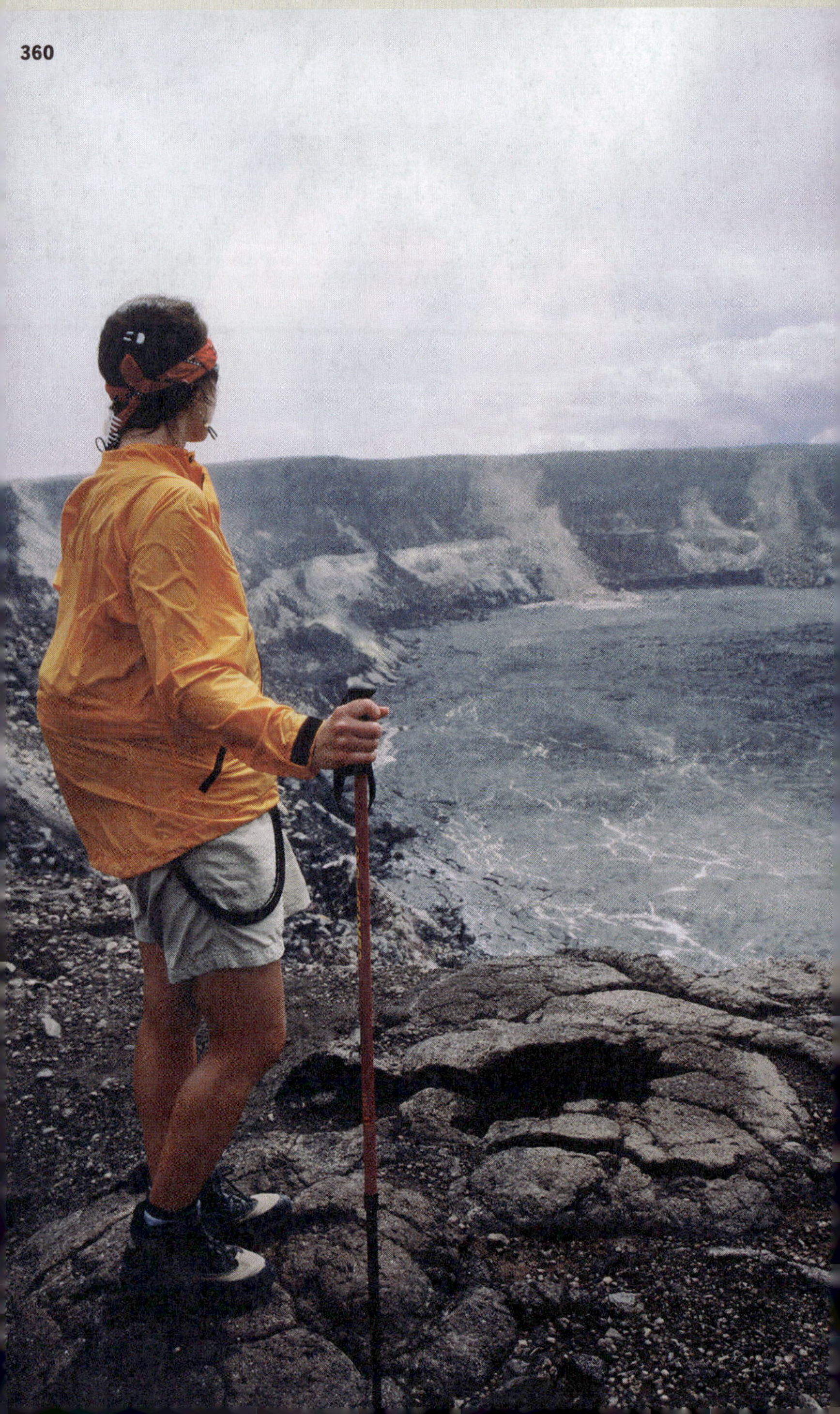

1. Halemaʻumaʻu-Krater (S. 303)
Der Halemaʻumaʻu ist der aktivste Bereich auf dem Kilauea-Gipfel.

2. Mauna Kea (S. 253)
Weiße Haube: Ein Schlackenkegel auf dem schlafenden Vulkan Mauna Kea.

3. Kona Coffee Belt (S. 204)
Auf Plantagen in South Kona werden Kaffeebeeren von Hand gepflückt und verarbeitet.

4. Akaka Falls (S. 273)
Die Akaka Falls ergießen sich majestätisch über eine moosige Klippe ins grüne Tal.

GREG ELMS / LONELY PLANET IMAGES ©

1. Tiki

Tiki (auf Hawaiisch *ki'i*) sind Holz- oder Stein-statuen, die meist eine Gottheit darstellen.

2. Bauernmärkte (S. 677)

Eine komplette Liste der Bauernmärkte auf Ha-waii gibt's unter www.ediblehawaiianislands.com.

3. Ho'okipa Beach Park, Pa'ia (S. 417)

Am bekanntesten Windsurfer-Strand der Welt auf Maui fühlen sich auch Wellenreiter wie zu Hause.

4. 'Iao Needle (S. 397)

Dieser 686 m hohe Gipfel im 'Iao Valley State Park zieht alle Blicke auf sich.

JOHN ELK III / LONELY PLANET IMAGES ©

KARL LEHMANN / LONELY PLANET IMAGES ©

KARL LEHMANN / LONELY PLANET IMAGES ©

1. **Hulopoʻe Beach, Hulopoʻe Bay (S. 475)**
Die Gärtner der nahe gelegenen Ferienanlage Four
Seasons kümmern sich auch um diesen Strand.

2. **Puʻu Pehe (S. 476)**
Es heißt, die hübsche Pehe sei von ihrem Geliebten
in eine Höhle gesperrt worden und darin ertrunken.

3. **Kahekili's Jump (S. 480)**
Kamehameha soll von seinen Kriegern als Mutprobe verlangt haben, von diesem Kliff zu springen.

4. Lodge at Koele (S. 472)

Der gepflegte Garten eines der beiden Four Seasons Resorts auf Lana'i.

5. Garden of the Gods (S. 479)

Die Farben verändern sich im Licht, und der Blick schweift über vier Nachbarinseln der bizarren Vulkanlandschaft.

TOM TILL / ALAMY

1. St. Joseph Church, Kamalo (S. 496)
Eine von zwei erhaltenen Kirchen, die Father Damien jenseits der Kalaupapa-Halbinsel baute.

2. Kalaupapa-Halbinsel (S. 507)
Der Abstieg durch die Kalaupapa-Klippen ist nur zu Fuß oder auf dem Rücken eines Mulis möglich.

3. Endemische Pflanzen
Nature Conservancy schützt seltene endemische Pflanzen im abgeschiedenen Nordosten der Insel.

4. Kamakou Preserve (S. 503)
Die Nebelwälder und Sümpfe bieten Lebensraum für viele bedrohte Tier- und Pflanzenarten.

KARL LEHMANN / LONELY PLANET IMAGES ©

1. Koke'e State Park (S. 622)
An einem klaren Tag herrscht ideale Aussicht über das Kalalau Valley.

2. Polihale State Park (S. 619)
In diesem abgelegenen Park befindet sich einer der längsten Sandstrände von Hawaii.

3. Lihu'e (S. 525)
Lihu'es Stadtstrand eignet sich für fast alle Wassersportarten.

4. Hanalei River (S. 576)
Der landschaftlich schöne und ruhige Hanalei River ist für Kajakanfänger ideal.

HOLGER LEUE / LONELY PLANET IMAGES ©

3

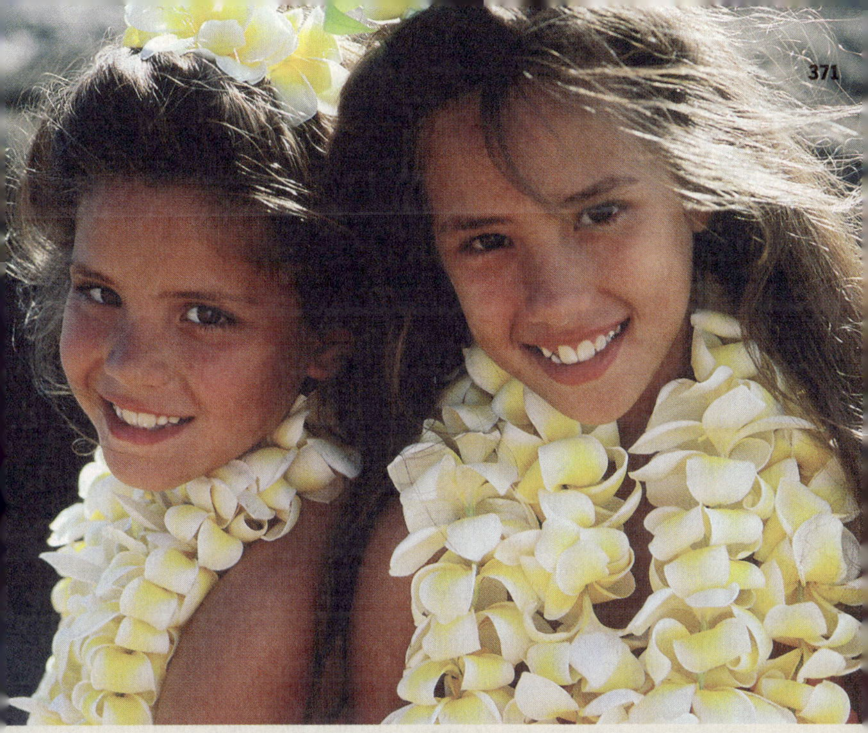

1. Einen Lei binden
Meist wird ein *lei* geknüpft, geflochten, gewunden, aufgefädelt oder genäht.

2. Blumenbekränzte Mädchen
In der urhawaiischen Kultur spielten *leis* eine wichtige Rolle und wurden täglich getragen.

3. 'Ilima
Die Blüten der *'ilima (Sida fallax)* repräsentieren Laka, die hawaiische Göttin des Hula.

4. Lei- und Lauhala-Hüte
Traditionelle Künste wie das Verweben von *lauhala*-Blättern sind wieder sehr in Mode.

KARL LEHMANN / LONELY PLANET IMAGES ©

3

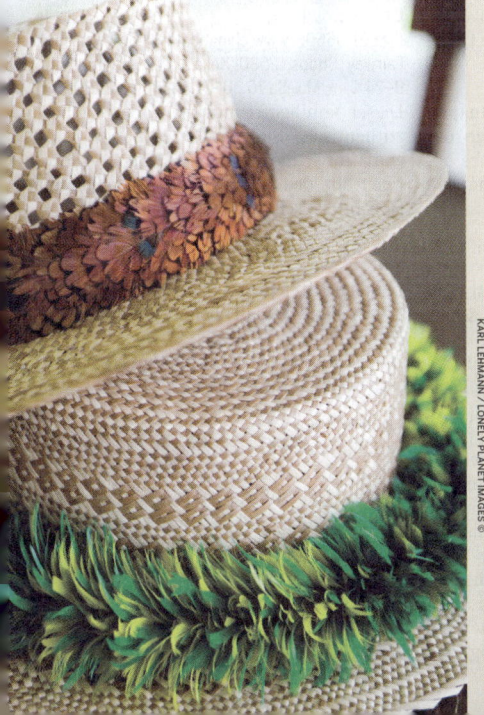

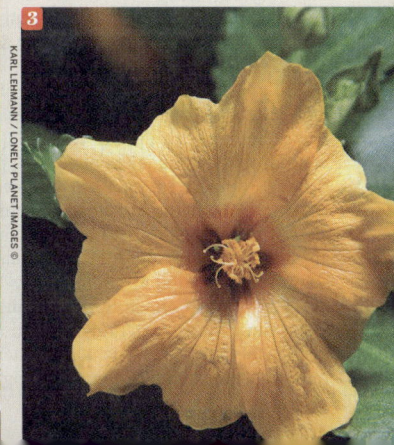

schier endlos. Der Strand endet hier mit der schönen Silhouette des Pu'u Keka'a (Black Rock), der bei Schnorchlern äußerst beliebt ist. In den Zimmern herrschen dunkle Holztöne und hawaiisch Kunstdrucke vor, auf dem Außengelände gibt's Tennisplätze mit Flutlicht, einen Swimmingpool aus Lavastein und ein Wellnesscenter am Pu'u Keka'a. Für 25 $ am Tag bietet das Resort ein Servicepaket an, das auch Parken, einen Shuttleservice innerhalb des Ortes und nach Lahaina sowie WLAN (allerdings nur in einigen Gemeinschaftsbereichen) beinhaltet.

Hyatt Regency Maui Resort & Spa
FERIENANLAGE $$$

(☎661-1234, 800-492-1234; www.maui.hyatt. com; 200 Nohea Kai Dr; Zi. ab 404 $; ❄@🛜 🏊🐕) Das Atrium der Lobby ist mit Palmen, Kakadus und ausgefallener Kunst ausstaffiert. Das Gelände bietet Gärten und Schwanenteiche. Kinder aller Altersgruppen werden sich in der mäandernden Wasserlandschaft mit Pools, Grotten und riesigen Wasserrutschen königlich amüsieren. Die schöneren Zimmer liegen im frisch renovierten Lahaina Tower, im Napili Tower machen sie dagegen inzwischen einen etwas abgewohnten Eindruck (sollen aber demnächst modernisiert werden). In der Resort-Tagesgebühr (25 $) sind Parken und WLAN inbegriffen.

✖ Essen

Wer sich auf die Restaurants in Ka'anapali beschränkt, verpasst etwas – einige der besten Chefköche der Insel haben ihre Lokale nämlich nur einen Katzensprung weiter weg in Lahaina eröffnet.

Hula Grill & Barefoot Bar
LP TIPP

HAWAIISCH REGIONAL $$

(☎667-6636; http://hulagrillkaanapali.com; Whalers Village, 2435 Ka'anapali Pkwy; Bar & Grill 8–20 $, Hauptgerichte abends 10–32 $; ⏲Bar 11–23 Uhr, Restaurant 17–21.30 Uhr) In der Barefoot Bar zeigt sich Maui wie auf einer Postkarte: Sonnenschirme aus Kokosblättern, Sand unter den Sandalen, und ein Typ mit Gitarre klimpert vor sich hin. Bestechend ist hier vor allem die Atmosphäre – ein Mai Tai mit *pupu* am Meer ist nirgends schöner als hier. Das „Kapulu Joe"-Sandwich mit Schweinefleisch und Macadamianuss-Salat (noch besser mit einem Spritzer Chiliwasser) ist annehmbar gut, und die Maui-*tacos* im Bierteig sind auch nicht zu verachten. Im Innenbereich des Restaurants steigt das

Niveau mit den über *kiawe*-Feuer gegrillten Meeresfrüchten.

Son'z at Swan Court
GEMISCHTE KÜCHE $$$

(☎667-4506; Hyatt Regency Maui Resort & Spa, 200 Nohea Kai Dr; Hauptgerichte 32–50 $; ⏲abends) Wasserfälle, ein Schwanenteich und Tikifackeln – in Ka'anapali gibt es keinen romantischeren Ort. Auf der preisgekrönten Speisekarte stehen nicht nur die Standards eines feinen Lokals wie Steak und Hummer. Viele Vor- und Hauptspeisen präsentieren Mauis Küche von ihrer besten Seiten, z. B. Ravioli mit Ziegenkäse aus der Surfing Dairy oder Filet vom Maui-Rind in einer Marinade aus regionalem Kaffee. Die Weinkarte ist ebenfalls atemberaubend.

CJ's Deli
CAFÉ $

(☎667-0968; www.cjsmaui.com; Fairway Shops, 2580 Keka'a Dr; Hauptgerichte 8–12 $; ⏲7–20 Uhr) Wer sein Picknickkörbchen nicht selbst schnüren will, kann in diesem Café im Stil eines New Yorker Delikatessenladens die Hana Lunch Box (12 $) ordern. Sie enthält ein Sandwich, Maui-Chips, einen hausgemachten Hana-Riegel, Limonade und einen Getränkekühler (den man allerdings zurückgeben muss). Direkt im Laden kann man Salate, Burger und *panini* sowie Hack- und Schmorbraten vertilgen.

China Bowl
CHINESISCH $$

(☎661-0660; www.chinaboatandbowlmaui.com; Fairway Shops, 2580 Keka'a Dr; Hauptgerichte 9–24 $; ⏲Mo–Sa 10.30–21.30, So 11–21.30 Uhr) Dieser familienfreundliche Laden zaubert authentische Sichuan-Gerichte mit feurigen Chilis und mildere Mandarin-Leckereien aus dem Wok. Ein Kinderteller mit Getränk ist schon für 6,25 $ zu haben.

🍷 Ausgehen

In den meisten Bars am Meer gibt es abends Livemusik. Ebenfalls beliebt sind *luau* und Hula-Shows.
Infos zu auftretenden Künstlern gibt's unter www.mauitimes.com.

Livemusik

Die hier aufgeführten Lokale und die Hula Grill & Barefoot Bar (s. links) bieten den ganzen Nachmittag und Abend Livemusik. Normalerweise bedeutet das eine Art Country-Kuschelrock, manchmal packt aber auch jemand eine Ukulele aus.

Leilani's
UNPLUGGED & CLASSIC ROCK

(☎661-4495; Whalers Village, 2435 Ka'anapali Pkwy) Diese Freiluftbar mit Restaurant am

Strand ist ein toller Ort für einen kühlen Drink im Sonnenschein. Ein guter Grill und eine Speisekarte voller pupu runden das Ganze ab. Livemusik gibt's von Freitag bis Sonntag.

Longboards
UNPLUGGED

(☑667-8220; Marriott's Maui Ocean Club, 100 Nohea Kai Dr) Im Longboards spielt montags bis freitags von 17.30 bis 20 Uhr ein Sologitarrist.

Hyatt Regency Maui Resort & Spa
UNPLUGGED

(☑661-1234; 200 Nohea Kai Dr) Das Umalu bietet täglich von 18.30 bis 20.30 Uhr Livemusik am Pool. Zwischen 17.30 und 18 Uhr gibt's außerdem kostenlose Fackeln.

Hula, Luau & Theater

Ka'anapali Beach Hotel
HULA

(☑661-0011; www.kbhmaui.com; 2525 Ka'anapali Pkwy) Im hawaiischsten aller Hotels auf Maui gibt's für alle Interessierten zwischen 18.30 und 19.30 Uhr eine kostenlose bunte Hula-Show. In der benachbarten Tikibar steht der Mai Tai im Mittelpunkt, im Tiki Courtyard gibt es jeden Abend DJ-Musik und Tanz.

Sheraton Maui
KLIPPENSPRINGEN

(☑661-0031; 2605 Ka'anapali Pkwy) Bei Sonnenuntergang pilgern alle zum Pu'u Keka'a, um die brennenden Fackeln und die Klippenspringer-Zeremonie zu beobachten. Am späten Nachmittag bietet die Cliff Dive Bar außerdem Livemusik.

Drums of the Pacific
LUAU

(☑667-4727; Hyatt Regency Maui Resort & Spa, 200 Nohea Kai Dr; Erw./Jugendliche 13–20 J./Kind 6–12 J. 96/61/49 $; ⊙17–20 Uhr) Das beste *luau* in Ka'anapali hat einiges zu bieten: Enthalten sind eine *imu*-Zeremonie (bei der ein geschmortes Schwein aus dem Erdofen gegraben wird), eine offene Bar, ein Buffet im hawaiischen Stil und eine etwas dick aufgetragene südpazifische Tanz- und Musikshow.

Whalers Village
HULA, TANZ

(☑661-4567; www.whalersvillage.com; 2435 Ka'anapali Pkwy) Das Einkaufszentrum von Ka'anapali veranstaltet montags, mittwochs und samstags von 19 bis 20 Uhr kostenlose Vorführungen mit polynesischen Tänzen und Hula. Auf der Website wird ein monatlicher Veranstaltungs- und Kurskalender veröffentlicht.

 Shoppen

Im Einkaufszentrum **Whalers Village** (☑661-4567; www.whalersvillage.com; 2435 Ka'anapali Pkwy; ⊙9.30–22 Uhr) sind mehr als 50 Läden versammelt:

ABC Store
VERSCHIEDENES

(www.abcstores.com) Auf der Suche nach Sonnencreme oder einer Strandtasche? Hier gibt's einfach alles.

Honolua Surf
STRANDMODE

(www.honoluasurf.com) Hier sind die typischen Maui-Surfshorts und andere coole Strandmode zu haben.

Honolua Wahine
DAMENBADEMODE

(www.honoluasurf.com) Jede Menge knappe Teilchen für Mädels.

Lahaina Printsellers
KUNST & LANDKARTEN

(www.printsellers.com) Hawaiische Kunstdrucke und Landkarten, die auch den Koffer überleben.

Martin & MacArthur
HAWAIISCHES KUNSTHANDWERK

(www.martinandmacarthur.com) Bei Martin & MacArthur gibt's hawaiische Holzschnitzereien, Malerei und sonstiges Kunsthandwerk in Museumsqualität.

ℹ Unterwegs vor Ort

Maui Bus (S. 332; www.mauicounty.gov) bietet von 6 bis 20 Uhr eine stündliche Verbindung zwischen dem Einkaufszentrum Whalers Village in Ka'anapali und dem Wharf Cinema Center in Lahaina. Von 6 bis 20 Uhr fährt auch ein Bus die Küste hinauf nach Kahana und Napili (s. Kasten, S. 375).

Die kostenlose Ka'anapali-Straßenbahn verkehrt zwischen 10 und 22 Uhr etwa alle 20 Minuten zwischen dem Hotels in Ka'anapali, Whalers Village und den Golfplätzen.

Neben der Haltestelle von Straßenbahn und Maui Bus vor dem Whalers Village am Ka'anapali Parkway warten oft Taxis.

Strandbesucher, die nicht in einer der Resortanlagen von Ka'anapali wohnen, können dort trotzdem kostenlos parken. Allerdings sind die dafür vorgesehenen Parkplätze begrenzt und meist schon vormittags belegt. Die beste Parkmöglichkeit bietet sich am südlichen Ende der Hyatt-Anlage, wo mehr Plätze zur Verfügung stehen als bei den anderen Hotels. Whalers Village hat auch Parkplätze, allerdings für 2 $ pro halbe Stunde (Vergünstigungen nach dem Einkauf sind bei jedem Geschäft unterschiedlich).

Honokowai

HONOKOWAI-NAPILI 7357 EW.

Honokowai mit seinem großen Apartmentangebot (Condos) ist vielleicht nicht so schick und glamourös wie das teurere Ka'anapali im Süden, aber das hat auch Vorteile. Die Wohnungen sind komfortabel, erschwinglich und nicht in Hochhäusern untergebracht. Und der Blick aufs Meer ist genauso schön wie in den teuren Resorts. Ein weiterer Pluspunkt: Im Winter gibt es in ganz West Maui keinen besseren Ort für Walbeobachtungen – und zwar direkt vom eigenen *lanai*.

Der Honoapi'ilani Hwy (Hwy 30) ist die Hauptstraße, an der auch die Ferienwohnungskomplexe liegen.

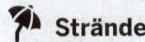 Strände

Honokowai Beach Park
STRÄNDE

Das Strandleben spielt sich hier in erster Linie an Land ab. Der familienfreundliche Park in der Ortsmitte hat einen tollen Spielplatz und bietet schöne Picknickmöglichkeiten. Schwimmen kann man allerdings vergessen: Knapp unter der Oberfläche des seichten Wassers lauern Felsplatten. Südlich des Ortes sind die Badebedingungen besser, vor allem im wunderschönen Kahekili Beach Park (S. 350) sowie am nördlichen Ende von Ka'anapali.

Aktivitäten

Boss Frog
SCHNORCHELAUSRÜSTUNG

(☎665-1200; www.bossfrog.com; 3636 Lower Honoapi'ilani Rd; pro Tag ab 1,50 $; ⏰8–17 Uhr) Günstige Preise für den Verleih von Taucherbrille, Schnorchel und Flossen.

Schlafen

Noelani
CONDO $$$

(☎669-8374, 800-367-6030; www.noelani-condo-resort.com; 4095 Lower Honoapi'ilani Rd; Studio ab 157 $, 1/2/3 Zi. ab 197/290/357 $; ▣) Dieser Komplex mit 50 Condos liegt so nah am Wasser, dass man vom *lanai* aus die Schildkröten in der Brandung beobachten kann. Die Wohneinheiten decken eine breite Palette ab – vom kuscheligen Studio bis zur Dreizimmersuite, alle mit Meerblick. Zwei beheizte Swimmingpools, einen Whirlpool, einen kleinen Fitnessraum und einen Concierge-Service gibt's auch.

Hale Kai
CONDO $$

(☎669-6333, 800-446-7307; www.halekai.com; 3691 Lower Honoapi'ilani Rd; 1/2/3 Schlafzimmer

160/210/350 $; ▣) Dieses zweistöckige Haus bietet viel Liebe zum hawaiischen Detail: vom Zimmerdekor bis zur Lavaverkleidung an der Fassade. Es liegt direkt am Meer: Der Strand ist nur einen Schritt vom *lanai* entfernt. Die Dreizimmer-Eckwohnung ist ein tolles Loft mit Meerblick von allen Seiten und der Atmosphäre eines hawaiischen Strandhäuschens.

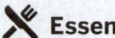 Essen

Farmers Market Deli
DELIKATESSEN $

(☎669-7004; 3636 Lower Honoapi'ilani Rd; Sandwiches unter 6 $; ⏰7–19 Uhr; ▣) Ein toller Laden für gesunde Leckereien zum Mitnehmen. An der Salatbar gibt's kostenlose Häppchen, Bioleckereien und heiße vegetarische Gerichte. Die Smoothies sind erste Sahne, und auf Maui hergestelltes Eis wird auch verkauft. Auf dem Parkplatz werden montags, mittwochs und freitags am Vormittag regionale Erzeugnisse angeboten.

LP TIPP Honokowai Okazuya
PLATE LUNCH $$

(☎665-0512; 3600 Lower Honoapi'ilani Rd; Hauptgerichte 10–18 $; Mo–Sa 10–21 Uhr) Was an diesem Laden so toll ist, erschließt sich nicht gleich auf den ersten Blick. Er ist winzig, die Preise sind hoch und die Auswahl etwas seltsam (*kung pao*-Hühnchen *und* Spaghetti mit Fleischbällchen?). Dann probiert man den ersten Happen vom mongolischen Rindfleisch ... hm, gar nicht so schlecht! Schmeckt eigentlich ganz interessant ... schmatz! Was ist das eigentlich für ein Gewürz? Lecker ...! Und plötzlich ist der ganze Teller leer gegessen. Das Ambiente besticht weniger, und das Essen ist eigentlich eher zum Mitnehmen gedacht. Aber die Küche hat's wirklich in sich, und der *plate lunch* bietet Gourmetqualität.

Java Jazz & Soup Nutz
GEMISCHTE KÜCHE $$

(☎667-0787; www.javajazz.net; Honokowai Marketplace, 3350 Lower Honoapi'ilani Rd; Frühstück & Mittagsgerichte 6–12 $; Abendessen 10–30 $; ⏰6–22 Uhr) In diesem künstlerisch angehauchten Café ist das Dekor so bunt zusammengewürfelt wie die Speisekarte. Und alles ist vom Feinsten: Zum Frühstück gibt's eine große Auswahl, vom Bagel bis zum Omelett. Mittags dreht sich alles um griechische Salate und kreative Sandwiches. Und der Abend steht ganz im Zeichen fleischlicher Gelüste mit dem besten gegrillten Rinderfilet auf ganz Maui.

Kahana

Das trendige Kahana mit seinen Millionenvillen, vornehmen Wohnblocks direkt am Strand und der einzigen Hausbrauerei auf Maui liegt nördlich von Honokowai.

👁 Sehenswertes & Aktivitäten

Der Sandstrand vor dem Örtchen ist ganz okay zum Schwimmen. Am Pohaku Park kann man parken; von dort sind es nur ein paar Minuten zum Strand. Im Park selbst locken die „S-Turns", ein beliebter Surfbreak vor der Küste.

Maui Dive Shop   TAUCHEN, SCHNORCHELN
(☎669-3800; www.mauidiveshop.com; Kahana Gateway, 4405 Honoapi'ilani Hwy; Fahrt mit 2 Tauchgängen 140 $, Schnorchelausrüstung pro Tag 6 $; ⏰8–18 Uhr) Hier gibt's Infos zu verschiedenen Tauchgängen und einen Schnorchelverleih.

🛏 Schlafen

Kahana Village   CONDO $$$
(☎669-5111, 800-824-3065; www.kahanavillage.com; 4531 Lower Honoapi'ilani Rd; 2/3 Schlafzimmer ab 290/445 $; 🏊📶) Diese Wohneinheiten im zweiten Stock vermitteln Urlaubsfeeling pur – großzügige Lofts und Blick aufs Meer. Auch außen gehorcht alles dem Motto „Urlaubsparadies": üppige tropische Pflanzen, wöchentliche Mai-Tai-Partys und hawaiische Livemusik. Einige Condos bieten Ausblick auf Lana'i, andere auf Moloka'i. Alle haben einen *lanai*, eine voll ausgestattete Küche, eine Waschmaschine und einen Trockner.

🍴 Essen & Ausgehen

Roy's Kahana Bar & Grill   HAWAIISCH REGIONAL $$$
(☎669-6999; www.roysrestaurant.com; Kahana Gateway, 4405 Honoapi'ilani Hwy; Hauptgerichte 27–40 $; ⏰abends) Das Aushängeschild des Chefkochs Roy Yamaguchi befindet sich im zweiten Stock und lockt Gourmets mit seinen exquisit zubereiteten Speisen mit inseltypischem und regionalem Touch. Kochkönig Yamaguchi regiert ein kleines Restaurantimperium, und dieses hier lockt die Gäste in Scharen an. Es gibt Leckereien wie geschwärzten *sashimi*-Thunfisch mit chinesischem Senf oder Ribeye-Steak aus regionaler Erzeugung mit einer Soße aus Speck und blauem Schimmelkäse. Aloha!

ℹ BUSFAHREN? IM ERNST?

Aber ja! Für alle, die in Lahaina, Kahana oder Napili wohnen und ohne Parkplatzprobleme nach Ka'anapali fahren wollen, ist der **Maui Bus** (S. 332; www.mauicounty.gov) eine gute Wahl. In Maui sind die Busse sauber, halten nicht an jeder Ecke und kosten pro Fahrt nur 1 $. In Ka'anapali befindet sich die Haltestelle vor dem Whalers Village. Die Linie 25 (Ka'anapali Islander) fährt eine Rundstrecke zwischen dem Wharf Cinema Center in Lahaina und Whalers Village in Ka'anapali. Abfahrt stündlich zwischen 6.30 und 20.30 Uhr. Linie 30 (Napili Islander) verkehrt zwischen 5.30 und 20.30 Uhr stündlich zwischen Napili Kai und Whalers Village.

Maui Brewing Company   HAUSBRAUEREI $$
(☎669-3474; www.mauibrewingco.com; Kahana Gateway, 4405 Honoapi'ilani Hwy; Hauptgerichte 12–25 $; ⏰11–24 Uhr) Burger vom Maui-Rind, Pizza mit *kalua*-Schweinefleisch und Fish 'n' Chips mit *mahimahi* statt Kabeljau – in dieser riesigen Hausbrauerei an der Ecke der Kahana Gateway bekommt klassisches Pubessen einen typisch hawaiischen Anstrich. Im Übrigen bemüht sich der Betrieb, wo immer es geht, um Nachhaltigkeit. 2008 wurde er deshalb zu einem von zehn der „grünsten" Unternehmen Mauis gekürt (s. Kasten, S. 699). Die drei Sorten Bikini Blonde, Big Swell IPA und Coconut Porter gibt's immer vom Fass, außerdem etwa ein halbes Dutzend saisonal wechselnde Biere.

Hawaiian Village Coffee   CAFÉ $
(www.hawaiianvillagecoffee.com; Kahana Gateway, 4405 Honoapi'ilani Hwy; Snacks unter 7 $; ⏰So–Do 6–20, Fr & Sa bis 21 Uhr; @) In diesem entspannten Coffeeshop hängen die Surfer rum, die gerade nicht über die Wellen gleiten. Dafür kann man hier im Internet surfen: 20 Minuten an einem der drei PCs im hinteren Bereich kosten 3 $.

Napili

Die Gemeinde Napili schlummert friedlich vor sich hin in der Bucht zwischen dem pompösen Kapalua im Norden und der Hektik von Kahana und Ka'anapali im

Süden. Genauso wie seine schickeren Nachbarn liegt der Ort sonnenverwöhnt direkt am Meer. Er ist aber etwas erschwinglicher und trotzdem nicht all zu weit weg vom Zentrum des Geschehens. Sehr zu empfehlen!

⊙ Sehenswertes

Mit seinem goldenen Sand lädt der sanft geschwungene **Napili Beach** zu ausgedehnten Spaziergängen ein, und bei ruhigem Wetter auch zum Schwimmen und Schnorcheln. Im Winter finden manchmal größere Wellen den Weg in die Bucht. Dann packen alle schnell ihre Skimboards aus, denn der Strand bietet genau die richtige Neigung für einen schnellen Anlauf in die Wellen!

🛏 Schlafen

Rings um die Napili Bay reihen sich ältere Condos und kleine, relaxte Resorts.

Napili Surf Beach Resort CONDO $$
`LP TIPP` (☎669-8002, 800-541-0638; www.napilisurf.com; 50 Napili Pl; Studio ab 171 $, 1 Schlafzimmer ab 260 $; 🛜🏊) Die freundliche und gepflegte Wohnanlage versteckt sich in einer sanften Strandbiegung der Napili Bay. Mittwochs ist Mai-Tai-Party angesagt – Stammgäste bringen dann ihre eigenen Häppchen mit. Das Preis-Leistungs-Verhältnis ist in West Maui kaum zu toppen: Im Preis inbegriffen sind Zimmerservice und WLAN, ganz zu schweigen von den leckeren Mai Tais. Selbstversorger werden von den voll ausgestatteten Küchen begeistert sein; alle anderen können gleich nebenan im Gazebo essen. Und das Sea House ist auch nur einen Strandspaziergang entfernt. Als Willkommensgruß liegt eine halbe Ananas im Kühlschrank. Zahlung nur in bar oder per Scheck.

Hale Napili CONDO $$
`LP TIPP` (☎669-6184, 800-245-2266; www.halenapilimaui.com; 65 Hui Dr; Studio ab 160 $, 1 Zi. 260 $; 🛜🏊) Der hawaiische Geschäftsführer dieser Anlage mit gepflegten Strandwohnungen bereitet seinen Gästen einen so warmen Empfang, dass viele Bewohner nicht zum ersten Mal hier sind. Man fühlt sich angenehm an frühere Zeiten erinnert, als auf Maui alles noch eine Nummer kleiner und persönlicher war. Alle 18 Wohneinheiten bieten tropisches Dekor, voll ausgestattete Küche und *lanai* mit Meerblick.

The Mauian CONDO $$
(☎669-6205, 800-367-5034; www.mauian.com; 5441 Lower Honoapi'ilani Rd; Studio mit Küche ab 199 $, Zi. 179 $; @🛜🏊) Während die meisten Ferienwohnanlagen in Napili in Würde vor sich hin altern, kommt das kecke Mauian wie ein Teenager daher. Die 44 Einheiten in dieser Mixtur aus Wohnanlage und Hotel sind geschmackvoll, schick und gemütlich eingerichtet mit Bambusdecken, Palmdrucken, Weiß- und Brauntönen und Tempurmatratzen. Einen *lanai* mit Panoramablick bieten sie außerdem. TV, Telefon und WLAN stehen allerdings nur im Gemeinschaftsbereich zur Verfügung.

Napili Kai Beach Resort UNABHÄNGIGES HOTEL $$$
(☎669-6271, 800-367-5030; www.napilikai.com; 5900 Lower Honoapi'ilani Rd; Zi./Studio ab 250/320 $; @🛜🏊) Diese klassische Hotelanlage erstreckt sich über mehrere Hektar am nördlichen Ende der Napili Bay und besticht durch seinen Verwöhnfaktor. In den Wohneinheiten paart sich polynesisches Dekor geschmackvoll mit asiatischen Details; alle haben einen *lanai* mit Meerblick und die meisten eine Küchenzeile. Wer Wert auf modernen Stil und WLAN legt, sollte ein Zimmer im Gebäude „Puna II" nehmen. Manche Zimmer bieten Klimaanlage – am besten bei der Reservierung nachfragen. In der Lobby gibt's auch WLAN.

🍴 Essen

Gazebo CAFÉ $
`LP TIPP` (☎669-5621; Outrigger Napili Shores, 5315 Lower Honoapi'ilani Rd; Hauptgerichte 8–11,25 $; ◷7.30–14 Uhr) Wer zu spät kommt, steht hier Schlange. Die Einheimischen wissen das schon lange, und dementsprechend ist dieser beliebte Strandpavillon immer rappelvoll. Gäste, die schon kurz nach 7 Uhr da sind, können den Ausblick noch in Ruhe genießen und bereuen es bestimmt nicht, so früh aufgestanden zu sein. Das winzige Café ist für sein Frühstück berühmt; Süßmäuler fliegen vor allem auf die Pfannkuchen mit weißer Schokolade und Macadamianüssen. Mittags sind die riesigen Salate, herzhaften Sandwiches und *kalua*-Schweinefleischplatten der Renner.

Sea House Restaurant HAWAIISCH REGIONAL $$
(☎669-1500; www.napilikai.com; Napili Kai Beach Resort, 5900 Lower Honoapi'ilani Rd; Frühstück 9–12 $, Mittagsgerichte 9–14 $, Abendessen 25–37 $; ◷morgens, mittags & abends) Pssst,

nicht weiter sagen! Hier gibt's ein Essen für 9 $ mit einem Ausblick, der unbezahlbar ist. Interessiert? Dann nichts wie hin in diese Bar mit Tikifackeln und eine rauchige Fischsuppe genießen, während die Sonne im Breitwandformat versinkt. Lust auf mehr? Kein Problem, denn die Speisekarte hat auch hervorragende Meeresfrüchte und Steaks zu bieten. Es lohnt sich!

Maui Tacos
MEXIKANISCH $

(www.mauitacos.com; Napili Plaza, 5095 Napilihau St; Hauptgerichte unter 10 $; ⏰9–20 Uhr) Unglaublich, aber wahr! Mexikanisches Essen kann genauso gesund sein wie alles andere auf Maui. Salsas und Bohnen werden hier täglich frisch zubereitet, transfettfreie Öle ersetzen Schweinefett, und die Speisekarte wird abgerundet durch frisches Gemüse und Fisch aus der Region.

 Unterhaltung

LP TIPP **Masters of Hawaiian Slack Key Guitar**
LIVEMUSIK

(☎669-3858; www.slackkey.com; Napili Kai Beach Resort, 5900 Lower Honoapiʻilani Rd; Eintritt 40 $; ⏰Mi 19.30 Uhr) Bei dieser einzigartigen Konzertserie treten regelmäßig die besten Slack-Key-Gitarristen auf; Gastgeber der wöchentlichen Veranstaltung ist die Slack-Key-Legende George Kahumoku Jr. Das Ganze ist eine Mischung aus Konzert und Jamsession: ein echtes Juwel der hawaiischen Kultur, für das man jeden Umweg in Kauf nehmen sollte. Reservierung empfohlen.

Kapalua & Umgebung

382 EW.

Wo einst eine Ananasplantage war, macht sich heute der noble Ferienort Kapalua breit. Unter Golffans gehört der Ort schon lange zu den Top-Reisezielen, aber inzwischen versucht Kapalua auch für Nicht-Golfer attraktiver zu werden. Adrenalinjunkies kommen auf einer phantastischen Seilrutsche auf ihre Kosten, Wanderer freuen sich über Waldwege in einem ehemaligen Sperrgebiet, und alle schwelgen sie in einem der besten Restaurantangebote der Insel. Das Nachtleben ist nicht gerade prickelnd – die Strände dafür aber umso mehr; und alle sind öffentlich zugänglich.

Wer nicht so sehr auf eine herausgeputzte Glitzerwelt steht, sollte einen Bogen um den Ort machen und die wilde Nordküste

hinauffahren. Deren unfrisierte Landschaft ist Balsam für die Seele.

Eine Sonnengarantie bietet Kapalua allerdings nicht; Wind und Regen sind hier häufiger als im Süden.

⚑ Strände & Sehenswertes

LP TIPP **DT Fleming Beach Park**
STRAND

Wie ein längst vergessener Außenposten wirkt dieser geschwungene Sandstrand mit Eisenbäumen und einem alten Dorfschulhaus im Hintergrund. Er wurde 2006 von Dr Beach zum besten Strand der USA ernannt und befindet sich – wie sollte es in Hawaii anders sein – fest in Surferhand. Vor allem im Winter ist ein Geheimtipp unter erfahrenen Surfern und Bodysurfern. Die Shorebreaks können hier richtig brutal werden – nur in Hoʻokipa ist die Verletzungsquote noch höher. Im Sommer bei sehr ruhiger See kann man auf der rechten Seite gut schnorcheln.

Ansonsten gibt's hier Toiletten, Duschen, Grillstellen, Picknicktische und Rettungsschwimmer. Die Zufahrtsstraße zweigt unmittelbar nördlich vom Meilenstein 31 vom Honoapiʻilani Hwy (Hwy 30) ab.

Küsten- und Mahana-Ridge-Wanderweg (s. Kasten, S. 380) treffen sich hier.

Oneloa Beach
STRAND

Ein Traum aus weißem Sand: Dieses Juwel von einem Strand (ebenfalls am Küstenwanderweg) ist unbedingt einen Besuch wert. Umgeben von seichten bewachsenen Sanddünen, bietet dieser Strand perfekte Bedingungen zum Sonnenbaden. An ruhigen Tagen kann man in Strandnähe gut schwimmen und im geschützten Bereich bei den Felsen auf der Nordseite auch schnorcheln. Schon bei geringem Wellengang ist die Unterströmung der Brandung allerdings recht stark.

Oneloa (zu Deutsch: „langer Sand") ist etwa einen Kilometer lang und umgeben von privaten Resort-Condos und halböffentlichen Golfplätzen. Den Strandzugang zu finden, ist deshalb nicht ganz leicht: Nach dem Abzweig in die Ironwood Lane gleich wieder links abbiegen auf den Parkplatz gegenüber der Einfahrt der Ironwoods-Anlage. Man kommt am besten früh oder in der Mittagszeit, wenn viele den Strand schon wieder verlassen.

Kapalua Beach
STRAND

Dieser halbmondförmige Strand mit direktem Blick auf das gegenüber gelegene

Moloka'i garantiert ungetrübten Wasserspaß. Geschützt durch lange Felsnasen zu beiden Seiten der Bucht, eignet sich der Strand das ganze Jahr über zum Schwimmen; an der ganzen Küste ist es nirgends so sicher wie hier. Und wenn die Menschen hier gerne planschen, tun es auch die tropischen Fische. Sie leben hier (vor allem auf der rechten Seite des Strandes) zusammen mit orangefarbenen Griffelseeigeln besonders zahlreich.

Eine Einfahrt unmittelbar nördlich des Napili Kai Beach Resort führt zum Strandparkplatz. Hier findet man auch Toiletten und Duschen. Am nördlichen Ende des Parkplatzes geht's durch einen Tunnel zum Strand, wo auch der Küstenwanderweg beginnt (s. Kasten, S. 380).

Dragon's Teeth KULTSTÄTTE

Wie aus dem Maul eines Ungeheuers ragen die rasiermesserscharfen „Drachenzähne" aus den Felsen des Makaluapuna Point. Die knapp einen Meter hohen scharfen Zacken sind das Werk der Wellen, die im Winter am Lavafels der Landzunge nagen.

Der Spaziergang zu dieser kuriosen Felsformation dauert hin und zurück nur zehn Minuten. Ein Schild weist neuerdings darauf hin, dass der Felsvorsprung eine alte heilige Stätte der Hawaiianer ist. Aus Respekt vor den hawaiischen Traditionen sollen Besucher darauf verzichten, auf die Felsen zu klettern. Davon abgesehen ist das Herumklettern auf den scharfkantigen und wellengepeitschten Steinen auch nicht ganz ungefährlich.

Der Weg zu den Felsen führt auch an Honokahua vorbei, einer 5 ha großen Begräbnisstätte der Ureinwohner. Besucher können das Areal mit einem gewissen Abstand betrachten, sollten aber die mit „Please Kokua" markierten Bereiche nicht betreten. Diese Gräber sind leicht zu finden; wie Steininseln heben sie sich vom perfekten Golfrasen am Ritz Hotel ab.

Wer hierher will, fährt bis zum Ende der Lower Honoapi'ilani Rd. Dort befinden sich ein Parkplatz und eine Infotafel zur Begräbnisstätte. Der Pfad zu den Dragon's Teeth führt von hier aus Richtung Norden am Rand des Golfplatzes entlang.

Slaughterhouse Beach & Honolua Bay STRAND

Dieses Meeresschutzgebiet zeigt je nach Jahreszeit zwei völlig unterschiedliche Gesichter: im Winter wüst und stürmisch, im Sommer friedlich und ruhig. Und genauso vielfältig sind hier die Möglichkeiten für Aktivitäten.

Der schmale Kalaepiha Point trennt den Slaughterhouse Beach (Mokule'ia Bay) von der Honolua Bay. Alle zusammen bilden den Honolua-Mokule'ia Bay Marine Life Conservation District.

Genau wie die berühmte North Shore von O'ahu ist Honolua Bay nach Nordwesten ausgerichtet und der Traum aller Surfer. Wenn im Winter die Wellen anrollen, finden sie hier einen der schwierigsten Surfspots der Welt vor.

Da Angeln im gesamten Schutzgebiet verboten ist, bieten sich im Sommer in beiden Buchten traumhafte Schnorchelbedingungen, vor allem in der Honolua Bay mit ihren felsigen Riffen und üppigen Korallen, in denen jede Menge Fische leben. Zu allem Überfluss können Schnorchler an den Mündungen der beiden Buchten ab und zu mit Spinnerdelphinen auf Tuchfühlung gehen. Bei ruhigem Wetter ist es sogar möglich, um den Kalaepiha Point von einer Bucht zur anderen zu schnorcheln. Nach stärkeren Regenfällen kann man das allerdings vergessen, da der Honolua Stream in die Honolua Bay mündet und das Wasser trübt.

Das Gelände rund um die Honolua Bay gehört dem Unternehmen Maui Land & Pineapple, das freien und vor allem kostenlosen Zugang zur Bucht erlaubt. Einige Familien haben hier zwar Wohnrecht, sie dürfen jedoch den Zugang weder zeitlich einschränken, noch Gebühren erheben. Besucher sollten sich die Hinweistafeln zum Schutz der Korallen zu Gemüte führen, bevor sie über die Felsen zur Bucht hinabsteigen. Der Zugang ins Wasser über die Bootsrampe ist nicht zu empfehlen, da der Beton oft glitschig ist.

Bei ruhiger See eignet sich die Bucht hervorragend zum Kajakfahren, und Slaughterhouse Beach ist im Sommer einer der besten Orte für Bodysurfer. Der hübsche halbmondförmige Streifen aus weißem Sand ist ideal zum Sonnenbaden und beliebt bei Steine- und Muschelsammlern. Am südlichen Ende findet man besonders schöne Kieselsteine mit grünen Olivinkristallen.

Unmittelbar nördlich vom Meilenstein 32 liegt ein öffentlicher Parkplatz. Von dort führt eine betonierte Treppe die Klippen hinunter zum Slaughterhouse Beach. 805 m nach dem Meilenstein 32, am Pfad zur Honolua Bay, ist Platz für weitere sechs Autos.

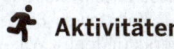

PAZIFIK

Kahekili Hwy (10 Meilen);
Kahului (22 Meilen)

Kalaepiha
Point

Honolua
Bay

Mokule'ia
Bay

Slaughterhouse
Beach

Makaluapuna
Point

Dragon's
Teeth

Plantation Club Dr

Kapalua
Plantation
Golf Course

Honokohau
St

Hawea
Point

Oneloa
Bay

Oneloa
Beach

Honokahua
Bay

Plantation Estates Dr

13

Leucht-
bake

Küstenwanderweg

DT Fleming
Beach Park

Mahana Ridge Trail

Honokahua Stream

Kahauli Gulch

Kapalua

Honoapi'ilani
Rd

Office Rd

8

Kapalua
Beach

1

Kapalua Dr

15

4

12

11

14

Mahana
Ridge
Trail

Napili
Beach

9

Pineapple Hill Dr

Napili
Bay

6

5

Kapalua Bay
Golf Course

3

Hui Dr

2

Honoapi'ilani Hwy

10

7

Napili

Honokeana
Bay

Hui Rd

Napili Pl

Simpson
Way

30

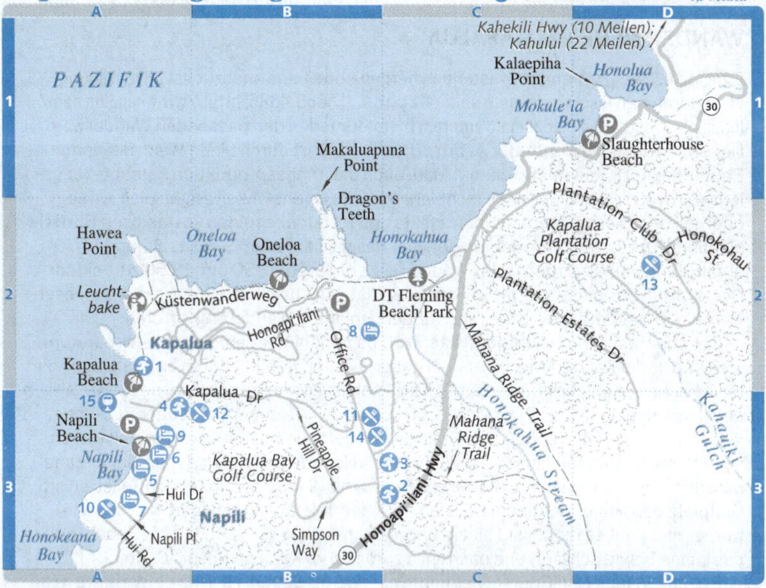

Kapalua & Umgebung

Aktivitäten, Kurse & Touren

	Honolua Ridge Trail	(s. 3)
	Kapalua Adventures	(s. 3)
1	Kapalua Dive Company	A2
2	Kapalua Golf Academy	C3
3	Kapalua Resort Center	C3
4	Kapalua Tennis Club	A3
	Mahana Ridge Trail	(s. 3)
	Maunalei Arboretum Trail	(s. 3)
	Village Walking Trail	(s. 3)

Schlafen

5	Hale Napili	A3
	Kapalua Villas	(s. 3)
6	Napili Kai Beach Resort	A3
7	Napili Surf Beach Resort	A3
8	Ritz-Carlton Kapalua	B2

9	The Mauian	A3

Essen

10	Gazebo	A3
11	Honolua Store	B3
12	Pineapple Grill	B3
13	Plantation House	D2
14	Sansei Seafood Restaurant & Sushi Bar	B3
	Sea House Restaurant	(s. 6)

Ausgehen

15	Merriman's Kapalua	A3

Unterhaltung

	Masters of Hawaiian Slack Key Guitar	(s. 6)

Aktivitäten

Kapalua Adventures ZIPLINING

(665-3753; www.kapaluaadventures.com; Office Rd; ab 149 $; 7–19 Uhr) Gut festhalten, und ab geht's zum atemberaubenden 3 km langen Flug über die West Maui Mountains! Die Abenteuertour führt über insgesamt acht Seilrutschen – und zwei davon sind über 600 m lang! Nebeneinander ge- spannte Seile erlauben sogar den Flug zu zweit. Dreimal im Monat gibt's das Ganze auch bei Vollmond.

Kapalua Golf GOLF

(669-8044, 877-527-2582; www.kapalua.com; Greenfee für Bay/Plantation bis 13 Uhr 208/268 $, nach 13 Uhr 138/158 $; 1. Abschlag 6.40 Uhr) Kapalua beherbergt zwei der besten Tur- niergolfplätze der Insel. Beide wurden

MAUI KAPALUA & UMGEBUNG

WANDERWEGE UM KAPALUA

Egal, ob es ein entspannter Küstenspaziergang oder eine anspruchsvolle Trekking-Tour durch den Dschungel sein soll – **Kapalua** (☎665-4386; http://www.kapalua.com/index.php/recreation/kapaluaadventures) bietet für jeden den passenden Wanderweg. Der ungewöhnliche **Maunalei Arboretum Trail** führt durch einen Wald, der vom Baumpfleger D. T. Fleming (der auf Maui auch die Ananasproduktion aufbaute) angelegt wurde. Der Wald, der noch nicht lange für die Öffentlichkeit zugänglich ist, liegt oberhalb eines eingezäunten Bauprojekts und ist nur über einen kostenlosen **Shuttle** (☎665-9110) zu erreichen, der am Kapalua Resort Center um 9.30, 11.30 und 14.30 abfährt und vom Startpunkt des Wanderwegs um 9.50, 11.50 und 13.50 zurückfährt. Der Shuttle-Bus bietet nur für 14 Besucher Platz, deshalb sollte man im Voraus reservieren. Am besten ein bis zwei Tage vor der geplanten Wanderung anrufen.

Der phantastische **Honolua Ridge Trail** beginnt hinter dem Maunalei Arboretum Trail und endet nach 2 km am Kapalua Resort Center. Er führt durch eine unglaubliche biologische Vielfalt, eröffnet spektakuläre Ausblicke vom Bergrücken, bevor der Weg in den dschungelähnlichen Wald eintaucht. Von dort wird immer wieder der Blick freigegeben auf den 1764 m hohen Pu'u Kukui, einen der feuchtesten Orte der Welt (durchschnittlicher Jahresniederschlag: 8 255 l/m^2). Nachdem der Weg riesige Sugibäume passiert, beginnt der leichte **Mahana Ridge Trail** (9 km), der hinter den Toiletten am Golfplatz den Hügel hinaufführt. Gleich nach den Telefonmasten folgt eine scharfe Kurve. Hier geht es rechts auf einem unbefestigten Weg zum DT Fleming Beach (auf das kleine Schild achten!) und nach links zurück zum Kapalua Resort Center.

Der alte Village Golf Course, der heute ein zweites Leben als **Village Walking Trail** führt, schlängelt sich beim Aufstieg in die Berge durch atemberaubende Landschaften und belohnt Wanderer, die dem Weg bis zum Schluss folgen, mit herrlichen Ausblicken. Im Anschluss folgt eine Rundwanderung um den See. Der einfache **Küstenwanderweg** (2,8 km) verbindet Kapalua Beach mit Oneloa Beach und führt dann unterhalb des Ritz-Carlton vorbei zum DT Fleming Beach. Man sollte den Pfad auf keinen Fall verlassen, um die brütenden Vögel nicht zu stören. Der Küstenwanderweg führt an einer uralten Begräbnisstätte und an der Felsformation „Dragon's Teeth" vorbei – beide Stätten liegen nördlich des Ritz-Carlton. Es handelt sich um wichtige Kultstätten der hawaiischen Ureinwohner. Man sollte deshalb nicht auf ihnen herumtrampeln, und Besucher werden gebeten, entsprechende Schilder unbedingt zu beachten.

Für alle Wanderwege rund um Kapalua muss man am Kapalua Resort Center eine Erklärung unterschreiben, die ein Jahr gültig ist. (Aus haftungsrechtlichen und Sicherheitsgründen den Durchschlag immer zur Hand haben!) Kostenlose Wanderkarten liegen im Resort Center aus. Achtung: Die Wege können kurzfristig und ohne Vorwarnung vom Resort Center geschlossen werden.

von Audubon International als Schutzgebiete für die heimische Flora und Fauna eingestuft. Grüner kann ein Green nicht sein.

Der Küstengolfplatz **Bay Course** (300 Kapalua Dr) mäandert über eine Halbinsel aus Lavastein. Der anspruchsvolle **Plantation Course** (2000 Plantation Club Dr) erstreckt sich über eine karge Landschaft mit Hügeln und Schluchten.

Kapalua Golf Academy　　GOLFKURSE
(☎665-5455; www.kapalua.com; 1000 Office Rd; Einzelunterricht 1 Std. 125 $, Gruppenunterricht 1/2 Tag 195 $; ☺8–16 Uhr) An der besten Gol-

fakademie auf Hawaii unterrichten nur PGA-Profis.

Kapalua Dive Company　　TAUCHEN
(☎669-3448; www.kapaluadive.com; Kapalua Bay; Tauchgänge ab 85 $, Kajaktouren 85 $; ☺8–17 Uhr) Bietet verschiedene Wassersportaktivitäten, darunter Kajak-/Schnorcheltouren und unterschiedliche Tauchgänge. Eine einfache Leihausrüstung zum Schnorcheln kostet 15 $ am Tag; einfach in der Strandhütte am Kapalua Beach fragen. Als Pfand muss eine Kreditkarte oder ein Führerschein hinterlegt werden.

Kapalua Tennis Club TENNIS

(☎665-9112; 100 Kapalua Dr; pro Pers. und Tag 10 $, Schlägerverleih 6 $; ☺Personal ist Mo–Fr 8–12 & 15–18, Sa & So 8–16 Uhr anwesend) Der beste voll ausgestattete Tennisclub auf Maui hat zehn Plexipave-Plätze und bietet diverse Gruppenstunden. Solisten sollten vorher beim Club anrufen und sich einen Partner zum Einzel- oder Doppelspielen zuweisen lassen.

✦✦ Festivals & Events

Hyundai Tournament of Champions GOLFTURNIER

(www.pgatour.com) Bei der Saisoneröffnung der PGA-Tour Anfang Januar packen Tiger Woods und Konsorten auf dem Plantation-Golfplatz im Kampf um horrende Preisgelder ihre Schläger aus.

Celebration of the Arts KUNST

(www.celebrationofthearts.org) Im April feiert das Ritz-Carlton mit diesem Fest die traditionelle hawaiische Kultur mit Geschichtenerzählern, Hula-Tänzern, Filmen, Kunst und Musik.

Kapalua Wine & Food Festival ESSEN, WEIN

(www.kapalua.com) Ende Juni findet im Ritz-Carlton vier Tage lang ein opulentes kulinarisches Fest statt. Namhafte Winzer und Hawaiis angesagteste Köche überbieten sich gegenseitig mit Weinproben und Kochvorführungen.

🛏 Schlafen

Kapalua Villas CONDO $$$

(☎665-9170, 800-545-0018; www.outrigger.com; 2000 Village Rd; 1/2 Schlafzimmer ab 209/279 $; ❄@☎☂) Diese schicken Condos liegen über drei verschiedene Areale verteilt. Die Golf-Villen umgeben den Bay Golf Course, während die Bay- und Ridge-Villen den Strand überblicken. In den Wohneinheiten mit einem Schlafzimmer haben bis zu vier Personen Platz, in Einheiten mit zwei Schlafzimmern sechs. Walbeobachtung aus nächster Nähe ist oft in den geräumigen Bay Villas möglich. In der Resort-Gebühr von 25 $ sind Parken, WLAN und der Shuttlebus enthalten.

Ritz-Carlton Kapalua RESORTHOTEL $$$

(☎669-6200, 800-262-8440; www.ritzcarlton. com; 1 Ritz-Carlton Dr; Zi. ab 595 $; ❄@☎☂) Die unauffällige Eleganz dieses Luxushotels zieht in erster Linie ein gehobenes Golfpublikum an. Es thront auf einem Hügel mit Blick auf die Golfplätze und das Meer

und verfügt über einen Swimmingpool unter Palmen mit mehreren Ebenen, einen Wellnessbereich und einen Fitnessclub. Die Zimmer bieten riesige Marmorbäder, Kissen aus Gänsedaunen … alles vom Feinsten. Für eine tägliche Resort-Gebühr von 25 $ gibt's einen Parkplatz, WLAN, Fitnesscenterbenutzung und Shuttleservice. Der Internetzugang im Business Center kostet 75 Cent pro Minute.

✕ Essen & Ausgehen

LP TIPP Honolua Store PLATE LUNCH $

(☎665-9105; www.kapalua.com; 502 Office Rd; Mittagsgerichte meist 6–9 $; ☺Laden 6–20 Uhr, Delikatessenladen bis 15 Uhr) Der von einer Veranda umgebene Bungalow wurde 1929 als Gemischtwarenladen der Honolua Pineapple Plantation gebaut und hat sich seither (zumindest außen) wenig verändert. Heute ist der Delikatessenladen eine Oase der Normalität inmitten der exklusiven Luxuswelt und vor allem für seine günstigen Preise und den phantastischen *plate lunch* bekannt. Das „Hobo lunch" – ein Hauptgericht und ein Löffel Reis – kostet 5,75 $. Das ist wohl kaum zu unterbieten! Außerdem gibt's hier eine Bar, die Kaffee und Gebäck serviert.

LP TIPP Plantation House HAWAIISCH REGIONAL $$$

(☎669-6299;www.theplantationhouse.com;Clubhaus des Plantation Golf Course, 2000 Plantation Club Dr; Frühstück & Mittagsgerichte 12–18 $, Abendessen 28–42 $; ☺8–15 & 18–21 Uhr) Das Frühstück in diesem Restaurant unter freiem Himmel bietet den Stoff, aus dem gute Urlaubserinnerungen gesponnen werden. Allein die Krebsfrikadelle à la Benedict – ein leichtes Gedicht mit Sauce hollandaise – ist unwiderstehlich. Wer danach nicht seinen Teller küsst und morgen wiederkommen will, hat vermutlich keine Geschmacksnerven. Und dazu gibt's einen 5-Sterne-Ausblick auf die Küste, Moloka'i und den weltberühmten Golfplatz – unglaublich! Zum Abendessen steht frischer Fisch mit mediterranem Touch und einem Hauch Maui auf dem Programm: hawaiischer Fisch mit Couscous und Maui-Zwiebeln vom Grill.

Sansei Seafood Restaurant & Sushi Bar JAPANISCH $$$

(☎669-6286; www.sanseihawaii.com; 600 Office Rd; Sushi 3–16 $, Hauptgerichte meist 22–43 $; ☺17.30–22 Uhr) Die kreative Sushi-Karte ist eigentlich Grund genug zum Herkommen, aber die übrigen Spezialitäten des Hauses sind auch nicht zu verachten. Die *tempura*-Felsengarnele in Knoblauch-*aioli* ist eine perfekte Synthese aus japanischer und französischer Küche, die würzigen *ramen*-Nudeln in Trüffelbrühe mit Taschenkrebs aus Dungeness sind ein weiteres Juwel. Bis 18 Uhr gibt's einen Preisnachlass von 25 % auf alle Gerichte. Eine Reservierung ist dringend empfehlenswert – die besten zwölf Plätze an der Sushibar sind äußerst begehrt. Schon ab 16.50 Uhr versammeln sich die ersten Gäste vor der Restauranttür.

Pineapple Grill   HAWAIISCH REGIONAL $$$
(☎669-9600; www.pineapplekapalua.com; Clubhaus des Kapalua Bay Golf Course, 200 Kapalua Dr; Mittagsgerichte 11–17 $, Hauptgerichte abends 26–47 $; ⊙mittags & abends) Diese elegante Schönheit hat alles, was das Herz begehrt, vom XL-Ausblick bis zur Schauküche, in der die kreativen Fusion-Gerichte gezaubert werden. Ob Hummer/Kokos-Cremesumme, in Wasabi sautierter Fisch oder mit goldener Maui-Ananas glasiertes Kotelett – alles hier verwöhnt den Gaumen.

Merriman's Kapalua   HAWAIISCH REGIONAL $$
(☎669-6400; www.merrimanshawaii.com; 1 Bay Club Pl; Happy-Hour-Menü 9–24 $; ⊙Happy Hour 15–17 Uhr) Die Happy Hour im Merriman's ist einfach Spitze. Das Lokal macht sich mit seinen Tikifackeln und Palmen auf einer wunderschönen Landzunge zwischen Kapalua Bay und Napili Bay breit und ist perfekt zum Relaxen nach einer Fahrt über den Kahekili Hwy.

Kahekili Highway

Highway? Dieser schmale Serpentinenstreifen soll ein Highway sein? Ist das nicht ein wenig übertrieben? Die anspruchsvolle Strecke folgt der wilden Küste an der Nordspitze von Maui, jagt um enge Serpentinen, balanciert über einspurige Brücken und hangelt sich an steilen Klippen entlang. Diese Fahrt gehört zu den größten Autoabenteuern auf Maui – und ist ganz sicher die größte Herausforderung für Autofahrer.

Dort, wo die Straße um unübersichtliche Kurven schleicht, ist das Tempo streckenweise auf 5 Meilen pro Stunde (8 km/h) beschränkt. Ein längeres Stück der Strecke beim Dörfchen Kahakuloa ist einspurig und führt an senkrecht abfallenden Klippen entlang – immer dicht am gähnenden Abgrund. Bei Gegenverkehr müssen Autofahrer hier schon mal ihre Künste im Rückwärtsfahren unter Beweis stellen. Alles nichts für schwache Nerven! Aber was soll's, wer sich auf diese wenig bekannte Strecke wagt, wird reich belohnt, denn hier warten Reit- und Wanderwege, riesige Blowholes (Löcher, die fontänenartig Meerwasser spucken) und leckeres Bananenbrot.

Nicht irritieren lassen von den Straßenkarten der Autovermietungen, die den Highway als gestrichelte Linie darstellen: Die Straße ist von Anfang bis Ende befestigt und öffentlich zugänglich. Allerdings gibt es hier keine Tankstellen, also besser vorher volltanken. Die ganze Fahrt dauert (ohne Zwischenstopps) gute zwei Stunden.

Die Grundstücke zwischen Straße und Küste sind teils privat, teils öffentlich und die Wege nach unten oft uneben, steinig und rutschig. Außerdem brechen sich oft gefährliche Wellen an diesen Klippen. Abenteuerlustige sollten vorsichtig sein und – falls notwendig – eine Erlaubnis einholen, bevor sie sich zum Meer hinunterwagen.

PUNALAU BEACH
Richtung Norden, jenseits der perfekten Golfplätze und Nobelzentren wird die Landschaft immer wilder. Die perfekte Gegend für einsame Spaziergänge! Ein lohnenswerter Stopp liegt z. B. etwa einen Kilometer hinter dem Meilenstein 34. Dort findet man den von Eisenbäumen umsäumten Punalau Beach. Schwimmen sollte man hier aber wegen einer unangenehmen Felsplatte unter den Wellen lieber nicht.

NAKALELE POINT
Danach wird die Landschaft hügelig, und felsige Kuhweiden werden von hohen Sisalpflanzen abgelöst. Bei Meilenstein 38 beginnt ein 1,5 km langer Wanderweg zum Leuchtturm am Ende des windgepeitschten Nakalele Point. Hier ist die Küste geprägt von Steinbögen und anderen Formationen, die das Meer in den Fels gefressen hat.

Das Nakalele Blowhole macht sich lautstark bemerkbar bei hoher See, schlummert aber, wenn die Wellen ruhig sind. Wer die aktuelle Gemütslage des Blaslochs auschecken will, parkt an der felsumrahmten Parkbucht 965 m nach dem Meilenstein 38. Ein paar Hundert Meter nach dem Parkplatz sieht man dann schon, ob das Loch gerade aktiv ist.

» Ulua Beach (S. 411) – Optimal zum Schnorcheln und Tauchen am Vormittag

» Ho'okipa Beach (S. 417) – Surfen und Windsurfen für Profis

» Ka'anapali Beach (S. 350) – Angesagter Resortstrand mit allen Annehmlichkeiten

» Kapalua Beach (S. 377) – Schwimmen und Schnorcheln in ruhigem Wasser

» Keawakapu Beach (S. 400) – Perfekt zum Schwimmen bei Sonnenuntergang

» Charley Young Beach (S. 400) – Ein verstecktes Juwel im Herzen von Kihei

» Big Beach (S. 415) – Paradies für Spaziergänger und Bodysurfer

» Malu'aka Beach (S. 414) – Schnorcheln mit Meeresschildkröten

» Little Beach (S. 415) – Der Traum aller FKK-Fans

» Pa'iloa Beach (S. 441) – Mauis umwerfendster Lavasandstrand

MAUI KAHEKILI HIGHWAY

0,8 Meilen (1,3 km) nach dem Meilenstein 40 liegt der **Ohai Viewpoint** auf der *makai*-Straßenseite. Der Aussichtspunkt selbst ist nicht beschildert, dafür aber der Anfang des Ohai-Wanderwegs (der übrigens ziemlich langweilig ist). Um zum Aussichtspunkt zu gelangen, muss man sich links halten und bis zum Ende der Landzunge gehen. Der atemberaubende Ausblick schließt auch das Nakalele Blowhole mit ein. Eltern sollten hier gut auf ihre Kinder aufpassen, denn die bröckelige Klippe fällt urplötzlich fast 250 m in die Tiefe!

MEERESPOOLS & BELLSTONE
Nach dem Meilenstein 42 ändert sich die Nummerierung. Plötzlich beginnt sie bei 16 und die nachfolgenden Steine sind absteigend nummeriert.

Etwa 160 m vor dem Meilenstein 16 liegt auf der Küstenseite der Straße eine ungeteerte Parkbucht. Von hier führt ein gut ausgetretener Pfad nach 15-minütigem Abstieg durch die Lavafelsen zu einer Reihe von **natürlichen Meeresspools** an der Küste. Die herrlich klaren Becken inmitten der schäumenden Gischt liegen direkt im glatten Lavagestein, das vor Olivinen nur so funkelt. Wer das kühle Nass genießen will, sollte sehr vorsichtig sein: Einige, die sich mit dem Sog der Wellen nicht auskannten, wurden schon ins Meer gezogen und sind ertrunken. Wenn die Steine nach einem Sturm verschlickt sind oder hoher Seegang herrscht, ist es definitiv zu gefährlich, hier zu baden. Die Becken sind zwar öffentlich zugänglich, staatliche Stellen raten aber aufgrund der Gefahren (glitschige Steine, große und starke Wellen, gefährliche Felsplatten und starke Strömungen) vom Baden ab.

Unmittelbar vor der Parkbucht auf der anderen Straßenseite steht der **Pohaku Kani**: Der riesige Fels mit den konkaven Markierungen ist ein sogenannter Bellstone („Glockenstein"). Wenn man ihn auf der Seite Richtung Kahakuloa mit einem Stein anschlägt, dort wo die tiefsten Markierungen sind, soll er hohl klingen. Und tatsächlich: Er hallt ein bisschen, wenn man ihn genau richtig trifft. Aber es gehört schon einiges an Phantasie dazu, darin einen Glockenton zu hören.

KAHAKULOA
Wie ein lauernder Drache bewacht ein 194 m hoher Lavadom den Eingang zur Kahakuloa Bay. Das fotogene Wahrzeichen heißt offiziell **Kahakuloa Head** und war angeblich König Kahekilis Lieblingsort zum Klippenspringen. Bevor die Straße ins Tal hinab führt, bietet eine Parkbucht einen wunderbaren Ausblick von oben.

Das durch und durch hawaiische Örtchen Kahakuloa versteckt sich tief in einem üppig bewachsenen Tal zwischen den hohen Klippen der Bucht. Seine isolierte Lage sorgte dafür, dass Kahakuloa kaum gewachsen ist (ca. 100 Einwohner) und vor dem Hunger der Bauunternehmer geschützt war, die über das restliche Maui hergefallen sind. Bauern kümmern sich um ihre Taropflanzen, *poi*-Hunde streunen über die Straße, und in der Ortsmitte steht eine **protestantische Missionarskirche**. Der Gemeindepfarrer ist Richard Ho'opi'i, einer der besten Ukulelespieler in ganz Hawaii.

Läden gibt es im Ort nicht, dafür bieten die Dorfbewohner an Straßenständen Obst und Snacks für Besucher an. Shave Ice gibt's für 3 $ am knallpinkfarbenen Stand von Ululani. Kostenlose Bananenbrothäppchen sind in der lindgrünen Hütte von Julia (www.juliasbananabread.com) zu haben. Ein ganzer Laib kostet 6 $, schmeckt tagelang frisch und ist 'ono (köstlich)!

VON KAHAKULOA BIS WAIHE'E

Auf einem Hügel am Ortsrand von Kahakuloa, in der Nähe des Meilensteins 14, verkauft der **Kaukini Gallery & Gift Shop** (244-3371; www.kaukinigallery.com; 10–17 Uhr) die Werke von über 120 Inselkünstlern: Aquarelle, Schmuck, Körbe aus einheimischen Fasern, Keramik und mehr. Eine Übersichtskarte auf der Veranda verrät verirrten Touristen, wie weit sie in beide Richtungen noch fahren müssen, um wieder eine halbwegs ausgebaute Straße zu erreichen.

Jenseits des 10er-Meilensteins liegen die **Turnbull Studios & Sculpture Garden** (244-9838; www.turnbullstudios.org; Mo–Fr 10–17 Uhr). Hier sind Bruce Turnbulls ehrgeizige Bronze- und Holzplastiken sowie die Werke diverser anderer Künstler zu sehen ... wirklich tolle Sachen.

Nach zahlreichen schlecht einsehbaren Kurven (vorher Hupen!) wird die Straße allmählich flacher und erreicht den höchsten Punkt der Klippen. Einen paradiesischen Ausblick hinab in eine Schlucht bietet eine Parkbucht etwa 160 m nördlich des Meilensteins 8. Hier stürzt auch ein **Wasserfall** aus schwindelnder Höhe zwischen zwei Felsbecken in die Tiefe.

Ein echtes *paniolo*-Erlebnis wartet auf der **Mendes Ranch** (871-5222; www.mendesranch.com; 3530 Kahekili Hwy; 2 Std. reiten 110 $; Beginn 8.15. & 11.30 Uhr), einer aktiven Rinderranch in der Nähe des Meilensteins 7. Die Reitausflüge verwöhnen das Auge mit postkartenverdächtigen Landschaften. Vom Urwaldtal über hohe Küstenklippen bis zu einem Wasserfall ist alles dabei.

WAIHE'E RIDGE TRAIL

Bei dieser Wanderung ist wirklich alles dabei: tropische Flora, windgepeitschte Höhenzüge, üppig grüne Täler, tolle Aussichten über die ganze Nordküste und das Tal in der Inselmitte. Trotzdem ist diese gut markierte Rundwanderung weniger als 8 km lang und nimmt nur etwa drei Stunden in Anspruch.

Der Pfad führt bergauf, steigt aber gemächlich an und ist nicht allzu anstrengend. Für klare Ausblicke lohnt es sich, vor 8 Uhr loszugehen, da der Gipfel am späteren Vormittag meist mit Wolken verhangen ist.

Bei einer Höhe von etwa 300 m über dem Meeresspiegel überquert der Weg (der auch ein Naturschutzgebiet durchquert) einen Bergkamm, verlässt das Weideland und taucht in ein kühles Waldgebiet ein. Guaven und Regenbogeneukalypten sind hier zahlreich, und nach einem Sturm riecht man überall das starke Aroma heruntergefallener Früchte. Nach gut einem Kilometer eröffnet sich ein Panoramablick entlang der Waihe'e-Schlucht tief in die vielen Seitentäler und bis hinunter zum Meer.

Anschließend führt der Weg durch einen von einheimischen Vögeln bevölkerten *ohia*-Wald und gibt den Blick auf einige Wasserfälle frei, die von den Bergen in die Tiefe stürzen. Meist sieht man von hier aus den einen oder anderen Helikopter ins Tal nebenan abtauchen.

Lärmbelästigung braucht man hier allerdings kaum zu befürchten. Neben Vogelgezwitscher, Insektenzirpen, plätschernden Bächen und vereinzelten Wortfetzen anderer Wanderer ist weit und breit nichts zu hören. Der Pfad endet auf einer kleinen Lichtung auf dem 781 m hohen Gipfel des Lanilili. Hier gibt es auch einen Picknicktisch mit herrlichem Panoramablick in alle Richtungen.

Auch für Solowanderer, Senioren und lauffreudige Kinder sollten mit dieser Wanderung keine Probleme haben. Wer Wan-

TIPPS FÜR SURFER

Maui ist bekannt für seine beständigen Winde. Windsurfer kommen das ganze Jahr über auf ihre Kosten, aber im Allgemeinen sind die Bedingungen von Juni bis September am besten. Zwischen Dezember und Februar kann es dagegen etwas windstiller werden.

Aktuelle Insidertipps für Kite- und Windsurfer gibt's auf den folgenden Websites:

Maui Kiteboarding Association (www.mauikiteboardingassociation.com)
Maui Kitesurfing Community (www.mauikitesurf.org)

Maui Windsurfing (www.mauiwindsurfing.net)

derstöcke hat, sollte sie aber unbedingt mitbringen, denn der Weg ist stellenweise schlammig und steil.

Um zum Startpunkt der Wanderung zu gelangen, nimmt man am besten die einspurige Teerstraße, die gleich südlich des Meilensteins 7 auf der Inlandseite des Highways beginnt, fast genau gegenüber dem großen Tor der Mendes Ranch. Die Straße ist von 7 bis 18 Uhr geöffnet und führt zum Pfadfinderlager Mahulia hinauf. Aber immer vor den Rindviechern in acht nehmen – die Route führt durch offenes Weideland! Der Beginn des Wanderwegs ist links vor dem Pfadfinderlager durch ein Schild mit der Aufschrift *Na Ala Hele* markiert.

Vollständige Infos gibt's auf der offiziellen Website für Wanderwege unter http://hawaiitrails.ehawaii.gov.

VON WAIHE'E BIS WAILUKU
Nach dem Waihe'e Ridge Trail führt der Kahekili Hwy durch die verschlafenen Städte Waihe'e und Waiehu und schließlich nach Wailuku in Central Maui. Viel ist hier nicht los, aber der vom County betriebene **Waiehu Municipal Golf Course** (☎243-7400; 200 Halewaiu Rd; Greenfee 55 $, Golfwagen 20 $) bietet einen erschwinglichen 18-Loch-Küstenparcours, der auch zu Fuß leicht zu bewältigen ist. Auf dem Gelände gibt es außerdem ein kleines Café, einen Pro-Shop und öffentliche Toiletten.

'IAO VALLEY & CENTRAL MAUI

Diese windgepeitschte Region war einst ein touristisches Niemandsland, inzwischen hat sie sich aber gemacht, besonders wenn es um Aktivsportarten geht, die mit Segeln zu tun haben. Kanaha Beach steht bei Kite- und Windsurfern hoch im Kurs. Sie tauchen den Strand täglich in ein Meer von Segeln in allen Regenbogenfarben. Aber in dieser Gegend geht's nicht nur auf dem Wasser actionreich zu. Central Maui hat jede Menge grüne Trümpfe im Ärmel. Am bekanntesten ist das üppig bewachsene 'Iao Valley, das so atemberaubend schön ist, dass es früher nur von Adligen besucht werden durfte. Außerdem warten zwei Schutzgebiete für seltene Wasservögel und das bunteste aller tropischen Aquarien auf ihre Entdeckung.

» Art Guide Maui (www.artguidemaui.com) – Infos zur Kunstszene

» Hana Hwy Surf (www.hanahwysurf.com) – Die aktuellen Surfbedingungen

» Maui News (www.mauinews.com) – Neues aus der Region

» Maui on TV (http://hawaiiontv.com/hawaiiontv/mauiontv) – Jede Menge coole Berichte

» Maui Pride (www.pridemaui.com) – Für die schwullesbische Szene

» Sierra Club (www.hi.sierraclub.org/maui) – Rund um den Umweltschutz

Kahului
22 200 EW.

Alle Wege führen nach Kahului, denn hier schlägt das wirtschaftliche Herz der Insel. Und hier befinden sich auch der Flughafen für alle Verbindungen zum nordamerikanischen Festland sowie der Hafen für Kreuzfahrtschiffe. So gut wie nichts erreicht das übrige Maui, ohne diese nüchterne Stadt mit ihren Lagerhäusern und Einkaufszentren zu passieren. Sie erscheint auf den ersten Blick nicht gerade wie ein einladendes Urlaubsziel, aber wer etwas hinter die Kulissen schaut, wird durchaus belohnt. Am besten, man macht's genauso wie die Einheimischen: samstags auf dem Markt Leute treffen, einem Konzert lauschen auf dem Rasen des Kulturzentrums oder sich am Kanaha Beach auf ein Surfbrett schwingen. Auf den zweiten Blick könnte Kahului dann doch noch zu einer großen Liebe werden.

🏖 Strände

Kanaha Beach Park   STRAND
Nachmittags, wenn der Wind stärker wird, beginnt sich der 1,5 km lange Strand in Surf City zu verwandeln. Hunderte von knallbunten Segeln flitzen dann über diese Bucht, die bei Wind- und Kitesurfern unglaublich beliebt ist. Jede Fraktion hat ihr eigenes Territorium: Der **Kite Beach** liegt am Südwestende, die Nordwestseite haben die Windsurfer in Beschlag genommen. Schon allein vom Zuschauen wird einem schwindelig, und alle, die selbst ans Segel wollen, finden am Strand jederzeit einen Surflehrer.

MAUI WEST MAUI

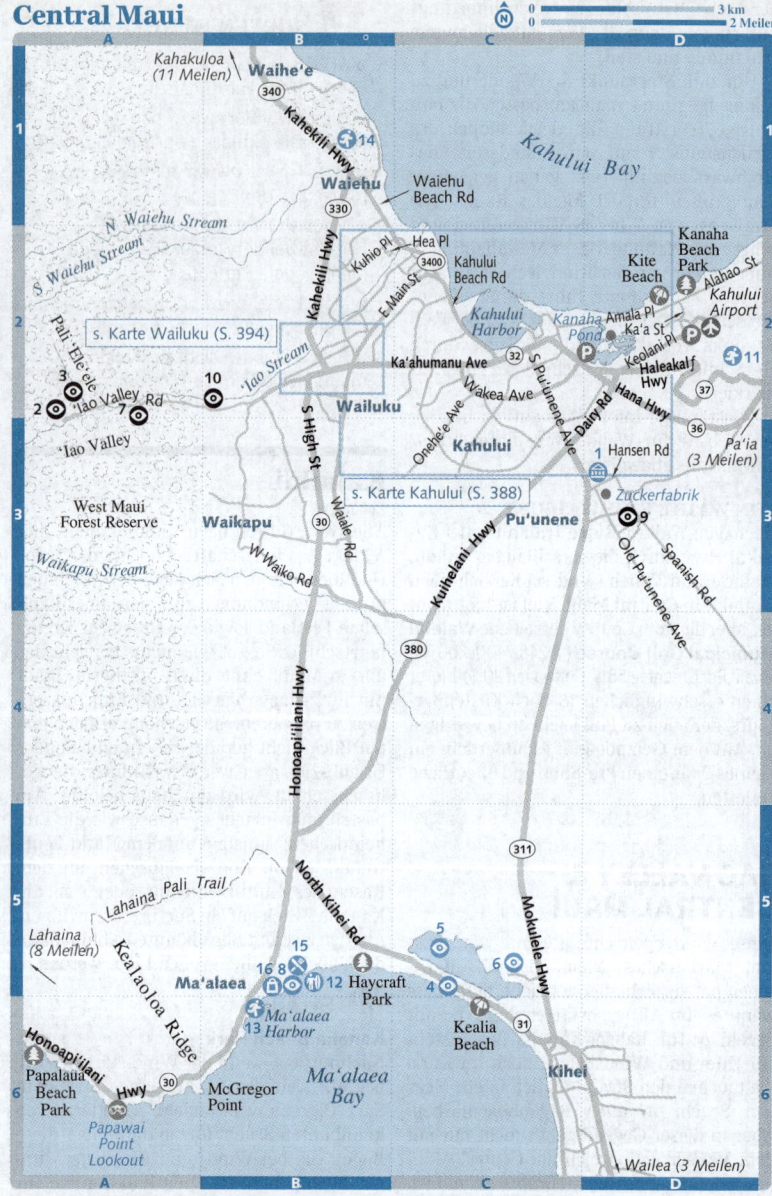

In der Mitte des Strandes liegt der abgetrennte Bereich für Schwimmer. Aber eigentlich konzentriert sich an diesem Strand alles auf das Spiel mit dem Wind. Zur Ausstattung gehören Toiletten, Duschen und Picknicktische.

Sehenswertes

Kanaha Pond Bird Sanctuary

WILDRESERVAT

(Hwy 37; Eintritt frei; Sonnenaufgang–Sonnenuntergang) In diesem von der Straße aus leicht zugänglichen Naturschutzgebiet sind

⊙ Sehenswertes

1 Alexander & Baldwin Sugar
Museum D3
2 'Iao Valley State Park A2
3 JFK Profile A2
4 Kealia Pond Boardwalk C5
5 Kealia Pond National Wildlife
Refuge C5
6 Kealia Pond National Wildlife
Refuge Visitor Center C5
7 Kepaniwai Park & Heritage
Gardens.................................... A2
8 Maui Ocean Center B5
9 Old Pu'unene-Buchladen D3
10 Tropical Gardens of Maui B2

Aktivitäten, Kurse & Touren

11 Kahului Heliport D2
12 Ma'alaea Pipeline B5
13 Pacific Whale Foundation................. B6
Quicksilver .... (s. 13)
Shark Dive Maui...................... (s. 8)
14 Waiehu Municipal Golf Course B1

⊗ Essen

Beach Bums Bar & Grill .... (s. 16)
Hula Cookies .... (s. 16)
15 Waterfront Restaurant B5

⊜ Shoppen

16 Harbor Shops at Ma'alaea B5

MAUI KAHULUI

verschiedene seltene hawaiische Vogelarten zuhause, darunter der *ae'o* (Schwarznacken-Stelzenläufer), ein Watvogel mit langen, orangefarbenen Beinen, der an sumpfigen Teichufern nach Futter sucht. Im gesamten Bundesstaat leben nur 1500 dieser eleganten Vögel, aber hier bekommt man garantiert einen zu Gesicht.

Ideal zum Beobachten von Säbelschnäblern, hawaiischen Blesshühnern und Nachtreihern ist die **Aussichtsplattform**, die vom Parkplatz aus nach einem kurzen Spaziergang erreichbar ist (Tor schließen nicht vergessen!). Wer sich auf dem Weg dorthin leise verhält, sieht wahrscheinlich schon am Ufer einige Vögel.

Maui Nui Botanical Gardens GÄRTEN
(☎249-2798; www.mnbg.org; 150 Kanaloa Ave; Eintritt frei; ⊙Mo–Sa 8–16 Uhr) Wer sich für die exotische Schönheit urhawaiischer Flora interessiert, wird diesen Garten lieben. Vielleicht hat der eine oder andere schon von den seltensten Arten gehört, aber gesehen hat er sie sicher noch nicht – z. B. *wauke* (Papiermaulbeere; liefert den Rohstoff für *tapa*), *'ulu* (Brotfruchtbaum) und *'iliahi* (Sandelholz). Die exotische Farbenpracht tropischer Blumen, die mittlerweile sonst überall auf Hawaii zu finden ist, sucht man hier jedoch vergeblich: Besonders blumig ist es hier nämlich nicht. Wer sich mehr über die Schlüsselrolle der einheimischen Pflanzen in der hawaiischen Kultur erfahren möchte, kann dienstags und freitags zwischen 10 und 11.30 Uhr an einer Führung teilnehmen (empfohlene Spende: 5 $).

GRATIS Schaefer International Gallery MUSEUM
(☎242-2787; www.mauiarts.org; 1 Cameron Way; ⊙Mi–So 11–17 Uhr) Diese Galerie im Maui Arts & Cultural Center zeigt faszinierende Exponate aus den Bereichen Kultur, Hula und Kunst aus Hawaii.

Der Hafen von Kahului HAFEN
Der große, geschützte Hafenbereich von Kahului hat viele Gesichter. Als einziger Tiefwasserhafen der Insel ist er natürlich die wichtigste Anlaufstelle für den Schiffsverkehr. Kreuzfahrtschiffe legen hier genauso an wie große Frachter. Aber hier gibt es noch viel mehr zu sehen als nur den alltäglichen Hafenbetrieb. Im **Hoaloha Park** z. B. kann man am späten Nachmittag den Auslegerkanuclubs beim Training zuschauen.

🏃 Aktivitäten

Windsurfen

Im windverwöhnten Kahului haben Mauis wichtigste Surfunternehmen ihre Base. Ein Leihbrett gibt's für etwa 50/325 $ pro Tag/Woche, und Neulinge können jederzeit für 90 $ an einem mehrstündigen Einführungskurs teilnehmen. Da die Anbieter durchaus miteinander konkurrieren, lohnt es sich immer, nach einem Preisnachlass zu fragen.

Folgende zuverlässige Läden verleihen die Ausrüstung und bieten Kurse an:

Second Wind WINDSURFEN
(☎877-7467; www.secondwindmaui.com; 111 Hana Hwy; ⊙9–18 Uhr)

MAUI WEST MAUI

Hawaiian Island Surf & Sport   WINDSURFEN
(☎871-4981; www.hawaiianisland.com; 415 Dairy Rd; ⊙8.30–18 Uhr)

Hi-Tech Surf Sports   WINDSURFEN
(☎877-2111; www.htmaui.com; 425 Koloa St; ⊙9–18 Uhr)

Kitesurfen

Kitesurfen (auch Kiteboarden) ist in Kahului der neuste Trend. Treffpunkt der Szene ist der Kite Beach am südwestlichen Ende des Kanaha Beach Park. Anfänger können sich hier von den Profis unterrichten lassen, die den Sport populär gemacht haben. Stunden können in einem der Wagen am Strand gebucht werden; ein Halbtageskurs kostet in der Regel etwa 275 $. Aktuelle Infos bekommt man auch unter http://kitebeachcam.com.

Empfehlenswerte Anbieter sind:

Kiteboarding School Maui   KITESURFEN
(☎873-0015; www.ksmaui.com)

Aqua Sports Maui   KITESURFEN
(☎242-8015; www.mauikiteboardinglessons.com)

Action Sports Maui   KITESURFEN
(☎871-5857; www.actionsportsmaui.com)

☞ Geführte Touren

Hubschrauberflüge

Mehrere Unternehmen bieten Rundflüge über Maui an, darunter **Sunshine** (☎871-7799; www.sunshinehelicopters.com), **Blue Hawaiian** (☎871-8844; www.bluehawaiian.com) und **AlexAir** (☎871-0792; www.helitour.com). Alle starten am **Hubschrauberlandeplatz Kahului** (1 Kahului Airport Rd) auf der südöstlichen Seite des Flughafens Kahului. 30-minütige Flüge über die bewaldeten West Maui Mountains kosten etwa 150 $ und ein einstündiger Rundflug über die Insel um 275 $. Die einzelnen Anbieter werben in den kostenlosen Touristenzeitschriften mit unterschiedlichen Ermäßigungen.

Kahului

⊙ Highlights

Haleki'i-Pihana Heiau State
  Monument A1
Kanaha Pond Bird Sanctuary
  Aussichtsplattform............................D2
Maui Nui Botanical Gardens...............A2

⊙ Sehenswertes

1 Hoaloha Park C2
  Schaefer International Gallery ..... (s. 14)

Aktivitäten, Kurse & Touren

2 Action Sports Maui D2
  Aqua Sports Maui .... (s. 5)
3 Hawaiian Island Surf & Sport D3
4 Hi-Tech Surf Sports.............................D3
5 Second Wind C2

🛏 Schlafen

6 Maui Seaside Hotel..............................C2

✖ Essen

7 Bistro Casanova....................................C2
  Campus Food Court .... (s. 16)
8 Cynnamon's..B2
  Da Kitchen .... (s. 3)
9 Piñatas D3
10 Safeway...C3
  Tasaka Guri-Guri............................ (s. 15)
  Thailand Cuisine .... (s. 15)
11 Tom's Mini-Mart.....................................A1
  Whole Foods .... (s. 15)

☕😋 Ausgehen

12 Maui Coffee Roasters.........................D3
13 Wow-Wee Maui's Kava Bar &
  Grill...D3

⚙ Unterhaltung

14 Maui Arts & Cultural Center B2

🔒 Shoppen

  Bounty Music .... (s. 5)
15 Maui Mall...C2
16 Maui Swap Meet.....................................B2

✨🎪 Festivals & Events

LP TIPP Ki Ho'alu Slack Key Guitar Festival
MUSIK

(www.mauiarts.org) Bei diesem althawai-
ischen Festival im Juni auf dem Rasen
des Maui Arts & Cultural Center spielen
die besten Slack-Key-Gitarristen des
ganzen Bundesstaats.

Maui Marathon
MARATHON

(www.mauimarathon.com) Mitte September
startet dieser Straßenmarathon in Kahului und endet nach 42 km am Whalers
Village in Ka'anapali.

LP TIPP Maui 'Ukulele Festival
MUSIK

(www.ukulelefestivalhawaii.org) Ein
großes Fest für die ganze *'ohana* (Familie)! *Na keiki* wie Erwachsene haben
ihren Spaß, wenn Ukulelemeister aus
Maui und dem Ausland an einem Sonntag
Mitte Oktober beim Maui Arts & Cultural
Center aufspielen.

🛏 Schlafen

Maui Seaside Hotel
HOTEL $$

(☎877-3311; www.seasidehotelshawaii.com; 100
W Ka'ahumanu Ave; Zi. ab 125 $; ❄@☷) Ka-
hului ist ganz sicher nicht der beste Ort
zum Übernachten, aber wenn es unbedingt
sein muss, ist das hier das bessere der bei-
den etwas älteren Hotels im Ort. Es ist
nichts Besonderes, aber die Zimmer sind
sauber.

✖ Essen

LP TIPP Cynnamon's
IMBISSWAGEN $

(Kahului Beach Rd, am Bootsslip; Haupt-
gerichte 8 $; ⊙Di–Sa 10–13 Uhr) Die unan-
gefochtene Königin der Imbissbuden auf
Maui. Das Familienunternehmen verkauft
nur fangfrischen Fisch – es ist also kein
Zufall, dass die Bude direkt am Bootsha-
fen parkt. Was eben noch nebenan im Netz
zappelte, kommt mittags auf Cynnamon's
Grill. Zu den Highlights gehören der *plate
lunch* mit *mahi* in *panko*-Panade und das
Thunfisch-*poke*, das auf Bestellung frisch
zubereitet wird.

Campus Food Court
LEBENSMITTELHALLE $

(www.mauiculinary-campusdining.com; Maui Col-
lege, 310 W Ka'ahumanu Ave; Hauptgerichte 5–8 $;
⊙Mo–Fr 11–13.30 Uhr) „Farm to Table"? „Raw
Fish Camp"? Diese Namen lassen alles an-
dere erwarten als die normale Mensakost.
Diese Lebensmittelhalle wird von Studen-
ten des hochgelobten Gastronomiesemi-
nars am Maui College betrieben und ist
auf jeden Fall einen Abstecher wert. Auch
lohnenswert ist das Restaurant Class Act
(☎984-3280), wo Studenten ein Mehrgänge-
menü aus regionalen Zutaten kochen.

Bistro Casanova
MEDITERRAN $$

(☎873-3650; www.casanovamaui.com; 33
Lono Ave; Hauptgerichte 14–32 $; ⊙Mo–Sa
11–21.30 Uhr) Dieser Ableger des beliebten
Italieners Casanova in Makasao ist das
edelste Restaurant in Kahului. Im Ange-

bot sind zahlreiche Tapas, gute Steaks von regionalen Rindern und jede Menge Biogemüse aus Kula. Das Ambiente ist gehoben und bi Großstadtschliff. Abends füllt sich das Bistro schnell mit Theatergängern auf dem Weg zum MACC; Reservieren ist daher ratsam.

Da Kitchen
HAWAIISCH$$

(www.da-kitchen.com; 425 Koloa St; Plate Lunch 9–14 $; ⊙9–21 Uhr) Hawaiisches Dekor und unschlagbares Inselessen machen diesen Laden zu einer der beliebtesten Adressen weit und breit. Das Schweinefleisch auf *kalua*-Art ist so zart, dass es auf der Zunge zergeht, und von den teureren Mittagsgerichten werden ohne Probleme zwei satt. Mittags wird's ziemlich voll, aber keine Angst: Dafür ist die Bedienung flott.

Thailand Cuisine
THAI $$

(www.thailandcuisinemaui.com; Maui Mall, 70 E Ka'ahumanu Ave; Hauptgerichte 10–16 $; ⊙10.30–15.30 & 17–21.30 Uhr; ⏸) Dieses familiengeführte Lokal wurde von *Maui-News*-Lesern zum besten internationalen Restaurant der Insel gekürt. Zu recht! Aber man muss ja nicht alles glauben; probieren geht über studieren: am besten erst die Sommerrollen mit Shrimps, dann ein aromatisches grünes Curry oder den mit Ingwer gegrillten *mahimahi*.

Piñatas
MEXIKANISCH $

(395 Dairy Rd; Hauptgerichte 5–10 $; Mo–Sa 8–20, So 11–20 Uhr) He Amigos, einfach immer den Surfern hinterhergehen! Denn die wissen, dass der Mexikaner mit Ponchodeko an der Wand nicht nur gutes Essen serviert, sondern auch faire Preise hat. Für den großen Hunger ist der riesige *Kitchen Sink Burrito* ideal. Was drin ist? Rind, Bohnen, Guacamole, saure Sahne und andere Dinge, die gerade in der Küche zu finden waren.

Tasaka Guri-Guri
EISCREME $

(Maui Mall, 70 E Ka'ahumanu Ave; 2 Kugeln/1 Liter 1,10/5 $; ⊙Mo–Sa 9–18, So 10–16 Uhr) Die coolste Leckerei der Stadt ist das hausgemachte Ananassorbet in diesem winzigen Laden. Es nennt sich *guri-guri* und ist so beliebt, dass Einheimische das Zeug literweise zum Flughafen schleppen, um es für Freunde auf den Nachbarinseln mitzubringen.

Tom's Mini-Mart
SHAVE ICE $

(☎244-2323; 372 Waiehu Beach Rd; Shave Ice 3 $; ⊙Mo–Sa 7–18 Uhr) Dieser Nachbarschaftsladen liegt vielleicht am Ende der Welt, dafür verkauft er das geschmeidigste Shave

Ice mit tropischem Fruchtsirup weit und breit. Vor allem Mango – unbedingt probieren! Und wie kommt man hin? Auf der E Main St nach Nordosten Richtung Meer gehen, nach links auf die Waiehu Beach Rd biegen und dann weitere 300 m nach Norden laufen.

Wer gerade vom Flughafen kommt und im Condo einen Kühlschrank zu füllen hat, fährt zum **Safeway** (170 E Kamehameha Ave; ⊙24 Std.) in der Stadtmitte, der immer offen hat. Soll es etwas grüner sein? **Whole Foods** (Maui Mall, 70 E Ka'ahumanu Ave; ⊙8–21 Uhr) bietet Gemüse, Fisch und Rind aus Inselproduktion. Hier kann man auch gut einen *lei* kaufen.

🍷 Ausgehen

Wow-Wee Maui's Kava Bar & Grill
BAR

(www.wowweemaui.com; 333 Dairy Rd; ⊙Mo–Sa 11–21, So 11–18 Uhr; @) Nirgends kann man schöner *kava* aus der Kokosschale trinken wie in diesem trendigen Café. Das würzige und leicht berauschende Elixier wird aus *Piper methysticum* (Rauschpfeffer) gebraut und wurde im alten Hawaii zeremoniell genutzt. Die Schokoriegel (teils auch mit *kava* gewürzt) sind ebenfalls suchtverdächtig. Für weniger Abenteuerlustige mixt der Barkeeper auch einen mörderischen Martini.

Maui Coffee Roasters
CAFE

(www.mauicoffeeroasters.com; 444 Hana Hwy; @🛜) Gutes Ambiente und guter Kaffee: Dieser Coffeeshop mit kostenlosem WLAN hat die perfekte Mischung. Noch nicht ganz wach? Das beste Gegenmittel ist der Sledge Hammer – ein vierfacher Espresso mit *half and half* geschäumt (halb Milch, halb Sahne).

☆ Unterhaltung

Maui Arts & Cultural Center
KONZERTHALLE

(MACC; ☎242-7469; www.mauiarts.org; 1 Cameron Way) In diesem schicken Bühnenkomplex ist immer etwas los. Hier gibt's zwei Theater und ein Freiluftamphitheater, alle mit hervorragender Akustik. Es ist Mauis wichtigster Veranstaltungsort für Musik, Theater und Tanz und bringt alles von der Ukulele-Jamsession bis zur Rockband auf die Bühne. Am dritten Donnerstag im Monat veranstaltet der Grammy-Gewinner George Kahumoku Jr. die Konzertreihe „Slack Key Masters". Unbedingt hingehen!

Die atemberaubende Landschaft der Insel ist genau das richtige Terrain für Hardcore-Biker. Doch Radler, die den Drahtesel als normales Transportmittel von A nach B nutzen wollen, werden die starken Steigungen und schmalen Straßen eher abschrecken.

Innerhalb kleinerer Bereiche ist das Rad jedoch auch für durchschnittliche Fahrer durchaus eine brauchbare Alternative. So gibt es z. B. in der Touristenenklave Kihei kaum Berge; die beiden Hauptstraßen, S Kihei Rd und Pi'ilani Hwy, haben sogar Fahrradwege.

Die farbige Fahrradkarte *Maui County Bicycle Map* (6 $) ist in Fahrradläden erhältlich und zeigt neben den Straßen mit Radweg auch andere wichtige Details. Wer die Insel tatsächlich mit dem Rad erkunden will, sollte die Karte unbedingt kaufen. West Maui Cycles (S. 346) bieten sie auch online auf ihrer Website: www.westmauicycles.com/Maui-County-Bicycle-Map.html.

🔒 Shoppen

In Kahului sind die größten Discounterketten (wie Wal-Mart und Costco) zuhause. Hier gibt's auch die größten Einkaufszentren.

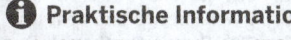

Maui Swap Meet MARKT
(☑244-3100; Maui College, 310 Ka'ahumanu Ave; Eintritt 50 ¢; ☺Sa 7–13 Uhr) Alle, die im Urlaub auf der Suche nach lokalen Besonderheiten sind, sollten einen Samstagmorgen mit den Bauern und Handwerkern auf Mauis größtem Markt verbringen. Hier gibt's nicht nur frisches Bioobst aus Hana, Gemüse aus Kula und selbst gebackenes Bananenbrot, sondern auch tolle Souvenirs von der hawaiischen Steppdecke bis zum T-Shirt mit Maui-Design. Nicht irritieren lassen von der Bezeichnung *swap meet* (Tauschbörse): Die meisten Stände verkaufen gute Regionalware, und jeder ausgegebene Dollar bleibt in der Gemeinde.

Bounty Music UKULELELADEN
(www.ukes.com; 111 Hana Hwy) Der siebte Himmel für Fans hawaiischer Musik. Hier gibt's Ukulelen in allen Variationen, vom billigen Importmodell bis zum handgemachten Meisterwerk.

ℹ Praktische Informationen

Bank of Hawaii (www.boh.com; 27 S Pu'unene Ave)

Longs Drugs (☑877-0041; Maui Mall, 70 E Ka'ahumanu Ave; ☺7–24 Uhr) Die größte Apotheke der Stadt.

Maui Visitors Bureau (☑872-3893; www.visitmaui.com; Flughafen Kahului; ☺7.45–21.45 Uhr) Der Stand im Ankunftsbereich des Flughafens ist mit hilfreichem Personal besetzt und hat tonnenweise Broschüren.

Post (www.usps.com; 138 S Pu'unene Ave)

ℹ Anreise & unterwegs vor Ort

Auto

Bio-Beetle (☑873-6121; www.bio-beetle.com; 55 Amala Pl; pro Tag/Woche 50/275 $) Diese umweltfreundliche Alternative zum üblichen Autoverleih vermietet VW Käfer, die Biodiesel aus recyceltem Pflanzenöl tanken. Eine tolle Option für alle Umweltbewussten, die trotzdem motorisiert sein wollen.

Bus

Maui Bus verbindet Kahului mit Ma'alaea, Kihei, Wailea und Lahaina. Die Busse fahren stündlich; die Fahrt kostet pro Route 1 $. Daneben bedient ein kostenloser Bus stündlich eine Rundstrecke rund um Kahului mit Verbindung nach Wailuku.

Fahrrad

Island Biker (☑877-7744; www.islandbiker maui.com; 415 Dairy Rd; pro Tag/Woche 50/200 $; ☺Mo–Fr 9–17, Sa bis 15 Uhr) Verleiht gute Mountainbikes und Rennräder, die sich bestens für die Insel eignen.

Vom/Zum Flughafen

Der Flughafen von Kahului liegt auf der Ostseite der Stadt. Die meisten Besucher holen sich gleich dort einen Leihwagen. Shuttles und Taxis gibt's natürlich auch (s. S. 346).

Haleki'i-Pihana Heiau State Monument

Überwuchert und fast vergessen schlummern auf einem Hügel im **Haleki'i-Pihana Heiau** (Karte S. 388; Hea Pl; Eintritt frei; ☺Sonnenaufgang–Sonnenuntergang) zwei der bedeutendsten Tempelruinen Mauis. Hier befand sich einst der Hof von Kahekili, dem letzten König von Maui, und hier wurde auch Ke'opuolani geboren, Gemahlin von Kamehameha dem Großen. Nachdem Kamehameha 1790 aus der Schlacht von 'Iao als Sieger hervorgegangen war, kam er nach Haleki'i-Pihana Heiau und brachte dem Kriegsgott Ku die letzten Menschenopfer Mauis dar.

Der erste *heiau* (Steintempel) heißt **Haleki'i** und besitzt abgestufte Steinmauern. Sie thronen hoch über dem 'Iao Stream, aus dem die Steine für den Bau stammen. Nach etwa fünf Minuten Fußweg gelangt man zum **Pihana Heiau**, einem pyramidenähnlichen Hügel. Er ist jedoch derart mit *kiawe* überwuchert, dass er kaum noch zu erkennen ist.

Der Ort ist schon lange in Vergessenheit geraten, hat aber noch immer eine gewisse *mana* (spirituelle Ausstrahlung). Bei dem Ausblick auf den wilden Ozean und die umliegenden Berge kann man sich immer noch gut vorstellen, welche Anziehungskraft der Ort auf die alten Hawaiianer gehabt haben muss. Einfach versuchen, die wuchernden Bauaktivitäten zu ignorieren!

Die Ruinen stehen etwa 2 Meilen (3,2 km) nordöstlich der Ortsmitte von Wailuku. Von der Waiehu Beach Rd (Hwy 340) landeinwärts in die Kuhio Pl abbiegen, dann den ersten Abzweig links auf die Hea Pl nehmen und diesem bis zum Ende folgen.

Wailuku

13 550 EW.

Das mytische Wailuku ist stolz auf seine Vergangenheit, und es hat allen Grund dazu: Da es schon seit Urzeiten ein religiöses und politisches Zentrum ist, besitzt es mehr Einträge im National Register of Historic Places (nationales Verzeichnis historischer Stätten) als irgendein anderer Ort auf Maui. Komischerweise ist er trotzdem der am wenigsten besuchte Ort auf Maui. Heute ist Wailuku County-Hauptstadt, und die moderne Innenstadt besteht hauptsächlich aus modernen, mehrstöckigen Bürogebäuden. Es gibt jedoch immer noch uralte Gassen mit einer unverfälschten Mischung aus Kuriositätenläden, Galerien und Tante-Emma-Läden, die nur darauf warten, durchstöbert zu werden. Besucher, die zur Mittagszeit hierherkommen, haben Glück: Günstige Lebenshaltungskosten und hungrige Verwaltungsangestellte sorgen dafür, dass in Wailuku leckeres Essen zu Preisen aufgetischt wird, die in den Touristenorten undenkbar wären.

Sehenswertes

Reisende, die dem echten Maui auf den Grund gehen wollen, sind im staubigen Wailuku genau richtig: Die Stadt ist eine historische Schatzkiste. C. W. Dickey, der bekannteste Architekt Hawaiis, wurde auf Maui geboren und hat dieser Stadt seinen Stempel aufgedrückt, bevor er in Honolulu berühmt wurde. Die um 1928 erbaute **Wailuku Public Library** (Öffentliche Bibliothek Wailuku; High St Ecke Aupuni St) ist ein typisches Beispiel für den unverwechselbar hawaiischen Stil von Dickeys Bauten. Auf der anderen Straßenseite steht das **Territorial Building** (Territorialgebäude), ebenfalls ein Dickey. Ein kurzer Spaziergang führt an vier weiteren Gebäuden vorbei, die im National Register of Historic Places aufgeführt sind. Kulturinteressierte bekommen in der Bibliothek oder dem Bailey House Museum die kostenlose Karte *Wailuku Historic District*, auf der sämtliche Highlights der Stadt verzeichnet sind.

Bailey House Museum　　　　MUSEUM

(📞 244-3326; www.mauimuseum.org; 2375 W Main St; Erw./Kind 7–12 J. 7/2 $; ⊙ Mo–Sa 10–16 Uhr) Dieses beeindruckende Museum ist im Haus von Edward Bailey, Wailukus erstem christlichen Missionar, untergebracht. Der Bau stammt aus dem Jahr 1833. Im zweiten Stock geben Baileys spartanische Möbel einen recht guten Eindruck von jenen Zeiten. Richtig faszinierend ist aber das Erdgeschoss mit der hawaiischen Abteilung. Vor allem die Speere und Haifischzahndolche (aua!), die bei blutigen Kämpfen im nahe gelegenen 'Iao Valley zum Einsatz kamen, sind sehenswert. Außerdem ist eine beachtliche Sammlung einheimischer Holzschalen, steinerner *adze*, *lei* aus Federn und Stoffe aus *tapa* ausgestellt.

Ein unauffälliges Exponat neben dem Parkplatz des Bailey House Museum verkörpert die Schnittstelle zwischen dem urhawaiischen Wellenreiten und dem heutigen Surfen: **The Duke's Surfboard**. Das 3 m lange Brett aus Mammutbaumholz ist ein Original aus dem Besitz der Surflegende „The Duke" Kahanamoku (1890–1968). Duke gewann nicht nur als Schwimmer für die USA olympisches Gold; sein eigentliches Verdienst war die Wiederbelebung der uralten Surfkunst. Mit dem riesigen Surfbrett im Gepäck reiste der Vollbluthawaiianer als Botschafter in Sachen Surfen um die Welt, um Australiern, Europäern und

US-Amerikanern das Wellenreiten beizu-
bringen. Heute gilt er als Vater des modernen Surfens.

Ka'ahumanu Church
KIRCHE

(W Main St Ecke S High St) Diese schöne Missionarskirche wurde nach der Königin
Ka'ahumanu benannt. Unter ihr erlebte das
Christentum eine Blütezeit, nachdem sie
sich von den alten Göttern losgesagt hatte.
Die Kirchturmuhr wurde im 19. Jh. um Kap
Hoorn geschippert und hierher verfrachtet
– und sie geht immer noch! Am Sonntag-
morgen tönen hawaiische Lieder aus der
Kirche. Ansonsten kann man sie nur von
außen bewundern, da sie meist verschlossen ist.

Festivals & Events

E Ho'oulu Aloha
FESTIVAL

(www.mauimuseum.org) Hula, Ukulelemeister, Kunsthandwerk und gutes Essen sind
nur einige der Dinge, die das althawaiische Fest, das im November im Bailey
House Museum stattfindet, so besonders
machen. Gastfreundlicher kann eine
Gemeinde nicht sein.

Maui County Fair
VOLKSFEST

(www.mauicountyfair.com) Dieses altehrwürdige Volksfest Ende September vermittelt
mit landwirtschaftlichen Exponaten, leckeren regionalen *grinds* und umwerfend
schönen Orchideen ein Gefühl für Mauis
bäuerliche Wurzeln.

Wailuku First Friday
STRASSENFEST

Jeweils am ersten Freitag im Monat
verwandelt sich die Market St in Wailuku
in eine Riesenparty mit Livemusik, Dich-
terwettstreit und Biergarten.

Schlafen

LP TIPP Old Wailuku Inn
B&B $$

(244-5897; www.mauiinn.com; 2199
Kaho'okele St; Zi. inkl. Frühstück 165–195 $; ✳ @)
Eine Übernachtung in diesem eleganten
Haus eines wohlhabenden Bankiers ist wie
eine Zeitreise zurück in die 1920er-Jahre.
Eine detailgetreue Restaurierung wurde
durch die diskrete moderne Ausstattung
ergänzt. Jedes Zimmer bietet einen eige-
nen Charakter, aber alle sind groß und
gemütlich, und die Betten zieren traditio-
nelle hawaiische Steppdecken. Das Haus
liegt etwa 160 m südlich der Bibliothek. In
ganz Central Maui kann man nicht schöner
übernachten.

Wailuku Guesthouse
GUESTHOUSE $

(986-8270; www.wailukuhouse.com; 210 S Mar-
ket St; Zi. 79–109 $; ✳ ⓦ ☒) Diese erschwing-
liche Pension unter Familienführung hat
schlichte, saubere Zimmer mit Bad und
privaten Eingangsbereichen. Kühlschrank
und Kaffeemaschine gehören zur Standard-
ausstattung, und auf der anderen Straßen-
seite befindet sich ein Park mit Tennisplät-
zen.

Northshore Hostel
HOSTEL $

(986-8095; www.northshorehostel.com; 2080
E Vineyard St; B 24 $, EZ/DZ mit Gemeinschafts-
bad 55/65 $; ✳ @ ⓦ) Das kleinere und etwas
frischere der beiden Hostels in Wailuku be-
findet sich in einem alten Gebäude mit neu-
em Anstrich und ist vor allem bei europäi-
schen Travellern beliebt. Es gibt Schlafsäle
– für Männer und Frauen getrennt – sowie
Privatzimmer, eine voll ausgestattete Kü-
che und tolle Extras wie kostenlose Anrufe
ins Ausland.

Essen

LP TIPP A Saigon Café
VIETNAMESISCH $$

(248-9560; Main St Ecke Kaniela St;
Hauptgerichte 9–22 $; Mo-Sa 10–21.30, So bis
20.30 Uhr) Das älteste und beste vietname-
sische Restaurant auf Maui liegt nicht gerade
zentral, aber der Weg lohnt sich. Highlights
der Speisekarte sind z. B. Buddharöllchen
in scharfer Erdnusssoße und aromatische
Currys mit Zitronengras. Anfahrt von
der N Market St: rechts abbiegen auf die
E Vineyard St und noch einmal rechts auf
die Kaniela St.

Sam Sato's
JAPANISCH $

(244-7124; 1750 Wili Pa Loop; Hauptgerichte
5–8 $; Mo-Fr 10.30–15 Uhr) Mittags ist der
Laden brechend voll mit Insulanern, die
keinen Umweg scheuen für die dampfenden
Schüsseln voller *saimin*-Nudeln. Um diese
Zeit hier reinzuschneien, grenzt an Selbst-
mord. Die Nummer 1 unter Mauis Nudel-
häusern verkauft bis 16 Uhr auch göttliche
manju (japanische Küchlein mit süßer
Bohnenpaste) zum Mitnehmen. Um herzukommen, biegt man von der E Vineyard St
links auf die Central St ab, dann rechts auf
die Mill St, links auf die Imi Kala St und
wieder links auf den Wili Pa Loop.

Café O'Lei Wailuku
HAWAIISCH REGIONAL $

(986-0044; 62 N Market St; Hauptgerichte
8–13 $; Mo-Fr 10.30–15 Uhr) So schick ist
Wailuku sonst nirgends – Mondänes Dekor,
die Bedienung ganz in schwarz, und das Es-

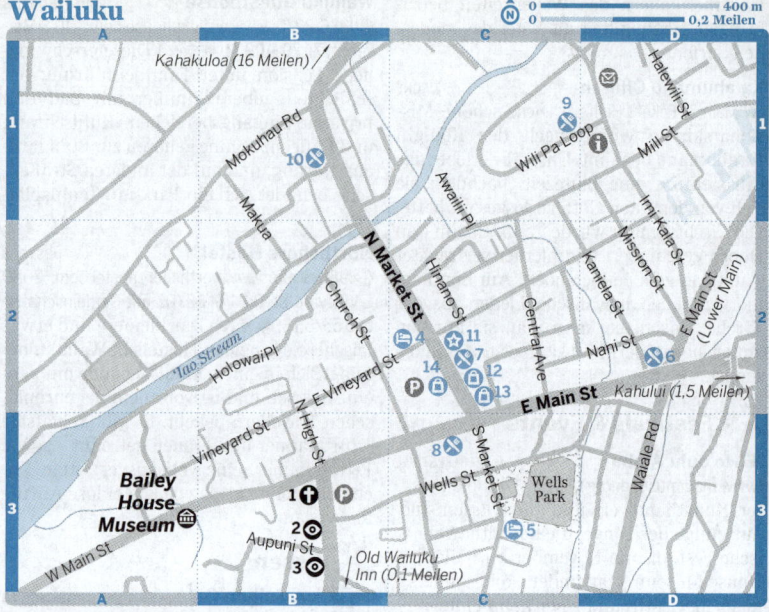

Wailuku

⊙ Highlights
Bailey House Museum A3

⊙ Sehenswertes
1 Ka'ahumanu Church B3
2 Territorial Building B3
3 Wailuku Public Library B3

⊟ Schlafen
4 Northshore Hostel C2
5 Wailuku Guesthouse C3

⊗ Essen
6 A Saigon Café D2
7 Café O'Lei Wailuku C2
8 Main Street Bistro C3
9 Sam Sato's C1
10 Takamiya Market B1

⊕ Unterhaltung
11 'Iao Theater C2

⊟ Shoppen
12 Bird-of-Paradise Unique
   Antiques C2
13 Brown-Kobayashi C2
14 Native Intelligence C2

sen kann sich mit den besten Restaurants messen. Dabei liegt der Durchschnittspreis gerade mal bei 10 $. Spezialität des Hauses ist geschwärzter *mahimahi* mit einer Salsa aus frischer Papaya. Unbedingt probieren! Davor ist eine Suppe aus Maui-Zwiebeln mit einem Schuss Brandwein und Greyerzerkäse ein gelungener Auftakt.

Main Street Bistro CAFE **$$**
(☎244-6816; www.msbmaui.com; 2051 Main St; Hauptgerichte 7–15 $; ⊙Mo–Fr 11–19 Uhr) Diese Schauküche ist das Reich von Tom Selman, der früher im renommierten David Paul's die Töpfe geschwungen hat. Auf der kreativen Speisekarte stehen Leckereien wie Salat mit Taschenkrebsfrikadelle oder mit Macadamianüssen geräucherte Rinderbrust. Die erschwinglichen Weine sind eine ideale Ergänzung.

Takamiya Market HAWAIISCH **$**
(359 N Market St; Gerichte 4–8 $; ⊙Mo–Sa 5.30–18 Uhr) Dieser altmodische Krämerladen hat sich auf hawaiische Ware spezialisiert. Mittags liegen Thunfisch-*poke*, *laulau*, Schweinefleisch à la *kalua* und noch viel mehr fertig verpackt zum Mitnehmen in der Theke.

Unterhaltung

'Iao Theater THEATER
(☑242-6969; www.mauionstage.com; 68 N Market St) Nach langem Dornröschenschlaf kommen in diesem wunderschön restaurierten Art-déco-Theater aus dem Jahr 1928 (in dem einst Größen wie Frank Sinatra auftraten) wieder lokale Theaterproduktionen auf die Bühne.

 ## Shoppen

Für einen Shoppingbummel gibt's nur eins: die N Market St.

Native Intelligence HAWAIISCHE GESCHENKE
(www.native-intel.com; 45 N Market St) Hula-Instrumente, Schüsseln aus *koa*-Holz und andere feine Handarbeiten.

Brown-Kobayashi ANTIQUITÄTEN
(38 N Market St) Asiatische Antiquitäten in Museumsqualität.

Bird-of-Paradise Unique Antiques ANTIQUITÄTEN
(56 N Market St) Vollgestopft mit alten hawaiischen Artefakten.

 ## Praktische Informationen

First Hawaiian Bank (www.fhb.com; 27 N Market St)

Maui Memorial Medical Center (☑244-9056; www.mmmc.hhsc.org; 221 Mahalani St; ⏱24 Std.) Das größte Krankenhaus der Insel.

Post (www.usps.com; 250 Imi Kala St)

Gefahren & Ärgernisse

Achtung: Nachts kann es in der Stadt ruppig zugehen. Der öffentliche Parkplatz an der W Main St mutiert bei Sonnenuntergang zum Drogenumschlagplatz; dementsprechend ist das Gewaltpotenzial hoch. Nirgends in ganz Maui ist soviel Polizei unterwegs.

Anreise & unterwegs vor Ort

Von 8 bis 19 Uhr fährt der kostenlose Maui Bus stündlich von Wailuku nach Kahului. In Wailuku hält er u. a. am bundesstaatlichen Amtsgebäude und an der Post.

Von Wailuku zum 'Iao Valley State Park

Das 'Iao Valley ist so schön, dass einst nur Adlige in seinen Genuss kamen. Heute werden die natürlichen Schönheiten des oberen Tals im nebelverhangenen 'Iao Valley State Park geschützt, den man über die 'Iao Valley Rd erreicht.

Sehenswertes

Tropical Gardens of Maui PARK
(www.tropicalgardensofmaui.com; 200 'Iao Valley Rd; Erw./Kind unter 8 J. 5 $/frei; ⏱Mo–Sa 9–16.30 Uhr) Diese duftenden Gärten an beiden Ufern des 'Iao Stream besitzen eine herausragende Sammlung von Orchideen, endemischen hawaiischen Pflanzen, leuchtenden Bromelien und einen meditativen Bambushain mit einem fein rieselnden Wasserfall. Irgendwo versteckt sich hier auch die größte Orchidee der Welt.

Kepaniwai Park & Heritage Gardens PARK
(875 'Iao Valley Rd; ⏱7–19 Uhr) Dieser familienfreundliche Park, 2 Meilen (3,2 km) westlich von Wailuku, ist eine Liebeserklärung an die hawaiische alte Zeit. Auf dem Gelände liegen ein traditionell hawaiisches *hale*, ein Missionarshaus im Neuengland-Stil, eine philippinische Bauernhütte, japanische Gärten sowie ein chinesischer Pavillon mit einer Statue des Revolutionshelden Sun Yat-sen (der kurz auf Maui gelebt hat). Der 'Iao Stream fließt durch den Park, flankiert von überdachten Picknickplätzen und Grillstellen. An den Wochenenden sind hier jede Menge Familien unterwegs, die zum Grillen hierherkommen.

JFK Profile WAHRZEICHEN
('Iao Valley Rd) Etwa 805 m hinter dem Kepaniwai Park macht die Straße eine Biegung, in der meist ein paar Autos parken. Deren Insassen starren für gewöhnlich nach rechts in die Pali 'Ele'ele-Schlucht, auf eine Felsformation, die aussieht wie ein Gesicht im Profil. Legenden zufolge ist es das Gesicht eines mächtigen *kahuna* (Priesters), der in den 1500er-Jahren hier lebte; aus heutiger Sicht hat der Fels eine frappierende Ähnlichkeit mit dem früheren US-Präsidenten John F. Kennedy. Wenn schon alles vollgeparkt ist, einfach weiterfahren zum 'Iao Valley State Park und zu Fuß zurückkommen (es sind nur ein paar Minuten).

'Iao Valley State Park

Jede der hawaiischen Inseln hat ein charakteristisches Wahrzeichen von einzigartiger Schönheit, das sonst nirgendwo zu sehen ist. Auf O'ahu ist es Diamond Head und auf Maui die 'Iao Needle. Der schwindelerregende Felsgipfel erhebt sich hoch über einem Bergbach im üppig bewaldeten Inneren der Insel und bildet den Mittelpunkt des **'Iao Valley State Park** (Eintritt pro Auto

5 $; ⊙8.30–17 Uhr). Dieser Regenwaldpark beginnt 3 Meilen (4,8 km) westlich von Wailukus Zentrum und erstreckt sich bis zum Gipfel des Pu'u Kukui (1764 m), der höchsten und feuchtesten Stelle der Insel.

'Iao Needle

Der samtig grüne Gipfel ragt 686 m kerzengerade in die Höhe und ist nach 'Iao benannt, der Tochter des Gottes Maui. Der Legende nach ist die 'Iao Needle ein ehemaliger heimlicher Geliebter von 'Iao, den der wütende Maui gefangen nahm und in Stein verwandelte. Dieser riesige Brocken ist also ein Denkmal der Liebe – und das ultimative Phallussymbol.

Auch wenn man nicht an die Legende glaubt, kann man nicht bestreiten, dass es hier aussieht wie im Märchen. Aus dem Tal steigen Wolken empor, die einen ätherischen Schleier um die 'Iao Needle legen. Unten, zu Füßen der steilen Klippen, plätschert der mäandernde Bach, eingerahmt von der grandiosen Kulisse der West Maui Mountains – kein Panorama auf Maui wird häufiger geknipst.

Ein Paar Minuten Fußmarsch vom Parkplatz entfernt erreicht man eine Brücke, von der die meisten die Needle fotografieren. Es gibt aber einen noch besseren Aussichtspunkt: Unmittelbar vor der Brücke biegt ein Weg ab, der bergab am Bach entlangführt. Über ihn erreicht man den perfekten Standort für das Foto: Bach, Brücke und 'Iao Needle zusammen auf einem Bild!

Bei Hochwasser ist es unter einheimischen Kindern eine beliebte Mutprobe, von der Brücke in den steinigen Bachlauf zu springen. Wagemutige, die es auch mal probieren wollen, werden schief angesehen. Außerdem stellen die Felsen für Ungeübte ein beträchtliches Verletzungsrisiko dar. Vernünftiger ist es daher, in einem der Schwimmtümpel neben dem Pfad Abkühlung zu suchen. Auch hier ist jedoch Vorsicht angesagt: Die Felsen im Bach sind glitschig und manchmal kommt es zu Sturzfluten.

Wanderwege

Nach der Brücke beginnen direkt gegenüberliegend zwei kurze Wege. Beide nehmen nur zehn Minuten in Anspruch, sind aber unbedingt lohnenswert. Der obere Pfad führt über eine Treppe in schwindelnde Höhen und endet an einem überdachten Aussichtspunkt mit XXL-Ausblick auf die 'Iao Needle. Der untere führt am felsigen 'Iao Stream entlang in die Tiefe, vorbei an hawaiischen *hau*-Bäumen mit hibiskusartigen Blüten. Aufmerksame Beobachter können hier auch Guavenbäume mit Früchten erspähen. Dieser Pfad führt auch durch einen Garten voller alter hawaiischer Pflanzen (einschließlich Taro), bevor er wieder die Brücke erreicht.

Pu'unene

Zucker ist das süße Lebenselixier von Pu'unene. Endlose Zuckerrohrfelder erstrecken sich rund um die Mühle der Hawaiian Commercial & Sugar Company (C&S), die das Zentrum des Ortes markiert. Wenn in der Mühle gerade Zuckerrohr gekocht wird, liegt überall in der Gegend der schwere Duft der Melasse in der Luft.

⊙ Sehenswertes

Alexander & Baldwin Sugar Museum MUSEUM
(www.sugarmuseum.com; Pu'unene Ave Ecke Hansen Rd; Erw./Kind 6–12 J. 7/2 $; ⊙9.30–16.30 Uhr) Dieses spannende Museum ist im ehemaligen Wohnhaus des Mühlenchefs untergebracht. Exponate wie das maßstabsgetreue (und funktionstüchtige) Modell eines Zuckerrohrzerkleinerers geben einen Einblick ins Zucker-Business. Noch interessanter sind allerdings die Menschen, die in der Ausstellung porträtiert werden: Das Museum zeigt, wie privilegierte Missionarssöhne die Kontrolle über Mauis fruchtbare Täler an sich rissen, um dort ein erstaunliches Bewässerungssystem aus dem Boden zu stampfen, das die Anlage großer Plantagen überhaupt erst ermöglichte. Am anderen Ende der Produktionskette standen die Arbeiter. In einem Vertrag der Japanese Emigration Company aus dem frühen 20. Jh., der im Museum zu sehen ist, wurden Arbeiter verpflichtet, zehn Stunden am Tag und 26 Tage im Monat in den Zuckerrohrfeldern zu arbeiten – und das für ein Gehalt von nur 15 $!

Old Pu'unene HISTORISCHE STÄTTE
Manche Leute fahren täglich durch Pu'unene und haben noch nie einen Blick auf das alte Plantagendorf hinter der Zuckermühle geworfen. Gegenüber der alten Dorfschule, mitten in einem Zuckerrohrfeld, steht hier sogar eine längst vergessene Kirche. Eine Geisterstadt? Nicht ganz: Hinter der Schule liegt ein alter Schuppen, in dem

bereits seit 1913 ein **Antiquariat** zuhause ist. Es ist schon ein bisschen verstaubt, aber es verkauft immer noch günstig Bücher. Und so findet man hin: Vom Mokulele Hwy (Hwy 311) auf die Hansen Rd abbiegen und dann den ersten Abzweig auf die Old Pu'unene Ave nehmen, den alten Fleischmarkt (Baujahr 1926) und die Mühle passieren und nach 0,6 Meilen (knapp 1 km) hinter einer kleinen Brücke links abbiegen. Kurz vor dem Ende der Teerstraße noch einmal rechts abbiegen. Hinter dem alten Schulhaus befindet sich der Buchladen, der dienstags bis samstags von 9 bis 16 Uhr geöffnet ist.

Kealia Pond National Wildlife Refuge

In diesem **Vogelschutzgebiet** (www.fws.gov/kealiapond; Mokulele Hwy; Eintritt frei; ⊘Mo–Fr 8–16 Uhr) leben das ganze Jahr über einheimische Wasservögel und von Oktober bis April auch Zugvögel – ein Paradies für Vogelliebhaber. Während der feuchten Wintermonate dehnt sich der Kealia Pond auf eine Größe von 162 ha aus und wird zu einem der größten natürlichen „Teiche" auf Hawaii. Im Sommer schrumpft er um die Hälfte, und ein Gürtel aus Salzkristallen umgibt seine Ufer – daher auch der Name *Kealia* („Ort mit Salzkruste").

Die Vögel kann man hervorragend vom Kealia Pond Boardwalk oder auch vom Besucherzentrum am Meilenstein 6 des Mokulele Hwy (Hwy 311) beobachten. An beiden Stellen sieht man fast immer einen Schwarznacken-Stelzenläufer oder ein hawaiisches Blesshuhn, beides bedrohte Arten, die hier im Schutzgebiet eine Heimat gefunden haben.

KEALIA POND BOARDWALK

Der Boardwalk ist ein erhöhter Holzsteg, der es Besuchern erlaubt, das empfindliche Biotop zu besuchen, ohne es zu stören. Der einzigartige Wanderweg verläuft durch ein Sumpfgebiet, das zuvor vollkommen unzugänglich war. In der Umgebung des Kealia Pond liegen Sümpfe und Dünen, die nicht nur eine ideale Futterquelle für einheimische Wasservögel sind. Sie bieten auch beste Bedingungen für die Eiablage der bedrohten Karettschildkröte. Der gut 670 m lange Steg beginnt an der N Kihei Rd, gleich nördlich des Meilensteins 2. Infotafeln und Bänke laden zum Verweilen ein;

im Winter schwimmt sogar ab und zu ein Buckelwal vorbei. Und zu allem Überfluss kann man am Ende des Stegs den Schildkröten bei der Eiablage zuschauen. Kann nicht sein? Doch, ehrlich!

Ma'alaea

500 EW.

Wortwörtlich übersetzt bedeutet *ma'alaea* „der Beginn der roten Erde". Ein passenderer Name wäre „der Beginn des großen Windes", denn der Passatwind pfeift ständig zwischen den beiden großen Erhebungen der Insel (Haleakalā und die West Maui Mountains) entlang, um dann auf Ma'alaea herabzupeitschen. Mittags ist der Wind bereits so stark, dass alles davonfliegt, was nicht niet- und nagelfest ist. Deshalb ist es kein Zufall, dass Mauis erster Windenergiepark in den Hügeln über Ma'alaea entstehen wird.

🏖 Strände

Ma'alaea Bay   STRAND

Zwischen dem Hafen in Ma'alaea und Kihei im Süden erstreckt sich die Ma'alaea Bay mit knapp 5 km Sandstrand. Der Zugang ist vom **Haycraft Park** am Ende der Hauoli St in Ma'alaea und an mehreren Stellen entlang der N Kihei Rd (z. B. am **Kealia Beach** vor dem Kealia Pond Boardwalk) möglich.

⊙ Sehenswertes

| LP |
| TIPP |

Maui Ocean Center   AQUARIUM

(www.mauioceancenter.com; 192 Ma'alaea Rd; Erw./Kind 3–12 J. 27/19 $; ⊘9–17 Uhr; ♿) Das größte Tropenaquarium der USA erhielt nicht umsonst eine Auszeichnung für seine Präsentationen der atemberaubenden hawaiischen Unterwasserwelten. Die Besucher werden auf eine Reise durch die Meereswelt geschickt, die an den ufernahen Riffen mit ihrem kunterbunten Fischreichtum beginnt und in den Tiefen des Ozeans endet. Den spektakulären Abschluss bildet ein 16,5 m langer Glastunnel inmitten eines Riesenaquariums mit Stechrochen und bedrohlichen Haifischen. So nahe kommt man der Unterwasserwelt sonst nur im Tauchanzug.

Das ganze Aquarium steckt voller kinderfreundlicher Details. So gibt es z. B. eine interaktive Ausstellung über Wale im Marine Mammal Discovery Center und ein tolles Streichelbecken. Und das Allerbeste: Jedes Becken bietet Sichtfenster auf *na*

AB INS HAIFISCHBECKEN!

Die Haie kreisen schon, genauer gesagt 20 von diesen Biestern: Schwarzspitzenhaie, Hammerhaie und – schluck! – auch ein Tigerhai. Wer will, darf eine Runde mit ihnen baden. Klingt doch verlockend, oder? **Shark Dive Maui** (270-7075; 2-std. Tauchgang 199 $; Mo, Mi & Fr 8.15 Uhr) ermöglicht es furchtlosen Tauchern, in das 2 839 199 l große Meerwasserbecken im Maui Ocean Center zu springen. Dort können sie dann vor den Augen der ungläubigen Besucher mit Raubfischen auf Tuchfühlung gehen. Ein Tauchschein ist allerdings Voraussetzung, und eine Reservierung sehr empfehlenswert, da nur vier Taucher auf einmal mit den Haien baden dürfen.

keiki-Höhe, sodass die Kleinen ganz ohne Hilfe die Fische betrachten können.

 Aktivitäten

Schnorcheln & Walbeobachtung

Viele Bootstouren nach Molokini (s. Kasten, oben) starten in Ma'alaea. Nachmittags ist es meist billiger, denn dann ist der Wind stärker, die See aufgewühlter und das Wasser eher trüb. Die Schnorchelausrüstung ist im Preis inbegriffen – Handtuch und Sonnenschutz muss jeder selbst mitbringen.

LP TIPP **Pacific Whale Foundation** RUNDFAHRTEN

(249-8811; www.pacificwhale.org; Harbor Shops in Ma'alaea; Erw./Kind 7–12 J. ab 55/35 $; 7–18 Uhr) Diese von Naturschützern geführten Rundfahrten bieten alles, was das Herz begehrt, Schnorchelkurs und Naturvortrag inklusive. Ein Snack ist auch im Preis enthalten, und Kinder unter sechs Jahren fahren umsonst mit. Die Halbtagstour konzentriert sich auf Molokini, bei der Ganztagestour wird sowohl in Molokini als auch in Lana'i geschnorchelt. Ebenfalls empfehlenswert ist die Walbeobachtungstour (Erw./Kind 32/16 $), die in der Wintersaison mehrmals täglich angeboten wird.

Quicksilver SCHNORCHELTOUR

(662-0075; www.frogman-maui.com; Bootsslip 103, Ma'alaea Hafen; Rundfahrt 95 $) Etwas mehr Action ist gewünscht? Kein Problem! Dann ist dieser schicke Doppeldecker-Katamaran genau das Richtige. Nach dem Schnorcheln wird Musik aufgelegt und der Grill angeschmissen.

Windsurfen & Surfen

Eine steife Brise aus dem Norden macht Kaho'olawe zu einem der besten Windsurfreviere auf ganz Maui. Selbst im Winter, wenn überall sonst Flaute herrscht, haben die Windsurfer an der Ma'alaea Bay noch ihren Spaß.

Die Bucht hat mehrere angesagte Surfreviere zu bieten. Die **Ma'alaea Pipeline**, südlich des Hafens, ist ein rechtsbrechender „Freight Train" und der schnellste Break auf ganz Hawaii. Im Sommer lässt die Süddünung riesige Wassertunnel entstehen.

Wandern

Lahaina Pali Trail WANDERN

Dieser Wanderweg folgt einem uralten steilen Zickzack-Fußweg durch Mauis Trockengebiete und bietet herrliche Ausblicke auf Kaho'olawe und Lana'i. Nach den ersten 1,5 km führt der Weg durch offenes, trockenes Buschland mit Blick auf Haleakalā und die fruchtbare Zentralebene. Anschließend führt er unter Eisenbäumen hindurch, bevor er in einer Höhe von 488 m die Kealaoloa Ridge überquert und wieder hinabführt zum Ukumehame Gulch. Aufmerksame Wanderer können unterwegs nach vereinzelten Petroglyphen und *paniolo*-Graffiti Ausschau halten. Die Tour folgt nun dem Fußweg bis hinunter zum Papalaua Beach (nicht auf die Jeeppisten abbiegen!). Insgesamt ist der Wanderweg knapp 9 km lang und nimmt etwa 2½ Stunden (eine Tour) in Anspruch.

Grundsätzlich kann man die Route in beide Richtungen laufen; aber wer früh auf der Ostseite der Berge startet, ist der gnadenlosen Sonne immer einen Schritt voraus. Dehydrierung und Hitzschlag sind bei dieser Tour ernst zu nehmende Gefahren. Deshalb viel Wasser mitnehmen und einen Hut mit breiter Krempe tragen! Der Zugang zum Weg ist auf dem Hwy 30 gleich südlich der Kreuzung mit der N Kihei Rd durch ein Schild mit der Aufschrift „Na Ala Hele" markiert. Im Westen beginnt die Wanderung gute 180 m südlich des Meilensteins 11 auf dem Hwy 30.

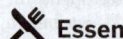 **Essen**

LP TIPP **Waterfront Restaurant** FISCH & MEERESFRÜCHTE $$$

(244-9028; www.waterfrontrestaurant.net; Milowai Condominium, 50 Hauoli St; Hauptgerichte

30–42 $; ☉17–22 Uhr) Der perfekte Abschluss eines ereignisreichen Tages: am Hafen auf einem Restaurant-*lanai* sitzen, dem Rauschen der Brandung lauschen und fangfrische Meeresfrüchte genießen. Welcher Fisch gerade im Angebot ist, hängt davon ab, was tagsüber in den Netzen landet. Dafür haben Gäste immer die Wahl zwischen neun leckeren Zubereitungsarten. Zum Beispiel geschwärzt und gewürzt mit Cajun oder sizilianisch mit Artischockenherzen und gegrilltem Knoblauch ... Essen, Wein und Bedienung gehören zum Besten, was Maui zu bieten hat.

Beach Bums Bar & Grill GRILL $$
(☎243-2286; Harbor Shops at Ma'alaea; Hauptgerichte 8–22 $; ☉8–21 Uhr) Grillfans werden dieses Lokal am Hafen lieben, denn hier wird alles vom Burger über Spareribs und Pute bis zum Frühstücksfleisch auf einen Holzgrill geworfen. Zwischen 15 und 18 Uhr gibt's außerdem Longboard Lager aus Kona vom Fass für schlappe 3 $.

Hula Cookies DESSERT $
(www.hulacookies.com; Harbor Shops at Ma'alaea; Snacks 3–6 $; ☉Mo–Sa 10–18, So bis 17 Uhr) Wenn die Kids nach dem Aquariumsbesuch knatschig sind, ist dies genau der richtige Ort für einen Snack. Mehr Macadamianüsse, Ananas und Kokos passen woll kaum in einen frischen Keks. Das Eis kommt aus Inselproduktion.

An- & Weiterreise

Ma'alaea liegt an einer Straßenkreuzung und bietet deshalb gute öffentliche Busverbindungen zum Rest der Insel. Maui Bus verbindet die Harbor Shops in Ma'alaea mit Lahaina, Kahului und Kihei. Die Busse fahren stündlich von ca. 6 bis 20 Uhr, die Häufigkeit der Busse hängt allerdings auch von der Route ab.

Molokini-Krater

Keine Unterwassersehenswürdigkeit zieht so viele Besucher an wie der Vulkankrater Molokini, der auf halbem Weg zwischen den Inseln Maui und Kaho'olawe liegt. Die Hälfte des Kraters ist durch Erosion im Wasser versunken, sodass heute nur noch eine 7 ha große mondsichelförmige Insel etwa 50 m hoch aus dem Wasser ragt. Aber die Highlights warten hier unter der Wasseroberfläche. Schnorchler und Taucher sind begeistert von den steil abfallenden Wänden, Felsvorsprüngen, Weißspitzen-

riffhaien, Mantarochen, Meeresschildkröten und riesigen Fischschwärmen.

Unendlich viele Legenden ranken sich um Molokini. In einer Geschichte war Molokini eine wunderschöne Frau, die von Pele, der Göttin der Vulkane, aus Neid zu Stein verwandelt wurde. Eine andere Legende besagt, dass einer von Peles Liebhabern heimlich einen *mo'o* (eine gestaltwandelnde Wassereidechse) geheiratet habe. Aus Zorn habe Pele daraufhin die heilige Eidechse in zwei Teile gehackt – in Molokini (Schwanz) und Pu'u Ola'i in Makena (Kopf). Eine dritte Sage behauptet, Molokini (das hawaiische Wort für „viele Bindungen") sei die Nabelschnur, der bei der Geburt von Kaho'olawe übrig geblieben ist.

Das Korallenriff, das sich vor Molokini im Meer erstreckt, ist nach wie vor atemberaubend – auch wenn seine Artenvielfalt in den letzten Jahren etwas zurückgegangen ist. Die einst in den Tiefen von Molokini so reichlich vorhandene schwarze Koralle war schon fast komplett in den Juwelierläden von Lahaina verschwunden, als die Insel 1977 schließlich zum Meeresschutzgebiet erklärt wurde. Im Zweiten Weltkrieg wurde Molokini von den USA als Übungsziel für Bombenabwürfe verwendet (und es werden immer noch scharfe Bomben am Grund des Kraters gefunden).

Folgendes muss man vor einem Molokini-Ausflug bedenken: Das Wasser ist morgens am ruhigsten und klarsten. Deshalb sollte man auf keinen Fall eine der billigen Nachmittagstouren buchen! Nur ein frühzeitiger Start garantiert eine ruhige Bootsfahrt und beste Bedingungen. Das gilt besonders für Schnorchler, die bei unruhigem Wasser fast nichts mehr sehen werden. Ausflüge nach Molokini starten hauptsächlich in Ma'alaea, aber auch in anderen Häfen, etwa in Kihei, wird die Fahrt angeboten.

KIHEI & SOUTH MAUI

Viele nennen das südliche Maui auch „Haole-wood" und das nicht ohne Grund: Die schicke und ziemlich zugebaute Gegend ist in erster Linie bekannt für seine amerikanischen Einkaufszentren und Resortanlagen. Wer jedoch genauer hinschaut, findet hier auch jede Menge aufregende Landschaften und Abenteuer. Von Kihei über Wailea nach Makena und darüber hinaus gibt es zahlreiche Naturschönheiten zu entdecken – Riffe voller Schildkröten für die Schnorchler und entlegene Buchten, die nur darauf warten mit dem Kajak oder Auslegerkanu entdeckt zu werden. In die üppigen Korallengärten kann man direkt vom Ufer aus eintauchen, und die Strände sind allesamt wunderschön, ganz gleich, ob man sich lieber vor die Strandhütten einer Hotelanlage legen will oder die Einsamkeit bevorzugt. Bedenkt man außerdem das fast garantierte schöne Wetter und die vielfältigen Tauchmöglichkeiten, gibt es eigentlich keinen schöneren Ort, an dem man stranden könnte, als Mauis Süden.

Kihei

19 809 EW.

Diese lebendige Gemeinde ist das ideale Ziel für Kurzurlauber, die viel Strand, kleine Preise und das eine oder andere Abenteuer suchen. Es gibt zwar auch in Kihei einige Einkaufszentren, aber der Ort hat auch sonnige Strände mit einer Länge von insgesamt 10 km, viele erschwingliche Unterkünfte und vielfältige Restaurants zu bieten – und damit alle Zutaten für einen schönen Strandurlaub.

Der schnellste Weg durch Kihei ist der Pi'ilani Hwy (Hwy 31). Er verläuft parallel zur S-Kihei Rd und dient als Umgehung für den Stop-and-Go-Verkehr. Beide Straßen sind durch gut beschilderte Kreuzungen miteinander verbunden.

🏖 Strände

Je weiter man nach Süden kommt, desto besser werden die Strände. Am nördlichen Ende von Kihei ist zum Schwimmen eine gute Idee. Dafür kann man hier am Morgen gut Kajak fahren, und nachmittags haben die Windsurfer ihren Spaß.

Keawakapu Beach STRAND

LP TIPP

Dieser traumhafte Sandstrand (Karte S. 402) ist wirklich schwer zu toppen. Etwas abseits von der Hauptstraße (und daher weniger einsehbar als die Strände am Straßenrand weiter nördlich) beginnt Keawakapu am südlichen Ende von Kihei und reicht bis zum Mokapu Beach in Wailea. Da er nicht so überfüllt ist, kann man hier auch in Ruhe den Sonnenuntergang genießen.

Sein seidig weicher Sand macht diesen Strand ideal für Yoga-Sessions bei Sonnenaufgang, Morgenspaziergänge und einen Sprung ins kühle Nass am Abend. Die Schnorchelbedingungen sind morgens am besten, vor allem an den felsigen Ausläufern am nördlichen und südlichen Strandende. Im Winter kommen hier die Buckelwale dem Ufer erstaunlich nahe.

Es gibt drei Zugänge zum Strand, alle mit Außenduschen. Die S Kihei Rd ist eine Sackgasse, die in südlicher Richtung am Strandparkplatz endet. Hier befindet sich der Zugang zum südlichen Ende des Strandes. Etwa in der Mitte liegt ein Parkplatz am Kilohana Dr Ecke S Kihei Rd, der Zugang ist durch ein blaues Schild auf der *makai*-Straßenseite markiert. Am nördlichen Ende befindet sich der große, ungeteerte Strandparkplatz nördlich des Days Inn.

Kama'ole Beach Parks STRAND

Der Kama'ole Beach (Karte S. 402) scheint einfach kein Ende zu nehmen – er dehnt sich immer weiter und weiter aus. Der beliebte Strand wird von felsigen Landzungen in drei Abschnitte geteilt, die bei den Einheimischen einfach nur Kam I, II und III heißen. Alle drei bieten hübsche, goldene Sandstrände mit allen Annehmlichkeiten, inklusive Rettungsschwimmer. Kam I hat sogar einen Volleyballplatz zu bieten, Parkplätze gibt's bei Kam I und Kam III.

Die Wasserbedingungen sind je nach Wetterlage unterschiedlich, aber Schwimmen ist meistens kein Problem. Die Strände haben fast überall einen sandigen Untergrund, der relativ steil abfällt und dadurch gute Voraussetzungen für Bodysurfer bietet – vor allem im Winter.

Schnorchler finden am südlichen Ende des Kama'ole Beach Park III ufernahe Felsen mit ein paar Korallen und bunten Fischen, die der Vielfalt an den Stränden weiter im Süden aber nicht das Wasser reichen können.

Charley Young Beach STRAND

Dieser Strand versteckt sich vor den Touristenmassen, die auf der Hauptstraße unterwegs sind, hinter den kleineren Gässchen der Stadt (Karte S. 402) und ist der unkommerziellste Strand in Kihei. Er wirkt wie ein ungeschliffener Edelstein und ist geprägt von breiten Sandflächen und Kokospalmen, die sich im Wind wiegen. Hier werfen Fischer ihre Leinen aus, Familien spielen Volleyball und irgendwo klimpert fast immer eine Gitarre. Bodysurfer finden außerdem die besten Wellen in ganz Kihei. Der Strandparkplatz liegt an der S Kihei Rd Ecke Kaia'u Pl. Einfach bis zum Ende der Kaia'u Pl laufen und dann über die Treppen die Klippe hinuntersteigen.

North Kihei

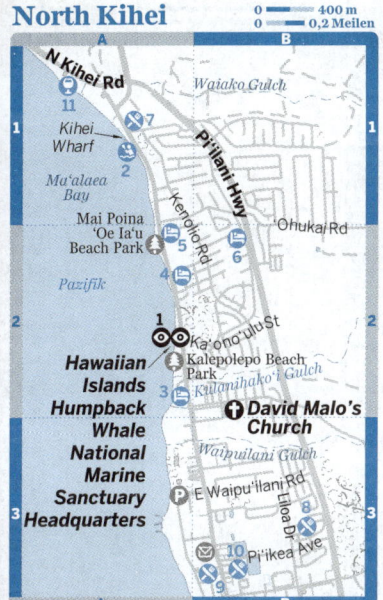

North Kihei

0 ▬▬▬ 400 m
0 ▬▬▬ 0,2 Meilen

◉ **Highlights**

David Malo's Church B2
Hawaiian Islands Humpback
Whale National Marine
Sanctuary Headquarters A2

◉ **Sehenswertes**
1 Ko'ie'ie Fishpond A2

Aktivitäten, Kurse & Touren
2 Kihei Canoe Club...............................A1

🛏 **Schlafen**
3 Koa Lagoon.......................................A2
4 Maui Sunseeker.................................A2
5 Nona Lani Cottages...........................A2
6 Ocean Breeze Hideaway.....................B2

🍽 **Essen**
7 Kihei Farmers Market........................A1
8 Safeway..B3
9 Saigon Pearl Vietnamese
Cuisine...B3
10 Stella Blues.......................................B3

🍷 **Ausgehen**
11 Dina's Sandwitch A1

Shoppen
Pi'ilani Village....................................(s. 8)

MAUI KIHEI

◉ Sehenswertes

Hawaiian Islands Humpback Whale National Marine Sanctuary
MUSEUM
(Karte s. oben; ☎879-2818, 800-831-4888; www.hawaiihumpbackwhale.noaa.gov; 726 S Kihei Rd; ⏱Mo–Fr 10–15 Uhr; ♿) Im Verwaltungsgebäude des Meeresschutzgebiets können Neugierige mehr über Mauis berühmteste Badegäste erfahren. Das Zentrum liegt an einem uralten Fischteich und bietet optimalen Ausblick aufs Meer und die Buckelwale, die sich im Winter in der Bucht tummeln. Es gibt sogar kostenlose Fernrohre, damit man sich das Geschehen etwas näher ansehen kann. Hintergrundfakten liefern die Infotafeln zum Leben der Wale und Meeresschildkröten sowie zahlreiche Broschüren über die hawaiische Fauna und Flora. Dienstags und donnerstags um 11 Uhr gibt es einen kostenlosen Vortrag über Wale.

Ko'ie'ie Fishpond
HISTORISCHE STÄTTE
(Karte s. oben; Eintritt frei) Die alten Hawaiianer legten Fischteiche an der Küste an, da-

Kalepolepo Beach Park
STRAND
Der kleine Park (Karte s. oben) neben dem Hauptsitz der Humpback Whale National Marine Sanctuary ist bestens geeignet für Familien mit Kleinkindern. Vor grünem Rasen liegt der uralte Ko'ie'ie-Fischteich (s. unten rechts). Seine Steinmauern umschließen einen flachen, ruhigen Pool, in dem man auch wunderbar herumwaten kann. Picknicktische und Grillstellen sind ebenfalls vorhanden.

Mai Poina 'Oe Ia'u Beach Park
STRAND
Der lange Sandstrand (Karte s. oben) im Norden von Kihei ist vor allem am Morgen beliebt bei Auslegerkanus und Kajakfahrern. Nachmittags, wenn der Wind auffrischt, wird der Ort zum größten Windsurfrevier von South Maui.

Kalama Park
PARK
Dieser großzügige Park (Karte S. 402) mit Feldern für Ballspiele, Volleyballplätzen, einem Spielplatz, Picknickpavillons, Toiletten und Duschen liegt direkt gegenüber der lebhaften Kneipen- und Restaurantszene im Kihei Kalama Village. Hinter einer Walfischstatue befindet sich auch ein kleiner Strand. Da aber hier nach schweren Regenfällen Abwässer abgeleitet werden, ist er sicher nicht der beste Ort zum Schwimmen.

South Kihei

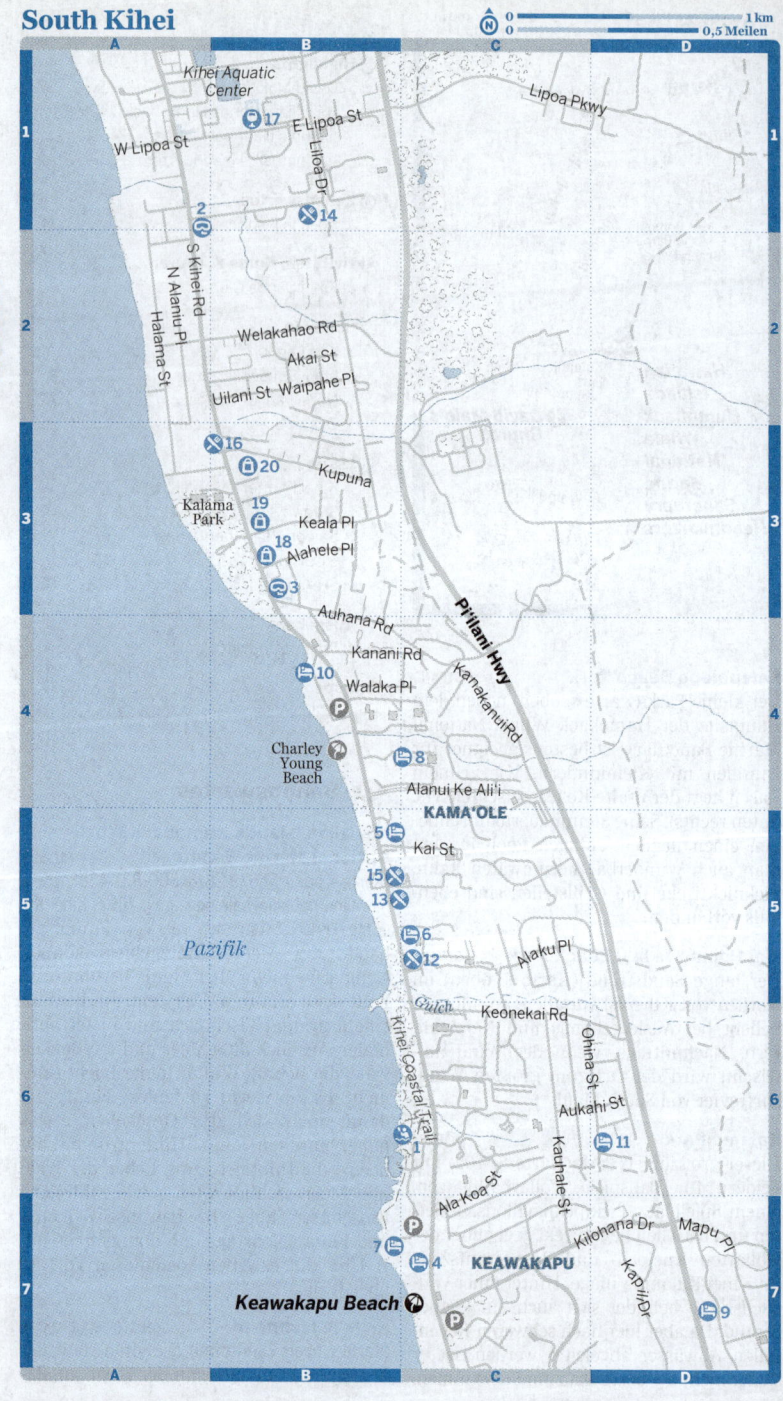

Kihei Aquatic Center

W Lipoa St

E Lipoa St

Lipoa Pkwy

17

Liloa Dr

2

14

S Kihei Rd

N Alanui Pl

Halama St

Welakahao Rd

Akai St

Uilani St Waipahe Pl

16

20

Kupuna

Kalama Park

19

Keala Pl

18

Alahele Pl

3

Auhana Rd

Kanani Rd

Pi'ilani Hwy

Kanakanui Rd

10

Walaka Pl

Charley Young Beach

8

Alanui Ke Ali'i

KAMA'OLE

5

Kai St

15

13

6

12

Alaku Pl

Gulch

Keonekai Rd

Kihei Coastal Trail

Ohina St

Aukahi St

11

1

Ala Koa St

Kauhale St

7

4

KEAWAKAPU

Kilohana Dr

Mapu Pl

Kapili Dr

Keawakapu Beach

9

Pazifik

MAUI KIHEI & SOUTH MAUI

N

0   1 km
0   0,5 Meilen

South Kihei

⊙ Highlights
Keawakapu Beach C7

Aktivitäten, Kurse & Touren
1 Blue Water Rafting................................. C6
2 Maui Dive Shop A1
3 Maui Dreams Dive Company..............B3

🛏 Schlafen
4 Days Inn Maui Oceanfront C7
5 Kama'ole Beach Royale B5
6 Kihei Kai Nani C5
7 Mana Kai Maui B7
8 Maui Coast Hotel C4
9 Pineapple Inn Maui D7
10 Punahoa..B4
11 Two Mermaids on Maui B&B..............D6

⊗ Essen
808 Bistro ....(s. 12)
12 808 Deli...C5
13 Café O'Lei..B5
Da Kitchen Express ....(s. 13)
14 Eskimo Candy B1
Fat Daddy's.......................................(s. 18)
Foodland ....(s. 19)
15 Hawaiian Moons Natural Food...........B5
Joy's Place ....(s. 3)
Kihei Caffe..(s. 18)
Local Boys Shave Ice.......................(s. 18)
Pita Paradise ....(s. 18)
Pizza Madness ....(s. 2)
Sansei Seafood Restaurant &
Sushi Bar..(s. 19)
16 Shaka Sandwich & Pizza....................B3

☕ Ausgehen
Five Palms...(s. 7)
17 Kiwi Roadhouse.................................... B1
Lava Java ....(s. 18)
Oceans Beach Bar & Grill..............(s. 20)
South Shore Tiki Lounge ....(s. 18)
The Dog and Duck ....(s. 18)

🛍 Shoppen
808 Clothing Company.................(s. 18)
18 Kihei Kalama Village B3
19 Kihei Town Center B3
20 Kukui Mall B3

mit sie ihren Königen immer frischen Fisch servieren konnten. Der besterhaltene von diesen Teichen auf Maui ist der über einen Hektar große Ko'ie'ie-Fischteich (heute im National Register of Historic Places verzeichnet). Gleich neben dem faszinierenden

Fischteich liegen der Kalepolepo Beach Park und die Verwaltung der Hawaiian Islands Humpback Whale National Marine Sanctuary.

David Malo's Church
KIRCHE
(Karte S. 401; 100 Kulanihako'i St) Diese Kirche wurde 1852 vom Philosophen David Malo erbaut, dem ersten Hawaiianer, der als christlicher Pfarrer ordiniert wurde. Er war außerdem Koautor der ersten hawaiischen Verfassung und ein früher Verfechter der hawaiischen Bürgerrechte. Malos ursprüngliche Kirche ist zwar größtenteils niedergerissen worden, neben einem Palmenhain sind aber noch einige etwa 90 cm hohe Mauerreste zu sehen. Dazwischen stehen Kirchenbänke. Die Gemeinde Trinity Episcopal Church-by-the-Sea hält hier sonntags um 9 Uhr wunderschöne Gottesdienste im Freien ab.

🏃 Aktivitäten

Kanu- & Kajakfahren

LP TIPP South Pacific Kayaks &
Outfitters
KAJAKFAHREN
(☎875-4848, 800-776-2326; www.southpacific kayaks.com; Kajak für 1/2 Pers. pro Tag 40/50 $, Geführte Tour 65–139 $; ⊙6–21 Uhr) Ein erstklassiger Anbieter für kombinierte Kajak- und Schnorcheltouren. Wer lieber alleine losziehen will, kann sich auch einfach ein Kajak mieten, das dann zur Anlegestelle Makena gebracht wird.

Kihei Canoe Club
KANUFAHREN
(Karte S. 401; ☎879-5505; www.kiheicanoeclub. com; Kihei Wharf; Spende 25 $) Dieser Paddelclub lädt Besucher ein, in ein Auslegerkanu zu steigen und mit den Mitgliedern am Dienstag- und Donnerstagmorgen zwischen ca. 7.30 und 9 Uhr beim Training um die Wette zu paddeln. Eine Anmeldung ist nicht notwendig – einfach um 7 Uhr am Kai sein. Allerdings: Wer zuerst kommt, mahlt zuerst, und die Boote sind schnell besetzt. Die Spende (25 $) hilft dem Club, die Kanus instand zu halten.

Tauchen & Schnorcheln

LP TIPP Maui Dreams
Dive Company
TAUCHEN
(Karte S. 402; ☎874-5332; www.mauidreams divediveco.com; Island Surf Bldg, 1993 S Kihei Rd; Fahrt mit 1/2 Tauchgängen ab 69/99 $; ⊙7–18 Uhr) Maui Dreams ist ein absolut zuverlässiger PADI-Anbieter, der auf Küstentauchgänge spezialisiert ist. Ein Tauch-

MAUI KIHEI

gang mit diesem familiengeführten Unternehmen ist wie ein Ausflug mit Freunden. Für Anfänger gibt's einen Schnupperkurs (89 $), und wer Tauchen mit Geschwindigkeitsrausch kombinieren will, sollte einen Unterwasserscooter (99–129 $) ausprobieren.

Maui Dive Shop
TAUCHEN, SCHNORCHELN

(Karte S. 402; ☑879-3388; www.mauidiveshop.com; 1455 S Kihei Rd; Fahrt mit 2 Tauchgängen 140–150 $, Schnorchelausrüstung pro Tag 6 $; ⊘6–21 Uhr) Hier gibt's sämtliche Wassersportgeräte (z. B. Boogieboards, Schnorchel und Neoprenanzüge) zum Kaufen oder Ausleihen.

Blue Water Rafting
SCHNORCHELN

(Karte S. 402; ☑879-7238; www.bluewaterrafting.com; Bootsslip Kihei; Molokini Express/Kanaio-Küste 50/100 $; ⊘Abfahrtszeiten variieren) Für Eilige ist der Molokini Express genau das Richtige: innerhalb von zwei Stunden zum Krater fahren, schnorcheln und wieder zurückdüsen. Ein abenteuerlicher Ausflug auf einem Motorfloß dauert dagegen einen halben Tag und führt nach Süden in die abgelegenen Buchten an der Kanaio-Küste. Dort wird dann mit Meeresschildkröten und Delphinen geschnorchelt.

Stand Up Paddling

Stand-Up Paddle Surf School
STAND UP PADDLING

(☑579-9231; www.standuppaddlesurfschool.com; 90-min. Kurs 159 $; ⊘9 & 11 Uhr) Inhaberin dieser Schule ist Maria Souza, einer Meisterin des Stehpaddelns, die sich als erste Frau in die Monsterwelle Jaws schleppen ließ. Besonders wichtig sind ihr kleine Gruppen und Sicherheit. Je nach Wasserbedingungen finden die Kurse an einem anderen Ort statt. Die Teilnehmerliste ist immer schnell voll, also lieber ein paar Tage oder besser noch eine Woche im Voraus anrufen.

⭐ Festivals & Events

Whale Day
OPENAIR-FESTIVAL

(www.greatmauiwhalefestival.org; 🎪) Das familienfreundliche Fest zu Ehren der Buckelwale wird von der Pacific Whale Foundation veranstaltet. Auf dem Programm stehen Kunsthandwerk und Livemusik. Essensstände gibt es auch. Das Ganze findet immer Mitte Februar an einem Samstag im Kalama Park neben der großen Walfischstatue statt.

🛏 Schlafen

In Kihei gibt's Condos wie Sand am Meer (während sich die Hotels und B&Bs an einer Hand abzählen lassen). Manche Wohnanlagen haben eine Rezeption für die Buchungen, andere müssen über ein Vermietungsbüro reserviert werden. Reinigungsgebühren fallen unterschiedlich aus – unbedingt bei der Buchung nachfragen!

🅛🅟 Pineapple Inn Maui
TIPP · GUESTHOUSE $$

(Karte S. 402; ☑298-4403, 877-212-6284; www.pineappleinnmaui.com; 3170 Akala Dr; Zi. 139–149 $, Cottages 215 $; ❄@🛜🏊) Dieses einladende Boutiquehotel liegt oberhalb von Wailea und ist weniger als eine Meile (1,6 km) vom Strand entfernt. Es ist ganz nach dem Motto „Stil mit persönlicher Note" eingerichtet. Die Zimmer (mit *lanai* zum Meer und eigenem Eingang) sind genauso schön wie in einem exklusiven Resorthotel, kosten aber viel weniger. Alle haben eine Küchenzeile, das Cottage hat sogar zwei Zimmer und eine voll ausgestattete Küche. Vom Swimmingpool aus sieht man den Sonnenuntergang.

🅛🅟 Punahoa
TIPP · CONDO $$

(Karte S. 402; ☑879-2720, 800-564-4380; www.punahoabeach.com; 2142 Ili'ili Rd; Studio 159 $, 1 Schlafzimmer 244–269 $, 2 Schlafzimmer 274 $; 🛜) Das Punahoa ist eine stilvolle Boutiquewohnanlage, in der alle Einheiten einen unverbauten Meerblick bieten. Und den eigenen *lanai* will man am liebsten gar nicht mehr verlassen. Wozu auch? Kaffee trinken, Wale beobachten, Sonnenuntergänge genießen … alles ist möglich hier. Die freundliche Anlage versteckt ihre 15 Wohneinheiten in einer ruhigen Seitenstraße: beste Voraussetzungen, um sich ungestört zu entspannen. Nebenan liegt außerdem der Punahoa Beach, ein wunderbarer Sandstrand, der bei Schildkröten wie Surfern gleichermaßen beliebt ist. Die Penthousewohnungen haben Klimaanlagen.

Two Mermaids on Maui B&B
B&B $$

(Karte S. 402; ☑874-8687, 800-598-9550; www.twomermaids.com; 2840 Umalu Pl; Studio/1 Schlafzimmer inkl. Frühstück 115/140 $; @🛜🏊) „I'd like to be under the sea" … In der sonnigen Ocean Ohana Suite mit ihrer skurrilen Unterwasserausstattung kommt einem sofort der Gute-Laune-Beatles-Song in den Sinn. Glücklicherweise gibt es in der Poolside Sweet (ganz in den Farben des Sonnenuntergangs gestaltet) eine Gitarre, auf der man seine Inspirationen gleich in die

DAS KINDERZIMMER DER BUCKELWALE

Nicht nur menschliche Liebespaare heiraten auf Maui – auch Buckelwale feiern hier ihre Hochzeit. Im Winter zeigen sie sich überall rund um Hawaii, aber Mauis Gewässer gefallen ihnen offenbar besonders gut. Denn hierher kommen sie zur Paarung und zur Geburt ihrer Jungen.

Sie bevorzugen zum Schutz ihrer Neugeborenen das flache Wasser in Küstennähe, sodass man sie vom Land aus phantastisch beobachten kann.

Mitten hinein ins Geschehen kommt man natürlich nur im Rahmen einer Walbeobachtungstour. Die Veranstalter wissen, wo die besten Stellen sind und bringen ihre Passagiere ganz nah an die springenden Riesen heran. Fahrten von umweltbewussten Anbietern wie der Pacific Whale Foundation starten in den Häfen von Lahaina oder Ma'alaea.

Aber natürlich kann man die Vierzigtonner auch ohne Tour beobachten. Im Winter sieht man sie oft schon auf der Fähre von Lana'i. Auch bei einer Schnorcheltour nach Molokini lassen sie sich manchmal blicken. Und wer im Süden der Insel Seekajak fährt, hat gute Chancen, einen Buckelwal aus nächster Nähe zu sehen.

An Land gibt es eine Reihe von guten Aussichtspunkten: Klippen, die Strände an der Westküste, der *lanai* im eigenen Condo am Meer – fast überall von Kapalua im Norden bis Makena im Süden. Besonders gut sind die Bedingungen jedoch am Papawai Point (s. Kasten, S. 347), südwestlich von Ma'alaea Richtung Lahaina sowie am Wailea Beach (S. 411) in Wailea.

Ein Fernglas ist für die Walbeobachtung natürlich praktisch. Wenn dafür kein Platz im Gepäck war, findet man bei der Hauptniederlassung der Hawaiian Islands Humpback Whale National Marine Sanctuary (S. 401) in Kihei ein fest installiertes Fernrohr. Interessierte erfahren dort an den Infotafeln Näheres zu den Walen. Was ist z. B. der Unterschied zwischen Full Breach, Spy Hop und Peduncle Slap?

Und natürlich machen diese Meeressäuger auch phantastische Musik. Das Whalesong Project hat ein Unterwassermikrofon vor der Küste von Kihei installiert; unter www.whalesong.net kann man den Walen in Echtzeit lauschen. Schnorchler und Taucher, die zur rechten Zeit am rechten Ort sind, kommen ebenfalls in den Genuss des gespenstischen Gesangs. Ein besonders guter Ort dafür ist der Ulua Beach in Wailea. Was sie wohl singen? Na vermutlich Liebeslieder!

Tat umsetzen kann. Zum Frühstück gibt's Bioobst aus Inselanbau. Beide Einheiten haben eine Küchenzeile, die Ocean Ohana Suite hat außerdem eine Klimaanlage. Familien sind willkommen.

Ocean Breeze Hideaway
B&B $
(Karte S. 401; ☎879-0657, 888-463-6687; www. hawaiibednbreakfast.com; 435 Kalalau Pl; Zi. inkl. Frühstück ab 80 $; @🛜) Dieses einladende B&B wird schon seit über zehn Jahren von Bob und Sande geführt, die auch ein Activity-Desk-Zertifikat haben und daher endlos viele Insider-Tipps geben können. In ihrem Haus vermieten sie zwei bequeme Gästezimmer, eines mit französischem Bett und Deckenventilator, das andere mit Doppelbett und Klimaanlage. Beide haben einen eigenen Eingang und Kühlschrank.

Mana Kai Maui
CONDO $$
(Karte S. 402; ☎879-1561, 800-525-2025; www. manakaimaui.com; 2960 S Kihei Rd; Zi./

1 Schlafzimmer ab 190/281 $; ❄@🛜) Der Komplex auf einer Landzunge hinter dem Keawakapu Beach ist bei Sonnenuntergang unschlagbar. Gäste können gleich vor der Tür am Strand schwimmen und schnorcheln. Die 50 Einheiten werden direkt vor Ort vermietet und bieten sowohl die Vorteile einer Ferienwohnanlage als auch die eines Hotels (mit Rezeption und voll ausgestattetem Restaurant). Den besten Ausblick haben die oberen Stockwerke.

Maui Sunseeker
BOUTIQUEHOTEL $$
(Karte S. 401; ☎879-1261, 800-532-6284; www. mauisunseeker.com; 551 S Kihei Rd; Zi. 105–185 $, Suite 110–195 $; ❄@🛜) Nein, die neue Webcam zeigt keine Ansicht der FKK-Dachterrasse mit Whirlpool. Dafür ist der Mai Poina 'Oela'u Beach auf der anderen Straßenseite im Bild. Das Motel richtet sich primär an die schwullesbische Szene und verteilt

seine 17 Zimmer auf drei benachbarte Gebäude. Am besten ist das hinten gelegene ehemalige Wailana Inn, dessen Zimmer wesentlich geschmackvoller eingerichtet sind als in dieser Preisklasse üblich. Zur Ausstattung gehören Kühlschrank, Mikrowelle und *lanai*.

Kihei Kai Nani CONDO $$

(Karte S. 402; ☏879-9088, 800-473-1493; www. kiheikainani.com; 2495 S Kihei Rd; 1 Schlafzimmer 168 $; ❄@☎) Zimmer und Dekor sind vielleicht nicht mehr die jüngsten, aber die Ausstattung dieser flach gebauten Condo-Anlage ist durchaus vergleichbar mit der in der teureren Konkurrenz. Zur Anlage gehören ein großer Swimmingpool, eine Waschküche, ein Shuffleboard, Grillstellen und Picknicktische, umgeben von einem knallbunten tropischen Landschaftsgarten. Kam II liegt auf der anderen Straßenseite.

Koa Lagoon CONDO $$

(Karte S. 401; ☏879-3002, 800-367-8030; www. koalagoon.com; 800 S Kihei Rd; 1/2 Schlafzimmer ab 170/200 $; ❄☎☎) Der Komplex am Meer hat 42 Zimmer, alle mit freiem Meerblick (ideal zum Whalewatching auf dem Balkon!). Weitere Vorteile sind der hübsche Hinterhof, der entspannte Strand und der beheizte, selten überfüllte Swimmingpool. Die bequemen Wohneinheiten verteilen sich auf sechs Stockwerke und haben Doppelbetten und alles, was das Herz begehrt – inklusive Waschmaschine und Trockner. Einige haben auch WLAN.

Nona Lani Cottages COTTAGES $$

(Karte S. 401; ☏879-2497, 800-733-2688; www. nonalanicottages.com; 455 S Kihei Rd; Cottage ab 150 $; ❄) Hölzerne Ferienhäuschen, gemütliche Hängematten, Picknicktische, leise raschelnde Palmen ... eine tropische Idylle. Die acht Häuschen im Retrostil sind kompakt, aber in jedes wurden eine voll ausgestattete Küche, ein *lanai*, ein Wohnzimmer mit Schlafcouch und ein Schlafzimmer mit französischem Bett hineingequetscht. Kabel-TV haben sie auch.

Kama'ole Beach Royale CONDO $$

(Karte S. 402; ☏879-3131, 800-421-3661; www. kbr1maui.com; 2385 S Kihei Rd; 1/2 Schlafzimmer ab 170/200 $; ❄☎☎) Die Dachterrasse im sechsten Stock hat nicht nur einen tollen Ausblick, sondern auch einen Grill zum draußen Kochen. Die meisten Condos sind frisch renoviert und bieten jede Menge Pepp. Manche haben WLAN.

Maui Coast Hotel HOTEL $$

(Karte S. 402; ☏874-6284, 800-663-1144; www. mauicoasthotel.com; 2259 S Kihei Rd; Zi. 209 $, Suite 229–249 $; ❄❄@☎☎) Kein echter Überflieger, aber unter den wenigen Hotels in Kihei ist das hier das beste. Es ist sauber und gemütlich und durch die leicht zurückversetzte Lage nicht so nah am Lärm der Straße und daher ruhiger als seine Konkurrenten. Für eine tägliche Resortgebühr von 18 $ gibt's WLAN, Parken und Shuttleservice.

Days Inn Maui Oceanfront HOTEL $$

(Karte S. 402; ☏879-7744, 800-263-3387; www. mauioceanfrontinn.com; 2980 S Kihei Rd; Zi. 159 $; ❄@) Ja okay, es ist ein Kettenhotel mit winzigen Zimmern. Und der Fön sieht aus, als wäre er in den 1970er-Jahren aus einem Raumschiff geklaut worden. Aber günstiger geht's in der ganzen Stadt nicht, und gleich nebenan ist der wunderschöne Keawakapu Beach.

✖ Essen

LP TIPP Café O'Lei HAWAIISCH REGIONAL $$

(Karte S. 402; ☏891-1368; www.cafe oleirestaurants.com; Rainbow Mall, 2439 S Kihei Rd; Mittagessen 7–13 $, Abendessen 17–37 $; ☺Di–So 10.30–15.30 & 16.30–22 Uhr) Ein Bistro im Einkaufszentrum? Klingt ja nicht so verlockend. Irrtum! Raffiniertes Ambiente, innovative hawaiische Regionalküche, ehrliche Preise und ein hervorragender Service katapultieren das Café O'Lei in die erste Restaurantliga. Der geschwärzte *mahimahi* mit frischer Papayasalsa ist schon nicht zu verachten, aber die Mittagsgerichte mit Salat für unter 10 $ sind unschlagbar – und die Martinis sind schlicht legendär.

LP TIPP Da Kitchen Express HAWAIISCH $$

(Karte S. 402; www.da-kitchen.com; Rainbow Mall, 2439 S Kihei Rd; Hauptgerichte 9–16 $; ☺9–21 Uhr) Da Kitchen ist einfach da Hamma! Sympathische Bedienung, riesige Portionen, genialer Geschmack – wer hier isst, speist wie ein König. Der schmucklose *plate-lunch*-Spezialist befindet sich ganz hinten in der Rainbow Mall. Lieblingsessen der Einheimischen ist „Da Lau Lau Plate" (gedünstetes Schweinefleisch, in Tarobätter gewickelt), aber die ganze Speisekarte ist gut. Uns hat das scharfe *kalua*-Schweinefleisch besonders gut geschmeckt.

Sansei Seafood Restaurant & Sushi Bar JAPANISCH $$

(Karte S. 402; ☏879-0004; www.sanseihawaii. com; Kihei Town Center, 1881 S Kihei Rd; Vorspeisen 3–15 $, Hauptgerichte 17–32 $; ⊙17.30–22, Do–Sa bis 1 Uhr) Die Schlange reicht bis vor die Tür, aber das Warten lohnt sich. Auf der kreativen Vorspeisenkarte steht alles vom traditionellen *sashimi* bis zu Ravioli mit Hummer und Blaukrabbe. Zu den warmen Fusion-Gerichten gehört auch Pekingente in brauner Soße mit *foie gras*. Von 17.30 bis 18 Uhr ist alles um 25 % günstiger, donnerstags bis samstags von 22 bis 1 Uhr ist Sushi um 50 % billiger.

808 Bistro
GEMISCHTE KÜCHE **$$**
(Karte S. 402; ☑879-8008; www.808bistro.com; 2511 S Kihei Rd; Frühstück 8–13 $, Abendessen 15–20 $; ⊙7–12 & 17–21 Uhr) Auf der kreativen Speisekarte dieses neuen Bistros stehen klassische Seelentröster mit Gourmetanstrich – z. B. Rinderrippchenpastete mit Gorgonzolasoße. Figurbewusste können hier schon beim Frühstück ihre Diät vergessen: Bei French Toast mit Bananenbrot oder dem dekadenten „Whale Pie" mit Schinken, Rösti, Eiern, Käse und brauner Sauce kann man sich einfach nicht zurückhalten. Das Freiluftrestaurant wird von den gleichen Leuten betrieben wie das allseits beliebte 808 Deli. Getränke muss man selbst mitbringen.

808 Deli
CAFE **$**
(Karte S. 402; ☑879-1111; www.808deli.net; 1913 S Kihei Rd; Sandwiches 7–8 $; ⊙7–17 Uhr) Zum Entsetzen der Sandwichketten Subway und Quizono's hat das 808 Deli mühelos die Herzen der Snackliebhaber erobert. Frisches Brot, Gourmetaufstriche sowie 17 verschiedene Sandwiches und *panini* sind das Erfolgsrezept des winzigen Gourmetsandwichladens gegenüber vom Kam II. Ideal für ein Picknick am Strand. Etwas Scharfes gefällig? Wie wär's mit Roastbeef mit Wasabi-Mayo?

Kihei Caffe
CAFE **$**
(Karte S. 402; www.kiheicaffe.com; 1945 S Kihei Rd; Hauptgerichte 6–11 $; ⊙5–15 Uhr) Zum ersten Mal im Kihei Caffe? Aufgepasst, das läuft hier so: Erst mal etwas abseits stehen bleiben und die Speisekarte studieren, dann anstellen. Der Kassierer ist zwar gesprächig, sorgt aber trotzdem dafür, dass die Schlange irgendwann kürzer wird. Und dann geht's los: Kaffeetasse drinnen an der Thermoskanne auffüllen, einen Tisch auf der Terrasse sichern und anschließend die Frühstücksburritos, Rühreier mit Gemüse und *loco moco* vertilgen. Und Vorsicht vor den frechen Vögeln! Ob Single, Paar oder

Familie – alle sind entweder hierher unterwegs oder schon da.

🌿 Joy's Place
CAFE **$**
(Karte S. 402; www.joysplacemaui.com; Island Surf Bldg, 1993 S Kihei Rd; Hauptgerichte 9–12 $; ⊙Mo–Sa 8–15 Uhr; ☑) In Joys Küche lautet das Motto „Bio, freilaufend und regional" – und Joy ist stolz darauf. In ganz South Maui gibt's keine gesünderen Salate zum Mitnehmen (9 $). Außerdem macht sie Wraps nach Bestellung und Sandwiches, die schier aus allen Nähten platzen. Tagesangebote wie frische Fisch-*tacos* ziehen die Einheimischen scharenweise an.

Stella Blues
GEMISCHTE KÜCHE **$$**
(Karte S. 401; ☑874-3779; www.stellablues. com; Azeka Mauka II, 1279 S Kihei Rd; Frühstück 6–13 $, Mittagsgerichte & Abendessen 12–28 $; ⊙7.30–23 Uhr; ☑) Dieser beliebte Laden serviert immer großzügige Portionen und hat auf seiner bunt zusammengewürfelten Speisekarte für jeden Geschmack etwas – von den hawaiisch angehauchten Pfannkuchen mit Macadamianüssen über den Caesar's Salad bis hin zum sautierten Fisch und den Burgern von der Maui Cattle Co.

Eskimo Candy
MEERESFRÜCHTE **$$**
(Karte S. 402; www.eskimocandy.com; 2665 Wai Wai Pl; Hauptgerichte 8–17 $; ⊙Mo–Fr 10.30–19 Uhr) Das in einer Seitenstraße gelegene Eskimo Candy ist ein Fischladen mit Essen zum Mitnehmen und ein paar Tischen. Heiße Tipps für Frischfischfans sind *poke*, Thunfischwraps und Fisch-*tacos*.

Local Boys Shave Ice
SHAVE ICE **$**
(Karte S. 402; Kihei Kalama Village, 1913 S Kihei Rd; Shave Ice 4–6 $; ⊙10–21 Uhr) Die Local Boys servieren die unterschiedlichsten Shave-Ice-Sorten. Zum Beispiel tropisch: Banane, Mango und „Haifischblut", mit Milcheis, *kauai*-Sahne und Azukibohnen. Servietten nicht vergessen: Die Dinger sind ganz schön klebrig.

Pizza Madness
PIZZA **$$**
(Karte S. 402; ☑270-9888; 1455 S Kihei Rd; Pizza 7–20 $; ⊙11–21.30, So & Mo bis 21 Uhr) Ein dunkles Zimmer, ganz hinten eine kleine Bar, flackernde Flachbildfernseher und über allem schwebt ein Riesenhai, der Pizza frisst. Kein Wunder, dass der Laden Pizza Madness heißt! Aber verrücktes Dekor hin oder her: Hier gibt's die beste Pizza in ganz Kihei.

Saigon Pearl

Vietnamese Cuisine VIETNAMESISCH $$
(Karte S. 401; ☎875-2088; Azeka Makai, 1280
S Kihei Rd; Hauptgerichte 9–14 $; ☺10.30–
21.30 Uhr) Das Zitronengrashühnchen mit
Curry und Jasminreis ist ein Fest für die
Sinne! Alle, die sich ihr Essen lieber selbst
zusammenbasteln, sollten allerdings das
banh hoi bestellen – das ist so eine Art *faji-
tas* auf vietnamesisch – mit frischer Minze,
Gemüse und Shrimps vom Grill.

Fat Daddy's TEXASGRILL $$
(Karte S. 402; www.fatdaddysmaui.com; Kihei
Kalama Village, 1913 S Kihei Rd; Hauptgerichte
8–19 $; ☺11.30–22 Uhr) Texas goes Hawaii:
Spezialität bei diesem smarten Texasgrill
mit Fleisch von der Maui Cattle Company
sind riesige Teller mit pikanten Spareribs
und allem, was dazu gehört.

Pita Paradise MEDITERRAN $$
(Karte S. 402; ☎875-7679; Kihei Kalama Village,
1913 S Kihei Rd; Hauptgerichte 7–22 $; ☺11–
21.30 Uhr) Aloha! Yassou! Auf die Teller, fer-
tig, los! Gyros oder Kebab beim Griechen
im Bermudadreieck der Ausgehszene sind
nie verkehrt.

Shaka Sandwich & Pizza KÄSESTEAK, PIZZA $$
(Karte S. 402; ☎874-0331; 1770 S Kihei Rd;
Hauptgerichte 7–27 $; ☺So–Do 10.30–21, Fr & Sa
10.30–22 Uhr) Die beste Adresse für Sandwiches mit Käsesteak.

Zwei Supermärkte in Kihei haben rund um
die Uhr geöffnet:
Foodland (Karte S. 402; Kihei Zentrum, 1881 S
Kihei Rd) und **Safeway** (Karte S. 401; Pi'ilani Village, 277 Pi'ikea Ave). **Hawaiian Moons Natural Foods** (Karte S. 402; http://hawaiian moons.
com; Kama'ole Beach Center, 2411 S Kihei Rd;
☺Mo–Fr 8–21, Sa & So 9–21 Uhr; ☑) verkauft
alles, was man für ein gesundes Picknick
am Mittag braucht. **Kihei Farmers Market** (Karte S. 401; 61 S Kihei Rd; ☺Mo–Do 8–16,
Fr bis 17 Uhr) verkauft Obst und Gemüse aus
Inselproduktion – etwas teurer, aber dafür
frisch.

KUNDENKARTEN

Clevere Einkäufer hinterlegen beim
Foodland an der Kasse ihre Telefonnummer. Sie wird gespeichert und
funktioniert dann wie eine Kunden-
karte. Wer sie beim Einkaufen angibt,
bekommt Prozente.

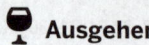
Ausgehen

Die meisten Bars in Kihei liegen an der
Straße am Strand, und jeden Abend gibt's
dort ein volles Programm. Kihei Kalama
Village, das „Bar-muda-Dreieck" (auch einfach bekannt als „The Triangle") der Stadt,
platzt aus allen Nähten vor lebhaften Bars.

South Shore Tiki Lounge TIKIBAR
(Karte S. 402; ☎874-6444; Kihei Kalama Village;
1913 S Kihei Rd) Diese gemütliche Tropenhüt-
te hat eine riesige Veranda und bietet jede
Menge Herz. Die Magier hinter der Bar
gewinnen regelmäßig den Preis der *Maui
Time Weekly* für die besten Barmixer. Und
tanzen kann man hier auch.

The Dog and Duck IRISCH
(Karte S. 402; ☎875-9669; Kihei Kalama Village,
1913 S Kihei Rd) Dieses gut gelaunte Irish Pub
zieht vor allem die Jugend an. Und natürlich flimmert hier auch ein Fernseher mit
Sport vor sich hin, aber nicht in jeder Ecke.
Ordentliche Pommes und Kneipensnacks
ergänzen sich wunderbar mit süffigem
Guinness vom Fass – und fast jeden Abend
gibt's Musik.

Oceans Beach Bar & Grill STRANDBAR
(Karte S. 402; ☎891-2414; Kukui Mall, 1819 S Kihei Rd) Am Strand liegt dieser Laden zwar
nicht, aber dafür wird hier im Freien gebe-
chert – mit Surfvideos und Footballspielen
auf den Bildschirmen und Tanz am Wochenende.

Five Palms COCKTAILS
(Karte S. 402; www.fivepalmsrestaurant.com;
2960 S Kihei Rd) Einen Mai Tai bei Sonnenuntergang am Strand gefällig? Nur he-
reinspaziert! Und zwar möglichst früh,
denn die Terrasse liegt nur wenige Schritte vom Keawakapu Beach entfernt und ist
schnell voll.

Kiwi Roadhouse RASTHAUS
(Karte S. 402; ☎874-1250; 95 E Lipoa St) Alle,
die mit Motorrad oder Pickup unterwegs
sind, finden in diesem wilden Rasthaus
Gleichgesinnte. Der Schuppen liegt ganz
und gar nicht in Strandnähe, dafür gibt's
mittwochs bis sonntags immer Livemusik –
von Rock über Blues bis Country.

Lava Java COFFEESHOP
(Karte S. 402; www.lavajavamaui.com; Kihei Kalama Village, 1941 S Kihei Rd; ☺6–20 Uhr; @) Mag
sein, dass es hier morgens nicht immer
allzu schnell zugeht. Das könnte aber auch
daran liegen, dass man zwischen 6 und

9 Uhr zwei von den unglaublich leckeren Getränken zum Preis von einem bekommt. Der supernette Inhaber serviert hin und wieder kostenlose Eiskaffeeproben, hinten stehen vier PCs mit Internetzugang (0,20 $ pro Min.), und die beliebten „Gecko Balls" sind auch nicht zu verachten.

Dina's Sandwitch NACHBARSCHAFTSKNEIPE
(Karte S. 401; ☎879-3262; 145 N Kihei Rd) Alte und junge Seebären (aber nicht viele Meerjungfrauen) sorgen für Stimmung in dieser lauten, geselligen Spelunke. Die Wände sind mit Dollarnoten im Wert von geschätzten 17 000 $ tapeziert, und wer Lokalkolorit sucht, ist hier an der richtigen Adresse.

Shoppen

Pi'ilani Village EINKAUFSZENTRUM
(Karte S. 401; 225 Pi'ikea Ave) In Kiheis größtem Einkaufszentrum gibt's viele Läden mit tollen Mitbringseln. Fehlt noch die passende Strandlektüre? Kein Problem, hier gibt's auch ein **Borders Express** (☎875-6607)

Kihei Kalama Village MARKT
(Karte S. 402; ☎879-6610; 1913 S Kihei Rd) Unter dem Dach dieser Einkaufspassage drängen sich mehr als 40 Läden und Stände. Mädels, denen noch ein modisches Strandoutfit fehlt, gehen ins **Mahina** (www.mahinamaui.com). Die Jungs gehen inzwischen zur **808 Clothing Company** (www.the 808clothingcompany.com) und kaufen sich ein paar coole T-Shirts mit originellem Maui-Design.

ⓘ Praktische Informationen

Bank of Hawaii (☎879-5844; www.boh.com; Azeka Mauka, 1279 S Kihei Rd)

Kihei Police District Station (☎244-6400; Kihei Town Center, 1881 S Kihei Rd; hMo–Fr 7.45–16.30 Uhr)

Longs Drugs (☎879-2259; 1215 S Kihei Rd; ⊙7–24 Uhr) Die größte Apotheke in Kihei. Große Auswahl an Flipflops.

Post (☎879-1987; 1254 S Kihei Rd)

Urgent Care Maui Physicians (☎879-7781; 1325 S Kihei Rd; ⊙7–21 Uhr) Diese Klinik nimmt auch Patienten ohne Termin.

ⓘ Anreise & unterwegs vor Ort

Auto & Motorrad

Hula Hogs (☎875-7433, 877-464-7433; www.hulahogs.com; 1279 S Kihei Rd; pro Tag ab 120 $) Der Traum, mit einer Harley-Davidson

Road King über die Insel zu cruisen, geht hier in Erfüllung (Helme sind im Preis inbegriffen). Ein echter Hingucker: Im Laden gibt's eine Harley-Barbie zu sehen – mit Lederjacke und schwarzem Lippenstift!

Kihei Rent A Car (☎879-7257, 800-251-5288; www.kiheirentalcar.com; 96 Kio Loop; pro Tag/Woche 35/175 $) Dieses Familienunternehmen vermietet normale Autos und Jeeps, Kilometer inklusive. Kunden müssen mindestens 21 Jahre alt sein. Außerdem wird für Vermietungen von mehr als fünf Tagen ein Shuttleservice vom Flughafen Kahului angeboten.

Bus

Maui Bus (S. 332; www.mauicounty.gov) befährt von Kihei aus zwei verschiedene Strecken. Der Kihei Islander 10 verbindet Kihei mit Wailea und Ma'alaea mit Haltestellen am Kama'ole Beach Park III, am Einkaufszentrum Pi'ilani Village sowie an der Uwapo Rd und S Kihei Rd. Von Ma'alaea gibt's außerdem Verbindungen nach Lahaina und Kahului. Der Kihei Villager 15 bedient hauptsächlich die Nordhälfte von Kihei. Er hält sechsmal entlang der S Kihei Rd und einmal in Ma'alaea. Beide Buslinien fahren stündlich von ca. 5.30 bis 19.30 Uhr und kosten 1 $.

Fahrrad

Entlang des Pi'ilani Hwy und der S Kihei Rd gibt es zwar Fahrradspuren. Radfahrer sollten jedoch immer die Autos im Blick behalten, da diese plötzlich wenden und über die Spur fahren können.

South Maui Bicycles (☎874-0068; www.southmauibicycles.com; Island Surf Bldg, 1993 S Kihei Rd; pro Tag 22–60 $, pro Woche 99–250 $; ⊙Mo–Sa 10–18 Uhr) Dieser Laden verleiht sehr gute Trekkingräder, hochwertige Mountainbikes und einfache Stadträder.

Vom/Zum Flughafen

Die meisten Besucher nehmen sich gleich am Flughafen Kahului einen Leihwagen. Ein Flughafenshuttle kostet zwischen 31 und 37 $ und ein Taxi zwischen 35 und 62 $, je nach Reiseziel.

Wailea
6589 EW. (WAILEA-MAKENA)

Wailea ist das schickste Pflaster von ganz South Maui und erinnert mit seinen akkuraten Golfplätzen und Privatgrundstücken mit Sicherheitsmauern an einen Privatclub für Superreiche. Einen größeren Gegensatz zu Kihei kann man sich kaum vorstellen. Tankstellen und Fastfoodläden? Fehlanzeige. Dieser exklusive Ort besteht nämlich ganz und gar aus protzigen Resorts am Strand und einstöckigen Condo-Villen mit allen erdenklichen Schikanen.

Wailea & Makena

◎ Highlights
Makena State Park A6
Secret Cove A6
Wailea Beach A2

◎ Sehenswertes
1 Makena Landing...............................B4

Aktivitäten, Kurse & Touren
2 Hawaiian Sailing Canoe
  Adventures A2
  Maui Ocean Activities......................(s. 6)
3 Wailea Golf Club B2
4 Wailea Tennis Club B1

🛏 Schlafen
5 Four Seasons Maui at Wailea B2
6 Grand Wailea Resort Hotel &
  Spa A2
7 Makena Beach & Golf Resort A5
8 Wailea Beach Marriott Resort
  & Spa A2

✖ Essen
  Ferraro's..(s. 5)
9 JAWZ Fish Tacos A6
  Joe's Bar & Grill.............................(s. 4)
10 Makena Grill....................................A6
11 Matteo's B2
12 Pita Paradise B1
  Waterfront Deli...............................(s. 15)

🍸 Ausgehen
13 Red Bar at Gannon's..........................B3

✿ Unterhaltung
  Four Seasons Maui at Wailea ....(s. 5)
14 Mulligan's on the Blue B2

🛍 Shoppen
  Aloha Shirt Museum &
  Boutique...(s. 15)
  Blue Ginger ....(s. 15)
  Honolua Surf Co..............................(s. 15)
  Martin & MacArthur ....(s. 15)
  Maui Waterwear..............................(s. 15)
15 Shops at Wailea B1

Bei einem Blick auf die Strände wird sofort klar, warum die Immobilienpreise hier so astronomisch sind. Denn der goldene Sand entlang der Küste von Wailea eignet sich hervorragend zum Schwimmen, Schnorcheln und Sonnenbaden und bietet ein ideales Postkartenmotiv. Auch wer nicht hier wohnt, sollte einmal laut *mahalo!* in den Wind rufen, denn dank der Strandzugangsgesetze in Hawaii darf jeder die Strände benutzen – nicht nur Hotelgäste.

Um möglichst schnell nach Wailea zu gelangen, nimmt man von Lahaina oder Kahului aus am besten den Pi'ilani Hwy (Hwy 31) und nicht die S Kihei Rd, auf der ziemlich häufig Stop-and-go-Verkehr herrscht. In Wailea geht der Wailea Alanui Dr nach dem Polo Beach in den Makena Alanui Dr über und führt dann weiter nach Makena.

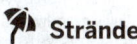 Strände

Die berühmten Strände von Wailea beginnen am südlichen Ende des Keawakapu Beach in Kihei und reichen in südlicher Richtung bis nach Makena. Auch die Strände vor den Resortanlagen sind frei zugänglich und bieten kostenlose Parkplätze, Duschen und Toiletten.

LP TIPP **Ulua & Mokapu Beach** STRAND
Wer hier einen Parkplatz ergattern will, muss früh aufstehen. Aber es lohnt sich: Ulua Beach ist das beste der gut zu erreichenden Schnorchelreviere in Wailea. Hier wimmelt es nicht nur vor knallbunten tropischen Fischen, hier kann man auch besonders gut den Gesängen der Wale lauschen, wenn sie gerade mal wieder vor der Küste kreuzen. Auf der rechten Seite von Ulua Beach trennt eine Felszunge den Strand von seinem nördlichen Zwilling, dem Mokapu Beach. Schnorchler können gleich hier die Korallen anpeilen – und zwar am besten morgens, bevor der Wind auffrischt und der Strand voll wird. Bei höherem Wellengang sollte man allerdings den Schnorchel gleich wieder ein- und das Bodysurfbrett auspacken. Der Zugang zum Strand liegt nördlich des Wailea Marriott Resort.

Wailea Beach STRAND
Die meisten Urlaubsgäste aus Wailea steuern diesen blendend weißen Strand an, um sich einmal wie echte Promis zu fühlen. Der halbmondförmige Strand vor dem Grand Wailea und dem Four Seasons bietet vielfältige Wassersportoptionen: Seine sanfte Neigung macht ihn für Schwimmer attraktiv, bei ruhigem Wasser bieten sich am südlichen Ende in der Umgebung der Felsen auch gute Schnorchelbedingungen, und nachmittags kommt meist ein sanfter Shorebreak angerauscht, der zum Bodysurfen einlädt. Sogar Taucher haben hier ihren Spaß, denn sie können vom Wailea Beach aus ein Riff erkunden, das bis zum Polo Beach reicht. Die Zugangsstraße zum Strand verläuft zwischen dem Grand Wailea und dem Four Seasons.

Po'olenalena Beach STRAND
Wer keine Lust auf den Hoteltrubel hat, sollte nach Süden zu diesem schönen, lang gezogenen Strandabschnitt fahren. Am Wochenende kommen die Einheimischen mit ihren Familien hierher, aber überfüllt ist er selten, und das flache, ruhige Wasser mit sandigem Grund bietet tolle Badebedingungen. Am südlichen wie am nördlichen Ende tauchen Lavaausläufer ins Meer, an denen man gut schnorcheln kann. Der Parkplatz befindet sich an der Makena Alanui Rd.

Polo Beach STRAND
Vor dem Fairmont Kea Lani liegt der selten voll besetzte Polo Beach. Boogieboarder und Bodysurfer finden hier oft gute Shorebreaks vor. Bei ruhigen Wasserbedingungen kann man bei den Felsen am nördlichen Ende gut schnorcheln, und bei Ebbe bilden sich auf den Felsen am südlichen Ende Tümpel mit Diademseeigeln und kleinen Fischen. Anfahrt: Nach dem Fairmont Kea Lani in die Kaukahi St abbiegen und rechts nach dem Strandparkplatz Ausschau halten.

Palauea Beach STRAND
Auf diesem Strand südlich des Polo Beach sind kaum Touristen unterwegs, dafür aber umso mehr einheimische Surfer und Boogieboarder. Von der Straße aus ist die Sicht auf den Strand durch *kiawe*-Bäume verstellt. Einfach an der Makena Rd parken, dort wo die anderen Autos stehen.

Aktivitäten

Im/auf dem Wasser

Hawaiian Sailing Canoe Adventures KANUFAHREN
(☏281-9301; www.mauisailingcanoe.com; Erw./ Kind 5–12 J. 99/79 $; ⊙Touren 8 & 10 Uhr) Die Fahrt mit einem hawaiischen Auslegerkanu ist sicher die schönste Art, in die einheimische Tradition einzutauchen. Ein Ausflug dauert zwei Stunden, und da die Gruppen höchstens sechs Passagiere umfassen, werden auch individuelle Wünsche erfüllt, z. B. eine Schnorchelpause mit Schildkröten.

Maui Ocean Activities WASSERSPORT
(☏667-2001; www.mauiwatersports.com; Grand Wailea Resort, 3850 Wailea Alanui Dr; Schnorchel/Boogieboard/Kajak/Stand Up Paddle Board pro Std. 8/8/25/40 $) Am Strand hinter dem Grand Wailea vermietet Maui Water Sports alles, was im Wasser zu gebrauchen ist.

MAUI KIHEI & SOUTH MAUI

Wailea Golf Club   GOLF

(☏875-7450; www.waileagolf.com; 100 Wailea Golf Club Dr; Greenfee 135–179 $; ⏱1. Abschlag ca. 7 Uhr) In Wailea gibt es drei Turniergolf-plätze: den „Emerald", einen tropischen Garten, der als der beste Platz gehandelt wird, den zerfurchten „Gold", der sich in die Vulkanlandschaft einfügt, und den Old Blue (120 Kaukahi St), der eine offene Fairway und anspruchsvolle Grünanlagen zu bieten hat. Am günstigsten ist das Gol-fen hier am Nachmittag (twilight tee) nach 13 Uhr.

Wailea Tennis Club   TENNIS

(☏879-1958; www.waileatennis.com; 131 Wailea Ike Pl; 15 $ pro Pers.; ⏱Mo–Fr 8–12 & 15–18, Sa & So 8–15 Uhr) Der preisgekrönte Komplex mit dem Beinamen „Wimbledon West" hat elf Plätze mit Plexipave-Belag und einen Aus-rüstungsverleih. Einstündige Kurse werden auch angeboten (Gruppen-/Einzelunter-richt 25/95 $).

✨ Festivals & Events

Maui Film Festival   FILM

(www.mauifilmfestival.com) Zu diesem extra-vaganten Festival Mitte Juni reist sogar die Elite aus Hollywood an. An verschie-denen Schauplätzen in Wailea feiern die Sternchen unter dem Sternenhimmel, z. B. im „Celestial Theater", einem Frei-luftkino auf einem Golfplatz.

🛏 Schlafen

LP TIPP Four Seasons Maui
at Wailea   RESORTHOTEL $$$

(☏874-8000, 888-344-6284; www.fourseasons .com/maui; 3900 Wailea Alanui Dr; Zi./Suite ab 465/945 $; ❋@🛜🏊) Das Four Seasons in Wailea ist wirklich sympathisch. Es um-garnt seine Gäste mit raffiniertem Charme und Pfefferminztee mit Orangenblüten … und das alles ohne Resortgebühr! Und kinderfreundlich ist die Dame auch noch, mit lustigen Swimmingpools und einem „Children for All Seasons"-Programm. Trotzdem macht die Anlage einen nicht ganz so protzigen Eindruck wie ihre Nach-barn. Die Standardzimmer sind mittelgroß und – eher gemütlich als raffiniert – dezent in tropischer Eleganz eingerichtet. Die Marmorbäder sind großzügig und haben eingebaute Lautsprecher mit Musik zum Selberwählen. Ein exotisches Wellnesspro-gramm inklusive hawaiischer Lavastein-massage mit Kakaobutter ist in einem *hale* am Meer ebenfalls zu haben. Parken kostet 20 $ pro Tag

Grand Wailea
Resort Hotel & Spa   RESORTHOTEL $$$

(☏875-1234, 800-888-6100; www.grandwailea. com; 3850 Wailea Alanui Dr; Zi. ab 725 $; ❋🛗@🛜🏊🧒) Dieses schicke Resorthotel mit viel Sinn für Spaß gehört eigentlich auf die Lis-te unserer Top Picks. Aber da es selbst Paris Hilton und Britney Spears schon für gut befunden haben, können wir uns das wohl sparen. Das Grand Wailea schwelgt einfach ganz unverblümt im Luxus – von den un-bezahlbaren Kunstwerken in der Lobby bis zum italienischen Marmor in den Zimmern. Die Hotelanlage gehört zu Hiltons feiner Waldorf-Astoria-Kette, aber nicht alles hier zielt auf die oberen Zehntausend. Hier be-findet sich auch eine der aufwendigsten Wasserlandschaften Hawaiis, mit neun (!) miteinander verbundenen Pools, Grotten zum Hineinschwimmen und haushohen Wasserrutschen. In der Resortgebühr (25 $) ist auch WLAN enthalten.

Wailea Beach Marriott
Resort & Spa   RESORTHOTEL $$$

(☏879-1922, 888-236-2427; www.waileamarriott. com; 3700 Wailea Alanui Dr; Zi. ab 395 $; ❋@🛜🏊) Das kleinste und „hawaiischste" der Resorts in Wailea liegt zwischen zwei der schönsten Strände des Ortes. Anstatt übertriebenem Pomp gibt's hier ein warm-herziges „Aloha!", friedliche Koi-Teiche und rauschende Palmen. Die Zimmer bieten ein frisches, modernes Tropenfeeling, die täg-liche Resortgebühr beträgt 25 $. WLAN kostet pro Tag 15 $ extra und ist nur in ei-nigen Gemeinschaftsbereichen (z. B. in der Lobby) vorhanden.

🍴 Essen

LP TIPP Pita Paradise   MEDITERRAN $$

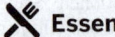
(☏879-7177; www.pitaparadisehawaii. com; Wailea Gateway Center, 34 Wailea Gateway Pl; Mittagsgerichte 9–15 $, Abendessen 17–28 $; ⏱11–21.30 Uhr) Das Einkaufszentrum, in dem sich diese griechische Taverne befin-det, ist ziemlich nichtssagend und bietet keinen Meerblick. Aber angesichts der hüb-schen Terrasse und der winzigen weißen Lichter im Pita Paradise ist das schnell vergessen (von dem saftigen mediterranen Pita mit Hühnchen ganz zu schweigen). Der Besitzer John Arabatzis fängt seinen Fisch selbst und serviert ihn in allen Varianten,

Den perfekten Spaziergang bei Sonnenuntergang bietet der gut 2 km lange Küstenweg, der die Strände in Wailea mit den Resortanlagen verbindet. Der Pfad windet sich über scharfkantige Landzungen aus Lavagestein zum Strand, und im Winter kann man fast nirgends auf Maui besser nach Buckelwalen Ausschau halten – an einem guten Tag tummeln sich manchmal mehr als ein Dutzend der Kolosse vor der Küste.

Einige der Luxushotels an dem Weg sind ebenfalls einen Blick Wert, vor allem das Grand Wailea Resort, in dem Kunst im Wert von 30 Mio. $ ausgestellt ist. Vor den Condos am Wailea Point liegen die Fundamente von drei hawaiischen Häusern, die auf 1300 n. Chr. datiert werden – der perfekte Ort für einen Sonnenuntergang.

vom gefüllten Pitabrot bis zur gegrillten Mahlzeit.

Ferraro's   ITALIENISCH $$$
(☎874-8000; www.fourseasons.com/maui; Four Seasons Maui at Wailea, 3900 Wailea Alanui Dr; Mittag 17–24 $, Abend 25–48 $; ⏱11.30–21 Uhr) Noch romantischer als in diesem Restaurant am Meer ist es in Wailea nirgends. Die Mittagskarte macht richtig Spaß – z. B. mit *quesadillas* mit *kalua*-Schweinefleisch und Mango *poi* oder einem Sandwich mit Hummer aus Maine und Avocadoaufstrich. Die Abendkarte kommt dagegen etwas seriöser und hauptsächlich rustikal italienisch daher.

Joe's Bar & Grill   TRADITIONELL $$$
(☎875-7767; www.bevgannonrestaurants.com/joes; 131 Wailea Ike Pl; Hauptgerichte 28–40 $; ⏱abends) Joe's ein Schwesternunternehmen des Hali'imaile General Store, hat sich aber durchaus seine eigenen Sporen verdient. Ganz Wailea glitzert und protzt – doch hier sind große Portionen und hausgemachte einfache Gerichte der Renner. Zum Beispiel Roastbeef mit luftigem Kartoffelbrei, Hühnerbrust mit Kräuterkäsefüllung oder frischer Fisch in Kürbiskernpanade.

Matteo's   ITALIENISCH $$
(☎874-1234; www.matteosmaui.com; 100 Wailea Ike Dr; Pizza 11–25 $; ⏱Mo–Fr 11.30–21, Sa & So 17–21 Uhr) Bei dieser Pizzeria und Trattoria im Freien auf dem Gelände des Old-Blue-Golfplatzes (in der Nähe der Shops at Wailea) muss man erstmal anstehen, bevor man am Tresen seine Bestellung aufgeben darf. Erstaunlich gut sind vor allem die Pizzen mit dünnem Boden.

Waterfront Deli   DELI $
(☎891-2039; Shops at Wailea, 3750 Wailea Alanui Dr; Hauptgerichte unter 12 $; ⏱7–20 Uhr) Dieser Delikatessenladen im Whalers General Store liegt im hinteren Bereich der Shops at Wailea und ist ideal für etwas Schnelles, Günstiges zum Mitnehmen.

 Ausgehen

Alle Hotels in Wailea bieten abends Livemusik (meist Jazz oder hawaiische Musik).

Red Bar at Gannon's   COCKTAILS
(www.gannonsrestaurant.com; 100 Wailea Golf Club Dr) Durch die rote Beleuchtung sehen hier alle Gäste gleich ein bisschen attraktiver aus. Die Happy Hour (15–18 Uhr) in diesem schicken Laden bietet mehrere Vorteile: tolle Angebote für Essen und Trinken, aufmerksame Barmixer und sensationelle Sonnenuntergänge. Die Bar befindet sich in Bev Gannons neuem Restaurant (das passenderweise auch Gannon's heißt) im Clubhaus der Golfplätze Gold und Emerald.

Mulligan's on the Blue   IRISCH
(☎874-1131; www.mulligansontheblue.com; 100 Kaukahi St) Mulligan's thront über dem Golfplatz und bietet jeden Abend Livemusik für alle Geschmacksrichtungen – vom Irish Folk bis zum europäischen Jazz. Hier kann man auch wunderbar bei einem Bier auf den blauen Horizont blicken oder auf einem der zehn Bildschirme ein Spiel verfolgen.

Four Seasons Maui at Wailea   HAWAIISCH
(3900 Wailea Alanui Dr) Die Lounge in der Lobby wird jeden Abend zwischen 17.30 und 19.30 Uhr mit hawaiischer Musik und Hula beschallt, später auch mit Jazz oder Slack-Key-Gitarre.

 Shoppen

Shops at Wailea   EINKAUFSZENTRUM
(www.shopsatwailea.com; 3750 Wailea Alanui Dr; ⏱9.30–21 Uhr) Dutzende von Läden sind hinter den Toren dieses Einkaufszentrums vereint. Die meisten verkaufen Designer-

marken wie Prada und Louis Vuitton, aber einige solide Inselläden sind auch darunter:

Blue Ginger DAMENBOUTIQUE
(www.blueginger.com) Damenbekleidung mit fröhlichen Farben und tropischen Motiven.

Honolua Surf Co STRANDMODE
(www.honoluasurf.com) Hippe T-Shirts mit Surfmotiven, Surfshorts und Hawaii-hemden.

Martin & MacArthur HAWAIISCHES KUNSTHANDWERK
(www.martinandmacarthur.com) Hawaiische Holzschnitzereien in Museumsqualität und andere Handarbeiten.

Maui Waterwear BADEMODE
(www.mauiclothingcompany.com) Tropische Bademode, perfekt für den Strand!

Aloha Shirt Museum & Boutique HAWAIISCHE KLEIDUNG
(www.the-aloha-shirt-museum.com) Hochwertige und kultverdächtige Hawaiihemden. Besonders schön: das blaue „Elvis Aloha" (auch „The King's Shirt" genannt) aus 100 % Seide für 95 $.

ⓘ Anreise & unterwegs vor Ort

Maui Bus (www.mauicounty.gov) betreibt die Linie Kihei Islander 10, die bis 20.30 Uhr stündlich zwischen Wailea und Kahului verkehrt. Der erste Bus startet um 6.30 Uhr von den Shops at Wailea und fährt die S Kihei Rd entlang und zum Einkaufszentrum Pi'ilani Village und schließlich nach Ma'alaea. Von Ma'alaea gibt's Verbindungen nach Lahaina.

Makena

6589 EW. (WAILEA-MAKENA)

In Makena gibt's zwar eine Resortanlage am Meer und einen perfekt gestylten Golfplatz, trotzdem wirkt die Gegend immer noch so wild wie ein unberührter Außenposten. Wasserabenteurer auf der Flucht vor den Touristenhorden sind hier gut aufgehoben: Schnorcheln, Kajakfahren, Bodysurfen – alles ist hier möglich. Und die Natur mit ihren unberührten Korallen, Riffhaien, Delphinen und Meeresschildkröten könnte auch kaum schöner sein.

Die Strände sind einfach nur himmlisch – und der schönste unter ihnen ist der Big Beach, eine endlose, blendend weiße Sandfläche (auch sehr schön bei Sonnenuntergang). Little Beach mit seinen nackten Tatsachen versteckt sich in der Bucht nebenan

– er ist Mauis beliebtester FKK-Strand. Zusammen heißen die beiden Strände „Makena State Park". Allerdings ist die Bezeichnung „Park" etwas irreführend, denn eine besondere Ausstattung gibt's nicht – abgesehen von ein paar Plumpsklos und Picknicktischen. Aber niemand auf Maui würde es anders haben wollen.

Strände

LP TIPP **Malu'aka Beach** STRAND
Wer mit Schildkröten planschen will, findet die besten Voraussetzungen dafür am goldenen Strand des Makena Beach & Golf Resort. Nicht umsonst wird er unter Kennern auch „Turtle Beach" genannt. Besonders beliebt ist er bei Schnorchlern und Kajakfahrern, die die erstaunlich anmutigen grünen Schildkröten beobachten wollen. Diese suchen in den Korallen nach Futter und kommen oft bis auf wenige Meter an die Schnorchler heran. Etwa 90 m vom Strand entfernt liegt ein sehenswertes Riff; am südlichen Ende ist am meisten los. Allerdings sollte zum Schnorcheln das Wasser wirklich ruhig sein. Schon bei wenig Wind wird die Sicht schlecht, und bei rauer See ist fast gar nichts mehr zu sehen.

Parkplätze, Toiletten und Duschen befinden sich an beiden Enden des Strandes. Strandbesucher parken am besten am Nordende auf dem Parkplatz gegenüber der Keawala'i Congregational Church und laufen dann kurz in Richtung Süden die Straße entlang. Wenn der Parkplatz voll ist, einfach in die erste Straße rechts nach dem Makena Beach & Golf Resort abbiegen! Hier können weitere 60 Autos parken.

Makena Bay STRAND
Hier erstreckt sich Mauis bestes Kajakrevier. Bei ruhiger See kann man an den Felsen südlich des **Makena Landing** (Bootsanleger und Mittelpunkt des Geschehens) auch gut schnorcheln. Auch Küstentauchgänge sind in der Makena Bay möglich – allerdings hauptsächlich auf der Nordseite.

Gemietete Kajaks werden von den Verleihern immer zum Makena Landing gebracht. Von dort kann man entweder alleine lospaddeln oder sich einer Tour anschließen. Da es direkt an der Bucht keine Anbieter gibt, sollte man im Voraus buchen; sollte aber gerade ein Kajak zu viel auf dem Anhänger sein, kann man hin und wieder eins abstauben. Besonders schön ist es, Richtung Süden an der Lavaküste entlang zum Malu'aka Beach zu paddeln,

ZACH EDLAO: OCEAN SAFETY OFFICER

Kinderfreundlichster Strand in South Maui

Gut geeignet für Kinder ist der Kamaʻole Beach Park I (S. 400). Abgesehen von den felsigen Enden gibt es hier fast nur Sand. Die Badebedingungen sind ruhig, vor allem morgens. Rettungsschwimmer sind gleich in der Nähe, der Parkplatz auch, ebenso wie Duschen und sonstige Ausstattung.

Beste Schnorchelreviere

Die Insel hat einige Schnorchelreviere zu bieten, aber viele liegen in Schutzgebieten und sind daher nicht mit Rettungsschwimmern besetzt. Honolua Bay (S. 378), ʻAhihi-Kinaʻu (S. 416) und Kaʻanapaliʼs Puʻu Kekaʻa (Black Rock; S. 353) sind die besten auf der Insel.

Gefährliche Bedingungen erkennen

Immer auf den Wind achten! Und auf Schaumkronen: Sie können auf eine Oberflächenströmung hindeuten. Trübes oder braunes Wasser bedeutet, dass eine Strömung in der Nähe ist.

Sicherheitstipps

» Vor dem Schwimmen unbedingt bei einem Rettungsschwimmer informieren!

» Beim Baden immer in der Nähe des Rettungsturms bleiben; dann ist im Notfall auch immer Hilfe da. Niemals alleine schwimmen!

» Immer Ausschau halten nach schwer erkennbaren Objekten unter der Oberfläche (Felsen, Holzstücke) sowie nach Gegenständen, an denen man sich beim Tauchen verletzen könnte.

wo sich die grünen Meeresschildkröten tummeln.

LP TIPP **Big Beach (Oneloa)** STRAND
Die Perle des Makena State Park ist wohl der schönste Strand auf Maui. Auf Hawaiianisch nennt man ihn *Oneloa:* „Langer Sand". Ein sehr passender Name für eine goldene Sandfläche, die fast 1,5 km lang ist und auch durch ihre Breite beeindruckt. Das wunderschön türkisfarbene Wasser ist bei ruhigen Bedingungen bei jugendlichen Boogieboardern beliebt. Bei größeren Wellen lassen sich erfahrenere Bodysurfer von den schimmernden Breaks durchschütteln. Der Strand hat auch eine Rettungsschwimmerstation.

Die Abzweigung zum Hauptparkplatz liegt eine Meile (1,6 km) hinter dem Makena Beach & Golf Resort. Ein zweiter Parkplatz liegt 400 m weiter südlich. Hier kann es durchaus vorkommen, dass ein Auto aufgebrochen wird, also besser auf keinem der beiden Parkplätze Wertsachen im Auto lassen.

Little Beach STRAND
Der kuschelige kleine Strand wird auch Puʻu Olaʻi Beach genannt und ist das Lieblingsziel von Mauis FKK-Fans. Nacktbaden ist zwar offiziell gesetzlich verboten, die Überwachung dieser Regel unterliegt aber eher der lokalpolitischen Willkür. Gut versteckt hinter einer felsigen Landzunge des Puʻu Olaʻi (dem Aschekegel am nördlichen Ende des Big Beach), bleibt Little Beach den meisten Besuchern verborgen. Wer aber den kurzen Weg über den Felsen zwischen den beiden Stränden auf sich nimmt, steht plötzlich mitten drin in den nackten Tatsachen. Heteros und schwule Badegäste halten sich hier zahlenmäßig die Waage.

Die sandige Bucht des Little Beach eignet sich mit seinem normalerweise sanften Shorebreak ideal für Bodysurfer und Boogieboarder. Bei höheren Wellen kommen aber auch viele einheimische Surfer hierher. Bei ruhigem Wasser kann man in der Nähe der Felszunge auch gut schnorcheln.

Secret Cove STRAND
Der winzige hübsche Strand bietet goldenen Sand und einen direkten Ausblick auf Kahoʻolawe. Es lohnt sich durchaus, mal kurz vorbeizuschauen, aber von wegen „secret"! Ein Geheimnis ist dieser Strand schon

lange nicht mehr. Die kleine Bucht liegt etwa 400 m hinter dem südlichsten Parkplatz des Makena State Park. Der Zugang führt durch eine Lücke in einer Lavasteinmauer gleich südlich der Hausnummer 6900.

🛏 Schlafen & Essen

Makena Beach & Golf Resort
RESORTHOTEL $$$

(☎874-1111, 800-321-6284; www.makenaresort maui.com; 5400 Makena Alanui Dr; Zi. ab 289 $; ❄@🏊) Die auffällige, festungsartige Resortanlage wurde 2010 zwangsversteigert. Unter der neuen Leitung werden nun alle Zimmer nach und nach runderneuert. Bei Redaktionsschluss war das Hotel gerade dabei, die Küchenchefs sowie Golf- und Tennisprofis von anderen Top-Resorts abzuwerben. Wie das neue Interieur aussehen wird, steht noch in den Sternen. Aber das gut 700 ha große Grundstück neben Makena Beach ist nicht nur wunderschön, sondern auch eine erstklassige Basis für Schnorchler und Kajakfahrer auf der Suche nach Meeresschildkröten.

JAWZ Fish Tacos
IMBISS $

(Makena State Park; Snacks 5,25–10 $; ⏱10.30–17 Uhr) *Tacos*, Burritos, Shave Ice – diese Imbissbude neben dem nördlichsten Parkplatz am Big Beach hat alles für den kleinen Hunger am Strand. Dem Big Beach gegenüber, am Makena Alanui Dr, stehen auch oft Verkäufer mit gekühlten Kokosnüssen, Ananas und anderem Obst.

Makena Grill
STRASSENGRILL $

(www.makenagrill.com; Makena Alanui Dr; Hauptgerichte 6–10 $; ⏱11–16 Uhr) Dieser kleine Grill am Straßenrand serviert Fisch-*tacos* und Hühnerspieße. Die Öffnungszeiten variieren, aber wenn der Laden mal geöffnet hat, gibt's wirklich leckere Sachen.

Jenseits von Makena

Hinter dem Makena State Park wird die Makena Rd zum echten Abenteuer: Fünf schmale Kilometer lang führt sie durch die Lavaströme des 'Ahihi-Kina'u Natural Area Reserve; an der La Pe'rouse Bay endet sie schließlich als Sackgasse.

'AHIHI-KINA'U NATURAL AREA RESERVE
Der letzte Lavastrom auf Maui floss 1790 hier ins Meer und formte die 'Ahihi Bay und Cape Kina'u. Die zerklüftete Küste aus Lavagestein mit ihren unberührten Gewässern bietet einen einmaligen Lebensraum und wurde zum Meeresschutzgebiet erklärt.

Nicht zuletzt wegen des Fischfangverbots ist Schnorcheln hier eine Offenbarung. Das bekannteste Revier ist die kleine Bucht, die etwa 160 m südlich des ersten Reservatsschilds am Straßenrand auftaucht. Und hier gibt's wirklich einiges zu sehen, aber es gibt bessere (und weniger überlaufene) Schnorchel-Spots. Eine Alternative ist der kaum frequentierte schwarze Vulkansandstrand mit phantastischen Korallen und klarem Wasser, der etwa 320 m hinter der ersten Bucht zu finden ist. Einfach rechts nach einer großen Lichtung suchen und hier parken, dann dem Küstenpfad fünf Minuten Richtung Süden folgen. Auf der linken Seite des Strandes ist der Zugang zum Wasser einfach; wer von hier aus Richtung Norden schnorchelt, findet sich inmitten von Korallengärten mit einer unglaublichen Fischvielfalt wieder. Zwischen den Schwärmen von Regenbogen-Papageifischen sind oft auch Schildkröten zu sehen, und ab und zu lässt sich ein Riffhai blicken.

Bis 2012 sind große Teile des Naturschutzgebiets auf Anordnung des Amts für Land- und Ressourcenmanagement für die Öffentlichkeit gesperrt. Dadurch soll der sensible Lebensraum vor Touristenschäden geschützt werden. Ein Langzeitplan für dessen Schutz wird gerade entwickelt. Im Norden ist der Zugang zwischen 5.30 und 19.30 Uhr erlaubt.

LA PE'ROUSE BAY
Bei der La Pe'rouse Bay verschmelzen Erde und Meer zu einer rauen und trostlosen Schönheit, die fast schon etwas Unheimliches an sich hat. Bis zum Vulkanausbruch im Jahr 1790 blühte hier das uralte hawaiische Dorf Keone'o'io. Zwischen erstarrten Lavaströmen sind heute noch die Überreste zu sehen, vor allem Haus- und *heiau*-Plattformen. Von der vulkanischen Küste aus kann man häufig Gruppen von Spinnerdelphinen beobachten, die vor allem am Vormittag gerne die Bucht besuchen. Starke Winde und eine raue See machen das Schwimmen unmöglich, aber an Land gibt es hier genug zu entdecken.

🏃 Aktivitäten

Makena Stables
REITEN

(☎879-0244; www.makenastables.com; 3-std. Ausritt 145–170 $; ⏱8–18 Uhr) Der kurz vor dem Ende der Straße gelegene Reitstall Makena Stables veranstaltet morgens und bei Sonnenuntergang Ausritte über die Lavafelder sowie in die herrlichen Hügel der 'Ulupalakua Ranch.

Hoapili (King's Highway) Trail WANDERN

(https://hawaiitrails.ehawaii.gov/) Der Wanderweg startet an der La Pe'rouse Bay und folgt einem uralten Pfad über die zerklüfteten Lavafelder an der Küste. Diese Tour ist kein Spaziergang! Also: Wanderschuhe einpacken, viel Wasser mitnehmen, früh losgehen und jemanden darüber informieren, wo es hingehen soll. In dieser trockenen Gegend gibt's kein Wasser und wenig Vegetation, es kann also ziemlich heiß werden. Der erste Teil der Wanderung führt am Sandstrand der La Pe'rouse Bay entlang. Kurz nachdem der Weg die Lavafelder erreicht hat, biegt ein Seitenweg ab, der nach 0,8 Meilen (1,3 km) zum Leuchtturm an der Spitze von Cape Hanamanioa führt. Wer nicht zum Leuchtturm will, lässt den Abstecher aus, läuft einfach weiter landeinwärts bis zum Schild mit der Aufschrift *Na Ala Hele* und biegt nach rechts ab auf den King's Hwy, der weitere 3 km durch *'a'a* (raue, zerklüftete Lava) landeinwärts führt, um dann an einem älteren Lavastrom beim Kanaio Beach wieder zur Küste zurückzukehren. Hier sollte man besser umkehren; der Weg geht zwar noch weiter, wird aber immer unkenntlicher. Ohne den Abstecher zum Leuchtturm hat die Wanderung hin und zurück eine Länge von etwa 6,5 km.

Vollständige Infos gibt's auf der bundesstaatlichen Website für Wanderwege unter http://hawaiitrails.ehawaii.gov.

NORTH SHORE & UPCOUNTRY

Die Welthauptstadt des Windsurfens und der grüne Gürtel von Maui – unterschiedlicher kann das Angebot in einer Region kaum sein. Die vom Meer gepeitschte North Shore bildet einen scharfen Kontrast zum sanften, hügeligen Weideland des Upcountry, wo Pickups voller Zwiebeln und reitende Rancher keine seltenen Anblicke sind. Die vom Wetter gezeichneten Städte – das Strandparadies Pa'ia, das künstlerische Makawao und das ländliche Keokea – haben genauso viel Charakter wie ihre stolzen Einwohner.

Das grüne, duftende Upcountry lädt ein zu herrlichen Touren durch die Landschaft, und es gibt unzählige Möglichkeiten, diese Gegend zu erkunden: Seilrutschen über tiefe Schluchten, Gleitschirmfliegen oder Reittouren durch den Nebelwald – hier findet jeder sein passendes Abenteuer.

Auf dem Weg zum Haleakalā National Park bekommt man ein kleines Stückchen vom Upcountry zu sehen – aber es wäre jammerschade, es dabei zu belassen. Die prunkvollen Gärten, wenig frequentierten Wanderwege und endlosen Seitenstraßen sollte man sich auf jeden Fall genauer ansehen.

Pa'ia

2750 EW.

Pa'ia, Mauis angesagtestes Pflaster, bietet eine wilde Mischung aus Surfern und Esoterikern. In der einst blühenden Zuckermetropole wohnten noch vor 100 Jahren 10 000 Arbeiter in den Plantagenlagern oberhalb der inzwischen stillgelegten Zuckermühle. Nach einem Massenexodus nach Kahului in den 1950er-Jahren wurden viele Läden geschlossen, und Pa'ia begann allmählich zu verstauben.

Niedrige Mieten zogen in den 1970er-Jahren die Hippies an, die hofften, hier das Paradies zu finden. Als dann zehn Jahre später Ho'okipa Beach von den Windsurfern entdeckt wurde, wurde Pa'ia schließlich wieder eine feste Größe auf der Landkarte. Die altenden Ladenzeilen aus Holz erstrahlen heute in Sonnengelb und Himmelblau und sind so bunt wie die Waren, die sie verkaufen. Und die Restaurants? Noch hat es niemand bereut, hier essen zu gehen!

Parken ist in Pa'ia allerdings ein chronisches Problem, vor allem abends und während der Mittagszeit. Auf dem öffentlichen Parkplatz gleich vor der Shell-Tankstelle im Westen der Stadt könnte man Glück haben. Von dort aus sind es zwar ein paar Minuten zu Fuß ins Zentrum, aber dafür ist meistens noch ein Plätzchen zu ergattern. Wenn nicht, gibt's im Zentrum neuerdings einen kostenpflichtigen Parkplatz hinter Charley's.

⭐ Strände

Ho'okipa Beach Park STRAND

Dieser Strand hat für Windsurfer ungefähr die gleiche Bedeutung wie der Mount

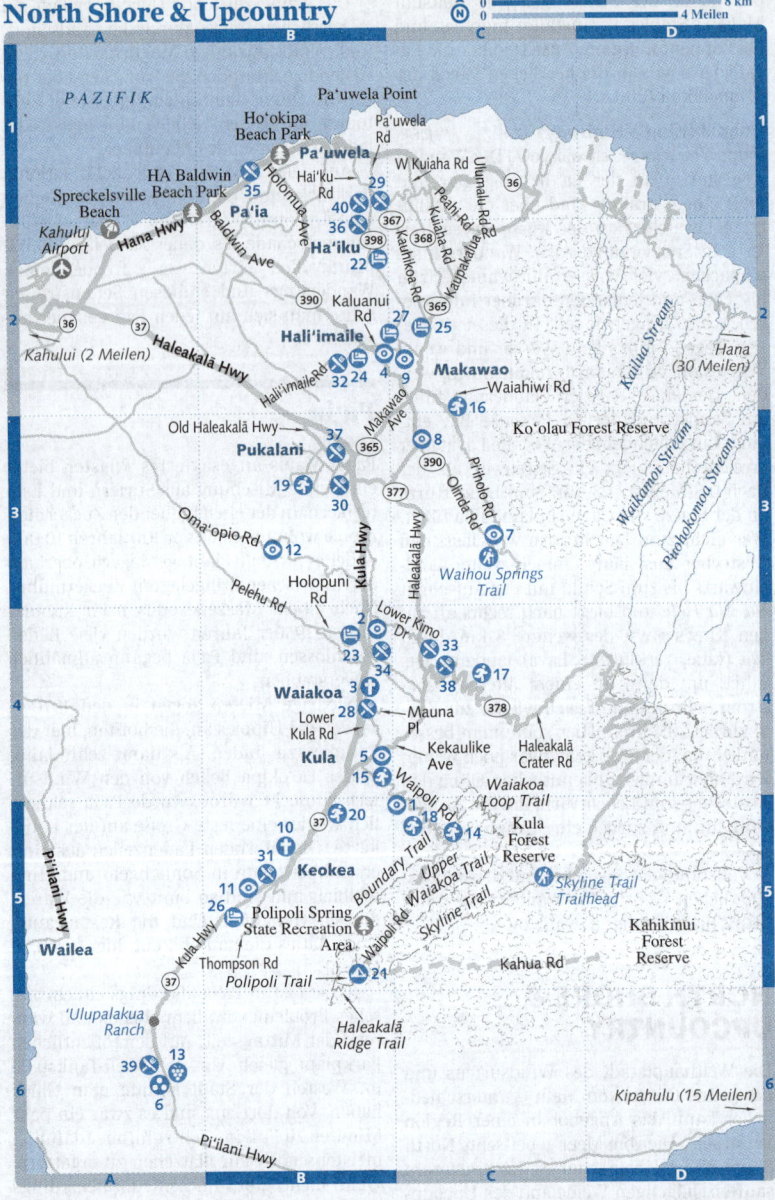

PAZIFIK

Pa'uwela Point

Ho'okipa
Beach Park

Pa'uwela
Rd

Pa'uwela

HA Baldwin
Beach Park

Hai'ku
Rd

W Kuiaha Rd

Spreckelsville
Beach

Pa'ia

35

29

Ulumalu Rd

Peahi Rd

36

Kahului
Airport

Hana Hwy

Baldwin Ave

40

36

367

398

368

Kuiaha Rd

Kaumakalua Rd

Ha'iku

22

Kaulhioa Rd

365

Kahului (2 Meilen)

36

37

Haleakalā Hwy

390

Kaluanui
Rd

27

Hali'imaile Rd

Hali'imaile

25

Makawao

Hana
(30 Meilen)

32 24

4

9

Waiahiwi Rd

16

Kailua Stream

Old Haleakalā Hwy

Pukalani

37

Makawao Ave

Ko'olau Forest Reserve

8

Waikamoi Stream

Piiholo Rd

Olinda Rd

365

390

Oma'opio Rd

19

30

377

7

Kula Hwy

Haleakalā Hwy

Waihou Springs
Trail

Pa'ia

12

Pelehu Rd

Holopuni
Rd

Lower Kimo
Dr

2

23

33

34

17

Waiakoa

3

38

378

Lower
Kula Rd

28

Mauna
Pl

Kekaulike
Ave

Haleakalā
Crater Rd

Kula

5

15

Waipoli Rd

Waiakoa
Loop Trail

Kula
Forest
Reserve

20

1

18

14

37

10

31

Keokea

Boundary Trail

Upper Waiakoa Trail

Skyline Trail

Skyline Trail
Trailhead

11

26

Polipoli Spring
State Recreation
Area

Waipoli Rd

Kahikinui
Forest
Reserve

Wailea

37

Thompson Rd

Polipoli Trail

21

Kahua Rd

'Ulupalakua
Ranch

*Haleakalā
Ridge Trail*

39

13

6

Kipahulu (15 Meilen)

Pi'ilani Hwy

Everest für Bergsteiger. Mit seinen starken Strömungen, gefährlichen Shorebreaks und rasiermesserscharfen Korallen gehört er zu den wichtigsten, aber auch halsbrecherischsten Windsurferständen weltweit.

Ho'okipa gehört aber auch zu den besten Wellenreiterrevieren auf Maui. Im Winter rollen hier die größten Wellen an, und im Sommer wehen die zuverlässigsten Winde. Aber Wellenreiter und Windsurfer kommen sich hier sowieso nicht in die Quere, da Ers-

North Shore & Upcountry

◉ Sehenswertes

1	Ali'i Kula Lavender	C5
2	Enchanting Floral Gardens	B4
3	Holy Ghost Church	B4
4	Hui No'eau Visual Arts Center	B2
5	Kula Botanical Garden	B4
6	Ruine der Makee-Zuckermühle	A6
7	Maui Bird Conservation Center	C3
8	Oskie Rice Arena	C3
9	Sacred Garden of Maliko	C2
10	St. John's Episcopal Church	B5
11	Sun Yat-sen Park	B5
12	Surfing Goat Dairy	B3
13	Tedeschi Vineyards	A6

Aktivitäten, Kurse & Touren

14	Hunter Check Station	C5
15	O'o Farm	B4
	Piiholo Ranch	(s. 16)
16	Piiholo Ranch Zipline	C2
17	Pony Express	C4
18	Proflyght Paragliding	C5
19	Pukalani Country Club	B3
	Skyline Eco-Adventures	(s. 17)
	Studio Maui	(s. 29)
20	Thompson Ranch	B5

◎ ⌂ Schlafen

21	Campground	B5
22	Haiku Cannery Inn B&B	B2
	Inn at Mama's	(s. 35)
	Kula Sandalwoods Cottages	(s. 33)
23	Kula View Bed & Breakfast	B4
24	Peace of Maui	B2
25	Pilialoha	C2
26	Star Lookout	B5
27	Wild Ginger Falls	C2

⊗ Essen

28	Café 808	B4
29	Colleen's	B1
30	Foodland	B3
31	Grandma's Coffee House	B5
32	Hali'imaile General Store	B2
33	Kula Sandalwoods Restaurant	C4
34	La Provence	B4
35	Mama's Fish House	B1
36	NorthShore Café	B2
37	Serpico's	B3
38	Sunrise Country Market	C4
39	'Ulupalakua Ranch Store	A6
40	Veg Out	B1

tere üblicherweise morgens und Letztere nachmittags aufs Wasser gehen.

Doch egal, welche Form des Surfens man bevorzugt – dieses Revier ist nur etwas für Profis. Alle anderen Surfinteressierten können von einem Hügel oberhalb des Strandes die todesmutigen Kunststücke der weltbesten Windsurfer beobachten. Ho'okipa liegt unmittelbar vor dem Meilenstein 9; zum Aussichtshügel führt die Straße auf der östlichen Seite des Parks.

HA Baldwin Beach Park STRAND

Dieser palmenbewachsene Country Park liegt beim Meilenstein 6, etwa eine Meile (1,6 km) westlich von Pa'ia, und ist beliebt bei Bodyboardern und Bodysurfern. Der breite Sandstrand fällt steil ab, sodass nichts ahnende Schwimmer von den größeren Shorebreaks ganz schön durchgeschüttelt werden. Ruhiger (und damit badefreundlicher) geht's am nordöstlichen Ende des Strands zu, in einer kleinen Bucht, die mit Eisenbäumen bewachsen ist. Zur Ausstattung gehören Duschen, Toiletten, Picknicktische sowie ein Baseball- und Fußballfeld, auf dem immer viel los ist. Nach Sonnenuntergang mutiert der Strand leider zu einer üblen Saufmeile, aber tagsüber, solange hier der Rettungsschwimmer seinen Dienst schiebt, ist er durchaus zu empfehlen.

Spreckelsville Beach STRAND

Dieser 3 km lange Strand erstreckt sich vom HA Baldwin Beach Richtung Westen und wird immer wieder von Lavaausläufern durchbrochen. Erwachsene, die schwimmen wollen, werden hier wegen der küstennahen Lavaplatte nicht viel Spaß haben und sollten sich besser aufs Spazierengehen beschränken. Aber Kindern bieten die Felsen durchaus einen guten Schutz. Etwa in der Mitte des Strandes liegt der sogenannte „Baby Beach", an dem die Kinder der Einheimischen planschen. Duschen oder Ähnliches gibt es nicht. Beim Meilenstein 5 am Nonohe Pl in Richtung Meer fahren, dann kurz vor dem Maui Country Club nach links auf den Kealakai Pl abbiegen.

Tavares Beach STRAND

Der unbeschilderte Sandstrand ist unter der Woche ziemlich leer, wird aber an Wochenenden lebhafter, wenn einheimische Familien mit Picknick, Gitarre, Kindern und Hund anrücken. Etwa 8 m vom Strand

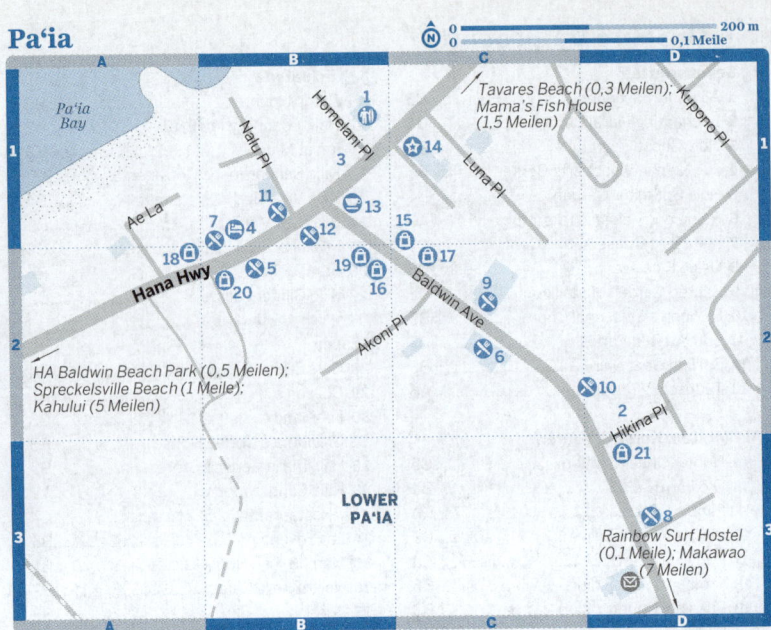

Pa'ia
N
0   200 m
0   0,1 Meile

MAUI NORTH SHORE & UPCOUNTRY

entfernt und parallel zur Küstenlinie verläuft eine Lavaplatte so dicht unter dem Wasser, dass sich Schwimmer leicht verletzen können. Man kann den Felsen aber gut aus dem Weg gehen, wenn man weiß, wo sie sich befinden. Also: Zuerst genau hinschauen, dann ins Wasser hopsen! Der Strandparkplatz befindet sich am ersten beschilderten Zugang zum Meer am Meilenstein 7 auf der Straßenseite, die Hana zugewandt ist. Der Strand bietet keine Duschen oder Ähnliches.

🏃 Aktivitäten

Hana Hwy Surf   SURFEN
(☎579-8999; www.hanahwysurf.com; 149 Hana Hwy; Surfbretter/Boogieboards pro Tag 25/10 $; ⊙Mo–Sa 9–18, So 10–17 Uhr) Die Mitarbeiter in Pa'ias Surfzentrale haben stets den Finger am Puls der Surfszene und bieten einen täglich aktualisierten Surfbericht (☎871-6258).

Simmer   WINDSURFEN
(☎579-8484; www.simmerhawaii.com; 137 Hana Hwy; Windsurfbrett pro Tag 50 $; ⊙9–19 Uhr) Simmer ist *die* Adresse für Windsurfer. Der Laden hat alles und kann alles – von der Reparatur bis zum erstklassigen Ausrüstungsverleih.

Maui Dharma Center   MEDITATION
(www.mauidharmacenter.org; 81 Baldwin Ave; ⊙6.30–18.30 Uhr) Besucher dieses tibetanischen Buddhistentempels können ihr Karma aufbessern und an der Morgenmeditation teilnehmen.

🎉 Festivals & Events

High-Tech/Vans/Lopez
Surfbash   SURFERTREFFEN
(www.mauisurfohana.org) Zu diesem Surfwettkampf am Ho'okipa Beach am letzten Wochenende im November oder am ersten Wochenende im Dezember pilgern jede Menge Shortboarder, Longboarder und Bodyboarder.

🛏 Schlafen

Paia Inn   GUESTHOUSE $$
LP TIPP (☎579-6000; www.paiainn.com; 93 Hana Hwy; Zi. inkl. Frühstück 189–239 $; ❄@🛜) Man nehme ein hundert Jahre altes Haus, versehe die Wände mit Schallschutz, die Böden mit Bambus und die Bäder mit Travertinstein und garniere das Ganze mit Kunstwerken – und fertig ist eine äußerst edle Unterkunft. Das freundliche Boutique-Guesthouse hat sieben attraktive Zimmer und bietet Pa'ia-Flair pur. Pa'ias Restau-

Pa'ia

Aktivitäten, Kurse & Touren
1 Hana Hwy Surf B1
2 Maui Dharma Center D2
3 Simmer B1

Schlafen
4 Paia Inn B1

Essen
5 Anthony's Coffee Company B2
6 Café des Amis C2
   Fiesta Time .... (s. 1)
7 Flatbread Company B1
8 Fresh Mint D3
9 Mana Foods C2
10 Moana Bakery & Café D2
11 Ono Gelato B1
12 Pa'ia Fish Market Restaurant B1

Ausgehen
13 Milagros B1

Unterhaltung
14 Charley's C1

Shoppen
15 Alice in Hulaland C1
16 Hemp House B2
17 Mandala C2
18 Maui Crafts Guild A2
19 Maui Girl B2
20 Maui Hands B2
21 Na Kani O Hula D3

rants und Läden liegen direkt vor der Haustür, hinter dem Haus führt ein Pfad zum Strand.

Blue Tile Beach House
B&B **$$**

(☎579-6446; www.beachvacationmaui.com; 459 Hana Hwy; Zi. 110–170 $, Suite 250 $) Rein in den Badeanzug und ab ins Wasser ... Bei diesem exklusiven Anwesen am Meer wohnt man tatsächlich direkt am Tavares Beach. Die Auswahl reicht vom kleinen, schlichten Zimmer bis zur geräumigen Honeymoon Suite mit Himmelbett und Panoramameerblick. Alle sechs Zimmer teilen sich Wohnzimmer und Küche.

Inn at Mama's
COTTAGE **$$$**

(☎579-9764; www.mamasfishhouse.com; 799 Poho Pl; DZ 175–575 $; ❄🐾) Mauis bekanntestes Fischrestaurant betreibt auch eine Handvoll hübscher Cottages, teils mit Meerblick, teils mit Garten. Eingerichtet sind sie im hawaiischen Retrolook mit Rat-

tan und Bambus und mit der gepflegten Schlichtheit einer Unterkunft aus der oberen Preisklasse. Allerdings ist in der Umgebung immer ziemlich viel los, und Mama's ist nicht gerade ein Ort der Stille.

Rainbow Surf Hostel
HOSTEL **$**

(☎579-9057; www.mauirainbowsurfhostel.com; 221 Baldwin Ave; B/Zi. 27/75 $; @📶🐾) Von diesem kleinen Hostel in einem eng bebauten Wohngebiet ist Pa'ias Zentrum gut zu Fuß erreichbar. Es hat schlichte, saubere Zimmer, eine Gästeküche und ein TV-Zimmer und zieht hauptsächlich Surfer an. Frühaufsteher werden sich hier wohlfühlen: Die Nachtruhe ab 22 Uhr wird streng überwacht!

✗ Essen

In Pa'ia gruppieren sich die meisten Restaurants rund um die Kreuzung von Baldwin Ave und Hana Hwy. Unentschlossene sollten einfach ein paar Läden auschecken und schauen, was gerade im Angebot ist. In Hana wird das Angebot nicht mehr besser. Wer also noch Proviant braucht, sollte vor der Weiterfahrt hier einkaufen.

LP TIPP — Mama's Fish House
MEERESFRÜCHTE **$$$**

(☎579-8488; www.mamasfishhouse.com; 799 Poho Pl; Hauptgerichte 38–50 $; ⊘11–15 & 16.30–21 Uhr) Mama's ist der perfekte Ort für Heiratsanträge und andere feierliche Gelegenheiten. Erstens gibt's hier mit Abstand die besten Meeresfrüchte. Und zweitens wird's hier abends im Schein der Tikifackeln am Strand fast schon unerträglich romantisch. Der Fisch ist so frisch, dass die Bedienung genau sagen kann, wo und von wem er an Land gezogen wurde. Mama's liegt an der Ku'au Cove, 2 Meilen (3,2 km) östlich von Pa'ias Zentrum am Hana Hwy. Ohne Reservierung geht allerdings gar nichts.

LP TIPP — Café des Amis
CAFE **$$**

(☎579-6323; 42 Baldwin Ave; Hauptgerichte 10–18 $; ⊘8.30–20.30 Uhr) In keinem Café in Pa'ia gibt es ein besseres Angebot als in diesem luftigen Hof. Es dauert manchmal etwas länger, aber dafür schmeckt es göttlich. Zu den herzhaften Gerichten gehören scharfe indische Curry-Wraps mit Mangochutney und superleckere Crêpes. Auf der Karte stehen außerdem vegetarische Gerichte, kreative Frühstücksvariationen und verführerische Getränke – vom Smoothie bis zum edlen

DIE PERFEKTE WELLE

Das Monster, das sich hier aus dem Wasser erhebt, ist riesig, schnell und ein wahrer Knochenbrecher. Mehrmals im Jahr erzeugen große Stürme vor der japanischen Küste riesige Wellen, die ungebremst über den ganzen Pazifik bis zum berühmten Surfspot „Jaws" auf Hawaii rollen, wo sie für die größten surfbaren Breaks der Welt sorgen.

Die Mammutwellen, die so hoch wie siebenstöckige Häuser werden können, locken Surfer aus Hawaii und aller Welt an. Leider gibt es keinen offiziellen Zugang zu den Klippen oberhalb des Strandes, die einen perfekten Ausblick auf das Geschehen am Strand erlauben. Der Weg dorthin führt über landwirtschaftlich genutztes Privateigentum.

Wenn Jaws (auf der Insel auch bekannt als Pe'ahi) zu Hochform aufläuft, können die Surfer nicht mehr einfach so zur nächsten Welle paddeln – die Strömung ist dafür zu stark. Aber wo ein Wille ist, da ist auch ein Weg: Mithilfe von Jetskis – sogenannten Wave Runners – werden die Surfer mit ihrem Brett vor den Break geschleppt. Und wenn sich selbst die Wave Runner nicht mehr in die Welle wagen, stürzen sich die todesmutigsten Surfer vom Hubschrauber aus ins Wasser.

In der Welt der Extremsportler gehört die Lebensgefahr zum Kick – und Surfer von Monsterwellen bilden da keine Ausnahme. Es gibt bei diesem Sport Hunderte von Möglichkeiten, sich zu verletzen oder umzukommen: Die unglaubliche Wucht der Wellen kann die Surfer auf die Felsen spülen oder gegen den Jetski schleudern. Das eigene Brett kann zum tödlichen Geschoss werden und die Wassermassen zur zentnerschweren Last, die die Surfer nach unten drückt. Die Typen, die sich hier in die Wellen wagen, sind aber allesamt Vollblutprofis und kennen die Gefahren.

Wein. Mittwochs, donnerstags und samstags gibt's abends Livemusik.

Pa'ia Fish Market Restaurant
MEERESFRÜCHTE $$
(www.paiafishmarket.com; 110 Hana Hwy; Hauptgerichte 10–16 $; ⊙11–21.30 Uhr) Alles dreht sich hier um den Fisch, der direkt vor der Haustür aus dem Wasser gezogen und dann zu erschwinglichen Preisen angeboten wird. Das Lieblingsessen der Einheimischen ist *ono* (*wahoo*-Fisch) mit Pommes, aber die Speisekarte enthält noch mehr Fischvariationen, z. B. *mahi* vom Holzkohlegrill oder Schnapper nach Cajun-Art. Und auf jeden Fall sollte man als Vorspeise das *sashimi* aus geschwärztem Thunfisch bestellen! Eigentlich kein Wunder, dass es in diesem Lokal so eng zugeht wie in einer Sardinenbüchse.

Moana Bakery & Café
GEMISCHTE KÜCHE $$
(☎579-9999; www.moanacafe.com; 71 Baldwin Ave; Hauptgerichte 12–35 $; ⊙8–20 Uhr) Nirgends in der Stadt kann man so gemütlich und in so schöner Umgebung zu Mittag essen. Die Einheimischen schätzen besonders die Bereitschaft des Küchenchefs, auf Sonderwünsche einzugehen. Wir fragen uns allerdings: Wer braucht das schon, bei einer solchen Auswahl auf der Speisekarte? Wie wär's z. B. mit in Bananenblättern gedünstetem *mahi* mit einem Salat aus grüner Papaya oder mit Krebsfleisch aus der Hana Bay mit Guavenpüree?

Mana Foods
TAKEAWAY $
(www.manafoodsmaui.com; 49 Baldwin Ave; Delikatessen 5–7 $; ⊙8–20.30 Uhr; 🖉) Ob Rastafari, Birkenstock-Klientel oder einfach nur Menschen mit großem Hunger – hier trifft sich alles, denn Mana bietet die ideale Kombination aus Bioladen, Bäckerei und Delikatessengeschäft. Die Walnuss-Zimt-Brötchen sind jeden Morgen frisch und ein absolutes Muss! Dazu ein knusprig gegrilltes Rosmarinhühnchen und etwas Knackiges von der Biosalatbar – das klingt doch nach einem perfekten Picknick!

Flatbread Company
PIZZA $$
(☎579-8989; 89 Hana Hwy; Pizza 11–20 $; ⊙11.30–22 Uhr) Holzofenpizza mit Biosoßen, Salami ohne Nitritpökelsalz und Kula-Zwiebeln ... Wer hier einmal angebissen hat, geht nie wieder zu einer Pizzakette. Für den Belag stehen unterschiedliche leckere Kombinationen zur Auswahl – von vegan bis Schweinefleisch auf *kalua*-Art mit Zie-

genkäse von der Surfing Goat Dairy Farm. Dienstagabends wird's noch grüner. Dann geht ein Teil des Umsatzes an ein regionales Umweltprojekt.

Anthony's Coffee Company COFFEESHOP $

(579-8340; 90 Hana Hwy; Hauptgerichte 5–12 $; 6–14 Uhr) Der beste Kaffee auf dieser Seite der Insel. Den frisch gemahlenen organischen Kaffee begleiten Leckereien vom Törtchen bis zum „Lox Benedict" (Muffins mit Räucherlachs und Eiern). Es ist sogar eine Picknickbox für die Fahrt nach Hana im Angebot. Für die gute Qualität sorgt der Inhaber, der hinter dem Tresen selbst den Kaffee mahlt.

Ono Gelato EISCREME $

(www.onogelatocompany.com; 115 Hana Hwy; Waffel 5 $; 11–22 Uhr) Wie cool ist das denn? Dieser kleine Laden hat Bioeis aus Maui-Herstellung in inseltypischen Geschmacksrichtungen wie Guave, Mango und Kula-Erdbeere. Der absolute Knaller ist der *liliko*-Quark, eine Kombination aus Passionsfrucht und Ziegenkäse. Klingt gewöhnungsbedürftig, ist aber einfach nur göttlich!

Fresh Mint VIETNAMESISCH $

(579-9144; 115 Baldwin Ave; Hauptgerichte 8–13 $; 17–21 Uhr;) Hier gibt's authentisches vietnamesisches Essen, allerdings rein vegetarisch. Außerdem ist die Inhaberin stolz auf ihre kreativ präsentierten Speisen. Selbst passionierte Fleischesser werden erstaunt sein, wie Soja schmecken kann. Zweifler sollten das scharfe Sojarindfleisch mit Ingwer probieren.

Fiesta Time MEXIKANISCH $

(579-8269; 149 Hana Hwy; Hauptgerichte 5–13 $; 7–20 Uhr) Surfer stehen bei diesem winzigen Laden Schlange, denn das hausgemachte Essen dieses Mexikaners ist doppelt so gut und halb so teuer wie alles andere in der Umgebung. *Quesadillas*, *tostadas*, heiße *tamales* – alles *muy delicioso!*

Ausgehen

Charley's BAR

(www.charleysmaui.com; 142 Hana Hwy) Nicht wundern, wenn am Nebentisch plötzlich die Countrylegende Willie Nelson sitzt, er lebt nämlich einen Teil des Jahres in Pa'ia, und diese Cowboykneipe ist sein zweites Wohnzimmer. Bei Charley's gibt's fast die ganze Woche über Livemusik – mit etwas Glück spielt vielleicht sogar Willie.

Milagros CAFE

(3 Baldwin Ave) Der ideale Ort für ein Bierchen am späten Nachmittag. Die Tische auf dem Gehsteig bieten den perfekten Blick auf das Geschehen an Pa'ias lebhaftester Ecke.

Shoppen

Der Ort hat viele Läden und Boutiquen mit schönem Krimskrams aus Maui zu bieten und ist damit wie geschaffen für einen Einkaufsbummel!

LP TIPP Maui Crafts Guild KUNSTHANDWERK

(www.mauicraftsguild.com; 43 Hana Hwy) Das alteingesessene Künstler- und Handwerkerkollektiv verkauft hübsche Dinge wie Keramik, Schmuck, Seidenmalerei und Körbe aus Naturfaser – und alles zu günstigen Preisen.

Na Kani O Hula HULA-ZUBEHÖR

(www.nakaniohula.com; 115 Baldwin Ave) Hula-*halau* (Hula-Gruppen) kaufen hier ihre *'uli'uli* (Kürbisrasseln mit Federn), Nasenflöten aus Bambus und andere Utensilien für traditionellen Tanz und Musik. Das meiste hier eignet sich auch wunderbar als Mitbringsel.

Andere interessante und skurrile Läden:

Maui Hands KUNSTHANDWERK

(www.mauihands.com; 84 Hana Hwy) Hochwertige Schalen aus *koa*-Holz, Keramik und Malerei mit Maui-Themen.

Hemp House HANF

(www.hemphousemaui.com; 16 Baldwin Ave) Verkauft alles, was man aus Hanfpflanzen machen kann … naja, fast alles.

Mandala BEKLEIDUNG

(29 Baldwin Ave) Leichte Baumwoll- und Seidenklamotten, Buddhastatuen und asiatisches Kunsthandwerk.

Maui Girl BADEMODE

(www.maui-girl.com; 12 Baldwin Ave) Hier gibt's winzige Bikinis!

Alice in Hulaland GESCHENKE

(www.aliceinhulaland.com; 19 Baldwin Ave) Kitschiger Souvenirspaß.

Praktische Informationen

Bank of Hawaii (www.boh.com; 35 Baldwin Ave)

Haz Beanz Coffeehouse (268-0149; 115 Baldwin Ave; 6–14 Uhr) Kostenloses WLAN zum Preis einer Tasse Kaffee.

Post (www.usps.com; 120 Baldwin Ave)

LABYRINTH DER SINNE

Der **Sacred Garden of Maliko** (Heiliger Garten von Maliko; www.sacredgardenmaui.com; 460 Kaluanui Rd, Makawao; Eintritt frei; ⏰10–17 Uhr) versteht sich selbst als ein „heilendes Heiligtum". Er besteht aus zwei labyrinthartigen Steingärten, die garantiert das innere Gleichgewicht wieder herstellen. Der eine liegt in einem Orchideentreibhaus mit besinnlicher Buddhastatue, der andere in einem *kukui*-Hain (Lichtnussbäume) neben dem Maliko Stream. Wer sich die Zeit nimmt und jeden Kieselstein unter den Füßen erspürt, dem Murmeln des Bachs lauscht und den sanften Duft des Gartens einatmet, wird es nicht bereuen. Man erreicht den Garten, wenn man von der Baldwin Ave Richtung Osten auf die Kaluanui Rd abbiegt. Nach einem guten Kilometer geht die Straße über in eine einspurige Brücke. 0,2 Meilen (322 m) weiter folgt eine niedrige Steinmauer. Der Garten liegt dann rechter Hand, unmittelbar vor einer scharfen S-Kurve.

ℹ Anreise & unterwegs vor Ort

Bus

Maui Bus verkehrt von 5.30 bis 20.30 Uhr alle 90 Minuten zwischen Kahului und Pa'ia (1 $).

Fahrrad

Fahrräder gibt's bei **Maui Sunriders** (☎579-8970; www.mauibikeride.com; 71 Baldwin Ave; 30 $ pro Tag; ⏰9–16.30 Uhr). Praktischerweise ist ein Fahrradträger fürs Auto im Preis inbegriffen; Radfahrer können sich also von einem Mitreisenden zum Gipfel des Haleakalā (oder sonst wo hin) fahren lassen und müssen dann nur die Rückfahrt schaffen.

Hali'imaile

Die kleine Ananasstadt Hali'imaile (wörtlich: „duftender, rankender Busch") ist nach den süßlich duftenden *maile*-Pflanzen benannt, aus denen *lei* gemacht werden, und die hier vor dem Siegeszug der Ananas überall wuchsen. Herzstück der Stadt ist der alte Gemischtwarenladen (von 1918), heute das beste Restaurant im gesamten Upcountry. Die Hali'imaile Rd verläuft quer durch die Stadt, von der Baldwin Ave (Hwy 390) zum Haleakalā Hwy (Hwy 37).

🛏 Schlafen & Essen

Hali'imaile General Store HAWAIISCH REGIONAL $$$
(☎572-2666; www.bevgannonrestaurants.com; 900 Hali'imaile Rd; Hauptgerichte 16–40 $; ⏰Mo–Fr 11–14.30 & tgl. 17.30–21.30 Uhr) Chefköchin Bev Gannon gehörte zu den ersten Verfechterinnen der hawaiischen Regionalküche, und nach wie vor strömen Fans in dieses winzige Örtchen, um ihre genialen Kreationen zu genießen. Gewagte Fusion-Leckereien wie *sashimi*-Pizza oder asiatische Enten-Tostada lassen den Gaumen jodeln, und das hübsche Dekor aus der Plantagenära sorgt für die richtige Stimmung.

Peace of Maui GUESTHOUSE $
(☎572-5045; www.peaceofmaui.com; 1290 Hali'imaile Rd; Zi. mit Gemeinschaftsbad 70 $; @ 📶) Das Gasthaus mit passendem Namen steht mitten im friedlichen Hali'imaile und ist die beste Budget-Unterkunft im Upcountry. Man befindet sich hier zwar mitten im Niemandsland, aber innerhalb von einer Stunde ist fast alles zu erreichen – eine gute Basis also, um die ganze Insel auszukundschaften. Die sauberen Zimmer sind klein, aber gemütlich, alle mit Kühlschrank und TV. Außerdem gibt's eine Gästeküche und einen Whirlpool. Zu klein? Dann ist noch ein Cottage (140 $) mit genug Platz für die ganze Familie im Angebot.

Makawao

6970 EW.

Makawao bietet wahrhaftig eine seltsame Mischung: Der Ort ist eine Kunsthochburg mit Cowboykultur, ein paar schicken Boutiquen und einer Prise New Age.

Makawao, in den 1800er-Jahren als Ranchersiedlung gegründet, protzt noch immer mit seiner *paniolo*-Geschichte, vor allem mit den westernartigen Holzgebäuden entlang der Baldwin Ave. Ein grüner Gürtel aus Kuhweiden rund um die Stadt, zeigt, dass Rinder hier heute immer noch das Sagen haben.

Aber Makawao hat noch mehr zu bieten. Alte Läden, die früher Sättel und Steigeisen im Schaufenster zeigten, beherbergen jetzt meist Künstler, die Makawao in den letzten Jahren in das angesagteste Kunstzentrum auf Maui verwandelt haben. Die Galerien der Stadt stellen die Arbeiten von Malern und Bildhauern aus, die aus der ruhigen Hügellandschaft ihre Inspiration schöpfen. Ein Schaufensterbummel macht hier wirklich Spaß: Fast jeder Laden zeigt etwas Neues.

Alle hier aufgeführten Läden und Restaurants liegen nur wenige Minuten zu Fuß von der Kreuzung Baldwin Ave (Hwy 390) und Makawao Ave (Hwy 365), der größten Kreuzung der Stadt, entfernt.

◎ Sehenswertes

Hui Noʻeau Visual Arts Center GRATIS
KUNSTGALERIE
(www.huinoeau.com; 2841 Baldwin Ave; ⊙ Mo–Sa 10–16 Uhr) Auf dem ehemaligen Firmengelände der Zuckergiganten Harry und Ethel Baldwin sorgt heute das Hui Noʻeau Center für kreative Abwechslung. Das Plantagenhaus, in dem sich die wichtigsten Ausstellungsflächen befinden, wurde 1917 vom berühmten Architekten C. W. Dickey entworfen und ist ein gutes Beispiel für seinen hawaiischen Stil. In den 1930er-Jahren wurde hier ein renommierter Kunstclub gegründet, der noch heute Kurse in Drucktechnik, Töpferei, Holzschnitzerei und anderen bildenden Künsten anbietet. In den für Besucher offenen Galerien sind diverse Werke von Inselkünstlern ausgestellt. Im ehemaligen Ateliers sind heute Ateliers untergebracht – ein Spaziergang über das Gelände führt Besucher auch hier vorbei. Der Souvenirladen verkauft hochwertige, vor Ort produzierte Keramik, Glaswaren und Kunstdrucke. Bei der Anmeldung gibt's eine Karte mit einem Rundgang über das Gelände. Das Center liegt gleich nördlich des Meilensteins 5.

🏃 Aktivitäten

Piiholo Ranch Zipline LP TIPP
ZIPLINING
(☎ 572-1717; www.piiholozipline.com; Waiahiwi Rd; Seilrutschentouren 140–190 $; ⊙ Mo–Sa 8–15 Uhr) Die neuste Seilrutsche auf Maui ist erstklassig organisiert: Besucher werden vor dem Sprung gewissenhaft eingewiesen, und zur langsamen Eingewöhnung führt die erste Rutsche über einen sanften Hang mit einer Wiese. Danach wird es allerdings immer abenteuerlicher – und ganz zum Schluss steht Hawaiis längste Seilrutsche auf dem Programm. Sie ermöglicht einen 850 m langen Flug in einer Höhe von 180 m über den Bäumen. Dieser ultimative Kick ist allerdings nur in der teureren Tourvariante enthalten. Durch die doppelte Seilführung kann man hier sogar gemeinsam mit dem besten Kumpel durch die Lüfte sausen. Und Piholo hat noch einen Vorteil: Man kann direkt zum ersten Sprung mit dem Auto fahren, und die Abstände zwischen den einzelnen Rutschen sind so klein, dass Autotransfers kaum nötig sind.

Olinda Road SCHÖNE AUTOSTRECKE
Die schönste Überlandfahrt führt auf der Olinda Rd in die Hügel über Makawao. Die Verlängerung der Baldwin Ave schlängelt sich vorbei an der **Oskie Rice Arena** (Schauplatz von Rodeoveranstaltungen) und am **Maui Polo Club**, wo an Sonntagnachmittagen im Herbst Polospiele stattfinden. Ab hier ist die Straße nicht viel mehr als ein Waldweg, inklusive knorriger Baumwurzeln am Wegesrand, die so groß sind wie das Auto. Die Luft riecht würzig nach Eukalyptus, und hin und wieder taucht eine Lichtung mit Meerblick auf. Vier Meilen (6,4 km) außerhalb der Stadt (jenseits des Meilensteins 11) liegt das für den Publikumsverkehr geschlossene **Maui Bird Conservation Center**, in dem *nene* (hawaiische Gänse) gezüchtet werden. Wer eine Rundtour daraus machen will, fährt am oberen Ende der Olinda Rd links ab auf die Piʻiholo Rd und fährt dann wieder gemütlich zurück zur Stadt.

Waihou Springs Trail WANDERN
Dieser friedliche Wanderweg bietet eine wunderbare Gelegenheit für eine Auszeit im Wald. Der Weg beginnt (vom Zentrum von Makawao aus gesehen) nach 7,6 km an der Olinda Rd. Die Bäume hier wurden von der US-Waldbehörde angepflanzt, um herauszufinden, welche von ihnen auf Hawaii das beste Holz liefern; der Wald ist daher erstaunlich bunt gemischt. Glücklicherweise wurden diese prächtigen Bäume niemals abgeholzt. Der Weg, der als weicher Nadelteppich beginnt, führt zunächst vorbei an Monterey-Zypressen, Eukalypten und Tannen, die ordentlich in Reih und Glied gepflanzt wurden. Nach gut 1 km werden Wanderer durch einen unverstellten Ausblick aufs Meer belohnt. Bis zu diesem Punkt ist die Wanderung ohne Probleme zu

schaffen; danach führt der oft sehr schlammige Weg 400 m steil bergab bis nach Waihou Springs.

Piiholo Ranch REITEN
(☎357-5544; www.piiholo.com; Waiahiwi Rd; 2-std. Ausritt 120 $; ⊙Mo–Sa 9–15.30 Uhr; ⊛) Auf dem Areal dieser Rinderranch, die bereits seit sechs Generationen von einer Familie geführt wird, können Pferdenarren mit einem echten *paniolo* reiten. Die Ausblicke auf Berge, Täler und Wiesen sind grandios, und für Familien gibt's Ponyreiten für Kinder ab drei Jahren.

✦✦ Festivals & Events

Upcountry Fair LANDWIRTSCHAFTSAUSSTELLUNG
Traditionelle Landwirtschaftsausstellung am zweiten Wochenende im Juni mit Bauernmarkt, Kunst und Kunsthandwerk, Kochwettbewerb für Chili con Carne, Spiele für die *na keiki* und Countrymusik. Ort des Geschehens ist der Eddie Tam Complex.

Makawao Rodeo RODEO
Am Wochenende des Independence Day (Unabhängigkeitstag: 4. Juli) bzw. am darauf folgenden Wochenende versammeln sich Hunderte von *paniolo* zu Hawaiis größtem Rodeo in der Oskie Rice Arena. Die Qualifikations-Wettkämpfe der Lasso- und Reitdisziplinen finden am Donnerstag und Freitag ganztägig statt. Die Sieger konkurrieren dann am Wochenende um die großen Preise. Am Freitagabend gibt's in der Arena Spannung pur beim Stierreiten.

Paniolo Parade PARADE
Am Samstag, der dem 4. Juli am nächsten ist, marschiert diese Parade durch Makawao. Am besten am Rodeogelände parken und den kostenlosen Shuttlebus ins Zentrum nehmen.

🛏 Schlafen

Wild Ginger Falls COTTAGE $$
LP TIPP (☎573-1173; www.wildgingerfalls.com; 355 Kaluanui Rd; DZ 155 $; 🛜) Diese Unterkunft macht einfach nur Spaß! Das schicke Studio-Cottage blickt herab auf eine steinige Schlucht mit Bachbett, das nach Regenfällen plötzlich zu einem Wasserfall werden kann. Gäste können zwischen den Bananen- und Kaffeebäumen des üppigen Gartens im Whirlpool planschen und von dort aus die Landschaft genießen. Das Häuschen gehört einem der besten zeit-

genössischen Keramikkünstler Hawaiis und ist hübsch im hawaiischen Retrolook der 1940er-Jahre eingerichtet. Am ersten Morgen gibt's Frühstück, an allen übrigen Tagen Kaffee.

 Essen

Komoda Store & Bakery BÄCKEREI $
LP TIPP (3674 Baldwin Ave; ⊙Mo, Mi, Do & Fr 7–17, Sa bis 14 Uhr) Das alte Gebäude sieht ziemlich verlassen aus, aber davon sollte man sich nicht täuschen lassen. Die schlichte Bäckerei macht legendäre Windbeutel und mit Guaven gefüllte *malasadas* (portugiesische Donuts) – wer kann da schon vorbeifahren? Seitdem Tazeko Komoda 1916 erstmals seinen Ofen anfeuerte, gehört die Bäckerei zu Makawaos Wahrzeichen. Seine Nachfahren führten den Betrieb bis heute weiter und backen immer noch nach den gleichen originalen Rezepten. Und die haben es immer noch in sich! Allerdings wissen das schon einige – mittags ist schon oft alles ausverkauft.

Casanova Restaurant ITALIENISCH $$
LP TIPP (☎572-0220; www.casanovamaui.com; 1188 Makawao Ave; Hauptgerichte 12–32 $; ⊙Mo–Sa 11.30–14 Uhr & tgl. 17.30–21 Uhr) Das Casanova ist ein derart guter Italiener, dass seine Gäste den anstrengenden Weg auf den Berg gerne in Kauf nehmen. Die kreative Pizza aus dem *kiawe*-Holzofen ist die beste in Makawao. Die übrige Speisekarte mit saftigen Steaks vom Maui-Rind und klassischen italienischen Gerichten wie das pikante *fra diavola* mit Meeresfrüchten kann sich ebenfalls sehen lassen. Mehrmals in der Woche wird die angesagte Tanzfläche mit Livemusik beschallt.

Makawao Garden Café CAFE $
(3669 Baldwin Ave; Hauptgerichte 7–10 $; ⊙Mo–Sa 11–15 Uhr) An sonnigen Tagen ist dieses Freiluftcafé in einem Hof am nördlichen Ende der Baldwin Ave der schönste Ort für ein Mittagessen. Zur Auswahl stehen nur Sandwiches und Salate – die sind allerdings frisch, üppig und werden auf Bestellung von der Inhaberin zubereitet. Absoluter Abräumer ist der *mahimahi* auf selbst gebackener Focaccia.

Casanova Deli DELIKATESSEN $
(1188 Makawao Ave; Hauptgerichte 6–9 $; ⊙Mo–Sa 7–17.30, So 8.30–17.30 Uhr) Makawaos angesagtester Laden braut besten Espresso und wird von morgens bis abends von zufriedenen Gästen besucht, die die gebutter-

ten Croissants, dicken italienischen Sandwiches und herzhaften griechischen Salaten genießen. Draußen auf der Straßenter-
rasse kann man beim Essen hervorragend
das Geschehen beobachten – nirgends geht
das besser als hier.

Rodeo General Store TAKEAWAY $
(3661 Baldwin Ave; Gerichte 5–8 $; ⏱6.30–
22 Uhr) Essen zum Mitnehmen? Nirgendwo
ist es leckerer als hier. Der Delikatessen-
resen verkauft einfach alles – vom frischen
Salat über hawaiisches *poke* und heißem
teriyaki-Hühnchen bis zum *plate lunch*.
Alles zum Mitnehmen und alles ganz frisch
zubereitet.

Polli's MEXIKANISCH $$
(www.pollismexicanrestaurant.com; 1202 Makawao Ave; Hauptgerichte 8–22 $; ⏱11–22 Uhr)
Einheimische und Touristen kommen scharenweise zu diesem guten alten Tex-Mex-
Schuppen und nehmen ein paar *cervezas*
(Biere), *nachos, tacos* und brutzelheiße *faji-
tas* zu sich. Das Essen ist nichts Besonderes,
aber Surfvideos und eine tolle Atmosphäre
sorgen für gute Stimmung.

Makawao Farmers Market OBST UND GEMÜSE $
(www.makawaofarmersmarket.com; 3654 Baldwin Ave; ⏱Mi 10–17 Uhr) Auf diesem kleinen
Markt gegenüber des Rodeo General Store
verkaufen Upcountry-Gärtner einmal in
der Woche Obst und Gemüse aus eigener
Produktion.

🛍 Shoppen
Bestes Shoppingrevier ist die Baldwin Ave.
Einen Bummel beginnt man am besten an
der Kreuzung mit der Makawao Ave.

Hot Island Glass MUNDGEBLASENES GLAS
(www.hotislandglass.com; 3620 Baldwin Ave)
In Mauis ältester Glasbläserhütte können
Kunden von 10.30 bis 16 Uhr bei der Ent-
stehung der brandheißen Ware zusehen.
Hier gibt's alles vom Briefbeschwerer mit
Meeresoptik bis zum kunstvollen Dekora-
tionsstück.

Viewpoints Gallery KUNSTGALERIE
(www.viewpointgallery.com; 3620 Baldwin Ave)
Diese edle Galerie verkauft Werke von einigen der besten Inselkünstler und kommt
eher wie ein Museum rüber.

Folgende Galerien sind ebenfalls
empfehlenswert:

Randy Jay Braun Gallery FOTOGALERIE
(www.randyjaybraungallery.com; 1152 Makawao
Ave) Brauns sepiafarbene Hula-Tänzer

und hawaiische Cowboys gehören heute
zu den angesehensten zeitgenössischen
Fotokunstwerken in Hawaii.

Aloha Cowboy SOUVENIRLADEN
(www.alohacowboy.net; 3643 Baldwin Ave) Die
beste Adresse für Brotdosen mit Cowboy-
optik oder strassverzierte Ledertaschen.

Designing Wahine SOUVENIRLADEN
(www.designingwahine.com; 3640 Baldwin
Ave) Hochwertige Geschenke, klassische
Hawaiihemden und handgefärbte T-Shirts
mit *paniolo*-Thema.

ℹ Praktische Informationen
Minit Stop (1100 Makawao Ave; ⏱5–
23.30 Uhr) Die Stadt hat keine Bank, dafür
gibt's an der Tankstelle einen Geldautomaten.
Post (www.usps.com; 1075 Makawao Ave)

Ha'iku
4500 EW.

In mancherlei Hinsicht ist dieses Örtchen
so etwas wie ein ursprüngliches Pa'ia, bevor
die Touristen dort einfielen. Ähnlich wie in
Pa'ia liegen auch Ha'ikus Ursprünge in der
Zuckerindustrie – hier wurden 1869 die ersten fünf Hektar von dem süßen Zeug angebaut. Ha'iku beherbergte früher ebenfalls
eine Zuckermühle und eine Ananaskonser-
venfabrik. Erschwingliche Preise und die
Nähe zum Ho'okipa Beach haben den Ort
zum Liebling der Surfprofis gemacht, die es
auch geschafft haben, Ha'iku neues Leben
einzuhauchen. Heute ist das Gelände der alten Konservenfabrik wieder zum Zentrum
der Stadt geworden, mit einem Yogastudio,
mehreren Surfläden und Restaurants, für
die sich jeder Umweg lohnt.

🏃 Aktivitäten

Studio Maui YOGA
(📞575-9390; www.thestudiomaui.com; Ha'iku
Marketplace, 810 Ha'iku Rd; Kurse 15–30 $;
⏱7.30–22 Uhr) Die große Palette an Yoga-
kursen – vom Anusara-Grundkurs bis zum
Energieflussyoga – zieht jede Menge ener-
getisch veranlagte Menschen an. Außerdem
im Programm: ekstatischer Tanz, New-Age-
Konzerte und mehr.

🛏 Schlafen

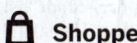 Pilialoha COTTAGE $$
(📞572-1440; www.pilialoha.com; 2512
Kaupakalua Rd; DZ 145 $; 🐾) Im Pilialoha wer-
den ländlicher Charme und Komfort zu

MAUI MIT KINDERN

» Auf Du und Du mit riesigen Buckel-walen bei einer Walbeobachtungstour (S. 398)

» Auf den sanften Wellen von Lahaina surfen lernen (S. 337)

» Staunend zwischen Haien wandeln im Maui Ocean Center (S. 397)

» In der Mondlandschaft des Haleakalā umherwandern (S. 455)

» Mit der Seilrutsche wie Tarzan durch die Lüfte fliegen (S. 425)

» Mal richtig rumzicken in der Surfing Goat Dairy (S. 428)

einem zweiten Zuhause kombiniert. Das sonnige Häuschen mit versetzten Ebenen liegt in einem Eukalyptushain – und auch innen herrscht die perfekte Idylle. Was diese Unterkunft jedoch unwiderstehlich macht, sind die warmherzige Gastfreundlichkeit und die Liebe zum Detail – frische Rosen auf dem Tisch, eine hawaiische Musiksammlung und gemütliche Steppdecken auf den Betten. Am ersten Morgen gibt's leckeres Frühstück, an allen übrigen Kaffee.

Haiku Cannery Inn B&B   B&B $$

(☎283-1274; www.haikucanneryinn.com; 1061 Kokomo Rd; Zi. inkl. Frühstück 105–125 $) Umgeben von Bananen- und Brotfruchtbäumen liegt dieses Plantagenhaus aus den 1920er-Jahren am Ende einer kurvigen, unbefestigten Straße. Mit seinen hohen Decken, Holzböden und Dekorationen aus der Plantagen-ära verströmt dieses hundertjährige Haus ein durch und durch authentisches Flair. Neben den Zimmern im Hauptgebäude gibt's auch ein geräumiges Cottage mit zwei Zimmern für 190 $.

✕ Essen

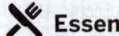

NorthShore Café   CAFE $$

(www.northshorecafe.net; 824 Kokomo Rd; Gerichte 5–20 $; ☺tgl. 7–14, Di–Sa 17–21 Uhr) Einfach und unkonventionell, mit Stühlen, die aussehen wie von Omas Speicher – aber unschlagbar, was das Essen angeht. Frühstück wird bis 14 Uhr serviert, kostet höchstens 8,08 $ und umfasst so feine Dinge wie Muffins mit *eggs benedict*. Abends sind Steaks, Meeresfrüchte und Sushi angesagt. Das Café versteckt sich hinter dem Elektrizitätswerk gegenüber des Colleen's.

Wer den Weg hierher findet, wird es nicht bereuen.

Colleen's   AMERIKANISCH $$

(www.colleensinhaiku.com; Ha'iku Market-place, 810 Ha'iku Rd; Hauptgerichte 8–20 $; ☺6–21 Uhr) Surfer holen sich hier den Espressokick vor Sonnenaufgang und kommen am Abend auf ein Glas Big Swell Ale wieder zurück. Bei Colleen's stammt alles aus lokaler Produktion: Burger und Steaks kommen von hormonfreien Rindern aus Maui, das Gemüse in den Biosalaten aus Kula und die Biere aus hawaiischen Hausbrauereien.

Veg Out   VEGETARISCH $

(Ha'iku Town Center, 810 Kokomo Rd; Hauptgerichte 5–10 $; ☺11.30–19.30 Uhr; 🖉) Der entspannte Rasta-Vegetarierschuppen in einem ehemaligen Lagerhaus serviert bombastische Burritos, die vor lauter Bohnen, scharfem Tofu und *jalapenos* förmlich platzen. Auch Taro-Cheeseburger oder Pizza mit Pesto und Ziegenkäse treffen genau ins Schwarze.

Pukalani & Umgebung

8150 EW.

Die meisten lassen Pukalani an der Umgehungsstraße nach Kula und Haleakalā links liegen; wer nicht einkaufen oder tanken muss, verpasst auch nicht besonders viel.

Das Geschäftszentrum der Stadt ist schnell erreicht: einfach den Haleakalā Hwy (Hwy 37) an der Ausfahrt „Old Haleakalā Hwy" verlassen, später geht dieser Abzweig in die Hauptstraße von Pukalani über. Entlang dieser Straße liegen mehrere Tankstellen – die letzten vor dem Haleakalā National Park.

⊙ Sehenswertes & Aktivitäten

Surfing Goat Dairy   GRATIS FARM

(☎878-2870; www.Surfinggoatdairy.com; 3651 Oma'opio Rd; Führungen ab 7 $; ☺Mo–Sa 10–17, So 10–14 Uhr; 🖈) „Alles Käse" ist das Motto des 17 ha großen Bauernhofs, Produktionsstätte des leckeren Ziegenkäses, der in Mauis Toprestaurants auf den Tisch kommt. Der Laden hat eine unglaubliche Auswahl an cremigen Ziegenkäsesorten – den authentischen Inselgeschmack vermittelt z. B. der Mango Supreme mit Chutney. Aber hier geht's nicht nur um leckeres Essen: Kinder lieben die 20-minütige Führung mit Besuch bei den Zicklein. Manchmal dürfen sich die Teilnehmer auch im Melken versuchen.

Pukalani Country Club GOLF

(☏572-1314; www.pukalanigolf.com; 360 Pukalani St; Greenfee 87–179 $; ⏰ Uhr–Sonnenuntergang) Eine Meile (1,6 km) westlich des Old Haleakalā Hwy bietet dieser Golfplatz 18 Löcher und glatte Grasflächen mit endlosem Ausblick. Tipp: Nach 14.30 Uhr kommen und für lumpige 27 $ den Rest des Tages golfen – inklusive Wagen!

Essen

Serpico's ITALIENISCH $$

(☏572-8498; www.serpicosmaui.com; Aewa Pl Ecke Old Haleakalā Hwy; Hauptgerichte 7–16 $; ⏰11–22 Uhr; 🚸) Dieser relaxte Italiener gegenüber dem McDonald's im Zentrum von Pukalani macht Pizza und Pasta wie in New York. Für Eilige gibt's Sandwiches und günstige Mittagsgerichte, außerdem ein Kindermenü für 5 $.

Essenland TAKEAWAY $

(Old Haleakalā Hwy Ecke Pukalani St; ⏰24 Std.) Dieser 24-Stunden-Supermarkt ist praktisch für alle, die schon bei Sonnenaufgang auf dem Haleakalā stehen oder auf dem Rückweg einkaufen wollen. Drinnen gibt es auch eine Starbucks-Filiale.

Kula

10 720 EW.

Kula, Mauis grüner Garten, ist zweifellos der Nabel des Upcountry. Der Name „Kula" ist auf den Speisekarten der guten Inselrestaurants gleichbedeutend mit knackig frischem Gemüse, denn die fruchtbare Vulkanerde der Umgebung lässt Gesundes in Hülle und Fülle sprießen: Die meisten hawaiischen Zwiebeln, Salate und Erdbeeren kommen von hier. Das Schlüsselgeheimnis hinter der üppigen Ernte ist jedoch die hohe Lage. Die kühlen Nächte und sonnigen Tage auf 914 m über dem Meeresspiegel sind einfach ideal für viele Kulturpflanzen.

Kulas Bauern kamen in den 1850er-Jahren erstmals in die Schlagzeilen. Während des kalifornischen Goldrauschs schickten sie so viele Kartoffeln an die Westküste der USA, dass Kula bald den Beinamen *Nu Kaleponi* (hawaiische Aussprache für „New California" – Neu-Kalifornien) erhielt. Ende des 19. Jhs. siedelten viele Einwanderer aus Portugal und China nach

Ablauf ihrer Arbeitsverträge auf den Zuckerrohrplantagen ebenfalls nach Kula um und gründeten kleine Bauernhöfe. Seinen Multikulticharakter hat sich Kula bis heute bewahrt.

👁 Sehenswertes

Ahhh … der Duft von Rosen, Lavendel und unzähligen anderen süßen Blüten liegt in der Luft. Kein Garten in Kula ist wie der andere – jeder hat einen eigenen Charme!

Ali'i Kula Lavender GARTEN

LP TIPP

(☏878-8090; www.aklmaui.com; 1100 Waipoli Rd; Eintritt frei; ⏰9–16 Uhr) Lavendel, soweit das Auge reicht! Dutzende Sorten dieser duftenden lilafarbenen Pflanze bedecken die Hügel bei Ali'i Kula Lavender, auf denen Besucher in aller Ruhe umherschlendern können. Tief einatmen! Und danach empfiehlt sich ein Tässchen Lavendeltee mit einem Lavendel-Scone auf der Veranda mit Blick über das Blütenmeer und ein Besuch im Souvenirladen, der verschiedene Lavendelöle und -cremes verkauft. Für eingefleischte Lavendelfans gibt es weitere Angebote – von der Gartenführung mit anschließendem Tee bis zum Hochzeitspaket.

Enchanting Floral Gardens GARTEN

(☏878-2531; www.flowersofmaui.com; 2505 Kula Hwy; Erw./Kind 6–12 J. 7,50/1 $; ⏰9–17 Uhr) Dieser Garten erstrahlt in allen Farben des Regenbogens und ist das meisterhafte Werk des Gartenbaukünstlers Kazuo Takeda. Kula erstreckt sich über mehrere Höhenlagen und umfasst unterschiedliche Mikroklimazonen. Dieser Garten liegt in einem schmalen Streifen, in dem Pflanzen aus tropischem, gemäßigtem und Wüstenklima bestens gedeihen. Entsprechend verblüffend ist die Vielfalt: Hier wächst alles – von alltäglichen *proteas* und Orchideen bis zu Orangenbäumen und *kava*. Alles ist fein säuberlich auf Latein und Englisch beschriftet. Der Spaziergang endet mit einer Obstkostprobe.

Kula Botanical Garden GARTEN

(☏878-1715; www.kulabotanicalgarden.com; 638 Kekaulike Ave; Erw./Kind 6–12 J. 10/3 $; ⏰9–16 Uhr) Durch diesen verwilderten und schattigen alten Garten verlaufen Spazierpfade durch thematisch gegliederte Pflanzbereiche. Es gibt z. B. einen Garten mit hawaiischen Arten oder einen „Tabugarten" mit giftigen Pflanzen. Ein Bach auf dem Gelände sorgt dafür, dass auch durstigere Pflanzen hier gedeihen, die sonst in Kula nicht zu finden sind. Wenn die Regengötter gnädig waren, explodiert der ganze Garten zu einer Farbenorgie.

Holy Ghost Church KIRCHE

(www.kulacatholiccommunity.org; 4300 Lower Kula Rd; ⊙8–17 Uhr) Waiakoas Wahrzeichen steht auf einem Hügel und wurde 1895 von portugiesischen Einwanderern erbaut. Das wunderschön verzierte Innere der Holy Ghost Church sieht so aus, als wäre es direkt aus alter Vorzeit hierher geschickt worden – was größtenteils auch stimmt. Der vergoldete Altar wurde vom berühmten österreichischen Altarkünstler Ferdinand Stuflesser geschnitzt und in Einzelteilen hierher verschifft. Die Kirche ist im National Register of Historic Places aufgeführt.

Aktivitäten

Pony Express REITEN

(☎667-2200; www.ponyexpresstours.com; Haleakalā Crater Rd; Ausritt 95–185 $; ⊙8–17 Uhr) Pony Express bietet verschiedene Ausritte an. Das Angebot umfasst einfache Touren durch Feld, Wald und Wiese. Der echte Knüller ist aber der Ritt zum Haleakalā-Krater im Nationalpark. Die Tour beginnt am Rand des Kraters und führt auf dem Sliding Sands Trail zum Boden der wundersamen Mondlandschaft.

Skyline Eco-Adventures ZIPLINING

(☎878-8400; www.skylinehawaii.com; Haleakalā Crater Rd; Ziplining 95 $; ⊙8.30–16.30 Uhr) Mauis erste Seilrutsche ist erstklassig gelegen am Hang des Haleakalā. Die einzelnen Seile über den Baumwipfeln von fünf Schluchten sind zwar relativ kurz im Vergleich zur jüngeren Konkurrenz, aber immer noch lang genug für einen Adrenalinkick. Abgerundet wird das Paket durch eine 805 m lange Wanderung mit Hängebrücke.

Proflyght Paragliding PARAGLIDING

(☎874-5433; www.paraglidehawaii.com; Waipoli Rd; Tandemflug 79 $; ⊙Zeiten variieren je nach Wetterlage) Wem die Seilrutsche zu wenig Action bietet, kann auch ohne Sicherungsseil durch die Lüfte gleiten. Wenn man hier mit einem ausgebildeten Piloten die Gurte anlegt, bis zum Abgrund strampelt und dann per Tandemsprung über die 300 m hohen Klippen der Polipoli Spring State Recreation Area davonsegelt, bekommt das Wort „Vogelperspektive" eine ganz neue Dimension!

Geführte Touren

LP TIPP | O'o Farm FARM

(☎667-4341; www.oofarm.com; Waipoli Rd; Führung mit Mittagessen 50 $; ⊙Mi & Do 10.30–13 Uhr) Gärtner und Feinschmecker bekommen feuchte Augen bei den Führungen des berühmten Küchenchefs James McDonald aus Lahaina über diesen Biobauernhof. Wo sonst kann man sein eigenes Essen ernten, dem Gourmetkoch übergeben und dann tafeln wie ein König? Den Wein muss allerdings jeder selbst mitbringen.

Festivals & Events

Holy Ghost Feast PORTUGIESISCHES FEST

(www.kulacatholiccommunity.org) Bei diesem Fest wird das portugiesische Erbe von Kula mit einem lauten „Aloha" aus dem Upcountry gefeiert. Die familienfreundliche Feier findet am vierten Samstag und Sonntag im Mai in der Holy Ghost Church statt, mit Spielen, Bauernmarkt und kostenlosem hawaiisch-portugiesischen Mittagessen am Sonntag.

Schlafen

Kula View Bed & Breakfast B&B $

(☎878-6736; www.kulaview.com; 600 Holopuni Rd; Studio inkl. Frühstück 115 $) Die Wurzeln der Gastgeberin liegen bei den *paniolo* und sie kennt das Upcountry wie ihre Westentasche. Sie bietet ihren Gästen alles für einen schönen Aufenthalt, z. B. auch eine warme Jacke für den Sonnenaufgang am Haleakalā. Bei Sonnenuntergang bietet das Studio oben auf dem Landhaus einen tollen Ausblick aufs Meer, beim Frühstück kommen Obst aus dem eigenen Garten und selbst gebackene Muffins auf den Tisch.

Kula Sandalwoods Cottages COTTAGE $$

(☎878-3523; www.kulasandalwoods.com; 15427 Haleakalā Hwy; Zi. 130 $; 🐾) Auf dem Hügel oberhalb des Kula Sandalwoods Restaurant liegen einige freistehende „rustikale" Cottages verteilt. Bequemlichkeit bieten sie nicht unbedingt, dafür ist der Ausblick vom *lanai* erstklassig. Und dafür, dass der Nationalpark direkt vor der Haustür liegt, ist der Preis auch ein Schnäppchen.

Essen

La Provence CAFE $$

(☎878-1313; www.laprovencekula.com; 3158 Lower Kula Rd, Waiakoa; Hauptgerichte 8–15 $; ⊙Mi–So 7–14 Uhr) Hier schwingt einer der

GAUMENFREUDEN AUS DEM UPCOUNTRY

» „Maui Splash"-Wein von den Tedeschi Vineyards (S. 433)

» Ziegenkäse von der Surfing Goat Dairy (S. 428)

» Kaffee aus Maui bei Grandma's (S. 433)

» Führung und Mittagessen auf der O'o Farm (S. 430)

» Lavendel-Scones bei Ali'i Kula Lavender (S. 429)

» Elchburger beim 'Ulupalakua Ranch Store (S. 433)

besten Konditoren Mauis den Tortenheber. Auch ohne akuten Hunger lohnt es sich, ein Schinken-Käse-Croissant oder irgendwas anderes Bröseliges mit Schokofüllung für das nächste Picknick mitzunehmen. Für ganz Hungrige gibt's als Kula-Leckerbissen die grünen Salate mit Ziegenkäse. Der Laden ist nicht ganz einfach zu finden, aber es lohnt sich: Kurz vor Waiakoa steht ein unauffälliges Schild am Kula Hwy.

Café 808 REGIONAL $
(☎878-6874; 4566 Lower Kula Rd, Waiakoa; Hauptgerichte 6–10 $; ☺6–20.30 Uhr) Dieses unprätentiöse Lokal liegt etwa 400 m südlich der Holy Ghost Church. Sein Motto lautet „The Big Kahuna of Island Grinds" (frei übersetzt: „der große Fisch des Inselessens") und sagt eigentlich schon alles. Die Speisekarte steht auf einer Tafel (die die ganze Wand bedeckt) und umfasst Typisches aus der Region – vom Bananenpfannkuchen zum *plate lunch*, das in Soße schwimmt. Die Portionen sind heftig. Frühstück wird bis 11 Uhr serviert – perfekt für einen günstigen Imbiss nach einem Sonnenaufgang am Berg.

Kula Sandalwoods Restaurant CAFE $$
(☎878-3523; www.kulasandalwoods.com; 15427 Haleakalā Hwy; Hauptgerichte 9–14 $; ☺Mo–Fr 7–15, Sa & So 7–11.30 Uhr) Die Inhaberin ist auch die Küchenchefin und hat sich ihre Sporen im renommierten Culinary Institute of America verdient. Beim Frühstück sind *eggs benedict* das Highlight. Auf der Mittagskarte stehen gartenfrische Salate aus Kula und überbordende Hühner- und Steaksandwiches mit selbst gebackenen Zwiebelbrötchen.

Sunrise Country Market TAKEAWAY $
(☎878-1600; Haleakalā Crater Rd; einfache Snacks; ☺7–15 Uhr) Der 400 m nach der Kreuzung von Hwy 378 und 377 gelegene Laden ist der ideale Ort für einen Kaffee nach Sonnenaufgang oder Burritos und Sandwiches zum Frühstück. Danach kann man den Tag mit einem Spaziergang durch die *proteas* im Blumengarten beginnen.

Polipoli Spring State Recreation Area

Durch den dunstigen Nebelwald am Westhang des Haleakalā führt ein Netz aus Wander- und Mountainbikewegen, fernab von ausgetretenen Touristenpfaden. Im Schatten der hohen Bäume können sich Wanderer in der kühlen Bergluft erfrischen und zwischen den vorüberziehenden Wolken den einen oder anderen Blick über grüne Hügel und bis zu den Inseln Lana'i und Kaho'olawe schweifen lassen.

Ohne Allradfahrzeug ist es nicht immer möglich, zum Park zu gelangen, aber auch ein Teil der Strecke lohnt sich, allein wegen des Ausblicks. Der Weg führt über die Waipoli Rd, die vom Hwy 377 abzweigt. Die Waipoli Rd ist schmal, einspurig und serpentinenreich, aber immerhin: Die ersten 6 Meilen (9,7 km) sind geteert. Nach der Einfahrt in das Kula Forest Reserve wird sie zur unbefestigten Piste – bei schlammigen Straßenverhältnissen sollte man die nächsten steilen 4 Meilen (6,4 km) bis zum Campingplatz gar nicht erst ohne Allrad in Angriff nehmen.

🏃 Aktivitäten

Waiakoa Loop Trail WANDERN
Der Einstieg zur Rundwanderung befindet sich an der „Hunter Check Station" nach 5 Meilen (8 km) auf der Waipoli Rd. Dort biegt eine 1,2 km lange, grasbewachsene Straße nach links ab, bis zu einem Tor mit Wegmarkierung. Die 4,8 km lange Rundwanderung beginnt unter Tannen und führt durch Eukalyptusgehölz und Nadelwälder und an Trampelpfaden von Wildschweinen vorbei. Die Wanderung ist relativ anspruchslos und kann mit dem Upper Waiakoa Trail verbunden werden, der nach etwa 1,6 km auf der rechten Seite der Rundwanderung an einer Wegkreuzung beginnt.

Upper Waiakoa Trail WANDERN

Der Upper Waiakoa Trail ist ein anstrengender Wanderweg von 11,2 km Länge, der an einer Kreuzung des Waiakoa Loop Trail auf einer Höhe von 1829 m beginnt, anschließend fast 550 Höhenmeter erklimmt, eine Spitzkehre macht und dann wieder fast 430 m abwärts führt. Der Weg ist steinig, dafür belohnt er hoch oben mit einem freien, unverstellten Blick. Auf jeden Fall viel Wasser mitnehmen!

Der Weg endet an der Waipoli Rd zwischen „Hunter Check Station" und Campingplatz. Wer die Wanderung von dieser Seite aus starten will, sollte nach der Markierung des Waohuli Trail Ausschau halten, der Upper Waiakoa Trail beginnt auf der anderen Straßenseite.

Boundary Trail WANDERN

Die 6,4 km lange Wanderung beginnt knapp 183 m nach dem Ende der Teerstraße. Parken kann man rechts neben dem Weidegitter an der Grenze zum Kula Forest Reserve. Der Weg führt steil bergab, durch Schluchten und tief in Eukalyptus-, Tannen- und Zedernwälder hinein, in denen vereinzelt einheimische Bäume wachsen. Am Nachmittag verschlechtert sich die Sicht meist aufgrund von Nebel.

Skyline Trail WANDERN

Ein Teil des wilden Skyline Trails liegt ebenfalls im Park. Er beginnt in der Nähe des Gipfels im Haleakalā National Park und steigt dann ab zur Polipoli Spring State Recreation Area. Details zu dieser Wanderung auf S. 458.

Schlafen

In Polipoli übernachten heißt, auf jeden Luxus verzichten. Zelten kostet nichts, eine bundesstaatliche Erlaubnis braucht man allerdings schon. Die Anlage selbst ist primitiv: Toiletten gibt's, aber keine Duschen oder Trinkwasser. Die Zeltnachbarn sind in den meisten Fällen Wildschweinjäger, ansonsten ist der Platz oft gespenstisch leer – und außerdem feucht. Camper sollten vor allem auf Kälte vorbereitet sein: Im Winter fällt die Temperatur nachts oft unter den Gefrierpunkt.

Eine einzige Cabin steht auch auf dem Gelände. Sie verfügt im Gegensatz zu anderen Cabins in State Parks über Gaslampen und Holzofen, dafür hat sie aber weder Elektrizität noch Kühlschrank. Details zu Genehmigung und Reservierung auf S. 330.

Keokea

Das bescheidene Keokea ist bei einer Fahrt rund um die Südspitze der Insel die letzte richtige Ortschaft vor Hana. Das Ortszentrum besteht aus einem Coffeeshop, einer Kunstgalerie, einer Tankstelle und zwei kleinen Läden, dem Ching Store und dem Fong Store.

Sehenswertes

Der fruchtbare Boden lockte an der Wende zum 20. Jh. chinesische Bauern (Angehörige der Volksgruppe der Hakka) in dieses letzte Eck von Kula. Ihr Einfluss ist noch im ganzen Ort spürbar. Der Name der **St. John's Episcopal Church** (Baujahr 1907), dem Wahrzeichen Keokeas, prangt noch immer auf Chinesisch am Gebäude. Eine Zeit lang lebte auch Sun Yat-sen, der Vater der chinesischen Nationalbewegung, am Ortsrand von Keokea. Im **Sun Yat-sen Park**, 1,7 Meilen (2,7 km) hinter Grandma's Coffee House am Kula Hwy (Hwy 37) wird er gebührend geehrt. Hier stehen auch Picknicktische mit einem wunderbaren Panoramablick bis hinüber nach West Maui.

Aktivitäten

Thompson Ranch REITEN

(878-1910; www.thompsonranchmaui.com; Middle Rd Ecke Polipoli Rd; 2-std. Ausritt 100 $; Beginn 9 Uhr) Mit den Angestellten dieser Ranch geht's im Sattel übers Land ins kühle Upcountry an der Grenze zur Polipoli Spring State Recreation Area. Bergliebhaber werden den Ausritt auf einer Höhe von 1220 bis 1830 m bestimmt niemals vergessen!

Schlafen

Star Lookout COTTAGE $$

LP TIPP (907-250-2364;www.starlookout.com; 622 Thompson Rd; Cottage 200 $;) Wunderbarer Meerblick, Whirlpool im Freien und ein Garten, der so ruhig ist, dass man die Blumen blühen hört. Eine einspurige Straße führt eine halbe Meile (805 m) hinter Keokeas Ortszentrum zu diesem Häuschen mit zwei Zimmern und Loft, das für vier, notfalls auch sechs Personen Platz bietet. Wirklich spektakulär ist die Lage oberhalb von gut 400 m grünem Weideland, das inzwischen zum Besitz von Oprah Winfrey gehört und unter Naturschutz steht.

 Essen

Grandma's Coffee House CAFÉ $

(www.grandmascoffee.com; 9232 Kula Hwy; Gebäck 3–5 $, Delikatessen 6–10 $; ⊙7–17 Uhr) Erstklassigen Kaffee aus Hawaii gibt's nur in Kona? Irrtum! Grandma hat ihn auch. Das umkomplizierte Café serviert selbst gemachtes Gebäck, herzhafte Sandwiches und Delikatessensalate. Und natürlich Kaffee! Grandma's Familie baut ihn seit Generationen selbst in Keokea an. Auf der Terrasse kann man sogar direkt unter den Kaffeebäumen essen.

'Ulupalakua Ranch

Die riesige Ranch ist über 8000 ha groß und wurde Mitte des 19. Jhs. von James Makee gegründet, einem Walfangkapitän, der hier seine Seemannslaufbahn an den Nagel hing und sich mit der Königsfamilie anfreundete. König David Kalakaua, der „Glückliche Monarch" war ein häufiger Gast und verlebte hier den einen oder anderen ausgedehnten Pokerabend mit Champagner. Auf der Ranch arbeiten immer noch *paniolo*. Sie stammen aus den gleichen Familien, die die Rinder hier schon vor Generationen hüteten. Rund 6000 Rinder (und eine kleine Herde Rocky-Mountain-Elche) leben auf dem hügeligen Weideland.

Auf dieser Ranch ist nicht nur das Gras grün. Hier ist auch der erste Windpark des Upcountry geplant – und außerdem forstet die Ranch in den höher gelegenen Gebieten einen seltenen Trockenwald wieder auf.

Heute kommen die meisten Besucher wegen der Tedeschi Vineyards hierher, der einzigen Weinkellerei auf Maui. Sie befindet sich auf dem Gelände der 'Ulupalakua Ranch. Nach dem Weingut windet sich der einsame Pi'ilani Hwy weitere 25 Meilen (40 km) durch die Landschaft nach Kipahulu.

◎ Sehenswertes

Tedeschi Vineyards WEINGUT

(☎878-6058; www.mauiwine.com; Kula Hwy; ⊙10–17 Uhr, Führungen 10.30 & 13.30 Uhr) In diesem historischen Steinhäuschen, in dem einst König David Kalakaua nächtigte, werden kostenlose Führungen und Weinproben angeboten. Als die Winzer in den 1970er-Jahren auf ihre ersten Weinernten warteten, experimentierten sie mit Mauis stacheligeren Früchten. Das Ergebnis waren interessante Weinkreationen wie der süße Maui Splash aus Ananas und Passionsfrucht, heute der größte Verkaufsschlager des Hauses. Es gibt jedoch noch weitere Ananaströpfchen, die eine Probe wert sind, wie der Maui Blanc und der Perlwein Hula O'Maui. Die Traubenweine sind nicht so besonders – die Tedeschi Vineyards liegen eben nicht im Rhonetal. Gruppen ab zehn Personen müssen reservieren.

Sehenswert ist die faszinierende kleine **Ausstellung** auf einer Seite des Weinprobenzimmers über Kalakaua-Überlieferung, Ranchgeschichte und ökologische Neuerungen. Gegenüber des Weinguts stehen die Schornsteinreste der **Makee-Zuckermühle** (Baujahr 1878).

 Essen

'Ulupalakua Ranch Store DELIKATESSEN $

(www.ulupalakuaranch.com; Burger 9 $; ⊙Grill 11–14.30, Laden 9.30–17 Uhr) Der Cowboy am Eingang ist nicht echt, sondern aus Holz – eine freundliche Begrüßung ist also nur begrenzt sinnvoll. Dafür können sich Besucher drinnen mit Cowboyhüten und Souvenir-T-Shirts eindecken und selbst den Cowboy spielen. Mittags gibt's am Grill einen organischen Elchburger aus Ranchproduktion – noch regionaler geht's wohl nicht. Der Laden liegt 5,5 Meilen (8,8 km) südlich von Keokea, gegenüber dem Weingut.

NICHT VERSÄUMEN

'ULUPALAKUA SUNDAY DRIVE EVENT

Viermal im Jahr veranstaltet die **'Ulupalakua Ranch** (www.ulupalakua ranch.com) ein Fest auf dem Rasen der Tedeschi Vineyards mit Slack-Key-Gitarrenmusik, Glasbläservorführungen und Cowboy-Essen. Im Vordergrund steht hier eindeutig die Livemusik. Jeff Peterson, Grammypreisträger und Sohn eines *paniolo* der 'Ulupalakua Ranch, tritt auch manchmal hier auf. Das Fest findet jeweils an einem Sonntag im März, Juni, September und Dezember statt.

HANA HIGHWAY

Was jetzt kommt, ist die atemberaubendste Autofahrt auf ganz Hawaii! Die Serpentinen des Hana Hwy geben zwischen Dschungeltälern und haushohen Klippen immer wieder den Blick frei auf unglaubliche Panoramen. Die Straße führt über 54 einspurige Brücken und passiert fast ebenso viele Wasserfälle – einige erscheinen friedlich und einladend, andere stürzen so dicht neben der Straße in die Tiefe, dass ihre Gischt die Autos im Vorbeifahren küsst. Aber nicht nur die Autofahrt ist spektakulär – zu Fuß warten noch mehr Abenteuer. Wanderwege klettern hinauf in kühle Wälder, kurze Pfade führen zu paradiesischen Badetümpeln und kleine Seitenstraßen winden sich hinab zu schläfrigen Dörfchen am Meer. Wer noch nie geräucherte Brotfrucht gegessen, in einer Höhlenquelle gebadet oder einen uralten hawaiischen Tempel bewundert hat, sollte sich den Wecker stellen. Das wird ein langer Tag!

Twin Falls

Auf der Fahrt von Pa'ia Richtung Osten werden Siedlungen von Zuckerrohrfeldern abgelöst, und mit jedem Kilometer wird die Landschaft dramatischer. Nach dem Meilenstein 16 wird der Hana Hwy (bisher Hwy 36) zum Hwy 360, und die Meilensteine beginnen wieder bei Null. Gleich nach dem Meilenstein 2 auf dem Hwy 360 erreicht man einen breiten Parkplatz mit einem Obststand. Hier beginnt der Wanderweg zu den Twin Falls. Einheimische Kids und Touristen kommen scharenweise zum Tümpel am unteren Wasserfall, den man nach zehn Minuten Fußmarsch auf dem Weg erreicht. Das mag daran liegen, dass Twin Falls gemeinhin als „erster Wasserfall an der Road to Hana" bekannt ist. Aber wirklich lohnenswert ist ein Abstecher hierher nicht (es sei denn, man schwimmt gerne in schlammigem Wasser). Auf dem Weg nach Hana begegnen einem durchaus idyllischere Alternativen.

Huelo

Das mit häufigen Regenfällen und fruchtbaren Böden gesegnete Huelo war einst die Heimat von über 50 000 Hawaiianern. Heute ist es eine verschlafene Gemeinde

mit verstreuten Bauernhöfen und Häusern mit beneidenswerter Aussicht.

Nach einer unübersichtlichen Kurve, 0,5 Meilen (805 m) hinter dem Meilenstein 3, erreicht man eine doppelte Reihe Briefkästen und ein grünes Bushäuschen. Hier beginnt die schmale Straße, die ins Dorf führt. Die einzige Sehenswürdigkeit ist die Kaulanapueo Church, die nach einer halben Meile (805 m) an der Straße auftaucht.

Wer jetzt auf die Idee kommt, nach der Kirche noch ein Stückchen weiterzufahren, wird enttäuscht: Zuerst endet der Teerbelag, dann die ganze Straße, und zwar in einer Sackgasse, umgeben von eingezäunten Privatgrundstücken. Öffentlicher Strandzugang? Fehlanzeige!

👁 Sehenswertes

Kaulanapueo Church   HISTORISCHE KIRCHE
Dieses von perfektem Rasengrün umgebene, schmucke Kirchlein wurde 1853 erbaut und ist bis heute das Herzstück des Dorfes. Sie wurde ganz im frühen hawaiischen Missionarsstil erbaut, mit schlichtem Inneren, Blechdach und grünem Kirchturm. Für eine tropische Kulisse sorgen die sanft im Wind schaukelnden Palmen. Offizielle Öffnungszeiten gibt es nicht, aber normalerweise ist die Kirche tagsüber geöffnet.

🛏 Schlafen & Essen

Tea House   COTTAGE $$
(☏572-5610; www.mauiteahouse.com; Hoolawa Rd; EZ/DZ 135/150 $) Dieses Cottage ist wirklich einmalig. Erstens stammen seine Wände aus einem alten Zen-Tempel,

und zweitens ist es derart abgelegen, dass es nicht mal ans Elektrizitätsnetz angeschlossen ist und seinen Strom selbst mit Solarenergie erzeugen muss. Trotzdem ist alles da, was das Herz begehrt, z. B. eine Küche mit Gasherd und eine Freiluftdusche in einem Pavillon aus Mammutbaumholz. Im Garten steht eine tibetanische *stupa* mit spektakulärem Ausblick von der Klippe aufs Meer. Außerdem gibt's ein zweites Cottage, das wochenweise vermietet wird (500 $).

LP TIPP **Huelo Lookout** OBSTSTAND $
(www.huelolookout.coconutprotectors.com; 7600 Hana Hwy; Snacks 5–7 $; ⊙7.30–17.30 Uhr) Dieser Obststand ist eine Sünde wert: Kokosnüsse, Smoothies und sogar Crêpes ... oh-là-là! Und alles wird auf dem eigenen knapp 5 ha großen Biohof produziert. Doch das ist längst nicht alles: Wer mit seinen Leckerlis die Treppe hinuntergeht, findet einen Tisch mit Endlosausblick bis zur Küste.

Ko'olau Forest Reserve

Auf dem kurvigen Weg durch das Ko'olau Forest Reserve wird die Vegetation zunehmend dschungelartiger, und nach jeder zweiten Kurve taucht eine einspurige Brücke auf. Denn in den höheren Regionen dieser Berge stauen sich die Wolken und werfen ihren Balast ab – stramme 5000

BEWÄSSERUNGSGRABEN VON KO'OLAU

Seit mehr als hundert Jahren transportiert dieser Bewässerungsgraben täglich bis zu 17 Mio. Hektoliter Wasser durch ein gut 120 km langes Rinnen- und Tunnelsystem vom feuchten Inneren der Insel in die trockene Zentralebene. Einen guten Eindruck von diesem System bekommen Besucher an einer kleinen Parkbucht vor der Brücke, die gleich auf den Meilenstein 8 folgt. 9 m über der Straße fließt das Wasser durch einen Steinabschnitt des Grabens, um anschließend in einem Tunnel im Berg zu verschwinden. Wer hier einmal gelernt hat, wie diese Gräben aussehen, wird auf dem Weg nach Hana mühelos andere überirdische Abschnitte des Grabens entdecken.

bis 7600 l/m² Regen pro Jahr. Wörtlich bedeutet Ko'olau „windzugewandt", und tatsächlich: Wirklich jedes Wölkchen wird hierher geblasen. Kein Wunder also, dass das Regenwasser hier in atemberaubenden Wasserfällen in die vielen Schluchten und Bäche des Waldschutzgebiets stürzt.

Nach dem Meilenstein 5 führt die Straße durch **Kailua**, eine kleine Ortschaft mit Blechdachhäusern, in der die Angestellten der East Maui Irrigation (EMI; Bewässerungsfirma für das östliche Maui) leben. Sie pflegen das Bewässerungssystem, das das Wasser vom Regenwald zu den durstigen Zuckerrohrfeldern in Central Maui leitet.

Kurz nach Ortsende und dem Meilenstein 6 wird's plötzlich bunt. Denn hier wurde australischer **Regenbogen-Eukalyptus** angepflanzt. Schnell das Fenster herunterkurbeln und tief den süßen Duft dieser majestätischen Riesen einatmen!

Waikamoi Nature Trail

Hier kommen die Wanderschuhe zum Einsatz! Auf dieser 30-minütigen Wanderung warten jede Menge königliche Ausblicke und würzige Gerüche, und ganz oben bietet ein überdachter Tisch ein hübsches Plätzchen für ein Picknick. Die Wanderung beginnt an der Markierung 0,5 Meilen (805 m) nach dem Meilenstein 9, wo eine breite Parkbucht genug Platz für einige Autos bietet.

Am Anfang der 1,3 km langen Wanderung steht ein Schild mit der Aufschrift „Quiet. Trees at Work." (Ruhe! Bäume bei der Arbeit.), gefolgt von einer Gruppe der rötlichen *Eucalyptus robusta*, eine von mehreren riesigen Eukalyptusarten an diesem Pfad. An der höchsten Stelle der Rundwanderung erreicht man einen Grat mit tollem Ausblick auf die Serpentinen des Hana Hwy.

Waikamoi Falls

Vor der Brücke am Meilenstein 10 können nur wenige Autos parken, und es lohnt sich auch nur, wenn es gerade geregnet hat. Seit die East Maui Irrigation Company aus diesem Bach Wasser entnimmt, tröpfelt der Wasserfall meist relativ unspektakulär vor sich hin. Hinter der Brücke wächst der Bambus fast waagerecht aus der Felswand über die Straße und bildet so ein grünes Dach.

Garden of Eden Arboretum

Wozu satte 10 $ Eintritt für einen Baumgarten zahlen, wenn die ganze Road to Hana sowieso einem Garten gleicht? Nun ja, der **Garden of Eden** (www.mauigardenofeden. com; 10600 Hana Hwy; Eintritt 10 $; ⊙8–15 Uhr) ist nicht weniger als ein Paradies, allerdings ein gezähmtes. Die verschlungenen Pfade sind sauber gepflegt, die Blumen beschriftet. Die Picknicktische auf dem Hügel bieten einen wunderbaren Ausblick auf Schönheiten wie die Puohokamoa Falls und den Keopuka Rock, bekannt aus der ersten Szene des Films *Jurassic Park* (1993). Das Arboretum liegt 0,5 Meilen (805 m) hinter dem Meilenstein 10.

Puohokamoa Falls

Gleich nach dem Meilenstein 11 kommen die Puohokamoa Falls. Leider gibt es keinen öffentlichen Zugang mehr zum Wasserfall, aber von der Brücke aus lässt sich ein Blick erhaschen, und im Garden of Eden zeigt er sich aus der Vogelperspektive.

Haipua'ena Falls

Schon ordentlich am schwitzen? Rettung naht! Die Haipua'ena Falls, 0,5 Meilen (805 m) hinter dem Meilenstein 11, bieten einen sanften Wasserfall mit einem beschaulichen Teich, der tief genug ist zum Schwimmen. Ein weiterer Vorteil: Der Tümpel ist von der Straße aus nicht zu sehen und daher kaum bekannt. Der ideale Ort für alle, die ihr Badezeug vergessen haben! Auf der Seite der Brücke, die Hana zugewandt ist, ist Platz für ein paar Autos. Der Wasserfall ist nach kurzen 91 m flussaufwärts erreicht. Am Wegrand wächst wilder Ingwer, und hinter dem Wasserfall wachsen Farne aus der Felswand. Die perfekte Idylle! Aber Vorsicht vor glitschigen Felsen und Sturzfluten!

Kaumahina State Wayside Park

Saubere Toiletten (das wurde aber auch Zeit!) und ein grüner Rasen mit Picknicktischen machen diesen Park an der Straße ideal für Familien. Man erreicht ihn 0,2 Meilen (322 m) nach dem Meilenstein 12. Wer hinter den Toiletten ein kurzes Stück weiter bergauf geht, wird reich belohnt – der Ausblick über die Küstenlandschaft Richtung Süden ist schier unglaublich.

Die nächsten Kilometer sind von einer atemberaubenden Landschaft geprägt, jede neue Wegbiegung bringt eine neue Offenbarung. Und wenn es gerade geregnet hat, stürzen überall Wasserfälle von den Bergen in die Tiefe.

Honomanu Bay

Einen ersten Blick auf diese wunderschöne Bucht mit Fluss kann man am Meilenstein 13 erhaschen, wo eine Parkbucht zum Aussteigen und Staunen einlädt.

Der steinige schwarze Sandstrand wird hauptsächlich von einheimischen Surfern und Fischern aufgesucht. Bei größerer Dünung bilden sich gute Surfwellen, aber der steinige Untergrund und der starke Brandungsrückstrom machen das Revier für Ortsunkundige gefährlich. Der Honomanu Stream mündet in die Bucht und bildet ein kurzes Stück landeinwärts einen flachen Tümpel, in dem einheimische Familien am Wochenende ausgiebig planschen.

Gleich hinter dem Meilenstein 14 führt eine unauffällige Straße steil bergab zur Honomanu Bay. Aber Vorsicht: Sie ist manchmal in einem schrecklichen Zustand. Wer also kein geländegängiges Auto hat, sollte lieber einen Kundschafter vorausschicken.

Kalaloa Point

Einen faszinierenden Ausblick auf die Küste bietet eine breite Parkbucht, 0,4 Meilen (644 m) nach dem Meilenstein 14, auf der meerzugewandten Seite der Straße. Von hier schweift der Blick über die ganze Honomanu Bay und auf die Berge auf der anderen Seite, wo Autos in Ameisengröße ihren Weg nach unten suchen. Sollte kein Parkplatz frei sein, gibt's 0,2 Meilen (805 m) weiter eine weitere Bucht mit dem gleichen Ausblick.

Ke'anae

Herzlichen Glückwunsch! Die Hälfte des Weges nach Hana ist geschafft. Zur Belohnung gibt's noch mehr dramatische Landschaften und das netteste Dörfchen am Meer auf der ganzen Strecke.

Der Ausblick ist grandios und reicht von der Ko'olau Gap im Rand des Haleakalā-Kraters bis ganz nach unten an die Küste. Überall erscheint das Ke'anae Valley leuchtend grün – dank der 3810 l/m² Regen, die hier jährlich herunterprasseln.

Am Fuß des Tals liegt die Halbinsel Ke'anae. Sie verdankt ihr Dasein einem späten Ausbruch des Haleakalā, bei dem die Lava über das Ke'anae Valley hinweg hinab ins Meer floss. Im Gegensatz zur zerfurchten Umgebung erscheint die Halbinsel flach wie ein Blatt auf dem Wasser.

Sie ist auf jeden Fall einen genaueren Blick wert. Auf dem Weg dorthin sollte man aber die Augen offenhalten, denn die Sehenswürdigkeiten folgen jetzt Schlag auf Schlag. 0,5 Meilen (805 m) nach dem Meilenstein 16 liegt das YMCA-Camp; gleich dahinter taucht rechts das Arboretum auf. Nach der nächsten Kurve biegt die Straße zur Halbinsel Ke'anae links ab.

Sehenswertes & Aktivitäten

Ke'anae Arboretum   WANDERWEGE

Die perfekte Gelegenheit für einen kleinen Spaziergang! 0,6 Meilen (965 m) nach dem Meilenstein 16 beginnt das Ke'anae Arboretum mit seinen Schatten spendenden Bäumen und folgt dem Pi'ina'au Stream. Besonders beeindruckend sind hier die Regenbogen-Eukalyptusbäume. Auffällig ist auch der Goldbambus, dessen grüne Streifenzeichnung an die Pinselstriche einer japanischen *shodo* (Kalligrafie) erinnert. Der Baumgarten ist in zwei Bereiche unterteilt: In dem einen wachsen exotische Hölzer und Zierbäume, und im oberen Bereich findet man hawaiische Gemüse- und Heilpflanzen.

Der 0,6 Meilen (965 m) lange Pfad durch den Garten ist nur am Anfang befestigt und nimmt etwa 30 Minuten in Anspruch. Unterwegs führt er an Ingwer und anderen duftenden Pflanzen vorbei, er endet an bewässerten Beeten mit Dutzenden von Tarosorten. Aber Vorsicht: Hier gibt's nicht nur Pflanzen, sondern auch Moskitos.

Halbinsel Ke'anae   DORF
LP TIPP

Umschlossen von gischtgepeitschter Küste liegt ein Dorf, das so friedlich ist, dass man förmlich das Gras wachsen hört. Dieses Relikt aus dem Hawaii früherer Zeiten ist über die unmarkierte Ke'anae Rd zu erreichen. Sie beginnt gleich hinter dem Ke'anae Arboretum, auf der *makai*-Seite des Hana Hwy. In dem Dörfchen leben

schon seit vielen Generationen die gleichen Familien und bestellen die vom Bach bewässerten Tarobeete.

Im Mittelpunkt des Ortes steht die 1860 erbaute **Lanakila 'Ihi'ihi o Iehova Ona Kaua** (Kirche der Gemeinde Ke'anae). Endlich eine Kirche aus Lavastein und Korallenmörtel, die nicht weiß übertüncht wurde! Die Türen des einladenden Gotteshauses sind jederzeit geöffnet, und drinnen liegt ein Gästebuch aus. Die beste Art, ein Gespür für diese Gemeinde zu bekommen, ist ein Spaziergang über den Friedhof, dessen Grabsteine mit Fotominiaturen und frischen Blumen verziert sind.

Gleich hinter der Kirche liegt der dramatische **Ke'anae Beach Park** mit seinen zerklüfteten schwarzen Felsen und ewig dahinbrausenden Wellen mit weißer Schaumkrone. Ans Badengehen sollte man hier nicht mal denken. Nicht nur ist das Meer dafür viel zu wild, auch das Ufer macht Schwimmern einen Strich durch die Rechnung: scharfe Lavasteine und kein Strand. Man kann von hier aus noch ein paar Minuten weiterfahren, aber die Aussicht ändert sich nicht nennenswert. Da ab hier Privatbesitz beginnt, kann man getrost die Eigentümer respektieren und sich mit dem Park zufriedengeben, ohne etwas zu verpassen.

Die Inselchen **Mokuhala** und **Mokumana**, die gleich vor der Küste zu sehen sind, sind Vogelschutzgebiete.

Ching's Pond   BADESTELLE

Am Hana Hwy bildet der Bach, der später zur Halbinsel Ke'anae fliest, ein paar verlockende Badetümpel. Sie liegen 0,9 Meilen (1,4 km) hinter dem Meilenstein 16, gleich unter der Brücke. Von der Straße aus sieht man gar nichts, aber direkt vor der Brücke befindet sich eine recht große Parkbucht. Geht man ein Stückchen über die Brücke, ist plötzlich ein tiefer, kristallklarer Tümpel mit kleinem Wasserfall zu sehen. Einheimische schwimmen hier oft, obwohl überall Schilder mit der Aufschrift „No Trespassing" (unbefugter Zutritt verboten) stehen. Also: Lieber die Aussicht auf diese Schönheit genießen und anderswo schwimmen!

Ke'anae Peninsula Lookout   AUSSICHTSPUNKT
Die befestigte Parkbucht gleich nach dem Meilenstein 17 auf der *makai*-Seite der Straße bietet eine erstklassige Vogelperspektive auf die flache Halbinsel und das Dorf. Der Aussichtspunkt ist nicht beschildert, aber leicht zu finden: Einfach nach dem gelben Tsunami-Lautsprecher Ausschau halten! Von hier aus lässt sich die Entstehungsgeschichte der Halbinsel Ke'anae erahnen, die hinter ihrer rabenschwarzen Küste die Zeichen ihrer geologisch relativ späten Feuergeburt noch immer zur Schau trägt. Der Blick schweift über hübsche Kokospalmen und Tarofelder, die vom Ke'anae Stream bewässert werden. Nach Regenfällen stürzen ganz links eine Reihe von Wasserfällen in die Tiefe.

🛏 Schlafen & Essen

YMCA Camp Ke'anae   CABINS $
(📞248-8355; www.mauiymca.org; 13375 Hana Hwy; Stellplatz oder B 18 $, Cottages 150 $) Die Cabins der YMCA stehen auf einem Hügel mit Blick auf die Küste und können – ähnlich wie in einem Hostel – als Mehrbettzimmer gemietet werden, falls gerade keine Gruppe da ist. Einen Schlafsack muss jeder selbst mitbringen, und kochen kann man nur draußen auf dem Grill. Zelten ist auch möglich, und außerdem gibt's zwei voll ausgestattete Cottages mit je zwei Schlafzimmern und spektakulärem Ausblick vom *lanai*. Das Camp liegt zwischen den Meilensteinen 16 und 17.

LP TIPP Ke'anae Landing Fruit Stand   OBSTSTAND $
(Ke'anae Peninsula; Bananenbrot 4,95 $; ⏱8.30–15 Uhr) Das beste Bananenbrot auf der gesamten Route nach Hana wird jeden Morgen frisch gebacken und ist derart gut, dass Einheimische wie Touristen nur dafür den Stand kurz vor dem Ke'anae Beach Park im Ortszentrum aufsuchen. Frisches Obst und Getränke gibt's auch.

Wailua
Nach dem Ke'anae Peninsula Lookout führt die Straße an ein paar Obstständen vorbei. Eine Viertelmeile (ca. 400 m) nach dem Meilenstein 18 biegt die unbeschilderte Wailua Rd ab und führt zum Dorf Wailua. Neben einer kleinen Kirche gibt's hier aber wenig zu sehen, und das Dorf ist auch nicht gerade gastfreundlich. Der Highway selbst hat mehr zu bieten; einen Abstecher kann man sich also auch sparen.

👁 Sehenswertes

Wailua Valley State Wayside   AUSSICHTSPUNKT
Zurück auf dem Hana Hwy taucht rechts kurz vor dem Meilenstein 19 der Aussichtspunkt „Wailua Valley State Wayside Lookout" auf. Von hier schweift der Blick über die unzähligen Grüntöne des Ke'anae Valley. Ein paar Wasserfälle runden das Bild ab – und an einem klaren Tag zeigt sich sogar die Ko'olau Gap, ein Bruch im Rand des Haleakalā-Kraters. Rechts führt eine Treppe zu einem weiteren schönen Ausblick auf die Halbinsel Wailua. Was für ein Augenschmaus! Bei der Anfahrt sollte man genau aufpassen: Der Aussichtspunkt ist zwar beschildert, liegt aber gleich hinter einer Kurve.

Wailua Peninsula Lookout   AUSSICHTSPUNKT
Der spektakulärste Ausblick über die Halbinsel Wailua bietet sich von der befestigten Parkbucht auf der meerzugewandten Straßenseite 0,25 Meilen (ca. 400 m) hinter dem Meilenstein 19. Der Aussichtspunkt ist nicht ausgeschildert, aber leicht zu erkennen an den beiden Betonpicknicktischen. Also, bitte Platz nehmen, Picknick auspacken und das Panorama über Tarofelder und Dschungel genießen!

Von Wailua bis Nahiku
Zwischen den Meilensteinen 19 und 25 tauchen entlang der Road to Hana einige prächtige Wasserfälle auf – Fotoapparate bereithalten!

👁 Sehenswertes

LP TIPP Three Bears Falls   WASSERFALL
Die „drei Bären" liegen 0,5 Meilen (805 m) hinter dem Meilenstein 19 und sind eine echte Schönheit. Der Name bezieht

sich auf die dreifache Kaskade, die an einer steilen Felswand auf der Landseite der Straße in die Tiefe stürzt. Nach einem Regenguss vereinigen sich die drei Sturzbäche zu einem einzigen mächtigen Wasserfall. Direkt vor der Brücke bietet eine kleine Parkbucht genug Platz für ein paar Autos. Dort geht's einen steilen, schlecht erkennbaren Pfad bergab, der auf der Seite der Brücke beginnt, die Hana zugewandt ist. Da die Steine moosig und glitschig sind, sollte man beim Abstieg vorsichtig sein. Man kann sich das Ganze natürlich auch sparen und die Wasserfälle von der Straße aus bewundern.

🏊 Pua'a Ka'a State Wayside Park BADESTELLE

Der entzückende Park mit dem lustigen Namen Pua'a Ka'a („rollendes Schwein") entrollt sich 0,5 Meilen (805 m) hinter dem Meilenstein 22 zu beiden Seiten der Straße. Pechvögel sehen nicht viel vom Park und lernen nur die Toiletten auf der meerzugewandten Straßenseite kennen – Glückspilze haben ein Handtuch dabei. Ein Stück landeinwärts auf der anderen Straßenseite gibt es zwei wunderschöne Wasserfälle, die in kleine Tümpel münden. Jenseits der Picknicktische ist der obere Tümpel zu sehen – dieser eignet sich zum Schwimmen am besten. Der Weg dorthin führt von Stein zu Stein über den Bach (unter dem Wasserfall ist allerdings immer Vorsicht vor fallenden Steinen und Sturzfluten geboten). Der untere Wasserfall endet in einem flacheren Tümpel. Hierher gelangt man, indem man zur Südseite der Brücke zurückläuft und flussaufwärts dem Weg folgt. Zwischendurch lohnt es sich, auf der Brücke noch einmal einen Stopp einzulegen und den Ausblick zu genießen – aber nicht zu lange, andere wollen auch was sehen!

Hanawi Falls WASSERFALL

Hanawi ist noch einer von diesen Wasserfällen mit zwei Gesichtern: Manchmal tröpfelt er sanft in einen ruhigen Tümpel, manchmal donnert er ungezähmt in die Tiefe und nimmt die gesamte Felsbreite ein. Beide Gemütszustände sind allerdings ein Foto wert. Er befindet sich 0,1 Meilen (gut 160 m) hinter dem Meilenstein 24, vor und hinter der Brücke gibt es kleine Parkbuchten.

Makapipi Falls WASSERFALL

Meist sieht man sich Wasserfälle aus der Froschperspektive an, aber hier sieht man ausnahmsweise einen von oben. Makapipi Falls ist ein explosiver Wasserfall, der direkt zu Füßen der Betrachter unter der Makapipi Bridge nach unten schießt. Wer nicht aussteigt, sieht ihn nicht; wer nicht weiß, dass er hier ist, kommt auch nicht auf die Idee, ihn hier zu suchen. Der Wasserfall befindet sich 0,1 Meilen (gut 160 m) hinter dem Meilenstein 25 – vor und nach der Brücke gibt's Parkbuchten.

Nahiku

Das Dörfchen Nahiku liegt zwar direkt an der Küste, sein winziges „Gewerbegebiet" befindet sich aber am Hana Hwy, unmittelbar vor dem Meilenstein 29. Hier ist der Nahiku Marketplace mit einem kleinen Coffeeshop, einem Obststand und mehreren Restaurants.

Hungrige sollten hier Station machen: Das Essen ist gut, und vor Hana gibt's nichts anderes mehr.

✗ Essen

Up In Smoke HAWAIISCH $
(Nahiku Marketplace, Hana Hwy; Snacks 3–6 $; ⊙So–Do 10–17 Uhr) Hawaiische Küche in Bestform! Der beliebte Imbissstand ist die beste Adresse für (mit *kiawe*-Holz) geräucherte Brotfrüchte oder Schweinefleisch-*tacos* à la *kalua*.

🏊 Jen's Thai Food THAI $
(Nahiku Marketplace, Hana Hwy; Hauptgerichte 8–10 $; ⊙11–16 Uhr) Im neuesten Lokal im Ort kommt nur fangfrischer Fisch aus Hana in die leckeren Currys. Der Salat aus grüner Papaya und das Pad Thai sind auch vom Feinsten.

Café Romantica VEGETARISCH $
(Nahiku Marketplace, Hana Hwy; Hauptgerichte 5–10 $; ⊙12–17 Uhr; 🖉) In diesem tollen Schuppen zaubert ein hervorragender Koch vegetarisches Gourmetessen in einem Oldtimer-Imbisswagen – beleuchtetes Vordach und Barhocker inklusive.

'Ula'ino Road

'Die 'Ula'ino Rd beginnt am Hana Hwy, gleich südlich des Meilensteins 31. Die Hana Lava Tube ist eine halbe Meile (805 m) vom Highway entfernt, der Kahanu Garden noch eine Meile (1,6 km) weiter.

LEISETRETEN ERWÜNSCHT

Reisende, die jeden Fleck der Insel erkunden wollen, geraten manchmal in Konflikt mit Einwohnern, die sich belästigt fühlen. Besonders akut ist das Problem am **Blue Pool**, einem Wasserfall mit Badestellen an der Küste neben der ʻUlaʻino Rd. Der Zugang zu diesem paradiesischen Fleckchen führt über das Eigentum von Landbesitzern, die sich zunehmend in ihrer Privatsphäre gestört fühlen durch Tagesausflügler, die durch ihren Garten latschen.

Alle freundlichen Bitten haben nichts genutzt: Das Schild gegenüber der Hana Lava Tube, das die spirituelle Bedeutung des Blue Pool für die alten Hawaiianer erklärte und Touristen bat, sich von ihm fernzuhalten, wurde inzwischen durch den Hinweis „Closed to the Public. Trespassers will be Prosecuted" (Für die Öffentlichkeit geschlossen. Unbefugtes Betreten wird strafrechtlich verfolgt!) ersetzt. Wer sich über das Verbot hinwegsetzt, muss mit hitzigen Konfrontationen rechnen. Da dabei auch ab und zu Kokosnüsse als Wurfgeschosse zum Einsatz kommen, sollte man sich doch lieber einen anderen Ort zum Schwimmen suchen. Schließlich mangelt es am Hana Hwy auch nicht an Alternativen.

⊙ Sehenswertes & Aktivitäten

LP TIPP **Kahanu Garden** HISTORISCHE STÄTTE
(☎248-8912; www.ntbg.org; ʻUlaʻino Rd; Erw./Kind 10 $/frei; ⊙Mo–Fr 10–14 Uhr) An diesem einmaligen Ort gibt's *mana* satt! Denn auf dem knapp 120 ha großen Gelände befindet sich sowohl Hawaiis größter Tempel als auch einer der wichtigsten ethnobiologischen Gärten. Die Verwaltung des Kahanu Garden unterliegt dem National Tropical Botanical Garden, der sich dem Schutz seltener und medizinisch wirksamer Pflanzen aus dem tropisch-pazifischen Raum verschrieben hat. Am interessantesten ist der **Kanugarten**, ein Landschaftsgarten mit Taro und anderen Pflanzen, die von frühen polynesischen Siedlern eingeführt wurden. Allein der Umfang des Gartens ist unglaublich: Er enthält sowohl die weltweit größte Ansammlung von Brotfruchtbäumen als auch eine bemerkenswerte Vielfalt an Kokospalmen.

Die Pfade führen auch am **Piʻilanihale Heiau** vorbei, einer riesigen Lavasteinplattform mit einer Länge von 137 m. Die Geschichte des beeindruckenden *heiau* ist ziemlich rätselhaft, aber ohne Zweifel war er für die Hawaiianer eine wichtige religiöse Stätte. Archäologen datieren die erste von mehreren Bauetappen auf das Jahr 1200 n. Chr. Die endgültige grandiose Anlage ist das Werk von Piʻilani, dem König von Maui im 14. Jh. (der Name des Tempels bedeutet auch „Haus des Piʻilani"), dem man auch den Bau vieler Fischteiche an der Küste um Hana zuschreibt. Der spannende Ort ist ein Spaß für die ganze Familie – Kinder bis zwölf Jahren dürfen umsonst rein.

Für den Besuch im Kahanu Garden sollte man schon ein paar Stunden einplanen. Tagesausflügler machen deshalb meist einen Bogen um den Garten, und Besucher mit mehr Zeit haben ihn oft ganz für sich allein. Er befindet sich am Kalahu Point an der ʻUlaʻino Rd, 1,5 Meilen (2,4 km) nachdem sie vom Hana Hwy abbiegt. Kurz vor dem Garten führt die Straße durch ein Bachbett – bei Trockenheit kein Problem, aber nach schweren Regenfällen für Autos unpassierbar.

Rundgänge auf eigene Faust sind nur unter der Woche möglich. Samstagmorgens ist der Garten von 10 bis 12 Uhr geöffnet; dann muss man allerdings an einer Führung teilnehmen (25 $).

Hana Lava Tube HÖHLEN
(www.mauicave.com; ʻUlaʻino Rd; Eintritt 12 $; ⊙10.30–16 Uhr) Die Fahrt nach Hana wird vor allem vom satten Grün der Umgebung geprägt. Diese uralten, von einem Lavastrom geformten Riesenhöhlen bilden einen ziemlich seltsamen Kontrast dazu. Sie sind so groß, dass sie eine Zeit lang als Schlachthof genutzt wurden. Bevor sie für den Publikumsverkehr geöffnet werden konnten, mussten 7711 kg Rinderknochen entsorgt werden … Ja, sie sind wahrhaftig die „Big Kahunas" unter den Lavaröhren. Die verschlungenen unterirdischen Höhlen erreichen teilweise eine Höhe von 12 m und beherbergen ein einmaliges Ökosystem mit tropfenden Stalaktiten und Stalagmiten.

Der Gang durch die Röhren dauert etwa eine Stunde; im Eintrittspreis sind Schutzhelm und Taschenlampe enthalten. Pullover nicht vergessen – es ist kalt da unten!

Wai'anapanapa State Park

Dieser angesagte Park hat einiges im Angebot: Schwimmen in einer Höhle, Sonnen am schwarzen Sandstrand und Erkundungstouren in uralten hawaiischen Stätten. Zusammen mit dem sonnigen Küstenwanderweg und dem Campingplatz am Meer sind das ziemlich viele Argumente für einen Abstecher hierher. Die Honokalani Rd biegt gleich nach dem Meilenstein 32 ab und führt in den Wai'anapanapa State Park. Am Ende der Straße ist schon das Herzstück des Parks zu sehen: der pechschwarze Sandstrand der Pa'iloa Bay.

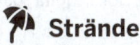 Strände

Pa'iloa Beach
LP TIPP   STRAND
Der atemberaubende Strand in diesem Park ist konkurrenzlos der schönste schwarze Sandstrand auf Maui. Spazierengehen, Sonnen – alles kein Problem. Aber Vorsicht beim Schwimmen: Die Bucht führt direkt ins offene Meer und der Grund fällt extrem steil ab. Die Bedingungen sind deshalb auch für gute Schwimmer anspruchsvoll. Der Brandungsrückstrom ist immer sehr stark (Pa'iloa bedeutet übersetzt „immer spritzend") und kostete schon mehreren Menschen das Leben.

Sehenswertes & Aktivitäten

Lavahöhlen
HÖHLEN
Eine zehnminütige Rundwanderung beginnt nördlich des Strandparkplatzes und führt zu zwei eindrucksvollen Lavaröhren. In der gartenähnlichen Umgebung wachsen Farne und bunt blühendes Springkraut, innen warten Quellen mit Tümpeln. Die kristallklaren Mineralwasserquellen des Wai'anapanapa (zu Deutsch: „glänzendes Wasser") sind angeblich ein Jungbrunnen für die Haut. Ob das wirklich stimmt, sei dahingestellt, aber erfrischend kühl und anregend sind die lichtlosen Tümpel auf jeden Fall.

Pi'ilani Trail
WANDERN
Dieser phantastische Küstenwanderweg führt vom Park knapp 5 km Richtung Süden zur unmittelbar nördlich der Hana Bay gelegenen Kainalimu Bay und bietet unterwegs grandiose Ausblicke. Schon gleich am Beginn der Strecke ist jede Menge zu sehen. So kommen auch Eilige auf ihre Kosten, die nur Zeit für das erste Drittel des Weges haben. Wer die Wanderung bis zum Ende gehen will, sollte auf jeden Fall Wasser mitnehmen (auf dem ganzen Weg gibt es keinen Schatten). Gute Wanderschuhe sind auch erforderlich: Der Weg wird mit zunehmender Länge immer anspruchsvoller.

Die Route folgt einem uralten Fußweg, der einst die wichtigste Landverbindung zwischen Hana und den nördlichen Dörfern war: dem King's Hwy. Die ausgetretenen Steine der Straße des Königs stammen teilweise noch aus der Ära des Pi'ilani, der im 14. Jh. König von Maui war. Der Wanderweg beginnt an der Küste gleich unterhalb des Campingplatzes und verläuft entlang der Lavaklippen parallel zum Meer. Nach wenigen Minuten passiert er eine Begräbnisstätte, einen natürlichen **Felsbogen** und ein **Blowhole**, das bei starker Brandung lautstark zum Leben erwacht. Hier lassen sich auch am ehesten die bedrohten hawaiischen Mönchsrobben blicken, da sie hier gern am Ufer ein Sonnenbad nehmen.

Nach gut einem Kilometer tauchen hoch über dem Meer die Überreste des **'Ohala Heiau** auf, eines Tempels für den Erntegott Lono. Es folgt auf der linken Seite ein **Fischerschrein**, von dem sich ein toller Ausblick über die Basaltklippen bis nach Hana eröffnet; danach prägen vor allem *hala* und Eisenbäume die Küstenlandschaft. Der Weg führt über Lavagestein und eine grasbewachsene Lichtung und ist fast überall mit runden Steinen markiert. Nur auf

---

ROTES WASSER

An bestimmten Nächten im Jahr färbt sich das Wasser in den Lavaröhren des Wai'anapanapa State Park rot. Legenden zufolge handelt es sich dabei um das Blut einer Prinzessin und ihres Liebhabers, die vom gehörnten Ehemann der Prinzessin erschlagen wurden, als er hier ihr Versteck fand. Weniger romantisch Veranlagte schreiben das Phänomen den winzigen, leuchtend roten Garnelen mit dem unpoetischen Namen *'opaeula* zu, die manchmal in Schwärmen aus unterirdischen Lavaspalten hervorkommen.

einer zerfurchten Klippe verschwinden sie kurz. In **Luahaloa**, einem Felsvorsprung mit einer kleinen Fischerhütte, zweigt eine unbefestigte Straße nach rechts ab. Auf den letzten 1,6 km über die Klippen bis zur **Kainalimu Bay** setzen Eisenholzwäldchen die landschaftlichen Akzente. Der Weg führt hier durch Buschwerk hinunter in eine Schlucht bis zu einem schwarzen Kieselstrand. Trittsteine sorgen für ein rasches Fortkommen bis zur Bucht. Von hier aus führt eine unbefestigte Route Richtung Süden nach 1,6 km bis nach Hana. Abenteurer können aber auch am Strand entlang bis zur Hana Bay wandern.

🛌 Schlafen

Die strandnahen Campingplätze des Parks mit ihren Wiesen und Schatten spendenden Bäumen sind der ideale Ort, um sich vom Rauschen der Brandung in den Schlaf wiegen zu lassen. Camper finden wirklich tolle Bedingungen vor, sollten aber bedenken, dass sie sich auf der Regenseite der Insel befinden. Es kann also jederzeit ziemlich feucht werden, und darauf sollte man vorbereitet sein. Der Park bietet auch ein Dutzend Cabins an, die allerdings so beliebt sind, dass sie schon Monate im Voraus ausgebucht sind. Infos zu Genehmigungen, Gebühren und Reservierungen auf S. 330.

HANA & EAST MAUI

Wohin flieht ein Einwohner Mauis, wenn er dem ganzen Trubel entkommen will? Ins raue, zerklüftete East Maui, dem abgelegensten Winkel der Insel. Hier gibt es noch keine Golfplätze und Strandresorts – und es gibt noch viele Orte, die vom Tourismus verschont geblieben sind. Im altehrwürdigen Hana herrscht immer noch geruhsame Langsamkeit, und man trifft hier auf Menschen, die jede Menge Zeit haben. Jenseits von Hana warten phantastische Wasserfälle, Badestellen für kurze Erfrischungen zwischendurch und abgeschiedene Bauernhöfe ohne Anschluss ans Stromnetz. Einen Besuch im abenteuerlichen Cowboydorf Kaupo sollte man ebenfalls auf keinen Fall auslassen.

Hana

1800 EW.

Hana erobert die Herzen seiner Besucher nicht gerade im Sturm. Nach der spektakulären Fahrt hierher erscheint es vielen eher langweilig. Auf den grünen Hügeln grasen gemütlich die Kühe, am Strand sitzen die Bewohner beim *plate lunch* und tauschen Neuigkeiten aus. Selbst in Hanas legendärem Hotel geht es ziemlich entspannt zu.

Isoliert durch die lange Serpentinenstraße hat Hana mehr von seiner hawaiischen Ursprünglichkeit bewahren können als andere Gemeinden. 'Ohana (hawaiischer Familiensinn) wird hier groß geschrieben – und wer genau hinhört, wird die Wörter *auntie* und *uncle* ziemlich häufig hören. In Hana herrscht eine zeitlos dörfliche Atmosphäre – der Begriff „Old Hawaii" ist in den letzten Jahren zu einem abgenutzten Klischee verkommen, aber zu Hana passt er noch! Was Hana wirklich zu bieten hat, bekommen eigentlich nur die mit, die hier innehalten und verweilen. Sie werden dafür mit einer authentischen Portion „Aloha" belohnt.

Geschichte

Heute kann man sich kaum noch vorstellen, dass das kleine beschauliche Hana einmal die Drehscheibe Mauis war, aber im alten Hawaii brachte dieses Örtchen einige der einflussreichsten *ali'i* (Mitglieder der königlichen Familie) hervor. Der große Herrscher Pi'ilani brach im 14. Jh. von Hana aus auf zu den Feldzügen gegen seine Rivalen in Wailuku und Lahaina und wurde schließlich der erste König des vereinigten Mauis. Seine Marschrouten entwickelten sich zu wichtigen Verkehrswegen, und noch heute trägt die Hälfte der Highways auf Maui seinen Namen.

1849 kaufte der Walfangveteran George Wilfong 24 ha Land auf, um Zuckerrohr anzubauen. Eine nachhaltige Veränderung der Landschaft rund um Hana war die Folge, und die Stadt entwickelte sich zu einem boomenden Zuckerrohrzentrum, inklusive einer Schmalspureisenbahn, die zwischen den Feldern und der Zuckerrohrmühle verkehrte. In den 1940er-Jahren konnte Hana schließlich nicht mehr mit den größeren Zuckerherstellern in Central Maui Schritt halten, und die Mühle ging pleite.

1943 kam ein Geschäftsmann aus San Francisco in die Gegend, kaufte knapp 5700 ha Land auf und wandelte die Zuckerrohrfelder in Weideland um, für eine Ranch mit 300 Hereford-Rindern. Ein paar Jahre später eröffnete er ein Hotel mit sechs Zimmern als Übernachtungsmöglichkeit für seine wohlhabenden Freunde.

Auch die San Francisco Seals, sein Minor-League-Baseballteam, musten in Hana ihr Frühjahrstraining absolvieren. Die begleitenden Sportjournalisten verpassten der Stadt ihren Beinamen: „Heavenly Hana" – himmlisches Hana. Heute gilt die Hana Ranch als Motor der regionalen Wirtschaft: Auf dem hügeligen Weideland grasen unter der Obhut hawaiischer *paniolo* rund 2000 Rinder.

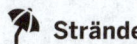 Strände

Hana Beach Park STRAND
Was für andere Städte der Marktplatz ist, ist für Hana der Beach Park in der Bucht. Hier lassen die einheimischen Familien ihre Kinder herumplanschen, nehmen auf dem schwarzen Sandstrand ein Picknick ein oder musizieren gemeinsam mit Freunden auf der Ukulele.

Bei sehr ruhigen Bedingungen sind die Küstengewässer Richtung Leuchtturm zum Schnorcheln und Tauchen geeignet, die Strömung kann allerdings recht stark sein. Schnorchler sollten daher nicht über den Leuchtturm hinausschwimmen. Surfer bevorzugen **Waikoloa Beach** am nördlichen Ende der Bucht.

Kaihalulu (Red Sand) Beach STRAND
Die versteckte Bucht an der Südseite von Ka'uiki Head wird gerne von FKKlern besucht und beeindruckt mit einer kontrastreichen Szenerie mit dunkelrotem Sand und leuchtend türkisfarbenem Wasser. Zwar ist die Bucht zum Teil durch eine Lavafelszunge geschützt, die Strömung kann bei hohem Seegang aber sehr stark sein (Kaihalulu heißt übersetzt nicht umsonst „brüllende See"). Eine Lücke in den Felsen bildet links einen Sog, den man unbedingt aus dem Weg gehen sollte. Da die Badebedingungen hier unberechenbar sind, ist beim Schwimmen immer Vorsicht geboten – ruhig ist das Wasser vor allem morgens.

Der Pfad zum Strand beginnt am Rasen unterhalb der **Hana Community Center** und mündet in einen steilen, zehnminütigen Abstieg zur Bucht. Der Weg ist schmal, und eine unangenehme Mischung aus bröckelnder Vulkanasche und rutschigem Lehm macht ihn ziemlich tückisch, vor allem bei Nässe. Unbedingt festes Schuhwerk anlegen! Unterwegs geht's vorbei an einem überwucherten japanischen Friedhof, ein Relikt aus den Zeiten des Zuckerrohrbooms.

Hana Cultural Center MUSEUM
(☎248-8622; www.hanaculturalcenter.org; 4974 Uakea Rd; Erw./Kind unter 12 J. 3 $/frei; ⊙Mo–Do 10–16 Uhr) Dieses bodenständige Museum mit hawaiischen Artefakten, Holzschnitzereien und handgestickten Steppdecken präsentiert seinen Besuchern ein Stück Heimatkunde.

Auf dem Außengelände finden sich weitere kulturelle Schätze, darunter vier authentisch rekonstruierte **Hale mit Schilfdach**, die auch außerhalb der Öffnungszeiten besichtigt werden können. Außerdem zu sehen ist ein winziges **Gerichtshaus** (Baujahr 1871) mit drei Bänken. Was hier wie ein Museumsstück daherkommt, ist aber auch noch in Benutzung: Jeden ersten Dienstag im Monat verhandelt ein Richter kleinere Fälle, damit nicht jeder Verkehrssünder bis nach Wailuku fahren muss, um eine Strafe aufgebrummt zu bekommen.

Hasegawa General Store HISTORISCHER LADEN
(☎248-8231; 5165 Hana Hwy; Mo–Sa 7–19, So 8–18 Uhr) Dieser Laden ist eine echte Sehenswürdigkeit: Seit hundert Jahren betreibt die Familie Hasegawa unter diesem Blechdach den einzigen Gemischtwarenladen in Hana, und in seinen vollgestopften Gängen findet man einfach alles: von Angelruten über Macheten bis hin zu Limonade und *poi*. Die Mutter aller Tante-Emma-Läden ist die erste Adresse für Einheimische, die einkaufen wollen, für Hungrige auf der Suche nach einem Snack und Touristen, die noch ein Hana-Hwy-T-Shirt brauchen.

Wananalua Congregational Church HISTORISCHE KIRCHE
(Hana Hwy Ecke Hau'oli St) Das 1838 erbaute und im National Register of Historic Places verzeichnete Gotteshaus erinnert mit seinen dicken Mauern an eine normannische Kirche. Ungewöhnlich ist auch der kleine **Friedhof** an der Seite, denn die Gräber sind nicht in Reihen, sondern vollkommen kreuz und quer angeordnet. Auch nach dem Tod mag man es in Hana also ganz relaxed!

Hana Coast Gallery GALERIE
(☎248-8638; 5031 Hana Hwy; ⊙9–17 Uhr) Keine Lust auf Shoppen? Ein Besuch in dieser Galerie an der Nordseite des Hotels Hana-Maui lohnt sich trotzdem, denn die Holzschalen, die Gemälde und der hawaiische Federschmuck sind echte Hingucker (und stehen den Exponaten in einem Museum in nichts nach).

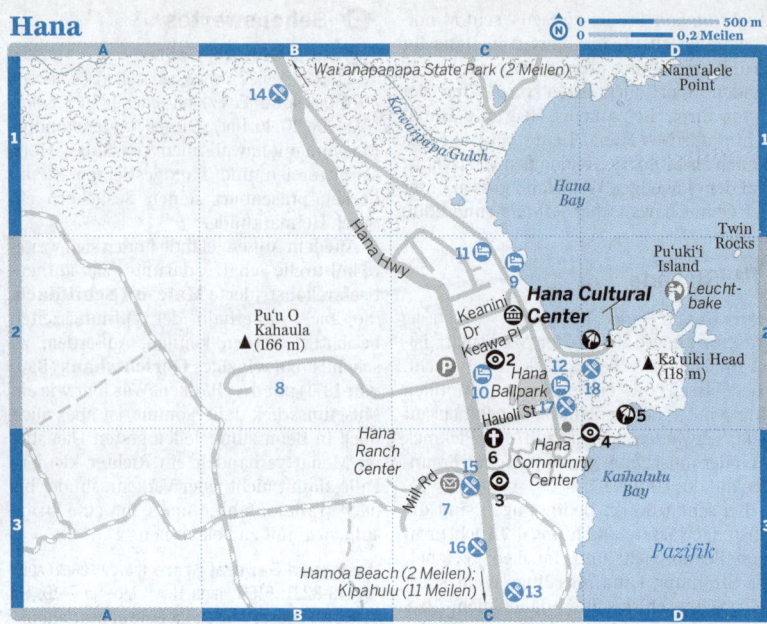

Aktivitäten

Zusätzlich zu den hier aufgeführten Unternehmungen hat auch das Hotel Hana-Maui ein Aktivitätenangebot für Hotelgäste, z. B. Kajakfahren und Schnorcheln.

Lyon's Hill

WANDERN

Paul Fagan, der frühere Besitzer der Hana Ranch, beendete seinen Tag gern mit einem Spaziergang zum Gipfel des Lyon's Hill, um den wunderschönen Ausblick bei Sonnenuntergang zu genießen. Wer Zeit hat, sollte seinem Beispiel folgen. Das Gipfelkreuz ist Fagan gewidmet und Hanas auffälligstes Wahrzeichen. Der Weg auf den Hügel beginnt gegenüber dem Hotel Hana-Maui und nimmt 15 Minuten in Anspruch.

Hang Gliding Maui

ULTRALEICHTFLÜGE

(☎572-6557; www.hanggldingmaui.com; Hana Airport; 30-/60-min. Flug 150/250 $; ⏰nach Vereinbarung) Hang Gliding Maui bietet den besten Blick aus der Vogelperspektive – bei einem Tandemflug mit dem Ultraleichtflugzeug. Passagiere bekommen vom Veranstalter einen Overall ausgeliehen, und das Einzige, was man selbst mitbringen muss, ist Abenteuerlust! Dann geht's in die Lüfte mit einem seltsamen Vehikel, das ein wenig an ein Motorrad mit Flügeln erinnert! Durch ein doppeltes Steuergestänge können Passagiere sogar hin und wieder selbst das Ruder in die Hand nehmen.

Hana Ranch Stables

REITEN

(☎270-5258; Mill Rd; 1-std. Ausritt 60 $) Mit diesem Anbieter können Pferdefreunde entweder entlang der schwarzen Lavaküste rund um Hana oder ins grüne Weideland reiten. Buchung über das Hotel Hana-Maui.

Honua Spa

DAY SPA

(☎270-5290; Hotel Hana-Maui, 5031 Hana Hwy; Anwendungen 120–290 $) Die Road to Hana ist lang, und wer einen steifen Nacken davon bekommen hat, kann ihn sich im edlen Honua Spa mit *lomilomi* (traditioneller hawaiischer Massage) wieder weich kneten lassen.

Luana Spa Retreat

DAY SPA

(☎248-8855; 5050 Uakea Rd; Anwendungen 40–150 $) Massage und Ganzkörperanwendungen in einer hawaiisch gestylten Freiluftanlage.

Festivals & Events

LP TIPP **East Maui Taro Festival** FESTIVAL (www.tarofestival.org) Mauis hawaiischster Ort feiert auch das hawaiischste aller Feste. Alles, was ganz typisch für die

Hana

⊙ Highlights
    Hana Cultural Center C2

⊙ Sehenswertes
1 Hana Beach Park D2
2 Hana Coast Gallery............................C2
3 Hasegawa General Store C3
4 Japanischer Friedhof...........................D3
5 Kaihalulu (Red Sand) Beach D2
6 Wananalua Congregational
    Church..C3

Aktivitäten, Kurse & Touren
7 Hana Ranch Stables C3
    Honua Spa ....(s. 10)
    Luana Spa Retreat........................(s. 12)
8 Lyon's Hill...B2

🛏 Schlafen
9 Hana Kai-Maui C2
10 Hotel Hana-Maui C2
11 Joe's Place C2
12 Luana Spa Retreat C2

🍴 Essen
13 Bruddah Hutt's BBQ.............................C3
14 Hana Fresh..B1
15 Hana Ranch Restaurant
    Takeout C3
16 Ono Farmers' Market............................C3
17 Pranee's Thai Food C2
18 Tutu's D2

⚙ Unterhaltung
    Paniolo Bar ....(s. 10)

Inselkultur ist, ist hier dabei: Auslegerkanurennen, Frühstück mit Taropfannkuchen, *poi*-Zubereitung, Hula-Tanzen und eine riesige Jamsession mit hochkarätigen Ukulele- und Slack-Key-Spielern. Nie zeigt sich Hana von einer schöneren Seite als an diesem letzten Wochenende im April – Unterkünfte sollten weit im Voraus gebucht werden.

MauiFest Hawaii   FESTIVAL
(www.mauifest.net) Bei diesem Festival an einem Wochenende im Oktober werden Filme aus Inselproduktion gezeigt. Die Themen reichen von Musik über Surfen und Hula-Tanz bis zu berühmten hawaiischen Musikern wie Brother Noland.

🛏 Schlafen
Neben den unten aufgeführten Unterkünften hat auch der Wai'anapanapa State Park,

gleich nördlich von Hana, Cabins und Zeltstellplätze. Einen weiteren Campingplatz gibt's 10 Meilen (16 km) weiter südlich in 'Ohe'o Gulch.

LP TIPP Hotel Hana-Maui   BOUTIQUEHOTEL $$$
(☎248-8211, 800-321-4262; www.hotel hanamaui.com; 5031 Hana Hwy; Zi. ab 325 $; @ �］) Diese berühmte Urlaubsidylle ist der Inbegriff der Ruhe. Das ganze Haus ist großzügig und offen gestaltet und vollgestopft mit hawaiischen Details (z. B. Inselkunst in der Lobby und handgemachte Steppdecken auf den Betten). Die Zimmer verströmen mit ihren gebleichten Holzböden, Deckenventilatoren und blumenumrankten Terrassen mit Flügeltüren eine dezente Eleganz. Und – wie angenehm – nirgends ist irgendein Elektronik-Schnickschnack zu sehen. Noch nicht mal ein Wecker! Alle, die dabei immer noch nicht vollends entspannen, können ohne Aufpreis zum Yoga gehen oder sich im Wellnessbereich eine hawaiische Massage verpassen lassen.

Luana Spa Retreat   JURTE $$
(☎248-8855; www.luanaspa.com; 5050 Uakea Rd; DZ 150 $) Eine Jurte, ein toller Ausblick und sonst nichts: Hier geht's ohne Kompromisse „zurück zur Natur". Die originelle Unterkunft auf einer abgeschiedenen Hügelkuppe oberhalb der Hana Bay verbindet aufs Angenehmste Wildnis mit Zivilisation. Die Jurte ist mit Küchenzeile sowie Stereoanlage mit hawaiischer Musik ausgerüstet. Die Dusche befindet sich draußen in einer Bambuskabine, und der Sternenhimmel über der Bucht ist einfach nur spektakulär. Mit Sicherheit die romantischste Unterkunft, die Hana zu bieten hat.

Hana Kai-Maui   CONDO $$
(☎248-8426, 800-346-2772; www.hanakai.com; 1533 Uakea Rd; Studio/1 Zi. ab 185/210 $) Hanas einziger Condo-Komplex ist nur einen Katzensprung vom angesagtesten Surfstrand der Umgebung entfernt. Die schön eingerichteten Einheiten haben zwar dünne Wände, aber die Brandung übertönt locker das Gelaber der Nachbarn. Den besten Ausblick aufs Meer haben die Eckwohnungen im obersten Stock. Im Gegensatz zu den meisten Condos auf Maui gibt's bei Hana Kai-Maui keine Mindestmietzeit.

Hana's Tradewinds Cottage   COTTAGE $$
(☎248-8980; www.hanamauirentals.com; 135 Alalele Pl; DZ 175 $) Das gemütliche Cottage inmitten einer tropischen Blumenplantage bietet ausreichend Platz für eine kleine Fa-

MAUI HANA & EAST MAUI

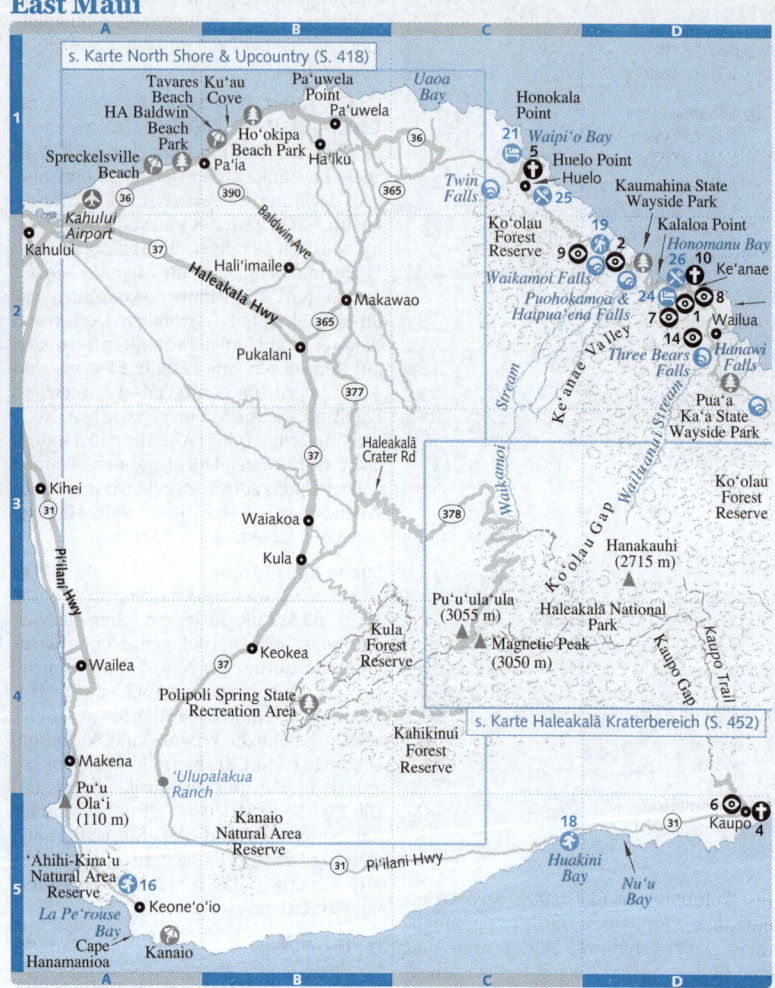

s. Karte North Shore & Upcountry (S. 418)

s. Karte Haleakalā Kraterbereich (S. 452)

milie. Der Grundpreis gilt für zwei Personen, für jede weitere fällt eine Gebühr von 25 $ an. Obwohl man von hier in nur zehn Minuten in die Stadt fahren kann, ist es so ruhig wie in der Pampa. Und das Allerbeste: Nach einem anstrengenden Wandertag lockt ein entspannendes Bad im eigenen Whirlpool.

Joe's Place   BUDGET-HOTEL $
(☎248-7033; www.joesrentals.com; 4870 Uakea Rd; Zi. mit Gemeinschafts-/Einzelbad 50/60 $) In Hana gibt's nur diese eine Unterkunft für Reisende mit knappem Budget. Sie bietet ein Dutzend einfache Zimmer mit

ausgelatschten Linoleumböden und einem Dekor aus den 1960er-Jahren. Dafür sind die Wände frisch gestrichen und der ganze Laden pieksauber. In den Gemeinschaftsbereichen – Grill, TV-Zimmer und Küche – kann man nach einem Sightseeing-Tag gemütlich mit anderen Travellern Tipps austauschen.

✗ Essen

In Hana gibt's nur wenige Läden und eine sehr begrenzte Lebensmittelauswahl. Wer länger bleibt, sollte sich also vorher in Kahului versorgen.

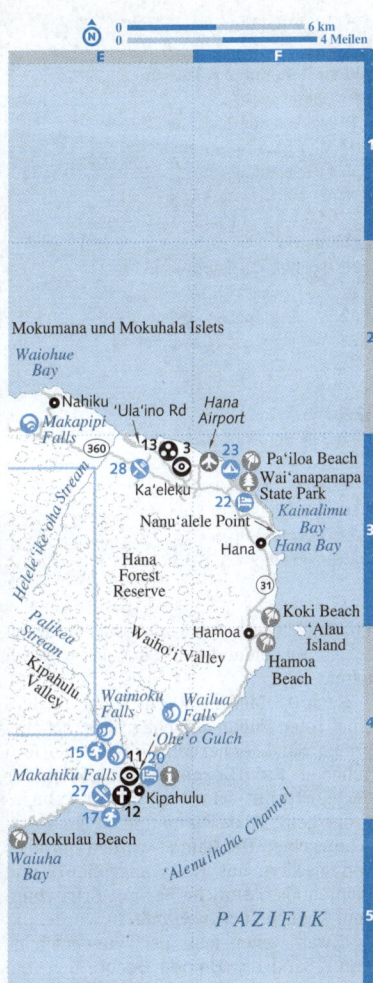

Sonnensegel, während die große Familie über den Gasgrill wacht. Unsere Favoriten sind Grillhühnchen und Fisch-*tacos*. Mittags kann's ziemlich voll werden, und die Öffnungszeiten werden nicht immer eingehalten. Sie machen einfach zu, wenn das Essen ausgeht.

LP TIPP Pranee's Thai Food THAI $

(☏248-8855; 5050 Uakea Rd; Hauptgerichte 8–10 $; ⊙So–Mi 11–15 Uhr) Nur wenige Glückspilze stolpern zufällig über dieses versteckte Juwel. Das schlichte Freiluftcafé liegt etwas abseits der Straße gegenüber dem Hana Ballpark und ist das Reich von Köchin Pranee, die in der Gegend für ihre feurigen Currys und knackig frischen Wokgerichte berühmt ist.

Hana Ranch Restaurant Takeout BURGERBUDE $

(☏248-8255; Hana Ranch Center, Mill Rd; Gerichte 9–12 $; ⊙11–16 Uhr) Was eigentlich nur ein Takeaway ist, ist mittags beliebt wie kein zweites Lokal. Alle wollen die saftigen Burger von Hana-Rindern aus Weidehaltung. Der Ausblick von den Picknicktischen ist auch nicht schlecht.

Tutu's SNACKBAR $

(☏248-8224; Hana Beach Park; Snacks 5–10 $; ⊙8.30–16 Uhr) Der Fastfoodstand am Hana Beach Park hat genau das, was man von ihm erwarten würde: Shave Ice, Burger und *plate lunch*. Jetzt noch einen Tisch am Strand ergattern, und fertig ist das Picknick.

✿ Ono Farmers Market BAUERNMARKT $

(Hana Hwy; ⊙So–Do 10–18 Uhr) Die beste Anlaufstelle für Kaffee aus Kipahulu, Marmeladen und eine unglaubliche Obstauswahl von Papaya bis Rambutan.

🍷 Ausgehen

Paniolo Bar BAR

(☏248-8211; Hotel Hana-Maui, 5031 Hana Hwy; ⊙11–21 Uhr) Die Freiluftbar beim Hotel Hana-Maui ist ein eleganter Ort für einen Drink und bietet abends manchmal hawaiische Musik.

ⓘ Praktische Informationen

In Hana werden die Bürgersteige schon früh hochgeklappt. Autofahrer sollten vorausplanen: **Hana Gas** (☏248-7671; Mill Rd Ecke Hana Hwy; ⊙7–20.30 Uhr) ist in ganz East Maui die einzige Tankstelle.

Hana Ranch Center (Mill Rd) ist das Geschäftszentrum der Stadt. Hier gibt's eine **Post**

✿ Hana Fresh IMBISS $

(www.hanafresh.org; 4590 Hana Hwy; Mittag 6 $; ⊙Mo–Sa 8–17.30, So 8–14 Uhr) Der Straßenimbiss direkt vor dem Hana Health Center verkauft vor Ort erzeugte Bioware und Gesundes zum Mitnehmen, vor allem regional gefangenen Fisch. Wer zufällig mittags da ist, findet in ganz Hana kein besseres Angebot.

LP TIPP Bruddah Hutt's BBQ BBQ $

(Hana Hwy; Hauptgerichte 8–14 $; ⊙10–16 Uhr) Man kommt sich hier ein bisschen vor wie beim Grillen unter Freunden: Die Gäste sitzen auf Klappstühlen unter einem

East Maui

◎ **Sehenswertes**

    Grab von Charles Lindbergh............(s. 12)
1 Ching's Pond D2
2 Baumgarten Garden of Eden...............D2
3 Hana Lava Tube E3
4 Hui Aloha Church D5
    Kahanu Garden ....(s. 13)
5 Kaulanapueo Church...........................C1
6 Kaupo Store..D5
7 Ke'anae-Baumgarten D2
8 Ke'anae Peninsula Lookout D2
9 Ko'olau-Bewässerungsgraben.............C2
10 Lanakila 'Ihi'ihi o Iehova Ona
    Kaua (Ke'anae
    Congregational Church) D2
11 Ono Organic Farms E4
12 Palapala Ho'omau
    Congregational Church......................E4
13 Pi'ilanihale Heiau................................E3
14 Wailua Valley State Wayside D2

Aktivitäten, Kurse & Touren

15 Bambuswald E4
16 Makena Stables A5
17 Maui Stables E4
18 Felsbogen C5
19 Waikamoi Nature Trail D2

🛏 **Schlafen**

20 Kipahulu Campground E4
21 Tea House C1
22 Wai'anapanapa Cabins F3
23 Wai'anapanapa Campground...............F3
24 YMCA Camp Ke'anae...........................D2

✴ **Essen**

    Café Romantica ....(s. 28)
25 Huelo Lookout C1
    Jen's Thai Food ....(s. 28)
26 Ke'anae Landing Fruit Stand D2
27 Laulima Farms E4
28 Up In Smoke.......................................E3

(☉Mo–Fr 8–16.30 Uhr), eine winzige **Bank of Hawaii** (☎248-8015; ☉Mo–Do 15–16.30, Fr bis 18 Uhr) und den **Hana Ranch Store** (☎248-8261; ☉7–19.30 Uhr), der Lebensmittel und alkoholische Getränke verkauft. Die Bank hat zwar keinen Geldautomaten, dafür aber der **Hasegawa General Store** (☎248-8231; 5165 Hana Hwy; ☉Mo–Sa 7–19, So 8–18 Uhr). Medizinischen Bedarf gibt's auf der Nordseite der Stadt bei **Hana Health** (☎248-8294; 4590 Hana Hwy; ☉8.30–17 Uhr).

Von Hana bis Kipahulu

Die meisten Tagesausflügler fragen sich, ob sie hinter Hana noch ein Stück weiterfahren sollen. Darauf gibt es nur eine Antwort: Unbedingt! Jetzt folgt nämlich der wohl schönste Abschnitt der ganzen Fahrt. Weniger als eine Stunde von Hana entfernt liegt der zauberhafte 'Ohe'o Gulch mit Wasserfällen, Badestellen und atemberaubenden Wanderwegen. Serpentinen, einspurige Brücken und Fahrer, die am Steuer die Landschaft bestaunen, machen diese 10 Meilen (16 km) allerdings zu einer extrem langsamen Strecke. Augen auf und genießen!

RUNDFAHRT AUF DER HANEO'O ROAD

Die Haneo'o Rd biegt kurz vor dem Meilenstein 50 vom Highway ab und ist ein 1,5 Meilen (2,4 km) langer Abstecher durch schöne Küstenlandschaft, der sich wirklich lohnt.

Nach 0,5 Meilen (805 m) lockt am Fuß eines roten Vulkanaschehügels der schokobraune Sand des bei einheimischen Surfern beliebten **Koki Beach**. Das Inselchen vor der Küste mit seiner spärlichen Palmenkrone heißt **'Alau Island** und ist ein Vogelschutzgebiet. Die Bäume wurden übrigens von Fischern aus Hana angepflanzt und dienten als natürliche Bar mit Erfrischungen, wenn auf der Insel gefischt wurde.

Etwas weiter folgt der wunderschöne graue Sand des **Hamoa Beach**, der vom Hotel Hana-Maui gepflegt wird, aber öffentlich zugänglich ist. Der Schriftsteller James Michener beschrieb ihn einmal als den einzigen Strand im nordpazifischen Raum, der so aussieht, als würde er eigentlich am Südpazifik liegen. Bei Wellengang kommen Surfer und Boogieboarder scharenweise hierher – aber Vorsicht vor dem Brandungsrückstrom! Bei ruhigem Wasser eignet sich die Bucht gut zum Schwimmen. Der öffentliche Zugang führt über die Treppen gleich nördlich der Hotelbushaltestelle. Zur Ausstattung gehören Duschen und Toiletten.

WAILUA FALLS

Auf dem Weg nach Süden rauschen Wasserfälle an Felswänden herunter, Orchideen wachsen zwischen Steinen, und ein Dschungel mit Brotfrucht- und Kokosnussbäumen krönt das Ganze. Absolut unvergleichlich ist aber der Anblick der Wailua Falls, eines Wasserfalls, der gleich neben der Straße spektakuläre 30 m in die Tiefe donnert. Er liegt 0,3 Meilen (knapp 483 m) hinter dem Meilenstein 45, aber man wird ihn auch so finden, denn am Straßenrand bildet sich immer eine Menschentraube.

'OHE'O GULCH

Phantastische Wasserfälle, kühle Tümpel, Wanderpfade ohne Ende. Der unbestrittene Höhepunkt der Fahrt ab Hana ist der 'Ohe'o Gulch, auch bekannt als der Kipahulu-Abschnitt des Haleakalā National Park. Details zu Aktivitäten und Sehenswürdigkeiten sowie Gebühren und Campingplätzen sind im Abschnitt zu den Nationalparks (S. 330) aufgeführt.

Kipahulu

Das Dörfchen Kipahulu liegt weniger als eine Meile südlich des 'Ohe'o Gulch. Kaum zu glauben, dass der verschlafene Ort einst eine lebhafte Zuckerrohrstadt war. Nachdem die Mühle 1922 geschlossen wurde, zogen die meisten Einwohner ihrer Arbeit hinterher und verließen die Stadt. Heute ist die Gemeinde eine bunte Mischung aus bescheidenen Häuschen, Biobauernhöfen, Ökodomizilen ohne Anschluss ans Stromnetz und einer Handvoll exklusiver Anwesen, darunter auch das ehemalige Haus des berühmten Flugpioniers Charles Lindbergh.

⊙ Sehenswertes

Das Grab von
Charles Lindbergh   GRABSTÄTTE
Charles Lindbergh zog es im Jahr 1968 ins abgelegene Kipahulu. Er liebte hier vor allem die Abgeschiedenheit, tat sich aber hin und wieder auch als prominenter Fürsprecher von Naturschützern hervor. Als er von seiner unheilbaren Krebserkrankung erfuhr, entschied er sich gegen eine Behandlung und verbrachte seine letzten Tage zuhause auf Maui.

Nach seinem Tod im Jahr 1974 wurde Lindbergh auf dem Friedhof der **Palapala Ho'omau Congregational Church** bestattet. Die 1864 erbaute Kirche ist auch bekannt für ihr Buntglasfenster mit polynesischem Christus in einem rotgelben Federumhang, wie er einst Hawaiis höchsten Häuptlingen vorbehalten war.

Lindberghs Wunsch nach Ruhe vor der Öffentlichkeit scheint auch über seinen Tod hinaus in Erfüllung zu gehen, denn viele finden sein Grab erst gar nicht. Um hinzukommen, muss man aber einfach nur beim Wegweiser zum Reitstall Maui Stables 0,2 Meilen (322 m) südlich des Meilensteins 41 links abbiegen und am Reitstall selbst wieder links gehen. Die Kirche taucht dann nach weiteren 0,2 Meilen auf. Lindberghs Grab (eine einfache Granitplatte über Lavasteinen) befindet sich hinter der Kirche auf dem Friedhof. Auf dem Grabstein steht der biblische Psalm: „... If I take the wings of the morning, and dwell in the uttermost parts of the sea ... C.A.L" (Nähme ich Flügel der Morgenröte und bliebe am äußersten Meer).

Nach ein bis zwei Minuten Fußmarsch ist von hier aus ein **Aussichtspunkt** auf der Hügelkuppe erreicht, wo sich zu Füßen der Besucher die zerklüftete Küste vor Kipahulu ausbreitet. Kein Wunder, dass Lindbergh so fasziniert war von dieser Gegend!

🏃 Aktivitäten

Maui Stables   REITEN
LP TIPP (☎ 248-7799; www.mauistables.com; 3-std. Ausritt 150 $; ☺ Abfahrt 10 Uhr) Maui Stables führt Ross und Reiter in die Wildnis und sorgt für ein einmaliges Kulturerlebnis – atemberaubende Ausblicke kombiniert mit hawaiischen Geschichten und Gesängen, die von hawaiischen Cowboys vorgetragen werden. Unterwegs sieht man unter anderem einige donnernde Wasserfälle im Nationalpark. Der Reitstall liegt zwischen den Meilensteinen 40 und 41.

Ono Organic Farms   FARM-FÜHRUNG
(☎ 248-7779; www.onofarms.com; 90-min. Führung 35 $; ☺ Mo–Fr 13.30 Uhr) Einen wilderen und exotischeren Bauernhof als Ono kann man sich wohl kaum vorstellen. Die hier zu bewundernde Vielfalt ist unglaublich: Dutzende tropische Früchte, die die meisten Menschen kaum je zu Gesicht bekommen, Gewürze, Kakao und Kaffee ... und alles erstklassig und garantiert Bio. Die Führung endet mit einer großzügigen saisonalen Probierauswahl. Kinder unter zehn Jahren kommen kostenlos rein, Reservierung erforderlich. Der Bauernhof liegt auf der Straßenseite landeinwärts, gleich südlich des Nationalparks.

NICHT VERSÄUMEN

LAULIMA FARMS

Der Obststand **Laulima Farms** (Snacks 3–7 $; ⏱10.30–17 Uhr; 🖊) liegt zwischen den Meilensteinen 40 und 41 und muss ohne Anschluss ans Stromnetz auskommen. Doch Not macht erfinderisch: Kunden müssen auf einem fest montierten Fahrrad Platz nehmen und in die Pedale treten, damit der Mixer läuft. Erst dann gibt's einen leckeren Smoothie. Der Rest des Unternehmens läuft mit Solarkraft und einem Generator, der aufbereitetes Pflanzenöl schluckt. Die gesamte Ware – vom handgepflückten Kaffee bis zum gentechnikfreien Gemüse – stammt aus eigener Produktion. In jeder Hinsicht ein erfrischender Laden!

Pi'ilani Highway

Der wilde Pi'ilani Hwy verläuft zwischen Kipahulu und der 'Ulupalakua Ranch entlang der südlichen Flanke des Haleakalā über 25 Meilen (40 km) von ursprünglicher Schönheit.

Wer hart im Nehmen ist, wird die Straße lieben. Sensiblere Gemüter werden sich dagegen fragen, was um alles in der Welt sie dazu bewegt hat, hierher zu fahren. Schilder mit Warnungen wie „Motorists assume risk of damage due to presence of cattle" (Gefahr durch freilaufende Rinder. Autofahrer haften für Schäden am Fahrzeug.) oder „Safe speed 10mph" (16 km/h) weisen dezent darauf hin, dass dies keine gewöhnliche Straße ist.

Die Route folgt einer Schlangenlinie wie ein Cowboy auf Sauftour, aber dafür ist sie größtenteils befestigt. Am anspruchsvollsten ist die Strecke in der Nähe von Kaupo, wo es jede Menge Spurrillen gibt. In der Regel ist die Route mit jedem verkehrstüchtigen Auto befahrbar, aber holprig wird's auf jeden Fall. Nach schweren Regenfällen wird die Straße allerdings von Bächen überflutet und tückischer, teilweise sogar gefährlich.

Hin und wieder spült eine Sturzflut auch ganze Teile der Straße weg. Dann wird der Highway geschlossen, bis er wieder repariert ist. Im **Kipahulu Visitor Center** (📞248-7375) am 'Ohe'o Gulch können Besucher erfragen, ob die Straße gerade befahrbar ist.

Frühaufsteher haben am meisten von dieser Fahrt. Denn morgens ist die Straße so verlassen, dass man sich vorkommt, als wäre man allein auf dem Planeten. Vor der Fahrt nicht nur ans Essen und Trinken denken, sondern auch Öl und Reserverad überprüfen: Zwischen Hana und Upcountry gibt es weder Tankstellen noch Werkstätten, und der Rückweg in die Zivilisation im Falle einer Panne ist weit.

KAUPO

In der Nähe des Meilensteins 35 stehen die verstreuten Häuser des Örtchens Kaupo, in dem die *paniolo* der Kaupo Ranch leben – viele schon seit vier Generationen. Die Gegend um Kaupo ist der einzige flache Küstenabschnitt weit und breit und war einst dicht besiedelt. Deshalb findet man hier auch einige uralte *heiau* und zwei Kirchen aus dem 19. Jh. Ein Dorf im eigentlichen Sinne ist Kaupo jedoch nicht, und der einzige Laden ist der **Kaupo Store** (📞248-8054; ⏱Mo–Sa 10–17 Uhr), der Snacks und Getränke verkauft. Ein kurzer Blick ins Innere lohnt sich allein schon wegen der museumswürdigen Ware in den Regalen – eine Zeitreise in Omas alte Tage!

Das hübscheste Bauwerk in Kaupo ist die weiß getünchte **Hui Aloha Church** (Baujahr 1859), die oberhalb des schwarzen Sandstrands **Mokulau Beach** steht, der seit Urzeiten zum Surfen genutzt wird.

VON KAUPO ZUR 'ULUPALAKUA RANCH

Nach Kaupo bietet die Straße hinreißende Ausblicke auf den **Kaupo Gap**, die südliche Öffnung im Rand des majestätischen Haleakalā. In der Nähe des Meilensteins 31 führt eine kurze Piste hinunter zur **Nu'u Bay**, wo Einheimische bevorzugt fischen und schwimmen. Schwitzende Autofahrer, die auch eine Runde schwimmen wollen, sollten in Ufernähe bleiben, da im offenen Meer starke Unterströmungen herrschen.

Unmittelbar östlich des Meilensteins 30 stehen zwei Torpfosten, die den Weg zur dramatischen **Huakini Bay** markieren. Am besten, man parkt am Highway und geht zu Fuß die zerfurchte Piste hinunter. Nach wenigen Minuten erreicht man die wütende Gischt des steinübersäten Strands. Augen auf am Meilenstein 29 auf dem Highway: Von dort ist ein natürlicher **Felsbogen** aus Lavastein zu sehen.

Am Meilenstein 19 kreuzt die Straße einen riesigen **Lavastrom**, der beim letzten Hustenanfall des Haleakalā im Jahr 1790 entstanden ist. Er ist Teil des Kanaio Natural Area Reserve und bedeckt das gesamte Gebiet der La Peʻrouse Bay. Bis heute ist der Boden bis zum Meer schwarz gefärbt und unfruchtbar.

Direkt vor der Küste liegt Kahoʻolawe – und an klaren Tagen lugt sogar Big Island über die Wolken. Der Ausblick ist so endlos, dass man deutlich die Krümmung des Horizonts erkennen kann. Schwer zu glauben, dass es jemals Menschen gab, die die Erde für flach hielten!

An der Anfahrt zur ʻUlupalakua Ranch geht das trockene Buschland allmählich in duftende Eukalyptuswälder über, und schon hat man mit den Tedeschi Vineyards wieder die Zivilisation erreicht. Prost!

HALEAKALĀ NATIONAL PARK

Die unglaubliche Mondlandschaft des Haleakalā ist mit keiner anderen Szenerie in irgendeinem anderen Nationalpark vergleichbar. Ganz gleich ob bei Sonnenaufgang oder tagsüber: Das muss man gesehen haben. Es ist ein Blick tief in die Seele der Insel – und wer die Wanderung zum Gipfel dieses Ehrfurcht gebietenden Riesen nicht gemacht hat, hat Maui nicht wirklich gesehen. Von dem Berg geht seit jeher eine unwiderstehliche Anziehungskraft aus: Die alten Hawaiianer kamen zum Beten auf den Gipfel, Mark Twain lobte seine heilsame Einsamkeit, und auch heute noch beschert er allen Besuchern eine mystische Erfahrung.

Aussichtspunkte am Rand des Kraters erlauben atemberaubende Einblicke in die Vulkanoberfläche des Haleakalā, aber der Berg hat noch viel mehr zu bieten als Vogelperspektiven. Besucher mit guten Wanderschuhen können die knirschenden Wege auschecken, die sich vorbei an Aschehügeln in den Krater hinabschlängeln. Auch mit einem Pferd ist diese Tour zu empfehlen. Wer einen Schlafsack dabei hat und besonders abenteuerlustig ist, kann hier sogar übernachten.

An den Besucherzentren gibt's Trinkbrunnen, aber Essen und Trinken wird nirgends im Park verkauft. Besucher, die zum Sonnenaufgang den Haleakalā besuchen, sollten daher auf jeden Fall etwas zum Essen dabei haben. Wer will schon ins Tal zurück, bevor er alles gesehen hat, nur weil der Magen knurrt?

Kraterbereich

Die erstaunliche Vulkanlandschaft am Haleakalā hat so viel Ähnlichkeit mit der Mondoberfläche, dass hier sogar Astronauten vor ihrer Mondlandung trainierten.

Der Krater des „größten ruhenden Vulkans der Erde" ist kolossale 12 km breit, 4 km lang und 914 m tief – da würde locker ganz Manhattan hineinpassen. In seinen besten Zeiten erreichte Haleakalā eine Höhe von 3656 m. Durch Erosion bildeten sich jedoch zwei große Flusstäler, die sich schließlich vereinten, und den heutigen Krater bildeten. Deshalb handelt es sich aus geologischer Sicht nicht wirklich um einen „Krater", aber für Besucher ist das nur Haarspalterei, denn, egal ob Tal oder Krater: Etwas derart Phänomenales hat kein anderer Nationalpark der USA zu bieten.

Für alle, die den Gipfel auch online in Echtzeit sehen wollen, gibt's die **Haleakalā Crater Live Camera** (http://koa.ifa.hawaii.edu/crater).

◉ Sehenswertes

HOSMER GROVE

Hosmer Grove liegt am Ende einer Seitenstraße, die gleich hinter den Eingangshäuschen des Parks abbiegt. Hierher verirren sich hauptsächlich Camper und Picknicker, aber ein Abstecher lohnt sich allein schon für den 0,5 Meilen (805 m) langen Rundwanderweg (S. 457), der am Rand des Campingplatzes beginnt. Ringsum duftet es nach Eukalyptus und die einheimische Vogelwelt erfüllt die Szenerie mit Leben: Hier und da fliegt etwas leuchtend Rotes vorbei, und aus jeder Ecke zwitschert es. Langsam in die Straße fahren! Es gibt fast nirgends einen besseren Ort, um einen Blick auf einen *nene*-Vogel zu erhaschen.

WAIKAMOI PRESERVE

Dieser windgepeitschte Nebelwald bietet den Lebensraum für eines der seltensten Ökosysteme der Erde. Das 2117 ha große Waikamoi Preserve wird von der Nature Conservancy verwaltet und ist für 76 einheimische Pflanzen- und Waldvogelarten die letzte Bastion. Zwischen den *koa*- und *ohia*-Bäumen des Naturschutzgebiets le-

Haleakalā Kraterbereich

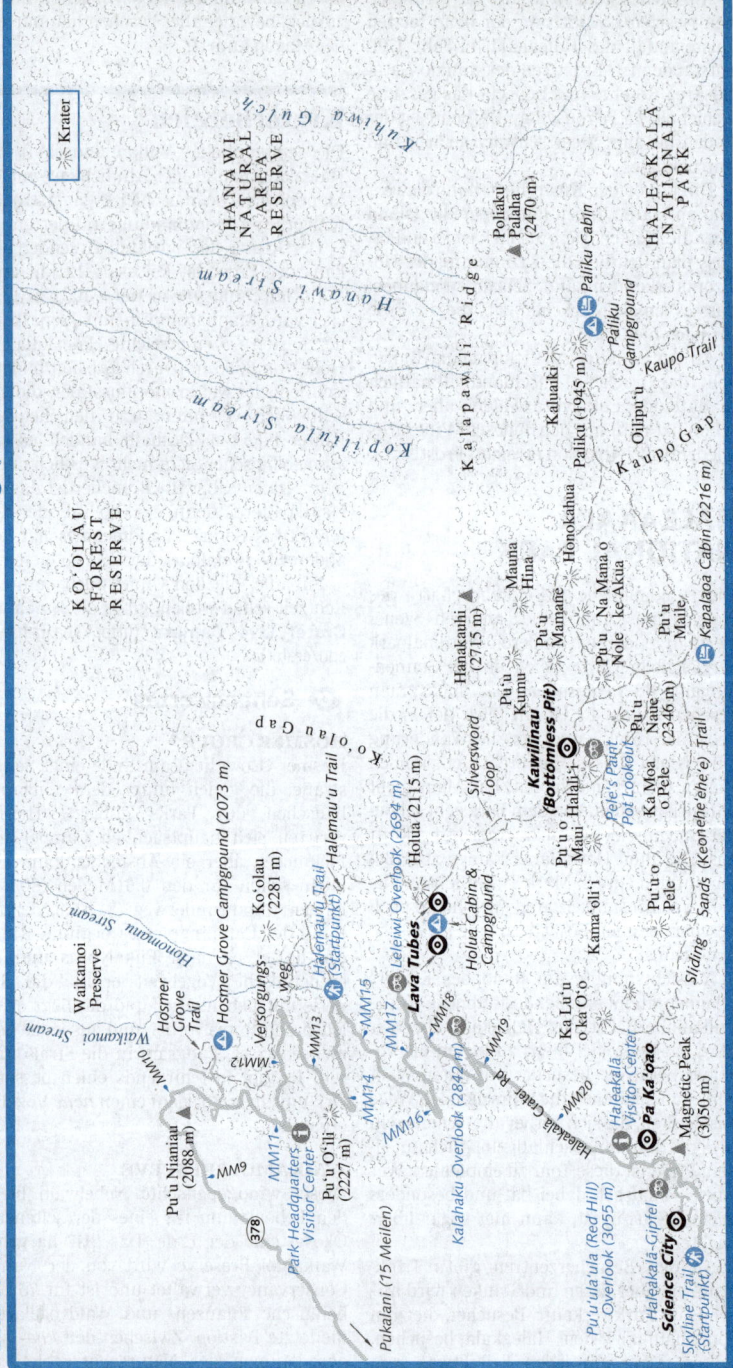

Krater

4 km
2 Meilen

N

KOʻOLAU FOREST RESERVE

HANAWI NATURAL AREA RESERVE

Kuhiwa Gulch

Hanawi Stream

Kopiliula Stream

Kalapawili Ridge

HALEAKALĀ NATIONAL PARK

Poliaku Palaha (2470 m)

Paliku Cabin

Paliku (1945 m)

Paliku Campground

Kaupo Trail

Kaluaiki

Kaupo Gap

Oilipuʻu

Honokahua

Na Mana o ke Akua

Kapalaoa Cabin (2216 m)

Mauna Hina

Puʻu Mamane

Puʻu Nole

Puʻu Maile

Puʻu Naue (2346 m)

Hanakauhi (2715 m)

Puʻu Kumu

Kawilinau (Bottomless Pit)

Pele's Paint Pot Lookout

Puʻu Maui

Halaliʻi

Ka Moa o Pele

Sliding Sands (Keonehe'ehe'e) Trail

Puʻu o Pele

Kamaʻoliʻi

Ka Luʻu o ka Oʻo

Silversword Loop

Holua (2115 m)

Leleiwi Overlook (2694 m)

Halemauʻu Trail

Koʻolau Gap

Halemauʻu Trail (Startpunkt)

Holua Cabin & Campground

Lava Tubes

MM18

MM19

MM20

Ko'olau (2281 m)

Hosmer Grove Campground (2073 m)

Versorgungs-weg

Homomanu Stream

Waikamoi Preserve

Hosmer Grove Trail

Waikamoi Stream

MM17

MM15

MM13

MM14

MM16

Kalahaku Overlook (2842 m)

Haleakalā Crater Rd.

Pa Kaʻoao

Magnetic Peak (3050 m)

Haleakalā Visitor Center

Puʻu ʻulaʻula (Red Hill) Overlook (3055 m)

Science City

Haleakalā-Gipfel

Skyline Trail (Startpunkt)

Pukalani (15 Meilen)

378

MM9

MM10

MM11

MM12

Park Headquarters Visitor Center

Puʻu Oʻili (2227 m)

Puʻu Niauiau (2088 m)

ben *'i'iwi* (Rote Hawaiische Kleidervögel), *'apapane* (Blutkleidervögel) und *'amakihi* (Gelbgrüne Hawaiische Kleidervögel). Bisweilen lässt sich auch ein Blick auf einen gelbgrünen *'alauahio* (Maui-Astläufer) oder *'akohekohe* (Papageischnabelgimpel) erhaschen – beides bedrohte Arten, die es nur hier gibt.

In das Naturschutzgebiet kommt man nur als Teilnehmer einer geführten Wanderung. Der Nationalpark-Service bietet dreistündige, knapp 5 km lange Wanderungen mit Führer an, die montags und donnerstags um 9 Uhr am Campingplatz in Hosmer Grove starten. Reservierungen sind empfehlenswert und bis zu einer Woche im Voraus unter folgender Nummer möglich: ☎572-4459. Regenzeug mitbringen – die Tour ist meist eine ziemlich nasse Angelegenheit. Die Wanderung wird offiziell als „leicht anstrengend" eingestuft.

PARK HEADQUARTERS VISITOR CENTER

(☎572-4400; ☺8–16 Uhr) Hier gibt's Broschüren, Campinggenehmigungen und alle wesentlichen Infos zu Ranger-Vorträgen und Aktivitäten für Parkbesucher. Auch für natürliche Bedürfnisse ist hier der richtige Boxenstopp: Das Center hat nicht nur Toiletten, es ist auch einer von nur zwei Orten im Park mit Trinkbrunnen. Wanderer sollten hier unbedingt ihre Wasserflaschen auffüllen.

Wenn vor dem Center ein Vogel über den Rasen läuft, kann das ein *nene* sein – sie sind hier häufige Gäste. Aber Vorsicht: Die Zutraulichkeit dieser bedrohten Tiere ist oft genug ihr Verhängnis. Besucher sollten sie nicht füttern und beim Verlassen des Parkplatzes vorsichtig fahren! Die meisten *nene* sterben unter den Reifen von Autos.

LELEIWI OVERLOOK

Der Leleiwi Overlook liegt auf 2694 m, also etwa auf halbem Weg zwischen Park Headquarters Visitor Center und Gipfel. Hier können Besucher den ersten Blick in den Krater werfen und den ständigen Wandel der Wolken am Berghang aus ungewöhnlicher Perspektive beobachten, denn das Wetter entsteht hier direkt zu ihren Füßen. Vom Parkplatz aus ist der Aussichtspunkt in fünf Minuten auf einem Kiesweg erreicht. Unterwegs eröffnet sich ein grandioser Ausblick über die West Maui Mountains und die Landenge zwischen den beiden Inselhälften.

KALAHAKU OVERLOOK

Diesen Ausblick sollte sich niemand entgehen lassen! 0,8 Meilen (1,3 km) hinter dem Leleiwi Overlook folgt auf 2842 m der Kalahaku Overlook. Von hier ist der Krater aus der Vogelperspektive zu sehen – und die vielen Wanderer, die wie Ameisen um die Aschekegel krabbeln. Von der Aussichtsplattform eröffnet sich auch ein schöner Blick auf den Ko'olau Gap und den Kaupo Gap im Kraterrand des Haleakalā. An klaren Tagen sieht man auch Mauna Loa und Mauna Kea, die höchsten Berge auf Big Island. Wohin man auch schaut, einfach atemberaubend!

Zwischen Mai und Oktober nistet der *'ua'u* (Hawaii-Sturmvogel) in den Höhlen an der Klippenwand. Auch wenn sich die Tiere nicht zeigen, ist oft das unverkennbare Gackern der Elternvögel und ihrer Küken zu hören. Der größte Teil der 2000 heute noch lebenden *'ua'u* nistet am Haleakalā, und jedes Paar legt pro Jahr nur ein einziges Ei. Eine Zeit lang galten sie als ausgestorben, bis sie hier in den 1970er-Jahren wiederentdeckt wurden.

Ein kurzer **Wanderweg** unterhalb des Parkplatzes führt zu einem Feld mit Silberschwert *('ahinahina),* einer einheimischen Pflanzenart, die man hier in allen Wachstumsstadien – vom Keimling bis zur erwachsenen Pflanze – entdecken kann.

HALEAKALĀ VISITOR CENTER

(☺Sonnenaufgang–15 Uhr) Das Besucherzentrum balanciert 2970 m über dem Meeresspiegel auf dem Kraterrand und ist der wichtigste Aussichtspunkt des Parks. Und der Blick von hier oben hat wirklich einen ganz besonderen Zauber – das ständige Wechselspiel zwischen Sonne und Wolken sorgt für einen flirrenden Tanz von Licht und Schatten auf dem Boden des Kraters.

Die Exponate im Zentrum beleuchten den vulkanischen Ursprung des Haleakalā und erläutern, was 914 m tiefer auf dem Boden des Kraters zu sehen ist. Im Angebot sind außerdem Naturkundevorträge, Bücher zur hawaiischen Kultur und Umwelt sowie Trinkbrunnen und Toiletten.

Bereits im Morgengrauen füllt sich der Parkplatz mit Autos von Sonnenaufgangspilgern (s. Kasten, S. 455), und den ganzen Tag bleibt er rappelvoll. Mit einem zehnminütigen Spaziergang auf den **Pa Ka'oao** (White Hill) lässt man jedoch die Menschenmassen schnell hinter sich; er beginnt an der Ostseite des Besucherzentrums und bietet eine atemberaubende Aussicht auf den Krater.

PUʻUʻULAʻULA (RED HILL) OVERLOOK

Hurra! Rekord gebrochen! Alle, die die 37 Meilen (60 km) von der Küste bis zum 3055 m hohen Gipfel des Haleakalā hinter sich gelassen haben, haben soeben die weltweit kürzeste Strecke mit dem größten Höhenunterschied überwunden und haben dabei so viele ökologische Zonen durchquert wie bei einer Fahrt von Mexiko nach Alaska.

Das Gipfelgebäude steht an Mauis höchstem Punkt auf dem Puʻuʻulaʻula und bietet mit seinem **360°-Panoramafenster** einen unglaublichen Ausblick. An klaren Tagen sieht man von hier Big Island, Lanaʻi, Molokaʻi und sogar Oʻahu, und im Spiel des Lichts erscheinen die Grau-, Grün-, Rot- und Brauntöne des Kraters einfach nur spektakulär. Am Aussichtspunkt wurde ein **Silberschwertgarten** angepflanzt – eine tolle Gelegenheit die Pflanzen mit ihren leuchtend silbrigen Blättern in all ihren Wachstumsstadien genauer zu betrachten.

MAGNETIC PEAK

Gleich neben dem Gipfelgebäude, Richtung Big Island (Südosten), erhebt sich ein abgeflachter Hügel, dessen eisenhaltige Asche derart magnetisch ist, dass hier jeder Kompass verrückt spielt. Er sieht nicht besonders beeindruckend aus, ist aber mit einer Höhe von 3050 m der zweithöchste Punkt auf Maui.

SCIENCE CITY

Auf Big Island steigen Wissenschaftler auf den Mauna Kea, um den Sternenhimmel zu studieren. Auf dem Haleakalā widmen sie sich passenderweise der Sonne. Zentrum des Forschungsgeschehens ist das gleich neben dem Gipfel gelegene Science City, das allerdings für die Öffentlichkeit nicht zugänglich ist. Science City steht unter der Verwaltung der Universität von Hawaii, die einige der Kuppeln besitzt und andere Bereiche des Geländes an verschiedene private und staatliche Forschungsprojekte vermietet.

Im Rahmen der hier ansässigen Projekte des US-Verteidigungsministeriums wird unter anderem an der Entwicklung der Lasertechnologie für das „Star-Wars"-Projekt, an neuen Möglichkeiten zur Satellitenüberwachung sowie an einem Weltraumüber- wachungssystem namens Maui Space Surveillance System (MSSS) gearbeitet. Das MSSS-Projekt der US Air Force umfasst eine hochmoderne, elektro-optische Anlage zur Satellitenortung und das größte Teleskop, das das US-Verteidigungsministerium verwendet. Mit ihm ist es möglich, ein Objekt mit der Größe eines Basketballs aus einer Entfernung von 35 398 km zu identifizieren.

Das Faulkes-Teleskop, ein Gemeinschaftsprojekt Großbritanniens und der Universität von Hawaii, soll Schüler für die Astronomie begeistern. Das vollautomatisch gesteuerte Teleskop kann über das Internet aus Klassenzimmern in Großbritannien und Hawaii in Echtzeit bedient werden.

 **Aktivitäten**

Informationen zu Ausritten in den Krater stehen im Abschnitt „Kula" unter „Pony Express" (S. 430).

Ranger-Programme

Interessierte Besucher sollten im Park Headquarters Visitor Center vorbeischauen. Alle Programme des National Park Service sind kostenlos. **Ranger-Vorträge** zur einmaligen Naturgeschichte des Haleakalā und zur hawaiischen Kultur werden im Haleakalā Visitor Center und am Puʻuʻulaʻula Overlook (Red Hill) veranstaltet. Die Vortragszeiten variieren, normalerweise gibt's täglich sechs Vorträge, die zwischen 7 und 13 Uhr stattfinden. Phänomenal ist der Sternenhimmel über dem Berg in klaren Nächten. Zwischen Mai und September werden deshalb abends in Hosmer Grove einstündige **Sternbeobachtungsprogramme** angeboten, üblicherweise freitags und samstags um 19 Uhr.

Wandern

Dieser unglaubliche Ort offenbart sich einem nur in seiner ganzen Schönheit, wenn man in die Wanderstiefel steigt und selbst in den Höllenschlund hinabklettert. Der Berg hat für jeden Geschmack etwas zu bieten, vom kurzen Naturkundespaziergang für die ganze Familie bis zum beinharten mehrtägigen Trek. Zu Fuß eröffnen sich völlig andere Perspektiven in dieser Mondlandschaft. Anders als am Kraterrand verrenken Besucher innerhalb des Berges ihre Hälse beim Versuch, zwischen den steilen Wänden und haushohen Aschekegeln den Himmel zu erspähen. Die Welt scheint hier

DAS SONNENSCHAUSPIEL

Haleakalā bedeutet wörtlich übersetzt „Haus der Sonne", und es überrascht kaum, dass der Berg bereits seit der Zeit der ersten Hawaiianer Sonnenpilger in Scharen anlockte. Der Sonnenaufgang kommt hier einer mystischen Erfahrung gleich: Schon Mark Twain beschrieb ihn als das „erhabenste Schauspiel", das ihm je geboten wurde.

Frühaufsteher sollten versuchen, eine Stunde vor Sonnenaufgang am Gipfel zu sein – so bekommt man garantiert noch einen Parkplatz und kann in aller Ruhe beobachten, wie der Morgen erwacht. Ungefähr um diese Zeit zeigen sich die ersten zaghaften Anzeichen der Dämmerung: Der Nachthimmel färbt sich violett-blau und die Sterne verblassen. Ringsum werden langsam die betörend schönen Silhouetten der Berge sichtbar. In den Momenten unmittelbar vor Sonnenaufgang wird die ganze Szenerie in zarte Pastelltöne getaucht, und die ersten Sonnenstrahlen lassen die Unterseiten der Wolken dezent silber- und roséfarben aufleuchten.

Etwa 20 Minuten vor Sonnenaufgang kündigt sich die Sonne mit kräftigeren Orange- und Rottönen am Horizont an. Wer sich jetzt umdreht, sieht die Kuppeln der Science City in strahlendem Pink aufleuchten. Das große Finale ist erreicht, wenn die Sonnenscheibe am Horizont erscheint und der gesamte Haleakalā in feuriges Licht getaucht wird. Danach fühlt man sich ein bisschen so, als sei man gerade bei der Geburt der Erde dabei gewesen …

Das Ganze ist aber nichts für Warmduscher – denn es wird verdammt kalt hier oben. Bei Sonnenaufgang herrschen meist Temperaturen um den Gefrierpunkt, und ein scharfer Wind weht dann den Schaulustigen um die Nase. Die oberste Ascheschicht ist sogar häufig mit Raureif bedeckt. Eine Winterjacke oder einen Schlafsack sollte man also auf jeden Fall einpacken. Wer beides nicht hat, sollte zumindest eine warme Decke aus dem Hotel mitbringen. Aber grundsätzlich gilt: Zu viele Klamottenschichten kann man hier oben gar nicht anziehen.

Die besten Fotomotive bieten sich, bevor die Sonne erscheint; zwar ist jeder Morgen anders, aber wenn der Feuerball erstmal über den Horizont geklettert ist, verschwinden die silbernen Wolkenränder und zarteren Farbtöne.

Das einzige Problem ist das Wetter: Ein verregneter Sonnenaufgang ist eine ziemliche Enttäuschung, wenn man dafür extra bei Nacht und Nebel aufgestanden und den weiten Weg zum Gipfel gefahren ist. Deshalb sollten Sonnenaufgangspilger unbedingt am Abend vorher den **Wetterbericht** (☎866-944-5025) prüfen. Damit steigen die Chancen auf eine klare Sicht um ein Vielfaches.

Ein Trost für Morgenmuffel: Auch der Sonnenuntergang am Haleakalā inspirierte schon so manchen Dichter.

unten ganz weit weg zu sein, und ringsum herrscht eine beeindruckende Stille. Abgesehen vom Knirschen der Asche unter den Stiefeln und den vereinzelten Rufen einer hawaiischen Eule oder eines *nene* ist nichts zu hören. Ganz gleich, welche Route gewählt wird – jeder sollte sich die Zeit nehmen und in Ruhe diese wunderbare Atmosphäre auf sich wirken lassen.

Um den empfindlichen Lebensraum des Haleakalā nicht zu stören, sollten Besucher die offiziellen Wege nicht verlassen – und auch nicht die gut ausgetretenen Abkürzungen zwischen den Serpentinen nutzen.

Eine gute Vorbereitung ist alles. Ohne angemessene Kleidung droht Unterkühlung. Auf dem Weg quer über den Kraterboden muss man mit drastischen Klimaschwankungen rechnen: Allein auf den 6,4 km zwischen den Cabins in Kapalaoa und Paliku variiert der jährliche Niederschlag zwischen 305 und 7620 l/m²! Wer sich nach unten wagt, sollte also mehrere Lagen warme Kleidung, Sonnenschutz, Regenzeug, Verbandskasten und viel, viel Wasser mitnehmen.

LP TIPP ❯ **Sliding Sands (Keonehe'ehe'e) Trail** WANDERN

Der Sliding Sands Trail (Keonehe'ehe'e) beginnt auf 2967 m Höhe an der Südseite des Haleakalā Visitor Center, und schlängelt sich dann zum Kraterboden hinab. Wer diese Wanderung direkt nach Sonnenauf-

Keine Zeit zum Wandern? Wir haben für jedes Zeitbudget die richtige Tour herausgesucht:

Zehn Stunden: Wer fit ist und früh aufsteht, kann eine 18 km lange Wanderung in Angriff nehmen, die mit dem Sliding Sands Trail beginnt und dann über den Halemau'u Trail führt. Sie passiert den Kraterboden, eine Aschewüste und Nebelwald und zeigt eindrucksvoll die Vielseitigkeit des Parks.

Drei Stunden: Eine Halbtageswanderung mit vielen Kraterausblicken folgt dem Sliding Sands Trail bis zum Aschekegel Ka Lu'u o ka O'o und wieder zurück. Der leichtere Hinweg dauert nur eine Stunde. Richtig schweißtreibend ist dagegen der Rückweg. Hier sind 457 Höhenmeter zu überwinden, die nach ca. zwei Stunden geschafft sind.

Eine Stunde: Auf dem Waldwanderweg Hosmer Grove Trail zeigt sich Haleakalā von seiner grünen Seite.

gang in Angriff nimmt, läuft einem lauen Lüftchen und dem Sonnenschein entgegen.

Auch für Ausflügler, die nur wegen des Ausblicks zum Gipfel gekommen sind, lohnen sich ein paar Schritte auf dem Sliding Sands Trail. Schon 20 bis 30 Minuten Wegstrecke genügen, um ein Gefühl für den Krater – und tolle Fotomotive – zu bekommen. Aber immer im Blick behalten: Der Rückweg dauert fast doppelt so lange!

Der gesamte Wanderweg bis zur Cabin in Paliku und dem Paliku-Campingplatz hat eine Länge von 14,8 km. Nach 9 km und etwa vier Stunden ist die Kapalaoa-Cabin erreicht.

Die ersten 9,7 km folgen der Südwand des Kraters. Auf dem Weg hinunter ist der Ausblick großartig, aber Pflanzen sucht man hier vergeblich. Nach etwa 3,2 km führt ein steiler Abzweig vorbei an Silberschwertern zum Aschekegel **Ka Lu'u o ka O'o**, 805 m weiter nördlich. 6,4 km weiter und 762 Höhenmeter tiefer wird der Sliding Sands Trail von einer Querverbindung gekreuzt, die Richtung Norden in die Aschewüste führt; nach 2,4 km stößt diese Route auf den Halemau'u Trail.

Die nächsten 3,2 km des Sliding Sands Trail führen über den Kraterboden nach Kapalaoa. Auf der rechten Seite erheben sich Bergrücken mit *pahoehoe*-Ausläufern (glatt fließender Lava). Der Abstieg von der Cabin in Kapalaoa nach Paliku ist weniger steil, und allmählich nimmt auch der Pflanzenbewuchs zu. Paliku liegt auf 1945 m unter einer senkrechten Klippe am östlichen Rand des Kraters. Anders als am unfruchtbaren westlichen Ende des Kraters fällt hier viel Regen, und an den Hängen wachsen *ohia*-Wälder.

Halemau'u Trail   WANDERN

Der knapp 12 km lange Halemau'u Trail zum Holua-Campingplatz und zurück ist ein sehr schöner Tagesausflug. Frühes Aufbrechen ist allerdings Pflicht, da sich nachmittags mit der Wolkenbildung die Sicht rapide verschlechtert. Die ersten 1,6 km sind relativ eben und bieten Richtung Osten einen schönen Blick auf Krater und Ko'olau Gap. Anschließend folgt ein serpentinenreicher Abstieg von 427 Höhenmetern bis zum Kraterboden und dem Holua-Campingplatz.

Holua ist mit 2115 m eine der tiefsten Stellen auf diesem Weg und bietet eindrucksvolle Aussichten auf die Kraterwände, die im Westen Hunderte von Metern emporragen. Verschiedene **Lavaröhren** laden hier zu Entdeckungstouren ein: Eine befindet sich oben auf einer kurzen, steilen Klippe hinter der Cabin in Holua; eine andere erreicht man nach einem 15-minütigen Abstecher, wenn man den Wanderweg weitergeht. Der Legende nach war Letztere ein spiritueller Ort, an dem Mütter die *piko* (Nabelschnüre) ihrer Neugeborenen niederlegten, um *mana* für ihre Kinder zu sammeln.

Wer noch Kraft in den Beinen hat, läuft noch weitere 1,6 km weiter zu einer Reihe bunter Aschekegel und macht einen kurzen Umweg über den **Silversword Loop**, an dem Silberschwerter in allen Größen wachsen. Im Sommer sind die hohen Stängel mit Hunderten von weinroten und gelben Blüten übersät – ein faszinierender Anblick. Leider wird fast die Hälfte der Pflanzen schon als Keimlinge zertrampelt, meist von Wanderern, die nicht auf den Wegen bleiben und aus Unwissenheit auf die flachen

Wurzeln treten; deshalb bitte unbedingt vorsichtig sein! Der Wanderweg führt nach weiteren 10 km zur Paliku-Cabin.

Der Startpunkt des Wanderwegs nach Halemau'u liegt 5,6 km oberhalb des Park Headquarters Visitor Center und ca. 9,7 km unterhalb des Haleakalā Visitor Center. Auf dem Parkplatz sind oft *nene*-Vögel unterwegs. Camper auf dem Weg nach Hosmer Grove können auch den kaum bekannten (und außerdem wenig aufregenden) **Versorgungsweg** nehmen, der nach 4 km in den Halemau'u-Wanderweg am Kraterrand mündet.

Aschewüste
WANDERN

Eine Querverbindung verläuft zwischen dem Sliding Sands Trail (unmittelbar westlich der Kapalaoa-Cabin, etwa auf halbem Weg zwischen den Campingplätzen Paliku und Holua) und dem Halemau'u Trail. An diesem Weg liegen einige der farbenprächtigsten Aschekegel, die sich bei jedem Schritt aus einer neuen Perspektive zeigen. Der Weg endet am nördlichen Ende der Aschewüste in der Nähe des **Kawilinau** (auch genannt: „Bottomless Pit" – das Fass ohne Boden). Viele behaupten, das Loch führe zum Meer hinunter; der National Park Service sagt hingegen, nach 20 m sei der Grund erreicht. Ehrlich gesagt, gibt's hier auch nicht viel zu sehen, da man in den schmalen Spalt noch nicht einmal richtig hineinsehen kann. Ein echtes Highlight ist dagegen der nahe gelegene, kurze Rundwanderweg. Hier kann man sich eine Weile am **Pele's Paint Pot Lookout** niederlassen, wo sich der Krater von seiner schönsten Seite präsentiert.

Kaupo Trail
WANDERN

Diese Wanderung vom Campingplatz Paliku bis nach Kaupo an der Südküste ist die härteste Haleakalā-Wanderung. Konkret bedeutet das: Verletzungsgefahr, Blasen an den Füßen, glühende Tropenhitze und sintflutartige Regengüsse. Bei einem Abstieg von über 1859 Höhenmetern auf einer Distanz von 14 km haben auch die Knie ordentlich zu leiden.

Auf den ersten 6 km bis zur Parkgrenze fällt der Weg bereits um 762 Höhenmeter ab. Es ist eine steile Strecke durch Lava und Busch, auf der sich kurze Serpentinen mit ebenen Abschnitten abwechseln. Zur Belohnung gibt's einen spektakulären Ausblick aufs Meer.

Die letzten 7,9 km führen auf einer holprigen Geländewagenpiste durch das Gelände der Kaupo Ranch bis zum Grund des Kaupo Gap und hinein in einen Wald, in dem Wildschweine ihr grunzendes Unwesen treiben. Ab hier wird die Wegmarkierung undeutlicher; nachdem man eine Schotterpiste erreicht hat, sind es weitere 2,4 km bis zur Ostseite des Kaupo Store.

Die „Ortschaft" Kaupo liegt exakt dort, wo der Hund begraben ist. Der Autoverkehr ist dementsprechend spärlich (nur ein paar Touristen, die die Inselumrundung wagen und Einheimische in Pickups) und holpert derart langsam über Kaupos bucklige Straße, dass es nicht schwerfällt, eine Mitfahrgelegenheit zu finden. Falls es nicht gelingt, sind es noch 13 km bis zum Campingplatz in 'Ohe'o Gulch.

Niemand sollte diesen anstrengenden und weit abgelegenen Wanderweg alleine gehen. Da Campen auf dem Gelände der Kaupo Ranch verboten ist, übernachten die meisten Wanderer auf dem Paliku-Campingplatz und laufen am nächsten Tag frühmorgens weiter.

LP TIPP Hosmer Grove Trail
WANDERN

Alle, die sich nach der Kraterwanderung nach sattem Grün sehnen, werden bei dieser schattigen Waldwanderung ihr Glück finden, Vogelfans ebenfalls.

Der 805 m lange Rundweg beginnt unter hohen Bäumen, 1,2 km vom Park Headquarters Visitor Center entfernt am Campingplatz in Hosmer Grove. Die exotischen Hölzer in Hosmer Grove wurden 1910 eingeführt. Damals versuchte man, eine Edelholzindustrie auf Hawaii zu etablieren. Seitdem findet man hier unter anderem duftende Weihrauchzedern, norwegische Fichten, Douglastannen, Eukalypten und verschiedene Kiefernsorten. Die Bäume erwiesen sich zwar als anpassungsfähig genug, um hier zu gedeihen. Auf dieser Höhe war ihr Wachstum jedoch zu langsam und nicht profitabel genug. Stattdessen gibt es hier heute diesen Park.

Entlang des Wanderwegs geht der Wald in einheimische Buschvegetation über. Hier gedeihen *'akala* (hawaiische Himbeere), *kilau*-Farn und Sandelholz. Außerdem findet man hier neben der *'ohelo*-Beere, der heiligen Frucht der Vulkangöttin Pele und Lieblingsspeise des *nene*-Vogels, auch die roten und weißen Beeren des immergrünen *pukiawe*-Strauchs.

Wer genau hinhört, kann den Schreien des *'i'iwi* oder des *'apapane* lauschen. Beide Vögel sind so groß wie Spatzen, haben leuchtend rote Federn und sind hier relativ häufig. Der 'i'iwi hat orangefarbene Beine und einen gebogenen, lachsfarbenen Schnabel; sein Schrei klingt wie ein lautes Quietschen. Der 'apapane ist ein flinkes Kerlchen, das mit seinen Flügeln ein unverkennbares Schwirrgeräusch erzeugt. Er besitzt einen schwarzen Schnabel und schwarze Beine, die Unterseite seines Schwanzgefieders ist weiß, und er ernährt sich vom Nektar der ohia-Blüte.

Skyline Trail   WANDERN

Dieser bezaubernde Weg führt über das abschüssige, kraterübersäte Rückgrat des Haleakalā. Er beginnt gleich nach dem Gipfel auf schwindelerregenden 2972 m Höhe und endet am Campingplatz der Polipoli Spring State Recreation Area (S. 431) auf 1890 m. Er ist 14 km lang und nimmt etwa vier Stunden in Anspruch. Frühaufsteher haben auf diesem Weg die besten Aussichten – später am Tag wird's ziemlich wolkig.

Der Startpunkt des Wanderweges ist folgendermaßen zu erreichen: Am Pu'u'ula'ula Overlook (Red Hill) vorbeigehen und links auf die Straße unmittelbar vor Science City abbiegen. Diese führt durch ein Viehgatter und ist als Privatstraße beschildert, aber nicht irritieren lassen! Etwas weiter folgt das Schild mit der Aufschrift Na Ala Hele, das den Beginn der Wanderung markiert.

Der Skyline Trail führt zunächst über unfruchtbare Vulkanaschefelder, vorbei an mehr als einem Dutzend Aschekegel und Krater. Die ersten 1,6 km dieser Mondlandschaft bestehen aus grobem Lavastein. Nach fast 5 km auf knirschenden Wegen erreicht der Trail auf 2591 m die Baumlinie und taucht in einen Wald aus einheimischen mamane-Bäumen ein. Im Winter sie sind dicht behangen mit Blüten, die aussehen wie gelbe Wicken. Die friedliche Wanderung bietet Einsamkeit pur – und wenn die Wolken gnädig sind, ist der Ausblick vom kahlen Gipfel bis zum dichten Nebelwald grandios! Der Weg trifft schließlich auf die Zugangsstraße nach Polipoli. Wanderer haben nun die Wahl, etwa 6,4 km bis zur Teerstraße weiterzulaufen oder über die Haleakalā Ridge und den Polipoli Trail zum Campingplatz zu gehen. Aber der Skyline Trail ist nicht nur etwas für Fußgänger. Auch Mountainbiker werden auf ihm ihren Spaß haben!

Fahrrad & Mountainbike

Für erfahrene Downhillfreaks ist der Skyline Trail am Haleakalā der ultimative Kick: über 900 Höhenmeter auf den ersten 9,7 km mit atemberaubenden Gefälle von 10 %. Die Umgebung gleicht am Anfang des Weges einer Mondlandschaft und wird schließlich von Nebelwald mit Mammutbäumen und Zypressen abgelöst, die an die kalifornische Nordküste erinnern. Er folgt einer holprigen Geländewagenpiste, die zur Versorgung der Polipoli Spring State Recreation Area genutzt wird. Rundum-Schutzkleidung und ein Downhillbike sind hier Pflicht – und aufgepasst: unterwegs keine Wanderer ummähen! Crater Cycles Hawaii (☎893-2020; www.cratercycleshawaii.com; 96 Amala Pl, Kahului; Downhillbikes pro Tag 85 $; ◷Mo–Do 9–17, Sa 10–17 Uhr) vermietet gute Downhillbikes inklusive Helm, Schutzausrüstung und Dachträger.

Reine Downhill-Gruppentouren sind innerhalb des Parks inzwischen verboten (s. Kasten S. 459), dafür werden Touren angeboten, die gleich unterhalb der Parkgrenze beginnen. Aber wer braucht schon ein Rudel zum Radfahren? Am besten einfach ein Bike mieten und alleine loslegen, denn einzelne Radfahrer dürfen den Berg ohne Einschränkung hoch und runterfahren. Die Tour bergauf ist natürlich eine echte Tortur für die Oberschenkel. Wer nur die Abfahrt in Angriff nehmen will, kann sich die Kraxelei sparen. Die meisten in diesem Buch aufgeführten Verleihfirmen vermieten auch Fahrradträger fürs Auto.

🛏 Schlafen

Eine Übernachtung auf dem Haleakalā bedeutet hautnahen Kontakt mit der Natur. Campingeinrichtungen sind hier aufs Einfachste reduziert. Strom und Duschen? Fehlanzeige. Die abgelegeneren Campingplätze sind mit Plumpsklo und begrenzter Wasserversorgung (kein Trinkwasser!) ausgestattet, die auch in den Cabins im Krater zur Verfügung steht. Das Wasser muss vor dem Genuss chemisch aufbereitet werden und sollte sparsam verwendet werden, da die Tanks ins und wieder trockenlaufen. Feuer sind nur an Grillplätzen erlaubt und bei Dürre komplett verboten. Nahrungsmittel müssen selbst mitgebracht und Müll wieder mitgenommen werden. Außerdem ist eine Übernachtung auf über 2100 m Höhe kein Strandcamping; eine gute Ausrüstung kann lebenswichtig sein. Ohne wasserdich-

Jahrelang waren Downhilltouren der letzte Schrei. Erst ließen sich die Biker mit dem Kleinbus bei Sonnenaufgang auf den Haleakalā kutschieren, dann düsten sie 38 Meilen (48 km) den gut 3000 m hohen Berg Kurve um Kurve hinunter bis zur Küste. Was für ein Adrenalinkick! Besonders fit musste dafür niemand sein – in die Pedale treten musste man ja nicht.

Dann wurde das Ganze leider *zu* beliebt. An manchen Tagen fuhren bis zu 1000 Radfahrer dem Sonnenaufgang entgegen, um sich dann gruppenweise in die Sättel zu schwingen.

Einheimische Autofahrer auf den Upcountry-Straßen mussten immer wieder warten und Radfahrer und Supportfahrzeuge vorbeilassen. Auf den schmalen Strecken ohne Standstreifen entwickelte sich dieses Problem zu einem echten Ärgernis, und der Verkehr verlief nur noch im Schritttempo.

Und natürlich kam es auch zu Unfällen. Bei schlechtem Wetter und Nebel geht die Sicht in dieser Gegend gegen Null. Fast keine Woche verging, ohne Krankenwageneinsatz für einen verletzten Radler. Nach zwei Todesfällen im Jahr 2007 wurden alle Radtouren im Haleakalā National Park ausgesetzt. Der aktuelle Kompromiss erlaubt den Kleinbussen, zum Sonnenaufgang den Gipfel anzusteuern, danach müssen sie aber zurück zur Parkgrenze fahren. Von dort dürfen dann die Downhilltouren starten und bis zur Küste weiterfahren. Nach einem weiteren Todesfall im Jahr 2010 denkt die Countyverwaltung über neue Beschränkungen nach. Die Zukunft der Downhilltouren bleibt also weiterhin ungewiss.

tes Zelt und Winterschlafsack sollte man sich auf jeden Fall nicht hierher wagen.

Camping

CAMPINGPLATZ HOSMER GROVE

Hosmer Grove ist der einzige mit dem Auto erreichbare Campingplatz im Gipfelbereich des Parks. Er liegt auf einer Höhe von 2073 m, umgeben von hohen Bäumen und direkt neben einer der besten Vogelbeobachtungsrouten auf ganz Maui. Häufig ist der Platz wolkenverhangen, bei Regen kann man sich in einem Picknickpavillon unterstellen. Es gibt Grillstellen, Toiletten und fließendes Wasser.

Die Stellplätze sind kostenlos, und es gilt: Wer zuerst kommt, campt zuerst. Eine Genehmigung braucht man hier nicht, dafür ist der Aufenthalt auf drei Tage pro Monat beschränkt. Achtung: Das kleine Feld ist nicht in einzelne Parzellen unterteilt und daher manchmal schrecklich überfüllt. Im Sommer ist mehr los als im Winter, und an Feiertagswochenenden treten sich die Camper gegenseitig auf die Füße. Der Campingplatz liegt gleich hinter dem Parkeingangshäuschen. Was diesen Platz unschlagbar macht? Er ist so nah am Gipfel, dass man erst kurz vor der Dämmerung aufstehen muss, um das große Sonnenaufgangsspektakel zu erleben.

CAMPING WEITAB VON DER ZIVILISATION

Wanderern stehen zwei abgelegene Campingplätze auf dem Boden des Haleakalā-Kraters zur Verfügung. Am leichtesten zu erreichen ist der in **Holua**, den man nach 6 km über den Halemauʻu Trail erreicht. Der andere liegt in **Paliku**, unterhalb eines Regenwaldrückens am Ende des Halemauʻu Trail. Das Wetter ist in der Umgebung beider Plätze unberechenbar. Holua bietet jedoch meist trockene Bedingungen und ist ab Spätnachmittag wolkenverhangen. Paliku ist eine Wiesenfläche; das Wetter wechselt hier zwischen stürmisch und sonnig). An beiden Campingplätzen treiben Wespen ihr Unwesen – Allergiker sollten darauf vorbereitet sein.

Wer im Krater campen will, braucht dafür eine Genehmigung (die allerdings kostenlos ist). Ausgegeben werden sie vom Park Headquarters Visitor Center zwischen 8 und 15 Uhr am Tag der Wanderung. Wer zuerst kommt, hat die besten Chancen. Der Aufenthalt im Krater ist pro Monat auf drei Nächte und pro Campingplatz auf zwei aufeinanderfolgende Nächte beschränkt. Die beiden Plätze sind jeweils auf 25 Camper begrenzt, dadurch ist das Kontingent an Genehmigungen bei großen Gruppen schnell erschöpft – vor allem im Sommer.

Cabins

Entlang der Wanderwege am Boden des Kraters stehen in Holua, Kapalaoa und Paliku drei **rustikale Cabins** (pro Cabin mit 1–12 Pers. 75 $) aus den 1930er-Jahren. Jede hat einen Holzofen, zwei Gasbrenner, zwölf Stockbetten mit Matratzen (aber ohne Bettzeug), Plumpsklos und einen begrenzten Brennholz- und Wasservorrat.

Die Cabins sind vom Kraterrand 6,4 bis 14,5 km entfernt. Am trockensten ist die Region um Kapalaoa, das mitten in der Aschewüste am Sliding Sands Trail liegt. Regenwaldliebhaber werden Paliku lieben, in Holua ist dagegen der Sonnenaufgang sensationell. Der Aufenthalt im Krater ist auf drei Tage pro Monat und zwei aufeinanderfolgende Nächte pro Cabin begrenzt.

Jede Cabin wird jeweils nur an eine Gruppe vermietet und kann bis zu 90 Tage im Voraus reserviert werden, online unter https://fhnp.org/wcr oder telefonisch montags bis freitags zwischen 13 und 15 Uhr unter ☎572-4400.

Auch ohne Reservierung hat man manchmal Chancen, wenn Reservierungen im letzten Moment storniert werden. Interessierte können sich zwischen 8 und 15 Uhr am Park Headquarters Visitor Center über freie Cabins informieren. Ein toller Bonus für Kurzentschlossene: Sollte ab dem gewünschten Übernachtungsdatum innerhalb von drei Wochen eine Cabin frei werden, sinkt der Preis auf 60 $ pro Tag.

ℹ Praktische Informationen

GENEHMIGUNGEN UND PREISE Haleakalā National Park (www.nps.gov/hale; 3-Tage-Genehmigung pro Auto 10 $, pro Fußgänger/Radfahrer/Motorradfahrer 5 $) Der Park ist niemals geschlossen, und das Häuschen am Eingang öffnet schon vor Morgengrauen, um die Eintrittsgebühr der Sonnenaufgangspilger zu kassieren. Für alle, die mehrmals kommen oder noch nach Big Island weiterreisen wollen, lohnt sich eine Jahreskarte (25 $), die für alle Nationalparks auf Hawaii gilt.

GEFAHREN & ÄRGERNISSE Das Wetter am Haleakalā kann unvermittelt umschlagen. Eben war es noch trocken und heiß, und plötzlich friert man bei Kälte, Wind und Regen. Normalerweise scheint morgens die Sonne und nachmittags ziehen Wolken auf, aber mit Nebel und Wolken ist eigentlich immer zu rechnen, und die gefühlte Temperatur sinkt dann schnell unter den Gefrierpunkt. Was die Kleidung betrifft, sollte man daher mehrere Schichten dabeihaben, und ohne Jacke herzukommen, ist ganz und gar keine gute Idee.

Auf 3048 m ist die Luft relativ dünn; Ungeübte werden hier mit Sicherheit schneller müde, vor allem beim Wandern. Außerdem besteht in dieser Höhe erhöhte Sonnenbrandgefahr!

LANDKARTEN Auf der *Haleakalā National Park Trails Illustrated Map* von National Geographic sind Höhenlinien und andere nützliche Informationen zu den Wanderwegen verzeichnet. Die wasserdichte Karte ist im Haleakal' Visitor Center für 12 $ zu haben.

ℹ Anreise & unterwegs vor Ort

Schon die Anreise zum Haleakalā ist ein Abenteuer. Der Blick von den Serpentinen der Bergstraßen erinnert eher an die Aussicht aus einem Flugzeug als aus einem Auto: Wie ein bunter Flickenteppich breiten sich die Zuckerrohr- und Ananasfelder auf ganz Maui vor den Augen der Betrachter aus. Die Straße schlängelt sich über viele Haarnadelkurven nach oben – und an einigen Punkten der Strecke sind bis zu fünf Kurven gleichzeitig zu sehen.

Die Haleakalā Crater Rd (Hwy 378) zweigt bei Kula vom Hwy 377 ab und klettert 11 Meilen (18 km) steil nach oben bis zum Parkeingang, danach folgen weitere 10 Meilen (16 km) bis zum Gipfel. Die ganze Strecke ist in gutem Zustand, dafür steil und kurvenreich. Man sollte also nicht so auf die Tube drücken, vor allem bei Dunkelheit oder Nebel. Und Vorsicht vor Rindern auf der Straße!

Von Pa'ia oder Kahului nimmt die Fahrt etwa 1½ Stunden in Anspruch, von Kihei etwa zwei. Tankstellen gibt's nirgends an der Haleakalā Crater Rd, also unbedingt am Abend vor dem Losfahren ans Tanken denken! Bergab sollte man die Motorbremse nutzen, um die Bremsbeläge zu schonen.

Der Kipahulu-Abschnitt ('Ohe'o Gulch)

Im Haleakalā National Park gibt's noch viel mehr zu sehen als nur aschebedeckte Gipfel. Der Park erstreckt sich über die ganze Südostflanke des Vulkans bis zum Meer. Krönung dieses Kipahulu-Abschnitts ist der 'Ohe'o Gulch mit seinen phantastischen Wasserfällen und großen Teichen, die kaskadenartig ineinanderfließen. Bei Sonnenschein bietet sich auf ganz Maui keine schönere Gelegenheit zum Schwimmen als in diesen schimmernden Wasserstellen.

PARADIESISCH – ABER NICHT HEILIG

In den 1970er-Jahren verpasste man 'Ohe'o Gulch im Rahmen einer Werbeaktion den Beinamen „Seven Sacred Pools" – die sieben heiligen Teiche. Der Name ist (sehr zum Leidwesen der Parkfunktionäre) bis heute hängen geblieben. Doch er ist in doppelter Hinsicht falsch. Erstens liegen zwischen Meer und Waimoku Falls ganze 24 Tümpel, und zweitens galten sie noch nie als heilig. Aber göttlich sind sie natürlich schon irgendwie.

Das Wasser bildete einst die Lebensgrundlage für eine große hawaiische Siedlung, die in den Terrassenfeldern neben dem Bach Süßkartoffeln und Taro anbaute. Archäologen haben in 'Ohe'o die Überreste von mehr als 700 uralten Steinstrukturen gefunden.

Eines der selbst gesteckten Ziele der Verwaltung des Haleakalā National Park ist die Pflege des Kipahulu-Abschnitts „zur Bewahrung der traditionellen hawaiischen Landwirtschaft und des ho'onanea" (ein hawaiischer Ausdruck, der soviel bedeutet wie „die Zeit in Ruhe, Frieden und Freude verbringen"). Ein Grund mehr, hierher zu kommen, zu relaxen und es sich gut gehen zu lassen.

Zwischen dem Kipahulu-Abschnitt und dem Hauptteil des Parks am Gipfel des Haleakalā gibt es keine Verbindung; man kann also nicht alles an einem Tag besichtigen. Auf keinen Fall sollte man aber seine Eintrittskarte verlieren: Sie gilt für beide Teile des Parks.

◉ Sehenswertes & Aktivitäten

Lower Pools   WANDERN, TEICHE
Besucher sollten als Erstes den **Kuloa Point Trail** ansteuern, einen 0,5 Meilen (805 m) langen Rundweg, der vom Besucherzentrum zu den unteren Pools und wieder zurück führt. An der Kreuzung mit dem Pipiwai Trail geht's rechts ab. Einige Minuten führt der Weg bergab und dann vorbei an einem grasbewachsenen Hügelchen mit wunderschönem Ausblick über die Küste vor Hana. An klaren Tagen kann man von hier über den 48 km breiten 'Alenuihaha Channel hinweg bis nach Big Island schauen.

Die großen Süßwasserteiche entlang des Wegs liegen gestaffelt übereinander und fließen in Kaskaden ineinander. Normalerweise sind sie zum Schwimmen bestens geeignet und erfrischend kühl. Der zweite große Tümpel unter der Brücke ist besonders beliebt bei Badegästen.

Aber Vorsicht: Die Badebedingungen können sich im Handumdrehen ändern. Starke Regenfälle auf den oberen Berghängen können jederzeit eine Sturzflut durch die Tümpel jagen. Sollte der Wasserpegel also steigen – sofort raus aus dem Wasser! Bei Sturzfluten wurden schon einige Menschen hinaus ins Meer gespült. Gefährlich sind auch glitschige Steine und unter der Oberfläche verborgene Felsplatten. Also Augen auf beim Hineinspringen! Besucher sollten stets alle Warnschilder im Park beachten – besonders die, die auf bestimmte Witterungsbedingungen hinweisen.

Wasserfall-Wanderungen   WANDERN
Der **Pipiwai Trail** verläuft stromaufwärts entlang des 'Ohe'o und bietet Bilderbuchausblick auf die Wasserfälle. Der Weg beginnt auf der *mauka*-Seite des Besucherzentrums und führt zu den Makahiku (805 m) und Waimoku Falls (3,2 km). Wer beide Wasserfälle sehen will, muss für den Hin- und Rückweg zwei Stunden einplanen. Der obere Abschnitt ist matschig, aber einige der schlimmsten Teile werden mit Holzstegen überbrückt.

Große Mangobäume und stellenweise auch Guaven wachsen am Weg, der nach etwa zehn Minuten einen Aussichtspunkt erreicht. Rechter Hand ist jetzt ein langer, schleierartiger Wasserfall zu sehen, der in eine tiefe Schlucht hinabstürzt: **Makahiku Falls**. Die Basaltwand, an der die Kaskade zu Boden rauscht, ist dicht mit grünem Farn bewachsen – eine bombastische Belohnung für so einen kurzen Spaziergang!

Im weiteren Verlauf des Hauptweges flanieren Wanderer unter alten Banyanbäumen, überqueren den Palikea Stream (Vorsicht! Fiese Stechmücken!) und tauchen ein in einen wundervollen **Bambuswald**, wo die Bambusrohre in dichten Hainen sanft im Wind musizieren. Wenn man aus dem ersten Bambushain heraustritt, sind die **Waimoku Falls** bereits aus der Ferne zu sehen. Zierlich und filigran gleiten sie 122 m an einer senkrechten Felswand hinab. Ein Bad am Fuße des Wasserfalls sollte man sich aber aus dem Kopf schlagen: Der Teich ist flach, und mit herabfallenden Steinen muss immer gerechnet werden.

Dafür gibt's unterwegs bessere Gelegenheiten zum Baden. Etwa 90 m vor den Waimoku Falls überquert der Weg einen kleinen Bach. Geht man hier nach links und etwa zehn Minuten stromaufwärts, taucht ein hübscher Wasserfall mit kleinem Teich auf, dessen Wasser erwachsenen Schwimmern etwa bis zum Hals reicht. Eine weitere einladende Badegelegenheit bietet sich im Bach selbst, etwa auf halbem Weg zwischen Makahiku und den Waimoku Falls.

Geführte Touren

Einen faszinierenden Einblick in die Vergangenheit der Region erhalten Teilnehmer einer ethnobiologischen Führung durch Kipahulu 'Ohana (☎248-8558; www.kipahulu. org), ein hawaiisches Bauernkollektiv, das die alten Tarofelder im Park wieder neu bepflanzt hat. Im Angebot sind eine zweistündige Morgenführung (49 $), die sich auf den Bauernhof konzentriert, und eine 3½-stündige Nachmittagsführung (79 $), die zusätzlich eine Wanderung zu den Waimoku Falls beinhaltet. Beide Führungen beginnen am Kipahulu Visitor Center. Reservierung empfohlen.

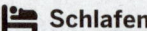 Schlafen

Am Campingplatz von Kipahulu im Nationalpark liegt so viel *mana* in der Luft, dass man die alten Hawaiianer schon beinahe flüstern hören kann. Die Ausstattung ist allerdings minimalistisch: Plumpsklo, Picknicktische, Grillstellen. Dafür ist die Lage auf den Klippen über dem Meer und zwischen den steinernen Ruinen eines alten Dorfes einfach unglaublich. Besucher müssen übrigens ihr eigenes Wasser mitbringen, hier gibt's nämlich keins. Mückenabwehrmittel und regentaugliche Ausrüstung sind ebenfalls Pflicht.

Eine Genehmigung wird hier nicht benötigt. Campen ist kostenlos, aber auf drei Nächte pro Monat beschränkt. Im Winter hat man den Platz meist für sich alleine, aber auch im Sommer ist normalerweise genug Platz für alle da.

ⓘ Praktische Informationen

Kipahulu Visitor Center (☎248-7375; www. nps.gov/hale; 3-Tageskarte pro Auto 10 $; ⏲Park 24 Std., Besucherzentrum 8.30–17 Uhr) Hier geben Ranger Orientierungshilfen für den Park.

ⓘ Anreise & unterwegs vor Ort

Der Kipahulu-Abschnitt des Haleakalā National Park liegt 10 Meilen (16 km) südlich von Hana am Hwy 31. Informationen zur spektakulären Fahrt von Hana nach Kipahulu gibt's auf S. 449.

KAHO'OLAWE

Gute 11 km südwestlich von Maui liegt die heilige, unbewohnte Insel Kaho'olawe, die seit Langem ein zentrales Thema der hawaiischen Bürgerrechtsbewegung ist. Viele betrachten die Insel als lebendiges spirituelles Zentrum, als *pu'uhonua* (Zuflucht) und *wahi pana* (heiliger Ort).

Trotzdem wurde Kaho'olawe zwischen dem Zweitem Weltkrieg und 1990 fast 50 Jahre lang vom US-Militär als Bombenübungsziel verwendet. In den 1970er-Jahren erlebte das hawaiische Nationalbewusstsein eine Renaissance, und die Befreiung der Insel von der militärischen Nutzung wurde zum wichtigen Thema für die Bewegung. Heute ist der Bombenhagel vorbei, und die Navy ist abgezogen. Die Beseitigung der Schäden auf der Insel ist für die hawaiische Bevölkerung zu einem symbolischen Akt und einem konkreten Ausdruck ihrer Souveränität geworden.

Die 18 km lange und 10 km breite Insel sowie die Gewässer in der Umgebung wurden inzwischen zum Schutzgebiet erklärt – aber auch zum Sperrbezirk, da immer noch jede Menge Blindgänger an Land und im Wasser herumliegen.

Der Pfad nach Tahiti

Den Kanal zwischen Lana'i und Kaho'olawe sowie den westlichsten Zipfel von Kaho'olawe nennt man auch Kealaikahiki – „Pfad nach Tahiti". Denn als die ersten polynesischen Seefahrer von Hawaii aus nach Tahiti in See stachen, orientierten sie sich bei der Navigation ihrer Kanus an diesen Ausgangspunkten.

Aber Kahoʻolawe ist viel mehr als nur eine frühe Orientierungshilfe – hier hat man über 540 archäologische und kulturell bedeutende Stätten freigelegt. Dazu gehören mehrere *heiau* (Steintempel) und *kuʻula* (Fischerschreine), die den Göttern des Fischens geweiht sind. Im großen Aschekegel Puʻumoiwi in der Mitte der Insel befindet sich außerdem einer der größten *adze*-Steinbrüche auf Hawaii.

Die Strafkolonie

1829 verfolgte der damalige hawaiische Premierminister Kahoʻolawe die Idee, dass alle Katholiken auf die Insel Kahoʻolawe verbannt werden sollten. Ab 1830 diente die Kaulana Bay an der Nordküste der Insel als Strafkolonie für Männer, denen Verbrechen wie Rebellion, Diebstahl, Scheidung, Mord und Prostitution angelastet wurden. Ob auch Katholiken darunter waren – darüber schweigt sich die Geschichte aus. Die Strafkolonie wurde 1853 schließlich aufgelöst.

Staubige Angelegenheit

Die heute fast völlig vertrocknete Insel Kahoʻolawe war einst mit üppigem Wald bedeckt.

1858 verpachtete die hawaiische Territorialregierung die gesamte Insel an Ranch-Betreiber. Keiner von ihnen hatte Erfolg – aber sie ließen ihre Schafe, Ziegen und Rinder zurück, die anschließend hier verwilderten. Anfang der 1900er-Jahre hatten Zehntausende Tiere den größten Teil der Insel kahl gefressen, den Rest besorgte die Erosion. Heute ist die Insel eine Wüste, die von Staubwolken umhüllt ist.

Zwischen 1918 und 1941 betrieb Angus MacPhee Kahoʻolawes erfolgreichste Ranch. Ihm wurde das Land mit der Auflage verpachtet, die Ziegen zu entfernen. Er trieb 13 000 Tiere zusammen und verkaufte sie. Anschließend ließ er einen Zaun bauen, der einmal quer über die Insel verlief. Damit sollten die restlichen Ziegen gezwungen werden, auf einer Hälfte der Insel zu bleiben. Schließlich pflanzte er Gras und andere bodendeckende Pflanzen und begann, Rinder zu züchten. Ganz einfach war das alles nicht, aber im Gegensatz zu seinen Vorgängern gelang es ihm tatsächlich, einen Gewinn zu erwirtschaften.

Zielscheibe

Das US-Militär hielt Kahoʻolawe schon früh für strategisch bedeutsam. Anfang 1941 verpachtete Angus MacPhee ihm einen Teil der Insel für Schießübungen, und nach dem Angriff auf Pearl Harbor am 7. Dezember 1941 übernahm das Militär Kahoʻolawe komplett. Bis Kriegsende wurden hier Pazifikinvasionen inszeniert: Neben schiff- und flugzeugbasierten Bombardierungen wurden auch Unterwassertorpedos an den Uferklippen getestet. Schätzungen gehen davon aus, dass im gesamten Zweiten Weltkrieg keine Insel im Pazifik so hartnäckig bombardiert wurde wie Kahoʻolawe.

Nach dem Krieg war damit aber noch lange nicht Schluss. 1953 unterzeichnete US-Präsident Eisenhower eine Verordnung, die der US-Navy offiziell die Befehlshoheit über Kahoʻolawe zuteilte. Eine Klausel besagte jedoch, das die Insel, sobald sie nicht mehr „benötigt" würde, von Blindgängern geräumt und in „einigermaßen bewohnbarem Zustand" an die hawaiische Kontrolle überstellt werden sollte.

Die Kahoʻolawe-Bewegung

Mitte der 1960er-Jahre begannen dann hawaiische Politiker die US-Regierung mit Petitionen zu bombardieren, in denen sie das Ende der militärischen Aktionen und die Rückgabe der Insel Kahoʻolawe an den Bundesstaat Hawaii forderten. 1976 wurde eine Klage gegen die Navy eingereicht. Um auf die Bombardierung aufmerksam zu machen, segelten außerdem neun Hawaii-Aktivisten zur Insel und besetzten sie. Sie wurden festgenommen, aber weitere Besetzungsaktionen folgten.

Bei einer dieser Überfahrten verschwanden 1977 die Aktivisten George Helm und Kimo Mitchell unter ungeklärten Umständen in den Gewässern vor Kahoʻolawe. Helm war ein äußerst charismatischer Hawaii-Bürgerrechtler, und sein Tod sorgte dafür, dass die Bewegung „Protect Kahoʻolawe ʻOhana" ins Leben gerufen wurde. Helms Vision, die

Insel zu einem Schutzgebiet der hawaiischen Kultur zu machen, fand nun immer mehr Anhänger unter den Insulanern.

1980 erzwang die Bewegung anhand eines gerichtlichen Erlasses ein Abkommen mit der Navy, das ihnen den regelmäßigen Zugang zur Insel garantierte. Außerdem wurde der Navy die Bombardierung archäologischer Stätten verboten. 1981 wurde Kaho'olawe als bedeutende archäologische Region in das National Register of Historic Places aufgenommen. Ironischerweise war diese Insel nun fast ein Jahrzehnt lang der einzige historisch bedeutsame Ort dieser Art, der von der eigenen Regierung bombardiert wurde.

1982 begann die 'Ohana-Bewegung damit, das jährliche *makahiki*-Fest zu Ehren von Lono, Gott der Landwirtschaft und des Friedens, auf Kaho'olawe zu feiern. Im gleichen Jahr bot das US-Militär im Rahmen eines zweijährigen Pazifikmanövers anderen Staaten die Insel als Bombenziel an – für viele Hawaiianer ein unverzeihlicher Angriff auf ihr kulturelles Erbe.

Danach stieß der Konflikt um die Insel plötzlich auf internationales Interesse. Unter wachsenden Protesten aus aller Welt zogen sich Neuseeland, Australien, Japan und Großbritannien von den Manövern vor Kaho'olawe zurück. Der Plan einer Bombardierung wurde eingestampft. Ende der 1980er-Jahre verlangten Hawaiis Politiker immer lautstärker nach einer Rückgabe der Insel. Gerade als die beiden hawaiischen US-Senatoren Daniel Inouye und Daniel Akaka im Oktober 1990 eine Gesetzesvorlage für das Ende der Bombardierung vorbereiteten, ordnete Präsident George Bush schließlich die sofortige Einstellung aller militärischen Aktivitäten an.

Die Navy geht von Bord

1994 erklärte sich die US-Navy schließlich bereit, aufzuräumen und Kaho'olawe an Hawaii zurückzugeben. Sie wollte die Aufräumarbeiten so lange weiterführen, bis 100 % der oberirdisch und 30 % der unterirdisch verstreuten Munition beseitigt sein würden. Leider vereinbarte man gleichzeitig, dass die von der US-Regierung organisierte Räumung unabhängig vom erreichten Ergebnis nach zehn Jahren enden sollte.

Nach zehn Jahren und Aufräumaktionen, die über 400 Mio. $ verschlungen hatten, stellte die Navy ihre Arbeiten ein, und Kaho'olawe wurde wieder dem Bundesstaat überstellt. Regierungsschätzungen zufolge wurden nur 70 % des oberirdischen und lächerliche 9 % des unterirdischen Waffenmaterials entfernt.

Noch im gleichen Jahr (2004) gründete Hawaii die **Kaho'olawe Island Reserve Commission** (Kaho'olawe-Inselschutzkommission; KIRC; www.kahoolawe.hawaii.gov), um den Zugang und die zukünftige Nutzung der Insel zu koordinieren, archäologische Stätten zu schützen und Lebensräume wieder herzustellen. Das Mandat der KIRC legt fest, dass die Insel „treuhändisch verwaltet werden soll, bis eine souveräne hawaiische Nation von den USA und den US-Bundesstaaten anerkannt wird". Dazu ist es – wie jeder weiß – bisher noch nicht gekommen, aber die KIRC glaubt daran, dass eines Tages tatsächlich ein souveräner Staat Hawaii existieren und diese Insel sein Eigentum sein wird.

'Ohana unterstützen

Als offizielle Verwaltungsorganisation der Insel Kaho'olawe arbeitet **Protect Kaho'olawe 'Ohana** (Schutzorganisation für Kaho'olawe 'Ohana; PKO; www.kahoolawe. org) mit der KIRC zusammen und organisiert monatliche Besuche auf der Insel. Dabei werden einheimische Pflanzen gepflanzt, Unkräuter entfernt, historische Stätten gesäubert und die Geister des Landes geehrt. Respektvolle Freiwillige, die nicht nur neugierig sind, sondern tatsächlich mitarbeiten wollen, sind immer willkommen. Die viertägigen Fahrten finden immer bei oder in der Zeit um Vollmond statt und kosten für Freiwillige 125 $. Verpflegung und Transport sind darin enthalten. Schlafsack, Zelt und Dinge für den persönlichen Bedarf muss jeder selbst mitbringen. Ausführliche Details und Kontaktdaten gibt's auf der PKO-Website.

Lana'i

Inhalt »

Lana'i City .... S. 470

Munro Trail .... S. 475

Hulopo'e &
Manele Bay .... S. 475

Keomuku Road .... S. 477

Straße zum Garden
of the Gods .... S. 479

Kaumalapa'u
Highway .... S. 479

Gut essen

» Lana'i City Grille (S. 472)

» Blue Ginger Café
(S. 472)

» Pele's Other Garden
(S. 472)

Schön übernachten

» Hotel Lana'i (S. 472)

» Four Seasons Resort
Lana'i at Manele Bay
(S. 476)

» Dreams Come True
(S. 472)

Auf nach Lana'i

Lana'i liegt zwar im Zentrum des Archipels – an klaren Tagen sind fünf Nachbarinseln zu sehen –, ist aber die am wenigsten „hawaiische" Insel. Ihr wichtigstes Erbe sind ehemalige Ananasplantagen, auf denen sich einst Wanderarbeiter aus aller Welt abrackerten. Entsprechend multikulti ist die heutige Bevölkerung. Die spärliche Bebauung wurde einheitlich im Plantagenstil hochgezogen. Auf den ungeteerten Straßen sind kaum Touristen unterwegs.

Die inseltypischen (importierten) Araukarien geben Lana'i einen fast surrealen Touch; man kommt sich vor wie auf einem total abgelegenen Eiland irgendwo im Südpazifik. Genau das aber macht den Charme der Insel aus: Versteckte Strände, vergessene Ausgrabungsstätten, skurrile Landschaftsformen und die Atmosphäre der Abgeschiedenheit sind perfekt für alle, die mal weg von allem wollen, ohne dafür weit weg zu müssen.

Reisezeit
Lana'i City

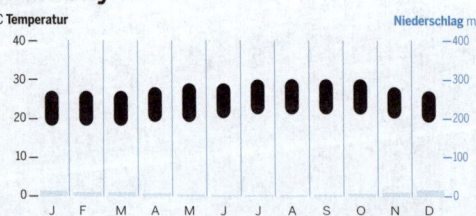

Nov.–März
An den Stränden ist es angenehm, im höher gelegenen Lana'i City tut abends eine leichte Jacke gut.

April–Aug.
Nach dem Winterregen zeigt sich das tropische Klima auf der ganzen Insel von seiner besten Seite.

Sept.–Okt.
In Lana'i City klettert das Thermometer auf sonnige 20er-Grade, am Hulopo'e Beach auch mal in die 30er-Zone.

Geschichte

Eine mögliche Übersetzung für Lanaʻi ist „Tag der Eroberung", und obwohl nicht alle mit dieser Deutung einverstanden sind, würde sie durchaus passen. Die an ihrer breitesten Stelle nur knapp 30 km messende Insel musste sich schon oft erobern lassen: Von den ersten Hawaiianern, die die Fischerdörfer an der Küste gründeten, von Ziegen, die im 19. Jh. alle Bäume abknabberten, von Geschäftsmännern, die im 20. Jh. überall Ananas anpflanzten, und von Touristen, die sich jetzt in den Luxushotels aalen.

Vor dem 15. Jh. war die Insel angeblich nur von Geistern bewohnt. Dann kam ein Häuptlingssohn von Maui, verscheuchte die unheimliche Plage und machte Lanaʻi für seine Leute attraktiv. Die geschichtlichen Fakten sind dürftig, aber die Küste weist vor allem im Norden und Osten Spuren einer regen Fischereikultur auf, die sich häufig gegen Plünderer von Nachbarinseln verteidigen musste.

Von Kolonialherren blieb Lanaʻi weitgehend verschont. Allerdings verirrten sich diverse Missionare hierher, die Krankheiten einschleppten, sodass die Inselbevölkerung von mehreren Tausend auf 200 in den 1950er-Jahren schrumpfte. Einwanderer machten ein paar halbherzige Versuche mit Viehzucht und Zuckerrohranbau, doch die entscheidende Wende kam erst mit George Gay, der ab 1902 große Gebiete kaufte. Ein paar Jahre später besaß er bereits 98 % der Insel (die sich bis heute in Privathand befinden, auch wenn der Eigentümer mehrmals wechselte). 1922 ging Lanaʻi an Jim Dole, der die Ananasplantage anlegte, die schnell zur größten der Welt wurde.

Unter Dole (und der Nachfolgefirma Castle & Cooke) wurde Lanaʻi zu einem Wirtschaftsimperium. Die ersten Manager waren echte Diktatoren, die ihre „Sklaven" von ihrem Herrschaftshaus auf dem Hügel aus beobachteten und ihnen Aufseher auf den Hals hetzten, wenn sie nicht flott genug arbeiteten.

In den 1980er-Jahren beschlossen Castle & Cooke mit ihrem ehrgeizigen Hauptaktionär David Murdoch, statt auf Ananas auf Touristen zu setzen. Die letzten Früchte wurden 1992 geerntet, die ersten Ferienbunker 1990 eröffnet. Die Firma sucht weiterhin nach einem Konzept für eine sichere und profitable Zukunft der Insel.

🏃 Aktivitäten

Lanaʻi hat keine National- oder Regionalparks, aber der schönste Strand, Hulopoʻe

---

LANAʻI IN ...

... einem Tag

Frühmorgens legt die **Fähre** in Lahaina auf Maui ab. Bei der Einfahrt in die **Manele Bay** können Delphinschulen beobachtet werden. Ein Shuttlebus fährt nach **Lanaʻi City**, wo das **Blue Ginger Café** zum Frühstück einlädt (Kaffee schenken sich die Gäste selbst nach). Läden und vor allem das wunderschöne **Culture & Heritage Centre** laden zum Bummeln ein. Nachmittags steht Schnorcheln am **Hulopoʻe Beach** oder ein Tauchgang in der **Manele Bay** auf dem Programm, bevor es mit der Fähre bei Sonnenuntergang wieder zurück nach Maui geht.

... zwei Tagen

Wer einen weiteren Tag übrig hat, sollte nicht nach Maui zurückfahren, sondern in die Stadt zurückschlendern und den Sonnenuntergang über den majestätischen Norfolk-Tannen im **Dole Park** genießen. Am zweiten Tag geht's zu Fuß oder mit dem geliehenen Mountainbike hoch auf den **Munro Trail**, um sämtliche Facetten der Insel von oben aus zu bewundern.

... vier Tagen

Um die zwei weiteren Tage perfekt zu nutzen, bietet es sich an, einen Jeep zu mieten, den **Shipwreck Beach** abzuklappern und dann nach **Naha** zu fahren. Abends lässt es sich im **Lanaʻi City Grille** fürstlich speisen. Tag vier beginnt mit einer Stärkung in einem der altmodischen **Speiselokale** im Dole Park, um dann den **Garden of the Gods**, die **Petroglyphen von Luahiwa** und das historische Dorf **Kaunolu** zu besuchen.

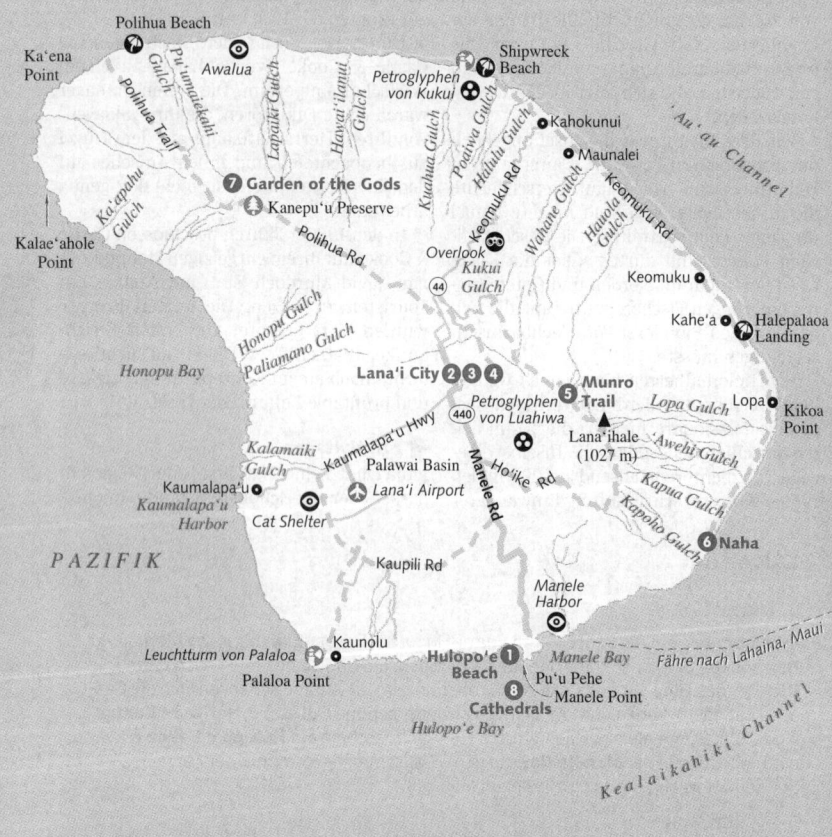

Map labels:

Kalohi Channel

Polihua Beach
Ka'ena Point
Awalua
Pu'umaiekahi Gulch
Polihua Gulch
Polihua Trail
Ka'apahu Gulch
Kalae'ahole Point
Lapaiki Gulch
Hawai'ilanui Gulch
Kuahua Gulch
Postiwa Gulch
Shipwreck Beach
Petroglyphen von Kukui
Kahokunui
Maunalei
'Au'au Channel
Garden of the Gods
Kanepu'u Preserve
Polihua Rd
Hahili Gulch
Keomuku Rd
Wohane Gulch
Haoula Gulch
Keomuku Rd
Overlook
Kukui Gulch
44
Keomuku
Kahe'a
Halepalaoa Landing
Honopu Gulch
Honopu Bay
Paliamano Gulch
Lana'i City 2 3 4
Munro Trail 5
Petroglyphen von Luahiwa
440
Lana'ihale (1027 m)
Lopa Gulch
Lopa
Kikoa Point
Awehi Gulch
Kalamaiki Gulch
Kaumalapa'u Hwy
Palawai Basin
Ho'ike Rd
Kapua Gulch
Kaumalapa'u
Kaumalapa'u Harbor
Cat Shelter
Lana'i Airport
Kapoho Gulch
Naha 6
PAZIFIK
Kaupili Rd
Manele Rd
Manele Harbor
Leuchtturm von Palaloa
Kaunolu
Hulopo'e Beach 1
Manele Bay
Fähre nach Lahaina, Maui
Palaloa Point
Pu'u Pehe
Manele Point
Cathedrals 8
Hulopo'e Bay
Kealaikahiki Channel

0   5 km
0   3 Meilen

Highlights

1 Schnorcheln am Riff vor **Hulopo'e Beach** (S. 475), dem besten Strand der Insel.

2 Die einfachen, aber leckeren Speisen und Getränke in einem der vielen **Cafés** von Lana'i City genießen (S. 473).

3 Mit den Einheimischen über den Platz im **Dole Park** (S. 471) schlendern,

Kunst betrachten und die Atmosphäre genießen.

4 Ein Ferienhaus in **Lana'i City** (S. 472) mieten und sich dem hiesigen Rhythmus anpassen.

5 Auf dem **Munro Trail** (S. 475) gleich oberhalb von Lana'i City durch das kleine, grüne Herz der Insel wandern.

6 Auf der Piste nach **Naha** (S. 477) zwischen ehemaligen Fischteichen herumkurven.

7 Vom surrealen **Garden of the Gods** (S. 479) aus die Nachbarinseln zählen.

8 Sich bei den spektakulären **Cathedrals** (S. 476), dem besten Tauchrevier der Insel, in die Tiefe stürzen.

Beach (S. 475), wird von Castle & Cooke als öffentlicher Park in Schuss gehalten. Das Wasser dort ist ein gutes Schnorchel- und Tauchrevier. Im bergigen Inselinneren bietet der Kammweg Munro Trail (S. 475) perfektes Wandervergnügen und berauschende Panoramablicke. Außerdem hat Lanaʻi zwei Golfplätze von Weltrang.

Die Gäste der beiden Ferienanlagen buchen ihre Aktivitäten meist übers Hotel, aber es gibt auch mehrere kompetente Agenturen.

Adventure Lanaʻi OUTDOOR-AKTIVITÄTEN
(☎565-7373; www.adventurelanaiislandclub.com) Bietet diverse Aktivitäten an Land und auf dem Wasser an und verleiht Ausrüstung (Paddelboards, Surfboards, Kajaks, Fahrräder etc.). Kommt zur Anlegestelle der Fähre aus Maui.

Lanaʻi Surf Safari SURFEN
(☎306-9837; www.lanaisurfsafari.com; Surfkurs 175 $, Leihboard ab 60 $) Der in Lanaʻi geborene Nick Palumbo bietet halbtägige Surfkurse an verträumten Orten an.

Trilogy Lanaʻi
Ocean Sports TAUCHEN & SCHNORCHELN
(☎888-874-5649; www.scubalanai.com; Tauchgänge von der Küste/vom Boot aus 120/240 $) Bietet Tauch- und Schnorcheltrips in der Manele Bay an, z. B. auch an den attraktiven Cathedrals. Auch **Tagesausflüge** (www.sailtrilogy.com; Komplettpreis Erw./Kind 160/80 $) ab Maui per Katamaran mit Tauchen und Schnorcheln sind möglich.

An- & Weiterreise

FLUGZEUG Lanaʻi Airport (LNY) liegt knapp 3,5 Meilen (6 km) südwestlich von Lanaʻi City. Vom Festland aus gibt es keine Direktflüge nach Lanaʻi. Da das aufgegebene Gepäck in den kleinen Fliegern nur 40 lb (18,14 kg) wiegen darf, empfiehlt sich fürs Handgepäck ein Matchsack, um ggf. umpacken zu können.

Island Air (☎800-652-6541; www.islandair.com) Fliegt mehrmals täglich nach/ab Honolulu (in Codesharing mit Hawaiian Airlines).

Mokulele Airlines (☎426-7070; www.mokuleleairlines.com) Fliegt mehrmals täglich nach/ab Honolulu (in Codesharing mit Go!, die zwischen den Inseln verkehrt).

SCHIFF Die **Expeditions Maui–Lanaʻi Ferry** (☎661-3756, 800-695-2624; www.go-lanai.com; Erw./Kind einfach 30/20 $) fährt mehrmals täglich zwischen Lahaina Harbor (Maui) und dem Manele Bay Harbor auf Lanaʻi (1 Std.). Im Winter sind unterwegs oft Buckelwale zu sehen, während Spinnerdelphine eigentlich immer

Außerhalb von Lanaʻi City und der Manele Bay gibt es keine Möglichkeit, Getränke zu kaufen. Wer plant, einen Tag auf den Pisten nach Naha oder zum Garden of the Gods zu verbringen, sollte unbedingt ausreichend Wasser dabeihaben. Dasselbe gilt für Wanderungen, z. B. auf dem Munro Trail.

auftauchen (vor allem morgens). Der Hulopoʻe Beach liegt ganz in der Nähe der Anlegestelle, wo die Agenturen auch Gäste abholen, die bei ihnen gebucht haben. Beliebt sind organisierte Tagesausflüge ab Maui.

Unterwegs vor Ort

Außerhalb von Lanaʻi City gibt's nur drei geteerte Straßen: die Keomuku Rd (Hwy 44) zum Shipwreck Beach im Nordosten, den Kaumalapaʻu Hwy (Hwy 440) westwärts zum Flughafen und weiter zum Kaumalapaʻu Harbor sowie die Manele Rd (auch Hwy 440), die südwärts zur Manele und Hulopoʻe Bay führt. Wer die gesamte Insel erkunden will, sollte sich ein Allradfahrzeug mieten, denn bei Regen können sich die Pisten in rote Schlammrinnen verwandeln.

ZUM/VOM FLUGHAFEN Die Ferienanlagen bieten einen Shuttleservice zum Flughafen und zur Fähranlegestelle an. Auch wer nicht dort wohnt, kann ihn gegen eine Gebühr von 5 $ nutzen. Ein Taxi kostet 10 $ pro Person und sollte bereits vor der Ankunft bestellt werden.

AUTO Die einzige Autovermietung der Insel, **Lanaʻi City Service** (☎565-7227, 800-533-7808; 1036 Lanaʻi Ave, Lanaʻi City; ⏰7–19 Uhr), ist ein Partner von Dollar Rent A Car. Ihre Monopolstellung nutzt sie kräftig aus: Ein ziemlich mitgenommener Jeep Wrangler kostet ab 140 $ pro Tag. Einzige Alternative dazu ist ein Kleinbus, der ähnlich viel kostet, aber auf den schlechten Pisten nicht so gut mitmacht. Achtung: Die Firma schreibt vor, wo gefahren werden darf, und Abweichungen von den erlaubten Routen ziehen Ärger, Kosten und möglicherweise den finanziellen Ruin nach sich!

Auch Benzin ist teuer (und nur bei – wie könnte es anders sein – Lanaʻi City Service erhältlich). Der Preis kann auf bis zu 6 $ pro Gallone (3,8 l) klettern, was bei den durstigen Jeeps ganz schön zu Buche schlägt.

Die Ferienanlagen vermitteln ebenfalls Mietwagen (von City Service), und wer Glück hat, bekommt auch einen bei **Adventure Lanaʻi Ecocentre** (☎565-7373; www.adventurelanai.com).

ZIEL	MEILEN (KM)	DAUER
Garden of the Gods	6 (9,6)	20 Min.
Hulopo'e Beach	8 (12,8)	20 Min.
Kaumalapa'u Harbor	7 (11,2)	20 Min.
Keomuku	15 (24)	1 Std.
Lana'i Airport	3,5 (5,6)	10 Min.

SHUTTLE Die Ferienanlagen bieten einen Shuttleservice zwischen dem Four Seasons Resort Lana'i in der Manele Bay, dem Hotel Lana'i und der Lodge in Koele, dem Flughafen und der Fähranlegestelle an. Die Kleinbusse fahren in der Hochsaison tagsüber ca. alle 30 Minuten, in der Nebensaison stündlich. Der erste Bus startet gegen 7 Uhr morgens, der letzte gegen 23 Uhr. Für Gäste ist der Service meist gratis, alle anderen bezahlen zwischen 5 $ (vom Flughafen nach Lana'i City) und 10 $ (von Lana'i City zur Manele Bay), je nach Länge der Fahrt.

TAXI Rabaca's Limousine Service (☎ 565-6670; rabaca@aloha.net) nimmt 10 $ pro Person für die Fahrt vom Flughafen oder der Manele Bay nach Lana'i City (ab Manele Bay fährt er nur ab mindestens zwei Fahrgästen). Fahrten zu beliebigen Orten der Insel nach Absprache.

Lana'i City

3000 EW.

Wer hierher kommt, fragt sich, ob er durch irgendwelche magischen Kräfte in eine andere Zeit oder an einen anderen Ort im Pazifik versetzt wurde – oder sogar beides. Aber keine Angst, es geht schon alles mit rechten Dingen zu, und Lana'i City ist eben einfach nur ein verschlafenes Städtchen – dafür aber ein besonders charmantes.

Die Häuser und Geschäfte mit Wellblechdächern rund um den Hauptplatz, den Dole Park, sehen noch genau so aus wie zur Zeit der Plantagen in den 1920er-Jahren (von den sonst allgegenwärtigen Filialen großer Ketten keine Spur). Wer anstatt in den beiden Ferienanlagen in Lana'i City seine Bleibe hat, kann prima zwischen den netten Lokalen und Läden herumschlendern, die hier überhaupt nicht touristisch sind. Abends, wenn der Mond hinter den Araukarien aufgeht, wird's richtig gemütlich.

Geschichte

Als einzige Hawaii-Insel hat Lana'i seine Hauptstadt in den Bergen, nicht an der Küste. Und seit rund 80 Jahren ist die Hauptstadt zudem auch der einzige Ort der Insel, der die Bezeichnung Stadt überhaupt einigermaßen verdient.

Sie wurde in den 1920er-Jahren inmitten von Ananasfeldern als Wohnsiedlung für die Arbeiter und Angestellten der Dole's Hawaiian Pineapple Company gegründet. Damit entstand auf Hawaii erstmals so etwas wie eine geplante Infrastruktur mit Läden und einem Theater um einen zentralen Platz herum, von dem die Straßen mit den Reihenhäusern der Arbeiter abgingen, und einer Fabrik, wo die Ananas eingedost wurden. Zum Glück beachtete der damalige Bauleiter George Munro, ein ehemaliger Farmverwalter und Naturfreak aus Neuseeland, auch ästhetische Aspekte. Er ließ die mittlerweile hoch gewachsenen Araukarien

SURFSTRÄNDE & -BREAKS AUF LANA'I

Lana'i kann nicht die supergigantischen Wellen vorweisen wie die anderen Inseln. Doch an der Südküste ist die Brandung gar nicht schlecht, vor allem in der Gegend rund um den **Manele Point** (S. 476). Die größten Wellen rollen um die Manele-Spitze herum in die Hulopo'e Bay. Flache Riffe und Felsen unter Wasser stellen bei Ebbe und niedrigem Wellengang Gefahren dar, aber bei hoher Dünung (vor allem bei einem Double Overhead Swell) sind die Bedingungen ideal; am besten holt man sich Tipps bei den Einheimischen. Ein Stück weiter, direkt vor einer verlassenen hawaiischen Siedlung, liegt **Naha** (auch Stone Shack genannt; S. 479). Insider wissen: Die Two Way Peaks dort machen Laune, tendieren aber dazu, zuzumachen, wenn sie größer werden.

Auf der Nordseite der Insel liegt der weitläufige, offene **Polihua Beach** (S. 479), der längste und breiteste Sandstrand auf Lana'i. Allerdings herrscht dort eine starke Strömung, die neckisch „Tahiti-Express" genannt wird. Sie hat schon einige Schiffe im Kalohi Channel zwischen Moloka'i und Lana'i auf Riffe getrieben und könnte unvorsichtige Surfer tatsächlich locker auf die Reise nach Tahiti schicken.

anpflanzen, die den vorbeiziehenden Wolken Feuchtigkeit abringen und der Stadt ihren grünen Rahmen verleihen.

👁 Sehenswertes

Lana'i City ist ideal zum Bummeln. Durch die rasterförmige Anlage ist das Städtchen übersichtlich, und fast alle Läden und Büros gruppieren sich um den **Dole Park**. Auch wenn „Fortschritt" droht (s. Kasten S. 478), noch herrscht die geordnete Lebensweise einer gut organisierten Gemeinschaft. Die Geschäfte und Cafés im Zentrum strahlen eine gewisse Würde aus, und im wohltuenden Schatten der leicht bizarr wirkenden Araukarien lässt sich das Kommen und Gehen der Einwohner beobachten. Sonntagmorgens dringt Chorgesang aus der **Hawaiischen Kirche** in der Fraser Ave.

LP TIPP ⟩ Lana'i Culture & Heritage Center   MUSEUM

(www.lanaihc.org; 111 Lana'i Ave; Eintritt frei; ⊙Mo–Fr 8.30–15.30, Sa 9–13 Uhr) Seit der gelungenen Renovierung gehört dieses kleine Museum zu den schönsten der Inseln. Die Ausstellung dokumentiert die oft mysteriöse Geschichte von Lana'i, Fotos zeigen seine Verwandlung zum weltweiten Ananaslieferanten. Das Leben der Plantagenarbeiter wird anhand von oft unglaublichen Details erklärt, z. B. musste ein Arbeiter pro Tag 10 000 neue Ananaspflanzen setzen! Ein Hingucker sind auch die Aufnahmen von Lana'i City aus den 1920er-Jahren, als die heute so typischen Araukarien noch völlig fehlten.

🏃 Aktivitäten

Die meisten Angebote für Touristen gibt's rund 1,5 km nördlich des Dole Park in und in der Nähe der Lodge at Koele (offizieller Name: „Four Seasons Resort at Lana'i, the Lodge at Koele").

Koloiki Ridge Trail   WANDERN

Der 2,5 Meilen (4 km) lange Weg führt hinauf zu einem der spektakulärsten Abschnitte des Munro Trail. Belohnung auf der insgesamt (Hin- und Rückweg) rund drei Stunden langen Wanderung sind wunderschöne Blicke in abgelegene Täler (wo früher Taro angebaut wurde), auf Maui und auf Moloka'i.

Der Weg beginnt hinter der Lodge at Koele mit dem geteerten Stück, das zum Clubhaus der Golfer führt. Von dort windet sich ein gut ausgeschilderter Fußpfad an Norfolk-Tannen vorbei bis zu einer Bank

auf einem Hügel, die ein Schild mit dem Gedicht „If" von Rudyard Kipling ziert. Nach diesem Aussichtspunkt geht es unter Bäumen weiter bis zu einem Maschendrahtzaun. Der Weg umrundet ihn rechter Hand und klettert dann in Richtung der Strommasten bergauf. Oben auf dem Grat geht es durch einen dichten Guavenhain bis zu einem ehemaligen Wirtschaftsweg, dessen linker Arm wenig später auf den Munro Trail stößt. Auf ihm geht es rechts weiter bis zum Kukui Gulch (so heißen die dort wachsenden Lichtnuss-Bäume) und einem Dickicht aus hohen Sisal-Agaven. Knapp 50 m dahinter biegt der Pfad rechts ab zur Koloiki Ridge, von wo sich fast die gesamte Insel überblicken lässt.

Ställe von Koele   REITEN

(☎565-4424; Ausritte ab 125 $; ⊙7–17 Uhr) Für alle, die Lana'i vom Pferderücken aus erleben wollen, ist dieser Stall mit 25 Pferden die richtige Adresse. Gleich westlich der Ferienanlage bieten die Stables at Koele diverse Ausritte an, vom 1 ½-Stunden-Trip mit fantastischen Blicken auf Maui bis zur vierstündigen Tour mit individueller Betreuung. Seit ein paar Cowboys aus Utah dazugestoßen sind, gibt's auch Ponyreiten für Kids (25 $), Kutschfahrten durch Lana'i City (65 $) und sogar Roping-Kurse (Lassowerfen).

Experience at Koele   GOLF

(☎565-4653; www.golfonlanai.com; Green Fee 210–225 $; ⊙8–18.30 Uhr) Der von Greg Norman entworfene, erstklassige Golfplatz rund um das Four Seasons Resort Lana'i, Lodge at Koele, bietet Sport in Verbindung mit überwältigenden Panoramablicken. Die Löcher eins bis neun liegen in parkähnlicher Umgebung, zum berühmten Loch 17 geht's 60 m tief in eine hinter Bäumen verborgene Schlucht.

⚑ Festivals & Events

Lana'is Hauptevent ist das **Pineapple Festival** (www.visitlanai.net) am oder um den 4. Juli. Mit Spielen, Livemusik und (importierten!) Ananas wird im Dole Park die goldene Ananasära der Insel gefeiert.

🛏 Schlafen

Die meisten Gäste wohnen in den Ferienanlagen oder im Hotel, doch es gibt auch einige Pensionen und B&Bs in zentraler Lage, nur ein paar Gehminuten von den Restaurants entfernt. Adressen nennt die Website www.vrbo.com.

LP TIPP **Hotel Lana'i** HOTEL $$

(☎565-7211; www.hotellanai.com; 828 Lana'i Ave; Zi. 100–160 $, Ferienhaus 190 $) Von 1923 bis 1990 gab es nur dieses Hotel auf Lana'i, und an seiner Ausstattung hat sich in den letzten Jahrzehnten kaum etwas geändert – nur die Gesprächsfetzen, die durch die dünnen Wände dringen, haben andere Themen. Holzfußböden, nostalgische Waschbecken, Quiltdecken und Antiquitäten machen die zehn sorgfältig renovierten Zimmer gemütlich. Manche haben eine kleine Veranda (*lanai* genannt) mit Stadtblick; im separat stehenden Häuschen hinter dem Hotel ist es ruhiger und intimer.

Dreams Come True FERIENWOHNUNG $$

(☎565-6961, 800-566-6961; www.dreamscometruelanai.com; 1168 Lana'i Ave; Zi. 130 $, Ferienhaus mit 4 Zi. 520 $; @📶) Die schicke Pflanzervilla mit langer Veranda war eine der ersten, die in Lana'i City gebaut wurden (1925). Die Einrichtung der Zimmer mit Holzfußboden ist ein ansprechender Mix aus Alt und Modern. Zu den diversen Extras gehören Marmorbäder, DVD-Player, Internetanschluss und Waschküche. Der Preis des Ferienhauses ist ohne Frühstück. Der Besitzer kann Mietwagen besorgen.

Plantation Home FERIENWOHNUNG $$

(☎276-1528; craige@maui.net; Ecke Gay & 13th Sts; pro Nacht 135 $) Zwei renovierte Zimmer bietet dieses kleine Haus im Plantagenstil und dazu als Hammerbonus einen Jeep! Das bedeutet: Die Übernachtung inklusive Jeep ist billiger, als einen Jeep bei der einzigen lokalen Autovermietung zu mieten. Die Zimmereinrichtung ist nichts Besonderes, aber es stehen viele Sportgeräte, DVD-Player, voll eingerichtete Küche und Waschküche zur Verfügung.

Four Seasons Resort Lana'i, the Lodge at Koele FERIENANLAGE $$$

(☎565-4000, 800-321-4666; www.fourseasons.com/koele; 1 Keomuku Hwy; Zi. ab 200 $; ❄@📶🏊) Wer den von gepflegten Beeten umrahmten Cricket-Rasen sieht, könnte sich auf einem englischen Landsitz wähnen – doch sobald er das prächtige Hauptgebäude betritt, verraten Details wie die im Holzboden eingelassenen Ananas-Intarsien, dass er auf Hawaii ist. Die Gäste der 102 Zimmer und Suiten erwartet ein kleiner Pool, eine Bibliothek, Boule-Bahnen sowie dunstige Bergluft. Die Freizeitangebote werden gemeinsam mit der Filiale Four Seasons Resort Lana'i at Manele Bay

organisiert. In der Nebensaison wirkt die Anlage am Keomuku Hwy ein paar hundert Meter nördlich des Dole Park fast etwas verschlafen.

✖ Essen & Ausgehen

Das nostalgische Flair von Lana'i City wird durch die Öffnungszeiten verstärkt: Nach 20 Uhr läuft nichts mehr. Von den beiden Supermärkten hat **Richard's Market** (434 8th St; ⏰Mo-Sa 8–19 Uhr) die bessere Weinauswahl, was ein starkes Argument ist. Wer nicht nur Pop-Tarts (süße Teigtaschen zum Toasten) und Spam (Dosenfleisch) futtern will, bringt sich besser was mit, denn sonntags hat nur ein kleiner Shop mit Kiosksortiment geöffnet.

LP TIPP **Lana'i City Grille** FUSION-KÜCHE $$$

(☎565-7211; Hotel Lana'i, 828 Lana'i Ave; Hauptgerichte 28–40 $; ⏰Mi-So 17–21 Uhr) Mauis berühmteste Köchin, Bev Gannon, steckt auch hinter dem bezaubernden Restaurant im Hotel Lana'i. Das robuste Schulmobiliar aus den 1930er-Jahren gibt dem Speisesaal mit Holzboden einen Vintage-Touch. Auf der Karte stehen sowohl vertraute (perfektes Rib-Eye-Steak) wie auch überraschende (Meeresfrüchte mit Thaiwürze) Fleisch- und Fischgerichte, und die Specials sind wirklich speziell. In der kleinen Bar (oft bis 23 Uhr geöffnet!) wird ein korrekter Highball serviert, und an Freitagabenden spielen lokale Livebands, wozu sich dann halb Lana'i hier versammeln.

Blue Ginger Café CAFE $

(409 7th St; Frühstück & Mittagessen 5–8 $, Abendessen 8–15 $; ⏰6–20 Uhr) In diesem einfachen Lokal wird nicht auf das Dekor, sondern auf das Essen Wert gelegt. Die Gäste schenken sich selbst Kaffee ein, greifen sich eine Zeitung und machen es sich an einem Tisch im Freien gemütlich. Muffins sind nur eine der Leckereien, die ofenwarm aus der Bäckerei kommen. Die lange Karte lockt mit Omeletts, Salaten, Burgern, perfektem Tonkatsu (japanisches Schweineschnitzel) und vielem mehr. Das Café wird seit Jahrzehnten von derselben Familie geführt.

Pele's Other Garden ITALIENISCH $$

(Ecke 8th & Houston Sts; Mittagessen 5–9 $, Abendessen 10–20 $; ⏰Mo-Sa 11–15 & 17–20 Uhr) Das bistroartige Deli in einem restaurierten Haus im Plantagenstil hat auch Tische im Freien und serviert italienische Klassiker wie Spaghetti mit Fleischbällchen, knusprig-dünne Pizzas und erstklas-

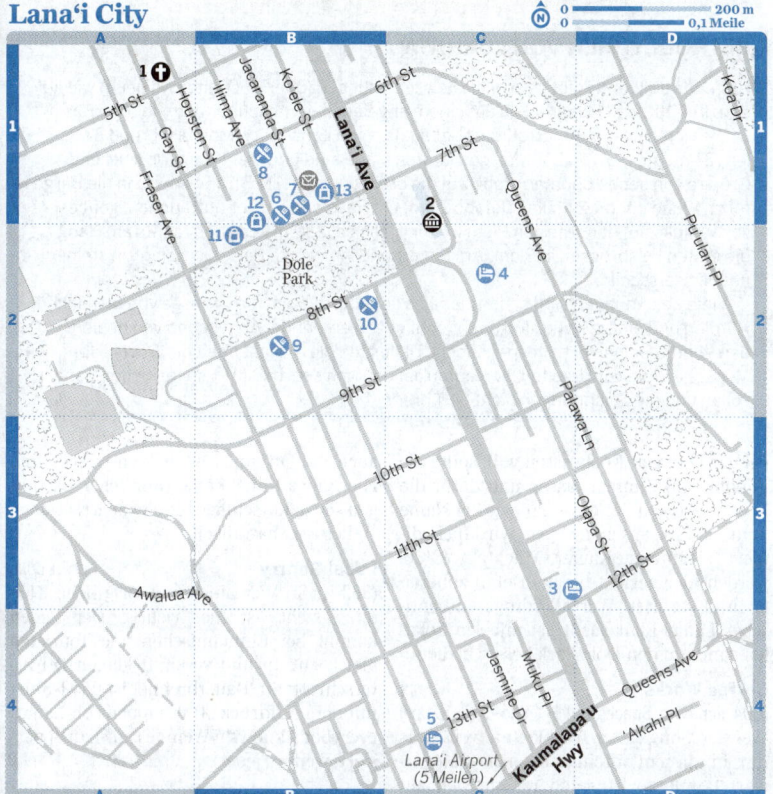

siges Pesto. In die Salate wandert lokales Biogemüse, die Desserts sind üppig, aber nichts Besonderes. Es gibt eine gute Auswahl an Bier – aber Achtung: Die letzte Runde in der kleinen Bar wird schon um 20 Uhr eingeläutet.

Canoes Lana'i

HAWAIISCH $

(419 7th St; Gerichte 5–12 $; ⏰ Do–Di 6.30–13, Fr & Sa bis 20 Uhr) Frühstück gibt's immer in diesem altmodischen hawaiischen Café, das sich seit den Zeiten der Plantagenarbeiter kaum verändert hat. Die Banana Pancakes sind himmlisch und schmecken am besten am Tresen. Der Bestseller hier heißt *loco moco* (Reis, Spiegelei und Hamburger mit Sauce), das Teriyaki (japanischer Grillteller) ist abends sehr beliebt.

Dining Room

MODERNE INSELKÜCHE $$$

(☎ 565-7300; www.fourseasons.com/koele; 1 Keomuku Hwy; Hauptgerichte 46–65 $; ⏰ Fr–Di 18–21.30 Uhr) Wer in dem noblen Fresstem-

Lana'i City

◎ Sehenswertes

1 Hawaiische Kirche A1
2 Lana'i Culture & Heritage Center C1

🛏 Schlafen

3 Dreams Come True C3
4 Hotel Lana'i C2
5 Plantation Home C4

✕ Essen

6 Blue Ginger Café B1
7 Canoes Lana'i B1
8 Coffee Works B1
   Lana'i City Grille .... (s. 4)
9 Pele's Other Garden B2
10 Richard's Market B2

🛍 Shoppen

11 Lana'i Arts & Cultural Center B2
12 Local Gentry B1
13 Mike Carroll Gallery B1

ABSTECHER

PETROGLYPHEN VON LUAHIWA

Nirgends auf Lana'i gibt es so viele Felszeichnungen (über 400, alte und neue) wie auf den drei Dutzend Felsbrocken auf einem abgelegenen Hang über dem Palawai Basin.

Die wenig besuchte Attraktion liegt südlich von Lana'i City. Man fährt rund 2 Meilen (3 km) auf der von Bäumen gesäumten Manele Rd und biegt dort, wo links eine Gruppe von sechs Bäumen steht, auf die breite, ungeteerte Straße ab, die in die Berge führt. Wenn nach 1,2 Meilen (knapp 2 km) ein Haus und ein Tor auftauchen, geht es scharf links auf der grasigen Piste weiter. Nach ca. 250 m kommen rechts am Hang die ersten Felsbrocken in Sicht. Am Pistenrand gibt's eine Parkbucht und ein steinernes Hinweisschild.

Viele Zeichnungen sind schon ziemlich verwittert, doch die Umrisse von Menschen, Hunden und einem Kanu sind noch recht gut zu erkennen. Abgesehen von heulenden Windböen herrscht gespenstische Stille, und die Anwesenheit der Seelen von Menschen, die vor Urzeiten hier lebten, ist deutlich spürbar. Man sollte ihnen Respekt zollen und die Zeichnungen nicht berühren.

LANA'I

pel der Lodge at Koele essen will, sollte die Flipflops im Zimmer lassen und dafür die Kreditkarte einstecken, denn wie der Name (und die Preise) schon sagen, wird hier „diniert": Hummer, Kaviar, Wachteln & Co. werden hier perfekt bis ins Detail zubereitet und serviert. Wer allerdings authentisches Lana'i-Flair sucht, ist mit den Lokalen rund um den Dole Park besser bedient.

Coffee Works   CAFE $
(604 'Ilima Ave; Snacks 2–4 $; ⊙ Mo–Sa 7–15 Uhr) Wer den Song „Java Jive" kennt, weiß, was ihn in diesem alteingesessenen Café erwartet: relaxte Atmosphäre, um sich auf der riesigen Terrasse zurückzulehnen und die halbe Stadt an sich vorbeiflanieren zu lassen.

🔓 Shoppen

Die Läden und Galerien rund um den Dole Park verkaufen alles, von einfachen Flipflops bis zum Gemälde, für das Kunstkenner ihr Bankkonto plündern. Bei Shoppingfreaks kann der Bummel locker ein paar Stunden dauern.

Mike Carroll Gallery   KUNSTGALERIE
(www.mikecarrollgallery.com; Ecke 7th & Ko'ele Sts) Kunstfans lieben die Mike Carroll Gallery, deren gleichnamiger Besitzer entweder gerade an einem eigenen Werk pinselt oder die Bilder von Kollegen arrangiert. Auch lokale Schriftsteller sind hier mit Büchern vertreten.

Lana'i Arts & Cultural Center KUNSTGALERIE
(Ecke 7th & Houston Sts; ⊙ Mo–Fr 12–16 Uhr und zusätzliche Öffnungszeiten) Da hier lokale Künstler ehrenamtlich arbeiten, werden

auch die Öffnungszeiten kreativ gestaltet. Hier gibt's Kunstwerke sämtlicher Gattungen sowie Ratschläge für eigene Kreationen – alles *sehr* hawaiisch.

Local Gentry   BEKLEIDUNG
(363 7th St) Wer auf bunte, originelle Kleidung steht, ist hier richtig. Der Laden kommt bei Einheimischen wie Touristen gleich gut an und verkauft keinen Polyesterschrott. Ein Dauerbrenner ist das T-Shirt mit dem Aufdruck „If it happens on Lana'i, everybody knows" (Wenn es auf Lana'i passiert, weiß es jeder).

Praktische Informationen

Die Insel hat keine Tageszeitung und auch keine Touristeninformation; lokale Termine sowie Kleinanzeigen (auch Vermietungen) werden an die Schwarzen Bretter außen an den Lebensmittelläden gepinnt. Das Monatsmagazin **Lana'i Today** (www.lanaitoday.net) schreibt manchmal ziemlich provozierend.

Bank of Hawaii (460 8th St) Mit einem der beiden Geldautomaten der Insel, die rund um die Uhr zugänglich sind.

Lana'i Community Hospital (☎565-6411; 628 7th St) Mit einem 24-Stunden-Notdienst.

Lana'i Public Library (555 Fraser Ave; ⊙ Mo–Fr 10–17, Mi 12–20 Uhr) Die Bibliothek bietet auch Internetzugang.

Postamt (620 Jacaranda St)

An- & Weiterreise

Der Shuttleservice der Ferienanlage (S. 470) hält am Hotel Lana'i, der Lodge at Koele und praktisch überall sonst auf Anfrage. Die einzige Autovermietung der Insel ist Lana'i City Service (S. 469; dort hält der Shuttleservice ebenfalls!).

Munro Trail

Der spannende, 12 Meilen (knapp 20 km) lange Abenteuertrip durch grüne Wälder kann zu Fuß, per Mountainbike oder im Allradfahrzeug bewältigt werden. Wer früh morgens startet, hat unterwegs besonders klare Sicht. Fahrradfahrer und Mountainbiker sollten sich auf steile Anstiege gefasst machen und einen ganzen Tag einplanen. Autofahrer müssen (bei frisch gerichteten Pisten) mit zwei bis drei Stunden rechnen. Allerdings verwandelt Regen die Straßen schwuppdiwupp in rote Schlammbäder, in denen schon mehr als ein Geländefahrzeug stecken geblieben ist. Achtung: Oft geht's urplötzlich steil abwärts.

Auf dem Hwy 44 geht's ab Lanaʻi City nordwärts an der Lodge at Koele vorbei und dann nach 1 Meile (1,6 km) rechts ab auf eine Teerstraße, die nach einer halben Meile (800 m) am **Friedhof** endet. Links davon beginnt der Munro Trail, der durch Eukalyptushaine auf den Kamm führt. Die Norfolk-Tannen unterwegs entziehen den Nachmittagswolken und Nebelbänken Feuchtigkeit. Deshalb wurden sie in den 1920er-Jahren hier von George Munro angepflanzt, dem Botaniker, nach dem der Weg benannt ist.

Der mittlerweile zu einer Piste ausgebaute Munro Trail war einst ein Fußpfad, der zu den Tarofeldern führte, die von den häufigen Regenfällen in diesem Gebiet profitierten.

Der Weg bietet tolle Blicke in die tiefen Schluchten, die sich in die Ostflanke des Bergs gefressen haben, und passiert den höchsten Punkt der Insel, den **Lanaʻihale** (1026 m). An klaren Tagen sind unterwegs sämtliche bewohnte Inseln Hawaiis zu sehen (mit Ausnahme von Kauaʻi und Niʻihau). Hinter dem Lanaʻihale geht's auf dem Hauptweg 6 Meilen (9 km) bergab zum zentralen Hochplateau. Dann lässt er die Berge links liegen, macht eine scharfe Kehre und führt danach rechts weiter bis zur Manele Rd (Hwy 440) zwischen Lanaʻi City und der Manele Bay.

Hulopoʻe & Manele Bays

Der schönste Sandstrand Lanaʻis (und zugleich einer der schönsten von ganz Hawaii) liegt als goldener Halbmond an der Hulopoʻe Bay. Als Meeresschutzgebiet ist die Bucht ideal zum Schnorcheln; Palmen bieten schattige Plätzchen zum Chillen, und ganz in der Nähe liegt eine berühmte Ausgrabungsstätte. Nur zehn Gehminuten entfernt bietet sich der Manele Harbor als geschützter Ankerplatz für Segeljachten und andere Kleinboote an.

Die Buchten von Manele und Hulopoʻe gehören zu einem Meeresschutzgebiet, in dem die Entnahme von Korallen verboten und Fischen nur eingeschränkt erlaubt ist. Da sich Spinnerdelphine hier mindestens genauso wohlfühlen wie Menschen, macht Tauchen und Schnorcheln hier besonders Laune. Im Winter bringen *kona storms* (Stürme aus Lee), starke Strömungen und hohe Dünung Schwung in das Ganze, Schwimmer sollten sich dann vorsehen.

🏄 Strände

Hulopoʻe Beach   STRAND

LP TIPP Dass sich der Hauptstrand der Insel in Privatbesitz befindet, hat einen Vorteil: Dieselben Gärtner, die das Four Seasons pflegen, kümmern sich auch um diesen hübschen öffentlichen Park, der keinen Eintritt kostet. Deshalb wird er von allen geliebt – die Einheimischen lassen ihre Kids hier plantschen, Touristen aus Maui machen einen Tagesausflug hierher, und die Gäste auf Lanaʻi können hier so herrlich relaxen, dass sie jegliches Zeitgefühl verlieren.

Der sanft geschwungene, weiße Sandstrand ist schön lang und breit und wird von einer Felsspitze im Süden geschützt. An der Nordseite erhebt sich das Four Seasons Resort Lanaʻi über einer niedrigen Panoramaterrasse. Aber keine Sorge, der Strand ist so groß, dass die Hotelgäste nicht stören. Am meisten los ist, wenn die Ausflugsboote von Maui mittags ihre Fracht ausspucken. Die Palmen spenden Picknickplätzen Schatten, in den öffentlichen Toiletten gibt's solarbeheizte Duschen.

LANAʻI MIT KINDERN

Kinder werden den **Hulopoʻe Beach** (s. oben) lieben. Die Kleinen freuen sich über die Wasserlöcher, in denen es bei Ebbe vor buntem Kleingetier wimmelt; die Älteren können nach Herzenslust schnorcheln. Weitere Aktivitäten, die Kids Spaß machen, werden in den Ferienanlagen angeboten; in den **Stables at Koele** (S. 471) gibt's Ponyreiten (auch für Nichtgäste).

Die besten **Schnorchelplätze** liegen in der linken Hälfte der Bucht, wo es Unmengen an Korallen und Fischen gibt. Ganz links beginnt direkt unter dem Sandstrand eine niedrige Lavabank mit Gezeitentümpeln, die es sich anzuschauen lohnt. Häufig bietet jemand am Strand Flossen und Taucherbrillen zum Ausleihen an; falls nicht, klappt das auf jeden Fall bei **Adventure Lana'i** (☎565-7373; www.adventurelanaiisland club.com). Das geschützte Strandplantschbecken ist perfekt für Kids.

⊙ Sehenswertes & Aktivitäten

Pu'u Pehe   NATURERLEBNIS

Vom Hulopo'e Beach führt ein 0,75 Meilen (gut 1 km) langer Pfad südwärts ans Ende des **Manele Point**, der die beiden Buchten Hulopo'e und Manele trennt. Es handelt sich dabei um einen vulkanischen Schlackenkegel, dessen Meerseite stark erodiert ist. Die intensiv rostrote Lava hat graue und schwarze Schlieren, ihre Oberfläche ist blasig so porös, dass größere Stücke aus der Spitze herausgebrochen und auf den Küstenstreifen gefallen sind.

Pu'u Pehe ist der Name sowohl der Bucht links des Kegels als auch der kleinen, felsigen Insel direkt davor. Das grabähnliche Gebilde oben auf der Insel (die auch *Sweetheart's Rock*, also „Felsen der Liebsten", genannt wird) spielt in der hawaiischen Legende von Pehe eine Rolle. Pehe soll eine hübsche junge Maid gewesen sein, die von ihrem Geliebten in eine Höhle gesperrt wurde, um sie vor den begehrlichen Blicken der Konkurrenten zu schützen. Als ihr Herzbube eines Tages in den Bergen weilte, kam plötzlich ein Sturm mit hohen Wellen auf, und Pehe ertrank in ihrem Versteck. Der todtraurige Geliebte schleppte ihren Leichnam auf die Spitze von Pu'u Pehe, schaufelte dort ein Grab und bestattete sie. Er selbst wollte auch nicht mehr weiterleben und stürzte sich ins Meer.

Manele Harbor   NATURERLEBNIS

Anfang des 20. Jhs. wurden Viehherden in die Manele Bay getrieben und von dort aus nach Honolulu verschifft. Die heutigen Herden kommen per Fähre (S. 469) aus Maui, um sich auf Lana'i einen schönen Tag zu machen. Auf dem Hafengelände gibt's Trinkwasser, Picknicktische, einen **Shop mit Kiosksortiment** (⊙7–18 Uhr), Duschen und Toiletten. Wer sich etwas umschauen will, findet hinter dem Parkplatz um die Ecke die Reste einer Viehrampe.

Cathedrals   TAUCHEN

Das Gebiet in und vor der Bucht ist perfekt zum Tauchen. In der Nähe der Klippen, wo der Boden schnell 12 m tief abfällt, gibt's viele Korallen. Vor dem Westrand der Bucht, nicht weit von der Insel Pu'u Pehe, liegt Cathedrals, das spektakulärste Tauchrevier der Insel. Neben Grotten und Felstoren bietet es eine breite, 30 m lange Lavaröhre. **Trilogy Lana'i Ocean Sports** (☎888-874-5649; www.scubalanai.com) bietet in diesem Gebiet Tauch- und Schnorcheltrips an.

Challenge at Manele   GOLF

(☎565-2222; Gäste/Nichtgäste 210/225 $; ⊙7–18.30 Uhr) Der von Jack Nicklaus geplante Green in der Ferienanlage Four Seasons lässt Golferherzen höherschlagen: Direkt an den Klippen gelegen, muss der Ball bei Loch 12 über einen Fairway geschlagen werden, der nicht aus Rasen, sondern aus der Meeresbrandung besteht.

🛏 Schlafen

Traurig, aber wahr: Den Besitzern der Ferienhäuser rund um die Manele Bay ist es untersagt, ihre Unterkünfte an Besucher zu vermieten.

Four Seasons Resort
Lana'i at Manele Bay   FERIENANLAGE $$$

(☎565-2000, 800-321-4666; www.fourseasons. com/manelebay; 1 Manele Bay Rd; Zi. ab 400 $; ✳@🛜🛝🍴) Von den beiden Ferienanlagen der Insel ist diese hier – einigermaßen – hawaiisch. Die 236 Zimmer wirken zwar etwas vollgestopft und angestaubt, aber der Blick auf die azurblauen Wellen, die Außenanlagen mit riesigem Pool und die luxuriösen öffentlichen Bereiche mit asiatischem Dekor sind echt überwältigend. Wenn wir die Wahl hätten, würden wir diese Anlage nehmen, weil sie das Hawaii-Feeling besser rüberbringt.

Hulopo'e Beach Camping   CAMPINGPLATZ $

Auf dem Grasstreifen oberhalb des Hulopo'e Beach sind Camper willkommen, die eine entsprechende Genehmigung vom Besitzer der Insel, **Castle & Cooke** (☎565-3319; 111 Lana'i Ave, Lana'i City; Genehmigung pro Nacht 10 $) haben. Am besten vorher anrufen, sich einen der acht Stellplätze reservieren (in der Hauptsaison und an Wochenenden sind maximal drei Übernachtungen möglich) und vereinbaren, wann und wo die Genehmigung abgeholt werden kann.

✕ Essen & Ausgehen

In der Ferienanlage stehen genügend Tische mit Blick auf das vom Sonnenuntergang in leuchtendes Orange getauchte Meer herum. Bleibt nur noch, sich im Shop am Hafen mit Picknickzutaten (auch für den Strand) einzudecken.

Hulopo'e Court
AMERIKANISCH **$$$**

(Four Seasons Resort Lana'i at Manele Bay; Frühstücksbuffet 32 $, Hauptgerichte abends 28–40 $; ⏱7–11 & 18–21.30 Uhr) Das „lässige" Restaurant der Ferienanlage hat eine lange Terrasse mit Blick auf den Pool und das Meer. Das Frühstücksbuffet ist okay, aber nicht so üppig, wie der Preis vermuten ließe. Das Abendessen macht schon eher etwas her mit fangfrischen Fischspezialitäten, romantischen Fackeln und Meeresrauschen im Hintergrund. Ansonsten gibt's italienische Küche vom Feinsten.

Keomuku Road

Die landschaftlich schönste Fahrt auf Lana'i führt auf der Keomuku Rd (Hwy 44) von Lana'i City nordwärts in das kühlere Bergland, wo Nebelschwaden über grüne Wiesen streichen. Unterwegs gibt's überraschende Ausblicke auf die unberührte Südostküste von Moloka'i und die winzige Insel Mokuho'oniki, während rechter Hand die Silhouetten der kühn aufragenden Hochhäuser von Ka'anapali auf Maui für's Kontrastprogramm sorgen.

Dann windet sich die nur 8 Meilen (knapp 13 km) lange Keomuku Rd in diversen Kehren durch Ödland gemächlich hinunter zur Küste, nur ein paar bizarre Felszacken sorgen für etwas Abwechslung. Wenn die geteerte Straße endet, sind Allradfahrzeuge gefragt. Links führt eine Piste zum Shipwreck Beach, während sich die Keomuku Rd rechts zum Keomuku Beach und weiter bis nach Naha vorarbeitet.

SHIPWRECK BEACH

Es gibt viele Orte, die sich Shipwreck Beach nennen, aber der hier trägt den Namen zu Recht, wie ein imposantes Wrack beweist. Windschief thront der **Tanker aus dem Zweiten Weltkrieg** auf den Felsen direkt am Meer – ein Stahlschiff wäre längst verrostet, aber dieses hier gehört zu einer Serie, die aus Beton gebaut wurde. Nach dem Krieg hat es die Navy hier kurzerhand ausgemustert.

Eine Strandtour könnte auf der Piste beginnen, die am Ende des Hwy 44 an ein paar Strandhütten vorbei nordwärts führt (zuweilen scheint auf der Piste mehr Sand zu liegen als am Strand). Nach 1,4 Meilen (gut 2 km) bietet sich die Lichtung als Parkplatz an, da sie direkt über der felsigen Bucht liegt, die die Einheimischen Po'aiwa nennen. Wer will, geht dort zwischen den Felsen eine Runde **schnorcheln** oder lässt sich in dem geschützten Becken zum **Schwimmen** verführen. Das Wrack liegt 400 m weiter nördlich, und der anschließende Küstenabschnitt lässt sich mindestens 9 Meilen (14,5 km) lang bequem abwandern, wobei Strandgut gesammelt und Blicke auf Moloka'i und Maui geworfen werden können. Nicht weit vom Parkplatz erinnern Betonfundamente auf einem Lavafelsen daran, dass hier früher ein Leuchtturm stand.

⊙ Sehenswertes & Aktivitäten

Petroglyphen von Kukui
HISTORISCHE STÄTTE

Am Leuchtturmfundament weisen Schilder zu einem Pfad, der zu den knapp 100 m entfernten Felszeichnungen von Kukui führt. Eine Tafel bittet darum, die zarten, auf große Felsbrocken rechts des Wegs eingeritzten primitiven Figuren nicht zu verunstalten („Do Not Deface"). Wer die Augen offenhält, entdeckt vielleicht ein paar wilde Mufflons, die sich häufig in den Bergen weiter landeinwärts herumtreiben. Die männlichen Tiere haben beeindruckende, spiralförmig gebogene Hörner und häufig ein Harem im Schlepptau.

Schiffswrack in Awalua
WANDERN

Die meisten Leute kehren bei den Leuchtturmresten um. Aber es lohnt sich, die 6 Meilen (knapp 10 km) bis Awalua weiterzuwandern, da dort noch ein Wrack aus dem Zweiten Weltkrieg liegt: der Tender YO-21. Der Weg ist heiß, windig und trocken (Wasser mitnehmen!), wird aber mit zunehmender Strandnähe schöner. Unterwegs liegen Reste von mindestens einem Dutzend weitere Schiffe (Treibholz, Maschinen) herum.

VON KAHOKUNUI NACH NAHA

Der Abschnitt der Keomuku Rd zwischen Kahokunui und Naha ist was für Abenteuerlustige. Von Weitem wirken die Berge ziemlich öde, aber die Piste selbst wird von ausladenden Kiawe-Bäumen beschattet.

FRUCHTIGER ABGANG

Lana'i ist geprägt von der Ananas – auch wenn die saftigen Früchte in den Ferienanlagen und den beiden Läden der Insel mittlerweile Importware sind. Aber die Spuren der Ananasära sind überall erkennbar. Beim Anflug auf Lana'i sind noch die Umrisse riesiger Felder zu sehen, auf denen früher ein Drittel der weltweiten Ananasproduktion angebaut wurde. Heute liegt der größte Teil davon – und von der Insel überhaupt – brach.

Vergangenheitsbewältigung ist heute ein großes Thema auf Lana'i. Das idyllische Fabrikstädtchen Lana'i City, das Jim Dole in den 1920er-Jahren bauen ließ, hat sich kaum verändert. Aber mit den Feldern hat sich praktisch auch seine Daseinsberechtigung in Luft aufgelöst. Der Zahn der Zeit und neue Bauvorhaben nagen an den stattlichen Pflanzervillen rund um den Dole Park. Und wenn die Pläne tatsächlich verwirklicht werden, wie im Falle des anonymen Postamts, passt das nicht immer ins Stadtbild. 2006 bezeichnete die Historic Hawai'i Foundation, die sich für den Erhalt der kulturellen und historischen Denkmäler der Region einsetzt, die gesamte Stadt als einen der am stärksten bedrohten Orte von ganz Hawaii.

Die beiden 1990 eröffneten Ferienanlagen machen ganz gut Kasse, haben aber nicht den Schneeballeffekt, den sich Castle & Cooke (die Nachfolger von Dole) erhofften. Die Firma bestimmt nach wie vor das Schicksal der Insel und verkauft Ferienhäuser in der Manele Bay für 2,5 Mio. $ (das ist über doppelt so viel wie der Preis, den Dole 1922 für die ganze Insel bezahlte), doch der Absatz ist eher schleppend.

„Was wird aus Lana'i?", ist eine häufig gestellte Frage. Auf der Insel gibt es fast nichts Ursprüngliches mehr – von den Missionaren mitgebrachten 10 000 Ziegen hatten schon fast alles kahl gefressen, noch bevor Dole seine erste Ananas pflanzte. Den Rest besorgten dann die Schafe der Schaffarmen. „Vielleicht sollte die Ananasinsel wieder zu Recht so heißen und die Frucht wieder angebaut werden, damit die Besucher sehen können, wovon die Insel einst lebte", schlug ein Dauergast unlängst vor. „Es ist doch verrückt, dass die Ferienanlagen Ananas importieren. Zumindest diesen Teil unserer Geschichte sollten wir uns erhalten."

Kleinere und größere Schlaglöcher können sich nach Stürmen in unglaubliche Schlammbäder verwandeln – da zeigt sich dann, dass sich die Ausgabe für ein Allradfahrzeug lohnt. Bei günstigen Pistenverhältnissen dauert die gesamte Fahrt, vorbei an Ruinen geplatzter Träume und magischen Stränden, ungefähr eine Stunde. Die felsengesäumte Küste ist zwar greifbar nah, aber meist von der Piste aus nicht zu sehen.

👁 Sehenswertes

Maunalei
HISTORISCHE STÄTTE

Wer am Ende des geteerten Hwy 44 noch knapp eine Meile (gut 1,5 km) weiterfährt, kommt nach Maunalei. Bis 1890 thronte hier ein uralter *heiau* (Steintempel), dann wurde er von der Maunalei Sugar Company als Baumaterial für eine Mauer und die Eisenbahnlinie recycelt. Kurz darauf ereilte die Firma die Rache der Götter: Ihre Brunnen füllten sich mit Salzwasser, und unter der Belegschaft grassierten schwere Krankheiten.

Keomuku
HISTORISCHE STÄTTE

6 Meilen (10 km) weiter liegt Keomuku, das ehemalige Zentrum der kurzlebigen Zuckerrohrplantage. Viel zu sehen gibt's dort nicht mehr, mal abgesehen von der notdürftig renovierten **Kirche Ka Lanakila o Ka Malamalama** von 1903. Unter dem dichten tropischen Wildwuchs verstecken sich noch weitere Andenken an die Plantagenzeit, darunter neben mehreren Gebäuden auch eine Dampflok – und außerdem Schwärme von Moskitos.

Halepalaoa Landing
HISTORISCHE STÄTTE

Nach knapp 2 Meilen (3 km) erreicht die Piste Halepalaoa Landing, von wo aus die Zuckerfabrik ihre süße Fracht verschiffen wollte. Doch dazu sollte es in der kurzen Firmengeschichte (1899–1901) nicht kommen; sie reichte gerade, um einige japanische Wanderarbeiter zu Tode zu schinden – ihre sterblichen Überreste sind auf dem **Friedhof** begraben. Auf der Seeseite liegen die Überreste des Club Lana'i, einer Freizeitanlage aus den 1970er-Jahren, die wegen dubioser Finanzprobleme schließen musste. Aber die **Mole** wird instand gehalten und bietet sich für einen Uferspaziergang an. In der richtigen Saison sind direkt vor der Küste oft Wale zu hören, die aus den Fluten schießen.

Südöstlich der Mole beginnt der schattige, meist menschenleere **Halepalaoa Beach,** der sich bis Lopa erstreckt und bei einem Casting für den „typischen Strand auf einer einsamen Insel" beste Chancen hätte.

Naha
HISTORISCHE STÄTTE

Nun sind es nur noch 4 Meilen (gut 6 km) bis Naha, wo die Piste endet und einige ehemalige Fischteiche liegen. Der verlassene, wildromantische Ort, wo einem der Wind um die Ohren pfeift, scheint vom restlichen Hawaii Lichtjahre entfernt zu sein – dabei liegt die moderne, geschäftige Insel Maui in Sichtweite. Wer diesen unwirklichen Ort noch weiter erforschen will, kann nach den Spuren eines Pflasterwegs Ausschau halten, der von hier über die Berge bis zum Palawai Basin führte.

Straße zum Garden of the Gods

Bizarre Felsformationen, Ausblicke, die jeden Baulöwen an Ferienbungalows denken lassen und in Ekstase versetzen würden, und noch mehr einsame Strände sind die Highlights in Lana'is Nordwesten.

All das erschließt einem die Polihua Rd, die nicht weit von den Ställen der Lodge at Koele beginnt. Der Abschnitt bis zum Kanepu'u Preserve und dem Garden of the Gods ist ganz passabel (oft staubig) und normalerweise in rund 20 Minuten zu bewältigen. Was danach kommt, ist eine andere Sache: Je nachdem wann die Straße bis Polihua Beach zum letzten Mal gerichtet wurde, kann die Fahrt zwischen 20 Minuten und einer Stunde dauern, da es zur Küste 600 m steil bergab geht – manchmal wird daraus eine ganz schöne Rutschpartie.

🏃 Strände & Sehenswertes

Kanepu'u Preserve
NATURSCHUTZGEBIET

Das 2,4 km² große Kanepu'u Preserve 5 Meilen (rund 8 km) nordwestlich von Lana'i City ist der letzte natürliche Trockenwald von ganz Hawaii. Er beherbergt 49 seltene, endemische Pflanzenarten, darunter der vom Aussterben bedrohte ha-

waiische Sandelholzbaum 'iliahi und die hawaiische Duftgardenie na'u. Ein kurzer botanischer Pfad innerhalb des ersten der beiden Schutzzäune gibt Erklärungen.

Garden of the Gods
NATURERLEBNIS

Der in Rost- und Brauntönen schimmernde Boden ist von Vulkangestein aller Art übersät, dessen bizarre Formen an eine Marslandschaft denken lassen. Hier würde sich keiner wundern, wenn plötzlich eine pummelige kleine Raumsonde angebrummt käme.

Es herrscht Totenstille, und der Blick reicht über die von Schaum gekrönten Wellen zu vier weiteren Inseln. Mit dem Licht verändern sich die Farben von weichem Pastell am frühen Morgen bis zu intensiv leuchtenden Tönen am Spätnachmittag. Zwischen den Lachs- und Ockerschattierungen sind die skurrilen, übereinander geschichteten Felsen echte Hingucker.

Polihua Beach
STRAND

Der breite, über 2 km lange, weiße Sandstrand an der Nordwestspitze der Insel wurde nach den Grünen Meeresschildkröten benannt, die hier brüten: Polihua bedeutet „Eier in der Brust". Der Strand an sich ist berauschend schön, wird aber durch den starken Wind, der piekende Sandkörnchen und kleine Muscheln aufwirbelt, etwas ungemütlich. Auch die Wasserverhältnisse haben es in sich – was aber Hardcore-Surfer nicht davon abhält, sich hier in die Wellen zu stürzen.

Kaumalapa'u Highway

Der Kaumalapa'u Hwy (Hwy 440) verbindet Lana'i City mit dem Flughafen und führt dann weiter bis zum Kaumalapa'u Harbor, wo Schiffe mit größerem Tiefgang ankern. Die Straße selbst ist ungefähr so spannend wie eine Büchse Ananas in Sirup, führt aber in die Nähe von Kaunolu, eine der interessantesten Ausgrabungsstätten auf Lana'i. Nicht weit vom Hwy 440 liegt an der Kaunolu Rd ein großes, von freiwilligen Helfern betreutes **Freigehege für Katzen,** in dem verwilderte Hauskatzen ein wahres Luxusleben führen und manchmal sogar darauf verzichten, Besuchern die Krallen zu zeigen.

KAUNOLU

Auf einer imposanten Klippe am Südwestende der Insel kauert das ehemalige Fischerdorf Kaunolu. Bevor die von Missionaren eingeschleppten Krankheiten die Bewohner so dezimierten, dass das Dorf Mitte des 19. Jhs. aufgegeben wurde, florierte hier der Fischfang. Die Kaunolu Bay war so fischreich, dass sogar Könige hier ihre Netze auswerfen ließen.

Mittlerweile ist das Dorf zum größten Steinhaufen Lana'is mutiert, von Unkraut überwuchert und von Touristen weitgehend ignoriert. Eine Schlucht teilt die Bucht in zwei Hälften. Die zwischen dornigen Kiawe-Bäumen versteckten Ruinen der Wohnhäuser liegen auf der Ostseite. Auf der Westseite der Schlucht fallen vor allem die Steinmauern des **Halulu Heiau** ins Auge. Der Tempel diente einst als *pu'uhonua* (Zufluchtsort) für Tabubrecher auf der Flucht vor der Todesstrafe. Insgesamt vergammeln in der Bucht Überreste von mehr als 100 Gebäuden.

Nordwestlich des *heiau* führt eine Natursteinmauer um die Klippen herum. Dort, wo sie eine Öffnung hat, geht es 25 m senkrecht nach unten; die Stelle heißt **Kahekili's Jump**. Der Sprung ins Meer bekommt durch den Felsen direkt unterhalb im Wasser einen Extra-Thrill und ist wirklich nur etwas für Profis. Es heißt, dass Kamehameha der Große den Mut junger Krieger auf die Probe stellte, indem er sie anwies, hier runterzuspringen. In letzter Zeit werden hier öfter mal internationale Meisterschaften im Klippenspringen ausgetragen.

Wer nach Kaunolu fahren will, folgt dem Kaumalapa'u Hwy (Hwy 440) bis 0,6 Meilen (ca. 1 km) über den Flughafen hinaus und biegt dann links auf die Schotter- und Sandpiste ab, die die nächsten 2,2 Meilen (3,5 km) lang südwärts durch ehemalige Ananasfelder führt. Ein behauener Stein markiert die Abzweigung auf die noch schlechtere (aber für Allradfahrzeuge passierbare) Piste hinunter zum Meer. Nach weiteren 2,5 Meilen (4 km) weist ein Schild auf einen kurzen **Lehrpfad** hin, der an Hand von recht verwitterten Tafeln die Geschichte von Kaunolu erklärt. Zurück auf der Piste bietet sich nach 0,3 Meilen (500 m) ein Parkplatz inmitten der Ruinen an. Das einzige Problem bei diesem Trip ist, dass einige Autovermietungen es nicht erlauben, diese Strecke zu fahren. Es empfiehlt sich, das vorher abzuklären.

Moloka'i

Inhalt »

Kaunakakai 490
Kamalo..........................496
'Ili'ili'opae Heiau 497
Waialua.........................499
Halawa Valley 500
Pali Coast 501
Region Kamakou 502
Pala'au State Park 505
Ho'olehua......................506
Mo'omomi Beach 507
Kalaupapa National
Historical Park 507
Maunaloa 512
Region Kaluakoi Resort 512
Strände am West End 514

Gut essen

» Aunty Ruby's Cafe
(S. 493)

» Mana'e Goods & Grindz
(S. 499)

» Kualapu'u Cookhouse
(S. 505)

Schön
übernachten

» Hale Lei Lani (S. 498)

» Aloha Beach House
(S. 499)

» Dunbar Beachfront
Cottages (S. 499)

Auf nach Moloka'i

Das populäre T-Shirt mit dem Aufdruck „Moloka'i time ... whenever *you* decide to show up" (Moloka'i-Zeit ist, wenn *du* aufkreuzen willst) sagt eigentlich schon alles über diese lebhafte, unabhängige Insel, auf der man das Leben nicht allzu ernst nimmt.

Moloka'i wird oft als die typischste aller Hawaii-Inseln bezeichnet. Rein genetisch gesehen stimmt das: Über 50 % der Bewohner haben (zumindest teilweise) hawaiische Vorfahren. Wer allerdings unter „typisch Hawaii" eine gute touristische Infrastruktur versteht, ist in Moloka'i total verkehrt.

Diejenigen, die sich für fantastische Landschaften und faszinierende Kulturen interessieren, sind auf Moloka'i wiederum goldrichtig. Regelmäßig wird sie als eine der jungfräulichsten Inseln weltweit eingestuft; die historischen Orte im wunderschönen tropischen Osten werden gehegt und gepflegt, und alle hier sind sich einig, dass westlicher Fortschritt nicht das Nonplusultra ist.

Reisezeit
Kaunakaka

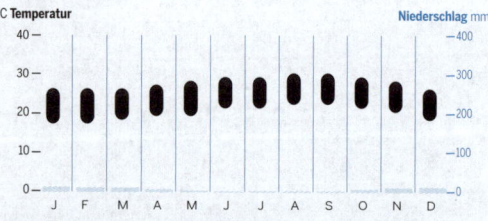

Nov.–März Östlich von Kaunakakai ist Regenkleidung angesagt, ansonsten ist das Klima mild.

April–Aug. Nach den Winterregen herrscht auf der gesamten Insel unbeschwerte tropische Wonne.

Sept.–Okt. Tagestemperaturen liegen zwischen 25 bis 30 °C, in höheren Lagen ist es etwas kühler.

MOLOKA'I IN ...

... zwei Tagen

Nach einem Bummel durch Kaunakakai geht's ins 27 Meilen (43 km) östlich gelegene **Halawa Valley**. Nach der Wanderung zum Wasserfall winkt ein Mittagessen in Puko'o mit anschließendem Relaxen im **Mana'e Goods & Grindz** und einer Schnorcheltour am **Twenty Mile Beach**. Auf dem Rückweg zur Unterkunft in **Kaunakakai** können leckere Zutaten für ein Picknick unterm Sternenhimmel besorgt werden. Der zweite Tag beginnt auf dem Rücken eines trittsicheren Mulis, das Besucher zur **Kalaupapa-Halbinsel** schaukelt. Nachmittags macht **Purdy's Macadamia Nut Farm** gute Laune.

... vier Tagen

Nach obigem Programm führt der dritte Tag in die ursprünglichen Regenwälder des **Kamakou Preserve**. Abends serviert das **Kualapu'u Cookhouse** das beste Abendessen, das auf der Insel zu haben ist. Tag vier beginnt mit einer Tasse Kaffee aus heimischem Anbau im **Coffees of Hawaii**. Danach verdienen die kulturhistorisch bedeutsamen Strände von Mo'omomi im Nordwesten eine Stippvisite, bevor dann in der **Big Wind Kite Factory** von Maunaloa die Jagd nach dem ultimativen Souvenir beginnt.

... einer Woche

Wie gehabt, nur alles mit viel, viel mehr Zeit, damit das Relaxen nicht zu kurz kommt – auf Moloka'i ticken die Uhren langsamer!

Geschichte

Wahrscheinlich wurde Moloka'i erstmals im 7. Jh. besiedelt. In der Folgezeit entwickelte es sich zu einem lebhaften sozialen und kulturellen Zentrum von Hawaii. Die Krieger der Insel waren berühmt, und ihre Häuptlinge bewiesen großes Geschick bei ihren ständig wechselnden Bündnissen mit den Mächtigen auf O'ahu und Maui. Der Großteil der Bevölkerung lebte im Osten der Insel, wo häufiger Regen, fruchtbarer Boden und fischreiche Gewässer ausreichend Nahrung garantierten.

Im Osten liegen auch faszinierende historische Stätten, darunter der imposante 'Ili'ili'opae Heiau (S. 497) und die in Küstennähe angelegten Fischteiche (S. 496).

Als 1786 die ersten Europäer auftauchten, hatte die Insel rund 8000 Einwohner (fast wie heute). Im Osten machten sich in den 1830er-Jahren Missionare breit, während die Ebenen im Westen bei Kapitalisten und Kolonialisten Wunschträume entfachten. Bis zur folgenden Jahrhundertwende entstanden ausgedehnte Pflanzungen von Zuckerrohr und Ananas sowie Rinderfarmen. Alle großen Konservenimperien – Libby, Dole, Del Monte – waren hier vorübergehend aktiv; der letzte Betrieb wurde 1990 stillgelegt. Dank der hohen Einwohnerzahl kamen kaum Fremdarbeiter nach Moloka'i, was erklärt, warum 50 % der heutigen Bevölkerung hawaiische Wurzeln haben.

Im 20. Jh. spielte die Viehzucht eine große Rolle. Das westliche Drittel der Insel gehört fast ausschließlich der Moloka'i Ranch. Doch wechselnde Investoren und diverse unglückliche Tourismusversuche (s. Kasten S. 513) zwangen den Betrieb 2008 zur Aufgabe, und Hunderte verloren ihren Job.

Für die Wirtschaft der Insel spielt der Tourismus nur eine untergeordnete Rolle. Neben Kleinbauern kümmert sich hier hauptsächlich der US-Agrarkonzern Monsanto um die Landwirtschaft, hält sich darüber aber sehr bedeckt, da die Vertragsfarmer gentechnisch modifizierte Pflanzen (GMOs) anbauen.

National, State & County Parks

Schon die Kalaupapa-Halbinsel, die zum **Kalaupapa National Historical Park** gehört, und ein Besuch der dortigen Leprastation sind Grund genug, um nach Moloka'i zu kommen. Der grüne **Pala'au State Park** bietet schöne Ausblicke auf Kalaupapa, waldreiche Wanderwege, legendäre Felsformationen und viele weitere Highlights. Der **Papohaku Beach Park** schließt sich an einen der längsten und schönsten Strände Hawaiis an. Er untersteht dem County und ist auf jeden Fall einen Abstecher nach Westen wert.

CAMPING

Der attraktivste Campingplatz der Insel (sowohl landschaftlich als auch ausstat-

Highlights

1 Beim Wandern durch das zutiefst spirituelle **Halawa Valley** (S. 500) den Hauch der Vergangenheit fühlen.

2 Die fantastische Unterwasserwelt am **Twenty Mile Beach** (S. 499) erforschen – oder einfach nur dort chillen.

3 In **Puko'o** (S. 498) an einem Picknicktisch bei einem leckeren *plate lunch* relaxen.

4 Auf der **Kalaupapa-Halbinsel** (S. 507) den Spuren des ersten amerikanischen Heiligen folgen.

5 In **Ho'olehua** mit einem **Post-a-nut** (S. 507) Freunden eine Nuss zu knacken geben.

6 An der einsamen **Pali Coast** (Kasten S. 500) um die höchsten Meeresklippen der Welt paddeln.

7 Sich am windgepeitschten **Papohaku Beach** (S. 515) an der Westküste die Haut sandstrahlen lassen.

8 In der authentisch gebliebenen Hauptstadt **Kaunakakai** (S. 490) der Plantagenzeit nachspüren.

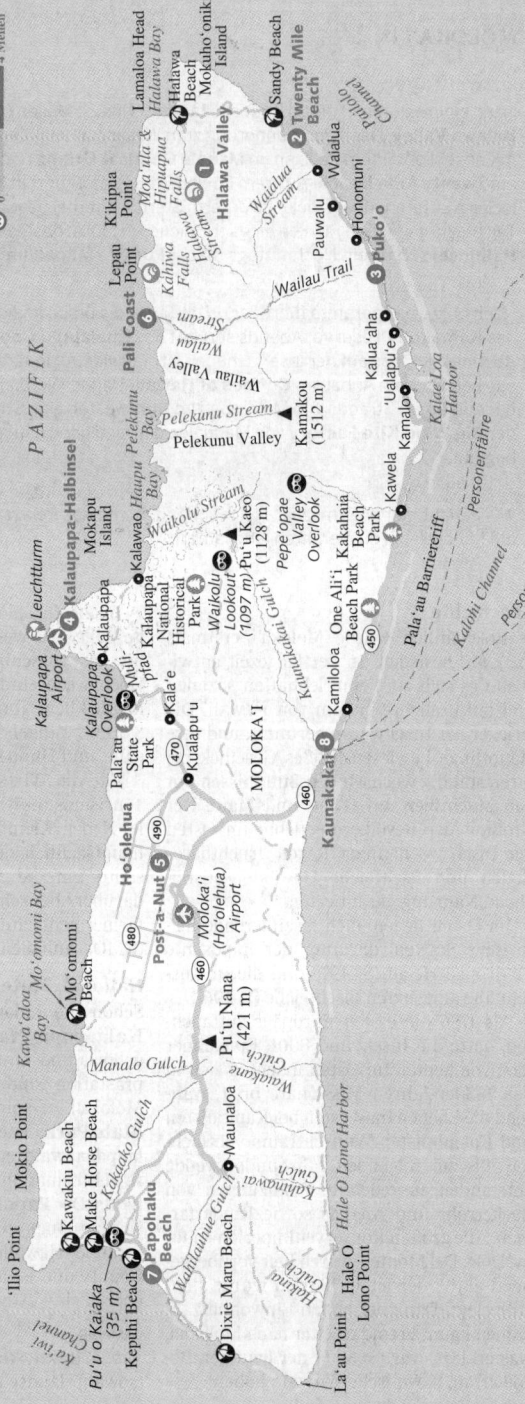

tungstechnisch) liegt im Papohaku Beach County Park (S. 515) am ursprünglich gebliebenen West End. Der One Ali'i Beach County Park dagegen ist zum Campen nicht empfehlenswert.

County permits (Erw./Kind Mo–Do 5/3 $, Fr–So 8/5 $) erteilt das **Department of Parks & Recreation** (Karte S. 491; ☑553-3204; www.co.maui.hi.us; Mitchell Pauole Center, 90 Ainoa St, Kaunakakai; ⊙Mo–Fr 8–13 & 14.30–16 Uhr) telefonisch oder im Amt für maximal drei aufeinanderfolgende Tage im selben Park und insgesamt nicht mehr als 15 Tage pro Jahr.

Wer schöne Ausblicke auf den Pala'au State Park (S. 505) genießen und morgens schon früh nach Kalaupapa aufbrechen will, zeltet am besten auf dem idyllischen Campingplatz beim Einstieg zum Wanderweg. Wen es dagegen in die Wildnis zieht, der wird sich auf dem abgelegenen Campingplatz am Waikolu Lookout (S. 503) wohlfühlen. **State permits** (Einwohner/Besucher 12/18 $ pro Zeltplatz pro Nacht) gibt's online bei der **Division of State Parks** (☑587-0300; www.hawaiistateparks.org); sie werden auf Moloka'i nirgends direkt erteilt.

Keiner der erwähnten Campingplätze liegt in der Nähe eines Lebensmittelladens. Sollte etwas bei der Campingausrüstung fehlen, hat es Moloka'i Fish & Dive (S. 492) höchstwahrscheinlich vorrätig.

Es ist sogar möglich, auch auf Privatgrundstücken zu zelten. Natürlich muss der Besitzer vorher gefragt werden, aber viele finden es toll, wenn ausländische Besucher Land und Leute kennen lernen wollen. Die **Familie Simms** (☑336-0016) stellt Campern zeitweise ein von Bananenstauden umrahmtes Grundstück bei ihrem Haus im grünen Osten der Insel zur Verfügung und verlangt dafür nur eine kleine Spende.

🏃 Aktivitäten

Moloka'i hat wildes Meer, unwegsame Pfade, verwunschene Regenwälder und die gewaltigsten Klippen von ganz Hawaii. Eine richtige Abenteuerinsel, die erobert werden will.

Wen es ans Meer zieht, der muss wissen, dass sich die Bedingungen mit den Jahreszeiten stark verändern. Im Sommer ist die See vor der Nord- und Westküste ruhig. An der Südküste vor dem Pala'au-Barriereriff sorgen die hartnäckigen Passatwinde für hohe Wellen. Es empfiehlt sich, früh auf den Beinen zu sein, wenn es noch nicht so stark bläst. Winterstürme lassen das Wasser rund um die Insel tanzen (im Süden nur

außerhalb des Riffs, das parallel zur Küste verläuft). Aber auch da findet sich der eine oder andere ruhige Tag zwischen zwei Stürmen, um das Meer zu genießen.

Wind gibt's auf Moloka'i mehr als genug. Erfahrene Windsurfer können sich ihm in Pailolo und im Ka'iwi Channel stellen, müssen die Ausrüstung jedoch mitbringen.

TOP-AKTIVITÄTEN

AKTIVITÄT	ORT
Angeln	Penguin Banks (s. unten)
Golfen	Ironwood Hills Golf Club (S. 505)
Kajakfahren	Nordostküste (S. 500) Südküste (S. 486)
Radfahren	überall (S. 486)
Schnorcheln	Dixie Maru Beach (S. 515) Kawakiu Beach (S. 512) Twenty Mile Beach (S. 499)
Schwimmen	Dixie Maru Beach (S. 515) Twenty Mile Beach (S. 499)
Tauchen	Pala'au-Barriereriff (S. 505)
Wandern	Halawa Valley (S. 500) Kalaupapa-Halbinsel (S. 507) Kamakou Preserve (S. 503)

Zwei große Freizeitagenturen mit Geräteverleih teilen sich fast den gesamten Markt auf der Insel und arbeiten oft zusammen. **Moloka'i Fish & Dive** (S. 492), die größere Agentur, ist *der* Anlaufpunkt für jegliche Freizeitaktivität, vom Kajakfahren bis zum Angeltörn, und verleiht auch die notwendige Ausrüstung. Wer auch nur eine vage Vorstellung davon hat, was ihm Spaß machen könnte, schaut dort vorbei und lässt sich beraten. Ihr Laden in der Stadt ist eine tolle Fundgrube.

Moloka'i Outdoors (S. 492) macht dasselbe in kleinerem Stil und stellt für jeden individuell das Passende zusammen. Die Agentur liegt an der Straße zum Hauptlandungssteg.

ANGELN

Für Hobbyangler sind die Gewässer rund um Moloka'i ein Paradies – besonders fischreich ist das Meer um den Penguin Banks an der Südwestspitze. Wer mit Ködern fischt, geht an die Süd- und Westküste. Boote legen an der Kaunakakai Wharf an und ab; eine

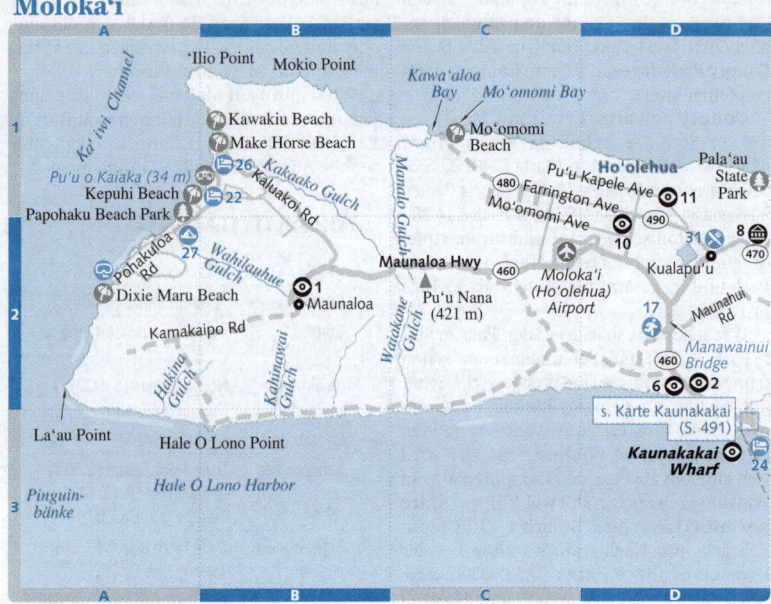

Liste mit Charterbooten s. S. 488. Je nach Dauer und Personenanzahl kosten sie etwa 25 $ pro Kopf und Stunde (z. B. vier Stunden mit sechs Personen 600 $). Schon in Küstennähe tummeln sich ganz nette Kaliber wie 'omilu (Blauflossen-Stachelmakrele). Weiter draußen beißen a'u (Marline) und die beliebten ahi (verschiedene Arten von Gelbflossen Thun) an.

KAJAKFAHREN

Moloka'i Fish & Dive bieten eine fünfstündige geführte Tour (70 $) an. Die Teilnehmer paddeln mit Rückenwind an der Südküste entlang und werden dann von einem Motorboot zum Dock zurückgeschleppt.

RADFAHREN & MOUNTAINBIKEN

Rund 65 km sind auf Moloka'i perfekt fürs Mountainbiken, allen voran die Straßen im dichten Wald der Moloka'i Forest Reserve (S. 502) und die Wanderwege am regenarmen West End mit oft fantastischen Ausblicken. Zum Radfahren sind eigentlich alle Teerstraßen geeignet; die Fahrt ins Halawa Valley ist besonders reizvoll.

Moloka'i Bicycle (S. 492) gilt als beste Anlaufstelle für alles, was mit zwei Rädern und Pedalen zu tun hat.

TAUCHEN

Moloka'is 51 km langes Pala'au-Barriereriff ist das längste von Hawaii und liegt vor der Südküste. Wenn das Wetter mitmacht, bieten sich dort das ganze Jahr über traumhafte, nicht überlaufene Schnorchel- und Tauchreviere. Die besten Spots sind nur per Boot zu erreichen.

Charterboote sind auf S. 488 aufgelistet und können auch bei einer der Agenturen gemietet werden (ab 140 $ für drei bis vier Stunden).

WALE BEOBACHTEN

Wenn unvermittelt so ein Buckelwal direkt vor einem aus den Fluten schießt – das hat schon was. Von Dezember bis April bieten Moloka'i Fish & Dive, Moloka'i Outdoors und die Charterbootvermietungen (S. 488) Bootstouren ab 70 $ an.

☞ Geführte Touren

Die angebotenen organisierten Ausflüge spiegeln den Charakter der Insel wider: Anstatt Touristen in Kleinbussen herumzukarren mit Kommentar vom Band und obligatorischem Halt im Souvenirladen, konzentrieren sich die Agenturen auf Erlebnisse, die auf eigene Faust wirklich nicht möglich wären. Dazu zählen die Trekkingtouren durch das Halawa Valley (S. 500) und nach Kalaupapa (S. 507) oder die geführten Wanderungen in den Naturschutzgebieten Kamakou Preserve (S. 503) und Mo'omomi Beach (S. 507).

MOLOKA'I

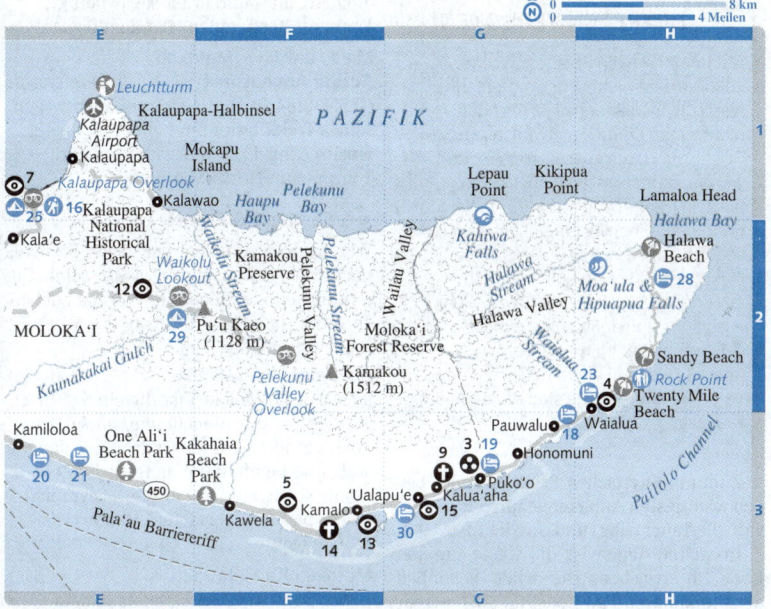

Moloka'i

◎ Sehenswertes

1 Big Wind Kite Factory &
   Plantation Gallery B2
2 Church Row D2
3 'Ili'ili'opae Heiau G3
   Ironwood Hills Golf Course .... (s. 8)
4 Kahinapohaku Fishpond H2
5 Kakahai'a National Wildlife
   Refuge F3
   Kalua'aha Church .... (s. 9)
6 Kapua'iwa Coconut Grove D2
7 Kauleonanahoa (Phallischer Stein) E1
8 Moloka'i Museum & Cultural
   Center D2
9 Our Lady of Seven Sorrows G3
10 Post-a-Nut D2
11 Purdy's Macadamia Nut Farm D1
12 Sandalwood Pit E2
13 Smith-Bronte Landing F3
14 St. Joseph Church F3
15 'Ualapu'e Fishpond G3
   Waialua Congregational Church .... (s. 4)

Aktivitäten, Kurse & Touren

16 Kalaupapa-Wanderweg E1
   Molokai Mule Ride .... (s. 16)
17 Nature Conservancy D2

🛏 ⛺ Schlafen

   A'ahi Place B&B .... (s. 20)
   Aloha Beach House .... (s. 23)
18 Dunbar Beachfront Cottages G3
19 Hale Lei Lani G3
   Hilltop Cottage .... (s. 19)
20 Hotel Moloka'i E3
21 Ka Hale Mala E3
22 Ke Nani Kai B1
23 Moloka'i Beach House H2
24 Moloka'i Shores D3
25 Pala'au State Park Campingground E1
26 Paniolo Hale B1
27 Papohaku Campingground A2
28 Pu'u O Hoku Ranch H2
29 Waikolu Lookout Campingground E2
30 Wavecrest Resort G3

✕ Essen

   Coffees of Hawaii .... (s. 31)
   Hula Shores .... (s. 20)
31 Kualapu'u Cookhouse D2
   Mana'e Goods & Grindz .... (s. 19)
   Maunaloa General Store .... (s. 1)

Ausgehen

   Hula Shores .... (s. 20)

BETRETEN VERBOTEN!

Auf unmarkierten Straßen herumzukurven, ist nicht sehr empfehlenswert. Die Insulaner mögen es auch nicht, wenn Fremde sich auf ihrem Privatgrundstück herumtreiben, und werden dann verständlicherweise pampig (mehr dazu auf S. 717). Wer unbedingt einen Fischteich anschauen will und auf dem Weg dorthin an einem Haus vorbeikommt, sollte einfach um Erlaubnis fragen. Mit etwas Glück entspinnt sich dann sogar ein nettes Gespräch, und man erfährt etwas über die Gegend und ihre Geschichte – gerade ältere Leute sind oft ziemlich redselig.

Zum umfangreichen Programm der beiden wichtigsten Anbieter gehören u. a. individuelle Tauchtrips rund um die Insel.

In weiten Teilen ist die Küste nur per Boot zu erreichen. Die wilde Schönheit der unnahbaren Pali Coast (S. 501), wo die höchsten Meeresklippen der Welt aufragen, bleibt einem ewig im Gedächtnis. Agenturen und Charterbootvermietungen (s. folgende Liste) bieten Touren an, die fast den ganzen Tag dauern und meist eine Gelegenheit zum Schnorcheln beinhalten. Nur im stürmischen Winter werden diese Ausflüge gestrichen.

Die Charterboote starten normalerweise an der Kaunakakai Wharf und richten sich gerne nach den Wünschen der Gruppe. Die Preise beginnen bei 100 $ pro Stunde für das ganze Boot (Mindestdauer vier Stunden). Nachstehend einige Charterbootvermietungen mit individuellen Angeboten:

Alyce C Sportfishing Charters
CHARTERBOOTE

(558-8377; www.alycecsportfishing.com) Joe Reich hat über 30 Jahre Erfahrung und bietet neben Angeltörns auch Whalewatching sowie Inselumrundungen in seinem gut 9 m langen Boot an.

Fun Hogs Sport Fishing
CHARTERBOOTE

(567-6789; www.molokaifishing.com) Die 8 m lange *Ahi* fährt raus zum Angeln, Schnorcheln und Walebeobachten. Besitzer Mike Holmes ist ein berühmter Langstreckenkanute.

Hallelujah Hou Fishing
CHARTERBOOTE

(336-1870; www.hallelujahhoufishing.com) Käpt'n Clayton Ching bietet Angeltörns aller Art an – und er ist sogar befugt, Paare an Bord und an Land zu trauen!

Ma'a Hawai'i – Moloka'i Action Adventures
CHARTERBOOTE

(558-8184) Walter Naki, der auch wegen seiner Trekkingtouren beliebt ist, bietet Hochseeangeln, Whalewatching und Touren zum North Shore an.

✲✲ Festivals & Events

Wer vor hat, zu einem der vielen Festivals nach Moloka'i zu fahren, sollte seine Unterkunft einige Monate im Voraus buchen. Termine und Details verrät die Webseite www.visitmolokai.com.

Ka Moloka'i Makahiki
TRADITIONELL

(553-3673) Moloka'i ist die einzige Insel, auf der das traditionelle *makahiki*-Fest noch gefeiert wird. Es findet Ende Januar statt und beinhaltet eine festliche Zeremonie sowie eine hawaiische „Olympiade" inseltypischer Sportarten, Handwerkskünste usw.

Moloka'i Ka Hula Piko
HULA

(553-3673; www.molokaievents.com/ka hulapiko) Da Moloka'i als die Wiege des Hula gilt, hat dieses Festival im Mai tiefe lokale Wurzeln. Es beginnt um 3 Uhr nachts in Pu'u Nana (wo Hawaiis erste Hula-Schule eröffnet wurde) mit großem Zeremoniell. Am Folgetag wird mit Tanzvorführungen, leckerem Essen und Kunsthandwerk gefeiert.

Father-Damien-Tag
HEILIGENFEST

(553-5112) Zu den vielen Festakten zu Ehren von Moloka'is Heiligem gehört ein Umzug zu den beiden Kirchen, die er im Osten der Insel errichtete: St Joseph's (S. 496) und Our Lady of Seven Sorrows (S. 497).

Na Wahine O Ke Kai
KANUREGATTA

(www.nawahineokekai.com) Das ist die Frauenversion des Moloka'i Hoe (folgend). Siegerzeit von 2008: fünf Stunden, 22 Minuten und fünf Sekunden. Die Regatta findet Ende September statt.

Moloka'i Hoe
KANUREGATTA

(www.molokaihoe.com) Eine Regatta mit Auslegerkanus, die am abgelegenen Hale O Lono Point beginnt. Das Sechserteam paddelt wie wild über den 41 Meilen (66 km) breiten Ka'iwi Channel nach O'ahu. Siegerzeit 2008: vier Stunden, 38 Minuten und 35 Sekunden. Das Event gilt als Weltmeisterschaft für Langstreckenrennen der

Männer im Auslegerkanu und findet im Oktober statt.

🛏 Schlafen

Das Hotelangebot auf Moloka'i beschränkt sich auf ein einziges in Kaunakakai. Fast alle Besucher übernachten in B&Bs, Hütten, Ferienhäusern oder Ferienapartments. Deren Standard reicht von rustikal bis edel; die besten Unterkünfte stehen auf einem Privatgrundstück am Meer. Dieses Kapitel verrät viele Adressen, aber die begehrtesten liegen fast alle in den grünen Küstenregionen des Ostens. Nachdem die Moloka'i Ranch geschlossen wurde, wirken die Ferienanlagen im Westen oft traurig und verlassen. Wer sich für Camping interessiert, liest auf S. 483 nach. Hostels gibt es auf der Insel nicht.

Das Maui County (zu dem die Inseln Maui, Moloka'i, Lana'i und Kaho'olawe gehören) hatte einen langen Streit mit Privatleuten, die ihre Ferienhäuser, -apartments oder -zimmer vermieten wollen. Es ging dabei mehr um Maui als um Moloka'i, aber die County-Gesetze gelten hier nach wie vor (auch ein Grund, weshalb sich die Einheimischen politisch untergebuttert fühlen). Bei Ferienapartments ist die Gesetzeslage eindeutig, bei Häusern und B&Bs eher schwammig. Viele Vermieter machen sich nicht groß Gedanken und stellen ihre Unterkünfte ins Netz, so dass es dort ein breites Angebot gibt.

Für Auskünfte und Buchungen können wir folgende Agenturen empfehlen:

Friendly Isle Realty
(Karte S. 491; ☑553-3666, 800-600-4158; www.molokairesorts.com; 75 Ala Malama Ave, Kaunakakai) Fungiert als Agent für über 70 Ferienapartments inselweit. Durchschnittspreis 550 bis 800 $ pro Woche.

Moloka'i Vacation Properties
(☑553-8334, 800-367-2984; www.molokai-vacation-rental.com) Angesehene Agentur, die Apartments und Häuser (150 bis 300 $ pro Nacht) vermittelt.

Vacation Rentals By Owner
(www.vrbo.com) Ausgezeichnete Quelle mit mehr als 100 Einträgen von Apartments und Häusern überall auf der Insel. Die Preise pro Nacht gehen von 100 bis 1500 $, im Schnitt liegen sie bei 200 $.

🍴 Essen

Der Foodie-Trend ist erst vor kurzem auf Moloka'i angekommen. Es gibt zaghaf-te Ansätze, darunter ein super Lokal in Kualapu'u und einen leckeren Schnellimbiss auf dem Weg ins Halawa Valley. Trotzdem sind Selbstversorger immer noch am besten bedient – die Läden in Kaunakakai sind gut sortiert. Die Insel hat diverse heimische Delikatessen zu bieten (s. Kasten S. 494).

ℹ An- & Weiterreise

Bei genügend Zeit ist die Fähre ab Maui netter und fotophiler als der Flieger. Das Nachmittagsboot fährt fast ganzjährig in den Sonnenuntergang hinein; im Winter beleben Wale das Bild.

FLUGZEUG Der Moloka'i (Ho'olehua) Airport (MKK) ist nicht groß; ihr Gepäck finden die Passagiere auf einer langen Bank wieder. Meist sind einmotorige Maschinen im Einsatz – für tolle Ausblicke nach vorn sind die Sitzplätze direkt hinter dem Cockpit ideal. Da das aufgegebene Gepäck maximal 40 lb (18 kg) wiegen darf, ist es sinnvoll, einen Matchsack oder Ähnliches dabei zu haben, um ggf. umpacken zu können.

Die großen Linien, die Moloka'i anfliegen, bieten häufige Verbindungen nach Honolulu und einen oder zwei Flüge täglich nach Kahului auf Maui. Wer kein Weiterflugticket hat, bucht am besten bei einer der nachstehenden Gesellschaften, die günstiger als die großen Linien sind.

Island Air (☑800-652-6541; www.islandair. com) Macht Codesharing mit Hawaiian Airlines und fliegt mit zweimotorigen (!) Maschinen.

Mokulele Airlines (☑866-260-7070; www. mokuleleairlines.com) Ist ein Partner der Fluggesellschaft go!

Pacific Wings (☑888-575-4546; www.pacific wings.com) Hat oft die günstigsten Angebote und fliegt täglich nach Kalaupapa.

SCHIFF Moloka'i Ferry (☑866-307-6524; www.molokaiferry.com; Erw./Kind 70/35 $) Morgens und am Spätnachmittag tuckert eine Fähre von Lahaina (gegenüber dem Pioneer Inn) auf Maui zur Kaunakakai Wharf auf Moloka'i. Die 90-minütige Überfahrt durch den Pailolo Channel kann feucht werden – wegen des lebhaften Marihuanaschmuggels (*pakalolo*) auch Pakalolo Channel genannt. Wer nicht wasserscheu ist, kann aufs Oberdeck gehen. Tickets können online, telefonisch oder eine halbe Stunde vor Abfahrt auf der *Moloka'i Princess* gekauft werden. Der Preis hängt vom aktuellen Benzinpreis ab.

ℹ Unterwegs vor Ort

Wer alle Ecken der Insel erkunden will, kommt nicht umhin, ein Auto zu mieten. Auch für alle, die ein Haus oder Apartment gemietet haben, ist das Auto fürs Einkaufen die praktischste Lösung. Alle wichtigen Straßen auf Moloka'i sind geteert und gut in Schuss. Die fast überall erhältliche kostenlose Touristenkarte ist ganz hilfreich. Detaillierter und besser ist *Franko's Moloka'i Guide Map;* James A. Biers *Map of Moloka'i & Lana'i* hat ein ausgezeichnetes Register. Diese beiden handlichen Karten kosten keine 6 $ und werden fast überall verkauft.

AUTO Mietwagen dürfen eigentlich nicht auf ungeteerten Straßen fahren. Auch Campen ist damit nur bedingt erlaubt. Wer sich so entlegene Orte wie die Mo'omomi Bay anschauen will, braucht zumindest einen Wagen mit hohem Radstand, besser noch ein Allradfahrzeug. Besonders fürs Wochenende empfiehlt sich eine frühzeitige Buchung. In der Nebensaison können Risikofreudige auch versuchen, direkt am Flughafen zu buchen, wo die Tarife oft nur halb so hoch sind wie online.

Tankstellen gibt's in Kaunakakai – die Benzinpreise haben Schockpotential.

Alamo Rental Car (www.alamo.com) Einzige Agentur mit Büro am Flughafen.

Island Kine Auto Rental (☏553-5242, 877-553-5242; www.molokai-car-rental.com) Eine einheimische Agentur mit allen Fahrzeugklassen und guten Preisen. Abholung an jedem gewünschten Ort, auch am Flughafen/ Fähranleger.

FAHRRAD Moloka'i ist ideal zum Radfahren und der Laden von Molokai Bicycle in Kaunakakai eine echte Fundgrube; mehr dazu steht auf S. 492.

ZUM/AB FLUGHAFEN & FÄHRANLEGER Die Autovermietungen kommen zum Flughafen; die Abholung am Fähranleger muss vorher vereinbart werden.

Ein Taxi kostet vom Flughafen nach Kaunakakai rund 25 $, bis ans West End 30 $.

Typisch für Moloka'i ist das Schild am Ausgang vom Flughafen „Aloha. Slow down, this is Moloka'i. Mahalo"(Aloha. Immer langsam, das ist Moloka'i. Danke).

TAXI Hele Mai Taxi (☏336-0967) Bedient die gesamte Insel.

Entfernungen und Fahrzeiten ab Kaunakakai:

ZIEL	MEILEN (KM)	DAUER
Halawa Valley	27 (43,5)	1¼ Std.
Ho'olehua Airport	6,5 (10,4)	10 Min.
Kalaupapa-Weg	10 (16)	20 Min.
Maunaloa	17 (27,3)	30 Min.
Papohaku Beach	21.5 (34,6)	45 Min.
Puko'o	16 (25,7)	20 Min.
Twenty Mile Beach	20 (32,2)	40 Min.

KAUNAKAKAI

2700 EW.

Auf einem 50 Jahre alten Foto sieht Moloka'is Hauptstadt, zumindest im Zentrum, auch nicht viel anders aus als heute. Im Regen wirken die verwitterten Holzhäuser mit Blechdach wie aus einem Western mit Clint Eastwood. Aber dafür ist Kaunakakai authentisch. Da sich das Geschäftsleben der Insel hauptsächlich hier abspielt, wird jeder Besucher mehr als einmal hierher kommen – und sei es nur, um etwas zu erledigen oder einzukaufen.

Wer sich auf den Inselrhythmus einlässt und einen natürlichen Forscherdrang besitzt, kann sich in Kaunakakai gut und gerne ein paar Stunden vergnügen. Ebenfalls ein beliebter Aufdruck für T-Shirts ist „Moloka'i Traffic Jam: Two Drivers Stopped in the Middle of the Road ... Talking Story." (Verkehrsstau auf Moloka'i: Zwei Autofahrer hielten mitten auf der Straße ... um zu tratschen). Passt zu Kaunakakai, wo es zwar Stopp-Schilder, aber keine Ampeln gibt.

Wer kann, kommt am Samstagmorgen hierher, wenn die halbe Insel auf dem Markt einkaufen geht.

⊙ Sehenswertes

Kaunakakai ist an sich schon eine Attraktion. Viele alte Häuser wie z. B. die **Moloka'i Library** (Bibliothek; Karte S.491; Ala Malama Ave) von 1937 sind wahre Juwelen. Die **Kaunakakai Wharf** (Werft; Karte S. 487) ist das hektische, geschäftliche Rückgrat der Stadt – na ja, hektisch ist übertrieben; da tuckert ab und zu ein Frachtschiff her, Skipper laden ihren Fang an *mahimahi* (Goldmakrelen) ab und eine Sportlerin mit muskulösen Oberarmen trainiert für die nächste Kanuregatta. Eine mit Seilen abgetrennte Zone mit Badeinsel dient als Kinderplanschbecken. Auf der Westseite des Kais beim Bootsschuppen stehen die mittlerweile von Unkraut überwucherten Fundamente des **Hauses von Kamehameha V.** (außerhalb der Karte S. 491). Früher hieß es „Malama", was jetzt der Name der Hauptstraße von Kaunakakai ist.

Kapua'iwa Coconut Grove
HISTORISCHE STÄTTE

(Karte S. 487; Maunaloa Hwy) Als Moloka'i in den 1860er-Jahren noch der Lieblingsplatz von König Kamehameha V. war, ließ er in der Nähe seiner geheiligten Badeseen den

Kaunakakai

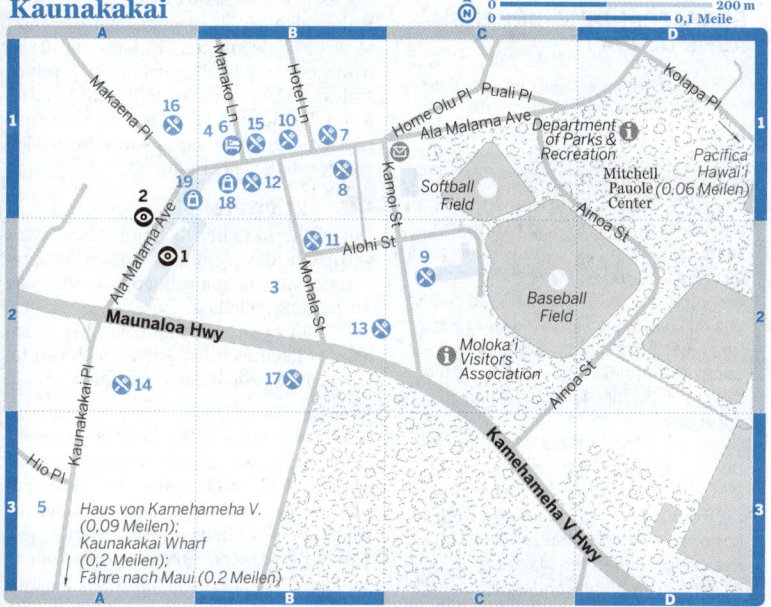

Map labels:
0 — 200 m
0 — 0,1 Meile

Makaena Pl · Manako Ln · Hotel Ln · Kamoi St · Mohala St · Kaunakakai Pl · Hio Pl · Maunaloa Hwy · Kamehameha V Hwy · Ala Malama Ave · Home Olu Pl · Puali Pl · Ala Malama Ave · Kolapa Pl · Ainoa St · Alohi St

Department of Parks & Recreation
Pacifica Hawai'i (0,06 Meilen)
Mitchell Pauole Center
Softball Field
Baseball Field
Moloka'i Visitors Association

Haus von Kamehameha V. (0,09 Meilen); Kaunakakai Wharf (0,2 Meilen); Fähre nach Maui (0,2 Meilen)

---

4 ha großen königlichen Kokosnusshain anpflanzen. Kapua'iwa bedeutet „geheimnisvolles Tabu" – wer also zu den mittlerweile ganz schön hoch gewachsenen Palmen rund 1 Meile (1,6 km) westlich des Stadtzentrums pilgert, sollte aufpassen, wo er geht (oder parkt): Die Kokosnüsse fallen total geräuschlos, sind aber hammerharte Geschosse.

Church Row　　　HISTORISCHE STÄTTE
(Karte S. 487; Maunaloa Hwy) Die Church Row liegt gegenüber dem Coconut Grove. Auf Moloka'i ist man Religionen gegenüber sehr aufgeschlossen, und jede Glaubensgemeinschaft mit ein paar Anhängern bekommt ihre Parzelle zugeteilt. Deshalb gibt es hier so viele Kirchen (manche Konfessionen, z. B. die Katholische Kirche, sind auch mehrfach vertreten).

One Ali'i Beach Park　　　PARK
(Karte S. 487; Maunaloa Hwy) 3 Meilen (4,8 km) östlich der Stadt liegt der zweigeteilte One Ali'i Beach Park. Die eine Seite hat zum Meer hin eine Reihe Palmen, ein Fußballfeld, einen Picknick-Pavillon und Toiletten, sieht nicht unbedingt überwältigend aus, steht aber bei Familien hoch im Kurs, die am Wochenende hier grillen. Zwei Denkmäler erinnern an die japanischen Einwan-

Kaunakakai

◉ Sehenswertes
1	Moloka'i Acupuncture & Massage	A2
2	Moloka'i Library	A1

Aktivitäten, Kurse & Touren
3	Moloka'i Bicycle	B2
4	Moloka'i Fish & Dive	B1
5	Molokai Outdoors	A3

◉ Schlafen
6	Friendly Isle Realty	B1

◉ Essen
7	Aunty Ruby's Café	B1
8	Friendly Market	B1
9	Kamoi Snack-N-Go	C2
10	Kanemitsu Bakery	B1
11	Maka's Korner	B2
12	Misaki's	B1
13	Moloka'i Drive-Inn	B2
14	Moloka'i Pizza Cafe	A2
15	Moloka'i Wines & Spirits	B1
16	Outpost Natural Foods	A1
17	Paddler's Inn	B2

◉ Shoppen
	Kalele Bookstore	(s. 11)
18	Moloka'i Art from the Heart	B1
19	Samsatmorgen-Markt	A1

SURFSTRÄNDE & -BREAKS AUF MOLOKA'I

Moloka'i ist eine der atemberaubendsten Inseln Hawaiis, wenn nicht des gesamten Pazifiks, aber mit Wellen sieht's eher mau aus. Da es im Windschatten anderer Inseln liegt, kommt einfach keine gescheite Brandung auf. Und wenn die Dünung mal steigt, sollten sich Besucher daran erinnern, dass auf der „freundlichen Insel" noch die Werte des „alten Hawaii" gelten, und das bedeutet: Die Familie hat Vorrang. Also bleibt einem nichts anderes übrig, als freundlich zu lächeln und die besten Wellen den Einheimischen zu überlassen.

Am West End von Moloka'i bringt die Dünung im Winter zwischen 0,5 und 3,5 m hohe Wellen hervor (ganz selten auch mal 4,5 m), z. B. am Break **Hale O Lono**, wo es dann mehrere vernünftige Peaks gibt. Außerdem starten hier die jährlichen 32-Meilen-Regatten (51,5 km) von Moloka'i nach O'ahu für Auslegerkanus und Paddleboards.

Wenn die Wellen brechen, sind die Abschnitte vom **Rock Point** (S. 499) bis zum **Halawa Beach** (S. 501) am Ostende sowie am **Kepuhi Beach** (S. 514) am Westende verlässliche Surfspots. Die Winterwellen am **Kawakiu Beach** (S. 512) sind eher was für Profis.

Moloka'i Fish & Dive und Moloka'i Outdoors vermieten Surfboards für 25 bis 40 $ pro Tag.

derer im 19. Jh. Auf der anderen, grüneren Seite wirkt auch der Picknickplatz einladender. Das Wasser ist seicht und schlammig.

Pacifica Hawai'i   LOKALPRODUKT
(außerhalb der Karte S.491; ☎553-8484; www.pacificahawaii.com; Kolapa Pl) Moloka'is Foodie-Szene wächst. Nicht weit vom Stadtzentrum wird im Hof vor dem Haus der (bei Salzfans) berühmten Salzpäpstin Nancy Gove herausragendes Meersalz produziert. Ihr Pacifica-Hawai'i-Salz gibt's auch mit diversen Aromen (das Räuchersalz probieren!). Auf Anfrage finden einstündige Besichtigungstouren statt – unglaublich, wie viele Geheimnisse es bei der Gewinnung von Meersalz gibt!

Softball- & Baseballfelder   PARKS
Wahrscheinlich ist nirgends auf der Insel so viel los wie auf den Softball- und Baseballfeldern im Stadtzentrum. Wer echtes Moloka'i-Feeling erleben will, geht hin und feuert die Moloka'i Farmers bei einem Spiel gegen die Lana'i Pinelads – ihre Erzrivalen von der High School – an.

🏃 Aktivitäten

Die größte Aktivität in Kaunakakai selbst wird sein, die Agenturen wegen entsprechender Angebote abzuklappern oder sich Ausrüstung zu leihen.

Es gibt täglich Yogastunden, bei denen jeder willkommen ist. Adressen stehen im Wochenmagazin *Molokai Dispatch*.

Moloka'i Fish & Dive   OUTDOOR
(Karte S. 491; ☎553-5926, 336-1088; www.molokaifishanddive.com; Ala Malama Ave, Kaunakakai; ⊙Mo–Sa 8–18, So bis 14 Uhr) In ihrem mit Sportgeräten und einschlägigen Souvenirs vollgestopften Laden organisiert diese Agentur (fast) jedes Abenteuer, das einem Kunden vorschwebt. Sämtliche Ausrüstungsgegenstände können ausgeliehen werden (Tauchermaske und Flossen pro Tag/Woche 10/35 $, Angelrute 13/35 $, Strandliege 5/20 $).

Moloka'i Outdoors   OUTDOOR
(Karte S. 491; ☎553-4477, 877-553-4477; www.molokai-outdoors.com; Hio Pl, Kaunakakai; ⊙8.30–16 Uhr) Moloka'i Outdoors arbeitet individuelle Touren aus und macht sonst fast alles, was auch Moloka'i Fish & Dive anbietet. Die Agentur liegt an der Straße zum Hauptkai.

Moloka'i Bicycle   RADFAHREN & MOUNTAINBIKEN
(Karte S.491; ☎553-3931, 800-709-2453; www.molokaibicycle.com; 80 Mohala St, Kaunakakai; ⊙Mi 15–18, Sa 9–14 Uhr) Der Ladenbesitzer weiß einfach alles über Radfahren auf der Insel. Er bringt und holt seine Kunden auch außerhalb der Geschäftszeiten, repariert, verkauft Räder und Ersatzteile und verleiht natürlich Räder aller Art ab 20/75 $ pro Tag/Woche (Luxusmodelle sind teurer). Im Preis sind Helm, Schloss, Luftpumpe, Karten und weitere Extras inbegriffen.

🛏 Schlafen

Nur wenige Besucher übernachten in Kaunakakai. Die besseren Unterkünfte liegen im landschaftlich attraktiven Osten in der Nähe von Strand und Meer. Wissenswertes zur Buchung von Unterkünften auf Moloka'i steht auf S. 489

Hotel Moloka'i
HOTEL $$

(Karte S. 487; ☏553-5347, 800-535-0085; www.
hotelmolokai.com; Kamehameha V Hwy; Zi. 140–
250 $; 🛜🛏️) Moloka'is einziges Hotel hat
so eine Art Veteranenflair. Jedenfalls ist es
nicht besonders attraktiv; das Meer vor der
kompakten Außenanlage mit Hängematten
und kleinem Pool ist seicht und schlammig.
Die Zimmer im Obergeschoss sind etwas
größer und heller, manche haben Kühl-
schrank und Mikrowelle.

Moloka'i Shores
CONDO $$

(Karte S. 487; ☏553-5954, Buchung unter 800-
535-0085; www.castleresorts.com; Kamehameha
V Hwy; 1 Schlafzimmer 125–200 $, 2 Schlafzimmer
150–250 $; 🛏️) Der Apartmentkomplex aus
den 1970ern bietet Unterkünfte von hässlich bis bezaubernd, je nach Geschmack des
jeweiligen Besitzers (am besten nach Fotos
fragen). Eine voll eingerichtete Küche, Kabel-TV, Veranda und Ventilatoren gehören
zum Standard. Super ist das Gelände drum
herum – mit großem Pool, Shuffleboard-
feld, Grillplätzen und vielem mehr. Das
Meer ist allerdings (wie überall in dieser
Gegend) schlammig und seicht.

A'ahi Place Bed & Breakfast
COTTAGE $

(Karte S. 487; ☏553-8033; www.molokai.com/
aahi; große Hütte ab 75 $) Einfach, aber sauber
ist diese Hütte aus Zedernholz auf einer
kleinen Parzelle 1 Meile (1,6 km) östlich von
Kaunakakai. Das viele Holzfurnier erinnert
an Wohnwägen; es gibt eine komplette Küche, eine Waschmaschine und eine Garten-
veranda. Bei mehr als zwei Leuten wird's
eng – nicht nur in der primitiven Cabin
für Backpacker (35 $), sondern auch in der
etwas schickeren großen Hütte. Das Frühstück kostet 10 $.

Ka Hale Mala
B&B $

(Karte S. 487; ☏553-9009; www.molokai-bnb.
com; Apartment 90 $, mit Frühstück 100 $; 🛜)
Viel Platz bietet das 300 m² große Apartment mit einem Schlafzimmer, kompletter
Küche und Wohnzimmer mit Balkende-
cke. Das zweistöckige Haus versteckt sich
hinter üppiger Bepflanzung, zu der auch
schwer mit Früchten behangene Bäume gehören. Als nettes Extra bieten die Besitzer
Biogemüse und ein richtig gesundes Frühstück an. Für 20 $ pro Kopf können noch
maximal zwei weitere Leute übernachten.
Das B&B liegt rund 5 Meilen (8 km) östlich von Kaunakakai; die netten Besitzer holen ihre Gäste am Flughafen oder
Fähranleger ab.

✖ Essen

Der Markt (S. 495) am Samstagmorgen
entlang der Ala Malama Ave ist eine gute
Quelle für hausgemachte Spezialitäten und
Produkte aus heimischem Anbau.

 Aunty Ruby's Cafe
HAWAIISCH $$

(Karte S. 491; www.auntyrubys.com; Ala
Malama Ave; Gerichte 8–14 $; ⏱Mo-Sa 6.30–
21 Uhr) Die Familie, die den Laden schmeißt,
ist so spritzig wie ein Glas Mineralwasser
mit Kohlensäure und erhellt den ganzen
Raum mit ihrem strahlenden Lächeln. Auf
den Tisch kommen hawaiische Klassiker
wie loco moco, Schweinebraten, der Dau-
erbrenner Hamburgersteak und viele Ge-
richte mit asiatischen und portugiesischen
Wurzeln. Die Suppen und Salate sind super-
lecker, und Aunty Ruby's Frühstück hält bis
abends vor.

Maka's Korner
CAFE $

(Karte S. 491; Ecke Mohala & Alohi Sts; Gerichte
5–8 $; ⏱Mo-Sa 7–16 Uhr) Schon irre, dass so
eine simple Eckkneipe so köstliche Grill-Ba-
sics zaubert! Auf ganz Moloka'i gibt's keine
besseren Burger mit Pommes, das *teri-beef*
(mariniertes Rindfleisch) hat Suchtpoten-
tial. Pfannkuchen sind durchgehend zu
haben, und gegen den Hang-over hilft ein
Sandwich mit Spiegelei. Die Gäste sitzen an
der Theke oder draußen am Picknicktisch.

Kanemitsu Bakery
BÄCKEREI $

(Karte S. 491; Ala Malama Ave; ⏱Mi-Mo 5.30–
18.30 Uhr) Die Bäckerei sieht zwar echt schä-
big aus, aber die ganze Insel fährt auf das
Moloka'i sweet bread (süßes Hefebrot) und
die *lavosh crackers* (hartes Fladenbrot, be-
sonders lecker mit Macadamianüssen) ab.
Die besten Sachen sind meist um 13 Uhr
schon ausverkauft. Allabendlich (außer
Montag) um 22 Uhr bilden sich die be-
rühmten Schlangen an der Hintertür, um
noch heißes Brot zu kaufen, das der wort-
karge Bäcker aufschneidet und mit einem
der fünf Aufstriche beschmiert.

Moloka'i Pizza Cafe
PIZZA $$

(Karte S. 491; Kaunakakai Pl; Gerichte 9–15 $;
⏱Mo-Do 10–22, Fr & Sa bis 23, So 11–22 Uhr) Ob
am Tresen oder im schmucklosen Speiseraum, die Palette von Salaten über Sand-
wichbaguettes bis zu Burgern und Pasta
schmeckt immer. Über die Wartezeiten helfen diverse Spielautomaten (mit skurrilen
Preisen) hinweg. Wer will, bekommt seine
Pizza nur „angebacken" und bäckt sie sich
in seiner Unterkunft fertig.

LOKALE LECKEREIEN

Am östlichen Ende von Moloka'i wachsen jede Menge Obstbäume; wer Glück hat, kann im Garten seiner Unterkunft ernten. Biofarmen schießen wie Pilze aus dem Boden und verkaufen ihre Erzeugnisse auf dem Markt am Samstagmorgen in Kaunakakai und bei Outpost Natural Foods. Weitere heimische Produkte sind:

Purdy's Macadamianüsse (S. 506) Wahrscheinlich die besten überhaupt.

Kaffee aus Hawaii (S. 505) Auf Moloka'i angebaut und geröstet.

Macadamianusspesto von den Kumu Farms Himmlisch, mit betörendem Basilikumaroma, zu erwerben im Friendly Market von Kaunakakai (s. rechts).

Lavash von der Kanemitsu Bakery (S. 493) Die Sorten Macadamianuss und Taro sind besonders knusprig und köstlich.

Molokai Roadside Marinade Die Marinade gibt's im Friendly Market (s. rechts) in Kaunakakai und macht jedes Steak zur würzigen Delikatesse.

Pacifica Hawai'i-Meersalz (S. 492)

Moloka'i Drive-Inn   FASTFOOD $
(Karte S. 491; Kamehameha V Hwy; Gerichte 4–7 $; ⊙6–22 Uhr) Der Imbiss ist ein Dauerbrenner und weiß, wie Teri-Beef-Sandwich, Omelettes mit Spam oder Vienna Beef (Dosenfleisch), gebratene *saimin* (Nudelsuppe) und andere Klassiker schmecken müssen. In der Wartezeit lässt man sich von anderen Kunden ihre Lebensgeschichte oder das Neueste aus der Gegend erzählen.

Paddler's Inn   AMERIKANISCH $$
(Karte S. 491; 10 Mohala St; Hauptgerichte 8–20 $; ⊙7–2 Uhr) Eine lockere Bar mit großem (Beton-) Biergarten und einer langen Karte mit der üblichen Kneipenkost, also Burger, Steaks, einfache Pasta und Frittiertes. Essen gibt's bis ca. 21 Uhr. Die Bedienung ist ziemlich aufgeweckt (was von den Gästen nach ein paar Bestellungen aus dem riesigen Cocktail-Angebot nicht immer behauptet werden kann).

Hula Shores   MODERNE INSELKÜCHE $$
(Karte S. 487; Hotel Moloka'i, Kamehameha V Hwy; Frühstück & Mittagessen 5–10 $, Abendessen 15–20 $; ⊙tgl. 7–10.30 & 11–14, Sa–Do 18–21, Fr 16–21 Uhr) Die Lage direkt am Meer ist unschlagbar – das Essen leider nicht. Am besten schmeckt noch das Frühstück (z. B. die Bananenpfannkuchen), ansonsten gibt's Sandwiches, Salate und Huhn oder Fisch mit Sauce. Was soll's, der Blick auf Lana'i, die Tiki-Fackeln und das Meeresrauschen reißen's raus.

Kamoi Snack-N-Go   SÜSSES $
(Karte S. 491; Moloka'i Professional Bldg., Kamoi St; Portion 2 $; ⊙Mo–So 10–21 Uhr) Ein Süßigkeitenparadies, das auch (in Honolulu hergestellte) Dave's Hawaiian Ice Cream verkauft. Die Sorte Banana Fudge ist ein Traum.

Outpost Natural Foods   LADEN/DELI $
(Karte S. 491; 70 Makaena Pl; ⊙Mo–Do 9–18, Fr bis 16, So 10–17 Uhr; 🖉) Bioprodukte, ein großes Sortiment an gesunden Nahrungsmitteln (lose und abgepackt) sowie leckere heimische Spezialitäten werden von einem Deli (Gerichte 5 bis 8 $, geöffnet werktags von 10 bis 15 Uhr) ergänzt, das frisch zubereitete vegetarische Burritos, Sandwiches, Salate und Smoothies anbietet.

Friendly Market   SUPERMARKT $
(Karte S. 491; Ala Malama Ave; ⊙Mo–Fr 8.30–20.30, Sa bis 18.30 Uhr) Von allen Supermärkten der Insel hat dieser hier die beste Auswahl. Nachmittags gibt's oft frischen Fisch direkt vom Boot.

Moloka'i Wines & Spirits   LADEN $
(Karte S. 491; Ala Malama Ave; ⊙So–Do 9–20, Fr & Sa bis 21 Uhr) Hier gibt's neben Bieren von Mikrobrauereien, günstigen Weinen, edlem Käse und weiteren Delikatessen alle Zutaten für die tückischen tropischen Cocktails – also, nichts wie ran an den Shaker.

Misaki's   LADEN $
(Karte S. 491; 78 Ala Malama Ave; ⊙Mo–Sa 8.30–20.30, So 9–12 Uhr) Die langen Öffnungszeiten sind der Schlüssel zum Erfolg dieses leicht verrückten Lebensmittelgeschäfts.

🍷 Ausgehen & Unterhaltung

Bücher, Brettspiele und interessante Gesprächsthemen muss jeder selbst mitbringen, da das Nachtleben von Moloka'i weitgehend eine Do-it-yourself-Veranstaltung ist.

Im Paddler's Inn gibt's bis 2 Uhr Alkoholisches, auch zum Mitnehmen. An Freitagabenden spielt häufig eine Hawaii-

Combo, ansonsten flimmert Sport über die Mattscheibe.

Hula Shores HAWAIISCHE MUSIK
(Karte S. 487; Hotel Moloka'i, Kamehameha V Hwy; ⊙tgl. 7–10.30 & 11–14, Sa–Do 18–21, Fr 16–21 Uhr) Das Restaurant im Hotel Moloka'i hat eine einfache Bar, wo der Drink zum Sonnenuntergang schmeckt. Abends wird häufig Livemusik geboten oder auch Karaoke (für alle, die vor nichts zurückschrecken). Die eigentliche Attraktion sind die einheimischen *kapuna* (Älteren), die sich an den „Aloha-Freitagen" von 16 bis 18 Uhr um einen großen Tisch versammeln und hawaiische Musik spielen, von traditionellen, getragenen Hula-Melodien bis hin zu Jamsessions mit der Ukulele. Viele Musiker gehören zum Urgestein der lokalen Kulturszene und genießen es, ihr Können zu zeigen. Entsprechend groß ist der Zulauf.

Moloka'i Mini Mart DVD-VERLEIH
(Mohala St; ⊙6–23 Uhr) Hier gibt's Filme für einen gemütlichen Abend in der Unterkunft.

🔒 Shoppen

Samstagmorgen-Markt MARKT
(Karte S. 491; Ala Malama Ave; ⊙8–14 Uhr) Der Wochenmarkt am Westende der Ala Malama Ave ist eine Fundgrube für lokales Kunsthandwerk, exotische Früchte und Bioprodukte. Hier kauft ganz Moloka'i ein (meist vor 12 Uhr), und zumindest ein paar Blumen fürs Zimmer können sich auch Besucher leisten.

Moloka'i Art from the Heart KUNSTGALERIE
(Karte S. 491; 64 Ala Malama Ave; ⊙Mo–Fr 9.30–17, Sa 9–14.30 Uhr) Die kleine Galerie eines einheimischen Künstlers ist so vollgepfercht mit Kunstwerken aller Art wie ein Gemälde von Jackson Pollock mit Pinselstrichen. Die Qualität reicht von „ernsthaft bemüht" bis „genial". In der Souvenirabteilung sind die T-Shirts mit lokalen Sprüchen die heimlichen Renner.

Kalele Bookstore BÜCHER
(Karte S. 491; 64 Ala Malama Ave; 🛜) Ein Laden mit neuen und gebrauchten Büchern, Kunst von Einheimischen, Reiseführern und umfangreicher Literatur über die Kultur Hawaiis.

ℹ️ Praktische Informationen

Bank of Hawai'i (Ala Malama Ave) Standort eines der zahlreichen Geldautomaten.

Kalele Bookstore (📞567-9094; 64 Ala Malama Ave; 🛜) Eine Schatzkiste für Lokales. Neben Büchern gibt's kostenlose Landkarten, eine Tasse Kaffee und Gespräche mit Einheimischen draußen auf der schattigen Terrasse. Der Inhaber Teri Waros ist ein wandelndes Moloka'i-Lexikon.

Molokai Dispatch (www.themolokaidispatch.com) Das kostenlose Wochenmagazin mit agitatorischem Touch erscheint donnerstags und veröffentlicht auch Veranstaltungstermine; im Kalele Bookstore.

Moloka'i Drugs (Moloka'i Professional Bldg., Kamoi St; ⊙Mo–Fr 9–17.45, Sa bis 14 Uhr) Drogerieartikel.

Moloka'i General Hospital (280 Puali St; ⊙24 Std.) Mit Notaufnahme.

Moloka'i Library (Ala Malama Ave; ⊙Mo–Fr 9.30–17, Mi 12–20 Uhr) Wer einen Leseausweis für drei Monate (10 $) oder fünf Jahre (25 $) kauft, kann hier und in 50 weiteren Filialen auf Hawaii im Internet surfen und weitere Dienste in Anspruch nehmen.

Moloka'i Mini Mart (Mohala St; ⊙6–23 Uhr) Ein Shop mit Kiosksortiment, Internetzugang (8 ¢ pro Minute) und Drucker sowie Espresso am Morgen.

Moloka'i Visitor Center (www.visitmolokai.com) Eine Webseite mit vielen interessanten Links.

Moloka'i Visitors Association (MVA; 📞553-3876, 800-800-6367; www.molokai-hawaii.com; 2 Kamoi St; ⊙Mo–Fr 9–12 Uhr) Das bescheidene Büro gibt Auskunft über alles, was den Verein betrifft.

Postamt (Ala Malama Ave) Die Filiale in Ho'olehua ist pfiffiger (s. S. 507).

ℹ️ An- & Weiterreise

Kaunakakai ist eine Stadt für Fußgänger.
Rawlin's Chevron (Ecke Hwy 460 & Ala Malama Ave; ⊙Mo–Sa 6.30–20.30, So 7–18 Uhr) hat Zapfsäulen, akzeptiert Kreditkarten und ist somit die einzige Tankstelle der Insel mit 24-Stunden-Service.

EAST MOLOKA'I

Das bereits erwähnte Straßenschild „Immer langsam, das ist Moloka'i" ergeben auf dem Weg nach Osten wirklich einen Sinn. Die 27 Meilen (43 km) lange Fahrt auf dem Hwy 450 (auch Kamehameha V Hwy genannt) von Kaunakakai ins Halawa Valley ist ein Muss, egal, ob jemand nur einen Tag oder eine ganze Woche auf der Insel bleibt.

AUSZEIT MIT YOGA

Karen Noble (☎558-8225; www.
molokai.com/yoga) bietet auf ihrem
üppig grünen Anwesen in Honomuni
in Ost-Molokaʻi jeden Monat Seminare
für Ashtanga Vinyasa Yoga an. Es gibt
Wochenkurse wie auch individuelle
Aufenthalte mit Unterkunft in einfachen, abgeschirmten Hütten und vegetarischer Verpflegung. Nach dem Unterricht im Openair-Pavillon erfrischt
ein Sprung ins Meer. Eine Woche alles
inklusive (mit Schlammbädern und
anderen Verwöhnangeboten) kostet
1250 $.

Anders als im trockenen Westen zeigt
sich die Insel hier von ihrer tropischen
Seite: Palmen beugen sich über die Straße,
Bananen-, Guaven-, Papaya- und Maracu-
jafrüchte baumeln verführerisch zwischen
dichtem Laub. Ab und zu blitzen ein vor
langem angelegter Fischteich oder die
Umrisse der Nachbarinseln Lanaʻi und
Maui zwischen den Bäumen hervor, eine
ehrwürdige, alte Holzkirche, bescheidene Wohnhäuser oder ein Stück Strand.
Die Landschaft ist so abwechslungsreich,
dass der Fahrer Gefahr läuft, vor lauter
Faszination einen Hund, der auf der gelben Straßenmarkierung pennt, zu überfahren.

Auf Molokaʻi ist selbst so eine Panora-
mastrecke kaum frequentiert, und fast alle
Autos fahren im Bummeltempo. Auf dem
letzten Drittel, wenn die glatte Asphaltstraße einspurig und kurviger wird, bleibt
einem auch gar nichts anderes übrig, als
vom Gaspedal zu gehen. Aber was soll's –
hinter jeder Biegung wartet ein neuer, berauschender Ausblick. Der letzte Anstieg
hinauf ins abgelegene Halawa Valley ist
einfach atemberaubend.

Nun noch ein paar praktische Tipps:
Schwimmzeug und Schnorchel sollten auf
jeden Fall eingepackt werden, um der Ver-
lockung der Strände unterwegs nachgeben
zu können. Östlich von Kaunakakai gibt's
keine Tankstelle mehr. Dafür wartet auf
halber Strecke, in Pukoʻo, ein hervorragender Lebensmittelladen mit Imbiss. Auch
die schönsten Unterkünfte liegen an dieser
Route, eine Liste steht auf S. 493. Mile-
Marker (Meilenangaben) am Straßenrand
erleichtern das Auffinden der Orte.

Fischteiche

Gleich östlich von Kaunakakai hinter dem
Meilenstein 20 liegen Dutzende von *loko iʻa*
(Fischteiche), die mit ihren mächtigen runden Steinmauern eine der schlausten Formen der Aquakultur darstellen. Nach der
hexenschussträchtigen Plackerei des Steine
Aufschichtens geht alles ganz einfach: Kleine Fische können hinein, große aber nicht
heraus schwimmen. Einige Teiche sind
schon verfallen und von Mangroven überwuchert, andere werden von geschichtsbe-
wussten Einheimischen in Schuss gehalten. Der perfekt erhaltene **Kahinapohaku
Fishpond** rund 800 m hinter Meilenstein
19 wird von *konohiki* (Wächtern) betreut,
die sich vor Ort niedergelassen haben. Auch
der Teich am Meilenstein 13 in ʻUalapuʻe ist
sehenswert.

Kawela

Der **Kakahaia Beach Park** ist ein zwischen
Straße und Meer eingeklemmter Grünstreifen in Kawela und beginnt kurz vor
dem Meilenstein 6. Dort stehen ein paar
Picknicktische, die beim Familienausflug
am Wochenende (eine heilige Tradition auf
Hawaii) eifrig genutzt werden. Der Park ist
das einzige öffentlich zugängliche Areal des
Kakahaiʻa National Wildlife Refuge (www.
fws.gov/kakahaia), dessen 8 ha großes Gelände größtenteils auf der Landseite der Straße liegt. Zum Wildreservat gehören Feucht-
biotope mit dichtem Binsenbestand und ein
Süßwasserfischteich, der vergrößert wurde,
um bedrohten Vogelarten wie dem Hawaii-
Stelzenläufer und der Hawaii-Ralle Lebensraum zu bieten.

Kamalo

Jeder verfällt dem rührenden Charme der
kleinen **St. Joseph Church**. Sie ist eine der
beiden noch bestehenden Kirchen von insgesamt vier, die der heilig gesprochene Missionar Father Damien außerhalb der Kalaupapa-Halbinsel auf Molokaʻi errichten ließ
(die andere, Our Lady of Seven Sorrows,
liegt gut 6 km davon entfernt; s. S. 497).
Das einfache Gotteshaus aus Holz von 1876
hat einen Turm mit Glocke, ganze fünf Ban-
kreihen und Glasfenster, von denen einige
noch original sind. Eine mit Blumenkränzen geschmückte Statue von Father Damien

und ein kleiner Friedhof vervollständigen das Bild. Die Kirche liegt gleich hinter dem Meilenstein 10, wo sich die Straße zu winden beginnt wie die Schlangen, die der Hl. Patrick aus Schottland vertrieb. Am St.-Damiens-Tag (10. Mai) zieht eine Prozession von hier zur zweiten Kirche.

Rund 1200 m nach dem 11er-Meilenstein weist ein kleines Schild auf der *makai*-Seite (Meerseite) der Straße auf die **Smith-Bronte Landing** hin, wo der Pilot Ernest Smith und der Navigator Emory Bronte beim ersten Zivilflug vom amerikanischen Festland nach Hawaii eine satte Bruchlandung hinlegten. Die beiden waren am 14. Juli 1927 in Kalifornien gestartet und wollten eigentlich nach O'ahu, purzelten aber nach 25 Stunden und zwei Minuten über Moloka'i vom Himmel. Im Gras zwischen den Kiawe-Bäumen erinnert eine Gedenkplatte an dieses Ereignis.

'Ualapu'e

Am Meilenstein 13, eine halbe Meile (800 m) hinter dem Apartmentkomplex Wavecrest Resort, kommt auf der *makai*-Seite der Straße der **'Ualapu'e Fishpond** in Sicht. Er wurde restauriert und mit Milchfischen und Meeräschen bestückt, die schon vor Urzeiten hier gezüchtet wurden. Der Teich macht besonders deutlich, was für eine unglaubliche Plackerei es gewesen sein muss, Tausende dieser Vulkanfelsbrocken anzuschleppen und aufeinander zu schichten.

Das **Wavecrest Resort** (www.wavecrest aoao.com; pro Tag/Woche mit 1 Schlafzimmer 100/600 $, mit 2 Schlafzimmern 150/800 $; ✆) liegt an einer Stichstraße nicht weit von der

Hauptstraße entfernt und ist genau so unaufgeregt wie die Insel selbst. Es gibt dort keine Strände, dafür aber wunderschöne Ausblicke auf die grünen Berge hinter und das Meer vor der Anlage. Jedes Apartment wird vom jeweiligen Besitzer vermietet, der es auch nach seinem individuellen Geschmack eingerichtet hat. Allen gemeinsam ist eine voll ausgestattete Küche, Schlafsofa und Balkon oder Veranda, manche haben auch Internetzugang. Der Tennisplatz der Anlage kann benutzt werden. Die Vermietung erfolgt über Agenturen und Webseiten (s. S. 492).

Kalua'aha

Kalua'aha ist ein unscheinbares Dorf knapp 2 Meilen (3,6 km) hinter Wavecrest. Wer die Augen offen hält, entdeckt die Ruine der **Kalua'aha Church,** der ersten christlichen Kirche Moloka'is, etwas abseits der Straße landeinwärts. Sie wurde 1844 vom ersten Missionar auf der Insel, Harvey R. Hitchcock, erbaut. Die 400 m davon entfernte zweite Kirche, **Our Lady of Seven Sorrows** (⊙Messe So 7.15 Uhr) wurde 1966 wiederaufgebaut. Das Originalgebäude aus Holz war 1874 von Father Damien errichtet worden.

'Ili'ili'opae Heiau

Wann kommt jemand von der Unesco endlich mal her? 'Ili'ili'opae ist Moloka'is größter *heiau*, der zweitgrößte von ganz Hawaii und wahrscheinlich auch der älteste. Trotzdem kennt kaum jemand diese bemerkenswerte Tempelanlage, nicht einmal viele Einheimische.

Die Ausmaße sind beeindruckend: über 90 m lang, 30 m breit und auf der Ostseite 7 m, auf der Westseite 3,5 m hoch. Die Hauptterrasse ist erstaunlich eben. Archäologen glauben, dass die ursprüngliche Anlage dreimal so groß war und bis hinter den Mapulehu Stream reichte. Wie schon bei den Fischteichen fragt man sich, wie die Menschen diesen *heiau* ohne gescheite Werkzeuge errichten konnten.

Abgesehen vom Gezwitscher der Vögel herrscht an dem ehemaligen *luakini* (Tempel für Menschenopfer) Stille. Afrikanische Tulpenbäume und Mangobäume säumen den Weg zur Tempelanlage, deren Überreste immer noch ein starkes *mana* (spirituelle Aura) verströmen. Aus Respekt vor den Mythen der Vergangenheit sollten Besucher nicht über den oberen Abschnitt des *heiau* kraxeln.

Sowieso ist es etwas heikel, die Anlage zu besichtigen, denn sie liegt auf einem Privatgrundstück. Am besten parkt man den Wagen an der Hauptstraße oder – noch besser – in der Nähe des Ladens in der Seitenstraße und geht die paar Meter (ca. 800) zu Fuß.

Der Weg beginnt auf der *mauka*-Seite (landeinwärts) der Hauptstraße rund 1 km nach dem Meilenstein 15, direkt hinter der Mapulehu Bridge an einem Hydrant.

Dort zweigt zunächst eine Piste ab, die nach einer Schleife um ein paar Bäume herum felsiger wird. Bald danach zweigt links (gegenüber einem Haus) ein Fußweg ab, der ein Flussbett kreuzt. Stufen führen dann hinauf zur Nordseite der Tempelanlage.

Wer sicher gehen will, ruft vorher den Besitzer des Grundstücks, **Pearl Hodgins** (336-0378) an oder fragt bei **Molokai Acu-**

LEBEN WIE DIE EINHEIMISCHEN

Die meisten Aktivitäten auf Moloka'i finden eindeutig im Freien statt und zudem häufig in der Gruppe – nicht gerade die optimale Voraussetzung, um mit Einheimischen in Kontakt zu kommen und in ihre Kultur einzutauchen. Wer trotzdem ein Gefühl für das Leben auf der Insel bekommen will, schnappt sich erst einmal eine Ausgabe des *Molokai Dispatch* (S. 495): Darin steht alles, was die Menschen bewegt, vom Benefizkonzert der Schule über kirchliche Veranstaltungen bis hin zur Kleintierausstellung der Landjugend. Auch ein Bummel durch die Ateliers mit Kunsthandwerk, kulinarische Entdeckungsreisen oder ein Abstecher zum Viehmarkt bringen die Eigenheiten der Region näher. Ebenfalls gute Quellen sind die Schwarzen Bretter außen am Friendly Market, am Outpost Natural Foods und an der Bibliothek in Kaunakakai. In der Ala Malama Ave sind immer Leute unterwegs, die irgendwas verkaufen, um mit dem Erlös ein gemeinnütziges Projekt zu unterstützen, und gerne mit Besuchern darüber reden. Bei Sportveranstaltungen (Softball, Baseball) kommt man besonders leicht mit Einheimischen in Kontakt.

puncture and Massage (Karte S. 491; 553-3930; Molokai Center, 40 Ala Malama St) um Erlaubnis, da dessen Besitzer ein Stück Land am Fuß des *heiau* gehört. Beide sind sehr nett und normalerweise einverstanden.

Puko'o

Puko'o war früher der Sitz der Inselregierung (mit Gerichtsgebäude, Gefängnis, Anlegestelle und Postamt). Als mit den Plantagen auch das zentralere Kaunakakai angelegt wurde, verlagerte sich die Action nach dort. So ist Puko'o heute nur noch eine verschlafene Ansammlung von Häusern an einer Straßenbiegung nicht weit vom 'Ili'ili'opae Heiau. Es hat aber einen idyllischen **Strand**, zu dem es kurz vor dem Laden beim Meilenstein 16 abgeht. Der kurze, gewundene Pfad um die kleine Bucht herum, in der die Fische aus dem Wasser schnellen, führt zu einem Sandstreifen, der auf der einen Seite von Kiawe-Bäumen und Kasuarinen, auf der anderen Seite vom Meer gesäumt wird. Gute Schwimmbedingungen.

🛏 Schlafen & Essen

Hale Lei Lani FERIENHAUS $$$

LP TIPP

(415-218-3037, 558-0808; www.tranquilmolokai.com; am Kamehameha V Hwy; ab 250 $;) Das Traumhaus, das sich jeder auf Moloka'i bauen würde, wenn er sein Geld nicht bei isländischen Banken angelegt hätte! Es liegt nicht weit vom Meilenstein 16 (und von Mana'e Goods & Grindz!) am Hang mit Panoramablick auf Maui. Von einem großen Aufenthaltsraum gehen zwei Schlafzimmer und eine Küche ab, die dazu animiert, selbst kreativ zu werden. Vor der Haustür laden ein überdachter Pool zum Schwimmen und schwer behangene Obstbäume zum Ernten ein.

Hilltop Cottage COTTAGE $$

(558-8161, 336-2076; www.molokaihilltopcottage.com; Kamehameha V Hwy; ab 145 $;) Anstatt im Meer kann man hier in den Wolken baden: Die umlaufende Veranda ist fast so groß wie der gesamte Wohnraum und eröffnet tags Blicke auf diverse Nachbarinseln wie auch nachts auf Millionen Sterne, die hier, fernab der Städte, besonders hell funkeln. Für den mindestens zweitägigen Aufenthalt stehen ein hübsches Schlafzimmer, eine komplett eingerichtete Küche und eine Waschmaschine zur Verfügung.

LP TIPP **Mana'e Goods & Grindz** HAWAIISCH $
(Meilenstein 16, Kamehameha V Hwy;
Gerichte 5–10 $; ☺8–17 Uhr) Die Tellergerich-
te mittags sind legendär: zartes, knuspri-
ges Hühner-*katsu* (frittierte Bruststücke),
Schweinefleisch mit Erbsen, perfekte Teri-
yaki-Burger, hausgemachte Saucen, göttli-
cher Kartoffelsalat und der beste Nudelsalat der Insel. Draußen gibt's einen kleinen
Garten und Picknicktische unter schattigen Bäumen. Das Lädchen beherbergt ein
erstaunliches Lebensmittelsortiment plus
ein paar DVDs. Der Hwy 450 ist ganz sicher
nirgends so wenig befahren wie zwischen
Parkplatzein- und -ausfahrt!

Waialua

Waialua ist ein kleines Straßendorf ein
paar Kurven von der zunehmend felsi-
geren Küste entfernt, direkt hinter dem
Meilenstein 19. Die hübsche **Waialua Congregational Church** wurde 1855 aus Stein
errichtet. Nördlich davon windet sich die
bindfadenschmale Straße weiter die fast
gespenstisch einsame Küste entlang, an
der sich die türkisfarbenen Wellen mit weißen Schaumkronen brechen. Der gut erhaltene **Kahinapohaku Fishpond** (s. S. 496)
liegt eine halbe Meile (800 m) hinter Meilenstein 19.

Der **Twenty Mile Beach** läuft auch unter seinem Zweitnamen „Murphy's Beach".
Durch das schützende Riff entstand vor der
Sichel aus feinstem Sand eine wunderschöne Lagune, die zum Schnorcheln bestens
geeignet ist. In Ufernähe gibt's ein paar Felsen, zwischen denen das Wasser ziemlich
seicht ist, aber schon ein paar Meter weiter
warten Fischschwärme, Schwämme, Okto-
pusse & Co.

Die Ansammlung spitzer Felsen an der
Linkskurve vor dem Meilenstein 21 heißt
Rock Point (oder auch Pohakuloa Point)
und ist ein beliebter Surfspot, an dem oft
Wettbewerbe stattfinden. Hier gibt's die
besten Breaks von Ost-Moloka'i. 500 m hinter dem Meilenstein 21 liegt die Schwimm-
bucht **Sandy Beach**. In dem nahe gelegenen grünen Küsteneinschnitt versteckt sich
eine Taro-Farm.

🛏 Schlafen

Hier stehen einige der beliebtesten Ferienhäuser Moloka'is, alle mit einem von Klippen geschützten, privaten Stück Strand.
Abends funkeln die Lichter der Ferienan-

lagen, Läden und Straßen von Ka'anapali
(Maui) auf der anderen Seite des Pailolo
Channel herüber.

Aloha Beach House FERIENHAUS $$$
(☎828-1100, 888-828-1008; www.molokai
vacation.com; Kamehameha V Hwy; pro Tag/Wo-
che 290/2135 $; @) Ein überdachter Über-
gang verbindet die beiden Schlafzimmer
des modernen Hauses im Plantagenstil.
Die perfekt ausgestattete Küche geht in den
Wohnraum über, der in eine überdachte
Terrasse mündet. Dahinter schließt sich der
Rasen an, der zum Strand führt ... Neben
einem Highspeed-Internetanschluss gibt's
auch alles, was man am Strand so braucht.
Das Haus steht in der Nähe des Meilen-
steins 19 und der Kirche, nicht weit vom
Moloka'i Beach House.

Dunbar Beachfront Cottages COTTAGE $$
(☎558-8153, 800-673-0520; www.molokai-beach
front-cottages.com; Kamehameha V Hwy; Cottage mit 2 Schlafzimmern ab 180 $) Zuschnitt
und Einrichtung dieser beiden Cottages
nicht weit vom Meilenstein 18 sind funktio-
nell. Die maximal je vier Bewohner freuen
sich über Küche, TV, Deckenventilatoren,
Waschmaschine, Veranda und Grillplatz.
Das Pu'unana Cottage steht auf Pfählen,
während das Pauwalu Cottage sicher auf
der Erde ruht. Beide bieten schöne Ausblicke und müssen für mindestens drei Nächte gemietet werden.

Moloka'i Beach House FERIENHAUS $$
(☎261-2500, 888-575-9400; www.molokaibeach
house.com; Kamehameha V Hwy; pro Tag/Woche
250/1600 $; @) Wie die meisten Ferienhäu-
ser im Osten bietet die einfache Holzkon-
struktion innen ein paar Überraschungen:
Alle Räume gehen ineinander über, was ins-
gesamt drei Schlafzimmer und einen riesi-
gen Aufenthaltsraum ergibt – nicht feudal,
sondern eher leger. Kabel-TV, Highspeed-
Internetzugang, DVD-Player, Grillplatz und
weitere Extras sowie ein Hof mit Rasen, der
zum schmalen Palmenstrand führt, kom-
plettieren das Angebot.

Von Waialua nach Halawa

Nach dem Meilenstein 22 klettert die ge-
teerte, schmale Straße nach oben. Hier soll-
ten Autofahrer einen Gang runterschalten
und auf Gegenverkehr gefasst sein, der un-
verhofft um die Felsklippen prescht. Zum
Glück gibt's viele Ausweichstellen.

DER SCHLÜSSEL ZUM GLÜCK

Gibt es das heutzutage noch – eine wahrhaft „freundliche Insel"? Für Moloka'i trifft das tatsächlich zu. In abgelegenen Gegenden wird jedes Auto mit Winken begrüßt, der Händler empfiehlt Besuchern den frischesten Fisch für das Festmahl in der Ferienwohnung, und wer sich das „immer langsam" tatsächlich zu Herzen nimmt, wird merken, dass „freundlich" hier so viel wie „gaaanz langsam" bedeutet – alle nehmen sich gern Zeit, um sich auf den anderen einzulassen.

Das Gelände wird steiniger und trockener. Kurz vor dem Meilenstein 24 kommt ein ebenes Stück, von wo aus sich die felsige Insel **Mokuho'oniki**, ein Vogelschutzgebiet, als prächtiges Fotomotiv anbietet. Ein lautes „Wumm" deutet darauf hin, dass eine leichtsinnige Möwe dort eine der von Schießübungen im Zweiten Weltkrieg übrig gebliebenen Granaten detonieren ließ.

Das eingezäunte Grasland auf dem Bergkamm gehört zur **Pu'u O Hoku Ranch** (☎ 558-8109; www.puuohoku.com; Cottage mit 2 Schlafzimmern pro Tag/Woche 140/840 $, Ferienhaus mit 4 Schlafzimmern 160/960 $; ☒), mit 5660 ha die zweitgrößte Ranch der Insel. Der Name, den der Gründer Paul Fagan aus Hana ihr gab, bedeutet „Wo Berge und Sterne sich treffen". Die Hausgäste genießen in absoluter Einsamkeit einen Traumblick über den Pazifik. Es gibt auch eine größere Hütte mit 22 Schlafplätzen für 1250 $ pro Nacht. Für alle Unterkünfte gilt ein Mindestaufenthalt von drei Nächten.

Die Ranch kann auf ein **Biosiegel** verweisen für den Anbau von tropischen Früchten und 'awa (Kava). Wer eine Unterkunft in Ost-Moloka'i hat, kann bei der Ranch eine Obst- und Gemüsekiste (4,5 kg für 25 $) bestellen, die donnerstags auf dem Weg zur Stadt geliefert wird. Außerdem gibt's die Produkte der Ranch auf dem Samstagsmarkt in Kaunakakai. Ein kleiner **Laden** (☺ Mo–Fr 9–17 Uhr) am Straßenrand verkauft Snacks, Getränke, einige Farmprodukte und von Einheimischen hergestellte Geschenkartikel.

Das versteckte Wäldchen heiliger *kukui* (Lichtnussbäume) auf dem Farmgelände beherbergt das Grab von Lanikaula, ein im 16. Jh. verehrter *kahuna* (Priester, Seher und Heiler). Einer der Gründe, warum die auf Maui und O'ahu kämpfenden Heere Moloka'i Jahrhunderte lang verschonten, war der Ruf seiner *kahuna* wie Lanikaula, die angeblich ihren Feinden den Tod anhexen konnten. Viele Inselbewohner behaupten, in der Nähe des Wäldchens nachts die Laternen von wandelnden Geistern aufblitzen gesehen zu haben.

Nach dem Meilenstein 25 breitet sich der Dschungel aus, und der Duft von Eukalyptus liegt in der Luft. Rund 1 Meile weiter wartet hinter einer Kurve ein berauschender Ausblick auf das Halawa Valley, für den sich ein kurzer Halt auf jeden Fall lohnt. Je nach dem, wie lange der letzte Regen zurückliegt, rauschen die Moa'ula und Hipuapua Falls am Ende des Tals als dünne Rinnsale oder reißende, schaumweiße Wassermassen in die Tiefe. Im Winter tummeln sich in den vom aufgewirbelten Vulkansand durchsetzten Wellen oft Wale.

Mit beträchtlichem (aber ungefährlichem) Gefälle führt die vor kurzem asphaltierte Straße nun hinunter ins Tal – ein Hochgenuss für Radler, mal abgesehen von unberechenbaren Autofahrern, die von der Aussicht so gebannt sind, dass sie alles andere vergessen.

Halawa Valley

Das Halawa Valley ist nicht nur landschaftlich einzigartig, sondern hat auch diesen Touch von „Ende der Welt". Den wollen die Einheimischen um jeden Preis bewahren. Bevor Moloka'i Außenkontakte hatte, lebten hier über 1000 Menschen, die dank eines ausgeklügelten Bewässerungssystems mehr als 700 Tarofelder bewirtschafteten. Von den ehemals drei *heiau* (von denen zwei als *luakini* galten) ist kaum noch etwas zu sehen – aber viele spüren ihre Kraft bis heute.

Noch Mitte des 19. Jhs. hatte das fruchtbare Tal rund 500 Einwohner und war Taro-Hauptlieferant für die Insel. Auch Kürbisse, Melonen und anderes wurden hier angebaut. Erst nachdem 1946 ein riesiger Tsunami das Tal überschwemmte und die Farmen samt Bewohner dahinraffte, wurde die Taroproduktion eingestellt. Ein zweiter Tsunami besorgte 1957 den Rest. Heute leben hier nur noch ein paar Familien.

Sehenswertes & Aktivitäten

In der kleinen, grün-weißen **Kirche** von 1948 werden gelegentlich noch Messen auf Hawaiisch gehalten. Besucher sind herzlich willkommen (die Tür ist immer offen). Oft steht dort ein Eimer mit prächtigen Helikonien und anderen exotischen Blumen, aus dem sich jeder bedienen darf. Sie werden von **Kalani Pruet** (☎336-1149; www.molokai flowers.com) angebaut, der eine Blumenfarm betreibt, außerdem Wanderungen zu den Wasserfällen anbietet und aus Früchten, die er sammelt, hinreißende Smoothies zaubert.

LP TIPP **Moaʻula und Hipuapua Falls** WASSERFÄLLE

Das Becken, welches die über 70 m hohen Zwillingsfälle **Moaʻula und Hipuapua** am Ende dieses idyllischen Tals auffängt, eignet sich prima zum Schwimmen. Ein schnurgerader, 2 Meilen (3,2 km) langer Weg führt an vielen historischen Stätten vorbei direkt zu den Fällen. Zum Schutz dieses Kulturerbes und auch, weil der Weg Privatgrundstücke durchquert, müssen sich Besucher einem Führer anschließen. Die 80 $ pro Person sind gut investiert, da es auf der bis zu fünfstündigen Wanderung eine Unmenge interessanter Informationen gibt. Um Schlammpassagen und glitschige Flusssteine problemlos zu überwinden, ist gutes Schuhwerk angesagt.

Ein Führer kann entweder bei Molokaʻi Fish & Dive, im Kalele Bookstore in Kaunakakai oder bei Kalani Pruet gebucht werden. Achtung: Die Moskitos im Halawa Valley sind wahre Vampire!

Halawa Beach STRAND

Die Mächtigen von Molokaʻi kamen zum Wellenreiten am liebsten an den Halawa Beach, und die Kinder aus der Umgebung machen es ihnen nach. Trotzdem ist der Strand eher menschenleer. Er wird von einer Felsnase in zwei Hälften geteilt; die Nordseite liegt etwas geschützter als die Südseite. Bei ruhigem Wasser gehen viele hier schwimmen oder Kajakfahren. Bei hohem Wellengang kann es in beiden Buchten zu gefährlichen Brandungsrückströmen kommen.

Oberhalb des Strandes liegt der Halawa Beach Park mit Picknickpavillons, Toiletten und Wasserspender (kein Trinkwasser). Über dem gesamten Tal liegt eine irgendwie seltsame Stimmung – als ob frühere Generationen keinen exakten Plan gehabt

hätten, was sie hier eigentlich wollten. Manche Einwohner sind Besuchern gegenüber reserviert.

Kajakfahren an der Nordostküste
KAJAKFAHREN

Die von einem Riff geschützte Nordostküste ist ein gutes Kajakrevier. Bei ruhiger See bietet sich der Halawa Beach am äußersten Ende als Startpunkt an. Im Sommer können erfahrene Paddler oben herum zur Nordküste fahren und dort die höchsten Meeresklippen der Welt bestaunen.

Der Transport von Kajaks auf dem Dach von Mietwagen ist nicht erlaubt, so dass man sich vor Ort nach einem Boot umsehen muss. Allerdings haben viele Veranstalter Kajaks aus ihrem Programm gestrichen, nachdem Touristen wiederholt versuchten, hinüber nach Lanaʻi zu paddeln und dabei in Seenot gerieten.

Pali Coast

Die höchsten *pali* (Klippen) ragen vor dem 23 km langen, ziemlich bedrohlich wirkenden Küstenstreifen zwischen der Kalaupapa-Halbinsel und dem Halawa Beach aus dem Pazifik. Diese Steinkolosse sind im Schnitt 600 m hoch, manche sogar um die 1000 m. Es handelt sich dabei nicht um eine durchgehende Felswand, sondern um viele einzelne Zacken, die von tiefen Schluchten mit donnernden Wasserfällen voneinander getrennt sind. Kein Naturschauspiel auf Molokaʻi ist so beeindruckend – und so schwierig zu sehen.

An Land lässt sich an den Aussichtspunkten Waikolu Lookout und Pelekunu Valley Overlook in der Region Kamakou ungefähr erahnen, wie dramatisch die Küste aussieht.

Wer die Klippen jedoch in ihrer ganzen beeindruckenden Größe erleben will, gibt sich mit der Rückansicht nicht zufrieden und muss raus aufs Meer. Dafür bietet sich ein Charterboot an (S. 488) oder aber – für alle echten Abenteurer – eine Paddeltour im Kajak. Erfahrene Kajaker können im Sommer bei guten Bedingungen am Halawa Beach zu einer mehrtägigen Tour aufbrechen und unterwegs an einsamen, steinigen Stränden ihr Zelt aufschlagen. Gute Tipps dazu gibt Molokaʻi Fish & Dive.

Auch wer die Kalaupapa-Halbinsel besucht, bekommt einen ersten Eindruck von den Klippen. Und aus der Luft bieten sie natürlich ebenfalls ein beeindrucken-

RETTET DIE KLIPPEN, FANGT ZIEGEN

Importierte, verwilderte Ziegen, Schweine und Rehe haben die Hochflächen von Moloka'i erobert und kahl gefressen. Dadurch ging die Vegetation dramatisch zurück, und der Boden wird durch häufige Regenfälle ausgeschwemmt. Wahre Schlammlawinen wälzen sich im Osten Moloka'is zur Südküste hinunter und sammeln sich vor dem Pala'au-Barriereriff. In einigen der alten Fischteiche lagern sich Jahr für Jahr rund 30 cm Schlamm ab! Alles redet über indonesische Schmetterlinge, aber dass Ziegen Moloka'i verwüsten und deshalb vor der Küste Korallen sterben, interessiert keinen!

Die Einheimischen wurden ermuntert, Jagd auf diese Vandalen – vor allem die Schweine – zu machen. Das eine oder andere landet schon mal auf dem Grill, aber solche Privatinitiativen reichen nicht aus. Der Naturschutzbund Nature Conservancy bringt Jäger per Helikopter in die abgelegenen Berggebiete.

des Schauspiel. Viele Hubschrauberflüge (S. 388), die auf Maui starten, haben die Pali Coast im Programm; bei einigen können auch Passagiere auf Moloka'i zusteigen. Moloka'i Fish & Dive hat entsprechende Komplettangebote ab 150 $ pro Person.

CENTRAL MOLOKA'I

Eigentlich gibt es nicht ein Inselinneres, sondern zwei. Im Westen liegen die trockenen, leicht gewellten Ho'olehua Plains, die sich von den wenigen, abgelegenen Sanddünen am Mo'omomi Beach im Norden bis zur ehemaligen Plantagenstadt und heutigen Kaffeehochburg Kualapu'u ziehen. Im Osten steigt das Land jäh an bis zu den nebelverhangenen, uralten Wäldern von Kamakou. Eine Wanderung hier gehört zu den schönsten Erlebnissen, die die Insel bietet; sie versetzt einen zurück in Zeiten, als die Erde noch jung war.

Auf Platz eins bei den beliebtesten Ausflügen auf Moloka'i liegt die Fahrt ins Halawa Valley im Osten; Platz zwei geht eindeutig an die Tour auf dem Hwy 470 von Kualapu'u (mit süßem, kleinen Café) zum Pala'au State Park und dem Kalaupapa Overlook – kaum ein anderer Ort der Insel bietet ein derart überwältigendes Panorama.

Region Kamakou

Es gibt keinen besseren Grund, Geld in die Miete eines Allradfahrzeugs zu stecken, als die Ausblicke vom Waikolu Lookout – mit anschließender Fahrt durch das geheimnisvolle, grüne Kamakou Preserve, ein von Nature Conservancy betreutes Schutzgebiet. Nur wenige stoßen in diese Region

mit Moloka'is höchsten Gipfeln vor. Dabei bietet sie berauschende Einblicke in die tiefen Täler der unwirtlichen Nordküste und Abschnitte mit kaum berührtem Regenwald, in dem über 250 heimische (davon über 200 endemische) Pflanzenarten sowie seltene Vögel leben. Der Kamakou Peak, mit 1512 m die höchste Erhebung der Insel, lässt sich zwar nicht bezwingen – aber schon die Fahrt ist das höchste der Gefühle.

Orientierung

Die Straße in die Region Kamakou biegt hinter Kaunakakai gleich südlich der Manawainui Bridge zwischen Meilenstein 3 und 4 vom Hwy 460 ab. Dort steht auch ein Hinweisschild zum Homelani Cemetery. Kurz darauf endet der Asphalt, und die Piste schreit nach einem Wagen mit Allradantrieb.

Rund 5,5 Meilen (8,8 km) nach der Abzweigung vom Hwy 460 beginnt das Moloka'i Forest Reserve. Weitere 1,5 Meilen (2,4 km) später taucht linkerhand ein alter Wasserspeicher mit Tank auf. 2 Meilen (3,2 km) dahinter liegt der Sandalwood Pit, und 1 Meile (1,6 km) weiter der Waikolu Lookout sowie die Grenze zum Kamakou Preserve.

MOLOKA'I FOREST RESERVE

Nach dem Anstieg zum Moloka'i Forest Reserve sieht die Gegend zunächst struppig und staubig aus, geht aber bald in tiefgrüne, duftende Eukalyptuswälder über, die mit Zypressen und Norfolktannen durchsetzt sind. Abstecher von der Maunahui Rd bringen nichts, da sich das Landschaftsbild kaum verändert. Auch wenn's von der Straße aus nicht so aussieht, war die Kalamaula Area (wie diese Region früher genannt wurde) einstmals dicht besiedelt. Hier brach sich Kamehameha der Große (Kamehameha I.) vor Kummer über den Tod einer großen Anführerin, die er besucht hatte, seine beiden Schneidezähne aus. Angeblich haben Frauen hier früher ihre Nachgeburt verbuddelt, um dem Baby eine gute Zukunft zu sichern.

◉ Sehenswertes

Sandalwood Pit   HISTORISCHE STÄTTE

Eine grasbewachsene Senke links der Straße erinnert an den Jahrhunderte alten Sandalwood Pit (Lua Na Moku 'Iliahi). Anfang des 19. Jhs., kurz nach Beginn des lukrativen Handels mit Sandelholz, wurde hier per Hand eine Grube *(pit)* mit den exakten Maßen 30,4 x 12,2 x 2,1 m (entsprechend dem Frachtraum eines Schiffes) ausgehoben und mit duftenden Sandelholzstämmen aus dem nahegelegenen Wald gefüllt.

Die *ali'i* (Adligen) zwangen die *maka'ainana* (das gemeine Volk), ihre Felder zu vernachlässigen und Sandelholz zu schlagen. Als die Grube gefüllt war, wurde das Holz den Arbeitern auf den Rücken gebunden. Diese schleppten es zum Hafen, von wo aus es nach China verschifft wurde. Nachdem alle ausgewachsenen Bäume gefällt waren, rissen die *maka'ainana* auch die jungen Schösslinge aus, um ihren Kindern diese Sklavenarbeit zu ersparen.

Waikolu Lookout   AUSSICHTSPUNKT

Auf 1097 m Höhe bietet der Waikolu Lookout atemberaubende Ausblicke hinunter in das steile Waikolu Valley und das Meer dahinter. Nach Regenfällen zeichnen weiß schäumende Wasserfälle die Silhouetten der steilen Klippen nach und füllen das Tal mit ihrem dumpfen Donner. Morgens ist die Sicht am besten – und sollte es doch neblig sein, vertreibt ein Picknick auf der Bank die Wartezeit, bis es aufklart.

Der breite, grasbewachsene Waikolu Lookout Campground liegt direkt gegenüber dem Aussichtspunkt. Wer sich an dem Nebel und den kalten Winden, die oft aus der Schlucht heraufblasen, nicht stört, kann hier sein Basislager für Wanderungen durch das Naturschutzgebiet aufschlagen, braucht dafür aber eine Genehmigung (s. S. 485). Auf dem Gelände steht ein Picknickpavillon, Feuer machen ist verboten und für Trinkwasser ist jeder selbst zuständig.

KAMAKOU PRESERVE

Seit 1982 betreut die Organisation Nature Conservancy das Kamakou Preserve, das Nebelwälder, Sümpfe, Buschland und Biosphären mit vielen bedrohten Tier- und Pflanzenarten umfasst. Das 1100 ha große, natürliche Ökosystem beginnt direkt hinter dem Waikolu Lookout.

Große Teile des Schutzgebiets sind von *'ohi'a lehua* bedeckt, einer heimischen Baumart mit duftigen, roten Blüten, deren Nektar von Vögeln wie dem *' apapane* (Kleidervogelart mit leuchtend roten Federn), dem *'amakihi* (Honigfresserart mit gelb-grünen Federn) und der *pueo* (Hawaii-Sumpfohreule) geschätzt wird. Baumfarne, heimische Orchideenarten und silbrig schimmernde Pflanzen sind weitere Schätze in diesem einzigartigen Habitat.

◉ Sehenswertes & Aktivitäten

Pepe'opae Trail   WANDERN

Die Wanderung auf dem Pepe'opae Trail durch drei Millionen Jahre Evolutionsgeschichte gehört zu den Highlights der Region Kamakou. Verkümmerte Bäume, Flechten und auf Zwergengröße geschrumpfte Pflanzen machen aus dem unberührten hawaiischen Gebirgsmoor das Miniaturmodell eines urzeitlichen Waldes und versetzen einen in die Frühzeit unserer Erde. 4500 mm Niederschlag pro Jahr machen das Moor zu einem der feuchtesten Gebiete auf Hawaii. Der Wanderweg endet am Pelekunu Valley Overlook, wo sich ein fantastischer Ausblick bis tief hinein in das Tal und – wenn kein Nebel herrscht – bis auf das dahinter liegende Meer eröffnet. Fast die gesamte, 1 Meile (1,6 km) lange Strecke verläuft auf einem extrem schmalen Plankenweg, so dass die Wanderung fast zu einer Balanceübung auf dem Schwebebalken wird. Ein Metallrost soll gegen das Ausrutschen helfen, trotzdem sind Schuhe mit Profilsohle auf jeden Fall empfehlenswert.

Um vom Waikolu Lookout zum Pepe'opae Trail zu kommen, muss man rund 1 Meile (1,6 km) durch den Wald marschieren, was ungefähr eine Stunde dauert. Die 4 km lange Zufahrtsstraße für Allradfahrzeuge wurde durch einen Sturm 2010 unpassierbar, deshalb bleibt einem nichts anderes übrig, als den Wagen am Aussichtspunkt zu parken und zu Fuß zu gehen.

Alle Besucher sollten sich am Eingang zum Naturschutzgebiet an- und abmelden. Die Einträge anderer geben z. T. interessante Hinweise (Grund für Autopannen, Zustand der Wanderwege, Sichtung seltener Vogelarten uvm.). Aushänge kündigen an, ob bestimmte Teile des Gebiets gerade

AUNTIE JULIA HOE

Eine kupuna (Ältere) von Moloka'i; ihre Hula-Version ist allseits beliebt.

Weswegen kennt man Sie?

Ich singe jeden Sonntag im Coffees of Hawaii (gegenüber) mit einer einheimischen Band, die liebevoll Na Ohana Hoaloha (Familie von Freunden) genannt wird. Die Gäste können sehen, dass das für uns kein reiner Auftritt ist, sondern dass wir etwas mit anderen teilen wollen. Und damit haben sie den Schlüssel zur Kultur von Moloka'i.

Was empfehlen Sie Besuchern?

Besucher sollten sich gleich am Flughafen das Schild mit der Botschaft „immer langsam" zu Herzen nehmen. Denn es stimmt, dass sie an einem besonderen Ort sind. Du sollst jeden, den du triffst, mit einem Lächeln begrüßen. Es spielt keine Rolle, ob du die Person kennst oder nicht, Hauptsache du schenkst ihr etwas von dir.

Über das Teilen

Fast alle Einheimischen teilen ihr Aloha großzügig mit jedem, der mit dem ehrlichen Wunsch kommt, die hawaiische Kultur zu verstehen, zu lernen, im Einklang mit der Natur zu leben und alles mit Respekt zu behandeln. Dieses Entgegenkommen sollte mit Dankbarkeit und mit eigenem Aloha erwidert werden. Wir lieben unsere Insel, unseren Lebensstil, unsere hawaiischen Traditionen und unsere Kultur und werden alles tun, um sie zu schützen.

---

gesperrt sind. Da die Wege oft nass und schlammig sind, ist Regenkleidung im Gepäck immer gut.

☞ Geführte Touren

Die geführten Samstagswanderungen von **Nature Conservancy** (☎553-5236; www. nature.org/hawaii; Moloka'i Industrial Park, 23 Pueo Pl, Kualapu'u; Wanderung 25 $) mit vielen geschichtlichen und ökologischen Infos lohnen sich auf jeden Fall. Da die Teilnehmerzahl auf acht beschränkt ist, sind sie oft schon Monate vorher ausgebucht.

Walter Naki (☎558-8184) stammt aus der Gegend und stellt auf Wunsch Wandertouren durch das Naturschutzgebiet und den Rest der Insel zusammen.

ℹ An- & Weiterreise

Die Natur von Kamakou wird schon allein dadurch geschützt, dass sie aufgrund der katastrophalen Pisten nur äußerst schwer erreichbar ist. Ohne Allradfahrzeug läuft sowieso nichts, und selbst mit 4WD sind die schmalen, ausgefahrenen Wege ohne Randbefestigung eine Herausforderung – vor allem, wenn Regen sie in Schlammbäder verwandelt. Über den Zustand der Pisten informiert **Nature Conservancy** (☎553-5236; www.nature.org/hawaii). Für die 10 Meilen (16 km) vom Hwy 460 zum Waikolu Lookout braucht man rund 45 Minuten.

Kualapu'u

Kualapu'u ist der Name eines 310 m hohen Hügels wie auch des Städtchens in seiner Nähe. In Werbekampagnen prahlt Kualapu'u damit, das weltweit größte, mit Gummi ausgekleidete Wasserreservoir zu besitzen: 6 Mrd. Liter werden aus den Regenwäldern Ost-Moloka'is in das Becken am Fuß des Hügels gepumpt. Die gesamten Ho'olehua Plains sowie das trockene West End beziehen ihr Wasser ausschließlich von hier. Allerdings ist nicht sicher, ob das Reservoir auch nach dem Bankrott der Moloka'i Ranch 2008 (S. 513 weiter in Betrieb bleibt.

In den 1930er-Jahren hatte das Unternehmen Del Monte hier den Verwaltungssitz für seine Ananasplantagen eingerichtet, und es entstand eine Arbeitersiedlung. Nach rund 50 Jahren zog sich Del Monte 1982 von Moloka'i zurück, was für Kualapu'u das wirtschaftliche Aus bedeutete.

Während die Landmaschinen auf den riesigen, von Unkraut überwucherten Ananasfeldern verrosteten, begannen Kleinbauern mit dem Anbau von Wassermelonen, Trockenland-Taro, Macadamianüssen, Süßkartoffeln, Saatmais, grünen Bohnen und Zwiebeln. Der Boden ist hier so fruchtbar, dass viele schon von Moloka'i als der Vorratskammer Hawaiis träumen. Seit 1991 werden ehemalige Ananasfelder mit Kaffeesetzlingen bepflanzt, mittlerweile wachsen Arabica & Co. schon auf rund 250 ha.

✕ Essen & Trinken

LP TIPP **Kualapu'u Cookhouse** HAWAIISCH $$
(Hwy 490; Gerichte 5–20 $; ⊙7–20 Uhr)
Die alt eingesessene Raststätte, früherer Name Kamuela Cookhouse, hat die besten Köche der Insel. Nach einer Renovierung wirkt der traditionelle Charme wieder taufrisch, doch die Speisekarte hat sich Gott sei Dank nicht verändert. Wer mittags einmal das zarteste aller Rinder-Teriyaki probiert hat, wird unweigerlich süchtig. Zum substantiellen Frühstück gehört ein perfektes Omelett, zu allen Mittagsgerichten gibt's mit Panko (japanische Brösel) panierte Monte Cristo Sandwiches und abends schmecken Kreationen wie *ahi* (Thunfisch) in Limetten-Koriander-Sauce oder saftige Hochrippe. Spätabends kommen gelegentlich Einheimische vorbei und machen Musik. Bier und Wein verkauft der Lebensmittelladen gegenüber.

Coffees of Hawaii CAFE, RÖSTEREI $
(www.coffeesofhawaii.com; Ecke Hwys 470 & 490; ⊙Mo–Fr 7–17, Sa 8–20, So bis 17 Uhr) Coffees of Hawaii kultiviert und röstet eigenen Kaffee. Besucher können auf dem intensiv nach Kaffee duftenden Farmgelände an Führungen teilnehmen, z. B. am **Morgenspaziergang** (Erw./Kind 20/10 $; ⊙Mo–Fr 11 Uhr). Es gibt aber auch anspruchsvollere geführte Wanderungen. Sonntagnachmittags wird die Veranda zur Bühne für traditionelle hawaiische Musik (s. Kasten S. 504).

Neben dem riesigen Souvenirladen serviert die **Espresso Bar** (Snacks 2–6 $) diverse Getränke auf Kaffeebasis sowie Doughnuts, süßes Gebäck, Sandwiches und Suppen. Die Kuchen sind sehr lecker.

Kala'e

Der deutsche Einwanderer Rudolph Wilhelm Meyer wollte eigentlich nach Kalifornien, um beim Goldrausch groß abzusahnen. Er nahm den langen Weg um den Globus, machte einen Zwischenstopp auf Hawaii und blieb hängen. Meyer heiratete eine hawaiische Adlige, die auf Moloka'i riesige Ländereien besaß. Dort pflanzte er Kartoffeln an und züchtete Vieh für den Export. Gleichzeitig übernahm er den Job des Aufsehers in der Leprastation Kalaupapa und war Ranchverwalter des Königs Kamehameha V. Ab 1876 durfte Hawaii Zucker zollfrei in die USA liefern und Meyer beschloss, auf Zuckerrohr umzusatteln. Er baute auch eine Raffinerie, aber da der Zuckerpreis ins Bodenlose fiel, stellte er den Betrieb mangels Rentabilität nach zehn Jahren ein.

◉ Sehenswertes & Aktivitäten

Moloka'i Museum & Cultural Center
HISTORISCHE STÄTTE
(☎567-6436; Erw./erm. 3,50/2 $; ⊙Mo–Sa 10–14 Uhr) Meyers Raffinerie wurde schon mehrmals renoviert und beherbergt nun ein Museum und Kulturzentrum mit einer kleinen, feinen Ausstellung über Moloka'is Geschichte. Fotos von anno dazumal, Kulturobjekte und ein 10-minütiges Video werden ergänzt von einer 100 Jahre alten Dampfmaschine, einer Zuckerrohrpresse, die von Mulis angetrieben wurde, und anderen Relikten aus der ehemaligen Raffinerie. Der Firmengründer und seine Nachfahren ruhen auf dem kleinen Familienfriedhof hinter dem Gebäude.

Ironwood Hills Golf Course
GOLF
(☎567-6000; Green Fee für 9/18 Löcher 20/26 $; ⊙8–17 Uhr) Der „Pro Shop" im heruntergekommenen Wohnwagen verrät alles Wissenswerte über die total lockere 9-Loch-Anlage, die in den 1920er-Jahren für die Plantagenverwaltung gebaut wurde. Ein Elektrocaddie kostet 8 $, ein Golfschläger 5 $ Leihgebühr.

Pala'au State Park

Aufwühlende Blicke auf die Kalaupapa-Halbinsel, im Wind raschelnde Eukalyptus- und Kasuarinenhaine und heilige Felsen gehören zu den Schätzen dieses State Parks am Ende des Hwy 470. Ein Stück weiter beginnt der Kalaupapa-Wanderweg. Der Park ist ideal für ein Picknick, ein paar hübsche Fotos und – wer weiß? – für Paare mit Kinderwunsch.

◉ Sehenswertes & Aktivitäten

Kalaupapa Overlook
AUSSICHTSPUNKT
Am Rand einer 488 m hohen Klippe bietet der Kalaupapa Overlook einen Panoramablick auf die Kalaupapa-Halbinsel. Für Fotos ist das Licht zwischen spätem Vormittag und Nachmittag am günstigsten.

Der Blick offenbart auch, auf was man sich einlässt, wenn man die knapp 520 Höhenmeter auf dem Wanderweg zu Fuß absteigen möchte. Hinweisschilder erklären die landschaftlichen Besonderheiten, die vom Aussichtspunkt aus zu sehen sind und geben Auskunft über die Geschichte Kalaupapas. Das Dorf, in dem heute sämtliche Bewohner der Halbinsel wohnen, ist gut zu sehen; die ursprüngliche Siedlung Kalawao mit Father Damiens Kirche und Grab ist verdeckt.

Kalaupapa bedeutet „flaches Blatt" und ist eine treffende Beschreibung der Halbinsel aus Lava. Sie entstand lange nach der Hauptinsel Moloka'i, als ein niedriger Schildvulkan seinen Buckel über die Wellen schob. In dem vom Aussichtspunkt aus zu sehenden schlafenden Kauako-Krater liegt ein kleiner, 240 m tiefer See; der Krater selbst ist mit 120 m die höchste Erhebung auf der Kalaupapa-Halbinsel. Der Leuchtturm am Nordende sandte einst den kräftigsten Lichtstrahl des Pazifiks aus; jetzt hat er nur noch ein elektrisches Signalfeuer.

Direkt unterhalb der letzten Tafel am Aussichtspunkt lässt sich unter dem Teppich aus weichen Kasuarinennadeln noch ein Weg erkennen. Er führt durch die diagonalen Baumreihen, welche in den 1930er-Jahren im Rahmen eines Aufforstungsprojekts des Civil Conservation Corps (CCC) angepflanzt wurden. Nach rund 20 Fußminuten verläuft sich der Weg im Ungewissen.

Kauleonanahoa
KULTURDENKMAL

Kauleonanahoa („Nanahoas Penis") ist Hawaiis berühmtester Felsen in Phallusform. Er thront stolz auf der Lichtung eines Kasuarinenhains, rund fünf Gehminuten vom Parkplatz entfernt. Es heißt, Nanahoa habe seine Frau in einem Eifersuchtsanfall geschlagen, und als beide in Stein verwandelt wurden, fand er sich als Phallus repräsentiert.

Frauen, die hier Blumenketten niederlegen und über Nacht bleiben, sollen angeblich umgehend schwanger werden. In der Nähe liegen Steine, die das weibliche Gegenstück darstellen; was mit Männern passiert, die zu diesen Steinen pilgern, ist nicht bekannt.

Bevor die Bäume angepflanzt wurden und der Phallus ein paar Schönheitskorrekturen bekam, ragte er als beeindruckende Felsnase aus dem Bergkamm auf.

Schlafen

Auf dem friedlichen Grasflecken rund 400 m vor dem Aussichtspunkt ist Campen erlaubt. Dort stehen auch ein Picknickpavillon und eine mobile Toilette (etwas luxuriösere Toiletten gibt's in der Nähe des Parkplatzes). Außerhalb der trockenen Sommerperiode müssen Camper in diesem regenreichen Gebiet mit abendlichen Güssen rechnen. Wo's Genehmigungen gibt, steht auf S. 485.

Ho'olehua

Ho'olehua heißt die trockene Hochebene, die East von West Moloka'i trennt. In den 1790er-Jahren diente sie den Kriegern von Kamehameha dem Großen als einjähriges Trainingslager vor dem Angriff auf O'ahu.

Als der Hawaiian Homes Commission Act 1924 der Urbevölkerung Hawaiis erlaubte, Land zu besitzen, wurde Ho'olehua als landwirtschaftliches Gebiet ausgewiesen. Da Wasser in dieser Gegend Mangelware ist, verlegten sich die ersten Siedler auf den Anbau von Ananas, die kaum bewässert werden müssen. Aber der Konkurrenz von Dole, Del Monte und Libby waren sie auf die Dauer nicht gewachsen. So sahen sich die meisten gezwungen, ihr Land an die großen Plantagenbesitzer zu verpachten.

Auch deren Ära ist mittlerweile vorbei. Heute bauen Einheimische hier Obst, Gemüse und Kräuter im kleinen Stil an. Der Hawaiian Homes Commission Act ermöglicht es den Ureinwohnern weiterhin, in Ho'olehua günstig Land zu erwerben.

Sehenswertes

Purdy's Macadamia Nut Farm
LP TIPP

MACADAMIAPLANTAGE

(www.molokai-aloha.com/macnuts; Eintritt frei; Mo–Fr 9.30–15.30, Sa 10–14 Uhr) Auf dieser kernigen Tour gibt's manche Nuss zu knacken. Tuddie Purdy führt höchstpersönlich in seiner 80 Jahre alten Pflanzung herum und erklärt, wie er die Nussbäume ohne Pestizide, Herbizide und Kunstdünger hochgepäppelt hat.

Auf Moloka'i-Manier legen Besucher die Macadamianüsse dann auf Steine und klopfen sie mit dem Hammer auf. Außerdem dürfen sie Macadamiablütenhonig auf frischer Kokosnuss probieren. Wer Interesse zeigt, bringt Tuddie Purdy richtig auf

Touren. Die göttlichen Nüsse wie auch den Honig gibt's im Hofladen.

Die Zufahrt zur Farm erfolgt über den Hwy 470 und dann rechts ab auf dem Hwy 490. Nach rund 1 Meile (1,6 km) geht's kurz vor der Schule rechts ab auf die Lihi Pali Ave. Rund 500 m weiter liegt rechts die Farm.

Post-a-Nut ORIGINELLER GRUSS
Jeder kann die Daheimgebliebenen mit einer Ansichtskarte oder – effekthaschender – per E-Mail mit einem Foto von sich als braungebranntem Beachboy/Beachgirl neidisch machen. Viel origineller ist es aber, ihnen eine Kokosnuss zu schicken. Gary, der geniale Chef im **Postamt von Hoʻolehua** (Puʻu Peelua Ave), hat Körbe davon rumstehen, dazu eine Auswahl an Filzstiften. Man darf sich gratis bedienen, kritzelt die Adresse und ein, zwei nette Zeichnungen auf die Nuss und ein paar Tage später landet das Ding beim Empfänger (die Portokosten variieren je nach Destination und Größe der Nuss).

Moʻomomi Beach

Jeder denkt bei Hawaii sofort an Strände – und ist dann überrascht zu hören, dass es auf den Inseln kaum Sanddünen gibt. Eine der wenigen Küstengegenden mit Dünen ist der abgelegene Moʻomomi Beach. Seine Vegetation (größtenteils Gräser und Büsche) weist mindestens vier bedrohte Pflanzenarten auf, die es sonst nirgendwo auf der Welt gibt, darunter auch einen Verwandten der Sonnenblume. Die Grüne Meeresschildkröte, die sich auf bewohnten Inseln rar gemacht hat, findet hier noch ideale Voraussetzungen zur Fortpflanzung.

Moʻomomi wird von hawaiischen *aliʻi* (Adligen) und der Organisation Nature Conservancy betreut. Sie ist keine prächtige Schönheit, sondern ein einsames, windumtostes Stück Wildnis, typisch für Molokaʻi und auf jeden Fall den Besuch wert. Die Zufahrt erfolgt auf der Farrington Ave westwärts über die Kreuzung mit dem Hwy 480 hinaus bis zum Ende der geteerten Straße. Wer kein Allradfahrzeug hat und an einem Regentag unterwegs ist, steigt jetzt am besten aus, da er sonst sehr wahrscheinlich im roten Schlamm stecken bleibt.

Bei besserem Wetter geht es 2,5 Meilen (4 km) auf der Piste weiter, die zum Teil sehr ausgefahren ist. Manchmal muss man über den Pistenrand hinausfahren, um die Rinne zwischen die Räder zu nehmen. Das schafft ein normaler Pkw zwar auch, aber der höhere Radstand eines Allradwagens ist auf jeden Fall von Vorteil. Wer stecken bleibt, hat Kosten und Mühen.

Ein Picknickpavillon kündigt die Ankunft in der Moʻomomi Bay an. An dem kleinen Sandstrand brachten die Älteren dem Nachwuchs früher das Fischen auf traditionelle Art bei. Die felsige Ostspitze, die die Bucht schützt, ist ein guter Angelplatz. In den Klippen dahinter werden oft religiöse Zeremonien abgehalten. Es gibt Toiletten in der Bucht, aber kein Trinkwasser.

20 Gehminuten weiter westlich liegt die **Kawaʻaloa Bay** mit einem breiten, weißen Sandstrand, der oft für den Moʻomomi Beach gehalten wird. Der nachmittags aufkommende Wind hat ihm ein interessantes Rippenmuster verliehen – und das ist auch das einzige Interessante, denn Schwimmen ist hier zu gefährlich.

Die recht hohen Hügel landeinwärts sind in Wirklichkeit Sanddünen. Sie gehören zu der 1,5 km langen Dünenkette, die sich hier an der Küste entlang zieht. Auch die Klippen bestehen aus komprimiertem Sand, der in der Trockenheit von Moʻomomi steinhart wurde. Wind und Wasser haben daraus bizarre, abstrakte Plastiken geformt.

Die Dünen sind ein sehr empfindliches Ökosystem. Besucher sollten am Strand und auf den Wegen bleiben.

☞ Geführte Touren

Nature Conservancy WANDERN
(☏ 553-5236; www.nature.org/hawaii; Molokaʻi Industrial Park, 23 Pueo Pl, Kualapuʻu; empfohlene Spende 25 $) Nature Conservancy bietet in Moʻomomi jeden Monat eine ausgezeichnete geführte Wanderung an, inklusive Hin- und Rückfahrt. Sie muss vorab gebucht werden – und zwar rechtzeitig, die Plätze sind immer in null Komma nichts belegt.

KALAUPAPA NATIONAL HISTORICAL PARK

Die **Kalaupapa-Halbinsel** ist berückend schön. Sie liegt aber im hintersten Winkel der sowieso schon abgelegenen Insel. Die sattgrüne, von weißen Sandstränden umrahmte Halbinsel ist nur über einen gewundenen Pfad, der sich durch die steilen und weltweit höchsten Meeresklippen windet, oder aber per Flugzeug zu erreichen. Diese isolierte Lage ist auch der Grund, warum vor über hundert Jahren Leprakranke dorthin verbannt wurden. Bis 1969, als die Kolonie aufgelöst wurde, fristeten rund 8000 Patienten dort ihr Dasein. Nur ein knappes Dutzend lebt heute noch hier, wehrt sich aber hartnäckig wegzuziehen (obwohl die Behörden das gerne hätten). Für sie ist die Halbinsel zur Heimat geworden. Sie wurde mittlerweile als historischer Nationalpark ausgewiesen und untersteht dem Gesundheitsministerium von Hawaii sowie dem National Park Service (www.nps.gov/kala).

Gemäß einem Gesetz, das noch aus der Zeit der Leprastation stammt, dürfen Besucher das Gebiet nur mit einer Genehmigung (erhältlich bei Damien Tours oder Molokai Mule Ride) und in Begleitung eines Führers betreten. Heute sind dafür nicht mehr gesundheitliche Gründe maßgebend, sondern der Schutz der Privatsphäre der letzten Bewohner. Da es den Patienten nicht erlaubt war, ihre Kinder bei sich zu behalten, verboten sie allgemein Besuchern unter 16 Jahren den Zutritt. Auch diese Regel wird bis heute strengstens eingehalten. Nur persönliche Gäste der Bewohner von Kalaupapa dürfen dort auch über Nacht bleiben.

Die geführte Tour ist Moloka'is bekannteste Touristenattraktion und sicher interessant. Das eigentliche Highlight aber ist der Weg dorthin: Ob auf dem Rücken eines Muli oder zu Fuß – der steile Pfad durch üppige tropische Vegetation und mit berauschenden Ausblicken auf das Meer ist einfach unvergesslich.

Geschichte

Die Ureinwohner nutzten Kalaupapa als Zuflucht, wenn sie draußen auf dem Meer in einen Sturm gerieten. Als die ersten Ausländer hierher kamen, fanden sie eine große Siedlung vor, und an vielen Orten wird heute nach ihren Resten gebuddelt. Bedeutende Funde von 2004 lassen vermuten, dass der Kalaupapa-*heiau* bei den Inselritualen eine wichtige Rolle spielte und möglicherweise auch astronomischen Zwecken diente.

1835 diagnostizierten Ärzte den ersten Leprafall auf Hawaii – eine der Krankheiten, die von Ausländern eingeschleppt wurden. Symptome waren nässende, übel riechende Wunden. Die betroffenen Stellen wurden taub, die Haut zersetzte sich, so dass vor allem Hände und Füße deformiert wurden oder ganz abstarben. Oft wurden die Patienten blind. Entsetzt über die rasche Ausbreitung der Krankheit erließ König Kamehameha V. ein Gesetz, das alle Leprakranken ab 1865 auf die Kalaupapa-Halbinsel verbannte.

Lepra heißt auf Hawaii *mai ho'oka'awale*, die „trennende Krankheit", weil sie Familien brutal auseinanderriss. Wurden Patienten per Boot zur Halbinsel gebracht, hatte der Kapitän nicht selten solche Angst vor der Krankheit wie auch vor dem rauen Meer vor der Küste, dass er seine „Fracht" einfach über Bord kippte, anstatt den Hafen anzulaufen. Wer schwimmen konnte, starb irgendwann an Lepra.

Wer die Kalaupapa-Halbinsel einmal erreichte, verließ sie nie mehr – nicht einmal im Sarg. Anfänglich lag die Leprakolonie in Kalawao, auf der feuchteren Ostseite. Dort herrschten unsägliche Zustände; die Stärkeren stahlen den Schwächeren ihre Essensration und zwangen Frauen zur Prostitution. Keiner überlebte das lange.

Father Damien (s. Kasten S. 509) kam 1873 nach Kalaupapa. Vor ihm waren schon andere Missionare da gewesen – aber er war der erste, der blieb. Sein größtes Verdienst war, dass es ihm gelang, den Elenden neue Hoffnung und Lebensmut zu geben. Brother Joseph Dutton folgte ihm 1886 und verbrachte 44 Jahre hier. Er kümmerte sich nicht nur um die Kranken, sondern war auch ein produktiver Schreiber, von dem die Welt erfuhr, was auf Moloka'i abging. Mother Marianne Cope kam ein Jahr vor Father Damiens Tod auf die Halbinsel, blieb 30 Jahre, half beim Aufbau eines Mädchenheims und ermunterte die Kranken, trotz allem ihr Leben in die Hand zu nehmen und das Beste daraus zu machen. Für viele ist sie die Mutter der Hospizbewegung.

In Father Damiens Ankunftsjahr entdeckte der norwegische Wissenschaftler Dr. Gerhard Hansen den Erreger der Krankheit, *Mycobacterium leprae*. Damit war bewiesen, dass Lepra nicht – wie ursprünglich angenommen – erblich ist. Doch schon damals spielte Lepra unter den Infektionskrankheiten eher eine Nebenrolle: Nur 4 % der Menschen reagieren auf die Bakterien, die Lepra auslösen.

1909 wurde die amerikanische Station zur Erforschung von Lepra in Kalawao eröffnet. Doch das abgehobene Krankenhaus verlangte von den Patienten, sich zu einem zweijährigen Aufenthalt zu verpflichten, isoliert zu leben und auf sämtliche aus Ha-

Am 11. Oktober 2009 bekam die Insel Moloka'i (und damit Amerika) ihren ersten Heiligen. Die Geschichte des belgischen Priesters Joseph de Veuster (besser bekannt als Father Damien), der sein Leben den Leprakranken opferte, ist in vielen Büchern und Filmen ausgeschlachtet worden. Nur wenige kamen über die üblichen Klischees hinaus. Aber wer die Tatsachen kennt, der findet die Heiligsprechung das Mindeste, was dieser Mensch verdient hat.

1873 reiste der für seinen eisernen Willen bekannte 33-Jährige zur Leprakolonie auf der Kalaupapa-Halbinsel, die ihm als „lebendes Grab" geschildert worden war. Was er dort vorfand, waren Menschen, die in ihr einsames Exil abgeschoben worden waren, weil ihre Regierung denn doch nicht brutal genug war, sie einfach zu töten. Schon bald hatte Father Damien diese armen Teufel so weit, dass sie über 300 Häuser bauten, Bäume pflanzten und weitere Aktivitäten entwickelten. Um seinen Mitmenschen die dringend notwendige medizinische Hilfe geben zu können, eignete er sich als Autodidakt entsprechende Kenntnisse an. 1888 konstruierte er eine Wasserleitung zur Versorgung der sonnigen Westseite der Halbinsel und verlegte die Kolonie von Kalawao an ihren heutigen Standort.

Zwölf Jahre nach seiner Ankunft 1885 steckte sich Father Damien mit Lepra an und starb vier Jahre später im Alter von 49 Jahren. Er war das einzige Lepraopfer, das die Krankheit erst auf Kalaupapa bekam. Zwei Patienten, die Jahrzehnte nach Father Damiens Tod an Lepra erkrankten und dem Tod geweiht waren, führen ihre Genesung auf ihre Gebete und ihren Glauben an Father Damien zurück. Der Vatikan erkannte diese Gegebenheit als Wunder an.

Ganz Moloka'i stand Kopf, als Father Damien heilig gesprochen wurde. Doch der Besucherstrom blieb aus. Am 10. Mai, Father Damiens Gedenktag, feiert die ganze Insel, vor allem in den Kirchen, die er in Ost-Moloka'i erbaute (S. 496).

waii stammende Nahrungsmittel zu verzichten. Kein Wunder fand sich selbst in der Leprakolonie kaum eine Handvoll kooperationswilliger Patienten. Die Einrichtung wurde schon nach wenigen Jahren geschlossen.

Seit den 1940er-Jahren wird Lepra erfolgreich mit Sulfonamiden behandelt. Doch die Isolationsbestimmungen für Kalaupapa wurden erst 1969 aufgehoben. Damals lebten dort noch 300 Patienten. Der letzte von ihnen kam 1965 und alle, die bis heute dort wohnen, sind z. T. weit über 70.

Auf Hawaii wird Lepra offiziell die „Hansen-Krankheit" genannt. Viele Patienten auf Kalaupapa lehnen dies ab, weil dadurch die Stigmatisierung, die sie erleiden mussten, vertuscht wird. Sie nennen ihre Krankheit nach wie vor Lepra, wollen aber nicht als Leprakranker, sondern als Kalaupapa-Bewohner bezeichnet werden.

⊙ Sehenswertes & Aktivitäten

Am Fuß der fast senkrechten Klippen liegt ein einsamer **Strand**. Von unten sehen die steilen Felsen noch beeindruckender aus. Wer sich für die Muli-Tour (Molokai Mule Ride S. 510) entschieden hat, wird hier abgeladen und von einem Kleinbus zur Rundfahrt abgeholt. Nur wer sich an den Namen seines Maultiers erinnert, kann sicher sein, dass ihn der Führer für den Rückweg nach oben wieder auf das gleiche Tier setzt. Wer den Weg hinunter zu Fuß gemacht hat, wartet hier auf die obligatorische Führung.

Leprakolonie HISTORISCHE STÄTTE
Es ist ruhig in der Kolonie, da die Bewohner während der Führungen am liebsten im Haus bleiben. Das kann man ihnen nach all den Schikanen auch keiner verdenken. Die Führer erklären jedoch, dass Besucher trotzdem willkommen sind, da sie verhindern, dass das Schicksal der Leprapatienten in Vergessenheit gerät. Im Dorf wird heftig renoviert, und die Häuser, die schon fertig sind, sehen mit ihren Veranden, Schiebetüren und Blechdächern richtig proper aus. Ansonsten werden vor allem Friedhöfe, Kirchen und Denkmäler besichtigt. Imbiss und Getränke verkauft Gloria Marks in **Fuesaina's Bar**. Sie ist die Witwe von Richard Marks, der viele Jahre so etwas wie ein Botschafter von Kalaupapa war. Das **Besucherzentrum** im Park beherbergt ein

WASSER BUNKERN

Den Kalaupapa-Weg hinunter zu wandern, ist schon eine heiße Sache. Aber noch heißer wird's dann bergauf. Anstatt Unmengen an Wasser mitzuschleppen, sind kluge Köpfe auf die Idee gekommen, auf dem Hinweg bergab an einigen der nummerierten Serpentinen hinter den Felsen Wasserflaschen zu deponieren. Wer die Nummern der Serpentinen nicht vergisst, hat dann auf dem Rückweg leichtes Gepäck und trotzdem keinen Durst – aber die Flaschen auch wirklich wieder mitnehmen!

kleines Museum, das von früheren Bewohnern gefertigte und benutzte Objekte ausstellt, und einen Buchladen mit Filmen und Literatur über die Kolonie.

Kalawao
HISTORISCHE STÄTTE

Auf dem Weg zur Ostseite der Halbinsel liegt in Kalawao die 1872 erbaute **Kirche St. Philomena** (besser bekannt als Father-Damien-Kirche). Im Boden sind noch die Löcher zu sehen, die Father Damien für die Kranken ausspraen ließ, die oft ausspucken mussten. Auf dem Friedhof seitlich liegt Father Damiens ursprüngliches Grab mit Grabstein; sein Leichnam wurde jedoch 1936 exhumiert und nach Belgien gebracht. 1995 wurde hier dann seine rechte Hand erneut bestattet. Das große schwarze Kreuz an der beliebten Gedächtnisstätte ist mit Muscheln und *lei* geschmückt.

Nach einer kurzen Fahrt durch üppiges, von bunten Wandelröschen durchsetztes Grün gelangt man nach Kalawao. Unterwegs sind kurz nach den Brunnen auf derselben Straßenseite die Überreste einer alten **Tempelanlage** zu sehen.

Die Fahrt nach Kalawao lohnt sich schon allein wegen der Ausblicke auf die Pali Coast. In diesem unzugänglichen Abschnitt der Nordküste liegen zwei wuchtige Täler und die **Kahiwa Falls** (die höchsten Wasserfälle von ganz Hawaii). Filmproduzenten aus aller Welt kommen hierher, wenn sie eine besonders unwirkliche Landschaftskulisse brauchen; auch die Aufnahmen des „Skull Island" in der (nicht so gelungenen) Neuverfilmung von *King Kong und die weiße Frau* von 1976 wurden hier gedreht.

Kalaupapa-Weg
WANDERN

Der Einstieg zum Kalaupapa-Weg liegt auf der Ostseite des Hwy 470 gleich nördlich der Maultierställe, erkennbar am Pala'au-Parkschild sowie den dort geparkten Pkw der Angestellten. Auf der 3 Meilen (4,8 km) langen Wanderung sind 26 Serpentinen, 1400 Stufen und ein Höhenunterschied von insgesamt 507 m zu bewältigen. Wer schon morgens um 8 Uhr losläuft, bevor die Mulis unterwegs sind, muss zumindest auf dem Hinweg keinen frischen „Muliäpfeln" ausweichen. Der Abstieg dauert rund eineinhalb Stunden und kann nach starken Regenfällen ziemlich abenteuerlich werden. Zum Glück verhindern die Felsen allzu große Schlammschlachten. Ein Wanderstock leistet gute Dienste.

Geführte Touren

Damien Tours
GEFÜHRTE TOUR

(☏567-6171; Tour 50 $; ⏰Mo–Sa) Jeder, der auf die Kalaupapa-Halbinsel kommt, muss diese Bustour mitmachen, um die Siedlung zu besichtigen. Sie wird vorab gebucht (telefonisch zwischen 16 und 20 Uhr) und dauert 3 ½ Stunden. Erzählt werden viele interessante Geschichten über das Leben hier in vergangenen Zeiten. Wer nicht auch noch die Muli-Tour bucht, sollte sich etwas zum Essen und Trinken mitbringen.

Molokai Mule Ride
MULI-TOUR

(☏567-6088, 800-567-7550; www.muleride. com; Tour 200 $; ⏰Mo–Sa) Außer per pedes ist das die einzige Möglichkeit, die Klippen hinunter zu kommen – und es ist kein echtes Vergnügen. Selbst geübte Reiter haben so etwas wahrscheinlich noch nie mitgemacht und hinterher einen wunden Hintern. An manchen Stellen ist der Weg nur 30 cm breit oder fast senkrecht. Einfach unglaublich, wie geschickt die trittsicheren Mulis das bewältigen! An der zweiten Serpentine verkündet der Führer fröhlich, dass hier viele freiwillig absteigen und zum Stall zurück wandern, weil sie ihr Leben nicht einem Muli anvertrauen wollen. Besser ist es, das Ganze von vorne herein als Abenteuer zu betrachten und zu genießen! Wer die gigantischen Ausblicke unterwegs fotografieren will, muss schnell sein, denn die Mulis legen keine Fotostopps ein. Der Abstieg dauert rund 45 Minuten, der Rückweg eine Stunde. Bergauf ist es mit dem Muli zwar auch kein Kinderspiel, aber immer noch weniger mühsam als zu Fuß. Im Preis der Tour inbegriffen sind eine Reitstunde bei einem echten *paniolo* (hawaiischer Cowboy) und das Mittagessen. Es empfiehlt sich, früh zu buchen. Die Fahrt vom Flughafen bis zum Startpunkt und zurück kostet pro Kopf 18 $ (ab zwei Personen).

ℹ️ Anreise & unterwegs vor Ort

FLUGZEUG Der Flug in den kleinen Propellermaschinen versöhnt mit tollen Blicken auf die Klippen und donnernden Wasserfälle aus der Vogelperspektive. Es empfiehlt sich, erst die Tour bei Damien Tours zu buchen und dann den Flug. Das vermeidet unnötige Wartezeiten am Flughafen, da die Flugpläne nicht auf die Touren abgestimmt sind. Der Morgenflug von Ho'olehua kommt beispielsweise schon vor 7.30 Uhr an, aber der Tourbus taucht erst um 10 Uhr auf. Wer von einer anderen Insel kommt, fliegt vielleicht besser am Abend vorher nach Moloka'i. Es ist günstiger, einen Hin- und Rückflug ab Ho'olehua zu nehmen, da dort die Verbindungen nach Honolulu und Maui besser sind.

Pacific Wings (☎ 888-575-4546; www.pacific wings.com) und ihre Filiale PW Express bieten verschiedene Tarife und Kombinationen mit Touren an. Die Tourenveranstalter können auch Charterflüge organisieren.

LANDWEG Der Maultiersteig durch die Klippen (pali) ist der einzige Landweg zur Halbinsel und kann sowohl zu Fuß als auch auf dem Rücken von Maultieren zurückgelegt werden. Manche kombinieren auch Wanderung und Flug. Die Reiseagenturen der Insel (S. 492) sowie der Veranstalter Molokai Mule Ride können diesen Ausflug auch als Komplettpaket anbieten.

WEST END

Moloka'is West End wirkt wie ausgestorben. Wenn die Regenfälle dort ein-, zweimal ausblieben, wäre hier eine Wüste. Trotzdem spielt es in der hawaiischen Kultur und Geschichte eine erstaunlich wichtige Rolle. In Pu'u Nana wurde die erste Hula-Schule Hawaiis gegründet und in der Maunaloa Range bündelten sich einst magische Kräfte. In den vergangenen Jahrzehnten hatte die Moloka'i Ranch hier alles weitgehend unter Kontrolle, und ihr Schicksal (das in letzter Zeit unter einem ungünstigen Stern stand) beeinflusste das gesamte Inselleben. In Hale O Lono Harbor sammeln sich die Auslegerkanus für zwei wichtige Langstreckenregatten (S. 488). An der Westküste breitet sich Moloka'is längster Strand, der Papohaku Beach, aus.

Westlich des Insel-Flughafens klettert der Hwy 460 durch eine trockene, mit spärlichem Gras bedeckte Einöde aufwärts. Hinter dem Meilenstein 10 beginnt linkerhand das Bergland Maunaloa („langer Berg") mit dem 421 m hohen Pu'u Nana als höchstem Punkt.

Angesichts der Schwierigkeiten der Moloka'i Ranch (s. Kasten S. 513) herrscht im Westen momentan eine etwas gedrückte Stimmung. Außer einem tollen Laden für Flugdrachen und mehr ist das im Wind herumwirbelnde Gestrüpp in Maunaloa das einzige, das etwas Drive besitzt. Auch die Ferienanlagen von Kaulakoi stecken finanziell böse in der Klemme. Doch diese irdischen Probleme vergessen zumindest ausländische Besucher schnell an den himmlischen Stränden.

Geschichte

In den 1850er-Jahren riss sich Kamehameha V. das gesamte fruchtbare Land der Insel unter den Nagel und gründete die Moloka'i Ranch. Durch Überweidung wurden viele heimische Pflanzenarten mit der Zeit verdrängt, die Fischteiche verfielen. Nach dem Tod des Monarchen wurde die Ranch Teil von Bishop Estate, einem gigantischen Landgut, das 1884 durch die testamentarischen Verfügungen von Bernice Pauahi Bishop, der Urenkelin von Kamehameha dem Großen, entstanden war. Bishop Estate verkaufte die Ranch dann ziemlich schnell an Geschäftsleute aus Honolulu.

Ein Jahr später, 1898, beschloss die American Sugar Company (die zur Moloka'i Ranch gehörte), im Zentrum der Insel eine große Zuckerrohrplantage anzulegen. Sie baute eine Eisenbahn und Hafenanlagen für den Transport sowie ein leistungsstarkes Pumpsystem für die Bewässerung der Felder. Aber das Brunnenwasser versalzte, so dass die Kulturen 1901 eingingen. Danach versuchte sich die Ranch mit der Honigproduktion; sie legte sich dabei so ins Zeug, dass Moloka'i zum weltweit größten Honigexporteur aufstieg. Leider brach in den 1930er-Jahren eine Bienenkrankheit aus, die dem Industriezweig den Garaus machte – Fehlschlag Nummer zwei für die Moloka'i Ranch.

Noch immer wurde nach der idealen Pflanze gefahndet, die der Insel eine goldene Zukunft garantieren sollte. Baumwolle, Reis und verschiedene Getreidesorten kämpften mit der roten Erde Moloka'is, bis sich schließlich die Ananas durchsetzte. Sie kam mit den trockenen, windigen Verhältnissen am besten zurecht. Die ersten Ananasplantagen entstanden in den 1920er-Jahren in Ho'olehua. Durch die zugezogenen Wanderarbeiter stieg die Einwohnerzahl der Insel innerhalb von zehn Jahren auf das Dreifache.

Wachsende Konkurrenz läutete in den 1970er-Jahren den Niedergang der Ananasära ein. Dole schloss seine Betriebe auf Moloka'i 1976, nur wenig später auch der zweite Konservengigant, Del Monte. Damit brachen harte Zeiten für die Insel an. Nirgends in Hawaii war die Arbeitslosigkeit so hoch wie hier. Nun ging auch noch die Rinderzucht, ein weiteres wirtschaftliches Standbein, den Bach hinunter. Mit Schuld daran war 1985 der Beschluss des Staates, nach einem Fall von Rindertuberkulose sämtliche Tiere zu keulen. Für die meisten der 240 kleineren Zuchtbetriebe bedeutete das das Aus. Bis heute gehören der Moloka'i Ranch rund 26 000 ha (etwa 40 % der Inselfläche) und dazu über die Hälfte der Ländereien in Privatbesitz. Was damit passieren soll, ist die große Frage zu Beginn dieses neuen Jahrhunderts.

Maunaloa
200 EW.

In den 1990er-Jahren wälzten Bulldozer der Moloka'i Ranch die meisten Gebäude des malerischen Pflanzerstädtchens Maunaloa platt. Mittlerweile wurden wieder einige Häuser im alten Stil erbaut. Das trieb die Mieten in die Höhe und zwang einige der alt eingesessenen Geschäfte in den Bankrott, worüber sich die Inselbewohner ziemlich aufregten.

Doch die neuen Unternehmen haben es auch nicht geschafft; das Hotel, der Luxuscampingplatz, das Kino und sogar die Filiale von Kentucky Fried Chicken mussten zumachen.

Viel zu sehen gibt's hier nicht, höchstens für Leute, die an Stadtplanung interessiert sind. Der **Maunaloa General Store** (Mo–Sa 8–18, So bis 12 Uhr) hat als einziger Laden überlebt und versorgt die Einwohner mit dem Nötigsten. Die Auswahl an (teurem) Frischzeug und Alkohol ist bescheiden, der Beitrag des Ladens zum Gemeindeleben dafür umso höher. Aber es gibt trotzdem einen Grund, diesen Ort zu besuchen, der einem buchstäblich Höhenflüge beschert …

LP TIPP **Big Wind Kite Factory & Plantation Gallery** FLUGDRACHEN
(552-2364; www.bigwindkites.com; 120 Maunaloa Hwy; Mo–Sa 8.30–17, So 10–14 Uhr) Big Wind stellt individuelle Flugdrachen für Kunden aller Altersstufen her. Wer unter den Hunderten von Modellen auf Lager nichts findet, kann einen maßgeschneiderten Drachen in Auftrag geben und zusehen, wie er Form annimmt. Und lässt sich in einem Kurs zeigen, wie man Drachen „richtig" steigen lässt. Auch sonst ist Big Wind toll zum Stöbern; das Sortiment umfasst Literatur, Kunst und Klamotten aus Hawaii sowie Kunsthandwerk aus dem gesamten Pazifikraum bis nach Bali.

Kaluakoi Resort Area

Man kann sich lebhaft vorstellen, wie es hier aussah, als das Geschäft boomte: Eine relaxte Ferienanlage, davor ein perfekter, halbmondförmiger Sandstrand und schicke Zweitvillen entlang der Fairways eines smaragdgrünen Golfplatzes von Weltniveau.

Das war einmal (in den 1980ern); die Anlage ist schon seit Jahren geschlossen und befindet sich einem fortgeschrittenen Zustand des Verfalls. Der Golfplatz wurde 2008 zugemacht, als die Moloka'i Ranch aufgab, und die Fairways sehen mittlerweile sehr trostlos aus. Die Apartmentkomplexe bemühen sich zumindest, den Schein zu wahren, und die Eigentümer preisen ihre Ferienwohnungen in den Anzeigen als „besonders ruhig" an. Die benachbarten Baugrundstücke verkauften sich nur zögerlich, aber es blitzt hinter den Mauern am Strand doch die eine oder andere Luxusvilla hervor.

An der restlichen Westküste herrscht komplett tote Hose – wer die wunderschönen Strände genießen will, kauft sich einfach in Kaunakakai was Leckeres fürs Picknick und fährt dann auf der relativ guten Straße, die am Meilenstein 15 vom Hwy 460 abzweigt, hinunter ans Meer.

Strände

Kawakiu Beach STRAND
Kaluakois nördlichster Strand ist auch der beste. Kawakiu Beach heißt der breite Bogen aus weißem Sand, der das türkisblaue Wasser säumt. Er liegt etwas geschützt, so dass die Winde, die weiter südlich oft lästig sind, hier kaum ins Gewicht fallen. Im Sommer ist das Meer meist ruhig, und Schwim-

IM WESTEN NICHTS NEUES

Schon bevor die Moloka'i Ranch in den 1970er-Jahren mit der Landwirtschaft im West End begann, stand sie bei den Bewohnern nicht sehr hoch im Kurs. Da sie den Zutritt zu ihren Ländereien stark einschränkte, konnten viele Kultur- und Kultstätten nicht mehr besucht, viele traditionelle Aktivitäten im Freien nicht mehr ausgeübt werden. Und das Kaluakoi Hotel, das in der Kepuhi Bay gebaut wurde, riss auch keinen vom Hocker.

1975 hatten die Leute dann endgültig die Nase voll. Sie organisierten einen Protestmarsch vom Mo'omomi Beach zum Kawakiu Beach, mit dem sie den Zugang zu den privaten Stränden des West End forderten. Sie hatten Erfolg: Die Moloka'i Ranch machte Kawakiu öffentlich. Außerdem gelang es den Einheimischen, Pläne zu vereiteln, nach denen hier eine Art Satellitenstadt O'ahus mit Fähr- und Flugverbindung zur Nachbarinsel entstehen sollte.

In den 1990er-Jahren betrieb die Moloka'i Ranch einen kleinen Safaripark, wo Touristen ein paar exotische Tiere ablichten und Trophäenjäger für 1500 $ eine afrikanische Elen- oder Hirschziegenantilope abschießen konnten. Gerüchten zufolge machten einheimische Aktivisten, denen die Vereinnahmung Mauis durch solche touristischen Einrichtungen ein warnendes Beispiel war, den Betreibern das Leben so schwer, dass der Safaripark wieder geschlossen wurde.

Die momentanen Besitzer der Moloka'i Ranch – die Firma Moloka'i Properties mit Sitz in Singapur – starteten 2001 ein Wiederbelebungsprogramm. Es sah vor, das Kaluakoi Hotel neu zu eröffnen (der Golfplatz wurde tatsächlich wieder in Betrieb genommen) und die Rechte an insgesamt 10 500 ha Land mit Kulturdenkmälern und Freizeitmöglichkeiten an den neu gegründeten Moloka'i Land Trust zu überschreiben (wodurch sie praktisch öffentliches Gebiet würden). Auch auf die industrielle Nutzung weiterer knapp 10 000 ha Land wollte die Firma verzichten.

Doch dafür erwarteten Moloka'i Properties natürlich eine kleine Gegenleistung: Das Recht, 4000 m^2 große Grundstücke auf dem begehrten La'au Point im Südwesten mit Luxusimmobilien zu bebauen und an Multimillionäre zu verhökern. Das ging den meisten Einheimischen total gegen den Strich; sie wehrten sich und schufen damit die gleiche Situation, wie sie sie schon in den 1970ern gehabt hatten. So heute zeugen Schilder mit der Aufschrift 'Save La'au Point' (Rettet La'au Point) von ihren Protesten.

Moloka'i Properties kamen nicht weiter. Obwohl Moloka'i die Hawaii-Insel mit der höchsten Arbeitslosenquote ist, ließen sich ihre Bewohner von den Hunderten in Aussicht gestellter neuer Jobs im Nobeltourismus nicht ködern.

2008 streckten Moloka'i Properties die Waffen, stellten ihre Aktivitäten auf der Insel ein, entließen Dutzende von Arbeitern, schlossen Hotel und Golfplatz und machten Maunaloa und die Ferienanlagen von Kaluakoi damit erst recht zu Geisterstädten. Nur das Eingreifen des Maui County verhinderte in letzter Minute den totalen Stillstand.

Nachdem die Wirtschaft weltweit in der Krise steckt, ist nicht zu erwarten, dass Moloka'i Properties in nächster Zeit mit neuen Bauprojekten auftaucht. Und die Pläne, im West End Windräder zur Energiegewinnung aufzustellen, fielen leider dem Polithickhack zum Opfer.

mer brauchen keine Angst zu haben. Selbst bei höherer Dünung gibt es zumindest noch Stellen zum Planschen. Zwischen den Felsen auf der Südseite der Bucht liegt ein kleiner, seichter See mit Sandboden, auf der Nordseite schwappt das Meerwasser über glatte, flache Felsen in einen natürlichen Pool direkt an der Küste. Spindeldürre Kiawe-Bäume spenden etwas Schatten, und wenn nicht gerade Wochenende ist, haben Besucher oft den ganzen Strand für sich.

Die Zufahrt erfolgt über die Kaluakoi Rd und die Straße, die zu den Apartments von Paniolo Hale führt. Dort, wo sie links zu den Apartments abbiegt, geht es geradeaus weiter in Richtung Golfplatz. Das Auto kann am Ende der Teerstraße am Rand geparkt werden. Zu Fuß lässt sich die Felsspitze am Südende der Bucht erreichen, die herrliche Blicke auf die Küste, den Papohaku Beach im Süden und den 'Ilio Point im Norden bietet. Der Strand liegt direkt darunter.

Make Horse Beach STRAND

Der Name des Make Horse Beach stammt wahrscheinlich aus den Tagen, als Wildpferde über die hohe, dunkle Klippe am Nordende gehetzt wurden, denn *make* bedeutet „tot". Die winzige, hübsche Bucht ist bei Einheimischen sehr beliebt und abgeschirmter als Kepuhi weiter im Süden. Sie eignet sich perfekt zum Sonnenbaden und um Sonnenuntergänge zu bewundern, aber aufgrund der starken Strömungen weniger zum Schwimmen. Bei sehr ruhigem Meer stürzen sich Mutige von der riesigen Felsbank am Südende des Strands in die Fluten.

Wer hier relaxen will, biegt von der Kaluakoi Rd auf die Straße ab, die zu den Ferienwohnungen von Paniolo Hale führt und stellt das Auto direkt unterhalb der Anlage ab. Fußfaule können auch auf der ungeteerten Piste weiterfahren, die hier rechts abgeht und nach 400 m an einem Parkplatz endet. Von dort sind es nur noch ein paar Schritte über den ehemaligen Golfplatz zum Strand. An seinen entlegeneren Abschnitten wird gern textilfrei gesonnt und gebadet.

Kepuhi Beach STRAND

Es ist unschwer zu erkennen, warum das Kaluakoi Hotel ausgerechnet hierhin gebaut wurde: Der Strand ist ein von Felsen aufgelockerter, sandweißer Traum – der für Schwimmer jedoch schnell zum Alptraum werden kann. Die Brandung donnert brutal gegen die Klippen, und selbst an ruhigen Tagen entwickeln sich tückische Strömungen. Im Winter brechen sich die Wellen in Küstennähe, schwappen als sandgeschwängerte Wasserbombe über den Strand und schmirgeln alles ab, was ihnen unterkommt.

Die fünfminütige Klettertour hinauf auf die 35 m hohe Felsnase **Pu'u o Kaiaka** lohnt sich wegen des hübschen Ausblicks auf den Papohaku Beach. Oben liegen noch die Reste eines Flaschenzugs herum, mit dem Vieh auf die Boote heruntergelassen wurde, um die Schlachthäuser von O'ahu zu beliefern. Bis 1967 stand auf der Spitze auch ein 12 m hoher *heiau*, den die Bulldozer der US Army niederwalzten (und damit den Abergläubischen einen weiteren Grund lieferten, warum das Schicksal ihnen so übel mitspielt). In den heruntergekommenen Hotelparkbuchten ist jede Menge Platz.

🛏 Schlafen & Essen

Die Wohnungen der Apartmentkomplexe können entweder direkt beim Besitzer oder über diverse Agenturen (s. S. 492) gemietet werden. Sie sind sehr unterschiedlich eingerichtet und ausgestattet, ein Internetanschluss ist nicht unbedingt vorhanden. Eine Grundversorgung bietet der Maunaloa General Store (S. 512) oben am Hügel, weitere Einkaufsmöglichkeiten gibt's im 20 Meilen (32 km) entfernten Kaunakakai. Das nächstgelegene Restaurant heißt Kualapu'u Cookhouse (S. 505), liegt 15 Meilen (24 km) weiter östlich in Kualapu'u und ist echt klasse.

Auch wenn die beiden hier erwähnten Apartmentanlagen gut gepflegt werden – die Umgebung wirkt sehr vernachlässigt, fast gespenstisch. Das Kaluakoi Resort vermietet in einem Flügel zwar auch Apartments, aber die Kochmöglichkeiten sind dort sehr beschränkt; es gibt auch kein Lokal in der Nähe.

Paniolo Hale CONDO $$

(www.paniolohale.org; Studios ab 100 $, mit 1/2 Schlafzimmern ab 150/180 $; 🏊) Der ehemalige, ziemlich ausgedörrte Golfplatz trennt diese attraktive Unterkunft vom Rest der inzwischen aufgegebenen Anlage. Dank der hohen Bäume wirkt der Komplex im Plantagenstil wie eine abgeschirmte Idylle. Jede Wohneinheit hat eine lange, überdachte Veranda mit Blick ins Grüne. Nach einer Wohnung erkundigen, die erst kürzlich renoviert wurde. Zum Make Horse Beach sind es nur ein paar Gehminuten.

Ke Nani Kai CONDO $$

(www.knkrentals.com; Kaluakoi Rd; mit 1/2 Schlafzimmern ab 140/150 $; 🏊) Vom Rest der Anlage sticht dieser adrette Komplex positiv ab. Die über 100 Wohneinheiten sind geräumig und bestens in Schuss (aber je nach Geschmack des Besitzers sehr individuell eingerichtet). Da der Strand nicht direkt in Reichweite liegt, sind die Wohnungen mit Meerblick etwas teurer – dafür gibt's vor Ort einen riesigen Pool. Und zum Kepuhi und Papohaku Beach ist es nur ein kurzer Spaziergang, oft in Begleitung von wilden Truthühnern.

Strände im West End

Windig, einsam und oft unberührt sind die Strände im West End – also eher eine raue, melancholische Idylle. Zusammen mit den Stränden rund um das Kaluakoi Resort können sie einen Strandtag komplett ausfüllen.

Die vom Dunst verschleierte Küstensilhouette O'ahus ist nur 26 Meilen (42 km) entfernt. Links liegt der Diamond Head, rechts der Makapu'u Point. Es heißt, während des Sonnenuntergangs sei hier das berühmte „grüne Leuchten" zu sehen – ein grünes Farbfeld, das durch die Brechung der Strahlen in der Atmosphäre entsteht. Ebenfalls grün leuchten die oft hier vorbei ziehenden Grünen Meeresschildkröten.

Im Sommer sind die leicht erreichbaren Strände des West End perfekt, um in nicht allzu tiefem, klarem Wasser zu Schnorcheln.

Die Zufahrt erfolgt über die Straße zur Kaluakoi Resort Area, die am Meilenstein 15 abzweigt. Sie führt am ehemaligen Golfplatz vorbei zur Pohakuloa Rd, auf der es dann in südlicher Richtung weiter geht.

Papohaku Beach STRAND

Schnurgerade zieht sich der hell schimmernde Papohaku Beach über 2,5 Meilen (4 km) dahin, und wer durch seinen weichen Sand watet, begegnet oft keiner Menschenseele.

Doch Vorsicht: Die verführerische Brandung steckt voller unberechenbarer Strudel und Strömungen. Schatten ist hier Mangelware, ein mitgebrachter Sonnenschirm wird von oft starken Windböen leicht in Richtung O'ahu befördert. Dieselben Windböen wirbeln auch den feinen Sand auf, der einen dann wie mit Nadelstichen traktiert.

Natürlich ist es hier schön einsam, aber man sollte doch zumindest wissen, was einen erwartet.

Von der Kaluakoi und der Pohakuloa Rd zweigen sieben Pisten ab, die zum Strand (mit Parkmöglichkeit) führen. Die erste endet am **Papohaku Beach Park**, einem Grünstreifen mit Picknickplätzen unter knorrigen Kasuarinen und Kiawe-Bäumen. Die Duschen und Toiletten dort sind schon ziemlich verlottert. Wer will, kann auch **campen**, sollte aber aufmerksam die Schilder lesen, die erklären, welche Parkabschnitte wann von der Sprinkleranlage berieselt werden. Hinweise zur Camping-Genehmigung stehen auf S. 485.

Nur äußerst selten stehen dort mehrere Zelte, so dass einer romantischen Nacht unter funkelnden Sternen und mit dem Rauschen der Brandung im Ohr nichts entgegen steht. Nur manchmal treiben sich aufdringliche, laute Cliquen herum, die aber selten auch hier schlafen wollen. Es soll Wächter geben, die die Genehmigungen kontrollieren; alles in allem kein Ort für Ängstliche.

Dixie Maru Beach STRAND

Südlich von Papohaku liegen kleine, sandige Buchten, die von spitzen Felsen umschlossen werden. Die Teerstraße endet im Süden an einem Parkplatz, über den eine kleine, runde Einbuchtung zu erreichen ist, welche die Ureinwohner „Kapukahehu" nannten. Mittlerweile heißt sie Dixie Maru, nach einem Schiff, das vor Jahren in dieser Gegend sank. Dixi Maru ist die abgeschirmteste Bucht der Westküste und sehr beliebt zum **Schwimmen** und **Schnorcheln**. Wenn nicht gerade Sturm herrscht, ist das Wasser dort sehr ruhig.

Wer querfeldein **wandert**, kann sich die 3 Meilen (4,8 km) bis zum La'au Point durchschlagen und anschauen, um was es bei den Protesten (s. Kasten S. 513) eigentlich ging. Unterwegs liegen viele total unberührte Strände sowie der nie vollendete Luxuscampingplatz. Die ganze Gegend ist so einsam, dass selbst die extrem scheuen Hawaii-Mönchsrobben hier oft an Land gehen.

NI'IHAU

Ni'ihau wird auch „die verbotene Insel" genannt. Da sie in Privatbesitz ist und total isoliert im äußersten Westen des Archipels liegt, umgibt sie bis heute der Hauch des Geheimnisvollen. Nur die Besitzer, die hawaiischen Ureinwohner, Regierungsangestellte, ein paar Mitglieder der US Navy und geladene Gäste dürfen Ni'ihau betreten. Deshalb ist die traditionelle hawaiische Kultur hier noch unverfälscht erhalten.

Geschichte

Käpt'n James Cook warf zwei Wochen, nachdem er Hawaii „entdeckt" hatte, am 29. Januar 1778, vor Ni'ihau die Anker. In seinem Logbuch beschrieb er die Insel als spärlich bevölkert und öde – und das trifft bis heute zu. Sein Besuch war kurz, hatte aber nachhaltige Folgen. Cook hatte zwei Dinge nach Ni'ihau gebracht, die Hawaii für immer verändern sollten: zwei Ziegen, die weite Landstriche abweideten und damit viele einheimische Tier- und Pflanzenarten verdrängten. Und die Syphilis, der ersten einer ganzen Serie von westlichen Krankheiten, mit denen sich die Inselbevölkerung bei den Matrosen ansteckte.

Die schottische Witwe Elizabeth Sinclair, von Neuseeland nach Vancouver unterwegs, legte auf Hawaii einen Zwischenstopp ein und kaufte König Kamehameha V. die Insel Ni'ihau 1864 für 10 000 Golddollar ab. Er hätte ihr lieber das „Sumpfgebiet" Waikiki angedreht, aber sie wollte unbedingt die einsame Insel. Mrs. Sinclair holte aus Neuseeland die ersten Schafe nach Ni'ihau und legte damit den Grundstein für die Viehzucht, die der Insel lange Zeit das Überleben sicherte, inzwischen aber aufgegeben wurde.

Heute gehört Ni'ihau Mrs. Sinclairs Ururenkeln Keith und Bruce Robinson, die auch große Zuckerrohrfelder auf Kaua'i besitzen und dort wohnen. Die Brüder sind echte Outdoorfreaks und sprechen fließend Hawaiisch. Keith, der sich lange Jahre mit Viehzucht und Fischerei beschäftigte, trägt meist staubige Jeans und fegt in einem verbeulten Pick-up durch die Gegend, um irgendwelche schweißtreibenden Arbeiten zu erledigen oder bedrohte Pflanzen zu retten. Bruce ist mit einer Ureinwohnerin von Ni'ihau verheiratet und mischt im Topmanagement des Familienunternehmens mit. Er organisiert auch Jagdausflüge (S. 517) und kümmert sich um den Schutz der Mönchsrobben auf Ni'ihau.

Einwohner & Lebensart

Die meisten Bewohner Ni'ihaus sind Hawaiianer. Seit Anfang der 1980er-Jahre ist die Einwohnerzahl von 600 auf 230 und im folgenden Jahrzehnt auf 160 gesunken. Heute leben nur noch 130 Menschen auf der Insel – der einzigen, auf der nach wie vor Hawaiisch die wichtigste Sprache ist. Ob Geschäftsabschlüsse oder Sonntagsgottesdienst, alles läuft auf Hawaiisch, auch der Unterricht im Schulhaus mit den zwei Klassenzimmern, drei Lehrern und 40 Schülern vom Kindergartenalter bis zur 12. Klasse. Ab der fünften Klasse gibt's Englisch als zweite Sprache ; fast alle Kinder wachsen zweisprachig auf.

Die Inselbewohner gelten als bescheiden, großzügig und sanft. Die meisten wohnen in Pu'uwai (was „Herz" bedeutet), einer Siedlung an der trockenen Westküste. Ihr Lebensstil ist sehr erdverbunden, Hektik ist ihnen ein Fremdwort. Die Insel hat weder geteerte Straßen, noch Flugplatz, Telefon oder öffentliche Wasserversorgung. Wenn es regnet, läuft das Wasser in Sammelbehälter; wer muss, geht raus aufs Plumpsklo. Da es auch keine Stromversorgung gibt, haben die meisten Haushalte einen Generator und somit auch einen Fernseher. Alkohol und Feuerwaffen sind tabu auf der Insel. Zu den Moralvorstellungen ihrer Bewohner gehört auch die Monogamie. Die perfekte Idylle also.

Trotz der isolierten Lage sind Ni'ihaus Einwohner nicht von der Welt abgeschnitten. Sie können nach Kaua'i oder nach Las Vegas zu fahren, dort zu shoppen, ein paar Bierchen zu trinken oder einfach Urlaub zu machen. Nur umgekehrt funktioniert das nicht – sie können nicht einfach Leute mit nach Hause bringen. Wer jemanden „von außerhalb" heiratet oder wer negativ auffällt, hat meist keine Chance, auf der Insel bleiben zu dürfen.

Die Brüder sehen sich als Schutzherren der Insel, ihrer Einwohner und ihrer Abgeschiedenheit – und die meisten Insulaner scheinen damit zufrieden zu sein. Kritik kommt eher von außen; manche hawaiischen Ureinwohner auf anderen Inseln halten die Familie Robinson für Kolonialherren und fordern für die Einwohner der Insel eigenes Land und Selbstbestimmung.

Geografie, Natur & Umwelt

Ni'ihau ist die kleinste der bewohnten Hawaii-Insel. Sie ist 29 km lang und misst an ihrer breitesten Stelle 9,6 km; 72 km sind Küstenlinie, die Fläche beträgt 180 km². Die

Insel liegt gut 17 Meilen (27 km) südwestlich von Kaua'i. Im warmen, windigen, semiariden Klima können die Temperaturen von 5 bis auf 45 °C im Schatten klettern. Im Durchschnitt fallen hier nur 305 mm Regen im Jahr, da die Insel im Regenschatten von Kaua'i liegt. Der höchste Gipfel, Paniau, erreicht gerade mal 381 m und ist damit nicht groß genug, um die vom Wind getriebenen Regenwolken aufzuhalten. Ni'ihau 350 ha großer Halali'i Lake ist der größte Binnensee Hawaiis, selbst im regnerischen Winter ist er aber nur wenige Meter tief. Im Sommer verdunstet das Wasser, und oftmals bleibt nur noch ein Schlammloch übrig.

Knapp 50 Exemplare der vom Aussterben bedrohten Mönchsrobbe leben auf Ni'ihau, außerdem fast die Hälfte aller auf Hawaii heimischen bedrohten *alae ke'oke'o* (Hawaii-bläßhühner). Dafür vermehren sich die importierten Spezies umso zahlreicher: Geschätzte 6000 verwilderte Schweine durchstreifen die Insel, dazu Schafe, Ziegen und Truthühner. Outdoor-Sportarten und kommerzieller Fischfang haben den Bestand in den Gewässern der Insel schrumpfen lassen. Besonders die ' *opihi* (eine essbare Meeresschnecke) in den Küstenregionen der Insel wurden stark abgesammelt.

Wirtschaft & Politik

Lange war die Ni'ihau Ranch das ökonomische Rückgrat der Insel. Doch die Trockenheit auf der windigen Inseln machte den Schaf- und Rinderherden zu schaffen. 1999 wurde die Ni'ihau Ranch geschlossen. Die meisten Bewohner lebten von Sozialhilfe.

Vorher hatten die Robinsons Gelder aus ihrer (mittlerweile aufgegebenen) Zuckerfabrik auf Kaua'i abgezweigt, um Ni'ihaus Einwohnern Unterkünfte, Nahrungsmittel, medizinische Versorgung und bessere Bildungsmöglichkeiten bieten zu können.

Nun haben sich die Robinsons auf zwei Arbeits- und Geldquellen konzentriert: Militär und Tourismus. Seit 1999 mieten Militäreinheiten regelmäßig unbewohnte Abschnitte im Süden der Insel, um dort Manöver und Trainingslager durchzuführen. Es handelt sich dabei um kleinere Einsätze, meist nur mit einem Dutzend Soldaten, die hauptsächlich Rettungsmanöver üben. Die Robinsons haben sich auch für die Teilnahme Ni'ihaus bei Raketenversuchen der Navy eingesetzt, weil sie diese als weniger belastend für Land, Bevölkerung und Kultur einschätzen als den Massentourismus oder die Überweidung durch Schafe.

Trotzdem bleibt der Tourismus die einzige realistische Möglichkeit, um das minimale Einkommen aufzustocken. So bieten die Brüder jetzt Jagdausflüge und Hubschraubersafaris an. Beides wirft nicht sehr viel ab, was wohl an den gepfefferten Preisen und den naturverbundenen Robinsons liegt, die sich dem Tourismus nicht völlig wollen. Ihre Touren werden kaum beworben und nur durch Mund-Propaganda bekannt.

Politisch gesehen fällt Ni'ihau unter die Zuständigkeit des Kaua'i County.

Unterwegs auf Ni'ihau

Auch wenn Fremde nicht auf eigene Faust nach Ni'ihau reisen dürfen, können sie die Insel im Rahmen eines von den Robinsons organisierten Jagdausflugs oder Hubschrauberflugs besuchen. Agenturen auf Kaua'i, die Tauchtrips anbieten, haben auch Touren in den Gewässern rund um Ni'ihau im Programm (der typische Ausflug mit drei Tauchgängen kostet rund 265 $; mehr dazu steht auf S. 553).

Ni'ihau Helicopters (☎877-441-3500; www.niihau.us; pro Person 325 $) Der Pilot überfliegt fast die gesamte Insel (außer der Wohnsiedlung Pu'uwai) und landet am Strand für einen Schnorchelgang. Die Touren müssen lange im Voraus gebucht werden.

Ni'ihau Safaris (☎877-441-3500; www.niihau.us; pro Jäger/Beobachter 1650/400 $) Der Veranstalter sorgt für die Ausrüstung und Abwicklung (Gewehr, Lizenz, Transport, Führer, Präparierung und Versand der Trophäen), gejagt werden vor allem Wildschweine und Wildschafe, aber auch Elenantilopen, Oryxantilopen und Mähnenspringer. Die Jagd wird als „regulierende Maßnahme" betrachtet, um Überweidung vorzubeugen. Dass dabei die Regeln einer fairen Jagd beachtet werden, ist selbstverständlich.

Kaua'i

Inhalt »

Lihu'e 525
Die Eastside 538
Wailua 539
Kapa'a 552
Hanalei Bay &
North Shore 561
Kilauea 561
Princeville 568
Hanalei 575
South Shore 591
Po'ipu 595
Waimea Canyon &
die Westside 607
Barking Sands 619
Koke'e State Park 622

Gut essen

» Tutu's Soup Hale
(S. 547)

» Red Hot Mama's (S. 584)

» Kalaheo Café & Coffee Co
(S. 607)

Schön
übernachten

» North Country Farms
(S. 565)

» Kaua'i Country Inn
(S. 555)

» Bunk House in Rosewood
Kaua'i (S. 546)

Auf nach Kaua'i

Das Schönste an Kaua'i ist das Land *('aina)* selbst. Schon ein kurzer Besuch bringt einen Eindruck von der üppig grünen Landschaft. Nach einem längeren Aufenthalt aber möchte man womöglich sein Leben radikal ändern. Da verbringt man den Rückflug schon mal damit, über einen sofortigen Umzug nachzudenken – falls man überhaupt zurückfliegt.

Oder man lässt sich einfach nur die Sonne auf den Buckel scheinen und hat jede Menge Spaß. Die am dünnsten besiedelte der hawaiischen Hauptinseln ist der Inbegriff von „Freundlichkeit", und die vorherrschende Gangart auf der Insel ist immer der erste Gang. Hier hat es niemand besonders eilig. Wer auf der Suche nach Action ist, dem bietet jeder Quadratkilometer des 5 Mio. Jahre alten schlafenden Vulkans mit seinen klaffenden Erdspalten, den charakteristischen Tälern und der smaragdgrünen Pflanzenwelt ein grenzenloses Potenzial. Mit ein bisschen gutem Willen ist der Nervenkitzel nur einen Schnorchel, ein Paar Wanderschuhe oder einen Ruderschlag entfernt.

Reiseczeit

Lihu'e

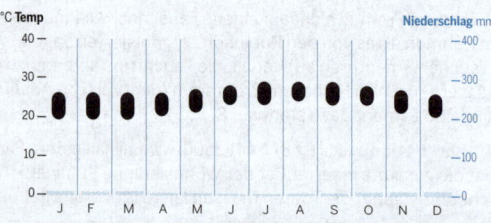

Juni–Sept. Sonnenschein pur, ein ruhiger Ozean, lange Tage und malerische Sonnenuntergänge

Dez.–März Walbeobachtung, täglich Regenbogen und plötzliche Regenfälle – Autofenster nie offenlassen!

Okt./Nov. & April/Mai Weniger los (Herbst), Ahi-Saison (Frühling), günstige Preise, viele Festivals.

Geschichte

Wie auf allen hawaiischen Inseln, so hat sich auch auf Kaua'i mit der Ankunft von James Cook, mit den Zuckerplantagen, dem vollen Status als Bundesstaat und dem Tourismus das Leben grundlegend verändert. Anfang des 20. Jhs. entwickelte sich Kaua'i zur Zuckermetropole, und nach dem Zweiten Weltkrieg wurde es dann zum Inbegriff eines tropischen Paradieses, als Hollywood den Lumaha'i Beach in Mitzi Gaynors *South Pacific* (1958) und das Coco Palms Resort in Elvis Presleys *Blue Hawaii* (1961) verherrlichte.

In den 1970er-Jahren ersetzte der Tourismus den Zucker als Wirtschaftsfaktor, und während heute Kaffee und Getreide die wichtigsten landwirtschaftlichen Erzeugnisse sind, versucht eine ernstzunehmende Gruppe von Kleinbauern, der Monokultur die Stirn zu bieten und sich wieder auf einheimische Erzeugnisse zu spezialisieren. Daher kommen auch die häufigen Aufkleber auf den Stoßstangen mit der Aufschrift „No GMO Kaua'i" – „Keine Gentechnik auf Kaua'i".

Der Hurrikan 'Iniki, der die Insel 1992 heimsuchte und Schäden in Höhe von 1,8 Mrd. $ anrichtete, war der stärkste Hurrikan, den die Geschichte Hawaiis bislang zu verzeichnen hatte. Weitere Details auf S. 600.

Um 2005 entstanden zahlreiche Resorts und Luxusanlagen auf der Insel – über 5000 Wohneinheiten und 6100 Resorts, darunter auch der gewaltige Kukui'ula-Komplex in Po'ipu, wurden errichtet.

Die Menschen auf Kaua'i waren schon immer überzeugte Individualisten. Im Altertum setzten sich die Einheimischen gegen König Kamehameha zur Wehr und sprachen einen eigenen Hawaii-Dialekt. Auch heute noch wehren sich die Menschen und kämpfen gegen Urbanisierung und Kommerzialisierung.

Kaua'i lockt v. a. Stadtverächter an – seien es Surfer, Bauern, Berufsaussteiger oder Neu-Hippies. Wer in Honolulu lebt, hat Zugang zum Nachtleben, zu Neurochirurgen, einer Universität und einem Apple-Store. Auf Kaua'i verzichtet man freiwillig auf all das. Ohne Wolkenkratzer, mit nur einem einzigen Küstenhighway, Städten mit maximal 10 000 Einwohnern und einem willkommenen Mangel an rechten Winkeln richtet sich die Aufmerksamkeit der Besucher auf das, was den Bewohnern von Kaua'i heilig ist: das wunderbare *'aina*.

KAUA'I IN …

… zwei Tagen

Im **National Tropical Botanical Garden** umgibt einen prächtiges Grün, auf dem **Koloa Fish Market** gibt es *poke* (hawaiischer Fischsalat) und Mittagsgerichte, und den Nachmittag verbringt man am besten im **Po'ipu Beach Park**, wo sich eine gute Aussicht auf den Sonnenuntergang über der Südküste bietet. Am zweiten Tag geht's zum **Waimea Canyon** und auf einer Wanderung durch den **Koke'e State Park**.

… vier Tagen

Am dritten Tag geht es mit dem Auto an der sagenhaften Nordküste entlang. Auf dem ersten Abschnitt des **Kalalau Trail** kann man seine Trittsicherheit testen. Danach gibt es im **Limahuli Garden** jede Menge inseltypische Flora zu bestaunen, und in **Hanalei** kann man die Atmosphäre einer Surfergemeinde hautnah spüren. Der vierte Tag startet mit einer **Surfstunde**, dann gibt's einen kleinen Snack in **Pat's Taqueria**, bevor der Tag mit einer Radtour entlang dem **Küstenpfad an der Ostküste** endet.

… einer Woche

Die verbleibenden drei Tage sollten gut genutzt werden. In den vielen Gewässern von Kaua'i kann man bei **Captain Don's Sportfishing** an einer halbtägigen Tour teilnehmen, der Nachmittag eignet sich für eine Mai-Tai-Verköstigung in **Duke's Barefoot Bar**, und zum **Kilohana Plantation's Luau Kalamaku** kann man sich in seinen besten Hawaii-Fummel schmeißen. Danach entflieht man dem Trubel und zeltet eine Nacht im **Polihale State Park**, bevor man den letzten Abend auf einem Sunset Cruise von **Captain Andy's Sailing Adventures** ausklingen lässt.

Highlights

1 Die Ruder-fertigkeit bei einer Paddeltour entlang der **Na Pali Coast** (S. 588) testen.

2 Die Ausblicke vom **Waimea Canyon** (S. 620) und im **Koke'e State Park** genießen.

3 Die Wander-schuhe anziehen und zu den **Hanakapi'ai Falls** (S. 589) wandern.

4 In einem Kajak durch das **Wailua River Valley** (S. 542) paddeln.

5 In der **Hanalei Bay** (S. 575) den Strand unsicher machen oder Surfen lernen.

6 Beim Schnorcheln die Unterwasserwelt der **Südküste** (S. 591) erkunden.

7 Bei einem Segeltörn entlang der **Na Pali Coast** (S. 588) den Sonnenuntergang bestaunen.

8 In den **National Tropical Botanical Gardens** (S. 597) zum Naturforscher werden.

9 **Garden Island** (S. 530) auf einem Hubschrauberflug aus der Vogelperspektive erleben.

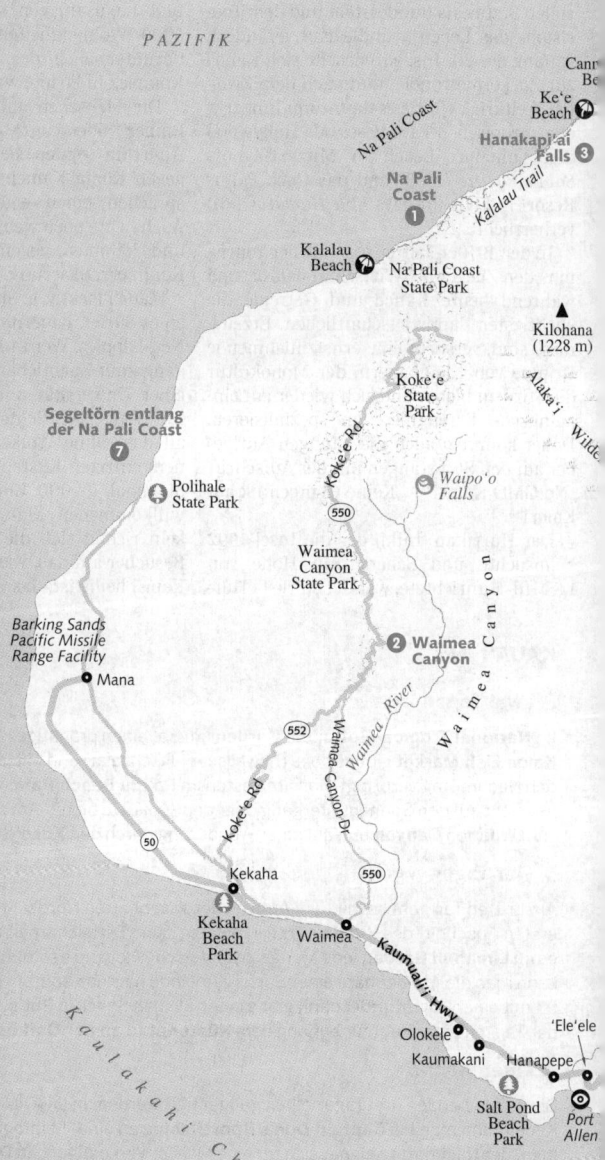

PAZIFIK

Na Pali Coast

Canr Be

Ke'e Beach

Hanakapi'ai Falls **3**

Na Pali Coast **1**

Kalalau Trail

Kalalau Beach

Na Pali Coast State Park

Kilohana (1228 m)

Koke'e State Park

Alaka'i Wilde

Segeltörn entlang der Na Pali Coast **7**

Polihale State Park

Koke'e Rd

550

Waipo'o Falls

Waimea Canyon State Park

Waimea Canyon

2 Waimea Canyon

Barking Sands Pacific Missile Range Facility

Mana

552

Waimea Canyon Dr.

Waimea River

50

Koke'e Rd

550

Kekaha

Kekaha Beach Park

Waimea

Kaumuali'i Hwy

Olokele

'Ele'ele

Kaumakani

Hanapepe

Salt Pond Beach Park

Port Allen

Kaulakahi Channel

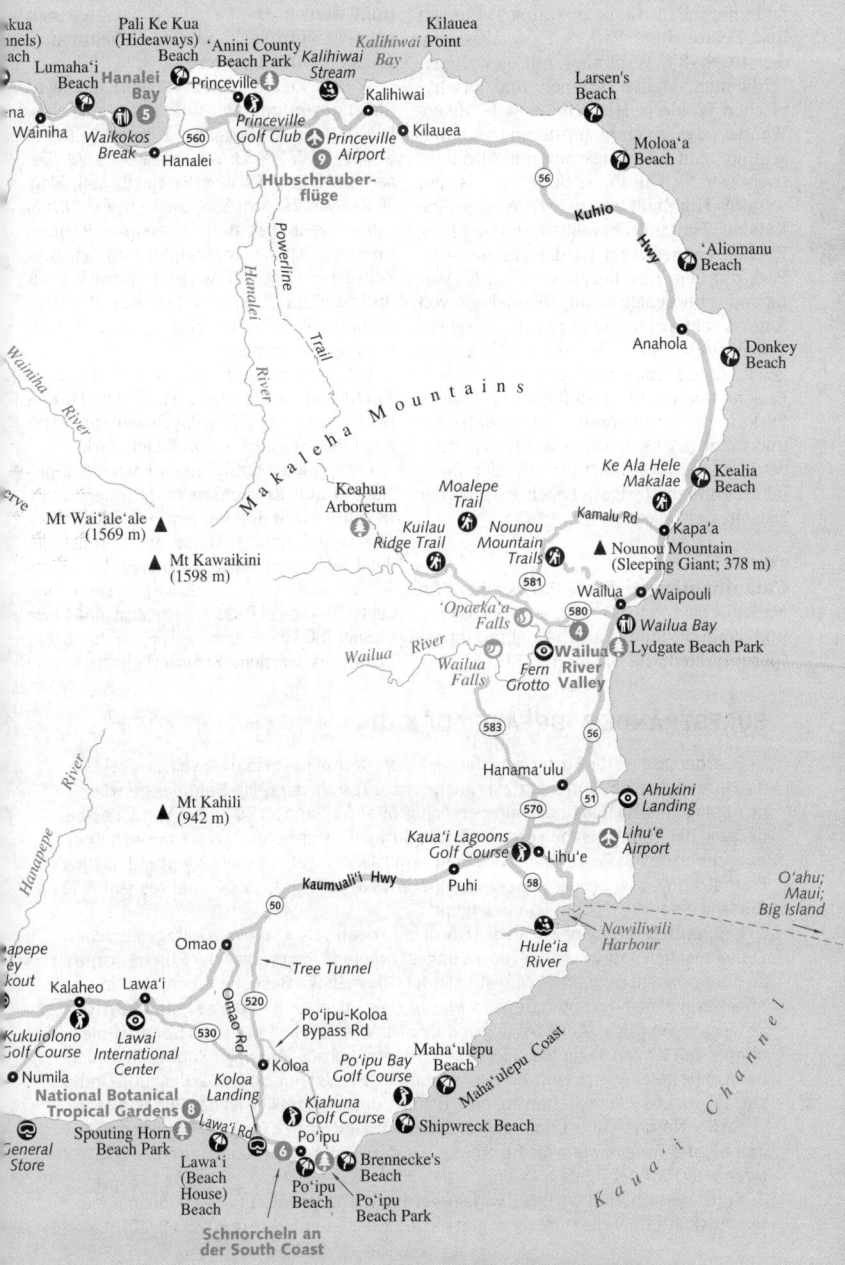

State & County Parks

Etwa 30 % der Insel werden vom Staat in Form von Parks, Wald- und Naturschutzgebieten geschützt. Zu den sehenswertesten State Parks gehören die nebeneinanderliegenden Gebiete Waimea Canyon und Koke'e State Park auf der Westseite der Insel. Sie verblüffen mit gewaltigen Schluchten, steilen Klippen und inseltypischen Wäldern. Hier gibt es jede Menge Wanderwege, zu einigen Ausgangspunkten gelangt man allerdings nur mit Allradantrieb. Der Na Pali Coast State Park ist ein weiteres Highlight und der steile, rutschige Kalalau Trail mittlerweile fast ein Muss. Ebenfalls sehenswert ist der Ha'ena State Park mit dem Ke'e Beach, wo man hervorragend schnorcheln kann. Die meisten von Kaua'is schönsten und leicht zu erreichenden Stränden sind als County Parks ausgewiesen, darunter auch der Po'ipu Beach Park an der sonnigen Südküste, zahlreiche Parks in der atemberaubenden Hanalei Bay und im abgeschiedenen 'Anini Beach Park, beide an der Nordküste, sowie der familienfreundliche Lydgate Beach Park an der Ostseite der Insel.

CAMPING

Campingplätze in State Parks gibt es im Na Pali Coast State Park, Koke'e State Park und Polihale State Park. Genehmigungen (permits) stellt die **Division of State Parks** (Karte S. 528; ☏274-3444; www.hawaiistateparks. org; Department of Land & Natural Resources, State Bldg, 3060 Eiwa St, Room 306, Lihu'e, Hawaii 96766; ⏰Mo–Fr 8–15.30 Uhr) aus. Sie können entweder persönlich oder per Mail beantragt werden. Die Gebühren belaufen sich auf 5–10 $ pro Nacht, und die Genehmigungen sind zeitlich begrenzt.

Wildes Zelten in der Gegend des Waimea Canyon und von Koke'e kostet nichts. Die **Division of Forestry & Wildlife** (Karte S. 528; ☏274-3433; www.hawaiitrails.org; Department of Land & Natural Resources, State Bldg, 3060 Eiwa St, Room 306, Lihu'e, Hawaii 96766; ⏰Mo–Fr 8–16 Uhr) stellt kostenlose Permits für vier Zeltplätze im Waimea Canyon, zwei Zeltplätze (Sugi Grove und Kawaikoi) in und rund um Koke'e und für den Waialae-Campingplatz in der Nähe des Alaka'i Wilderness Preserve aus.

Die besten unter den sieben **County Parks** mit Zeltplätzen sind der Ha'ena Beach Park, der Black Pot Beach Park (Hanalei Pier) und der 'Anini Beach Park.

Campinggenehmigungen kosten 3 $ pro Nacht und Erwachsenem (Kinder unter 18 Jahren frei) und können persönlich oder per Mail (mind. 1 Monat im Voraus) bei der **Division of Parks & Recreation** (Karte S. 528; ☏241-4463; www.kauai.gov; Lihu'e Civic Center, Division of Parks & Recreation, 4444 Rice St, Suite 150, Lihu'e, Hawaii 96766; ⏰8.15–16 Uhr) beantragt werden. Erforderlich sind eine

---

SURFSTRÄNDE & -BREAKS AUF KAUA'I

Die Garden Isle ist für Surfer eine der herausforderndsten Inseln Hawaiis, wobei die Nordküste nicht unbedingt das geeignetste Terrain darstellt. Dafür sorgen die unzugängliche Na Pali Coast, ein ziemlich großer Bestand an Tigerhaien und die Abneigung der Einheimischen gegen fremde Surfer. Die Einwohner von **Hanalei** haben zwar durch das St Regis Princeville Resort mittlerweile etwas mehr Verständnis für Fremde im Wasser als die Bewohner anderer Orte der Nordküste – aber respektvolles Surfen ist natürlich überall unabdingbar.

Während die Atmosphäre an der Nordküste noch sehr stark vom Alltagsleben der Einheimischen geprägt ist, gilt es als ungeschriebene Regel, dass der Surftourismus an der Südküste rund um Po'ipu stattfindet. Die meisten Besucher übernachten ohnehin in dieser beliebten Gegend, was perfekt ist, da es hier einige gute Wellen zu reiten gibt. Bei **BK's, Acid Drop's** und **Center's** im Süden fordern im Sommer die ultimativen Wellen sogar die erfahrensten Surfer heraus. Anfänger können ihr Glück beim nahe gelegenen **Brennecke's** versuchen. Hier ist nur Bodyboarding und Bodysurfing erlaubt – kein Stehen auf dem Brett –, und für Familien ist der Platz perfekt.

An der Nordostküste bricht sich die Welle **Unreals** in der Anahola Bay. Hier gibt es immer gute Wellen, wenn die Strömung aus dem Osten kommt und die *kona*-Winde (leewärtig) vor der Küste bleiben.

Surfunterricht und Surfbrettverleih werden v. a. in Hanalei und in Po'ipu angeboten. Auskunft über die Dünungen gibt es unter der **Surf Hotline** (☏335-3720).

unterschriebene Verzichtserklärung, ein Antrag und Bezahlung in bar, per Scheck oder Zahlungsanweisung.

Die Genehmigungen können wochentags von 8–12 Uhr auch an vier Nebenstellen beantragt werden. Hier werden aber nur Schecks oder eine Zahlungsanweisung akzeptiert:

Hanapepe Recreation Center (☎335-3731; 4451 Puolo Rd)

Kalaheo Neighborhood Center (☎332-9770; 4480 Papalina Rd)

Kapa'a Neighborhood Center (☎822-1931; 4491 Kou St)

Kilauea Neighborhood Center (☎828-1421; 2460 Keneke St)

🛈 An- & Weiterreise

FLUGZEUG Alle Geschäftsflüge landen am **Lihu'e Airport** (LIH; Karte S. 524; ☎246-1448; www.hawaii.gov/dot/airports/kauai/lih; ⏰Besucherhotline 6.30–21 Uhr).

Die meisten Flüge aus Übersee und vom amerikanischen Festland landen auf O'ahu am Honolulu International Airport. Von dort geht es mit einem Inlandsflug einer der folgenden vier Fluggesellschaften weiter nach Kaua'i:

go! (☎888-435-9462; www.iflygo.com) Billigflieger.

Hawaiian Airlines (☎800-367-5320; www. hawaiianair.com) Die größte Fluggesellschaft mit den meisten Flügen und Preisen, die vergleichbar sind mit go!

Island Air (☎US-Festland 800-323-3345, Nachbarinseln 800-652-6541; www.islandair.com) Nur ein oder zwei Flüge täglich nach/von Lihu'e.

Mokulele Airlines (☎426-7070; www.mokulele airlines.com) Partnergesellschaft von Alaska Airlines.

Die folgenden Fluggesellschaften fliegen vom amerikanischen Festland direkt zum Lihu'e Airport:

Alaska Airlines (☎800-252-7522; www. alaskaair.com)

American Airlines (☎800-223-5436; www. aa.com)

Delta Airlines (☎800-221-1212; www.delta. com)

United Airlines (☎800-241-6522; www.united. com)

US Airways (☎800-428-4322; www.us airways.com)

SCHIFF/FÄHRE Die einzige Gesellschaft, die zwischen den Inseln verkehrt, ist die **Norwegian Cruise Line** (☎800-327-7030; www.ncl.com). Siebentägige Schiffsfahrten, die in Honolulu beginnen und auf Maui, Hawai'i Island und Kaua'i

TOP-AKTIVITÄTEN

AKTIVITÄT	ORT
Kajakfahren	Wailua River (S. 543)
	Na Pali Coast (S. 593)
Schnorcheln	Makua Beach, alias Tunnels (S. 585)
	Po'ipu Beach (S. 594)
Surfen	Hanalei Pier (S. 575)
	Po'ipu Beach (S. 594)
	Kalapaki Beach (S. 526)
Tauchen	Südküste (S. 600)
	Ni'iahau (S. 553)
Wandern	Na Pali Coast (S. 588)
	Waimea Canyon (S. 620)
	Koke'e State Park (S. 622)
	Nounou Mountain Trail, alias Sleeping Giant (S. 545)

KAUA'I

enden, kosten zwischen 1059 $ (Kabine ohne Aussicht) und 1339 $ (Kabine mit Balkon). Das Schiff legt donnerstags für eine Nacht am Nawiliwili Harbor an.

🛈 Unterwegs vor Ort

AUTO & MOTORRAD Auf Kaua'i gibt es einen Straßengürtel, der drei Viertel der Strecke rund um die Insel von Ke'e Beach im Norden nach Polihale im Westen abdeckt. Das *Ready Mapbook of Kaua'i* (11 $) ist ein unverzichtbarer Straßenatlas, der online unter www.hawaiimapsource.com und in Buchläden auf der Insel verkauft wird.

Im Folgenden finden Sie die durchschnittlichen Entfernungen und Fahrzeiten ab Lihu'e. Während der Hauptverkehrszeiten am Morgen und Nachmittag sowie an Wochenenden sollte mehr Zeit eingeplant werden.

ZIEL	MEILEN (KM)	DAUER
Anahola	14 (23)	25 Min.
Hanalei	31 (50)	1 Std.
Hanapepe	16 (26)	30 Min.
Kapa'a	8 (13)	15 Min.
Ke'e Beach	40 (64)	1 ¼ Std.
Kilauea Lighthouse	25 (40)	40 Min.
Po'ipu	10 (16)	20 Min.
Port Allen	15 (24)	25 Min.
Princeville	28 (45)	45 Min.
Waimea	23 (37)	40 Min.
Waimea Canyon	42 (68)	1 ½ Std.

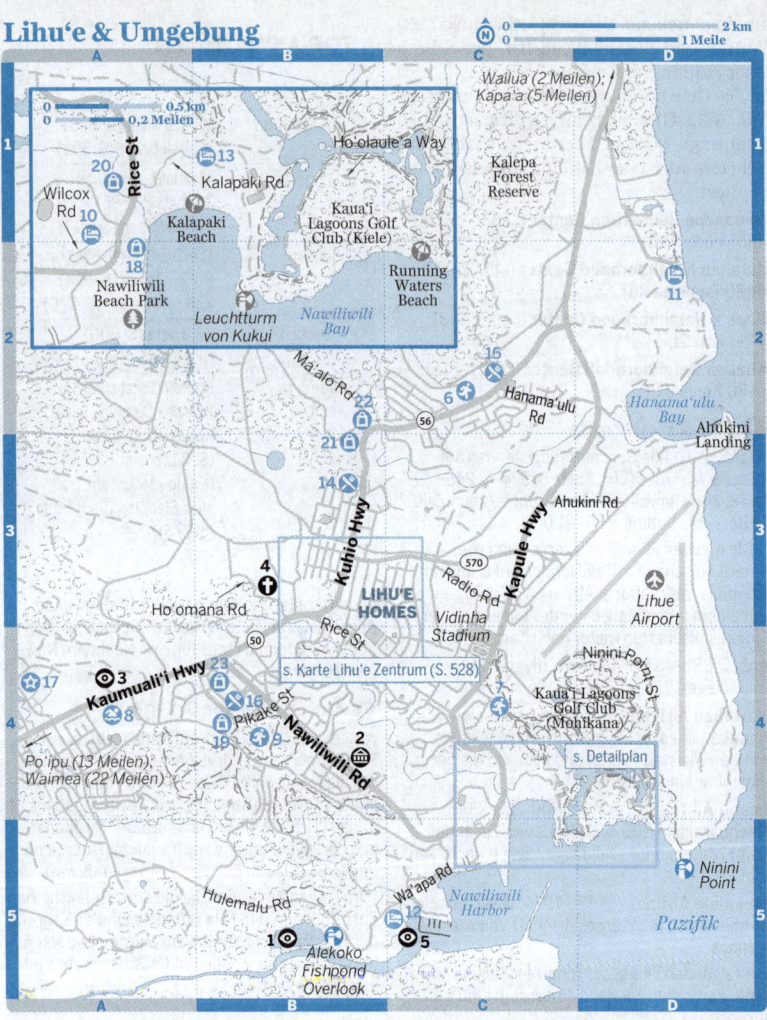

Autovermietungen haben am Flughafen von Lihu'e ihren Sitz. Die bekannten großen Agenturen sind meistens zuverlässig:

Alamo (☎800-327-9633, 246-0645; www.alamo.com)

Avis (☎800-331-1212, 245-7995; www.avis.com)

Budget (☎800-527-0700, 245-9031; www.budget.com)

Dollar (☎800-800-4000, 246-0622; www.dollar.com)

Hertz (☎800-654-3011, 245-3356; www.hertz.com)

National (☎888-868-6207, 245-5636; www.nationalcar.com)

Thrifty (☎800-847-4389, 866-450-5101; www.thrifty.com)

Kaua'i Harley-Davidson (☎241-7020, 877-212-9253; www.kauaih-d.com; 3-1866 Kaumuali'i Hwy; 167–188 $/Tag) Macht ein gutes Geschäft mit dem Verleih der 26 Motorräder, trotz des hohen Preises von fast 200 $ pro Tag und einer Kaution von 1000 $.

Kauai Scooter Rental (☎245-7177; www.kauaimopedrentals.com; 3371 Wilcox Rd; ☺8–17 Uhr) Verleiht Motorroller für 59 $ pro Tag (8–17 Uhr) und für 75 $ pro 24 Std. Das

◉ Sehenswertes

1 Alekoko (Menehune) Fishpond............. B5
2 Grove Farm Museum............................. B4
    Kauai Plantation Railway .... (s. 3)
3 Kilohana Plantation A4
4 Lihuʻe Lutheran Church B3
5 Nawiliwili Small Boat Harbor............... C5

Aktivitäten, Kurse & Touren

    Alexander Day Spa & Salon............ (s. 13)
    Island Adventures............................... (s. 5)
6 Kauaʻi Backcountry Adventures C2
7 Kauaʻi Lagoons Golf Club.................... C4
8 Kauai Ohana YMCA A4
9 Puakea Golf Course.............................. B4

🛏 Schlafen

10 Garden Island Inn.................................. A1
11 Kauaʻi Beach Resort D2
12 Kauaʻi Inn C5
13 Kauaʻi Marriott Resort.......................... B1

✕ Essen

    22° North .... (s. 3)
    Café Portofino .... (s. 13)
    Deli & Bread Connection .... (s. 23)

    Duke's Canoe Club .... (s. 13)
14 Fish Express B3
15 Hanamaʻulu Restaurant Tea
    House & Sushi Bar C2
16 Star Market B4

🍸 Ausgehen

    Duke's Barefoot Bar......................... (s. 13)

🎭 Unterhaltung

    Café Portofino................................... (s. 13)
17 Kauaʻi Community College
    Performing Arts Center A4
    Kukui Grove Cinemas .... (s. 23)
    Luau Kalamaku .... (s. 3)
    South Pacific .... (s. 11)

🛍 Shoppen

18 Anchor Cove Shopping
    Centre A2
19 Costco...B4
20 Harbour Mall A1
21 Kapaia Stitchery B3
    Kilohana Plantation Shops .... (s. 3)
22 Koa Store...B2
23 Kukui Grove Shopping Center B4

Personal schult Neulinge auf den Rollern, bis sie sich sicher genug fühlen, zu fahren. Wer seine Meinung ändert, muss nichts zahlen.

BUS Der **Kauaʻi Bus** (☏241-6410; www.kauai. gov; 3220 Hoʻolako St; Erw./Kind 1,50 $/75 ¢; ⊙Mo–Fr 5.15–19.15 Uhr, Sa eingeschränkter Betrieb, So kein Betrieb) hält stündlich (je nach Ort) in den großen Städten am Highway. Die Fahrzeiten können online eingesehen werden.

Ein paar Tipps: Die Fahrer geben kein Wechselgeld raus; keine Surfboards erlaubt; die Haltestellen sind zwar gekennzeichnet, aber manchmal schwer zu erkennen; der Fahrplan beinhaltet keine Karte. In den Bussen gibt es Klimaanlage, und sie sind mit Fahrradständern und Rollstuhlrampen ausgestattet.

FAHRRAD Fahrradverleihe gibt es in Waipouli (S. 551), Kapaʻa (S. 556) und Hanalei (S. 583).

VOM/ZUM FLUGHAFEN Autovermietungen gibt es an den jeweiligen Ständen außerhalb der Gepäckausgabe. Die Reisenden werden in Kleinbussen zu den nahe gelegenen Parkplätzen befördert. Wenn die Schlange recht lang ist, kann man auch direkt zu den Parkplätzen gehen und schneller einchecken.

TAXI Der Einstiegspreis liegt bei 3 $, hinzu kommen 30 ¢ pro 0,125 Meilen. Während der normalen Betriebszeiten warten die Taxis am Flughafen, aber sie fahren nicht die ganze Nacht über und halten auch nicht nach Fahrgästen Ausschau. Außerhalb vom Flughafen muss man sich ein Taxi rufen.

Pono Taxi (☏634-4474; www.ponotaxi.com)

Akiko's Taxi (☏822-7588)

North Shore Cab (☏826-4118; www.north shorecab.com)

Southshore Cab (☏742-1525)

LIHUʻE

6101 EW.

Der erste Eindruck von Lihuʻe, der Inselhauptstadt, mag etwas enttäuschend ausfallen. Die Stadt ist ein Durchgangsort ohne eindeutiges Zentrum. Dennoch besitzt Lihuʻe zahlreiche kleine Highlights, die über das Stadtgebiet verstreut liegen. Zudem gibt es jede Menge günstige Lokale und Läden, darunter auch alte Familienbetriebe in unscheinbaren Gebäuden. Außerdem besitzt Lihuʻe einen langen, wunderschönen Stadtstrand, der sich für fast alle Wassersportarten eignet. Und nicht zuletzt kommt man hier in Kontakt mit dem typischen Inselalltag, eine Atmosphäre, die in den Ferienorten im Norden und Süden einfach fehlt. Jeder Inselbesucher kommt durch Lihu'e durch – keine besondere Stadt, und doch einen Besuch wert!

Lihu'e entstand zu der Zeit, als die Zuckerwirtschaft hier noch der wichtigste Wirtschaftsfaktor war. Die gewaltige Zuckermühle der Lihu'e Plantation war die größte auf Kaua'i. 2001 schloss die Plantage nach über einem Jahrhundert ihre Pforten. Doch die Atmosphäre in Lihu'e und Umgebung ist noch immer geprägt von der Plantagenzeit. So leben hier auch heute noch viele Japaner und Filipinos, genau wie Kaukasier und Menschen gemischter Abstammung.

Lihu'es Wirtschaft basiert jedoch nicht nur auf dem Tourismus, sondern auch auf dem Einzelhandel, was an den großen Geschäften und Versandhändlern im Kukui Grove Shopping Center deutlich wird.

🏖 Strände & Sehenswertes

Kalapaki Beach   STRAND

(Karte S. 524) Dieser gut geschützte Sandstrand verdient mehr Beachtung, wenn man seine günstige Lage und die erstaunlich vielen Möglichkeiten bedenkt, die er bietet. Die ruhigen Gewässer am östlichen Abschnitt eignen sich hervorragend zum Schwimmen, während die Dünungen im Westen Bodyboarder und Surfer anziehen. Aufgrund des sandigen Untergrunds (kein Riff) ist das Wasser zum Schnorcheln hier allerdings eher ungeeignet. Alles in allem ein kleines Juwel, nicht nur für Wassersportler, sondern auch zum Picknicken, zum Beobachten der Surfer, für einen Drink in Duke's Barefoot Bar und auch einfach nur zum Abhängen. Man kann den Strand leicht übersehen, da er sich hinter einer Reihe von Touristenläden und dem Kaua'i Marriott Resort versteckt.

Wegen der Nähe zum Nawiliwili Harbor, dem größten Hafen der Insel, lassen sich Schiffsverkehr, Containerschiffe und andere Industrieanlagen in der Ferne ausmachen. Deshalb wirkt der Strand nicht so exotisch wie die Strände an der Nord- oder Südküste, doch die Wellen machen das wieder wett. An der Nordseite des Hotels befinden sich in Wassernähe Parkplätze (Schilder weisen zu öffentlichen und Strandparkplätzen).

GRATIS Kilohana Plantation   HISTORISCHE STÄTTE

(Karte S. 524; www.kilohanakauai.com; Kaumuali'i Hwy; ⊙ Mo–Sa 9.30–21.30, So bis 17 Uhr) Wen es interessiert, wie die mächtigen Zuckerbarone von Kaua'i einst lebten, der sollte diese hübsche Plantage besichtigen, die mittlerweile mehrere tolle Attraktionen bereithält: z. B. das Restaurant **22° North** (S. 533) und eine ausgezeichnete *luau*-Show (S. 536). Auf dem sorgfältig erhaltenen Anwesen sind Besucher herzlich willkommen und dürfen sich frei in der Gegend umschauen.

Der Plantagenbesitzer Gaylord Parke Wilcox, ehemaliger Boss von Grove Farm Homestead, ließ das Gebäude 1936 errichten. Das 1400 m² große Herrenhaus im Tudor-Stil wurde sorgfältig restauriert, und sein Vermächtnis als eines von Kaua'is berühmten historischen Gebäuden ist unbestritten. Besucher wandern durch Zimmer voller Antiquitäten und Orientteppiche auf Hartholzböden, vorbei an Kisten mit Poi-Schlagsteinen (aus vergorenen Taropflanzen), Koa-Schüsseln und anderen hawaiischen Gegenständen bis zu einer Reihe von kleinen Galerien.

Eine besondere Attraktion ist die **Kauai Plantation Railway** (☎245-7245; www.kauaiplantationrailway.com; 40 Min. Fahrt Erw./Kind 18/14 $; ⊙Abfahrt 10–14 Uhr jede volle Std.) mit originalgetreu nachgebauten Autos und einem historischen Zug, der durch Felder voll tropischem Getreide und bescheidene Weiden mit Vieh und Pferden fährt. Ein Highlight für Großstadtkinder ist der Stopp, bei dem die Gelegenheit besteht, eine Gruppe hungriger Schweine zu füttern.

Kaua'i Museum   MUSEUM

(Karte S. 528; www.kauaimuseum.org; 4428 Rice St; Erw./Kind 10/2 $, 1. Sa im Monat frei; ⊙ Mo–Fr 9–16, Sa 10–16 Uhr) Das größte Museum der Insel ist nicht größer als ein normales Haus, besitzt aber gerade durch seine Bescheidenheit besonderen Charme. Es lohnt auf jeden Fall einen Besuch, wenn man einen kurzen Überblick über Kaua'is Geschichte bekommen möchte, wie ihn z. B. die kostenlose **geführte Tour** (⊙Di–Fr 10.30 Uhr) bietet; telefonisch reservieren. Hier finden ganzjährig kostenlose Vorführungen der hawaiischen Quilttechnik und der Webtechnik des Lauhala-Hutes statt.

Wailua Falls   WASSERFALL

(außerhalb der Karte S. 524) Ob sich die kurvenreiche, 6 km lange Fahrt zu den

Wasserfällen, die durch den Vorspann der Serie Fantasy Island bekannt geworden sind, lohnt, muss jeder für sich entscheiden. Man sieht sie nur von der Ferne, aber für viele sind diese zwei sprudelnden Wasserfälle (Wailua bedeutet „zwei Gewässer"), die das tropische Grün der Umgebung in leichten Nebel hüllen, eine fantastische Möglichkeit zum Fotografieren. Nach Regenfällen verbinden sich die Wasserfälle zu einer breiten Wasserwand. Offiziell sind die Wasserfälle 24 m hoch, aber sie wurden wiederholt von 38 bis 53 m gemessen.

Am Aussichtspunkt steht ein Schild mit der Aufschrift: „Glatte Steine oberhalb der Wasserfälle. Hier starben schon Menschen." Diese Warnung sollte man ernst nehmen. Viele Besucher sind bei dem Versuch, den steilen Pfad hinabzuklettern, bereits verunglückt.

Von Lihu'e aus führt der Kuhio Hwy Richtung Norden hierher. Dann geht es links auf die Ma'alo Rd (Hwy 583), die nach 6 km an den Wasserfällen endet. Wer den Pfad entlangläuft, sollte sein Auto absperren, da es in letzter Zeit immer wieder zu kleineren Diebstählen gekommen ist.

Alekoko (Menehune) Fishpond
NATURSCHUTZGEBIET

(Karte S. 524) Hier erwarten einen weder tosendes Wasser noch Bademöglichkeiten, sondern eine traumhafte Aussicht auf einen in der Ferne liegenden, stillen, 16 ha großen, alten *loko wai* (Süßwasserfischteich). Der Legende nach legten Kaua'is *menehune* (die „kleinen Menschen", die viele von Hawaiis Fischteichen, heiaus – hawaiische Tempel – und weitere Steinarbeiten errichtet haben sollen) den Fischteich über Nacht an, als sie den 274 km langen Steindamm über eine Krümmung im Hule'ia River erbauten. Junge Fische konnten durch kleine Löcher im Bauwerk in den Teich hineinschwimmen, aber als ausgewachsene Fische nicht mehr hinaus. Heute ist der Damm kaum noch zu erkennen, da er dicht mit Mangrovenbäumen bewachsen ist.

Bis 1824 gab es in dem Teich viele Meeräschen. Dies änderte sich, als Kaua'is Oberhaupt Kaumuali'i starb und *ali'i* (Häuptlinge) aus O'ahu und Maui fortan als Grundbesitzer die Insel von Ferne regierten. Da es nun vor Ort keine *ali'i* mehr gab, die die Fische fütterten und den Teich erhielten, verfiel er zusehends. Später wurde die umliegende Gegend mit Taro und Reis

Regelmäßig Verletzte und sogar Todesfälle machen diesen Wasserfall zu einem umstrittenen Ort. Sowohl der Klippensprung als auch die Seilschaukel sind nur über glitschige Steine und verunreinigtes Wasser, das wahrscheinlich Leptospirose verursacht, zu erreichen. Nach Regenfällen kann die Strömung sehr stark sein, und der Zugang ist nur noch über Privatgrund möglich, was illegal ist. Da lässt der Nervenkitzel nicht lange auf sich warten, aber das Risiko ist es nicht wert. Hier starben schon Leute, die nicht im Traum daran dachten, sich verletzen zu können.

bepflanzt. Heute befindet sich der Teich in Privatbesitz und wird nicht mehr genutzt.

Das Gebiet rund um den Fischteich (etwa 97 ha Flussbecken und steile, bewaldete Hänge am Nordufer des Hule'ia River) gehört heute dem US Fish & Wildlife Service. 1973 wurde die Gegend zum **Hule'ia National Wildlife Refuge** (http://pacificislands.fws.gov/wnwr/khuleianwr.html) ernannt und bietet nun Brut- und Futterstätten für einheimische Wasservögel. Das Naturschutzgebiet ist für die Öffentlichkeit nicht zugänglich, es führen aber Kajaktouren auf dem Hule'ia River hindurch.

Um zum Aussichtspunkt zu gelangen, fährt man die Hulemalu Rd etwa 800 m bergauf.

Ninini Point
WAHRZEICHEN

(Karte S. 524) Wer im Grunde schon alles gesehen und erlebt hat und trotzdem noch mehr entdecken möchte, der sollte einen Ausflug zu diesem von Touristen wenig frequentierten Punkt machen. Hier bietet sich ein Panoramablick auf die Flugzeuge, die hoch am Himmel ihre Loopings drehen, und auf die Wellen, die unter einem an die Felsen schlagen. Richtung Osten erblickt man steil aufragende Klippen, nicht selten von einem Regenbogen gerahmt, und in der Nähe erkennt man in einer verlockenden Strandbucht Golfer beim Einlochen. Dieser wunderbare Ausblick vom Ninini Point wird durch den 30 m hohen **Leuchtturm**, der den Nordeingang zur Nawiliwili Bay markiert, noch vervollständigt. Hierhin kommen auch Hawaiianer zum Angeln,

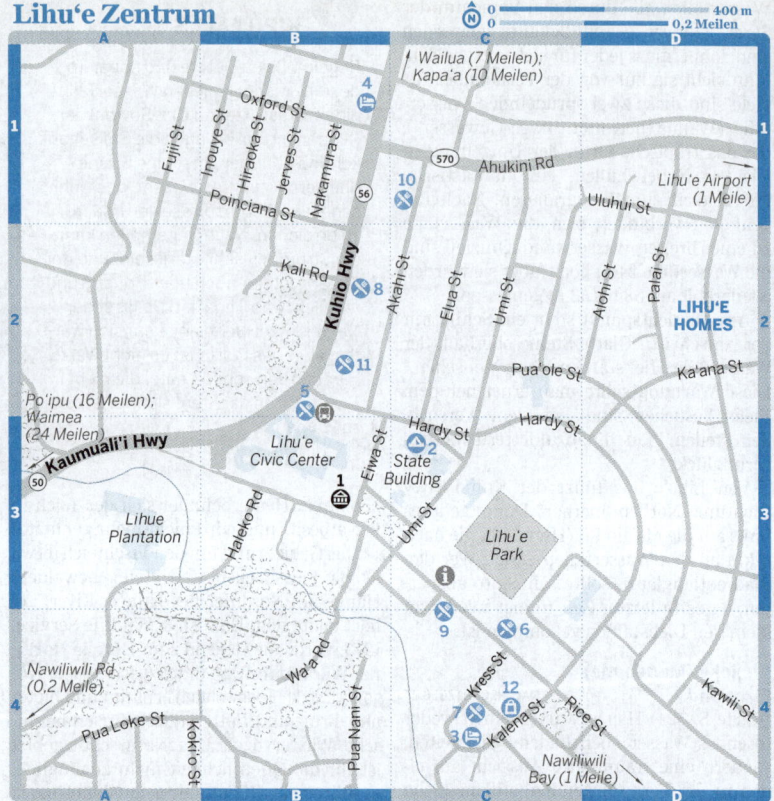

Lihu'e Zentrum map showing streets including Oxford St, Fuji St, Inouye St, Hiraoka St, Jerves St, Nakamura St, Poinciana St, Ahukini Rd, Uluhui St, Kali Rd, Kuhio Hwy, Akahi St, Elua St, Umi St, Alohi St, Palai St, Pua'ole St, Ka'ana St, Kaumuali'i Hwy, Hardy St, Elwa St, Umi St, Haleko Rd, Nawiliwili Rd, Wa'a Rd, Pua Loke St, Koki'o St, Pua Nani St, Kress St, Kalena St, Rice St, Kawili St. Markers for Lihu'e Civic Center, State Building, Lihu'e Park, Lihu'e Plantation, Lihu'e Homes. Directions to Wailua (7 Meilen); Kapa'a (10 Meilen); Lihu'e Airport (1 Meile); Po'ipu (16 Meilen); Waimea (24 Meilen); Nawiliwili Bay (1 Meile).

um *opihi* (essbare Napfschnecken) zu fangen oder *limu* (essbare Meeresalgen) zu sammeln.

Die Straße zum Leuchtturm beginnt am Kapule Hwy, etwa 800 m südlich der Kreuzung mit der Ahukini Rd, und ist durch zwei Betonplatten gekennzeichnet. Dann geht es 3,2 km zu Fuß, vorbei an einem Wachtor (normalerweise verlassen) und am Hole 12 des Mokihana Golf Course, größtenteils auf einer Schotterstraße entlang, bevor ein kleiner Trampelpfad zum Leuchtturm führt.

Am Running Waters Beach (dem kleinen Sandstreifen, der vom Ninini Point zu sehen ist) kann man zwar nicht schwimmen, aber für ein Picknick eignet er sich allemal. Um hierher zu gelangen, geht es zurück zum Hole 12, vor dem man parkt. Dann folgt man den Schildern mit der Aufschrift „Shore Access" (Zugang zur Küste). Am Whaler's Brew Pub geht es nach

Lihu'e Zentrum

⊙ Sehenswertes
1 Kaua'i Museum......................................B3

🛏 🏠 Schlafen
Division of Forestry & Wildlife ....(s. 2)
2 Division of State Parks C3
3 Kaua'i Palms Hotel................................C4
4 Kaua'i Vacation Rentals B1

✕ Essen
5 Big Save B2
6 Garden Island Barbecue &
    Chinese Restaurant............................C4
7 Hamura Saimin C4
8 Kaua'i Pasta..B2
9 Pho Kauai C4
10 Tip Top Café & Sushi Katsu................C1
11 Vim 'n Vigor B2

🔒 Shoppen
Edith King Wilcox Gift Shop.............(s. 1)
12 Flowers Forever C4

rechts und dann runter zum Parkplatz, wo sich auf der linken Seite ein weiteres Schild mit der Aufschrift „Shore Access" befindet. Von hier aus ist es ein steiler, kurzer Abstieg zum darunterliegenden Strand.

Grove Farm Museum
MUSEUM
(Karte S. 524; Nawiliwili Rd; 2-std. Tour Erw./Kind 10/5 $; ⊙geführte Touren Mo, Mi & Do 10 & 13 Uhr; Reservierungen erforderlich) Für Geschichtsliebhaber ist diese Museumsplantage, die nur im Rahmen gebuchter Führungen zu besichtigen ist, empfehlenswert. Kindern könnte es allerdings schnell langweilig werden. Die Grove Farm gehörte zu den produktivsten Zuckerunternehmen auf Kaua'i. George Wilcox, der Sohn der Missionare Abner und Lucy Wilcox, ließ das gut erhaltene Bauernhaus 1864 errichten. Hier scheint die Zeit stehen geblieben zu sein: Schaukelstühle wiegen sich auf einer überdachten Veranda im Wind, und unberührte Bücher säumen die Regale der modrig riechenden Bibliothek.

Lihu'e Lutheran Church
KIRCHE
(Karte S. 524; 4602 Ho'omana Rd; ⊙Gottesdienste So 8 & 10.30 Uhr) Hawaiis älteste lutherische Kirche ist ein malerisches, mit Schindeln bedecktes Haus mit stark geneigtem Fußboden, der an ein Schiffsdeck erinnert, und einem Balkon, der aussieht wie eine Kapitänsbrücke. Deutsche Einwanderer errichteten die Kirche nach dem Vorbild ihres Schiffes aus dem späten 19. Jh. Das Gebäude aus dem Jahr 1983 ist eine getreue Nachbildung des Originals, das 1885 entstand und 1982 vom Hurrikan 'Iwa zerstört wurde. Die Kirche befindet sich an einer kurvigen Landstraße abseits vom Kaumuali'i Hwy (Hwy 50).

⚡ Aktivitäten

Die einzige Möglichkeit, den Hule'ia River zu befahren und das Hule'ia National Wildlife Refuge zu besuchen, besteht im Rahmen einer geführten Tour.

Die meisten Fischerboote fahren vom Nawiliwili Small Boat Harbor (Karte S. 524) ab.

 Just Live
ZIPLINING
(☑482-1295; www.justlive.org; Kuhio Hwy; Touren 79–125 $) Das ist der einzige Anbieter, der Seilrutschen (Ziplining) in den Baumwipfeln im Programm hat, was bedeutet, dass man die ganze Zeit den Boden nicht mehr berührt. Die 3 ½-stündige Tour beinhaltet sieben Seilrutschen und fünf Brückenüberquerungen. Dabei befinden sich die Teilnehmer 18 bis 24 m über dem Boden, während sie sich durch die 60 m hohen Norfolk-Tannen schwingen. Die Einnahmen der kommerziellen Touren kommen Jugendprogrammen in der Gemeinde zugute. Das Mindestalter beträgt neun Jahre.

Kaua'i Backcountry Adventures
ZIPLINING
(Karte S. 524; ☑888-270-0555, 245-2506; www. kauaibackcountry.com; Kuhio Hwy; Tour inkl. Mittagessen 130 $) Bietet eine 3 ½-stündige Tour mit sieben Seilrutschen an, die sich bis zu 60 m über dem Boden befinden und über 275 m lang sind (die Länge von drei Fußballfeldern). Danach kann man bei einem Mittagspicknick am Badesee neue Energie tanken. Maximal zwölf Teilnehmer, Mindestalter zwölf Jahre.

Outfitters Kaua'i
ZIPLINING, MULTI-ACTIVITY
(Karte S. 596; ☑888-742-9887, 742-9667; www. outfitterskauai.com; Po'ipu Plaza, 2827A Po'ipu Rd; 3-std. Tour Erw./Kind 112/102 $, 8-std. Tour inkl. Mittagessen 182/142 $) Bietet zwei Multi-Activity-Touren auf der Kipu Ranch (direkt vor Lihu'e) an, die Seilrutschen, Wandern, Baden unterm Wasserfall und das stets idealisierte Seilschaukeln kombinieren. Bei der Halbtagestour gibt es fünf Seilrutschen, bei der Ganztagestour nur eine. Das Mindestalter fürs Seilrutschen beträgt sieben Jahre. Reservieren kann man in Po'ipu.

Island Adventures
KAJAKFAHREN
(Karte S. 524; ☑246-6333; www.kauaifun.com; Nawiliwili Small Boat Harbor; Tour inkl. Mittagessen Erw./Kind 89/69 $) Auf einer 4 ½-stündigen Tour durch das Hule'ia National Wildlife Refuge paddeln die Teilnehmer 4 km in das Naturschutzgebiet hinein, wandern zu zwei privaten Wasserfällen, baden und machen Picknick. Nichts für Ungeübte!

Kaua'i Backcountry Adventures
TUBING
(Karte S. 524; ☑245-2506, 888-270-0555; www. kauaibackcountry.com; Kuhio Hwy; 3-std. Tour inkl. Mittagessen 102 $; ⊙Abfahrt Mo–Sa 9, 10, 13 & 14, So 8.30 & 12.30 Uhr) Historische Tour und Fahrt für Faulenzer in einem: Tubing bedeutet hier, in einem alten Reifenschlauch ehemalige Bewässerungsgräben der Zuckerplantagen entlangzufahren. Das ist die einzige Tubing-Tour, die auf der Insel angeboten wird. Sie endet mit einem Mittagessen an einem Badeteich. Spaß für

die ganze Familie (auch für Kinder ab fünf Jahren).

Kipu Ranch Adventures
QUAD
(außerhalb der Karte S. 524; ☎246-9288; www.kiputours.com; Touren Fahrer/Erw./Kind ab 125/100/72 $) Kann Quadfahren auf privatem, unberührtem Ackerland wirklich als „Öko-tour" bezeichnet werden? Auf den zwei angebotenen Touren bekommen die Teilnehmer zwar traumhafte, ansonsten nicht zugängliche Landschaften zu Gesicht, darunter die Bergkette Ha'upu, die Kipu Kai Coast und den Hule'ia River. Außerdem begegnet man Wildschweinen, Fasanen, Pfauen und Truthähnen. Aber die gasbetriebenen Fahrzeuge können trotzdem kaum befürwortet werden.

Eine umweltfreundliche Alternative bietet Kaua'i ATV (S. 591).

Kaua'i Lagoons Golf Club
GOLF
(Karte S. 524; ☎241-6000, 800-634-6400; www.kauailagoonsgolf.com; Kaua'i Marriott, 3351 Ho'olaule'a Way; Platzgebühr vormittags 135–175 $, nachmittags 75–99 $, Schlägerverleih 55 $) Die zwei ursprünglichen, von Jack Nicklaus entworfenen 18-Loch/Par-72-Golfplätze hießen Kiele und Mokihana. 2008 begann man unter der Leitung von Nicklaus mit der Restaurierung der beiden Plätze. Der erste Teil wurde im Mai 2011 wiedereröffnet. Um zu erfahren, wie weit die Restaurierungen fortgeschritten und welche Abschnitte geöffnet sind, sollte man vor einem Besuch anrufen.

Puakea Golf Course
GOLF
(Karte S. 524; ☎866-773-5554, 245-8756; www.puakeagolf.com; 4315 Kalepa Rd; Platzgebühr inkl. Cart vor 11 Uhr 99 $, 11–14 Uhr 85 $, nach 14 Uhr 59 $, Schlägerverleih 40 $, nach 14 Uhr 25 $) Die bewachsenen Klippen des Mount Ha'upu dienen als Kulisse für den von Robin Nelson entworfenen Golfplatz, der 1997 seine Pforten öffnete (mit nur 10 Loch). 2003 wurde er zu einem 18-Loch-Platz. Er liegt in der Nähe des Kukui Grove Shopping Center.

Captain Don's Sportfishing
ANGELN
(☎639-3021; www.captaindonsfishing.com; 4 Std. Gemeinschaftsboot 135 $/Pers., 4 Std. Privatboot für 6 Pers. 575 $) Captain Don gewährt seinen Kunden die Freiheit, ihre Tour auf der 10 m langen June Louise selbst zu gestalten (Angeln, Walbeobachtung, Schnorcheln). Dabei steht er mit seiner jahrzehntelangen Erfahrung auf den Gewässern von Kaua'i mit Rat und Tat zur Seite.

Lahela Ocean Adventures
ANGELN
(☎635-4020; www.sport-fishing-kauai.com; 4 Std. Gemeinschaftsboot 219 $/Pers., 4 Std. Privatboot für 6 Pers. 575 $) Die anderen Fischer bezeichnen Captain Scott Akana als den „besten" und einzig wahren „Profi" auf der Insel. Zuschauer zahlen nur die Hälfte. Auf der detaillierten Website gibt es auf alle Fragen Antworten.

Happy Hunter Sport Fishing
ANGELN
(☎639-4351, 634-2633; www.happyhuntersportfishing.com; 4 Std. Privatboot für 6 Pers. 625 $) Captain Harry Shigekane verfügt über 30 Jahre Erfahrung und segelt auf der fantastischen, 12,5 m langen Pacifica. Hier gibt es nur Privattouren.

Alexander Day Spa & Salon
SPA
(Karte S. 524; ☎246-4918; www.alexanderspa.com; Kaua'i Marriott Resort; 50 Min. Massage 115 $; ☻8–19 Uhr) Dieses Wellness-Center gibt alles, um seine Kunden auf die umweltfreundlichste Art zu verwöhnen: biologisch abbaubare Wasserbecher, recycelbare Papierprodukte und Energiesparlampen.

Kauai Ohana YMCA
SCHWIMMEN
(Karte S. 524; Kaumuali'i Hwy; Tagesticket 10 $; ☻Mo–Fr 5.30–9 & 11–19, Sa 7–19, So 10–18 Uhr) In diesem Freibad von olympischem Ausmaß können alle Schwimmer ihre Runden drehen. Für die Kleinen steht ein hübsches Übungsbecken zur Verfügung, das zwischen 30 und 120 cm tief ist. Es gibt auch einen Hantelraum. YMCA-Mitglieder aus jedem Land zahlen bei Vorlage ihrer Karte nur 5 $. Das Schwimmbad liegt gegenüber der Kilohana Plantation.

☛ Geführte Touren

Mauna Loa Helicopters
HUBSCHRAUBERFLUG
(☎245-4006; www.maunaloahelicoptertours.com; 1-std. Rundflug 239 $) Hochqualifizierte Piloten sparen auf den 60-minütigen Rundflügen für bis zu drei Personen an nichts. Durch die kleinen Gruppen ist ein enger Kontakt zwischen Pilot und Passagieren möglich. Für 10 bis 20 $ mehr pro Person kann man mit offenen Türen fliegen. Für Einzelpersonen mag ein nicht-privater Rundflug billiger kommen. Der Anbieter betreibt auch eine Flugschule.
Bei den folgenden Hubschrauberflügen ist Platz für bis zu sechs Personen. Da ist es zwar ein bisschen enger (v. a. wenn man

in der Mitte sitzt), aber auch hier fliegen die qualifizierten Piloten (fast) eine Stunde lang. Online gibt es größere Rabatte:

LP TIPP **Safari Helicopters** HUBSCHRAUBERFLUG
(☎246-0136, 800-326-3356; www.safarihelicop ters.com; 55/90-min. Rundflüge ab 204/324 $) Neben den fairen Preisen bietet dieser Anbieter faszinierende Rundflüge mit Halt auf einer Klippe und Ausblick über das Olokele Valley in Waimea. Der Landbesitzer Keith Robinson (dessen Familie Ni'ihau und 800 ha auf Kaua'i gehören) erläutert den Passagieren seine Arbeit zur Erhaltung bedrohter Tierarten.

Island Helicopters HUBSCHRAUBERFLUG
(☎245-8588, 800-829-8588; www.islandhelicop ters.com; 50–55-min. Rundflug 183 $) Alteingesessener, kleiner Betrieb.

Jack Harter Helicopters HUBSCHRAUBERFLUG
(☎245-3774, 888-245-2001; www.helicopters-kauai.com; 60–65-min. Rundflug 229–259 $) Hier kriegt man etwas geboten für sein Geld. Die Teilnehmer können sich entscheiden zwischen normalen, geschlossenen AStars (229 $) für sechs Personen oder Flügen mit offenen Türen in Hughes 500s (259 $) für vier Personen. Auch 90- bis 95-minütige Rundflüge werden angeboten.

✹✹ Festivals & Events

E Pili Kakou I Ho'okahi Lahui HULA
(www.epilikakou-kauai.org) Auf dem zweitägigen Hula-Festival Ende Februar zeigen Top-Kumu Hula (Hula-Lehrer) von allen Inseln ihr Können. Momentan findet das Ereignis im Hilton Kaua'i Beach Resort statt.

Spring Gourmet Gala ESSEN
(☎245-8359) Für das beste Gourmet-Erlebnis der Insel sollte man entsprechenden Appetit mitbringen (100 $/Pers.). Anfang April gibt es hier Essen und Wein von berühmten hawaiischen Köchen. Der Erlös geht an das kulinarische Kunstprogramm des Kaua'i Community College. Die 300 Karten sind schnell ausverkauft.

May Day Lei Contest & Fair LEI
(☎245-6931; www.kauaimuseum.org) Der jährliche Kaua'i Museum Lei Contest findet seit Anfang der 1980er-Jahre immer am 1. Mai statt. Hier gibt es legendäre Blumenkunst zu bestaunen.

NICHT ERWÜNSCHT – DIE SUPERFERRY

Als die Hawaii Superferry im August 2007 zum ersten Mal den Nawiliwili Harbor anlief, versperrten ihr etwa 300 Demonstranten die Durchfahrt. Drei Dutzend Menschen schwammen der riesigen Fähre sogar entgegen und brüllten: „Kehr um, kehr um!" Im Dezember 2007 wurde schließlich der Betrieb nach Maui (nicht nach Kaua'i) aufgenommen. Aber das ganze Unternehmen wurde im März 2009 auf unbestimmte Zeit gestoppt, als der Oberste Gerichtshof von Hawaii das EIS (Environmental Impact Statement) der Superferry für ungültig erklärte.

Was brachte die Menschen so gegen die Fähre auf? Die Gegner hatten nichts gegen Fähren im Allgemeinen, nur eben gegen die Superferry. Sie forderten kleinere, langsamere Boote in öffentlichem Besitz, die nur Passagiere transportierten. Ihre größten Bedenken galten nächtlichen Zusammenstößen mit Walen, mehr Verkehr auf den Nachbarinseln, zunehmenden Umweltschäden und der Ausbeutung natürlicher Ressourcen durch Fremde. Und tatsächlich wurden auf der kurzen Fahrt der Superferry zwischen O'ahu und Maui Einwohner von O'ahu häufig dabei ertappt, wie sie 'opihi (eine teure, essbare Napfschnecke), Krustentiere, Algen, Steine, Korallen und Unmengen von Rifffischen mit nach Hause nahmen.

Allerdings waren nicht alle Bewohner gegen die Superferry. Viele Einheimische (v. a. auf O'ahu) sahen die Superferry als bequeme Möglichkeit, Freunde und Familie auf den Nachbarinseln zu besuchen. Sie führten auch das Bedürfnis nach einem alternierenden, kraftstoffsparenden Transportmittel zwischen den Inseln an (obwohl die riesigen Schiffe eigentlich mit Gas betrieben werden).

Einen fesselnden, äußerst detaillierten Bericht gibt es in The Superferry Chronicles (Koohan Palk und Jerry Mander), in dem auch die Verbindungen der Fähre zum US-Militär und die wirtschaftlichen Interessen analysiert werden.

Bevor man von den Tausenden wilden Hühnern auf Kaua'i genervt ist, sollte man versuchen, ihre Vorgeschichte zu verstehen. Die ersten Hühner auf Hawaii waren Kammhühner (moa), die von den ersten Polynesiern hierher gebracht wurden. Diese kunterbunten Vögel kreuzten sich später mit den Haushühnern der Einwanderer aus dem Westen. Zu Zeiten der Plantagen wurde Kaua'is Wildhuhnbestand durch kontrollierte Ackerbrände geregelt (ein regelmäßiges Ereignis vor der Ernte, um eine effizientere Ernte hervorzubringen). Als jedoch die Zuckerindustrie in den 1980er-Jahren zum Erliegen kam und folglich die Ackerbrände der Vergangenheit angehörten, wuchs der Bestand der Hühner drastisch an.

Als die Hurrikans 'Iwa und 'Iniki die Insel 1982 bzw. 1992 heimsuchten, zerstörten sie die Käfige der Kampfhähne von Kaua'i, wodurch noch mehr Federvieh in die Freiheit entlassen wurde. Ohne Mungos oder Schlangen, die die Hühner fressen würden, konnten sich die wilden Hühner schnell vermehren.

Man sieht sie zusammengepfercht in Bäumen sitzen, über Felder flitzen, Parkplätze besiedeln, und natürlich verteilen sie ihre Ausscheidungen auf der ganzen Insel. Die meisten Einheimischen haben den Hühnern gegenüber eine gewisse Toleranz entwickelt, warnen aber vor ihrem lolo (verrückten) Tagesrhythmus. Anstatt nur bei Sonnenaufgang zu krähen, geben sie zu den unterschiedlichsten Zeiten seltsame Geräusche von sich und scheinen durch Vollmond oder anderes Licht in der Nacht völlig durcheinandergebracht zu werden. Bevor man eine Unterkunft bucht, sollte man sich erkundigen, ob Hühner in Hörweite leben – oder man besorgt sich Ohropax.

Kaua'i Polynesian Festival   KULTUR
(☎335-6466; www.kauaipolynesianfestival.org) Auf diesem viertägigen Event Ende Mai werden spannende Wettbewerbe in professionellen Tänzen der Tahitianer, Maori, Samoaner sowie in Hula-Tänzen ausgetragen. Außerdem gibt es jede Menge Essen und kulturelle Workshops. Das Ganze findet an verschiedenen Orten statt.

Fourth of July Concert in the Sky   KULTUR
(☎246-2440) Am 4. Juli gibt es im Vidinha Stadion von 15–21 Uhr typische Gerichte der Insel, Unterhaltung und ein Feuerwerk samt musikalischem Rahmen.

Kaua'i County Farm Bureau Fair   VOLKSFEST
(☎332-8189) Altmodischer Spaß für die ganze Familie Ende August im Vidinha Stadion: Fahrgeschäfte, Spiele, Tiervorstellungen, Streichelzoo, Hula-Shows und jede Menge einheimisches Essen.

Aloha Festivals Ho'olaule'a & Parade   KULTUR
(☎245-8508; www.alohafestivals.com) Dieses landesweite Ereignis Anfang September beginnt auf Kaua'i mit einer Parade vom Vidinha Stadion (Karte S. 524) bis zur Wiese vor dem County Building. Auf dem ho'olaule'a (Fest) gibt sich auch der Königshof die Ehre.

Kaua'i Composers Contest & Concert   MUSIK
(☎822-2166; www.mokihana.kauai.net) Dieser Wettbewerb findet von Mitte bis Ende September statt und ist das wichtigste Ereignis des Kaua'i Mokihana Festivals. Hier stellen einheimische Musiker ihr Talent unter Beweis.

'Kaua'i Style' Hawaiian Slack Key Guitar Festival   MUSIK
(☎239-4336; www.slackkeyfestival.com) Hier kann man Mitte November meisterhafte Slack-Key-Gitarristen umsonst erleben.

Lights on Rice Parade   KULTUR
(☎246-1004) Disney hatte seine Main Street Electrical Parade. Kaua'i hat Anfang Dezember diese bezaubernde Parade mit beleuchteten Flößen.

🛏 Schlafen

Die Unterkünfte von Lihu'e beschränken sich meist auf nur wenige Hotels, vom luxuriösen Marriott bis hin zu einfachen Motels im unscheinbaren Stadtzentrum. Außer an der Ostküste gibt es in Wohngegenden nur wenige B&Bs und Gasthäuser. Ferienwohnungen findet man bei **Kaua'i Vacation Rentals** (Karte S. 528; ☎245-8841, 800-367-5025; www.kauaivacationrentals.com; 3-3311 Kuhio Hwy). Die Besitzerin Lucy Kawaihalau ist eine der erfahrensten und engagiertesten Immobilienagentinnen auf der Insel.

LP TIPP Garden Island Inn HOTEL $$
(Karte S. 524; ☎245-7227, 800-648-0154; www.gardenislandinn.com; 3445 Wilcox Rd; Zi. 99–150 $, Suite 145–180 $; ❄🤙❄) Dieses zweistöckige Gasthaus auf der anderen Straßenseite vom Meer bietet zwar nicht die erstklassige Strandlage und den Riesenpool eines Marriott, ist aber in puncto Preis-Leistungs-Verhältnis und Freundlichkeit nicht zu überbieten. Die Zimmer sind bescheiden, aber freundlich und verfügen über tropentypische Ausstattung, Deckenventilatoren, gute Doppelbetten und Küchenzeile. Die wahren Highlights sind die Suiten im ersten und zweiten Stock mit großem Balkon und Meerblick.

Kaua'i Marriott Resort FERIENANLAGE $$$
(Karte S. 524; ☎245-5050, 800-220-2925; www.marriotthotels.com; 3610 Rice St; Zi. 239–429 $; ❄❄) Im Marriott bekommt man das komplette Resort-Paket. Hier gibt es den benutzerfreundlichen Kalapaki Beach, zwei erstklassige Golfplätze, das belebteste Restaurant der Insel direkt am Wasser und einen riesigen Swimmingpool, in dem man den ganzen Tag verbringen könnte. Bei den 366 Hotelzimmern und 464 Ferienapartments kann es ganz schön schwierig werden, die richtige Tür zu finden. Die Ausstattung und Einrichtung der Zimmer ist standardmäßig und eher farblos. Wer sich ein Zimmer auf der Meerseite leisten kann, der sollte das tun. Der Ausblick ist das Geld wert.

Kaua'i Palms Hotel HOTEL $
(Karte S. 528; ☎246-0908; www.kauaipalms hotel.com; 2931 Kalena St; Zi. ab 75 $; ⏰Büro 7–20 Uhr; 🤙) Das Kaua'i Palms ist die Inselversion des Motel 6 und die beste Budgetunterkunft in Lihu'e. Die 28 Zimmer sind mit Kühlschrank, Kabel-TV und gegenüberliegenden Fenstern, die für Luftzirkulation sorgen, ausgestattet. Zimmer mit Küchenzeile und Klimaanlage sind teurer. WLAN ist nur in der Lobby garantiert.

Kaua'i Inn HOTEL $$
(Karte S. 524; ☎245-9000, 800-808-2330; www.kauai-inn.com; 2430 Hulemalu Rd; Zi. mit Küchenzeile inkl. Frühstück 129–149 $; ❄@🤙❄) Dieses große Gasthaus stellt eine einfache Unterkunft abseits des Verkehrs und der Menschenmassen dar. Die 48 Zimmer sind nicht besonders schick (Klimaanla-

ge kostet 10 $/Tag), verfügen aber über Kühlschrank und Mikrowelle. Die Zimmer im Erdgeschoss haben auf der Rückseite eine Veranda, die Zimmer im ersten Stock sind größer, dafür aber ohne Balkon. Ausstattung und Bettenanzahl sind unterschiedlich.

Kaua'i Beach Resort FERIENANLAGE $$
(Karte S. 524; ☎866-536-7976; www.kauaibeach resorthawaii.com; 4331 Kaua'i Beach Dr; Zi. 189–229 $; ❄❄) Es ist zwar nicht wirklich ein Resort, wie es der Name verspricht, aber die 350 Zimmer werden von Aqua Hotel & Resorts verwaltet, was das Ganze zu einem ordentlichen Business-Class-Hotel macht. Die Lage nördlich von Lihu'e mag einen vielleicht abschrecken, weil es „mitten im Nirgendwo" keinen Strand wie den erstklassigen Kalapaki Beach beim Marriott gibt, dafür ist es hier ruhiger, und die Preise sind niedriger. Vor Ort gibt es Restaurants und ein Wellness-Center.

🍴 Essen & Ausgehen

Fish Express FISCHMARKT $
(Karte S. 524; 3343 Kuhio Hwy; Mittagessen 6–7,50 $; ⏰Mo–Sa 10–18, So bis 17 Uhr, Mittagessen tgl. bis 15 Uhr) Für Fischliebhaber ist der Markt genau das Richtige: An einem Tag bestellt man pfundweise gekühlte Delikatessen wie frischen Ahi-poke und grünen Algensalat, am anderen Tag gibt es gesundes Mittagessen wie geschwärzten Ahi mit Guaven-Basilikum-Sauce, dazu Reis und Salat (8,50 $) oder Gourmet-*Bentō*. Am Schluss kommt man wahrscheinlich jeden Tag hierher.

22° North HAWAIISCH $$$
(Karte S. 524; www.22northkauai.com; Kilohana Plantation, Kaumuali'i Hwy; Mittagessen 8–14 $, Abendessen 20–35 $; ⏰Mo–Sa 11–14.30 & 17.30–21, So Brunch 9–14.30 Uhr) Die ausgefallene Speisekarte mit Produkten aus Kaua'i richtet sich nach den Jahreszeiten. Daher schmecken die Zutaten der Hauptspeisen wie gefülltes A'akukui-Ranch-Kalb mit Inselpilzen und Honig-Kümmel-Karotten oder in der Pfanne sautierter *uku* mit bhutanischem roten Reis und Avocado-Mayonnaise immer köstlich frisch. Der altmodische, mediterrane Stil vom Chef de Cuisine Aaron Leikam, den er in sein Essen einfließen lässt, wird sogar den schärfsten Kritiker beeindrucken. Hier hat jedes Essen eine kulinarische Wellnessbehandlung durchgemacht.

Hamura Saimin DINER $

(Karte S. 528; 2956 Kress St; Nudeln 3,75–4,50 $; ☺Mo–Do 10–22.30, Fr & Sa bis 24, So bis 21.30 Uhr) Das winzige Hamura's ist eine Institution auf der Insel und hat sich auf hausgemachte saimin (einheimische Nudelsuppe) spezialisiert. Der Service kann mitunter sehr schroff sein. Zur Mittagszeit schlürfen hier jede Menge Gäste Schulter an Schulter ihre Nudelsuppe am orangefarbenen, U-förmigen Tresen. Drinnen ist es stickig, da es keine Klimaanlage gibt. Man sollte übrigens unbedingt noch Platz lassen für die andere Spezialität: *liliko'i*-(Maracuja)-Chiffon-Kuchen.

Tip Top Café & Sushi Katsu DINER, SUSHI $

(Karte S. 528; 3173 Akahi St; Frühstück 4,50–10 $, Mittagessen 5,50–11 $; ☺Café 6.30–13.45 Uhr, Sushi Katsu Di–So 11–13.45 & 17.30–21 Uhr) Dieses Retro-Diner bekommt die Note Drei für seine Atmosphäre und eine Eins für das gute, bodenständige Essen. Highlights sind die berühmten Pancakes und die Ochsenschwanzsuppe. Für Fleischesser gibt es einheimisches *loco moco* (2 Spiegeleier, Fleischbratling, Reis und Bratensoße), *saimin* und Rindereintopf. Sushi Katsu bietet preiswertes Sushi und japanische Gerichte.

Deli & Bread Connection SANDWICHES $

(Karte S. 524; Kukui Grove Shopping Center; 3-2600 Kaumuali'i Hwy; Sandwiches 5–9 $; ☺Mo–Do & Sa 9.30–19, Fr bis 21, So 10–18 Uhr) Hier können die Gäste aus der ganzen Bandbreite amerikanischer Riesensandwiches wählen, darunter auch Klassiker wie warme Thunfisch- oder Clubsandwiches. Auch Vegetarier müssen nicht verhungern. Für sie gibt es den vegetarischen Burger mit Pilzen, Pesto und geschmolzenem Mozzarella. Vorteil der Vorortlage: Der Laden liegt im Einkaufszentrum, gehört aber nicht zu einer Kette.

Garden Island Barbecue & Chinese Restaurant CHINESISCH $

(Karte S. 528; 4252 Rice St; Mittagsgerichte 5–6,25 $, Hauptgerichte 7–9 $; ☺10–21 Uhr) Leckeres, sättigendes, preiswertes chinesisches Essen. Kein Wunder, dass es so beliebt ist. Wer die authentische hawaiische (wenn auch anspruchslose) Küche ausprobieren möchte, der sollte in diesem familiären Lokal einkehren. Auf der langen Speisekarte stehen chinesische, japanische und hawaiische Gerichte, was auf dem Festland verpönt ist, aber auf Hawaii ziemlich normal ist. Auch die einfacheren vegetarischen Gerichte wie Shiitake mit chinesischem Brokkoli sind einen Versuch wert.

Pho Kauai VIETNAMESISCH $

(Karte S. 528; Rice Shopping Center, 4303 Rice St; Schüsseln unter 8 $; ☺Mo–Sa 10–21 Uhr) Versteckt in einer Einkaufsmeile, serviert dieses einfache Lokal dampfende Schüsseln mit gutem Pho (vietnamesische Nudelsuppe). Es gibt vegetarische oder Fleischbeilagen wie Curry Chicken, gegrillte Garnelen, Zuckerschoten oder Auberginen. Keine Kreditkarten.

Hanama'ulu Restaurant Tea House & Sushi Bar SUSHI $

(Karte S. 524; 3-4291 Kuhio Hwy; Hauptgerichte 7–10 $, Spezialteller 17–20 $; ☺Di–Fr 10–13, Di–So 16.30–21.30 Uhr) Diese Einrichtung am Rand von Lihu'e besticht v. a. aufgrund der Lage in einem historischen Teehaus. Das Essen ist gut, aber nicht großartig, und auf der Speisekarte stehen verdächtigerweise auch chinesische Gerichte – aber so ist das auf der Insel halt. Das Lokal ist bekannt für seine knusprigen, gebratenen Gerichte wie chinesisches Ingwerhühnchen oder japanisches Tempura und Tonkatsu (paniertes Schnitzel). Wer er sich aussuchen kann, sollte nicht im düsteren Speisesaal vorne, sondern im malerischen Teehaus auf der Rückseite sitzen.

Duke's Canoe Club HAWAIISCH $$

(Karte S. 524; Kaua'i Marriott Resort; Vorspeisen 8–11 $, Hauptgerichte 18–30 $; ☺17–21.30 Uhr) Sogar im schicken Princeville oder in Po'ipu wird man keinen Club finden, in dem es spaßiger und lebhafter zugeht als im Duke's am Kalapaki Beach. Die Speisekarte mit Steaks und Meeresfrüchten ist nicht besonders innovativ, aber die Gerichte sind lecker zubereitet. Der frische Fang des Tages wird mit einer Marinade aus Knoblauch, Zitronen und Basilikum überbacken und ist der absolute Renner. Hier gibt es viele Touristen, und die dazu passenden Aloha-Klamotten sind keine Seltenheit.

Café Portofino ITALIENISCH $$

(Karte S. 524; www.cafeportofino.com; Kaua'i Marriott Resort, Kalapaki Beach; Vorspeisen 8–12 $, Hauptgerichte 16–29 $; ☺17–21.30 Uhr) Ganz und gar romantisch ist dieses Restaurant direkt am Wasser, das für jeden Geschmack etwas zu bieten hat. Einige schätzen die weißen Tischdecken, die schummrige Beleuchtung und den Solo-Harfenspieler, andere finden das Essen von Chefkoch Maximillian Avocadi überteuert

Du bist, was du isst. Auf Kauaʻi sollte man die Gelegenheit nutzen und einen Teil der Garden Island zu einem Teil seiner selbst werden lassen:

Montag

Poʻipu (West Kauai Agricultural Association, Poipu Rd & Cane Haul Rd; ☉8 Uhr)
Koloa Town (Koloa Ball Park, Maluhia Rd; ☉12 Uhr)
Lihuʻe (Kukui Grove Shopping Center; ☉15 Uhr)

Dienstag

Hanalei (Kuhio Hwy, Waipa; ☉14 Uhr) Gleich hinter Hanalei.
Wailua (Wailua Homesteads Ballpark, Kamalu Rd & Malu Rd; ☉15 Uhr)
Kalaheo (Kalaheo Neighborhood Center, Papalina Rd & Kaumualiʻi Hwy; ☉15 Uhr)

Mittwoch

Kapaʻa (Kapaʻa New Town Park, Kahau Rd & Olohena Rd; ☉14.45 Uhr)
An der Umgehungsstraße.

Donnerstag

Hanapepe (Hanapepe Town Park; ☉15 Uhr) Hinter der Feuerwehr.
Kilauea (Kilauea Neighborhood Center, Keneke St; ☉16.30 Uhr) An der Lighthouse Rd.

Freitag

Lihuʻe (Parkplatz vom Vidinha Stadium, Hoʻolako St; ☉14.45 Uhr) An der Queen Kapule Rd.

Samstag

Hanalei (☉9 Uhr) Neben den Fußballplätzen.
Kekaha (Kekaha Neighborhood Center, Elepaio Rd; ☉9 Uhr) Am Kaumualii Hwy.
Kilauea (Keneke St; ☉13.30 Uhr) Hinter der Kilauea-Post.

LIHUʻE UNTERHALTUNG

und die formelle Atmosphäre zu langweilig. Auf der italienischen Speisekarte stehen leckere Pasta- und jede Menge Kalbsgerichte, wie die Spezialität des Hauses, Ossobucco.

Kauaʻi Pasta ITALIENISCH $$
(Karte S. 528; 4-939B Kuhio Hwy; Hauptgerichte 9–15 $; ☉11–14 & 17–21 Uhr) Dieses zentral gelegene, freundliche italienische Bistro ist eine Mischung aus Fast-Food-Imbiss und Resort-Gourmettempel. Die bunten Salate gibt es in verschiedenen Geschmacksrichtungen: mit gepfeffertem Rucola, cremigem Ziegenkäse und süßen Tomaten. Die warmen Focaccia-Sandwiches, klassischen Pastagerichte und das leckere Tiramisu würden auch unter den kritischen Blicken der Festland-Gourmets bestehen.

Duke's Barefoot Bar BAR $$
(Karte S. 524; Kauaʻi Marriott Resort, Kalapaki Beach; tropische Drinks 7,25 $, Glas Wein 6–16 $; ☉11–23 Uhr) In der geselligen, tropischen Bar im Waikiki-Stil mit Panoramablick auf den Kalapaki Beach gibt es leckere Drinks und gutes Essen. Die Bar ist ein bescheidenerer Ableger von Duke's Canoe mit einer ähnlich umfangreichen Speisekarte.

Selbstversorger

Big Save LEBENSMITTEL $
(Karte S. 528; 4444 Rice St; ☉7–23 Uhr) Lihuʻes Filiale dieser Kette ist in Ordnung, aber es fehlt eine Frischetheke.

Star Market LEBENSMITTEL $
(Karte S. 524; Kukui Grove Shopping Center; ☉6–23 Uhr) Ist größtenteils ähnlich ausgestattet.

Vim ʻn Vigor LEBENSMITTEL $$
(Karte S. 524; 3-3122 Kuhio Hwy; ☉Mo–Fr 9–19, Sa bis 17 Uhr) Verkauft Vitamine und Ergänzungspräparate, Reformkost, Bioprodukte und Standardware.

☆ Unterhaltung

Café Portofino BAR, CLUB
(Karte S. 524; www.cafeportofino.com; Kauaʻi Marriott Resort, Kalapaki Beach) Hier legen donnerstags und samstags von 22 Uhr

536

bis irgendwann zwischen 2 und 4 Uhr
morgens Gast-DJs auf. Musik von Swing
über Hip Hop bis hin zu Salsa bietet
den Nachteulen und kontaktsuchenden
Einheimischen die Chance, sich unter
Leute zu mischen, loszulassen und abzu-
tanzen.

LP TIPP **Luau Kalamaku** SHOW
(Karte S. 524; ☎877-622-1780; www.
luaukalamaku.com; Kilohana Plantation; Erw./
Kind 99/49 $; ⊙Luau Di & Fr 17.30 Uhr) Hier
ersetzt ein faszinierendes Dinner-Theater
mit einem Hauch Cirque du Soleil (bieg-
same Tänzer, glitzernde Turnanzüge und
Pyrotechnik) die immer gleichen Abend-
shows. Das aufregende Bühnenstück über
die heldenhafte Reise einer Familie nach
Hawaii beinhaltet Hula- und tahitianische Tänze sowie sensationelle, nerven-
zerreißende samoanische Feuertänze. Das
Buffet ist überdurchschnittlich gut, auch
wenn von den 1000 Plätzen meist nur 550
besetzt sind. Außerdem werden die Touristen nicht alle Nase lang zum Mittanzen
aufgefordert.

South Pacific SHOW
(Karte S. 524; ☎346-6500; Kaua'i Beach Re-
sort, 4331 Kaua'i Beach Dr; Erw./Kind 85/30 $;
⊙Shows Mi 17.30 Uhr) Wer noch nie Rod-
gers und Hammersteins *South Paci-
fic* gesehen hat, der sollte sich dieses
Dinner-Theater von Brenda Turville und
Alain Dussaud unter der Leitung der
Hawaii Association of Performing Arts
nicht entgehen lassen. Früh kommen
lohnt sich – es gibt keine nummerierten
Plätze.

Kukui Grove Cinemas KINO
(Karte S. 524; ☎245-5055; Kukui Grove Shopping
Center, 3-2600 Kaumuali'i Hwy; Erw./Kind 8/5 $,
vor 17 Uhr 5 $) In den vier Sälen dieses Kinos
in einer Shopping Mall laufen die üblichen
Hollywoodstreifen. Auch das Hawaii International Film Festival (www.hiff.org) findet
hier statt.

Kaua'i Concert Association KONZERTE
(Karte S. 524; ☎245-7464; www.kauai-concert.
org; Tickets 30–45 $) Das Kaua'i Communi-
ty College Performing Arts Center bietet
um 19 Uhr klassische, Jazz- und Popkon-
zerte. Zu den letzten Künstlern, die hier
aufgetreten sind, gehören die afrikanische
Sängerin Angélique Kidjo, die Rubberband-
dance Group und Alison Brown auf dem
Banjo.

🛍 Shoppen

Koa Store SOUVENIRS
(Karte S. 524; www.thekoastore.com; 3-3601 Kuhio Hwy; ⊙Mo–Sa 9–18, So 10–17 Uhr) Andere
Koa-Galerien verkaufen zwar hochwerti-
gere Meisterstücke, aber hier gibt es viele
bezahlbare Souvenirs wie geschmeidige
Essstäbchen und Schreibtisch-Accessoires.
Viele Artikel gibt es in drei Qualitätsklas-
sen: vom einfachen glatten Koa-Holz bis
hin zum seltenen, fast dreidimensionalen,
gewellten Premium-Koa. Alle Holzarbeiten
sind aus echtem Koa-Holz (nicht aus billigem Imitat, wie es in Touristenshops verkauft wird).

Flowers Forever BLUMEN
(Karte S. 528; www.flowersforeverhawaii.com;
Kalena St; ⊙Mo–Do 8–17, Fr bis 18, Sa bis 16 Uhr)
Flowers Forever ist zum achten Mal in
Folge zum besten Blumenladen auf Kaua'i
gewählt worden. Hier gibt es Blumenarran-
gements, Luftballons, Obst- und Gourmet-
körbe, Champagner und jede Menge Blumen und *lei*-Schmuck. Tropische Blumen,
Pflanzen und *lei*-Schmuck werden auch
aufs Festland verschickt.

Kapaia Stitchery SOUVENIRS, BEKLEIDUNG
(Karte S. 524; 3-3551 Kuhio Hwy; ⊙Mo–Sa
9–17 Uhr) Dieser alteingesessene Laden ist
ein Paradies für Quilt-Liebhaber. Hier gibt
es unzählige Baumwollstoffe sowie auf der
Insel hergestellte Schnittmuster und Anleitungen. Auch selbst gemachte Souvenirs
wie Kinderklamotten, japanische Kimonos,
Topflappen und eine Auswahl an Taschen
werden verkauft.

Edith King Wilcox Gift Shop SOUVENIRS
(Karte S. 528; www.kauaimuseum.org/store;
Kaua'i Museum, 4428 Rice St; ⊙Mo–Fr 9–16, Sa
10–16 Uhr) Der Souvenirshop des Kaua'i Museums bietet eine große Auswahl an echter
hawaiischer Handwerkskunst wie Schmuck
aus der Ni'ihau-Muschel, Koa-Holzarbeiten
und *lauhala*-Hüte (eine hawaiische Webart
mit Blättern), sowie Bücher über Hawaii
und Sammlerstücke aus Keramik. Durch
die Eingangshalle des Museums gelangt
man, ohne Eintritt bezahlen zu müssen,
zum Shop.

Kilohana Plantation SOUVENIRS, BEKLEIDUNG
(Karte S. 524; www.kilohanakauai.com/shopping.
htm; Kaumuali'i Hwy; ⊙die meisten Shops Mo–Sa
10–21, So bis 16 Uhr) Diese stilvollen Shops in
einem eleganten, historischen Herrenhaus
werden selbst den kritischsten Einkäufer

zufriedenstellen. Hier gibt es hochwertigen Schmuck, Originalkunstwerke, Holzarbeiten, Raku-Töpferware und Aloha-Shirts. Allein die malerische, historische Umgebung ist schon Grund genug für einen Zwischenstopp.

Lihu'es einziges großes Einkaufszentrum ist das **Kukui Grove Shopping Center** (Karte S. 524; 245-7784; 3-2600 Kaumuali'i Hwy), in dem es überwiegend Filialen von Ketten wie Macy's, Sears, Longs Drugs, kmart, Radio Shack und Banken gibt. Auf der anderen Straßenseite liegt der riesengroße **Costco** (Karte S. 524; 241-4000; 4300 Nuhou St; Mo–Fr 10–20.30, Sa 9.30–18, So 10–18 Uhr), der so gut wie alles verkauft.

Das **Anchor Cove Shopping Center** (Karte S. 524; 246-0634; 3416 Rice St) und die **Harbor Mall** (Karte S. 524; 245-6255; 3501 Rice St) in der Nähe vom Nawiliwili Harbor ziehen hauptsächlich Touristen von den Kreuzfahrtschiffen und aus dem nahe gelegenen Marriott an. Das sollte man tunlichst umgehen.

Praktische Informationen

Buchläden

Borders (Kukui Grove Shopping Center, 4303 Nawiliwili Rd; Mo–Do 9–21, Fr & Sa bis 22, So bis 20 Uhr) Große Kette mit einer Riesenauswahl an Büchern und CDs; gute Quelle für Karten von der Insel.

Tropic Isle Music Co (www.tropicislemusic.com; Anchor Cove Shopping Center, 3416 Rice St; 10–20 Uhr) Große Auswahl an Büchern über Hawaii, CDs und sonstigen Artikeln.

Geld

Banken mit Geldautomaten:

American Savings Bank (246-8844; Kukui Grove Shopping Center, 3-2600 Kaumuali'i Hwy)

Bank of Hawaii (245-6761; 4455 Rice St)

Internetzugang

Cyber Connections (3366 Wa'apa Rd, hinter dem Anchor Cove Shopping Center; 4,50 $/15 Min.; Mo–Sa 10–18 Uhr) Bietet sowohl PC- als auch Drucker-Zugang.

Kukui Grove Shopping Center (Kukui Grove Shopping Center, Kuhio Hwy; Mo–Do & Sa 9.30–19, Fr bis 21, So bis 18 Uhr;) Kostenloser WLAN-Zugang von Sears bis zum Food Court und im Starbucks Café in der Nähe vom Osteingang.

Medizinische Versorgung

Longs Drugs (245-7771; Kukui Grove Shop-

ping Center, 3-2600 Kaumuali'i Hwy; Laden 8–20 Uhr, Apotheke Mo–Sa 8–18, So 9–18 Uhr)

Wilcox Memorial Hospital (Karte S. 524; 245-1010, TTY 245-1133; 3420 Kuhio Hwy) Kaua'is einziges großes Krankenhaus. 24-Stunden-Notaufnahme.

Notfall

Polizei, Feuerwehr und Notruf (911)

Polizeistation (241-1771; 3060 Umi St) Für kleine Zwischenfälle (keine Notfälle) und Informationen.

Krisen-Hotline für sexuelle Übergriffe (245-4144)

Post

Longs Drugs (245-7771; Kukui Grove Shopping Center, 3-2600 Kaumuali'i Hwy; Mo–Sa 7–22, So 8–20 Uhr) Postfiliale im Laden bietet Kopierer, FedEx und UPS sowie US-Postbetrieb.

Post (800-275-8777; 4441 Rice St; Mo–Fr 8–16.30, Sa 9–13 Uhr) In der Hauptpost werden postlagernde Sendungen maximal 30 Tage aufbewahrt.

Touristeninformation

Kaua'i Visitors Bureau (245-3971, 800-262-1400; www.kauaidiscovery.com; Suite 101, 4334 Rice St) Bietet einen monatlichen Veranstaltungskalender, Busfahrpläne und eine Liste mit vom Bezirk verwalteten Sunshine Markets (Bauernmärkte), auf denen es Produkte aus Kaua'i zu kaufen gibt. Online kann man einen kostenlosen „Urlaubsplaner" bestellen.

An- & Weiterreise

Lihu'es zentrale Punkte sind die Nawiliwili Bay, der einzige große Hafen, und der Flughafen von Lihu'e, der einzige große Flughafen der Insel. Die als Hauptstraße der Stadt bekannte Rice St verläuft von Ost nach West vorbei an den Regierungsgebäuden und der Post. Der Kuhio Hwy (Hwy 56) führt Richtung Norden zu Läden und Restaurants und Richtung Süden zum Kukui Grove Shopping Center.

AUTO & MOTORRAD Kaua'i ist eine Insel für Autofahrer – vor den meisten Geschäften gibt es Parkplätze, und auch auf den Straßen findet man leicht welche. Parkuhren in Lihu'e kosten 25 ¢ für 30 Minuten. Informationen über Auto- und Motorradverleih s. S. 523.

BUS Der **Kaua'i Bus** (241-6410; www.kauai.gov) bedient Lihu'e mit einem Shuttlebus, der zwischen 6 und ca. 19 Uhr stündlich fährt und an allen wichtigen Stationen wie dem Kukui Grove Shopping Center, dem Flughafen von Lihu'e, dem Vidinha-Stadion, dem Wal-Mart, dem Wilcox Memorial Hospital und Big Save hält. Zusätzlich gibt es noch einen Mittags-Shuttlebus, der in Intervallen von 15 Minuten im Zentrum von Lihu'e verkehrt.

KAPA'A & DIE EASTSIDE

Mal abgesehen von den Einkaufszentren und dem Verkehr auf dem Highway ist die Eastside in vielerlei Hinsicht faszinierend, zumal die Landschaft einiges zu bieten hat: von Bergwäldern und grasbedecktem Wei-

deland bis hin zu tosender Brandung und einem majestätischen Fluss. Im Altertum galt der Wailua River als heilig, Mitglieder des Königshauses lebten an seinem fruchtbaren Ufer. Heute ist die Region dicht besiedelt, was für eine große Anzahl an Restaurants, Läden und Unterkünften sorgt.

Eastside

Die Coconut Coast erstreckt sich von Wailua bis nach Kapa'a, doch anders als in den schickeren Resorthochburgen in Po'ipu und Princeville herrscht hier eine betriebsame re Alltagsatmosphäre – und das ist eher positiv gemeint. An der Nordostküste liegt das dörfliche Anahola, ein Wohn- und landwirtschaftlich geprägtes Gebiet, in dem aus Kaua'i Hawaiianer 70 % der Einwohner ausmachen.

Wailua

7150 EW. (INKL. WAILUA HOMESTEADS)

Wailua ist die ideale Basis zur Erkundung der Gegend. Hier haben Urlauber die Wahl zwischen Apartments am Wasser mit Non-Stop-Wellenrauschen und im Landesinnern gelegenen B&Bs und Ferienwohnungen, umgeben von üppigen Gärten und sanft geschwungenen Hügeln. Zu weiteren Attraktionen zählen ein verrückter Spielplatz, ein riesiges Hindu-Kloster und der einzige befahrbare Fluss im Bundesstaat.

◉ Strände & Sehenswertes

Die Website und Karte des Kaua'i Heritage Trail (http://wailuaheritagetrail.org) gibt einen Überblick über alle wichtigen Sehenswürdigkeiten.

Lydgate Beach Park   BEACH PARK

In diesem beliebten Strandpark mit sicheren Badestellen, Möglichkeiten zum Schnorcheln für Anfänger und zwei Spielplätzen können Kinder den ganzen Nachmittag beschäftigt werden. Wer einen abgelegenen, unberührten Strand sucht, für den könnte Lydgate etwas zu bebaut sein. Die meisten Familien wissen die vielen Abwechslungen allerdings zu schätzen. Aber Vorsicht: Der flache Meerwasserpool ist zwar dank der schützenden Wellenbrecher aus Stein ruhig, aber der offene Ozean hinter dem Pool sollte nicht unterschätzt werden.

1994 errichtete eine Gruppe Freiwilliger (s. www.kamalani.org) den vielseitigen **Kamalani Playground** (am Nordende), eine riesige, fast 1500 ha große Burg mit Schaukeln, Rutschen, Spiegellabyrinthen, einer Hängebrücke und anderen spaßbringenden Einrichtungen für Kinder. 2001 errichtete diese Gruppe ein weiteres Meisterwerk aus Holz: die einfachere, zweistöckige **Kamalani Kai Bridge** (am Südende). Zu weiteren Vorzügen gehören Fußballfelder, ein 4 km langer Rad- und Fußweg, Pavillons,

Picknicktische, Toiletten, Duschen, Trinkwasser, eine Strandwache und jede Menge Parkplätze.

Um hierher zu gelangen, biegt man zwischen den Meilensteinen 5 und 6 am Kuhio Hwy Richtung Wasser *(makai)* ab.

Steelgrass Farm   FARMTOUR

(☑821-1857; www.steelgrass.org; Erw./Kind 60 $/frei; ☺Mo, Mi & Fr 9–12 Uhr) Auf dieser 3 ha großen Familienfarm kann man einiges über die hiesige Landwirtschaft und den Kakaoanbau lernen. Auch eine einzigartige Tour über die Schokoladenfarm, auf der Nutzbambus und Vanille sowie Hunderte anderer tropischer Pflanzen gedeihen, wird angeboten. Wer wissen möchte, was alles auf Kaua'i wächst und gedeiht – von Avocado- und Zitrusgewächsen bis hin zu Sauersack und *jabuticaba* (Baumstammkirsche) – bekommt auf der Farm eine gute Einführung.

Die Besitzer des Anwesens, Will und Emily Lydgate, sind die Urenkel von Kaua'is Minister und Gemeinderat John Mortimer Lydgate, dem Namenspatron des Lydgate Beach Park. Die Farm war keine Erbschaft, da J.M. (wie er genannt wurde) nicht das Bedürfnis hatte, sich Land anzueignen oder aus der Zuckerindustrie Profit zu schlagen. Auf der Website steht noch mehr über die interessante Geschichte dieser Familie. Infos über Lage und Anfahrt bekommt man direkt bei der Familie.

Smith's Tropical Paradise   GARTEN

In anderen Gärten mögen die Landschaften spektakulärer, die Sehenswürdigkeiten bedeutender sein, aber preislich ist Smith's nicht zu schlagen. Für nur 6 $ können Besucher hier gemütlich auf einem Rundweg an einem ruhigen Weiher, Wiesen und Gärten vorbeispazieren, sich dabei bestimmten Inseln widmen. Das Ganze mag ein bisschen an Disneyland erinnern – mit einer Nachbildung der Osterinsel und Straßenbahnen –, aber der große Park ist dennoch angenehm einfach gestaltet. Das von der Familie Smith veranstaltete luau (S. 548) findet auf dem Gartengelände statt.

Kaua'is Hindu-Kloster   TEMPEL

(Karte S. 538; ☑822-3012; www.himalayan academy.com; 107 Kaholalele Rd; ☺9–12 Uhr) Auf einer Insel, auf der es praktisch keinen Hinduismus gibt, heißt dieses einzigartige Hindu-Kloster auf 185 ha sowohl ernsthafte Pilger als auch neugierige Touristen willkommen. Die erstaunlich grüne

Wailua

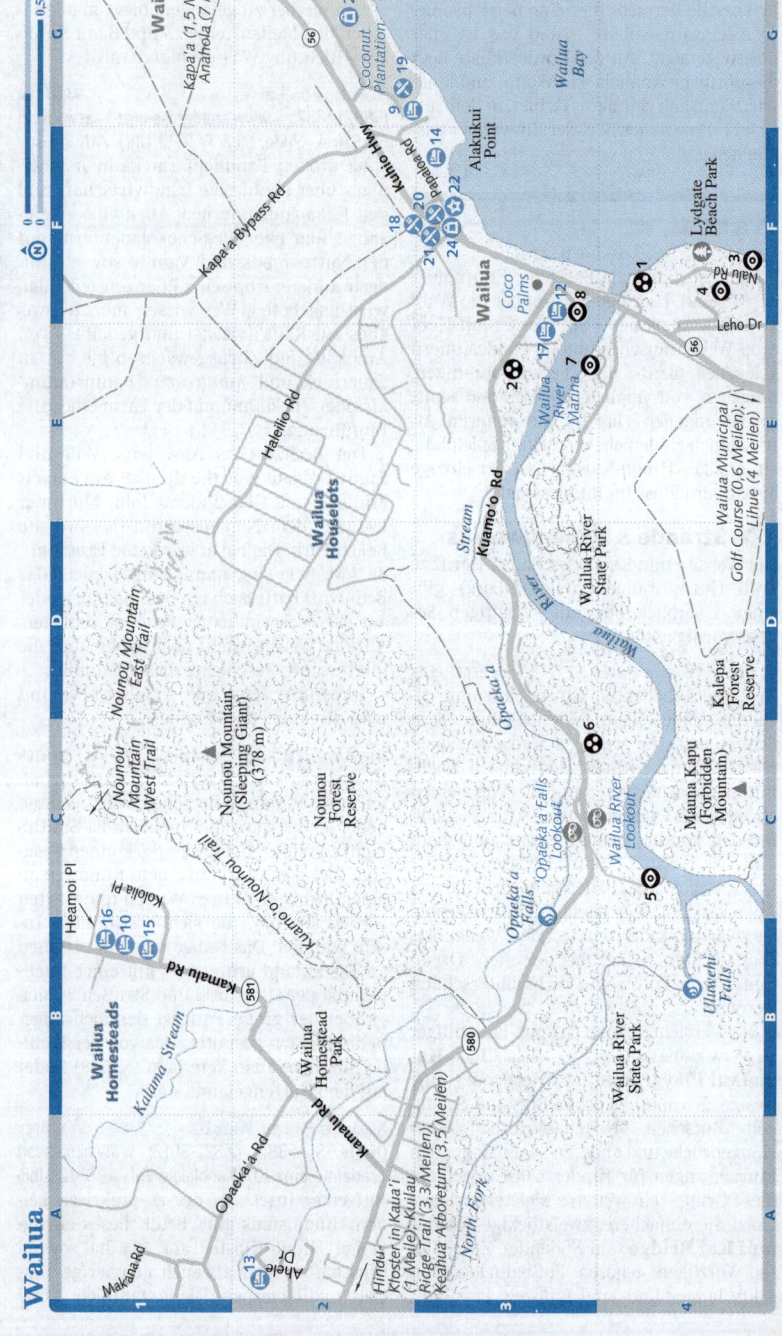

0   0.5 km
0   0.5 Meilen

Waipouli

Kapa'a (1,5 Meilen);
Anahola (7 Meilen)

56

11

23

Coconut
Plantation

9   19

20   14

Kapa'a Bypass Rd

18   22

Kuhio Hwy

Kapa'a Bypass Rd

Alakukui
Point

Wailua
Bay

Lydgate
Beach Park

21   24

Wailua

Coco
Palms

17

2

12   1

8   3

Naili Rd

4

Leho Dr

56

7

Kuamo'o Rd

Wailua
River
Marina

Wailua River
State Park

Wailua Municipal
Golf Course (0,6 Meilen);
Lihue (4 Meilen)

Hale'ilio Rd

Wailua
Houselots

Stream

Wailua River

Kalepa Forest
Reserve

Nounou Mountain
East Trail

Nounou
Mountain
West Trail

Nounou Mountain
(Sleeping Giant)
(378 m)

Nounou
Forest
Reserve

Opaeka'a

Opaeka'a Falls
Lookout

Kuamo'o-Nounou Trail

6

Wailua River
Lookout

5

Mauna Kapu
(Forbidden
Mountain)

Heamoi Pl

Kololoa Pl

16   10   15

Wailua
Homesteads

Kamalu Rd

581

Kalama Stream

Wailua
Homestead
Park

Opaeka'a
Falls

Opaeka'a Rd

580

Uluwehi
Falls

Wailua River
State Park

Makaia Rd

Ahele Dr

13

Hindu-
Kloster in Kaua'i
(1 Meile); Kuilau
Ridge Trail (3,3 Meilen);
Keahua Arboretum (3,5 Meilen)

North Fork

⊙ Sehenswertes

1 Hikinaakala Heiau F4
2 Holoholoku Heiau E3
3 Kamalani Kai Bridge F4
4 Kamalani Playground F4
5 Kamokila Hawaiian Village...............C4
   Kayak Kaua'i......................................(s. 23)
6 Poli'ahu Heiau C3
7 Smith's Tropical Paradise E3
   Smith's Motorboar Service ....(s. 7)
8 Wailua Kayak & Canoe F3
   Water Ski & Surf Company ....(s. 24)

⊗ Schlafen

9 Aston Islander on the Beach G2
10 Bunk House at Rosewood
    Kaua'i...B1
11 Courtyard Marriott Kauai G2
12 Fern Grotto Inn................................F3
13 Garden Room A2
14 Lae Nani F3
15 Lani Keha B1

16 Sleeping Giant Cottage.......................B1
17 Surf & Ski Cottage...............................E3

⊗ Essen

18 Caffé Coco F2
19 Hukilau Lanai G2
   Icing on the Cake ....(s. 24)
20 Kintaro F3
21 Mema F3
   Monico's Taqueria............................(s. 24)
   Tutu's Soup Hale ....(s. 24)

⊙ Unterhaltung

   Free Hula Show................................. (s. 23)
   Smith's Tropical Paradise ....(s. 7)
22 Trees Lounge F3

⊙ Shoppen

   Bambulei...(s. 18)
23 Coconut Marketplace.........................G2
24 Kinipopo Shopping Village F3

Regenwaldkulisse über dem Wailua River hat etwas von einer Parkanlage (was der Knochenarbeit der Mönche zu verdanken ist). Die Tempel, Ganesha-Statuen und anderen Bauten sind dem Gott Shiva geweiht. Besucher können tgl. von 9 bis 12 Uhr im Rahmen einer selbst geführten Tour ein begrenztes Areal einsehen. Einmal in der Woche wird eine kostenlose, geführte Tour angeboten, die sehr zu empfehlen ist. Termine und Parkplatzreservierungen gibt es unter ☎888-735-1619.

Der Tempel, der zurzeit genutzt wird, ist der **Kadavul-Tempel,** in dem Besucher den weltgrößten einzackigen Quarzkristall bestaunen können – ein 50 Mio. Jahre altes, sechseckiges Wunder, das 317 kg wiegt und 1 m hoch ist. Seit der Tempel 1973 errichtet wurde, wechseln sich meditierende Mönche rund um die Uhr in dreistündigen Wachen ab.

Keahua Arboretum   NATURSCHUTZGEBIET
Dieses Arboretum liegt fast am oberen Ende der Kuamo'o Rd und gleicht mit seinen grasbewachsenen Feldern, einem sprudelnden Bach und Hainen von Teak-, Eukalyptus- und anderen großen Bäumen einer Bilderbuchlandschaft. Die Einheimischen baden oder plantschen gern in dem Bach und den Pools, aber Vorsicht: Das Wasser kann Leptospirose-Bakterien enthalten.

Die Straße geht hinter dem Parkplatz des Arboretums weiter, allerdings muss man dann eine Wasserstelle durchqueren, was mit einem normalen Auto und besonders bei Regen nicht zu empfehlen ist.

Kamokila Hawaiian Village   MUSEUM
Dieses nachgebildete Dorf ist zwar kein touristisches Muss, bietet aber eine gelungene Abwechslung, besonders für Kinder. Es liegt am Wailua River inmitten blühender Gärten mit Guaven-, Mango- und Bananen-Bäumen und besteht aus traditionellen Gebäuden wie dem Canoe House und dem Chief's Assembly House. Hier ist etwas Fantasie gefragt! Es gibt keine Fremdenführer, aber die Stätte ist überschaubar, und die einfache Karte, die man bekommt, reicht völlig.

Kamokila bietet auch **Touren im Auslegerkanu** (Erw./Kind 30/20 $; ⊙Abfahrt stündl. 9.30–14.30 Uhr) an, bei denen gepaddelt, gewandert und in einem Wasserfall geschwommen wird. Da man von der Mündung weiter flussaufwärts startet, ist die von einem hawaiischen Führer begleitete Tour kürzer als die mit dem Kajak.

Um hierher zu gelangen, biegt man gegenüber den 'Opaeka'a Falls in südliche Richtung von der Kuamo'o Rd ab. Die 800 m lange Straße, die zum Dorf führt, ist sehr steil und eng.

'Opaeka'a Falls WASSERFALL

Dieser 12 m hohe Wasserfall ist zwar keine Touristenattraktion, aber durchaus einen kurzen Abstecher wert. Er liegt etwa 3 km die Kuamo'o Rd hinauf. Die beste Zeit zum Fotografieren sind die Morgenstunden. Man sollte sich nicht dazu verleiten lassen, zum Fuße des Wasserfalls hinabzusteigen. Die steilen Felsen sind gefährlich, was sich 2006 gezeigt hat, als zwei Touristen bei einer Wanderung fast 90 m in die Tiefe stürzten und dabei ums Leben kamen. Stattdessen sollte man nach dem Besuch der Wasserfälle auf die andere Straßenseite gehen und fantastische Fotos vom Wailua River machen.

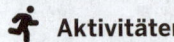 Aktivitäten

Wailua Municipal Golf Course GOLF

(Karte S. 538; ☎241-6666; Platzgebühr wochentags/Wochenende & Ferien 48/60 $, optionaler Golfwagenverleih 18 $, Schlägerverleih ab 32 $) Dieser 18-Loch-/Par-72-Golfplatz am Kuhio Hwy nördlich von Lihu'e zählt zu den besten städtischen Golfplätzen im ganzen Land. Hier gilt es, im Voraus zu planen, da die Morgenstunden auf diesem beliebten Platz (entworfen vom ehemaligen Profispieler Toyo Shirai) manchmal schon eine Woche im Voraus ausgebucht sind. Nach 14 Uhr beträgt die Platzgebühr nur noch die Hälfte, und es werden keine Reservierungen mehr angenommen.

Water Ski & Surf
Company WASSERSKIFAHREN, WAKEBOARDEN

(☎822-3574; www.kauaiwaterskiandsurf.com; Kinipopo Shopping Village, 4-356 Kuhio Hwy; pro 30/60 Min. 75/140 $; ☉Mo–Fr 9–17, Sa bis 12 Uhr) Die einzige Möglichkeit zum Wasserskifahren im Landesinnern bietet sich auf dem Wailua River, und nur von der Wailua Bridge zur ersten großen Biegung des Flusses. Wer gern gezogen wird, der sollte hier das Wasserskifahren oder Wakeboarden ausprobieren. Es werden auch Surfbretter (30/90 $ pro Tag/Woche, 300 $ Pfand), Bodyboards (5/20 $, 75 $ Pfand), Schnorchelausrüstung (5/15 $, 75 $ Pfand) und Boards zum Stehpaddeln (45/180 $, 600 $ Pfand) verliehen.

Powerline Trail MOUNTAINBIKEN

(Karte S. 538) Obwohl dieser Pfad (der sich zwischen Wailua und Princeville über 20 km erstreckt) hauptsächlich von Jägern genutzt wird, ist er zugleich eine gute Strecke für eingefleischte Mountainbiker. Wanderern könnte der Weg zu lang, zu ungeschützt oder – besonders Richtung Norden – zu eintönig sein. Der Pfad (eine ehemalige Wartungsstraße für Elektroleitungen aus den 1930er-Jahren) ist nie überfüllt, und er führt durch eine Nord-Süd-Region, die sonst nicht zugänglich ist. Vorsicht vor steilen Abhängen, die im dichten Laubwerk versteckt liegen. Hier muss man sich durch Schlamm und lehmige Furchen ackern.

Das Südende des Wegs beginnt gegenüber dem Bachs am **Keahua Arboretum** (S. 541) am Ende der Kuamo'o Rd. Man kann auch am Princeville-Ende starten, wo es weniger chaotisch zugeht. Gleich südlich von Princeville nach der Abzweigung zu den Princeville Ranch Stables Ausschau halten. Das ist die Po'oku Rd. Der Weg beginnt etwa 3,2 km die Straße runter, in der Nähe eines gut sichtbaren Wassertanks.

Smith's Motor Boat Service BINNENSCHIFFE

(☎821-6892; www.smithskauai.com; 1 ½-stündige Tour Erw./Kind 20/10 $; ☉Abfahrt 9.30, 11, 14, 15.30 Uhr) Wer sich die legendäre **Fern Grotto** nicht entgehen lassen möchte, für den ist eine Schiffsfahrt die einzige Möglichkeit, so nah wie möglich heranzukommen. Seit 1946 hat Smith's das Alleinrecht auf die Fahrt zur Grotte in geschlossenen Binnenschiffen (so groß wie Busse). Seit den heftigen Regenfällen und Steinrutschen von 2006 können Besucher nicht mehr in die Grotte hinein, sondern müssen auf der Holzplattform bleiben, die sich in einiger Entfernung von der flachen Höhle befindet.

Die Farn-Grotte, die sich unter einer überhängenden Klippe am Fuße des **Mauna Kapu** (Verbotener Berg) gebildet hat, schaut heute eher traurig aus. Seit die Zuckerplantagen oberhalb der Klippe in den 1990er-Jahren ihren Betrieb eingestellt haben und nicht mehr bewässert werden, leidet die Grotte unter Wassermangel. Die langen Schwertfarne und empfindlichen Frauenhaarfarne scheinen ständig ums Überleben zu kämpfen. Wer sich eine atemberaubende, smaragdfarbene Kaskade vorstellt, der sollte sich lieber alte Fotos anschauen.

Kajakfahren

Der majestätische und zugleich ruhige Wailua River erstreckt sich über 19 km und wird von zwei Flüssen gespeist, die am Mt Wai'ale'ale entspringen. Er ist der einzige befahrbare Fluss auf den hawaiischen Inseln, und Kajakfahren auf dem Wailua ist

Für die alten Hawaiianer gehörte der Wailua River zu den heiligsten Orten auf den Inseln. Das Flussbecken in der Nähe der Mündung war eines der zwei königlichen Zentren der Insel (das andere war Waimea), wo auch die höchsten Häuptlinge lebten. Hier findet man noch heute die Überreste vieler wichtiger heiau (religiöse Stätten), darunter auch die folgenden Orte.

Hikinaakala Heiau („Sonnenaufgang") liegt südlich der Mündung des Wailua River, die heute das Nordende des Lydgate Beach Park bildet. In seinen Blütezeiten war der lange, schmale Tempel (ca. 1200 n. Chr.) direkt von Nord nach Süd ausgerichtet, aber heute grenzen nur noch ein paar übrig gebliebene Steinbrocken die ursprüngliche, gewaltige Form ein. Das benachbarte **Hauola Pu'uhonua** („Tau des Lebens"; „Zufluchtsort") ist durch eine Bronzetafel gekennzeichnet. Im alten Hawaii wurde hier Menschen, die Tabus (kapu) brachen, Zuflucht gewährt, sofern sie es ins Innere schafften.

Der angeblich älteste *luakini* (ein dem Kriegsgott Ku gewidmeter Tempel, oft auch ein Ort für Menschenopfer) der Insel, der **Holoholoku Heiau**, liegt 400 m die Kuamo'o Rd rauf auf der linken Seite. Die ganze Gegend war königliches Gebiet. In westlicher Richtung steht ein flacher Geburtsstein, an dem die Königinnen die zukünftigen Könige zur Welt brachten. An ihm ist eine Tafel mit der Aufschrift „Pohaku Ho'ohanau" („königlicher Geburtsstein") angebracht. Nur ein männliches Kind, das hier geboren wurde, konnte König von Kaua'i werden. Ein paar Meter entfernt steht ein anderer Stein mit der Aufschrift „Pohaku Piko". Hier hinterließ man die Nabelschnur (*piko*) der Babys.

Hoch oben auf einem Hügel über dem sich windenden Wailua River befindet sich der gut erhaltene **Poli'ahu Heiau**, ein weiterer *luakini*. Er wurde nach der Schneegöttin Poli'ahu benannt, eine der Schwestern der Vulkangöttin Pele. Der Poli'ahu Heiau liegt direkt vor dem 'Opaeka'a Falls-Aussichtspunkt auf der anderen Straßenseite.

Unbeschilderte hawaiische heiaus sind leicht zu übersehen. Die einstigen beeindruckenden Steingebäude sind heute größtenteils nur noch Ruinen und mit Büschen bedeckt. Besucher brauchen etwas Fantasie, um ein heiau schätzen zu können, aber sie sind immer noch mächtig und liegen an Orten von großer spiritueller Energie (*mana*).

Auf der Website www.hawaiistateparks.org/pdf/brochures/Hikinaakala.pdf gibt es eine ausgezeichnete Broschüre über die heiau-Anlagen am Wailua. In Edward Joestings *Kauai: The Separate Kingdom* wird die fesselnde Geschichte des Wailua River und seiner Bedeutung für die alten Hawaiianer erzählt.

zu einer Touristenattraktion geworden. Die 8 km lange Kajakstrecke ist glücklicherweise für alle Alters- und Leistungsstufen machbar. Auf den Touren kommt man normalerweise nicht an der Farn-Grotte vorbei, sondern nimmt die Nordgabelung des Flusses, die zu einem 600 m langen Wanderweg durch dichte Wälder bis zu den **Uluwehi Falls** (Geheime Wasserfälle), einem fast 40 m hohen Wasserfall, führt. Die Wanderung geht über Steine und Wurzeln, wenn es matschig ist, kann das zu einer ziemlichen Rutschpartie werden. Tipp: feste, abwaschbare, rutschfeste Sandalen wie Chacos anziehen.

Die meisten Touren dauern vier bis fünf Stunden und beginnen so um 7 oder 12 Uhr (die genauen Zeiten erfährt man

telefonisch). Die maximale Gruppenstärke beträgt zwölf Personen, und die Teilnehmer fahren in Zweier-Kajaks. Bei den teureren Touren ist Mittagessen dabei, bei den preiswerteren kann man sein eigenes Essen in Kühltruhen und wasserdichten Taschen verstauen. Unbedingt Kopfbedeckung, Sonnencreme und Mückensalbe mitnehmen.

Erfahrene Ruderer können auch selbst Kajaks mieten und auf eigene Faust losziehen. Hier unterscheiden sich die Preise stark. Allerdings sind nicht alle Tourenanbieter dazu befugt, individuelle Kajaks zu verleihen.

Sonntags sind Kajaktouren oder -verleihe verboten. Private Kajaks sind auf dem Fluss natürlich immer erlaubt.

DIE QUELLE: MT WAI'ALE'ALE

Der Name Mt Wai'ale'ale bedeutet „plätscherndes" oder „überfließendes Wasser". Der Spitzname „Die Regenmaschine" macht dem Berg alle Ehre: Hier fallen jährlich im Durchschnitt rund 12 000 mm Regen pro Quadratmeter. Der Jahresrekord lag 1982 bei 17 000 mm. Aufgrund der steilen Felsen steigt die feuchte Luft schnell auf, der Regen konzentriert sich auf eine Gegend. Die alten Hawaiianer glaubten, der Berg sei vom Gott Kane besessen. Er liegt im Herzen der Insel und ist die Quelle der Flüsse Wailua, Hanalei und Waimea sowie des Alaka'i Wilderness Preserve und fast jedes sichtbaren Wasserfalls auf der Insel.

Von den folgenden Veranstaltern sind Kayak Kaua'i und Outfitters Kaua'i die größten und ältesten. Sie haben auch viele andere Touren im Programm. Die zwei empfohlenen kleineren Veranstalter bieten aber für die einfache Kajaktour die besseren Preise.

LP TIPP Kayak Wailua KAJAKFAHREN
(☎822-3388; www.kayakwailua.com; 4565 Haleilio Rd, Wailua; Tour 40 $/Pers.) Dieser kleine Familienbetrieb hat sich auf Touren auf dem Wailua River spezialisiert. Er hält die Boote und Ausrüstung in ausgezeichnetem Zustand und bietet wasserdichte Taschen und Kühlbehälter für die Sachen und das Essen der Teilnehmer an. Diejenigen, die der Gruppe vorausfahren möchten, profitieren von der Flexibilität des Anbieters. Unterschiedliches Können wird hier berücksichtigt.

LP TIPP Wailua Kayak Adventures KAJAKFAHREN
(☎822-5795, 639-6332; www.kauaiwailuakayak. com; 4-1596 Kuhio Hwy, Kapaa; 1er-/2er-Kajaks 25/50 $ pro Tag, Touren pro Paar 80 $; ⏱Check-in 7 & 12.30 Uhr) Hier gibt es den günstigsten Privatkajakverleih. Angeboten werden drei preiswerte Touren auf dem Wailua River (inkl. großzügige Snacks am Wasserfall). Die Zeiten ändern sich bei jeder Tour etwas – vorher anrufen!

Wailua Kayak & Canoe KAJAKFAHREN
(☎821-1188; Wailua River State Park; 1er-/2er-Kajak pro 5 Std. 45/75 $, Touren 55–90 $) Dieser Anbieter für Privatkajaks liegt günstig an der Bootsrampe am Nordufer (man muss das Kajak also nicht transportieren). Die Qualität der Touren ist gut, aber in den letzten Jahren sind die Preise ziemlich in die Höhe geschossen.

Kayak Kaua'i KAJAKFAHREN
(☎826-9844, 800-437-3507; www.kayakkauai. com; Coconut Marketplace, Wailua; 2er-Kajak pro Pers. & Tag 27 $, Touren Erw./Kind 85/60 $; ⏱Check-in 7.45 & 12.15 Uhr) Dieser alteingesessene und angesehene Anbieter mit Filialen in Wailua und Hanalei bietet Kajaktouren auf dem Fluss und auf dem Meer, darunter auch die Na-Pali-Challenge. Die Preise sind hoch, beinhalten aber ein Mittagessen. Eine gute Wahl für diejenigen, die einen Japanisch oder Spanisch sprechenden Führer brauchen.

Outfitters Kaua'i KAJAKFAHREN
(Karte S. 596; ☎742-9667, 888-742-9887; www. outfitterskauai.com; Po'ipu Plaza, 2827A Po'ipu Rd, Po'ipu; Kajak pro Pers. & Tag 40 $, Touren Erw./Kind 98/78 $; ⏱Check-in 7.45 Uhr) Dieser etablierte Anbieter ist bekannt für seine vielseitigen Abenteuertouren und – abgesehen von den hohen Preisen – auch sehr gut.

Wandern

Die meisten Wanderungen an der Eastside führen in den tropischen Dschungel im Innern von Kaua'i. Hier muss man mit feuchter Luft, roter Erde (oder Matsch) und nach Regenfällen mit rutschigen Stellen rechnen. Siehe dazu die Eastside-Trails-Karte (S. 538).

Kuilau Ridge & Moalepe Trails WANDERN
Der **Kuilau Ridge Trail** (Karte S. 538; 3,4 km; alle Kilometerangaben gelten für die einfache Strecke) ist wegen seiner puren Schönheit so empfehlenswert: smaragdgrüne Täler, bunte Vögel, taufeuchte Büsche, dichte Farne und immer mal wieder Ausblicke auf den nebligen Mt Wai'ale'ale in der Ferne. Nach 600 m kommt eine grasbewachsene Lichtung mit einem Picknicktisch. Dann geht es weiter nach Osten über Serpentinen hinunter zum **Moalepe Trail** (Karte S. 538; 3,6 km). Von hier sieht man den Nounou Mountain und die Makaleha Mountains.

Obwohl es zwei unabhängige Wanderwege sind, werden die beiden oft zusammen erwähnt, weil sie sich verbinden und nacheinander begangen werden können. Beide sind mittelmäßig schwer und gehören zu den schönsten auf Kaua'i. Die Wege bilden aber keinen Kreis, sodass man insgesamt 14,5 km läuft. Auch Mountainbiker wissen diese Waldwege zu schätzen, die aber überwiegend nur von Wanderern und Jägern genutzt werden.

Wer nur eine Wanderung machen möchte, der sollte sich für den Kuilau Ridge Trail entscheiden, da dieser sofort in die Wildnis des Waldes führt. Die ersten 600 m des Moalepe Trail führen nur über einfaches, baumloses Weideland der Wailua Game Management Area. Beide Wanderwege sind in gutem Zustand und ausgeschildert.

Der Kuilau Ridge Trail beginnt an einer Markierung auf der rechten Seite, kurz bevor die Kuamo'o Rd über den Bach am Keahua Arboretum führt (6,4 km oberhalb der Kreuzung Kuamo'o und Kamalu Rd). Der Anfang des Moalepe Trail liegt an dem Ende der Olohena Rd, wo sie in die Waipouli Rd einbiegt.

Nounou Mountain Trails WANDERN

Wer den Nounou Mountain (schlafender Riese) erklimmt, legt über 300 Höhenmeter zurück, aber die Aussicht über die Ostküste von Kaua'i entschädigt für die Mühen. Der Zugang zum Berg erfolgt im Osten über den **Nounou Mountain East Trail** (Karte S. 540; 2,8 km), im Westen über den **Nounou Mountain West Trail** (Karte S. 540; 2,4 km) und im Süden über den **Kuamo'o-Nounou Trail** (Karte S. 540; 3,2 km). Die Wanderwege treffen sich in der Nähe des Gipfels.

Die meisten Besucher bevorzugen den freiliegenden East Trail, weil er tolle Ausblicke auf das Meer und die in der Ferne liegenden Berge bietet. Der gut erhaltene Wanderweg ist mittelmäßig anstrengend, und man muss durch wildes Dickicht aus Guaven-, *liliko'i*- und Eisenholz klettern. Der Weg ist steil und läuft fast bis zum Bergkamm über Serpentinen. An der Kreuzung der drei Wege unterhalb des Gipfels nimmt man die linke Gabelung, die zum Gipfel führt und durch einen Picknickplatz gekennzeichnet ist. Ist man nun an der „Brust" des Riesen angelangt, verhindert nur noch sein „Kopf" einen Rundumblick. Noch weiter zu klettern, ist sehr gefährlich und wird nicht empfohlen.

Am besten beginnt man die Wanderung früh am Morgen, wenn es noch relativ kühl ist und man die Sonne über dem Tal aufgehen sieht. Bei Nässe ist der schmutzige Weg äußerst glatt – am besten nach einem Wanderstock Ausschau halten, den Wanderer manchmal am Beginn des Weges zurücklassen.

Der East Trail beginnt an einem Parkplatz der Gemeinde Wailua Houselots, 600 m die Haleilio Rd hinauf. Wenn die Straße eine Linkskurve macht, kann man nach dem Telefonmast 38 Ausschau halten, an dem der Weg angeschrieben ist.

Der Nounou Mountain West Trail steigt schneller an, ist aber besser, wenn man einen kühlen Waldweg bevorzugt. Ein Großteil des Wanderwegs liegt im Schatten aufragender Norfolk-Tannen und anderer Bäume. Es gibt zwei Wege, um zum Ausgangspunkt zu gelangen: von der Kamalu Rd in der Nähe des Telefonmasten 11, oder vom Ende der Lokelani Rd abseits der Kamalu Rd. Hier geht es durch ein Eisentor hindurch, das auf Waldgebiet hinweist.

Der Kuamo'o Nounou Trail führt durch Baumhaine, die in den 1930er-Jahren vom Civilian Conservation Corps gepflanzt worden sind. Er verbindet sich mit dem West Trail. Der Startpunkt liegt direkt an der Kuamo'o Rd in der Nähe einer Wiese zwischen den Meilensteinen 2 und 3.

Die besten geführten Wanderungen veranstaltet **Kaua'i Nature Tours** (☏742-8305; 888-233-8365; www.kauainaturetours.com; Nounou Mountain-Tour Erw./Kind 120/75 $), das Unternehmen des Geologen Chuck Blay. Hier wird eine ganztägige Wanderung mit Mittagessen und Transport angeboten.

✹ Festivals & Events

Taste of Hawaii ESSEN

(www.tasteofhawaii.com) Am ersten Sonntag im Juni veranstaltet der Rotary Club of Kapa'a im Smith's Tropical Paradise den „Ultimate Sunday Brunch". Für 75 bis 85 $ pro Person kann man Gourmetgerichte von 50 verschiedenen einheimischen Köchen probieren. An weiteren Ständen gibt es Wein, selbst gebrautes Bier, Eis und Nachspeisen – hier kann man gar nicht anders, als sich den Magen restlos vollzuschlagen.

🛏 Schlafen

Die meisten Apartments, B&Bs und Gasthäuser verlangen einen Mindestaufenthalt von drei Nächten und eine Reinigungsgebühr. Bei Apartments sind die Kontaktinformationen der Agentur angegeben, die die Mehrheit der Wohneinheiten verwaltet. Es lohnt sich aber auch ein Blick auf die Website www.vrbo.com und die Angebote kleinerer Agenturen. **Rosewood Kaua'i** (☎822-5216; www.rosewoodkauai.com) bietet nicht nur Apartments, sondern auch viele hervorragende Ferienhäuser in Wailua und Kapa'a an.

LP TIPP Bunk House at Rosewood Kaua'i
HOTEL $

(☎822-5216; www.rosewoodkauai.com; 872 Kamalu Rd; Zi. mit Gemeinschaftsbad 50–60 $; 🛜) Backpacker werden von diesen peinlich sauberen Zimmern mit Etagenbetten, eigenem Eingang und Küchenzeile restlos begeistert sein. Die Reinigungsgebühr beträgt 25 $. Wer es etwas vornehmer mag, der fragt nach dem malerischen „Victorian Cottage" (145 $) oder dem „Thatched Cottage" (135 $), die sich ebenfalls auf dem Bilderbuchgrundstück mit weißem Lattenzaun befinden.

Opaeka'a Falls Hale
B&B $$

(Karte S. 538; ☎888-822-9956; www.opaekaa fallskauai.ws; 120 Lihau St; Apartment mit Frühstück 110–130 $; 🅿) Jede der zwei Wohneinheiten dieses makellosen B&Bs ist an die 100 m² groß und damit größer als ein durchschnittliches Stadtapartment. Die zwei Wohnungen bieten einen Ausblick auf die grünen Täler von Wailua und verfügen über eine komplette Küche (mit allem, was für ein Frühstück notwendig ist), eigene Terrasse, Telefon, Waschmaschine, Trockner und einen schönen Swimmingpool. DSL-Internetzugang gibt es nur in der oberen Wohnung. Die Reinigungsgebühr beträgt 50 $.

Lani Keha
COTTAGE $

(☎822-1605; www.lanikeha.com; 848 Kamalu Rd; EZ/DZ ab 55/65 $; 🛜) Alleinreisende und gesellige Typen wissen die unkomplizierte, gemeinschaftliche Atmosphäre in diesem alteingesessenen Gasthaus sehr zu schätzen. Die drei Zimmer verfügen über *lauhala*-Matten auf dem Boden, Doppelbetten und alte, aber saubere Möbel – nichts Besonderes also. Hier trifft man sich in der Küche und der Gaststube.

Garden Room
COTTAGE $

(☎822-5216; 6430 Ahele Dr; Zi. 75 $; 🛜) Ruhe und Gelassenheit strahlt dieses makellose Apartment mit Blick auf einen traumhaften Teich mit Wasserlilien und Kois aus. Das treffend benannte Zimmer ist zwar klein (von der Größe eines Hotelzimmers), aber sehr hübsch eingerichtet, mit privatem Eingang, Küchenzeile und einem großzügigen Willkommenskorb. Erst kürzlich wurden u. a. die schönen Porzellankacheln angebracht. Das Gastgeberpaar, das schon lange auf Kaua'i lebt, verzaubert mit seinem Charme alle Gäste.

Sleeping Giant Cottage
COTTAGE $

(☎505-401-4403; www.wanek.com/sleeping-giant; 5979 Heamoi Pl; Cottage 95 $; 🛜) In diesem luftigen Bungalow im Plantagenstil ist man selbst der Schlossherr (keine Wände zu Nachbarn). Er ist mit Hartholzboden, Küche, großem Schlafzimmer und Wohn-/Esszimmer ausgestattet und verfügt außerdem über eine riesige, abgeschirmte Veranda zum hinteren Garten hinaus. Die Reinigungsgebühr beträgt 50 $; bei Aufenthalten über Wochen oder Monate gibt es Preisnachlass.

Surf & Ski Cottage
COTTAGE $

(☎822-3574; surfski@aloha.net; Ohana St; Cottage 75 $; 🛜) Dieses geschmackvoll eingerichtete Apartment bietet Alleinreisenden oder Paaren einen ruhigen, bequemen Zufluchtsort. Hier gibt es eine mehr als nur praktische Küche, ein französisches Bett und ein beeindruckendes, vom Besitzer selbst gemachtes, hawaiisches *palapa* (eine an den Seiten offene Behausung mit wasserdichtem Strohdach), das sich perfekt für ein gemütliches Beisammensein am späten Nachmittag eignet. Die Unterkunft liegt ein paar Schritte vom Wailua River entfernt und verfügt über eine eigene Kajakrampe.

Fern Grotto Inn
INN $$

(☎821-9836; www.ferngrottoinn.com; 4561 Kuamo'o Rd; Cottages 99–165 $, Haus 275 $; 🅿🛜) Diese modernisierten, bezaubernd altmodischen Cottages im Plantagenstil der 1940er-Jahre unterscheiden sich in der Größe, sind aber alle mit Hartholzböden, geschmackvollen Möbeln, TV und DVD, Gemeinschaftswaschküche und Küche oder Küchenzeile ausgestattet. Die Preise sind zwar relativ hoch, aber die Lage in der Nähe des Docks am Wailua River ermöglicht kürzere Fahrten. Die freundlichen Besitzer laufen die paar hundert Meter gerne, um sich zu vergewissern, dass es ihren Gästen an nichts fehlt.

Aston Islander on the Beach
HOTEL $$

(☑822-7417, 877-997-6667; www.astonhawaii.com; 440 Aleka Pl; Zi. 140–250 $; ✻🖧🖳) Unter den Mittelklassehotels steht das Islander an erster Stelle. Es ist kein Resort, man darf also keinen Schnickschnack erwarten, aber die 186 Zimmer sind modern und vornehm und verfügen über Granitarbeitsplatten, Flachbild-TV und Möbel aus Edelstahl und Teakholz. In den Zimmern gibt es nur DSL-Internet, aber in der Lobby wird kostenloser WLAN-Zugang geboten. Bei Online-Buchungen gibt es gute Rabatte.

Courtyard Marriott Kauai
HOTEL $$

(☑822-3455, 800-760-8555; www.marriotthawaii.com; 650 Aleka Loop; Zi. 150–380 $; ✻🖧🖳) Wer ein präsentables Business-Class-Hotel sucht, der muss nicht weiter schauen. Das Strandhotel mit über 300 Zimmern hat ein stilvolles Ambiente, von der hohen Lobby voller vornehmer Möbel bis hin zum angenehmen Pool. In den Zimmern werden die Geschäftsreisenden mit dunklem Holz, Fliesen aus schwarzem Marmor und Schreibtischen mit Schreibtischstuhl verwöhnt. Für eine Gebühr von 12 $ können die Gäste parken, Ortsgespräche führen, ins Internet gehen und die Tageszeitung beziehen. Online buchen. WLAN-Zugang nur in der Lobby.

Lae Nani
CONDO $$

(☑822-4938, 800-688-7444; www.outrigger.com; 410 Papaloa Rd; 1/2 Schlafzimmer ab 169/359 $; ✻🖳) Diese Apartmentanlage besteht aus fünf Gebäuden und liegt günstig an der Papaloa Rd. Die Anlage ist sehr hübsch und verfügt über einen eigenen, kleinen Strandabschnitt (nur bei ruhiger Brandung baden). Outrigger verwaltet fast 60 der 84 Apartments und bietet Unterstützung vor Ort, man sollte aber auch bei anderen Vermittlern nachfragen. In den Gebäuden 3 und 5 befinden sich die dem Meer am nächsten gelegenen Wohnungen. Gebäude 1 ist weit vom Highway und vom Parkplatz entfernt.

✗ Essen

Wailua ist nicht gerade ein Touristenort, dennoch gibt es hier eine Handvoll bemerkenswerter Lokale.

LP TIPP Tutu's Soup Hale
VEGETARISCH $

(Kinipopo Shopping Center, 4-356 Kuhio Hwy; Frühstück 6 $, Mittagessen 8 $; ☺7.30–17 Uhr) Hier gibt es jede Menge Aloha und Comfort Food – hip, aber nicht protzig. Zum Frühstück, das den ganzen Tag serviert wird, gehören u. a. das „Egglectic-Sandwich" und holländische Pfannkuchen mit Kokossirup. Die Mittagsgerichte wie Panini Caprese und Cashew-Basilikum-

---

DAS BUHLEN UM HOLLYWOOD

Der Staat bettelt Hollywood geradezu an, auf Hawaii zu drehen und bietet eine Steuererleichterung von 20 % für Dreharbeiten auf den benachbarten Inseln. 2007 drehte Ben Stiller den 100 Mio. $ teuren Film *Tropic Thunder* auf Kaua'i und stellte dafür 350 einheimische Crew-Mitglieder an (die ganze Crew bestand aus 778 Leuten). Außerdem arbeitete er noch mit Hunderten von einheimischen Statisten. Die Schauspieler und die Crew mieteten Häuser oder wohnten für ganze 13 Wochen in den zwei Hotels von Wailua. Sie besuchten regelmäßig einheimische Restaurants, Bars und unzählige Geschäfte. Sie drehten auf der ganzen Insel: von der Grove Farm in Lihu'e bis nach Hanalei. Es wird geschätzt, dass der Dreh der Insel die Riesensumme von 60 Mio. $ beschert hat.

Es gibt aber auch Stimmen, die behaupten, dass die Filmsets zu Umweltschäden geführt haben: umgeleitete Bäche, plattgemachte Bambushaine, verbrannte „Kriegsgebiete" und Gift aus der Pyrotechnik. Sie werfen dem State Department of Land & Natural Resources (oder jeder anderen Behörde) eine Verletzung ihrer Aufsichtspflicht vor.

Die Behauptungen sind zwar bis heute unbewiesen, dennoch könnten sie dazu führen, dass Kaua'is Filmindustrie fortan um Ausgewogenheit bemüht sein wird. Während die einen es begrüßen, die jahrhundertelange Geschichte der Insel auf der Kinoleinwand zu sehen, verweisen andere auf den großen wirtschaftlichen Aufschwung. Wieder andere aber sehen die Kommodifizierung des Landes (*'aina*) als vollkommen ungerechtfertigt an. Die Meinungen über *Tropic Thunder* gingen auseinander, und so wird es auch beim nächsten Mal sein, wenn Hollywood seinen Besuch ankündigt.

Pastete sind Beispiele der kreativen Küche. Die Atmosphäre ist sehr entspannt, und es gibt sogar eine Bibliothek zum Schmökern sowie eine lila Samtcouch zum Entspannen. Die schattigen Sitzmöglichkeiten im Freien sind besonders an warmen Sommernachmittagen sehr erfrischend. Auch für Fleischliebhaber stehen ein paar Gerichte zur Auswahl.

Caffé Coco   VEGETARISCH $$

(www.restauranteur.com/caffecoco; 4-369 Kuhio Hwy; Salate & Sandwiches 5–14,50 $, Gerichte 16–21 $; ⊙Di–Fr mittags, Di–So abends) In diesem rustikalen, kleinen Refugium lassen die Köche asiatische, orientalische und andere Gewürze in die gesunden Gerichte einfließen, welche die Leser des *Yoga Journal* begeistern würden. Ein Highlight hier ist der Ahi, entweder mit marokkanischen Gewürzen in einer vegetarischen Samosa zubereitet, oder in schwarzem Sesam sautiert und gerollt mit Wasabi-Creme. Wer soziale Kontakte knüpfen will, der sollte wissen: Hier bringt man seinen eigenen Alkohol mit. Großes Plus: Livemusik aus der Region jeden Abend zwischen 19 und 21 Uhr. Nachteil: Stechmücken.

Kintaro   SUSHI $$

(4-370 Kuhio Hwy; Vorspeisen 3,50–6 $, Gerichte 14–20 $; ⊙Mo–Sa abends) Abend für Abend strömen die Einheimischen in diesen Laden. Kein Wunder: Die Hauptgerichte wie dicke Stücke Sashimi oder Fisch-Garnelen-Tempura überzeugen sowohl hinsichtlich Qualität als auch Quantität. Der Besitzer kommt aus Korea, doch die Küche ist japanisch. Eine Spezialität sind die brutzelnden Teppanyaki, die von den Köchen auf Stahlplatten direkt am Tisch zubereitet werden.

Monico's Taqueria   MEXIKANISCH $

(Kinipopo Shopping Village, 4-356 Kuhio Hwy; Hauptgerichte 8–14 $; ⊙Di–So mittags & abends) Endlich: „echtes" mexikanisches Essen auf Kaua'i. Alles hier schmeckt frisch, von den großzügigen Portionen mit Burritos und Tacos bis hin zu den frisch gemachten Pommes, der Salsa und den Saucen. Ein großes Lob für die bezahlbaren Fischgerichte!

Mema   THAILÄNDISCH $$

(4-369 Kuhio Hwy; Hauptgerichte 9–18 $; ⊙Mo–Fr 11–14, tgl. 17–21 Uhr) Es ist nicht eingeschlagen wie eine Bombe, dennoch serviert das Mema ordentliche Gerichte sowohl für

Fleischliebhaber als auch für Vegetarier. Man kann wählen zwischen Tofu, Hühnchen, Schwein, Rind, Fisch oder Garnelen. Der gemütliche Speisesaal ist bescheiden, aber immer noch ein bisschen besser als die durchschnittlichen Imbissräume in der Gegend.

Hukilau Lanai   REGIONALE KÜCHE $$

(www.hukilaukauai.com; Kaua'i Coast Resort am Beachboy, 520 Aleka Loop; Abendessen 16–27 $; ⊙Di–So 17–21 Uhr) Wer etwas anderes sucht als ein typisches Lokal für lockere T-Shirt-Träger, dem sei dieses entspannte, aber zugleich etwas elegantere Lokal zu empfehlen. Auf der Speisekarte stehen Gerichte aus den besten Zutaten der Region, von Kilauea-Ziegenkäse bis hin zu *warabi* (Fiddlehead-Farn) aus dem Lawa'i Valley. Zu den herausragenden Angeboten zählen Feta-Ravioli mit Süßkartoffeln und Ahi-Nachos. Wer zwischen 17 und 18 Uhr kommt, der kriegt für nur 40 $ ein 6-Gänge-Menü inklusive Wein (Menü ohne Wein 28 $).

Icing on the Cake   BÄCKEREI $

(www.icingonthecakekauai.com; Kinipopo Shopping Village, 4-356 Kuhio Hwy; Kekse 1,25–1,75 $, Kuchen 15/23 cm ab 25/40 $) Konditorin Andrea Quinn hat ein Talent für elegante Designs und raffinierte Geschmacksrichtungen. Hier ist nichts zu niedlich oder zu süß. Sie hat sich zwar auf Kuchen auf Bestellung spezialisiert, aber auch wer einfach so in den Laden kommt, findet hier köstliche Leckereien wie Buttergebäck mit Kakaospitzen, Pekan-Brownies und ausgezeichnete Kokosmakronen vor. Auf der Website sind alle Filialen der Insel aufgelistet.

☆ Unterhaltung

Für die meisten besteht das Nachtleben von Wailua darin, sich ins Bett zu kuscheln, bevor der Hahn am Morgen kräht. Wenn der Preis nicht zu sehr abschreckt, könnte auch ein öffentliches luau eine nette Abwechslung sein.

Smith's Tropical Paradise   LUAU

(www.smithskauai.com; Wailua River Marina; luau Erw./Kind 78/30 $; ⊙luaus Mo, Mi & Fr 16.30 Uhr) Smith's Tropical Paradise ist eine Institution auf Kaua'i und veranstaltet seit 1985 *luaus*, die Scharen von Touristen anziehen. Das lebendige Ereignis mit jeder Menge Aloha-Stimmung wird von vier Generationen in dem hübschen, 12 ha großen Garten veranstaltet. Bei dieser multikulturellen Show werden Tänze aus Hawaii, Tahiti,

Samoa, China, Japan, Neuseeland und von den Philippinen gezeigt.

Die kostenlose **Hula-Show** (☏822-3641; ⊙Mi 17 Uhr) auf dem Coconut Marketplace ist zwar sehr touristisch, aber trotzdem lustig und lebendig. Hier spielt Leilani Rivera Bond (www.leilanirivera.com) und ihre Truppe *(halau)*. Sie ist die Tochter des berühmten Entertainers Larry Rivera aus dem Coco Palms, der jeden ersten Mittwoch im Monat an der Show teilnimmt.

Trees Lounge   LIVEMUSIK
(☏823-0600; www.treesloungekauai.com; 440 Aleka Pl, hinter dem Coconut Marketplace; ⊙17–23 Uhr) Für Fans von Livemusik ist das einer der beeindruckenderen Veranstaltungsorte der Insel. Hier treten jeden Abend Musiker im Vor- und Hauptprogramm auf: von schmetterndem Rock bis hin zu sanften Akustik-, Jazz- und traditionell hawaiischen Klängen. Jeden Dienstag ist Offene Bühne – Gitarren werden bereitgestellt, Mut ist selbst mitzubringen. Hier ist jeder herzlich willkommen, sein Talent unter Beweis zu stellen. Auf geht's!

 Shoppen

Coconut Marketplace   SOUVENIRS
(www.coconutmarketplace.com; ⊙Mo–Sa 9–21, So 10–18 Uhr) Einst ein beliebter Treffpunkt, präsentiert sich dieser Platz heute stellenweise gähnend leer (als ob man nicht wahrhaben wollte, dass hier nichts mehr los ist). Übrig geblieben ist eine Mischung aus Shops mit mittelmäßigen Klamotten, Schmuck, T-Shirts und Souvenirs von der Insel.

Bambulei   BEKLEIDUNG
(www.bambulei.com; 4-369D Kuhio Hwy; ⊙Mo–Fr 10–18, Sa bis 17 Uhr) Diese unwiderstehliche Boutique ist rappelvoll mit Damenbekleidung für Frauen, die schon aus dem jugendlichen Surferlook rausgewachsen sind. Die schön fallenden Oberteile, Sandalen mit Absatz und Accessoires aus Kimono-Stoff sind zwar nicht Haute Couture, aber dafür bezahlbar und einzigartig. Hier gibt es auch altmodische Kleidung und Wohnausstattung im Retro-Stil.

 An- & Weiterreise

Hier braucht man gar nicht erst nach einem Stadtzentrum zu suchen. Die meisten Attraktionen liegen entlang dem Kuhio Hwy (Hwy 56) oder an der Kuamo'o Rd (Hwy 580), die ins Landesinnere *(mauka)* führt. Um nach Kapa'a

oder weiter zu kommen, nimmt man die Kapa'a Bypass Rd, die von der Coconut Plantation in nördliche Richtung nach Kapa'a führt.

Waipouli

Waipouli liegt zwischen Wailua und Kapa'a und ist weniger eine Ortschaft als eine Aneinanderreihung von Restaurants, Lebensmittelgeschäften, einem Drugstore und anderen Geschäften. Hier kommt wahrscheinlich jeder vorbei, der seinen Proviant aufstocken will.

 Aktivitäten

Hier gibt es zwar die Verleihstationen, aber die eigentlichen Aktivitäten finden woanders statt.

Ambrose's Kapuna   SURFEN
(www.ambrosecurry.com; 770 Kuhio Hwy; 35 $/Std.) Nicht die Gelegenheit verpassen, den Surfguru Ambrose Curry zu treffen, der anbietet, „Leute mit zum Surfen zu nehmen" (oder zum Stehpaddeln), aber „keinen Un-

---

DIE BESTEN STRÄNDE

Hanalei Bay Dieser halbmondförmige Strand eignet sich hervorragend zum Paddeln, Surfen, Schwimmen oder für einen gemütlichen Strandspaziergang.

Po'ipu Beach An diesem familienfreundlichen Strand ist es immer sonnig, und er ist perfekt zum Schnorcheln und Faulenzen.

Polihale State Park Einer der längsten Strandabschnitte im Bundesstaat – abgelegen und ideal zum Campen.

Kauapea (Secrets) Beach Der von Klippen bewachte und dem offenen Meer zugewandte Strand ist zwar abgeschieden, aber schon lange kein Geheimtipp mehr. Am besten kommt man im Sommer hierher, da die Strömungen im Winter sehr gefährlich sein können.

Maha'ulepu Beach Dieser Erholungsort an der Südküste ist genauso wild wie majestätisch.

Ke'e Beach Wenn die Brandung nur schwach ist, kann man hier prima schnorcheln und den Sonnenuntergang bewundern. Bei starker Strömung besser nicht ins Wasser gehen.

KAUAʻI MIT KINDERN

» Auf Gummireifen die Wasserwege im Hinterland entlangfahren (S. 529)

» Bei Jo-Joʻs Anuenue Shave Ice & Treats ein leckeres Shave Ice (Wassereis) schlecken, das es in allen Regenbogenfarben gibt (S. 617)

» Im Rahmen einer Zugfahrt auf der Kilohana Plantation eine Gruppe hungriger Schweine füttern (S. 526)

» Einen riesigen Spielplatz am Strand erkunden (S. 539)

» Auf speziellen Rädern den Küstenweg an der Ostseite entlangfahren (S. 556)

» Die Kleinen an zwei Kinderstränden mit dem Meer bekannt machen (S. 552 und S. 595)

» In der Hanalei Bay (S. 575) oder im Poʻipu Beach Park (S. 594) surfen lernen

» In den Flussbecken des Grand Hyatt Kauaʻi plantschen (S. 603)

terricht erteilt". In jedem Fall kann man noch eine Menge lernen von diesem alteingesessenen Surf-Philosophen, der einst passend als Stammesältester bezeichnet wurde. Curry kommt ursprünglich aus Kalifornien und lebt seit 1968 auf Kauaʻi. Er betätigt sich auch als Künstler und Surfboard-Gestalter.

The Yoga House
YOGA

(☎823-9642; www.bikramyogakapaa.com; 4-885 Kuhio Hwy; Kurse ohne Anmeldung 13 $) Wer den „Hund, der nach unten schaut" üben möchte, der kann sein Glück hier in einem unverschämt warmen Raum versuchen. In der Woche werden hier zwölf Kurse angeboten, genug Möglichkeiten also, seine Mitte zu finden. Wer ernsthaft an seinem Prana arbeiten will, der kann auch für 50 $ an allen Kursen in der Woche teilnehmen.

Spa by the Sea
SPA

(☎823-1488; www.spabytheseakauai.com; Outrigger Waipouli Beach Resort & Spa, 4-820 Kuhio Hwy; 50 Min. Massage oder Gesichtsbehandlung 110 $; ⏰Mo–Sa 9–18, So 10–18 Uhr) In einer Welt voller Lomilomi-Massagen, Noni-Heilpflanzen-Gesichts- und Ganzkörperbehandlungen mit Vulkanerde erscheint der ganze Trubel der Ostküste weit weg. Wer sich nicht zwischen einer Massage und einer Gesichtsbehandlung entscheiden kann, der bucht einfach die Menehune Meditation (115 $). Da bekommt man beides jeweils 30 Minuten lang.

Snorkel Bobʻs
SCHNORCHELN

(☎823-9433; www.snorkelbob.com; 4-734 Kuhio Hwy; einfache Schnorchelausrüstung pro Tag/ Woche 2,50/9 $, bessere Ausrüstung 9/35 $, Bodyboards 8/32 $; ⏰Mo–Sa 8–17 Uhr) Das Coole an diesem Laden ist, dass man sich z. B. auf

Kauaʻi die Ausrüstung ausleihen und sie auf Big Island, Oʻahu oder Maui zurückgeben kann. Perfekt für Insel-Hüpfer!

Kauai Cycle
RADFAHREN

(☎821-2115; www.kauaicycle.com; 4-934 Kuhio Hwy, Waipouli; pro Tag/Woche Cruiser 20/110 $, Mountain- oder Citybike 30/165 $, voll gefedert 45/250 $; ⏰Mo–Fr 9–18, Sa bis 16 Uhr) Verkauft, repariert und verleiht Räder, die von erfahrenen Radfahrern in Schuss gehalten werden. Die Preise beinhalten Helm und Schloss.

🎓 Kurse

GRATIS **Kauaʻi Heritage Center**

(☎346-7574; www.kaieie.org; 4-831 Kuhio Hwy) Das Kauaʻi Heritage Center bietet Vorträge und Kurse von Kehaulani Kekua an, einem angesehenen und gut verständlichen *kumu hula* (Hula-Lehrer). Die Vorträge am Freitag sind kostenlos, der Workshop zum Mitmachen am Samstag kostet 30 $. Nirgendwo sonst wird man so authentische Vorträge über den alten hawaiischen Mondkalender oder die Bedeutung des Hula-heiau auf Kauaʻi finden.

🛏 Schlafen

Waipouli liegt zwischen Wailua und Kapaʻa und bietet jede Menge Unterkünfte – es lohnt sich also, sich auch hier umzusehen.

Outrigger Waipouli Beach Resort & Spa
FERIENANLAGE $$$

(☎800-688-7444, 822-6000; www.outrigger waipouli.com; 4-820 Kuhio Highway; 1/2 Schlafzimmer ab 225/275 $; ✳🛜🏊) Die umliegenden Einkaufszentren und der Verkehr strafen das Qualitätsmerkmal dieser Anlage als das neueste und schickste Hotel der

Ostküste Lügen. Die Wohneinheiten sind so ansehnlich wie eine Anwaltskanzlei und durchwegs gut eingerichtet. In jedem Apartment gibt es ein 37-Zoll Flachbild-TV, Waschmaschine mit Trockner und eine zusätzliche Toilette. In der Nähe befindet sich zwar kein Strand zum Baden, aber ein Flussbecken mit Salzwasser sowie Whirlpools mit Sandboden versuchen, diesen Mangel einigermaßen auszugleichen. 100 von den insgesamt 196 Wohneinheiten werden von Outrigger vermietet. Es lohnt aber auch ein Blick auf die Website www.vrbo.com.

Essen & Ausgehen

Die meisten Restaurants verfügen zwar über einen Barbereich, aber das beste Nachtleben gibt es in der Trees Lounge (S. 549) im nahe gelegenen Wailua.

Shivalik Indian Cuisine INDISCH $$
(www.shivalikindiancuisine.com; 4-771 Kuhio Hwy; Hauptgerichte 13–20 $, Buffet 15 $; ⊙11.30–15 & 17–21.30 Uhr) Versteckt in einer Ecke des Waipoli-Einkaufszentrums gelegen, zeugt die rege Geschäftigkeit in diesem Lokal von der Qualität der Küche im Tandoori-Stil (gekocht wird im zylinderförmigen Tonofen). Auf der umfangreichen Speisekarte steht zwar alles, was die indische Küche zu bieten hat – von Linsen über Lammcurry bis hin zu vegetarischen Samosas –, aber wirtschaftlicher für den eigenen Geldbeutel ist es, sich mehrmals vom Buffet zu bedienen.

Papaya's Natural Foods CAFE, LEBENSMITTEL $
(Kaua'i Village, 4-831 Kuhio Hwy; Gerichte 5–8 $, Salat 7 $/Pfund; ⊙Mo–Sa 8–20, So 10–17 Uhr) In Kaua'is größtem Reformhaus gibt es das ganze Neu-Hippie-Kontingent, regionale Produkte und vegatarische/vegane Erzeugnisse. Die Produkte sind sehr teuer, weil sie entweder aus biologischem Anbau oder aus der Region stammen. Hier kann man einen Großeinkauf machen (darunter auch Erdnussbutter zum Selbstmahlen) und sich mit Vitaminen und Ergänzungspräparaten, Wasserflaschen und gesunden Delikatessen eindecken.

King & I THAILÄNDISCH $
(Waipouli Plaza, 4-901 Kuhio Hwy; Hauptgerichte 7–11 $; ⊙16.30–21.30 Uhr) Dieses freundliche Restaurant im Familienbetrieb ist bei den Einheimischen äußerst beliebt. Auf der umfangreichen Speisekarte stehen z. B. Currys mit Kaffernlimette und Zitronengras, die so feurig-scharf serviert werden, wie

es die Kunden wünschen. Auch Vegetarier kommen nicht zu kurz: Z. B. gibt es leckere Auberginen und Tofu in Chili-Öl oder eine Riesenportion mit traditionellem *pad thai* mit Tofu.

Kaua'i Pasta ITALIENISCH $$
(4-939B Kuhio Hwy; Hauptgerichte 9–15 $; ⊙Küche 11–21 Uhr, bis Mitternacht geöffnet) Dieses italienische Lokal ist die Rettung für alle Pastaliebhaber: schwer zu finden, aber die Suche lohnt sich. Nach jahrelanger Übung werden italienische Standardgerichte so perfektioniert, dass es hier kreative Tagesangebote mit dem Maximum an frischen, regionalen Zutaten gibt. Erst vor Kurzem wurden die Räumlichkeiten vergrößert, es gibt doppelt so viele Sitzplätze, auch mittags ist geöffnet, und im hinteren Teil wurde ein schicker Barbereich eingerichtet. Die hauptsächlich einheimischen Stammkunden sind der beste Beweis, dass sich ein Besuch dieses Restaurants lohnt.

Oasis on the Beach PACIFIC RIM $$
(www.oasiskauai.com; Waipouli Beach Resort, 4-820 Kuhio Hwy; Gerichte 12–20 $; ⊙16–21, Brunch So 10–14 Uhr) Die Atmosphäre in diesem Lokal am Strand ist – wie der Name schon sagt – unübertroffen. Die Küche ist sehr raffiniert und der Service immer zur Stelle. Hier kann man sich einige gute Gerichte gönnen oder eine der besseren Happy Hours (16–18 Uhr; Chef's Menü zum halben Preis) der Insel genießen. Beim Sonntagsbrunch lohnt es sich, hungrig zu erscheinen.

Selbstversorger

Safeway LEBENSMITTEL $
(☎822-2464; Kaua'i Village, 4-831 Kuhio Hwy; ⊙24 Std.) Der Supermarkt im amerikanischen Stil zieht mit bekannten Markenprodukten v. a. Kunden vom Festland an und verfügt über eine Frischetheke und eine Bäckerei.

Foodland LEBENSMITTEL $
(Waipouli Town Center; ⊙6–23 Uhr) Eine etwas bessere Alternative mit einer anständigen Auswahl an Gourmet- und Reformhausmarken wie Kashi und Scharffen Berger. Hier gibt es nicht viele regionale Produkte.

Papaya's Natural Foods LEBENSMITTEL
Feinschmecker bevorzugen Papaya's wegen der regionalen und biologischen Produkte sowie anderen Spezialitäten von der Insel wie Kilauea-Honig und Ziegenkäse.

Cost U Less LEBENSMITTEL
(S. 557) Eine weitere Alternative für regionale Produkte und nationale Reformhausmarken im nahe gelegenen Kapaʻa.

Shoppen

Die zwei Haupteinkaufszentren von Waipouli sind das Waipouli Town Center und das Kauaʻi Village. Eine erwähnenswerte Boutique ist das unwiderstehliche **Marta's Boat** (☎822-3926; 770 Kuhio Hwy; ☺Mo–Sa 10–18 Uhr), wo sich „Prinzessinnen allen Alters" wohlfühlen werden. Hier gibt es feminine und sexy Stoffe aus Paris, Los Angeles und New York. Unverwechselbare Dessous und Kleider sind zwar hier die Highlights, aber auch der in der Region hergestellte Schmuck und süße Bekleidung für kleine Mädchen verzaubern in diesem Laden. Die Preise entsprechen Großstadtniveau. Die Surf for World Peace-T-Shirts (handgemalt vom Ehemann der Besitzerin Marta Curry, dem Surfer und Künstler Ambrose Curry, S. 549) sind coole Souvenirs.

Praktische Informationen

Im Foodland-Supermarkt im Waipouli Town Center und nördlich davon im Safeway im Kauaʻi Village gibt es Geldautomaten. Beide Einkaufszentren liegen an der Meerseite (mauka) des Kuhio Hwy.

APOTHEKE Longs Drugs (☎822-4915; Kauaʻi Village; ☺Laden Mo–Sa 7–21, So 8–20 Uhr, Apotheke Mo–Fr 8–20, Sa & So 9–17 Uhr) Apotheke und allgemeine Waren.

INTERNETZUGANG Starbucks (Kauaʻi Village Shopping Center; ☺5–20.30, So 5.30–20 Uhr) Kostenloser WLAN-Zugang.

Kapaʻa

9987 EW.

Kapaʻa ist ein sehr charmantes Städtchen an der East Coast. Die Bevölkerung, bestehend aus älteren Menschen, Zugezogenen, Neu-Hippies und Touristen, lebt friedlich miteinander. Besucher finden hier neben altmodischen Restaurants und typisch hawaiischen Läden auch Live-Jazz, Bikram-Yoga – und eine große Auswahl an Espresso-Getränken. Ein neuer Rad- und Fußweg führt an der teils sandigen, teils felsigen Küste entlang, die den besten Aussichtspunkt der Insel für Sonnenaufgänge darstellt. Der einzige Nachteil von Kapaʻa: Die Stadt liegt direkt am Highway. Die Straße während der Rush Hour zu überqueren, ist schier unmöglich.

◉ Sehenswertes & Aktivitäten

Kapaʻa Beach Park BEACH PARK
Vom Highway aus könnte man meinen, in Kapaʻa gäbe es keinen Strand. Doch an der Küste befindet sich ein 1,5 km langer Sandstreifen, der sehr unauffällig ist. Obwohl die ganze Gegend offiziell ein County Park mit dem Namen Kapaʻa Beach Park ist, bezeichnet dieser Name gewöhnlich nur das Nordende mit der Wiese, den Picknicktischen und einem öffentlichen Schwimmbad.

Der schönste Sandabschnitt liegt am Südende und wird umgangssprachlich **Lihi Beach** genannt. Hier suchen die Einheimischen Erholung und erzählen ihre Geschichten. Über die Fußgängerbrücke gleich nördlich vom Strand gelangt man auf den geteerten Küstenpfad. Einfach an der Panihi Rd Richtung Meer (*makai*) vom Highway abbiegen.

Weiter südlich liegt der **Fuji Beach**, der den Spitznamen **Baby Beach** hat, weil das Riff vor der Küste ein flaches, ruhiges Becken schafft, das prima für Kleinkinder geeignet ist. Der touristisch wenig frequentierte Strand ist bei den Einheimischen sehr beliebt ist, Zurückhaltung und rücksichtsvolles Verhalten sind hier angesagt.

Hier gibt es auch ein öffentliches **Schwimmbad** (☎822-3842; Eintritt frei; ☺Di–Fr 7.30–15.45, Sa 10–16.30, So 12–16.30 Uhr).

Studio Kauai Yoga YOGA
(☎822-5053; www.studiokauaiyoga.com; Dragon Bldg, 4504 Kukui St; Kurse ohne Anmeldung 15 $, Fr gegen Spende; ☺Mo–Fr) Hier werden wöchentlich 18 Kurse angeboten, darunter traditionelles Hatha Vinyasa, Pranayama und ekstatischer Tanz. Auf der Website stehen die Termine für regelmäßige Workshops und Tagungen.

Hawaiian Style Fishing ANGELN
(☎635-7335; 4-Std. Charterboot 130 $/Pers.) Der gesellige Captain Terry empfängt die Teilnehmer auf seinem fast 8 m langen Schiff. Er nimmt höchstens vier Angler mit und teilt den Fang auf. Die Boote legen an der kleinen Lihi Boat Ramp am Ende der Kaloloku Rd neben dem Kuhio Hwy ab. Am besten bucht man mind. eine Woche im Voraus.

Esprit De Corps Riding Academy REITEN
(☎822-4688; www.kauaihorses.com; Kualapa Pl; geführte Ausritte 130–390 $, Reitstunde 55 $) Dale Rosenfeld hat sich als „Pferdeflüsterin" einen Namen gemacht und bietet Ausritte in kleinen, individuellen Gruppen an

(für erfahrene Reiter gibt es auch längere Ritte). Die Gruppen sind nie größer als fünf Personen, und das Mindestalter beträgt zehn Jahre. Dale hat auch Flitterwochen-Ausritte und Hochzeiten hoch zu Ross im Programm.

Seasport Divers
SCHNORCHELN, TAUCHEN

(☎823-9222, 800-685-5889; www.seasport divers.com; 4-976 Kuhio Hwy; Ausrüstung & Unterricht 155 $) Die Gewässer an der East Coast sind weniger von Riffen geschützt und wegen der Seewinde von Osten her rauer. Deswegen sind die Möglichkeiten zum Tauchen und Schnorcheln hier nur begrenzt. Trotzdem verleiht diese kleine Filiale eines in Po'ipu ansässigen Unternehmens Tauch-, Schnorchel- und andere Wassersportausrüstung.

Kapa'a New Park
SPORTPLÄTZE

In diesem Park gibt es neben Baseball-, Football- und Fußballfeldern kostenlose **Tennisplätze** und einen **Skateboardpark**.

☞ Geführte Touren & Vorträge

Kapa'a Town Walking Tour
STADTSPAZIERGANG

(☎245-3373; www.kauaihistoricalsociety.org; Erw./Kind 15/5 $; ⏱geführte Touren Di, Do & Sa 10 & 16 Uhr) Fachkundige, einheimische Führer zeigen Sehenswürdigkeiten, geben Einblick in die Zeit, als hier die Zucker- und Ananaswirtschaft boomte, und – das Beste – erzählen Geschichten und beantworten Fragen. Reservierungen im Voraus sind erforderlich.

Voyages Through Time Lecture Series
HISTORISCHER VORTRAG

(☎822-4999; www.shipstoregalleries.com; Ship Store Galleries, 4-1379 Kuhio Hwy; Erw./Kind 40/20 $; ⏱Di & Do 9.30–11.30 Uhr) Die präzisen, zweistündigen Seminare – gehalten von den Herausgebern des *Pacific Journal* – decken die Zeiten vom Royal Hawaiian Kingdom bis zur Herrschaft der Zuckerbarone ab und streifen James Cook, Charles Darwin und Queen Emma. Eine tolle Möglichkeit, etwas über die Entwicklung Kaua'is bis in die Gegenwart zu erfahren.

✺ Festivals & Events

Heiva I Kaua'i Ia Orana Tahiti
KULTUR

(☎822-9447) Anfang August treffen bei einem tahitianischen Tanz- und Trommelwettbewerb Tanzgruppen aus Tahiti, Japan und Kanada im Kapa'a Beach Park auf hawaiische Gruppen.

Coconut Festival
ESSEN

(☎651-3273; www.kbakauai.org) Hier wird alles gefeiert, was mit der Kokosnuss zu tun hat. Zu den Veranstaltungen auf diesem kostenlosen, zweitägigen Festival Anfang Oktober gehören Wettbewerbe im Kokoskuchenessen und Kochen, Kochvorführungen, Musik, Hula, Handwerkskunst und Essensstände.

🛏 Schlafen

Wer direkt in der Stadt eine Unterkunft sucht, der hat nicht gerade viel Auswahl. In Kapa'a gibt es nur ein Hotel, fast alle B&Bs und Gasthäuser liegen so weit außerhalb, dass sie zu Fuß nicht zu erreichen sind. Das ausgezeichnet gelegene Pono Kai Resort ist leider nur eine mittelmäßige Anlage mit überwiegend privaten Ferienwohnungen. Die wenigen Ferienwohnungen, die zu vermieten sind, haben überteuerte Preise.

Allerdings führt die Straße Richtung Küste durch malerisches Weideland, zu tollen Ausblicken und ausgezeichneten B&Bs und Gasthäusern. Nach Mindestaufenthalt fragen!

LP TIPP Green Coconut Studio
INN $

(Karte S. 538; ☎647-0553; www.green coconutstudio.com; 4698 Pelehu Rd; Studio 98 $; ✳🐾) Dieses fantastisch luftige Studio ist komplett von Fenstern gesäumt (und einer umgehenden Veranda) und bietet spektakuläre Ausblicke auf die Küste sowie einen kühlen Luftzug. Der Wohnraum ist ideal aufgeteilt, mit bequemer Sat-TV-Anlage und einer Küchenzeile mit großem Kühlschrank und allen dazugehörigen Geräten. Für Kurzaufenthalte wird eine Reinigungsgebühr in Höhe von 75 $ berechnet.

Kauai Beach House Hostel
HOSTEL $

(☎822-3424; www.kauaibeachhouse.net; 4-1552 Kuhio Hwy; B 26,50 $, Zi. 65 $) Hier gibt es unbestritten die billigsten Betten mit Dach über dem Kopf auf der ganzen Insel. Die Gäste können von Bett aus die Sonne über dem Meer aufgehen sehen, und es gibt strikte Vorschriften, dass um 21.30 Uhr das Licht ausgeht, sowie Sicherheitsvorkehrungen wie am Flughafen. Allerdings ist das Hostel nicht vornehm. Zu den Einrichtungen zählen eine Gemeinschaftsküche und ein Aufenthaltsbereich im Freien. Die Nähe zu den Läden, Restaurants und Bushaltestellen ist definitiv von Vorteil.

Aloha Hale Orchids

INN **$**

(Karte S. 538; ✆822-4148; www.yamadanursery.com; 5087-A Kawaihau Rd; Zi. 55 $, Cottage 95 $) Diese zwei Wohneinheiten in einer im Wohngebiet gelegenen Orchideengärtnerei sind preismäßig nicht zu toppen. Das Studio eignet sich perfekt für Singles und beinhaltet ein französisches Bett, einen Mini-Kühlschrank und TV. Das luftige Cottage mit einem Schlafzimmer verfügt über eine komplette Küche, TV, Fenster an jeder Wand, Waschmaschine und Wäscheleine. Einziger Nachteil: Es gibt keinen WLAN-Zugang.

Orchid Tree Inn

INN **$**

(✆822-5359; www.vrbo.com/118213; 4639 Lehua St; EZ/DZ 85/95 $; ☎) Von diesem Gasthaus mitten in der Stadt kommt man überall zu Fuß hin. Die kompakten, winzigen Wohneinheiten sind mit zwei Schlafzimmern, kompletter Küche, Waschmaschine, Trockner und einem Schlafsofa ausgestattet. Ideal für gesellige Typen, die die asiatische Philosophie schätzen (sorgfältige taoistische und Feng Shui-Einflüsse im Garten). Man tut dem Eigentümer einen großen Gefallen, wenn man ihn fragt, wie lange er schon surft.

◉ Sehenswertes
1 Coconut Coasters D1
2 Lihi Boat Ramp..B5
3 Skateboardpark A2
4 Studio Kauai Yoga C4
5 Tennisplätze..A2

Aktivitäten, Kurse & Touren
6 Schwimmbad D1

⊜ Schlafen
7 Hotel Coral Reef Resort C2
8 Kauai Beach House Hostel C1
9 Orchid Tree Inn C4

⊗ Essen
10 Big Save A5
11 Coconut Cup Juice Bar & Café C2
12 Cost U Less...A5
13 Eastside C4

14 Hoku Foods C4
15 Kojima Market..C1
16 Mermaids Café C4
17 Pono Market C5
18 Rainbow Living Foods D4
19 Verde A5

☺☺ Ausgehen
20 Java Kai...D4
21 Olympics Cafe..C4
22 Small Town Café.......................................D3

⊜ Shoppen
23 Artists of Kauaʻi C1
24 Hula Girl C4
Kapaʻa Shopping Center .... (s. 10)
25 Larry's Music & Boutique C5
26 Ship Store Galleries C4
27 The Root D3
28 Vicky's Fabrics C5

KAUAʻI KAPAʻA

Hotel Coral Reef Resort   HOTEL $$
(☎822-4481, 800-843-4659; www.hotelcoralreef resort.com; 4-1516 Kuhio Hwy; Zi. 110–289 $; ❈⊠) Kapaʻas einziges Hotel hat einen großen Vorteil: die Lage direkt am Meer. Ansonsten ist es ein einfaches Hotel mit kleinen Zimmern und den üblichen Annehmlichkeiten wie Klimaanlage und Flachbild-TV. Die billigen Zimmer (110–125 $) gehen auf den Parkplatz und den Kuhio Hwy hinaus. Zimmer mit Meerblick kosten zwischen 149 und 289 $.

Dilly Dally House   B&B $$
(☎631-9186; www.dillydallyhouse.com; 6395 Waipouli Rd; Zi. 115–165 $, Cottage 185 $; ❈🐾🖥) Die Wohneinheiten in diesem fantastischen B&B unterscheiden sich in der Größe, verfügen aber alle über eine moderne, schicke Ausstattung wie Himmelbetten, fein geschnitzte Holzkommoden, Tempur-Matratzen auf königlichen Bettgestellen, Waschmaschine, Trockner, separaten Eingang und Veranda. Die Fahrt zum Haus erscheint auf den ersten Blick lang und verwirrend, aber die Panoramaaussicht auf die Berge und das Meer entschädigt für alles. Das Besitzerpaar serviert leckeres, hausgemachtes Frühstück, und es gibt sogar einen Laptop für die Gäste.

Kauaʻi Country Inn   INN $$
(☎821-0207; www.kauaicountryinn.com; 6440 Olohena Rd; Suiten mit 1 & 2 Schlafzimmern 129–179 $; @🖥) Dieses Gasthaus mit glänzenden Hartholzböden und vornehmen Möbeln ist erste Klasse. Die vier geräumigen Suiten verfügen alle über Kabel-TV, DVD, Macintosh-PC, WLAN-Zugang und Küche oder Küchenzeile. Das Haus im Landesinnern liegt in ruhiger Umgebung, nachts ist es hier etwas kühler und frischer als an der Küste. Beatles-Fans sollten sich die Gelegenheit nicht entgehen lassen und einen Blick auf die erstaunliche Sammlung des Besitzers werfen. Bei der ersten Anfahrt unter Umständen schwer zu finden.

✗ Essen

An der Straße gibt es jede Menge Restaurants – keines davon schrecklich, aber einige schrecklich touristisch. Hier sind ein paar Lieblingsplätze der Einheimischen.

LP TIPP **Mermaids Café**   CAFE $
(4-1384 Kuhio Hwy; Wraps & Tellergerichte 9,50–11 $; ⊙11–20.45 Uhr) Dieser Stehimbiss verkauft große Burritos, frische, ökologisch angebaute Salate und hausgemachte Vorspeisenteller, verfeinert mit Zitronengras und biologisch angebauten Kräutern. Wer einmal den Ahi-*nori* mit braunem Reis und Wasabi-Cremesauce probiert hat, der will jeden Tag wieder hierher kommen. Wenn man neben sich den hochnäsigen, einheimischen Surfertyp stehen sieht, wie er ein cremiges, orangefarbenes Zeug trinkt, sollte man das Gleiche bestellen. Es

HIER GEHT'S LANG

Die neuste Straße an der East Coast ist nicht für Autos gedacht, sondern für Fußgänger, Radfahrer und andere Fortbewegungsmittel ohne Motor. Mit einer Breite von 3 m hat der geteerte **Ke Ala Hele Makalae** (der Pfad, der an der Küste entlangführt) die Einheimischen zum täglichen Walken, Joggen, Radfahren und Inlineskaten gebracht und sorgt vielleicht auch dafür, dass sie ihre Gewohnheit, überall mit dem Auto hinzufahren, aufgeben.

In Kapa'a beginnt der 6,5 km lange Weg momentan an der **Lihi Boat Ramp** am südlichen Ende des Kapa'a Beach Park und endet direkt hinter dem Donkey Beach am **Ahihi Point** (Karte S. 538). Das ist aber nur ein kleiner Teil dieser ehrgeizigen Einrichtung, die sich künftig über 25 km von Lihu'e zum Anahola Beach Park erstrecken soll.

Spaziergänge zum Sonnenaufgang sind ohne Zweifel fantastisch, wer aber etwas ganz Besonderes unternehmen möchte, der mietet sich ein Coaster-Bike! **Coconut Coasters** (☎822-7368; www.coconutcoasters.com; 4-1586 Kuhio Hwy; Fahrradverleih pro 1/4 Std. ab 8,50/18 $; ⏱Di–Sa 7–18, So 9–16 Uhr) hat sich auf stundenweisen Verleih auf der Strecke spezialisiert. Die klassischen 1-Gang-Räder sind genau das Richtige für das sanfte Gefälle Richtung Norden. Wer es noch bequemer mag, der kann sich auch ein 3-Gang-Rad ausleihen (9,75 $/Std.). Die Besitzer Melissa und Spark Costales warten ihre Flotte peinlich genau und verströmen Aloha-Atmosphäre. Tages- oder Wochenverleih von Coaster-, Mountain- oder City-Bikes gibt es bei Kauai Cycle (S. 550) am Südende des Pfads.

Eine gemeinnützige Gruppe mit dem Namen **Kaua'i Path** (www.kauaipath.org) fördert und wartet den Pfad; mehr Infos auf der Website. Der Pfad ist auch für Rollstuhlfahrer zugänglich!

ist Thai-Tee mit Kokosmilch und neben der Entscheidung, nach Kaua'i zu kommen, die beste, die man treffen kann.

Rainbow Living Foods
VEGAN $$
(4-1384 Kuhio Hwy; Wraps 10–13 $; ⏱Mo–Fr 10–19, Sa bis 17 Uhr) Diejenigen, die ihrer Gesundheit etwas Gutes tun wollen, sind hier genau richtig. Alles ist gluten- und laktosefrei, aber nicht umsonst. Die Portion können einem angesichts der Preise, die hier verlangt werden, richtig vermiest werden. Und doch: Da nur Produkte von Biofarmen verwendet werden, es jede Menge Superessen, dazu einfallsreich zubereitet, gibt, sind die Kosten auch wieder rechtfertigt. Außerdem fühlt man sich hinterher wie neugeboren. Das Lokal ist gemütlich und einfach – außergewöhnlich ist nur das Essen.

Verde
MEXIKANISCH, GEMISCHTE KÜCHE $$
(Kapa'a Shopping Center, 4-1101 Kuhio Hwy; Hauptgerichte 11–14 $; ⏱Mo & Mi–So 11–21 Uhr) Seinen guten Ruf verdankt das Lokal dem Chefkoch Joshua Stevens, der neu-mexikanische mit hawaiischer Küche bestens zu verbinden weiß. Kein Fisch-Taco, den Sie bisher gegessen haben, kann es mit den hier servierten Gerichten aufnehmen. Mit seinen Gewürzen geht Joshua Stevens genauso aggressiv wie einfallsreich um. Man sollte noch Platz lassen für die Nachspeise Sopaipilla mit Honig.

Coconut Cup Juice Bar & Cafe
SAFTBAR, CAFE $
(4-1516 Kuhio Hwy; Früchte-Smoothies 6–8 $, Sandwiches 9 $; ⏱9–17 Uhr) Dieses Juwel am Straßenrand ist auf der einen Seite Saftbar, auf der anderen lizenzierter Anbieter von Gesundheitsprodukten. Hier gibt es großzügig belegte Sandwiches – z. B. Thunfisch oder Avocado –, die mit einem Schluck Weizengras- oder frisch gepresstem Bio-Orangen- oder Karottensaft (6 $/450 ml) runtergespült werden können.

Pono Market
DELIKATESSEN $
(4-1300 Kuhio Hwy; Mittagsgericht 6,50 $; ⏱Mo–Fr 6–18, Sa bis 16 Uhr) In diesem alteingesessenen Laden – jetzt mit vollwertiger Espresso-Bar – werden einheimische Produkte serviert. Mittags stehen die Gäste hier Schlange, um an die großzügigen Portionen, die hausgemachten Sushi-Rolls, den frischen Ahi-poke und leckere Delikatessen wie getrocknete 'opelu (pfannengroße Bas-

tardmakrelen) und geräucherten Marlin zu kommen.

The Eastside
REGIONALE KÜCHE $$

(www.theeastsidekauai.com; 4-1380 Kuhio Hwy; Hauptgerichte mittags 9–13 $, abends 19–28 $; ⊙Mo-Sa 11–14.30 & Di-So 17.30–21.30 Uhr) Das einzige Restaurant der Stadt mit Sitzplätzen rühmt sich mit einem erfrischendkühlen Essbereich im Freien, abendlicher Livemusik und einer kurzen Speisekarte mit Pacific Rim-Cuisine, z. B. *huli huli*-Chicken, hibachi-Ahi oder köstlichem Filet Mignon. Eine etwas gehobenere Variante des ansonsten bodenständigen Essens. Wer sich selbst etwas gönnen oder sein Date beeindrucken will, der wählt dieses Restaurant mit ausgezeichneter Weinauswahl und ruhiger Atmosphäre. Der Baja-Fisch oder die Carnitas-Tacos sind ein schneller, aber stilvoller Mittagssnack.

Selbstversorger

Regionale Produkte kauft man am besten auf dem **Bauernmarkt** (Kapa'a New Park; ⊙Mi 15 Uhr). Er gehört zu den größten der Insel.

Cost U Less
LEBENSMITTEL $

(www.costuless.com; 4525 Akia Rd; ⊙Mo-Fr 9–20, Sa bis 19, So bis 18 Uhr) Hier gibt es nicht nur die üblichen Marken, sondern auch einheimische Produkte und Fleisch sowie Biomarken wie Kashi und Tom's of Maine. Die meisten Artikel werden in großen Familienpackungen verkauft. Keine Mitgliedschaft nötig.

Hoku Foods
LEBENSMITTEL $

(www.hokufoods.com; 4585 Lehua St; ⊙10–18 Uhr) Ideal für Ernährungsbewusste, die nach einer großen Auswahl an biologischen, glutenfreien (die größte Auswahl auf der Insel) und rohen Nahrungsmitteln suchen. Es gibt ein respektables Angebot an einheimischen Lebensmitteln, die man online auch schon im Voraus bestellen und dann direkt bei Lieferung abholen kann.

Big Save
SUPERMARKT $

(☑822-4971; Kapa'a Shopping Center; ⊙7–23 Uhr) In dieser Filiale einer Supermarkt-Kette gibt es eine Bedienungstheke.

Kojima Market
MARKT $

(☑822-5221; 4-1543 Kuhio Hwy; ⊙Mo-Fr 8–19, Sa bis 18, So bis 13 Uhr) Das Angebot ist nur begrenzt, aber es gibt Fleisch und andere Erzeugnisse aus der Region.

 Ausgehen

Java Kai
CAFE

(www.javakai.com; 4-1384 Kuhio Hwy; Kaffeegetränke 1,50–4,50 $; ⊙Mo-Sa 6–17, So 7–13 Uhr; ⊚) Diese kleine Rösterei mit Sitz auf Kaua'i eignet sich hervorragend für einen Kaffee zum Mitnehmen. Die Muffins, Scones und Kekse werden frisch gebacken. Immer nach dem „Wort der Woche" Ausschau halten, dann kann man mit den stets freundlichen Baristas über Musik und Gott und die Welt plaudern.

Small Town Café
CAFE

(4-1495 Kuhio Hwy; Kaffeegetränke 3–5 $; ⊙tgl. 5.30–13, Di-Do 18.30–21 Uhr; ⊚⊚) Dieses Café ist tagsüber der beste Treffpunkt der Stadt. Hier gibt es draußen und drinnen jede Menge Sitzmöglichkeiten zum gemütlichen Plaudern oder Surfen im Internet. Der biologische Free-Trade-Kaffee ist genau das Richtige für die Hippies und Alternativen, die den Laden besuchen. Das Essen schmeckt wie bei Mama zu Hause, und es wird immer gute Musik gespielt. Nur blöd, dass es genau dann schließt, wenn es gemütlich wird.

Olympic Cafe
BAR

(1354 Kuhio Hwy; Bier in der Happy Hour 3 $; ⊙18–21 Uhr) Dieses Lokal hat anscheinend immer Happy Hour. Die Gäste kommen in diese geräumige Sportsbar im Obergeschoss, um sich einen Überblick über das Treiben von Kapa'a oder die sanften Riffe der Coconut Coast zu verschaffen. Guter Ausgangspunkt für den weiteren Abend.

Shoppen

Ship Store Galleries
GALERIE

(www.shipstoregalleries.com; 4-1379 Kuhio Hwy; ⊙10–19 Uhr) In dieser geräumigen Galerie sind Schaulustige herzlich willkommen. Zu den erwähnenswerten Künstlern zählen der Maler Raymond Massey (der eine umfassende, faszinierende Serie über die Seefahrt auf den hawaiischen Inseln produziert hat), Lance Fairly (der komplexe Meeres-/Landschaften des hawaiischen Alltags darstellt), Dolores „Dee" Kirby (deren schlichte Landschaften echte Ladenhüter sind) und Marco Cannella (der die Stillleben der alten Meister mit einer lokalen Note versieht).

Hula Girl
BEKLEIDUNG

(www.welovehulagirl.com; 4-1340 Kuhio Hwy; ⊙Mo-Sa 9–18, So 10–17 Uhr) Fans von Aloha-

Shirts finden hier eine große Auswahl an qualitativ hochwertigen Markenshirts (40–125 $). Hier gibt es auch die samtweichen Linon-Shirts von Tori Richard (70–75 $). Dieser Laden im Familienbetrieb ist bekannt für seine guten Hawaii-Souvenirs (z. B. Bekleidung, Schmuck, Keramik von der Insel, Kunstdrucke, Bücher) und auch einfach nur ein netter Ort zum Stöbern.

Vicky's Fabrics SOUVENIRS
(www.vickysfabrics.com; 4-1326 Kuhio Hwy; ☺Mo–Sa 9–17 Uhr) Dieser Laden stammt noch aus den 1980er-Jahren und ist ein Paradies für Quilt-Liebhaber und Hausfrauen. Hier gibt es eine große Auswahl an hawaiischen, japanischen und Batikstoffen. Die langjährige Besitzerin und Schneiderin Vicky verkauft auch ein paar handgemachte Quilts, Nadelkissen und Taschen.

Artists of Kaua'i KUNST
(www.artistsofkauai.ifp3.com; Kuhio Hwy; ☺Mi–So 9–17 Uhr) Sieben Künstler von Kaua'i teilen sich eine Galerie, um ihre außergewöhnlichen Öl-, Bleistift- und Aquarellarbeiten sowie Fotografien auszustellen. Der Laden liegt auf dem Gelände der Kaua'i Products Fair.

The Root BEKLEIDUNG
(4-1435 Kuhio Hwy; ☺Mo–Sa 9.30–19, So 12–17 Uhr) Zielgruppe sind Frauen, die nach moderner, zeitgenössischer Mode zu bezahlbaren Preisen suchen. Der Laden wurde unter die drei besten Damenboutiquen der Insel gewählt – einfach herkommen und sehen, warum.

Larry's Music & Boutique MUSIKINSTRUMENTE
(4-1310 Kuhio Hwy; ☺Mo–Sa 10–17 Uhr) Dieser erstklassige Ukulelen-Händler bietet Instrumente für Anfänger für unter 100 $ sowie alte und Luxus-Ukulelen für 1000 bis 5000 $. Alle haben eine Garantie des Herstellers. Auch Ukulelen-Unterricht und einzigartiger hawaiischer Schmuck werden angeboten.

Praktische Informationen

GELD First Hawaiian Bank (☎822-4966; 4-1366 Kuhio Hwy) Mit 24-Std.-Geldautomat.

INTERNETZUGANG Business Support Services (☎822-5195; Fax 822-2148; 4-1191 Kuhio Hwy; 2,50 $/15 Min.; ☺8–18 Uhr) Preiswerter Internetzugang, Faxgerät, Kopierer und Briefmarken.

MEDIZINISCHE VERSORGUNG Samuel Mahelona Memorial Hospital (Karte S. 538; ☎822-4961; Fax 823-4100; 4800 Kawaihau Rd) Erste Hilfe im Notfall. Ernste Fälle werden ins Wilcox Memorial Hospital in Lihu'e verlegt.

Anreise & unterwegs vor Ort

Kapa'a liegt fast 13 km nördlich vom Lihu'e Airport. Zwischen 6 und 19 Uhr fahren stündlich Busse (2 $) von Nord nach Süd durch Kapa'a. Weitere Businfos gibt es unter www.kauai.gov. Taxi: **Akiko's Taxi** (☎822-7588; Preis um die 12 $).

Um den lähmenden Verkehr zwischen Kapa'a und Wailua zu umgehen, nimmt man am besten die Kapa'a Bypass Rd (Karte S. 538). Außer im Zentrum ist in Kapa'a ein Auto unabdingbar.

Der Umwelt zuliebe kann man sich auch ein Rad bei **Coconut Coasters** (☎822-7368; www.coconutcoasters.com; 4-1586 Kuhio Highway; 20 $/Tag; Di–Sa 9–18, Mo & So 9–16 Uhr) leihen und in seiner eigenen Geschwindigkeit die Gegend erkunden.

Kealia Beach

Der Kealia Beach ist leicht mit dem Auto oder zu Fuß über den Küstenpfad zu erreichen, bietet wunderschönen Sand und eine entspannte Atmosphäre. Damit schließt er die Lücken, die der Kapa'a Beach Park vielleicht offenlässt. Wer von Kapa'a Richtung Norden fährt, kann den Strand am Meilenstein 10 schon von der Straße aus sehen. Der sandige Untergrund fällt nur langsam ab, und man kann weit ins Meer hinein laufen, um sich dann von den Wellen wieder zurücktragen zu lassen. Aber der Wellenschlag ist tückisch und definitiv nichts für Anfänger. Ein Wellenbrecher schützt das Nordende, an dem man mitunter gut baden und schnorcheln kann.

Hier gibt es Duschen, Toiletten, Picknicktische und jede Menge Parkplätze – auch für Behinderte. Natürlicher Schatten ist allerdings Mangelware, Sonnencreme deshalb ein Muss.

Anahola

1930 EW.

Ein Lidschlag nur und man könnte bei der Durchfahrt das weitgehend authentische hawaiische Dorf Anahola schon verpasst haben. Am Süd- und Nordende gehört das Gelände zu den Hawaiian Homesteads. Früher erstreckten sich hier Ananas- und Zuckerplantagen, heute ist die Gegend überwiegend Wohngebiet. Die wenigen Besucher, die hier übernachten, finden sich in ländlicher Abgeschiedenheit zwischen richtigen Einheimischen wieder.

Südlich vom Meilenstein 14 auf der Seite des Kuhio Hwy befindet sich Anaholas bescheidenes Einkaufszentrum mit einer **Post** (⊘Mo–Fr 8–16, Sa 9.30–11.30 Uhr), einem Burgerstand und einem Lebensmittelladen.

◉ Sehenswertes & Aktivitäten

Anahola Beach Park   STRAND
Dieser bei Einheimischen beliebte Strand versteckt sich hinter dem Highway und ist ein leicht zugänglicher Zufluchtsort – abgelegen, aber doch mit dem Auto erreichbar. Da dieser County Park auf dem Grundstück von Hawaiian Home Lands liegt, halten sich hier v. a. am Wochenende viele hawaiische Familien auf. Nicht vergessen, dass das ihr Strand ist und sie respektiert werden wollen. Die breite Bucht mit einem bescheidenen, aber wunderbaren Sandstrand ist am raueren Südende ein beliebter Treffpunkt für Surfer. Im Norden ist das Wasser ruhig genug zum Schwimmen. Es gibt zwei Möglichkeiten, hierher zu gelangen: Zum Südende man am Meilenstein 13 vom Kuhio Hwy auf die Kukuihale Rd ab, fährt 1,6 km runter und dann auf die Schotterstraße zum Strand. Zum Nordende biegt man am Meilenstein 14 auf die ʻAliomanu Rd und parkt auf dem sandigen Platz.

ʻAliomanu Beach   STRAND
Der abgelegene ʻAliomanu Beach ist ein weiterer Treffpunkt der Einheimischen, die hier mit Stöcken und Netzen Fische fangen und *limu* (Algen) sammeln. Der Strand ist etwa 1,5 km lang. Zum hübscheren Nordende gelangt man über die ʻAliomanu Rd (Second), gleich hinter dem Meilenstein 15 am Kuhio Hwy. Nicht die ʻAliomanu Rd (First) nehmen, die 1,5 km weiter südlich liegt! Dann biegt man auf den Kalalea View Drive, fährt eine halbe Meile (800 m) und biegt am Strandzugang rechts ab.

Hole in the Mountain   WAHRZEICHEN
Seit ein Erdrutsch dieses einst offensichtliche Wahrzeichen verändert hat, ist das *puka* (Loch) in **Puʻu Konanae** nur noch ein kleiner Spalt. Wer etwas nördlich vom Meilenstein 15 am Hwy 56 zurück auf den Berg blickt, der kann an sonnigen Tagen rechts vom höchsten Gipfel einen kleinen Lichtschimmer durch einen Felsspalt sehen. Der Legende nach entstand das ursprüngliche Loch, als ein Riese seinen Speer durch den Berg schleuderte und damit das Wasser, das sich darin befand, dazu brachte, in Wasserfällen den Berg hinunterzuströmen.

Angeline's Muʻolaulani   SPA
(☏822-3235; www.angelineslomikauai.com; Kamalomaloʻo Pl; Massage 150 $; ⊘Mo–Fr 9–15 Uhr, nur mit Termin) In diesem alteingesessenen Gesundheitszentrum, das von der hawaiischen Familie Locey betrieben wird, werden richtige *lomilomi*-Massagen angeboten (traditionelle hawaiische Massage; wörtlich „liebende Hände"). Mit Dusche im Freien, Open-Air-Sonnendeck, Massagetischen, die durch Vorhänge getrennt sind, und mit einfachen Sarongs zum Zudecken unterscheidet sich das rustikale Angeline's sehr von den vornehmen Wellness-Centern in den Resorts. Die charakteristische Behandlung umfasst heftiges Abrubbeln mit Salz unter Wasserdampf und eine spezielle *lomilomi*-Massage mit vier Händen.

TriHealth Ayurveda   SPA
(☏828-2104, 800-455-0770; www.trihealthayurvedaspa.com; Kuhio Hwy; Behandlungen 130–315 $; ⊘mit Termin) In einem einfachen Bungalow neben dem Highway bieten Therapeuten, die sowohl in der Region als auch in Kerala, Indien, ausgebildet wurden, traditionelle ayurvedische Behandlungen an. Hut ab vor dem, der eine Ganzkörper-

HIGHWAY-SPITZNAMEN

Die Einheimischen nennen die Highways eher bei ihren Spitznamen als bei ihren Nummern. Hier eine kurze Liste:

Hwy 50 Kaumualiʻi Hwy

Hwy 51 Kapule Hwy

Hwy 56 Kuhio Hwy

Hwy 58 Nawiliwili Rd

Hwy 520 Maluhia Rd (Tree Tunnel) und Poʻipu Rd

Hwy 530 Koloa Rd

Hwy 540 Halewili Rd

Hwy 550 Waimea Canyon Dr

Hwy 552 Kokeʻe Rd

Hwy 560 Kuhio Hwy (Verlängerung vom Hwy 56)

Hwy 570 Ahukini Rd

Hwy 580 Kuamoʻo Rd

Hwy 581 Kamalu Rd und Olohena Rd

Hwy 583 Maʻalo Rd

behandlung (inkl. Kopf) in dem einschüchternden waagerechten Dampfgarer aushält! Das Spa liegt zwischen den Meilensteinen 20 und 21.

Schlafen & Essen

Hale Kiko'o
INN $

(☎822-3922; 639-1734; www.halekikoo.com; 4-4382-B Kuhio Hwy; Studio EZ 70–80 $, DZ 75–90 $; 🛜) Direkt neben dem Highway in einer namenlosen, ungeteerten Straße stehen zwei charmante, moderne Studios mit kompletter Küche. Das untere Studio ist groß genug für ein Wohnzimmer und verfügt über stilvolle Schieferböden, Säulen aus Lavastein, eine Terrasse und eine kunstvolle Dusche im Freien. Das Studio im Obergeschoss ist gewöhnlicher, aber heller, mit jeder Menge Fenster und einem Sonnendeck. Die Reinigungsgebühr beträgt 75 $.

'Ili Noho Kai O Anahola
B&B $$

(☎821-0179, 639-6317; www.kauai.net/ilinohokai; 'Aliomanu Rd; Zi. mit Gemeinschaftsbad inkl. Frühstück 100–120 $) Dieses einfache Gasthaus am Anahola Beach ist nicht billig, aber innerhalb von einer Minute ist man vom Bett am Strand. Die vier kleinen, aber sauberen Zimmer teilen sich ein Bad und liegen um eine zentrale Veranda herum, auf der die Gäste plaudern und das selbst gemachte Frühstück einnehmen können. Dazu werden die Gäste mit musikalischen Klängen von ihren großzügigen Gastgebern gelockt. Die gebürtigen hawaiischen Aktivisten betreiben mittlerweile ein B&B auf den Hawaiian Home Lands, für das sie lange und hart gekämpft haben. Ankunft telefonisch mitteilen.

Riverside Tropical Retreat
INN $

(☎823-0705; www.vrbo.com/9186; 4-4382 Kuhio Hwy; Suite je nach Saison 85–120 $; 🛜) Spirituell veranlagte Menschen wissen diesen rustikalen Bungalow, umgeben von Wäldern, einem Fluss, Bergen und Weideland, zu schätzen. Die Suite mit einem Schlafzimmer ist eher abgenutzt als brandneu, verfügt aber über eine Küchenzeile und jede Menge Lüftungsschlitze. Bei der Ankunft ist die Suite immer in einwandfreiem Zustand. Zur Zeit der Recherche war gerade eine Wohneinheit mit zwei Schlafzimmern, einem Dachgeschoss und einer kompletten Küche in Planung. Einfach nachfragen! (Preise je nach Saison 150–180 $). Vor Ort werden auch Ayurveda-Behandlungen angeboten, die Reinigungsgebühr beträgt 80 $.

Duane's Ono Char-Burger
FAST FOOD $

(4-4350 Kuhio Hwy; Burger 5–7 $; ⏱Mo–Sa 10–18, So 11–18 Uhr) Fans von In-N-Out und Dairy Queen werden diesen alternativen Drive-In lieben. Unbedingt den Old Fashioned- (Cheddar-Käse, Zwiebeln und Sprossen) oder den Local Girl-Burger (Schweizer Käse, Ananas und Teriyaki-Sauce) probieren. Dazu gibt's knusprige, dünne Pommes und köstliche Zwiebelringe. Hier hängen Autogrammkarten von berühmten Fans wie Chuck Norris und Steven Tyler.

ℹ️ An- & Weiterreise

BUS Der Kauai Bus hält am Kuhio Hwy gegenüber vom Whalers General Store am Fuße des Hügels.

Ko'olau Road

Die Ko'olau Rd ist eine ruhige, landschaftlich schöne Straße, die durch üppig grüne Wiesen führt, auf denen weiße Reiher und leuchtende Wildblumen das Auge erfreuen. Sie ist eine schöne Abwechslung und führt zu den untouristischen Stränden Moloa'a Beach oder Larsen's Beach (beide ohne sanitäre Einrichtungen). Die Ko'olau Rd trifft eine halbe Meile (800 m) nördlich vom Meilenstein 16 auf den Kuhio Hwy und dann noch einmal 165 m südlich vom Meilenstein 20.

Einen Snack zwischendurch gibt's am **Moloa'a Sunrise Fruit Stand** (☎822-1441; Ecke Kuhio Hwy & Ko'olau Rd; Säfte & Smoothies 3–6,25 $, Sandwiches 5,50–7 $; ⏱Mo–Sa 7.30–18, So 9–17 Uhr) in Form von gesunden Sandwiches aus Mehrkornbrot, Taro-Burgern und vegetarischem Sushi mit braunem Reis. Er liegt hinter dem Meilenstein 16.

Strände

Moloa'a Beach
Diese klassisch geschwungene Bucht abseits der Touristenregionen kam in der Pilotfolge von *Gilligan's Island* vor.

Im Norden liegt ein flacher, geschützter Badebereich, perfekt für Familien. Im Süden ist das Wasser aufgewühlter, aber dort gibt es mehr Sand. Wenn die Brandung hoch ist, sollte man nicht ins Wasser gehen – dann lieber einen Strandspaziergang machen. Im hinteren Strandbereich, wo der Moloa'a Stream fließt, gibt es jede Menge Schatten. Dort kann man sehr gut picknicken oder ein Nickerchen halten.

Der Ko'olau Rd bis auf die Moloa'a Rd folgen, die 1,2 km weiter unten an ein paar Strandhäusern und einem kleinem Parkplatz endet.

Larsen's Beach

Dieser lange, goldene Sandstrand wurde nach L. David Larsen (ehemaliger Manager von C. Brewers Kilauea Sugar Company) benannt und eignet sich hervorragend für einsame Strandspaziergänge und zum Sammeln von Strandgut.

Hier ist das Wasser sehr flach, und v. a. im Sommer kann man bei ruhiger Brandung gut schnorcheln. Achtung vor einem gefährlichen Strom, der Richtung Westen am Strand entlangläuft und durch einen Kanal ins Riff.

Entweder vom Kuhio Hwy oder von der Moloa'a Rd auf die Ko'olau Rd abbiegen, fast 2 km fahren, dann auf eine Schotterstraße Richtung Meer einbiegen (von Süden kommend leicht zu übersehen: kurz vor dem Friedhof danach Ausschau halten) und sofort links fahren. Dann sind es noch 1,6 km zum Parkplatz und von dort ein fünfminütiger Spaziergang runter zum Strand.

HANALEI BAY & NORTH SHORE

Der Garten Eden ist nichts gegen die North Shore, den unberührtesten Teil der Insel. Die abgestuften, grünen Hänge und Täler sind außerordentlich fruchtbar. Irgendwo zwischen dem Hanalei Valley und dem „Ende der Straße" macht es einem die scheinbar unberührte Landschaft einfach, sich vorzustellen, welchen Ausblick einst die hawaiischen Götter genossen haben: über den Sand, das Meer und die Berge unter sich. Hier lässt sich das Leben genießen: im türkisfarbenen Meer schwimmen, saftiges Obst von den Bauernmärkten essen und am Nachmittag auf dem warmen, feinen Sand ein Nickerchen halten. Die North Shore ist ein kleines Juwel – eine Insel auf der Insel.

Kilauea

2249 EW.

Viele Besucher der North Shore legen in Kilauea nur einen kurzen Zwischenstopp zum Tanken, Mittagessen und Fotografieren auf ihrem Weg Richtung Norden ein. Das ist vielleicht etwas übereilt.

Der nördlichste Punkt der Insel bietet eine üppige Vegetation, großartige Lokale und einige der besten Souvenirshops der ganzen Umgebung. Hier locken nicht nur Weinverkäufer, sondern auch Fischmärkte, ein schönes Naturschutzgebiet und einer der besten Obststände der Insel. Aber vielleicht ermuntert einen ja auch die Tatsache, dass sich hier einer der bekanntesten „geheimen" Strände der Insel befindet, dazu, auf der Durchreise einem Stopp einzulegen.

 ### Strände

Kahili (Rock Quarries) Beach & Pools of Mokolea

Dieser schöne, kleine Strandabschnitt ist nur schwer zu finden und liegt zwischen zwei dicht bewachsenen Felsen, wo der Kilauea Stream ins Meer fließt. Hier gibt es kein schützendes Riff, und wenn die Strömung stark ist, können die Wellen ganz schön krachen. Der mittlere Strandabschnitt ist zum Schwimmen am besten geeignet. Der Fluss am Westende bildet eine starke Strömung zum offenen Meer hin. Schnorcheln kann man am besten an einem ruhigen Sommertag, und zum Angeln bietet sich hier die Flussmündung an. Heftige Regenfälle führen immer zu sehr trübem Wasser.

Der Hauptzugang für die Öffentlichkeit führt über die Wailapa Rd, die zwischen den Meilensteinen 21 und 22 am Kuhio Hwy beginnt. Dann folgt man der Wailapa Rd hinter dem Kuhio Hwy für ein paar hundert Meter Richtung Norden und biegt links auf eine namenlose Schotterstraße ab (Allradantrieb empfohlen), die an einem hellgelben Wasserventil beginnt. Kleine Einbrüche sind in dieser Gegend nicht ungewöhnlich – also lieber das Auto absperren.

Kauapea (Secrets) Beach

Nein, das sind nicht Adam und Eva. Das ist wahrscheinlich nur ein Pärchen, das nicht einmal mit Feigenblättern bedeckt ist. Der Strand ist nämlich bekannt für (illegales) Nacktbaden. Der Kauapea Beach ist trotz der Tatsache, dass er seine jungfräuliche, geheimnisvolle Qualität verloren hat, immer noch abgeschieden. Der Strand, der oft als „geheimer Strand" bezeichnet wird, wird seinem Spitznamen heute kaum mehr gerecht. Wen nackte Menschen hier und da nicht stören, für den könnte das der richtige Ort sein.

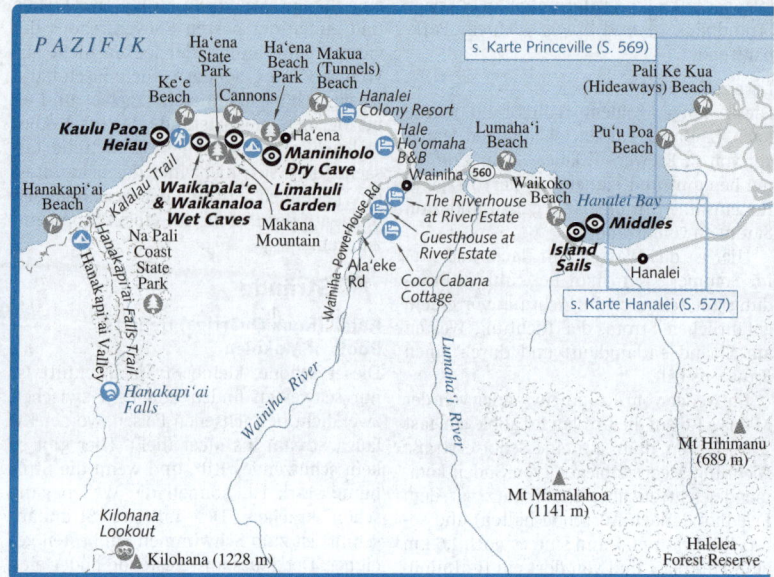

Um zum Strand zu gelangen, muss man 15 Minuten zu Fuß gehen, was bei rauem Wetter sehr gefährlich ist. An der Kalihiwai Rd (800 m hinter der Tankstelle) rechts abbiegen und auf die erste Schotterstraße einbiegen. Dem Pfad bis zum Ende folgen. Wenn die Brandung leicht ist, kann man links entlanglaufen anstatt nach rechts, wo der Pfad auf den Strand trifft. Wenn das Wasser ruhig ist, lohnt es sich, ein paar hundert Meter bis zu den Lavafelsen runterzulaufen. Vorsicht: Die Felsen können glatt sein, und die Brandung vom offenen Meer ruft extrem gefährliche Strömungen in Strandnähe hervor. Auto immer absperren!

👁 Sehenswertes & Aktivitäten

Kilauea Point National Wildlife Refuge
NATURSCHUTZGEBIET
(www.fws.gov/kilaueapoint; Lighthouse Rd; Erw./ Kind 5 $/frei; ⏱10–16 Uhr, an bundesweiten Feiertagen geschl.) In diesem Naturschutzgebiet leben nicht nur viele bedrohte Tierarten von Hawaii, hier bieten sich auch weitläufige Ausblicke, z. B. vom 16 m hohen weißen Leuchtturm über 65 m aneinandergereihte Meeresklippen. Seltene Vögel, die von den Klippen Richtung Meer stürzen,

und riesige, aufsteigende Fregattvögel mit einer Flügelspannweite von 2,4 m machen dieses historische Wahrzeichen zusammen mit auftauchenden Walen (November bis März) und ostpazifischen Delphinen zu einem Highlight. Die Liste mit Gründen für einen Zwischenstopp könnte endlos weitergeführt werden (so befindet sich hier das größte Leuchtsignal der Welt, das 145 km ins Meer hinaus scheint). Man sieht auch Moku'ae'ae Island, auf dem es von wilden Tieren nur so wimmelt – oft zeigt sich die bedrohte Mönchsrobbe beim Sonnenbaden.

Na 'Aina Kai Botanical Gardens
BOTANISCHER GARTEN
(☎828-0525; www.naainakai.com; 4101 Wailapa Rd; geführte Touren 25–70 $; ⏱Di–Fr mit Reservierung) In einem Anflug von Größenwahn zollt die von einem Ehepaar geleitete Anlage mit einem 97 ha großen Botanischen Garten der hawaiischen Kultur Anerkennung. Ebenfalls auf dem Gelände: ein Strand, eine Marsch zur Vogelbeobachtung und ein Wald mit 60 000 Hartholzbäumen aus Süd- und Ostasien. Zwischen den Meilensteinen 21 und 22 am Kuhio Hwy rechts auf die Wailapa Rd

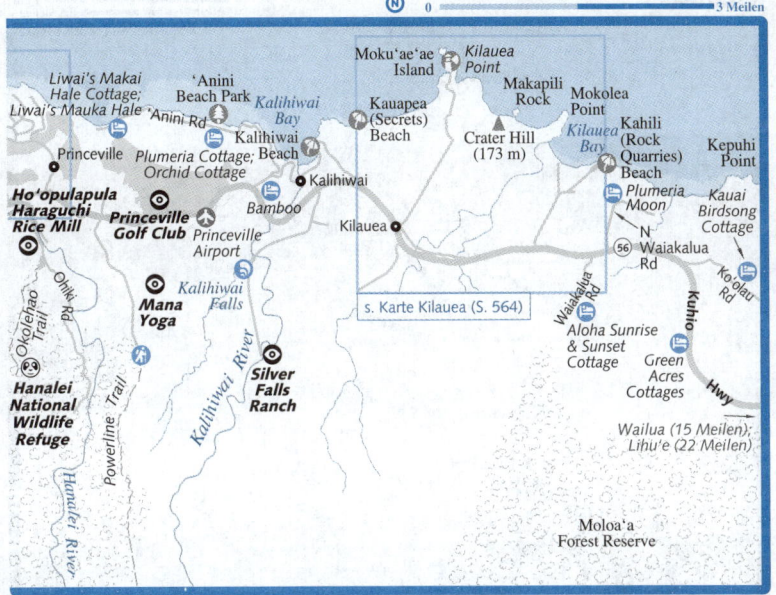

s. Karte Kilauea (S. 564)

abbiegen und nach dem Schild Ausschau halten.

Pineapple Yoga
YOGA

(www.pineappleyoga.com; Kurse ohne Anmeldung 20 $; ⊙Mo–Sa 7.30–9.30 Uhr) Diese Art von Yoga – betrieben vom Ashtanga Yoga-Meister Master Sri K Pattabhi Jois am Institut in Mysore – verbindet die Atmung mit einer Reihe von Bewegungen und Körperhaltungen, um Hitze und Schweiß im ganzen Körper zu erzeugen (jede Menge Schweiß), die die Muskeln und Organe entgiften. Das Studio befindet sich im Pfarrhaus der Christ Memorial Church, auf der anderen Straßenseite der Menehune Mart-Tankstelle.

Kauai Mini Golf
MINIGOLF

(☎828-2118; www.kauaiminigolf.com; 5-2723 Kuhio Hwy; Erw./Kind 15/10 $; ⊙11–22 Uhr, letzte Tee Time 21 Uhr) Zum einen Teil Minigolfplatz, zum anderen Teil Botanischer Garten: Das (umweltfreundliche) Minigolfen auf einer lehrreichen Runde ist vielleicht die beste abendliche Aktivität an der North Shore, es sei denn, man zieht das Feierabendbier vor. Der Platz ist in fünf Bereiche aufgeteilt (seltene Pflanzen, polynesische Kunu-Pflanzen, Plantagenerbe von Kilauea Town, kulturelle Einflüsse und Hawaii heute), und bei jedem Loch können die Golfer auf Tafeln Wissenswertes lesen (und natürlich einlochen) sowie erlesene Fauna aus erster Hand bestaunen. Die angebotenen Broschüren bieten lebhafte Hintergrundberichte, während die Gewässer und welligen Grünflächen ein herausforderndes Par 47 darstellen.

Kauai Kunana Dairy
GEFÜHRTE TOUR

(☎651-5046; www.kauaikunanadairy.com; ⊙1½-std. Touren nur mit Termin) Für einen Einblick ins Farmleben bietet diese Molkerei eine geführte Tour an, bei der die Teilnehmer in längst vergangene Zeiten zurückversetzt werden und frisches Obst, Gemüse und natürlich Ziegenkäse probieren können.

Christ Memorial Episcopal Church
KIRCHE

(2518 Kolo Rd) Diese bezaubernde Kirche ist eine von zwei Kirchen in Kilauea, die aus Lavastein gebaut sind (die andere ist die St Sylvester's Catholic Church) und rühmt sich mit elf englischen Buntglasfenstern.

🛏 Schlafen

Im verschlafenen Kilauea gibt es ein paar einzigartige B&Bs. Was ihnen an Meerblick fehlt, machen sie mit ihrer Lage auf Far-

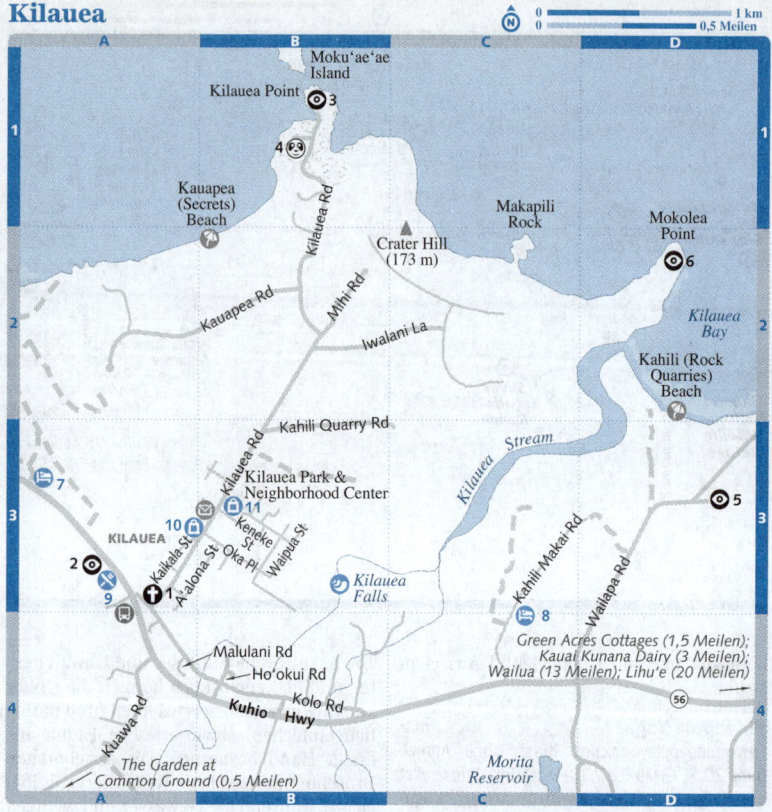

0   1 km
0   0,5 Meilen

Kilauea

Sehenswertes

1 Christ Memorial Episcopal
    Church..................................... A3
2 Kaua'i Mini Golf A3
3 Leuchtturm von Kilauea........................ B1
4 Kilauea Point National Wildlife
    Refuge B1
5 Na 'Aina Kai Botanical Gardens D3
    Pineapple Yoga .... (s. 1)
6 Pools of Mokolea....................................D2

Schlafen

7 Bamboo....................................... A3
8 North Country Farms C4

Essen

9 Banana Joe's Fruitstand A3
    Healthy Hut..................................... (s. 10)

Kilauea Bakery & Pau Hana
    Pizza.................................. (s. 11)
Kilauea Fish Market........................ (s. 10)
Kilauea Town Market .... (s. 11)
Kilauea Video Ice Cream &
    Candy............................... (s. 10)
Lighthouse Bistro .... (s. 11)

Shoppen

Banana Patch Studio .... (s. 11)
Cake Nouveau................................. (s. 11)
Island Soap & Candle Works .... (s. 11)
10 Kilauea Plantation Center A3
11 Kong Lung Center B3
    Kong Lung Co.................................. (s. 11)
    Oscar's K-Town
    Underground................................ (s. 10)

men, umgeben von tropischem Grün, wieder wett. Einige der Schmuckstücke liegen gut versteckt. Infos bei **Vacation Rentals by Owner** (www.vrbo.com).

LP TIPP **North Country Farms** COTTAGE $$
(☑828-1513; www.northcountryfarms. com; 4387 Kahli Makai Rd; Cottages 150 $) Diese Hütten-ähnlichen Cottages, die eine alpine Atmosphäre verströmen, werden von einem sehr umweltbewussten Bauernpaar betrieben, dessen Auffassung von Landwirtschaft unterstützenswert ist. Die 46 m² großen Orchard's-Studios mit Gewölbedecke und einer ähnlich großen Veranda (mit Bett im Freien) sind eine wahre Freude. Die kompakten Garden's-Studios sind geschmackvoll mit Redwood-Holz, einem französischen Bett und einer Eckcouch eingerichtet und eignen sich perfekt für Familien oder Paare, die gut miteinander auskommen. Die Farm kann von den Gästen in vollem Umfang genutzt werden, d. h. sie haben auch Zugang zu einem großen Garten mit frischem Salat, Gemüse und Kräutern sowie jeder Menge Obst. Wer am Morgen etwas Zeit hat, sollte beim Yoga auf dem Gelände mitmachen (10 $).

Green Acres Cottages INN $
(Karte S. 562; ☑828-0478, 866-484-6347; www. greenacrescottages.com; 5-0421C Kuhio Hwy; Cottages 75 $; 🛜) Auch wenn das Wort „Cottage" hier sehr frei gewählt ist (eigentlich sind es Zimmer im Rückgebäude eines Hauses), ist die Unterkunft preislich in ganz Kilauea nicht zu toppen. Jedes Zimmer hat einen separaten Eingang, Küchenzeile und eine Ausstattung wie zu Omas Zeiten (vielleicht wirklich von einer Oma einrichtet). Am Morgen können die Gäste frische Bananen, Avocados und Orangen pflücken. Ein Gemeinschafts-Whirlpool sowie ein bezaubernder, altmodischer Macadamia-Nussknacker (Nüsse werden gestellt) verleihen dieser Unterkunft an der Straße einen besonderen Charme.

Kauai Birdsong Cottage COTTAGE $$
(Karte S. 562; ☑828-6797, 652-2585; www.kauai birdsongcottage.com; 7595 Koolau Rd; Cottage 150 $) Abgeschieden, ruhig, mit Whirlpool und einer riesigen Hängematte unter dem Schutz von jamaikanischem Lilikoi-Wein: Diese Unterkunft ist jeden Cent wert. In dem 60 m² großen Studio gibt es eine Küche mit Marmorarbeitsplatten, eine stilvolle Dusche im Freien, ein französisches Bett, Futon und eine TV-DVD-Stereoanlage.

Direkt vor der Haustür kann man frische Mangos, Avocados und Grapefruits vom Baum pflücken. Die Reinigungsgebühr beträgt 100 $.

Aloha Sunrise & Sunset Cottages COTTAGE $$
(☑828-1100; www.kauaisunrise.com/sunset, www.kauaisunrise.com/sunrise; Waiakalua St; Cottages 185 $; 🛜) Nach ein paar Tagen in diesen fast 3 ha großen einheimischen Inselgärten, wo sich Katzen, Hunde und Pferde tummeln, vergisst jeder seine Heimat (oder möchte einfach nicht mehr dorthin zurück). Die Cottages sind ziemlich neu (d. h. sehr sauber) mit einem freundlichen, modernen Ambiente. In jedem gibt es eine Vielfalt von bezaubernder hawaiischer Kunst. Das Sunrise verfügt über eine luftige Schlafzimmer-Lounge, während das Sunset eher konventionell ist mit Bambusmöbeln und weitreichenden Ausblicken auf die Berge von der Veranda aus. Die Preise in der Nachsaison sind auch bezahlbar.

✖ Essen

Kilauea ist zwar sehr charmant, aber es gibt dort nicht gerade viele umwerfende Lokale. Trotzdem kommen hier ein paar Tipps:

The Garden at Common Ground REGIONALE KÜCHE $
(www.commongroundkauai.net/thegarden; 4900 Kuawa Rd; Salate/Grillgerichte 7,95/9,75 $; ☉11–15 Uhr) Vom Highway landeinwärts, inmitten des nachhaltigkeitsorientierten Common Ground, werden die Gäste von der weitläufigen grünen Umgebung mit sprießender Flora eingehüllt. Auf der wechselnden Speisekarte in diesem natürlich schicken Café stehen saisonale Zutaten, die direkt vor Ort bei nahe gelegenen einheimischen Bauern geerntet werden. Serviert werden kreativ zubereitete Salate, Wraps und Grillgerichte. Die Qualität übertrifft zwar die Quantität, aber die Figur wird es einem danken.

Kilauea Fish Market FISCHMARKT $
(Kilauea Plantation Center, 4270 Lighthouse Rd; Tellergerichte & Wraps 8–14 $; ☉Mo–Sa 11–20 Uhr) Dieser Delikatessenladen im hawaiischen Stil ist ein Muss und sollte in jede Reiseroute einbezogen werden. Hier werden gesunde Mittagssnacks serviert, darunter frischer *opakapaka* oder koreanisches BBQ-Chicken, *mahi mahi*-Tacos und

umwerfend große Ahi-Burritos. Der Service ist schnell, und obwohl hier kein Alkohol verkauft wird, ist es kein Problem, sein eigenes Bier oder den eigenen Wein zum Abendessen (oder zum Mittagessen – kein Kommentar) mitzubringen.

Kilauea Bakery & Pau Hana Pizza
BÄCKEREI $$

(Kong Lung Center, 2484 Keneke St; Gebäck 4 $, Pizza 15–33 $; ⏱6.30–21 Uhr, Pizza ab 10.30 Uhr) Wenn es auf Hawaii jemals wirklich kalt sein sollte, wäre dies der Platz, um sich aufzuwärmen. Am besten kommt man hier zum Frühstück oder für einen Snack am Nachmittag her. Es gibt eine beeindruckende Auswahl an herzhaften, selbst gemachten Suppen, gebackenen Köstlichkeiten und Pizzen. Hier kann man großartig Leute beobachten, und es ist der einzige Ort im Umkreis von 10 km, an dem man einen Latte macchiato bekommt.

Lighthouse Bistro
REGIONALE KÜCHE $$

(Kong Lung Center, 2484 Keneke St; Hauptgerichte mittags 12–20 $, abends 18–36 $; ⏱Mo-Sa 12–14 & tgl. 17.30–21 Uhr) In diesem geräumigen, aber romantischen Bistro herrscht eine großartige, freundlich-schicke Atmosphäre. Die Pastagerichte sind allerdings zu teuer. Die Livemusik – üblicherweise von Solokünstlern gespielt – und die Weinliste machen das Bistro zu einem tollen Ort für ein Date.

Banana Joe's Fruitstand
OBSTSTAND $

(www.bananajoekauai.com; 5-2719 Kuhio Hwy; Smoothies 3–12 $; ⏱Mo-Sa 9–18 Uhr) Diese schäbig aussehende Bude gleich hinter dem Meilenstein 24 auf der Meerseite der Straße ist ein Smoothie-produzierendes Juwel. Schon mal was von *atemoya*, *rambutan* oder *mamey sapote* gehört? Kein Problem, das geht wohl jedem so. Aber hat man diese exotischen Früchte erst einmal probiert, möchte man am liebsten jeden Tag hierher zurückkommen.

Kilauea Video Ice Cream & Candy
EIS $

(Kilauea Plantation Center, 4270 Lighthouse Rd; ⏱12–21.30 Uhr) Der Besitzer dieses belebten kleinen Ladens verfügt über sehr viel Familienstolz, was schnell klar wird, wenn er zu reden anfängt. Er ist genauso gesellig wie großzügig: Egal ob ein cremiges, tropisches Eis oder traditionelles Carpigiani-Eis mit wenig Kalorien – es gibt keinen Grund, sich mit dem Probieren zurückzuhalten.

Selbstversorger

Healthy Hut
LEBENSMITTEL $

(Kilauea Plantation Center, 4270 Lighthouse Rd; ⏱8.30–21 Uhr) Hat weizenfreies Brot, laktosefreien Joghurt und das ganze andere Essen, das keinen Spaß macht. Auch die einfachen Nahrungsmittel werden im erstklassigen, gesunden Stil angeboten.

Kilauea Town Market
LEBENSMITTEL $

(Kong Lung Center, 2484 Keneke St; ⏱So–Do 8–20, Fr & Sa bis 20.30 Uhr) Hier gibt es regionales Obst, Kräuter, Stinkekäse und eine beachtliche Auswahl an Bio-Weinen.

🔒 Shoppen

Die folgenden Läden liegen alle in Sichtweite voneinander.

Oskar's K-Town Underground
BEKLEIDUNG

(Kilauea Plantation Center, 4270 Lighthouse Rd; www.oskarskauai.com; ⏱Mo-Sa 10–19, So 11–18 Uhr) Viel Krimskrams, aber ein toller, kleiner Laden, wenn man etwas für sein Baby oder die Mama vergessen hat. Hier werden ein paar individuell designte, von Einheimischen entworfene T-Shirts verkauft, und es gibt ein großartiges, wenngleich kleines Sortiment an wenig getragenen, gebrauchten Babyklamotten.

Island Soap & Candle Works
SOUVENIRS

(www.islandsoap.com; Kong Lung Center, 2484 Keneke St; ⏱9–21 Uhr) Obwohl es hier mehrere Shops dieser Art gibt, ist dies der beste auf der Insel, da die Seife direkt vor Ort hergestellt wird. Der Laden spendet auch für einheimische Kunsthandwerksschulen – dafür bekommt er ein Lob in diesem Reiseführer.

Kong Lung Co
SOUVENIRS

(Kong Lung Center, 2484 Keneke St; ⏱11–18 Uhr) Kunst- und Klamottenladen mit asiatischem Einfluss und einer großen Auswahl an östlichem Krimskrams, teuren Souvenirs, Kimono-Quilts aus wiedergewonnenen Fasern und Kinderkleidung.

Banana Patch Studio
SOUVENIRS

(Kong Lung Center, 2484 Keneke St; ⏱10–18 Uhr) Ein guter Ort, um hawaiische Souvenirs zu ergattern, die zum Teil mit typischen Sprüchen versehen sind. Hier gibt es auch allen möglichen Schnickschnack aus Keramik.

Cake Nouveau
BEKLEIDUNG

(Kong Lung Center, 2484 Keneke St; ⏱11–18 Uhr) Dieser Laden entspricht in etwa einer Damenboutique in Los Angeles. Ideal für diejenigen, die später noch ein heißes Date und einen gefüllten Geldbeutel haben.

Anreise & unterwegs vor Ort

Der Kaua'i-Bus halt stündlich am Highway gegenüber vom Menehune Mart am Eingang zur Stadt. Weitere Infos s. S. 525.

Kalihiwai

771 EW.

Eingepfercht zwischen Kilauea und 'Anini liegt Kalihiwai („Wasserrand" auf Hawaiisch), ein verstecktes Juwel, das leicht zu übersehen ist. Der Hauptanhaltspunkt dafür, dass der Ort auf der *mauka*-Seite liegt, ist die Kalihiwai Bridge, die sich hinter einer Reihe von aufragenden Schirmakazien dramatisch übers Wasser schlängelt. Die meisten kommen hierher, um den abgelegenen Strand zu erkunden, der sich perfekt zum Sonnenbaden, Sandburgenbauen und – je nach Strömung – zum Schwimmen, Bodyboarden und Surfen entlang den Klippen an der Eastside eignet. Es ist zugleich der Surferort der Insel, an dem sich bevorzugt die Einheimischen treffen. Deshalb sollte man beim Surfen respektvoll und geduldig sein.

Die Kalihiwai Rd war einst eine Straße, die durch Kalihiwai Beach hindurchführte und den Highway an zwei Punkten miteinander verband. 1957 zerstörte eine Flutwelle die alte Kalihiwai Bridge. Die Brücke wurde nie wieder aufgebaut, und heute gibt es zwei Kalihiwai Rds, ein Stück auf jeder Seite des Flusses. Um hierher zu gelangen, nimmt man die erste Kalihiwai Rd, eine halbe Meile (800 m) westlich von Kilauea.

Wer eine angenehme Kajaktour ins üppig bewachsene Innere des Kalihiwai Valley unternehmen will, der wende sich am besten an **Kayak Kauai** (☎826-9844, www.kayakkauai.com, EZ/DZ 29/54 $, ☉8–17.30 Uhr, im Sommer bis 20 Uhr). Hier werden Kajaks für Touren auf dem Kalihiwai ohne Führer angeboten, allerdings nicht auf dem Wailua River, in der Na Pali Coast oder generell im offenen Meer.

Auf der tierfreundlichen **Silver Falls Ranch** (Karte S. 562; ☎828-6718; www.silverfalls ranch.com; Kamo'okoa Rd; 1 ½-/2-/3-std. Ritt 95/115/135 $) kann man die tropische Insel bei einem Ausflug auf dem Rücken der Pferde erkunden. Das beste Preis-Leistungs-

REDUZIEREN, WIEDERVERWENDEN, RECYCELN

Hier ist eine Liste mit den Recycling-Stationen der Insel:

North Shore North Shore Transfer Station (gegenüber vom Prince Course in Princeville)

East Coast Am Ende der Kahau Rd hinter dem Ballfeld nahe der Umgehungsstraße

Lihu'e Hinter dem Parkplatz von kmart auf der Pavillonseite des Ladens

Nawiliwili Harbor Reynolds Recycling (Ecke Wilcox St und Kanoa St)

South Coast Po'ipu auf dem Parkplatz von Brenneke

West Coast Waimea Canyon Park; Kekaha Landfill

Verhältnis bietet der Ausritt mit Schwimmen im Wasserfall und Picknick.

Das **Bamboo** (Karte S. 564; ☎828-0811; 3281 Kalihiwai Rd; www.surfsideprop.com; 1 Schlafzimmer 175 $, 1100 $/Woche; ☎) überblickt das Kalihiwai Valley und ist zu Fuß nur jeweils zehn Minuten vom 'Anini oder Kalihiwai Beach entfernt. Die bezaubernde Unterkunft grenzt an ein größeres Haus, in dem die Besitzer wohnen. Die private Eingangstreppe zu dieser gemütlichen und gut ausgestatteten Wohneinheit, die prima für zwei Personen geeignet ist, ist sehr steil.

'Anini

Der unbefleckte, verehrte und goldene Strand von 'Anini ist ein beliebtes Ausflugsziel für Einheimische, die hier einen Tag oder ein Wochenende mit Campen, Angeln, Tauchen oder einfach nur mit Entspannen verbringen. Über die Kalihiwai Bridge den Hügel hinauf, dann auf die (zweite) Kalihiwai Rd, die bald danach links auf die 'Anini Rd führt.

Strände & Aktivitäten

'Anini Beach Park   BEACH PARK
Dieser Beach Park ist ein absolutes Muss: ideal zum Windsurfen, Schnorcheln, Cam-

pen, Schwimmen und ein idealer Ort zum Abhängen. Hier herrschen die verlässlichsten Wasserbedingungen in einer Lagune, die von einem der längsten und breitesten Saumriffe auf den hawaiischen Inseln geschützt ist. An seiner breitesten Stelle erstreckt sich das Riff über fast 500 m vor der Küste entlang. Der Park ist inoffiziell in Bereiche für Tagesgäste, zum Campen und zum Windsurfen unterteilt. Während am Wochenende die Menschen in Scharen hierher kommen, ist es unter der Woche eher ruhig. Es gibt Toiletten, Duschen, Umkleiden, Trinkwasser, Picknickpavillons und Grillmöglichkeiten.

Windsurf Kaua'i WINDSURFEN

(☏828-6838; www.windsurf-kauai.com; 3-std. Unterricht 100 $, Boardverleih 25 $/Std.; ☉Verleih 10–16 Uhr, Unterricht Mo–Fr 9 & 13 Uhr) Von der Surflehrerin Celeste Harvel lernt man, was es heißt, auf dem Wasser zu gleiten. Mit ihrer 30-jährigen Windsurf-Erfahrung will sie nichts Weiteres, als ihre Schüler anspornen. Sie garantiert ihnen, dass sie in ihrer ersten Stunde schon segeln werden. Unterrichtsstunden nur nach Terminvereinbarung.

🛏 Schlafen

In 'Anini gibt es jede Menge erstklassige Ferienwohnungen, die mittlerweile allerdings nicht mehr so leicht zu finden sind. Ein neues Gesetz beschränkt die Ferienwohnungen auf bestimmte Zonen der Insel.

Eine weitere Alternative ist Campen im zu Recht beliebten 'Anini Beach Park. Der Zeltplatz beherbergt eine Mischung aus sparsamen Travellern und Langzeitcampern. Er ist normalerweise sehr sicher. Alle Camper müssen den Platz von Dienstag bis Mittwoch wegen einer regelmäßigen Wartung räumen. Infos zu Genehmigungen gibt's auf S. 522

Plumeria Cottage COTTAGE $$

(Karte S. 562; ☏828-0811; www.surfsideprop. com; 3585 'Anini Rd; Haus mit 2 ½ Zi. 225 $, 1525 $/Woche; ☏) Eine bezaubernde und einzigartige Unterkunft, die sowohl gemütlich als auch schick ist. Die Lage (nur einen kurzen Fußmarsch vom Strand entfernt) rechtfertigt den Preis für dieses kinderfreundliche Haus. Die fein polierte Inneneinrichtung aus Holz, atemberaubende Ausblicke, freundliche Verwalter und Zugang zu allen möglichen Spielsachen an Land und im Wasser machen das Cottage

zu einer luxuriösen Unterkunft im hawaiischen Stil.

Orchid Cottage COTTAGE $$

(Karte S. 562; ☏828-0811; www.surfsideprop. com; 3585 'Anini Rd; Cottage mit 1 Schlafzimmer 185 $, 1250 $/Woche; ☏) Dieses private, idyllische Cottage gehört zu einem kleinen, aber bezaubernden Gasthaus nur ein paar Minuten vom 'Anini Beach Park entfernt. Es ist kompakt, aber ziemlich charmant mit einer gemütlichen Bettnische, traditionellem, aber edlem Design, Waschmöglichkeit, TV und vollem Zugang zu jeder vorstellbaren Freizeitausrüstung. In der blühenden, tropischen Umgebung können die Gäste ihr eigenes Obst pflücken.

Princeville

1826 EW.

Die Gemeinde Princeville (auch „Haolewood" genannt) ist bewusst gestaltet und wird genauso gut kontrolliert – und überwacht – wie ein Filmset, v. a. wenn hier wirklich ein Film gedreht wird. Der Ort besteht aus erstklassigen Resorts, gut gepflegten Golfplätzen und einer Mischung aus identischen Unterkünften, Ferienwohnungen und Apartmentkomplexen. Was ihm an Charakter fehlt, macht er mit Bequemlichkeit wieder wett. Es ist der am zentralsten gelegene Ort an der North Shore. Das St. Regis Princeville (ehemaliges Princeville Resort) – der Inbegriff von Luxus – ist Princevilles Märchenland am Ende der Straße. Das einzige große Einkaufszentrum ist das **Princeville Center**. Hier gibt es einen Lebensmittelladen, mehrere Restaurants, verschiedene Verkaufsbuden und Einzelhandelsgeschäfte.

Nachdem 1985 hier das erste Resort entstanden ist, ist der Ort sowohl hinsichtlich der Bevölkerungszahl als auch an Beliebtheit gewachsen.

Princevilles Wurzeln gehen auf den schottischen Arzt Robert Wyllie zurück, der Außenminister unter King Kamehameha IV. wurde. Mitte des 19. Jhs. gründete Wyllie eine Zuckerplantage in Hanalei. Als Queen Emma und Kamehameha 1860 zu Besuch kamen, nannte Wyllie seine Plantage und die Umgebung Princeville, um ihren zweijährigen Sohn Prince Albert zu ehren, der nur zwei Jahre später starb. Später wurde die Plantage eine Viehranch.

Map of Princeville area with scale: 0–1 km, 0–0,5 Meilen. Labels include: Pali Ke Kua (Hideaways) Beach, Ka-Haku Rd, Hono'iki Rd, Pu'u Poa Beach, Weke Rd, Fisch-teich, PRINCEVILLE, Hanalei Plantation Rd, Liholiho Rd, Lei O Papa Rd, Punahele Rd, Pepelani Loop, Kaweonui Rd, Kamehameha Rd, Emmalani Dr, Wyllie Rd, Westin Ocean Resort (0,05 Meilen), Princeville Ranch Adventures (0,7 Meilen), Princeville Ranch Stables (1,3 Meilen), Prince Golf Course (1,3 Meilen), The Tavern at Princeville (1,3 Meilen), Princeville Airport (1,8 Meilen), Kuhio Hwy, Hanalei Bridge, Hanalei Valley Lookout.

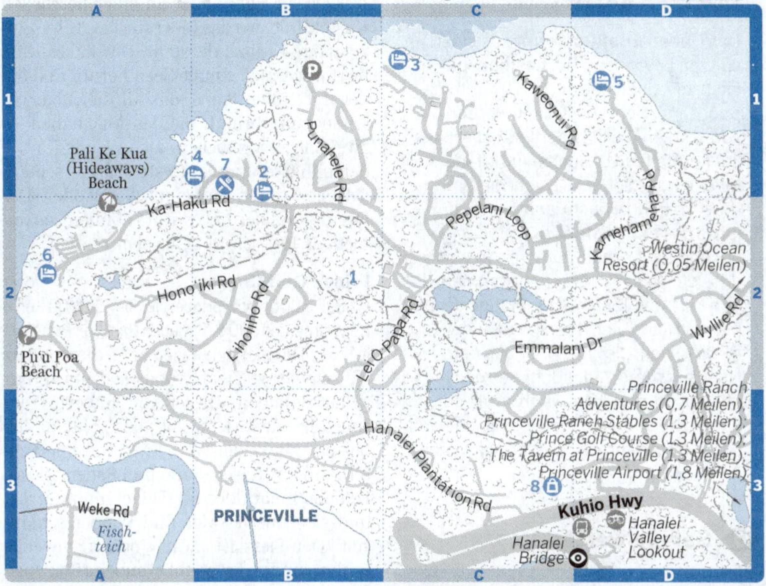

🏖 Strände

Pali Ke Kua (Hideaways) & Pu'u Poa Beaches
STRÄNDE

Eine felsige und gefährliche Küste samt Klippen über dem Meer macht Princeville nicht gerade zu einer bevorzugten Bade-destination. Aber es gibt auch hier zwei lohnenswerte Strände, die beide leider nur schwer zugänglich sind; parken muss man auf dem Parkplatz hinter dem St. Regis-Pförtnerhaus. Ein Pfad zwischen zwei Zäu-nen führt – Achtung: steile Kletterpartie mit Geländer und Seilen zum Festhalten – zum Pali Ke Kua Beach, bei den Einhei-mischen als Hideaways bekannt. Hier kann man perfekt schnorcheln und schwimmen (wenn das Wasser ruhig ist). Nur ein paar Schritte vom Strand entfernt liegt ein fast 100 m langes Riff. Eine alternative Strecke führt 400 m innerhalb des Pali Ke Kua-Apartmentkomplexes die Straße rauf, wo ein ähnlich steiler, aber geteerter Weg am östlichen Ende des Strandes endet. Links vom Pförtnerhaus führt ein Pfad zum Pu'u Poa Beach, der zwar öffentlich ist, aber un-terhalb und neben dem St. Regis Princeville liegt und auch als Hotelstrand dient.

Princeville

Aktivitäten, Kurse & Touren

1	Makai Golf Club & Tennis Courts	B2
	Princeville Yoga	(s. 8)

🛏 Schlafen

2	Emmalani Court	B1
3	Holly's Kauai Condo	C1
4	Pali Ke Kua	B1
5	Sealodge	D1
6	St. Regis Princeville	A2

🍴 Essen

	CJ's Steak & Seafood	(s. 8)
	Federico's	(s. 8)
	Foodland	(s. 8)
7	Infigo's	B1
	La Petite Café & Bakery	(s. 8)
	Lappert's Ice Cream	(s. 8)
	North Shore Café	(s. 8)
	Paradise Bar & Grill	(s. 8)
	Tamarind	(s. 8)

🍸 Ausgehen

	Lobby Bar at St. Regis Princeville	(s. 6)

🛍 Shoppen

8	Princeville Center	C3

QUEEN'S BATH

Das Queen's Bath, geformt aus einer spitzen Lavafelsplatte, besteht aus Becken, die einen natürlichen Swimmingpool darstellen. Die Becken werden oft von starken Wellen überspült, die jedes Jahr aufs Neue Besucher ins offene Meer hinausziehen. Obwohl die Brandung ab und zu auch sanft sein kann, ist es das tödlichste Schwimmbecken auf der Insel. Viele Leute wissen nicht, dass die Wellen in Etappen kommen. D. h. auf eine 15- bis 20-minütige flache Periode kann eine 3 bis 4,5 m hohe Welle folgen, die scheinbar aus dem Nichts kommt. Jedes Jahr sterben hier Menschen, meistens wenn sie an der Felsplatte entlanglaufen, um zu den Becken zu kommen. Besser fernhalten!

⊙ Sehenswertes

St. Regis Princeville   WAHRZEICHEN

Allein die Arbeit, die in dem erstklassigen Resort steckt, ist Grund genug für einen kurzen Besuch. Der Sonnenuntergang gehört ohne Zweifel zum Schönsten, was die Insel an diesem Schauplatz zu bieten hat. Von einer Terrasse bieten sich prächtige Ausblicke auf den **Makana Mountain** und die Wand des Wainiha Valley. Wem das Hotel zu einschüchternd ist, der kann die Aussicht auch von einer Klippe davor genießen.

Hanalei Valley Lookout   AUSSICHTSPUNKT

Von hier bieten sich Ausblicke auf Ackerland, das seit über 1000 Jahren kultiviert wird, auf das breite, malerische Tal, auf den Fluss und auf Taropflanzen sowie auf ein paar seltene wilde Tiere. Wer gegenüber vom Princeville Center (Karte S. 569) parkt, muss die Straße nicht überqueren. Bei der Abfahrt von dem befahrenen Highway auf andere Fußgänger achten!

🏃 Aktivitäten

Makai Golf Club im St. Regis Princeville Resort   GOLF

(☎826-1912; www.makaigolf.com; 4080 Lei O Papa Rd; Greenfee 200 $, nach 13 Uhr 135 $, Woods Course 50 $, Rabatte für Gäste von bestimmten Bereichen in Princeville) Makai ist auf 113 ha in drei 9-Loch-Golfplätze unterteilt, die von Robert Trent Jones Jr. entworfen wurden. Jeder Platz hat seinen eigenen Charakter und seine landschaftlichen Eigenheiten. Der Ocean-Kurs endet an einer herrlichen Küstenlinie, wo das Meer für Par 3 eine einzigartige Kulisse darstellt. Der Lakes-Kurs liegt um einige ruhige Seen herum und endet mit einem Par 5, das all diejenigen in Versuchung bringt, die den Mut haben, es zweimal zu versuchen. Der Woods-Kurs – der billigste und sanfteste Platz – schlängelt sich durch einheimische Wälder. Der Ocean- und der Lakes-Kurs können zusammen als 18-Loch-Kurs gespielt werden.

Prince Golf Course   GOLF

(☎826-5000; www.princeville.com; 5-3900 Kuhio Hwy; Greenfee 200 $, für jeden Gast von Princeville 155 $) Die meisten bezeichnen diesen Platz als schwierig, Tiger Woods soll ihn unfair genannt haben. Dieser von Robert Trent Jones Jr. entworfene Golfplatz zählt zu den besten Plätzen der Welt. Er ist wie eine Achterbahn aus Rasen, Sand und Soden, die an Hängen hinaufklettert, Hügel hinunterrast und sich durch Täler und Wälder schlängelt. Der Platz ist zwar eine Augenweide, weil er einige der atemberaubendsten Aussichten der Welt bietet, um ihn zu meistern (oder einfach nur durchzustehen), braucht es aber eine Portion Kreativität und Disziplin. Er ist genauso demütigend wie belohnend – Spieler bringen am besten ihre beste Ausrüstung sowie einen oder zwei Extrasätze an Bällen mit.

Tennis im Makai Club   TENNIS

(☎826-1912, 639-0638; www.makaigolf.com; 4080 Lei O Papa Rd; Gruppen-/Einzelstunde 18/65 $, Platzmiete pro Std. 20 $/Pers.) Auf den vier neu gestalteten Hartplätzen, die frisch abgezogen sind, gibt der Profispieler Eric Lutz täglich Tennisunterricht. Es finden auch spontane Matches und Wettkämpfe statt. Schläger sind vorhanden.

Princeville Ranch Stables   REITEN

(☎826-6777; www.princevilleranch.com; Kuhio Hwy; geführte Ausritte 125 $, privater 2-std. Ritt 175 $; ⊙geführte Ausritte Mo–Sa) Dieser Reitstall bietet auch für Anfänger wunderschöne Ausritte an und ist perfekt für diejenigen, die Wert auf eine gute Behandlung der Reitpferde legen. Anfänger sollten Jeans anziehen und mit einem wunden Hintern rechnen. Der Stall liegt zwischen den Meilensteinen 26 und 27 gegenüber vom Prince Golf Course. Der vierstündige Ausritt zu den Kalihiwai Falls ist sehr schön und beinhaltet ein Picknick und Baden. Sonnencreme und Mückenspray mitbringen.

Powerline Trail MOUNTAINBIKEN

Dieser durchaus ernstzunehmende, 18 km lange Trail bietet steile Anstiege, tiefe Spurrinnen und noch tiefere Pfützen (so tief wie ein Radreifen). Die Landschaft belohnt einen zwar schon für die Anstrengungen, aber der wahre Grund, den Trail zu fahren, ist die sportliche Herausforderung. Entweder man fährt den ganzen Rundweg, der bei gleichbleibender Geschwindigkeit in vier Stunden zu schaffen ist. Oder man organisiert eine Abholung beim **Kapa'a Trailhead** bzw. am Aussichtspunkt der **Opaeka'a Falls**. Um zum Trail zu gelangen, nimmt man die Straße zum Princeville Ranch Stable und folgt ihr bis zum Ende, wo der Ausgangspunkt des Trails liegt.

Princeville Ranch
Adventures MULTI-ACTIVITY, ZIPLINING

(☎826-7669, 888-955-7669; www.adventures kauai.com; geführte Touren 79–125 $) Dieses familienfreundliche Unternehmen weckt in jedem die Abenteuerlust: sei es bei einer Wanderung, einer Kajaktour oder einer vierstündigen Tour mit acht Ziplines, einer Hängebrücke, einem Schwimmbecken und einem Mittagspicknick. Das Mindestalter beträgt zwölf Jahre, und die Teilnehmer müssen mindestens 36 kg wiegen.

Princeville Yoga YOGA

(☎826-6688; www.princevilleyoga.com; Princeville Center, 5-4280 Kuhio Hwy; Kurse 15 $; ⊙Mo, Mi & Fr 9,15, Di & Do 8 & 16.45, Sa 8 Uhr) Lynn Moffitt und ihr Team an ausgebildeten Yogis haben sich auf die Anfangsphasen des Bikram Yoga Hatha spezialisiert und geben therapeutische Kurse für jeden, der bereit ist, in einem Raum mit einer Durchschnittstemperatur von 35 bis 38 °C in die Tiefen des Yoga einzutauchen.

Mana Yoga YOGA

(☎826-9230, www.manayoga.com; 3812 Ahonui Pl; Kurse 20 $, Privatkurse 80 $/Std.; ⊙Mo & Mi 8.30, Do 16 Uhr) Kein Witz: Michaelle Edwards hat ihre eigene Version des Yoga erfunden, die dafür bekannt ist, die Wirbelsäule zum „Singen" zu bringen. Ihr Stil verbindet Massage, Yoga und Wirbelausrichtung und hilft erwiesenermaßen bei der Heilung durch natürliche Stellungen und nicht durch unnatürliche Verdrehungen.

Halele'a Spa SPA

(☎826-9644; www.stregisprinceville.com; St. Regis Princeville Resort, 5520 Ka Haku Rd; Massagen 165–245 $; ⊙9–19 Uhr) Dieses 1022 m² große, palastartige Refugium, das wörtlich übersetzt „Haus der Freude" bedeutet, bietet in zahlreichen Räumen Massage für Paare und VIP-Behandlungen. Die Inneneinrichtung besteht aus lokalem, hawaiischen Holz und Naturfasern und ist ein Genuss für die Sinne. Die Behandlungen basieren auf traditioneller hawaiischer Medizin, die sich sowohl der Ressourcen aus der Botanik als auch aus dem Meer bedient. In dem Wellness-Center gibt es auch einen Frisörsalon mit Nagelstudio und einen Fitnessraum, der 24 Stunden geöffnet hat.

Hubschrauberflüge

Heli USA Airways (☎826-6591, 866-936-1234; www.heliusahawaii.com; 55-min. Rundflug 267 $) bietet Rundflüge vom Lihu'e und vom Princeville Airport für alle Besucher der North Shore. Allerdings ist es auch eines von zwei Unternehmen auf der Insel, die 2007 in einen tödlichen Crash verwickelt waren – die Sicherheitsstatistik ist also alles andere als perfekt. **Sunshine Helicopters** (☎270-3999; www.sunshinehelicopters. com/kauai/tours/princeville_adventure.html; 40–50-min. Rundflüge 345 $, Onlinebuchungen 285 $) fliegt auch von beiden Flughäfen aus.

🛏 Schlafen

In Princeville mit seinen unzähligen Ferienwohnungen gibt es nicht die malerischen B&Bs wie im benachbarten Kilauea und Hanalei, und außer gehobeneren Mittelklasse- und Spitzenklassehotels gibt es nicht viel Auswahl. Egal ob man in einem Ferienapartment oder in einer Ferienanlage übernachtet, man sollte sich auf saftige Preise einstellen – aber es lohnt sich auch. Jeder, der die zentrale Lage von Princeville an der North Shore inmitten einer tropischen Umgebung genießen kann – sei es für einen Tag, eine Woche oder einen Monat – kann sich glücklich schätzen. Mit den neuesten wirtschaftlichen Veränderungen beim Reisen können bei **Vacation Rentals by Owners** (www.vbro.com) aber auch einige Schnäppchen gemacht werden.

Die folgenden Unternehmen verwalten jede Menge Apartments, Häuser und Resorts in Princeville:

Kauai Vacation Rentals (☎866-922-5642; www.kauai-vacations-ahh.com)

Parrish Collection Kaua'i (☎742-2000, 800-742-1412; www.parrishkauai.com)

Princeville Vacations (☎800-800-3637, 828-6530; www.princeville-vacations.com; PO Box 223552)

LP TIPP **Mana Yoga Vacation Rental** FERIENWOHNUNGEN **$$**

(826-9230; www.kauainorthshorevacation rentals.com; Ahonui Pl; Apt. mit 2 Schlafzimmern 135 $; Studio 100 $;) Liegt abgelegen auf dem privaten und sehr ruhigen Anwesen der Princeville Ranch, wo sich auch das Mana Yoga Center befindet. Das größere Apartment besteht komplett aus Naturholz mit Teak-Möbeln und gefliestem Boden. Der Balkon bietet einen weitreichenden Panoramablick auf die Berge und jede Ruhe, die man braucht. Das Studio ist zwar kleiner, verfügt aber trotzdem über ein Doppelbett und einen eigenen Balkon. Frische Kokosnüsse, Eier und eine Obstplantage, in der die Kinder rumrennen können, setzen dem Ganzen die Krone auf.

Holly's Kauai Condo CONDO **$$**

(826-8968; www.hollyskauaicondo.com; Ali'i Kai Resort, 3830 Edward Rd; Wohneinheit mit 2 Schlafzimmern 150 $;) Dieses Apartment liegt an einer Klippe und ist nur durchs Wasser von Alaska getrennt. Die 110 m² große Wohneinheit mit zwei Schlafzimmern und Bädern ist ein tolles Schnäppchen. Im Winter (November bis März) bekommen die Gäste bestimmt Wale zu Gesicht – im Grunde genommen schon vom Bett aus. Zu der kürzlich modernisierten Einrichtung gehören HDTV, Bambusmöbel, neues Bettzeug und Teppiche.

Hanalei Bay Resort FERIENANLAGE **$$**

(826-6522; www.hanaleibayresort.com; 5380 Hono'iki Rd; Zi. ab 149 $, Wohneinheit mit 1 Schlafzimmer ab 225 $;) Die Lage ist alles. Einige Wohneinheiten sind zwar sehr überteuert, aber bisweilen kann man auch Schnäppchen machen. Unter der neuen Leitung werden nur noch private Wohneinheiten vermietet, die unter www.summitpacific inc.com oder www.alohacondos.com zu finden sind. Die Wohneinheiten unterscheiden sich stark in der Qualität, und nicht alle verfügen über WLAN – vorher nachfragen und Bilder verlangen.

Westin Ocean Resort FERIENANLAGE **$$$**

(827-8700; www.starwoodhotels.com/westin/ property/overview/index.html; 3838 Wyllie Rd; Studio 225–650 $, 1 Schlafzimmer 300–885 $;) Dieses Starwood-Anwesen auf den Klippen ist etwas billiger (obwohl dieses Wort fehl am Platz scheint). Die Aussicht ist atemberaubend, und um im Winter (November bis März) Wale zu sehen, müssen die Gäste bloß aus dem Fenster blicken. Die Apartment-artigen „Villen" sind ausgestattet mit einer kompletten Küche, Flachbild-TV, Waschmaschine und Trockner. Die Studios verfügen „nur" über eine Küchenzeile. Vor Ort gibt es einen kleinen Lebensmittelladen und eine Filiale von Starbucks, und auch die Pooleinrichtungen sind nicht zu verachten.

St. Regis Princeville HOTEL **$$$**

(800-325-3589, 826-9644; www.stregisprince ville.com; 5520 Ka Haku Rd; Zi. 200–3500 $;) Das bereits erwähnte Märchenland am Ende der Straße in Princeville ist ein wahr gewordener Traum. Die 252 Zimmer liegen am Hügel mit Blick auf die Hanalei Bay und reichen von episch bis extravagant. Direkt am Meer liegt ein 465 m² großer Infinity Pool mit drei heißen Whirlpools, und auch der Pu'u Poa Beach ist nur wenige Meter entfernt. Sogar die „billigsten" Zimmer sind opulent. Jedes ist in zeitgenössischem, hawaiischem Design gehalten und verfügt über die Bedürfnissen der Gäste angepasste Möbel, Fenster mit einseitigen Sichtscheiben und Marmorbäder. Im Preis für die teureren Zimmer ist ein eigener Butlerservice rund um die Uhr enthalten, zu dem auch ein persönlicher Auspacker gehört. Warum auch nicht?

Im Folgenden sind Apartment-Komplexe mit mehreren Wohneinheiten aufgelistet:

Pali Ke Kua CONDO **$$**

(800-800-3637, 828-6530; www.princeville-vacations.com; 5300 Ka Haku Rd; 1 Schlafzimmer pro Nacht/Woche 140/840 $, 2 Schlafzimmer 225/1350 $) Einige Wohneinheiten an den Klippen bieten sowohl Blick auf das Meer als auch auf die Berge. Ein leichterer Zugang zum Pali Ke Kua (Hideaways) Beach liegt auch auf dem Anwesen.

Sealodge CONDO **$$**

(800-800-3637, 828-6530; www.princeville-vacations.com; 3700 Kamehameha Rd; 1 Schlafzimmer pro Nacht/Woche 115/700 $) Mit Swimmingpool, Meer- und Bergblick. Die Wohneinheiten können von unterschiedlicher Qualität sein – Bilder verlangen.

Emmalani Court CONDO **$$**

(800-800-3637, 828-6530; www.princeville-vacations.com; 5250 Ka Haku Rd; 1 Schlafzimmer pro Nacht/Woche 125/750 $, 2 Schlafzimmer 150/900 $) Die kürzlich umgestalteten Wohneinheiten mit Klimaanlage liegen direkt neben dem Makai Golf Course in einem ruhigeren Viertel der Stadt. Alle sind sehr gepflegt und haben einen Pool. Einige bieten Meerblick.

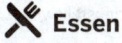 Essen

North Shore Café
AMERIKANISCH $

(Princeville Center; Frühstück 2,75–5 $, Mittag- & Abendessen 8–22 $; ☺Mo–Sa 6–20 Uhr) Dieses Tankstellencafé serviert das heißeste Frühstück der Stadt in Form von beliebten Frühstückssandwiches und guten Pizzas. Die Speisekarte gehört zu den kreativeren, die man an Tankstellen findet. Ein leichter Snack ist der Falafelburger mit Tahini-Joghurtdressing. Oder man bestellt sich gleich einen der „kräftigen Burger", alle mit Fleisch von Princeville-Rindern, die auf der Weide stehen. Das Café befindet sich in der Chevron-Tankstelle.

CJ's Steak & Seafood
SEAFOOD, STEAKHOUSE $$

(Princeville Center, 5-4280 Kuhio Hwy; Hauptgerichte abends 22–38 $; ☺Mo–Fr 11.30–14.30 & tgl. 18–21.30 Uhr) Das CJ's ist eine Institution in Princeville – einerseits dank der Küche, die auf Steaks aus der Hochrippe, Hummer und frischen Fisch setzt, andererseits dank der mangelnden Konkurrenz und seiner Fähigkeit zu überleben. Die herzhaften Gerichte werden alle professionell, aber einfach zubereitet (man wird hier keine Wasabi-Marinaden finden). An der Salatbar haben die Gäste freie Auswahl, und die Nostalgie dieses Steakhouses aus den späten 70er-Jahren lässt viele wieder herkommen. Das CJ's ist zwar nicht prunkvoll, aber dennoch erbaulich.

Nanea
REGIONALE KÜCHE $$$

(Westin Princeville Ocean Resort Villas Clubhouse; Frühstück 8–22 $, Hauptgerichte abends 31–38 $; ☺6.30–10.30 & 17.30–21.30 Uhr) Nach ein paar Jahren, in denen das Nanea nach einem eigenen Stil gesucht hat, kann es heute stolz sein auf seine elegante hawaiische Fusionsküche, die auf etwas abgespeckten Gourmetgerichten basiert. Der aus Maui stammende Küchenchef Kahau Manzu hat sein Handwerk in dem berühmten Moana Surfrider in Waikiki und im Four Seasons Maui erlernt und verarbeitet auf künstlerische Weise Produkte der Insel, wie Honig und Kilauea-Ziegenkäse.

Paradise Bar & Grill
AMERIKANISCH, SEAFOOD $$

(Princeville Center, 5-4280 Kuhio Hwy; Frühstück 8–13 $, Mittagessen 10–14 $, Hauptgerichte abends 11–22 $; ☺morgens 7–11, mittags 11–17, abends 17–22 Uhr) An der Decke hängen Surfbretter, die Wände sind voller Fotografien,

DIE GESCHICHTE DER WALE

Jedes Jahr von November bis März nehmen Tausende dieser riesigen, wunderbaren Säugetiere die fast 5000 km lange Reise durch den Ozean auf sich und kommen von ihren Futterplätzen in Alaska in die warmen, einladenden Gewässer von Kaua'i, um sich hier zu paaren oder ihre Jungen auf die Welt zu bringen.

und in der Bar gibt es sogar einen Tisch aus einem Surfboard (was besonders Kinder lieben). Zwischen den Standardgerichten wie Burger und Pommes verstecken sich auch einige Besonderheiten auf der Speisekarte. Zu den Highlights gehören Macadamianuss-Pfannkuchen mit selbst gemachtem Sirup, das beste frische Fischsandwich der Insel oder Salat (am besten im Cajun-Stil) und ein Teller Knoblauchgarnelen. Außerdem: Milchshakes für Erwachsene.

The Tavern in Princeville
HAWAIISCH $$

(☎826-8700; 5-3900 Kuhio Hwy; Hauptgerichte 28–36 $; ☺11–16 & 17–21.30 Uhr) „Taverne" mag vielleicht etwas schlicht klingen, aber das hier ist Princeville, und wir sprechen von einem Sprössling des verehrten Kochs Roy Yamaguchi. Das Lokal liegt in der hinteren Ecke des **Prince Clubhouse** (S. 570), die Atmosphäre ist vielleicht etwas stumpf, aber der Service hat etwas Theatralisches. Gratis-Popcorn und eine kreative Getränkekarte machen das Lokal einzigartig, egal ob es bestehen oder irgendwann verschwunden sein wird. Die Speisekarte, die manchmal zu ehrgeizig scheint, weist noch einige Lücken auf. Aber das wird dieses neue Lokal mit Sicherheit in den Griff kriegen.

Infigo's
AMERIKANISCH, HAWAIISCH $$

(Pali Ke Kua Condo Complex, 5300 Ka Haku Rd; Gerichte 18–28 $; ☺Mo–Mi & Fr–So 17.30–21.30 Uhr) Zur Zeit der Recherche war die Farbe in dieser neuen Einrichtung in einem alten Gebäude noch nicht getrocknet. Der Koch Nicolas Salvi zaubert einige anregende Gerichte aus den Ärmel. Bis jetzt gibt es hier noch keine Schanklizenz, deshalb sind selbst mitgebrachte Weinflaschen herzlich willkommen (7 $ Korkgeld). Bei dem guten Service und der entspannten Atmosphäre bleiben die Gäste gerne auch für zwei Flaschen Wein hier sitzen. Livemusik und einfallsreiche Kreationen mit Fisch, Rippchen, Hühnchen und Rind sorgen dafür, dass der Ruf immer besser wird. Schwer zu finden – wer das Meer sieht, hat die Abzweigung schon verpasst.

Federico's
MEXIKANISCH **$$**

(Princeville Center; Tacos & Burritos 12 $; ⊘Mo-Sa 9–20 Uhr) Serviert frisch zubereitete, mexikanische Gerichte. Besonders begehrt sind die Tages-Specials und die täglich wechselnden Saftvariationen.

Tamarind
THAILÄNDISCH **$$**

(Princeville Center; Currys 12 $; ⊘11–20 Uhr) Hier gibt es die üblichen Currys (nicht zu scharf) und durchschnittlichen Thai-Tee mit Kokosmilch.

Lei Petite Cafe & Bakery
CAFE **$**

(Princeville Center, 5-4280 Kuhio Hwy; Latte 3 $; ⊘6.30–16 Uhr) In Princevilles bestem Café gibt es den Muntermacher in allen Variationen sowie Bagels, Muffins, Scones und Erdbeeren mit Schokolade.

Lappert's Ice Cream
EIS **$**

(Princeville Center, 5-4280 Kuhio Hwy; ⊘10–21 Uhr) Der süße Duft der Waffeln erscheint verlockend, und die köstlichen, regional inspirierten Eissorten werden einen sicher nicht enttäuschen. Auf keinen Fall verpassen!

Foodland
SUPERMARKT **$**

(☏826-9880; Princeville Center, 5-4280 Kuhio Hwy; ⊘6–23 Uhr) Der größte Supermarkt an der North Shore hat jede Menge frische Produkte, zubereitetes Sushi, Wein, Bier und Spirituosen im Angebot. Die Auswahl ist besser als im Big Save von Hanalei.

Ausgehen & Unterhaltung

Lobby Bar im
St. Regis Princeville
LIVEMUSIK

(www.princevillehotelhawaii.com; 5520 Ka Haku Rd; ⊘15.30–23 Uhr) Man darf sich nicht von der Eleganz oder dem mächtigen Kronleuchter aus Kristallregentropfen einschüchtern lassen. Die Lobby Bar ist für jeden da, der ein bisschen ausspannen und relaxen möchte. Die Atmosphäre ist herzlicher als das scheinbar überspannte Ambiente, aber keine Sorge: Hier fühlt sich fast jeder erstmal fehl am Platz. Einfach entspannen – jetzt ist es geschafft! Und man kann einen Cocktail zum Sonnenuntergang in einzigartiger Lage genießen.

Praktische Informationen

Chevron Gas Station (Kuhio Hwy; ⊘Mo–Sa 6–22, So bis 21 Uhr) Die letzte Tankstelle vor dem Ende der Straße.

GELD Banken mit 24-Std.-Geldautomaten:

Bank of Hawaii (☏826-6551; Princeville Shopping Center; ⊘Mo–Do 8.30–16, Fr bis 18 Uhr)

First Hawaiian Bank (☏826-1560; Princeville Shopping Center; ⊘Mo–Do 8.30–16, Fr bis 18 Uhr)

Post (☏800-275-8777; Princeville Center; ⊘Mo–Fr 10.30–15.30, Sa bis 12.30 Uhr) Im Einkaufszentrum.

INTERNETZUGANG **Princeville Mail Service Center** (☏826-7331; Princeville Center, 5-4280 Kuhio Hwy; ⊘Mo–Fr 9–17 Uhr; @) Bietet FedEx, Kopierer, PCs und sogar Trockenreinigung an.

ℹ Anreise & unterwegs vor Ort

Princeville eignet sich hervorragend zum Spazierengehen oder Fahrradfahren. Es führt nur eine Hauptverkehrsstraße (Ka Haku Rd) durchs Zentrum.

Ride on Kauai (☏652-8958; rideonkauai@yahoo.com; pro Tag/Woche 20/80 $; ⊘8–20 Uhr) Bietet Anfahrt, Abholung und Reparaturservice für die Flotte an Strandrädern (bald auch Mountainbikes) an der gesamten North Shore (von Kilauea bis Haena). Die Räder werden morgens gebracht und müssen zwölf Stunden im Voraus reserviert werden. Es gibt sogar ein paar Räder mit Kindersitzen.

Kauai Bus Hält stündlich auf der anderen Straßenseite des Princeville Center am Kuhio Hwy. Weitere Infos s. S. 525.

Hanalei Valley

Über diesem wunderschönen, grünen Tal mit dichten *kalo loi* (Tarofeldern) schwebt immer ein leichter Nebel. Der fruchtbare Boden ist seit Jahrhunderten der Lebenssaft der Taropflanzen. Hier kann man damit rechnen, Wildtiere, tosende Wasserfälle und Regenbogen am Nachmittag zu sehen.

Die charakteristische **Hanalei Bridge** (Karte S. 569) von 1912 ist die erste von sieben Brücken über den Hanalei River und führt zu dem berühmten Ende der Straße. Die Brücke zwingt einen dazu, anzuhalten und die Beschaulichkeit der North Shore zu bewundern. Dank diesem Wahrzeichen können große Trucks, Busse oder Raser den ruhigen, kleinen Eingang nach Hanalei nicht zerstören.

Die kurvigen und hügeligen Abschnitte der Straße werden von Mammutbäumen überragt, die hier und da einen Blick auf das Meer, das Tal oder den Fluss freigeben. Der **Hanalei Valley Scenic Drive** verspricht ein einzigartiges Fahrerlebnis auf der Straße Richtung Norden bis zum Ende (in Haʻena). Vom **Hanalei Valley Lookout** bietet Princeville die ersten, berühmten Ausblicke auf die North Shore. Um hierher zu gelangen, biegt man gleich nach der Hanalei Bridge links auf die Ohiki Rd ab. Im Rahmen der Hoʻopulapula Haraguchi Rice Mill Tour kommt man ins Hanalei National Wildlife Refuge.

Hanalei

514 EW.

In dem schicken Surfer-Örtchen Hanalei tummeln sich jede Menge Erwachsene mit Peter Pan-Syndrom und Kinder mit scheinbar olympischen, sportlichen Fähigkeiten. Wer die Weke Rd am Ufer entlangspaziert, sieht Männer über 60, die ihre Surfbretter wachsen und junge Leute, die ihre Big Wave-Surfboards an den Strand tragen. Das Leben hier spielt sich zweifellos nur am Strand ab.

 **Strände**

Hanalei Bay STRAND

Palisaden, eine halbmondförmige Bucht und unzählige Surfer machen die Hanalei Bay zu dem, was für viele typisch für Kauaʻi ist. Die vier Strände (eigentlich einer, der in vier Bereiche mit vier Namen unterteilt ist) haben für fast jeden etwas zu bieten: Sonnenanbeter, Bodyboarder und Surfer. Im Winter sind die Gewässer hier eher was für Profis. Im Sommer ist das Wasser manchmal so ruhig, dass man den Himmel nur durch die paar Yachten, die am Horizont auf dem Wasser schaukeln, vom Meer unterscheiden kann. Im Black Pot Beach Park (Hanalei Pier) und im Waiʻoli (Pine Trees) Beach Park gibt es Duschen, Toiletten, Trinkwasser, Picknicktische und Grills. Für Familien ist der Hanalei Beach Park Pavillon mit seinen Einrichtungen und den Rettungsschwimmern am besten geeignet.

Hanalei Beach Park Pavilion BEACH PARK

Mit der Strandwache und der tollen Aussicht ist dieser Strandpark ein großartiger Ort für ein Picknick, den Sonnenuntergang oder einen faulen Tag am Strand. Der einzige Nachteil des perfekt gelegenen Strands:

Das Parken kann zu einer echten Herausforderung werden. Wer parken muss, sollte dies entlang der Weke Rd tun, ansonsten sind Parkplätze rar.

Black Pot Beach Park (Hanalei Pier) BEACH PARK

Dies ist einer der belebtesten Strände in der ohnehin schon beliebten Hanalei Bay. Kein Wunder, so reizvoll wie er ist. Wenn die Waiʻoli Falls von einem vorangegangenen nächtlichen Regen wieder aufgefrischt wurden, lohnt sich die Aussicht auf den Mt Namolokama über der Bucht.

Waiʻoli (Pine Trees) Beach Park BEACH PARK

Der Pine Trees Beach ist weniger beliebt, aber ebenso schön und wird v. a. von Einheimischen besucht. Die Wellen hier sind stärker als sonstwo in der Hanalei Bay, und mit Ausnahme der ruhigsten Sommerbrandung kann das Schwimmen sehr gefährlich sein. Der Park verfügt über Toiletten und Duschen.

Waikokos SURFSTRAND

In der Brandung von Waikokos, geschützt von einem Riff an der Westkurve der Hanalei Bay, kann man tolle Rights und Lefts surfen. Auf der Seite des Haupthighways parken und den kurzen Weg neben den Meilensteinen 4 und 5 nehmen. Im Winter kann man manchmal gut am Makahoa Point, dem westlichen Ende der Bucht, surfen.

Middles SURFSTRAND

Die Gegend mit dem Namen Middles (Karte S. 562) liegt in der Mitte von zwei Breaks: zwischen Waikokos und Pine Trees, außerhalb vom Riff und links davon. Das Gebiet innerhalb des Riffs Richtung Norden wird von Surfern „Grandpas" genannt.

Sehenswertes & Aktivitäten

Der fast 10 km lange Hanalei River ist zwar nicht der größte oder heiligste Fluss von Hawaii (diese Ehre wird dem Wailua River zuteil), er ist aber trotzdem schön, ruhig, sicher und ideal für Kajakanfänger. Auch für diejenigen, die zum ersten Mal surfen, ist die Hanalei Bay wahrscheinlich der schönste Ort, an dem sie jemals surfen werden.

Waiʻoli Huiʻia Church & Waiʻoli Mission House KIRCHE

Diese historische Kirche von 1912 und das angrenzende Haus (von 1936) vervollständigen die malerische, grüne Kulisse mit dem Mt Namolokama im Hintergrund. Die Einrichtung und die Artefakte der Kirche vermitteln einen kleinen Eindruck vom Leben der Missionare auf der Insel.

Ocean Quest Watersports TAUCHEN

(☎742-6991, 800-972-3078; www.fathomfive. com; ☺Tauchgänge Mo–Fr 7, 7.30 & 13 Uhr, North Shore-Tauchgänge März–Okt.) Die Filiale des Anbieters Fathom Five in Koloa hat sich auf North Shore-Tauchgänge bei Tunnels spezialisiert. Das Unternehmen ist PADI-geprüft. Anfänger können an Einführungstauchgängen mit einstündigem Unterricht teilnehmen. Tauchgänge mit ein/zwei Tanks kosten 115/125 $. Das Personal bringt den Teilnehmern die Ausrüstung.

North Shore Divers TAUCHEN

(☎828-1223; www.northshoredivers.com; ☺Tauchgänge Mo–Fr 8, 11, 13 Uhr, North Shore-Tauchgänge März–Okt.; Anfänger mit 1/2 Tanks 109/169 $) Für Taucher mit Zertifikat kostet ein Tauchgang bei North Shore Divers mit einem Tank 79 $ und mit zwei Tanks 119 $ pro Person. Ein unvergessliches Erlebnis ist ein Tauchgang bei Nacht (nur im Sommer) für 99 $. Ein zertifizierter Tauchkurs auf offenem Meer kostet 450 $. Treffpunkt ist der Strand.

Kayak Kauai KAJAKFAHREN, STAND UP PADDLING

(☎826-9844; 1er-/2er-Kajak pro 24 Std. 29/54 $, Paddleboards 45 $/24 Std.; ☺8–17 Uhr, im Sommer bis 20 Uhr) Kayak Kauai bietet Kajaks, Stehpaddelboards und eine Vielzahl an anderer Ausrüstung. Auf dem Grundstück befindet sich eine bequeme Rampe am Fluss. Das Unternehmen liegt auf der anderen Straßenseite vom Postcards Café.

LP TIPP Kauai Island Experience STAND UP PADDLING

(☎346-3094; www.kauaiexperience.com; 2-std. Privat-/Gruppenunterricht 125/80 $) Hier herrscht ein Überangebot an Aktivitäten im Meer und an Land. Gute Einführung ins Stehpaddeln.

Mitchell Alapa STAND UP PADDLING

(☎482-0749; Privatstunde 75 $; ☺8–14 Uhr) Dieser alteingesessene Surfer von Kaua'i und sein surfbegeisterter Sohn bringen einen in null Komma nichts aufs Brett.

Na Pali Explorer SCHNORCHELN

(☎338-9999, 877-335-9909; www.napali-explorer. com; Kaumuali'i Hwy; 5-std. geführte Tour Erw./ Kind 125/85 $) Bietet Schnorcheltouren auf aufblasbaren Flößen mit steifer Oberfläche

an (harter Boden, aufblasbare Seiten). Die sind ruhiger als die komplett aufblasbaren Zodiacs. Die Teilnehmerzahl beträgt zwischen 16 und 35 Passagiere. Auf dem knapp 15 m langen Floß gibt es Toiletten und ein Sonnendach. Es fährt von April bis Oktober in der Hanalei Bay ab.

Na Pali Catamaran SCHNORCHELFAHRT

(☎826-6853, 866-255-6853; www.napalicata maran.com; 4-std. geführte Tour Erw./Kind 135/110 $; ☺Mai–Sept. morgens & nachmittags) Je nach Wellengang und Jahreszeit fährt man vielleicht in ein paar Meereshöhlen. Nicht vergessen: Die Wellen schlagen heftig, und die Elemente kennen keine Gnade.

Captain Sundown SCHNORCHELFAHRT

(☎826-5585; www.captainsundown.com; 6-std. geführte Tour Erw./Kind 162/148 $) Captain Sundown arbeitet die meiste Zeit von Lihu'e aus. Wer im Sommer hier ist, sollte die Gelegenheit beim Schopfe packen. Captain Bob ist ein echtes Original und verfügt über mehr als 38 Jahre Erfahrung, die er mit Stolz weitergibt.

Aloha Surf & Kitesurfing School KITESURFEN

(☎826-1517, 635-9283; 3 Unterrichtsstunden 195 $) Es sieht nach einer Menge Spaß aus, und jeder will es versuchen. Das ist nur verständlich. Das Kitesurf-Angebot dieser Schule umfasst drei Stunden Unterricht; erst an Land und dann im Wasser. Kurse nur nach Terminvereinbarung.

LP TIPP Hanalei Surf Company SURFEN

(☎826-9000; www.hanaleisurf.com; Hanalei Center, 5-5161 Kuhio Hwy; 2 ½-std. Kurse 65–150 $, Surfboards pro Tag/Woche 15/65 $, Bodyboards 5/20 $; ☺8–21 Uhr) Die Surflehrer Russell Lewis und Ian Vernon haben einen ausgezeichneten Ruf und unterrichten v. a. fortgeschrittene Surfer.

Hanalei Surf Company Backdoor Store SURFEN

(☎826-9000; www.hanaleisurf.com; Ching Young Village; 2-std. Unterricht in der Gruppe/paarweise 65/75 $ pro Pers., Privatunterricht 150 $, Surfboards 20 $/Tag, Bodyboards 6 $/Tag; ☺8–21 Uhr) Dieser Anbieter hat eine Auswahl an Longboards und leistungsstarken Shortboards sowie einige Bodyboards. Man kann auch eine Versicherung abschließen. Unterricht nur nach Terminvereinbarung.

Hawaiian School of Surfing SURFEN

(☎652-1116; 1 ½-std. Unterricht 65 $; ☺Unterricht 8, 10 & 12 Uhr) Um Unterricht bei dem

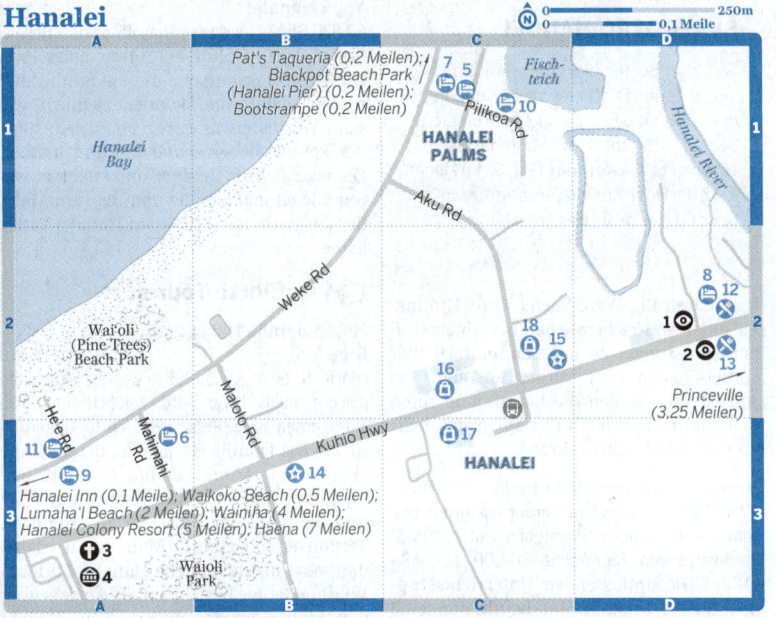

Pat's Taqueria (0,2 Meilen);
Blackpot Beach Park
(Hanalei Pier) (0,2 Meilen);
Bootsrampe (0,2 Meilen)

Hanalei
Bay

HANALEI
PALMS

Fisch-
teich

Pilikoa Rd

Aku Rd

Weke Rd

Wai'oli
(Pine Trees)
Beach Park

Maloko Rd

Manini'aki
Rd

Hele Rd

Kuhio Hwy

HANALEI

Princeville
(3,25 Meilen)

Hanalei Inn (0,1 Meilen); Waikoko Beach (0,5 Meilen);
Lumaha'l Beach (2 Meilen); Wainiha (4 Meilen);
Hanalei Colony Resort (5 Meilen); Haena (7 Meilen)

Waioli
Park

KAUA'I HANALEI

Hanalei

◉ Sehenswertes
	Hanalei Surf Company	(s. 17)
	Hanalei Surf Company Backdoor Store	(s. 16)
1	Kayak Kaua'i	D2
2	Na Pali Kayak	D2
3	Wai'oli Hui'ia Church	A3
4	Wai'oli Mission Hall	A3
	Wai'oli Mission House	(s. 4)
	Yoga Hanalei	(s. 17)

🛏 Schlafen
5	Bed, Breakfast & Beach at Hanalei	C1
6	Blu Nui Cottage	A3
7	Hale Reed Apartment	C1
8	Hanalei Riverside Cottages	D2
9	Hanalei Surfboard House	A3
10	Ohana Hanalei	C1
11	Pine Trees Beach House	A3

✖ Essen
	Big Save	(s. 16)
	Hanalei Coffee Roasters	(s. 17)
12	Hanalei Dolphin Fish Market	D2

	Hanalei Dolphin Restaurant & Sushi Lounge	(s. 12)
	Hanalei Pizza	(s. 16)
	Harvest Market	(s. 17)
	Neide's Salsa Samba	(s. 17)
13	Postcards Cafe	D2

Ausgehen
	Bar Acuda	(s. 17)

✪ Unterhaltung
	Hanalei Gourmet	(s. 17)
14	Hawaiian Slack Key Guitar Concerts	B3
15	Tahiti Nui	C2

🔒 Shoppen
	aFeinPhoto Gallery	(s. 18)
	Backdoor	(s. 16)
	Bikini Room	(s. 18)
16	Ching Young Village	C2
	Evolve Love Gallery	(s. 16)
17	Hanalei Center	C3
	Hanalei Paddler	(s. 17)
	Hanalei Surf Company	(s. 17)
18	Kauai Nut Roasters	C2
	Root	(s. 18)

SURFBOARD-HANDEL

Wer zum Surfen hierherkommt und sein eigenes Brett nicht mitbringen mag (oder die Flugzeuggebühren nicht bezahlen möchte), der kann bei **Watersports Swapmeet** (☉1. Sa im Monat 9–12 Uhr) im Hanalei Center preiswerte Second Hand-Bretter erstehen.

legendären Big Wave-Surfer Titus Kinimaka (oder wahrscheinlicher bei einem seiner Sprösslinge) zu nehmen, einfach hier vorbeischauen oder vorher anrufen. Die Angestellten stellen die Boards und roten rashguards täglich am Pier auf. Nicht mehr als drei Schüler pro Lehrer.

Hawaiian Surfing Adventures   SURFEN
(☏482-0749; www.hawaiiansurfingadventures.com; 2-std. Gruppen-/Privatunterricht 45/95 $, Surfboards pro Tag/Woche 30/100 $; ☉8–14 Uhr) Die umfassenden Unterrichtsstunden dieser Organisation beinhalten eine halbe Stunde Training an Land, eine Stunde im Wasser und eine weitere Stunde zum selbstständigen Üben. Nach den gelben rashguards am Strand Ausschau halten.

Kayak Kaua'i   SURFEN
(Karte S. 577; ☏826-9844; www.kayakkauai.com; Kuhio Hwy; 1-std. Unterricht 50 $, Surfboards/Bodyboards pro Tag 20/6 $; ☉10 & 14 Uhr) Wer sich Ausrüstung für vier Tage ausleiht, der bekommt sie noch einmal drei Tage umsonst.

Hawaiian Surfing Adventures   AUSLEGERKANU
(☏482-0749; www.hawaiiansurfingadventures.com; 2-std. geführte Tour pro Pers. für 1/2/3/4 Pers. 200/100/75/45 $; ☉8–14 Uhr) Ein tolles Training und ein guter Einblick in diese aus Polynesien stammende Tradition. Die Chancen stehen gut, dass man auch Meerestiere zu Gesicht bekommt.

Island Sails   KANUSEGELN
(Karte S. 562; ☏212-6053; http://islandsailskauai.com/home; 1 ½-std. Tour, Schnorchelausflug am Morgen Erw./Kind 85/65 $; ☉9–10.30, 15.30–17, 17.30 Uhr–Sonnenuntergang) Egal ob bei einem Schnorchelausflug am Morgen, einer Fahrt am Nachmittag oder einem Sunset-Cruise – das ist die Chance, einen Einblick ins traditionelle polynesische Kanusegeln zu gewinnen.

Yoga Hanalei   YOGA
(☏826-9642; www.yogahanalei.com; Hanalei Center, 2. OG, 5-5161E Kuhio Hwy; Kurse 15 $) Die Vormittagskurse in diesem Studio sind relativ lebhaft und können ziemlich voll sein. Wer es etwas ruhiger angehen mag, der kommt lieber später am Tag hierher. Die paar Lehrer, die hier unterrichten, waren alle einmal Schüler von Bhavani Maki, der das Asthanga-Studio im Hanalei Valley leitet.

☞ Geführte Touren

Ho'opulapula Haraguchi Rice Mill   GEFÜHRTE TOUREN
(Karte S. 562; ☏651-3399; www.haraguchiricemill.org; Kuhio Hwy; 3-std. geführte Tour inkl. Mittagessen 65 $/Pers.; ☉geführte Touren Mi 10 Uhr) Die Familie Haraguchi, der auch die Hanalei Taro & Juice Company gehört, bietet Touren durch die historische Reismühle und die Auen der Tarofarm an (nur nach Terminvereinbarung). Man kann dabei das sonst unzugängliche Hanalei National Wildlife Refuge besichtigen und etwas über die Einwanderergeschichte von Hawaii lernen. Die Familie hilft auch bei dem alle zwei Jahre (in ungeraden Jahren) stattfindenden **Hanalei Taro Festival** mit, bei dem sich alles um das Wachstum und die Zubereitung dieser überraschend leckeren, einheimischen Nutzpflanze dreht.

🛏 Schlafen

Ohana Hanalei   STUDIO $$
(☏826-4116; www.hanalei-kauai.com; Pilikoa Rd; Zi. pro Tag/Woche 115/750 $) Angesichts der Lage nur einen halben Block vom Strand entfernt, ist dieses Studio erstaunlich günstig. Es verfügt über Küchenzeile, separaten Eingang, Telefon, Kabel-TV und einen Parkplatz. Der gemütliche Verandatisch lädt zu netten (oder romantischen) Abendessen ein, außerdem stehen Fahrräder und Strandstühle zur Verfügung.

Bed, Breakfast & Beach at Hanalei   FERIENWOHNUNG $$
(☏826-6111; www.bestvacationinparadise.com; Pilikoa Rd; Zi. 120–170 $; ☏) Die Lage ist ideal. Deutlich hört man die Wellen und kann sie auch fast sehen. Der heitere Hausverwalter ist in erster Linie Fremdenführer vor Ort, aber auch Koch, der täglich ein tolles Frühstück mit Zitronen-Kokos-Kaffeekuchen oder Bananen-Pancakes mit Sirup serviert. Die drei kleinen, einfachen Zimmer – mit

französischem Bett und eigenem Bad – eignen sich am besten für Paare oder Singles. Der Besitzer ist nicht besonders scharf auf Familien, da diese die Nachbarschaft stören könnten.

Pine Trees Beach House INN $$

(☎826-9333; www.hanaleibayinn.com; 5404 Weke Rd; Zi./Studio/Apt. 69/159/279 $; ☎) An der Nebenstraße der Hanalei Bay liegen drei verschiedene Unterkünfte: ein kleines Zimmer mit zwei Einzelbetten und etwas Besteck (perfekt für den anspruchslosen Surfer), ein kühles Studio im Untergeschoss (angenehm bei heißen Temperaturen) mit französischem Bett und Ausziehcouch und ein 110 m² großes, luftiges Apartment im Obergeschoss mit Loft zum Beobachten der Brandung, italienischem Marmorboden, einer schicken Küche und sogar mit einer Poledance-Stange, die von Larry Flynt gekauft wurde, und an der Demi Moore für ihren Film Striptease geübt hat.

Hanalei Surfboard House INN $$

(☎826-9825; www.hanaleisurfboardhouse.com; 5459 Weke Rd; Zi. 175–225 $; ✳☎) Dieses todschicke Anwesen ist ein Kunstwerk, das nur eine Minute vom Strand entfernt liegt, und damit ein Paradies für Surfer. Zwei der vier 37 m² großen Zimmer besitzen eine einzigartige, alte hawaiische Ausstattung, Balkon und Grill. Die geräumigere „Love Shack" ist in altmodischem 60er-Jahre-Stil eingerichtet und verfügt über einen Duschboden, der mit Kaua'i-Sand verziert ist, Klimaanlage und eine Surround-Stereoanlage. Der immer freundliche Besitzer gibt in diesem bezaubernden Haus den Ton an.

Hanalei Riverside Cottages COTTAGE $$

(☎826-1675; www.hanaleidolphin.com/kauaivacationrental.html; 5-5016 Kuhio Hwy; 2 Schlafzimmer pro Nacht/Woche 200/1000 $; ☎) Wer hier übernachtet, der kann gleich vom Haus aus mit einem Kanu, Kajak oder Stehpaddelboard in den Hanalei River fahren. Die Cottages liegen nur einen Steinwurf vom Ortszentrum entfernt und sind alle ähnlich eingerichtet: Bambusmöbel, komplette Küche, Duschen drinnen und draußen, Schlafzimmer im Vorbau und luftige Wohnbereiche mit Blick auf den Fluss (einige davon können als drittes Schlafzimmer genutzt werden).

Hale Reed Apartment FERIENWOHNUNG $$

(☎826-6741; www.hanalei-vacation.com; 4441 Pilikoa Rd; Apt. mit 2 Schlafzimmern ab 1200 $/ Woche; ☎) Ungefähr 89 Schritte vom weißen Sandstrand der Hanalei Bay entfernt liegt dieses Apartment im Erdgeschoss mit kompletter Küche und einer Veranda, auf der die Gäste auch gut kochen und essen können. Das französische Bett und die zwei Einzelbetten (die zu einem Doppelbett zusammengestellt werden können) bieten Platz für bis zu vier Personen. Die Einrichtung ist zwar etwas altmodisch, wird aber durch die außergewöhnliche Lage wieder wettgemacht. Nach der Kaution fragen.

Hanalei Inn INN $$

(☎826-9333; www.hanaleiinn.com; 5-5468 Kuhio Hwy; Zi. 139 $; ☎) Jedes der vier Studios mit Küche, HDTV und klassischen Retro-Möbeln aus dem einst berühmten, aber mittlerweile verfallenen Coco Palms Resort ist ideal gelegen. Der Manager vor Ort, Ex-

WANDERUNG MIT AUSSICHT

Der **Okolehao Trail** (Karte S. 562) bietet fantastische Panoramablicke über die Tarofelder von Hanalei, das Kilauea Lighthouse und den Anfang der Na Pali Coast. Der Name bedeutet „Mondschein" und bezieht sich auf den destillierten Alkohol, der während der Prohibition aus den Wurzeln der ti-Pflanzen gewonnen wurde.

Da die erste halbe Meile eine kleine Kletterpartie ist, auf der man nur selten andere Wanderer trifft, umgibt einen bei der Wanderung herrliche Stille, sieht man mal von der eigenen heftigen Atmung ab. Aber die Aussichten belohnen alle Mühen. Nach dem ersten Aussichtspunkt am Hochspannungsmasten steigt der 2,25 Meilen (3,6 km) lange Weg stetig an, und es bieten sich zahlreiche Möglichkeiten zum Fotografieren, bevor er 380 m über dem gemächlichen Treiben von Hanalei endet. Unbedingt Getränke mitnehmen!

Zum Anfang des Wanderwegs gelangt man über die erste Straße auf der linken Seite nach der ersten Einbahnstraßenbrücke von Hanalei Richtung Norden entlang der Rice Mill Rd. Die Straße ein paar hundert Meter bis zu einem Parkplatz entlanglaufen. Der Wanderweg beginnt gegenüber.

EINE HOMMAGE AN KALO

Der hawaiischen Kosmologie zufolge brachten *Papa* (Mutter Erde) und *Wakea* (Vater Himmel; auch Vater der Hawaii-Inseln) *Haloa* zur Welt, einen Totgeborenen und Bruder der Menschen. Haloa wurde in der Erde begraben, und aus seinen Überresten entstand Taro *(kalo)*, eine Pflanze, auf die die Hawaiianer seit langer Zeit zurückgreifen und die in ozeanischen Kulturen verzehrt wird.

Kalo wird immer noch als heiliges Lebensmittel angesehen und steckt voller Tradition und Spiritualität für die Einheimischen auf Hawaii. In Hanalei an der North Shore gibt es die größte Tarofarm im Staat, wo die violette, stärkehaltige, kartoffelartige Pflanze auf Teichfeldern mit dem Namen *lo'i kalo* wächst. Nachdem man die erste von mehreren Einbahnstraßenbrücken in Hanalei überquert hat, sieht man auf der linken Seite schon *kalo* wachsen.

Kalo wurde in den 1970er-Jahren im Rahmen der „Hawaiischen Renaissance" wiederentdeckt – eine Zeit, in der einige Aspekte der hawaiischen Kultur wiederbelebt wurden. Obwohl *kalo* für einige Außenstehende nicht viel mehr ist als eine verherrlichte, granatfarbene Kartoffel, verfügt die Pflanze doch über viele Nährstoffe. Sie wird häufig gekocht und mit *poi* zubereitet, ein bodenständiges, stärkehaltiges und etwas süßes und klebriges Gericht, das die Konsistenz von Pudding besitzt.

Hawaiische Familien bereiten *poi* (im hawaiischen Wörterbuch als „Stütze des Lebens" bezeichnet) auf ganz unterschiedliche Art zu. Einige mögen es frisch, andere bevorzugen es sauer oder *'awa 'awa* (bitter) – je nach der Art, wie es serviert wird: Manchmal ist es schon einige Zeit in der Schüssel, bevor es auf den Tisch kommt.

Alle traditionellen Haushalte zollen der Taropflanze Respekt. Wenn eine Schale mit *poi* auf dem Tisch steht, darf man nicht streiten oder zornig sprechen. Das kommt daher, dass jegliche negative Energie *'ino* (böse) ist und das *poi* verderben kann.

Kleiner Tipp: Wegen der spirituellen Bedeutung und kulturellen Geschichte des *kalo* wäre es unhöflich, die Pflanze als uninteressant abzutun. Wer auf einem der vielen *luaus* auf der Insel mit einem *poi*-Gericht aus *kalo* in Berührung kommt, sollte es nicht etwa als „Tapetenkleister" bezeichnen, das wäre eine Beleidigung.

Filmstar Bill Gaus (er war Statist in Andrew Bergmans Film *Honeymoon in Vegas* von 1992), trägt zusammen mit der Hauskatze Yin-Yang zu der ruhigen Atmosphäre bei. Wer eine Woche bleibt, zahlt keine Steuern.

Blu Nui Cottage COTTAGE $$
(☎800-488-3336, 826-9622; 4435 Mahimahi Rd; 2 Schlafzimmer 1500 $/Woche; ☏) Von der Veranda dieser 75 m² großen Wohnung bietet sich ein atemberaubender Blick auf die Berge. Die Unterkunft verfügt über ein geräumiges Wohnzimmer mit einem Sessel im römischen Stil, zu dem eigentlich ein persönlicher Diener gehören würde, der einen mit Trauben versorgt ... In den zwei Schlafzimmern stehen französische Betten, und auf dem Gang befindet sich ein Bad. Des Weiteren gibt es noch eine überdachte Veranda auf der Rückseite mit Grill, einen kinderfreundlichen Hof zum Rumtoben und einen Privatparkplatz. Das Zentrum von Hanalei und die Hanalei Bay sind zu Fuß jeweils gut zu erreichen.

✖ Essen

Alle paar Meter befindet sich ein Lokal. Es sollte hier wohl für jeden etwas dabei sein.

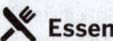 **Bar Acuda Tapas & Wine** TAPAS $$$
(Hanalei Center; Tapas, 8–15 $; Hauptgerichte 22–30 $; ☺18–21.30 Uhr) Die angesagte Wein- und Tapasbar serviert künstlerisch arrangierte Gerichte, die bemerkenswert, aber natürlich entsprechend teuer sind. Lokale Produkte wie Honigwaben von der North Shore, Kunana Farms-Ziegenkäse und Mizuna-Gemüse und -Äpfel werden auf kreative Weise zubereitet. Es herrscht eine „Sehen-und-gesehen-werden-Atmosphäre", der Service ist einwandfrei. Die Musikauswahl verstärkt das Gefühl, sich in einem klassischen Film zu befinden.

Postcards Café REGIONALE KÜCHE $$
(www.postcardscafe.com; 5-5075 Kuhio Hwy; Hauptgerichte 18–27 $; ☺18–21 Uhr) Dieses vegetarierfreundliche Lokal (es gibt auch Fleisch), das etwas Hütten-Atmosphäre ausstrahlt, könnte genauso gut in Neu-

england oder in einer französischen Hügellandschaft liegen. Die in nostalgischem Ambiente servierten Gerichte sind von raffinierter Einfachheit. Das freundliche Personal ist wie eine große Familie und tut alles, um die Gäste zufriedenzustellen. Gruppen sollten reservieren.

Neide's Salsa Samba   BRASILIANISCH $$
(Hanalei Center; Gerichte 9–17 $; ☉11–14.30 & 17–21 Uhr) Ganz hinten im Hanalei Center versteckt, gibt es hier üppige Portionen und Margaritas, die wunderbar munden. Zu den originelleren Gerichten auf der Speisekarte gehören *muqueca* (frischer Fisch mit Kokossauce), *ensopado* (gebratenes Huhn mit Gemüse) und *bife acebolado* (Beefsteak mit Zwiebeln). Das brasilianische Ambiente entschädigt für das manchmal lustlose Personal.

Hanalei Dolphin Restaurant
& Sushi Lounge   SEAFOOD, SUSHI $$
(www.hanaleidolphin.com; 5-5016 Kuhio Hwy; Hauptgerichte mittags/abends 14/21 $, Sushi 11–20 $; ☉11.30–15, 17.30–21 Uhr) Das Dolphin ist eine der ältesten Einrichtungen in Hanalei (über 30 Jahre) und verströmt eine lebhafte Atmosphäre, in der jedes Gericht zu einem Freudenfest wird. Slow-cooking ist angesagt, die Portionen sind üppig, und der Sushi-Koch zaubert für diejenigen, die sich nicht entscheiden können, aus frischem Fisch kulinarische Köstlichkeiten. Das Mittagessen wird auf der Flussseite serviert, und die Plätze an der Sushibar sind schnell voll. Noch ein Tipp: ein Dolphin-Eiskuchen – zwei Gabeln.

Hanalei Pizza   PIZZA $$
(Chin Young Village; Stück Pizza 4–5 $, ganze Pizza 20–30 $; ☉11–20.30 Uhr) Man genießt die leckeren Pizzas bei leiser Musik. Die an den Wänden hängenden Instrumente verleiten jeden Musiker dazu, sein Talent unter Beweis zu stellen. Reisende Musiker sind herzlich willkommen, für ihre Pizza zu musizieren, aber natürlich bedarf es da schon eines gewissen Talents. Kurz vor Feierabend gibt es günstigere Pizzastücke.

Harvest Market   CAFE $$
(Hanalei Center, 5-5161 Kuhio Hwy; Smoothies 7 $, Salate nach Gewicht; ☉9–20 Uhr) Wer seinem Körper etwas Gutes tun möchte, der bekommt hier eine ordentliche Auswahl an biologischen Snacks und Produkten aus der Region. An der Salatbar, dem Smoothie-Stand oder im Snackbereich, wo es getrocknetes Obst, Nüsse und Ähnliches nach Ge-

wicht gibt, sollte man zurückhaltend sein – sonst wird einen vermutlich der Preis überraschen.

Hanalei Coffee Roasters   CAFE $
(www.hanaleicoffeeroasters.com; Hanalei Center; Latte 4,50 $, Mittagessen 7,95 $; ☉6.30–18 Uhr) Die Atmosphäre ist hier nicht das einzig Belebende. Die Kaffeevariationen sind stark, die Quiche und der Karottenkuchen von Chefkoch Bob genau richtig und die gesellige Atmosphäre samt musikalischer Umrahmung etwas für die Seele. Na gut, da macht sich auch das Koffein bemerkbar.

Pat's Taqueria   MODERNE INSELKÜCHE $
(Parkplatz, Hanalei Pier; ☉12–15 Uhr) Wer gerade am Pier ist und auf der Suche nach einem Snack zum Mitnehmen, der ist hier genau richtig. Hier kosten ein paar Mahimahi-Tacos oder eine Hühnchen- oder Rinder-Quesadilla nur 5 bis 8 $. Nur Bargeld.

Hanalei Dolphin Fish Market   FISCHMARKT $$
(5-5016 Kuhio Hwy; ☉10–19 Uhr) Ein würziges Ahi-Brötchen kostet saftige 9 $. Auf der Rückseite gibt es Parkplätze.

Selbstversorger

Big Save   SUPERMARKT
(Ching Young Village; ☉7–21 Uhr) Hier gibt es einen Geldautomaten und alle grundlegenden Lebensmittel, die man braucht.

🍷 Ausgehen & Unterhaltung

Hawaiian Slack Key Guitar
Concerts   LIVEMUSIK
(www.hawaiianslackkeyguitar.com; Hanalei Community Center; Erw./Kind 10/8 $; ☉Fr 16 & So 15 Uhr) Hier werden ganzjährig Slack Key-Gitarren- und Ukulelenkonzerte von den alteingesessenen Musikern Doug und Sandy McMaster in einer erfrischend zwanglosen Atmosphäre gegeben.

Tahiti Nui   RESTAURANT, BAR
(www.thenui.com; 5-5134 Kuhio Hwy; ☉mittags 12–15, abends 17–21 Uhr, Bar wochentags/Wochenende bis 0.30/1.30 Uhr) Die einzige Bar, die nach 22.30 Uhr noch geöffnet hat.

Hanalei Gourmet   RESTAURANT, BAR
(www.hanaleigourmet.com; Hanalei Center; ☉Musik 20.30–22.30 Uhr) Manchmal etwas ruppig, aber trotzdem familienfreundlich. Zu den abendlichen Musikdarstellungen gehören traditionelle hawaiische Klänge genau wie Coverversionen.

DIE RUHMREICHEN TAGE DES TAHITI NUI

Das **Tahiti Nui** (☎826-6277; Tahiti Nui Bldg, Kuhio Hwy; ⏱14–2 Uhr) hat in seiner Geschichte Besitzer und Speisekarten gewechselt und schon jede Menge altmodische Frisuren, Säufer und Bierbäuche gesehen. Aber etwas am „Nui" scheint immer gleich zu bleiben: Es ist der belebteste Ort im kleinen Hanalei. Auch wenn es sicherlich eine Spelunke ist, bleibt es der Laden an der North Shore, und zwar für Stammgäste und Besucher gleichermaßen.

1964 gründete die Tahitianerin Louise Hauata mit ihrem Mann Bruce Marston das Tahiti Nui, das mittlerweile Kultstatus besitzt. Das Restaurant mit Bar ist im klassischen Südseestil gehalten. Zunehmend beliebter, kamen auch Prominente wie Jacqueline Kennedy hierher, deren unerwarteter Besuch in Begleitung von Geheimagenten legendär ist. Dass hier solche prominenten Gesichter verkehrten, sieht man dem Lokal auf den ersten Blick aber nicht an.

1975 starb Bruce, doch Louise führte die luau-Tradition des Lokals weiter, engagierte Musiker, die tahitische Songs auf Englisch, Französisch oder in ihrer Muttersprache sangen. Sie war auch dafür bekannt, ihrer Gemeinde in Zeiten der Not viel Mitgefühl zu spenden.

2003 starb Louise, seitdem wird das Tahiti Nui von ihrem Sohn Christian Marston, ihrem Neffen William Marston und dem Vorstand und Geschäftsführer John Austin betrieben, der mit der gefeierten Sängerin Amy Hanaiali'i Gilliom verheiratet ist.

Das Nui ist auch lange nach der Happy Hour (Mo–Sa 16–18 Uhr, So ganztägig) noch voll und laut, und um 2 Uhr kommt regelmäßig die Polizei vorbei und schaut, dass keiner betrunken Auto fährt.

Diese überfüllte Bar gleicht zwar eher einer Spelunke, aber unter dem Personal befinden sich die unkompliziertesten Barkeeper der ganzen Insel.

Bar Acuda
RESTAURANT, BAR
(Hanalei Center; www.restaurantbaracuda.com; ⏱Di–Sa 18–22 Uhr) Die schicke, aber nicht allzu große Bar bietet ihren Gästen gute Kommunikationsmöglichkeiten. Der Gemeinschaftstisch eignet sich hervorragend für eine Nachspeise und ein Gläschen Wein.

🛍 Shoppen
Im Ching Young Village gibt es einige tolle Läden mit schicker Kaua'i-Bekleidung. Im Hanalei Center verkaufen die Shops für die North Shore typische Klamotten für Surfer, und sie treiben sich auch viele Surfer-Girls rum.

Kauai Nut Roasters
ESSEN
(LP TIPP) (www.kauainutroasters.com; 4484 Aku Rd; Packungen 6–7 $; ⏱10–18.30 Uhr) In den anspruchslosen, kleinen Packungen verstecken sich einige der süßesten Leckereien, die es gibt. Kokosnuss-, Wasabi-, Lavendel-, Sesam- und Butterscotchpralinen gehören zu den beliebtesten Geschmacksrichtungen. Die kostenlosen Proben wäscht man sich am besten mit dem stark alkalischen, ionisierten Wasser von den Händen, das gut für die Gesundheit sein soll.

Hanalei Surf Company
BEKLEIDUNG, OUTDOOR-AUSRÜSTUNG
(www.hanaleisurf.com; Hanalei Center, 5-5161 Kuhio Hwy; ⏱8–21 Uhr) Hier steht alles im Zeichen des Surfens. Es gibt Ohrringe, Bikinis und Surfanzüge für Mädchen, Shorts und Slipper für Jungs, und alles, was man sonst zum Surfen braucht: Wachs, Brillen und sogar Surfbretter selbst.

Backdoor
BEKLEIDUNG, OUTDOOR-AUSRÜSTUNG
(Ching Young Village; 5-5190 Kuhio Hwy; ⏱9–21 Uhr) Der Besitzer der Hanalei Surf Company hat sein Sortiment hier erweitert durch Marken aus Los Angeles und Skater-Ausrüstung, die auf die Tage von Tony Hawk, Velcro und Vans mit Karomuster zurückgeht.

aFeinPhoto Gallery
GALERIE
(☎634-5804; www.afeinbergphotography.com; 4489 Aku Rd; ⏱10.30–19 Uhr) Der Fotograf Aaron Feinberg produziert unaufhörlich international ausgezeichnete Kunstwerke von Landschaften auf Kaua'i und in der Umgebung.

Hanalei Paddler
BEKLEIDUNG
(Hanalei Center; ⏱9–20 Uhr) Die schicken Surf-Klamotten von **Andrea Smith** (www.

brasilbazar.com) sollte man nicht verpassen. Hier tauchen scharenweise Surfer-Girls und Paddler auf.

Evolve Love Gallery
SOUVENIRS

(Ching Young Village; ⊕10–18 Uhr) Vollgestopft mit in kräftigen Farben gehaltenen Gemälden, Batiken und auch gutem Meeresschmuck. Zu dem Schmuck, der die Gegenstände verziert, gehören Ni'ihau-Muscheln und -Perlen.

Bikini Room
BEKLEIDUNG

(www.thebikiniroom.com; 4489 Aku Rd; ⊕10–17, So bis 14 Uhr) Der Laden ist winzig klein, aber hier gibt es eine Vielzahl von Bikinis mit wilden, lebendigen Leopardenmustern – nicht die üblichen Punktmuster. Perfekt für alle, die mit einem makellosen Körper gesegnet sind.

The Root
BEKLEIDUNG

(4489 Aku Rd; ⊕9.30–19.30, So 12–17 Uhr) Dieser North Shore-Laden hat sich von der Schwimmausrüstung verabschiedet und verkauft jetzt einzigartige Dessous, Nachtwäsche, Strandmode, Schuhe, Surfer-Klamotten und Yoga-Bekleidung.

❶ Praktische Informationen

In Hanalei gibt es keine Bank, aber einen Geldautomaten im Big Save-Supermarkt im Ching Young Village.

Bali Hai Photo (☎826-9181; Ching Young Village; Internet 9 $/Std.; ⊕Mo–Fr 8–20, Sa 9–17, So 10–17 Uhr)

Post (☎800-275-8777; 5-5226 Kuhio Hwy) Auf der Meerseite (makai) der Straße, direkt westlich vom Big Save-Einkaufszentrum.

❶ Anreise & unterwegs vor Ort

Nur eine Straße führt in den Ort hinein und wieder hinaus. Autofahrern bereitet nicht nur die Parkplatzsuche Kopfschmerzen, sondern auch die in Gedanken versunkenen Fußgänger. Deshalb einfach die Einheimischen nachahmen und Radfahren. In Hanalei ist auch alles zu Fuß erreichbar.

Pedal & Paddle (☎826-9069; www.pedaln paddle.com; Ching Young Village; ⊕9–18 Uhr) Hier gibt es Strandräder (10/30 $ pro Tag/Woche) und Mountainbikes (20/80 $).

Kayak Kaua'i (☎826-9844; www.kayakkauai.com; Kuhio Hwy; ⊕8–17 Uhr) Verleiht ebenfalls Stranräder (15/60 $ pro Tag/Woche).

Ride on Kauai (☎652-8958; rideonkauai@ yaho.com; Strandräder pro Tag/Woche 20/80 $; ⊕8–20 Uhr) Bringt Strandräder an die gesamte North Shore.

LUMAHA'I BEACH

Es wird oft behauptet, dass sich Burt Lancaster und Deborah Kerr in der bekanntesten Szene aus Verdammt in alle Ewigkeit am Lumaha'i Beach geküsst hätten. Aber das stimmt nicht: Die Szene wurde bei Halona Cove auf O'ahu gedreht. Der Lumaha'i Beach genießt einen eher unerfreulichen Ruf als einer der gefährlichsten Orte auf der Insel, an dem schon viele Menschen ertrunken sind.

Deshalb sollte man lieber nicht schwimmen, sondern nur am schönen Strand entlangspazieren – und sich selbst vor dem Wasser in Acht nehmen. Es gibt zwei Wege zum Lumaha'i Beach. Der erste und landschaftlich schönere führt über einen dreiminütigen Fußweg, der am Parkplatz ca. 1,2 km hinter dem Meilenstein 4 am Kuhio Hwy beginnt. Am Ende einer erhaltenen Mauer schlängelt sich der Weg nach links. Am Strand bilden die Lava-Felsen beliebte Plätze zum Sonnenbaden und für Fotomotive. Aber Vorsicht: Schaulustige wurden hier schon von der hohen Brandung und tückischen Wellen davongespült.

Der andere Weg zum Lumaha'i Beach führt über eine Straße auf Meereshöhe am westlichen Ende des Strands, kurz vor der Lumaha'i River Bridge. An diesem Ende ist der Strand gesäumt von Eisenholz-Bäumen.

WAINIHA

Wainiha Valley hat sich im Laufe der Zeit nicht verändert. Noch immer ist es ein Zufluchtsort für die Einheimischen, es gibt nur wenige Ferienwohnungen in der Gegend. Da der Ort nicht so auf Urlauber ausgelegt ist wie die Nachbarorte im Osten und Westen, herrscht bisweilen eine etwas unfreundliche Stimmung. Wenn die Einheimischen einen also feindselig anschauen, sollte man das nicht persönlich nehmen.

🛏 Schlafen & Essen

The Guesthouse at River Estate
FERIENWOHNUNG $$$

(Karte S. 562); ☎826-5118, 800-390-8444; www.riverestate.com; Haus pro Nacht/Woche 275/1850 $; ❄🐾) Luftig, riesig und offen – die Ferienwohnung ist nicht billig, aber nach dem ersten Blick sieht man, warum. Sie liegt inmitten von Dschungel und verfügt über ein großes Schlafzimmer mit

SECOND SATURDAY HANALEI

Der aus Kaua'i stammende Filmproduzent Joel Guy und mehrere aufstrebende (und bereits gut etablierte) kreative Talente der Insel erzeugen auf diesem einmal im Monat stattfindenden **Festival** (www.secondsaturdayhanalei. blogspot.com; Hanalei Center; ☺16 Uhr– Sonnenuntergang) ein Gemeinschaftsgefühl durch Kunst, Film und Surfen. Mit Musikdarbietungen, Ausstellungen der Meisterwerke einheimischer Künstler und kreativen Events wie Gesundheits- und Wellness-Darbietungen sowie kulturellen Lehrvorträgen verspricht das Festival jeden Monat Neues und Aufregendes. Schnitzeljagden für Kinder und Völkerballspiele sorgen für eine familienfreundliche Atmosphäre. Der Höhepunkt des Festivals ist immer ein Surffilm bei Einbruch der Dämmerung. Dabei kann es sich sowohl um Guys letztes Filmmaterial auf Kaua'i als auch um einen beliebten Avantgarde-Surffilm drehen.

Doppelbett, ein zweites mit französischem Bett, eine herausgeputzte Küche, einen umlaufenden Balkon, Klimaanlage und alles, was man sich sonst noch wünscht.

Das Riverhouse im River Estate
FERIENWOHNUNG $$$

(Karte S. 562; ☎800-390-8444, 826-5118; www. riverestate.com; Haus pro Nacht/Woche 300/1925 $; ✳🐾) Diese Ferienwohnung liegt auf Stelzen knapp 10 m über dem Wainiha River und ist perfekt für Hochzeitsreisende mit Platzbedürfnis oder für Familien. Brasilianische Hartholzböden und Marmorplatten sorgen für Komfort, und der Balkon mit Moskitonetz sorgt für mückenfreie Grillabende, zudem kann man Entspannungsbäder im Mini-Whirlpool nehmen. Mit dem Auto sind es zehn Minuten zur Na Pali Coast im Westen und ins Zentrum von Hanalei im Osten. Damit liegt diese reizende Unterkunft nicht am Ende der Welt, sondern mittendrin.

Coco Cabana Cottage
COTTAGE $$

(Karte S. 562; ☎826-5141; www.kauaivacation. com/coco_cabana.htm, 4766 Ananalu Rd; 125 $/ Nacht; 🐾) Ein Whirlpool, zwitschernde

Vögel, ein luftiges Ambiente und der nahe gelegene Wainiha River zum Baden sorgen für einen herrlich abgeschiedenen Aufenthalt. Dieses niedliche, kleine Cottage ist perfekt für ein Pärchen, das Privatsphäre und Gemütlichkeit will – genau wie die Dusche für zwei Personen draußen im Dschungel.

Red Hot Mama's
ZUM MITNEHMEN $

(5-6607 Kuhio Hwy; Gerichte 8,50 $; ☺Mo–Sa 11–17 Uhr) In dieser „Geschmacksfabrik" am Straßenrand gibt es großzügige Tex-Mex-Burritos und Tacos, die mit jeder Menge Hingabe zubereitet werden. Es ist unklar, ob sich der Name des Unternehmens auf die Gewürze in den appetitlichen Schweine-, Hühnchen-, Rind-, Fisch- oder Tofuprodukten bezieht oder auf die unerschrockene, hart arbeitende Chefin. Nach einer Wanderung an der Na Pali Coast ist es auf jeden Fall genau das Richtige.

Wainiha General Store
LEBENSMITTEL $

(5-6600 Kuhio Hwy; ☺10 Uhr–Sonnenuntergang) Wer Hanalei schon verlassen hat und noch ein paar Dinge braucht – keine Panik. Dieser Laden, auch bekannt als „Last Chance General Store", verkauft Strandaccessoires wie Sonnencreme, Schnorchelausrüstung und Snacks für ein Picknick. Wer die Na Pali Coast entlangwandert, der sollte hier eine extra Flasche Wasser kaufen – dort ist es sehr trocken.

Ha'ena

Wenn die North Shore Kaua'is Insel auf der Insel ist, dann ist Ha'ena die Insel innerhalb der North Shore. Abgelegen, herrlich und idyllisch, aber auch ein Ort der Kontroverse, da viele der Luxusunterkünfte auf alten hawaiischen Begräbnisstätten (*'iwi kupuna*) errichtet wurden. 2007 wurde dieses Thema auch von den Medien aufgegriffen, worauf es eine verstärkte Mobilisierung innerhalb der hawaiischen Gemeinde gab, die ein Programm zum friedlichen zivilen Ungehorsam ins Leben rief. Abgesehen von den sozialen und politischen Auseinandersetzungen ist Ha'ena die Krönung von Kaua'i (jedenfalls vom befahrbaren Teil). Die Straße windet sich durch eine auffallend grüne Landschaft und malerische Kurven entlang der Küste. Auch wenn es viele versuchen, dieser Ort ist einfach nicht zu beschreiben.

 **Strände**

⦿ Sehenswertes & Aktivitäten

Makua (Tunnels) Beach
BADESTRÄNDE

(Karte S. 562) Ein weiterer Strand der North Shore, der fast zu schön ist, um wahr zu sein. Der Tunnels Beach – nach den Unterwasserhöhlen in und unter dem küstennahen Riff benannt – gehört zu den besten Schnorchelplätzen der Insel. Der Wasserpegel steigt erst stetig auf über 40 m an und fällt dann drastisch ab. Hier können Abenteuerlustige ihr Können in der Unterwasserwelt mal richtig testen. Im Sommer ist das Schnorcheln zwar besser, weil das Riff direkt an den Strand grenzt, aber auch im Winter kann geschnorchelt werden. Wer unsicher ist, der sollte Vorsicht walten lassen und den Strandwärtern reden. Vor der regelmäßigen Strömung Richtung Westen aufs offene Meer hinaus sollte man ebenfalls auf der Hut sein. Wer eine Parklücke auf einem der zwei unbeschilderten Parkplätze (kurze Schotterstraßen) findet, der kann sich glücklich schätzen. Die nächstbeste Parkmöglichkeit bietet sich im Ha'ena State Park, von wo aus man hierher laufen kann.

Ha'ena Beach Park
BEACH PARK

Dieser Strand (Karte S. 562) ist nicht unbedingt zum Baden geeignet, da die Brandung im Winter hier immer für eine starke Unterströmung sorgt. Aber zum Sonnenbaden ist er absolut perfekt. Zwischen Oktober und Mai sollte man die Strandwärter nach den Wasserbedingungen fragen, bevor man baden geht. Links liegt **Cannons**, ein ziemlich guter Platz zum Wall Diving in den Sommermonaten.

Limahuli Garden
GÄRTEN

(Karte S. 562; ☑826-1053; www.ntbg.org; Tour ohne/mit Führer 15/20 $; ⊙Di–Fr & So 9.30–16 Uhr) Schöner und anschaulicher kann Biologie-Unterricht kaum sein, bietet dieser Garten doch einen tollen Überblick über die einheimische Botanik und das *ahupua'a*-Verwaltungssystem (Bodenordnung) des alten Hawai'i. Das Tal wurde dem National Tropical Botanical Garden von der Familie Wichman geschenkt und wird von einem ihrer Nachfahren, Chipper Wichman, einem passionierten Denkmalschützer und Menschenfreund, betrieben. Die Touren ohne Führer erlauben es den Besuchern, die Landschaft in aller Ruhe zu betrachten. Gelegentliche Arbeitsprojekte vermitteln einen Eindruck von der Instandsetzung des einheimischen Ökosystems auf dem 4 km² großen Naturschutzgebiet.

Maniniholo Dry Cave
HÖHLE

(Karte S. 562) Direkt gegenüber vom Ha'ena Beach Park liegt die Maniniholo Dry Cave, die tief, breit und hoch genug ist zum Erkunden. Da ständig Wasser von den Höhlenwänden sickert, ist die dunkle Höhle immer feucht. Die tröpfelnde und gruselige Höhle ist nach dem Fischerhauptmann der *menehune* benannt, der der Legende nach Teiche und andere Bauten über Nacht errichtet hat.

Hanalei Day Spa
SPA

(☑826-6621; www.hanaleidayspa.com; Hanalei Colony Resort; Massage pro 60/90 Min. 95/140 $;

HEILIGER HAI

Kein Zweifel: Der Angriff von einem *mano* (Hai) kann tödlich sein. Um das zu verhindern, sind Vorsichtsmaßnahmen unabdingbar: Z. B. sollte man keinesfalls nach Regen im dunklen Wasser schwimmen. Statistisch gesehen ist es aber wahrscheinlicher, an einem Bienenstich zu sterben als durch einen Haiangriff. Auch sollte man sich mehr Sorgen um den Kontakt mit Leptospirose- oder Staphylokokkenbakterien in den berüchtigten trüben Gewässern machen, als darüber, ob man als Mittagssnack für einen Hai endet.

Vielleicht kann man den Hawaii-Urlaub dazu nutzen, diese Kreatur einmal aus einer anderen Perspektive zu betrachten, und nicht nur als angsteinflößenden Raubfisch. Der *mano* gilt den Hawaiianern nämlich als heilig. Für viele einheimische Familien ist der *mano* ihr *'aumakua* (Schutzgeist). '*Aumakua* sind Familienvorfahren, deren *'uhane* (Geist) in der Form eines Tiers weiterlebt und über die lebenden Mitglieder ihrer *'ohana* wacht. Aufgrund seiner Fähigkeiten im Wasser wurde der *mano* auch als *'aumakua* der Seefahrer betrachtet. Auch heute noch heißt es, dass *mano 'aumakua* vermisste Fischer nach Hause oder in fischreiche Gegenden geleitet haben sollen.

RÜCKSICHTSVOLL FAHREN

Die Strecke ans „Ende der Straße" wird als landschaftlich schönste und atemberaubendste auf der Insel angepriesen – und sie ist wirklich unglaublich schön. Aber es gab auch schon Unfälle mit Touristen, die zum Fotografieren die Straßenseite wechseln wollten. Dies bitte unbedingt unterlassen! (Wahrscheinlich sieht man mindestens einen Traveller, der auf die andere Fahrbahn rüberläuft.) Wer unterwegs zum „Ende der Straße" (Ke'e Beach) ist, sollte langsam fahren und jede Überquerung der sieben einspurigen Brücken genießen (die erste ist in Hanalei).

Beim Überqueren nimmt man sich am besten ein Beispiel an den Einheimischen:

» Wenn die Brücke leer ist und man als Erster ankommt, kann man fahren.

» Fahren schon mehrere Autos über die Brücke, wenn man sich nähert, folgt man ihnen einfach langsam.

» Wenn man sieht, wie sich Autos auf der Gegenseite nähern, lässt man mindestens fünf Autos, wenn nicht alle, vorbei.

» Wird man von einem entgegenkommenden Fahrzeug vorbeigelassen, bedankt man sich mit dem *shaka*-Zeichen (herabhängende Hand mit Zeige-, Mittel- und Ringfinger nach unten gerichtet).

⊙Mo–Sa 11–19 Uhr) Wer müde und ausgepowert ist, dem bietet dieses Spa einige der preisgünstigsten Massagen und Körperbehandlungen der Insel an. Es ist gleichzeitig das Ayurveda-Center von Hawaii. Auf der Website sind auch neue Wellness-Center beschrieben.

🛏 Schlafen

Der Ha'ena Beach Park ist ein beliebter Platz zum Campen und Ausgangspunkt für Erkundungen der North Shore, darunter auch die Na Pali Coast. Zum Campen sind Genehmigungen erforderlich. Infos dazu s. S. 522.

Hier gibt es jede Menge Ferienwohnungen, auch wenn viele seit der kürzlich offiziell gemachten Verordnung über Ferienwohnungsgenehmigungen des Bezirks durchs Raster fallen. Wie immer ist **Vacation Rentals By Owner** (www.vrbo.com) eine gute Quelle, oder man versucht es auf eigene Faust.

Hale Ho'omaha B&B
B&B **$$**

(☎800-851-0291, 826-7083; www.aloha.net/~hoomaha; 7083 Alamihi Rd; Zi. 150–175 $; @) Auch wenn das Wort „gemeinschaftlich" hier sehr passend ist, sollte man sich nicht davon abschrecken lassen. Was hier gemeinschaftlich ist, sind ein ozonisierter Whirlpool, eine erstklassige Küche, ein riesiger Flachbild-TV, ein PC für die Gäste und sogar ein Aufzug. In den bemerkenswert eingerichteten Suiten – jede mit eigenem Balkon – gibt es runde Betten und Bäder

mit Doppelduschköpfen. Kirby, die muntere Hausmutter, setzt dem Ganzen noch die Krone auf.

A River House & Bird's Nest
COTTAGE **$$**

(☎800-715-7273; www.napaliprop.com; 5121 Powerhouse Rd; Haus ab 1610 $/Woche) Hier herrscht eine paradiesische Dschungelatmosphäre (weil es im Dschungel ist), und das Cottage liegt nur knapp 2 km vom berühmten Makua (Tunnels) Beach entfernt und nah am Ausgangspunkt des Kalalau Trail. Hier wachsen jede Menge Avocados, Litschis, Bananen, Papayas und Bergäpfel (sogar für die Einheimischen eine Delikatesse). Das Cottage verfügt über ein französisches Bett, komplettes Bad, Kühlschrank und Herdplatten. Außerdem gibt es noch einen mit Netz umspannten Schlafbereich mit Bett und Bad mit Waschbecken und WC, der sich Bird's Nest (Vogelnest) nennt. Reservierungen nur wochenweise.

Hale Oli
FERIENWOHNUNG **$$$**

(☎826-6585; www.oceanfrontrealty.com; 7097 Alimihi Rd; 2 Schlafzimmer pro Nacht/Woche 250/1500 $) Diese Ferienwohnung liegt auf Stelzen inmitten von unendlichem Grün. Auf der Vorderseite befindet sich der nach Westen gerichtete Balkon mit abgeschirmtem Essbereich, auf der anderen Seite blickt man auf die Berge von Haena – und ein Pferd, das Karotten liebt. Die Atmosphäre im Inneren ist eine Mischung aus Hawaii und Zen, dazu gibt es ein supersauberes Bad. Der Balkon auf der Rückseite, der über einen geräumigen Whirlpool verfügt, eignet sich für sternenklare Nächte, in denen man auch ein bisschen vom Meer sehen kann.

Hanalei Colony Resort · FERIENANLAGE $$
(Karte S. 562; ☎826-6235, 800-628-3004; www. hcr.com; 5-7132 Kuhio Hwy; 2 Schlafzimmer ab 210 $; ❄@✉) Das einzige Resort westlich von Princeville besteht aus einer Reihe von Apartments in der Nähe vom Makua (Tunnels) Beach und ist eher Mittelklasse in erstklassiger Lage. Die Einrichtung aus den 70er-Jahren wirkt in vielen Wohneinheiten etwas veraltet, aber das Anwesen liegt am Wasser und so abgeschieden, wie es nur geht. Da es kein TV oder Telefon gibt, können sich die Gäste ganz auf die Umgebung konzentrieren. Über die Website kann man seine Küchenzeile schon im Voraus mit Lebensmitteln auffüllen lassen. Wer sechs Nächte bleibt, zahlt für die siebte nichts.

✖ Essen & Ausgehen

Mediterranean Gourmet · MEDITERRAN $$
(☎826-9875; www.kauaimedgourmet.com; Hanalei Colony Resort, 7132 Kuhio Hwy; Mittagessen 12–17 $, Abendessen 20–35 $; ⊙11–21 Uhr) Ein bisschen Mittelmeer mitten im Pazifik (wenn die Fenster nicht wären, könnte man den Dunst des Meeres im Gesicht spüren). In diesem Lokal auf dem Wasser gibt es eine vielseitige Auswahl an Gerichten wie Lammrippen mit Rosmarin, gefüllte Weinblätter und Ahi in Pistazienkruste. Aber man sollte noch Platz für die Nachspeise lassen: Baklava, Käsekuchen oder eine Tasse trüben, türkischen Kaffee. An den meisten Abenden gibt es Livemusik, und dienstags findet ein luau statt.

Na Pali Art Gallery & Coffee House · CAFÉ $
(☎826-1844; www.napaligallery.com; Hanalei Colony Resort, 5-7132 Kuhio Hwy; ⊙Mo–Sa 7–18, So 7–15 Uhr; ⚲) Hier können die Gäste bei einem Latte oder einem Kona-Kaffee eine Auswahl an Gemälden, Scratchboards, Schmuck (Halsketten aus den begehrten Ni'ihau-Muscheln) und Pektolithen (Preise zwischen 20 und 2000 $) von einheimischen Künstlern bestaunen.

Ha'ena State Park
Der windgepeitschte und von Lava geschliffene Ha'ena State Park lebt von dem Zauber, der Mystik und der Schönheit, die normalerweise mit einer Göttersage in Verbindung gebracht werden. Pele soll dieses

Gebiet aufgrund des Wassers in den feuchten und trockenen Höhlen nicht bemerkt haben. In dem 93 ha großen Park befindet sich das 390 m hohe Kliff, das in der Tourismusindustrie allgemein als „Bali Hai" bekannt ist, sein Name in dem Film *South Pacific*. Der richtige Name ist Makana, was „Geschenk" bedeutet.

⚶ Strände & Sehenswertes

Ke'e Beach · BADESTRAND
An diesem spirituellen Ort, an den die ersten Hawaiianer kamen, um Hula zu tanzen, sieht man die vielleicht unvergesslichsten Sonnenuntergänge der North Shore. In den Sommermonaten eignet er sich hervorragend für ein erfrischendes Bad nach einer Wanderung auf dem nahe gelegenen Kalalau Trail. Aber Vorsicht: Der Ke'e Beach ist schon manchen Schwimmern ruhig vorgekommen, obwohl es nicht so war. Durch ein kleines Loch im Riff entsteht ein Sog, in den bereits einige Schwimmer geraten sind. Im Sommer ereignen sich auf dem Parkplatz häufig Autoeinbrüche. Besonders in Mietwagen (Mustangs, Sebrings und PT Cruisers) sollte man keine Wertsachen zurücklassen. Am Strand gibt es Duschen und Toiletten.

Wet Caves · HÖHLE
Innerhalb der Grenzen des Ha'ena State Park liegen zwei feuchte Höhlen. Die erste ist die **Waikapala'e Wet Cave** (auch bekannt als Blue Room) und liegt nur einen kurzen Fußmarsch von der Straße gegenüber vom Besucherparkplatz entfernt. Diese gewaltige Höhle, die vor langer Zeit durch die unermüdlichen Wellen geformt wurde, ist genauso bezaubernd wie gruselig. Einige gehen hier ins Wasser, um die blaue Reflektion des Sonnenlichts in der hinteren Kammer der Höhle zu erleben. Aber Vorsicht: Im Wasser können sich Leptospirosebakterien befinden, die Felsen sind rutschig, und wer erst einmal im Wasser ist, kann sich nirgendwo mehr festhalten. Die zweite Höhle mit dem Namen **Waikanaloa Wet Cave** liegt auf der Südseite der Hauptstraße.

Kaulu Paoa Hei'au · HEIAU (TEMPEL)
Die tosende Brandung diente denjenigen als Lehrer, die zuerst die spirituelle Form des Hula praktizierten, sangen und dabei die Kraft ihrer Stimme gegen die der Natur erprobten. Am Ke'e Beach steht einer der am meisten geschätzten *heiaus*, und hier

verliebte sich auch die Vulkangöttin Pele in Lohiau. Am Boden findet man leis und andere Opfergaben für Pele, die man so liegenlassen sollte. Den *heiau* betritt man am besten durch den Eingang. Nicht über die Mauern klettern, da das respektlos ist und Unglück bringen soll.

Na Pali Coast State Park

Kalalau, Honopu, 'Awa'awapuhi, Nu'alolo und Miloli'i (s. Karte S. 609) sind die fünf großen Täler an der Na Pali Coast und das beste Beispiel für die Naturschönheit der Insel, wenn nicht des gesamten Archipels. Diesen 22 Meilen (35 km) langen Abschnitt sollte jeder gesehen haben – entweder vom Hubschrauber aus, per Wasserfahrzeug oder auf die umweltverträglichste Art: zu Fuß.

Geschichte

Archäologen behaupten, dass in dem abgelegenen Nualolo Valley schon vor mehr als tausend Jahren Menschen gelebt haben, nachdem in der Gegend antike Waffen und Jagdwerkzeuge entdeckt wurden. Bewässerungsgräben und landwirtschaftliche Terrassen belegen, dass das Kalalau Valley das fortschrittlichste Tal der gesamten Inselkette war.

Zur Jahrhundertwende war die Mehrheit der Bewohner des Tals in zentraler gelegene Orte der Insel gezogen.

🏃 Wandern

Die knapp 18 km lange Wanderung entlang dem Kalalau-Küstenpfad in die Hanakapi'ai-, Hanakoa- und Kalalau-Täler ist ein unvergessliches Abenteuer mit toller Aussicht auf die Na Pali Coast. Die Na Pali Coast führt auf die andere Seite der Insel zum Koke'e State Park, wo es keine Straßen gibt. Wanderungen auf der Westside der Insel sind allein schon wegen der tollen Aussichten empfehlenswert. Wer ein richtiger Fitness-Crack ist, der kann die Na Pali Coast auch auf einer 27 km langen Kajaktour erkunden, s. S. 593.

Kalalau Trail   WANDERN
Wie sonst könnte man den steilen Meeresklippen trotzen, wenn nicht zu Fuß auf dieser 35 km langen Wanderung, die fantastische Ausblicke auf die Klippen der zerklüfteten Na Pali Coast bietet? Zudem bietet die Wanderung die beste Möglichkeit, sich mit den Elementen zu verbinden. Aber wer den kompletten, 35 km langen Rundweg ins Tal geht, der sollte sich vorher darüber im Klaren sein, dass es eine anstrengende Tour mit steilen Passagen wird.

Es gibt drei Wandermöglichkeiten: vom Ke'e Beach zum Hanakapi'ai Beach, vom Hanakapi'ai Beach zu den Hanakapi'ai Falls und vom Hanakapi'ai Beach ins Kalalau Valley. Einige der einheimischen Jäger schaffen den kompletten Weg hin und zurück an einem Tag, aber die meisten Traveller entscheiden sich entweder für die Wanderung zum Hanakapi'ai Beach oder zu den Hanakapi'ai Falls – oder man nimmt eine Zeltausrüstung mit, um es an zwei Tagen zum Kalalau Beach zu schaffen.

Das State-Park-Büro in Lihu'e bietet eine Broschüre über den Kalalau Trail samt Karte an. Eine weitere gute Infoquelle ist die Website www.kauaiexplorer.com. Auch wer nicht vorhat zu zelten, braucht offiziell eine Genehmigung, um auf dem Kalalau Trail hinter Hanakapi'ai weiterzulaufen. Von der Division of State Parks gibt es kostenlose Wandergenehmigungen für einen Tag. Hier werden auch die benötigten Campingge-

---

KEIN KINDERSPIEL

Der Kalalau Trail ist eine echte Herausforderung und deshalb nicht für jedermann geeignet. Allein schon die Vorbereitung ist schwierig: Man will nicht zu viel einpacken, braucht aber Regenbekleidung und genug Wasser, und den Abfall muss man auch wieder mitnehmen. Die Moskitos hier gelten als besonders lästig, und die Sonne knallt heftig. Auf dem Weg sieht man vielleicht Wanderer mit Macheten, Walkie Talkies, Kletterseil und Riff-Schuhen, aber auch die am besten ausgerüsteten Wanderer sollten sich nicht darauf verlassen, im Notfall gerettet zu werden. Die Klippen müssen ernst genommen werden. Jeder, der Polizeifunk empfängt, kann eine Menge Geschichten erzählen, z. B. über den typischen Angeber vom Festland, der von Freunden, Familie oder einem Beobachter gewarnt wurde, und dessen letzte Worte dann in etwa so lauteten: „Ach, ich bin aus Colorado. Das hier ist nichts dagegen."

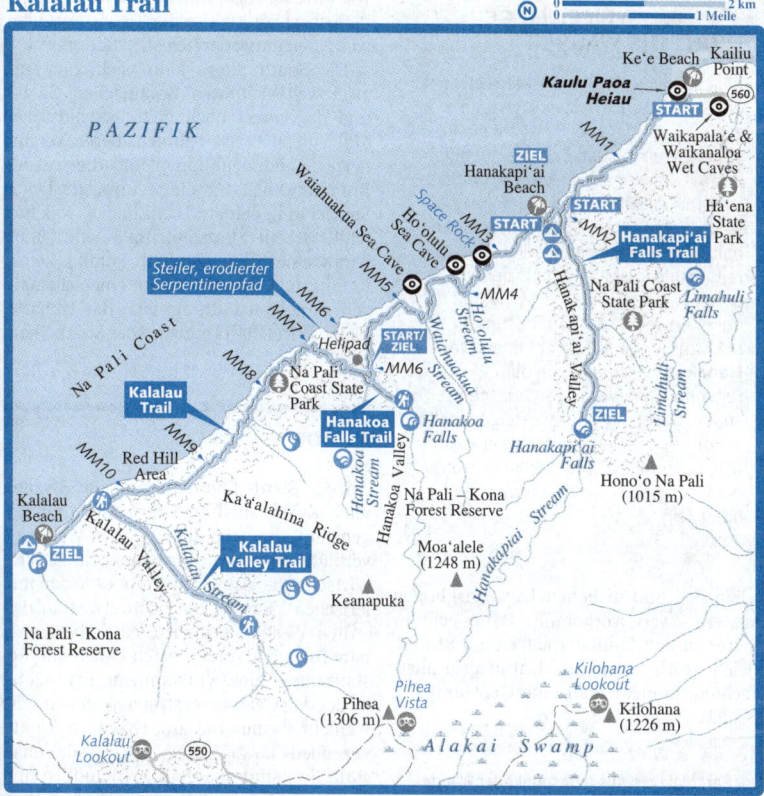

nehmigungen für das Hanakapi'ai und das Kalalau Valley ausgestellt (max. 1 bzw. 5 Nächte). Weitere Infos zu Genehmigungen gibt es auf S. 522. Um die Genehmigungen zu beantragen, braucht man jede Menge Zeit im Voraus – manchmal sechs bis zwölf Monate.

Vom Ke'e Beach zum Hanakapi'ai Beach

Diese 6,4 km lange Rundwanderung ist die beliebteste und am meisten begangene und dauert normalerweise nicht mehr als zwei Stunden. Die ersten 3,2 km vom Kalalau Trail enden am Hanakapi'ai Beach (Baden verboten).

Vom Hanakapi'ai Beach zu den Hanakapi'ai Falls

Diese Wanderung beginnt nach der 3,2 km langen Strecke vom Ke'e Beach zum Hanakapia'i Beach. Hinter dem Hanakapi'ai Beach wird es einsamer, da die Strecke anstrengender wird – wobei sie landschaftlich lohnenswert ist. Die nächs-

ten 3,2 km führen die Wanderer tiefer in den Wald hinein durch immer schöner werdende Flusslandschaften. Auch wenn die Versuchung groß ist, am Hanakapia'ai Beach zu baden, sollte man sich damit besser bis zu den Wasserfällen gedulden, da das Meer am Hanakapi'ai Beach einfach zu gefährlich ist (außerdem ist das Wasser der Hanakapi'ai Falls das Warten wert).

Vom Hanakapi'ai Beach ins Kalalau Valley

Hinter Hanakapi'ai beginnt die wahre Herausforderung in Form einer weiteren 14,5 km langen Wanderung. An diesem Punkt gibt es kein Zurück mehr. Der Pfad führt durch mehrere Täler hindurch und bietet abwechselnd schattige und sonnige Aussichten auf den Pazifik. Hanakoa eignet sich als bequemer Rast- oder Campingplatz und liegt etwa auf halber Strecke. Dem Ende zu führt der Weg durch das vordere Kalalau Valley, wo man sich zwi-

ⓘ IM ZWEIFEL LIEBER NICHT INS WASSER

Man sollte die Kräfte des Meeres nicht unterschätzen, in Hawaii genauso wenig wie anderswo. Es reicht ein Augenblick, um selbst jene, die nur einen Zeh ins Wasser stecken, fortzureißen. Die starken Unterströmungen können selbst erfahrene Schwimmer innerhalb von Sekunden von den Füßen reißen und ins Meer hinausziehen. Deshalb: nie alleine und am besten nur in Anwesenheit von Rettungsschwimmern ins Wasser gehen. Der **Hanakapi'ai Beach**, von dem Wanderer schon einen winzigen Ausschnitt sehen, bevor sie hinuntersteigen, hat schon viele Ferien – und Leben – zu früh beendet (30 Tote in den letzten 40 Jahren). Das sollte jedem eine Warnung sein.

schen den 300 m hohen Lava-Felsklippen wie ein Zwerg vorkommt. Dann geht es weiter zu den Campingplätzen am Strand, gleich westlich vom Tal. Um hier zu übernachten, braucht man eine Genehmigung (S. 522).

❶ An- & Weiterreise

Der Parkplatz am Ausgangspunkt der Wanderung am Ke'e Beach ist riesig, füllt sich aber in den Sommermonaten schnell. Hier wird ständig in Autos eingebrochen – einige empfehlen, alle Wertsachen aus dem Auto zu nehmen und es nicht abzuschließen, um Schäden wie kaputte Fenster zu vermeiden. Camper sollten sich überlegen, am Campingplatz vom Ha'ena Beach Park (Karte S. 562) zu parken, oder ihr Gepäck irgendwo anders unterzubringen und ein Taxi zum Ausgangspunkt der Wanderung zu nehmen – z. B. von der **Kauai Taxi Company** (☏246-9554).

PO'IPU & SOUTH SHORE

Touristen lieben Po'ipu, und das ist kein Wunder angesichts von Sonne, Sand und Surfen ohne Ende. Die wichtigsten Voraussetzungen für einen Strandurlaub werden hier erfüllt, wo es weniger regnet und wo die Wellen nicht so launisch sind wie an der North Shore. Seit den 1970er-Jahren schießen riesige Apartmentanlagen und Hotels

wie Pilze aus dem Boden und führen zu einem enormen Anstieg der Touristenzahlen, was einen entweder belustigt oder nervt.

Die South Shore kann sich auch mit zwei weltberühmten Botanischen Gärten und der längst noch nicht erschlossenen Maha'ulepu Coast rühmen, deren versteinerte Sanddünenklippen und die tosende Brandung sich für einen unvergesslichen Spaziergang eignen. Das Einzige, was hier fehlt, ist ein Stadtzentrum – oder überhaupt eine Stadt. Deshalb kommt keiner umhin, in Koloa zu halten, einer ehemaligen Plantagenstadt, die jetzt das lebhafte, kleine Wirtschaftszentrum der South Shore ist.

Koloa

2088 EW.

An der South Shore führen alle Straßen nach Koloa, einst eine florierende Plantagenstadt, die nach dem Zweiten Weltkrieg verblühte, als der Tourismus die Zuckerwirtschaft ablöste. Heute gibt es in den malerischen Vierteln, die noch etwas an den „Alten Westen" erinnern, eine überschaubare Anzahl an preiswerten Läden und Restaurants – eine willkommene Ergänzung zu der in Po'ipu den Geldbeutel strapazierenden Auswahl in Po'ipu. Die angrenzenden Wohngegenden Lawa'i (2133 Ew.) und Omao (1313 Ew.) sind unauffällig, freundlich und in dichtes Grün gebettet.

Als William Hooper, ein 24 Jahre alter Unternehmer aus Boston, 1835 nach Kaua'i kam, machte er sich zwei historische Umstände zunutze: die Einführung von Zuckerrohr von den Polynesiern auf die Inseln und das Wissen der chinesischen Immigranten über die Veredelung von Zucker. Mit finanzieller Unterstützung von Geschäftsleuten aus Honolulu pachtete er sich Land in Koloa vom König und zahlte der Inselhoheit *(ali'i)* eine Besoldung, um die Bürgerlichen von ihren traditionellen Arbeitsverpflichtungen zu entbinden. Dann stellte er die Hawaiianer als Lohnarbeiter an, und Koloa wurde die erste Plantagenstadt auf Hawaii.

◉ Sehenswertes

Lawai International Center   HISTORISCHE STÄTTE

(☏639-4300; www.lawaicenter.org; 3381 Wawae Rd; ⊙telefonisch erfragen) Magisch – bezaubernd – ergreifend: Wörter wie diese werden oft dazu verwendet, diese ruhige, spirituelle Stätte im Lawa'i Valley, nordwestlich von Koloa und Po'ipu, zu beschreiben. Ursprünglich stand hier ein hawaiischer Tempel, und die starke *mana* (spirituelle Essenz) der Gegend zog seit den späten 1800er-Jahren Generationen von Gläubigen an, darunter auch japanische Plantagenfamilien.

1904 stellten diese Einwanderer 88 Miniatur-Shingon-Buddhistenschreine (etwa 60 cm groß) entlang einem steilen Hügelweg auf, die die 88 Pilgerschreine aus Shikoku, Japan, symbolisieren sollten. Jahrelang kamen Inselpilger sogar aus Hanalei und Kekaha hierher. Aber in den 1960er-Jahren wurde die Stätte aufgegeben, die Hälfte der Schreine blieb als Scherben zurück.

Ende der 1980er-Jahre gründeten einige Freiwillige eine ehrenamtliche Gruppe, erstanden ein 13 ha großes Grundstück und machten sich an die Knochenarbeit, die Schreine zu reparieren oder wieder zu errichten. Heute sind alle 88 Schreine wunderschön restauriert, und längst gehört zu dem gemütlichen Rundgang ein detaillierter Geschichtspfad. Abgesehen von den buddhistischen Schreinen ist das Zentrum ein nicht konfessionsgebundenes Heiligtum für alle Kulturen. Besucher können allerdings nur an zwei Sonntagen im Monat im Rahmen einer geführten Tour die Stätte besichtigen; Details telefonisch erfragen.

Historische Gebäude in Koloa   TEMPEL
Östlich der Stadt befindet sich die **Koloa Jodo Mission** (2480 Waikomo Rd; ⊙Gottesdienste Mo–Fr 18, So 9.30 Uhr), die dem Amitabha-Buddhismus folgt, einer nichtmeditierenden Lehre, die in Japan seit dem 12. Jh. populär ist. Der Buddhistentempel auf der linken Seite ist das Original, das aus dem Jahr 1910 stammt. In dem größeren Tempel auf der rechten Seite finden aber momentan die Gottesdienste statt.

Die **St Raphael's Catholic Church** (☎742-1955; 3011 Hapa Rd), Kaua'is älteste katholische Kirche, ist die Begräbnisstätte einiger der ersten portugiesischen Einwanderer von Hawaii. Die Originalkirche wurde 1854 aus Lavastein und Korallenmörtel mit 90 cm dicken Wänden errichtet: Dieser Baustil ist in den Ruinen der angrenzenden Pfarrhauses zu sehen. Als die Kirche 1936 vergrößert wurde, wurde sie mit Gips verputzt, was ihr ein typischeres, weiß gekalktes Erscheinungsbild verschaffte.

🏃 Aktivitäten

Koloa liegt zwar nicht direkt am Meer, aber auch hier gibt es zwei ausgezeichnete Wassersportanbieter.

🌟 **Fathom Five Divers**   TAUCHEN $$
LP TIPP
(☎742-6991, 800-972-3078; www.fathomfive.com; 3450 Po'ipu Rd; Küstentauchgänge 75–140 $, Boottauchgänge 125–350 $) Der beste Tauchanbieter der Insel! Das Ehepaar Jeannette und George Thompson hat alles im Angebot: von Ni'ihau-Boottauchgängen (350 $) über nächtliche Tauchgänge bis hin zu Zertifizierungskursen. Anfängern wird bei ihren ersten Tauchgängen an der Küste sicher beigestanden. Die Gruppen bestehen maximal aus sechs Personen, und Anfänger werden nicht mit Fortgeschrittenen gemischt. Lange im Voraus anrufen.

Snorkel Bob's   SCHNORCHELN $
(☎742-2206; www.snorkelbob.com; 3236 Po'ipu Rd; Verleih von Maske, Schnorchel und Flossen 9–35 $/Woche; ⊙8–17 Uhr) Der König unter den Schnorchelausstattern verleiht und verkauft die passende Ausrüstung in allen Formen und Größen. Wer die Ausrüstung nach dem Leihen kaufen möchte, der bekommt den Mietpreis auf den Kaufpreis angerechnet.

Kaua'i ATV   QUAD $$
(☎742-2734, 877-707-7088; www.kauaiatv.com; 5330 Koloa Rd; geführte Touren 125–175 $) Dieser Anbieter verleiht löblicherweise auch Biodieselfahrzeuge mit zwei und vier Sitzen für einen vernünftigen Aufpreis von 10 $ pro Person. Empfehlenswert sind die Touren also für jene, die auf eine umweltfreundliche Variante Wert legen. Alternativ dazu gibt es die gasbetriebenen Gefährte, die über die Hälfte der Flotte ausmachen. Bei den Fahrten über Grasland im Landesinnern wird jeder dreckig – entweder nur verstaubt oder voll mit Schlamm. Spezielle Kleidung wird auch verliehen.

🎆 Festivals & Events

Koloa Plantation Days Celebration   VOLKSFEST
(☎652-3217; www.koloaplantationdays.com) Im Juli findet das größte jährliche Volksfest der South Shore statt: neun Tage voller Spaß für die ganze Familie mit jeder Menge Attraktionen (viele umsonst), darunter eine Parade, Block Party, Rodeo, Handwerksmesse, Kanurennen, Golfturnier und geführte Touren.

🛌 Schlafen

Die folgenden Unterkünfte liegen in den Wohngegenden Koloa, Omao und Lawa'i.

LP TIPP Marjorie's Kaua'i Inn INN $$

(☎332-8838, 800-717-8838; www.marjorieskauaiinn.com; Hailima St, Lawa'i; Zi. 130-175 $; 🛜🏊) Die atemberaubende Aussicht von diesem stilvollen Gasthaus 120 m über dem Lawa'i Valley wird das Leben eines jeden Gastes verändern – oder wenigstens die Urlaubswoche. Die Zimmer sind mit eleganten Möbeln eingerichtet und verfügen alle über einen großen Balkon und eine Küchenzeile. Ein Strand ist zwar nicht in der Nähe, aber der elegante Pool mit 15 m-Bahn und ein Grill daneben machen das wieder wett. Auch das Frühstück, bestehend aus Waffeln, Quiche und speziellen Tees aus Indien, das von den ernährungsbewussten Gastgebern angeboten wird, ist nicht zu verachten.

Boulay Inn INN $

(☎742-1120, 635-5539; www.boulayinn.com; 4175 Omao Rd; 1 Schlafzimmer 85 $; 🛜) Dieses luftige Apartment mit einem Schlafzimmer liegt in dem ruhigen Wohnviertel Omao und ist etwas für Traveller mit kleinem Geldbeutel. Die 46 m²große Unterkunft ist eher gemütlich als elegant und liegt auf dem Dach einer Garage (keine gemeinsamen Wände mit dem Haupthaus). Zu den Annehmlichkeiten gehören ein umlaufender Balkon, eine komplette Küche, privater Telefonanschluss, hohe Wände und kostenlose Benutzung der Waschmaschine mit Trockner. Es wird eine Reinigungsgebühr von 50 $ erhoben.

Cozy Kauai Cottage COTTAGE $

(☎742-1778, 877-742-1778; www.kauaivacationproperties.com/cottage.htm; 3794-D Omao Rd; Cottage EZ/DZ 75/100 $; 🛜) Dieses einfache, kleine Cottage auf dem Land verfügt über moderne Ausstattung wie eine komplette Küche, separates Schlafzimmer und bequemes Wohnzimmer und eignet sich am besten für die Einzelperson oder ein Pärchen. Der Hartholzboden, die Granitplatten und die Lichter mit Dimmer verleihen dem Ganzen Stil, und durch die vielen Fenster kommt eine kühle Brise hinein. Es wird eine Reinigungsgebühr von 40 $ erhoben.

Hale Kipa O Koloa COTTAGE $$

(☎742-1802; 5481 Waiau Rd, Koloa; Cottage ab 125 $; 🛜) Dieses Haus im Plantagenstil liegt in der Nähe der Stadt, bietet viel Privatsphäre und eignet sich hervorragend für

Familien oder Gruppen. Mit zwei Schlafzimmern, zwei Bädern, einer kompletten Küche und einer Waschmaschine mit Trockner fühlt man sich hier wie zu Hause. Abgesichts der Lage im Landesinnern kann es heiß werden, aber das Cottage verfügt über hohe, gedämmte Decken, kühle Fliesenböden und saubere, weiße Wände. Jeder weitere Gast kostet 15 $ pro Nacht.

Yvonne's B&B B&B $

(☎742-2418; yvonne.e.johnson@gmail.com; 3857 Omao Rd; Zi. 79 $, mit Frühstück 99 $; 🛜) Dieses B&B ist elegant dekoriert mit einer Mischung aus hawaiischen Artefakten und altmodischen Möbeln. Es ist perfekt für Pärchen, die sich einen geselligen und zuvorkommenden Gastgeber wünschen, oder für Alleinreisende, die während ihrer Zeit auf der Insel ein echtes Zuhause suchen. Es gibt regelmäßig selbst gemachtes Brot und Marmelade, und die Dusche im Freien lässt einen alle zuvor angeeigneten Hygienegewohnheiten überdenken (es gibt auch eine Dusche drinnen).

🍴 Essen

LP TIPP Koloa-Fischmarkt ZUM MITNEHMEN, SEAFOOD $

(☎742-6199; 5482 Koloa Rd; Mittagessen 4–8 $; ⏱Mo–Fr 10–18, Sa bis 17 Uhr) Auf dem Fischmarkt stehen die Einheimischen Schlange, um hervorragenden *poke, bentō* im japanischen Stil, Sushi und hawaiische Mittagsgerichte zu bekommen. Auf keinen Fall die dicken Stücke von perfekt sautiertem Ahi und die üppigen Portionen von selbst gemachtem *haupia* (Kokosnusspudding) auslassen.

Pizzetta ITALIENISCH $$

(☎742-8881; 5408 Koloa Rd; Pizza 17–25 $, Pasta 11–18 $; ⏱11–22 Uhr) Wenn diese als Familienbetrieb geführte Trattoria auch nur einen Konkurrenten hätte, könnte man kritischer sein, aber bezahlbare Restaurants sind in der Gegend rar. Die Gäste können wählen zwischen ordentlichen Gourmetpizzas wie El Greco (mit sonnengereiften Tomaten, Artischockenherzen und Feta) und sattmachenden Pastagerichten, die den Geldbeutel nicht allzu sehr strapazieren. Hier kommen überwiegend Touristen her.

Koloa Mill Ice Cream & Coffee EIS, CAFÉ $

(6544 Koloa Rd; 1 Kugel Eis 3,55 $; ⏱7–21 Uhr) Selbst gemachte Zuckerwatte, Kauai-Kaffee und das absolut beste Eis von der auf Maui

PER KAJAK ENTLANG DER NA PALI COAST

Der Na Pali Coast wird zu Recht nachgesagt, die spektakulärste Landschaft von ganz Kaua'i zu sein. Jeder Trip nach Kaua'i wäre unvollständig ohne einen Besuch dieser Küste. Die Küste mit dem Kajak zu erkunden, zählt zu den unvergesslichsten Herausforderungen auf diesem Planeten.

Allerdings ist die Kajaktour entlang der Na Pali Coast anstrengend, gefährlich und daher auch nicht jedermanns Sache. Etwas sicherer wird das Ganze, wenn man die Tour mit einem Führer unternimmt. Wer ohne Führer loszieht, der muss mit dem Kajakfahren auf dem offenen Meer (nicht auf dem Fluss) schon sehr vertraut sein – und sollte auch wissen, dass man am besten nicht alleine fährt. Vor Antritt der Fahrt immer ein paar Tage lang die Wettervorhersage und die Meeresbedingungen verfolgen (☎245-3564). Nach ungefähr 1 Meile (1,6 km) gelangt man zum Hanakapi'ai Beach. Nach weiteren 6 Meilen (9,6 km) kann man bei Kalalau sein Lager errichten. Wer schon sehr früh losgefahren ist, der schafft es vielleicht bis Miloli'i (mit Camping-Genehmigung), das 2 Meilen (3,2 km) hinter Nu'alolo Kai am Meilenstein 11 liegt. Von dort geht der oft brandungsarme, heiße und flache Abschnitt von Polihale los, der einem viel länger als 3 Meilen (4,8 km) vorkommt.

Immer an der North Shore und nie an der Westside beginnen (wegen der Strömung), und nie im Winter fahren (möglicherweise tödliche Strömungen).

Wer den Na-Pali-Kajaktrek mit einem Führer fahren möchte, der kann sich an folgende Anbieter wenden:

Na Pali Kayak (Karte S. 577; ☎826-6900, 866-977-6900; www.napalikayak.com; Kuhio Hwy; geführte Touren 175 $) Die Na-Pali-Coast-Tour ist die einzige Tour, die dieser Unternehmer anbietet, und die Führer verfügen über mehr als ein Jahrzehnt Kajakerfahrung in diesen Gewässern.

Kayak Kaua'i (Karte S. 577; ☎826-9844, 800-437-3507; www.kayakkauai.com; Kuhio Hwy; 1er-Kajak pro Tag/Woche 28/112 $, 2er-Kajak 52/208 $; ⊗8–17 Uhr, im Sommer bis 20 Uhr) Hier werden folgende Touren angeboten: Die Na Pali Coast-Tour von Mai bis September für 185 $, Kajakfahren und Schnorcheln in der Blue Lagoon für 60 $ und Kajakfahren auf dem offenen Meer an der South Shore im Winter für 115 $.

Outfitters Kaua'i (Karte S. 596; ☎742-9667, 888-742-9887; www.outfitterskauai.com; Po'ipu Plaza, 2827A Po'ipu Rd; Na Pali Coast-Tour 185 $; ⊗Reservierungen 8–21 Uhr) Hat seinen Sitz in Po'ipu, bietet aber Touren auf der ganzen Insel an.

geborenen Roselani werden hier stets mit einem Lächeln serviert. Diejenigen, die sich nicht entscheiden können, sollten mit dem Pauwela Sunrise anfangen und sich von da weiter durcharbeiten.

Selbstversorger

Big Save SUPERMARKT
(Ecke Waikomo Rd & Koloa Rd; ⊗6–23 Uhr) Eine der besten Filialen von Big Save. Auf keinen Fall den preiswerten Ahi-poke verpassen.

Sueoka Store LEBENSMITTEL
(☎742-1611; 5392 Koloa Rd; ⊗7–21 Uhr) Hier gibt es alle grundlegenden Nahrungsmittel und ein paar abgepackte japanische Snacks zum Mitnehmen; Sortiment für Gesundheitsbewusste.

 Shoppen

Blue Orchid Floral Design BLUMEN
(www.blueorchidkauai.com; 5470 Koloa Rd; ⊗Mo–Sa 9–17 Uhr) Wer einen Geburtstag vergessen hat oder aus einem anderen Grund Blumen verschenken möchte, der kann hier von 25 Jahren gebündelter Erfahrung profitieren und sich den perfekten Blumenstrauß aus allen möglichen, auf der Insel verfügbaren Blumen zusammenstellen lassen. Auch die riesige Auswahl an *leis* ist einen Blick wert.

Christian Riso Fine Arts KUNSTGALERIE
(☎742-2555; www.christianrisofineart.com; 5400 Koloa Rd; ⊗10–21 Uhr) In dieser ungezwungenen Galerie mit Gemälden und Zeichnungen von Künstlern der Insel, schönem Schmuck (darunter auch Halsketten aus

der Ni'ihau-Muschel) und lustigen Sammlerstücken wie handbemalten Spazierstöcken sind Besucher herzlich willkommen. Der Laden hat sich auf individuell gearbeitete Rahmen aus hawaiischem Hartholz wie Koa und Kamani spezialisiert.

Pohaku T's BEKLEIDUNG
(☎742-7500; www.pohaku.com; 3430 Po'ipu Rd; ⌚Mo–Sa 10–20, So bis 18 Uhr) Dieser gut ausgestattete Laden hat sich auf Bekleidung aus Kaua'i, Kunsthandwerk sowie T-Shirts und Tank-Tops im Inselstil spezialisiert. Die charakteristischen Shirts (stonewashed oder gefärbt) sind mit klassischem Inseldesign (Felszeichnungen, *honu* und Navigationskarten) verziert. Die Aloha-Shirts aus Baumwolle sind mit der Hand genäht, aber trotzdem bezahlbar.

Island Soap & Candle Works SOUVENIRS
(☎742-1945, 888-528-7627; www.kauaisoap.com; 5485 Koloa Rd; ⌚9–22 Uhr) Wer einen köstlichen, aber kalorienfreien Geschmack erleben will, der muss nur in diesem blumigen, fruchtigen Laden tief einatmen. Das Unternehmen wurde 1984 gegründet, um die Kunst der Seifen- und Kerzenherstellung aufzufrischen, und hat sich seitdem ziemlich vergrößert. Trotzdem wird alles noch per Hand gemacht.

❶ Praktische Informationen

First Hawaiian Bank (☎742-1642; 3506 Waikomo Rd) Am östlichen Ende der Stadt.

Post (☎800-275-8777; 5485 Koloa Rd) Ist für Koloa und Po'ipu zuständig.

❶ An- & Weiterreise

Aus westlicher Richtung kommend, ist die Koloa Rd (Hwy 530), die zwischen Lawa'i und Koloa verläuft, die beste Möglichkeit, in die Stadt zu gelangen und auch wieder hinaus. Wer von Lihu'e kommt, der nimmt die reizvolle Maluhia Rd (Hwy 520) durch den bezaubernden Tree Tunnel.

Fast alle Auto-, Motorrad- und Mopedverleihe befinden sich in Lihu'e, aber **Kaua'i Scooter Rental** (☎245-7177; www.kauaimopedrentals. com; 3414 Po'ipu Rd; ⌚8–17 Uhr) verfügt über eine Zweigstelle in Koloa, direkt südlich der Chevron-Station.

Po'ipu

1156 EW.
Po'ipu (was übersetzt ironischerweise soviel heißt wie „total bewölkt") ist weltbekannt für seinen zuverlässigen Sonnenschein und die leicht zugänglichen Strände. Wenn es hier regnet, dann gießt es an der North Shore bestimmt in Strömen. Ach ja, Po'ipu ist keine richtige Stadt, d. h. konkret: Die Anzahl der Restaurants hält sich in Grenzen, und zu Fuß kommt man nur mühsam voran – außer an den Stränden entlang.

An der Küste sind bereits zahlreiche Apartments, Ferienwohnungen und Hotels entstanden, aber mit der Entwicklung der gewaltigen Luxusanlage **Kukui'ula** (www. kukuiula.com) wurde ein neues Kapitel der Ortsgeschichte aufgeschlagen: das der Expansion. Im Zuge des Baus entstanden ein Golfplatz, maßgeschneiderte Wohnungen auf einer Fläche von 4 km² und das Kukui'ula Village, ein 8360 m² großes High End-Einkaufszentrum, das errichtet wurde, um an das alte Kaua'i zu erinnern – mit authentischer Architektur im Plantagenstil und üppigen Gärten.

Strände

Po'ipu Beach Park BEACH PARK
Hier gibt es weder Monsterwellen noch idyllische Einsamkeit, aber wer einen sicheren, lebhaften und familienfreundlichen Strand sucht, der ist hier genau richtig. Der Strand liegt am Ende der Ho'owili Rd und verfügt über eine Strandwache und flaches, sanft abfallendes Wasser, das für Anfänger zum Schwimmen, Schnorcheln und Tauchen bestens geeignet ist. Der Sandstrand ist nicht riesig (man kann von einem Ende zum anderen blicken) und am Wochenende total überfüllt. Unter der Woche ist hier allerdings jede Menge Platz. Rund um den Strand befinden sich Wiesen, ein Spielplatz, Picknickpavillons und -tische, Toiletten und Duschen. Es gibt allerdings keine Restaurants.

Unbedingt den **Nukumoi Point** erkunden, einen Landfinger in westlicher Richtung, wo es Gezeitenpools und vielleicht auch *honu* (Grüne Meeresschildkröten) zu sehen gibt. Schnorcheln kann man am besten westlich vom Nukumoi Point – hier tummeln sich Schwärme von neugierigen Fischen.

Um hierherzugelangen, fährt man bis zum Ende der Ho'owili Rd und parkt auf der anderen Straßenseite gegenüber vom Strand.

Brennecke's Beach STRAND
Dieser kleine Strand zieht zu jeder Zeit an jedem Tag eine große Menge an Bodyboardern an, die im Wasser dümpeln und auf

die nächste Welle warten. Touristen sitzen oft auf der Mauer am Straßenrand und schauen sich das Spektakel an. In Küstennähe sind keine Surfboards erlaubt, also sind die Bodyboarder hier die Könige. Wer mitmachen will, der sollte beachten, dass die Wellen gefährlich nah an die Küste kommen. Die Brandung ist im Sommer am höchsten, aber auch im Winter kann man hier gut bodyboarden. Der Strand flankiert den westlichen Rand vom Poʻipu Beach Park.

Poʻipu Beach
SURFSTRAND

Trotz der Spitznamen Sheraton Beach und Kiahuna Beach ist dieser lange Sandabschnitt westlich vom Poʻipu Beach Park nicht privat. Eigentlich liegen das Hotel und die Apartmentanlage, die beide gewaltig mit ihrer Lage punkten, noch nicht einmal direkt am Strand. Das Wasser hier ist zu rau für Kinder, aber das Riff vor der Küste schwächt die Wellen ab, sodass gute Schwimmer und Schnorchler hier auf ihre Kosten kommen.

Erfahrene Surfer und Bodyboarder können die Wellen in der Nähe des Sheraton ausprobieren, aber das Wasser dort ist bekannt für *sneaker sets* (tückische Wellen, die aus dem Nichts auftauchen). Die felsige Küste macht es schwierig, ins offene Meer hinaus zu kommen. Die South Shore ist bekannt für unbeständiges Wetter, heftige Winde, Gezeiten und Gegenströmungen. **Cowshead,** die felsige Ausbuchtung am Westende des Strands, bietet extrem anspruchsvolle Wellen, außer man weiß, wie man sich dem Kanal nähert. Erfahrene Surfer können Wellen vor der Küste wie **First Break** vor dem Sheraton in Angriff nehmen, aber Anfänger sollten immer in Küstennähe bleiben. Bei **Waiohai** am östlichen Ende vom Strand vor den Ferienwohnungen des Marriott Waiohai Beach Club gibt es auch große Brandungen.

Zum Strand gelangt man, wenn man bis zum Ende der Hoʻonani Rd fährt.

Shipwreck Beach
STRAND

Wer kein erfahrener Surfer, Bodyboarder oder Bodysurfer ist, der sollte am Shipwreck Beach nicht ins Wasser gehen. Stattdessen kann man an dem ein paar hundert Meter langen, halbmondförmigen Strand im hellgoldenen Sand spazierengehen. Auf diese Idee kommen wahrscheinlich einige Leute, da das Grand Hyatt Kauaʻi Resort & Spa an der Keoneloa Bay mit Blick auf den Strand liegt. Hier kracht eine Welle nach der anderen an die Küste und verleiht dem Strand eine raue, ungezähmte Atmosphäre. Links von der Küste erhebt sich der **Makawehi Point,** eine gigantische, versteinerte Sanddüne, die man in zehn Minuten erklimmen kann.

Im Film *Sechs Tage, Sieben Nächte* springen die Stuntdoubles von Harrison Ford und Anne Heche vom Makawehi Point. Im echten Leben wagen auch ein paar Draufgänger ähnliche Sprünge von der Felsklippe, was oft in halsbrecherischen YouTube-Clips gezeigt wird, aber keiner erwähnt die Verunglückten oder die Todesfälle. Anders ausgedrückt: nicht springen!

In Richtung Grand Hyatt fahren, an der Ainako St zum Meer (*makai*) abbiegen und auf dem kleinen Parkplatz am Ende parken.

Baby Beach
STRAND

An diesem Baby Beach kann man Kleinkinder mit dem Meer in Berührung bringen (es gibt noch einen entsprechenden Strand in Kapaʻa). Hier reicht das Wasser kaum bis zum Oberschenkel. Die sandige Küste erstreckt sich hinter einer Reihe von Strandhäusern an der Hoʻona Rd (westlich vom Koloa Landing), d. h. der Zugang ist einfach, aber die Parkplatzsuche hat es in sich (keine Einfahrten blockieren). Ein Schild zum Strand markiert den Weg.

Lawaʻi (Beach House) Beach
STRAND

An diesem winzigen Strand tummeln sich viele Schnorchler und Surfer. Er liegt fast direkt neben der Lawaʻi Rd (neben dem Kultrestaurant Beach House) und kann von Spaziergängern direkt eingesehen werden. Er ist weder besonders schön, noch gibt es hier Sand. Aber wenn die Brandung ruhig ist, gibt es hier für Schnorchler jede Menge zu sehen, und auch Touristen aus den nahe gelegenen Ferienwohnungen und Apartments kommen dann in Scharen hierher. Es gibt Toiletten, eine Dusche und einen öffentlichen Parkplatz auf der anderen Straßenseite. Diesen Strand muss man aber wirklich nur aufsuchen, wenn man in direkter Nähe wohnt.

⊙ Sehenswertes

Von der Poʻipu Rd aus ist kein einziger Strand zu sehen. Alles was man sieht, sind Apartments und Parkplätze. Um zu den Stränden zu gelangen, muss man in die Nebenstraßen Richtung Meer (*makai*) einbiegen. Die Hoʻowili Rd führt zum Poʻipu

Po'ipu

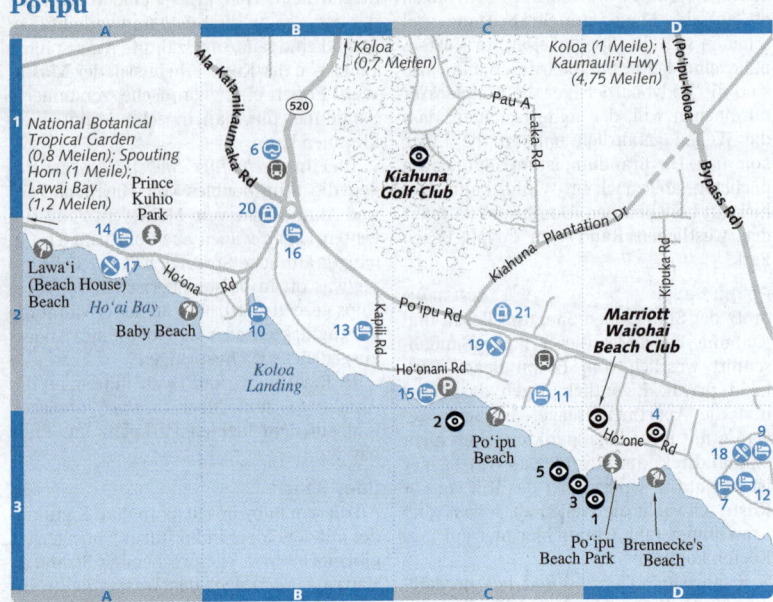

Po'ipu

◎ Sehenswertes
Anara Spa ....(s. 8)
Art 103 .... (s. 20)
1 Cowshead D3
2 First Break C3
Moir Gardens ....(s. 19)
3 Nukumoi Point C3
4 Nukumoi Surf Company D3
Outfitters Kaua'i ....(s. 6)
5 Waiohai C3

Aktivitäten, Kurse & Touren
Kaua'i Down Under Dive Team .... (s. 15)
6 Seasport Divers B1

🛏 Schlafen
7 Aikane Kaua'i D3
8 Grand Hyatt Kaua'i Resort & Spa E2
9 Hideaway Cove Villas D3
10 Kaua'i Cove Cottages B2
Kiahuna Plantation ....(s. 19)
11 Koa Kea Hotel & Resort C2
12 Nihi Kai Villas D3
13 Po'ipu Kapili B2
14 Prince Kuhio Resort A2
15 Sheraton Kaua'i Resort C2
16 Waikomo Stream Villas B2

✕ Essen
17 Beach House Restaurant A2
18 Casa di Amici D3
Josselin's Tapas & Grill ....(s. 20)
Kukui'ula Store ....(s. 6)
Living Foods Market & Café ....(s. 20)
Papalani Gelato .... (s. 21)
19 Plantation Gardens Restaurant
& Bar C2
Roy's Po'ipu Bar & Grill ....(s. 21)
Savage Shrimp ....(s. 20)
Tidepools ....(s. 8)

🍸 Ausgehen
Seaview Terrace ....(s. 8)
Stevenson's Library ....(s. 8)
The Point Lodge ....(s. 15)

✦ Unterhaltung
Havaiki Nui Luau ....(s. 8)
Surf to Sunset Luau ....(s. 15)

🛍 Shoppen
20 Kukui'ula Village B1
Po'ipu Plaza ....(s. 6)
21 Po'ipu Shopping Village C2

Po'ipu Bay Golf
Course (0,6 Meilen);
Maha'ulepu
Beach (1,1 Meile)

**Po'ipu Bay
Golf Course**

Weliweli Rd

Ainako St

Ho'ohu Rd

Shipwreck
Beach

Makawehi
Point

*Keoneloa
Bay*

Makahuena Point

Beach Park und die Kapili Rd zum Sheraton Beach.

National Tropical Botanical Garden
GARTEN

(NTBG; ☑742-2623; www.ntbg.org; 4425 Lawa'i
Rd; Eintritt 20–60 $; ⊙8.30–17 Uhr) Wer sich
für Pflanzen und ihre Erhaltung interessiert, muss diese Gärten einfach besuchen.
Sie sind nicht nur umwerfend schön, sondern bieten auch Lebensraum für einheimische Pflanzen und sind lebendige Labora-
torien für angestellte Wissenschaftler und
internationale Experten.

Unter den zwei Gärten von Po'ipu ist der
32 ha große **Allerton Garden** der protzige Star, aber er kann nur im Rahmen einer
teuren geführten Tour besichtigt werden
(Erw./Kind 45/20 $). Die Führer wissen
sehr viel und sind sehr motiviert. Sie führen
die Touren (bis 20 Pers.) locker durch die
sorgfältig angelegten Gärten. Zu den Highlights gehören die scheinbar aus einer anderen Welt stammenden Feigen-Bäume der
Moreton Bay (in *Jurassic Park* zu sehen),
goldene Bambushaine, eine unberührte Lagune und Talmauern, die im Sommer mit
lilafarbenen Bougainvilleen bedeckt sind.
Die künstlich wirkenden Objekte und die
Wasserelemente fügen sich irgendwie in die
Landschaft ein.

Der angrenzende **McBryde Garden** ist
weniger gepflegt und schick als der Allerton
Garden, bietet aber Palmen, Blüten- und
Gewürzpflanzen, Orchideen und seltene
einheimische Spezies sowie einen hübschen
Bach und Wasserfall. Traveller, die auf ihr
Budget achten, können im Rahmen der
selbst geführten Tour (Erw./Kind 20/10 $)
in der weitläufigen Anlage umherwandern,
ohne auf die Uhr schauen zu müssen.

Moir Gardens
GRATIS   GARTEN

(☑742-6411; Kiahuna Plantation, 2253
Po'ipu Rd; ⊙Sonnenaufgang–Sonnenuntergang)
Für Kakteenliebhaber ist dieser bescheidene Garten auf dem Grundstück der Kiahuna Plantation-Apartmentanlage ein absolutes Muss. Er bietet eine unauffällige, gut zugängliche Sammlung an Sukkulenten und
ist durchzogen von verschlungenen Wegen
mit einem kleinen Lilienteich und farben-
frohen Orchideen.

Der Garten, der in den 1930er-Jahren
angelegt wurde, war ursprünglich der
Landbesitz von Hector Moir, dem Manager
der Koloa Sugar Plantation, und Alexandra
„Sandie" Knudsen Moir. Die Moirs waren
begeisterte Gärtner, die von blühenden
Pflanzen auf pflegeleichte Pflanzen umstie-
gen, die im trockenen Po'ipu natürlich gedeihen konnten.

Die Anlage ist nur einen Abstecher wert,
wenn man ohnehin in der Gegend wohnt
oder im Restaurant essen möchte.

Spouting Horn Beach Park
NATURLANDSCHAFT

Es gleicht einem Geysir, aber das Spouting
Horn ist in Wirklichkeit ein Loch oben auf
einer Lavahöhle. Wenn die Wellen an die
Küste schlagen, überfluten sie die Höhle, und das Wasser sucht sich durch das
Loch seinen Weg nach draußen, wobei es
als Fontäne in den Himmel schießt. Die
Wellen sind unberechenbar, es kann also
sein, dass man etwas warten muss, um das
Spektakel zu sehen. Die Wasserfontänen
sind normalerweise unter 9 m hoch und
dauern nur wenige Sekunden, ist die Brandung stärker, können sie doppelt so hoch
werden.

Von der Po'ipu Rd rechts auf die Lawa'i
Rd abbiegen und ihr noch 1,75 Meilen
(2,8 km) folgen.

Prince Kuhio Park
PARK

Die einfache, grüne Anlage, die Kaua'is
Prinz Jonah Kuhio Kalaniana'ole gewidmet ist, der hier 1871 geboren wurde, wirkt

heute eher verloren. Der Rasen ist oft braun und trocken, und es kommen kaum Besucher auf das Grundstück, das die Ruinen eines alten hawaiischen Tempels und eines Fischweihers beherbergt. Trotzdem würde kein Einheimischer die beachtlichen Dienste, die der Prinz für Hawaii und seine Bewohner geleistet hat, abtun. Er war der erste Abgeordnete vom Territory of Hawaii im US-Kongress, und er führte den Hawaiian Homes Commission Act an, der über 800 km² Land für die Ureinwohner von Hawaii versprach – viele von ihnen warten bis heute darauf.

Koloa Landing HISTORISCHE STÄTTE

Koloa Landing an der Mündung des Waikomo Stream war einst Kaua'is größter Hafen. In den 1850er-Jahren benutzten ihn Bauern zur Verschiffung von Zucker, Orangen und Süßkartoffeln aus Kaua'i. Außerdem war er der drittgrößte Walfanghafen auf den Hawaii-Inseln – größer war nur noch der Hafen von Honolulu und von Lahaina, Maui. Der Hafen wurde unwichtiger, als das Straßennetz ausgebaut wurde und verschwand in den 1920er-Jahren komplett. Heute ist nur noch eine kleine Bootsrampe übrig.

Unterwasser schaut das Ganze wieder anders aus: Koloa Landing ist beliebt zum Schnorcheln und der beste Ort zum Küstentauchen an der South Shore. Die geschützten Gewässer sind bis zu 10 m tief und normalerweise das ganze Jahr über ruhig. Hier gibt es Unterwassertunnel, eine Vielzahl an Korallen und Fischen, Meeresschildkröten und Mönchsrobben zu sehen. Die besten Sehenswürdigkeiten liegen in westlicher Richtung.

Art 103 KUNSTGALERIE

(www.art103.com; Kukui'ula Village, Ala Kalanikaumaka Rd, Suite 102/103; ⊙Mo–Do 12–20, Fr & Sa 11–21, So 12–18 Uhr, und nach Vereinbarung) Wer auf der Suche nach hawaiischer Kunst ist, die mehr ist als die billigen, leicht verkäuflichen tropischen Motive, sollte diese elegante, neue Galerie besuchen. Die Besitzerin und Fotografin **Bruna Stude** (www.brunastude.com) hat sich eine beeindruckende Sammlung an Werken von aufstrebenden und namhaften Künstlern angeeignet. Das angrenzende Gebäude A+ wurde nach dem Vorbild von Museumsläden errichtet und bietet preiswertere Zeichnungen, Keramiken, Fiber Art und weitere Sammlerstücke. Alles hier ist echt – keine billigen Drucke.

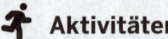

Aktivitäten

Golf

Kiahuna Golf Club GOLF

(☎742-9595; www.kiahunagolf.com; 2545 Kiahuna Plantation Dr; Greenfee inkl. Golfwagen vor/nach 15 Uhr 103/72 $, Schlägerverleih 52 $) Dieser kleine, relativ leicht zu spielende, von Robert Trent Jones Jr. entworfene Par 70/18-Loch-Golfplatz wurde 1983 im Landesinneren eröffnet. Er benutzt kleinere Ziele und tückische Absätze, um die Herausforderung zu erschweren.

Po'ipu Bay Golf Course GOLF

(☎742-8711, 800-858-6300; www.poipubaygolf.com; 2250 Ainako St; Nicht-Gäste/Gäste 240/160 $, Schlägerverleih 55 $) Das etablierte Schmuckstück der South Shore, der 18-Loch/Par 72-Golfplatz vom Grand Hyatt Kaua'i Resort & Spa, erstreckt sich über 85 ha am Wasser. Mittags ist die Greenfee vergünstigt (145 $), und um 14.30 Uhr wird sie nochmal billiger (85 $). In der Greenfee ist ein Golfwagen enthalten.

Surfen

Po'ipu ist ein beliebter Ort für Surfkurse. Hier gibt es ein paar ausgezeichnete Wellen, und die Sonne scheint das ganze Jahr über. Man sollte aber nicht an großen Gruppen teilnehmen: Das Maximum sind vier Personen. Treffpunkt der folgenden Kursanbieter ist immer der Strand.

Kaua'i Surf School SURFEN $

LP TIPP (☎651-6032; www.kauaisurfschool.com; 2-std. Gruppen-/Einzelunterricht 75/175 $) Mit 90 Minuten Theorie und 30 Minuten Praxis bekommt man hier etwas für sein Geld. Ein guter Anbieter mit einem speziellen einstündigen Privatkurs für Kinder bis zwölf Jahre. Bietet auch mehrtägige Surfkurse und begleitetes Surfen an.

Garden Island Surf School SURFEN $

(☎652-4841; www.kauai-surfinglessons.com; 2-std. Gruppen-/Paar-/Einzelunterricht 75/120/150 $; ⊙Kurse 8, 10, 12 & 14 Uhr) Der Kurs beinhaltet eine Stunde mit Lehrer und eine Stunde freies Surfen. Vier Teilnehmer pro Gruppe, Mindestalter acht Jahre in der Gruppe und fünf Jahre beim Einzelunterricht.

Surf Lessons by Margo Oberg SURFEN $

(☎332-6100, 639-0708; www.surfonkauai.com; 2-std. Gruppen-/halbprivater/Einzelunterricht 68/90/125 $) Dieses Unternehmen ist eine

EINE KÜSTE WIE KEINE ANDERE

Die windgepeitschte Maha'ulepu Coast gleicht keiner anderen Küste auf Kaua'i: versteinerte Sanddünenklippen, krachende Brandung und drei unberührte Strände, die bis jetzt vom Massentourismus verschont geblieben sind. Sie ist bekannt als Kaua'is letzte nichterschlossene, zugängliche Küste und liegt gleich östlich vom Shipwreck Beach.

Am besten erkundet man die Küste bei einer Wanderung auf dem **Maha'ulepu Heritage Trail** (www.hikemahaulepu.org), eine angenehme, gut 6 km lange Wanderung vom Shipwreck Beach zum Ha'ula Beach (man kann an jedem Punkt umkehren und hat eine kürzere, aber immer noch atemberaubende Strecke). Um zum Ausgangspunkt zu gelangen, parkt man auf dem Parkplatz vom Grand Hyatt am Ende des Ainako St. Vom Strand geht es Richtung Osten durch Eisenholz-Bäume. Entlang der Küste zeigen sich spektakuläre Klippen aus versteinerten Sanddünen, Gezeitenpools in felsigen Buchten und sogar die Ruinen eines Tempels.

Die Maha'ulepu Coast umfasst eine Reihe von Stränden von West nach Ost: **Maha'ulepu Beach** (Gillin's Beach), **Kawailoa Bay** und **Ha'ula Beach**. Das Wasser ist rau und eigentlich nur für erfahrene Schwimmer und nicht für Touristen, die nur einmal im Jahr ins Meer gehen, geeignet. Aber wandern kann man hier das ganze Jahr über. In der Nähe vom Maha'ulepu Beach steht das einzige Haus an der ganzen Küste: Das **Gillin Beach House** (☑742-7561; www.gillinbeachhouse.com; ab 3090 $/Woche) wurde ursprünglich 1946 von Elbert Gillin, einem bürgerlichen Ingenieur der Koloa Sugar Plantation, errichtet.

Wer mit dem Auto kommt, der fährt hinter dem Grand Hyatt für 1,5 Meilen (2,4 km) auf einer ungeteerten Straße entlang und biegt am Ende bei einem Tor (7.30–18 Uhr, im Sommer bis 19 Uhr geöffnet) rechts ab. Hinter dem Tor bis zu einem Parkplatz am Strand weiterfahren. Die Öffnungszeiten müssen streng eingehalten werden.

Zwei ausgezeichnete Infoquellen sind die Website des **Maha'ulepu Heritage Trail** (www.hikemahaulepu.org) und *Kaua'i's Geologic History: A Simplified Guide* von Chuck Blay und Robert Siemers. Ebenfalls interessant ist die Website von **Malama Maha'ulepu** (www.malama-mahaulepu.org), einer ehrenamtlichen Gruppe, die für die Erhaltung der Gegend arbeitet, und von Steve Case, dem Mitgründer von America Online.

der ältesten Surfschulen auf Kaua'i mit einem guten Ruf. Allerdings können in einer Gruppe manchmal sechs Personen sein.

Kelley's Surf School
SURFEN, STAND UP PADDLING $
(☑652-9979; www.kauaisurfandsup.com; Surfen 2-std. Kurs/Einzelunterricht/3-std. Kurs 75/120/150 $, Stehpaddeln 2-std. Kurs/Anfängerkurs/Fortgeschrittenenkurs 85/120/150 $) Bietet ein Surfcamp für Kinder und Familienrabatte an und verfügt über 30 Jahre Erfahrung.

Nukumoi Surf Company
SURFVERLEIH
(☑742-8019; www.nukumoi.com; 2100 Ho'one Rd; Softtop-Board-Verleih pro Std./Tag/Woche 6/25/75 $, Hardboard 8/30/90 $, Bodyboard pro Tag/Woche 6/20 $; ☺Mo–Sa 7.45–18.30, So 10.45–18 Uhr) Praktisch gelegen, gegenüber vom Po'ipu Beach Park.

Progressive Expressions
SURFVERLEIH
(☑742-6041; 5420 Koloa Rd, Koloa; Boardverleih pro Tag/Woche 20/100 $; ☺9–21 Uhr) Dieser Surfladen in Koloa vermietet alle möglichen Bretter zum gleichen Preis.

Po'ipu Surf Company
SURFVERLEIH
(☑742-8797, 652-9979; Kukui'ula Village, 2829 Ala Kalanikaumaka Rd; Boardverleih pro Tag/Woche 20/95 $, Stehpaddelboard-Verleih pro Tag/Woche 40/200 $; ☺9–20, Sa & So bis 21 Uhr) Vermietet Bretter für Anfänger und Fortgeschrittene.

Tauchen

An der Küste von Po'ipu gibt es die besten Plätze zum Tauchen auf der Insel: z. B. die **Sheraton Caverns,** eine Reihe von teilweise eingebrochenen Lavaröhren, die 3 m oder noch höher sind, mit Spalten, in die das glitzernde Sonnenlicht fällt und das dunkle Innere erleuchtet; der **Gene-**

IM AUGE DES STURMS

Auch zwei Jahrzehnte, nachdem der Hurrikan 'Iniki über die Insel gefegt ist, können die Inselbewohner noch immer detaillierte Berichte über das Geschehen am 11. September 1992 geben. 'Iniki erreichte ununterbrochene Windgeschwindigkeiten von 233 km/h und Windböen von 265 km/h oder mehr (eine Wetterstation im bergigen Koke'e wurde bei 365 km/h zerstört). Der Hurrikan riss Tausende Bäume aus und zerstörte 1420 Häuser (über 60 weitere spülte er ins Meer). Weitere 5000 Häuser wurden schwer beschädigt, und mehrere tausend erlitten kleinere Schäden. Der Großteil der Insel hatte über einen Monat lang keinen Strom, und in einigen Gegenden gab es bis zu drei Monate keine Elektrizität. 9 m hohe Wellen spülten ganze Flügel von am Wasser gelegenen Hotels ins Meer, besonders betroffen waren Po'ipu and Princeville.

Die Bürger verhielten sich angesichts der gewaltigen Schäden, die der Hurrikan angerichtet hatte, bemerkenswert ruhig, auch wenn es kaum Strom gab, Radio und Fernsehen nicht funktionierten. Die Gemeinschaften luden zu Zusammenkünften ein, bei denen Essen geteilt und gemeinsam verzehrt wurde. Es gab kaum Plünderungen, und als die Ladenbesitzer betroffenen Bürgern erlaubten, sich zu nehmen, was sie brauchen, bestanden diese darauf, die Waren zu bezahlen.

Wie durch ein Wunder kamen nur vier Menschen ums Leben, aber der wirtschaftliche Gesamtschaden belief sich auf 1,8 Mrd. $. Ende der 1990er-Jahre lief der Tourismus wieder an und floriert bis heute prächtig. Während die Einheimischen noch immer die durch die Katastrophe ausgelösten Landschaftsveränderungen wahrnehmenn, würden Neuankömmlinge die Schäden, die vor 20 Jahren hier angerichtet wurden, nie erkennen. Leider hat man ein paar einheimische Vogelarten von Kaua'i seit 'Iniki nie wieder gesehen.

Da sich der Hurrikan am Tage ereignete, haben viele Bewohner die Katastrophe in Echtzeit auf Video aufgenommen. Das beste Filmmaterial wurde zu einem einstündigen Video zusammengefasst, das unter www.video-hawaii.com/iniki.html erhältlich ist (24,95 $).

ral Store**, wo sich Haie, Kraken und Aale tummeln und wo man die Überreste eines Schiffswracks von 1892 findet; der **Nukumoi Point**, eine flache Stelle, an der Grüne Meeresschildkröten leben.

Tauchboote und Katamarane fahren normalerweise am Kukui'ula Harbor, 0,5 Meilen (800 m) östlich des Spouting Horn ab.

Zusätzlich zu den hier aufgelisteten Tauchanbietern gibt es noch das nahe gelegene Fathom Five Divers (S. 591).

Kauai Down Under Dive Team   TAUCHEN
(☎742-9534; www.kauaidownunderscuba.com; Sheraton Kaua'i Resort; 2440 Ho'onani Rd; ⏰8–18 Uhr) Bei einem Tauchlehrer für vier Teilnehmer ist persönliche Aufmerksamkeit garantiert. Hier werden Einführungskurse ohne Zertifikat mit einem Tank (109 $), Tauchgänge mit zwei Tanks und Motor (169 $) sowie Tauchgänge bei Nacht (99 $) für die ganz Mutigen angeboten. Außerdem gibt es eine Vielzahl an Kursen, darunter auch einen Zertifizierungskurs, bei dem man vorher schon online den theore-

tischen Teil abschließen kann, um dann auf der Insel genug Zeit für die Praxis zu haben.

Seasport Divers   TAUCHEN
(☎742-9303, 800-685-5889; www.seasportdivers.com; Po'ipu Plaza, 2827 Po'ipu Rd; Tauchgang mit 2 Tanks 115–145 $; ⏰Check-in 7.30 & 12.45 Uhr) Dieser Anbieter hat eine Menge Tauchkurse an der Küste oder vom Boot aus im Programm, darunter auch einen Tauchgang mit drei Tanks nach Ni'ihau (265 $), der nur im Sommer angeboten wird. Alle Tauchgänge werden von ausgebildeten Tauchlehrern geleitet. Bei jeder Gruppe mit nicht-zertifizierten Teilnehmern kommt ein zusätzlicher Tauchlehrer hinzu. Die maximale Gruppengröße beträgt 18 Personen, aber es sind normalerweise nur acht bis zwölf.

Weitere Aktivitäten

Outfitters Kaua'i   KAJAKFAHREN $$
(☎742-9667, 888-742-9887; www.outfitterskauai.com; Po'ipu Plaza, 2827-A Po'ipu Rd; ⏰Reservie-

rungen 8–21 Uhr) Die angebotene achtstündige Kajaktour auf dem offenen Meer (Erw./Kind 12–14 Jh. 148/118 $) ist ein gutes Training für die anstrengende Na Pali-Tour. Ebenfalls im Angebot: Stehpaddel-Touren (halber Tag 122 $/Pers.) auf einem Dschungelfluss durch das Hule'ia National Wildlife Refuge.

CJM Country Stables

REITEN

(☏742-6096; www.cjmstables.com; 2-std. Ausritt 98–125 $; ⊙Ausritte Mo–Sa 9.30 & 14 Uhr) Wer nicht mehr selbst laufen will, der kann sich ja auf einen Pferderücken schwingen. Die langsamen Ausritte, bei denen die Pferde nacheinander dem Reitlehrer folgen, sind für erfahrene Reiter eher langweilig. Es können aber auch private Ausritte arrangiert werden.

Anara Spa

SPA

(☏742-1234; www.anaraspa.com; Grand Hyatt Kaua'i Resort & Spa, 1571 Po'ipu Rd; Massage pro Std. 160–235 $, Gesichtsbehandlung 165–250 $) Im Rahmen der Renovierungsarbeiten erfuhr dieses Spa 2007 eine grundlegende Veränderung. Es wurde zu einem 1860 m² großen tropischen Fantasieland mit Gärten und Wasserfällen umgestaltet. Im Angebot ist eine Vielzahl ausgezeichneter Gesichts- und Körperbehandlungen. Bei einer 50-minütigen Behandlung ist der Zugang zum Sportpool und zum Fitnesscenter frei.

Spa at Koa Kea Hotel & Resort

SPA

(☏828-8888; www.koakea.com; 2251 Poipu Rd; Massagen 105–210 $; ⊙8–19 Uhr) Stellt fünf Behandlungszimmer zur Verfügung (darunter eines für Paare) und hat sich auf die Verwendung einheimischer Produkte wie *awapuhi*-Wurzel, roten Kauai-Lehm und Ananas spezialisiert. Die professionellen Massagetherapeuten kommen aus der gesamten Gegend um Po'ipu, man sollte also mindestens einen Tag im Voraus reservieren.

☞ Geführte Touren

Wer nicht wasserscheu ist, der sollte unbedingt schnorcheln gehen (S. 599). Sunset-Cruises werden von **Capt Andy's Sailing Adventures** (☏335-6833, 800-535-0830; www.napali.com; Port Allen Marina Center, Waialo Rd; Erw./Kind 69/50 $) angeboten. Die Schiffe legen zwischen 16 und 17 Uhr vom Kukui'ula Harbor zu einem schönen, zweistündigen Cruise ab.

★★ Festivals & Events

Prince Kuhio Celebration of the Arts

KUNST

(☏240-6369; www.princekuhio.wetpaint.com) Das eintägige Fest Ende März ist Prinz Jonah Kuhio Kalaniana'ole gewidmet, der 1872 an der Stelle des Prince Kuhio Park geboren wurde.

Garden Isle Artisan Fair

MUSIK, KUNSTHANDWERK

(☏245-9021) Wer auf Kaua'i ist, sollte auch die hier hergestellten Produkte kaufen. Bei diesem Mitte März, Mitte August und Mitte Oktober stattfindenden Fest gibt es handgefertigte Produkte, hawaiische Musik und einheimisches Essen. Findet normalerweise gegenüber vom Po'ipu Beach Park statt.

Kaua'i Mokihana Festival Hula Competition

KULTUR

(☏822-2166; www.maliefoundation.org) Dreitägige Hula-Vorstellungen im Grand Hyatt Ende September: sowohl *kahiko* (altertümlich) als auch *'auana* (modern). Da es nur 5 bis 10 $ kostet, sollte man unbedingt vorbeischauen.

Hawaiiana Festival

KULTUR

(☏240-6369; www.alohafestivals.com) Dieses dreitägige Fest Mitte Oktober ist Teil des Aloha-Festivals und bietet hawaiische Handwerkskunst, Vorführungen, Hula und *luau*.

🛏 Schlafen

Die meisten Unterkünfte in Po'ipu sind Apartments, die es in allen Preisklassen gibt. Die Preise unterscheiden sich je nach Besitzer oder Agentur, welche die Wohneinheiten vermieten. Die aufgelisteten Preise sind Durchschnittswerte. Ferienwohnungen bieten meistens mehr Privatsphäre und eine private Zufahrt. Die zwei großen Hotels sind das Spitzenklassehotel Grand Hyatt und das Mittelklassehotel Sheraton Kaua'i.

Weitere Auflistungen gibt es auf der Website der **Po'ipu Beach Resort Association** (www.poipubeach.org); Apartmentlinks führen häufig nur zur Seite der Agentur. Wer sich für ein bestimmtes Apartment entschieden hat, der sollte auch noch bei **Vacation Rentals by Owner** (www.vrbo.com) suchen. Die Besitzer machen oft bessere Preise als die Agenturen.

Wer über eine Agentur bucht, muss allerdings keine Extrakosten zahlen, und die

Agenturen helfen einem bei der Auswahl der geeigneten Objekte – v. a. gut, wenn man nach einer Ferienwohnung sucht.

Agenturen

Parrish Collection
Kaua'i   CONDOS, FERIENWOHNUNGEN
(☎742-2000, 800-742-1412; www.parrishkauai.com; 3176 Po'ipu Rd, Suite 1, Koloa, Hawaii 96756) Etablierte Agentur für Apartments und Ferienwohnungen. Freundliches, entgegenkommendes Personal. Ist die Hauptagentur für die Waikomo Stream Villas und Nihi Kai Villas vor Ort.

Po'ipu Connection Realty   CONDOS
(☎800-742-2260; www.poipuconnection.com; PO Box 1022, Koloa, Hawaii 96756) Nur Apartments, gute Preise und persönlicher Service.

Po'ipu Beach Vacation
Rentals   CONDOS, FERIENWOHNUNGEN
(☎742-2850, 800-684-5133; www.pbvacationrentals.com; PO Box 1258, Koloa, Hawaii 96756) Gute Preise, begrenzte Auswahl an Apartments und Ferienwohnungen.

Aikane Po'ipu
Beach Houses   FERIENWOHNUNGEN
(☎742-1778, 877-742-1778; www.kauaivacationproperties.com/poipu.htm) Auswahl an mehreren traumhaften Strandhäusern in der Nähe vom Brennecke's Beach.

Unterkünfte

LP **Hideaway Cove Villas**   CONDOS $$
TIPP (☎635-8785, 866-849-2426; www.hideawaycove.com; 2307 & 2315 Nalo Rd; Studios 175–190 $, 1/2 Schlafzimmer 205–220 $/250–275 $; ❄🖥) Diese einwandfreien, modernen und professionell verwalteten Wohneinheiten in der Nähe des Po'ipu Beach Park sind besser als vergleichbare Angebote. Alle verfügen über einen eigenen Balkon, schöne Hartholzböden, echte Kunst und Antiquitäten sowie Markengeräte. Die Reinigungsgebühr beträgt zwischen 95 und 145 $.

Po'ipu Kapili   CONDOS $$
(☎742-6449, 800-443-7714; www.poipukapili.com; 2221 Kapili Rd; 1/2 Schlafzimmer ab 225/340 $; 🖥) Diese Apartmentanlage mit 60 Wohneinheiten begeistert auf der ganzen Linie: ein hübsch angelegtes Grundstück und geräumige Wohneinheiten (104 bis 170 m²) von überzeugender Qualität mit viel Hartholz, großen, vornehmen Betten, einem Extra-Badezimmer, hochwertigen Elektrogeräten und Internetzugang. Der nächste Sandstrand vor dem Sheraton ist gut zu Fuß zu erreichen.

Prince Kuhio Resort   CONDOS $
(☎888-747-2988; www.prince-kuhio.com; 5061 Lawa'i Rd; Studios 50–115 $, 1 Schlafzimmer 90–160 $; ❄🖥) Diese Apartmentanlage mit 90 Wohneinheiten bietet Budgetunterkünfte – also keine schicken Möbel und Fußböden erwarten. Die großartige Lage auf der anderen Straßenseite vom Lawa'i (Beach House) Beach ist für den Preis allerdings nicht schlecht. Alle Wohneinheiten verfügen über eine komplette Küche und große Fenster, und die nett gestalteten Grundstücke liegen um einen ordentlich großen Pool herum. Die Wohneinheiten unterscheiden sich merklich in der Qualität. Bei Po'ipu Connection Realty, Po'ipu Beach Vacation Rentals und www.vrbo.com gibt es die günstigsten Preise.

Kaua'i Cove Cottages   COTTAGE $$
(☎742-2562, 800-624-9945; www.kauaicove.com; 2672 Pu'uholo Rd; Studios 99–185 $; ❄🖥) In diesem Cottage-Trio in der Nähe von Koloa Landing erwarten einen bequeme, tropische Bungalows mit moderner Einrichtung. Auch wenn die Studios nicht besonders groß sind, sind sie doch so praktisch angelegt, dass sie über Bambus-Himmelbetten, Gewölbedecken, komplett ausgestattete Küchenzeilen und viele Fenster verfügen. Gleich vor der Haustür befinden sich die Parkplätze. Je nach Aufenthaltsdauer beträgt die Reinigungsgebühr 65 $.

Nihi Kai Villas   CONDOS $$
(☎742-2000, 800-742-1412; www.parrishkauai.com; 1870 Ho'one Rd; 1/2 Schlafzimmer 145–190 $/159–251 $; @🖥❄) Für Traveller, die weniger Geld ausgeben, aber trotzdem in fußläufiger Nähe zum Strand unterkommen wollen, ist das hier genau das Richtige. Der Po'ipu Beach Park liegt nur einen Block entfernt, je näher am Meer, desto teurer das Apartment. Von den 70 Wohneinheiten wird die Hälfte von der Parrish-Agentur vor Ort gut verwaltet. Sie sind zwischen 93 und 185 m² groß, mit bequemen Möbeln ausgestattet, verfügen über eine komplette Küche, zwei oder mehrere private Balkone und Waschmaschine mit Trockner. Nicht in allen Wohneinheiten gibt es WLAN.

Kiahuna Plantation   CONDOS $$
(☎742-6411, 800-542-4862; www.outrigger.com; 2253 Po'ipu Rd; 1/2 Schlafzimmer 167–219 $/265–319 $; 🖥) Diese alternde Schönheit ist immer noch ein begehrtes Anwe-

Während man all die tropischen Vorzüge genießt, die Kaua'i zu bieten hat, kann es auch ein wunderbares Gefühl sein, etwas zurückzugeben, etwa in Form von ein oder zwei Stunden Arbeit. Hier sind ein paar Möglichkeiten für Freiwilligenarbeit. Wenn es geht, im Voraus planen:

Hui O Laka (335-9975; www.kokee.org) Hilfe beim Wiederaufforsten von Waldgebieten, die durch übermäßige Frequentierung oder aufdringliche Spezies Schaden erlitten haben.

Kauai Humane Society (632-0610; www.kauaihumane.org) Auftauchen, einen Hund oder eine Katze streicheln und versuchen, sich nicht gleich zu verlieben.

Limahuli Garden (826-1053; www.ntbg.org) Hilfe bei der allgemeinen Gartenarbeit und der Pflanzenzucht.

National Botanical Tropical Gardens (332-7324; www.nbtg.org) Hilfe bei der allgemeinen Gartenarbeit und der Pflanzenzucht.

Surfrider Foundation (www.surfriderkauai.ning.com) Regelmäßige Strandsäuberungen.

sen, da es zu den wenigen Unterkünften gehört, die an einem Badestrand liegen. Natürlich befinden sich nur ein paar Wohneinheiten direkt am Strand (wieder eine Frage des Geldes). Die Wohneinheiten sind gemütlich mit voll ausgestatteter Küche, Wohnzimmer und großem Balkon, aber die Möbel sind schon ziemlich abgenutzt. Die Agentur vor Ort ist **Outrigger and Castle Resorts** (742-2200; www.castleresorts.com; 1/2 Schlafzimmer ab 186/390 $), aber **Kiahuna Beachside** (937-6642; www.kiahuna.com; 1/2 Schlafzimmer ab 365/565 $) verwaltet die besten Grundstücke am Strand.

Sheraton Kaua'i Resort FERIENANLAGE $$$
(800-782-9488, 742-1661; www.sheraton-kauai. com; 2440 Ho'onani Rd; Zi. mit Garten-/Meerblick ab 240/460 $; ✱☎☒) Das Mittelklassehotel Sheraton verfügt über einen beneidenswerten Vorteil: einen erstklassigen sandigen Strandabschnitt aus Baden, von dem aus die Gäste den Sonnenuntergang beobachten können. Die Zimmer sind bescheiden und nicht besonders beeindruckend, und die unauffälligen Garden View- oder Partial Ocean View-Flügel liegen nicht am Strand. Zu den Bemühungen um Umweltschutz gehören Wertstofftonnen und kostenlose Frühstückscoupons für Gäste, die an dem Tag auf den Zimmerservice verzichten.

**Grand Hyatt Kaua'i
Resort & Spa** FERIENANLAGE $$$
(800-554-9288, 742-1234; www.kauai.hyatt. com; 1571 Po'ipu Rd; Zi. mit Gartenblick 280–430 $, Deluxezimmer mit Meerblick 470–720 $;

✱☒) Po'ipus Diva verfügt über 602 Zimmer und liebt es, mit ihrer hohen Lobby, den tropischen Gärten, einem riesigen Spa, dem weltbekannten Golfplatz, Restaurants am Wasser und gewundenen Flussbecken aufzutrumpfen. Die Zimmer sind im typisch tropischen Stil eingerichtet, und doch eine Klasse besser als normalerweise. Nach den neuesten Renovierungsarbeiten wurden aus den „netten" Zimmern erstklassige Zimmer mit Marmorplatten in den Bädern und einem Spritzer Hawaiiana-Dekor. Das Einzige, was fehlt, ist ein „echter" Badestrand – es gibt nur einen künstlichen.

Koa Kea Hotel & Resort FERIENANLAGE $$$
(828-8888; www.koakea.com; 2251 Po'ipu Rd; Zi. mit Gartenblick 329 $, teilweise Meerblick 349 $, Meerblick 449 $; ✱☎☒) Mit 121 Zimmern und direkter Strandlage (in der Nähe der Kiahuna Plantation) ist dieses erstklassige Boutiquehotel ausgestattet und bemüht sich sehr um eine persönliche, familienfreundliche Atmosphäre. Die Zimmer im Hawaiiana-Stil sind berauschend eingerichtet mit Koa-Holz und gemütlichen Ledermöbeln. Jedes verfügt über einen ungestörten Blick vom eigenen Balkon.

Whalers Cove CONDOS $$$
(742-7571, 800-225-2683; www.whalerscove resort.com; 2640 Pu'uholo Rd; 1/2 Schlafzimmer ab 349/479 $; ✱☎☒) Po'ipus luxuriöseste Apartmentanlage ist genau das Richtige für Traveller, die Luxus ohne den geringsten Touristenschnickschnack suchen. Die Wohneinheiten sind palastartig (durch-

schnittlich 120 m^2), elegant und absolut makellos und verfügen oft über glänzende Marmorböden, Granitplatten und Möbel wie in einem Herrenhaus. Ein echter Hingucker ist das teure Koa-Holz, das für die Türen und Möbel verwendet wurde.

 Essen

LP TIPP Josselin's Tapas Bar & Grill

REGIONALE KÜCHE $$

(www.josselins.com; Kukui'ula Village; Tapas 9–18 $; ⏱17–22 Uhr) Nicht nur dank des lebhaften Ambientes ein angesagtes Lokal. Der hoch verehrte Chefkoch Jean Marie Josselin zaubert täglich künstlerische Kreationen aus Tapas mit asiatischem Einfluss. Der Laden ist relativ neu in Po'ipu, hat jedoch rasch seinen Platz unter den Besten von Po'ipu gefunden. Es herrscht eine entspannte Atmosphäre.

LP TIPP Casa di Amici

ITALIENISCH $$

(2301 Nalo Rd; Hauptgerichte 23–29 $; ⏱ab 18 Uhr) Dieses Restaurant wird wegen der versteckten Lage oft übersehen, ist aber ein absoluter Geheimtipp. Der Koch verwendet nur die qualitativ hochwertigsten Zutaten, von Gemüse aus der Region über schwarze Trüffel aus Italien bis hin zu hausgemachter Wurst. Auf der Speisekarte stehen neben den traditionell italienischen Gerichten wie Pasta und Fleisch auch multikulturelle Highlights wie gegrillter Miso-Ingwer-Ahi und Paella-Risotto.

Papalani Gelato

EIS $

(www.papalanigelato.com; Po'ipu Shopping Village, 2360 Kiahuna Plantation Dr; 1 Kugel 3,75 $; ⏱11.30–21.30 Uhr) Bei all den verführerischen Geschmacksrichtungen (alle vor Ort hergestellt) kann man mit dem klassischen Vanille- oder Pistazieneis nichts falsch machen. Wer etwas typisch Hawaiisches probieren möchte, der entscheidet sich am besten für das cremige Sorbet aus frischen Sternfrüchten, Litschis, Mangos, Guaven oder Avocados, die auf der Insel wachsen.

Savage Shrimp

SEAFOOD $

(www.savageshrimpkauai.com; Kukui'ula Village; zwei Tacos 8,50 $; Teller 12,50 $; ⏱11–21 Uhr) Die Zeiten haben sich geändert für Susan Allyn und ihren ehemaligen Lieferwagen am Straßenrand, in dem sie üppige Portionen an Garnelen im brasilianischen Stil serviert hat. Im neuen, vornehmen Kukui'ula Village erwartet die Gäste eine große Auswahl an Garnelen-Gerichten: ob gebratene oder Kokosnussgarnelen, außerdem sechs verschiedene Sorten von Scampi. Po'boys, frischer Fisch und italienische Salate runden die ausgedehnte Speisekarte ab.

Plantation Gardens Restaurant & Bar

REGIONALE KÜCHE $$

(www.pgrestaurant.com; Kiahuna Plantation, 2253 Po'ipu Rd; Vorspeisen 8–12 $, Hauptgerichte 19–28 $; ⏱17.30–21 Uhr) Dieses bezaubernde Restaurant ist in einem historischen Plantagenhaus untergebracht. Die Speisekarte ist zum Glück kurz, die Gerichte bestehen aus einheimischen Zutaten, die mit *kiawe* (verwandt mit der Prosopispflanze) gegrillt werden, was für einen rauchigen Geschmack sorgt. Im Angebot ist auch jede Menge frisches Seafood. Das Restaurant ist ideal für größere Gruppen. Wenn es dunkel wird, werden kleine Gasfackeln angezündet.

Beach House Restaurant

SEAFOOD $$$

(www.the-beach-house.com; 5022 Lawa'i Rd; Hauptgerichte 26–40 $; ⏱Winter 17.30–21.30 Uhr, Sommer 18–22 Uhr) Vielleicht wird es überbewertet, aber das Beach House ist das Kultrestaurant für ein Abendessen bei Sonnenuntergang und zweifellos einen Besuch wert. Zu den Spezialitäten des aktuellen Kochs Todd Barrett gehören *mahi-mahi* in Macadamianusskruste und Wassermelonensalat mit Gorgonzolakäse und frisch gepflücktem Gemüse aus Omao. Frühzeitig reservieren.

Tidepools

REGIONALE KÜCHE $$$

(Grand Hyatt Kaua'i Resort & Spa, 1571 Po'ipu Rd; Hauptgerichte 28–40 $; ⏱17.30–22 Uhr) Das Aushängeschild des Grand Hyatt ist umgeben von Wasserfällen und Lagunen voller Kois und eher eine romantische Oase als ein lebhaftes Nachtlokal. Auf der überraschend kurzen Speisekarte stehen bescheidene, von der Inselküche abgeleitete Speisen: von gegrilltem Pfeffer-Ahi mit Kokosnuss-Jasmin-Reis bis hin zu gegrillter Hühnerbrust mit Okinawan-Süßkartoffelpüree.

Roy's Po'ipu Bar & Grill

REGIONALE KÜCHE $$$

(www.roysrestaurant.com; Po'ipu Shopping Village; Hauptgerichte 37–47 $; ⏱17.30–21.30 Uhr) Immer noch Kult, immer noch beliebt: Das Roy's begeistert weiterhin jeden Feinschmecker. Zu den charakteristischen Gerichten gehören leckerer M*isoyaki-Butterfish* (mit Miso mariniert) und in Pesto gedämpfter *'ono* (Wahoo mit weißem Fleisch) in Koriander-Ingwer-Erdnussöl gebrutzelt.

Die Lage gleicht der in einem Einkaufszentrum, und im Speisesaal ist es sehr laut.

Selbstversorger

Living Foods Market & Café MARKT, CAFE **$**
(www.livingfoodskauai.com; Kukui'ula Village; 7–20 Uhr, Café bis 16 Uhr) Zu den Gourmetlebensmitteln hier gehören Käse, Fleisch, Wein und einheimische Produkte. Im Café gibt's Paninis, ausgefallene Pizzas und seltsam köstliche Snacks wie Hummer-Pot Pie.

Kukui'ula Store MARKT **$**
(Po'ipu Plaza, 2827 Po'ipu Rd; Mo–Fr 8.30–20.30, Sa & So bis 18.30 Uhr) Dieser alternative Supermarkt ähnelt von außen einer Bodega, verkauft aber ein paar grundlegende und nahrhafte Lebensmittel. Mehr Auswahl gibt es in den Lebensmittelläden von Koloa und auf dem Fischmarkt.

 Ausgehen & Unterhaltung

LP TIPP **The Point Lounge** BAR
(Sheraton Kaua'i Resort; 11–24 Uhr, Mo & Di geschl.) Ein ungezwungener Ort, um Leute und den Sonnenuntergang zu beobachten. Die Bar mixt großartige Mojitos (9,50 bis 11,50 $), außerdem gibt's Bier vom Fass. Beim Mittag- und Abendessen kann man Geld sparen, wenn man aus der ausgezeichneten Speisekarte Vorspeisen und Sandwiches wählt.

Stevenson's Library BAR
(Grand Hyatt Kaua'i Resort & Spa; 1571 Po'ipu Rd; 18–22.30 Uhr) Diese Bar entspricht so gar nicht der restlichen Kneipenszene: eine Art Club für Gentlemen, in dem eine kühle Atmosphäre herrscht. Aber es gibt gutes (wenn auch teures) Sushi, Nachspeisen und Drinks. Bis 21 Uhr sind hier auch Kinder erlaubt, d. h. die Atmosphäre gleicht bis dahin eher der in einem Spielzimmer. Zu den Highlights gehören die glitzernde, 8 m lange Bar aus Koa-Holz und Live-Jazz von 20 bis 22 Uhr.

Seaview Terrace BAR
(Grand Hyatt Kaua'i Resort & Spa; 1571 Po'ipu Rd; 16.30–20.30 Uhr) Dienstags und samstags gibt es hier vor Sonnenuntergang kostenlose Unterhaltungsangebote, etwa eine Lichterzeremonie (mit Taschenlampen) und entweder hawaiische Musik oder Hula-Shows für Kinder (*na keiki*). Die Anfangszeiten, die sich je nach Saison unterscheiden, erfährt man am Telefon.

Die berauschend anmutigen Bewegungen des Hula-Tanzes wurden nicht immer nur vom weiblichen Geschlecht praktiziert. Bevor Hawaii Kontakt zur westlichen Welt hatte, tanzten *kane* (Männer) Hula, bis sie Anfang des 19. Jhs. von christlichen Missionaren endgültig entmutigt wurden. Heute erfährt der *kane hula* wieder eine Renaissance, wobei die einheimischen *kumu* (Lehrer) viel Anerkennung erfahren.

Luau

Vergleicht man die beiden folgenden Örtlichkeiten, an denen luaus geboten werden, miteinander, sollte man das Sheraton vorziehen, hier bekommt man bei der Show mehr für sein Geld. Eine Alternative ist auch das neue und etwas andere Luau Kalamaku auf der Kilohana Plantation in Lihu'e.

LP TIPP **Surf to Sunset Luau** LUAU
(742-8205; www.sheraton-kauai.com; Sheraton Kaua'i Resort, 2440 Ho'onani Rd; Erw./Kind 99/48 $; Einlass Fr 18 Uhr) Das „Surf to Sunset"-*luau* vom Sheraton bekommt die Note Eins für die Lage am Meer und eine Zwei für das Essen und die Show, die aus einer durchschnittlichen polynesischen Vorführung besteht. Für ein kommerzielles luau ist die Größe des Publikums mit 200 bis 300 Personen eher klein. Vorsicht: Der humorvolle Moderator erwartet vom Publikum jede Menge Beteiligung.

Havaiki Nui Luau LUAU
(240-6456; www.grandhyattkauailuau.com; Grand Hyatt Kaua'i Resort & Spa, 1571 Po'ipu Rd; Erw./Kind 94/57 $; Einlass So & Do 17.15 Uhr) Das Havaiki Nui-*luau* ist eine gut organisierte Produktion, wie es sich für eine Veranstaltung im Grand Hyatt ziemt. Die Preise sind allerdings saftig, besonders wenn angesichts von Regen die Show nach drinnen verlagert wird.

 Praktische Informationen

Bank of Hawaii (742-6800; Po'ipu Shopping Village, 2360 Kiahuna Plantation Dr; Mo–Do 8.30–16, Fr bis 18 Uhr) Wechselt keine Travellerschecks.

Po'ipu Beach Resort Association (www.poipubeach.org) Allgemeine Infos über Po'ipu und die gesamte South Shore.

ⓘ Anreise & unterwegs vor Ort

Von Lihu'e führt der schnellste Weg über die Abfahrt von der Maluhia Rd hierher. In Po'ipu, einer weitläufigen Stadt, braucht man unbedingt ein Auto, um irgendwohin – außer zum Strand – zu gelangen. Bei nur zwei Hauptstraßen fällt die Orientierung leicht: Die Po'ipu Rd liegt im Osten von Po'ipu und die Lawa'i Rd im Westen.

Der Kaua'i Bus (S. 525) fährt durch Koloa nach Po'ipu (Karte S. 596). Das bietet zwar die Möglichkeit, von anderen Städten hierher zu kommen, doch für die Fortbewegung in der Stadt nutzt das nicht viel.

Kalaheo

4200 EW.

Entlang dem Highway ist Kalaheo eine Ansammlung von nicht viel mehr als ein paar Lokalen und einer Ampel. Aber in den Nebenstraßen bietet dieser freundliche Ort ruhige Unterkünfte abseits des touristischen Lebens. Wer plant, im Waimea Canyon und in den Koke'e State Parks zu wandern, aber gleichzeitig schnell an den Stränden von Po'ipu sein möchte, für den ist die zentrale Lage von Kalaheo ideal.

Die Post und eine Handvoll Restaurants liegen rund um die Kreuzung des Kaumuali'i Hwy und der Papalina Rd.

⊙ Sehenswertes

Kukuiolono Park   PARK

Wer nicht gerade in Kalaheo übernachtet, der kann diesen kleinen Park (6.30–18.30 Uhr geöffnet) leicht übersehen. Er bietet einen 9-Loch-Golfplatz, einen bescheidenen japanischen Garten, tolle Ausblicke und schöne Rasenflächen zum Spazierengehen oder Joggen. 1860 verpachtete König Kamehameha III. das Land an Duncan McBryde, dessen Sohn Walter, der Ananasbaron, das 72 ha große Grundstück schließlich kaufte. 1929 ließ er den Golfplatz errichten und beschloss, die gesamte Fläche bis zu seinem Tod als öffentlichen Park nutzen zu lassen. Walter McBryde liegt in der Nähe des achten Lochs auf dem Golfplatz begraben. Um hierher zu gelangen, biegt man vom Kaumuali'i Hwy (von Westen kommend) links auf die Papalina Rd ein.

Hanapepe Valley Lookout   AUSSICHTSPUNKT

(Karte S. 520) Der schöne Aussichtspunkt, der kurz nach dem Meilenstein 14 auftaucht, bietet einen tollen Ausblick über das Hanapepe Valley. Die roten Lehmwände der Klippen sind mit grünem Schilfrohr überzogen – wie Zuckerguss auf einem Kuchen. Dieser Ausblick ist allerdings nur ein kleiner Vorgeschmack auf die spektakuläre Aussicht, die sich im Waimea Canyon bietet.

Der alte König Zucker mag zwar immer noch das Hanapepe Valley beherrschen, aber wenn man auf die andere Seite des Highway Richtung Meer blickt, sieht man, mit was jetzt Geld gemacht wird: mit Kaffee.

 Aktivitäten

Kukuiolono Golf Course   GOLF

(☏332-9151; Kukuiolono Park; Greenfee Erw./ Kind 9/3 $, Golfwagen 6 $; ⊙6.30–18.30 Uhr) Auf dem Kukuiolono Golf Course, einem bescheidenen 9-Loch/Par 36-Golfplatz mit spektakulären Ausblicken auf das Meer und das Tal, kann man praktisch umsonst – und ohne Attitüde – golfen. Einfach ein Set Bälle für 2 $ mitnehmen, und ab geht's auf die Driving Range – wer zuerst kommt, mahlt zuerst.

Poise Pilates   PILATES

(☏651-5287; www.poisepilates.org; 4432 Papalina Rd; 55-min. Privatstunde 70 $, Mattenkurs 20 $) Ein bisschen Indoor-Training gibt's bei Poise Pilates, dem freundlichen, gut ausgestatteten Studio von Theresa Ouano (der Inbegriff von Fitness). Bucht man mehrere Stunden, gehen die Preise runter.

🛏 Schlafen

🔲 LP TIPP Hale O Nanakai   B&B $

(☏652-8071; www.nanakai.com; 3726 Nanakai Pl; Zi. mit Frühstück 75–150 $, 1 Schlafzimmer 150–175 ; 🛜) In diesem liebevoll eingerichteten B&B mit Unterkünften für jeden Geldbeutel ist der Gast König. Die traditionellen Zimmer verfügen alle über Plüschteppiche, Sleep-Number-Betten und Flachbild-HDTV. Morgens wird ein großzügiges, kontinentales Frühstück serviert. Den Gästen stehen eine riesige Sonnenterrasse und ein Aufenthaltsraum mit atemberaubender Aussicht auf die Küste zur gemeinschaftlichen Nutzung zur Verfügung. Etwas mehr Privatsphäre bietet das Apartment unten.

Hale Ikena Nui   B&B $

(☏332-9005, 800-550-0778; www.kauaivacationhome.com; 3957 Ululi'i St; Zi. mit Frühstück/ 1 Schlafzimmer 75/95 $; 🛜) Diese geräumige

Einliegerwohnung (93 m²) liegt am Ende einer Sackgasse und verfügt über einen Wohnbereich mit Schlafsofa, eine komplette Küche und eine Waschmaschine mit Trockner. Singles können das B&B-Zimmer mieten, das nicht ganz so privat ist, aber über ein eigenes Bad verfügt. Alles andere kann im Haupthaus mitbenutzt werden. Außerdem wohnt hier noch der unwiderstehliche Hund Bear.

Kauai Garden Cottages COTTAGE $
(☎332-0877; www.kauaigardencottages.com; 5350 Pu'ulima Rd; Studios 100 $; ☎) Diese zwei einwandfrei gestalteten Wohneinheiten hoch über Kalaheo erstrahlen im Glanz prächtiger indonesischer Hartholzböden unter aufragenden Kathedralendecken, freundliche Akzente setzt das Buntglas. Die Zimmer führen auf einen riesigen Balkon mit Aussicht auf das grüne Tal hinaus – hier bekommt das Wort Talblick eine neue Bedeutung. Zwei zum Preis von einem: Beide Wohneinheiten kosten zusammen pro Nacht nur 150 $.

Bamboo Jungle House COTTAGE $$
(☎332-5515, 888-332-5115; www.kauai-bedand breakfast.com; 3829 Waha Rd; Zi. mit Frühstück 130–170 $; ☎☎) In dem bezaubernden Haus im Plantagenstil erwartet die Gäste ein typisches B&B: freundliche Gastgeber, selbst gemachtes Frühstück und Zusammenkünfte um 8 Uhr am Frühstückstisch. Die drei Zimmer sind einwandfrei und verfügen über schneeweiße Wände, weiche Himmelbetten und prächtige Fenstertüren. Draußen befindet sich ein 11,5 m langes Sportbecken inmitten von Dschungelpflanzen samt Wasserfall mit Lavagestein. Die Unterkunft ist auf Paare ausgerichtet, Kinder sind nicht erwünscht.

Essen

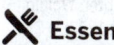 Kalaheo Café & Coffee Co CAFE, SANDWICHES $$
(www.kalaheo.com; 2-2560 Kaumuali'i Hwy; Frühstück & Mittagessen 6–10 $; Abendessen 16–26 $; ☉tgl. 6–14.30, Mi–Sa 17.30–20.30 Uhr) Ein großes Lob für dieses Café am Straßenrand mit geräumigem Speisesaal, guten Parkplätzen und einer zufriedenstellenden Speisekarte, die gesunde Gerichte im kalifornischen Stil offeriert. Zu den Frühstückshighlights gehören ein gut gefüllter Veggie-Wrap und Omelettes zum Selbstbelegen. Zum Mittagessen gibt es frisches Kalaheo-Gemüse und mehrlagige Sandwi-

ches. Die hausgemachten Obst-Crisps sind der letzte Schrei.

Mark's Place CAFE $
(2-3687 Kaumuali'i Hwy; Mittagsgerichte 6–7 $; ☉Mo–Fr 10–20 Uhr) Wer neugierig ist auf die legendären Mittagsgerichte, der sollte das Frühstück auslassen und mit knurrendem Magen hier auftauchen. Zu den klassischen Mittagsgerichten gehören üppige Portionen an Fleisch (von Teriyaki-Rind bis hin zu koreanischem Hühnchen) mit Reis und Salat. Es gibt auch gesündere Gourmetspeisen. Das Café liegt abseits vom Highway, östlich von Kalaheo.

Pomodoro ITALIENISCH $$
(Rainbow Plaza, Kaumuali'i Hwy; Hauptgerichte 16–27 $; ☉Mo–Sa 17.30–21.30 Uhr) Wer es nicht kennt, würde ein solch romantisches Restaurant niemals in einer nichtssagenden Geschäftsmeile vermuten. Die Einheimischen empfehlen das Pomodoro wegen der traditionellen Gerichte wie Kalbs-Parmigiana (27 $) und Linguini mit weißer oder roter Muschelsauce (22 $). Die Einrichtung samt Kerzen auf den Tischen zaubert eine intime und zugleich gesellige und lockere Atmosphäre.

Shoppen

Malie Organics Boutique NATÜRLICHE SCHÖNHEIT
(☎866-767-5727, 332-6220; www.malie.com; 4353 Wai'alo Rd; ☉Mo–Fr 9–16 Uhr) Malie Organics arbeitet mit Bauern zusammen, die auf Nachhaltigkeit setzen, und schwört auf seine saftige Körperbutter und die erlesenen Essenzen. Unbedingt den Koke'e-inspirierten Duft ausprobieren. Ein Teil des Erlöses dieser Koke'e-Marke fließt in die Erhaltung des Koke'e State Park.

WAIMEA CANYON & DIE WESTSIDE

Nirgendwo erlebt man das authentische Kaua'i besser als an der Westside, wo Traditionen und die Einheimischen selbst noch im Mittelpunkt stehen. Hier hört man mehr Hawaiisch, sieht mehr echte *paniolo* (Cowboys) und kann mehr altmodische Fischer beim Reparieren ihrer Netze beobachten als sonstwo auf der Insel. Tiefe, fesselnd rote Canyons und der scheinbar unendliche Ozean schaffen die atemberaubendste Kulisse von ganz Kaua'i. Die Westside ist von

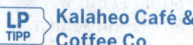

Touristen weitgehend verschont und absolut hawaiisch, was nicht jedermanns Sache ist – und das ist auch gut so.

'Ele'ele & Numila

2193 EW.

Viele fahren an dem kleinen Ort Numila und seiner größeren, aber immer noch kleinen Nachbarstadt 'Ele'ele vorbei, ohne sie eines Blickes zu würdigen. Dabei lohnt sich in dieser angenehmen, ländlichen Gegend vielleicht ein kurzer Halt, um ein paar praktische Dinge zu erledigen. Im 'Ele'ele-Einkaufszentrum z.B. befindet sich eine **Post** (⏰Mo–Fr 8–16, Sa 9–11 Uhr). Am erwähnenswertesten von den kleinen Läden und Restaurants ist das **Grinds Café** (Karte S. 609; 📞335-6027; www.grindscafe.net; 'Ele'ele Shopping Center, 4469 Waialo Rd; Frühstück 5–10 $, Mittagessen 5–12 $; ⏰5.30–18 Uhr). Am Wochenende ist es vormittags meist ziemlich voll – die beste Zeit für einen Espresso ist also der frühe Morgen, für einen Latte bietet sich der Sonntagnachmittag an.

Obwohl das Gütesiegel fehlt, das dem angesehenen Kona-Kaffee verliehen wird, gibt es bei der **Kaua'i Coffee Company** (📞335-0813, 800-545-8605; www.kauaicoffee.com; Halewili Rd; ⏰9–17 Uhr) trotzdem eine anständige Tasse Kaffee. Die gepflegte Plantage funktioniert mit 100 % erneuerbarer Energie und kann auf eigene Faust erkundet werden. Ist man vom Highway erst runter, kommt einem die Fahrt vielleicht lang vor, aber es gibt einiges zu sehen: So ist die Straße gesäumt von ordentlich gepflanzten Kaffeebäumen und flammenden Bougainvillea.

Port Allen

Obwohl die Gegend auch Nutzen aus ihrer erstklassigen Lage am Wasser ziehen könnte, bleibt Port Allen größtenteils ein Industriegebiet, das in erster Linie als Ausgangspunkt für Touren an der Na Pali Coast dient.

Die meisten Na Pali-Touren beginnen in Port Allen und bieten – je nach Jahreszeit – vielseitige Möglichkeiten, diese spektakuläre Küstenlinie zu erkunden: vom Schnorcheln im Sommer bis hin zur Walbeobachtung im Winter.

Man fährt entweder mit einem Zodiac oder Katamaran. Das erste bietet wenig Schutz vor Wellen und Sonne, auf dem zweiten gibt es schattige Bänke, eine Toilette und natürlich eine perfekte Verpflegung mit Getränken und *pupu*. Egal für welches Fortbewegungsmittel man sich entscheidet, man sollte die Erzählungen der Schiffsführer nicht immer für bare Münze nehmen: Viele berichten von Kannibalismus und schwindeln in Bezug auf die *ali'i*, damit das Ganze etwas sensationeller klingt.

◉ Sehenswertes & Aktivitäten

Glass Beach   STRAND
Abfall als Kunst: Viele Besucher haben sich schon Gedanken gemacht über die bunten Glasreste, die man entlang der Küste des passenderweise Glass Beach benannten Strandes, östlich von Port Allen, findet. Glassplitter und Metallreste wurden von einer alten, nahe gelegenen Mülldeponie herangespült und zeigen, dass auch das Wetter über mehrere Jahrzehnte hinweg Kunstwerke erschaffen kann. Um in die kleine Bucht zu gelangen, nimmt man die Aka'ula St, die letzte Straße links vor den Handelshafen von Port Allen, fährt an den Kraftstofftanks vorbei und biegt dann rechts in eine Schotterstraße ein, die 90 m runter zum Strand führt.

Holoholo Charters   SEGELN, SCHNORCHELN
LP TIPP
(📞335-0815, 800-848-6130; www.holoholo charters.com; Port Allen Marina Center, Waialo Rd; Erw./Kind 139/99 $; ⏰6–20 Uhr) Gehört zu den besten Anbietern von Ausflügen zu Meereshöhlen und honu-Sichtungen, ganz nebenbei erfährt man viel zur Kultur Hawaiis. Der zweistündige Sunset-Cruise ist für 84 $ das beste Angebot. Wer online bucht, spart 10 $.

Catamaran Kahanu   SEGELN
(📞645-6176, 888-213-7711; www.catamaran kahanu.com; Port Allen Marina Center, Waialo Rd; 5-std. geführte Tour Erw./Kind 122/80 $, 3 ½-std. geführte Tour 80/60 $) Ein weiterer beliebter Anbieter, der auf seinen Touren hawaiische Tradition einbringt: Demonstrationen von Korbwebkunst und Herstellung von Angelschnüren aus ti-Blättern (einheimische Pflanze) und Kokosnussfasern.

Captain Andy's Sailing Adventures   SEGELN
(📞335-6833, 800-535-0830; www.napali. com; Port Allen Marina Center, Waialo Rd; 5-std. Schnorchelausflug Erw./Kind 139/99 $) Fährt an die Na Pali Coast, wer online bucht, erhält oft 10 $ Preisnachlass. Die Teil-

PAZIFIK

Na Pali Coast

Makaha
Point

Honopu Valley
Awa'awapuhi Valley
Nu'alolo Valley
Miloli'i Valley

s. Karte Koke'e & Waimea
Canyon State Parks (S. 623)

Kalalau
Beach

Na Pali-Kona
Forest Reserve

Na Pali Coast
State Park

Hanakapi'ai
Falls

Kalalau Valley

Kalalau Trail

Hanakoa Valley

Na Pali
Coast
State
Park

Kilohana
(1228 m)

Koke'e
State
Park

Wainiha River

Alaka'i
Wilderness
Preserve

Polihale Cliff

Queen's Pond

Polihale
State Park

Waimea Canyon
State Park

Nohili
Point

Barking Sands
Pacific Missile
Range Facility

Mana

Mana
Point

Mana Rd

Kaumuali'i Hwy

550

552

Koke'e Rd

Waimea River

Waimea Canyon Trail

Waimea Canyon Dr.

550

Majors
Bay

Kokole
Point

Hale Puka
'Ana B&B

Kekaha Beach Park

Kekaha

Mindy's
Guesthouse

Boathouse
Guesthouse

Waimea

Menehune Ditch

s. Karte Waimea (S. 614)

Detailplan

'Ele'ele

Hanapepe

Port Allen
Marina
Centre

Port Allen

Port Allen
Boat Harbor

Grinds Café

50

540

Glass
Beach

0   1 km
0   0,5 Meilen

Kikiaola
Small Boat
Harbor

Russian Fort Elizabeth

Coco's Kaua'i B&B

Pakalas
(Infinities)

MAKAWELI

Kalaheo (4 Meilen);
Lihu'e (15 Meilen)

Hanapepe
Valley Lookout

Olokele
Kaumakani

Kaumuali'i Hwy

'Ele'ele

Hanapepe

Salt Pond
Beach Park

Port Allen
Airport

Kaulakahi Channel

s. Detailplan

Numila

540

50

Kaua'i
Coffee
Company

0   6 km
0   4 Meilen

nehmer sollten damit rechnen, dass es auf der Tour kalt und nass werden kann, zugleich können sie auch Sonne abbekommen. Die Crew hält Ausschau nach Meereslebewesen wie Fliegenden Fischen, Meeresschildkröten, Delphinen und Walen – je nach Jahreszeit.

Blue Dolphin Charters SCHNORCHELN, TAUCHEN (☎335-5553, 877-511-1311; www.kauaiboats. com; Port Allen Marina Center, Waialo Rd; Online-/normale Buchung 175/196 $) Bietet einen siebenstündigen Schnorchelausflug oder eine fünfstündige Na Pali-Tour an. Für weitere 35 $ kann man an einem Tauchgang mit einem Tank teilnehmen, auch wenn man blutiger Anfänger ist.

Kaua'i Sea Tours SEGELN, SCHNORCHELN
(☏826-7254, 800-733-7997; www.kauaisea tours.com; Aka'ula St, Port Allen) Bietet verschiedene Möglichkeiten: eine Na Pali-Tour im Sommer auf einem Katamaran (Erw./Kind ab 139/89 $) oder die wildere, dreistündige Tour per Zodiac (Online-/normale Buchung Erw. ab 119/129 $, Kind 69/79 $), eine drei- bis vierstündige Sightseeing-Tour der Na Pali Coast oder einen fünfstündigen Schnorchelausflug am Abend (Online-/normale Buchung ab 139/148 $, Kind 99/109 $).

Captain Zodiac
Raft Adventures ZODIAC-TOUREN
(☏335-6833, 800-535-0830; www.napali. com; Port Allen Marina Center, Waialo Rd; Erw./Kind 139/99 $) Wer es etwas wilder mag, für den ist eine Zodiac-Tour genau das Richtige. Captain Andys Schwesterfiliale bietet ganzjährig eine 5 ½-stündige Tour an.

🔒 Shoppen

Kauai Chocolate Company ESSEN
(www.kauaichocolate.us; 4341 Waialo Rd; ☉Mo–Fr 11–18, Sa bis 17, So bis 15 Uhr) Zu den wertvollen Köstlichkeiten gehören leckere, mit Ganache gefüllte Trüffel und Maracuja-Pastillen mit Zuckerkruste.

Hanapepe
2300 EW.

Hanapepe wird von seinen Bewohnern als größte Kleinstadt von Kaua'i bezeichnet und wirkt in der Tat größer, als es in Wirklichkeit ist. Hier findet man einige der authentischsten hawaiischen Lokale von ganz Kaua'i, die noch aus Plantagenzeiten stammen und beste Hausmannskost servieren. Wer mit kleinem Geldbeutel und knurrendem Magen kommt, der ist hier goldrichtig. In der Nähe des Salt Pond Beach Park betreiben einige Familien noch immer das traditionelle Salzwaschen in Becken, genau wie es ihre Vorfahren vor Hunderten von Jahren schon gemacht haben. Das spirituelle Sammeln von großen, rötlichen, hawaiischen Salzkristallen macht deutlich, dass das einheimische Würzmittel (das nicht gekauft werden kann) immer noch eine Quelle des Stolzes ist.

Geschichte

Wie die meisten Flussdörfer war Hanapepe einst die Heimat einer aufstrebenden, hawaiischen Gemeinde, und wie an den meisten Orten der Insel wurden auch hier Traditionen verdrängt. Hanapepe war einst die wichtigste Hafenstadt der Insel und ein lebendiges Wirtschaftszentrum, bis der neue Hafen in Lihu'e gebaut wurde. Der Ort schrumpfte, überlebte aber. Mit der Restauration seiner alten Hauptstraße, dem Friday Night Festival und dem Art Walk wurde Hanapepe neues Leben eingehaucht.

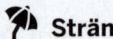 Strände

Salt Pond Beach Park STRAND
Dieser weiße Sandstrand wurde nach den Salzwasserbecken benannt, in denen noch immer Meersalz gewonnen wird. Mit den sanitären Einrichtungen, Campingmöglichkeiten und Rettungsschwimmern ist der Strand ein toller Ort zum Verweilen. Er ist nicht nur sehr beliebt bei Familien, sondern dient auch als Zielort und Feierstätte der Expedia World Challenge, die einige der talentiertesten 1-Mann-Auslegerkanufahrer aus der ganzen Welt anzieht.

👁 Sehenswertes & Aktivitäten

Kaua'i Cookie Company FABRIKOUTLET
(1-3529 Kaumuali'l Hwy, Suite A; ☉Mo–Fr 8–16, Sa & So 9–16 Uhr) Wer mit Kindern unterwegs ist, für den ist dieses Inselwahrzeichen ein kurzer und lustiger Zwischenstopp. Kona-Kaffee und Schokochips sind Standard hier. Liegt gegenüber von Omoide Bakery & Wong's Chinese Deli.

Sparky's Peace Garden,
Storybook Theatre KINDERTHEATER
(☏335-0712; 3814 Hanapepe Rd; www.storybook. org; ☉unterschiedliche Öffnungszeiten) Das Timing ist zwar schwierig, aber wem die Sterne wohlgesonnen sind, der schafft es vielleicht, diesem Mehrzwecktheater und interaktiven Klassenzimmer einen kurzen Besuch abzustatten. Hier wird Kindern Abwechslung und ein Tapetenwechsel geboten. Vorher anrufen und nach den Öffnungszeiten fragen.

Birds in Paradise DRACHENFLIEGEN, FLIEGEN
(☏822-5309; www.birdsinparadise.com; Burns Field, Puolo Rd; 30-/90-min.-Std. 150/335 $) Eine Flugstunde in einem ultraleichten Flugzeug sorgt für den wahren Adrena-

linkick. Für 300 $ kann man auch an einem Inselrundflug mit einem motorenbetriebenen Drachenflieger teilnehmen. Um zum Flugplatz zu gelangen, nimmt man die Straße zum Salt Pond Beach Park.

👉 Geführte Touren

In der *Walking Tour Map* von Hanapepe (2 $) werden die historischen Gebäude der Stadt beschrieben. Nach dem Wahrzeichen, der Swinging Bridge, Ausschau halten, die über den Hanapepe River führt. Ihre unkonventionelle, alte Vorgängerin fiel 'Iniki zum Opfer, aber dank gemeindeweiter Bemühungen wurde die Brücke 1996 wieder neu aufgebaut.

Inter-island Helicopters　HUBSCHRAUBERFLUG
(☎800-656-5009, 335-5009; www.interisland helicopters.com; 1-3410 Kaumuali'i Hwy; normale/Wasserfallrundflüge 249/$355 $) Bietet Rundflüge über die Westside mit offenen Türen und sorgt damit für einige der spektakulärsten Ausblicke. Die Flugstatistik ist allerdings alles andere als perfekt.

Hanapepe Friday Night Festival und Art Walk　KUNST
(🕐Fr 18–21 Uhr) Jeden Freitagabend bietet die Altstadt von Hanapepe einen Einblick in ihre Welt der Kunst. Dann haben die Galerien geöffnet und bieten einem die Möglichkeit, in Ruhe zu bummeln, die Kunstwerke zu studieren und auch eine Kleinigkeit zu essen. So gegen 17 Uhr verwandelt sich die ehemalige Hauptstraße in eine bunte Meile, auf der sich Musiker, Künstler und Touristen einfinden. In den Galerien entlang dem Art Walk gibt es einfach alles: Arbeiten von Hobbykünstlern, Originalwerke, bei denen die Künstler von der hawaiischen Landschaft inspiriert wurden, altmodischen, hawaiischen Kitsch, Fotografien, Aquarelle und asiatische Kunst. Auch wenn Kunstkenner einige der Exponate als unterdurchschnittlich abtun mögen, sollte man doch bedenken, dass Hanapepe eine kleine Stadt ist – und stolz darauf. Hier einige teilnehmende Galerien:

Arius Hopman Gallery　KUNSTGALERIE
(www.hopmanart.com; 3840C Hanapepe Rd; 🕐Mo–Do 10.30–15.30, Fr bis 21 Uhr) Die Fotografien von Hopman erkennen, vereinen und präsentieren die Schönheit der Natur besser als jedes Postkartenmotiv, das auf der Insel aufgenommen wurde.

Art of Marbling/Robert Bader Wood Sculpture　KUNSTGALERIE
(3890 Hanapepe Rd; 🕐Sa–Do 10–17, Fr bis 21 Uhr) Becky J. Wolds Arbeiten auf Seide und die Holzarbeiten ihres Mannes stellen eine einzigartige Sammlung dar, sei es ein kleines Papierobjekt oder ein Werk aus Holz von den Cookinseln.

Banana Patch Studio　KUNSTGALERIE
(www.bananapatchstudio.com; 3865 Hanapepe Rd; 🕐Sa–Do 10–16.30, Fr bis 21 Uhr) Wasserfarben aus Koi-Teichen, lebhafte Inselkunst und Keramikfliesen als Souvenir.

LP TIPP *Dawn Traina Gallery*　KUNSTGALERIE
(3840B Hanapepe Rd; 🕐Fr 18–21 Uhr oder nach Vereinbarung) Die oft übersehene Galerie verschreibt sich in ihren Zeichnungen, Gemälden und anderen Kunstwerken der detaillierten Suche nach typisch hawaiischer Kultur.

Kauai Fine Arts　KUNSTGALERIE
(www.brunias.com; 3751 Hanapepe Rd; 🕐Mo–Do & Sa 9.30–16.30, Fr bis 21 Uhr) Wer etwas nach Hause schicken oder auf der Suche nach einzigartigen Karten (darunter auch Seekarten) ist, der ist in diesem großartigen, kleinen Laden genau richtig. Verkauft auch Drucke, Ni'ihau-*lei* und andere Arbeiten.

🛏 Schlafen & Essen

Hanapepe bietet zwar keine erwähnenswerten Hotels oder Ferienwohnungen, aber im Salt Pond Beach Park gibt es gute Campingmöglichkeiten. Infos zu Genehmigungen siehe S. 522.

LP TIPP **Hanapepe Café & Bakery**　CAFE $$
(3830 Hanapepe Rd; Abendessen 18–25 $; 🕐Bäckerei 7–15, Café 11–15, Abendessen Fr 18–21 Uhr) In diesem malerischen Café sind die Wände übersät mit Arbeiten einheimischer Künstler, während die Luft erfüllt ist vom Duft frisch gebackener Köstlichkeiten und vom Klang der Livemusik. Seafood-Liebhaber und Vegetarier werden die Speisekarte lieben. Das Frühstück aus z. B. Frittata mit roten Kartoffeln (8 $) passt gut zu einem würzigen Espresso, und zum Mittagessen gibt es leckere Burger zum Selbstbelegen (7 $).

Omoide Bakery & Wong's Chinese Deli　BÄCKEREI, DELIKATESSEN $
(1-3543 Kaumuali'i Hwy; Hauptgerichte 7,50–9,75 $; 🕐Di–So 9.30–21 Uhr) Diese Institution serviert auch frisch gebackene, auf Weizen-

mehl basierende Snacks wie *manju* (japanischer Kuchen mit süßer Bohnenpaste gefüllt) mit Sesam und schwarzen Bohnen und portugiesisches Süßbrot (ähnelt dem, was Festlandamerikaner für Hawaii- oder Ananasbrot halten).

Taro Ko Chips Factory
SNACKS **$**

(3940 Hanapepe Rd; kleine Tüten 4 $; ⏰8–17 Uhr) Hier bekommt man eine einzigartige Alternative zu den üblichen Pommes Frites. Dünn geschnittenes, gut gewürztes *kalo*, dick beschmiert mit Öl und in einem tiefen Wok zubereitet – das ergibt einen knusprigen, etwas süßen, aber überwiegend salzigen Snack.

Bobbie's Island Restaurant
REGIONALE KÜCHE **$**

(3620 Hanapepe Rd; Hauptgerichte 6,95 $; ⏰Mo–Sa 10–15, Do–Sa 17–20.30 Uhr) In diesem bei Einheimischen besonders beliebten Lokal gibt es Fish 'n' Chips, typische Mittagsgerichte und eine Wahnsinns-Schweinebratensauce. Außerdem werden kalorienreiche Gerichte wie *loco moco* und Schweinefleisch-*katsu* (perfekt an einem regnerischen Tag oder nach einer Wanderung) serviert.

Da Imu Hut Café
CAFE **$**

(1-3959 Kaumuali'i Hwy; ⏰Mo–Fr 10–14, 17–20, Sa 10–13 Uhr) In diesem Café, das sich auf lokale Küche spezialisiert hat, kann man sich prima ein Lunch-Paket (6,95 $) für eine Fahrt in den Canyon oder ein Picknick am Strand zusammenstellen.

Kaua'i Pupu Factory
ZUM MITNEHMEN **$**

(1-3566 Kaumuali'i Hwy; Mittagsgericht 6,25 $, Ahi-poke 9 $/Pfund; ⏰Mo–Fr 9–17.30, Sa bis 15 Uhr) Eine altbewährte Snackbude. Wer in einer größeren Gruppe unterwegs ist, kauft am besten genug für jeden ein, nimmt eine Kühltasche mit - und auf geht's zum Strand.

 Shoppen

In vielen Galerien der alten Hauptstraße findet man Werke der Künstler, die Hanapepe wieder zum Leben erweckt haben.

Talk Story Bookstore
BÜCHER

(www.talkstorybookstore.com; 3785 Hanapepe Rd; ⏰Mo–Do 11–17, Fr bis 21 Uhr) Der oft stickige, aber immer faszinierende „westlichste Buchladen der Vereinigten Staaten" verfügt über eine bunte Mischung aus Taschenbüchern und Hardcover-Bänden, von unbekannteren hawaiischen Autoren bis zu einer respektablen Klassikerabteilung mit ein paar echten Highlights. Die Besitzer sind extrem entgegenkommend und lassen einen sogar in ihre vielseitige Plattensammlung reinhören.

Puahina Moku o Kaua'i
BEKLEIDUNG

(4545 Kona Rd; ⏰Mo–Do 11–17, Fr bis 20 Uhr) Wer ein Auge hat für zeitgenössischer Mode, in die traditionelle hawaiische Motive eingeflossen sind, der kann hier richtig tolle Erinnerungsstücke finden. Am besten sind die original entworfenen Shirts, Röcke und Oberteile mit *laua'e* und *ulu* (beide stehen für ausgezeichnetes Wachstum).

Amy Lauren's Gallery
GALERIE

(www.amylaurensgallery.com; 3890 Hanapepe Rd; ⏰Mo–Fr 11–17, Fr bis 21 Uhr) Hier kann man anstelle von Drucken richtige Originale kaufen, auch wenn die etwas teurer

---

WARUM FLIEGEN?

Es ist zweifellos ein einmaliges Erlebnis, die grüne Pracht von Garden Island aus der Vogelperspektive zu erleben. Allein die Möglichkeit, hoch oben die herrlich frische Luft einzuatmen und die raue Natur in ihrer ganzen Herrlichkeit zu sehen, ist das Risiko wert, in ein von Menschen gemachtes Flugobjekt zu steigen – und die Kohle zu zahlen, die das Ganze kostet. Aber vielen Menschen auf dem Boden sind die Hubschrauberflüge längst ein akustischer Dorn im Auge.

Der Sierra Club und andere Interessensgruppen der Insel haben lange um Einschränkungen der kommerziellen Flüge über Wohngebieten und von der Federal Aviation Administraion ernannte Schallschutzgebiete gekämpft. Bis jetzt funktioniert das Ganze allerdings nur auf freiwilliger Basis, und der Sierra Club empfiehlt den Fluggästen, ihren Piloten zu bitten, empfindliche Gebiete wie den Kalalau Trail und beliebte Strände zu meiden. Ob das hilft, bleibt abzuwarten.

Um den sogenannten „respektlosen Flugtourismus" zu stoppen, versucht eine Gruppe mit dem Namen **StopDAT** (www.stopdat.org), die besten und schlechtesten Tourenanbieter festzulegen.

sind. Diese Galerie im Boutiquestil ist relativ neu, aber wegen der lebhaften Farben und der Künstler vor Ort trotzdem einen Besuch wert.

Jacqueline on Kaua'i BEKLEIDUNG
(www.alohashirtlady.com; 3837 Hanapepe Rd; ◷9–21 Uhr) Die freundliche und etwas schrullige Jacqueline drückt den Klamotten, darunter Seidenkleider mit japanischem Einfluss und kundenspezifische Aloha-Shirts, die sie näht, während die Kunden warten (45–52 $, normalerweise in ein bis zwei Stunden fertig) in diesem Versandhandel samt Boutique ihren eigenen Stempel auf.

 **Praktische Informationen**

American Savings Bank (☑335-3118; 4548 Kona Rd)

Bank of Hawaii (☑335-5021; 3764 Hanapepe Rd) Am westlichen Ende der Hanapepe Rd

ℹ️ **Anreise & unterwegs vor Ort**

Am Schild mit der Aufschrift „Kaua'i's Biggest Little Town" (Kaua'is größte Kleinstadt) Richtung *mauka* auf die Hanapepe Rd fahren.

Waimea

1924 EW.

Als eines von vielen Waimeas auf Hawaii ist dieser Ort weder ein Surfer-Mekka noch eine bedeutende Cowboy-Stadt, sondern vielmehr die historischste Stadt an der Westside, die, wo man geht und steht, Geschichte atmet.

Waimea bedeutet „rotbraunes Wasser" und bezieht sich auf den Fluss, der Salz aus dem Canyon aufnimmt und damit das Meer rot färbt. Das war auch die Stelle, an der James Cook 1778 landete.

Wie überall auf Hawaii spielte Zucker auch in der Entwicklung von Waimea eine Rolle, und das Gerüst der alten Waimea-Mühle ist immer noch hinter den Technologiezentren zu sehen, welche die Militärs beherbergen, die bei der Pacific Missile Range Facility arbeiten. Das Nebeneinander von historischer und zukunftsweisender Technologie kann als durchaus symbolisch betrachtet werden.

Ebenso wie sich das Wetter und das Klima je nach Region der Insel unterscheiden, verhält es sich auch mit dem sozialen Klima. Das heutige Waimea – ein Spiegelbild seiner langen Plantagenvergangenheit –

Da es an der Westside von Kaua'i wenig städtisches Streulicht gibt, ist dies der ideale Ort, um den Nachthimmel zu betrachten. Die **Kaua'i Education Association for Science & Astronomy** (KEASA; ☑332-7827; www.keasa.org) veranstaltet einmal im Monat an dem Samstag, der dem Neumond am nächsten ist, kostenlose Sternenbeobachtungen. KEASA-Mitarbeiter teilen sowohl ihre Ausrüstung als auch ihr Wissen mit den Teilnehmern. Bei Sonnenuntergang am Kaumakani Ball Field (zwischen Hanapepe und Waimea) auftauchen und sich auf eine außergewöhnliche Erfahrung freuen. Die unendlichen Weiten des Weltalls warten schon.

wirkt noch immer sehr authentisch. Diejenigen, die nur auf der Hauptverkehrsstraße unterwegs sind und die ruhige Stadt rasch passiert haben, werden das allerdings kaum bemerken, zumal die Einheimischen bevorzugt in den oberen Wohnvierteln leben.

◉ **Sehenswertes**

West Kaua'i Technology & Visitors Center MUSEUM
(☑338-1332; 9565 Kaumuali'i Hwy; ◷Mo, Di & Do 9.30–16, Fr bis 12.30 Uhr) Diese zweigeteilte Anlage dient auch als Touristeninformation und ist ein guter Orientierungspunkt an der Westside. Montags wird um 9.30 Uhr eine dreistündige, kostenlose Führung angeboten. Allerdings müssen die Teilnehmer sich vorher registrieren. Freitags findet um 9.30 Uhr ein Kurs zur Herstellung von *leis* statt.

Lucy Wright Park HISTORISCHE STÄTTE
Obwohl dieser Park die Landestelle von James Cook war, beschloss man, ihn nach Lucy Wright, einer hochverehrten Lehrerin, zu benennen. Von hier aus hat man Zugang zum Fluss und Strand, und es gibt Campingeinrichtungen, wenngleich die Landschaft nichts Besonderes bietet. Infos zu Campinggenehmigungen siehe S. 522.

Kiki a Ola (Menehune Ditch) NATURLANDSCHAFT
Von diesem einzigartigen und immer noch funktionierenden Bewässerungsgra-

Waimea

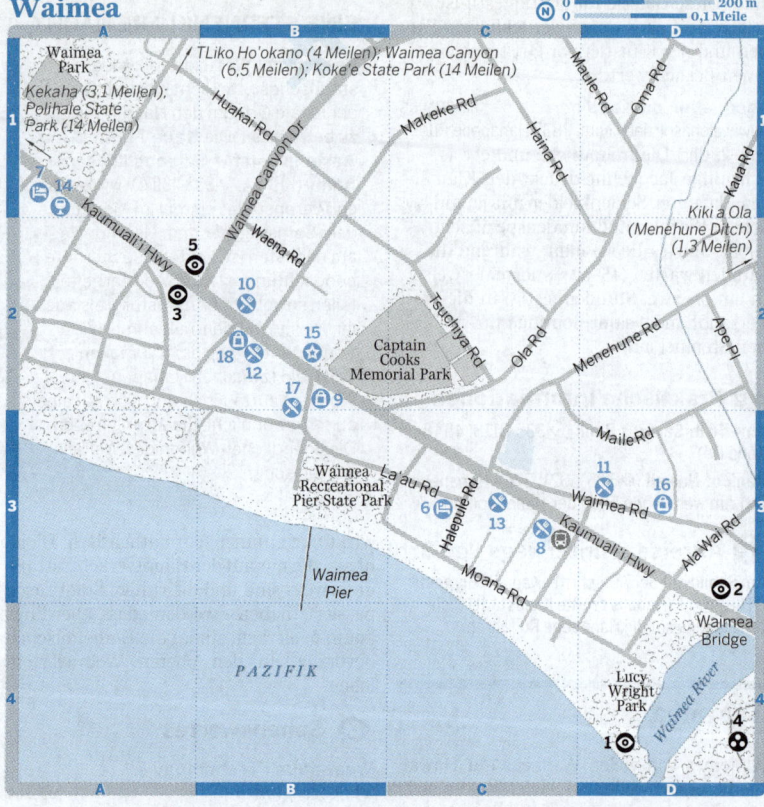

Waimea

◉ Sehenswertes

A Hideaway Spa ....(s. 7)
1 Landestelle von James Cook D4
2 Na Pali Explorer D3
3 Na Pali Riders A2
4 Russian Fort Elizabeth D4
Waimea Theater.................................(s. 15)
5 West Kaua'i Technology & Visitors
    Center...A2

🛏 Schlafen

6 Inn Waimea..C3
7 Waimea Plantation Cottages A1

🍴 Essen

8 Ishihara Market C3
9 Jo-Jo's Anuenue Shave Ice &
    Treats B2

10 Kaua'i Granola B2
11 Obsessions Café......................................D3
12 Shrimp Station..B2
The Grove Café ....(s. 14)
13 Wrangler's Steakhouse C3

🍸 Ausgehen

14 Waimea Brewing
    Company A1

🎭 Unterhaltung

15 Waimea Theater B2

🛍 Shoppen

16 Aunty Lilikoi Passion
    Fruit Products.......................................D3
17 Red Dirt Shirts B2
18 West Kaua'i Craft Fair.............................B2

ben oder Aquädukt ist nicht mehr viel zu sehen, aber seine archäologische Bedeutung ist unbestritten. Es ist das einzige Beispiel für die Verwendung von vorzeitlichem Haustein und bearbeitetem Naturstein auf Hawaii und soll das Werk der *menehune* sein, die es innerhalb von einer Nacht für die *ali'i* geschaffen haben.

Russian Fort Elizabeth   HISTORISCHE STÄTTE

Russland wurde Anfang der 1800er-Jahre zum Freund von Kaua'is König Kaumuali'i. Die Beziehung half Kaumuali'i dabei, König Kamehameha zu bezwingen, und den Russen diente sie dazu, Hawaii als Hochseeposten während ihrer Vorherrschaft als Pelzhändler zu nutzen. Im September 1816 wurde mit dem Bau der Festung begonnen, der aber innerhalb von einem Jahr wieder gestoppt wurde – vielleicht auf Befehl von König Kamehameha, vielleicht aber auch aufgrund des generellen Misstrauens den Russen gegenüber. Hawaiische Truppen nutzten die Festung bis 1864. Heute gleichen die Überreste einer vom Meer ausgespülten Lavafelswand.

🏃 Aktivitäten

Es gibt drei Schnorchelanbieter, die vom Kikiaola Small Boat Harbor Schnorchelausflüge entlang der Na Pali Coast anbieten.

[LP TIPP] Na Pali Riders   SCHNORCHELN

(📞742-6331; www.napaliriders.com; 9600 Kaumuali' Hwy; Vormittagstour Erw./Kind 109/99 $, Nachmittagstour 89/79 $) Captain Chris Turner, der die Touren veranstaltet, ist mit Leidenschaft bei der Sache und verkauft seine Touren im Stil von *National Geographic*. Turner schafft eine private Atmosphäre, bietet gesunde Snacks und eine CD mit Fotos und Filmmaterial von den Ausflügen. Dabei hat man das Gefühl, mit seinen besten Kumpels aus der Nachbarschaft unterwegs zu sein.

Liko Ho'okano   SCHNORCHELN

(📞338-0333, 888-732-5456; www.liko-kauai.com; 9875 Waimea Rd; 5-std. Cruise Erw./Kind 140/95 $) Dieser Laden wird von einem auf Kaua'i geborenen und aufgewachsenen Hawaiianer geleitet, dessen Vorfahren von der „verbotenen Insel" Ni'ihau stammen. Die Gruppen auf dem 15 m langen, motorbetriebenen Katamaran bestehen aus maximal 34 Personen, und gesegelt wird an der Na Pali Coast bis zum Ke'e Beach.

EINEN LEI HERSTELLEN

Wer hat nicht schon immer davon geträumt, einen der verlockendsten und duftendsten Blumenkränze der Welt herzustellen? Hier kommt die Gelegenheit. Das **West Kaua'i Technology & Visitors Center** (📞338-1332; 9565 Kaumuali'i Hwy) bietet jeden Freitag von 9 bis 11.30 Uhr kostenlose Workshops für Anfänger zur Herstellung von *leis* an. Das könnte für jeden Junggesellen die Chance sein, seine Traumfrau zu bekommen.

Na Pali Explorer   SCHNORCHELN

(📞338-9999, 877-335-9909; www.napali-explorer.com; Kaumuali'i Hwy; 5-std. Tour Erw./Kind 125/85 $) Dieses Unternehmen bietet Schnorchelausflüge auf Flößen mit festem Boden und aufblasbaren Seitenteilen, die sanfter fahren als die komplett aufblasbaren Zodiacs. Die Teilnehmerzahl liegt zwischen 16 und 35 Personen. Auf dem fast 15 m langen Floß gibt es eine Toilette und ein Sonnendach. Es fährt von Oktober bis April von Waimea ab.

Pakalas   SURFEN

Zwischen den Meilensteinen 21 und 22 stehen oft geparkte Fahrzeuge am Rand des Highways in einer Gegend mit dem Namen Makaweli. Dort befindet sich der Zugang zu dem heftig von Einheimischen verteidigten Surfstrand Pakalas – oder auch Infinities –, der die längsten Lefts auf der ganzen Insel bieten soll. Hier wimmelt es übrigens nur so von Tigerhaien. Da es einer der wenigen Surfstrände ist, an dem die Einheimischen noch unter sich sind, sollte man ihn besser meiden. Alternativen dazu sind die Beach Parks Kekaha oder Polihale.

A Hideaway Spa   SPA, YOGA

(📞338-0005; www.ahideawayspa.com; Waimea Plantation Cottages, 9400 Kaumuali'i Hwy; Massage 95–145 $, am Strand zzgl. 20 $, Spa- & Hautbehandlungen 55–130 $; ⏰9–18 Uhr) Das Hideaway bietet eine Vielzahl an traditionellen hawaiianischen Massagetechniken wie *lomilomi* an und kann auch mit Ayurveda-Behandlungen und **Yogastunden** (15 $/Pers.; ⏰Mo & Di 17, Mi & Fr 7, Sa 8.30 Uhr) am Strand dienen, die perfekt sind für Einsteiger.

✴️ Festivals & Events

Waimea Town Celebration
KULTUR

(☎338-1332; www.wkbpa.org) Kostenloses Vergnügen Mitte Februar mit Rodeo, Kanurennen, Essen, Kunsthandwerk sowie *lei*- und Hula-Wettbewerben.

Waimea Lighted Christmas Parade
WEIHNACHTEN

(☎338-9957) Eine Woche vor Weihnachten fahren beleuchtete Flöße durch Waimea. Die Parade beginnt in der Abenddämmerung.

🛏️ Schlafen

LP TIPP Coco's Kaua'i B&B
B&B $

(☎338-0722; www.cocoskauai.com; zw. den Meilensteinen 21 und 22; Cottage 110 $, mit Frühstück 130 $; ❄️@🛜) Autarkie (vorher anrufen) und Zurückhaltung machen den Charme dieses Zufluchtsortes aus, der so nah und doch so fern erscheint und von einem Nachfahren der Familie Robinson betrieben wird. Die Unterkunft liegt auf der ruhigen Seite einer Zuckerplantage, die Teil eines 162 km² großen Farmlands ist. Das Cottage verfügt über ein Doppelbett, einen eigenen Whirlpool, Grill, Klimaanlage, Garten, Küchenzeile – und Cowboys, die hin und wieder auf ihren Pferden vorbeireiten. Mindestaufenthalt sind zwei Nächte.

Inn Waimea
INN $$

(☎338-0031; www.innwaimea.com; 4469 Halepule Rd; Cottage 150 $, Zi. ab 110 $; @🛜) Diese Suiten und Cottages im Herzen der Stadt werden von einem selbst ernannten Antiquitätenexperten verwaltet, was nicht zu übersehen ist. Badewannen mit Klauenfüßen und klassische Möbel verleihen den Unterkünften einen gewissen Charme. Die zwei Suiten im Obergeschoss verfügen über einen eigenen Lounge-Bereich, das sehr preiswerte Cottage mit zwei Schlafzimmern ist etwas moderner mit Bambusmöbeln eingerichtet. Es existiert ein von der ADA zertifizierter Zugang für Rollstuhlfahrer. Kann auch kurzfristig gebucht werden.

Waimea Plantation Cottages
COTTAGES $$$

(☎338-1625, 800-992-7866; www.waimeaplantation.com; 9400 Kaumuali'i Hwy; 1/2/3 Schlafzimmer ab 220/275/325 $; 🛜🏊) Diese Cottages sind ohne Zweifel teuer, aber auch sehr charmant. Die Einrichtung ist im Westside-Stil gehalten, der traditionellen Plantagenstil mit gehobenen und modernen Hawaiiana-Verzierungen mischt. Auf der Anlage am Strand gibt es Kokosnuss- und Banyon-Bäume, die Unmengen von Früchten tragen. Von hier aus können die Gäste auch die Silhouette von Ni'ihau bei Sonnenuntergang bewundern. Die Tatsache, dass die Unterkünfte nur einen Katzensprung von der Waimea Brewing Company entfernt liegen, ist ein Vorteil für Gäste, die sich ein wenig Nachtleben wünschen.

West Kaua'i Vacation House
FERIENWOHNUNG $$

(☎346-5890; www.westkauaihouse.com; Apt. 135 $; ❄️🛜) Die Lage hinter Waimeas Geschäftszentrum ist ein idealer Ausgangspunkt, um sämtliche Ziele der Westside zu erreichen. Die zwei Wohneinheiten sind alles andere als elegant, aber komplett eingerichtet und mit Klimaanlage ausgestattet. Sie verfügen über eine Küche, eine Waschmaschine mit Trockner und einen Kohlegrill. In den zwei Schlafzimmern mit einem Bad können bis zu sechs Personen schlafen. Die Reinigungsgebühr beträgt 50 $.

🍴 Essen

LP TIPP Ishihara Market
DELIKATESSEN $

(9894 Kaumuali'i Hwy; Mittagsgericht 8,75 $; ⏰Mo–Fr 6–20.30, Sa & So 7–20.30 Uhr) Wer auf diesem Markt (der wahrscheinlich authentischste der Insel) umherschlendert, bekommt ad hoc Einblick in die Geheimnisse der lokalen Küche geboten. Zuverlässige Mittagsgerichte sind Sushi-*bentō*, würziger Hummersalat und der klassische, würzige Ahi-poke. Für diejenigen, die grillen möchte, gibt es Tages-Specials und mariniertes Fleisch zum Mitnehmen. Es gibt nur wenige Parkplätze – also entweder Geduld haben oder auf der Straße parken und einen halben Block laufen.

Obsessions Café
FRÜHSTÜCK $

(9875 Waimea Rd; Frühstück & Mittagessen 6–7 $; ⏰Mi–So 6–14 Uhr) In diesem sehr beliebten Frühstückscafé wird *loco moco* (6,95 $) so serviert, wie es sein sollte: in Sauce gedünstet. Zu den leichteren Gerichten zählt z. B. der chinesische Hühnchensalat (6 $), aber die köstlichen Sandwiches wie das Reuben mit Corned Beef, Sauerkraut und Schweizer Käse (6,75 $) sind die wahre Spezialität. Dieses Café ist das preiswerteste der Insel.

Shrimp Station
GARNELEN $

(9652 Kaumuali'i Hwy; Gerichte 8–12 $; ⏰11–17 Uhr) Schnell und einfach: paniert und in Bier gebraten, mit Kokosnussflocken, in

Tacos oder in Form von Garnelen-Burgern mit Papaya-Ingwer-Tartarsauce und Pommes Frites – mehr braucht es nicht, um der Ort für Garnelen zu sein. Außerdem gibt es kinderfreundliche Eisportionen und Nachspeisen wie knallbunte Süßigkeiten und Häagen Dazs-Riegel. Das Ambiente ist einfach, dafür sorgen der Schalter, an dem man die Speisen bestellt, und die einfachen Picknicktische.

Kaua'i Granola
SÜSSIGKEITEN $

(9633 Kaumuali'i Hwy; www.kauaigranola.com/GranolaHome.html; Müsli 8 $; ⊙Mo–Sa 10–17 Uhr) Dieser ehemalige Pastetenhersteller für aunty lilikoi hat seine Nische gefunden. Hier gibt es süße „Zuckerrohrsnacks", tropisches Studentenfutter und getrocknete Früchte – alles was man für einen Ausflug in den Canyon braucht. In der Weihnachtszeit werden hier Lebkuchenmännchen in Aloha-Shirts und Hula-Röcken gebacken – herrliche, essbare Mitbringsel. Da ihre Bescheidenheit sie davon abhält, sich als „westlichster Granolaladen der Welt" auszugeben, sollte man hier jede Menge Köstlichkeiten kaufen.

The Grove Café
CAFE $$

(www.waimea-plantation.com/brew; Waimea Plantation Cottages, 9400 Kaumuali'i Hwy; Hauptgerichte 14 $; ⊙6.30–22 Uhr) Dieser Teil der Waimea Brewery (wo kein Bier gebraut wird) würde zweifellos jede Wahl zum „schönsten Lokal in Waimea" gewinnen. Vielleicht hatten die Betreiber die Hoffnung, dass das wunderschöne Ambiente die Geschmacksnerven etwas betäubt, das Essen ist nämlich nicht ganz so gut, wie man angesichts der Umgebung erwarten würde. Die Garnelen in Macadamianusskruste, der in Ale panierte Ahi-poke und ein paar andere Gerichte werden den Erwartungen allerdings gerecht. Auch das Frühstück ist ganz in Ordnung, und die eindrucksvolle Auswahl an Nachspeisen kann einen ebenfalls überzeugen – außerdem gibt es hier natürlich reichlich Bier.

Wrangler's Steakhouse
STEAKHOUSE $$

(9852 Kaumuali'i Hwy; Hauptgerichte abends 18–27 $; ⊙Mo–Fr 11–21, Sa 16–21 Uhr) In diesem „Cowboylokal" macht man es wie die Einheimischen: Man bestellt sich ein Plantagenmittagessen (ab 9 $) in einer *kaukau*-Dose voll mit Garnelen-Tempura, Teriyaki und Grillfleisch mit Reis und Gimchi. Im Preis inbegriffen sind eine Suppe und Salat. Hier gibt es zwar die „besten Steaks der

Westside", aber der frische Fisch lässt zu wünschen übrig. Unbedingt Platz für den Pfirsich-Cobbler lassen, der sehr verführerisch ausschaut.

Jo-Jo's Anueanue Shave Ice &Treats
SHAVE ICE $

(4491 Pokole Rd; ⊙11–17 Uhr) Der Legende nach ist dieser Laden die Wiedergeburt des echten Jo-Jo's (auch wenn das andere Jo-Jo's in Waimea das Wort „original" im Namen trägt) mit Aunty Jo-Jo als Herz und Seele des Unternehmens. Jeder Sirup ist selbst gemacht ohne Zusatzstoffe und haut einen nicht gleich um vor lauter Süße. Das Highlight ist das Pitahaya-*halo halo,* irgendwo zwischen Macadamianuss-Eis und üppigem *haupia*-Guss (Kokosnusspudding) angesiedelt. Hier findet man immer einen guten Platz (zur Anlegestelle von Waimea geht es gleich die Straße runter) und kann sein Eis genießen. (Kleiner Tipp: Das Lokal liegt nicht am Highway.)

Ausgehen & Unterhaltung

Waimea Brewing Company
BRAUEREI

LP TIPP

(www.waimea-plantation.com/brew; Waimea Plantation Cottages, 9400 Kaumuali'i Hwy; ⊙So–Do 11–22, Fr & Sa bis 14 Uhr) Gasfackeln, Livemusik und eine einladende Architektur im Plantagenstil locken genau wie die lange Liste an wechselnden, leckeren Biersorten in die „westlichste Brauerei der Welt". Hier gibt es Wai'ale'ale Golden Ale, *liliko'i*-Ale, Palaka Porter, Na Pali Pale Ale und Canefire Red. Bei einer Kostprobenrunde bekommt man 170 ml von jeder Sorte.

Waimea Theater
KINO

(☎338-0282; www.waimeatheater.com; 9691 Kaumuali'i Hwy; ⊙Mi–So 19.30 Uhr) Perfekt an einem verregneten Tag oder als abendliche Atempause von Sonne und Meer. Kaua'i ist ein bisschen hinterher, was die neusten Filme betrifft. Aber in diesem Kino, einem von zwei funktionierenden Kinos auf der ganzen Insel – ist immer viel los. Hier findet auch das **Hawaii International Film Festival** (www.hiff.org) statt.

Shoppen

West Kaua'i Craft Fair
GESCHENKE

(Kaumuali'i Hwy; ⊙9–16 Uhr) Gleich in der Nähe vom Eingang der alten Zuckermühle findet man mit Swarovskikristallen bedeckte und von Limoges beeinflusste Pillendöschen, Schüsseln aus Koa-Holz, *leis* aus Ni'ihau-Muscheln, außerdem einheimischen Honig, *malasadas,* Ananas, Longan, Sternfrüchte, Bananen, Papayas und Litschis. Wer hier nichts findet, der ist zu wählerisch.

Aunty Lilikoi Passion Fruit Products
GESCHENKE

(www.auntylilikoi.com; 9875 Waimea Rd; Gewürze 5 $/280 g; ⊙10–17 Uhr) 2008 gewann Aunty Lilikoi noch einmal die Goldmedaille in der Napa Valley International Mustard Competition für ihren *liliko'i*-Wasabisenf und stellte damit klar, dass sie ein Patent auf alle Produkte mit *liliko'i* hat. Hier gibt es etwas für fast jeden Anlass: Sirup (passt großartig zu Bananenpfannkuchen), Massageöl (perfekt für Hochzeitsreisende) und leckere Lippenpflegestifte (gut nach dem Surfen) – alles aus *liliko'i.*

Red Dirt Shirts
BEKLEIDUNG

(www.dirtshirt.com; 4490 Pokole Rd; ⊙11–18 Uhr) Die T-Shirts mit lächerlichen Aufdrucken wie „Older than dirt" und „How's my attitude?" sind genau richtig zum Wandern, da der Schmutz auf der Insel es auf alle Klamotten abgesehen hat. Auch als Mitbringsel eignen sie sich hervorragend. Man kennt bestimmt jemanden, der ein T-Shirt mit der Aufschrift „Life's short, play dirty" tragen möchte.

❶ Praktische Informationen

Aloha-N-Paradise (☎338 1522; 9905 Waimea Rd; 4 $/30 Min.; ⊙Mo–Fr 7–17, Sa 8–12 Uhr; ☎) Neben der Post; bietet Internetzugang, WLAN den ganzen Tag über, Latte macchiato und Gemälde für 1000 $.

Na Pali Explorer (☎877-335-9909, 338-9999; www.napali-explorer.com; Kaumuali'i Hwy; 3 $/30 Min.; ⊙7–17 Uhr) Hier gibt es Internet, einfache Souvenirs, leichte Snacks und Buchungen für Schnorchel- und Sportangelausflüge.

West Kauai Technology & Visitors Center (☎338-1332; 9565 Kaumuali'i Hwy; ⊙Mo, Di & Do 9.30–16, Fr bis 12.30 Uhr) Kostenloser Internetzugang.

GELD First Hawaiian Bank (☎338-1611; 4525 Panako Rd) Auf Waimeas Hauptplatz.

MEDIZINISCHE VERSORGUNG West Kauai Medical Center (☎338-9431; Waimea Canyon Dr) 24-Std.-Notaufnahme.

❶ Anreise & unterwegs vor Ort

Die Straße von Hanapepe Richtung Westen führt direkt in die Stadt. Es fahren keine Taxis aus Waimea raus, aber wer irgendwie in der Klemme

ist, dem ist **Pono Taxi and Kauai Tours** (☎634-4744; www.ponotaxi.com) auf der ganzen Insel behilflich.

Kekaha
3400 EW.

In Kekaha (Heimat vieler Militärangehöriger) gibt es kein Stadtzentrum, aber der Kekaha Beach Park bietet mit die schönsten Sonnenuntergänge der Insel. Wer auf der Suche nach einem Ort mit schönem Strand in der Nähe des Waimea Canyon ist, der ist hier richtig. Für einige ist Kekaha allerdings ein bisschen zu weit ab vom Schuss.

Der Kaumuali'i Hwy führt an der Küste entlang, und die Kekaha Rd (Hwy 50), die Hauptstraße, verläuft parallel ein paar Straßen weiter im Landesinnern. Im Ort gibt es lediglich eine Post und ein paar Läden. Am Ostende treffen die Kekaha Rd und der Kaumuali'i Hwy in der Nähe des Kikiaola Small Boat Harbor aufeinander, einem staatlichen Hafen mit Bootsrampe.

In einer Gegend, die bekannt ist für ihre erbarmungslose Sonne und die weiten Strände, bildet der **Kekaha Beach Park** an der Westside keine Ausnahme. Dieser lange Strand liegt westlich vom Ort Kekaha und eignet sich perfekt zum Joggen, Walken oder für Strandspaziergänge. Bevor man ins Wasser geht, sollte man die Rettungsschwimmer fragen, ob es in Ordnung ist, da dieser Strand nicht von Riffen geschützt wird, wie es anderswo zum Teil der Fall ist. Wenn die Brandung hoch ist, sind die Strömungen extrem gefährlich. Sofern die richtigen Bedingungen herrschen, kann man hier gut surfen und bodyboarden – aber immer die Einheimischen respektieren!

⏺ Schlafen

Weitere Unterkünfte gibt es bei Kekaha Oceanside (www.kekahaoceansidekauai.com).

Mindy's Guesthouse
INN $

(Karte S. 609; ☎337-9275; 8842 Kekaha Rd; EZ/DZ 75/85 $; ☎) Bezaubernd, sauber und mit eigenem Sonnendeck: Das Mindy's ist für den Preis ein echter Knüller. Das Apartment im zweiten Stock mit großem Bett und riesiger Küche ist sehr geräumig und fühlt sich für jeden Gast nach ein oder zwei Tagen wie das eigene Zuhause an. Es gibt zwar keine Klimaanlage, aber überall Deckenventilatoren. Von hier aus kann man prima Ausflüge nach Waimea oder Polihale unternehmen. Der Preis beinhaltet Obst und Kaffee zum Frühstück.

Hale Puka 'Ana B&B
B&B $$

(Karte S. 609; ☑652-6852; www.kekahakauai sunset.com; 8240A Elepaio Rd; Suite 169–229 $; ✳❀@☎) Das einzige B&B auf der Insel am Meer verfügt über drei Zimmer: zwei mit eigenem Balkon mit Meerblick, eines davon mit einer obszön großen Dusche (für Hochzeitsreisende) und schönen Möbeln aus Kirschholz und Bambus und eines mit eigener Dusche im Freien und separatem Eingang. Die gasbetriebene Küche im Freien eignet sich perfekt für Grillabende bei Sonnenuntergang, bei denen man am Blick auf Ni'ihau genießen kann. Während des erstklassigen Frühstücks, das ein junges, naturliebendes Pärchen zubereitet, das man vielleicht rasch zu den neuen besten Freunden zählen wird, können die Gäste Wale beobachten (November bis März). Einziger Nachteil: Verkehrslärm.

Boathouse Guesthouse
INN $

(Karte S. 609; ☑332-9744; www.seakauai.com; 4518A Nene St; Zi. 85 $) Das Boathouse liegt in fußläufiger Entfernung vom Kekaha Beach und ist die Art von Gasthaus, das den (pingeligen) Lieblingsnachbarn gehören könnte. Das Studio ist geräumig und verfügt über einen eigenen überdachten Balkon, eine Küchenzeile, ein Doppelbett und TV. Neue Hawaiiana-Möbel verleihen dem Studio etwas erfrischend Positives. Ideal für eine Person oder ein Pärchen, mit Waschmaschine und Trockner vor Ort.

Barking Sands

Dieser Strand erstreckt sich zwischen dem Kekaha Beach Park und dem Polihale State Park über etwa 15 Meilen (24 km). Seit den Terroranschlägen vom 11. September 2001 ist er allerdings nicht mehr durchgehend für die Öffentlichkeit zugänglich. Hier hat nämlich die US-Navy Base **Barking Sands Pacific Missile Range Facility** (PMRF; ☑335-4229, Strandzugang 335-4111) ihren Sitz. Die Raketenstation von Barking Sands stellt die oberirdische Verbindung zu einem ausgeklügelten Radarnetzwerk bereit, das fast 2600 km² des Pazifiks abdeckt. Es wurde im Zweiten Weltkrieg errichtet und entwickelte sich zum weltgrößten Unter-

POLIHALE: ORT DES ABSCHIEDS

Polihale, ein riesiger Strand – am Ende eines der längsten (15 Meilen) und breitesten (91 m) im ganzen Staat –, ist so mystisch wie bezaubernd. Der Name bedeutet „Heimat der Unterwelt", und die Hawaiianer glauben, dass Polihale der Ort ist, an dem die Seelen nach *po* (in die Unterwelt) gehen. Auf den Klippen am Ende des Strandes stehen uralte hawaiische Ruinen, die über dem Meer als Absprungpunkt für die Seelen errichtet wurden.

wasser-Abhörgerät (abgesehen von den Blauwalen natürlich).

Polihale State Park

Die holprige Zugangsstraße und das unbeständige Wetter in diesem State Park haben in der Vergangenheit wiederholt für heftiges Kopfzerbrechen im Department of Land & Natural Resources gesorgt. In den letzten Jahren hat es sich eine ehrgeizige und uneigennützige Gruppe Einheimischer zur Aufgabe gemacht, die unweigerlich vom Wetter in Mitleidenschaft gezogene Straße jährlich zu reparieren.

Kein Autovermieter bietet Kunden, die die 5 Meilen (8 km) lange Schotterstraße fahren wollen, die bei dem Dorf Mana runter vom Kaumuali'i Hwy zum Park führt, eine Versicherung an – ein weiterer Streitpunkt in der Debatte über allgemeine Zugangsrechte zu diesem Surferparadies. Die Einheimischen drohten in den letzten Jahren mit Protesten, etwa als ein Tor aufgestellt wurde, das Besucher vom Strand fernhalten sollte. Sie behaupteten, die Gegend besser zu kennen als Auswärtige, und forderten deshalb freien Zugang zum Strand.

Egal ob man im Rahmen eines Tagesausflugs hierherkommt oder länger bleiben möchte, Folgendes sollte man wissen: Zu bestimmten Zeiten ist das Campen mit Genehmigung erlaubt. Die Anfahrts-, Toiletten- und Duschbedingungen sind allerdings wenig einladend, und falls das Mietfahrzeug versagt, ist es schwierig, wieder zurückzukommen.

Waimea Canyon State Park

Von all den Naturwundern Kaua'is kommt keines an den Waimea Canyon ran. Während man auf der Insel in erster Linie tropische Strände und Gärten erwartet, überrascht hier eine riesige Schlucht aus alten Lavasteinen, die 16 km lang ist und 762 m über dem Flussbett liegt (mehr als 1097 m über dem Meeresspiegel). Durch den Canyon fließt der Waimea River, Kaua'is längster Fluss, der von drei Nebenflüssen im Osten gespeist wird, die rötlich-braunes Wasser aus den Bergsümpfen des Alaka'i Swamp mit sich bringen.

Der Waimea Canyon wurde geformt, als Kaua'is ursprünglicher Schildvulkan, der Wai'ale'ale, entlang einer alten Verwerfungslinie abbröckelte und Richtung Osten eine scharfe Klippenkante entstand. Dann bildete ein weiterer Schildvulkan, der Lihu'e, die East Coast der Insel und produzierte neue Lavaströme, die gegen die Klippen flossen. Daher sind die Westwände des Canyons höher, dünner und ausgewaschener. Der Kontrast kommt besonders dramatisch zur Geltung, wenn man am Boden des Canyons entlangwandert. Die schwarzen und roten horizontalen Schlieren an den Wänden des Canyons deuten auf aufeinanderfolgende Vulkanausbrüche hin. Die rote Farbe zeigt an, wo das Wasser durch die Felsen geflossen ist und Rost aus dem eisenhaltigen Gesteins entstand.

Ein Besuch des Canyons an einem klaren Tag ist phänomenal, aber auch bei Regen sollte man nicht enttäuscht sein: Schließlich lassen Wolkenbrüche die Wasserfälle nur so rauschen. An sonnigen Tagen nach Regenfällen bieten sich die schönsten Ausblicke, allerdings stellt der rutschige Matsch dann eine Herausforderung dar.

Die Südgrenze des Waimea Canyon State Park erreicht man, wenn man der Straße von Waimea hinauf ungefähr 6 Meilen (9,6 km) fogt. Der Park kann über zwei Straßen erreicht werden: Der Waimea Canyon Drive (Hwy 550) beginnt in Waimea gleich hinter dem Meilenstein 23, und die Koke'e Rd (Hwy 552) beginnt in Kekaha abseits der Mana Rd. Zwischen den Meilensteinen 6 und 7 treffen sie sich.

Die Behörden haben es lieber, wenn Besucher den 19 Meilen (30 km) langen Waimea Canyon Drive nehmen, der an atemberaubenden Aussichtspunkten vorbei ins Kalalau Valley an der Na Pali Coast führt. Die Koke'e Rd ist 3 Meilen (knapp 5 km) kürzer und bietet ebenfalls tolle Aussichten, allerdings nicht vom Canyon.

Sicherheit

Regen kann zu gefährlichen Bedingungen im Canyon führen. Die rötlichen, schmierigen Wege werden schnell rutschig, und die Flussufer steigen auf ein unpassierbares Level an. Den steilen Abstieg in den Canyon bewältigt man am besten mit Wanderstöcken oder einem festen Gehstock.

Man sollte wissen, wann die Sonne untergeht, und lange vor Einbruch der Dunkelheit zurück sein. Im Canyon verschwindet das Tageslicht lange vor Sonnenuntergang.

Am besten nimmt man eine Taschenlampe und auf jeden Fall genügend Wasser für die ganze Wanderung mit – besonders für den Aufstieg am Rückweg. Das Frischwasser entlang der Wege kann unbehandelt nicht getrunken werden. Handys funktionieren hier nicht. Wenn möglich, nicht alleine wandern, oder wenigstens jemandem den geplanten Rückkehrzeitpunkt mitteilen.

◉ Sehenswertes & Aktivitäten

Waimea Canyon Drive   LANDSCHAFTLICH SCHÖNE STRASSE

Der Waimea Canyon Drive führt vorbei an den typischen hawaiischen Bäumen, darunter Koa und Ohia, sowie vielen importierten Arten wie Kiawe. Die wertvolle Koa-Akazie aus Hartholz gedeiht besonders gut auf Höhe der Jagdkontrollstation. Nach den Bäumen mit schmalen, halbmondförmigen Blättern Ausschau halten.

Landschaftlich schöne Aussichtspunkte

Rund 0,3 Meilen (483 m) nördlich des Meilensteins 10 und auf einer Höhe von 1036 m liegt der Waimea Canyon Lookout – der landschaftlich schönste Aussichtspunkt. Der Canyon, der von Waimea aus in östliche Richtung verläuft, ist der Koai'e Canyon. Dieses Gebiet ist für Wanderer, die entlegene Gegenden bevorzugen, ideal.

Die 244 m hohen Waipo'o Falls zeigen sich von einigen kleinen, unbeschilderten Aussichtspunkten vor dem Meilenstein 12 und dann noch einmal von einem Aussichtspunkt gegenüber einer Picknickstelle kurz vor dem Meilenstein 13. An der Picknickstelle gibt es Grillstellen, Toiletten,

Trinkwasser, eine Telefonzelle und das Camp Hale Koa, ein Camp der Siebenten-Tags-Adventisten. Der **Pu'u Hinahina Lookout** liegt auf einer Höhe von 1109 m und besteht aus zwei Aussichtspunkten in der Nähe eines Parkplatzes an einer markierten Abzweigung zwischen den Meilensteinen 13 und 14. Der **Pu'u o Kila Lookout** hinter dem Kalalau Lookout markiert den Anfang des Pihea Trail. Manchmal ist die Straße gesperrt.

Am Meilenstein 18 kann man vom **Kalalau Lookout**, dem größten der Na Pali Coast, das Kalalau Valley blicken. Der Ausblick ändert sich hier von Minute zu Minute, je nach den Wolken, die immer anwesend sind. Auf einer Höhe von 1219 m ist die Luft hier viel kühler als an der Küste oder in den Tälern – Sweatshirt oder Jacke mitnehmen!

Wandern

Es gibt mehrere wilde Pfade, die tief in den Waimea Canyon führen: Besonders am Wochenende und in den Ferien treiben sich hier auch viele Wildschwein- und Rotwildjäger herum.

Der **Kukui** und der **Koai'e Canyon Trail**, zwei der steilsten Wanderwege auf Kaua'i, treffen sich am Wiliwili Camp, 610 m tief im Canyon. Wem der gesamte Wanderweg zu anstrengend erscheint, der kann auch nur 1,6 km den Kukui Trail hinunterwandern, wo eine Bank mit toller Aussicht steht.

Die Kilometerangaben für die folgenden Wanderwege beziehen sich jeweils nur auf die einfache Strecke.

Iliau Nature Loop   WANDERN

Dieser Weg wurde nach *iliau* benannt, einer an Kaua'is Westside einheimischen Pflanze, die am Wegesrand wächst und bis zu 3 m hohe Stängel bildet. Canyonwände, Wasserfälle und berstende *iliau*-Pflanzen sind genug Gründe, sich für diese Wanderung zu entscheiden.

Der ausgeschilderte Startpunkt des zehnminütigen Iliau Nature Loop liegt kurz vor dem Meilenstein 9. An der Bank auf der linken Seite vorbeigehen und etwa drei Minuten in den Waimea Canyon hineinlaufen und die tolle Aussicht genießen.

Kukui Trail   WANDERN

Man sollte sich nicht von der Tatsache, dass der Weg nur 4 km in den Canyon hineinführt (nur 8 km hin und zurück), irreführen lassen. Der Aufstieg aus dem Tal zurück kann eine Strapaze sein. Deshalb sollten nur wirklich fitte und gelenkige Wanderer diese Tour unternehmen. Der schmale Serpentinenweg erstreckt sich über 610 Höhenmeter und bietet nicht wirklich tolle Ausblicke. Am Boden des Canyons fließt allerdings ein Fluss.

Nach einem kleinen Schild Ausschau halten, das die Wanderer nach links führt, und dann den steilen Abhang mit dem Berg im Rücken hinunterlaufen. Wenn man das Rauschen von Wasser hört, befindet man sich schon in der Nähe eines Picknickplatzes in der Gegend des Wiliwili Camp, wo man übernachten darf. Allerdings halten sich hier überwiegend Jäger auf.

Der Ausgangspunkt zum Iliau Nature Loop liegt kurz vor dem Meilenstein 9. Offiziell beginnt der Weg gleich dahinter an einer Jagdkontrollstation auf der rechten Seite.

Vom Kalalau Lookout zum Pu'u 'o Kila Lookout   WANDERN

Diese sanfte und angenehme, 3,6 km lange Wanderung führt an der gesperrten Straße entlang und verbindet zwei Aussichtspunkte miteinander. Eine zweispurige Asphaltstraße, die momentan für Autos gesperrt ist, verbindet die schönsten Aussichtspunkte des Parks über das Kalalau Valley miteinander. Früh am Morgen und spät nachmittags, wenn der Nebel über einem schwebt, kann man hier wunderbar Vögel beobachten. Zwar lassen sich nicht ganz so viele Arten blicken wie direkt im Wald, aber der Spaziergang lohnt sich trotzdem.

Koai'e Canyon Trail   WANDERN

Etwa 800 m vom Kukui Trail entfernt liegt der Koai'e Canyon Trail (9,7 km langer Rundwanderweg), eine mittelmäßig schwere Wanderung, die einen an der Südseite des Canyons hinunter zu einigen natürlichen Schwimmbecken führt. Nach Regenfällen sollte man dort allerdings nicht ins Wasser gehen, da das Wasser unglaublich schnell steigen kann und gefährliche Sturzfluten entstehen können.

Entlang des Weges liegen drei Camps. Nach dem ersten, dem Kaluaha'ulu Camp, bleibt man auf der Ostseite des Flusses – nicht überqueren. Später gelangt man an den überwachsenen Na Ala Hele-Ausgangspunkt zum Koai'e Canyon Trail. Nach Laub und Erde Ausschau halten, die am Wegrand Abfälle verdecken können.

Als nächstes kommt das Hipalau Camp. Hinter diesem Camp ist die Fortsetzung des Weges nicht leicht zu entdecken. Weiter Richtung Norden und nicht zum Fluss abzweigen und an ungefähr dem gleichen Punkt, auf halbem Weg zwischen Canyonwand und Fluss, weiter bergauf gehen.

Der Weg wird dann steiler und führt in den Koai'i Canyon, der an den roten Felswänden auf der linken Seite zu erkennen ist. Das letzte Camp ist Lonomea. Die besten Aussichten bieten sich am Hubschrauberlandeplatz für Notfälle – eine Wiese, die sich perfekt für ein Picknick eignet. Zurück einfach den gleichen Weg nehmen.

Waimea Canyon Trail WANDERN

Ein schwieriger Wanderweg in dieser Gegend ist der 18,5 km (einfache Strecke) lange Waimea Canyon Trail, der über den Waimea River führt. Er beginnt am Fuße des Waimea Canyon am Ende des Kukuio Trail und führt in den Ort Waimea. Am Registrierungspunkt des Kukui Trail muss man sich an einer Selbstbedienungsbox eine Zugangsgenehmigung holen.

Ab und zu begegnen einem Einheimische mit Reifenschläuchen, in denen sie den Rückweg über den Fluss und nicht zu Fuß bewältigen.

Radfahren

Outfitters Kaua'i (☏742-9667, 888-742-9887; www.outfitterskauai.com; Po'ipu Plaza, 2827A Po'ipu Rd, Po'ipu; geführte Tour Erw./Kind 94/75 $; ⊙Check-in 6 & 14.30 Uhr) bietet eine 13 Meilen (21 km) lange Tour vom Rand des Waimea Canyon (Höhe 1067 m) hinunter an die Küste. Die notwendigen Fahrräder, Helme und Snacks werden gestellt. Bei der Zeitplanung den Sonnenuntergang am Nachmittag bedenken.

Für Mountainbiker gibt es auch jede Menge holprige Allradstraßen in Jagdgebieten abseits vom Waimea Canyon Drive. Auch an Tagen, an denen die gelben Tore geschlossen sind und nicht gejagt wird, dürfen Radfahrer die Wege nutzen – außer die Papa'alai Rd, die vom Department of Hawaiian Home Lands verwaltet wird und nur für Jagdzwecke und keine Freizeitaktivitäten vorgesehen ist.

🛏 Schlafen

Alle vier Camps an den Canyon-Wanderwegen gehören zu den Einrichtungen des Reservats. Sie verfügen nur über Picknickplätze im Freien und Plumpsklos und keine weitere Infrastruktur. Das Frischwasser kann nicht unbehandelt getrunken werden. Infos zu Campinggenehmigungen siehe S. 522.

Koke'e State Park

Der weitläufige Koke'e State Park ist ein Tummelplatz für Naturliebhaber. Hier bieten sich nicht nur inspirierende Ausblicke, sondern es gibt jede Menge Pflanzen und Tiere zu entdecken. Außerdem wird man hier mal von der Sonne verschont, und das besondere Mikroklima sorgt ganz andere Luftverhältnisse.

Früher lebten nur hawaiische Vogelfänger in diesem Teil der Insel. Der Pfad, der einst die Klippen hinunter von Koke'e (ko- *keh* -eh) ins Kalalau Valley an der Na Pali Coast führte, ist außergewöhnlich steil und hat schon mindestens einem Touristen das Leben gekostet. Auch wenn gerade die holprigen, kaum befahrbaren Straßen den Charme des Parks mit ausmachen, plant der Staat, einen Großteil von Koke'e zu asphaltieren (trotz Zweifeln zahlreicher Einwohner von Kaua'i). Kritiker meinen, das würde der Gegend ihren stillen, wilden Charakter nehmen.

Eine weitere potenzielle Geldquelle (und genauso widersprüchlich) ist die Überlegung des Staats, Koke'e durch einen Hubschrauberlandeplatz weiter zu modernisieren. Das wiederum würde den Flugtourismus ankurbeln.

Die Grenze des Parks beginnt hinter dem Pu'u Hinahina Lookout. Nach dem Meilenstein 15 kommt man an einem kurzen Abschnitt mit Parkhütten, Restaurant, Museum und Campingplatz vorbei.

Sicherheit

Alle Ratschläge für den Waimea Canyon State Park von S. 620 gelten auch für den Koke'e State Park. Zusätzlich sollte man bedenken, dass hier angesichts der höheren Lage ein kühleres und feuchteres Klima herrscht.

👁 Sehenswertes & Aktivitäten

Koke'e Museum MUSEUM

(☏335-9975; www.kokee.org; Eintritt gegen Spende 1 $; ⊙9–16 Uhr) Dieses Museum präsentiert detaillierte, topografische Karten, historische Fotografien aus der Region und eine Ehrung des kürzlich verstorbenen Fotografen und Pädagogen David Boynton (auch Mitarbeiter für die Lonely Planet-Reiseführer), der 2007 bei einer Wanderung auf

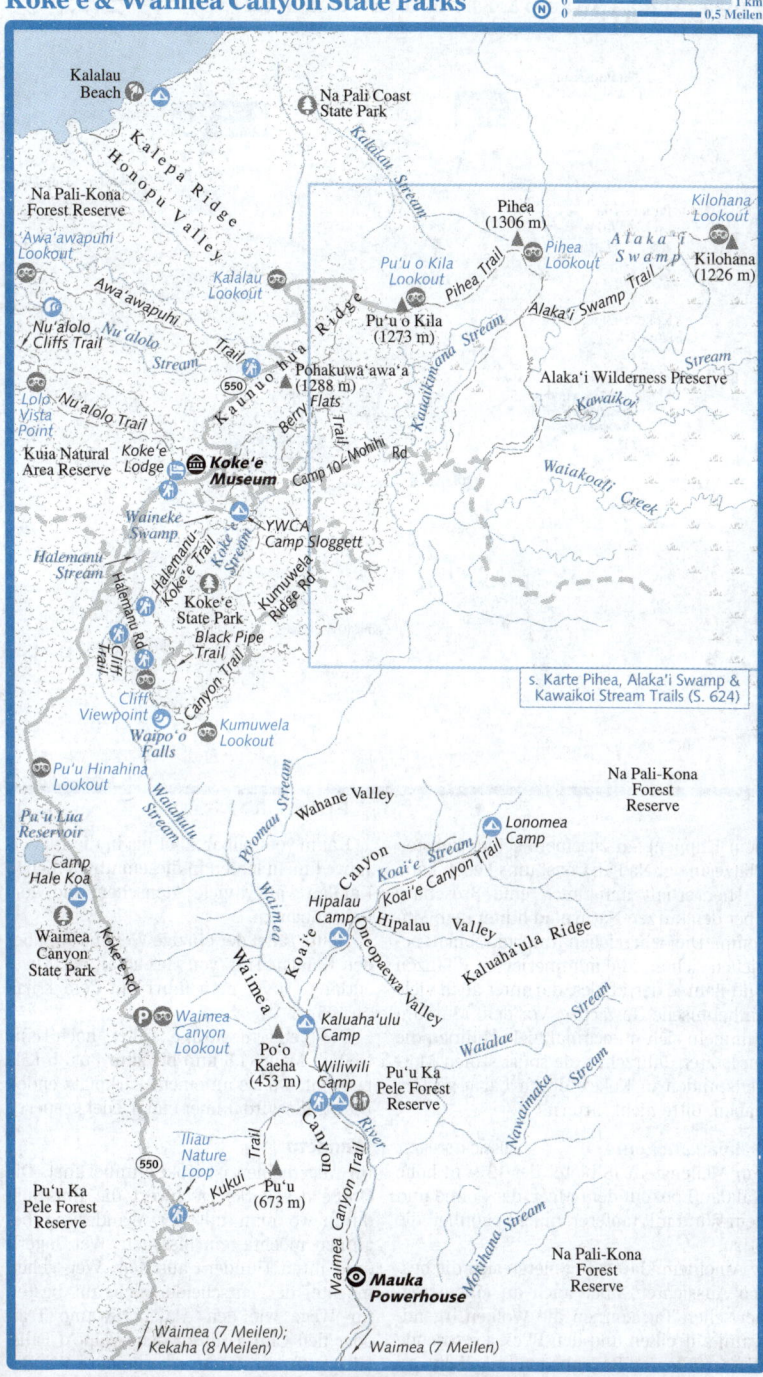

N

0 ——————— 1 km
0 ——————— 0,5 Meilen

Kalalau Beach

Na Pali Coast State Park

Na Pali-Kona Forest Reserve

Kalepa Ridge

Honopu Valley

Kalalau Stream

Pihea (1306 m)

Pihea Lookout

Kilohana Lookout

Alaka'i Swamp

Kilohana (1226 m)

'Awa'awapuhi Lookout

Pu'u o Kila Lookout

Pihea Trail

Awa'awapuhi Trail

Kalalau Lookout

Alaka'i Swamp Trail

Nu'alolo Cliffs Trail

Nu'alolo Stream

Pu'u o Kila (1273 m)

Kawaikinana Stream

Alaka'i Wilderness Preserve

Kawaikoi Stream

Lolo Vista Point

Nu'alolo Trail

Kaunuohua Ridge

Pohakuwa'awa'a (1288 m) Flats

Berry Flat Trail

Kuia Natural Area Reserve

Koke'e Lodge

Koke'e Museum

Camp 10-Mohihi Rd

Waiakoali Creek

Waineke Swamp

Halemanu Koke'e Trail

Koke'e Stream

YWCA Camp Sloggett

Halemanu Stream

Halemanu Rd

Cliff Trail

Koke'e State Park

Black Pipe Trail

Kumuwela Ridge Rd

Cliff Viewpoint

Waipo'o Falls

Canyon Trail

Kumuwela Lookout

Pu'u Hinahina Lookout

Waialua Stream

Po'omau Stream

Wahane Valley

Na Pali-Kona Forest Reserve

Pu'u Lua Reservoir

Camp Hale Koa

Koke'e Rd

Waimea

Koai'e Canyon

Lonomea Camp

Koai'e Stream

Koai'e Canyon Trail

Hipalau Camp

Hipalau Valley

Oneopaewaa Valley

Kaluaha'ula Ridge

Waimea Canyon State Park

Waimea Canyon Lookout

Waimea

Koai'e

Kaluaha'ulu Camp

Po'o Kaeha (453 m)

Wiliwili Camp

Pu'u Ka Pele Forest Reserve

Waialae Stream

Nawaimaka Stream

Iliau Nature Loop

Kukui Trail

Pu'u (673 m)

Canyon

River

Waimea Canyon Trail

Mokihana Stream

Pu'u Ka Pele Forest Reserve

Na Pali-Kona Forest Reserve

Mauka Powerhouse

s. Karte Pihea, Alaka'i Swamp & Kawaikoi Stream Trails (S. 624)

Waimea (7 Meilen); Kekaha (8 Meilen)

Waimea (7 Meilen)

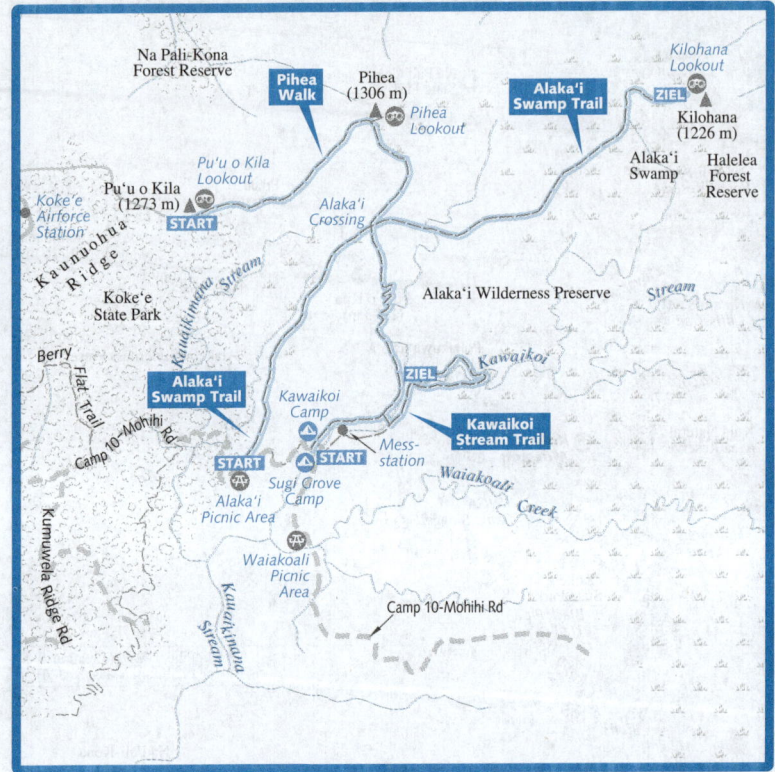

KAUA'I WAIMEA CANYON & DIE WESTSIDE

dem Klippenpfad zu einem seiner liebsten Plätze an der Na Pali Coast ums Leben kam.

Hier erhält man auch eine Broschüre über den kurzen Naturpfad hinter dem Museum. Die lehrreichen Informationen beziehen sich auf die nummerierten Pflanzen und Bäume des Pfades, darunter auch viele einheimische Gewächse. Vor dem Museum tummeln sich manchmal viele Hühner, die im letzten Jahrzehnt die sonst stillen Morgenstunden in Koke'e durch Lärm gestört haben. Bitte nicht füttern.

Kalalau Lookouts   AUSSICHTSPUNKTE
Am Meilenstein 18 bietet der 1219 m hohe Kalalau Lookout dem Meer, der Sonne und dem Wind mit tapferer, rauer Schönheit die Stirn.

An einem klaren Tag bieten sich die besten Aussichten, aber auch an einem regnerischen Tag können die Wolken irgendwann aufreißen und den Blick auf tosende Wasserfälle und Regenbogen freigeben.

Kaum vorstellbar, aber bis in die 1920er-Jahre hinein lebten in diesem unwirtlichen Kalalau Valley viele Menschen, die dort Reis anbauten.

Heute führt der einzige Weg ins Tal über den Kalalau Trail von Ha'ena an der Küste entlang – oder man fährt mit dem Kajak (S. 593).

Die geteerte Straße führt noch eine weitere Meile (1,6 km) bis zum Pu'u o Kila Lookout, wo sie an einem Parkplatz endet. Die Straße wird immer mal wieder gesperrt.

Wandern
Im Allgemeinen ist Koke'e unberührt. Die Größe des Parks erschwert die Entscheidung, wo man mit der Wanderung beginnen möchte, ein bisschen. Wer Jägern (und ihren Hunden) aus dem Weg gehen möchte, der entscheidet sich am besten für Wege wie den Alaka'i Swamp Trail oder den Cliff Trail zu den Waipo'o Falls. Hier trifft man ab und an andere Wande-

rer, aber ansonsten sind die Wege ziemlich abgelegen. In Koke'e gibt es insgesamt 72 km Wanderwege: Einige tauchen tief in den Regenwald ein, andere führen nur am Rand entlang. Aber auf allen Wegen bieten sich Ausblicke, die stellenweise schwindelerregend sind – selbst für begeistertste Bergsportler.

Auf den Wanderungen durch Koke'e sieht man jede Menge seltene einheimische Tier- und Pflanzenarten, darunter auch den größten Bestand an Kaua'is Farn. Der duftende *laua'e* wird in vielen Liedern und Traditionen der Insel besungen. Manchmal lassen sich hier auch einige der seltenen und bedrohten Waldvögel von Kaua'i blicken.

Die Halemanu Rd ist der Ausgangspunkt für mehrere schöne Wanderungen und liegt gleich nördlich vom Meilenstein 14 am Waimea Canyon Drive. Ob die Straße mit einem normalen Auto befahrbar ist, hängt von den jüngsten Regenfällen ab. Viele Vereinbarungen mit Autovermietungen sind ungültig, wenn man ins Gelände fährt.

An den Sommerwochenenden führen gelernte Freiwillige **Wonder Walks** (Spende; ⊙Juni–Sept.), geführte Wanderungen auf verschiedenen Wegen im Waimea Canyon und Koke'e State Park, durch. Termine und Reservierungen gibt's im **Museum** (☏335-9975; www.kokee.org).

Cliff Trail & Canyon Trail   WANDERN
Der **Cliff Trail** (160 m) bietet eine perfekte Einstimmung in die weitläufigen Ausblicke auf den Canyon. Der Ausblick auf den Waimea Canyon ist für diesen kurzen und einfachen Weg ziemlich beeindruckend.

Der **Canyon Trail** (2,9 km) führt von hier weiter. Man geht einen mittelmäßig steilen Waldweg hinunter, durch einen Hain und einen röhrenförmigen Tunnel hindurch, der sich in einem weiten Vorgebirge mit roten Klippen öffnet, von hier geht es über Baumstammstufen weiter. Kurz danach muss man sich über einen steilen Weg zu den Waipo'o Falls kämpfen. Wem das zu viel ist, der kann hier immer noch umkehren. Um zum Ausgangspunkt zu gelangen, läuft man die Halemanu Rd etwa eine halbe Meile (800 m) runter. Den Halemanu Stream links liegen lassen und einen Jagdweg auf der rechten Seite ignorieren. Dann geht's rechts auf einen Fußweg, der sowohl zum Cliff Trail als auch zum Canyon Trail führt. An der nächsten Kreuzung führt der Cliff Trail nach rechts und schlängelt

sich weniger als 400 m bergauf zum Cliff Viewpoint.

Um zum Canyon Trail zu gelangen, geht man zurück zur letzten Kreuzung. Nie an irgendwelchen Pflanzen festhalten! Nachdem man über Felsbrocken über den Bach gehüpft ist, folgt man dem Weg zur **Kumuwela Ridge** am Rand des Canyons. Der Weg endet am **Kumuwela Lookout**, wo sich ein Picknicktisch für eine Rast anbietet, bevor es zurück zur Halemanu Rd geht.

Black Pipe Trail
Eine Alternative auf dem Rückweg zum Canyon Trail bietet der Black Pipe Trail, der am oberen Ende der Serpentine, die vom Rand des Canyons wegführt, nach rechts abbiegt. Der Weg endet an der nur für Geländewagen zugelassenen Halemanu Rd, die dann zurück zum Ausgangspunkt des Canyons führt.

Halemanu-Koke'e Trail
Ein weiterer Wanderweg von der Halemanu Rd geht weiter unten an der Straße vor dem Cliff und dem Canyon Trail los: der Halemanu-Koke'e Trail (2 km). Der einfache Freizeitnaturpfad führt durch einen einheimischen Wald mit Koa- und Ohia-Bäumen, in denen einheimische Vögel leben. Zu den üblichen Pflanzen auf diesem Weg gehört auch die Bananen-poka, die zur Familie der Passionsfrüchte gehört und zu einer regelrechten Pest geworden ist. Sie hat hübsche rosa Blüten, verhängt den Wald aber mit ihren Reben und erstickt die weniger aggressiven einheimischen Pflanzen. Der Weg endet in der Nähe vom YWCA Camp Sloggett, etwa 800 m von der Koke'e Lodge entfernt.

Awa'awapuhi & Nu'alolo Cliffs   WANDERN
Diese Wanderwege bieten das Beste vom Besten. Der 3,25 Meilen (5,2 km) lange **Awa'awapuhi Trail** und der anspruchsvollere **Nu'alolo Trail** (3,75 Meilen; 6 km) bieten entlang 610 m hoher Klippen tolle Ausblicke. Es gibt vielleicht keine berauschendere (und schwindelerregendere) Stelle als die, an der sich die zwei Wege treffen – am 2 Meilen (3,2 km) langen Nu'alolo Cliffs Trail gibt es Orte, an denen man sich eher wie ein Akrobat als wie ein Wanderer fühlt. Der **Nu'alolo Cliffs Trail** trifft in der Nähe der 3,25-Meilen-Marke auf den Nu'alolo Trail und kurz hinter der 3-Meilen-Marke auf den Awa'awapuhi Trail.

Wer sich nicht entscheiden kann, welchen Weg er nehmen möchte: Der Awa'awapuhi Trail ist technisch anspruchsloser – auch wenn es ein paar steile Stufen gibt, wo man sich plötzlich gezwungen sieht, einen Baum zu umarmen. Am Ende gelangt man zu einem atemberaubenden Aussichtspunkt mit Blick auf die Klippen unter einem (wie bei den „Klippen des Wahnsinns" in Die Brautprinzessin).

Der Nu'alolo Cliff Trail ist steiler als der Awa'awapuhi Trail, auch wenn beide die gleiche Ausdauer verlangen. Um diese 11 Meilen (17,7 km) lange Wanderung als Rundweg zu gehen, beginnt man mit dem Nu'alolo Trail (Ausgangspunkt südlich vom Koke'e Museum), wandert bis zum Fuß des Bergrückens und hält nach einem Schild mit der Aufschrift „Nu'alolo Cliff Trail" Ausschau. Den unterschiedlichen Felsen folgen, durch kopfhohes Gras hindurch, über einige Serpentinen hinauf und über einen Bergrücken, bis der Weg an einer weiteren, beschrifteten Kreuzung auf den Awa'awapuhi Trail trifft. Dann geht es nach rechts auf dem 'Awa'awapuhi Trailhead zur Koke'e Rd. Wieder rechts herum und an der Koke'e Rd zurück zum Nu'alolo Trailhead laufen – ungefähr 0,75 Meilen (1,2 km).

Vom Pihea Trail zum Alaka'i Swamp Trail

WANDERN

Dieser 6 Meilen (9,7 km) lange Rundwanderweg beginnt am Pu'u o Kila Lookout. Noch etwa 1 Meile (1,6 km) weiter von hier sieht den **Pihea Lookout**. Hinter dem Aussichtspunkt und nach einem kurzen Abstieg beginnt der Fußweg. Nach weiteren 1,5 Meilen (2,4 km) kommt man an eine Kreuzung mit dem Alaka'i Swamp Trail. Wer an dieser Kreuzung nach links geht, gelangt auf den Pfad zum **Kilohana Lookout**. Wer auf dem Pihea Trail weiter geradeaus geht, kommt zum Kawaikoi-Campingplatz am Kawaikoi-Bach. Die meisten Wanderer laufen am Pihea Trail los, weil der Ausgangspunkt über die geteerte Straße zum Pu'u o Kila Lookout erreichbar ist. Die Straße ist allerdings auch manchmal gesperrt. Ein weiterer Ausgangspunkt liegt am Anfang des Alaka'i Swamp Trail. Die Wege sind in gutem Zustand und verfügen über Meilenangaben und Schilder.

Hinweis: Auf dem Abschnitt zwischen der Alaka'i Crossing und dem Kilohana Lookout gibt es Hunderte von Stufen, die für die Knie die Hölle sein können.

Alaka'i Swamp Trail

WANDERN

Der Ausgangspunkt vom Alaka'i Swamp Trail liegt auf einem Bergrücken über dem Sugi Grove an der Camp 10-Mohihi Rd. Das Gelände ist hier zwar nicht so steil wie am Anfang des Pihea Trail, aber man braucht einen Geländewagen, um hierherzukommen. Und man muss auf einer unbeschilderten Schotterstraße der Karte folgen können.

Auf einer Lichtung am Ausgangspunkt parken. Der Weg beginnt als breiter Graspfad und führt etwa 800 m entlang zum Anfang des Fußweges. Weiter geht es durch kleine Sümpfe und Waldstücke bis zur **Alaka'i Crossing**, wo sich der Pihea und der Alaka'i Swamp Trail treffen. Geradeaus über die Kreuzung drüber führt der Fußweg über eine Reihe von steilen Stufen zum Kawaikoi Stream und dann über steile Serpentinen auf die andere Seite hinauf. Danach ist der Weg relativ eben und führt durch das fast außerirdisch erscheinende Gelände der Hawaiian Bogs mit kniehohen Bäumchen und winzigen einheimischen, fleischfressenden Pflanzen.

Der Wanderweg endet am Kilohana Lookout, wo man mit ein bisschen Glück über das Wainiha Valley bis zur Hanalei Bay blicken kann.

Kawaikoi Stream Trail

WANDERN

Über die Camp 10 Rd (nur mit Geländewagen) zum Sugi Grove und über den **Kawaikoi Stream** fahren. Hier folgt ein netter, kleiner Naturpfad dem Bach durch den Wald und erhebt sich am Ende des Baches zu einem Steilufer. Dann führt er an einem kalten, dunklen, natürlichen Schwimmbecken vorbei zurück zum Bach hinunter und bringt einen wieder an den Ausgangspunkt.

🎊 Festivals & Events

Eo e Emalani I Alaka'i

TANZEN

(☎335-9975; www.kokee.org/details.html) An diesem eintägigen Tanzfestival im Freien beim Koke'e Museum nehmen Anfang Oktober Hula-*halau* aus ganz Hawaii teil. Das Fest stellt die historische Reise von Queen Emma 1871 zum Alaka'i Swamp dar. Das Festival beinhaltet eine königliche Prozession, Hula, Musik und Handwerkskunst.

🛏 Schlafen & Essen

Auch wenn man sich auf Hawaii befindet, sollte man sich keinesfalls darauf verlassen, dass einem die ganze Zeit warm ist. Die Campingplätze von Koke'e liegen auf einer Höhe von fast 1220 m, und die Nächte können sehr kalt werden. Schlafsack, wasserdichte Jacke, warme Wechselklamotten, Socken und Wanderschuhe (statt Turn-

Nichts bietet eine so außergewöhnliche Erfahrung wie die Wanderung entlang dem Alaka'i Swamp, ein sumpfiges Paradies, das 1964 zum Naturschutzgebiet erklärt wurde. Fast der ganze Pfad besteht aus Holzplanken, um die Wanderer dazu anzuhalten, nicht vom Weg abzuweichen. Das Department of Land & Natural Resources' Forestry & Wildlife Division begann 1989 damit, die Planken zu legen – eine zeitaufwendige (und manchen zufolge auch verrückte) Beschäftigung, die in ihrem Erfolg wieder zurückgeworfen wurde, als Hurrikan 'Iniki 1992 auf der Insel wütete. Heute läuft das Projekt immer noch – auch ein Großteil des Pihea Trail soll mit Planken ausgelegt werden.

Auf dieser Wanderung durchquert man ein fantastisches Gelände – dunstige Sümpfe, wo einen die Pflanzen wie Zwerge erscheinen lassen. An einem klaren Tag bieten sich hervorragende Aussichten auf das Wainiha Valley und auf in der Ferne im Meer auftauchende Wale. Sollte es zu regnen anfangen: keine Panik! Einfach nach Regenbogen Ausschau halten, den Nebel genießen und die Gegend respektieren, indem man sich nicht zu laut mit seinen Gefährten unterhält. Denn dies ist ein spiritueller Ort: Queen Emma soll von den Geschichten über Alaka'i so fasziniert gewesen sein, dass sie gezielt hierherkam, um auf dem Ausflug einen ehrfürchtigen Gesang anzustimmen.

Der Kaua'i-'o'o, die letzte von vier hawaiischen Honigfresserarten, galt als ausgestorben, bis 1971 ein Nest mit zwei Küken im Alaka'i Swamp entdeckt wurde. Leider wurde der Ruf des 'o'o 1987 zum letzten Mal vernommen – und es war der eines einsamen Männchens.

schuhe) mitnehmen. Weitere Details zu Campingmöglichkeiten siehe S. 522.

Koke'e State Park Campground
CAMPINGPLATZ $

Der am besten zugängliche Campingbereich liegt nördlich der Wiese, nur ein paar Minuten zu Fuß von der Koke'e Lodge entfernt. Die Stellplätze befinden sich auf einer grasbewachsenen Fläche neben den Bäumen (perfekt für ein Nickerchen auf einer Decke) zusammen mit Picknicktischen, Trinkwasser, Toiletten und Duschen.

Kawaikoi & Sugi Grove
CAMPINGPLATZ $

Diese beiden Campingplätze liegen etwas abseits, etwa 4 Meilen (6,4 km) östlich der Koke'e Lodge und sind nur mit dem Geländewagen über die Camp 10–Mohihi Rd durch das Waldreservat neben dem State Park zu erreichen. Auf den Campingplätzen gibt es Plumpsklos, überdachte Picknicktische und Feuerstellen. Es gibt keine Wasserquelle, man muss sich also sein eigenes Trinkwasser mitbringen, oder das Wasser aus dem Bach abkochen. Beide Campingplätze verlangen einen Mindestaufenthalt von drei Nächten und (kostenlose) Campinggenehmigungen, die im Voraus bei der Division of Forestry & Wildlife besorgt werden können.

Der Kawaikoi-Campingplatz liegt auf einer gut gepflegten, 1,4 ha großen Wiese und ist besonders für große Gruppen empfehlenswert (10 Pers. oder mehr). Der Sugi Grove-Campingplatz liegt malerisch unter Sugi-Bäumen (der duftende Nadelbaum aus Japan wird allgemein als Pinie bezeichnet, ist aber eigentlich eine Kiefernart). Dieser Platz liegt im Schatten, was v. a. in den Sommermonaten von Vorteil ist, und näher am Kawaikoi Stream.

Koke'e State Park Cabins
CABINS $

(☑335-6061; Hütten 65–90 $) Diese zwölf Hütten werden kaum gewartet und sind genau das Richtige für Leute, die auf der Suche nach einer einsamen, rustikalen Unterkunft sind und keine Angst vor Schmutz haben. Einfach nochmal eine Art WG-Leben mitmachen (nur ohne Telefon, TV oder laute Musik). Alle Hütten verfügen über ein Doppelbett und vier Einzelbetten, eine Küche, eine Dusche, einen Holzofen (die einzige Heizmöglichkeit), Bettlaken und Decken. Je nach Länge des Aufenthalts wird eine geringe Reinigungsgebühr erhoben.

YWCA Camp Sloggett
CAMPINGPLATZ, CABINS $

(☑245-5959; www.campingkauai.com; Stellplatz & B pro Pers. 15 $, Hütte Mo–Do 125 $, Fr–So 155 $) Hier haben die Gäste die Wahl zwischen einer Hütte, einer Schlafbaracke und einem Zeltplatz in der Wiese. In der Hütte gibt es ein Doppelbett, eine komplette Küche, ein Bad und einen wunderbaren Kamin. Die Schlafbaracke verfügt nur über eine Küchenzeile, zwei Bäder und eine Feuerstelle. Schlafsack und Handtücher müssen mitgebracht werden. Eine Genehmigung zum Zelten ist nicht erforderlich.

Koke'e Lodge SNACKS $
(☎335-6061; Snacks 3–7 $; ⏰9–15.30 Uhr) Dieses Restaurant punktet mit Bequemlichkeit, auch wenn Bequemlichkeit in Koke'e etwas anders aussieht als woanders. Aber schließlich ist man hier 30 Minuten von je-

dem anderen Lokal entfernt. Es gibt Müsli, Imbiss-Essen und einen kleinen Souvenirladen mit Mitbringseln und einer kleinen Auswahl an verschiedenen Produkten, für den Fall, dass man seine Hygieneartikel vergessen hat.

ℹ Praktische Informationen

Koke'e Museum (☎335-9975) Verkauft preiswerte Wanderkarten und bietet grundlegende Informationen über die Wegbedingungen. Per Telefon kann man auch das aktuelle Wetter für Bergtouren erfahren.

Nicht vergessen: Der nächste Ort für Besorgungen und Benzin ist das 15 Meilen (24 km) entfernte Waimea.

PAPAHANAUMOKUAKEA MARINE NATIONAL MONUMENT

2006 wurden die Nordwestlichen Hawaii-Inseln (NWHI) zum ersten Marine National Monument (MNM) der USA ernannt. Das Gebiet umfasst knapp 363 000 km² und ist heute das größte Meeresschutzgebiet der Welt und das einzige Unesco-Welterbe in den USA, das sowohl Natur- als auch kulturelle Voraussetzungen besaß.

Die NWHI beginnen etwa 115 Meilen (185 km) nordwestlich von Kaua'i und erstrecken sich über 1200 Meilen (1930 km). Sie beherbergen das größte und gesündeste Korallenriff-System der Vereinigten Staaten, in dem 7000 verschiedene Arten von Meereslebewesen leben. Die Hälfte der Fischarten und ein Viertel aller Lebewesen sind auf Hawaii heimisch, und auf jeder wissenschaftlichen Forschungsreise werden neue Spezies entdeckt. Die NWHI stellen auch ein seltenes, von Raubtieren dominiertes Ökosystem dar, in dem Haie, Zackenbarsche und andere Raubfische über 54 % der Biomasse ausmachen (das ist dreimal mehr als auf den Hauptinseln von Hawaii). Die Inseln bieten auch rund 14 Mio. Meeresvögeln Lebensraum und sind das Hauptbrutgebiet der bedrohten, hawaiischen Mönchsrobben und Grünen Meeresschildkröten.

Trotzdem sind die Inseln nicht komplett unberührt. Pazifikströmungen bringen jährlich über 50 t Schutt zu den Inseln, und bei Säuberungen wurden bis jetzt über 500 t an verwickelten Fischernetzen, Plastikflaschen und sonstigem Abfall entfernt.

Die NWHI sind in zehn Inselgruppen unterteilt, die aus Atollen (flache Sandinseln an der Oberfläche von Korallenriffen) und einigen Inseln mit nur einem Felsen bestehen. Von Ost nach West heißen die Inselgruppen Nihoa Island, Mokumanamana (Necker Island), French Frigate Shoals, Gardner Pinnacles, Maro Reef, Laysan Island, Lisianski Island, Pearl und Hermes Atoll, Midway Atoll und Kure Atoll.

Die gesamte Landmasse der NWHI beträgt keine 13 km². Die Geschichte der Menschheit auf den Inseln geht zurück bis zu den ersten polynesischen Reisenden, die auf Hawaii ankamen. Heute ist die bekannteste Insel natürlich das Midway Atoll, die einzige für Besucher zugängliche Insel.

Das Monument wird heute im Rahmen eines einzigartigen Gemeinschaftsprojekts von drei Agenturen verwaltet: von der National Oceanic & Atmospheric Administration (NOAA), dem US Fish & Wildlife Service (USFWS) und dem Hawaii Department of Land & Natural Resources (DLNR). Der 15-Jahresplan für die Verwaltung der Inseln hat aber bei einheimischen Hawaiianern und Naturschutzgruppen wie dem Sierra Club Bedenken geweckt. Der Plan nimmt das US-Militär (das in den Gewässern des Meeresschutzgebietes Raketentests und Navy-Training absolviert) von den Bestimmungen aus, erlaubt auch immer mehr Besuchern das Betreten des Midway Atolls sowie Ausflüge aus wissenschaftlichem Interesse. Das alles könnte Gebiete beschädigen, die eigentlich geschützt werden sollen.

Nihoa & Mokumanamana

Zwischen 1000 und 1700 n. Chr. lebten auf Nihoa und Mokumanamana (Necker Island), den zwei Kaua'i am nächsten gelegenen Inseln, indigene Hawaiianer. Auf beiden Inseln wurden mehr als 135 archäologische Stätten ausgemacht, darunter Tempel-Plattformen, Häuserstellen, landwirtschaftlich genutzte Terrassen, Begräbnishöhlen und in Stein gemeißelte Bilder. Auf Nihoa könnten einst 175 Menschen gelebt haben, die für religiöse Zeremonien auf die viel kleinere Insel Mokumanamana gefahren sind.

Dass überhaupt jemand auf diesen Felsen gelebt haben soll, ist schon erstaunlich. Nihoa ist nur 1 km² groß, und die Fläche von Mokumanamana beträgt nur ein Sechstel dieser Größe. Nihoa ragt wie ein abgebrochener Zahn steil aus dem Meer und ist mit 275 m hohen Meeresklippen die höchste der Nordwestlichen Hawaii-Inseln.

Auf Nihoa leben zwei einheimische Landvogelarten. Der Nihoa-Fink ist – wie der Laysan-Gimpel – ein Nesträuber und hier in einer Population von ein paar tausend Tieren vertrete. Der graue Nihoa-Rohrsänger gehört zur Familie der Grasmücken-artigen. Von ihm gibt es zwischen 300 und 700 auf der Insel.

French Frigate Shoals

Die French Frigate Shoals sind von einem 930 km² großen Korallenriff umgeben und beherbergen die größte Korallenvielfalt der Inseln (über 41 Arten). Hier brüten auch die meisten hawaiischen Grünen Meeresschildkröten und Mönchsrobben. Das 27 ha große Riff formt ein klassisches, kommaförmiges Atoll auf der Spitze eines erodierten Vulkans, in dessen Mitte die 41 m hohe La Pérouse Pinnacle wie ein Schiff aus dem Wasser ragt. Dieser Felsen wurde nach dem französischen Entdecker benannt, der hier 1786 fast Schiffbruch erlitten hat. Die kleine Sandinsel Tern Island wird von einem Flugfeld dominiert, das im Zweiten Weltkrieg als Zwischenstopp zum Auftanken errichtet wurde. Heute ist Tern Island eine Außenstation des US Fish & Wildlife Service, die zwei Flüchtlinge als Vollzeitangestellte und ein paar Freiwillige beherbergt.

Laysan Island

Die fast 4 km² große Insel Laysan ist die zweitgrößte der Nordwestlichen Hawaii-Inseln. Auf der grasbewachsenen Insel leben die meisten Vogelarten dieser Inselgruppe, darunter riesige Schwärme an Laysan-Albatrossen, Sturmtauchern und Brachvögeln – außerdem jagen die einheimischen Laysan-Enten hier Sumpffliegen rund um einen supersalzigen Inlandsee. Wenn man das alles sieht, sollte man nicht meinen, dass diese Insel kurz davor war, zu einem kahlen Ödland zu werden.

Ende des 19. Jhs. begannen die Menschen damit, Laysan zum Abbau von phosphat-haltigem Guano – oder einfach Vogelmist – aufzusuchen, den sie als Düngemittel verwendeten. Sie töteten auch Hunderttausende Albatrosse wegen ihrer Federn (zum Schmücken von Hüten) und stahlen die Eier wegen dem Albumin (eine Substanz, die zur Fotoentwicklung verwendet wird). Albatrosse legen nur ein Ei pro Jahr – folglich könnte der „Eierklau" ein ganzes Jahr lang das Schlüpfen von Küken verhindern. Händler errichteten Bauwerke und brachten Packesel und – seltsamerweise – Hasen als Nahrungsquelle auf die Insel.

Die Hasen befreiten und vermehrten sich, und innerhalb von 20 Jahren zerstörte ihr Knabbern 22 von den 26 Pflanzenarten der Insel. Ohne diese Pflanzen sind drei endemische Laysan-Landvögel – die flugunfähige Laysan-Ralle, der Laysan-Rohr-sänger und der Hawaii-Rohrsänger – ausgestorben. Laysan-Finken und die letzten elf Laysan-Enten schienen ihnen schon zu folgen, als ein Aufschrei der Öffentlichkeit Präsident Theodore Roosevelt 1909 dazu veranlasste, das Hawaiian Islands Bird Reservation zu gründen, und seitdem stehen die NWHI unter einer Art Schutz.

1923 war der letzte Hase verschwunden, und Laysan konnte sich langsam wieder erholen. Mithilfe von Unkrautbekämpfungsmitteln erholten sich die einheimischen Pflanzenarten und damit auch die Vögel. Der Laysan-Fink kommt heute wieder häufig vor, und mittlerweile gibt es rund 600 Laysan-Enten auf der Insel (eine weitere kleine Kolonie hat sich auf Midway gegründet). Fast die gleichen Ereignisse fanden auf dem nahe gelegenen Lisianski Island statt, und zusammen können diese zwei Inseln eine spektakuläre Erfolgsstory aufweisen.

Midway Islands

Die Midway Islands waren im Zweiten Weltkrieg eine wichtige Luftwaffenstation im Meer. Am bekanntesten wurden sie aber als Stätte einer ausschlaggebenden Schlacht im Juni 1942, als die US-Streitkräfte eine angreifende japanische Flotte überraschten und besiegten. Dieser Sieg brachte dem ganzen Theater im Pazifik die entscheidende Wende. Nach dem Krieg wurde Midway als Landebrücke für Luftpatrouillen des Kalten Krieges benutzt.

Ab 1996 brauchte das Militär die Midway Islands nicht länger und übertrug die Zuständigkeit dem US Fish & Wildlife Service (USFWS). Bevor das Militär ging, führte es eine ausgedehnte Säuberungsaktion durch und entfernte Unrat, umweltschädliche Schadstoffe, Ratten und nicht-einheimische Pflanzen.

Die Midway Islands wurden dann für den Tourismus ausgebaut: Aus Baracken wurden Hotelzimmer, die Messe wurde eine Cafeteria. Hinzu kamen noch ein Museum und ein Restaurant. Ein Fitness-Center, ein Kino, eine Kegelbahn und eine Bibliothek waren bereits Teil der ursprünglichen Militäreinrichtung. Auf den Sand und Eastern Islands wurden zahlreiche Militärbauten (wie Waffenlagerstätten) zum National Historic Landmark ernannt.

Das Highlight der Midway Islands sind die über 2 Mio. Seevögel, die hier nisten – darunter auch die weltgrößte Kolonie an Laysan-Albatrossen. Die Vögel sind so viele, dass sie zwischen November und Juli praktisch den ganzen Boden der Insel bedecken. Auch die Korallenriffe der Midway Islands sind sehr reichhaltig. In ihnen tummeln sich Delphine, Grüne Meeresschildkröten und hawaiische Mönchsrobben.

Praktische Informationen

Alle Besuchereinrichtungen auf den Midway Islands werden vom **US Fish & Wildlife Service** (www.fws.gov/midway) verwaltet, der Besuchergenehmigungen für organisierte Gruppen ausstellt. Eine aktuelle Liste mit Tourenanbietern gibt es auf der Website.

Das **Papahanaumokuakea Marine National Monument** (www.papahanaumokuakea.gov) kann virtuell online oder im **Mokupapapa Discovery Center** (S. 281) in Hilo auf Hawai'i, dem Big Island, besichtigt werden.

Auch die Websites des **Northwestern Hawaiian Islands Multi-Agency Education Project** (www.hawaiianatolls.org) und von **Kahea** (www.kahea.org/nwhi) sind gute Onlinequellen über das Monument.

Hawaii verstehen

HAWAII AKTUELL 634
Wachstumsprobleme im Paradies: Die Pazifikinseln mit ihrer multikulturellen Bevölkerung stehen an einem Scheideweg. Von Michael Shapiro.

GESCHICHTE 638
Von polynesischen Reisenden und Herrschern bis hin zu Missionaren, Zuckerbaronen und dem US-Militär – dies ist die Geschichte Hawaiis. Von Michael Shapiro.

DIE BEWOHNER HAWAIIS 659
Die Mythen und Stereotype vergessen und das Alltagsleben auf den Inseln erleben. Von Michael Shapiro.

HAWAIIS KÜCHE 667
Tropische Cocktails am Strand, frisches Seafood am Straßenrand, *plate lunches* vom Imbisswagen und vieles mehr.

KUNST & KUNSTHANDWERK 681
Die gefühlvolle Seite der Inseln entdecken: dramatische Geschichten, den sinnlichen Hula, schöpferische Gesänge und raffiniertes Kunsthandwerk.

LEI 687
Die duftenden Blumenkränze versinnbildlichen den Aloha-Geist, der die Inseln durchdringt.

LAND & MEER 690
Zerbrechliche Korallenriffe, glühend rote Lavaströme, eisige Vulkangipfel, dunstverhangene Nebelwälder: Das ist – natürlich – Hawaii.

DAS GRÜNE HAWAII 701
Auch die Besucher können dazu beitragen, diesen abgelegenen Archipel zu einem lebendigen Versuchslabor in puncto Nachhaltigkeit und umweltbewusster Lebensweise zu machen.

Hawaii aktuell

Die Hawaiische Renaissance

» Einwohner:
1,3 Mio.

» Bruttosozial-
produkt:
63,4 Mrd. $

» Mittleres
Haushalts-
einkommen:
66 701 $

» Küstenlänge:
1207 km

» Fläche:
16 635 km²
(viertkleinster
Staat der USA)

Obwohl die hawaiische Kultur in den mehr als 230 Jahren seit den ersten Kontakten mit den Weißen stark gelitten hat, ist sie heute durchaus wieder präsent, und zwar nicht nur in Ortsnamen und Hula-Darbietungen in den Touristenhotels. Traditionelle Kunstfertigkeiten wie das *lauhala*-Flechten (mit den Blättern des Schrauben-Baums), die *kapa*-(Rindentuch-)Herstellung oder die Flaschenkürbis- und Tiki-Schnitzerei werden heute allesamt wiederentdeckt und wiederbelebt. Heilverfahren wie *lomilomi* und *la'au lapa'au* (pflanzliche Medizin) werden an Interessierte sowohl innerhalb als auch außerhalb der indigenen Bevölkerung weitergegeben. In öffentlichen Schulen gibt es Programme zur Stärkung der hawaiischen Sprache, und im gesamten Bundesstaat entstehen sogenannte Charterschulen, in denen schwerpunktmäßig hawaiische Kultur vermittelt wird. *Heiau* (Tempel) und Fischteiche werden restauriert, einheimische Wälder wieder angepflanzt und einheimische Vögel gezüchtet. All dies gehört zur sogenannten Hawaiischen Renaissance – einer der spannendsten und dynamischsten kulturellen Bewegungen im heutigen Hawaii.

In den 1970er-Jahren war die durch die Kolonialisierung und die Kommerzialisierung durch den Tourismus arg gebeutelte hawaiische Kultur reif für ein Revival – es fehlte nur der auslösende Funke. 1976 segelte ein Nachbau des alten polynesischen Segelkanus *Hokule'a* allein unter Zuhilfenahme der Sterne nach Tahiti und erfüllte so ganz Polynesien mit Stolz (S. 641).

Im selben Jahr besetzten hawaiische Aktivisten die auch unter dem Namen Target Island („Zielinsel") bekannte Insel Kaho'olawe (S. 463), die die US-Regierung während des Zweiten Weltkriegs zum Üben von Bombenabwürfen benutzt hatte. Während einer vierten Besetzung im

Top-Bücher

Mit deinen Augen (Kaui Hart Hemmings) Roman über eine Missionarsfamilie, die versucht, im modernen Hawaii ihr Erbe zu bewahren.
The Colony (John Tayman) Die Leprakolonie auf Moloka'i.

Shoal of Time (Gavan Daws) Eine umstrittene Geschichte der Hawaii-Inseln.
Hotel Honolulu (Paul Theroux) Die eigenwillige und zügellose Welt Honolulus, gesehen durch die Augen eines Hotelmanagers in Waikiki.

'Olelo Noe'au (Mary Kawena Pukui) Eine Sammlung von englischen und hawaiischen Sprichwörtern; in fast jedem Haushalt in Hawaii steht ein Exemplar dieses Buches.

Religionszugehörigkeit
(% der Bevölkerung)

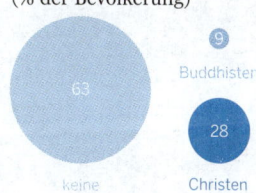

9
Buddhisten

63
keine

28
Christen

Gäbe es nur 100 Hawaiianer, wären …

20 kaukasischer Abstammung
20 ethnisch gemischt (außer hawaiisch)
18 japanischer Abstammung
24 hawaiisch & hawaiisch gemischt
18 Sonstige

Jahr 1977 verschwanden zwei Aktivisten unter mysteriösen Umständen spurlos auf See und wurden so zu Märtyrern einer entstehenden Bewegung zur Verteidigung der Rechte der indigenen Hawaiianer.

Als der Bundesstaat 1978 seinen wegweisenden Verfassungskonvent abhielt, wurden ein paar Verfassungszusätze verabschiedet: So wurde das Hawaiische zur (neben Englisch) zweiten Amtssprache erklärt, und in den Schulen musste fortan die hawaiische Kultur vermittelt werden.

Die hawaiische Kultur ist daher nach wie vor ein wichtiger Bestandteil der Identität der Inseln, und das zeigt sich im Großen wie im Kleinen – in einem spontanen Hula bei einem Konzert, einem bei einem wichtigen Anlass angestimmten *oli* (Gesang), einer *lomilomi*-Anwendung in einem Wellnesscenter oder einer gänzlich in *ʻolelo Hawaiʻi*, der hawaiischen Sprache, geführten Unterhaltung.

Auf der Suche nach einem nachhaltigen Gleichgewicht

Zur Zeit des ersten Kontakts mit den Weißen lag die Bevölkerung Hawaiis bei zwischen 200 000 und 1 Mio. Menschen – heute sind es knapp 1,3 Mio. Es ist eigentlich erstaunlich, dass damals so viele Inselbewohner problemlos ernährt werden konnten – ohne moderne Produktionsmethoden. Ironischerweise ist Hawaii heute weniger stabil als damals: Heute ist es gänzlich von der Außenwelt abhängig. Ganze 80 % der Konsumgüter, darunter 85 % der Lebensmittel, werden eingeführt. Hawaii gibt jährlich fast 5 Mrd. $ für Öl und Kohle aus; beides wird importiert. Und in einem Bundesstaat, der reich an natürlichen Energiequellen ist, stammen 95 % der Energie aus fossilen Brennstoffen.

Da die Bevölkerung wächst – zwischen 2000 und 2009 um fast 7 %, seit 1959, als Hawaii ein US-Bundesstaat wurde, um 50 % –, entstehen

» Anteil der ethnisch gemischten Ehen: ca. 50 %

» Anteil der Bewohner, die das Recycling zur Pflicht machen wollen: über 80 %

» Aus Öl gewonnene Energie: 89 %

» Energie aus alternativen Quellen: 5 %

Top-Filme & -TV-Sendungen

Rap's Hawaiʻi Rap Reiplinger ist ein Comedy-Star der Siebziger – der Humor ist für Außenstehende vielleicht etwas merkwürdig, aber den Einheimischen gefällt's.

Hawaii Five-O Ein wiederbelebter Pat McGarrett, diesmal ohne Anzug und Krawatte.
Magnum Inzwischen natürlich veraltet, aber die Einheimischen schauen es noch gerne, schon allein, um zu sehen, wo was gedreht wurde.

Blue Crush Bei den Einheimischen beliebter Surffilm.
50 erste Dates Rob Schneider versucht sich und scheitert – im englischen Original – an einem hawaiischen Akzent.

immer neue Siedlungen, werden die Wasserreserven immer knapper, die Verkehrssysteme, die öffentlichen Schulen und die Mülldeponien stoßen an ihre Kapazitätsgrenzen.

Hawaii ist nicht nur hinsichtlich der Lebensmittel- und der Energieversorgung von der Außenwelt abhängig, sondern mit seiner gesamten Wirtschaft. Seit der Zuckerrohr- und Ananasanbau billigen Importen aus den Entwicklungsländern zum Opfer fiel, gibt es quasi nur noch eine Einnahmequelle: den Tourismus. Und als die Wirtschaft 2008 unter der Rezession litt, brach auch der Tourismus ein. Am Ende des Jahres hatten sich die Steuerausfälle auf fast 2 Mrd. $ angehäuft. Die damalige Gouverneurin Linda Lingle verordnete drakonische Kürzungen (u. a. Zwangsbeurlaubungen und Schulschließungen) und ein 1,8 Mrd. $ umfassendes Programm zur Ankurbelung der Wirtschaft. Ein Schwerpunkt ist der Straßen- und Brückenbau, ein weiterer die Auffächerung des Wirtschaftslebens. Die Unterstützung kleiner heimischer Bauernhöfe und der verstärkte Konsum hawaiischer Produkte können ebenfalls die Abhängigkeit vom Tourismus und von Importen verringern. Der neue Gouverneur, Neil Abercrombie, möchte das Streben nach einer unabhängigen Energieversorgung und einer autarken Lebensmittelversorgung jedenfalls fortsetzen.

Trotzdem wird der Tourismus auf absehbare Zeit die wichtigste Erwerbsquelle der Hawaiianer bleiben – das jedoch zu einem gewissen Preis. Jedes Jahr strömen 7 Mio. Besucher auf die Inseln – fünfmal so viel, wie Hawaii Einwohner hat – und bevölkern Straßen, Strände und Surfspots und treiben die Immobilienpreise in die Höhe; gleichzeitig mehrt sich der Widerstand gegen die Erschließungspläne der Hotelindustrie. Viele Bewohner sehen ein, dass das gegenwärtige wirtschaftliche Vorgehen unsicher und nicht nachhaltig ist und dass die Inseln

» Durchschnittliche Anzahl von Touristen in Hawaii pro Tag: rund 18 000

» Jährlich in Hawaii konsumierte Dosen Spam (Dosenfleisch): 7 Mio.

» Durchschnittliche Pendelzeit: 26 Minuten

Top-CDs

» *Facing Future*, Iz Kamakawiwo'ole
» *Masters of Hawaiian Slack Key Guitar vols 1 & 2*
» *Acoustic Soul*, John Cruz
» *Collection*, Hapa
» *On and On*, Jack Johnson

Nachrichten

Honolulu Star-Advertiser (www.staradvertiser.com) Örtliche Tageszeitung.
Honolulu Magazine (www.honolulumagazine.com) Monatlich erscheinendes Lifestyle- und Kulturmagazin.

Honolulu Weekly (honoluluweekly.com) Alternatives Wochenblatt, das jeden Donnerstag erscheint, mit umfassendem Veranstaltungskalender.
OC16 (www.oc16.tv) Oceanic Cable Kanal 16 – lokale Programme rund um die Uhr.

heute an einer Wegscheide stehen: Hawaii kann sich entweder dazu entschließen, sich in der Zukunft wieder mehr auf sich selbst zu besinnen, oder es kann die sich verschlimmernden Nebenwirkungen der Abhängigkeit vom Tourismus, von Importen und von fossilen Brennstoffen weiter hinnehmen.

Über die Zukunft ist noch lange nicht entschieden, aber es gibt ermutigende Zeichen. Hawaii möchte ein Pionier auf dem Gebiet der sauberen Energien werden. 2008 unterzeichnete Gouverneurin Lingle die Hawaii Clean Energy Initiative (HCEI), die das Ziel verfolgt, den Anteil sauberer Energien bis 2030 auf 70 % zu steigern. Hawaii geht allen Möglichkeiten zur Nutzung erneuerbarer Energien nach: Es gibt Windparks auf Maui, Nutzung von Geothermie und Biomasse auf Big Island, Biokraftstoffe auf Algenbasis, Energiegewinnung durch thermische Umwandlung in der Tiefsee für die Innenstadt von Honolulu, Sonnenfarmen auf Lanaʻi, Energie aus Wellenkraft, Elektroautos, einen Generalplan für die Fahrradnutzung auf den Inseln … Dazu wird noch das Stromnetz erneuert und ein sehr ambitioniertes (und umstrittenes) Projekt in Angriff genommen, der 5 Mrd. $ teure Bau einer Stadtbahn in Honolulu. Wenn all das funktioniert, hätte Hawaii dann die erste Wirtschaft, die überwiegend von sauberen Energien gespeist würde.

» Durchschnittspreis für Benzin 2010: 3,38 $ pro Gallone (höchster Preis in den USA)

» Gebrauch des Sicherheitsgurtes: 95 % (zusammen mit Arizona der höchste Anteil in den USA)

Hawaii Public Radio (www.hawaiipublicradio.org) 88.1 FM KHPR und 89.3 FM KIPO; nationale und Lokalnachrichten. Auch als Livestream im Internet zu empfangen.

Ka Wai Ola (www.oha.org/kwo) Zeitschrift des Office of Hawaiian Affairs zu Themen, die den indigenen Hawaiianern am Herzen liegen.

Geschichte

Hawaii ist die jüngste Landmasse auf unserem Planeten und schaut doch auf eine sehr wechselhafte, aufregende Vergangenheit zurück. Als Etappenziel irgendwo mitten im Pazifik zwischen Ost und West war es wohl unvermeidlich, dass sich die Inseln zu einem Paradebeispiel für Einzigartigkeit, Vielfältigkeit, Austausch und Wandel entwickelten. Die Geschichte ihrer Entdeckung und Besiedelung gehört zu den spannendsten Kapiteln im großen Roman der Menschheit. Dass die ersten Siedler den völlig abgelegenen Archipel überhaupt fanden, ist schon ein Wunder für sich – und ein Beweis für das Geschick, den Mut und vielleicht auch das Glück der Menschen, die diese lange Seereise überstanden. Über die wahrscheinlich vielen, die nicht überlebt haben, schweigen die Geschichtsbücher.

Shoal of Time von Gavan Daws (1968) bleibt wohl das stilistisch beste Geschichtsbuch über Hawaii von Captain Cooks Ankunft bis zur Anerkennung als 50. US-Bundesstaat 1959. Auf Deutsch erschien vom selben Autor *Damian de Veuster: Den Aussätzigen ein Aussätziger geworden* (1994).

Die ersten Inselbewohner brachten alles, was sie zum Überleben brauchten, mit: Pflanzen und Tiere, die sie bereits auf ihrer Heimatinsel kultiviert und gezüchtet hatten. Aber Hawaii war ganz anders, als sie es sich vorgestellt hatten. Staunend registrierten sie die hiesigen Klimaverhältnisse, die Fauna und Flora, die schneebedeckten Vulkane, bizarren Klippen, vielfältigen Riffe und ausgedorrten Wüsten. Über die Jahrhunderte hinweg entwickelten sie sich zu einer gut organisierten Gesellschaft, die verantwortungsvoll mit ihrem neuen Land umging und in allen Bereichen Beeindruckendes leistete, sei es Kunst, Architektur, Sport, Medizin, Landwirtschaft, Religion oder mündliche Überlieferung.

Und dann kam das Jahr 1778, das alles veränderte: Das Britische Empire, damals die fortschrittlichste Kolonialmacht der Welt, hatte einen Entdecker ausgeschickt, um Länder zu erforschen, in die noch kein Mensch (also: Europäer) einen Fuß gesetzt hatte. Er stieß auf Hawaii, und es kam zum unvermeidlichen Zusammenprall der Kulturen. In seinen Augen waren die Inselbewohner in der Steinzeit stecken gebliebene Heiden; sie hatten kein Metall, keine Technik, ja, nicht einmal eine geschriebene Sprache. Ihre streng hierarchisch aufgebaute Gesellschaft,

ZEITACHSE	40–30 Mio. v. Chr.	300–600 n. Chr.	1000–1300
	Kure, die erste Hawaii-Insel taucht dort, wo heute Big Island liegt, aus dem Meer. Wind und Wellen bringen Pflanzen, Vögel und Insekten, die das jungfräuliche Land bevölkern.	Die ersten, wahrscheinlich von den Marquesas stammenden Polynesier erreichen die Hawaii-Inseln im Kanu – ein halbes Jahrhundert, bevor die Wikinger in Europa einfielen.	Eine zweite Gruppe von Polynesiern erreicht Hawaii aus Tahiti. Sie bringt Werkzeuge aus Stein, Muscheln und Knochen mit, dazu Taro, Süßkartoffeln, Zuckerrohr, Kokosnüsse, Hühner, Schweine und Hunde.

die animistische Götter verehrte und Menschenopfer brachte, war für Christen schlichtweg eine Provokation. Doch seine Ressourcen und vor allem die strategisch günstige Lage für den Pazifikhandel machten Hawaii für die Europäer begehrenswert, und sofort erwachte ihr Bekehrungs- und Kolonialisierungstrieb. Die Auswirkungen sind bis heute bei vielen Ureinwohnern Hawaiis spürbar.

In den folgenden zwei Jahrhunderten erlebte die einheimische Kultur durch Vertreibung, Entmündigung und Krankheiten einen dramatischen Niedergang. Die Plantagenwirtschaft brachte Fremdarbeiter aus Japan, Portugal, China, Korea und den Philippinen ins Land. So entstand ein einzigartiger Mix aus Kulturen und Traditionen. Hawaiis König wurde gestürzt; schließlich kam die Annexion durch die USA. Die Inseln entwickelten sich zu einem der begehrtesten Tourismusziele weltweit – und wurden entsprechend vermarktet.

All diese Ereignisse haben im heutigen Hawaii ihre Spuren hinterlassen. In seiner Landschaft wie auch in seinen Bewohnern bleibt die wechselvolle Geschichte lebendig.

Native Books Na Mea Hawai'i (www.nativebooks hawaii.com) ist eine fantastische Internetquelle für Standardwerke und seltene Bücher über Hawaii und die Kultur der Ureinwohner.

Die Geburt eines Archipels

Die 137 Hawaii-Inseln, die sich als 2500 km lange Kette mit acht Hauptinseln über den Pazifischen Ozean ziehen, sind das erstaunliche Produkt eines vulkanischen Hot Spots. Nachdem das rund 500 km breite Vulkangebiet Hawaii mindestens 86 Mio. Jahre lang von Eruptionen erschüttert worden war, begann sich die von Südosten nach Nordwesten wandernde Pazifische Platte darüber zu schieben (mit der Wahnsinnsgeschwindigkeit von 50 km pro Million Jahre). Das nach oben gedrückte Magma erschien nach und nach an der Meeresoberfläche und formierte sich zu einer Inselkette. Das Kure Atoll im äußersten Nordwesten des Archipels ist die älteste Insel, der Benjamin der Gruppe ist die Insel Hawai'i (Big Island) im Südosten. Sie wächst noch weiter, denn der Hot Spot ist nach wie vor aktiv. Der unterseeische Vulkan Lo'ihi rund 35 km südöstlich von Big Island bereitet sich gerade auf seine Geburt als jüngstes Mitglied der Inselkette vor. Aber jetzt schon den Grundstücksmakler anzurufen, wäre etwas verfrüht: Noch liegt Lo'ihi 1000 m unter der Wasseroberfläche und wird wohl erst in 10 000 bis 100 000 Jahren auftauchen.

In ihrer Jugend sahen alle Inseln des Archipels so ähnlich aus wie Big Island heute; die sanft gewölbte Form ist typisch für einen Schildvulkan. Aber Erosion, Erdbeben und Erdrutsche sorgten im Verlauf der Jahrmillionen für spannende Silhouetten; die bizarren, steil aufragenden *pali* (Klippen) sind charakteristisch für ältere Inseln wie O'ahu und Kaua'i. Irgendwann bricht auch der breiteste Schildvulkan ein und zerfällt in kleine Inselchen und Atolle, bevor er wieder ganz im Meer ver-

1758	**1778–79**	**1790**	**1795**
Kamehameha I. (der Große) wird auf Big Island (Hawai'i) geboren. Er regiert von 1795 bis 1819 als erster hawaiischer König.	James Cook, der erste (offiziell bekannte) Weiße, stattet Hawaii zwei Besuche ab. Zunächst wird er freundlich empfangen; dann gerät die Situation außer Kontrolle, und Cook wird von Hawaiianern getötet.	Kamehameha der Große überfällt Maui und gewinnt die blutige Schlacht im 'Iao-Tal.	Mit der Schlacht von Nu'uanu fallen die Inseln Big Island, Maui, Moloka'i, Lana'i und O'ahu an Kamehameha den Großen.

ANN CECIL / LONELY PLANET IMAGES ©

'Iolani Palace, Honolulu (S. 65)

sinkt, aus dem er geboren wurde. Diesem unabänderlichen Schicksal sehen alle Inseln der Hawaii-Kette entgegen. Doch ihr Lebensabschnitt über Wasser ist geprägt von einer einzigartigen geologischen, ökologischen und kulturellen Dynamik, die weltweit ihresgleichen sucht.

Explodierendes Leben

Isolierte Inseln wie Hawaii sind ein Versuchslabor der Natur; während Jahrmillionen entstand und entwickelte sich Leben. Aber nur Kreaturen, die den riesigen Pazifik mit Hilfe von Wind, Wellen oder Flügeln überwinden konnten, gelang es, auf den Inseln Fuß zu fassen. Immerhin liegt Hawaii über 3000 km vom nächsten Kontinent entfernt und ist damit die isolierteste Landmasse der Erde. Bevor der Mensch die Inseln erreichte, gab es dort so gut wie keine Säugetiere, Reptilien oder Amphibien. Die Pflanzen, Vögel und Insekten jedoch, die die Reise über das Meer überstanden hatten (was im Schnitt auf eine Spezies pro 100 000 Jahre hinauslief), passten sich an die verschiedenen Mikroklimata und

1810	1810	1812	1819
Auf friedlichem Weg erlangt Kamehameha die Macht über Kaua'i, so dass nun alle Inseln erstmals in einem Königreich vereinigt sind.	Kamehameha der Große lässt sich auf Maui nieder und erklärt Lahaina zum Sitz der Könige von Hawaii.	Sandelholz aus Hawaii wird ein begehrtes Handelsgut in der Welt. Der Rohstoff wie die Menschen, die es gewinnen, werden ausgebeutet, bis das Sandelholz um 1830 praktisch verschwunden ist.	Kamehameha der Große stirbt. Sein Sohn und Thronfolger Liholiho (Kamehameha II.) bricht das Tabu, mit Frauen zu essen, und lehnt damit die alte hawaiische Religion ab.

die fruchtbaren vulkanischen Böden der Inseln an und vermehrten sich eifrig. In manchen Fällen entwickelten sich aus einer Spezies Dutzende oder Hunderte von Unterarten. Tatsächlich bietet Hawaii einige der beeindruckendsten Beispiele für diesen Prozess, den Wissenschaftler „adaptive Radiation" nennen. Ein Fink war der Urvater für über 60 neue Vogelarten, eine Lobelie für 125 weitere Varianten dieser Blume, aus einer Fruchtfliege entwickelten sich gar über 600 neue Arten (und der Prozess dauert noch an). Die ersten Menschen auf Hawaii entdeckten einzigartige Wälder, voller Tiere und Pflanzen, die im Rest der Welt unbekannt waren: die „lachende Spinne" *Theridion grallator*, die Fleisch fressende Raupe *Hyposmocoma molluscivora*, gigantische Baumfarne wie *hapu'u* oder leuchtend bunte *'i'iwi* (Kleidervögel), die zwischen den roten Blüten der 'ohi'a-Bäume (*ironwood* oder Eisenhölzer) herumflatterten.

Die Kanus hatten nicht nur hungrige Polynesier, sondern auch Schweine, Hunde, Ratten und Moskitos nach Hawaii befördert, die die einheimischen Arten gnadenlos zurückdrängten. Für die außergewöhnlich vielfältige, in hochsensiblen Biotopen lebende heimische Fauna und Flora war die Ankunft des Menschen daher eine echte Katastrophe. Bereits die Polynesier rotteten einige Arten aus, darunter eine bis dahin auf allen Hawaii-Inseln verbreitete, flugunfähige Gänseart. Wirklich einschneidend war die Ankunft der Europäer und Amerikaner. Heute gilt Hawaii als „Massengrab" ausgestorbener Tier- und Pflanzenarten; fast drei Viertel aller Spezies, die in den USA als ausgestorben registriert wurden, stammten aus Hawaii, und Hunderte weiterer Arten gelten als bedroht oder zumindest gefährdet.

Polynesische Seefahrer

Für die alten Polynesier war der Pazifische Ozean kein trennendes Hindernis, sondern das Medium, welches die verstreut liegenden Inseln miteinander verband. Mit Hilfe ihrer Doppelrumpfkanus (komplett ohne Metall hergestellt) besiedelten sie ein riesiges Gebiet, das hauptsächlich aus Wasser bestand. Irgendwann zwischen 300 und 600 n. Chr. unternahmen sie ihre bis dahin größte Reise und stießen bis zu den Hawaii-Inseln vor als nördlichsten Punkt ihres Verbreitungsgebiets. Captain James Cook war der erste westliche Entdecker, der die Leistung der Polynesier erkannte. Er konnte sich nicht erklären, wie sie es geschafft hatten, „jedes Fleckchen des Pazifischen Ozeans" zu besiedeln und „die mit Abstand am weitesten verbreitete Nation der Erde" zu werden. Es gibt sogar überzeugende Hinweise, dass die Polynesier bis an die Westküste Südamerikas gelangten: Die Süßkartoffel, welche auf Hawaii schon lange vor der Ankunft der Europäer ein Grundnahrungsmittel war, stammt aus den Anden. Darüber, wie die Knolle nach Hawaii kam, existieren verschiedene Theorien. Aber es ist durchaus

Wer sich ranhält, kriegt die 90 Seiten von Phil Barnes *A Concise History of the Hawaiian Islands* (1999) im Flugzeug durch. Länger (ca. 1000 Seiten, dafür auf Deutsch) dauert die Lektüre von James A. Micheners *Hawaii* (1959).

1819	**1820**	**1821**	**1824**
Die ersten Walfänger segeln in hawaiischen Gewässern.	Die ersten christlichen Missionare kommen nach Hawaii.	Der Missionar Hiram Bingham weiht die erste christliche Kirche auf Hawaii ein, die als Hauptquartier der Mission dienen soll.	Kapi'olani, eine überzeugte Christin, steigt in den Krater von Kilauea, um die Feuergöttin Pele herauszufordern.

STERNE WEISEN DEN WEG

Das 62 ft (19 m) lange Doppelrumpfkanu *Hokule'a* ist der Nachbau eines *wa'a kaulua*, wie die alten hawaiischen Langstreckensegler genannt werden. 1976 brach das Boot zu einer Reise auf, wie sie 600 Jahre lang keiner mehr gemacht hatte: Ohne Radar, Kompass, Sextant oder Satelliten wollte die Crew die 3900 km bis Tahiti segeln und damit beweisen, dass die alten Polynesier die verschiedenen Pazifikinseln nicht durch Zufall, sondern dank einer Reihe gezielter Fahrten entdeckt hatten.

Mau Piailug, der aus Mikronesien stammende Steuermann der *Hokule'a*, beherrschte noch die alte Kunst der astronomischen Navigation, die in der hawaiischen Kultur so gut wie verloren gegangen war. Auch Informationen, die er aus Strömungen, Wind, Landmarken und Tageszeit ablas, halfen ihm, das Boot auf dem gewünschten Kurs zu halten. Der Trick dabei, sagte er, sei, sich das Kanu in Bezug auf die Sterne als einen fixen Punkt vorzustellen, während die Insel auf einen zusegelt. Früher wurde der Stern, der die Schiffe nach Hawaii leitete, Hokule'a (Stern der Freude) genannt.

Nach 33 Tagen auf See lief die *Hokule'a* im Hafen von Papeete ein, freudig begrüßt von 20 000 Tahitianern. Dieser Bahn brechende Erfolg ließ das Interesse an der traditionellen Kultur wieder aufflammen und befeuerte eine Bewegung, die heute die „Hawaiische Renaissance" genannt wird.

Seither orientieren sich die *Hokule'a* und weitere Schiffe der Polynesian Voyaging Society (http://pvs.kcc.hawaii.edu) bei ihren Fahrten an den Sternen. Eine weitere Reise nach Tahiti wurde 1980 mit dem hawaiischen Steuermann Nainoa Thompson absolviert. Piailug ist 2010 gestorben, hat sein Wissen aber an Thompson weitergegeben, der es nun weiter verbreitet. Die *Hokule'a* hat seit ihrer Reise von 1976 noch neun weitere Fahrten zu Zielen in ganz Polynesien, in den USA, Kanada, Japan und Mikronesien unternommen. Eine geplante dreijährige Weltumsegelung soll 2012 beginnen, zu 45 Häfen rund um den Globus führen und 2015 in Hawaii enden. Mehr darüber verrät die Website www.hokuleawwv.org.

denkbar, dass die geschickten polynesischen Seefahrer die Reise nach Südamerika – und wieder zurück – geschafft haben.

Über die ersten Siedler (die wahrscheinlich von den Marquesas stammten) ist kaum etwas bekannt – außer, dass sie tatsächlich da waren, denn das beweisen die archäologischen Funde. Eine zweite Besiedelungswelle schwappte um 1000 n. Chr. von Tahiti herüber. Die ersten Siedler wurden von den Neuankömmlingen überwältigt, die Spuren der ursprünglichen Zivilisation fast völlig ausgemerzt. Die später entstandenen hawaiischen Legenden über die *menehune* („kleines Volk"), die über Nacht wie durch Zauberhand Tempel und große Steinbauwerke errichteten, gehen vielleicht auf diese allerersten polynesischen Siedler zurück.

1825	**1825**	**1826**	**1828**
Auf O'ahu werden die ersten Zuckerrohrplantagen Hawaiis angelegt.	Kauikeaouli (Kamehameha III.) wird König und regiert bis zu seinem Tod 1854.	Missionare entwickeln ein Alphabet mit zwölf Buchstaben (und einem Knacklaut) für die hawaiische Sprache. Königin Ka'ahumanu soll in fünf Tagen lesen gelernt haben.	Der Missionar Sam Ruggles pflanzt den ersten Kaffeebaum als Zierpflanze (Kaffeebohnen werden erst ab 1940 kommerziell geerntet).

In den nächsten 300 Jahren entwickelte sich ein regelmäßiger Schiffsverkehr zwischen Polynesien und Hawaii. Die Polynesier führten ihre Religion, ihre Sozialstrukturen sowie über zwei Dutzend Nutzpflanzen und -tiere auf den Inseln ein. Ihre Erfolge sind umso beeindruckender, als sie weder Metall, noch das Rad, noch ein Alphabet oder eine Schrift oder Ton kannten, um daraus Geschirr zu töpfern. Die zweite polynesische Siedlerwelle auf Hawaii nannte sich *Kanaka Maoli,* „das Volk". Als die Seereisen über den Pazifik aus bislang unbekannten Gründen um 1300 aufhörten, begann sich auf den Hawaii-Inseln eine eigene Kultur zu entwickeln.

Das alte Hawaii

Die hawaiische Gesellschaft bewahrte sich einige Grundmerkmale, die allen alten Kulturen Polynesiens gemeinsam sind. Sie war sehr klassenbewusst und hatte eine Führerkaste, *ali'i* genannt, deren Macht auf ihre Abstammung zurückging: Man glaubte, sie seien die Nachkommen von Göttern. Der Familienclan war im alten Hawaii wichtiger als das Individuum. Geschenke und Festessen waren ausgiebig genutzte Anlässe, um das Prestige zu erhöhen. Ein ganzer Olymp von Göttern, die ihre Gestalt ändern konnten, bevölkerte und beherrschte die Natur.

Jede Insel wurde von *ali'i* verschiedenen Standes regiert, und bei ihren ständigen Machtkämpfen kam es häufig zu kriegerischen Auseinandersetzungen. Die größte geopolitische Einheit war die *moku-puni* (Insel), die einem Mitglied der *ali'i nui* (Klasse der Könige) unterstand. Jede Insel war in *moku* aufgeteilt – in keilförmige Stücke, die vom Bergland in Richtung Küste verliefen. Jedes *moku* wiederum bestand aus mehreren kleineren Keilen, den *ahupua'a.* Die Bewohner eines *ahupua'a* lebten meist autark und hatten einen lokalen Anführer.

Eine Rangstufe unter den *ali'i* standen die *kahuna* (Spezialisten oder Meister), zu denen Priester, Heiler und geschickte Handwerker wie Bootsbauer oder Steuermänner gehörten. Als nächstes kamen die *konohiki,* die für die Verwaltung und Verteilung der Vorräte innerhalb eines *ahupua'a* zuständig waren und bei den *maka'ainana* (gewöhnliche Leute) die Steuern eintrieben. Körperliche Arbeiten wurden fast ausschließlich von den *maka'ainana* verrichtet. Die unterste Rangstufe besetzte eine kleine Gruppe von Ausgestoßenen oder Unberührbaren, *kaua* genannt. Sie stellte den Vorrat an *pua'a waewae loloa* – „langbeinige Schweine" war die verharmlosende Bezeichnung für Menschen, die den Göttern geopfert wurden.

Es handelte sich also im Grunde genommen um eine feudale Agrargesellschaft, die jedoch von einem starken Gefühl der Gegenseitigkeit und des Miteinanders geprägt war: Die Anführer fühlten sich für ihre

In der Bilderserie *Voyagers* (2005) lässt der Künstler, Historiker und Reisende Herb Kawainui Kane Hawaiis Mythen und Legenden lebendig werden. Einige der detailgetreuen, naturalistischen Gemälde hängen im Ka'upulehu Cultural Center im Four Seasons Resort Hualalai auf Big Island.

GESCHICHTE DAS ALTE HAWAII

SEEFAHRER

JOHN ELK III / LONELY PLANET IMAGES ©

» *Kaffeebohnen aus Kona*

1830

Wegen der alles vernichtenden verwilderten Viehherden werden spanisch-mexikanische *paniolo* (Cowboys) zu Hilfe gerufen. Sie bringen Gitarren und Ukulelen mit.

1831

Die erste höhere Schule westlich der Rocky Mountains, das Lahainaluna Seminary, wird in Lahaina gebaut.

Tony Horwitz hat sich auf die Spuren des berühmten Seefahrers gemacht und schildert dessen Reisen in Cook: *Die Entdeckung eines Entdeckers* (2006). Eine Quelle erster Hand sind die Stiche von Cooks Bordmaler sowie Karten und Auszüge aus dem Logbuch in Eleanor Nordykes *Views from Captain Cook's Third Voyage* (2009).

Gefolgsleute verantwortlich, und diese wiederum fühlten sich für die Natur verantwortlich, die ihnen heilig war. In ihr manifestierte sich das *mana* (spirituelle Energie) der unsterblichen Seele des Universums. Jeder spielte seine Rolle im Arbeits- wie auch im spirituellen Leben, um die Gemeinschaft gesund und im Einklang mit den Göttern zu erhalten. Als die Grundbedürfnisse befriedigt und die Hierarchie geklärt waren, entwickelten die Menschen reiche kulturelle Traditionen, zu denen Kunst, Musik, Tanz, Sport und Wettbewerbe gehörten. Auch wenn zwischen den Klassen klare Schranken herrschten, handelte es sich nicht um eine völlig autokratische Gesellschaft. Wenn die Anführer ihre Macht ausnutzten oder ihre Pflichten nicht erfüllten, stand es den *maka'ainana* frei, in einen anderen *ahupua'a* zu ziehen.

Trotzdem wurde das Alltagsleben von strengen Regeln – dem *kapu*- oder Tabusystem - beherrscht. Wagte es ein gewöhnlicher Mann zum Beispiel, *moi* zu essen, eine bestimmte Fischart, die den *ali'i* vorbehalten war, verletzte er damit das *kapu* und wurde dafür bestraft. Dabei ging es nicht zimperlich zu und oft genug wurde er zum Tode verurteilt. Auch auf Ehrverletzungen (egal, ob der Anführer oder ein entferntes Familienmitglied beleidigt wurde) reagierte die auf gegenseitigem Respekt basierende Gesellschaft äußerst empfindlich. Im alten Hawaii war man selbstlos bis zur Aufopferung und zugleich kompromisslos streng.

Captain Cook & der Kontakt mit Weißen

Der große englische Entdecker Captain James Cook kurvte auf drei Reisen ein ganzes Jahrzehnt lang im Pazifik herum. Er suchte die berühmte Nordwestpassage, das Bindeglied zwischen Atlantik und Pazifik. Aber er war auch an allem anderen Neuen interessiert. Ein ganzer Stab von Wissenschaftlern und Künstlern war an Bord damit beschäftigt, alles genau zu dokumentieren. Auf der dritten Reise, 1778, erreichte Cook – zufällig – die Inselkette Hawaii.

Mit seiner Ankunft endete fast ein halbes Jahrtausend der Isolation, und die Geschichte Hawaiis schlug eine neue Richtung ein. Cook hatte zwar schon mit Polynesiern Kontakt gehabt, aber für die Hawaiianer waren Europäer ebenso neu wie das Metall, die Gewehre und die Krankheiten, die sie mitbrachten. Zwei völlig unterschiedliche Weltbilder prallten aufeinander: Die Hawaiianer lebten in einer Inselwelt, deren spirituelle Dimension stark präsent war. Cook repräsentierte den von Vernunft geprägten, aufgeklärten Weltmann. Sein Gott regierte im Himmel und überließ die Erde ganz den Menschen.

Im Januar 1778 warf Cook vor O'ahu die Anker und begann wie üblich, mit den Einheimischen um Frischwasser und Lebensmittel zu feilschen, die das Schiff dringend brauchte. Dann legte er wieder ab, um

1840	1845	1846	1848
Kauikeaouli präsentiert die erste Verfassung Hawaiis (konstitutionelle Monarchie).	Lahaina auf Maui wird durch Honolulu auf O'ahu als Hauptstadt des Königreichs abgelöst.	Im Zenit der Walfängerära laufen in einem Jahr 596 Fangschiffe Honolulu und Lahaina an. Vier der als Big Five bekannten Zuckerproduzenten steigen in den Walfang ein.	Kauikeaouli erlässt das Große Mahele und 1850 den Kuleana Act, die erstmals gewöhnlichen Hawaiianern und Ausländern Landbesitz zugestehen.

nach der Nordwestpassage zu fahnden. Im November kehrte er zu den Inseln zurück und stieß dieses Mal auf Maui. Er ging jedoch nicht an Land, sondern segelte weiter nach Big Island, um dort seine Vorräte aufzustocken. Nachdem er die Insel umkreist hatte, lief er im Januar 1779 in der Kealakekua Bay ein.

Wer genau wissen will, wie es weiter ging, liest auf S. 211 weiter. Viele hundert Kanus empfingen Cooks Schiffe, und hawaiische Anführer und Priester erwiesen ihm mit traditionellen Ritualen ihre Ehrerbietung. Cooks Ankunft traf mit einem besonderen Ereignis zusammen: Die Insulaner feierten gerade *makahiki*, eine Periode der Feste und Zeremonien zu Ehren ihres Gottes Lono. Manche vermuten, dass die Einheimischen Cook für diesen Gott hielten. Jedenfalls zeigten sie sich so gutmütig und willig in jeder Hinsicht – auch zum Sex waren die hawaiischen Frauen gerne bereit –, dass Cook und seine Mannschaft keine Bedenken hatten, sich an Land unbewaffnet zu bewegen.

Ein paar Wochen später ließ er wieder Segel setzen, doch Stürme zwangen ihn, nach Kealakekua zurückzukehren. Dort hatte sich die Stimmung allerdings mittlerweile geändert. *Mahakiki* war vorbei, keine Kanus empfingen ihn, anstelle des herzlichen Willkommens schlug ihm Misstrauen entgegen. Nach einigen kleineren Meinungsverschiedenheiten eskalierte die Situation, als Cook einige bewaffnete Männer beauftragte, den örtlichen Anführer Kalaniopu'u gefangen zu nehmen. Als die Engländer zurück auf ihr Schiff wollten, wurden sie von den aufgebrachten Insulanern umringt, und Cook erschoss in einem für ihn untypischen Anfall von Panik einen Eingeborenen. Sofort fielen die Hawaiianer über ihn her und brachten ihn ebenfalls um. Ein weißer Obelisk in der Kealakekua Bay erinnert an Cooks Tod. Er wurde auf einem kleinen Areal aus Lavagestein aufgestellt – dem einzigen Stück britischen Territoriums innerhalb der USA.

Kamehameha der Große

In den Jahren nach Cooks Tod wurde Hawaii für viele Handelsschiffe ein Etappenziel bei Pazifikfahrten, um Vorräte zu bunkern. Als 1794 der Honolulu Harbor als Ankerplatz für Schiffe mit großem Tiefgang entdeckt wurde, stieg Hawaii zum neuen Umschlagplatz im Transpazifikhandel auf, vor allem für den Pelzhandel zwischen China, Neuengland und dem Pazifischen Nordwesten. Der wichtigste Exportartikel der Inseln – Salz – war zum Konservieren von Häuten begehrt. Die einheimischen Anführer hatten es dagegen auf Feuerwaffen abgesehen, die ihnen die Europäer gerne verkauften. Mit Musketen und Kanonen gut eingedeckt, machte sich Kamehameha, ein Anführer von Kohala auf der Insel Hawai'i, 1790 daran, die anderen Inseln des Archipels zu erobern. Das hatten auch schon Anführer vor ihm versucht, doch Ka-

In *Legends and Myths of Hawaii* erzählt König David Kalakaua in alter hawaiischer Tradition schillernde Geschichten; historische Fakten über Kamehameha, Captain Cook, das Niederbrennen der Tempel uvm. sind mit der stets präsenten Mythologie verwoben.

1852	1863	1868	1872
Die ersten Vertragsarbeiter für die Zuckerrohrplantagen treffen aus China ein. Die meisten sind Junggesellen, die sich nach Vertragsablauf in Hawaii niederlassen, Familien und Geschäfte gründen.	Als erste Zuckerplantage auf Big Island wird die Kohala Sugar Company eröffnet, die Einheimischen Arbeit geben soll.	Auf den Zuckerrohrfeldern schuften die ersten japanischen Vertragsarbeiter.	Mit Kamahameha V. stirbt der letzte rechtmäßige Thronfolger der Dynastie. Der beliebte Adelige Lunalilo wird zum König gewählt.

DIE ZERSTÖRUNG DER TEMPEL

Ein Ziel des alten hawaiischen *kapu-*(Tabu-)Systems war die Bewahrung von *mana* (spirituelle Kraft). Das Mana konnte stark oder schwach sein, gewonnen und verloren werden und manifestierte sich in den Talenten einer Person, aber auch im Sieg einer Schlacht oder in einer guten Ernte.

Das Kapu-System hielt *ali'i* davon ab, sich mit dem gewöhnlichen Volk zu mischen, oder Männer, gemeinsam mit Frauen zu essen (um das Mana nicht zu verwässern). Es verbot den Frauen den Genuss von Schweinefleisch und den Zutritt zu *luakini heiau* (Opfertempeln). Anführer durften vorübergehende Kapus erlassen und bestraften selbst kleinste Zuwiderhandlungen mit dem Tod, z. B. wenn ein Gewöhnlicher auf den Schatten eines *ali'i* trat.

Allerdings galten diese Kapus nicht für Ausländer, und so entdeckten die kleineren *ali'i*, dass Macht offensichtlich nicht an die Beachtung des Kapu-Systems gebunden war. Die Frauen merkten, dass sie mit den Matrosen essen konnte, ohne den Zorn der Götter auf sich zu ziehen. Ka'ahumanu, der ehrgeizigen Witwe Kamehamehas des Großen, war das Kapu-System ein Dorn im Auge, da es Frauen von Führungspositionen ausschloss.

Schließlich konnte selbst der höchste Priester Hawaiis, Hewahewa, das alte System nicht mehr halten. Nach Kamehamehas Tod 1819 überzeugte er gemeinsam mit Ka'ahumanu den Thronerben Liholiho, das Kapu abzuschaffen. Bei einem Festbankett sollte Liholiho gemeinsam mit den Frauen essen und damit demonstrativ ein Kapu brechen.

Mit so einem entscheidenden Akt – praktisch dem Todesstoß für die hawaiische Religion – fühlte sich der junge König überfordert. Er verschob den Festtermin immer wieder und trank sich dann vor dem entscheidenden Tag kräftig Mut an. Beim Bankett torkelte er zum Tisch der Frauen und bediente sich dort – zum Entsetzen aller anwesenden *ali'i*. Der Priester Hewahewa tolerierte das, merkte aber an, dass die Götter ohne Kapu nicht überleben könnten. „Dann sollen sie eben auch verschwinden" soll Liholiho gegrölt haben.

In den darauffolgenden Monaten zündeten Ka'ahumanu und ihre Getreuen sämtliche Tempel an und zerstörten die *ki'i*, die Bilder der Götter. Die meisten Hawaiianer waren froh, das Kapu-System los zu sein. Aber viele verehrten ihre Götter weiterhin und versteckten die *ki'i*.

Nur wenige leisteten offenen Widerstand. Kekuaokalani, der zweithöchste Priester, stellte eine kleine Armee auf, um die Götter zu verteidigen. Doch Liholihos mit Musketen bewaffnete Männer überwältigten sie schnell.

mehameha hatte erstens die Waffen der Weißen und – noch wichtiger – Willenskraft, Charisma und den Segen der Götter. Innerhalb von fünf Jahren brachte er (mit viel Blutvergießen) die Hauptinseln unter sich, mit Ausnahme von Kaua'i, das sich ihm später freiwillig anschloss. Das dramatische Finale seines Feldzugs, die Schlacht von Nu'uanu, fand

1873	**1874**	**1875**	**1878**
Ein katholischer Priester aus Belgien, Father Damian Joseph de Veuster, kommt in die Leprakolonie auf Moloka'i und bleibt 16 Jahre, bis er selbst 1889 an der Hansen-Krankheit (Lepra) stirbt.	David Kalakaua folgt Lunalilo nach dessen baldigem Tod auf dem Thron nach.	Mit dem Treaty of Reciprocity zwischen den USA und Hawaii wird hawaiischer Zucker zollfrei.	Die ersten portugiesischen Vertragsarbeiter treffen ein.

1795 auf O'ahu statt. Heute kraxeln Besucher gerne auf die 300 m hohe Klippe im Nu'uanu Pali State Park, über deren Rand Kamehamehas anrückende Horden Hunderte von Gegnern trieben.

Kamehameha war eine herausragende Persönlichkeit, und seine Regierungszeit erwies sich als die friedlichste Periode in Hawaiis Geschichte. Der kluge Politiker nutzte seine inselübergreifenden Machtbefugnisse, um die Konkurrenz zwischen den einzelnen *ali'i* zu dämpfen. Als gewitzter Geschäftsmann sicherte er sich 1810 das gewinnbringende Monopol auf den Sandelholzhandel, achtete aber gleichzeitig darauf, keinen Raubbau zu betreiben. Er legte höchstpersönlich Tarofelder an und ermunterte seine Untertanen, es ihm nachzutun. Mit seinem berühmten *kanawai mamalahoe* (Gesetz des zersplitterten Paddels) erließ er ein *kapu* (Tabu), das Reisende auf ihren Wegen schützte.

Vor allem sog Kamehameha alles, was von außen kam, begierig auf. Da das Volk aber mit dem Christentum und seinem Konzept von Sünde und Verdammnis nicht immer zurecht kam, pflegte der König auch weiterhin die traditionellen religiösen Rituale. Als er 1819 starb, hinterließ er diese offene Frage seinem Sohn und Thronfolger, dem 22-jährigen Liholiho.

Unter dem Druck seiner Stiefmutter, Königin Ka'ahumanu, und verschiedener Anführer fegte Liholiho die spirituelle Welt Hawaiis mit einem vernichtenden Handstreich (s. Kasten S. 647) schon nach einem Jahr beiseite.

Missionare & Walfänger

Mitten in diesen Umbruch platzten die ersten Missionare aus Neuengland, die am 19. April 1820 in Kailua auf der Insel Hawai'i (Big Island) an Land gingen. Mindestens so groß wie ihr Eifer, heidnische Seelen zu retten, war ihre Verachtung für die Hawaiianer und deren Kultur, die sie systematisch auszumerzen versuchten.

Sie waren auf das Schlimmste gefasst und trafen es auch an: Nacktsein in der Öffentlichkeit, „laszive" Hula-Tänze, Polygamie, Glücksspiel, exzessiver Alkoholgenuss, Hurerei mit Seemännern. Alle *kahuna* waren in ihren Augen Quacksalber, alle Hawaiianer hoffnungslose Faulpelze. Da den Insulanern der Gott der Missionare, den sie *Ke Akua* nannten, recht mächtig zu sein schien, ließen sie sich bereitwillig bekehren. Aber das geschah nicht aus innerer Überzeugung, und im Alltagsleben vergaßen sie oft, was die Kirche predigte. Bald entdeckten die Missionare jedoch, dass es etwas gab, das alle interessierte und faszinierte: lesen und schreiben zu können.

Sie entwickelten ein Alphabet für die hawaiische Sprache, und die Neubekehrten lernten in erstaunlich kurzer Zeit das Lesen. Dank ihrer von mündlicher Überlieferung getragenen Kultur verfügten sie über ein gutes Erinnerungsvermögen, und vor allem die *ali'i* erkannten gleich,

---

GESCHICHTE MISSIONARE & WALFÄNGER

Von den acht Monarchen, die in Hawaii regierten, zeugte nur König Kamehamea I. Kinder, die den Thron erbten.

Captain William Brown von der HMS *Butterworth* war der erste Europäer, dem es gelang, durch die enge Hafeneinfahrt zu navigieren. Er nannte sie „Fair Haven", was auf Hawaiisch übersetzt „Honolulu" ergibt.

1879
König Kalakaua legt den Grundstein zum 'Iolani-Palast. Das prachtvolle Gebäude mit Thronsaal, fließendem Wasser und elektrischem Licht kostet 35 000 US$ und wird 1882 fertiggestellt.

1882
Macadamiabäume werden auf Big Island als Ziergehölze angepflanzt. Erst ab den 1920er-Jahren werden ihre Nüsse verzehrt.

1884
Die ersten Ananaspflanzen kommen nach Hawaii.

RICHARD I'ANSON / LONELY PLANET IMAGES ©

» *Ananas*

dass Lesen und Schreiben der Schlüssel zur westlichen Welt und damit zur Macht war. Es heißt, Kamehamehas Gattin, Königin Ka'ahumanu, habe in nur fünf Tagen das Lesen gelernt. Zehn Jahre später konnten bereits zwei Fünftel der Bevölkerung lesen, und Mitte der 1850er-Jahre war das Analphabetentum auf Hawaii geringer als in den USA. Dutzende von Zeitungen in hawaiischer Sprache erschienen.

Zur selben Zeit entdeckten Walfänger im Pazifik Hawaii als ideales Anlaufziel, um Vorräte aufzunehmen und ihren Fang Frachtern, die nach Amerika unterwegs waren, mitzugeben. 1824 legten bereits über 100 Schiffe auf Hawaii an, und in den folgenden drei Jahrzehnten wurden es ständig mehr. Als der Handel mit Sandelholz in den 1830er-Jahren einbrach (nachdem verschwendungssüchtige *ali'i* die Wälder abgeholzt hatten, um ihre Schulden los zu werden), wurden die Walfänger das neue wirtschaftliche Rückgrat der Inseln. Sie liefen vor allem die Häfen von Honolulu und Lahaina an, beeinflussten aber die gesamte Landwirtschaft. Da die Seeleute weder *poi* (zerstampfte Tarowurzeln) noch Brotfrüchte mochten, wurden für sie Rinder gezüchtet sowie Kartoffeln und Grüngemüse angebaut.

Die Matrosen sorgten aber auch für Konflikte, da sie allen Lastern frönten, die die Missionare verteufelten. Angesichts dieser neuen Einflüsse wurde den hawaiischen Anführern klar, dass sie die Sitten, Gebräuche und politischen Vorstellungen der Weißen annehmen mussten, um in dieser Welt nicht unterzugehen.

Das Große Mahele

König Kamehameha III. (Kauikeaouli), nach der Ankunft der Weißen geboren und aufgewachsen, bemühte sich, die traditionelle hawaiische Gesellschaft aufrecht zu erhalten und dabei ein politisches System einzuführen, das auch nach dem Geschmack der Ausländer (vor allem der Amerikaner) war. In Hawaiis absoluter Monarchie gab es für die Untertanen weder Stimmrecht noch Landbesitz. Kein Hawaiianer war je Eigentümer eines Stücks Land gewesen, da die *ali'i* alles zum Gemeinwohl verwalteten. Das störte vor allem amerikanische Patrioten, deren Väter erst vor kurzem als Revolutionäre für das Wahlrecht und das Recht, Land zu erwerben, gekämpft hatten.

1840 präsentierte Kauikeaouli Hawaiis erste Verfassung. Sie sah eine konstitutionelle Monarchie vor, in der auch Volksvertreter ein (eingeschränktes) Mitspracherecht hatten. Er streckte damit den kleinen Finger aus, aber die Weißen wollten die ganze Hand. Und so verabschiedete Kauikeaouli 1848 sein revolutionäres Gesetz zur Landreform, welches als das „Große Mahele" (die große Teilung) in die Geschichte einging.

Das Gesetz unterteilte den Boden in drei Kategorien: in das Land der Krone (das dem König und seinen Nachkommen gehörte), das Land der

1839 brauchten Missionare aus Neuengland fünf Monate, um nach Hawaii zu segeln, spätere Dampfschiffe fünf Wochen. Heute legen Flugzeuge den Weg quer über den amerikanischen Kontinent und den Pazifik nonstop in einem halben Tag zurück.

REISEZEIT

1891	1893	1895	1898
Kalakaua stirbt als letzter männlicher Monarch Hawaiis kinderlos. Seine Schwester Lili'uokalani wird Königin.	Am 17. Januar wird die Königin von einer Gruppe von Geschäftsleuten und mit Hilfe von US-Soldaten gestürzt. Königin Lili'uokalani ergibt sich freiwillig, es fällt kein Schuss.	Robert Wilcox führt die Gegenrevolution zur Wiedereinführung der Monarchie an, die aber scheitert. Als Mitverschwörer wird er unter Hausarrest gestellt.	Am 7. Juli unterzeichnet Präsident McKinley die Resolution, mit der Hawaii als US-Territorium annektiert wird. Der Organic Act von 1900 setzt die Territorialregierung ein.

Anführer (welches die *ali'i* der einzelnen *ahupua'a* verwalteten) und das Land der Regierung (von dem die Allgemeinheit profitieren sollte). 1850 folgte der Kuleana Act, mit dem über 12 000 ha staatlichen Landes an die unteren Klassen verteilt wurden. Ferner bekamen auch Ausländer das Recht, Land zu erwerben.

Man hatte sich erhofft, Hawaii durch das Große Mahele zu einer Nation der Kleinbauern zu machen, aber das ging gründlich schief. Schon das Vermessen und die Festlegung der Grundstücksgrenzen endeten im Chaos. Viele Hawaiianer, denen die Vorstellung, Land zu besitzen, fremd war und die oft nicht einmal in der Lage waren, die Grundstücksteuer zu bezahlen, verzichteten lieber auf ihren Anspruch, als sich auf den damit verbundenen Papierkrieg einzulassen. Und wer es doch tat, hatte vielleicht gar keine Lust, als Tarobauer zu ackern, wollte lieber

KAPI'OLANI KONTRA PELE

Da es nichts gab, was das unter Liholiho abgeschaffte *kapu*-System ersetzte, lebten viele Hawaiianer in der gewohnten Weise weiter. Doch die ersten Missionare, die 1820 gekommen waren, hatten eine Religion im Gepäck, die sich als Alternative zu den früheren Göttern anbot. Eine der ersten Verfechterinnen des Christentums war Kap'iolani, die auf der Kona-Seite von Big Island als Anführerin lebte. Ihre Untertanen waren jedoch nicht sehr begeistert von dem neuen Gott und fürchteten die Rache Peles, der Göttin des Feuers und der Vulkane, wenn sie sie vernachlässigten. Für die Menschen, die in nächster Nähe eines aktiven Vulkans lebten und dessen letzte Eruption 1790 teilweise miterlebt hatten, war dies eine sicherlich verständliche Reaktion.

Als Missionare 1823 Kilauea durchstreiften, beobachteten die Hawaiianer verwundert, wie sie allen alten *kapu* zum Trotz den Vulkankrater untersuchten und 'ohelo-Beeren (die eigentlich Pele vorbehalten waren) aßen, ohne dass ihnen etwas geschah. Das ebnete Kapi'olani den Weg für ihre direkte Konfrontation mit Pele; sie wollte zeigen, dass der christliche Gott der mächtigere war. 1824, so wird erzählt, wanderte sie die knapp 100 km von ihrem Haus bis zum rauchenden Kraterrand. Unbeeindruckt vom Flehen ihrer Untertanen und den Verwünschungen von Peles Priestern stieg sie bei Halema'uma'u in den Vulkanschlot. Inmitten der brodelnden Lava aß sie die geheiligten 'ohelo-Beeren, las Bibelpassagen vor und warf Steine in den Krater. Als die befürchtete Strafe der Götter ausblieb, wurde das als Zeichen der Unterlegenheit Peles gegenüber dem Gott der Missionare ausgelegt.

Diese denkwürdige Szene ist auch im modernen Hawaii noch präsent und wurde in vielen Kunstwerken, darunter Herb Kanes *Kapi'olani Defying Pele* (Kapi'olani fordert Pele heraus), dargstellt. Auch wenn die Story mittlerweile sicher etwas dramatisiert wurde, zeigt sie doch deutlich, wie tief das Vertrauen Kapi'olanis in die neue Religion gewesen sein muss, wenn sie eine mächtige Göttin herausforderte, vor der die alten Hawaiianer einen Heidenrespekt hatten.

1900	**1909**	**1912**	**1916**
Ein zur Bekämpfung der Beulenpest gelegtes Feuer in Chinatown gerät außer Kontrolle. Es legt 15 ha von Honolulu in Schutt und Asche.	Beim ersten größeren Streik auf Hawaii protestieren 5000 japanische Plantagenarbeiter erfolglos dagegen, schlechter bezahlt und härter behandelt zu werden als die portugiesischen Kollegen.	Duke Kahanamoku gewinnt bei den Olympischen Spielen in Stockholm Gold und Silber im Freistilschwimmen. Durch ihn wird die Sportart Surfen weltweit bekannt.	Der Hawai'i National Park wird ausgewiesen. Er umfasste zunächst auch Haleakalā auf Maui und Kilauea sowie Mauna Loa auf Big Island, die später zum Haleakalā bzw. Hawai'i Volcanoes National Park wurden.

KARL LEHMANN / LONELY PLANET IMAGES ©

Tarofelder im Hanalei Valley (S. 574)

Bargeld sehen und verkaufte das Land umgehend an Ausländer, die nur darauf warteten.

30 bis 40 Jahre später gehörten Ausländern trotz aller gesetzlicher Beschränkungen drei Viertel von Hawaii. Die Hawaiianer, die ihre Kultur so bereitwillig und schnell aufgegeben hatten, verloren nun auch die innige Beziehung zu ihrem Land. Der Historiker Gavan Daws schrieb in seinem Standardwerk *Shoal of Time: A History of the Hawaiian Islands*: „Die große Teilung wurde zur großen Enteignung."

Die gut gestaltete, knappe und informative Website www. hawaiihistory.org enthält eine interaktive Zeitschiene (Timeline) mit vielen Links zur Geschichte Hawaiis.

König Zucker & die Plantagen-Ära

Ein weiteres schicksalhaftes Zusammentreffen war, dass ebenfalls 1848 in Kalifornien das erste Gold gefunden wurde. Der Goldrausch setzte ein, schwappte über ganz Nordamerika in Richtung Westen, und seine Ausläufer erreichten auch die Küsten Hawaiis.

Amerikanische Unternehmer (die kräftig Land aufkauften) entdeckten, dass es billiger kam, den Nachschub für die Goldminen in Hawaii anstatt von der Ostküste der USA zu requirieren. So wurden Transport, Bankwesen und Landwirtschaft von Hawaii immer stärker von Auslän-

MARK NEWMAN / LONELY PLANET IMAGES ©

1921
Erlass des Hawaiian Homes Commission Act. Er weist 81 000 ha Land für Parzellen aus, die Hawaiianer mit mindestens 50 % hawaiischem Blut auf 99 Jahre für 1 US$ pro Jahr pachten können.

1925
Erstmals fliegt ein Flugzeug vom amerikanischen Festland nach Hawaii. Elf Jahre später gibt es die ersten Linienflüge.

» *Hawai'i Volcanoes National Park (S. 300)*

dern bestimmt, die außerdem versuchten, mit Zucker Geld zu machen. Der Trend verstärkte sich, als in den 1860er-Jahren die Walfangindustrie einbrach und gleichzeitig im Norden der USA durch den Amerikanischen Bürgerkrieg der Zucker knapp wurde. Schnell avancierte der Zucker zu Hawaiis „weißem Gold".

Waren es 1860 noch zwölf Plantagen, die rund 600 t Zucker exportierten, lieferten 1866 bereits 32 Plantagen 7200 t. Doch nach Kriegsende ging die Nachfrage nach Zucker aus Hawaii zurück. Die Blase platzte. König Kalakaua wurde 1874 zum Thronfolger gewählt und beschwor sofort die USA, die Zölle auf Importzucker aufzuheben, damit der hawaiische Zucker wieder höheren Gewinn brachte. 1876 gaben die USA nach, die Zuckerproduktion boomte erneut und erreichte 1878 schon 26 300 t sowie 1883 sagenhafte 51 700 t.

Um den Zucker profitabel herzustellen, wurden reichlich Billigarbeitskräfte gebraucht. Die nächstliegende Quelle waren die hawaiischen Ureinwohner. Doch selbst, wenn sie willig gewesen wären, hätten sie zahlenmäßig nicht ausgereicht. Vor allem importierte Krankheiten wie Typhus, Grippe, Pocken und Syphilis hatten sie kontinuierlich dezimiert. Von geschätzten 800 000 Hawaiianern, die vor der Ankunft der Weißen auf den Inseln lebten, waren um 1800 nur noch 250 000 – weniger als ein Drittel – übrig; um 1860 waren es nicht einmal mehr 70 000.

Ab den 1850er-Jahren lockten Plantagenbesitzer eine Flut von Wanderarbeitern aus China, Japan, Portugal und den Philippinen nach Hawaii. Die Zuckerproduktion ist längst Vergangenheit auf Hawaii, aber ihr kulturelles Erbe lebt fort. Die Immigranten (s. Kasten S. 653) gewöhnten sich schnell in Hawaii ein und verschmolzen zu einer Multikulti-Gesellschaft, die den Staat bis heute prägt.

Schnell stiegen fünf im Zuckergeschäft groß gewordene Holdinggesellschaften – allgemein bekannt als die Big Five – zu alles kontrollierenden Industrieimperien auf: Castle & Cooke, Alexander & Baldwin, C. Brewer & Co, American Factors und Theo H. Davies & Co. Auf den Direktorensesseln saßen nur Weiße – oft Söhne und Enkel von Missionaren. Aber auch wenn sich ihr Interesse nicht mehr auf die Religion, sondern aufs Geschäft konzentrierte, so kamen sie in einem Punkt zum selben Schluss wie ihre Vorfahren: Die Hawaiianer seien unfähig, sich (im westlichen Sinne) selbst zu regieren. Und hinter geschlossenen Türen schmiedeten die Big Five Pläne, wie sie den Hawaiianern diese Aufgabe abnehmen konnten.

Rebellion & Annektierung

Genau so wie schon andere Monarchen versuchte auch König Kalakaua, die hawaiische Kultur zu beleben und den Nationalstolz zu stärken. Sehr zum Missfallen der weißen Christen rettete er den Hula vor der

Gerald Kinro ist auf einer Kaffeefarm in Kona geboren und aufgewachsen. In *A Cup of Aloha* (2003) schildert er die Kaffeeproduktion und das ländliche Leben auf Hawaii.

Ein Jahrhundert lang war die Reise zur Kalaupapa-Halbinsel auf Moloka'i gleichbedeutend mit einem Todesurteil. John Tayman erzählt die Geschichte der Leprakolonie in *The Colony* (2006) mit Respekt, Leidenschaft und großer Offenheit.

1927	1941	1946	1949
Mit der Eröffnung des 4 Mio. US$ teuren, im maurischen Stil erbauten Royal Hawaiian Hotel, auch „Pink Palace" genannt, beginnt auf Hawaii die Ära des Dampfschifftourismus.	Am 7. Dezember bombardieren japanische Streitkräfte Pearl Harbor und lösen damit den Eintritt der USA in den Zweiten Weltkrieg aus. Der Untergang des Schlachtschiffs USS *Arizona* fordert 2500 Todesopfer.	Am 1. April sucht der bisher schlimmste Tsunami in Hawaiis Geschichte die Inseln heim, ausgelöst durch ein Erdbeben in Alaska, tötet er 159 Menschen und verursacht Sachschäden im Wert von 10,5 Mio. US$.	Hafenarbeiter legen mit einem 177-tägigen Streik den gesamten Schiffsverkehr Hawaiis still. Die ebenfalls streikenden Plantagenarbeiter können den Big Five Konzessionen abringen.

fast schon sicheren Ausrottung und verdiente sich damit den Spitznamen „the Merrie Monarch" (der fröhliche Herrscher). Aber er unternahm nichts, um die Oligarchie der Plantagenbesitzer zu brechen.

Mit Geld ging er sehr verschwenderisch um, so dass er bald auf einem riesigen Berg Schulden saß. Kalakaua wollte sein Königshaus auf einer Ebene mit den anderen Monarchien sehen, ließ ab 1879 den 'Iolani-Palast neu erbauen und sich dort 1883 mit allem Pomp krönen. Ausländische Geschäftsmänner hielten das für verrückte Extravaganzen, aber der König trieb es bald noch bunter. Er liebte spontane Entscheidungen und konnte aus einer Laune heraus sein gesamtes Kabinett entlassen und durch neue Leute ersetzen. Kalakaua wollte Hawaii auf die internationale Bühne bringen und unternahm 1881 eine Weltreise, auf der er viele ausländische Staatsoberhäupter besuchte und vor allem die Beziehungen zu Japan intensivierte. Bei seiner Rückkehr nach Hawaii im November desselben Jahrs war er der erste König, der den Globus umrundet hatte.

Doch die Tage des hawaiischen Königshauses waren gezählt. Der 1875 geschlossene Treaty of Reciprocity, der den hawaiischen Zucker von Zöllen befreit und damit profitabel gemacht hatte, lief aus. Kalakaua weigerte sich, ihn zu verlängern, da eine Klausel nun vorsah, Pearl Harbor den USA als ständigen Marinestützpunkt zu überlassen. Das empfanden die Ureinwohner Hawaiis als Bedrohung der Souveränität ihres Königreichs. Eine monarchiefeindliche Untergrundbewegung namens Hawaiian League, die größtenteils von amerikanischen Anwälten und Geschäftsmännern angeführt wurde, „schenkten" Kalakaua 1887 eine neue Verfassung. Sie nahm der Monarchie fast die gesamte Macht und machte Kalakaua zur Marionette. Außerdem schloss sie Asiaten gänzlich vom Wahlrecht aus und billigte es nur jenen zu, die ein bestimmtes Einkommen oder Vermögen vorweisen konnten. Dadurch durfte praktisch niemand mehr wählen außer den reichen (meist weißen) Geschäftsmännern. Unter Androhung von Gewalt akzeptierte Kalakaua die Verfassung, die später deswegen die „Bayonet Constitution" (Gewehr-Verfassung) genannt wurde. Die USA bekamen ihre Militärbasis in Pearl Harbor, und die Macht der weißen Geschäftsmänner wuchs weiter.

Als Kalakaua 1891 starb, folgte ihm seine Schwester Lili'uokalani auf dem Thron. Die Königin kämpfte gegen die Einflussnahme aus dem Ausland und setzte im Geheimen eine neue Verfassung auf, die den Hawaiianern das Wahlrecht und der Monarchie ihre Privilegien zurückgab. Doch 1893, noch bevor sie ihr Werk präsentieren konnte, brachte das hastig gegründete „Committee of Safety" (Sicherheitskomitee) Schwung in die von der Hawaiian League seit langem ausgeklügelten Pläne, gegen die hawaiische Regierung zu putschen.

Die meisten Plantagen sind verschwunden, aber auf Moloka'i und Lana'i hat die Ananas tiefe Spuren hinterlassen. In Hawai'i's Pineapple Century (2004) beschreibt Jan Ten Bruggencate sehr anschaulich, wie diese Südfrucht Hawaii veränderte.

Mark Twain, der Ende des 19. Jhs. einige Zeit als Korrespondent auf Hawaii tätig war, hat seine Eindrücke auf gewohnt witzige Art festgehalten. Seine Post aus Hawaii ist 2010 auf Deutsch erschienen.

1959	1960	1961	1962
Hawaii wird der 50. Bundesstaat der USA (80 % der Bewohner stimmen dafür); Daniel Inouye aus Hawaii ist der erste US-Kongressabgeordnete japanischer Abstammung.	Ein von Südamerika ausgehender Tsunami zerstört in Hilo über 100 Gebäude und tötet 61 Menschen.	Elvis Presley spielt in Blue Hawaii mit, es folgen Girls! Girls! Girls! und Südsee-Paradies. Diese drei Filme lösen den Tourismusboom im neuen Bundesstaat mit aus.	Der Demokrat John Burns wird zum Gouverneur gewählt, die Demokraten beherrschen bis 2002 alle drei Organe der innerstaatlichen Regierung (Senat und Repräsentantenhaus eingeschlossen).

Die multikulturelle Gesellschaft Hawaiis fiel praktisch als Nebenprodukt des groß angelegten Zuckerrohranbaus im 19. Jh. ab. Auf der Suche nach billigen Arbeitskräften traten die Plantagenbesitzer wahre Einwanderungswellen los. Rund 100 Jahre lang ertrugen die Immigranten gemeinsam die Tretmühle des Plantagenlebens, vermischten und verheirateten sich und gebaren *hapa*-Kinder (*hapa* heißt „halb" oder „gemischt"). Jede Generation übernahm das Pidgin, eine Sprache, die kulturelle Brücken schlug und heute noch gesprochen wird.

Meist wurden den Wanderarbeitern Zwei- oder Dreijahresverträge angeboten, die ihnen einen Monatslohn, Unterkunft und medizinische Versorgung garantierten. Nach Vertragsablauf kehrten einige Arbeiter nach Hause zurück, andere zogen aufs Festland der USA, aber die meisten blieben in Hawaii.

Die ersten Immigranten, die in den 1850er-Jahren eintrafen, kamen aus China. Sie bildeten bereits eine beträchtliche Gruppe von 45 000, als der Zustrom 1882 durch den Chinese Exclusion Act („Chinesen-Ausschluss-Gesetz") der USA eingedämmt wurde. Jede Einwanderergruppe hinterließ auf den Inseln kulturelle Spuren; bei den Chinesen war es der Reis.

Ein stetiger Zustrom vom Ende der 1860er-Jahre bis zum 20. Jh. machte die Japaner mit 180 000 Landsleuten zur stärksten Volksgruppe. Das „Hawaii netsu" (Hawaii-Fieber) wurde von der japanischen Regierung bewusst geschürt. Die meisten Aus- bzw. Einwanderer waren ledige Männer, die sich später, wenn sie auf Hawaii blieben, die berühmte Braut aus dem Katalog bestellten. Japaner waren es auch, die sich als Kaffeefarmer auf Big Island selbständig machten und damit die heute weltberühmte Kaffeeproduktion von Kona vor dem Untergang retteten.

Die nächstgrößere Gruppe (rund 20 000) bildeten die Portugiesen, die ab 1878 angeworben wurden. Wohl auch wegen ihrer europäischen Herkunft wurden sie besser behandelt als die Asiaten. Sie bekamen höhere Löhne und wurden gerne als *luna* (Aufseher) über die asiatischen Landarbeiter eingesetzt. Als sich die Japaner über diese Vorzugsbehandlung beklagten, lösten sie 1909 den ersten organisierten Arbeiterstreik auf Hawaii aus.

Nach der Jahrhundertwende kamen Koreaner und ein wahrer Ansturm von Filipinos. Wie schon andere vor ihnen, fanden auch die insgesamt rund 100 000 Filipinos die Plantagenarbeit erheblich härter, als ihnen vorgegaukelt worden war. Auch sie entwickelten sich zu einer treibenden Kraft der eben aufkeimenden Arbeiterbewegung.

In den 1930er-Jahren hatte sich der Zustrom der Arbeiter auf ein Tröpfeln reduziert, auch wenn die Zuckerproduktion noch weitere 30 bis 40 Jahre lang Hawaiis wirtschaftlicher Motor und kultureller Schmelztiegel blieb.

Das Committee bat den US-Außenminister John Stevens um Unterstützung, der prompt 150 Marines anwies, in Honolulu Harbor an Land zu gehen, „nur um amerikanische Staatsbürger im Fall von Widerstand

1962	**1964**	**1968**	**1970**
Am Ka'anapali Beach wird Hawaiis erste Ferienanlage außerhalb von Waikiki gebaut.	Das multiethnische Hawaii dient US-Präsident Kennedy als Vorbild für das entscheidende neue Bürgerrechtsgesetz (Civil Rights Act).	*Hawaii Fünf-Null* beginnt seinen 12-jährigen Siegeszug als eine der langlebigsten Krimiserien des amerikanischen Fernsehens.	Die Zahlen in der Tourismusbranche erreichen 1 Milliarde US$ Umsatz.

zu schützen". Die eigene, 150 Mann starke Kampftruppe des Committees umstellte den 'Iolani-Palast und forderte Königin Liliʻuokalani auf herauszukommen. Da sie kein stehendes Heer hatte und Blutvergießen vermeiden wollte, beugte sie sich ihrem Schicksal.

Nach dem Staatsstreich bildete das Committee of Safety eine Übergangsregierung und bat die USA um Annektierung. Zu ihrer Überraschung lehnte der neu gewählte US-Präsident Grover Cleveland ab: Er verurteilte den Putsch als illegal, unter falschen Vorgaben und gegen den Willen des hawaiischen Volkes begangen und forderte die Wiedereinsetzung von Königin Liliʻuokalani. Die Rebellen waren düpiert, aber uneinsichtig und riefen nun ihre eigene Nation aus, die Republic of Hawaii.

In den folgenden fünf Jahren kämpfte Königin Liliʻuokalani um ihre Rückkehr (zeitweilig vom Gefängnis aus) – erfolglos. 1898, unter dem neuen Präsidenten William McKinley, annektierten die USA die Republic of Hawaii als ein US-Territorium. Zur Rechtfertigung dieses imperialistischen Akts verwiesen sie auf den Spanisch-Amerikanischen Krieg, der im selben Jahr ausgebrochen war und die strategische Bedeutung der Inseln als Militärbasis im Pazifik erheblich steigerte. Falls die USA Hawaii nicht aufnahm, so befürchteten manche, würde es eine andere Großmacht im Pazifik (zum Beispiel Japan) tun.

Weiße Schiffe & Beachboys

Die Jahre nach der Annektierung brachten einen wirtschaftlichen Aufschwung, der von Zuckerrohr, Ananas und vor allem von Touristen getragen wurde. W.C. Weedon, der Besitzer des Hotels Moana (dem zweiten Hotel von Waikiki), fuhr 1901 zu einer Werbetour nach San Francisco, im Gepäck ein Stereoptikon (Vorläufer eines Diaprojektors), mit dem er Daguerreotypien von Palmenstränden und lächelnden Eingeborenen zeigte. 1903 unternahmen bereits 2000 Besucher die fast fünf Tage lange Seereise nach Hawaii. Sie verließen San Francisco an Bord eines schneeweißen Dampfschiffs der Matson Navigation Company und läuteten damit die „Ära der weißen Schiffe" ein. Erst ab Mitte der 1930er-Jahre setzte sich allmählich das Flugzeug als Transportmittel durch. Die typischen Hawaii-Klischees – mit Blumenketten behängte Besucher, die auf einem *luau* (traditionellen Fest) Hula tanzen, braungebrannte Beachboys, die vor dem Diamond Head durch die Wellen brettern, die Melodien der *hapa haole*-Musik – wurden in dieser Zeit etabliert und propagiert.

Es funktionierte. In Waikiki, das bis Ende des 19. Jhs. ein den *aliʻi* zur Erholung vorbehaltenes Feuchtgebiet war, schossen die Hotels aus dem Boden. Die Sümpfe wurden trocken gelegt, und die Eröffnung des Pink Palace (Royal Hawaiian Hotel) 1927 verwandelte Waikiki in einen

1971

Das 1964 während der Hawaii-Renaissance ins Leben gerufene Merrie Monarch Festival trägt die erste Hula-Meisterschaft aus.

1976

Aktivisten besetzen Kahoʻolawe; die Holukeʻa, ein Nachbau eines alten polynesischen Kanus, segelt nach Tahiti. Beides befeuert das neue politische und kulturelle Bewusstsein.

EMILY RIDDELL / LONELY PLANET IMAGES ©

» *Merrie Monarch Festival (S. 283)*

Treffpunkt der Reichen und Schönen. Prominente Besucher wie Groucho Marx, Shirley Temple, Bing Crosby und Clark Gable trugen weiter zu Hawaiis Prestige als Luxusferieninseln bei. Es war die Ära von Duke Kahanamoku, dem Schwimm-Olympiasieger, Filmstar und inoffiziellen „Botschafter des Aloha", der das Wellenreiten in der ganzen Welt bekannt machte. Auf dem amerikanischen Festland brach 1934 mit der Eröffnung von Don the Beachcomber's Restaurant in Hollywood der Tiki-Kult los. Alle flogen auf den polynesischen Folkloreschnickschnack, mit dem das Restaurant eingerichtet war. 1941 verzeichnete Hawaii über 30 000 Besucher.

Pearl Harbor & das „japanische Problem"

In den Jahren vor dem Zweiten Weltkrieg bereitete der US-Regierung das „japanische Problem" in ihrem Hawaii-Territorium zunehmend Kopfzerbrechen. Wie würden sich die japanischen Einwanderer der ersten *(issei)* und zweiten *(nisei)* Generation verhalten, die 40 % der Inselbevölkerung ausmachten? Würden sie im Kriegsfall auf Japans Seite stehen und Pearl Harbor sabotieren, oder würden sie die USA verteidigen?

Dann überfielen und bombardierten 47 Schiffe und U-Boote sowie 441 Flugzeuge im Rahmen eines japanischen Überraschungsangriffs am 7. Dezember 1941 militärische Anlagen auf O'ahu. Ihr Hauptziel war Pearl Harbor, der wichtigste Marinestützpunkt der USA im Pazifik. Unter anderem wurden neun Schlachtschiffe versenkt, sieben Schlachtschiffe, Kreuzer und Zerstörer beschädigt und über 3000 Militärangehörige und Zivilpersonen verletzt oder getötet. Mehr über diese Invasion steht auf S. 98.

Als Reaktion auf diesen brutalen Anschlag traten die USA in den Zweiten Weltkrieg ein. Die Armee übernahm auf Hawaii das Kommando, das Zivilrecht wurde aufgehoben und dafür das Kriegsrecht ausgerufen. Rund 1500 japanischstämmige Hawaiianer wurden verhaftet und in Internierungslager gesteckt.

Mit vereinten Kräften gelang es Hawaii jedoch, dem Druck der US-Regierung unter Präsident Roosevelt zu widerstehen, die auf eine Massenverfolgung der Japaner pochte. An der Westküste der USA wurden derartige Kampagnen durchgeführt, und auf dem Festland landeten schließlich rund 110 000 Japaner in Lagern. Von den 160 000 japanischen Einwohnern auf Hawaii blieb der Mehrheit dieses Schicksal erspart, doch sie mussten sich rassistische Ausfälle und Zweifel an ihrer Staatstreue gefallen lassen.

1943 machte die Regierung einen Rückzieher und genehmigte sogar die Aufstellung einer rein japanischen Militäreinheit, dem 100. Infanteriebataillon. Über 10 000 *nisei* meldeten sich freiwillig für die 3000

1936 hübschte der Modedesigner Ellery Chun ein *palaka* (einfarbiges Hemd der Plantagenarbeiter) mit bunten Blumendrucken auf, machte den Schnitt etwas lässiger und taufte sein Werk „Hawaii-Hemd". Der Rest ist Geschichte.

1978	1983	1983	1992
Die Constitutional Convention richtet das Office of Hawaiian Affairs (OHA) als Treuhänder für die hawaiischen Home Lands ein, die den Ureinwohnern Hawaiis zu Gute kommen sollen.	Die Bevölkerung von Hawaii erreicht eine Million Menschen.	Der Vulkan Kilauea tritt in den aktuellen, bisher längsten aufgezeichneten Eruptionszyklus ein. Durch Ausbrüche werden das Dorf Kalapana, die Küstenstraße nach Puna und weitere Gebäude zerstört.	Am 11. September ereilt der Wirbelsturm 'Iniki die Insel Kaua'i, zermalmt 1300 Gebäude, beschädigt weitere 5000 und verursacht insgesamt 1,6 Mrd. US$ Schaden. Vier Menschen werden getötet.

Mann starke Truppe. Zusammen mit der ebenfalls rein japanischen Kampftruppe des 442. Regiments kämpften sie in Europa und kehrten als zwei der am höchsten dekorierten Einsatztruppen der gesamten US-Militärgeschichte wieder nach Hause zurück. Nach Kriegsende erklärte Roosevelt diese Soldaten zu einem Beispiel dafür, dass „Amerikanismus eine Sache der Einstellung und des Herzens", nicht der „Rasse oder der Abstammung" sei.

Diese gut gemeinte Aussage wurde in den 1950er-Jahren oft auf die Probe gestellt. Doch die einzigartige multikulturelle Gesellschaft Hawaiis hatte den Krieg trotz harter Anfechtungen überstanden. *Nisei* und andere Kriegsveteranen stiegen in der Nachkriegszeit zu höchsten Positionen in Hawaiis Politik und Wirtschaft auf. Zu ihnen gehört auch Senator Daniel Inouye, das dienstälteste Mitglied im US-Senat.

The Island Edge of America (2003) von Tom Coffman schildert die Geschichte Hawaiis im 20. Jh. und zeigt, welche Rolle japanische Immigranten und der Zweite Weltkrieg dabei spielten.

Eingliederung als Bundesstaat

Von Anfang an war das Territorium Hawaii bestrebt, ein US-Bundesstaat zu werden. Aber diesbezügliche Anträge wurden abgelehnt, da die US-Politiker noch nicht so weit waren, eine Vielvölkergesellschaft mit asiatischer Dominanz als gleichwertigen Partner zu akzeptieren. Nach dem Zweiten Weltkrieg und während des Kalten Kriegs beschworen vor allem Demokraten aus dem Süden der USA Horrorvisionen von der „Gelben Gefahr" (mit der sie das imperialistische Japan meinten) und kommunistischer Infiltration (durch Russen, Chinesen und Gewerkschaften) herauf, denen man durch die Anerkennung Hawaiis als Bundesstaat Tür und Tor öffnen würde. Außerdem befürchteten sie, dass in Hawaii asiatischstämmige Volksvertreter gewählt würden, die dann gegen die damals in den USA noch legale Rassentrennung kämpfen. Die Befürworter sahen die bundesstaatliche Eingliederung Hawaiis als einen wichtigen Schritt zur Durchsetzung der Bürgerrechte, der beweisen würde, dass in den USA tatsächlich „gleiches Recht für alle" gilt.

Ende der 1950er-Jahre wetteiferten Hawaii und Alaska (dessen Bewerbung ebenfalls abgeschmettert worden war) um die Anerkennung als 49. Bundesstaat der USA. Alaska hatte die Nase vorn und wurde im Juni 1958 aufgenommen. Doch Hawaii musste nicht mehr lange warten; schon acht Monate später, im März 1959, stimmte der Kongress erneut ab, und Hawaii hatte es geschafft. Am 21. August unterzeichnete Präsident Eisenhower das entsprechende Papier, welches Hawaii offiziell zum 50. Bundesstaat der USA erklärte.

Ein paar Jahre später kommentierte Präsident John F. Kennedy das relativ harmonische multiethnische Zusammenleben auf den Inseln mit der Bemerkung „Hawaii ist das, was die USA als Ziel anstreben". Mehr als nur symbolischen Charakter hatte das Engagement der bei-

1992–96	1993	2000	2002
Die beiden größten Infrarot-Spiegelteleskope der Welt, Keck I und II, werden 1993 auf dem Mauna Kea installiert.	Am 100. Jahrestag des Sturzes der hawaiischen Monarchie unterzeichnet Präsident Bill Clinton die „Apology Bill" und gibt damit zu, dass die USA an dem illegalen Putsch beteiligt waren.	Senator Daniel Akaka legt den Native Hawaiian Government Reorganization Act (Akaka Bill) vor, welche die Anerkennung der Ureinwohner Hawaiis als eigene Volksgruppe fordert.	Mit Linda Lingle bekommt Hawaii nach 40 Jahren wieder einen republikanischen Gouverneur. Sie wird 2006 wiedergewählt.

HAWAIISCHE SOUVERÄNITÄT & DIE AKAKA BILL

Im Februar 2000 führte Hawaiis Senator Daniel Akaka den Native Hawaiian Government Reorganization Act (Gesetz zur Reorganisierung der Regierung der Ureinwohner Hawaiis) wieder ein, der als Akaka Bill bekannt wurde. Er sollte den legalen Rahmen für eine Regierung der hawaiischen Ureinwohner schaffen und deren Anerkennung auf nationaler Ebene fördern. Damit hätten die Ureinwohner Hawaiis einen ähnlichen legalen Status wie die amerikanischen Indianer bekommen.

Viele Hawaiianer wünschen sich die Anerkennung der Ureinwohner Hawaiis als eigene Volksgruppe, aber es gibt unterschiedliche Meinungen darüber, wie die „hawaiische Souveränität" letztendlich aussehen soll. Die Befürworter der Akaka Bill betonen, dass das Gesetz noch keine Regierung einsetzt, sondern nur die Vorbedingungen dafür schafft. Es regelt keine Wiedergutmachungsansprüche, sieht keine Enteignungen vor und schafft keine Reservate. Es erlaubt keine Spielbetriebe. Und es ermuntert Hawaii auch nicht dazu, sich von den USA abzusondern.

Die Einsetzung einer Regierung der Ureinwohner ist laut Senator Akaka „wichtig für alle Einwohner Hawaiis, denn so können wir endlich die Probleme, die seit dem Sturz des Königreichs Hawaii bestehen, lösen". Anlässlich des 100. Jahrestags des Umsturzes 1993 hat sich Präsident Bill Clinton dafür offiziell entschuldigt.

Zwei Modelle der Souveränität stehen hauptsächlich zur Diskussion: Entweder wird eine Art „Staat im Staat" geschaffen, ähnlich wie es den amerikanischen Indianerstämmen zugestanden wurde. Oder man gewährt den hawaiischen Ureinwohnern die totale Souveränität und weist bestimmte Teile der Inseln als autonome Gebiete aus.

Beide Alternativen werfen die schwierige Frage auf, wer überhaupt zu den „Ureinwohnern Hawaiis" zählt und welche Gebiete ihnen zustehen. Aber zumindest gibt es schon Lösungsansätze. Der Bundesstaat Hawaii ist Treuhänder der Insel Kahoʻolawe (s. S. 462) sowie von einer halben Million Hektar „abgetretener Grundstücke" und gesetzlich verpflichtet, sie zum Wohl der Ureinwohner Hawaiis zu verwenden. Außerdem existieren von den Ureinwohnern Hawaiis umfangreiche genealogische Datenbanken. Bei einem anderen Rückführungsprogramm, dem Hawaiian Home Lands, genügt der Nachweis, dass mindestens eine Hälfte der Vorfahren Ureinwohner Hawaiis waren.

Als Präsident Barack Obama seine Unterstützung signalisierte, stiegen die Hoffnungen, dass die Akaka Bill verabschiedet wird. Sie schaffte es im Februar 2010 im Repräsentantenhaus, wurde aber vom Senat im Dezember 2010 abgelehnt. Senator Akaka will sich jedoch weiterhin mit aller Kraft für die offizielle Anerkennung der Ureinwohner Hawaiis einsetzen.

den neuen Senatoren aus Hawaii (wie auch der beiden aus Alaska), welches zur Verabschiedung des epochalen Civil Rights Act (Bürgerrechtsgesetz) 1964 beitrug. Wie erhofft, hatte die Ernennung zum Bundesstaat sofortige wirtschaftliche Auswirkungen. Und wieder einmal passte das Timing perfekt.

2006	2008	2010	2011
Ein Erdbeben der Stärke 6,7 verwüstet das Mauna Kea Beach Hotel und viele wichtige Bewässerungskanäle in Nord-Kohala.	Mit Obama bekommen die USA ihren ersten Präsidenten, der in Hawaii geboren und aufgewachsen ist. In seinem Heimatstaat gewinnt er 72 % der Stimmen – mehr als in jedem anderen Bundesstaat.	Der Demokrat Neil Abercrombie, ein ehemaliges Mitglied des US-Kongresses, wird Gouverneur von Hawaii.	Der Tsunami vor der japanischen Küste richtet auch in Hawaii, vor allem auf Big Island, Schäden in Millionenhöhe an.

Der Niedergang der Zucker- und Ananasindustrie in den 1960er-Jahren, an dem die von den hawaiischen Gewerkschaften erstrittenen Zugeständnisse nicht unschuldig waren, hatte die Wirtschaft des neuen Bundesstaats in die Krise gestürzt. Doch nun gab es Düsenflugzeuge (und Menschen, die sich ein Flugticket leisten konnten), so dass Hawaii auf andere reiche Ernte hoffen konnte – im Tourismus. Die Branche explodierte, ein Bauboom setzte ein, und der Zenit ist noch lange nicht erreicht. 1959 kamen 175 000 Besucher nach Hawaii, 1968 waren es 1,2 Millionen. 1970 erwirtschaftete der Tourismus über 1 Milliarde US$, das Vierfache des Umsatzes in der Landwirtschaft.

Schon seit Mark Twains Besuch in den 1860er-Jahren galt Hawaii allgemein als Paradies auf Erden, als üppiger, sinnlicher, aber ungefährlicher Garten Eden. Doch nun brach ein regelrechter Tiki-Kult aus. Das Erbe der Ureinwohner wurde ausgegraben, entstaubt und kommerziell ausgeschlachtet. Die weißen Touristen sollten auf Hawaii genau die romantischen Klischees vorfinden, die ihnen ihre Phantasie (und die Medien) vorgaukelten.

Die Bewohner Hawaiis

Alles, womit man „Hawaii" assoziiert, stimmt irgendwie. Das Paradies mit weißen Sandstränden, smaragdgrünen Klippen, azurblauem Meer, relaxten Ukulele-Spielern, halbnackten Hula-Tänzerinnen und braungebrannten Surfern existiert tatsächlich.

Aber hinter dieser Ansichtskartenidylle pulsiert das andere Hawaii, ein Land, in dem Menschen arbeiten und ein ganz normales Leben führen, mit Einkaufszentren, Müllkippen und Industriegebieten, mit stereotypen Wohnsiedlungen, Militärstützpunkten und biederen Kleinstädten. In vielem gleicht es dem Rest der USA, und Besucher, die Elvis Presleys *Blaues Hawaii* im Kopf haben, sind überrascht, in einem modernen Land mit Autobahnen, McDonald's und Pier 1 (dem amerikanischen Ikea) zu landen. Nein, die Hawaiianer leben definitiv nicht mehr in Grashütten (auch wenn sich manche wahrscheinlich danach zurücksehnen).

Wie eine dicke Schicht Schminke verdecken Tourismus und Konsum Hawaiis wahres Gesicht. Geografisch wie kulturell liegen die Inseln fernab vom Mainstream und sind stolz auf ihre einmalige Mischung aus östlichen, westlichen und ozeanischen Traditionen. Nur selten klappt das Miteinander so vieler verschiedener ethnischer Gruppen (von denen keine zahlenmäßig dominiert) so gut. Natürlich gibt es Reibungspunkte, aber vielleicht hat die isolierte Lage dieser vielen kleinen Inseln dazu beigetragen, dass sich ihre Bewohner respektvoll und mit dieser von Aloha durchdrungenen Haltung begegnen. „Wir sitzen alle im gleichen Boot" ist auch bei den Hawaiianern eine beliebte Redensart; unabhängig von ihrer Abstammung und ihrem Background verbindet sie das gemeinsame Bewusstsein, an einem der schönsten und spannendsten Orte der Erde zu leben.

Hawaii fühlt sich von seinen 49 Bruderstaaten oft übersehen (Alaska vielleicht ausgenommen, das sich wahrscheinlich genauso als „Exot" vorkommt), ist aber gleichzeitig ganz zufrieden mit seiner Außenseiterrolle. Das ist einerseits positiv, weil dadurch die Individualität des Bundesstaats erhalten bleibt, andererseits auch negativ, weil es diese „Wir/Ihr-Mentalität" fördert, die im Extremfall zu Separatismus und Diskriminierung führt. Vom Festland Zugezogene bleiben fast immer Außenseiter, auch wenn sie schon länger auf den Inseln leben. Lautes, selbstsicheres Auftreten empfinden Hawaiianer als negativ; sie gehen einer Konfrontation lieber aus dem Weg oder halten den Mund, um „ihr Gesicht zu wahren". Dazu passt, dass die leidenschaftlichsten und rhetorisch besten Redner bei Kundgebungen, Versammlungen usw. meist vom Festland stammende Aktivisten sind. Da die Einheimischen solchen Leuten, die ihnen sagen wollen, was für Hawaii das Beste ist, mit (begründetem) Misstrauen begegnen, können sie so lange in Ha-

Mary Kawena Pukuis *Folktales of Hawai'i* (1995) mit Illustrationen des hawaiischen Künstlers Sig Zane ist eine unterhaltsame zweisprachige (Englisch und Hawaiisch) Sammlung alter Fabeln, Parabeln und fantastischer Geschichten.

MÄRCHEN

MAHU

Alles über *mahu* und Besonderheiten der hawaiischen Religion steht in Thomas Achelis' *Mythologie, Magie, Geheimbünde und Kulte von Hawaii* (2006).

waii leben, wie sie wollen – sie werden nie richtig dazugehören. Wer als Fremder auf Hawaii etwas erreichen will, sollte mit Respekt und viel Aloha auf die Menschen zugehen, die auf den Inseln geboren und groß geworden sind.

Zwischen dem Leben in Honolulu und dem auf den Nachbarinseln liegen Welten. Honolulu ist eine weltoffene Metropole, die Bewohner geben sich modebewusst und sind technisch auf dem neuesten Stand. Honolulu hat Sportstadien, die größte Universität und ein (wenn auch zahmes) Nachtleben. Kaua'i, Maui, Big Island, Lana'i und vor allem Moloka'i gelten als provinziell oder „da boonies" (dabei ist der Lebensraum auf den kleinen Inseln so komprimiert, dass auch ländliche Gebiete nie weit von der nächsten Stadt entfernt liegen, und es gibt auch keine großen Flächen unberührter Natur mehr).

Fakt ist aber, dass die Bewohner dieser Inseln weniger Wert auf ihre Kleidung legen, mehr Pidgin sprechen und noch stärker mit den Konventionen aus der Plantagenära verhaftet sind. Nicht ein Lexus ist ihr Statussymbol, sondern ein Monstertruck, ein aufgetunter Geländewagen. Auch auf O'ahu geht die *'ohana* (Familie) über alles, aber auf den Nachbarinseln ist sie tatsächlich noch Lebensmittelpunkt. Beim Kennenlernen fragen Einheimische nicht „Was machst du?", sondern „Wo hast du deinen Schulabschluss gemacht"; so, wie ihre Vorväter einst ihre Stammbäume verglichen, definieren sie sich heute nicht über ihre Erfolge, sondern über die Gemeinschaften, zu denen sie gehören: Familie, Schule, Dorf, Insel. Und wenn sich zwei Hawaiianer im Ausland irgendwo treffen, haben sie automatisch eine Gemeinsamkeit, nämlich die Liebe (und manchmal auch das Heimweh) zu ihrer Insel. Egal, wo sie sind, werden sie immer ein Mitglied der großen Hawaii-*'ohana* bleiben.

WHO'S WHO

» **Hawaiianer(in)** – jemand mit urhawaiischen Wurzeln. Generell alle Einwohner von Hawaii als Hawaiianer zu bezeichnen, ist ein Fauxpas, denn damit nimmt man den Ureinwohnern ihren Status als eigene Volksgruppe.

» **Einheimische(r)** – jemand, der in Hawaii aufgewachsen ist. Wenn er später auswandert, wird er trotzdem weiterhin (meistens) als Einheimischer gelten. Einwohner (s. unten), die hierhergezogen sind, können nie Einheimische werden. Wenn sie als „Beinahe-Einheimische" tituliert werden, ist das ein Kompliment (auch wenn es die „Wir/Ihr-Mentalität" unterstreicht).

» *Malihini* – „Neuling", jemand, der gerade nach Hawaii gekommen ist und dort leben will.

» **Einwohner(in)** – jemand, der in Hawaii lebt, aber nicht unbedingt dort geboren und aufgewachsen ist. Manche wohnen vielleicht schon seit Jahren hier, haben aber die „einheimische" Mentalität noch nicht verinnerlicht.

» *Haole* – Weiße, bestehend aus den Untergruppen Mainland Haole (Weiße vom Festland) und Local Haole (einheimische Weiße mit Ausnahme der Portugiesen).

» *Hapa* – heißt auf Hawaiisch „halb" und bezeichnet Menschen nicht reinrassiger Abstammung. Ein *hapa haole* hat sowohl weiße als auch andere (hawaiische oder asiatische) Vorfahren.

» *Kama'aina* – wörtlich „Kind des Landes" – bezeichnet die Zugehörigkeit zu einem Ort. Jemand, der in Hilo geboren ist, ist ein *kama'aina* von Hilo und hat eine starke Bindung zu dieser Stadt. Gut zu wissen: Wenn von „*kama'aina* discounts" die Rede ist, sind Rabatte für Einwohner von Hawaii gemeint (also für jeden, der einen hawaiischen Führerschein besitzt).

Wer nach Hawaii kommt, wird dieses Wort öfter hören (vor allem, wenn er ein Bleichgesicht ist). Je nach Tonfall und Gesprächszusammenhang kann es rein sachlich, freundlich oder auch beleidigend gemeint sein. Ursprünglich bedeutete *haole* soviel wie „fremd" und bezeichnete Personen oder Objekte, die auf den Inseln unbekannt waren. Später bürgerte es sich als Bezeichnung für hellhäutige Menschen ein.

Niemand weiß, wie die Ureinwohner Hawaiis auf das Wort kamen, um James Cook und seine Mannschaft zu beschreiben. Eine oft favorisierte Erklärung ist, dass der britische Seefahrer mit den Einheimischen kein *honi* machte (keinen Atem teilte). Früher – und manchmal auch heute noch – begrüßten sich die Hawaiianer, indem sie ihre Stirnen aneinander legten und synchron atmeten. Der Atem (auf Hawaiisch *ha*) gilt als Symbol der Lebenskraft und das gemeinsame Atmen als respektvolle Willkommensgeste. Aber die Briten hielten auf Distanz und begnügten sich mit einem Händedruck, was erklären würde, warum sie abwertend *haole* (ohne Atem) genannt wurden. Eine zweite Hypothese ist, dass die Briten ein Gebet mit dem Wort „Amen" beschlossen, anstatt wie die Einheimischen nach dem *pule* (Gebet) dreimal tief Luft zu holen.

Sprachexperten bezweifeln beide Erklärungen. In der hawaiischen Sprache kann sich die Bedeutung eines Worts schon durch die Länge eines Vokals oder einen stummen Kehllaut verändern. Die korrekte Übersetzung für „ohne Atem" ist *ha'ole*, nicht *haole*. Die Transkription alter Lieder legt nahe, dass *haole* einfach nur „fremd" bedeutet und schon vor der Ankunft der Briten als Wort in Umlauf war.

Wie dem auch sei, heute bedeutet das Wort jedenfalls „weißer Mensch" und meint damit vor allem Europäer (die hawaiischen Portugiesen ausgenommen). Wer so genannt wird, sollte nicht gleich vor Wut rot anlaufen (als sollte man die Indianer outen), denn oft wird *haole* rein deskriptiv gebraucht – z. B. für die neutrale Frage „Siehst du den weißen Typ da drüben?". Manchmal wird es humorvoll eingeschoben, z. B. wenn jemand fragt „Howzit haole boy/girl!" (Alles klar, weiße(r) Mann/Frau?), und gelegentlich nennen sich auch manche weiße Hawaiianer selbstironisch *haole*.

Aber in seltenen Fällen bekommt es tatsächlich einen rassistischen Beigeschmack. Wer als *stupid haole* beschimpft wird, kann sicher sein, dass sowohl seine Intelligenz als auch seine Abstammung nicht sehr hoch eingeschätzt werden.

Irgendwo dazwischen liegt die Bedeutung des Ausdrucks *to act haole* (sich *haole* benehmen). Er wird für Menschen jeder Hautfarbe verwandt, die sich arrogant, eingebildet oder unverschämt aufführen, und spiegelt die Erfahrungen der Einheimischen mit nervigen Touristen und Zugezogenen wider. Wer also gesagt bekommt „stop acting *haole*" sollte lieber mal die Klappe halten.

Multikulturalismus

Die Präsidentschaftswahlen 2008 in den USA waren für Hawaii sehr aufregend, da auch ein Sohn der Inseln kandidierte. Er hatte die volle Unterstützung der Einheimischen, da er mit seiner Ruhe und dem Respekt für andere die hawaiischen Werte repräsentierte. Außerdem konnte Barack Obama bodysurfen und nahm seine *'ohana* sehr ernst; als seine in Honolulu lebende Großmutter kurz vor den Wahlen im Sterben lag, unterbrach er seine Kampagne für ein paar Tage, um mit einem letzten Besuch von ihr Abschied zu nehmen. Das sind Dinge, die für die Einheimischen zählen. Dagegen war ihnen überhaupt nicht wichtig, was die ganzen restlichen USA beschäftigte: die Hautfarbe.

Obamas gemischtrassige Abstammung wurde kaum erwähnt – schließlich ist das in Hawaii gang und gäbe. Ein Erbe der Plantagenära ist Hawaiis unbekümmerte Mix-and-match-Mentalität; kulturelle Unterschiede werden akzeptiert, oft sogar sorgfältig gepflegt, belasten aber nie das Zusammenleben. Diese relaxte Haltung und die da-

In *Märchen aus Hawaii* (2007) hat Manfred Miethe die wichtigsten Sagen und Mythen der Inseln gesammelt.

LEE FOSTER / LONELY PLANET IMAGES ©

Der Inbegriff hawaiischer Künste: Hier werden *leis* gebunden.

raus resultierende kulturelle Vielfalt ist vielleicht der typischste und schönste Aspekt des Lebens hier.

Je nach Sichtweise ist Honolulu die asiatischste Stadt Amerikas oder die amerikanischste Stadt Polynesiens. Hawaii hat eine ebenso große (und besser vermischte) Völkervielfalt wie Kalifornien, Texas oder Florida, jedoch ohne deren afrikanische und lateinamerikanische Ethnien, die die US-Kultur so stark prägen.

Bei den älteren Einheimischen sind die Werte aus der Plantagenära noch sehr präsent und bestimmen ihre sozialen Hierarchien und Kontakte. Damals waren Weiße reiche Plantagenbesitzer, und noch lange danach kursierten unter den Minderheiten Witze über die *haole*-Bosse und ihre Privilegien. Doch die jüngeren Generationen können damit oft nichts mehr anfangen (auch wenn sie weiterhin Pidgin sprechen). Durch Heirat wuchsen die verschiedenen Volksgruppen immer enger zusammen, und nicht selten können Einheimische als Vorfahren vier oder fünf verschiedene Nationalitäten aufzählen – z. B. hawaiisch, chinesisch, portugiesisch, philippinisch und *haole*.

> Was es heute bedeutet, Hawaiianer zu sein, dokumentiert die scharfsinnige Journalistin Sally-Jo Bowman in *The Heart of Being Hawaiian* (2008) anhand von Artikeln und Interviews, die das Thema einfühlsam, aber unsentimental beleuchten.

Religion & sexuelle Orientierung

Die Toleranz und Akzeptanz verschiedener Ethnien erstreckt sich auch auf deren Religion und Sexualleben. Die große Mehrheit der Einheimischen ist christlich, doch es gibt auch große buddhistische Gemeinden und kleinere jüdische, muslimische und hinduistische Gruppierungen. Die verschiedenen Glaubensgemeinschaften respektieren sich gegenseitig, und selbst überzeugte Christen sehen ihre Religion nicht allzu orthodox. Viele Urhawaiianer kombinieren ihre christliche Überzeugung mit Elementen ihrer traditionellen Religion. Obwohl Hawaii sich bei der politischen Gleichsetzung Homo- und Transsexueller viel Zeit ließ (was an der christlichen Mehrheit und einem starken mormonischen Einfluss lag), wurden diese im Alltagsleben kaum diskriminiert. In der

» Wer es nicht richtig gut beherrscht, sollte auf keinen Fall versuchen, Pidgin zu sprechen.

» *Shakas* (Winken auf Hawaiisch: locker aus dem Handgelenk, dabei dem Gegrüßten in die Augen schauen und lächeln) können jederzeit großzügig verteilt werden.

» Beim Betreten einer Wohnung werden die Schuhe ausgezogen (die meisten tragen sowieso Gummilatschen, in die sie ruckzuck rein- und rausschlüpfen können, und Socken braucht hier niemand).

» Aufbrezeln überflüssig! Wenn sich ein Einheimischer in Schale wirft, zieht er eine Freizeithose und ein Hawaiihemd von Tommy Bahama an.

» Wer ständig die USA als Vergleich erwähnt, outet sich als Ignorant. Auch wenn es nicht so aussieht: Hawaii ist ein Teil der USA!

» Bevor man auf Privatgrundstücken Obst oder Blumen pflückt, sollte man um Erlaubnis fragen.

» Nicht drängeln! Wer nervt, bekommt zwar, was er will (zumindest dieses eine Mal), aber ohne Aloha.

» Sportliche Fahrer sollten sich auf Hawaii zurückhalten. Die Einheimischen fahren meist gemütlich, da sie es sowieso nicht weit haben. Also immer schön langsam – nicht nur beim Fahren.

» Wenn nicht gerade Lebensgefahr besteht, wird nicht gehupt. Nichts bringt einem so sicher ein *stink-eye* (böser Blick) ein wie Hupen.

» Wer Maui, Kaua'i, Moloka'i, Lana'i und Big Island als „outer islands" (äußere Inseln) bezeichnet, gilt als „O'ahu-zentrisch". „Neighbour islands" (Nachbarinseln) ist dagegen völlig okay, da damit immer alle Inseln mit Ausnahme des momentanen Standorts gemeint sind.

» Bemühungen, hawaiische Worte und Namen korrekt auszusprechen, werden immer mit Wohlwollen registriert (auch wenn's nicht klappt). Wer nicht weiß, wie etwas ausgesprochen wird, fragt einfach nach – mit etwas Übung gehen einem selbst längere Namen flott über die Lippen.

» Sich über die hohen Preise aufzuregen, ist Quatsch. Schuld daran sind nämlich meist nicht habgierige Ladenbesitzer, sondern die Transportkosten für die Waren, die fast alle (85 %) importiert werden müssen. Klar ist es hart, für 1 gal Milch (3,8 l) 8 $ hinzublättern – aber was sollen dann erst die Einheimischen sagen?

» Bauernmärkte verdienen es, besucht zu werden: Dort kommt man mit Einheimischen ins Gespräch und findet preisgünstige, frische, leckere Produkte, die man vielleicht sonst nie kennenlernen würde.

» Wer beim Anblick eines Geckos oder einer Kakerlake nicht jedes Mal ausflippt, lebt leichter. Hawaii liegt in den Tropen. Und da gibt's so was eben.

» Auf keinen Fall an heiligen Stätten Steine mitnehmen (oder auch nur verrücken)! Die hawaiische Kultur folgt strengen Regeln, um Steine oder andere Elemente der Natur nicht zu stören. Wer sich nicht sicher ist, ob er sich an einem heiligen Ort befindet, sollte einfach daran denken, dass für die Hawaiianer eigentlich *alles* heilig ist.

» Auch wer Steine aufeinander stapelt oder in *ti*-Blätter einwickelt, um sie Wasserfall-, Fluss- oder sonstigen Geistern anzubieten, macht sich unbeliebt. Denn das wäre eine Entweihung des hawaiischen Brauchs, an heiligen Stätten *ho'okupu* (Opfergaben) niederzulegen. Respekt ist für Besucher Opfergabe genug.

» Beim Abschied von Hawaii ist es Sitte, einen *lei* ins Meer zu werfen; treibt er zurück ans Ufer, wird auch der Werfer eines Tages wiederkommen. Achtung: Vor dem Werfen Schnur und Schleife entfernen!

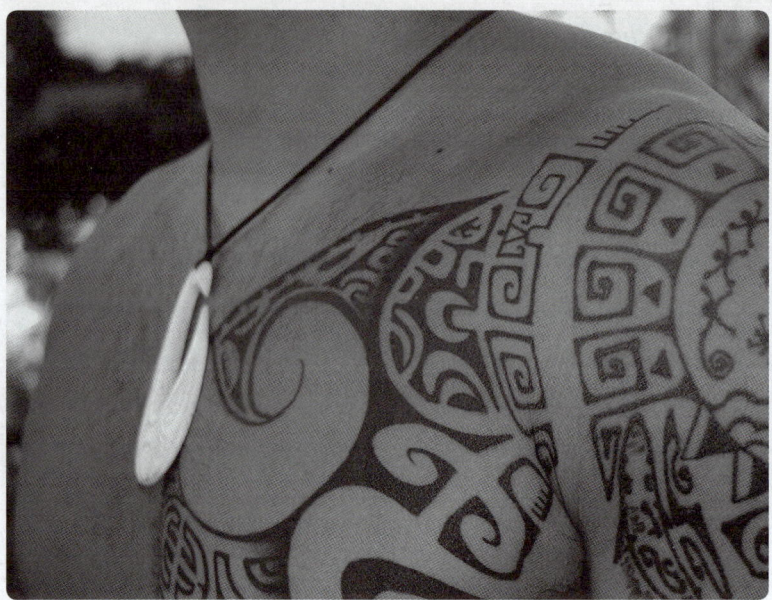

Auch so kann man seine kulturelle Identität zeigen.

CREDIT / ABBOT LOW MOFFAT III

hawaiischen Kultur sind *mahu* (Transsexuelle oder Transvestiten) geheimnisvolle, mächtige Wesen. Im Februar 2011 segnete Gouverneur Abercrombie das Gesetz ab, das gleichgeschlechtliche Partnerschaften anerkennt. Seit dem Neujahrstag 2012 dürfen sich im Heirats- und Flitterwochenparadies Hawaii auch schwule und lesbische Partner das Ja-Wort geben. Hawaii ist damit der siebte US-Bundesstaat, der die Homo-Ehe erlaubt.

Ethnische Spannungen

Natürlich gibt es auch ab und zu Zoff in der Multikultigesellschaft, aber der wird im Guten, ohne rassistische Häme und Gewalt, beigelegt. Wenn die Einheimischen sich über besserwisserische Weiße, geschwätzige Portugiesen, geizige Chinesen oder superbrave Japaner lustig machen, tun sie es mit einem Augenzwinkern. Andy Bumatai, Frank DeLima, Rap Reiplinger und andere hawaiische Komiker aus den 1970er- und 1980er-Jahren setzten diese Klischees mit unschlagbarem Humor ein. Wenn es zu rassistischen Äußerungen kommt, dann ist der eigentliche Grund oft ein anderer – z. B. wird ein Hawaiianer, dem ein weißer Surfer die Welle wegschnappt, vielleicht „fucking haole" brüllen. Aber er würde ihn niemals so beschimpfen, *nur* weil er weiß ist.

Etwas anders sieht es aus, wenn Fremde auf der Bildfläche erscheinen, die Hawaiis Geschichte nicht kennen und kein Gefühl für die Mentalität seiner Einwohner haben. Auch nicht alle Hawaiianer finden es gut, dass immer noch Pidgin gesprochen wird – aber die heftigsten Kritiker dieser Sprache sind meist Festland-Amerikaner, die sie nicht verstehen. Touristen und Zugezogene sind zwar im Großen und Ganzen willkommen, müssen sich das Vertrauen der Einheimischen aber erst verdienen, indem sie sich *pono* zeigen – respektvoll, rechtschaffen und sauber.

Was macht Hawaii *no ka 'oi* (unübertrefflich)? Seine Einwohner haben die höchste Lebenserwartung der USA: 81 Jahre (der US-Durchschnitt liegt bei 78).

Island Style

„On the islands, we do it island style" (Auf den Inseln machen wir es auf Inselart) singt der einheimische Musiker John Cruz in „Island Style", seiner lässigen Gitarrenhymne auf die hawaiische Lebensart. Aber er erklärt leider nicht, was „Island Style" eigentlich bedeutet – weil das nämlich jedem Einheimischen sofort klar ist. „Island Style" bedeutet unaufgeregt und locker sein (selbst Gitarrensaiten sind hier entspannter). Die Hawaiianer finden es gut, dass sie nie in Stress kommen, dass alles in „Hawaii-Zeit" passiert (also rund eine Stunde später als geplant), dass lieber Hawaiihemden als Anzüge getragen werden und dass sich keiner aufregt, wenn sich im Long's eine lange Schlange bildet, weil die alte Oma beim Auschecken noch ein Schwätzchen mit der Kassiererin hält. *Slow Down! This ain't the mainland!* (Immer mit der Ruhe! Wir sind nicht auf dem Festland!) heißt es auf einem Sticker, der oft an Stoßstangen klebt. Selbst in Honolulu, mit 375 000 Einwohnern die Nr. 43 unter den Städten der USA, herrscht die entspannte Atmosphäre einer Kleinstadt.

Shave Ice, Surfen, *talking story* (quasseln und dabei mit Adam und Eva beginnen), Ukulele, Hula, Baby-*lu'au*, Pidgin, kaputte Gummilatschen und vor allem *'ohana* sind die Dreh- und Angelpunkte des Alltags, der relativ unkompliziert verläuft und sich meist stark auf die Familie konzentriert. Bei Schulsportevents drängen sich aufgeregte Eltern mit unzähligen Onkeln und Tanten (ob tatsächlich verwandt oder nicht) auf den Rängen. Überstunden machen ist hier noch die Ausnahme, nicht die Regel. Das Wochenende ist für Spiele und Grillpartys am Strand da. Die Naturschönheiten Hawaiis haben ihren Zauber für die Einheimischen behalten; sie lieben und nutzen sie zum Wandern, Campen, Golfen, Fischen und Surfen.

Statistik

Fast alle sozialen Indikatoren signalisieren: In Hawaii lässt sich's gut leben. Es wurde als der zweitgesündeste Bundesstaat eingestuft, und nur wenige haben keine Krankenversicherung. Knapp 85 % der Einwohner haben die High School absolviert, und fast 30 % haben ihr Studium mit Diplom oder einem höheren Grad abgeschlossen (beide Zahlen liegen über dem US-Durchschnitt). Die Arbeitslosenquote lag mit 6,5 % im November 2010 weit unter den bundesweiten 9,1 %, die Zahl der Gewaltverbrechen ist auf den Inseln nur halb so hoch wie auf dem Festland. Trotz der Massen an Spam, die hier gespachtelt werden, lag Hawaii 2009 in puncto Übergewicht an fünftletzter Stelle. 2008 erreichte es mit einem durchschnittlichen Jahreseinkommen pro Haushalt von 66 701 $ Platz sieben, und nur zwei Bundesstaaten konnten seine Armutsrate von 8 % unterbieten.

Die letzten beiden Zahlen vertuschen allerdings, wie ungleich der Reichtum verteilt ist. Die vielen wohlhabenden Zugezogenen mit ihren luxuriösen Villen und Ferienhäusern heben den Schnitt, aber eine weitaus größere Zahl von Einheimischen (vor allem Polynesier) kämpft mit der Armut und all ihren sozialen Konsequenzen. Zurzeit versucht die Regierung verzweifelt, den Konsum von Ice (N-Methylamphetamin) in den Griff zu bekommen, der fast nirgendwo in den USA so hoch ist und zu vielen Raub- und Gewaltdelikten führt. Auch die landesweit 12 000 bis 15 000 Obdachlosen machen den Politikern Sorgen. Das Erstaunliche daran ist, dass bis zu 42 % der Obdachlosen einen Fulltimejob haben – keine statistische Zahl könnte die hohen Lebenshaltungskosten besser illustrieren. In Beach Parks und anderen öffentlichen Anlagen wachsen die Zeltdörfer. Ab und zu rückt die Polizei an und jagt die Leute weg. Aber das ist keine Lösung, sondern nur ein Verschieben des Problems.

6,6 % der Hawaiianer teilen sich die Wohnung mit ihren Eltern oder Verwandten und liegen damit an der US-Spitze (der Durchschnitt liegt bei 2,6 %).

In *Folks You Meet in Longs* (2005) lässt die Kolumnistin und Theaterautorin Lee Cataluna Hawaiis Arbeiterklasse in zum Schreien komischen, unglaublich realitätsnahen Monologen zu Wort kommen.

Lebenshaltungskosten

Egal, ob arm oder reich: Die Hawaiianer geben das, was sie verdienen, schnell wieder aus. Nach New York City ist Honolulu die teuerste Stadt der USA. Die Nebenkosten für Strom, Gas oder Wasser sind hier dreimal so hoch wie auf dem Festland, und die Preise für Lebensmittel sind astronomisch (da über 85 % davon importiert werden müssen). Da auf den Inseln Wohnraum knapp ist (20 % des Landes werden allein schon zu militärischen Zwecken genutzt), steigen die Immobilienpreise ins Unermessliche, und viele Einheimische können es sich nicht leisten, ein Grundstück oder ein Haus zu kaufen. Die Immobilienpreise sind in letzter Zeit zwar auch in Hawaii etwas gefallen, aber lange nicht so sehr wie in den restlichen USA. Auf Oʻahu kostete ein Eigenheim 2009 im Schnitt 525 000 $. Laut einer Studie geben fast die Hälfte aller Hausbesitzer und Mieter mindestens 30 % ihres Einkommens fürs Wohnen aus. Was Günstiges kann man eigentlich nur ergattern, wenn man lange Wege zum Arbeitsplatz (meist in einer Ferienanlage) mit Verkehrsstaus und anderen Pendleralbträumen in Kauf nimmt. In Honolulu wird zurzeit der Bau eines mehrere Milliarden teuren Stadtbahnnetzes heiß diskutiert. Das würde die Verkehrssituation entlasten, die sich aufgrund der am Stadtrand entstehenden (günstigen) Wohnsiedlungen zum Dauerchaos verdichtet. Bei seinem Antritt hat der momentane Gouverneur, Neil Abercrombie, versprochen, das umstrittene Nahverkehrsprojekt durchzusetzen.

Ausgrenzung der hawaiischen Ureinwohner

Die Ureinwohner Hawaiis kämpfen immer noch mit den Folgen der Plantagenära, die sie zu Randfiguren im eigenen Land machte. Ihr Anteil an den Obdachlosen (rund ein Drittel) und Armen ist unverhältnismäßig groß. In der Schule liegen ihre Leistungen in Lesen und Mathematik unter dem US-Durchschnitt, viele brechen die Schule vorzeitig ab. Aus diesem Grund wurden auch in Hawaii Charter Schools („Vertragsschulen"; mit speziellen Förderangeboten) eingeführt, die mit alternativen, auf kulturelle Besonderheiten eingehenden Lehrmethoden bereits gute Erfolge erzielten. Trotzdem glauben viele hawaiische Ureinwohner, dass ihnen nur die Zubilligung einer gewissen Autonomie helfen kann, alte Vorurteile auszumerzen und voll anerkannt zu werden (S. 657).

Da sie außer mit diesen Problemen auch noch mit einem ständig wachsenden Touristenstrom zu kämpfen haben, der es sich hier besser gehen lässt, als sie es wohl jemals haben werden, wirkt ihr Aloha manchmal nicht mehr ganz überzeugend. „The beaches they sell to build their hotels, my father and I once knew" (Die Strände, die sie verkauften, um Hotels zu bauen, kannten mein Vater und ich) singt Gabby Pahinui in seinem *Waimanalo Blues*. Damit meint er eine neue Seite des Insellebens. Für viele Einheimische und vor allem für viele Urhawaiianer ist der Tourismus ein Pakt mit dem Teufel. Er bringt ihnen Jobs und wirtschaftliche Sicherheit. Aber wiegt das alle Nachteile auf? In letzter Zeit grassiert so ein undefinierbares Gefühl, dass das Leben früher irgendwie besser war. Auch deswegen ist dem Bundesstaat nun so viel daran gelegen, ein Konzept der Nachhaltigkeit zu entwickeln (s. Kasten S. 703).

Und trotzdem, ungeachtet aller Probleme und Schwierigkeiten, gibt es kaum jemanden, der lieber irgendwo anders wohnen würde. „Egal, was kommt", sagen die Einheimischen, „du kannst froh sein, in Hawaii zu leben".

Hawaiis Küche

„Hawaiis Küche" – das kann man eigentlich gar nicht so sagen. „Küche"
klingt nach jahrhundertealten Rezepten, typischen Zutaten und Stan-
dardgerichten. Die kulinarischen Traditionen hier sind aber unglaublich vielfältig und variantenreich; fremde Aromen und Kochtechniken
werden gerne ausprobiert und geteilt – meist in ausufernden Portionen.
Diese Offenheit gegenüber Geschmackserlebnissen aus aller Welt wird
bei den typischsten Gerichten Hawaiis besonders deutlich: beim *plate
lunch* (Mittagsteller; meist mit Fleisch, Reis und Nudelsalat), bei *loco
moco* (Reis, Spiegelei und Hacksteak mit Sauce oder anderen Würz-
zutaten) oder beim sättigenden Spam *musubi* – ein Reisküchlein mit
gebratenem Dosenfleisch, umwickelt von *nori* (getrockneten Algen).
Hawaiisches Essen muss Spaß machen und schmecken – das sind die
einzigen Regeln.

Es gibt viele
Blogger, die sich
über Hoholulus
Gastronomie aus-
tauschen. Restau-
rantkommentare,
Essenstipps und
Links verraten
z. B. http://
eatizenjane.
com und http://
tastyislandhawaii.
com/blog/.

Um die „Küche" zu verstehen, lohnt es sich, einen Blick auf den multikulturellen Background zu werfen. Bevor die ersten Menschen nach
Hawaii kamen, wuchsen an Essbarem dort nur Farne und *ohelo*-Beeren.
Die Polynesier brachten *kalo* (Taro), *'ulu* (Brotfrüchte), *'uala* (Süßkartoffeln), *mai'a* (Bananen), *ko* (Zuckerrohr) und *niu* (Kokosnüsse) mit,
außerdem Hühner, Schweine und Hunde als Fleischlieferanten. Und sie
bedienten sich am Gabentisch des Meeres.

Die Weißen führten Rinder und Pferde ein, gebeizten Lachs und
Früchte wie Ananas und Guaven, die heute typisch für Hawaii sind.
Als Ende des 19. Jhs. die Zuckerindustrie boomte und massenweise
Einwanderer aus China, Japan, Portugal, Puerto Rico, Korea und den
Philippinen ankamen, entwickelte sich eine eigene Inselküche. Jede
Nation steuerte ihre Lieblingszutaten bei (darunter Reis, Sojasauce,
Ingwer und Chili), die die weiterhin populären Basics der Inseln wie
kalua (saftiges, rauchiges Schweinefleisch aus dem Erdofen) und *poke*
(marinierter roher Fisch) ergänzten.

Was heißt das für Traveller? Ganz einfach: Alles Unbekannte probieren und die Geschmacksknospen auf Weltreise schicken. Übrigens ist
eine Hawaiireise ganz bestimmt kein guter Zeitpunkt für eine Diät; es
ist ein *broke da mout* (köstliches) Schlaraffenland.

GASTRO-
BLOGS

Typisch für die Inseln

Klebriger weißer Reis ist in Hawaii nicht nur Sättigungsbeilage, sondern ein kulinarischer Baustein und anpassungsfähiger Partner in der
Alltagsküche. Ohne Reis wäre Spam *musubi* nur gebratenes Dosenfleisch, *loco moco* nur ein Hamburger mit Spiegelei und der *plate lunch*
keine Multikultiparty, sondern einfach Nudelsalat und Fleisch.

Weißer Klebreis ist allgegenwärtig. In Trendlokalen gibt's vielleicht
auch mal Couscous oder Kartoffelpüree, aber ansonsten steht Reis Tag
für Tag auf dem Tisch – kein körniger, kein brauner, kein aromatisier-
ter Reis und ganz bestimmt kein Parboiled-Reis. Weißer Klebreis. Zwei

ANN CECIL / LONELY PLANET IMAGES ©

Ahi poke (roher Thun) mit limu (Algen), Frühlingszwiebeln, Chili und shoyu (Sojasauce)

nette Häufchen auf dem Teller sind Standard, und die Einheimischen verschlingen Berge davon.

Sojasauce (japanisch *shōyu*) ist die beliebteste Würze und verträgt sich bestens mit intensiven asiatischen Aromaträgern wie Ingwer, Frühlingszwiebel und Knoblauch.

Fleisch, Huhn oder Fisch spielen oft die Hauptrolle. Als schnellen, billigen Snack schieben sich die Einheimischen gerne was Herzhaftes wie portugiesische Wurst, Hamburger oder Corned Beef rein. Wird dagegen abends üppig getafelt, ist immer Seafood (frisch aus dem Meer) dabei.

Ein guter Rat für Maui: Mit internationalen Klassikern wie Pizza, Bagels, Croissants oder Barbecue hat man hier so seine Probleme. Die traditionellen Gerichte schmecken hundertmal besser.

Obwohl sich die hawaiische Küche wirklich nicht kategorisieren lässt, ist die Einteilung in drei Gruppen, die sich natürlich überschneiden, für einen ersten Überblick ganz hilfreich: Man unterscheidet die ortstypische (local), die urhawaiische (Native Hawaiian) und die moderne hawaiische Landesküche bzw. Regionale Küche (Hawaii Regional).

Ortstypische Küche

In der Alltagsküche schmeckt man chinesische, japanische, portugiesische und urhawaiische Einflüsse besonders deutlich heraus, mal dieses mehr, mal jenes. Die günstigen, nahrhaften und leckeren Gerichte machen satt und glücklich.

Ein klassisches Beispiel dafür ist der allgegenwärtige *plate lunch*. Saftige, zarte Schweinefleischstücke aus dem Erdofen *(kalua)*, eine Kelle samtiger Nudelsalat und zwei Löffel Reis – das hört sich doch lecker an, oder? An die Stelle des Schweinefleischs treten oft andere Eiweißlieferanten wie gebratene Goldmakrele oder Huhn-Teriyaki. Wie Fastfood wird der *plate lunch* oft auf Papptellern und mit Stäbchen serviert. Ein beliebte Frühstückskombination sind Spiegelei, würzige portugiesische

Shave Ice

» Itsu's Fishing Supplies (Hilo, Big Island)

» Jo-Jo's Anuenue Shave Ice & Treats (Waimea, Kaua'i)

» Tom's Mini-Mart (Wailuku, Maui)

» Matsumoto's (Hale'iwa, O'ahu)

Wurst (oder auch Bacon, Schinken, Spam-Dosenfleisch usw.) und die obligatorischen zwei Reishäufchen.

Pupu ist die lokale Bezeichnung für leckere Kleinigkeiten aller Art, sozusagen hawaiische Tapas. Die restlichen USA kommen über Käsewürfel und Cracker oft nicht hinaus, hier dagegen gibt's z. B. in der Schale gekochte Erdnüsse, *edamame* (frische Sojabohnen, in der Schote gekocht) oder auch frittierte Shrimps.

Ein absolutes Muss ist *poke,* roher Fisch, der in Sojasauce, Öl, Chili, Frühlingszwiebeln und Algen mariniert wird. Von den vielen Varianten ist Sesam-*ahi* (Gelbflossenthun) besonders lecker und passt gut zu Bier.

Eine weitere lokale Spezialität ist Spam *musubi.* Woher auch die Wurzeln dafür stammen – diese original hawaiische Kreation schmeckt allen Einheimischen.

Mittlerweile fahren die Kids auch hier auf Schokoriegel und Fruchtgummi ab, der Hunger auf Süßes wird aber immer noch gern mit traditionellem *crack seed* (chinesische Trockenfrüchte) gestillt. Der Geschmack der Trockenfrüchte (meist Pflaumen, Kirschen, Mangos oder Zitronen) lässt sich schwer beschreiben und kann süß, sauer, salzig oder lakritzig sein. *Crack seed* wird abgepackt in Lebensmittelläden oder offen in Feinkostläden angeboten – und kann süchtig machen!

Und dann gibt es noch *shave ice.* Fantasielose Pragmatiker lästern zwar, das sei einfach nur Schnee mit Geschmack, aber das stimmt nicht! *Shave ice* ist ein absoluter hawaiischer Volltreffer und geht so: Eis (also gefrorenes Wasser) wird zu pudrigem Schnee geschabt, in einen Pappbecher geschaufelt und mit einem der süßen Fruchtsirups, die es in allen Regenbogenfarben gibt, übergossen (ganz dekadent wird's mit einer Schicht normaler Eiscreme darunter).

Urhawaiische Küche

Erdige Aromen und traditionelle Zutaten machen die hawaiische Küche unverwechselbar. Ein Essen, das nach alten Rezepten gekocht wurde, gehört sicher zu den schönsten Reiseerinnerungen. Die besten Adressen für authentische hawaiische Küche sind Imbissbuden mit *plate lunches*, Diners, Fischmärkte und Feinkostabteilungen von Supermärkten. Bei kommerziellen *Luau*-Buffets kann man alle bekannten Spezialitäten durchprobieren. Oft kommt die Qualität dabei aber nicht über mittelmäßig hinaus, und die Gerichte sind meist dem westlichen Gaumen angepasst.

Schon gewusst?
Manapua, wie das gefüllte, chinesische Dampfbrötchen *bao* hier genannt wird, leitet sich von einem der beiden hawaiischen Ausdrücke ab: *mea 'ono pua'a* („leckeres schweinernes Ding") oder *mauna pua'a* („Berg aus Schweinefleisch").

HAWAIIS KÜCHE TYPISCH FÜR DIE INSELN

MANAPUA

WAS GERADE „IN" IST

Food Trucks O'ahu verfällt gerade dem US-Trend der Imbisswagen mit internationalem Angebot – von koreanischen Tacos bis Pad Thai (thailändische Nudeln).

Essen auf Farmen Schlemmen direkt beim Erzeuger ist ebenfalls im Kommen. Auf Big Island bieten Farmen Kaffee, Tee, Vanille und Honig an, auf Maui tropische Früchte in Bioqualität, auf Kaua'i Schokolade, Kaffe und Taro und auf O'ahu Kaffe, Schokolade, Fische aus Aquakultur und Biogemüse.

Grünes Bier Hawaiis Kleinstbrauereien sind auf dem Ökotrip, nutzen zum Brauen die Sonnenenergie und achten auch sonst auf umweltfreundliche Produktion. **Plate Lunches „light"** Mit zwei Löffeln braunem Reis und gedünstetem Gemüse oder etwas Grünzeug anstatt dem vor Majo triefenden Nudelsalat werden die beliebten *plate lunches* richtig gesund.

Starköche DK Kodama und Peter Merriman weiten ihre Imperien auch auf die Nachbarinseln aus.

Umweltbewusste Verpackung Einmal-Tragetüten wurden von Maui and Kaua'i verbannt und durch recyclebare Transportbehälter und Verpackungen ersetzt.

Ein ganzes *kalua*-Schwein gart traditionell in einem *imu* (einer verschlossenen Grube mit glühenden Steinen) in der Erde. Dadurch bleibt das Fleisch saftig und bekommt einen salzig-würzigen Rauchgeschmack. Mittlerweile wird es auch oft zerteilt und in den Backofen geschoben und der Würze mit Salz und flüssigem Raucharoma nachgeholfen. Auf kommerziellen *luaus* (Festen) wird das Schwein nur zu Showzwecken verbuddelt (die 300 oder mehr Gäste würden davon sowieso nicht satt werden).

Das berühmteste (manche meinen auch: schrecklichste) hawaiische Gericht ist *poi*, gedämpfte, gestampfte Taro-Wurzeln, die den Ureinwohnern heilig waren. Die Einheimischen lieben den mild bis säuerlich schmeckenden Brei, aber Ausländern verursacht die leicht schleimige, kleisterartige Konsistenz eher Gänsehaut. Taro ist sehr nahrhaft, kalorienarm, leicht verdaulich und vielfältig einsetzbar. Oft wird *poi* als neutralisierende Beilage zu stark gewürzten Fischgerichten wie *lomilomi*-Lachs (Streifen von gebeiztem Lachs mit Tomatenwürfeln und Frühlingszwiebeln) oder *poke* (Salat aus rohem Fisch) gegessen. Übrigens ist auch Lachs ein Import, der mit den Walfängern nach Hawaii kam.

Ein beliebtes Hauptgericht ist *laulau*, ein Häufchen aus Schweineoder Hühnerfleisch und gesalzenem Medusenfisch, das in Taroblätter eingewickelt und gedämpft wird, bis die Blätter weich wie Spinat sind. Ebenfalls typisch althawaiisch sind gebackene *'ulu* (Brotfrucht), die an Kartoffeln erinnert, und *haupia,* ein köstlicher Pudding aus Kokosmilch, die mit Maisstärke oder Pfeilwurzelmehl angedickt wurde. Das Traditionsrezept hat mit *Haupia*-Eiscreme eine leckere moderne Variante bekommen.

Regionale Küche

Noch vor 20 Jahren war Hawaii tiefste kulinarische Provinz. Natürlich gab es eine regionale Alltagsküche und die allgegenwärtigen Asia-Imbisse (meist von bescheidener Qualität). Aber wer auch nur einen Funken Ambition hatte, kochte europäisch – natürlich mit importierten Zutaten und Aromen.

**Beste
Regionale
Küche**

» Roy's Waikiki
Beach (Waikiki,
O'ahu)

» Alan Wong's
(Honolulu, O'ahu)

» Town (Honolulu,
O'ahu)

» Bar Acuda
Tapas & Wine
(Hanalei, Kaua'i)

» Lana'i City
Grill (Lana'i City,
Lana'i)

» Hali'imaile
General Store
(Hali'imaile, Maui)

» I'O (Lahaina,
Maui)

» Kualapu'u
Cookhouse
(Kualapu'u,
Molokai)

DOSENFLEISCH

Hawaii ist wahrscheinlich der einzige Ort auf Erden, wo Spam (*spiced ham*) – also das gute, alte Frühstücksfleisch aus der Dose – stolz als nationale Delikatesse betrachtet wird. Auf den Inseln werden jährlich knapp 7 Mio. Dosen davon konsumiert!

Die Hawaiianer gehen mit Spam ganz anders um. Sie essen es nie kalt aus der Dose, sondern immer warm (am liebsten leicht knusprig gebraten, mit süßer Sojasauce) und kennen viele Rezepte dafür: Spam mit Eiern, Spam mit Reis, Spam mit Gemüse usw.

Das erste Fleisch wurde 1937 eingedost und kam während des Zweiten Weltkriegs nach Hawaii, als die Inseln Kriegsgebiet waren. Anstatt des üblichen Frischfleischs durften nur noch die Dosen, welche zur Standardration der GIs gehörten, importiert werden. Bis Kriegsende hatten sich die Hawaiianer an das fette Zeug gewöhnt und wollten es nicht mehr missen.

Das geläufigste Rezept ist Spam *musubi*: ein Block aus Klebreis mit einer Scheibe gebratenem Spam obendrauf (oder in der Mitte) und mit einem Streifen schwarzer Nori (japanische Algen) umwickelt. Der Klassiker aus den 1960er-Jahren wird täglich zu Tausenden in Lebensmittelläden und Imbissen verkauft.

Skurriles und Informatives über Spam, Rezepte, Spiele und vieles mehr finden sich auf der Website www.spam.com. In Waikiki findet im April das Spam Jam Festival statt.

Anfang der 1990er-Jahre machte sich eine Handvoll Köche daran, die Küche der Inseln neu zu erfinden. Sie bedienten sich zum Teil bei den Immigranten, die viele Einflüsse aus ihrer Heimatküche mitgebracht hatten. Bauern, Viehzüchter und Fischer vor Ort lieferten ihnen frischeste Ware – und aus regionalem Anbau! Die innovativen Köche interpretierten die Lieblingsgerichte ihrer Kindheit in kulinarischen Höhenflügen ganz neu. Plötzlich waren mit Macadamianüssen panierte Goldmakrelen, kurz gebratener Gelbflossenhun, Miso-Glasur und *liliko'i* (Maracuja bzw. Passionsfrucht) wieder voll im Trend. Die Initiative bekam dem Namen „Hawaii Regional Cuisine" (hawaiische Landesküche oder Regionale Küche) und die Köpfe dahinter stiegen zu Starköchen auf. Dementsprechend elitär ging es in den Lokalen zu, die die neuen alten Spezialitäten auftischten. Damals lag das Hauptaugenmerk auf möglichst spektakulären Kombinationen ethnischer Einflüsse. Erst ab 2000 verschob sich der Fokus in Richtung Zutaten, die vor allem biologisch, regional, saisongerecht und in Handarbeit hergestellt sein sollten. Mittlerweile haben manche Farmen schon Kultstatus.

Diese so genannte Regionale Küche setzt sich zunehmend durch. Zwar ist sie nach wie vor eher in Nobelschuppen zu Hause, aber auch das kleine Bistro oder der Imbissstand an der Ecke kauft jetzt schon mal direkt beim Erzeuger ein und kramt alte Rezepte hervor.

Wer sich den Hauptgang seines Menüs bestellt, sollte daran denken, dass Fleisch, Geflügel und Meeresfrüchte so gut wie immer Importware sind. Falls sie doch aus Hawaii stammen, wird das meist extra angegeben. Es ist wie überall: Die köstliche Seele einer Landesküche offenbart sich erst, wenn die Zutaten aus der Region stammen.

Foodie-Bewegung à la Hawaii

Trotz der Biodiversität des Archipels werden unglaubliche 85 bis 90 % aller Lebensmittel importiert. Eine wachsende Anzahl von Kleinbauern versucht, eine Alternative zur Agrarindustrie mit ihren Vertragslieferanten, Monokulturen (Zuckerrohr, Ananas), Pestiziden, Herbiziden und chemischen Düngemitteln zu schaffen. Die Familienbetriebe legen Wert auf Pflanzenvielfalt und bauen nur für den Eigenbedarf und den Verkauf in Läden und auf Märkten an.

Eine Studie des Rocky Mountain Institute von 2007 kommt denn auch zu dem Schluss, dass vom Konsum regionaler Produkte vier Bereiche profitieren: die Nahrungsmittelhygiene, die regionale Wirtschaft, die Fruchtbarkeit des Bodens und – der Stolz auf die Heimat. Auf Big Island erlebt die Mischkultur einen regelrechten Boom. Neben Kaffee und Macadamianüssen kommen mittlerweile auch Pilze, Muscheln und viele weitere Produkte von dort.

Auch Milch vom Bauer erlebt gerade ein Comeback. Bis 1980 wurde die gesamte Milch von lokalen Molkereien vertrieben. 1999 hatten schon acht von ihnen aufgrund hoher Futter- und Transportkosten aufgeben müssen. Heute werden 80 % der Milch vom Festland importiert. Zwei Molkereien auf Big Island – Cloveland Diary und Island Diary – wollen dafür sorgen, dass sich das ändert. Eine dritte Molkerei soll demnächst eröffnet werden.

Auch wenn die heimische Produktion sich sehen lassen kann, ist der Aufbau eines soliden Abnehmermarkts nicht einfach. Die Einheimischen tendieren dazu, immer das Billigste zu kaufen und sehen nicht ein, warum sie für Früchte (mehr) bezahlen sollen, die in der Nachbarschaft von den Bäumen fallen. Safeway und die heimischen Supermarktketten bestücken ihre Obsttheken lieber mit makellosen Sunkist-Orangen und California-Trauben. Eine Ausnahme machen die KTA Super Stores auf Big Island. Unter ihrer Eigenmarke Mountain Apple

HAWAIIS KÜCHE TYPISCH FÜR DIE INSELN

Es lohnt sich immer, die neueste Ausgabe des kostenlosen *Edible Hawaiian Islands* (www.ediblehawaiianislands.com) mitzunehmen. Das vierteljährlich erscheinende, bunte Magazin informiert über die moderne Küche „Hawaii Regional" und andere Foodie-Trends.

ZEITSCHRIFT

Aus der verschwenderischen Fülle von Früchten werden in ganz Hawaii Fruchtsäfte und exotische Drinks gemixt.

Brand bietet die Minikette 240 Produkte, darunter Milch und Rindfleisch, von über 50 Herstellern aus der Region an.

Bei manchen Importwaren wie Weizen oder anderem Getreide fragen sich viele, ob sie überhaupt notwendig sind. Warum nicht auf die traditionellen Kohlehydratlieferanten wie Brotfrucht, Taro und Süßkartoffel zurückgreifen? Bis jetzt ist immer noch Reis der Beilagenkönig – allein damit machen die Schiffe von Matson und Young Brothers genug Geschäft, um überleben zu können.

P.S.: Die Kleinbauern können sich nur durchsetzen, wenn sie ihre Produkte auch los werden. Also kauft, Leute!

Fisch

Die Hawaiianer essen doppelt so viel Fisch und Meeresfrüchte wie der Durchschnittsamerikaner. *Ahi* (Gelbflossenthun) verzehren sie am liebsten roh, *mahimahi* (Goldmakrele) und *ono* (Wahoo) landen gerne im Kochtopf.

Der Hawai'i Seafood Buyers' Guide (www.hawaii-seafood.org) verrät alles über heimische Fischarten, wie sie geangelt, gekauft und zubereitet werden. Wer ein iPhone hat, kann sich das FishPhone-App vom Blue Ocean Institute herunterladen. Es informiert über nachhaltige Fischerei, ökologische Aspekte einzelner Fischarten und ihren Quecksilbergehalt.

Die häufigsten Vertreter auf hawaiischen Speisekarten sind:

» ahi – Gelbflossenthun, rotfleischig, schmeckt roh oder kurz gebraten am besten

» aku – Echter Bonito, rotfleischig, aromatisch, heißt auf Japanisch *katsuo*

» 'ama'ama – Meeräsche, zartes weißes Fleisch

» awa – Milchfisch, zartes weißes Fleisch

» kajiki – Indopazifischer Blauer Marlin, ein Schwertfisch, der auf Hawaiisch *a'u* heißt

» mahimahi – Goldmakrele mit festem, rosa Fleisch, wird meist gekocht

» moi – Stachelmakrele mit blättrigem, weißem Fleisch; war früher den Adligen vorbehalten

» monchong – Seebrasse, mildes, festes, weißrosa Fleisch

» nairage – Gestreifter Marlin, der auf Hawaiisch *a'u* heißt

» o'io – Gräten- oder Frauenfisch

» onaga – Red Snapper, weich und saftig, auf Hawaiisch *'ula'ula*

» ono – Wahoo, blättriges, weißes Fleisch

» opah – Mondfisch oder Gotteslachs, fest und fettreich

» 'opakapaka – Pink Snapper, beste Qualität, delikater Geschmack

» 'opelu – Runder Scad (Stachelmakrelenart), typischer Pfannenfisch, schmeckt gebraten am besten

» papio – Blauflossenmakrele, auch *ulua* genannt

» shutome – Schwertfisch, saftig und fleischig

» tako – Oktopus, gummiartige Konsistenz, auf Hawaiisch *he'e*

» tombo – Weißer Thun, zartes, seidiges Fleisch mit mildem Geschmack

Getränke

Angesichts der vielen Obstbäume müsste es eigentlich an jeder Ecke frische Fruchtsäfte geben. Leider enthalten die meisten Tetrapaks in den Supermärkten importiertes, verdünntes Konzentrat oder mit Fruchtgeschmack aufgepepptes Zuckerwasser. Frisch gepresste Säfte gibt's vor allem an Obstständen, in Bioläden, auf Wochenmärkten und in speziellen Bars. Das heißt aber nicht, dass die Früchte immer aus heimischem Anbau stammen. Die saftigen Mangos und Ananas wachsen ja noch gar nicht so lange auf Hawaii. Besonders empfehlenswerte Saftbars sind Lanikai Juice (Kailua, O'ahu, S. 140) und der Oloawalu Juice Stand (Olowalu, Maui).

Cocktail zum Sonnenuntergang

» Huggo's on the Rocks (Kailua-Kona, Big Island)

» Der Innenhof der Lobby Bar im St. Regis Princeville (Princeville, Kaua'i)

» Kimo's (Lahaina, Maui)

» Merriman's Kapalua (Kapalua, Maui)

» Five Palms (Kihei, Maui)

» House Without a Key (Waikiki, O'ahu)

INSELSCHÄTZE

Bananen, Gemüsepaprika, Kohl, Tomaten, Avocados und andere Standardgemüse gibt's in ganz Hawaii. Aber jede Insel hat ihren „Star" (oft mit Markenname, der dann auf den Speisekarten erwähnt wird). Alle aufzuzählen, würde den Rahmen hier sprengen. Aber zumindest eine Auswahl ist nachstehend aufgelistet:

» Big Island (Hawai'i) – Pilze von Hamakua Mushrooms, Tomaten und Blattsalate von den Hamakua Springs Country Farms; Vanille von der Hawaiian Vanilla Company, Ka'u-Orangen, *kampachi* (Bernsteinmakrele) von den Kona Blue Water Farms; Hummer von Kona Cold Lobster, Abalone (Seeschnecken) von Big Island Abalone, Kona- und Ka'u-Kaffe, gelbfleischige Solo-Papayas

» Kaua'i – Ziegenkäse von der Kaua'i Kunana Dairy, Rindfleisch von der Medeiros Farm, Ingwer von der Kolo Kai Organic Farm, Kilauea-Honig, Taro aus Hanalei, rotfleischige Sunrise-Papayas

» Maui – Weiderind von der Maui Cattle Co, Lavendel von Ali'i Kula Lavender, Ziegenkäse von der Surfing Goat Dairy, Elchfleisch von der 'Ulupalakua Ranch, Erdbeeren von den Kula Country Farms, Zucker von Maui Brand Hawaiian Raw Sugar

» Moloka'i – Kaffee von Coffees of Hawai'i, Meersalz von Pacifica Hawai'i, Macadamianüsse von Purdy's

» O'ahu – Blattsalate von den Nalo Farms, Rindfleisch von der North Shore Cattle Co, Tomaten von den North Shore Farms, Melonen aus 'Ewa, zuckersüßer Mais aus Kahuku

Fruchtsäfte wurden in Hawaii zu therapeutischen Zwecken eingesetzt, vor allem 'awa (Kava), ein mildes Beruhigungsmittel, und *noni*, das für viele ein wahres Allheilmittel ist. Beide Früchte riechen und schmecken sehr intensiv, wenn nicht sogar unangenehm, deshalb wird ihr Saft oft mit anderen Säften gemixt.

Kaffee

Der weltberühmte Kona-Kaffee zeichnet sich durch sein mildes Aroma ohne bitteren Nachgeschmack aus. In den Höhenlagen von Mauna Loa und Hualalai in der Region Kona auf Big Island herrschen ideale Klimabedingungen für den Kaffeeanbau: morgens Sonne, nachmittags Regen. In letzter Zeit hat sich der Kaffee aus Ka'u zu einem ernsthaften Konkurrenten gemausert, der mit Lob überschüttet wird. Auch der MauiGrown Coffee vom Ka'anapali Estate in Lahaina (Maui) hat viele Kenner überzeugt.

Logisch, dass sich auch eine entsprechende Kaffeekultur angesiedelt hat. An Feinkosttheken, in Szenecafés und natürlich bei Starbucks lassen Baristas duftenden Espresso und andere Spezialitäten in die Tassen zischen.

Kakao-plantagen & Schokoladen-fabriken

» Original Hawaiian Chocolate Factory (Keauhou Resort Area, Big Island)

» Waialua Estate (www.waialuaestate.com, O'ahu)

» Steelgrass Farm (Waialua, Kaua'i)

Bier

Bier ist fast überall billig zu haben. Neben den berühmten US-Marken haben sich die einst als Newcomer belächelten Mikrobrauereien längst etabliert. Die Braumeister schwören auf den hohen Mineralgehalt und die Reinheit des hawaiischen Wassers, das ihr Bier so einmalig macht. Ein weiteres häufiges Merkmal hiesiger Biersorten ist ein leicht exotischer Touch, der von Kona-Kaffee, Honig oder Maracuja herrührt.

Die größten Brauereien betreiben feuchtfröhliche Bierkneipen, in denen die folgenden Sorten getestet werden sollten: Pipeline Porter von Kona Brewing Company (S. 184) auf Big Island, Bikini Blonde von Maui Brewing Company (Kahana, Maui), Kaka'ako Cream Ale von Sam Choy's Big Aloha Brewery (Honolulu, O'ahu) und Liliko'i Ale von Waimea Brewing Company (Waimea, Kaua'i).

Wein

Hawaii ist nicht gerade berühmt für Wein, und auf den meisten Getränkekarten herrschen Mai Tais und Blue Hawaiians vor. Trotzdem gibt's für Weinfans keinen Grund zu verzweifeln. Nobellokale wie der Lahaina Grill in Lahaina (Maui) bieten für ihre edlen Gerichte selbstverständlich die passenden alkoholischen Begleiter an. Momentan sind Weinproben auf Partys und in Clubs der absolute Bringer, die Weinverkäufe steigen in ungeahnte Höhen und in Honolulu haben schon mehrere Weinbars aufgemacht.

GRÜNES BIER

Keine Angst, das Bier von Maui Brewing Co und Kona Brewing Co ist genauso wenig grün wie anderes Bier. Grün bedeutet einfach, dass die Brauereien bei der Produktion ökologische Aspekte mit einbeziehen. Die Maui Brewing Co (Kahana, Maui) verwandelt das pflanzliche Öl, das im Pub literweise anfällt, in Biosprit. Das ausgelaugte Getreide wandert bei Kleinbauern aus der Gegend auf den Kompost und das Bier für den Ladenverkauf wird in recyclebare Dosen abgefüllt. Keine Glasflaschen? Nein, denn die Dosen sind unzerbrechlich (also am Strand keine Scherben) und leichter (gut für die Ökobilanz). Kona Brewing (S. 184) hängte sich 2010 mit dem Suncharged Pale Ale an den Ökotrend; das Bier wird mit Solarenergie gebraut. Außerdem produziert sie das erste und einzige Biobier Hawaiis, Oceanic Organic Saison.

ANN CECIL / LONELY PLANET IMAGES ©

Die regionale Nudelsuppe heißt saimin.

An lokalen Spezialitäten lohnen der Ananaswein von Tedeschi Vineyards (S. 433) auf Maui und der fantasievolle Guaven- oder Macadamia-Honig-Wein der Volcano Winery (S. 316) auf Big Island einen Probeschluck.

Festessen

Egal ob Hochzeit mit 300 Gästen oder Geburtstagsparty im kleinen Kreis – eine ausgiebige Schlemmerei gehört einfach dazu. Meistens geht es auf solchen Events sehr locker zu; man trifft sich im Park, am Strand oder bei jemandem zu Hause, und jeder bringt was Selbstgemachtes mit. An den wichtigen amerikanischen Feiertagen werden die üblichen Klassiker aufgetischt (Eier an Ostern, Truthahn zum Erntedankfest), ergänzt von Landestypischem wie Reis, Süßkartoffel-Tempura und Rinder-Teriyaki vom japanischen *hibachi*-Grill.

Luau

Im alten Hawaii wurden besondere Anlässe wie Geburten, Siege oder gute Ernten mit einem *luau* gefeiert. In den 1970er- und 80er-Jahren kamen auf den vier größten Inseln die kommerziellen Luaus auf. Heute sind solche kulinarischen Showevents (zwischen 80 und 110 US$ pro Person) bei Touristen beliebt, die hawaiische Feststimmung und polynesische Tänze erleben wollen. Die Qualität der All-you-can-eat-Buffets solcher Luaus wurde längst auf westliche Gaumen heruntergeschraubt. Sie bestehen meist aus *poi*, Schweine-*kalua*, gedämpfter *mahimahi*, Huhn-Teriyaki und *haupia* (Kokospudding).

Die meisten kommerziellen Luau sind überteuert und voller Touristen. Aber es gibt zwei interessante Ausnahmen: das Old Lahaina Luau (Lahaina, Maui) und das Kona Village Resort Luau (Ka'upulehu, Big Island). Auf Kaua'i lohnt sich das prächtig inszenierte Luau Kalamaku der Kilohana Plantation (in Lihu'e) oder die nostalgische Show von Smith's Tropical Paradise (in Wailua).

Plate lunch

» Big Island Grill (Kailua-Kona, Big Island)

» Koloa Fish Market (Koloa, Kaua'i)

» Blue Ginger Cafe (Lana'i City, Lana'i)

» Ted's Bakery (Waimea, O'ahu)

» Da Kitchen Express (Kihei, Maui)

» Aloha Mixed Plate (Lahaina, Maui)

» Manae Goods & Grindz (Puko'o, Moloka'i)

Private Luaus, wie sie zur Hochzeit oder am ersten Geburtstag gefeiert werden, finden oft in großen Festhallen statt. Da gibt's dann auch etwas ausgefallenere Genüsse wie rohe 'a'ama (Schlammkrabben) und 'opihi (Meeresschnecken); dafür ist die Show nicht so wichtig (keine Feuerschlucker).

Festivals & Events

Viele Gourmetfestivals drehen sich um inseleigene Schätze, darunter das Kona Coffee Cultural Festival (Kailua-Kona, Big Island), das East Maui Taro Festival (Hana, Maui), das Maui Onion Festival (Zwiebelfestival; Ka'anapali, Maui), das Wahiawa Pineapple Festival (Ananasfestival; www.hawaiipineapplefestival.com) und das nur in geraden Jahren stattfindende Hanalei Taro Festival (Hanalei, Kaua'i). Bierfans sollten sich den Termin des Kona Brewers Festival (Kailua-Kona, Big Island) merken. Und nur in Hawaii gibt's so was wie den Waikiki Spam Jam (Waikiki, O'ahu).

Die Festivals sind auf allen Inseln ein Renner, Preise und Niveau dabei total unterschiedlich. In der Restaurant Week Hawaii (Restaurantwoche; Honolulu, O'ahu) lassen sich Adressen von Lokalen mit Spezialangeboten sammeln. Auf Maui lohnt sich das Kapalua Wine & Food Festival (Kapalua). Starköche versammeln sich auf Kaua'i zur Spring Gourmet Gala (Frühlings-Gourmetgala; Lihu'e) und zum Taste of Hawaii (Der Geschmack Hawaiis; Wailua). A Taste of the Hawaiian Range (Waikoloa Resort Area, Big Island) macht Fleischfans zu moderaten Preisen glücklich. Weitere kulinarische Termine stehen auf www.gohawaii.com/event.

Wohin zum Essen & Trinken

Infos über die regionale Landwirtschaft, Hofbesuche und Bauernmärkte enthält die Website www.hiagtourism.org.

Die Gourmetszene Honolulus hebt sich mit ihrer irren Auswahl, Vielfalt und Qualität von der auf den Nachbarinseln stark ab. Die Anzahl guter japanischer Restaurants auf Kaua'i lässt sich an den Fingern einer Hand abzählen, während sie auf O'ahu in die Hunderte geht, angefangen bei netten Sushi-Bars über Nudelküchen bis hin zum trendigen izakaya (japanische Kneipe mit tapasähnlichen Snacks, die sich außerhalb von O'ahu noch nicht durchgesetzt hat). Big Island und Maui sind noch am ehesten auf der Höhe der Zeit und locken mit kulinarisch interessanten Farmen wie auch mit schicken Gourmetrestaurants.

Abgesehen davon ist das Angebot quer durch den Archipel recht ähnlich. Man hat einerseits die schicken, teuren Läden zur Auswahl, ähnlich denen auf dem Festland, und andererseits die relaxten, familiären Lokale mit klassischer Pflanzerzeitküche, großen Portionen und prima Preisen. Zum richtig Schlemmen eignen sich die von Foodies favorisierten Adressen besser als die protzigen Strandlokale, in denen der Meerblick die Preise nach oben treibt.

Traumhaft günstigen frischen Fisch gibt's auf den kleinen Fischmärkten, wo vor allem poke, kurz gebratener ahi und Fischteller serviert werden. Wer keine Angst vor Kalorien hat, lässt sich in den Diners im Stil der 1970er-Jahre mit plate lunches und loco moco verwöhnen. Ideal fürs Picknick sind okazu-ya (japanische Schnellrestaurants), die vor allem in Hilo und Honolulu vertreten sind.

Mit Ausnahme von Honolulu machen die Lokale überall recht früh Feierabend (22 Uhr). Wer danach noch Hunger bekommt, muss sich mit Bars und den wenigen Coffee Shops, die rund um die Uhr geöffnet haben, begnügen. Mit Trinkgeld sind die Einheimischen nicht so großzügig wie anderswo in den USA, aber guter Service wird schon mit 20 % belohnt, fürs Mittelmaß reichen auch 15 %.

Heimische Produkte sind erstaunlich teuer und nicht einfach zu finden – am ehesten noch auf Bauernmärkten, an Obstständen und in

BAUERNMÄRKTE

Die nachstehend aufgelisteten Erzeugermärkte, Stände und Läden verkaufen hauptsächlich regionale Produkte. Märkte, die vor allem Importware, Blumen und Kitsch anbieten, kann man getrost links liegen lassen. Eine Liste aller Wochenmärkte veröffentlicht www.ediblehawaiianislands.com.

Big Island
» Waimea Farmers Market (Waimea)
» South Kona Green Market (Captain Cook)
» Maku'u Craft & Farmers Market (Pahoa)

Kaua'i
» Parkplatz am Vidinha Stadium (S. 435)

Maui
» Maui Swap Meet (Kahului)
» Huelo Lookout (Huelo)

Moloka'i
» Samstagsmarkt in Kaunakakai (Kaunakakai)

O'ahu
» Bauernmarkt samstags am KCC (Diamond Head und Kahala)

kettenunabhängigen Lebensmittelläden (s. Kasten oben). Einheimische wie auch Besucher fliegen auf die Angebote von Costco, der in seinem Deli einen hoch gelobten *poke* serviert.

Als günstig ($) werden in diesem Führer Lokale eingestuft, auf deren Karte die meisten Gerichte unter 12 US$ kosten. Dazu gehören vor allem Bäckerei-Theken, Frühstückscafés, Sandwich- und Tacoläden. In mittelteuren Restaurants ($$) liegen die Preise für Pizza, Gourmet-Sandwiches, *plate lunches*, China- und Thaiküche sowie einfache Fischgerichte zwischen 12 und 30 US$. Teuer ($$$) wird's vor allem in den Lokalen direkt am Meer, in den Ferienanlagen und in den Golfclubs, wo eine Vorspeise locker über 30 US$ kosten kann. Wer trotzdem mal edel schlemmen will, nutzt die Happy Hour mit reduzierten Preisen.

Esskultur

Selten setzen sich Einheimische zu Hause zu einem mehrgängigen Menü an den Tisch. Selbst wenn Gäste kommen, tischen sie einfach auf, was gerade da ist – auch wenn es für europäisches Empfinden überhaupt nicht zueinander passt. Die lockere Einstellung hört jedoch bei der Essenszeit auf: Wer irgendwo eingeladen ist, sollte unbedingt pünktlich erscheinen, außerdem ein Dessert mitbringen und an der Eingangstür seine Schuhe ausziehen. Oft werden einem beim Abschied Reste des Festmahls (und Obst aus eigener Ernte) zum Mitnehmen aufgedrängt.

Auch in den Nobelrestaurants geht es relativ locker zu, ohne Jackett- und Krawattenzwang (was hier „island casual" genannt wird). In den Ferienanlagen werden bei Tisch sogar Khakishorts und Hawaiihemden toleriert. Großstädter, die an übereifrige Kellner gewöhnt sind, werden den Service vielleicht etwas unbeholfen (aber nicht unhöflich) finden.

In Hawaii wird früh und pünktlich gegessen: Frühstück um 6 Uhr, Mittagessen um 12 Uhr und Abendessen um 18 Uhr. Zu diesen Zeiten sind die Lokale gestopft voll, leeren sich aber schon nach ein bis zwei Stunden wieder, da die Einheimischen nicht ewig sitzen bleiben.

Hawaii-Kochbücher

» *Roy's Feasts From Hawaii* von Roy Yamaguchi

» *The Hali'imaile General Store Cookbook* von Beverly Gannon

» *What Hawaii Likes to Eat* von Muriel Miura und Betty Shimabukuro

» *Hawaii Cooks With Taro* von Marcia Zina Mager und Muriel Miura

DAS GIBT'S NUR IN HAWAII

» Mr Ed's Bakery: *poha* (Stachelbeeren), *liliko'i* (Maracujas) und weitere hausgemachte Einmachspezialitäten (Honomu, Big Island)

» Cafe 100: *loco moco* in 20 Versionen, auch mit Fisch oder Gemüse (Hilo, Big Island)

» Zu *grinds* (Essen) am Straßenrand gehören getrocknete *ahi*-Streifen und *huli-huli*-Hähnchen (mariniertes Grillhähnchen; Puna, Big Island)

» Kanaka Kava: frischer *ahi* mit Taro und durstlöschendem Kava-Saft (Kailua-Kona, Big Island)

» Kailua Candy Company: *turtle cheesecake* (Käsekuchen mit Nüssen und Karamell), *a'a*-Rinde (flache Schokoladenstücke mit Kokos und Macadamianüssen; Honokohau Harbor, Big Island)

» Fish Express: *poke* – roher Fisch mit Sojasauce, Öl, Chili, Frühlingszwiebeln und Algen (Lihu'e, Kaua'i)

» Sam Sato's: *manju* – japanische, mit süßer Bohnenpaste gefüllte Brötchen (Wailuku, Maui)

» Surfing Goat Dairy: Ziegenkäse (Pukalani, Maui)

» Julia's Banana Bread (Bananenbrot; Kahakuloa, Maui)

» Leonard's: *malasadas* – portugiesische Krapfen, in Zucker gewälzt und warm serviert (Waikiki, O'ahu)

Quantität ist mindestens so wichtig wie Qualität, was sich in Riesenportionen äußert (vor allem bei *plate lunches*). Wer die nicht schafft, kann sich ohne Weiteres ein Gericht zu zweit teilen oder sich die Reste einpacken lassen.

Vegetarier & Veganer

In Toprestaurants steht fast immer etwas Fleischloses auf der Karte, z. B. gegrilltes Gemüse, Pasta oder Tofukreationen. Auch die meisten asiatischen Lokale – selbst in Kleinstädten – bieten Tofu und Gemüse an. Inspiriert durch die Kalifornien-Küche haben einige Köche die Inselklassiker überarbeitet und servieren sie nun als Light-Version. Beliebt sind Tofu-Wraps (bei Fischessern auch *ahi*-Wraps), Salatplatten und Sandwiches mit Grillgemüse, die als Tellergericht mit Vollkornbrot oder Naturreis ergänzt werden.

Ein rein vegetarisches Restaurant ist eher die Ausnahme. Vor allem Veganer werden es schwer haben. Bei der Bestellung nachfragen, ob Suppen und Saucen Fleisch-, Fisch- oder Hühnerbrühe enthalten.

Am sichersten und billigsten fahren Vegetarier und Veganer, wenn sie auf Bauernmärkten und in Bioläden einkaufen.

Sprachführer Essen

KULINARISCHES GLOSSAR

Genau so multikulturell wie die hawaiische Küche ist auch ihr Vokabular (eine Liste mit den populärsten Fischarten steht auf S. 672).

adobo	philippinisches Hühner- oder Schweinefleisch, das mit Essig, Sojasauce, Knoblauch und Gewürzen gekocht wird
'awa	Kava, einheimische Pflanze, aus der ein leicht berauschendes Getränk hergestellt wird
bentō	japanische Lunchbox für Mahlzeiten zum Mitnehmen
broke da mout	köstlich; wörtlich „zerbrach den Mund"
char siu	auf chinesische Art gegrilltes Schweinefleisch

chazuke	japanischer, mit Tee gekochter Reisbrei
crack seed	chinesische Trockenfrüchte; können salzig, süß und/oder sauer sein
donburi	große Schüssel mit Reis und (meist) Fleisch als Hauptmahlzeit
furikake	japanisches Universalgewürz, wird meist getrocknet über Reis gestreut, in Hawaii manchmal auch über *poke*
grind	essen
grinds	Essen allgemein; siehe ' *ono kine grinds*
guava	Frucht mit gelber oder grüner Schale, saftigem rosa Fleisch und vielen (essbaren) Kernen
hamachi	Gelbschwanzmakrele
haupia	Kokospudding
hulihuli chicken	mariniertes Grillhähnchen
imu	Erdofen, in dem Schweine-*kalua* und andere Festessen gegart werden
izakaya	japanische Kneipe, die tapasähnliche Snacks serviert
kalo	hawaiisch für Taro
kalua	hawaiische Art, ein Schwein oder andere Festessen in einem *imu* zu garen
kare-kare	philippinisches Ochsenschwanzragout
katsu	japanisches paniertes Kotelett (meist vom Schwein oder Huhn), das frittiert wird; siehe *tonkatsu*
kaukau	Essen
laulau	Stücke von Hühner- oder Schweinefleisch und gesalzenem Medusenfisch, in Taro- oder *ti*-Blätter eingewickelt und gedämpft
li hing mui	salzig-süße Trockenpflaumen (eine Art *crack seed*), wird auch als Würzpulver verkauft
liliko'i	Maracuja bzw. Passionsfrucht
loco moco	Gericht aus Reis, Spiegelei und Hacksteak mit Bratensauce oder anderen Würzzutaten
lomilomi salmon	Streifen von gebeiztem Lachs, Tomatenwürfel und Frühlingszwiebeln
luau	hawaiisches Fest
mai tai	typischer Cocktail in einer „Tiki-Bar"; enthält Rum, Grenadine, Limetten- und Ananassaft
malasada	portugiesischer, mit Zucker bestreuter Krapfen
manapua	chinesisches Brötchen, gedämpft oder gebacken und mit *char siu* gefüllt
manju	gedämpftes oder gebackenes japanisches Brötchen, oft mit süßer Bohnenpaste gefüllt
mochi	japanisches Klebreisküchlein
natto	fermentierte Sojabohnen
nishime	japanischer Eintopf mit Wurzelgemüse und Algen
noni	maulbeerähnliche, stark riechende Frucht, die zu medizinischen Zwecken eingesetzt wird
nori	japanische Algenart, wird meist getrocknet verwendet
ogo	geröstete Algen, werden oft über *poke* gestreut und heißen auf Hawaiisch *limu*
ohelo	Strauch mit essbaren roten Beeren, die früher der Vulkan- und Feuergöttin Pele geweiht waren; in punkto Größe und Säure ähneln sie Cranberries
'ono	köstlich
'ono kine grinds	köstliches Essen, Schlemmerei
pani popo	samoanische Kokosbrötchen
pho	vietnamesische Suppe, meist mit Rinderbrühe, Nudeln und frischen Kräutern
pipi kaula	getrocknetes Rindfleisch
poha	Stachelbeere

poi	stärkehaltiger Brei aus gedämpften, gestampften Tarowurzeln
poke	marinierte rohe Fischwürfel
pulehu	gegrillt
pupu	Appetithäppchen
ropa vieja	chinesische Rindfleischstücke in Tomatensauce
saimin	regionale Nudelsuppe
shave ice	fein geschabtes Eis im Pappbecher, mit knallfarbigem Sirup übergossen
shōyu	Sojasauce
soba	dünne, japanische Buchweizennudeln
star fruit	Karambole (transparent grüngelbe, längliche Frucht mit fünf Rippen; quer aufgeschnitten ähnelt sie einem Stern; süßsauer und saftig)
taro	Nutzpflanze, deren Knolle für *poi* und deren Blätter für *laulau* verwendet werden; auf Hawaiisch *kalo*
teishoku	japanisches Menü
teppanyaki	japanische Zubereitungsart; die Gerichte werden auf einer Stahlplatte gebraten
tonkatsu	paniertes und frittiertes japanisches Schweinekotelett, es gibt auch Hähnchen-Katsu

Kunst & Kunsthandwerk

Wie ein bunter Blumenstrauß präsentieren sich die verschiedenen kulturellen Traditionen im heutigen Hawaii, und in der Hauptstadt Honolulu befruchten sich Einflüsse aus Ost und West gegenseitig. Im Verborgenen pocht jedoch das urhawaiische Herz, das die einheimische Sprache, Musik, die handwerklichen Fähigkeiten und natürlich den Hula am Leben erhält. *E koko mai* (willkommen) in einer ganz speziellen Inselkultur!

Hula

Alte Geschichten

Im alten Hawaii war der Hula manchmal ein feierliches Ritual mit *mele* (Liedern, Gesängen), die den Göttern huldigten oder die Großtaten von *aliʻi* (Anführern) priesen. Aber der Hula gehörte auch zu ausgelassenen Festen, auf denen Adlige und das einfache Volk gemeinsam tanzten. Hula repräsentierte die Gemeinschaft, erzählte ihre Geschichte und förderte das Gefühl der Zusammengehörigkeit.

Die Tänzer wurden in *halau* (Schulen) von *kumu hula* (Hula-Lehrern) unterrichtet, die peinlich darauf achteten, dass Gestik, Rhythmus und Ausdruck stimmten. In einer Kultur ohne Schriftsprache waren die Gesänge, die den Tanz begleiteten, äußerst wichtig, da sie die Bedeutung der Gesten erläuterten. Viele Lieder enthielten *kanoa* (versteckte Anspielungen) auf Religion, Sex oder Liebe.

Modernes Revival

Wahrscheinlich wurden die Missionare rot, wenn sie einen Hula sahen. Jedenfalls lehnten sie die Tänze als „enthemmt und zügellos" ab. Ihre Bemühungen, den Hula abzuschaffen, wurden von der zum christlichen Glauben übergetretenen Königin Kaʻahumanu unterstützt, die 1830 öffentliche Hula-Darbietungen verbot.

In den 1880er-Jahren wurde die Tradition von König Kalakaua wiederbelebt, dessen Ausspruch „Hula ist die Sprache des Herzens und deshalb der Herzschlag des hawaiischen Volks" berühmt wurde. Doch bald nach dem Tod des „fröhlichen Königs" wurde die Monarchie gestürzt, und der Hula verschwand wieder in der Versenkung. Erst die kulturelle Renaissance in den 1960er/70er-Jahren gab dem Tanz seine Bedeutung zurück.

Heute können sich die anerkannten Hula-Lehrer in den Hula-Schulen vor Schülern kaum retten. Überall gibt es Hula-Wettbewerbe, und für viele Hawaiianer ist Hula wieder ein wichtiger Bestandteil ihres Lebens.

Hawaiische Legenden, Sprichwörter & Gedichte

» *Folktales of Hawaiʻi* (Bishop Museum Press, 1995), illustriert von Sig Zane

» *ʻOlelo Noʻeau* (Bishop Museum Press, 1997), illustriert von Dietrich Varez

» *Obake Files* (Chicken Skin Series, Mutual Publishing, 2000) von Glen Grant

ANN CECIL / LONELY PLANET IMAGES ©

Die Ukulele (hawaiisch für "hüpfender Floh") verdankt ihren Namen den flinken Fingern ihrer Spieler, die wie Flöhe über die Saiten hüpfen.

Hula-Vorführungen

Bei Hula-Wettbewerben treten die Tänzer in den Disziplinen *kahiko* (alt) und *'auana* (modern) gegeneinander an.

Kahiko-Tänze sind sehr ursprünglich und elementar, werden nur von Gesang und höllisch lauten Kürbistrommeln begleitet und in traditionellen Kostümen in knalligen Farben mit *leis* aus *ti*-Blättern und (manchmal) viel nackter Haut getanzt.

Moderne westliche Einflüsse (Gesang auf Englisch, Gitarre, Parodien auf die Pop-Kultur, Fantasiekostüme, laszive Bewegungen, Dauerlächeln) zeichnen die *'auana*-Tänze aus. Manche Hula-Ensembles integrieren sogar zeitgenössische Tanzstile.

Hawaiis „Hula-Olympiade" ist das Merrie Monarch Festival (S. 283) auf Big Island, aber kleinere Wettbewerbe und Feste finden das ganze Jahr über statt; die sehenswertesten sind auf S. 23 beschrieben.

Musik

Typisch für die traditionelle hawaiische Musik sind *ha'i* (Falsettgesang) und drei Instrumente bzw. Techniken: die Hawaii-Gitarre (mit Stahlsaiten), die Slack Key Guitar und die Ukulele. Wer im Mietwagen das Autoradio anstellt, kann sich auf einen bunten Mix aus Inselrock, Hip-Hop, Country und Jawaiian (der hawaiischen Version von Reggae) gefasst machen. Einige lokale Künstler, z. B. Jack Johnson, konnten sich auch international durchsetzen.

Das Erbe der Paniolo

In den 1830er-Jahren brachten mexikanische Cowboys ihre Gitarre mit nach Hawaii. 50 Jahre später hatte der auf O'ahu geborene Joseph Kekuku als Schüler die Idee, sich das Instrument auf den Schoß zu legen und mit seinem Taschenmesser oder Kamm zu bearbeiten. Das war die Geburtsstunde der *kika kila,* der Hawaii-Gitarre. Heute lassen die Musiker einen Metallstab über die Saiten gleiten, wodurch der typische „singende" Ton entsteht.

Anfang des 20. Jhs. wurde auch die restliche Welt auf Kekuku und Kollegen aufmerksam. Die Hawaii-Gitarre stand Pate für Weiterentwicklungen wie die Dobro (unentbehrlich für Bluegrass, Blues und ähnliche Musikrichtungen) oder die Pedal-Steel-Gitarre, die oft bei Country und Western Music eingesetzt wird. Zu den heutigen Koryphäen auf der Hawaii-Gitarre gehören Alan Akaka, Bobby Ingano und Gregory Sardinha.

Der hüpfende Floh

Nicht wegzudenken aus der hawaiischen Musik ist die Ukulele, für die das portugiesische Saiteninstrument *braguinha* Pate stand. Ukulele bedeutet „hüpfender Floh", da die Hawaiianer fasziniert waren von der Geschwindigkeit, mit der die Finger der Ende des 19. Jhs. eingewanderten Portugiesen über die Saiten glitten.

Nach der Wiederentdeckung der Ukulele durch die junge Generation, zu der Musiker wie David Kamakahi und der experimentierfreudige Jake Shimabukuro zählen, erlebt das Instrument gerade ein Revival.

Hawaii-Gitarre wie auch Ukulele sind unverzichtbare Bestandteile der launigen *hapa haole* (hawaiische Musik mit meist englischen Texten), die ab den 1930er-Jahren populär wurde. Songs wie *My Little Grass Shack* oder *Lovely Hula Hands* sind dafür klassische Beispiele. Dank der Radiosendung *Hawaii Calls*, die über vier Jahrzehnte lang

DER SOUNDTRACK HAWAIIS

Am besten wäre es natürlich, wenn dieser Reiseführer zusammen mit einer CD und einer Ukulele verkauft würde. Alternativ gibt es im Folgenden eine Auflistung der CDs mit der bedeutendsten hawaiischen Mele-Musik, von traditionell bis modern:

» Genoa Keawe, *Party Hulas* – Mit ihrer unverkennbaren Falsettstimme ist „Tante Genoa" eine Pionierin und Maßstab der Old School.

» Raiatea Helm, *Hawaiian Blossom* – Die New Yorker Zeitschrift *Village Voice* nannte Raiatea die „Diana Krall mit der Ukulele", und ihre Stimme kann der von Aunty Genoa durchaus das Wasser reichen.

» Gabby Pahinui, *Gabby* – Dieses legendäre Album darf in keiner anständigen Plattensammlung von Hawaii-Musik fehlen.

» Dennis und David Kamakahi, *'Ohana* – Vater Dennis und Sohn David gehören zu den besten Musikern Hawaiis und kombinieren ihre Virtuosität auf Gitarre und Ukulele auf dieser umwerfenden CD.

» Israel Kamakawiwo'ole, *Facing Future* – Jeder kennt *Somewhere Over the Rainbow* von „Braddah Iz", der schon vorher mit Songs wie *'Hawai'i '78* mitten ins Herz seiner Landsleute traf. Als er 1997 starb, wurde sein Leichnam im Capitol von Honolulu aufgebahrt – diese Ehre wurde vor ihm noch keinem Musiker zuteil.

» Jake Shimabukuro, *Walking Down Rainhill* – Wer auf YouTube Jakes Interpretation von *While My Guitar Gently Weeps* auf der Ukulele anhört, wird sich sofort diese CD kaufen.

» Keali'i Reichel, *Kawaipunahele* – Der charismatische Sänger und Hula-Lehrer kombiniert alte Gesänge mit modernen, gefühlvollen Balladen.

» HAPA, *In the Name of Love* – Bei HAPA treffen ein Slack Key-Gitarrist von der US-Ostküste und ein stimmgewaltiger hawaiischer Sänger zusammen, deren Mix aus Tradition und Pop taufrisch klingt.

» John Cruz, *One of these Days* – Cruz ist ein klassischer Singer-Songwriter, der moderne, vom Blues inspirierte Hawaii-Songs singt.

QUILTEN

Die ʻohana (Groß-
familie) einer der
berühmtesten
hawaiischen Quil-
terinnen, Althea
Poakalani Serrao,
hat mit ihrer
Website (www.
poakalani.net) ein
Lexikon des tradi-
tionellen Quiltens
(Herstellung
von Patchwork-
decken) geschaf-
fen, das alle
Fragen zu Ge-
schichte, Mustern,
Qualitätsmerk-
malen, Läden
usw. beantwortet.

von Waikiki aus weltweit über den Äther ging, wurde *hapa haole* zur Erkennungsmelodie Hawaiis schlechthin.

Slack Key

Seit Mitte des 20. Jhs. werden die Stahlsaiten der Gitarren in Hawaii „offen" gestimmt *(ki hoʻalu)*. Dabei greift der Daumen die Bass- und Rhythmusakkorde, während die restlichen Finger die Melodie und Improvisationen davon spielen, die von der rechten Hand gezupft werden. Wie die Gitarre gestimmt wurde, war ein oft sorgfältig gehütetes Geheimnis des jeweiligen ʻohana (Familien- und Freundeskreis).

Mit seiner ersten Aufnahme von *Hiʻilawe* läutete der legendäre Gitarrist Gabby Pahinui 1946 die moderne Slack-Key-Ära ein. In den 1970er-Jahren entdeckten Gabby und seine berühmte Band Sons of Hawaiʻi den traditionellen Hawaii-Sound wieder. Dank ihm und einigen weiteren populären Slack-Key-Gitarristen, darunter Sonny Chillingsworth, erlebte die Hawaii-Musik eine Renaissance, die bis heute andauert. Zum ständig wachsenden Kreis der Slack-Key-Virtuosen gehören auch Keola Beamer, Ledward Kaʻapana, Martin und Cyril Pahinui oder Ozzie Kotani.

Wer sich für diese Technik interessiert, kann auf der Website von George Winstons Musiklabel Dancing Cat (www.dancingcat.com) Musikclips anhören, in den Lebensläufen berühmter hawaiischer Musiker schmökern und ein kostenloses E-Book runterladen.

Traditionelles Kunsthandwerk

Die Hawaii-Renaissance der 1970er-Jahre ließ auch das Interesse an alten Handwerkstechniken wieder aufflammen. Das wahrscheinlich populärste Beispiel dafür ist das Binden von *leis*, den Ketten und Kränzen aus Blumen, Blättern, Beeren und Nüssen. Deshalb ist den *leis* ab S. 687 ein eigenes Kapitel gewidmet.

Holzarbeiten

Die Ureinwohner Hawaiis waren äußerst geschickt im Umgang mit Holz, verwandelten Baumstämme in Kanus und schnitzten aus wun-

---

MÄRCHENHAFTE QUILTS *LISA DUNSFORD*

Auf den ersten Blick bezaubern die hawaiischen Quilts mit lebendigen Farben und grafischen Mustern. Aber wer genauer hinschaut, entdeckt darin ganze Geschichten.

Protestantische Missionare hatten das Quilten Anfang des 19. Jhs. in Hawaii eingeführt. Aber seitdem hat sich das Stoffpuzzle dort zu einer eigenständigen Handwerkskunst entwickelt. Für ein traditionelles Quilt wird ein fester, farbiger Stoff vier- oder achtfach gefaltet. In dieses mehrlagige Stoffbündel schneidet man ein Muster oder Motiv (Blume, Stern etc.), faltet es wieder auseinander und näht es auf eine neutrale Stoffunterlage (viele werden sich jetzt an Weihnachtssterne oder Girlanden aus Papier erinnern, die sie im Kindergarten nach der gleichen Technik bastelten).

Wurde an dem Stoffbündel eine Spitze so abgeschnitten, dass in der Mitte des Musters ein Loch entsteht, spricht man von einem *piko* (Nabel), der als Tor zur spirituellen Welt gilt. Eine geschlossene Mitte symbolisiert die Kraft der Familie. Auch bestimmte Früchte- und Pflanzenmotive haben symbolische Bedeutung: Eine *ulu* (Brotfrucht) steht für Wohlstand und ziert meist das Erstlingswerk einer Quilterin. Eine Ananas verkörpert Gastfreundschaft, die Taropflanze repräsentiert Stärke und die Mango einen Wunsch, der in Erfüllung gegangen ist.

Menschliche Darstellungen kommen auf hawaiischen Quilts so gut wie nie vor – sie könnten nachts lebendig werden. In jedem Muster wohnt angeblich der Geist seines Schöpfers. Deshalb wurden die Quilts früher zusammen mit der Person, die sie herstellte, begraben.

derschön gemaserten tropischen Harthölzern wie Koa, Kou, Milo und Mango aparte Gefäße. Getrocknete *ipu* (Kürbisse) wurden zu Behältern und Hula-Trommeln verarbeitet. Viele Handwerker haben diese alten Techniken wiederentdeckt und fertigen aus den heimischen Hölzern traditionelle Schalen und Schüsseln, exquisite Möbel, Schmuck und fantasievolle Skulpturen. Die hawaiischen Holzgefäße sind sehr schlicht und bestechen vor allem durch die natürliche Schönheit des Materials. Je dünner und leichter sie sind, desto größer war die Geschicklichkeit des Handwerkers – und desto höher ist ihr Preis.

Stoffkunst

Die Herstellung von *kapa* (Stoff aus gestampfter Baumrinde) für Kleidung und Kunstwerke sowie das Weben von *lauhala* sind zwei weitere traditionelle Fertigkeiten. Dabei ist das tatsächliche Verweben der *lau* (Blätter) des *hala* (Pandanus- oder Schrauben-Baum) gar nicht so schwer; die Hauptarbeit ist das Vorbereiten der Blätter mit ihren rasiermesserscharfen Kanten. Früher fanden *lauhala* als Matten, Segel, Umhänge und Ähnliches Verwendung, heute werden sie vor allem zu Hüten, Tischsets und Taschen verarbeitet, meist in Massenproduktion. Wer ein handgearbeitetes Souvenir sucht, sollte sich in Läden umschauen, die auf *lauhala* spezialisiert sind, z. B. im Kumura Lauhala in Holualoa auf Big Island.

Die Inseln literarisch
Von innen & außen

Bis Ende der 1970er-Jahre schrieben vor allem Ausländer über Hawaii, das ihnen wie eine fremde, exotische Welt vorkam. Paradebeispiele sind James Michener mit seinem Roman *Hawaii* und Paul Theroux, dessen beißender Humor einmal mehr in *Hotel Honolulu* brilliert.

Mittlerweile gibt es genügend in Hawaii geborene Schriftsteller, die mit authentischen Schilderungen einen Einblick in das wahre Inselleben bieten (leider ist bis jetzt kaum etwas von ihnen auf Deutsch erschienen). Am Anfang dieser Entwicklung stand der Verlag Bamboo Ridge Press (www.bambooridge.com), der seit über 30 Jahren in seinem jährlichen Literaturmagazin zeitgenössische Romane und Gedichte veröffentlicht und schon manchem hawaiischen Autor zum Durchbruch verhalf.

University of Hawai'i Press (www.uhpress.hawaii.edu) und Bishop Museum Press (www.bishopmuseum.org/press) sind zwei weitere Verlage, die lokale Schriftsteller zu Wort kommen lassen. Sie legen den Schwerpunkt auf Sachbücher zu den Themen Kultur, Geschichte, Kunst und Natur.

Das Erbe der Plantagenära: Pidgin

1975 beschrieb Milton Murayama in *All I Asking for Is My Body* sehr anschaulich, wie das Leben der japanischen *nisei* (Immigranten der zweiten Generation) um die Zeit des Zweiten Weltkriegs auf den Zuckerplantagen Hawaiis aussah. Mit seinen häufig eingestreuten Pidgin-Ausdrücken trat er eine regelrechte Lawine los; plötzlich verwendeten zahllose Autoren diese landestypischen Begriffe, und in den 1990er-Jahren hat sich der Trend noch einmal merklich verstärkt. Lois-Ann Yamanaka verbuchte Riesenerfolge mit ihren Gedichten (*Saturday Night at the Pahala Theatre*, 1993) und Romanen (*Wild Meat and the Bully Burgers*, 1996), in denen die Figuren durch ihre Pidgin-Sprache besonders authentisch wirken.

Für einige wurde die Aufwertung des von intellektuellen Kreisen lange ignorierten oder als primitiv abgelehnten Pidgin ein politisches und

PIDGIN

Pidgin to Da Max und die Folgewerke von Douglas Simonson (auch Peppo genannt), Pat Sasaki und Ken Sakata vermitteln mit ihren Erklärungen des Pidgin-Vokabulars nicht nur viel Lokalkolorit, sondern sind auch ein geballter Angriff auf die Lachmuskeln und deshalb seit Langem Bestseller.

kulturelles Anliegen. Die unglaublich witzigen Geschichten (*Da Word,* 2001) und Essays (*Living Pidgin,* 2002) des äußerst produktiven Schriftstellers und Drehbuchautors Lee Tonouchi beweisen, dass Pidgin mehr als ein wichtiges Hilfsmittel ist, um die hawaiische Kultur zu verstehen; es ist eine eigenständige Sprache. Die Sammlung von Kurzgeschichten und Gedichten, die Bamboo Ridge Press unter dem Titel *Growing Up Local* (1998) herausbrachte, ist eine perfekte Einstiegslektüre für Pidgin.

Neue Stimmen

Zu den wichtigsten hawaiischen Autoren gehören Nora Okja Keller, deren Debütroman *Die Trostfrau* 1998 den American Book Award gewann, und Kiana Davenport, die in ihrer Familiensaga *Haifischfrauen* (1994) wichtige Episoden der hawaiischen Geschichte aufarbeitet.

Auch in der aktuellen Literaturszene tummeln sich jede Menge Autorinnen. Während sich Mia King (*Liebe kann so einfach sein,* 2008) und einige ihrer Kolleginnen nicht nur auf Hawaii konzentrieren, kratzen andere wie Kaui Hart Hemmings (*House of Thieves,* 2005) und Marie Hara (*An Offering of Rice,* 2007) eifrig weiter am Paradies-Image und versuchen, Hawaiis Realität zu beschreiben. Hemmings etwas düsteres Erstlingswerk *Mit deinen Augen* (2009) erzählt vom Abschiednehmen und dem langen Weg zur Selbsterkenntnis.

Hawaii im Kino

Dass Hawaii allgemein als ein Synonym für den Garten Eden gilt, liegt vor allem an Hollywood. Bis heute gaukelt uns die Traumfabrik diese Südseeidylle vor, die seit den 1930er-Jahren durch die Kinos geistert. Ob in Komödien oder Thrillern, ob als tatsächlicher Schauplatz oder als Kulisse, Hawaii kommt einfach nicht weg von diesem Klischee. So verleiht es modernen Soap Operas den exotischen Touch und brutalen Kolonisationsdramen einen Hauch Romantik.

Die Filmindustrie entdeckte Hawaii 1913 und hat es seitdem nicht mehr losgelassen. Bis 1939 wurden hier über 60 Filme gedreht, darunter Musikkomödien wie *Waikiki Wedding* (1937) mit Bing Crosby, der dann für seinen Song *Sweet Leilani* einen Oscar einheimste. Weitere Kinoerfolge waren *Verdammt in alle Ewigkeit* (1953), *Süd Pazifik* (1958) und natürlich Elvis Presleys *Blue Hawaii* (1961).

Mit modernsten Produktionsmöglichkeiten und Steuervergünstigungen tut Hawaii heute alles, um die lukrative Filmindustrie zu halten bzw. auszubauen. Zu den Hunderten von Spielfilmen, die Hawaii als ihren Schauplatz wählten, gehören Welterfolge wie *Jäger des verlorenen Schatzes* (1981), *Jurassic Park* (1993), *Pearl Harbor* (2001) und *Fluch der Karibik: Fremde Gezeiten* (2011). Kaua'i ist am besten im Geschäft und in über 70 Filmen zu sehen. Filmfans pilgern in Scharen zu den Drehorten auf Kaua'i und O'ahu (z. B. die Kualoa Ranch; S. 146).

Auch Dutzende von TV-Serien wurden seit 1968 auf Hawaii gedreht, wovon *Hawaii Fünf-Null* die berühmteste und vielleicht auch am wenigsten kitschige war, da die Polizeigeschichten auch Hawaiis dunkle Seiten zeigen. 2010 wurde *Hawaii Fünf-Null* als Fernsehfilm neu aufgelegt und auf O'ahu abgedreht. Dort spielte auch die Serie *Lost,* in der sich eine Gruppe Schiffbrüchiger abmüht, wieder nach Hause zu kommen. Eine ähnliche Handlung hat die Serie *Gilligans Insel,* für die der Pilotfilm auf Kaua'i gedreht wurde. Wer sich die Schauplätze von *Lost* ansehen will, kann sich unter www.lostvirtualtour.com informieren.

Das Hawaii Film Office veröffentlicht unter www.hawaiifilmoffice. com eine Liste aller auf Hawaii gedrehte Spielfilme und TV-Episoden und informiert über alle aktuellen Filmprojekte, die gerade hier laufen.

Herb Kane und Madge Tennent sind nur zwei der vielen renommierten einheimischen Maler. Scharen von bildenden Künstlern ließen bzw. lassen sich von Hawaiis reicher Kultur inspirieren.

BILDENDE KUNST

Lei

Begrüßung, Verehrung, Respekt, Friede, Liebe, Spiritualität, Glück, Feiern und Abschied: All diese Dinge und noch einige mehr werden in Hawaii mit einem *lei* ausgedrückt, einer in liebevoller Handarbeit hergestellten Girlande aus frischen Blumen und Pflanzen, welche in allen erdenklichen Farben auf den Inseln gedeihen.

Die Kunst, einen Lei zu binden

Leis sind wahrscheinlich die sinnlichsten – und vergänglichsten – Kunstwerke made in Hawaii. Nichts könnte die Schönheit der Natur und die Herzlichkeit ihrer Bewohner besser repräsentieren als diese duftenden Kränze und Ketten, die so großzügig verschenkt werden.

Mit der Auswahl der Pflanzen bringen die Lei-Binder persönliche Gefühle zum Ausdruck und erzählen gleichzeitig eine Geschichte, da jede Pflanze und jede Blume eine bestimmte Bedeutung hat. Neben duftenden tropischen Blüten verwenden sie auch Federn, Nüsse, Samen, Muscheln, Algen, Ranken, Blätter und Früchte, die meist geknüpft, geflochten, aufgefädelt, vernäht oder miteinander verbunden werden.

In der alten hawaiischen Gesellschaft spielten Leis eine wichtige Rolle und wurden täglich getragen; sie gehörten zu den heiligen Hula-Tänzen, wurden lieben Menschen zum Geschenk gemacht, waren Medizin für die Kranken und Opfergabe für die Götter. Ihre Symbolkraft war so stark, dass ein Lei (aus den passenden Materialien hergestellt) sogar kämpfende Kriegsheere miteinander aussöhnen konnte. Das wäre heute wahrscheinlich nicht mehr möglich, aber alle anderen Funktionen können leis auch im modernen Hawaii noch erfüllen.

Meist tragen die Einheimischen heute Leis zu besonderen Gelegenheiten wie Hochzeiten, Geburtstagen, Gedenktagen, Schulabschlussfeiern oder öffentlichen Anlässen. Normalerweise stellen sie ihren Lei nicht mehr selbst her – es sei denn, sie sind ein besonders engagiertes Mitglied einer *hula halau* (Hula-Schule). Denn bei zeremoniellen Hulas (nicht aber bei öffentlichen Wettbewerben oder Unterhaltungsshows) verlangt es die Tradition, dass die Tänzer ihren eigenen Lei binden und die Bestandteile dafür selbst sammeln.

Lei Day

Dass Besucher in Hawaii mit Blumenkränzen beschenkt werden oder selbst welche verschenken, ist schon seit Ende des 19. Jhs. üblich, als die ersten Touristen mit Dampfschiffen ankamen. Anfang des 20. Jhs. stand der Schiffstourismus in voller Blüte, und bereits beim Einlaufen warteten im Hafen Straßenhändler, die den von Bord gehenden *malihini* (Neuankömmlinge, Fremdlinge) einen Lei um den Hals legten.

Die Sitte, den Bekränzten beim Umlegen des Blumenkranzes auch zu küssen, bürgerte sich während des Zweiten Weltkriegs ein. Angeblich soll eine Hula-Tänzerin in einem Militärclub gewettet haben, dass sie

Auf Oʻahu hat der Lei für Besucher eine besondere Bedeutung: Wenn sie beim Abschied, wenn ihr Schiff am Diamond Head vorbeifährt, einen Lei ins Meer werfen und er zurück zum Strand getrieben wird, können sie sicher sein, dass sie irgendwann nach Hawaii zurückkehren werden.

Wer seinen Partner am Ankunftsflughafen mit einem Begrüßungs-Lei überraschen will, kann damit eine Agentur beauftragen, z. B. Greeters of Hawaii (www.greetersofhawaii.com), die das hawaiische Aloha schon seit 1957 erfolgreich vermarkten.

WAS STECKT IN EINEM LEI?

Leis gibt's überall in Hawaii, aber manche sind typisch für eine ganz bestimmte Insel.

O'ahu Die gelb-orange *'ilima* ist die offizielle Blume der Insel und symbolisiert Laka, die hawaiische Göttin des Hula. Ein *'ilima lei*, der früher Adligen vorbehalten war, besteht aus bis zu tausend dieser kleinen Blüten.

Big Island Leis aus *lehua,* den puscheligen Blüten der Eisenholzart *'ohia*, sind meist rot oder rosa gefärbt. Laut Legende war der allererste Lei aus *lehua* gebunden und ein Geschenk von Hi'iaka, der Heilgöttin, an ihre Schwester Pele, Göttin des Feuers und der Vulkane.

Maui Die *lokelani* (rosa Damaszener-Rose, auch „Himmelsrose" genannt) hat samtige Blütenblätter und duftet sehr aromatisch. Missionare hatten sie Anfang des 19. Jhs. in den Gärten von Lahaina gepflanzt, heute ist sie ein offizieller Repräsentant der Insel – eine Ehre, die keiner anderen importierten Blumenart in Hawaii zuteil wurde.

Lana'i Auf der Luvseite (Windseite) der Insel werden traditionell die gelb-orangen Ranken der Kletterpflanze *kaunaoa* gepflückt und zu Leis verwoben. In einem alten hawaiischen Lied heißt es, die *kaunaoa* auf Lana'i wüchsen wie ein Federumhang, der die Schultern eines verdienstvollen Anführers bedeckt.

Moloka'i *Kukui lei* werden entweder aus den auf Hochglanz polierten, dunkelbraunen Nüssen des Baumes gefertigt (meist für Männer) oder aus seinen weißen Blüten. Der *kukui* (Lichtnuss-Baum) ist ein Nationalsymbol Hawaiis, seine Blüten repräsentieren Moloka'i.

Kaua'i Auf der „Garteninsel" werden oft die ledrigen, leicht nach Lakritz duftenden *mokihana*-Beeren mit grün glänzenden *maile*-Ranken kombiniert. *Mokihana*-Bäume wachsen in den Wäldern auf der regenreichen Westseite des mächtigen Mount Wai'ale'ale.

sich traue, einem Soldaten bei der Übergabe des Lei einen Schmatz auf die Wange zu drücken.

1927 forderten der Dichter Don Blanding und die aus Honolulu stammende Journalistin Grace Tower Warren, den 1. Mai als Festtag des Lei auszurufen. Im Jahr darauf komponierten Leonard und Ruth Hawk den berühmten Song May Day is Lei Day in Hawaii, der sich später zu einem Hula-*mele* (Lied) entwickelte. Heute wird der Lei Day in ganz Hawaii mit Musik, Hula-Tänzen, Paraden, Lei-Workshops, Lei-Wettbewerben und anderen Events gefeiert.

Lei-Etikette

» Leis dürfen nicht eng am Hals anliegen und dann senkrecht über die Brust herunterhängen, sondern sollten so um die Schultern gelegt werden, dass sie vorne und hinten gleich weit herunterhängen.

» Bei der korrekten Übergabe eines Lei beugt der Geber leicht den Kopf und hält den Kranz in Höhe seines Herzens. Ihn dem Empfänger umzulegen, gilt als unhöflich, das macht dieser selbst.

» Einer schwangeren Frau einen geschlossenen Lei zu schenken, ist ein Tabu, denn er könnte dem Ungeborenen Unglück bringen. Besser eine offene Blumenkette (Girlande) oder einen *haku lei* (Kopfkranz) wählen.

» Einen Lei zu tragen, der für jemand anderen bestimmt ist, soll ebenfalls Unglück bringen.

» Niemals einen Lei ablehnen oder ihn ablegen, solange der Geber noch anwesend ist!

» Wenn der Lei abgelegt wird, wandert er keinesfalls in die Mülltonne! Es ist üblich, ihn zu öffnen und seine Bestandteile der Natur zurückzugeben (Blüten ins Meer streuen, Samen und Nüsse in der Erde vergraben).

Ka Lei: The Leis of Hawaii (Ku Pa'a Publishing, 1995) von Marie McDonald, einer anerkannten *kapuna* (Älteren), vermittelt ein profundes Wissen über die Tradition der hawaiischen Leis, bevor die Weißen auf die Inseln kamen, und ihre Herstellung in heutiger Zeit.

Leis kaufen

Ein typischer hawaiischer Lei ist schon ab 10 US$ zu haben, wenn es sich um eine einfache Kette aus Orchideen- oder Frangipaniblüten handelt. Ein echter Niihau Shell-Lei (aus mehreren Schnüren mit winzigen Muscheln) kann dagegen mehrere tausend US$ kosten. Vorsicht: Leis aus *kukui* (Früchte des Lichtnuss-Baums) oder *puka*-Muscheln sind gelegentlich Importware (manchmal sogar aus Plastik).

Wer einen Lei kaufen will, sollte sich von der Binderin oder dem Ladenbesitzer beraten lassen, welcher für den jeweiligen Anlass in Frage kommt; für eine Braut wären z. B. an Perlen erinnernde, weiße *pikake* (Jasminblüten) angemessen, zudem spielt es eine Rolle, ob der Empfänger männlich oder weiblich ist. Natürlich darf man sich auch selbst mit einem Lei beschenken!

Auf O'ahu verkauft Cindy's Lei Shoppe im Chinatown von Honolulu prächtige, frisch gebundene Blüten-Leis. Kunstvolle Feder-Leis stellt das Atelier Na Lima Mili Hulu No'eau in Waikiki her.

Auf Big Island werden wunderschöne, frische Leis an Straßenständen und Farmen angeboten; die Kunden werfen den entsprechenden Betrag einfach ins Kästchen. Solche Stände gibt's im Keahole Ag Park (S. 221) und an der Lower Napo'opo'o Rd (S. 210). Ebenfalls eine Möglichkeit, sein Geld bei Einheimischen loszuwerden anstatt bei den anonymen Lei-Ständen am Flughafen sind die Omas auf dem Kailua Village Farmers Market in Kona sowie die KTA-Supermärkte.

Auch auf Maui gibt's am Flughafen Kahului Souvenirläden mit Leis, aber die bessere Adresse ist Whole Foods (in Kahului, nicht weit vom Flughafen), wo frisch gebundene Leis von den Paradise Flower Farms in Kula verkauft werden.

Auf Kaua'i bietet Blue Orchid Floral Design in Koloa über 30 verschiedene Blumen-Leis an. Handgearbeitete Kränze aus *maile* (Kletterpflanze mit duftenden Blättern), *ti*-Blättern, Blumen, Nüssen und Samen verkauft Flowers Forever in Lihu'e.

Eine wunderbare Verknüpfung von Botanik und Kultur bietet *Na Lei Makamae: The Treasured Lei* (University of Hawai'i Press, 2003) von Marie McDonald und Paul Weissich, die alle Blumen, welche traditionell zu leis gebunden wurden, unter die Lupe nehmen und ihre mythologische Bedeutung erklären.

LEI

Land & Meer

Denkt man an Hawaii, hat man meist ein Bild von winzigen Inseln aus weißem Sand vor Augen, die langsam nach Westen Richtung Japan gleiten. Tatsächlich handelt es sich bei den Hawaii-Inseln um die palmengesäumten Gipfel der größten Gebirgskette der Erde, wovon wahrscheinlich Wale eine bessere Vorstellung haben als wir Menschen.

Seit 80 Mio. Jahren fungiert ein Hotspot unter dem Erdmantel wie ein vulkanisches Förderband und hat eine fast 2500 km lange Kette von Schildvulkanen geschaffen, die sich fast 3200 km vom nächsten Kontinent entfernt an der abgelegensten Stelle der Erde aus dem Meer erheben. Durch diese isolierte Lage ist hier quasi ein Lehrbuch der Evolutionsgeschichte mit einer spektakulär vielfältigen Tier- und Pflanzenwelt entstanden.

Man sagt, wäre Darwin zuerst nach Hawaii gekommen, hätte er seine Evolutionstheorie innerhalb von Wochen statt von Jahren entwickelt. Andererseits gibt es nur wenige Orte auf der Erde, an denen das Wirken der Menschen so tiefe Spuren hinterlassen hat wie hier: Heute trägt Hawaii den ruhmlosen Titel als „Hauptstadt der vom Aussterben bedrohten Arten". Daneben drohen auch noch andere weitreichende Umweltprobleme.

Vulkane & Hotspots

Der Hawaii-Archipel umfasst mehr als 50 Vulkane (und 137 Inseln und Atolle), die zur größeren, zumeist unter Wasser liegenden Hawaii-Emperor-Inselkette gehören, die sich über 5800 km im Ozean erstreckt. Von einem sogenannten Hotspot unter der Pazifischen Platte steigt eine Magmasäule auf. Während sich die Kontinentalplatte jedes Jahr einige Zentimeter nach Westen verschiebt, dringt das geschmolzene Gestein durch die Erdkruste und erschafft so Vulkane.

Jeder neue Vulkan schiebt sich am Hotspot, der ihn erschaffen hat, langsam vorbei Richtung Norden. Wenn sich eine Vulkaninsel von dem Hotspot wegbewegt, stoppen die Eruptionen, und statt neues Land zu schaffen, beginnt der Vulkan zu erodieren. Wind, Regen und Wellen verleihen den neu entstandenen Inseln spezielle geologische Merkmale, indem sie tiefe Täler ausschneiden, Sandstrände schaffen und einen Haufen Lava in ein tropisches Paradies verwandeln.

Ganz im Nordwesten der Kette sind die Hawaii-Inseln unter die Meeresoberfläche abgetaucht und somit nun Tiefseeberge. Vom Kure-Atoll Richtung Osten werden die Inseln immer höher und jünger, bis hin zur Big Island, die immer noch wächst und gewissermaßen das 500 000 Jahre alte „Baby" des Hawaii-Archipels darstellt.

Heute erhebt sich über dem Hotspot der Kilauea auf Big Island, der aktivste Vulkan der Welt. Alle hawaiischen Vulkane sind Schildvulkane, die jede Menge Lava speien und sanft aufsteigende, schildartige Berge schaffen; sie haben aber auch eine explosivere Seite, wie Besucher und Wissenschaftler 2008 am Kilauea feststellen mussten.

Der seit 1983 andauernde Ausbruch des Kilauea produziert den größten Lavaausfluss an der östlichen Riftzone in den letzten 500 Jahren. Dadurch hat Big Island bisher mehr als 2 km² an Fläche gewonnen.

KILAUEA

Gut 30 km östlich von Big Island bricht unter dem Meeresspiegel ein neuer Vulkan aus, der Loʻihi Seamount. Heute ist von ihm noch nichts zu sehen, aber in rund 10 000 Jahren wird er sich aus dem Meer erheben und zur neuesten Insel der hawaiischen Kette werden.

Tiere & Pflanzen

Der Anfang

Die aus kargen Lavaströmen entstandenen Hawaii-Inseln wurden zu Beginn nur von Pflanzen und Tieren besiedelt, die den Pazifik überqueren konnten, wie z. B. durch Samen, die an Vogelfedern klebten, oder Farnsporen, die Tausende von Meilen durch die Luft getrieben wurden. Die meisten Arten, die hier landeten, konnten nicht überleben. Die Wissenschaft nimmt an, dass sich vielleicht alle 70 000 Jahre eine Art mit Erfolg festsetzte, und darunter waren weder Amphibien noch äsende Tiere und keine Moskitos, aber zwei Säugetierarten: eine Fledermaus- und eine Robbenart.

Die Tiere und Pflanzen jedoch, die überlebten, gediehen auf einem ungewöhnlich reichen und vielfältigen Land, in dem fast alle ökologischen Zonen vertreten waren. Da Raubtiere fehlten und die Konkurrenz nicht groß war, verloren neue Arten ihre Abwehrinstrumente wie Dornen, Gifte und starke Gerüche. Dieser Prozess erklärt, warum über 90 % der einheimischen Arten Hawaiis endemisch sind, d. h. nur hier vorkommen, und warum sie sich gegen Neueindringling und von Menschenhand geschaffene Veränderungen der Umwelt so schlecht wehren können.

Das Eindringen des Menschen

Als die Polynesier Hawaii erreichten, brachten sie neue Tiere und Pflanzen mit, darunter Schweine, Hühner, Ratten, Kokosnüsse, Bananen, Taro und rund zwei Dutzend andere Pflanzen – und nicht zu vergessen: sich selbst! Ihre Ankunft wurde zum Auslöser für die erste Welle des Artensterbens. Betroffen waren wahrscheinlich mehr als 50 Vogelarten, die bereits verschwunden waren, als Kapitän James Cook im Jahr 1778 Ziegen und Melonen, Kürbisse und Zwiebelsamen mitbrachte. Spätere Zuwanderer aus Europa, Asien und Amerika brachten weitere „exotische" Arten wie frei herumlaufende Rinder, schädliche Bodendecker und Zierpflanzen mit nach Hawaii.

Heute ist Hawaii mit 75 % der dokumentierten ausgelöschten Arten der USA die „Hauptstadt der vom Aussterben bedrohten Arten" des Landes. Mehr als zwei Drittel der bekannten hawaiischen Vögel, mehr als die Hälfte der bekannten Schnecken und etwa 10 % der endemischen Pflanzenarten sind schon verschwunden. Zugleich haben sich die Inseln jedoch zu einem einzigartigen Laboratorium bei der weltweiten

Hawaii ist der nördlichste Punkt des Dreiecks aus pazifischen Inseln, das unter der Bezeichnung Polynesien („viele Inseln") bekannt ist. Die anderen Spitzen des Dreiecks sind Neuseeland und Rapa Nui (Osterinsel).

HAWAII IN ZAHLEN

» Hawaii verfügt über eine Landfläche von 16 635 km^2 – das ist weniger als 1 % der Gesamtfläche der USA.

» Der Bundesstaat Hawaii besteht aus acht Hauptinseln, von denen aber nur sieben bewohnt sind.

» Westlich von Kauaʻi erstrecken sich die winzigen Nordwestlichen Hawaii-Inseln über eine Länge von fast 2000 km.

» Ka Lae (South Point) auf Big Island ist der südlichste Punkt der USA, 18° 55' N nördlich des Äquators.

Suche nach nachhaltigen Methoden des Umweltschutzes und der Erhaltung der Artenvielfalt entwickelt.

Tiere

Fast alle in neuerer Zeit eingeführten Tiere – egal ob Kaninchen, Ziegen, Schafe, Schweine oder Pferde – haben die Umwelt umfassend geschädigt. Einige, wie die Axishirsche auf Maui und die Rinder auf Big Island, waren Geschenke an hawaiische Könige, die sich zu unkontrollierten wilden Populationen entwickelten. Der überall verbreitete Mungo wurde ursprünglich zur Dezimierung der Zuckerrohr-Ratten eingeführt, hat sich jedoch zu einer größeren Plage als die Ratten selbst entwickelt. Heute sind diese frei herumlaufenden Tiere diejenigen, die die meisten Schäden in Hawaii anrichten; ihrer Herr zu werden ist ein zentraler Bestandteil der Bestrebungen, ursprüngliche Landschaften wieder zu erschaffen und viele bedrohte Arten zu retten.

Gefiederte Freunde

Viele der hawaiischen Vögel sind spektakuläre Beispiele der adaptiven Radiation. Zum Beispiel stammen höchstwahrscheinlich alle 53 Arten der endemischen Kleidervögel von einem einzigen Finken ab. Heute ist mehr als die Hälfte dieser bunten Nektarfresser – zusammen mit zwei Dritteln aller einheimischen Vögel – ausgestorben. Sie sind Opfer aggressiverer, nicht einheimischer Vögel, von Raubtieren (wie Mungos) und ansteckenden Vogelkrankheiten geworden, gegen die sie keine natürlichen Abwehrkräfte besitzen.

Die vom Aussterben bedrohte Hawaiigans (nene), der Staatsvogel Hawaiis, ist eine lange verloren geglaubte Cousine der Kanadagans. Hawaiigänse nisten gewöhnlich in karger Vegetation auf zerklüfteten Lavaströmen, an die sich die Füße der Tiere angepasst haben, indem sie den größten Teil ihrer Schwimmhäute verloren. Während sieben oder acht andere Arten – inzwischen ausgestorbener – hawaiischer Gänse flugunfähig wurden, sind die Hawaiigänse nach wie vor gute Flieger. Auf den Inseln gab es einst zusammen rund 25 000 Hawaiigänse, aber in den 1950er-Jahren waren nur 30 übrig. Inzwischen beträgt ihre Zahl dank intensiver Brutprogramme auf den Inseln Hawai'i, Maui, Kaua'i und Moloka'i insgesamt 1300.

Der 'io, der einzige hawaiische Falke, war einst das Symbol der Könige und galt oft als 'aumakua (Schutzgottheit). Er brütet nur auf Big Island; im vergangenen Jahrzehnt ist seine Zahl bei über 3000 Exemplaren konstant geblieben, und 2008 wurde vorgeschlagen, den 'io von der Liste der bedrohten Arten zu streichen, aber eine Entscheidung steht noch aus.

Superstars der Meere

Bis zu 10 000 Nordpazifik-Buckelwale zieht es jeden Winter zum Kalben in hawaiische Gewässer, sodass die Walbeobachtung (S. 40) eines der großen Highlights Hawaiis ist. Der fünftgrößte Wal der Erde, der ebenfalls vom Aussterben bedroht ist, kann bis zu 14 m lang werden und bis zu 50 t wiegen. Andere Wale wie die selten gesichteten Blau- und Finnwale kommen auf ihren Wanderungen durch hawaiische Gewässer. Rund um die Inseln sind auch einige Delphine zu Hause; der bemerkenswerteste von ihnen ist der Spinnerdelphin, der seinen Namen seinen akrobatischen Drehsprüngen verdankt.

Einer der am meisten bedrohten Pazifikbewohner ist die Hawaii-Mönchsrobbe; ihren Namen erhielt sie wegen einer Hautfalte, die an die Kutte eines Mönchs erinnern soll, und wegen ihrer einsiedlerischen Veranlagung. Der hawaiische Name für das Tier lautet 'ilio holo kai

FLEDERMÄUSE

Die vom Aussterben bedrohte 'ope'ape'a (Hawaiian hoary bat, *Lasiurus cinereus semotus*), eine der zwei endemischen Säugetierarten, hat ein rotbraunes Fell mit weißen Einsprengseln, sodass sie „hoary" (altersgrau) aussieht. Die Baumbewohner mit einer Flügelspannweite von 30 cm leben vor allem in Wäldern an den Westküsten von Big Island, Maui und Kaua'i.

und bedeutet „der Hund, der im Meer herumläuft". Die ausgewachsenen Tiere sind über 2 m lang und wiegen über 200 kg; einige können durch ihre Narben belegen, dass sie auch Angriffe von Haien überstehen können. Die Robben standen einst kurz vor dem Aussterben; heute liegt ihre Zahl bei rund 1300. Obwohl Mönchsrobben vorwiegend an den abgelegenen Nordwestlichen Hawaii-Inseln brüten, haben sie in letzter Zeit auch wieder Strände auf O'ahu und Big Island angesteuert.

Fische

Die hawaiischen Korallenriffe machen 84 % aller US-amerikanischen Riffe aus, und sie beherbergen mehr als 500 Fischarten, von denen ein Viertel endemisch ist. An den geschützten Korallenriffen vor den Hauptinseln tummeln sich gewaltige Mengen an tropischen Fischen: leuchtende Gelbe Segelflossen-Doktorfische, gestreifte Falterfische, Halfterfische, Süßwasser-Hornhechte und Muränen mit ihren großen Mäulern. Neonfarbene Lippfische, von denen es mehr Arten gibt als von allen anderen hawaiischen Rifffischen, paaren sich täglich und wechseln Geschlecht und Farbe, wenn sie älter werden.

Der Unterschied hinsichtlich der Zahl und Vielfalt der Fische zwischen den Hauptinseln und den geschützten Nordwestlichen Hawaii-Inseln ist atemberaubend. So liegt etwa die Masse an Fisch pro 1000 m² Wasseroberfläche bei den Nordwestlichen Hawaii-Inseln bei 225 kg, jedoch nur bei 68 kg bei den Hauptinseln und lediglich bei 28 kg um O'ahu; Räuber wie Haie und Stachelmakrelen kommen in den seichten Riffen der Nordwestlichen Hawaii-Inseln fünfzehnmal so häufig vor.

Pflanzen

Hawaii verfügt über die höchste Konzentration von klimatischen und ökologischen Zonen der Erde. Und egal, ob man sich in einem tropi-

Hawaii für Vogelfreunde

» James Campbell National Wildlife Refuge, O'ahu
» Kealia Pond National Wildlife Refuge, Maui
» Haleakalā National Park, Maui
» Koke'e State Park, Kaua'i
» Papahanaumokuakea Marine National Monument

LAND & MEER TIERE & PFLANZEN

VÖGEL IN NOT

Wer wissen möchte, wie stark die hawaiischen Ökosysteme miteinander verknüpft sind, der braucht sich nur anzuschauen, wie es Schweinen gelingt, hawaiische Vögel auszurotten – natürlich nicht direkt, aber die Kette von Ursache und Wirkung ist unwiderlegbar vorhanden.

Wildschweine, höchstwahrscheinlich Abkömmlinge der von den Europäern eingeführten Hausschweine, haben die ursprünglichen Feuchtwälder der Inseln aufs Schlimmste geschädigt. In den Nationalparks Hawaiis gelten Schweine als „Staatsfeind Nr. 1", und es gibt staatlich finanzierte Programme zur Bekämpfung der Schweine und für den Bau von Schutzzäunen. Außerhalb der Schutzgebiete wird nur wenig gegen die Wildschweine unternommen, und man schätzt, dass auf 33 Bewohner Hawaiis ein Wildschwein kommt.

Schweine zertrampeln und töten einheimische Pflanzen, zerstören das Unterholz und verteilen die Samen schädlicher Pflanzen über weite Flächen. Schweine lieben die Stämme einheimischer Baumfarne, werfen sie um und fressen das zarte Innere der Pflanzen, während sich in den schüsselförmigen Aushöhlungen, die dann zurückbleiben, Regenwasser sammelt, ein ideales Brutbecken für Mücken.

Moskitos – die wahrscheinlich 1826 in den Wasserfässern von Walfangschiffen nach Hawaii kamen – übertragen Vogelmalaria und Vogelpocken (welche ebenfalls aus Europa stammen) auf einheimische Vögel, besonders Kleidervögel, die ihre natürliche Immunität gegen diese Krankheiten verloren haben.

Es ist eine einfache Gleichung: keine Wildschweine, viel weniger Moskitos, viel weniger Vogelmalaria und viel mehr Kleidervögel. Nicht so einfach ist es, dieser Erkenntnis Taten folgen zu lassen.

SABRINA DALBESIO / LONELY PLANET IMAGES ©

Protea-Blüten, Kula Botanical Garden (S. 429)

schen Regenwald oder einem Trockenwald, in einer Hochlandwüste oder Küstendünen, in einem Feuchtgebiet oder auf Grasebenen aufhält – jede Inselnische birgt eine einzigartig vielfältige Flora.

Natürlich ist das, was wir heute hier sehen, nicht das, was die Polynesier anfänglich vorfanden. Die meisten „hawaiischen" Landwirtschaftsprodukte waren ursprünglich exotische Importe – Papayas, Ananas, Mangos, Bananen, Macadamianüsse, Kaffee. Weil sie gerodet und in landwirtschaftliche Nutzflächen umgewandelt wurden und schädliche Pflanzen und Tiere vordrangen, ist außerdem mehr als die Hälfte der einheimischen Wälder verschwunden. Eine weitere ernüchternde Tatsache: Von den 1300 endemischen Pflanzenarten Hawaiis sind fast 100 schon ausgestorben und fast 300 weiterhin vom Aussterben bedroht.

Exotische Schönheiten

Der klassische Hibiskus ist eine hawaiische Pflanze, jedoch sind zusätzlich noch viele Arten eingeführt worden, sodass heute Hunderte Hibiskusarten auf den Inseln wachsen. Jedoch spricht es leider Bände, dass die Staatsblume Hawaiis, der *pua aloalo* (Gelber Hibiskus), 1994 auf die Liste der gefährdeten Arten gesetzt wurde. Der *koki'o ke'oke'o*, ein einheimischer weißer Strauch oder kleiner Baum, der bis zu 9 m hoch wird, ist die einzige duftende hawaiische Hibiskusart.

Obwohl das Klima Hawaiis ideal für die Orchideenzucht ist, gibt es merkwürdigerweise nur drei einheimische Arten. Chinesische Einwanderer begannen im 19. Jh. mit dem Import der Pflanzen, und heute ist die Orchideenzucht ein blühender Erwerbszweig. Auf Hawaii erblühen außerdem zahllose eingeführte Zier- und Tropenpflanzen, darunter die blutroten Flamingoblumen mit ihren herzförmigen Blättern, die leuchtend orange-blauen Königsstrelitzien und Helikonien in vielfältiger Form.

Hawaii-Bücher für Naturfreunde

» *A World Between Waves,* hrsg. von Frank Stewart

» *Hawaii: The Islands of Life,* hrsg. von der Nature Conservancy, mit Texten von Gavan Daws

Zu den bemerkenswerteren exotischen Bäumen zählen das sogenannte *ironwood* (Eisenholz), eine nicht einheimische Konifere mit herabhängenden Nadeln, die als natürlicher Windschutz dient und die Stranderosion aufhält, der majestätische Banyan-Baum mit seinen herabhängenden Luftwurzeln und Stämmen, die groß genug sind, um kleine Kinder zu verbergen, und der Regen-Baum, ein weitverbreiteter Schatten spendender Baum mit dunklen, glänzend grünen Blättern, bauschigen rosa Blüten und länglichen Samenschoten.

Einheimische Gewächse

Der vielleicht bezauberndste hawaiische Baum ist der *koa*, der über 15 m groß wird und heute nur noch in höheren Lagen anzutreffen ist. Traditionell wurde dieses Hartholz für den Bau von Kanus, Surfbrettern und sogar Ukulelen verwendet. Der endemische *wiliwili* ist ein leichtes Gehölz, das ebenfalls gerne für Surfbretter und Kanus verwendet wird. Einst gab es in Hawaii viele duftende *'iliahi-* (Sandelholz-) Wälder, jedoch wurden diese bis zur Mitte des 19. Jhs. fast vollständig an ausländische Händler verkauft.

Die weitverbreitete und vielseitige *ohia* ist eine der ersten Pflanzen, die Lavaströme besiedeln. Die einzigartigen büscheligen, blätterlosen Blüten *(lehua)* bestehen aus Gruppen roter, orangefarbener, gelber, rosafarbener und weißer Staubblätter; die Blumen gelten als heilige Blumen Peles. Einheimische Wälder aus *ohia* und *hapu'u* (Baumfarn) sind wichtige, gefährdete Habitate. Der von den Polynesiern eingeführte *kukui* (Lichtnuss-Baum) hat ein hellsilberfarben getöntes Blätterkleid, das im Wald klar hervorsticht; die öligen Nüsse des Staatsbaumes von Hawaii können wie Kerzen abgebrannt werden und werden für *lei* und Lotionen verwendet.

Zu den einheimischen blühenden Küstenpflanzen zählen die *pohuehue* (Ziegenfuß-Prunkwinde oder Strandwinde) mit ihren glänzenden grünen Blättern und rosafarbenen Blüten, die kurz oberhalb der Flutlinie zu finden ist, *naupaka,* ein Strauch mit ovalen grünen Blättern und recht kleinen blassrosa-weißen Blüten mit fünf Blütenblättern, die so aussehen, als seien sie in zwei Hälften zerrissen worden, und die tief

Nachdem sie vor über 10 Mio. Jahren zu den Inseln gewandert waren, entwickelten sich die Hawaii-Mönchsrobben zu einer einzigartigen Art und gelten heute als „lebende Fossile".

LAND & MEER TIERE & PFLANZEN

MÖNCHSROBBEN

DIE HEILIGE HONU

Traditionell verehren die indigenen Hawaiianer die Grüne Meeresschildkröte (oder Suppenschildkröte), die sie *honu* nennen. Die Schildkröte, die oft als persönliche *'aumakua* (Schutzgottheit) galt, erscheint oft auf Felszeichnungen bzw. heutzutage in Tätowierungen. Für die alten Hawaiianer stellten Meeresschildkröten eine köstliche und wertvolle Nahrungsquelle dar, jedoch waren Fang und Verzehr in der Regel durch strenge religiöse und kulturelle Vorschriften geregelt.

Wie auch die beiden anderen einheimischen Arten hawaiischer Meeresschildkröten – die Echte Karettschildkröte und die Lederrückenschildkröte – ist die Suppenschildkröte vom Aussterben bedroht und gesetzlich geschützt. Ausgewachsene Tiere können 1,20 m lang werden und knapp 100 kg wiegen. Junge Schildkröten sind Allesfresser, aber erwachsene Tiere – und damit sind sie unter den Meeresschildkröten einzigartig – sind strenge Vegetarier. Dadurch wird ihr Fett grün – was ihren Namen erklärt.

Grüne Meeresschildkröten sind überall bei den Hawaii-Inseln anzutreffen; oft sieht man sie beim Fressen in seichten Lagunen, Buchten und Flussmündungen. Ihr Hauptnistgebiet sind jedoch die French Frigate Shoals, ein Atoll in den Nordwestlichen Hawaii-Inseln. Dort versammeln sich jedes Jahr bis zu 700 Weibchen (90 % der Gesamtpopulation), um ihre Eier abzulegen.

PFLANZEN

wachsende *'ilima,* deren zarte gelb-orangefarbene Blüten gerne in *lei* gebunden werden.

Hawaiis Parks & Reservate

Hawaii verfügt über zwei Nationalparks (www.nps.gov/state/HI/), den Haleakalā National Park auf Maui und den Hawai'i Volcanoes National Park auf Big Island. Bei beiden stehen Vulkane im Mittelpunkt, beide umfassen eine erstaunliche Bandbreite von Lebensräumen und bieten mit die besten Wandermöglichkeiten auf den Inseln. Der zweite Park, der 1987 in die Liste der Unesco-Welterbestätten aufgenommen wurde, zieht jährlich 1,2 Mio. Besucher an und ist damit die beliebteste Attraktion Hawaiis.

Außerdem gibt es auf den Inseln fünf National Historical Parks, Sites und Memorials, von denen die meisten der Bewahrung der traditionellen hawaiischen Kultur gewidmet sind. Drei befinden sich auf Big Island, darunter der Pu'uhonua o Honaunau (Place of Refuge) National Historical Park. Ein weiterer liegt auf Moloka'i, der Kalaupapa National Historical Park. O'ahu beherbergt das berühmte USS *Arizona* Memorial in Pearl Harbor, Teil des umfassenderen World War II Valor in the Pacific National Monument. Hawaii weist auf den fünf größten Hauptinseln außerdem neun National Wildlife Refuges (NWR; www.fws.gov/pacific/refuges) auf; in den Schutzgebieten sollen vor allem vom Aussterben bedrohte Pflanzen und Wasservögel geschützt werden, sodass sich ein Besuch vor allem für Vogelfreunde lohnt.

Hawaii wartet zudem mit über 50 State Parks, State Monuments und State Recreational Areas (www.hawaiistateparks.org) auf. Zu diesen vielfältigen Natur- und geschichtlichen Stätten zählen atemberaubende Gebiete wie der Waimea Canyon auf Kaua'i und der Diamond Head auf O'ahu. Jede Insel verfügt zusätzlich über von den jeweiligen Countys gemanagte Strandparks und Naturschutzgebiete sowie über private Botanische Gärten, Zoos, Aquarien und vieles mehr.

Die alten Hawaiianer kannten keine Metalle und entwickelten auch keine Töpfereikultur, sodass die Pflanzen den größten Teil ihrer Bedürfnisse abdecken mussten. Die Ethnobotanikerin Beatrice Krauss taucht in *Plants in Hawaiian Culture* und *Plants in Hawaiian Medicine* in diese faszinierende Kultur ein.

Umweltbilanz

Wildes Hawaii

Zwei der schwerwiegendsten Umweltprobleme, denen sich Hawaii gegenübersieht, sind die verwilderten importierten Tiere und die fortwährende Einfuhr und unkontrollierte Verbreitung schädlicher Pflanzen, die die Lebensräume von Tieren und anderen Pflanzen verändern. Sogar in den Gebieten, die den höchsten Schutz genießen, also Nationalparks und State Reserves, sind durch fehlende finanzielle Mittel bzw. Etatkürzungen die Bemühungen um Vernichtung der Schädlinge und Rehabilitierung der Naturräume ins Stocken geraten.

Umweltschutzberichte bilden oft eine deprimierende Lektüre, aber es gibt auch Erfolgsgeschichten, die beweisen, dass sich die Natur mit genügend Einsatz und unter den richtigen Bedingungen wieder erholen kann. Die gemeinnützige Organisation Nature Conservancy (www. nature.org/hawaii), die Land aufkauft, um seltene Ökosysteme zu erhalten, ist in Hawaii sehr engagiert und hat einen eigenen Bericht und Plan zur Bewahrung der Biodiversität veröffentlicht (siehe www.hawaii ecoregionplan.info).

Landerschließung

Bis die Rezession vor Kurzem zuschlug, hatten das hawaiische Bevölkerungswachstum und die Aussicht auf satte Gewinne aus Immobi-

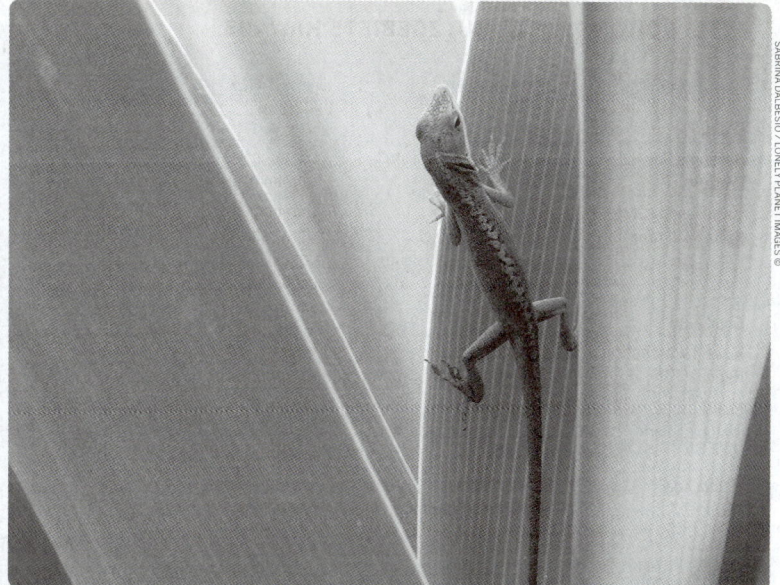

SABRINA DALBESIO / LONELY PLANET IMAGES ©

Hawaii liegt in den Tropen; daher trifft man auch auf Tierchen wie diesen Gecko.

liengeschäften einen Bauboom hervorgerufen, der teilweise von Spekulanten von außerhalb der Inseln getragen wurde, die sich wenig um die Folgen für die Umwelt scherten. Die ausufernden Vorortsiedlungen und Hotelanlagen haben der schwierigen Wasserversorgung und den fast vollständig gefüllten Müllkippen noch mehr zugesetzt. Außerdem stößt man bei Bauarbeiten oft auf archäologische und uralte hawaiische Stätten wie *heiau* (Tempel), Felszeichnungen und Grabhügel, die dadurch in ihrer Würde beeinträchtigt werden. Der Schutz dieser Stätten und die Umsiedlung sterblicher Überreste sind heiß umstritten, da Straßen- und andere Bauarbeiten über Jahre blockiert werden können. Die Nutzungsmöglichkeiten ehemaliger landwirtschaftlicher und industrieller Flächen wurden jedoch im Sinne des Umweltschutzes zum Teil erfolgreich beschränkt.

Ein weiteres heißes Eisen ist die Erschließung des Gipfels des Mauna Kea. Viele Umwelt- und indigene Gruppen wehren sich hartnäckig gegen den Bau neuer Sternwarten auf dem Gipfel. 2006 wurde ein Plan zum Bau von sechs neuen Teleskopen um die Keck-Observatorien herum aufgegeben, nachdem ein Gericht festgestellt hatte, dass ohne umfassenden Managementplan für den Gipfel und eine Umweltverträglichkeitsprüfung nichts Neues mehr gebaut werden dürfe. 2010 jedoch gab die letzte Studie den Weg frei für den Bau eines neuen 30-Meter-Teleskops – des größten der Welt – direkt auf dem heiligen Gipfel des Mauna Kea.

Sanierung militärisch & landwirtschaftlich genutzter Flächen

Die schon seit Langem andauernden Auseinandersetzungen über die massive Militärpräsenz auf Hawaii halten bis heute an, besonders auf O'ahu. Nicht immer hat sich das Militär an die Umweltauflagen gehalten, und bei den Übungen wird auf die Kultstätten der indigenen

Naturkatastrophen

» Hawaii wird von Hurrikanen, Tsunamis und Erdbeben heimgesucht, manchmal mit verheerenden Auswirkungen. 2006 wurde Big Island durch ein Erdbeben der Stärke 6,7 erschüttert; der Schaden betrug 200 Mio. $, aber es gab keine Todesopfer. 1992 zerstörte der Hurrikan 'Iniki große Teile von Kaua'i (S. 600), und 1946 kamen durch den größten Tsunami in der Geschichte Hawaiis 159 Menschen zu Tode, und es gab massive Schäden.

DIE 15 SCHÖNSTEN SCHUTZGEBIETE HAWAIIS

SCHUTZGEBIET	BESONDERHEIT	AKTIVITÄTEN	BESTE REISEZEIT
Oʻahu			
Hanauma Bay Nature Preserve	riesiges Korallenriff im vulkanischen Ring	schnorcheln, schwimmen	ganzjährig
Malaekahana State Recreation Area	Sandstrand, Vogelschutzgebiet Mokuʻauia (Goat Island)	schwimmen, schnorcheln, Camping, Vogelbeobachtung	Mai–Okt.
Big Island			
Hawaiʻi Volcanoes National Park	Lavafelder, Krater, Farnwälder, Petroglyphen	wandern, Camping	ganzjährig
Kealakekua Bay State Historical Park	ruhige Gewässer, Korallenriffe, Meereshöhlen	schnorcheln, tauchen, Kajak fahren	ganzjährig
Mauna Kea	Hawaiis höchster Gipfel, alte hawaiische Stätten	wandern, Sterne beobachten	ganzjährig
Maui			
Haleakalā National Park (Kipahulu area)	Bambuswald, Wasserfälle, Kaskadenbecken, alte hawaiische Stätten	wandern, schwimmen	ganzjährig
Haleakalā National Park (Gipfelbereich)	Nebelwald, erodiertes vulkanisches Gipfelbecken	wandern, Camping, Vogelbeobachtung	ganzjährig
Makena State Park	unberührte weite Sandstrände	schwimmen, Sonnenuntergänge beobachten	ganzjährig

Mit den aktuellen Umweltproblemen der Inseln beschäftigt sich das investigative Magazin *Environment Hawaii* (www.environment-hawaii.org); im Internet kann man sich kostenlos im Archiv der Zeitschrift umsehen.

Hawaiianer und die Einwohner der betroffenen Gebiete oft keine Rücksicht genommen.

Hier einige Beispiele:

» 2002 wurde entdeckt, dass die Armee tonnenweise konventionelle Waffen vor der Waiʻanae Coast im westlichen Oʻahu im Meer entsorgt hatte, wahrscheinlich im Zweiten Weltkrieg. Jetzt wird geprüft, ob zur Säuberung des sogenannten „Waffenriffs" mit seinen Unmengen an Munition Unterwasserroboter eingesetzt werden können. Zur Zeit der Recherche waren die Aufräumarbeiten noch im Gange.

» 2006 und 2007 gab die Armee nach jahrelangem Leugnen zu, dass sie in den Schofield Barracks auf Oʻahu und in der Pohakuloa Training Area auf Big Island abgereichertes Uran (das laut Genfer Konvention verboten ist) eingesetzt hatte. Der Ruf der Öffentlichkeit nach unabhängiger Überwachung und Säuberung stieß beim Militär auf taube Ohren.

» 2008 wurden die Auseinandersetzungen über die Ausweitung der militärischen Gelände zwecks Durchführung von Manövern mit Stryker-Radpanzern (für den Einsatz im Irak) auf Oʻahu und Big Island gerichtlich beigelegt. Das Militär durfte seine Pläne weiterverfolgen unter der Bedingung, dass die hawaiischen Ureinwohner die geplanten Übungsgelände auf kulturelle Stätten hin prüfen durften.

SCHUTZGEBIET	BESONDERHEIT	AKTIVITÄTEN	BESTE REISEZEIT
Lana'i			
Hulopo'e Beach	unberührte Bucht, Strand mit weißem Sand, Delphine	schwimmen, schnorcheln	ganzjährig
Moloka'i			
Kalaupapa National Historical Park	abgelegene Halbinsel, steile Meeresklippen, historische Leprakolonie	wandern, Eselsritte, Führungen	ganzjährig
Kamakou Preserve	Regenwald, schöne Talblicke, Wasserfälle, Bergsumpf	wandern, Vogelbeobachtung	Mai–Okt.
Kaua'i			
Koke'e State Park	Aussichtspunkte auf Klippen, Wasserfälle, Regenwald, Allradpisten	wandern, Vogelbeobachtung	ganzjährig
Na Pali Coast State Park	Strände, Wasserfälle, klassischer 11-Meilen-Trek	wandern, Camping, schwimmen, schnorcheln	Mai–Sept.
Waimea Canyon State Park	unschlagbare Ausblicke auf den „Grand Canyon des Pazifiks"	Aussichtspunkte, wandern, Rad fahren, Mountainbike fahren	April–Okt.
Northwestern Hawaiian Islands			
Midway Inseln	Laysanalbatros-Kolonie, tolles Korallenriff, Geschichte des Zweiten Weltkriegs	Vogelbeobachtung, Führungen, schnorcheln, wandern	Nov.–Juli

Die großen landwirtschaftlichen Betriebe in Hawaii haben sich ebenfalls der Verletzung von Auflagen der Environmental Protection Agency (EPA) hinsichtlich der Verunreinigung von Böden und Grundwasser auf den Inseln schuldig gemacht. 2010 – fast 15 Jahre, nachdem sie auf die nationale „Superfund"-Prioritätenliste der Umweltbehörde gesetzt worden war – wurde die Plantage von Del Monte Foods auf O'ahu schließlich saniert. Andere Umweltschutzfragen sind die Wasserverschmutzung durch Abflüsse aus der Landwirtschaft und die Debatte darüber, ob der Anbau genetisch veränderter Lebensmittel verboten werden soll.

Das Meer

Im Gegensatz zum Land stehen die hawaiischen Korallenriffe vergleichsweise gut da. Ein großes Problem ist hingegen die Überfischung. Im Verlauf der letzten 100 Jahre sind drei Viertel der Rifffische verschwunden; dabei überrascht es nicht, dass die am meisten gefährdeten Arten diejenigen sind, die am liebsten in Aquarien gehalten oder gegessen werden. Fair Catch (www.faircatchhawaii.org) ist federführend bei der Kampagne für ein Verbot des Einsatzes von Kiemennetzen in Hawaii und möchte gleichzeitig nachhaltige Fischereimethoden fördern.

KAHEA

Kahea (www.kahea.org), eine Basisorganisation indigener Hawaiianer, befasst sich mit Umwelt-, Entwicklungs- und Kulturfragen, u. a. auch mit dem Mauna Kea und den Nordwestlichen Hawaii-Inseln.

Jedoch sind die Küsten Hawaiis noch immer in Gefahr. Die Bedrohung durch den steigenden Meeresspiegel aufgrund der Klimaerwärmung und die fortschreitende Stranderosion sind beängstigend. Wissenschaftliche Studien haben ergeben, dass ein Viertel der Strände von Oʻahu und Maui in den letzten 50 Jahren verschwunden sind; falls sich die Gezeiten bis zum Ende des Jahrhunderts um 30 cm heben – wie es von einigen Wissenschaftlern vorausgesagt wird –, würde die Hälfte aller Hotels Waikikis im Meer stehen.

Das grüne Hawaii

Hawaii ist ein polynesisches Paradies in einem der vielfältigsten Naturräume der Welt. Hawaii ist außerdem ein wichtiger Testfall für die Frage, ob der Mensch auf nachhaltige Weise mit der Natur umgehen kann. Dank dem wachsenden Interesse am Ökotourismus und dem Wiedererstarken hawaiischer Traditionen erblicken überall auf den Inseln Unternehmen das Licht der Welt, die sich die Bewahrung der Umwelt und kulturellen Traditionen auf die Fahnen geschrieben haben. Sowohl auf staatlicher als auch auf Bürgerebene gewinnt der Umweltschutz an Gewicht. Ob bei Meeresbiologen und Tierschützern oder bei hawaiischen Künstlern und ihr Land liebenden Einheimischen – *aloha 'aina* (der Respekt für das Land) nimmt zu.

Die Inseln werden grün

Hawaii ist ein grüner Garten Eden. Von den Gipfeln der Vulkane über die üppigen Nebelwälder bis zu den Tiefen des Ozeans warten die Inseln mit überwältigenden Naturschönheiten auf. „Grün" beschreibt auch eine Art des Denkens und des Lebens auf den Inseln, auf denen die Einwohner viele Stunden des Tages und Abends im Freien verbringen und dabei miteinander und auch mit der Natur kommunizieren. Es ist sicher nicht übertrieben zu sagen, dass fast jeder, der hier lebt, sich mit dem Land und dem Meer tief verbunden fühlt (S. 690).

Bei fast allen größeren Problemen, mit denen sich Hawaii auseinandersetzen muss, kommen auch Umweltfragen zum Tragen. Insulaner aus allen möglichen sozialen Schichten sind zu Aktivisten geworden: Indigene Hawaiianer restaurieren alte Fischteiche, Wissenschaftler versuchen, schädliche pflanzliche Eindringlinge zu bekämpfen. Die Bewohner der Inseln zeigen auch in der Wahlkabine ihre Unterstützung für „grüne" Initiativen; in den vergangenen Jahren haben sie sich wiederholt für den Ausbau des Schienennetzes und der erneuerbaren Energien ausgesprochen.

Ein besonders heiß umstrittenes Thema ist die Landerschließung, Hintergrund sind die unterschiedlichen Auswirkungen, die der Tourismus, die massive Militärpräsenz und die großen Landwirtschaftsbetriebe auf das Land und die traditionelle Kultur gehabt haben. Obwohl die Wirtschaft der Inseln ohne diese Erwerbszweige, besonders den Tourismus, nicht überleben könnte, fragen sich einige Inselbewohner, welche Qualität die Arbeitsplätze eigentlich haben, die diese Branchen schaffen, und zu welchem Preis diese Jobs geschaffen werden. In letzter Zeit ist die Arbeitslosigkeit stark angestiegen, und viele der noch vorhandenen Jobs liegen im schlecht bezahlten Dienstleistungsbereich. Wie man das Erwerbsleben vielfältiger gestalten kann, ist eine Frage, die vielen hier auf der Seele brennt.

Der Tourismus ist ein weiteres strittiges Thema. Jährlich kommen rund 7 Mio. Besucher nach Hawaii – fünfmal so viel wie die Inseln Einwohner haben –, und jeder dritte Arbeitsplatz in Hawaii hängt entweder

AGROTOURISMUS

Zusammen mit der Zahl kleiner Biohöfe wächst auch die Zahl der Agritourismus-Angebote. Die Hawai'i Agritourism Association (www.hiag tourism.org) vermittelt Besuche auf Bauernhöfen und bietet außerdem eine interaktive Karte mit den Bauernmärkten in Hawaii.

Die Windenergie soll zu einer unabhängigen Energieversorgung Hawaiis beitragen.

direkt oder indirekt vom Tourismus ab. Der Fremdenverkehr übt einen sehr starken Druck aus: Die Tourismusunternehmen möchten immer mehr neue Apartmentblocks und Hotels bauen, Golfplätze bewässern und sich immer weiter ausbreiten. Durch die mehrere Millionen Dollar teuren Feriendomizile reicher Auswärtiger sind die Immobilienpreise so gestiegen, dass viele Einheimische keine bezahlbare Bleibe mehr finden. Die Obdachlosigkeit nimmt zu, besonders auf O'ahu (S. 168).

Natürlich hat ganz abgesehen vom Tourismus auch das Wachstum der Inselbevölkerung den Druck auf die Ressourcen verstärkt. Diesem Druck ein Ventil zu verschaffen und dabei den Umweltschutz, die Rechte der indigenen Hawaiianer und ökonomische Interessen nicht aus den Augen zu verlieren, ist für das Überleben der Inseln von äußerst großer Bedeutung. Eine unabhängige Energieversorgung durch Nutzung von Wind- und Sonnenenergie, die Reduzierung der Müllberge durch die Verwendung biologisch abbaubarer Produkte sowie sogenannte Charterschulen, in denen die hawaiische Sprache und Kultur gepflegt und weitergegeben werden – dies sind nur einige Schritte hin zu einer nachhaltigeren Zukunft.

Einen tieferen Einblick in die Umweltprobleme, mit denen Hawaii heute zu kämpfen hat, gibt die „Umweltbilanz" auf S. 696.

Die Website Alternative Hawaii (www.alternative-hawaii.com) widmet sich der natürlichen und kulturellen Schönheit der Inseln und führt Hunderte umweltfreundlicher Tourismusbetriebe und -aktivitäten auf, von Unterkünften und Restaurants bis zu Touren und Veranstaltungen.

Sich für Nachhaltigkeit entscheiden

„Nachhaltigkeit" ist heute in Hawaii ein Modewort, besonders im Hinblick auf den Tourismus. Umweltbewusstes Reisen und Ökotourismus boomen, und jeder Hawaii-Besucher kann einen Beitrag leisten.

Ökologisch einkaufen, essen & trinken

» Alles, was nicht in Hawaii angebaut oder gezüchtet wird, muss per Schiff oder Flugzeug zu den Inseln transportiert werden, wodurch der Ausstoß von Treibhausgasen verstärkt wird.

» Beim Einkaufen in Lebensmittelläden und bei der Auswahl eines Restaurants sollte man darauf achten, ob vor Ort angebaute Erzeugnisse und nachhaltig gefangenes Seafood verkauft oder verarbeitet werden.

» Näheres über eine Hinwendung zur Ernährung mit regional erzeugten Produkten s. S. 670. Informationen zu umweltfreundlichen Kleinbrauereien s. S. 674.

» Die Behälter zum Mitnehmen von Speisen sind ein Alptraum angesichts der nur in begrenztem Maße vorhandenen Müllkippen Hawaiis. Auch wenn es vielleicht ein wenig teurer ist, sollte man Lokale bevorzugen, die biologisch abbaubare Essensbehältnisse verwenden.

» In Flaschen abgefülltes Wasser ist zwar praktisch, aber auch das Leitungswasser kann man bedenkenlos trinken; am besten bringt man eine wiederbefüllbare Wasserflasche o. Ä. mit.

Weitere einfache Ideen dazu, wie eine Reise nach- haltiger und um- weltfreundlicher gestaltet werden kann, enthält *50 Simple Things You Can Do to Save Hawaiʻi* von der Professorin für Umweltstudien Gail Grabowsky.

Öko-Quartiere

» Viele Hotels sind noch nicht auf den Umweltschutzzug aufgesprungen. Selbst so einfache Dinge wie die Umstellung auf Seifenspender sind selten.

» Vor dem Buchen einer Unterkunft sollte man danach fragen, was sie zum Umweltschutz beiträgt. Vor dem Verlassen des Hotelzimmers sollte man immer alle Lampen und Elektrogeräte ausschalten.

» Vielleicht kann man in Betracht ziehen, zu campen oder in einem umweltfreundlichen B&B oder Gästehaus abzusteigen, das sich im Besitz von Einheimischen befindet. Auch ein Apartment mit Küche anzumieten, kann ebenfalls gut für die Umwelt sein.

DAS GRÜNE HAWAII SICH FÜR NACHHALTIGKEIT ENTSCHEIDEN

HAWAII IM JAHR 2050

Der Hawaiʻi 2050 Sustainability Plan (www.hawaii2050.org), der sogenannte „Volks- plan", ist der erste gesamthawaiische Planungsentwurf seit dem Verfassungskonvent von 1978. Wie der Plan selbst erklärt, „ist dies keine rein theoretische oder politische Übung, sondern es geht um das Überleben von Hawaii, so wie wir es kennen".

Die erste Aufgabe bestand darin, den Begriff der „Nachhaltigkeit" für Hawaii zu definieren. Als Resultat aus Gesprächen mit 10 000 Insulanern ergab sich als Fazit, dass das Wohlergehen von Wirtschaft, Kultur und Umwelt in Hawaii als eng miteinan- der verwoben angesehen wurde. Daraus ergaben sich fünf Ziele, die hier aus dem Plan zitiert werden:

» 1. Nachhaltiges Leben ist Teil unseres Alltags in Hawaiʻi.

» 2. Unsere vielfältige und weltweit konkurrierende Wirtschaft ermöglicht uns ein sinnvolles Leben und Arbeiten und eine sinnvolle Freizeitgestaltung in Hawaiʻi.

» 3. Unsere natürlichen Ressourcen werden verantwortungsbewusst und mit Res- pekt genutzt, erneuert und für zukünftige Generationen bewahrt.

» 4. Unsere Gemeinschaft ist stark, gesund, lebendig und fördernd und bietet Bedürftigen ein Auffangnetz.

» 5. Unsere Kanaka-Maoli-Kultur (Kultur der indigenen Hawaiianer) und unsere Inselkultur gedeihen und werden weitergetragen.

Der Plan skizzierte für 2020 neun Dringlichkeitsziele (zu den Themen bezahlbares Wohnen, Bildung, Energie und Umwelt), stellte auf diese Weise Wegmarken für den Fortschritt auf und legte 55 Indikatoren fest, anhand derer das Wohlergehen Hawaiis gemessen werden kann.

Obwohl die Legislative des Bundesstaats Hawaii die Empfehlungen des Berichts – der 2010 vom Public Policy Center der University of Hawaii in Manoa aktualisiert wurde – noch nicht in Gesetzesform verabschiedet hat, trägt das Bemühen von Hawaiʻi 2050, bei den Bewohnern der Inseln ein Nachhaltigkeitsethos zu verankern, bereits Früchte.

KENNZEICHEN FÜR NACHHALTIGKEIT

Es sieht so aus, als würde heute alle Welt „grün", aber wie kann man wissen, welche Betriebe in Hawaii wirklich umweltbewusst agieren und welche nur versuchen, auf den Umweltschutzzug aufzuspringen? Daher gibt es in diesem Buch das Nachhaltigkeitssymbol (⬦). Einige der Betriebe, die unsere Autoren mit diesem Symbol gekennzeichnet haben, sind im Umweltschutz oder in der Umwelterziehung tätig, andere bewahren und stärken die hawaiische Identität und Kultur, und viele befinden sich in einheimischem Besitz.

GRÜNE BETRIEBE

Die Hawaii Ecotourism Association (www.hawaiiecotourism.org) verfügt über ein Verzeichnis „grüner" Betriebe, besonders von Hotels und Tourenveranstaltern. Da die Mitglieder sich selbst melden können und keinen allgemeinen Nachhaltigkeitskriterien genügen müssen, sollte man auch selbst ein wenig nachforschen.

Recyceln & wiederverwenden

» In Hotels und an den Straßen sind Recycling-Mülleimer nur selten zu finden, jedoch gibt es sie an Stränden, in öffentlichen Parks, in einigen Museen und bei einigen Touristenattraktionen.

» Die Forderung, in ganz Hawaii Plastiktüten zu verbieten, nimmt an Fahrt auf. Am besten verwendet man einen selbst mitgebrachten Stoffbeutel.

Unterwegs

» Wenn ein Ziel auch zu Fuß, mit dem Rad oder mit öffentlichen Verkehrsmitteln (außer auf Oʻahu sehr begrenzt) erreicht werden kann, sollte man aufs Auto verzichten.

» Wer ein Auto mietet, sollte eines mit geringem Benzinverbrauch wählen; man kann auch nachfragen, ob Hybrid-, Elektro- oder Biokraftstoff-Fahrzeuge erhältlich sind.

Umweltbewusst genießen

Es kommen so viele Reisende nach Hawaii, um die legendär schönen Landschaften und die Natur zu genießen, dass strenge Schutzvorschriften notwendig sind, die gewährleisten, dass äußerst beliebten Orten wie der Hanauma Bay auf Oʻahu durch den Besucheransturm keine Schäden zugefügt werden. Aber für viele gleichermaßen schöne und fragile Gebiete gibt es weniger Vorschriften oder kaum eine Kontrolle, und daher stellen sich folgende Fragen: Nur weil ich etwas tun kann, soll ich es deswegen auch tun? Was sind die Auswirkungen meines Naturgenusses, und wie kann ich die Natur erleben, ohne sie dabei zu schädigen?

Für viele Aktivitäten gibt es keine klaren Antworten auf diese Fragen, aber hier sind ein paar Hinweise:

» **Verhalten an Korallenriffen** Beim Schnorcheln und Tauchen sollten die Korallenriffe nie berührt werden. Korallenpolypen sind lebende Organismen, sodass durch das Öl von unseren Fingern und abgebrochene Stücke Wunden und Öffnungen entstehen, durch die Infektionen und Krankheiten eindringen können. Fische nicht füttern.

» **Verhalten beim Tauchen** Taucher sollten ihre Bewegungen gut kontrollieren, um zu vermeiden, dass sie an das Riff stoßen. Keine Anker verwenden und Boote nicht über Korallen festmachen. Sich in Höhlen nur für eine begrenzte Zeit aufhalten, da sich unter den Decken Luftblasen sammeln können, durch die Organismen ausgetrocknet werden.

» **Begegnungen mit Meeressäugetieren und -schildkröten** Alle wilden Meeressäuger und Schildkröten sind durch US- und hawaiische Gesetze vor „Belästigung" geschützt. Das bedeutet, dass man sich ihnen nicht weiter als bis auf 50 m nähern und nichts tun darf, was ihr Verhalten beeinflusst. Wenn diese Tiere auf einen zukommen, dann beobachte man sie einfach. Vor allem dürfen wilde Delphine nicht verfolgt werden mit dem Ziel, in ihre Nähe zu gelangen, und am Strand ruhende Robben und Schildkröten dürfen nicht gestört werden.

» Schwimmen mit Delphinen Veranstalter, die Bootstouren versprechen, bei denen man auf wilde Delphine trifft, sind berüchtigt dafür, dass ihnen sowohl die gesetzlichen Vorschriften als auch das Wohlergehen der Delphine egal sind. Doch ist das Schwimmen mit in Gefangenschaft gehaltenen Delphinen eine Alternative? Einige Wissenschaftler und Umweltaktivisten sind der Meinung, dass man Delphine in Gefangenschaft nicht artgerecht halten kann. Mehr zu dieser Kontroverse auf S. 41.

» Wandern Vor der Reise nach Hawaii sollten die Sohlen der Schuhe sauber geschrubbt und alle Ausrüstungsgegenstände abgewischt werden, um zu vermeiden, dass man durch mitgeschleppte Samen schädliche fremde Pflanzen einführt. Man hilft, Erosion zu verhindern, indem man auf den markierten Wegen bleibt. Schilder mit der Aufschrift „No Trespassing – Kapu" und „Private Property" sollte man respektieren, solange einem nicht von einem vertrauenswürdigen Einheimischen gesagt wird, dass das Betreten erlaubt ist. S. Kasten S. 717.

» Hubschrauberflüge Einige Gebiete sind nur auf dem Luftweg zu erreichen. Jedoch leiden sowohl Besucher als auch Einheimische unter dem zunehmenden Fluglärm (S. 612), und außerdem kann er die Vögel stören. Wer dennoch fliegen möchte, sollte den Hubschrauber mit dem geringsten Treibstoffverbrauch wählen und den Flug vielleicht über ein CO_2-Ausgleichsprogramm ausgleichen.

» Allrad- & Geländefahrzeuge Immer auf der Straße, dem Weg oder dem ausgefahrenen Trail bleiben. Das Querfeldeinfahren kann – auch auf privatem Land – Narben verursachen, die erst nach Jahrzehnten wieder verschwinden. Noch besser ist es, aufs Wandern oder Mountainbiken auszuweichen.

Informationen zur Umweltsituation in Hawaii finden Interessierte bei Environment Hawai'i (www.environment-hawaii.org), einer Organisation, die jeden Monat einen umfangreichen Newsletter herausgibt, und Hawaii Ecosystems at Risk (www.hear.org), deren Webseite sich vor allem mit schädlichen fremden Pflanzen und deren Bekämpfung befasst.

Sich engagieren

Die freiwillige Arbeit verschafft einem Erfahrungen, die sich nicht bieten, wenn man einen Ort nur bereist. Mehr Menschen denn je sorgen sich um die Umwelt und setzen sich für alltagstaugliche grüne Lösungen ein. Es gibt immer etwas, bei dem man sich einbringen kann – und sei es nur für einen Nachmittag.

Die beste zentrale Anlaufstelle für alle, die sich für freiwillige Arbeit interessieren, ist Malama Hawaii (www.malamahawaii.org), ein Partnernetz gemeinschaftlicher und gemeinnütziger Organisationen. In einem umfassenden Veranstaltungskalender sind auch Benefizkonzerte, Bildungsveranstaltungen und Kulturworkshops verzeichnet.

Einige Organisationen, die Freiwilligenprojekte anbieten:

» GrowFood (www.growfood.org)
» Habitat for Humanity (www.habitat.org)
» Hawaii Food Bank (www.hawaiifoodbank.com)
» Hawaii Nature Center (www.hawaiinaturecenter.org) Auf O'ahu und Maui.
» Hawaii State Parks (www.hawaiistateparks.org/partners)
» Hawai'i Wildlife Fund (http://wildhawaii.org)
» Koke'e Resource Conservation Program (www.krcp.org) Auf Kaua'i.
» O'ahu Invasive Species Committee (www.hawaiiinvasivespecies.org/iscs/oisc/)
» Pacific Whale Foundation (www.volunteersonvacation.org) Auf Maui.
» Protect Kaho'olawe 'Ohana (www.kahoolawe.org) Auf Kaho'olawe.

Weitere Gelegenheiten zu freiwilliger Arbeit finden sich in alternativen Lokalzeitungen wie der *Honolulu Weekly* (www.honoluluweekly.com/calendar) und auf Internet-Anzeigenseiten wie etwa bei *Craigslist* (http://honolulu.craigslist.org/vol/).

Praktische Informationen

ALLGEMEINE INFORMATIONEN...708

Arbeiten............... 708

Elektrizität............. 708

Ermäßigungen 708

Feiertage 709

Geld 709

Internetzugang........ 710

Karten 710

Kurse 710

Öffnungszeiten........ 710

Rechtsfragen........... 710

Reisen mit Behinderung........... 711

Schwule & Lesben 712

Shoppen............... 712

Sicherheit 712

Telefon 713

Touristeninformation.... 715

Unterkunft............. 715

Versicherung........... 717

Zeit 718

Zoll 718

Besucher aus dem Ausland 714

Gefahren & unerlaubtes Betreten von Grundstücken 717

VERKEHRSMITTEL & -WEGE.......... 719

An- & Weiterreise....... 719

Flugzeug 719

Übers Meer 719

Unterwegs vor Ort 720

Auto 720

Bus 722

Fahrrad................ 722

Flugzeug 723

Moped & Motorrad 723

Schiff 724

Taxis 724

Touren 724

Trampen............... 724

GESUNDHEIT 726

Vor der Abreise........ 726

In Hawaii 726

Ansteckende Krankheiten........... 726

Weitere Gesundheitsrisiken 727

SPRACHE 729

GLOSSAR 734

8700; http://hawaii.gov/labor;
830 Punchbowl St, Honolulu)
betriebene **HireNet Hawaii**
(www.hirenethawaii.com).

Elektrizität

120 V/60 Hz

Allgemeine Informationen

Arbeiten

US-Bürger können in Hawaii genauso wie in jedem anderen Bundesstaat arbeiten – das Problem ist nur, einen Job zu finden. Ausländische Besucher, die mit einem Touristenvisum eingereist sind, dürfen in den USA nicht arbeiten. Um legal in Hawaii arbeiten zu dürfen, müssen Ausländer eine feste Arbeitsplatzzusage von einem Arbeitgeber haben oder an einem internationalen Arbeitsaustauschprogramm teilnehmen und dann vor der Abreise von zu Hause aus ein Arbeitsvisum beantragen.

Gute Arbeitsplätze sind in Hawaii Mangelware, da der Arbeitsmarkt sehr begrenzt ist. Ausnahmen sind jedoch Stellen für Lehrkräfte und Mediziner. Letztere können sich auf der Internet-Jobbörse **HawaiiJobs** (http://

jobshawaii.com) nach Arbeit umschauen.

Ansonsten bestehen die größten Chancen auf einen Job in den Restaurants und Bars in touristischen Regionen. Leute mit Fremdsprachenkenntnissen oder Kenntnissen im Gerätetauchen, Angeln bzw. mit Erfahrungen als Reiseleiter können es bei den Resorts versuchen. Die meisten Reinigungsjobs in den Hotels und Resorts werden an Einheimische vergeben.

Neben den Schwarzen Brettern in Hostels, Cafés und Bioläden lohnen auch die Stellenanzeigen in der Tageszeitung **Honolulu Star-Advertiser** (www.staradvertiser.com) und im Internet die Anzeigen auf **Craigslist** (www.craigslist.org) einen Blick. Interessant ist auch das vom hawaiischen **Department of Labor & Industrial Relations** (☑586-

120 V/60 Hz

ONLINE-BUCHUNG

Weitere Unterkünfte stellen die Lonely Planet Autoren auf hotels.lonelyplanet.com/Hawaii vor. Hier gibt es neben unabhängigen Besprechungen auch Empfehlungen zu den besten Unterkünften. Und man kann sogar direkt online buchen!

Ermäßigungen

An Flughäfen und in Touristenorten sind überall kostenlose Broschüren mit Rabattgutscheinen erhältlich.

Für Aktivitäten und Touren gibt es die besten Angebote jedoch zumeist bei Vorausbuchung im Internet.

In Museen und bei anderen Sehenswürdigkeiten erhalten Kinder, Studierende, Senioren und Militärbedienstete gewöhnlich Ermäßigungen. Alle außer den Kindern müssen dafür jedoch einen entsprechenden Ausweis vorzeigen können.

American Association of Retired Persons (AARP; www.aarp.org) Diese Organisation für Amerikaner über 50 bietet Mitgliedern einen Preisnachlass (gewöhnlich 10 %) auf Hotels, Mietwagen und mehr.

American Automobile Association (AAA; www.aaa.com) AAA-Mitglieder sowie die Mitglieder der ausländischen Partnerverbände (wie des ADAC) erhalten oft einen Rabatt (gewöhnlich 10 %) auf Mietwagen, Hotels und Sehenswürdigkeiten.

Student Advantage Card (www.studentadvantage.com) Mit einer solchen Karte erhalten ausländische und US-amerikanische Studenten 10–20 % Ermäßigung auf Flugtickets, Hotelzimmer und Einkäufe.

Feiertage

An den folgenden Feiertagen haben Banken, Schulen und Behörden (einschließlich der Postämter) geschlossen, und für öffentliche Verkehrsmittel, Museen und andere Einrichtungen gelten die sonntäglichen Betriebs- und Öffnungszeiten. Wenn der Feiertag auf ein Wochenende fällt, ist gewöhnlich der folgende Montag arbeitsfrei.

Neujahr 1. Januar

Martin Luther King Jr. Day Dritter Montag im Januar

Presidents Day Dritter Montag im Februar

Ostern März oder April

Memorial Day Letzter Montag im Mai

King Kamehameha Day 11. Juni

Independence Day 4. Juli

Statehood Day Dritter Freitag im August

Labor Day Erster Montag im September

Columbus Day Zweiter Montag im Oktober

Election Day Zweiter Dienstag im November

Veterans Day 11. November

Thanksgiving Vierter Donnerstag im November

Weihnachten 25. Dezember Eine Übersicht über die wichtigsten Feste und Events steht auf S. 23.

Geld

Geldautomaten

» Die meisten Banken, Einkaufszentren, Flughäfen und Supermärkte verfügen über Geldautomaten, die rund um die Uhr zugänglich sind.

» Für die Bargeldauszahlung fällt gewöhnlich eine Gebühr von 2 $ an, hinzu kommen eventuell noch von der Heimatbank erhobene Gebühren.

» Die meisten Geldautomaten sind an internationale Netze angeschlossen – am verbreitetsten sind Plus und Cirrus –, die Wechselkurse sind recht gut.

Geldumtausch

» Bargeld kann am Honolulu International Airport oder bei den größeren Banken wie der **Bank of Hawaii** (www.boh.com) und der **First Hawaiian Bank** (www.fhb.com) umgetauscht werden.

» Außerhalb der Städte und größeren Orte kann es sein, dass es nicht möglich ist, Geld umzutauschen, sodass man also genügend Bargeld und/oder eine Kreditkarte dabeihaben sollte.

Kreditkarten

» Mit den gängigen Kreditkarten kann man fast überall bezahlen, außer vielleicht in einigen B&Bs.

PRAKTISCHES

» **Elektrizität**
110/120 V, 50/60 Hz.

» **Maße & Gewichte** Es gilt das alte englische Maßsystem.

» **Radio** In Hawaii gibt es mehr als 50 Rundfunksender; das National Public Radio (NPR) befindet sich am unteren Ende der FM-Skala.

» **TV** Alle großen US-TV-Sender und Kabelkanäle sind zu empfangen.

» **Videostandards** NTSC (mit PAL oder SECAM nicht kompatibel); DVDs haben den Regionalcode 1, der nur für die USA und Kanada gilt.

» **Zeitungen** Die wichtigste Tageszeitung Hawaiis ist der *Honolulu Star-Advertiser* (www.staradvertiser.com).

» Für Buchungen von Mietwagen und Hotels ist gewöhnlich eine Kreditkarte nötig.

» Die gängigsten Karten sind Visa, MasterCard und American Express.

Reiseschecks

» In vielen Mittel- und Spitzenklasse-Einrichtungen, jedoch eher selten in normalen Einrichtungen wie Supermärkten und Fastfoodlokalen, werden in US-Dollar ausgestellte Reiseschecks wie Bargeld akzeptiert.

Trinkgeld

» In den USA *muss* man quasi Trinkgeld geben. Nur bei wirklich miserablem Service sollte man von dieser Regel abweichen.

Barkeeper 10–15 % pro Runde, mind. 1 $ pro Getränk

Concierges Für eine einfache Information nichts, für eine Last-Minute-Tischreservierung im Restaurant bis zu 20 $

Gepäckträger am Flughafen und im Hotel 2 $ pro Gepäckstück, mindestens 5 $ pro Gepäckwagen

Parkservice Mindestens 2 $ bei Rückgabe des Schlüssels

Reinigungspersonal 2–4 $ pro Tag, die man unter die bereitgelegte Karte legt; mehr, wenn viel aufgeräumt werden muss!

Restaurantkellner und Zimmerservice 15–20 %, falls nicht schon im Preis inbegriffen

Taxifahrer 10–15 % des Taxameter-Fahrpreises, auf den nächsten Dollar aufgerundet

Internetzugang

» In diesem Buch kennzeichnet das Symbol @, dass ein Internetzugang zur Verfügung steht; das Symbol 🛜 kennzeichnet einen WLAN-Hotspot, wobei der Zugang kostenlos oder gebührenpflichtig sein kann.

» Die meisten Hotels und Resorts sowie viele Restaurants, Cafés und andere Einrichtungen bieten mittlerweile schnellen Internetzugang. Der Zugang zum Internet in Hotelzimmern erfolgt gewöhnlich über ein LAN.

» In den Städten und größeren Orten gibt es gewöhnlich Internetcafés und Business Center mit Computern, deren Nutzung durchschnittlich 6–12 $ pro Stunde kostet; manchmal gibt es auch WLAN.

» Die öffentlichen Bibliotheken (www.librarieshawaii. org) in Hawaii bieten kostenlosen Internetzugang an PCs für Inhaber eines zeitlich befristeten Nutzerausweises für auswärtige Besucher (10 $). Einige Bibliotheken

bieten jetzt auch kostenloses WLAN (kein Nutzerausweis nötig).

» WLAN-Hotspots in Hawaii findet man etwa über Jiwire (www.jiwire.com) und Wi-Fi Free Spot (www. wififreespot.com).

Karten

Die bei Weitem detailliertesten Karten bietet die Reihe **Ready Mapbook**. In diesen atlasähnlichen Büchern sind so gut wie alle befestigten und unbefestigten Straßen der Hauptinseln verzeichnet. Erhältlich sind diese Karten in Buchhandlungen und Supermärkten.

Kartenfans und Wildniswanderer erhalten in den größeren Buchhandlungen und in den Besucherzentren der Nationalparks topografische Karten. Oder man lädt sie sich kostenlos beim US Geological Survey (www.usgs.gov) herunter und druckt sie sich aus.

Franko's Maps (www. frankosmaps.com) bietet eine Reihe bunter, laminierter und wasserfester Karten für Wassersportler und Touristen, darunter *Obama's O'ahu* und *Pearl Harbor: Then and Now Historical Guide*. Die Karten sind in Buchhandlungen und Outdoorläden erhältlich.

Kurse

Einige Resorts und Einkaufszentren bieten kostenlosen oder preisgünstigen Unterricht im Hula-Tanz, in traditionellen hawaiischen Künsten und Ähnlichem. Da die Angebote ständig wechseln, halten Interessenten am besten Augen und Ohren offen und fragen vielleicht im Hotel nach dem Angebot. Weiteres dazu auch in den einzelnen Inselkapiteln.

Zum Angebot an Bildungsreisen für Erwachsene über 50 der Organisation Road Scholar s. S. 724.

Öffnungszeiten

Falls es keine Abweichungen von mehr als einer halben Stunde gibt, gelten für alle Eintragungen und Besprechungen in diesem Buch die folgenden Öffnungszeiten:

Banken	Mo–Fr 8.30–16, einige auch Fr bis 18 und Sa 9–12 oder 13 Uhr
Bars	tgl. 12–24, einige Do–Sa bis 2 Uhr
Dienstleister	Mo–Fr 8.30–16.30 Uhr; einige Postämter sind Sa 9–12 Uhr geöffnet
Geschäfte	Mo–Sa 9–17, einige auch So 12–17 Uhr; in größeren Einkaufsvierteln und -zentren gelten längere Öffnungszeiten
Restaurants	Frühstück 6–10, Mittagessen 11.30–14, Abendessen 17–21.30 Uhr

Rechtsfragen

Ab dem Moment der Festnahme haben Beschuldigte ein Recht auf einen Anwalt. Wer sich keinen leisten kann, dem muss der Staat kostenlos einen Anwalt stellen. Die Hawaii State Bar Association (📞537-9140; www.hawaii lawyerreferral.com) vermittelt Anwälte. Ausländische Besucher wenden sich am besten an ihr Konsulat; die Polizei besorgt auf Wunsch die Telefonnummer.

MINDESTALTER

Alkoholgenuss	21
Führerschein	16

| Rauchen von Tabak | 18 |
| Wahlberechtigung | 18 |

Fahren

» Wer von der Polizei angehalten wird, sollte auf jeden Fall höflich bleiben und nicht aus dem Auto steigen, bis er dazu aufgefordert wird.

» Empfindliche Strafen drohen für das Fahren mit mehr als 0,8 ‰ Alkohol im Blut.

» Die Polizei führt manchmal Alkohol- und Drogenkontrollen durch. Die Weigerung, sich auf Alkohol oder Drogen testen zu lassen, gilt rechtlich als Schuldeingeständnis.

» Im Fahrgastraum des Fahrzeugs dürfen keine offenen Behältnisse für Alkohol transportiert werden, selbst wenn sie leer sind. Sie müssen im Kofferraum verstaut sein.

» Weiteres zu den Verkehrsregeln s. S. 721.

Alkohol & Drogen

» Bars, Clubs und Alkoholläden können zur Feststellung des Alters verlangen, dass man einen Ausweis vorlegt.

» Der Alkoholkonsum außerhalb von Privathäusern und Orten mit Schanklizenz ist streng verboten, sodass auch in Parks und an Stränden kein Alkohol getrunken werden darf.

» Wie auch an den meisten anderen Orten in den USA ist der Besitz von Marihuana und Rauschmitteln in Hawaii illegal. Wer als Ausländer mit Drogen erwischt wird, muss damit rechnen, abgeschoben zu werden.

Rauchen

» Rauchen ist generell in allen öffentlich zugänglichen Gebäuden verboten, so auch in Flughäfen, Einkaufszentren, Bars und Clubs.

» Auch in Restaurants ist das Rauchen untersagt; das gilt auch für die Außenbereiche.

» In Hotels müssen Raucher gezielt nach einem Raucherzimmer fragen. In einigen Anlagen ist das Rauchen aufgrund gesetzlicher Regelungen gänzlich untersagt, und bei Zuwiderhandlungen drohen hohe Geldbußen.

Weitere Gesetze

» Öffentliche Nacktheit, z. B. an Stränden, und Trampen sind verboten, jedoch wird bei Verstößen kaum jemand belangt.

» Wegen der Sicherheitsmaßnahmen im Zuge der Terrorismusbekämpfung sollten Taschen nie unbeaufsichtigt irgendwo stehen gelassen werden, dies gilt vor allem für Flughäfen und Busbahnhöfe.

Reisen mit Behinderung

» Die größeren Hotels und Resorts in Hawaii verfügen über Aufzüge, Telefone, an die ein Schreibtelefon angeschlossen werden kann, und mit Rollstuhl zugängliche Zimmer (reservieren!).

» Die Telefongesellschaften bieten einen Relay Service (☎711) für Hörgeschädigte; mit diesem technischen Vermittlungsdienst können Hörgeschädigte mit Hörenden telefonieren.

» Viele Banken haben auf ihren Geldautomaten Anweisungen in Blindenschrift.

» An den Kreuzungen in den Städten sind die Bürgersteige abgesenkt, und manchmal gibt es Signaltöne, wenn die Fußgängerampel Grün zeigt.

» Blinden- und andere Diensthunde unterliegen nicht denselben Quarantänebestimmungen wie Haustiere; Näheres bei der **Animal Quarantine Station** (☎808-483-7151; http://hawaii.gov/hdoa/ai/aqs/guidedog) des Department of Agriculture.

Verkehrsmittel

» Die öffentlichen Verkehrsmittel sind – soweit vorhanden – rollstuhlgerecht ausgestattet.

» Einige größere Autovermietungen (S. 720) bieten Fahrzeuge mit Handsteuerung und Transporter mit Rollstuhllift, jedoch müssen diese weit im Voraus gebucht werden.

» Wer für den heimatlichen Wohnsitz einen Behindertenparkausweis hat, sollte rechtzeitig vor der Reise Kontakt mit dem Department of Transportation, Aliiaimoku Building, 869 Punchbowl St, Honolulu, HI 96813, aufnehmen und sich dort erkundigen, oder man für die Dauer des Aufenthalts einen nationalen Behindertenparkausweis ausgestellt bekommt, den man beim Parken auf Behindertenparkplätzen im Mietwagen auslegen kann. Unter Umständen wird dieser nur gegen eine bestimmte Gebühr ausgestellt, deshalb sollte man sich auch vorab nach den Konzessionen erkundigen.

Nützliche Adressen

Access Aloha Travel (☎545-1143, 800-480-1143; www.accessalohatravel.com) Etabliertes Reisebüro, das bei der Buchung von rollstuhlgerechten Unterkünften, Besichtigungstouren und Bootsfahrten sowie beim Anmieten eines Transporters behilflich sein kann.

Disability & Communication Access Board (☎586-8121; www.hawaii.gov/health/dcab/travel; Zimmer 101, 919 Ala Moana Blvd, Honolulu) Die herunterladbaren Infobroschüren bieten Informationen über Flughäfen, öffentliche Verkehrsmittel, Sehenswürdigkeiten sowie medizinische und andere Hilfsdienste, jedoch nur auf den Hauptinseln.

MossRehab Resource Net (www.mossresourcenet.org/travel.htm) Nützliche Links und allgemeine Informationen zum Reisen mit Behinderung.

Wheelchair Getaways
(☎800-638-1912; www.
wheelchairgetaways.com) Vermietung rollstuhltauglicher Transporter auf Big Island, Maui und Kaua'i.

Schwule & Lesben

Hawaii hat die polynesische Toleranz geerbt, die sich auch auf Schwule und Lesben erstreckt. Im Bundesstaat gilt ein strenger Minderheitenschutz, und auch die Privatsphäre ist verfassungsmäßig geschützt; dazu gehören auch einvernehmliche sexuelle Beziehungen zwischen Erwachsenen. Gleichgeschlechtliche Paare haben ein Recht auf Zivilehen und somit auf Gleichstellung mit heterosexuellen Ehepaaren.

Die Einheimischen sind im Allgemeinen sehr auf den Schutz ihrer Privatsphäre bedacht, sodass man selten händchenhaltende Paare und Austausch von Zärtlichkeiten in der Öffentlichkeit sieht. Selbst in Waikiki, ohne Frage das Zentrum der hawaiischen Schwulenszene (s. Kasten S. 123), ist die Szene gemessen an sonstigen amerikanischen Verhältnissen eher zurückhaltend. Das schwul-lesbische Alltagsleben kocht eher auf kleiner Flamme – man trifft sich eher zu Picknicks und Dinnerpartys als in Clubs.

Trotzdem ist Hawaii ein beliebtes Reiseziel für Schwule und Lesben; es gibt B&Bs, Resorts und Tourveranstalter, die sich besonders an sie wenden. Das Monatsmagazin *Odyssey* (www.odysseyhawaii.com), das in schwulenfreundlichen Einrichtungen in ganz Hawaii kostenlos erhältlich ist, deckt die Szene auf allen Inseln ab, genauso wie die Zeitschrift *eXpression* (www.expression808.com).

Weitere Informationen über das schwule und lesbische Hawaii sowie Empfehlungen zu Unterkünften,

Schwulenstränden, Veranstaltungen usw. bieten die folgenden Webseiten:

Gay Hawaii (www.gayhawaii.com)

Lesbian and Gay Businesses of Hawaii (www.lgbhawaii.com)

Out in Hawaii (www.outinhawaii.com)

Out Traveler (www.outtraveler.com)

Out Traveler: Hawai'i (www.rainbowhandbook.com)

Pacific Ocean Holidays (www.gayhawaiivacations.com)

Purple Roofs (www.purpleroofs.com)

Shoppen

Wer auf der Suche nach handgefertigtem hawaiischem Kunstgewerbe (S. 681) erstklassiger Qualität ist, sollte sich auf hohe Preise gefasst machen – die authentischen Stücke sind teuer. Um sicherzugehen, dass man auch tatsächlich hawaiisches Kunstgewerbe kauft, sollte man sich an angesehene Galerien und Künstlerkooperativen halten. Günstiger ist Kunsthandwerk oft auf Bauernmärkten zu haben, wo die Künstler selbst verkaufen, aber manchmal ist es schwierig, billige Importe von auf den Inseln angefertigten Produkten zu unterscheiden.

Kulinarische Spezialitäten sind ein klassisches Mitbringsel aus Hawaii, jedoch sollte man sich vergewissern, dass frische Speisen oder Lebensmittel handelsüblich verpackt sind und auch mitgenommen werden dürfen – sonst muss man seine Ananas am Flughafen zurücklassen. Dasselbe gilt für Blumen: Auch hier muss man sichergehen, dass alle Orchideen, Flamingoblumen oder Proteas vom US Department of Agriculture inspiziert und für die Ausfuhr freigegeben sind. Besucher

aus dem Ausland sollten sich bei ihrer Fluggesellschaft nach Einfuhrbeschränkungen für landwirtschaftliche Produkte im Heimatland informieren.

Sicherheit

Im Allgemeinen ist Hawaii ein sicheres Urlaubsziel. Da der Tourismus für die Inseln so wichtig ist, wurde die **Visitor Aloha Society of Hawaii** (VASH; ☎808-926-8274; www.visitoralohasocietyofhawaii.org) geschaffen, die Reisenden hilft, die während ihres Aufenthaltes in Hawaii einen Unfall haben oder Opfer eines Verbrechens werden.
Zu Gesundheitsrisiken s. S. 726.

Betrügereien

Die meisten Betrugsdelikte, die auf Touristen abzielen, geschehen in Hawaii an falschen Kiosken, die Ausflüge, Wohnungen u. Ä. vermitteln. Hier werden alle möglichen Deals angeboten, von kostenlosen *luau* bis zu Sonnenuntergangsschiffstouren, wenn man sich nur auf ihr „zu nichts verpflichtendes" Verkaufsgespräch einlässt. Also Vorsicht!

Diebstahl

Die Inseln sind berüchtigt für Diebstähle aus geparkten Autos, besonders aus Mietwagen. Der Diebstahl kann innerhalb von Sekunden vonstattengehen, egal ob an einem abgelegenen Parkplatz am Beginn eines Wanderwegs oder auf einem vollen Parkplatz am Strand oder Hotel. Deshalb sollte man soweit möglich nicht irgendwelche Wertgegenstände im Auto lassen. Wenn das doch einmal nicht anders geht, sollte man *vor* der Ankunft am Ziel, wo eventuell schon Diebe warten, um zu sehen, was man in den Kofferraum legt, alle Wertgegenstände so packen, dass sie nicht zu sehen sind. Einige Einheimische verschließen ihre Autotüren nicht und rollen die Fenster herunter, um sich die teuren Schäden durch Autoeinbrüche zu ersparen.

Flutartige Überschwemmungen

Egal wie trocken ein Bachbett oder wie sonnig der Himmel über einem aussieht – ein viele Meilen entfernter plötzlicher Wolkenbruch kann innerhalb von Minuten zu flutartigen Überschwemmungen führen und eine gewaltige Menge Wasser voller Schutt den Berg hinabschicken, das alles in seinem Pfad wegspült. Es ist deshalb ratsam, sich vor einer Wanderung immer die Wetterprognose anzuschauen; dies ist besonders wichtig für Leute, die durch enge Canyons wandern oder unter Wasserfällen und in natürlichen Becken baden möchten.

Anzeichen für eine Blitzflut sind plötzliche Veränderungen der Klarheit des Wassers (z. B. wenn das Wasser schlammig wird), steigende Wasserstände und/oder im Wasser schwirrender Unrat sowie Windstöße, Donnergrollen oder ein tiefes, rumpelndes Grollen. Wer so etwas bemerkt, sollte sich sofort auf höher liegendes Terrain begeben – selbst ein paar Meter können entscheidend sein. Nicht flussabwärts oder die Schlucht hinablaufen – einer Blitzflut kann man so nicht entkommen.

Tsunamis

Tsunamis treten in Hawaii etwa einmal alle zehn Jahre auf und haben im gesamten Bundesstaat mehr Menschenleben gekostet als alle anderen Naturkatastrophen zusammen. An jedem ersten Arbeitstag des Monats wird um 11.45 Uhr weniger als eine Minute lang das Tsunami-Frühwarnsystem getestet, und zwar mittels der gelben Lautsprecher, die überall auf den Inseln an

den Telefonmasten befestigt sind.

Auch wenn es höchst unwahrscheinlich ist, dass sich während des Aufenthaltes gerade eine Naturkatastrophe ereignet, so können doch auch Erdbeben in Japan, Neuseeland oder Chile Tsunamis auslösen, die sich über den Pazifik bis nach Hawaii fortsetzen. Wer eine Tsunami-Warnsirene hört, sollte sich sofort auf höher liegendes Gelände begeben. In den Telefonbüchern sind vorne Karten der Tsunami-Sicherheitszonen abgedruckt. Außerdem sollte man sich über Rundfunk oder Fernsehen auf dem Laufenden halten. Nähere Informationen bieten die Websites des **Pacific Disaster Center** (www.pdc.org) und der **Hawaii State Civil Defense** (www.scd.hawaii.gov).

Telefon

Handys

Bei seinem Netzbetreiber erfährt man, ob man sein Handy auch in Hawaii benutzen kann. Von den US-Anbietern bietet Verizon das weitreichendste Netz, und AT&T, Cingular und Sprint sind auch nicht schlecht. Die Netzabdeckung ist am besten auf O'ahu, etwas lückenhafter auf den anderen Hauptinseln, und in vielen abgelegenen Gebieten ist gar kein Netz vorhanden.

Reisende aus dem Ausland benötigen ein Multiband-GSM-Handy, um damit in den USA telefonieren zu können. Mit einem entsperrten Multiband-Handy ist es normalerweise günstiger, sich in Hawaii eine amerikanische wiederaufladbare Prepaidkarte zu kaufen. SIM-Karten gibt es in allen größeren Handy- und Elektrogeschäften. Wer ein Handy hat, das in den USA nicht funktioniert, kann sich in diesen Läden auch ein günstiges Prepaidhandy

inklusive Guthaben kaufen.

Vorwahlnummern

» Alle hawaiischen Telefonnummern bestehen aus einer dreistelligen Gebietsvorwahl (☎808) und einer siebenstelligen Anschlussnummer.

» Um von einer Insel zur nächsten zu telefonieren, wählt man ☎1-808 + Rufnummer.

» Vor einer gebührenfreien Nummer (☎800, 888 usw.) muss immer eine ☎1 gewählt werden. Einige gebührenfreie Nummern funktionieren nur innerhalb von Hawaii oder vom US-Festland aus.

» Um von Hawaii aus Auslandsgespräche zu führen, wählt man ☎011 + Ländervorwahl + Ortsvorwahl + Anschlussnummer.

» Wer vom Ausland aus in Hawaii anrufen möchte: Die Ländervorwahl der USA ist ☎1.

Nützliche Nummern

» Notfälle (Polizei, Feuerwehr, Krankenwagen) ☎911

» Ortsauskunft ☎411

» Auskunft für Ferngespräche ☎1-(Gebietsvorwahl)-555-1212

» Gebührenfreie Auskunft ☎1-800-555-1212

» Vermittlung ☎0

Telefonzellen & Telefonkarten

» Telefonzellen sind vom Aussterben bedroht und finden sich gewöhnlich nur noch in Einkaufszentren, Hotels und an öffentlichen Plätzen.

» Einige öffentliche Fernsprechgeräte sind Münztelefone (Ortsgespräche kosten gewöhnlich 50 ¢), andere funktionieren nur mit Kredit- und Telefonkarten.

» Prepaid-Telefonkarten privater Anbieter sind in kleinen Geschäften, an Zeitungskiosken, in Supermärkten und in Apotheken erhältlich.

BESUCHER AUS DEM AUSLAND

Einreisebestimmungen

» Je nach Ursprungsland ändern sich die Einreisebestimmungen ständig. Vor der Abreise sollte man sich auf jeden Fall über die derzeit gültigen Visa- und Passbestimmungen informieren.

» Die aktuellsten Informationen über die Einreisebestimmungen bieten die Visa-Seiten der Website des **US Department of State** (http://travel.state.gov) und die Reiseseiten der Website der **US Customs & Border Protection** (www.cbp.gov).

» Bei der Ankunft in den USA müssen sich die meisten Reisenden im Rahmen des Programms **US-Visit** (www.dhs.gov/us-visit) registrieren lassen; das bedeutet, dass elektronische Fingerabdrücke genommen werden und ein digitales Foto gemacht wird; das Ganze dauert gewöhnlich weniger als eine Minute.

REISEPASS

» Für die Einreise nach Hawaii benötigt man einen **maschinenlesbaren Reisepass**. Wenn der Pass nach dem 26. Oktober 2006 ausgestellt oder verlängert wurde, muss er ein digitales Foto und einen Chip mit biometrischen Daten enthalten.

VISUM

» Gegenwärtig benötigen die Bürger von 36 Ländern (darunter Deutschland, Österreich und die Schweiz) für Aufenthalte bis zu 90 Tagen (keine Verlängerung möglich) unter dem **Visa Waiver Program (VWP)** kein Visum für die Einreise in die USA.

» Gemäß dem VWP müssen Reisende über ein gültiges Rückflugticket oder ein Ticket für die Weiterreise zu einem Ziel außerhalb der USA verfügen; die Tickets dürfen in den USA nicht erstattbar sein.

» Alle VWP-Reisenden müssen sich mindestens 72 Stunden vor der Ankunft im Internet beim **Electronic System for Travel Authorization** (https://esta.cbp.dhs.gov) anmelden; das kostet derzeit 14 $. Die erteilte Einreiseerlaubnis ist dann zwei Jahre lang gültig.

» Reisende, die nicht unter das VWP fallen, müssen ein Touristenvisum beantragen. Dies ist kostenpflichtig, umfasst ein persönliches Interview und kann mehrere Wochen in Anspruch nehmen – also rechtzeitig beantragen!

» Auf der Website www.usembassy.gov gibt es Links zu allen US-Botschaften im Ausland. Das Visum beschafft man sich am besten im Heimatland statt irgendwo unterwegs.

Botschaften & Konsulate

In Hawaii gibt es keine ausländischen Botschaften, jedoch auf O'ahu einige Konsulate:

» **Australien** (☎529-8100; Penthouse, 1000 Bishop St)

» **Neuseeland** (☎595-2200; 3929 Old Pali Rd)

» **Niederlande** (☎531-6897; Suite 702, 745 Fort St Mall)

» **Österreich** (☎923-8585; Suite 1260, 1314 South King Street)

» **Schweiz** (☎233-8982; 1742 616 Kahlau Loop)

Geld

US-Dollar-Wechselkurse s. S. 18.

Post

» Der **US Postal Service** (USPS; ☎800-275-8777; www.usps.com) ist billig und zuverlässig.

» Die Post ist von Hawaii etwas länger unterwegs als vom Festland der USA.

» Für dringende und wichtige Brief- und Paketsendungen bieten **Federal Express** (FedEx; ☎800-463-3339; www.fedex.com) und der **United Parcel Service** (UPS; ☎800-782-7892; www.ups.com) Lieferungen von Tür zu Tür.

Touristen-information

Am einfachsten bekommt man Informationen gleich am Flughafen. In den Ankunftsbereichen befinden sich Informationsschalter; und während man auf sein Gepäck wartet, kann man sich schon einmal die kostenlosen Tourismusbroschüren und -zeitschriften anschauen wie **101 Things to Do** (www.101thingstodo. com) und **This Week** (www. thisweek.com).

Für die Reiseplanung vor der Ankunft bietet sich die sehr informative Webseite des **Hawaii Visitors & Convention Bureau** (☏ 800-464-2924; www.gohawaii.com) an. Die örtlichen Touristeninformationen und Besucherzentren in Hawaii sind in den jeweiligen Inselkapiteln aufgeführt.

Unterkunft

Preise

Die angegebenen Preise für Unterkünfte gelten für ein Doppelzimmer in der Hochsaison:

» $ unter 100 $
» $$ 100–250 $
» $$$ über 250 $

Die angegebenen Preise schließen die Steuern in Höhe von fast 14 % gewöhnlich nicht ein. Wenn nicht anders angegeben, ist das Frühstück nicht inbegriffen, und die Zimmer haben ein eigenes Bad.

Reservierungen

Für die meisten Reservierungen ist eine Anzahlung nötig; wenn man dann seine Meinung ändert und die Buchung storniert, kann es sein, dass die betreffende Unterkunft die Anzahlung nicht zurückerstattet. Bevor man eine Anzahlung leistet, sollte man sich über die Stornierungs- und anderen Buchungsbedingungen im Klaren sein.

Haupt- und Nachsaison

» Während der Hauptsaison von Mitte Dezember bis März oder April und von Juni bis August sind Unterkünfte teurer und knapper.

» Zu bestimmten Ferienzeiten und größeren Veranstaltungen werden Höchstpreise verlangt, und die Unterkünfte können ein Jahr im Voraus ausgebucht sein.

» In der Nach- und Zwischensaison gibt es Preisermäßigungen, und Unterkünfte sind leichter zu bekommen.

» Die in diesem Buch genannten Unterkünfte sind – wenn nicht anders angegeben – ganzjährig geöffnet.

Ausstattung

» Unterkünfte, die Computer mit Internetzugang für ihre Gäste bereithalten, sind mit dem Internetsymbol (@) gekennzeichnet. Eventuell fällt eine Nutzungsgebühr an (z. B. in den Business Center von Hotels).

» Der Internetzugang in Hotelzimmern erfolgt in Hawaii oft über LAN statt über WLAN, und es fällt vielleicht eine Tagesnutzungsgebühr an.

» Wenn WLAN vorhanden ist, erscheint das WLAN-Symbol (☏). Kostenlose WLAN-Hotspots gibt es vielleicht in den Gemeinschaftsbereichen wie der Hotellobby oder am Pool.

» Wenn drinnen oder im Freien ein Pool vorhanden ist, ist die Unterkunft mit dem Poolsymbol (⌘) gekennzeichnet.

» Klimaanlagen (❄) gehören bei den meisten Kettenhotels und -resorts zur Standardausstattung. In einigen unabhängigen Unterkünften gibt es vielleicht nur Ventilatoren.

» Weitere Symbole und Abkürzungen, die bei den Besprechungen der Unterkünfte verwendet werden, sind auf der vorderen Umschlaginnenseite zu finden.

B&Bs & Cottages (Ferienhäuser)

B&B-Unterkünfte reichen von spartanischen Zimmern in privaten Wohnhäusern über historische Gebäude bis zu luxuriösen romantischen Refugien. Die zumeist privat geführten B&Bs bieten gewöhnlich ein persönlicheres Ambiente als Hotels, dafür aber auch weniger Dienstleistungen.

Bei den meisten B&Bs sind ein Frühstück oder zumindest die Zutaten für ein Frühstück inbegriffen. Am besten fragt man vorher, was für ein Frühstück serviert wird. Die meisten B&Bs verfügen nicht über eine amtlich abgenommene Restaurantküche und können mit Strafen belegt werden, wenn sie für ihre Gäste warme Mahlzeiten zubereiten.

Da viele B&Bs nicht auf Laufkundschaft erpicht sind, erscheinen sie zum Teil nicht auf den Karten in diesem Buch. Die Gastgeber sind tagsüber oft außer Haus, sodass es zumeist schwierig ist, eine Unterkunft für denselben Abend zu finden – daher (und weil sie am Ende oft ausgebucht sind) sollten B&Bs möglichst immer im Voraus gebucht werden. In vielen B&Bs gilt ein Minimum von zwei oder drei Übernachtungen. Wer nur eine Nacht bleiben möchte, zahlt alternativ einen höheren Preis.

Normalerweise bedeutet „vacation rental", dass man ein ganzes Haus mietet (ohne Vor-Ort-Management und Frühstück), aber auch viele B&Bs vermieten freistehende Ferienhäuschen. Oft werden all diese Häuser von denselben Agenturen verwaltet. Unter Umständen fallen besonders bei Aufenthalten von weniger als fünf Nächten Endreinigungsgebühren an.

Auf einigen der Inseln gibt es eigene B&B-Verbände, die dann in den entsprechenden

SICHERES CAMPEN

Einige County und State Parks sind nicht zu empfehlen, da sie entweder sehr einsam liegen oder auf ihnen am späten Abend regelmäßig Trinkgelage stattfinden. Diebstähle und Gewalt gegen Camper sind nicht an der Tagesordnung, jedoch sollte man sich seinen Campingplatz sorgfältig auswählen. Am Beginn eines jeden Inselkapitels stehen Empfehlungen, darüber hinaus kann man Einheimische und das Personal der Parks um Rat fragen.

Inselkapiteln genannt sind. B&Bs und Ferienhäuser in ganz Hawaii vermitteln folgende Agenturen:

Affordable Paradise Bed & Breakfast (www.affordable-paradise.com)

Bed & Breakfast Hawaii (www.bandb-hawaii.com)

Purple Roofs (www.purpleroofs.com) Schwulen- und lesbenfreundliche Unterkünfte.

Vacation Rental by Owner (www.vrbo.com)

Camping & Cabins (Hütten)

In Hawaii gibt es so gut wie keine privaten Campingplätze mit voller Ausstattung. Die besten öffentlichen Campingeinrichtungen befinden sich in den Nationalparks, gefolgt von den State Parks, und die am wenigsten gepflegten Plätze liegen gewöhnlich in den County Parks. Auf den Campingplätzen ist unter der Woche weniger los als am Wochenende.

NATIONALPARKS

Die beiden Nationalparks Hawaiis – der Haleakalā National Park auf Maui und der Hawaiʻi Volcanoes National Park auf Big Island – verfügen über kostenlose, per Fahrzeug erreichbare Campingplätze, die vorher nicht reserviert werden können. Dabei handelt es sich bisweilen nur um verstreut liegende Grasflächen ohne große Infrastruktur. Die für Wildniszeltplätze, sogenanntes Backcountry-Camping, erforderlichen Genehmigungen sind normalerweise am selben Tag vor Ort erhältlich. Für alle Cabins (Hütten mit Betten und Kochmöglichkeit) ist eine Vorausbuchung dringend zu empfehlen.

STATE PARKS

» Auf den fünf größten Hawaii-Inseln ist das Campen in State Parks möglich (12–30 $ pro Stellplatz pro Nacht).

» Auf den Campingplätzen der State Parks sind gewöhnlich Picknicktische, Grills, Trinkwasser, Toiletten und Duschen vorhanden.

» Einige State Parks vermieten außerdem einfache Cabins (30–90 $ pro Nacht) an Selbstversorger.

» Genehmigungen fürs Camping und Buchungen von Cabins sind in allen Büros der **Division of State Parks** (www.hawaiistateparks.org) oder bis 30 Tage im Voraus online erhältlich.

» Die **Department of State Parks (DSP) Headquarters** (☑ 587-0300; www.hawaiistateparks.org; Zimmer 310, 1151 Punchbowl St, Honolulu; ◷ Mo–Fr 8–15.15 Uhr) auf Oʻahu nehmen Campingplatzbuchungen für alle Inseln entgegen.

COUNTY PARKS

Einige County Parks sind großartig, verfügen über weiße Sandstrände und gute Einrichtungen, andere wiederum sind fürchterlich heruntergekommen. Also gilt: Nur weil man irgendwo campen *kann*, heißt das noch lange nicht, dass man da auch campen *will*. Am besten schaut man sich den ausgewählten Platz erst einmal an oder fragt andere nach ihren Erfahrungen.

Informationen zur Buchung von Stellplätzen in County Parks und eventuell erforderlichen Genehmigungen und Gebühren finden sich in den einzelnen Inselkapiteln.

Condominiums oder Condos (Ferienwohnungen)

Die in Privatbesitz befindlichen Ferienapartments oder -wohnungen sind in aller Regel geräumiger als Hotelzimmer und mit allem ausgestattet, was ein Urlauber braucht, z. B. einer Küche oder Kochnische. Oft sind Ferienwohnungen billiger als die allermeisten Hotelzimmer, besonders wenn man mit mehreren Personen unterwegs ist.

» Für die meisten Ferienwohnungen gilt besonders in der Hauptsaison eine Mindestanzahl von Übernachtungen.

» Der wöchentliche Mietpreis ist oft der sechsfache Tagesmietpreis, und die Monatsmiete beträgt drei Wochenmieten.

» Eventuell fällt je nach Dauer des Aufenthalts eine Endreinigungsgebühr an.

» Günstiger ist es, Ferienwohnungen direkt zu buchen; falls das nicht möglich ist, kann man sich immer noch an eine Agentur wenden.

» Ferienwohnungen werden im Internet z. B. auf **Vacation Rentals by Owner** (www.vrbo.comor) und **Craigslist** (www.craigslist.org) angeboten.

Hostels

Nur zwei Hostels in Hawaii sind mit dem Verband **Hostelling International USA** (www.hiusa.org) assoziiert, beide in Honolulu. Jedoch gibt es auf allen Hauptinseln einige private Hostels, gewöhnlich in größeren Orten. Einige davon sind ansprechend, freundlich und gepflegt, doch die meisten richten sich an Backpacker und Saisonsurfer und sind im Grunde nur verwohnte Absteigen. In der Regel sind sie spartanisch eingerichtet und bieten eine Gemeinschaftsküche, Internetzugang, Schwarze Bretter und Schließfächer. Ein Bett im Schlafsaal kostet durchschnittlich 20–30 $ pro Nacht.

Hotels & Inns

Hotels, besonders solche, die einer Kette angehören, bieten in der Regel Ermäßigungen auf ihre Listenpreise, z. B. durch Rabatte für eine Online-Vorausbuchung.

Bei anderen Hotels gibt es vielleicht je nach Saison, Woche oder Wochentag Preisnachlässe. Eventuell sind auch Werbeangebote oder Urlaubspakete erhältlich. Die Zimmerpreise sind in hohem Maße von der Aussicht abhängig sowie vom Stockwerk, auf dem das Zimmer liegt; ein Meerblick kann problemlos 50–100 % mehr als eine Aussicht auf einen Parkplatz kosten – die oft beschönigend als „Gartenblick" umschrieben wird. Bezeichnungen wie „oceanfront" und „oceanview" werden freigiebig verwendet, selbst wenn das Meer nur mit einem Fernglas zu sehen ist.

Wer es eine etwas privatere und familiärere Atmosphäre bevorzugt, der kann auch mit einem der zahlreichen Inns, der Gästehäuser, vorliebnehmen.

Resorts

Bei den hawaiischen Resorts handelt es sich durchweg um reine Luxuspaläste, in denen den Gästen jeder Wunsch von den Lippen abgelesen wird und von allem nur das „Beste" geboten wird – die Gäste sollen das Gelände am besten gar nicht verlassen. Die Strandresorts verfügen über zahlreiche Speiserestaurants, mehrere Swimmingpools, Kinderprogramme, Abendunterhaltung und Fitnessstudios. Eventuell werden zusätzlich zum Übernachtungspreis pro Tag sogenannte Resortgebühren erhoben – am besten fragt man bei der Buchung nach.

Versicherung

Zur Versicherung bei Mietwagen s. S. 722.

GEFAHREN & UNERLAUBTES BETRETEN VON GRUNDSTÜCKEN

Blitzfluten, Steinschläge, Tsunamis, Erdbeben, Vulkanausbrüche, Haiattacken, giftige Quallen und herabstürzende Kokosnüsse – die potenziellen Gefahren, die bei einer Hawaiireise lauern, wirken auf den ersten Blick abschreckend. Aber wie man so schön sagt: Statistisch gesehen ist es wahrscheinlicher, zu Hause beim Überqueren der Straße überfahren zu werden.

Das heißt natürlich nicht, dass man keine Umsicht walten lassen sollte. Am besten informiert man sich vor der Reise über mögliche Sicherheits- und Gesundheitsrisiken. Das gilt vor allem, wenn man in neuer und ungewohnter Umgebung Aktivitäten in freier Natur plant, egal ob es sich dabei um ein Schnorchelrevier an der Küste, einen Wasserfall im Dschungel, einen hohen Berg oder eine aktive (und daher potenziell unsichere) vulkanische Eruptionszone handelt.

Bei der Erkundung der Insel sollte man sich an seine gute Kinderstube erinnern und auch nicht unbedingt einfach überall herumlaufen. In Hawaii gelten strenge Gesetze hinsichtlich des Betretens von Privatgrundstücken und von öffentlich nicht zugänglichem Staatsbesitz. Das unerlaubte Betreten von Land ist immer unrechtmäßig, egal wie viele andere Leute es machen. Als Besucher auf den Inseln sollte man unbedingt alle Schilder mit der Aufschrift „Kapu" (tabu) und „No Trespassing" (Betreten verboten) respektieren. Bevor man privates oder öffentlich nicht zugängliches Land betritt, sollte man immer zunächst die Erlaubnis des Eigentümers bzw. eines örtlichen Beamten einholen, auch wenn das Land nicht eingezäunt ist oder nicht als privat oder nicht zugänglich ausgewiesen ist. Dadurch respektiert man nicht nur die kuleana (Rechte) der Bewohner und die Heiligkeit des Landes, sondern man tut auch etwas für die eigene Sicherheit.

Tipps für nachhaltiges Reisen in Hawaii finden sich auf S. 703. Zu einigen häufiger auftretenden Gesundheitsrisiken für Reisende, von Tierbissen und Infektionen bis zu Erschöpfungszuständen durch die Hitze und vog, s. S. 726.

Der Abschluss einer Reisegepäck- und Reisekrankenversicherung ist sehr zu empfehlen. Bei einigen Versicherungen sind „gefährliche" Aktivitäten wie Gerätetauchen, Motorradfahren und Skifahren nicht abgedeckt – also immer auch das Kleingedruckte lesen! Auf jeden Fall sollten Krankenhausaufenthalte und Rückführungen in die Heimat per Flugzeug abgedeckt sein.

Wer für das Flugticket oder den Mietwagen mit der Kreditkarte bezahlt, erhält vielleicht eine begrenzte Unfallversicherung. Auch der Abschluss einer Reiserücktrittsversicherung ist erwägenswert.

Weltweit gültige Reiseversicherungen sind unter www. lonelyplanet.com/travel_services erhältlich. Diese kann man jederzeit übers Internet abschließen, verlängern sowie auf Erstattungsanträge stellen – selbst wenn man schon unterwegs ist.

Zeit

» Die Hawaii-Aleutian Standard Time (HST) hinkt im Winterhalbjahr elf Stunden hinter der MEZ hinterher.

» In Hawaii wird nicht auf Sommerzeit umgestellt. Im Sommerhalbjahr beträgt die Zeitverschiebung somit zwölf Stunden.

» Wenn es in Honolulu 12 Uhr ist, ist es in Los Angeles 14 Uhr (15 Uhr mit Sommerzeit) und in Berlin 23 Uhr (24 Uhr mit Sommerzeit).

Zoll

Derzeit dürfen Besucher aus dem Ausland in die USA zollfrei einführen:

» 1 l Spirituosen (wer älter als 21 ist)

» 200 Zigaretten (1 Stange) oder 50 (nicht-kubanische) Zigarren (wer älter als 18 ist) Wer mehr als 10 000 $ als Bargeld, Reiseschecks, Zahlungsanweisungen oder in Form von anderem Bargeldersatz mitbringt, muss dies beim Zoll angeben. Illegale Drogen dürfen natürlich nicht eingeführt werden.

Vollständige aktuelle Informationen erteilt die **US Customs and Border Protection** (www.cbp.gov).

Die meisten frischen Früchte und Pflanzen dürfen nicht nach Hawaii eingeführt werden, damit sich keine schädlichen fremden Pflanzen ausbreiten können, und die Zollbeamten achten strengstens auf die Einhaltung dieser Bestimmungen. Ähnlich drakonisch sind, da es auf Hawaii keine Tollwut gibt, die Quarantänebestimmungen für Haustiere. Näheres beim **Hawaiian Department of Agriculture** (http://hawaii.gov/hdoa).

AirTech (☎212-219-7000; www.airtech.com) bietet billige Flüge zwischen der Westküste und Hawaii. Jedoch ist eine gewisse Flexibilität nötig: Air-Tech verkauft Last-Minute-Tickets und garantiert keine bestimmte Flugverbindung. Derzeit gehen Flüge ganzjährig von San Francisco und Los Angeles nach Honolulu und Maui und je nach Saison auch nach Big Island.

Pauschalangebote

Manchmal sind Pauschalreisen, wie sie von den führenden deutschen Reiseveranstaltern wie Thomas Cook, TUI, Neckermann, fti etc. angeboten werden, die billigste Reisemöglichkeit. Einfache Pauschalangebote umfassen Flug und Unterkunft, luxuriösere auch einen Mietwagen, Aktivitäten und die Weiterreise zu anderen Inseln.

Verkehrsmittel & -wege

AN- & WEITERREISE

Rund 99 % der Besucher Hawaiis kommen mit dem Flugzeug an, und die meisten Flüge – sowohl aus dem Ausland als auch aus den USA selbst – landen auf dem Honolulu International Airport auf O'ahu. Vermehrt werden inzwischen auch Direktflüge zu den anderen Hauptinseln angeboten, diese sind aber teuer. Flüge und Touren können auf www. lonelyplanet.com/bookings online gebucht werden.

Flugzeug

Flughäfen

Die meisten Hawaii-Flüge aus dem Ausland und den USA kommen am **Honolulu International Airport** (HNL; http://hawaii.gov/hnl) auf O'ahu an.

Die wichtigsten Flughäfen auf den anderen Inseln sind:

Big Island East Hawaii **Hilo International Airport** (ITO; http://hawaii.gov/ito) West Hawaii **Kona International Airport at Keahole** (KOA; http://hawaii.gov/koa)

Maui Kahului Airport (OGG; http://hawaii.gov/ogg)

Lana'i Lana'i Airport (LNY; http://hawaii.gov/lny)

Moloka'i Moloka'i Airport (MKK; http://hawaii.gov/mkk)

Kaua'i Lihu'e Airport (LIH; http://hawaii.gov/lih) Lana'i und Moloka'i werden nur von Honolulu und Maui aus angeflogen. Weitere Informationen zu Flügen zu einzelnen Inseln s. S. 723.

Tickets

Direktflüge von Europa nach Hawaii gibt es nicht, die meisten amerikanischen Airlines bieten aber günstige Tarife mit Zwischenstopps in den USA an. Die Flugpreise variieren je nach Saison, Nachfrage, Zahl der Zwischenstopps usw.

Alle, die eine USA-Reise mit einem Aufenthalt in Hawaii verbinden möchten, sollten wissen: Am schärfsten ist die Konkurrenz bei den Flügen von den großen US-Städten nach Honolulu, und die angebotenen Preise schwanken ständig auf und ab. Im Allgemeinen kostet ein Ticket von den USA nach Hawaii zwischen 350 $ (in der Nachsaison von der Westküste) und mehr als 800 $ (in der Hauptsaison von der Ostküste).

Übers Meer

Die meisten Kreuzfahrten nach Hawaii beinhalten Zwischenstopps in Honolulu und auf Maui, Kaua'i und Big Island. Sie dauern normalerweise zwei Wochen und kosten ab etwa 100 $ pro Person und Tag bei Doppelbelegung; der Flug zum/vom Ausgangshafen kommt noch dazu.

Beliebte Kreuzfahrtlinien, die auch Hawaii im Programm haben, sind:

Holland America (☎877-932-4259; www.holland america.com) Abfahrt von San Diego, Seattle und Vancouver.

Princess (☎800-774-6237; www.princess.com) Abfahrt hauptsächlich von Los Angeles.

Royal Caribbean (☎866-562-7625; www.royalcaribbean. com) Abfahrt gewöhnlich von Vancouver, einige Kreuzfahrten beginnen jedoch in Honolulu und enden in Vancouver.

Inselkreuzfahrten, die in Hawaii beginnen und enden, s. S. 724.

REISEN & KLIMAWANDEL

Jede Form des Reisens, die auf Brennstoff auf Kohlenstoffbasis beruht, erzeugt CO_2, die Hauptursache des von Menschen verursachten Klimawandels. Modernes Reisen ist von Flugzeugen abhängig, die vielleicht pro Kilometer und Person weniger Kraftstoff als die meisten Autos verbrauchen, aber sehr viel weitere Strecken zurücklegen. Auch die hohen Luftschichten, in die Flugzeuge Treibhausgase (auch CO_2) und Schadstoffe ausstoßen, spielen eine wichtige Rolle beim Klimawandel. Viele Websites bieten „Emissionsrechner", mit denen Reisende die CO_2-Emissionen ihrer Reise ausrechnen und die Auswirkung dieser Treibhausgase mit einem Beitrag für klimafreundliche Projekte in der ganzen Welt ausgleichen können. Lonely Planet gleicht die CO_2-Bilanz aller Reisen der Mitarbeiter und Autoren aus.

UNTERWEGS VOR ORT

Reisen zwischen den Inseln werden vor allem per Flugzeug absolviert, aber es verkehren auch einige Fähren. Wer die Inseln näher erkunden möchte, muss gewöhnlich ein Fahrzeug mieten; auf den größeren Inseln, besonders auf O'ahu, gibt es auch öffentliche Verkehrsmittel.

Auto

Die meisten Hawaii-Besucher mieten ein Auto, besonders auf den Neighbor Islands (den Hawaii-Inseln außer O'ahu). Wer nur in Honolulu und Waikiki unterwegs ist, für den ist ein Auto eher ein Klotz am Bein.

Automobilclubs

Die amerikanische AAA unterhält Partnerschaftsabkommen mit Automobilclubs in anderen Ländern, daher sollten Mitglieder solcher Verbände ihren Mitgliedsausweis mitnehmen.

American Automobile Association (AAA, ☎593-2221, 800-736-2886 von den Neighbor Islands; www.hawaii.aaa.com; 1130 N Nimitz Hwy, Honolulu; ⏰Mo–Fr 9–17, Sa 9–14 Uhr) Die einzige Vertretung des AAA in Hawaii auf O'ahu bietet Mitgliedern kostenlose Karten und Reiseinformationen. AAA-Mitglieder erhalten bei einigen Autovermietungen, Fluglinien, Hotels und Attraktionen Rabatte. Der Pannendienst des AAA ist unter ☎800-222-4357 zu erreichen.

Führerschein

» Wer in Hawaii Auto fahren möchte, muss mindestens 18 Jahre alt sein.

» Ausländische Besucher benötigen einen gültigen Führerschein aus ihrem Heimatland.

» Autovermietungen akzeptieren gewöhnliche ausländische Führerscheine, jedoch nur, wenn sie auf Englisch ausgestellt sind.

» Wenn der Führerschein nicht auf Englisch ist, muss man vielleicht einen Internationalen Führerschein vorlegen, der im Heimatland erhältlich ist.

Mietwagen

AUTOVERMIETUNGEN

» Bei den meisten Autovermietungen muss man mindestens 25 Jahre alt sein, einen gültigen Führerschein besitzen und eine der gängigen Kreditkarten haben – eine EC-Karte o. Ä. ist nicht ausreichend.

» Einige größere Verleiher vermieten auch Fahrzeuge an Personen zwischen 21 und 24 Jahren, gewöhnlich für einen Aufpreis von ca. 25 $ pro Tag.

» Leuten ohne Kreditkarten vermieten viele Agenturen kein Auto, andere verlangen Vorauszahlung in bar oder Reiseschecks, eine Kaution von 200 $ pro Woche, die Vorlage eines gültigen Rückflugtickets und/oder Anderes.

» Wenn das Fahrzeug abgeholt wird, fragen die meisten Mietwagenagenturen nach dem Namen und der Telefonnummer der Unterkunft.

» Einige Agenturen verleihen nicht gerne Fahrzeuge an Leute, die als Adresse einen Campingplatz angeben, und in einigen Mietverträgen steht explizit, dass Campen nicht erlaubt ist. Größere Autovermietungen in Hawaii, von denen einige vielleicht Hybridfahrzeuge und Emissionsausgleich bieten:

Advantage (☎800-777-5500; www.advantage.com) Nur auf O'ahu und Maui.

Alamo (☎877-222-9075; www.alamo.com)

Avis (☎800-331-1212; www.avis.com)

Budget (☎800-527-0700; www.budget.com)

Dollar (☎800-800-3665; www.dollar.com)

Enterprise (☎800-261-7331; www.enterprise.com)

Hertz (☎800-654-3131; www.hertz.com)

National (☎877-222-9058; www.nationalcar.com)

Thrifty (☎800-847-4389; www.thrifty.com)

Auf den meisten Inseln gibt es außerdem ein oder zwei unabhängige Autovermietungen, deren Angebote durchaus einen Blick wert sind. Auf Maui kann man nur bei einer solchen Agentur ein Biospritfahrzeug mieten, auf Big Island gibt's nur hier ein Allradfahrzeug, mit dem man die Gipfelstraße des Mauna Kea (S. 178) befahren kann. Unabhängige Autovermietungen verleihen außerdem eher an Fahrer, die unter 25 sind, und haben oft Sonderangebote für Tagesmieten, besonders von Allradfahrzeugen, im Programm.

PREISE

» Der Tagesmietpreis für ein kleines Auto liegt in der Regel bei 35–75 $, der Wochenpreis bei 150–300 $.

» Wer sich nach Mietpreisen erkundigt, sollte immer nach dem Endpreis inklusive Steuern, Gebühren und Aufschlägen fragen – diese können den Tagesmietpreis schnell um mehr als 5 $ erhöhen.

» Normalerweise sind unbegrenzte Freikilometer in den Mietverträgen enthalten; wer jedoch das Fahrzeug nicht dorthin zurückbringt, wo er es ausgeliehen hat, muss mit einem erheblichen Aufpreis rechnen.

BUCHUNG

Autos sollten immer im Voraus gebucht werden. Bei den meisten Autovermietungen gibt es keine oder nur geringfügige Stornogebühren, falls man sich einmal umentscheidet. Wer einfach am Schalter einen Wagen für denselben Tag mietet, zahlt auf jeden Fall mehr, und wenn viel los ist, sind vielleicht alle Fahrzeuge vermietet, selbst in Honolulu. Auf Lana'i und Moloka'i sind Reservierungen immer empfehlenswert. Kindersitze (10 $/Tag, insgesamt maximal 50 $) sollten bei der Fahrzeugbuchung mit reserviert werden.

Sicherheitsvorschriften

» Das Telefonieren oder Texten mit einem Handy oder einem anderen Mobilfunkgerät ist während des Fahrens verboten.

» Das Fahren unter Alkohol- oder Drogeneinfluss ist eine schwere Straftat (S. 711).

» Fahrer, Beifahrer und alle Kinder unter 18 Jahren müssen einen Sicherheitsgurt tragen.

» Kinder unter drei Jahren müssen auf einem Kindersitz sitzen, Kinder von vier bis sieben müssen bis zu einer Größe von 1,45 m auf einem Kindersitz oder mit einem Beckengurt angeschnallt auf der Rückbank sitzen.

Straßenverhältnisse & Gefahren

» Die größte Gefahrenquelle stellen die gewöhnlich schmalen, kurvenreichen oder steilen Straßen dar, die durch schwere Regenfälle untergespült werden können. Auf allen Inseln gibt es mehrere solche Straßen (s. Inselkapitel).

» Eine weitere Gefahrenquelle sind angetrunkene Autofahrer; in einigen ländlichen Gebieten kann sich auch Vieh auf den Straßen befinden.

» Viele Einheimische fahren auf ungeteerten oder Straßen voller Schlaglöcher gerne in der Mitte, bis Gegenverkehr kommt.

» Allradpisten sollten nicht mit normalen Pkw befahren werden – dies ist seitens der Autovermietungen in aller Regel verboten, und wer es trotzdem macht, riskiert, den Versicherungsschutz zu verlieren.

» Wer mit seinem Fahrzeug liegen bleibt: Sich abschleppen zu lassen, ist in Hawaii extrem teuer und sollte wenn nur irgend möglich vermieden werden.

Tanken

» Benzin ist überall auf den Inseln außer an einigen abgelegenen Straßen (wie der Saddle Rd auf Big Island oder dem Hana Highway auf Maui) erhältlich.

» Der Benzinpreis liegt in Hawaii derzeit bei etwa 3,85–4,35 $ für eine US-Gallone (etwa 1–1,15 $ pro Liter). Eine Gallone Benzin kostet in Hawaii etwa 50 ¢ mehr als auf dem US-Festland.

Verkehrsregeln

Langsames und rücksichtsvolles Fahren ist in Hawaii die Regel, nicht die Ausnahme. Die Einheimischen hupen nicht (außer in Gefahrensituationen), sie fahren nicht dicht auf, und sie lassen andere überholen. Wer sich genauso verhält, wird vielleicht mit einem freundlichen *shaka* (einer hawaiischen Handgrußgeste) belohnt.

» In Hawaii wird wie in den gesamten USA rechts gefahren.

» Geschwindigkeitsbegrenzungen sind ausgeschildert und werden überwacht. Wer wegen einer Geschwindigkeitsübertretung angehalten wird, muss mit einer Geldbuße rechnen; die Polizei belässt es nur selten bei Verwarnungen.

» An einer roten Ampel darf man rechts abbiegen (es sei denn, es ist durch ein Schild verboten), jedoch warten die meisten einheimischen Fahrer auf Grün.

» An einer Kreuzung mit vier Stoppschildern fahren die Fahrzeuge in der Reihenfolge der Ankunft. Wenn zwei Fahrzeuge gleichzeitig ankommen, hat das von rechts kommende Vorfahrt. Wer sich nicht sicher ist, sollte dem Anderen höflich den Vortritt lassen.

» Bei einspurigen Brücken hat gewöhnlich eine Fahrtrichtung Vorrang, während die andere am „Vorfahrt gewähren"-Schild warten muss.

» Wenn keine Schilder vorhanden sind, müssen bergab fahrende bergauf fahrenden Fahrzeugen Vorfahrt gewähren.

» Mit einer Raute gekennzeichnete Carpool-Fahrbahnen sind während der morgendlichen und abendlichen Rushhour Fahrzeugen mit mehreren Insassen vorbehalten.

» Wenn sich, egal aus welcher Richtung, im Einsatz befindliche Polizei- oder Rettungsfahrzeuge nähern, sollte man vorsichtig an den Straßenrand fahren.

Versicherung

» Mit der vom Bundesstaat Hawaii vorgeschriebenen Kfz-Haftpflichtversicherung sind alle Sach- und Personenschäden gegenüber Dritten abgedeckt.

» Für Schäden am Mietfahrzeug selbst kann für 15–20 $ zusätzlich pro Tag ein sogenannter Collision Damage Waiver (CDW) abgeschlossen werden.

» Ohne CDW ist man für die Schäden am Fahrzeug bis zum Wert desselben verantwortlich.

» Selbst mit CDW muss man für die ersten 100–500 $ der Reparaturkosten aufkommen; einige Autovermietungen fordern außerdem für die Zeit der Reparatur den vollen Mietpreis.

» Wer zu Hause eine Vollkaskoversicherung hat, sollte beim Versicherer nachfragen, ob diese auch . für Mietfahrzeuge gilt.

» Bei einigen Kreditkarten werden, wenn das Mietfahrzeug mit der Kreditkarte gemietet wird, die Kosten für die Reparatur von Schäden am Mietfahrzeug infolge von Unfällen zurückerstattet; vor der Abreise beim Kreditkarteninstitut abklären!

» Die meisten im Kreditkartengebrauch inbegriffenen Versicherungsleistungen

gelten nicht für eine Mietdauer von über 15 Tagen sowie für spezielle Fahrzeuge wie Cabrios und Allradjeeps.

Bus

Durch das inselweite öffentliche Busnetz mit dem Namen **TheBus** ist O'ahu diejenige Insel, die am einfachsten ohne Auto zu bereisen ist. Die Busse verkehren zuverlässig in recht kurzen Abständen, und die Fahrpreise sind günstig. Allerdings fahren die Busse nicht überall hin, so z. B. eher selten zu den Ausgangspunkten von Wanderwegen.

Das öffentliche Busnetz auf den anderen größeren Inseln ist mehr auf die Bedürfnisse von Pendlern ausgerichtet. Die Busse fahren nicht so oft und zumeist nur in größeren Orten; touristische Ziele werden manchmal überhaupt nicht bedient.

» Das nächstbeste Busnetz nach O'ahu bietet der **Maui Bus**, der aber nicht nach Hana oder zum Haleakalā National Park fährt.

» Auf Big Island kommt man mit dem **Hele-On Bus** zu den meisten Orten der Insel sowie auch zum Hawai'i Volcanoes National Park, aber die Fahrpläne sind zu lückenhaft, um die Busse zum Sightseeing nutzen zu können.

» Der **Kaua'i Bus** befördert Fahrgäste zu den größeren Inselorten bis hinauf nach Hanalei, jedoch nicht zum Waimea Canyon.

Fahrrad

Die Inseln mit dem Rad zu erkunden, ist eine tolle und umweltfreundliche Art des Reisens. Aber das Rad als einziges Transportmittel zu benutzen, kann sich zu einer ziemlichen Strapaze entwickeln. Denn auf allen Inseln sind die Straßen schmal, der Verkehr ist gefährlich und das Wetter wechselhaft.

Radtouren über längere Strecken lassen sich am besten mit einer Tourgruppe unternehmen, aber wer abenteuerlustig und gut in Form ist, kann es auch alleine in Angriff nehmen. Einige Inseln eignen sich besser für Radtouren als andere; Genaueres in den Abschnitten „Unterwegs vor Ort" am Beginn der Inselkapitel.

Fahrradtransport

» Das eigene Fahrrad im Flugzeug nach Hawaii mitzunehmen, kostet von Europa aus mindestens 150 $, von den USA aus 100 $ oder mehr, auf Flügen zwischen den Inseln ab 35 $.

» Das Fahrrad wird zusammen mit dem übrigen Gepäck am Schalter eingecheckt, muss jedoch in einem Karton verpackt sein, bzw. die Lenkergriffe und Pedalen müssen mit Schaumstoff umhüllt sein oder der Lenker muss längsgestellt und die Pedale müssen abgeschraubt werden.

» Einige Nahverkehrsbusse verfügen vorne über Fahrradträger; für den Transport wird vielleicht zusätzlich eine geringe Gebühr fällig.

Leihräder

» Gewöhnlich werden nur in Resortgebieten und Fahrradläden Beach Cruiser, Touren- und Rennräder sowie Mountainbikes verliehen.

» Das Leihen eines Rads kostet durchschnittlich 15–35 $ pro Tag (oder auch mehr für sehr gute Räder); wer ein Rad für mehrere Tage oder wochenweise mietet, erhält vielleicht günstigere Tagespreise.

» Einige B&Bs, Gästehäuser und Hostels vermieten Räder oder verleihen sie kostenlos an Gäste.

Verkehrsregeln

» Im Allgemeinen gelten für Radfahrer dieselben Verkehrsregeln wie für Autofahrer. Auf Autobahnen

VER(W)IRRT?

Die Hausnummern an hawaiischen Highways wirken auf den ersten Blick willkürlich, aber hinter dem Ganzen steckt ein System. Bei Hausnummern mit Bindestrich wie etwa 4-734 Kuhio Hwy zeigt die erste Zahl den Postbezirk an und die zweite die Hausnummer an der Straße. So kann es passieren, dass auf 4-736 die Nummer 5-002 folgt – man hat dann nur einen neuen Postbezirk erreicht.

und Bürgersteigen ist das Radfahren verboten.

» In Hawaii müssen alle Radler unter 16 Jahren einen Helm tragen.

» Weitere Infos zum Radfahren sowie Inselkarten mit existierenden und geplanten Radwegen gibt's auf der Website des **Department of Transportation** (http://hawaii.gov/dot/highways/Bike/bikeplan/index.htm).

» Empfohlene Rad- und Mountainbike-Strecken s. S. 44.

Flugzeug

Die wichtigsten Flughäfen in Hawaii für Flüge zwischen den Inseln sind Honolulu (O'ahu), Kahului (Maui), Kailua-Kona und Hilo (Big Island) sowie Lihu'e (Kaua'i). IATA-Codes und Webadressen dieser Flughäfen s. S. 719.

Fluglinien in Hawaii

Zwei größere Gesellschaften – die zuverlässigen Hawaiian Airlines und das relativ neue Unternehmen go! (betrieben von Mesa Airlines) – bieten regelmäßige Verbindungen mit Düsenjets zwischen Honolulu und den wichtigsten

Nachbarinseln (Maui, Kaua'i und Big Island).

Zwei kleinere Pendlerlinien – Island Air und Mokulele Airlines – bieten planmäßige Verbindungen in Düsen- und Propellerflugzeugen zu den Hauptinseln sowie Moloka'i und Lana'i.

Diese Pendlerlinien sowie ein paar Mini-Gesellschaften wie Pacific Wings sind die einzigen, die auch kleinere Flughäfen ansteuern, wie etwa Hana auf Maui und Waimea-Kohala auf Big Island. Die kleineren Gesellschaften haben zumeist auch Charterflüge im Programm. Die kleinen Turbopropmaschinen fliegen so niedrig, dass die Flüge auch als touristische Rundflüge durchgehen – sehr unterhaltsam!

Die Flugpläne und der gesamte Markt für Inselflüge unterliegen einem ständigen Wandel; bei Drucklegung waren die wichtigsten Fluglinien für Flüge innerhalb Hawaiis:

go! (☎888-435-9462; www.iflygo.com) Häufige Flüge vom Hub Honolulu nach Kaua'i, Maui und Big Island.

Hawaiian Airlines (☎800-367-5320; www.hawaiianair.com) Täglich fast 200 Flüge mit Boeings 717 und 767 zwischen Honolulu, Kaua'i, Maui und Big Island sowie Codesharing-Flüge nach Moloka'i und Lana'i.

Island Air (☎800-388-1105; www.islandair.com) Fliegt mit 37 Turbopropmaschinen von den Hubs in Honolulu (zu allen größeren Inseln außer Big Island) und Maui (zu allen größeren Inseln außer Lana'i).

Mokulele Airlines (☎866-260-7070; www.mokulele airlines.com) Planmäßige Flüge zu allen sechs Inseln in Propeller- und kleinen Düsenjets; Partnerschaft mit der Gesellschaft go!

Pacific Wings (☎888-575-4546; www.pacificwings.com) Charterflüge mit einmotorigen Cessnas zwischen allen Inseln außer Kaua'i.

Weitere Informationen zu Flügen zu oder von einzelnen Inseln stehen in den Abschnitten „An- & Weiterreise" am Beginn der Inselkapitel.

Tickets & Buchung

Wegen der starken Konkurrenz zwischen den Fluglinien schwanken die Preise für Flüge zwischen den Inseln erheblich. Ein einfacher Flug kostet zwischen 60 und 180 $. Flüge zu Inseln, die weniger häufig angeflogen werden oder weit voneinander entfernt liegen, sind teurer. Tickets für Hin- und Rückflug kosten normalerweise das Doppelte eines einfachen Tickets. Am besten kauft man die Tickets über die Webseiten der Fluglinien, wo es spezielle Internetpreise sowie Werbeangebote gibt.

Obwohl es oft möglich ist, für einen Flug zwischen den vier Hauptinseln (besonders von/nach Honolulu) ohne Vorausbuchung einen Platz zu bekommen, empfiehlt sich eine Vorausbuchung besonders für die Spitzenzeiten und für die günstigsten Tarife. Die Vorschriften der Fluglinien für Surfbretter und sperriges Gepäck variieren von Linie zu Linie und können recht streng sein – auf jeden Fall vor der Buchung nachfragen!

Moped & Motorrad

Moped- und Motorradverleihe sind in Hawaii nicht allzu häufig vertreten, jedoch gibt es sie in einigen Touristengegenden. Überraschenderweise kann das Leihen eines solchen Zweirads teurer sein als das Leihen eines Autos. Mietmopeds kosten ab 35/175 $ pro Tag/Woche, Motorräder ab 100/500 $ pro Tag/Woche, je nach Marke und Modell.

Sicherheitstipps

» In Hawaii besteht keine Helmpflicht, aber die Vermietungen bieten oft kostenlos einen Helm, den man am besten auch aufsetzt.

» Wer auf der Ostseite der Inseln unterwegs ist, braucht vielleicht Regenschutzkleidung, da es hier oft regnet.

Verkehrsregeln

» Mit einem gültigen Führerschein aus dem Heimatland darf man in Hawaii Moped fahren. Für Motorräder braucht man einen Motorradführerschein.

» Das Mindestalter für das Leihen eines Mopeds beträgt 16 Jahre, für ein Motorrad 21 Jahre.

» Auf einem Moped darf nur eine einzelne Person unterwegs sein, und Mopeds dürfen nicht auf Bürgersteigen und Autobahnen fahren.

» Mehrere Mopeds müssen immer hintereinander und dürfen nicht schneller als 30 Meilen/Std. (48 km/h) fahren.

Schiff

Zwischen den Inseln existieren überraschend wenige Fährverbindungen. Derzeit gibt es nur von Moloka'i (S. 489) und Lana'i (S. 469) regelmäßige Verbindungen mit Personenfähren nach Lahaina auf Maui.

Norwegian Cruise Line (☎866-234-7350; www.ncl. com) ist die einzige Reederei, die Kreuzfahrten anbietet, die in Hawaii beginnen und enden. Die siebentägigen Inselkreuzfahrten starten in

Honolulu und steuern die vier Hauptinseln an (ab 999 $ p. P.).

Kreuzfahrten zu den Hawaii-Inseln siehe S. 719.

Taxi

» Auf allen Hauptinseln stehen Taxis mit Taxametern zur Verfügung; manche Taxifahrer bieten vielleicht auch einen Pauschaltarif an.

» Die Taxipreise variieren, da sie von jedem County separat festgelegt werden; durchschnittlich liegt der Grundpreis bei 3,25 $, der Meilenpreis bei 3 $ oder mehr.

» Da es sich bei den Taxis oft um Kombis oder Minivans handelt, sind sie für kleine Gruppen (meist max. 4 Fahrgäste) recht preisgünstig.

» Außerhalb von Honolulu und Waikiki und bei den meisten Hotels und Resorts müssen Taxis telefonisch bestellt werden.

» Manchmal kann man im Voraus vereinbaren, dass man von abgelegenen Orten (wie etwa nach einer langen Wanderung) per Taxi abgeholt wird.

Touren

Kreuzfahrten zwischen den Hawaii-Inseln siehe S. 719.

Zu den beliebtesten Anbietern von Rundflügen, Bus- oder Bootstouren auf den Hauptinseln gehören folgende:

Road Scholar (☎800-454-5768; www.roadscholar. org) Die Organisation Road Scholar (früher Elderhostel) bietet Bildungsprogramme für Leute über 50. Ein Großteil des Angebots beschäftigt sich mit den Menschen und der Kultur Hawaiis sowie der Umwelt.

Roberts Hawaii (☎auf O'ahu 954-8652, von den anderen Inseln & dem Festland der USA 866-898-2519; www. robertshawaii.com) Wer bei seinem Aufenthalt in Hawaii eine der anderen Inseln sehen möchte, aber dafür vielleicht nur einen oder zwei Tage Zeit hat, kann es mit einer Inseltour zu einer der anderen Hauptinseln versuchen.

Auf allen Inseln bieten zahlreiche Unternehmen halb- oder ganztägige Busrundfahrten an. Auf den Hauptinseln kann man außerdem spezielle Abenteuertouren wie Walbeobachtungs- und Schnorcheltrips buchen. Rundflüge per Hubschrauber sind vor allem auf Big Island, Maui und Kaua'i im Angebot. Charterrundflüge können über die Fluglinien auf S. 723 arrangiert werden. Alle diese Touren kann man in Hawaii selbst buchen; wer jedoch wenig Zeit hat oder in der Hauptsaison unterwegs ist, sollte lieber vorausbuchen.

Trampen

Trampen ist in Hawaii verboten.

Gesundheit

VOR DER ABREISE

» Unter Umständen kann für Hawaii der Abschluss einer Reisekrankenversicherung sinnvoll sein (S. 718).

» Alle benötigten Medikamente sollten in der Originalverpackung mitgeführt werden.

» Hilfreich ist ein unterschriebener und datierter Brief des Hausarztes, aus dem Gesundheitszustand und benötigte Medikamente (mit Angabe des Wirkstoffes) hervorgehen.

IN HAWAII

» Um einen Notarzt oder Krankenwagen anzufordern, ☎911 wählen.

» Bei medizinischen Notfällen die Notaufnahme (emergency room/ER) des nächsten Krankenhauses aufsuchen.

» Falls das nächste Krankenhaus zu weit weg ist, ist wahrscheinlich ein (teurer) privater Notfalldienst die beste Lösung.

» Wenn es sich nicht um einen Notfall handelt, sucht man sich einen geeigneten Arzt.

» Bei einigen Versicherungsverträgen muss man sich die Behandlung vorher durch die Versicherung absegnen lassen. Auf jeden Fall sollte man alle Quittungen und Dokumente zur Behandlung sorgfältig aufbewahren.

Ansteckende Krankheiten

Dengue-Fieber

» Den letzten Ausbruch von Dengue-Fieber gab es in Hawaii im Jahr 2002; aktuelle Infos bietet die Website des Department of Health (www.state.hi.us/doh).

» Dengue-Fieber wird durch Aedes-Mücken übertragen, die vor allem tagsüber stechen und sich vorwiegend in künstlichen Wasserbecken wie Fässern, Plastikbehältern und weggeworfenen Reifen vermehren.

» Die Symptome ähneln denen einer Grippe: Fieber, Muskel- und Gelenkschmerzen, schwere Kopfschmerzen, Übelkeit und Erbrechen, oft gefolgt von einem Hautausschlag.

» Wer glaubt, sich infiziert zu haben, sollte einen Arzt aufsuchen, in schweren Fällen ist auch ein Krankenhausaufenthalt notwendig.

» Kein Aspirin und keine nichtsteroidalen Entzündungshemmer wie Ibuprofen einnehmen, da diese schwere Blutungen auslösen können.

Giardiasis

» Symptome dieser parasitären Dünndarminfektion sind z. B. Übelkeit, Blähungen, Krämpfe und Durchfall, und diese können wochenlang anhalten.

» Um sich gegen eine Infektion zu schützen, nicht aus Wasserfällen, Teichen, Bächen und Flüssen trinken, die durch menschliche oder tierische Exkremente verunreinigt sein können.

» Giardiasis wird durch eine Untersuchung des Stuhls diagnostiziert und mit Antibiotika behandelt.

Leptospirose

» Leptospirose wird durch Wasser übertragen, das mit dem Urin infizierter Tiere verunreinigt ist, vor allem dem von Nagetieren.

» Ausbrüche von Leptospirose kommen häufig nach Überschwemmungen vor, wenn tiefer liegende Wasserquellen durch Wasser aus Viehzucht- oder Wildtiergebieten verunreinigt werden.

» Die Anfangssymptome, die denen einer leichten Grippe ähneln, verschwinden normalerweise nach ein paar Tagen wieder, jedoch können in einigen wenigen Fällen potenziell tödliche Komplikationen auftreten.

» Die Diagnose erfolgt anhand von Blut- und/oder Urintests, zur Behandlung werden Antibiotika eingesetzt.

» Das Ansteckungsrisiko wird stark vermindert, wenn man sich nicht in Süßwasser (Becken, Flüsse, Wasserfälle) begibt; wer offene Schnitte oder Wunden hat, sollte diese Wasserquellen gänzlich meiden.

» Warnhinweise am Beginn von Wanderwegen hinsichtlich Leptospirose sollten ernst genommen werden. Beim Zelten sind Wasserentkeimung und gute Hygienemaßnahmen wichtig.

Staphylokokken

» Hawaii hat die höchste Quote an Staphylokokken-Infektionen in den USA; diese ist mehr als doppelt so hoch wie auf dem US-Festland.

» Staphylokokken-Infektionen werden durch Bakterien ausgelöst, die durch offene Wunden in den Körper dringen.

» Zur Vorbeugung gegen Infektionen zählt eine gute Hygiene (häufiges Händewaschen, tägliches Duschen oder Baden, saubere, trockene Kleidung tragen); wer offene Schnitte oder Wunden hat, sollte Badegewässer meiden.

» Wenn eine Wunde schmerzt, rot, entzündet oder geschwollen aussieht oder eitert, sollte man einen Arzt aufsuchen. Einige Arten von Staphylokokken-Infektionen sind inzwischen gegen Antibiotika resistent.

Weitere Gesundheitsrisiken

Bisse & Stiche

Alle Bisse und Kratzer von Tieren, wie etwa von fremden Hunden, Wildschweinen usw., sollten sofort gründlich mit Seifenwasser ausgewaschen werden. Danach ein Wunddesinfektionsmittel wie Jod oder Alkohol auftragen, damit sich die Wunde nicht entzündet.

In Hawaii gibt es derzeit keine Tollwut. Auch ist die Zahl der in der Wildnis lebenden Schlangen gering; doch gelegentlich bekommt man eine zu Gesicht, vor allem in Zuckerrohrfeldern.

INSEKTEN

» Der wirksamste Schutz gegen Insektenstiche sind Vernunft und richtige Kleidung: lange Ärmel, lange Hosen, Hut und Schuhe.

» Wenn Mücken in der Luft sind, einen guten Mückenschutz auftragen, vorzugsweise einen mit DEET (jedoch nicht bei Kindern unter zwei Jahren).

» Einige Spinnenbisse (z. B. von Schwarzen Witwen und Braunen Einsiedlerspinnen) enthalten ein Gift, das bei Kindern stärker wirkt; wer gebissen wird, sollte die Bissstelle mit Eis oder kaltem Wasser kühlen und dann medizinische Hilfe in Anspruch nehmen.

» Auch die Bisse von Tausendfüßlern sind schmerzhaft. Die Tierchen können in Gebäude vordringen, daher sollte man Laken und Schuhe nach ihnen absuchen.

» Blutegel, die in feuchten Regenwaldgebieten vorkommen, übertragen keine Krankheiten, aber ihr Biss kann einen starken Juckreiz verursachen, selbst noch nach mehreren Wochen.

MEERESTIERE

Die Stacheln von Meerestieren wie Seeigeln, Skorpionsfischen und Hawaii-Feuerfischen können starke Schmerzen verursachen. Wer von einem Stachel getroffen worden ist, sollte die betroffene Stelle in heißes Wasser (so heiß wie möglich) tauchen, dann immer weiter heißes Wasser nachgießen, bis der Schmerz nachlässt und man einen Arzt aufsuchen kann. Dasselbe gilt, wenn man von einer Kegelschnecke gestochen wird.

In den tropischen Gewässern kann es zu Verbrennungen durch Quallen und Portugiesischen Galeeren kommen (Näheres auf www.808jellyfish.com). Selbst wer eine Portugiesische Galeere Stunden, nachdem sie an den Strand gespült wurde, berührt,

kann starke Verbrennungen davontragen. Quallen tauchen oft acht bis zehn Tage nach einem Vollmond auf; dann treiben sie in seichtere Gewässer an der Küste. Wer mit einer Qualle in Berührung kommt, sollte die Tentakeln vorsichtig abspülen (oder abschälen), die betroffene Stelle in heißes Wasser tauchen (s. oben) und sich dann schnellstens in ein Krankenhaus begeben; dort sind dann Gegengifte vorhanden.

Hitze

Wenn es heiß ist:

» Viel trinken (mindestens 3,5 l), um nicht auszutrocknen.

» Genügend salzige Speisen essen – beim Schwitzen verliert man Elektrolyte.

» Sich nicht überanstrengen (z. B. durch Wanderungen über Lava oder in großen Höhen).

» Regelmäßig Sonnencreme auftragen (Lichtschutzfaktor 30 oder höher), selbst an bewölkten Tagen.

» Einen Hut tragen, vorzugsweise einen mit breiter Krempe.

HITZEERSCHÖPFUNG

» Zu den Symptomen zählen Schwächegefühle, Kopfschmerzen, Reizbarkeit, Übelkeit oder Erbrechen, Schwindel, Muskelkrämpfe, starkes Schwitzen oder feuchtkalte Haut, ein schneller, schwacher Puls und eine normale oder leicht erhöhte Körpertemperatur.

» Zur Linderung begibt man sich aus der Hitze und/oder Sonne und ruht sich aus, legt alle Kleidungsstücke ab, die Wärme speichern (Baumwolle ist okay), kühlt die Haut mit einem feuchten Tuch und fächelt sich Luft zu und trinkt Wasser, um den Flüssigkeitsverlust auszugleichen.

» Die Erholung erfolgt gewöhnlich recht schnell, obwohl man sich noch für einige Tage danach etwas schwach fühlen kann.

» Ein Hitzschlag ist ein ernster medizinischer Notfall und kann zum Tod führen.

» Die Symptome treten plötzlich auf und sind z. B. Schwäche, Übelkeit, heiße, gerötete, trockene Haut (das Schwitzen hört auf), eine erhöhte Körpertemperatur, Schwindel, Verwirrung, Kopfschmerzen, Hyperventilieren, Koordinationsverlust und schließlich Krampfanfälle, Kollaps und Ohnmacht.

» Einen Rettungsdienst verständigen und sofort mit dem Kühlen des Körpers beginnen, indem die betroffene Person aus der Hitze gebracht wird, Kleidungsstücke entfernt werden und die Person mit einem feuchten Tuch bedeckt wird. Man sollte ihr beständig Luft zufächeln und Nacken, Achselhöhlen und Leistengegend mit Eis oder kalten Packungen kühlen.

Höhenkrankheit

» Die Höhenkrankheit kann sich auf Höhen von mehr als 2500 m entwickeln.

» Auch wer körperlich fit ist, ist dagegen nicht gefeit; je schneller und höher man aufsteigt und je mehr man sich verausgabt, desto höher ist das Risiko.

» In größeren Höhen sollte man sich daher nicht verausgaben und außerdem leichte Mahlzeiten, aber keinen Alkohol zu sich nehmen.

» Die Anfangssymptome sind u. a. Kopfschmerzen, Übelkeit, Erbrechen, Schwindel, Unwohlsein, Schlaflosigkeit und Appetitverlust.

» Das beste Gegenmittel ist der Abstieg. Wer an sich Symptome feststellt, sollte nicht weiter aufsteigen. Wenn die Symptome nicht verschwinden oder gar zunehmen, sollte man sofort aus der Höhe absteigen.

» Wenn die Symptome stark ausgeprägt sind und nicht sofort abnehmen, sollte man einen Arzt aufsuchen, da eine schwere Höhenkrankheit lebensbedrohlich sein kann.

Vog

» *Vog* ist eine Art Dunst oder Smog, der durch die vulkanischen Emissionen auf Big Island entsteht und normalerweise von den Passatwinden zerstreut wird.

» Wer dem *vog* nur kurzzeitig ausgesetzt ist, wird in der Regel keine Probleme haben, jedoch können höhere Schwefeldioxidkonzentrationen einigen Menschen Atemprobleme bereiten.

» Näheres über *vog* s. S. 314.

Sprache

NOCH MEHR ENGLISCH

Weitere Informationen zur Sprache sowie praktische Redewendungen finden sich im *Sprachführer Englisch* von Lonely Planet. Er ist unter **www.buecher.de** oder als Sprachführer fürs iPhone im Apple App Store zu haben.

Briten, Amerikaner und Neuseeländer, deutsche Geschäftsleute und norwegische Wissenschaftler, der indische Verwaltungsbeamte und die Hausfrau in Kapstadt – fast jeder auf der Welt scheint Englisch zu sprechen. Und wirklich: Englisch ist die am weitesten verbreitete Sprache der Welt (wenn's auch nur den zweiten Platz für die am meisten gesprochene Muttersprache gibt – Chinesisch ist hier die Nr. 1).

Und selbst die, die nie Englisch gelernt haben, kennen durch englische Musik oder Anglizismen in Technik und Werbung immer ein paar Wörter. Ein paar Brocken mehr zu lernen, um beim Smalltalk zu glänzen, ist nicht schwer. Hier sind die wichtigsten Wörter und Wendungen für die fast perfekte Konversation in fast allen Lebenslagen aufgelistet:

KONVERSATION & NÜTZLICHES

Wer einen Fremden nach etwas fragt, sollte die Frage oder Bitte auf jeden Fall mit einer höflichen Entschuldigung einleiten („Excuse me, ...").

Guten Tag.	*Hello.*
Hallo.	*Hi.*
Guten ...	*Good ...*
Tag	*day*
Morgen	*morning*
Tag	*afternoon*
Abend	*evening*

Auf Wiedersehen.	*Goodbye.*
Bis später.	*See you later.*
Tschüs.	*Bye.*
Wie geht es Ihnen?/	
Wie geht es dir?	*How are you?*
Danke, gut.	*Fine. And you?*
Und Ihnen?/Und dir?	*... and you?*
Wie ist Ihr Name?/	
Wie heißt du?	*What's your name?*
Mein Name ist .../	
Ich heiße ...	*My name is ...*
Ja.	*Yes.*
Nein.	*No.*
Bitte.	*Please.*
(Vielen) Dank.	*Thank you (very much).*
Bitteschön.	*You're welcome.*
Entschuldigen Sie, .../	
Entschuldige ...	*Excuse me, ...*

FRAGEWÖRTER

Wer?	*Who?*
Was?	*What?*
Wo?	*Where?*

Wann?	When?
Wie?	How?
Warum?	Why?
Welcher?	Which?
Wie viel?	How much?
Wie viele?	How many?

GESUNDHEIT

Wo ist der/die/das nächste ...?
Where's the nearest ...?

Apotheke	chemist
Zahnarzt	dentist
Arzt	doctor
Krankenhaus	hospital

Ich brauche einen Arzt.
I need a doctor.

Gibt es in der Nähe eine (Nacht-)Apotheke?
Is there a (night) chemist nearby?

Ich habe mich verirrt.
I'm lost.

Wo ist die Toilette?
Where are the toilets?

Ich bin krank.
I'm sick.

Es tut hier weh.
It hurts here.

Ich habe mich übergeben.
I've been vomiting.

Ich habe Durchfall/Fieber/Kopfschmerzen.
I have diarrhoea/fever/headache.

(Ich glaube,) Ich bin schwanger.
(I think) I'm pregnant.

Ich bin allergisch gegen ...
I'm allergic to ...

Antibiotika	antibiotics
Aspirin	aspirin
Penizillin	penicillin

MIT KINDERN REISEN

Ich brauche ...
I need (a) ...

Gibt es ...?
Is there (a/an) ...?

NOTFÄLLE

Hilfe!	Help!
Es ist ein Notfall!	It's an emergency!
Rufen Sie	Call
die Polizei!	the police!
einen Arzt!	a doctor!
einen Krankenwagen!	an ambulance!
Lassen Sie mich in Ruhe!	Leave me alone!
Gehen Sie weg!	Go away!

einen Wickelraum	baby change room
einen Babysitz	baby seat
einen Babysitter	babysitter
einen Kindersitz	booster seat
einen Babysitter-Service	child-minding service
eine Kinderkarte	children's menu
einen Kinderstuhl	highchair
(Wegwerf-)Windeln	(disposable) nappies
ein Kindertöpfchen	potty
einen Kinderwagen	stroller

Kann ich mein Kind hier stillen?
Do you mind if I breastfeed here?

Sind Kinder erlaubt?
Are children allowed?

PAPIERKRAM

Name	name
Staatsangehörigkeit	nationality
Geburtsdatum	date of birth
Geburtsort	place of birth
Geschlecht	sex/gender
(Reise-)Pass	passport
Visum	visa

RESERVIERUNGEN VORNEHMEN

(telefonisch oder schriftlich)

An ...	To ...
Von ...	From ...
Datum	Date

Ich möchte ... reservieren.
I'd like to book ...

Auf den Namen ...
in the name of ...

Vom ... bis zum ... *from ... to ...*

Kreditkarte *credit card*

Nummer *number*

gültig bis ... *expiry date*

Bitte bestätigen Sie Verfügbarkeit und Preis.
Please confirm availability and price.

SHOPPEN & SERVICE

Ich suche ...
I'm looking for ...

Wo ist der/die/das (nächste) ...?
Where's the (nearest) ...?

Wo kann ich ... kaufen?
Where can I buy ...?

Ich möchte ... kaufen.
I'd like to buy ...

Wie viel (kostet das)?
How much (is this)?

Das ist zu viel/teuer.
That's too much/expensive.

Können Sie mit dem Preis heruntergehen?
Can you lower the price?

Haben Sie etwas Billigeres?
Do you have something cheaper?

Ich schaue mich nur um.
I'm just looking.

Können Sie den Preis aufschreiben?
Can you write down the price?

Haben Sie noch andere?
Do you have any others?

Können Sie ihn/sie/es mir zeigen?
Can I look at it?

mehr *more*
weniger *less*
kleiner *smaller*
größer *bigger*

Nehmen Sie ...?
Do you accept ...?

731

SPRACHE SHOPPEN & SERVICE

Kreditkarten
credit cards

Reiseschecks
travellers cheques

Ich möchte ...
I'd like to ...

Geld umtauschen
change money (cash)

einen Scheck einlösen
cash a cheque

Reiseschecks einlösen
change some travellers cheques

ein Geldautomat *an ATM*
eine Geldwechselstube *an exchange office*
eine Bank *a bank*
die ... Botschaft *the ... embassy*
deutsche *German*
österreichische *Austrian*
Schweizer *Swiss*
das Krankenhaus *the hospital*
der Markt *the market*
die Polizei *the police*
die Post *the post office*
ein öffentliches Telefon *a public phone*
eine öffentliche Toilette *a public toilet*

Wann macht er/sie/es auf/zu?
What time does it open/close?

Ich möchte eine Telefonkarte kaufen.
I want to buy a phone card.

Wo ist hier ein Internet-Café?
Where's the local Internet cafe?

UNTERKUNFT

Wo ist ...?
Where's a ...?

eine Pension *bed and breakfast, guesthouse*
ein Campingplatz *camping ground*
ein Hotel *hotel*
ein Privatzimmer *room in a private home*
eine Jugendherberge *youth hostel*

Wie lautet die Adresse?
What's the address?

Ich möchte bitte ein Zimmer reservieren.
I'd like to book a room, please.

Für (drei) Nächte/Wochen.
For (three) nights/weeks.

Haben Sie ein …?
Do you have a …?

Einzelzimmer	*single room*
Doppelzimmer	*double room*
Zweibettzimmer	*twin room*
Familienzimmer	*family room*
Bett im Schlafsaal	*dorm bed*

Wie viel kostet es pro …?
How much is it per …?

Nacht	*night*
Person	*person*

Kann ich es sehen?
May I see it?

Wo ist das Badezimmer?
Where is the bathroom?

Kann ich ein anderes Zimmer bekommen?
Can I get another room?

Es ist gut, ich nehme es.
It's fine. I'll have it.

Ich reise jetzt ab.
I'm leaving now.

VERSTÄNDIGUNG

Verstehen Sie (mich)?
Do you understand (me)?

Ich verstehe (nicht).
I (don't) understand.

Könnten Sie …?
Could you please …?

bitte langsamer sprechen
speak more slowly

das bitte wiederholen
repeat that

das bitte aufschreiben
write it down

VERKEHRSMITTEL & -WEGE

Wann fährt … ab?
What time does the … leave?

das Boot	*boat*
der Bus	*bus*
der Zug	*train*

EIGENE VERKEHRSMITTEL

Wo kann ich … mieten?
Where can I hire a …?

Ich möchte … mieten.
I'd like to hire a/an …

ein Fahrrad	*bicycle*
ein Auto	*car*
ein Allradfahrzeug	*4WD*
einen Schaltwagen	*manual*
ein Motorrad	*motorbike*

Wie viel kostet es pro …?
How much is it per …?

Stunde	*hour*
Tag	*day*
Woche	*week*

Benzin	*petrol*
Diesel	*diesel*
bleifreies Benzin	*unleaded*
Autogas	*LPG*

Wo ist eine Tankstelle?
Where's a petrol station?

Führt diese Straße nach …?
Does this road go to …?

(Wie lange) Kann ich hier parken
(How long) Can I park here?

Wo muss ich bezahlen?
Where do I pay?

Ich brauche einen Mechaniker.
I need a mechanic.

Ich habe (in …) eine Panne mit meinem Auto.
The car has broken down (at …)

Ich hatte einen Unfall.

I had an accident.

Das Auto/Motorrad springt nicht an.

The car/motorbike won't start.

Ich habe eine Reifenpanne.

I have a flat tyre.

Ich habe kein Benzin mehr.

I've run out of petrol.

WEGWEISER

Können Sie mir bitte helfen?

Could you help me, please?

Wo ist (eine Bank)?

Where's (a bank)?

Ich suche (die Kathedrale).

I'm looking for (the cathedral).

In welcher Richtung ist (eine öffentliche Toilette)?

Which way's (a public toilet)?

Wie kann ich da hinkommen?

How can I get there?

Wie weit ist es?

How far is it?

Können Sie es mir (auf der Karte) zeigen?

Can you show me (on the map)?

Glossar

Kulinarisches Glossar siehe S. 678

'a'a – raue, zerklüftete Lava

Adzukibohne – wird oft als gesüßte Paste serviert, z. B. als Garnierung für *shave ice*

ae'o – hawaiischer Schwarznacken-Stelzenläufer

'ahinahina – Silberschwert, Pflanze mit spitzen silbrigen Blättern

ahu – Steinhaufen zur Markierung eines Weges; Altar oder Schrein

ahupua'a – traditionelles Landteilungsgebiet, gewöhnlich in Form eines Keils, der von den Bergen bis zum Meer reicht (kleiner als ein *moku*)

'aina – Land

'akala – hawaiische Himbeere; auch *thimbleberry* (Zimthimbeere) genannt

'akohekohe – Papageischnabelgimpel

'alae ke'oke'o – vom Aussterben bedrohtes Hawaii-Bläßhuhn

'alae 'ula – Hawaii-Teichhuhn

'alauahio – Maui-Astläufer

ali'i – Häuptling, Mitglied des Königshauses

ali'i nui – hochgestellte Häuptlinge

aloha – traditioneller Gruß, bedeutet Liebe, willkommen, auf Wiedersehen

aloha 'aina – Liebe zum Land

'amakihi – kleiner, gelbgrüner Kleidervogel; einer der häufiger anzutreffenden einheimischen Vögel

anchialine pool – enthält eine Mischung aus Meer- und Süßwasser

apapane – leuchtend roter hawaiischer Kleidervogel

a'u – Marlin

'aumakua – Schutzgottheit- oder Geist, vergötterter Vorfahre oder vertrauenswürdige Person

'awa – siehe *kava*

'awa 'awa – bitter

Braguinha – portugiesisches Saiteninstrument, das Ende des 19. Jhs. nach Hawaii kam und von dem die Ukulele abstammt

e koko mai – willkommen

'elepaio – hawaiischer Krausenmonarch; ein bräunlicher einheimischer Vogel mit weißem Rumpf, der in den Wäldern von O'ahu vorkommt

ha – Atem

ha'i – hohes Falsett

haku – Kopf

hala – Schrauben-Baum (Pandanus); aus den Blättern *(lau)* werden Matten und Körbe geflochten

hale – Haus

Haloa – totgeborener Sohn von Papa und Wakea, Bruder der Menschen

haole – Weißer; wörtlich „ohne Atem"

hapa – Teil oder Fragment; Person mit gemischter Abstammung

hapa haole – hawaiische Musik mit vorwiegend englischen Texten

hapu'u – Baumfarn

hau – endemischer Tiefland-Hibiskusbaum, dessen Holz oft für die Stabilisierungs-Querstreben von Auslegerkanus verwendet wird

he'e nalu – Wellenreiten, Surfen

heiau – alter Steintempel; Kultstätte in Hawaii

holua – Schlitten oder Schlittenbahn

honi – Atem teilen

honu – Schildkröte

ho'okipa – Gastfreundschaft

ho'okupu – Gabe

ho'olaule'a – Feier, Party

ho'onanea – die Zeit angenehm, friedvoll und freudig verbringen

hukilau – Fischen mit einem *seine*; das Netz wird von einer Gruppe von Fischern eingeholt

hula – hawaiische Tanzform, entweder traditionell oder modern

hula 'auana – moderner Hula, entstanden nach der Einführung westlicher Musik

hula halau – Hula-Schule oder -Truppe

hula kahiko – traditioneller Hula

'i'iwi – scharlachroter hawaiischer Kleidervogel mit gebogenem lachsfarbenem Schnabel

'iliahi – hawaiisches Sandelholz

'ilima – einheimische Pflanze: Bodendecker mit

zarten gelb-orangefarbenen Blüten; die offizielle Blume von O'ahu

'ilio holo kai – „der Hund, der im Meer läuft": Hawaii-Mönchsrobbe

'io – Hawaii-Bussard

ipo – Schatz, Liebling

ipu – kugelförmiger Flaschenkürbis mit schmalem Hals, wird beim Hula verwendet

issei – japanische Einwanderer der ersten Generation; in Japan geboren

kahili – gefiederte Standarte, wird als Symbol des Königshauses benutzt

kahuna – Experte auf irgendeinem Gebiet; gewöhnlich ein Priester, Heiler oder Zauberer

kahuna lapa'au – Heiler

kahuna nui – Hohepriester/-in

kalo lo'i – Tarofelder

kama'aina – in Hawaii geborene und groß gewordene Person oder hier seit Langem ansässig; wörtlich ein „Kind des Landes"

kanaka – Mann, Mensch, Person; auch indigene Hawaiianer

kane/Kane – Mann; wenn großgeschrieben, einer der vier hawaiischen Hauptgötter

kanikapila – Jamsessions, offene Bühnen

kanoa – versteckte Bedeutung

kapa – siehe *tapa*

kapu – Tabu, Teil des strengen alten hawaiischen Gesellschafts- und Glaubenssystems

kapuna –Älteste

kaua – alte hawaiische Unterschicht, Ausgestoßene

kaunaoa – gelblich-orangefarbenes Rankengewächs, wird für Lana'i-*lei* verwendet

kava – ein leicht berauschendes Getränk (*'awa* auf Hawaiisch) aus den Wurzeln des *Piper methysticum*, eines Pfefferstrauchs

keiki – Kind

ki – siehe *ti*

ki ho'alu – offene Gitarrenstimmung

kiawe – Verwandter des Süßhülsenbaums, der in den 1820er-Jahren nach Hawaii gelangte und heute sehr häufig vorkommt; die Äste sind mit spitzen Dornen bedeckt

kika kila – Hawaiigitarre

ki'i – siehe *tiki*

ki'i akua – Tempelbildnisse

kilau – steifer, unkrautartiger Farn

kipuka – ein Stück Land, um das die Lava herumgeflossen ist; eine Oase

ko – Zuckerrohr

koa – einheimischer Hartholzbaum, dessen Holz oft für Kunsthandwerkartikel und Kanus verwendet wird

koki'o ke'oke'o – einheimischer weißer Hibiskus

kokua – Hilfe, Zusammenarbeit

koloa maoli – Hawaii-Ente

kona – windabgewandte Seite; Wind auf der Leeseite der Berge

konane – ein dem Schach ähnliches Strategiespiel

konohiki – Verwalter, Betreuer

ko'olau – Windseite

Ku – polynesischer Gott in vielen Manifestationen, u. a. Gott des Krieges, der Landwirtschaft und des Fischens (Gatte von Hina)

kukui – Kerzen- oder Lichtnussbaum; offizieller Baum des Bundesstaates Hawaii; seine öligen Nüsse wurden früher in Lampen verbrannt

kuleana – Rechte

kumu hula – Hula-Lehrer

Kumulipo – hawaiische Schöpfungsgeschichte, Gesang

kupuna – Großelternteil, Älteste(r)

ku'ula/Ku'ula – steinernes Kultbild, das an Angelplätzen aufgestellt wurde und Fisch anziehen sollte; großgeschrieben der Gott der Fischer

la'au lapa'au – pflanzliche Medizin

lanai – Veranda, Balkon

lau – Blatt

lauhala – Blätter der *hala*-Pflanze, werden für Flechtarbeiten benutzt

lei – Kranz, normalerweise aus Blüten, aber auch aus Blättern und Muscheln

Leptospirose – Krankheit, die durch Kontakt mit Wasser übertragen wird, das mit dem Urin infizierter Tiere, vor allem von Nagetieren, verunreinigt ist

limu – Seetang

lokelani – rosa Damaszenerrose, auch „Himmelsrose"; die offizielle Blume von Maui

loko i'a – Fischteich

loko wai – Süßwasser-Fischteich

lolo – dumm, schwachsinnig, verrückt

lomi – reiben oder erweichen

lomilomi – traditionelle hawaiische Massage; bekannt als „zärtliche Berührung"

Lono – polynesischer Gott der Ernte, Landwirtschaft, Fruchtbarkeit und des Friedens

loulu – einheimische Fächerpalmen

luakini – Art von *heiau*, dem Kriegsgott Ku gewidmet und für Menschenopfer benutzt

luau – traditionelles hawaiisches Fest

luna – Aufseher

mahalo – danke

mahele – teilen; bezieht sich gewöhnlich auf die von der Zuckerindustrie initiierten Landteilungen von 1848

mahu – transsexueller Mann, Transvestit

mai ho'oka'awale – Lepra; wörtlich „die trennende Krankheit"

mai'a – Banane

maile – einheimische Schlingpflanze mit duftenden Blättern; wird oft für *lei* benutzt

maka'ainana – Untertanen; wörtlich „Leute, die das Land bestellen"

makaha – Flechtgitter von Fischteichen, durch das kleine Fische hinein- und hinausschwimmen, große jedoch nicht mehr entkommen können

makahiki – traditionelles jährliches Regenzeit-Winterfest, dem Landbaugott Lono gewidmet

makai – Richtung Meer

make – tot

malihini – Neuling, Besucher

mamane – einheimischer Baum mit leuchtend gelben Blüten; wird für *lei* verwendet

mamo – inzwischen ausgestorbener Vogel mit gelben Federn

mana – spirituelle Kraft

mauka – Richtung Berge; landeinwärts

mele – Lied, Gesang

menehune – „kleine Leute", die der Überlieferung zufolge viele der hawaiischen Fischteiche und *heiau* anlegten und andere Steinbauten errichteten

milo – einheimischer Schattenbaum mit schönem Hartholz

moa – Dschungelhuhn

mokihana – Baum mit ledrigen Beeren, die etwas nach Lakritze riechen, für Kaua'i-*lei* benutzt

moku – keilförmige Landstücke, die von den Bergkämmen bis ans Meer reichen

mokupuni – Insel

mo'i – König

mo'o – Wassergeist, Wasserechse oder Drachen

muumuu – langes, weites Gewand, von den Missionaren eingeführt

na keiki – Kinder

na'u – duftende hawaiische Gardenie

naupaka – einheimischer Strauch mit zarten weißen Blüten

Neighbor Islands – die Hauptinseln Hawaiis außer O'ahu

nene – einheimische Gans; hawaiischer Staatsvogel

nisei – japanische Einwanderer der zweiten Generation

niu – Kokospalme

no ka 'oi – das Beste

'ohana – Familie, Großfamilie; eng zusammengehörende Gruppe

'ohi'a lehua – einheimischer hawaiischer Baum mit büscheligen, fedrigen, puschelartigen Blüten

'olelo Hawai'i – die hawaiische Sprache

oli – Gesang

olona – einheimischer Strauch

'omilu – eine Makrelenart

'o'o ihe – Speerwurf

'ope'ape'a – eine Fledermausart (*Hawaiian hoary bat, Lasiurus cinereus semotus*)

'opihi – essbare Napfschnecke

pahoehoe – schnell und gleichmäßig fließende Lava

pakalolo – Marihuana; wörtlich „verrückter Rauch"

palaka – hawaiisches Karohemd aus robuster Baumwolle

pali – Klippe

paniolo – Cowboy

Papa – Erdmutter

pau – erledigt, nicht mehr

pa'u – traditionelles Schaureiten von mit *lei* behängten Frauen in fließenden Gewändern

pau hana – Happy Hour

Pele – Göttin des Feuers und der Vulkane; ihr Zuhause ist in der Kilauea Caldera

pidgin – Sprache oder Dialekt mit Einflüssen aus den Sprachen der Einwanderer

pikake – Jasminblüten

piko – Nabel, Nabelschnur

pili – ein Horstgras, traditionell im Hausbau benutzt

pohaku – Fels

pohuehue – Strandwinde (eine Blütenpflanze)

pono – rechtschaffen, respektvoll und korrekt

pua aloalo – gelber Hibiskus

pua'a waewae loloa – „langbeinige Schweine", eine alte hawaiische Umschreibung für Menschenopfer

pueo – hawaiische Eule

puka – jede Art von Loch oder Öffnung; *puka*-Muscheln sind klein und weiß und werden für Halsketten verwendet

pukiawe – einheimische Pflanze mit rot-weißen Beeren und immergrünen Blättern

pule – Gebete

pulu – seidene Büschel um die Stämme von *hapu'u*-Farnen herum

pupu – Snack oder Vorspeise; auch eine Art der Kaurischnecken

pu'u – Hügel, Schlackenkegel

pu'uhonua – Zufluchtsort

raku – japanischer Töpfereistil, der sich durch ein rohes und handgefertigtes Aussehen auszeichnet

rubbah slippah – Plastik-Flipflops

sansei – japanische Einwanderer der dritten Generation

seine – großes Fischernetz

shaka – hawaiische Handgeste, benutzt als Gruß oder Zeichen des Stolzes

shōji – lichtdurchlässige hölzerne Schiebetüren mit Papierbespannung

stink-eye – abschätziger Blick

taiko – japanisches Trommeln

talk story – ein Gespräch anfangen, Smalltalk machen

tapa – durch das Stampfen der Rinde des Papiermaulbeerbaums hergestellter Stoff, der früher für die Kleidung der Hawaiianer (*kapa* auf Hawaiisch) benutzt wurde

ti – weitverbreitete einheimische Pflanze; in die langen, glänzenden Blätter werden Speisen eingewickelt, und es werden Hula-

Röcke (*ki* auf Hawaiisch) aus ihnen gemacht

tiki – Statue aus Holz oder Stein, die normalerweise eine Gottheit (*ki'i* auf Hawaiisch) darstellt

tutu – Großmutter oder Großvater; außerdem Ausdruck des Respekts für ein Mitglied der älteren Generation

'ua'u – Galapagos-Sturmvogel

Ukulele – Saiteninstrument, das von der Braguinha abstammt, die im 19. Jh. von portugiesischen Zuwanderern nach Hawaii gebracht wurde

'uli'uli – Flaschenkürbisrassel mit Samen darin und Federschmuck, wird beim Hula eingesetzt

'ulu – Brotfrucht

'ulu maika – altes hawaiisches Steinbowlingspiel

wa'a kaulua – altes hawaiisches Langstreckenboot

wahi pana – heilige Stätte

Wakea – Himmelsvater

warabi – junge Farntriebe

wauke – Papiermaulbeerbaum; daraus wird *tapa* hergestellt

wiliwili – das leichteste der einheimischen Hölzer

zendo – gemeinschaftliche Zen-Meditationshalle

Hinter den Kulissen

WIR FREUEN UNS ÜBER EIN FEEDBACK

Post von Travellern zu bekommen ist für uns ungemein hilfreich – Kritik und Anregungen halten uns auf dem Laufenden und helfen, unsere Bücher zu verbessern. Unser reise-erfahrenes Team liest alle Zuschriften genau durch, um zu erfahren, was an unseren Reise-führern gut und was schlecht ist. Wir können solche Post zwar nicht individuell beantworten, aber jedes Feedback wird garantiert schnurstracks an die jeweiligen Autoren weitergeleitet, rechtzeitig vor der nächsten Auflage.

Wer uns schreiben will, erreicht uns unter **www.lonelyplanet.de/kontakt**.

Hinweis: Da wir Beiträge möglicherweise in Lonely Planet Produkten (Reiseführer, Websites, digitale Medien) veröffentlichen, ggf. auch in gekürzter Form, bitten wir um Mitteilung, falls ein Kommentar nicht veröffentlicht oder ein Name nicht genannt werden soll. Wer Näheres über unsere Datenschutzpolitik wissen will, erfährt das unter www.lonelyplanet.com/privacy.

DANK VON LONELY PLANET

Vielen Dank an alle Reisenden, die mit der letzten Auflage unterwegs waren und uns hilfreiche Tipps sowie interessante Anekdoten geschickt haben:

Meg Barlow, Benjamin Blaise, Lori Chesney, Stuart und Pamela Davis, Lisa Duncan, Hans Eckert, Helary Guillaume, Laurie Joyce, Peter Kawohl, Tanja Muecke, Sian Olsen, Raphael Richards, Jessica Schoeller, Prashant Sharan, Ronald Wolff, Beth und Greg Stehulak.

DANK DER AUTOREN

Sara Benson

Dank an Margo Vitarelli für die heimliche *heiau*-Tour im Manoa Valley und an Jan Pickett für hilfreiche Tipps zu Kailua und Lanikai. Ohne Emily Wolman, Jennye Garibaldi, Suki Gear, Sasha Baskett, Alison Lyall und meine Koautoren Luci Yamamoto, Conner Gorry, Ned Friary, Glenda Bendure, Amy Balfour, Clark Carroll und Ryan Ver Berkmoes wäre dieses Buch nicht so reibungslos zustande gekommen. Herzlichen Dank an Michael Connolly Jr., der ungefähr hundert Mal um O'ahu fuhr.

Amy C. Balfour

Mahalo an Emily Wolman, dafür dass sie mir diese phantastische Aufgabe anvertraut hat, und an Jennye Garibaldi, die mit Finger-spitzengefühl das Steuer übernahm. Vielen Dank auch an Stilkoryphäe Sasha Baskett, Wanderexpertin und Ausnahmeautorin Sam Benson und die fabelhaften Maui-Koautoren Ned und Glenda. Ein dickes Lob an meine Maui-Experten: Jay und Erin Habel, Beckee Morrison und der Kihei's Na'auso Book Club sowie Libby Fulton, Gary Hogan, John Christopher, Judy Heilman, Tim Schools, Sheila Gallien, Collin Chang, Brayzlee Ilikea Dutro, Keoki Benjamin und Zach Edlao.

E. Clark Carroll

Allen freundlichen *hoaloha* von Kaua'i; be-sonders Rosewood Rosemary, Mini Golf Mike, Surfboard House Simon und Farmaholic Lee. Außerdem Cath Lanigan für die herzliche Korrespondenz, Emily Wolman, Sam Benson und dem gesamten Hawaii-Team für die Anleitung, Brandon Presser für die Erdung, Maria not Maria für *aloha*, Bill W. für die Be-gleitung, Barclay für die Email, Emma für die Wanderungen, Trey für die Musik, Reed für das Telefongespräch, Kat für das Hummer-Risotto, Mom und Dad, ohne euch alle gäbe es das hier nicht.

Ned Friary & Glenda Bendure

Wir möchten uns besonders bei Allen Tom vom Hawaiian Islands Humpback Whale National Marine Sanctuary, Jeff Bagshaw vom Haleakalā National Park, Glynnis Nakai vom Kealia Pond National Wildlife Refuge und dem hervorragenden Slack-Key-Gitarristen George Kahumoku Jr. bedanken. Und ein dickes *mahalo nui loa* an das spitzenmäßige Team, das dieses Projekt geschaukelt hat: Emily K. Wolman, Sasha Baskett, Jennye Garibaldi und Sam Benson.

Conner Gorry

Viele Leute haben mir geholfen, beim Feilen an diesem Reiseführer gesund und glücklich zu bleiben, darunter die Inselmädels Carla, Marri und Cristina, und meine alten Freunde Erva und Mike aus Puna. *Mahalos* an meine Crew fürs Insiderwissen und an Vollprofi Luci Yamamoto. Ebenso an die koordinierende Autorin Sam Benson. Danke auch an Cynthia Rubenstein, Kim Grant und Catherine Direen. Anitra Pickett und Arne und Ase Borg sind der Inbegriff von *aloha*: Ich hoffe, ich kann mich eines Tages revanchieren. Danke an JSR für all die Jahre.

Ryan Ver Berkmoes

Teri Waros' Begeisterung auf Moloka'i war ansteckend. Und dann sind da all die Leute, die vor Freude strahlten, als sie ihre Gedanken und ihr Wissen über die Inseln, die sie lieben,

mit mir teilten. Danke auch an den Regengott, der den Hwy 450 auf Moloka'i überflutete und mich zum Anhalten zwang und auch dazu, die nassen Früchte zu riechen. Und an Erin, die für mich das Herz der Insel ist.

Luci Yamamoto

Mahalo an meine Big Island-Insider, u. a. Danny Akaka, David Bock, Derek Kurisu, Stan Lawrence, Akiko Masuda und Wayne Subica, die mir alle unbezahlbare Denkanstöße gaben. Viel verdanke ich Jeff Campbell, dessen Arbeit an vorhergehenden Big Island-Kapiteln meinem zugrunde liegt; und an das LP-Team, besonders die stets beeindruckende koordinierende Autorin Sam Benson und meinen einzigartigen Koautor, Conner Gorry. Besonderen Dank an MJP, Freunde und Familie, besonders meine Eltern, die mir Hilo als meine Heimat bewahren. *Aloha*.

QUELLENNACHWEIS

Die Daten für die Klimakarte stammen von Peel MC, Finlayson BL & McMahon TA (2007) „Updated World Map of the Köppen-Geiger Climate Classification", *Hydrology and Earth System Sciences*, 11, 163344.
Titelfoto: Kalalau Valley von einem Aussichtspunkt im Koke'e State Park (S. 622), Ann Cecil.
Viele der Fotos in diesem Reiseführer können unter www.lonelyplanetimages.com lizenziert werden.

Über dieses Buch

Dies ist die 1. deutsche Auflage von Hawaii, basierend auf der mittlerweile 10. englischen Auflage des Lonely Planet-Reiseführers *Hawaii* von Sara Benson, Amy C. Balfour, Glenda Bendure, E. Clark Carroll, Ned Friary, Conner Gorry, Ryan Ver Berkmoes und Luci Yamamoto, mit Beiträgen Michael Shapiro. Die vorige Auflage schrieben Jeff Campbell, Glenda Bendure, Sara Benson, Ned Friary, Amanda C. Gregg, Scott Kennedy, Ryan Ver Berkmoes und Luci Yamamoto. In Auftrag gegeben wurde dieser Reiseführer im Lonely Planet-Büro in Oakland. An der Produktion waren folgende Personen beteiligt:

Verantwortliche Redakteure Emily K. Wolman, Jennye Garibaldi
Leitende Redakteurin Angela Tinson
Leitende Kartografin Diana Duggan
Leitende Layoutdesignerin Mazzy Prinsep
Redaktion Sasha Baskett, Kirsten Rawlings
Kartografie Alison Lyall, Amanda Sierp
Layout Chris Girdler, Jane Hart
Redaktionsassistenz Susie Ashworth, Peter Cruttenden, Pat Kinsella, Anne Mulvaney, Charlotte Orr, Helen Yeates
Kartografieassistenz Julie Dodkins, Mick Garrett, Jennifer Johnston, Marc Milinkovic
Layout-Assistenz Nicholas Colicchia, Jessica Rose, Kerrianne Southway
Umschlaggestaltung Naomi Parker
Bildredaktion Sabrina Dalbesio
Dank an Heather Dickson, Ryan Evans, Lisa Knights, Suyin Ng, Raphael Richards, Gabrielle Stefanos, Simon Tillema, Gerard Walker

Register

A

Agrotourismus 701
'Ahihi-Kina'u Natural Area Reserve 416
Ahupua'a o Kahana State Park 147
Aikau, Eddie 155
Akaka Bill 657
Akaka Falls State Park 253, **361**
Akoni Pule Hwy 240
Aktivitäten 34, *siehe auch einzelne Aktivitäten*
  Big Island 177
  Kaua'i 523
  Lana'i 467
  Maui 331
  Moloka'i 485
  O'ahu 60
Alaka'i Swamp 627, **624**
Alkohol 711
Aloha 12
Aloha-Festivals 25, 112
Anahola 558
Ananas 164, **647**
Angeln 34
  Big Island 177, 184, 197
  Kaua'i 530
  Moloka'i 485
Anahola 558
'Anini 567
Annektierung 651
An- & Weiterreise 719
  Big Island 178
  Kaua'i 523
  Lana'i 469
  Maui 330
  Moloka'i 489
  O'ahu 60
Aquarien
  Maui Ocean Center 397
  Sea Life Park 132
  Waikiki Aquarium 109
Arbeit 708

000 Verweise auf Karten
000 Verweise auf Fotos

Auslegerkanu 184
Auslegerkanu-Festivals 111
Ausritte *siehe* Reiten
Aussichtspunkte
  Hanalei Valley Lookout 570
  Hanapepe Valley Lookout 606
  Kalahaku Overlook 453
  Kalaloa Point 436
  Kalaupapa Overlook 505
  Ke'anae Peninsula Lookout 438
  Lana'i Lookout 130
  Leleiwi Overlook 453
  Ninini Point 527
  Nu'uanu Valley Lookout 81
  Ohai Viewpoint 383
  Pelekunu Valley Overlook 503
  Pololu Valley Lookout 246
  Pu'u 'Ualaka'a State Wayside 77
  Pu'u'ula'ula Overlook (Red Hill) 454
  Pu'u o Kaiaka 514
  Waikolu Lookout 503
  Wailua Peninsula Lookout 438
  Wailua Valley State Wayside 438
  Waimea Canyon 620
Autofahren 19, 586, 711, 720
  Big Island 178
  Kaua'i 523
  Lana'i 469
  Maui 330
  Moloka'i 490
  O'ahu 60, 62
  Umweltfragen 705
Autotouren 21, *siehe auch* Landschaftlich schöne Strecken

B

Badestellen *siehe* Wasserfälle & Badestellen
Badestrände
  Ahalanui Beach Park 297
  Beach 69 234
  Central Waikiki Beach 108
  Charley Young Beach 400
  Dixie Maru Beach 515
  Fort DeRussy Beach 107
  Gray's Beach 108
  HA Baldwin Beach Park 419
  Hale'iwa Beach Park 158
  Hamoa Beach 448
  Hapuna Beach 235
  Hawaiian Electric Beach 167
  Honokohau Beach 202, 221
  Ho'okena Beach Park 219, 226
  Hukilau Beach 149
  James Kealoha Beach Park 276
  Ka'anapali Beach 350
  Kahanamoku Beach 107

Kahekili Beach Park 350
Kahili (Rock Quarries) Beach & Pools of Mokolea 561
Kailua Beach Park 137
Kaimana Beach 108
Kamakahonu Beach 183
Kapalua Beach 377
Kawakiu Beach 512
Kawela Bay 153
Keawaiki Beach 226
Keawakapu Beach 400
Ke'e Beach 587
Kikaua Beach 225
Kuhio Beach Park 108
Kukio Beach 225
Lai'e Beach Park 149
Magoon's 223
Ma'ili Beach Park 167
Makalawena Beach 224
Makua (Tunnels) Beach 585
Malu'aka Beach 414
Manini'owali Beach (Kua Bay) 224
Mauna Kea Beach 236
Mau'umae Beach 236
Mokapu Beach 411
Moloa'a Beach 560
Nanakuli Beach Park 167
Onekahakaha Beach Park 275
Oneloa Beach 377
Pali Ke Kua Beach 569
Pebble Beach 219
Pohue Bay 324
Poka'i Bay Beach Park 168
Polo Beach 411
Po'olenalena Beach 411
Punalu'u Beach Park 148
Queen's Surf Beach 108
Richardson Ocean Park 277
Sans Souci Beach Park 108
Shipwreck Beach 477
Slaughterhouse Beach 378
Spencer Beach Park 237
Ulua Beach 411
Wailea Beach 411
Waimanalo Beach Park 134
Banyans 182
Barking Sands 619
Bauernmärkte *siehe* Märkte
Beach Parks
  Ala Moana Beach Park 64
  'Anaeho'omalu Beach Park 227
  Anahola Beach Park 559
  'Anini Beach Park 567
  Bellows Field Beach Park 134
  Disappearing Sands 181
  Ha'ena Beach Park 585
  Hana Beach Park 443
  Hanaka'o'o Beach Park 350

Hau'ula Beach Park 148
Holoholokai Beach Park 232
Honokowai Beach Park 374
Ho'okipa Beach Park 417, **363**, **8**
Hulopo'e Beach 475, 699, **13**, **364**
Kahana Bay 147
Kahe Point Beach Park 167
Kaiaka Bay Beach Park 158
Kaihalulu Beach 153
Kalama Beach Park 138
Kalepolepo Beach Park 401
Kama'ole Beach Parks 400
Kapa'a Beach Park 552
Kapi'olani Beach Park 108
Kehena Beach 299
Keokea Beach Park 245
Kolekole Beach Park 272
Kualoa Regional Park 146
Kuhio Beach Park 108
Kuilima Cove 153
Lanikai Beach 138
Lydgate Beach Park 539
Magic Sands 181
Mai Poina 'Oe Ia'u Beach Park 401
Makapu'u Beach Park 132, (p)
Manini Beach 212
Mokule'ia Beach Park 163
Old Quarry 156
One Ali'i Beach Park 491
Papalaua Beach Park 348
Papohaku Beach Park 515
Po'ipu Beach Park 594
Punalu'u Beach Park 319
Pupukea Beach Park 155
Salt Pond Beach Park 610
Sandy Beach Park 130
Ukumehame Beach Park 349
Wahikuli Wayside Park 349
Wai'alae Beach Park 126
Wai'olena & Wai'uli Beach Park
Wawaloli (OTEC) Beach 221
White Sands Beach Park 181
Whittington Beach Park 319
Behinderung, Reisen mit 711
Betreten verboten 717
Betrügereien 712
Bevölkerung 661
Bier 674
Big Beach (Oneloa) 415
Big Island (Hawai'i) 52, 172, **174**
Aktivitäten 177
Angeln 191
An- & Weiterreise 178
Camping 176

Essen 191
Festivals & Events 188
Gefahren & Ärgernisse 218
Highlights 174
Kinder 191, 224
Klima 172
National, State & County Parks 176
Reiseplanung 172
Reiserouten 33
Reisezeit 172
Strände 179
Surfen 179
Touren 179, 186, 188
Unterkünfte 172
Unterwegs vor Ort 178, 208
Bishop Museum 77
Bisse 727
Bodyboarding & Bodysurfen 35,
   61, 182
Botschaften 714
Brauereien 184
Bronte, Emory 497
Bücher 634
Essen 677
Geschichte 638, 639, 641, 644,
   645, 651, 652, 656
Kultur 659, 660, 662
Natur 694
Busfahren 722
Big Island 179
Kaua'i 525
Maui 332, 375
O'ahu 62

C
Camping 716
Big Island 176
Kaua'i 522
Maui 330
Moloka'i 483
O'ahu 60
Cape Kumukahi 296
Captain Cook (Ort) 210
Chain of Craters Road 305
Chinaman's Hat 146
Chinatown, Honolulu 71, 73, **66**
Essen 87
Stadtspaziergang 83
Chinesische Medizin 71
Cook, James 211, 613, 644
Coqui-Frosch 293

D
Delphine 41, 214, 227, 704, 705
Denguefieber 726
Diamond Head 126, **128**
Diamond Head State Monument 126
Diebstahl 712

Dole Plantation 164
Fallschirmspringen & Drachenfliegen
   O'ahu 61
Drachen- & Gleitschirmfliegen 43
Drogen 711
DT Fleming Beach Park 377
Duke, Doris 127
DVDs 709

E
Einwanderung 653
'Ele'ele 608
Elektrizität 708, 709
End of the Road 307
Erderwärmung 699
Ermäßigungen 708
Essen 667, **8**
Ananas 164, **647**
Festivals & Events 676
Fisch 672
Honig 263
Japanisch (O'ahu) 90
kalo 580
Kalua-Schwein 670
Krabbenimbisswagen 151, **356**
Macadamia-Nüsse 238, 506
Märkte 677
plate lunches 669, 675
poi 580, 670
poke 669, **668**
pupu 669
Shave Ice 160, 341, 668, 669, **355**
Schokolade 674
Spam 670
Taro 580, **650**
Vanille 262
Etikette 663
Events *siehe* Festivals & Events

F
Fähren 531, 724
Fahrradfahren *siehe* Radfahren
Fallschirmspringen
O'ahu 163
Farmen 265, *siehe auch* Kaffeeplan-
   tagen & -röstereien, Schokolade
Hawaiian Vanilla Company 262
Kauai Kunana Dairy 563
Mauna Kea Tea 263
Onomea Tea Company 274
O'o Farm 430
Purdy's Macadamia Nut Farm 506
Surfing Goat Dairy 428
Volcano Island Honey Company 263
Father Damien 496, 508, 509
Fauna 692, *siehe auch einzelne
   Tierarten*
Feiertage 709

Felsformationen
Dragon's Teeth 378
Glockenstein 383
'Iao Needle 396
JFK Profile 395
Pohaku Kani 383
Felszeichnungen
Felszeichnungen von Luahiwa 474
Kukui Petroglyphs 477
Pohue Bay 324
Puako Petroglyph Preserve 232
Pu'u Loa Petroglyphs 307
Waikoloa Petroglyph Preserve 227
Ferien 709
Fern Grotto 542
Festivals & Events 23, *siehe auch* Hula-Festivals
Big Island 188, 198, 282
Essen 198, 228, 676
Film 26, 86
Ironman Triathlon World Championship 26, 188, 191
Kaua'i 531, 545, 553, 601
Maui 340, 353, 381, 393
Merrie Monarch Festival 24, 283, **654**
Moloka'i 488
O'ahu 85, 111
Triple Crown Of Surfing 26, 158, **356**
Film 635, 686
Filmfestivals 26, 86
Film- & TV-Schauplätze
Gilligans Insel 144
Jurassic Park 146
Kualoa Ranch 146
Lost 146, 162
Sechs Tage, Sieben Nächte 595
Tora! Tora! Tora! 165
Tropic Thunder 547
Fische 693
Fischerei 699
Fischteiche
'Aimakapa Fishpond 221
'Ai'opio-Fischfalle 202
Alekoko (Menehune) Fishpond 527
He'eia Fishpond 144
Huilua Fishpond 147
Kahinapohaku Fishpond 496, 499
Kalahuipua'a Fishponds 232
Kaloko Fishpond 221
Ko'ie'ie Fishpond 401
Moli'i Fishpond 146
Naha 479
'Ualapu'e Fishpond 497
FKK 711
FKK-Strände
Kaihalulu (Red Sand) Beach 443
Kauapea (Secrets) Beach 561
Pu'u Ola'i Beach 415

Fledermäuse 692
Flora 693, *siehe auch einzelne Pflanzenarten*
Flughäfen 719
Big Island 178, 179
Kaua'i 523
Lana'i 469
Maui 330
Moloka'i 489
O'ahu 60
Flugreisen 719
Food Trucks 151, 159
Freiwilligenarbeit 337, 603, 705
Freizeitparks
Dole Plantation 164
Hawaii's Plantation Village 166
Polynesian Cultural Center 149
French Frigate Shoals 629

G

Garden of the Gods 479, **365**
Gärten *siehe* Parks & Gärten
Gefahren *siehe* Sicherheit
Geld 19, 709
Ermäßigungen 708
Geldautomaten 709
Geographie 690
Geologie 639, 690
Geschäftszeiten 710
Geschichte 638
Altes Hawaii 643 Ankunft der Polynesier 641
Annektierung durch die USA 651
Bücher 638, 639, 641, 644, 645, 652, 656
Cook, Captain James 644
Entstehung Hawaiis 639
Großes Mahele 648
Handelsschiffe 645
Internetinfos 650
Kamehameha der Große 645
Missionare 647
Pearl Harbor 655
Polynesier 641
Souveränität 657
Tourismus 654
US-Bundesstaat Hawaii 656
Walfang 647
Zuckerplantagen 650
Zweiter Weltkrieg 655
Gesundheit 298, 726
Getränke 673, *siehe auch* Bier, Kaffee, Tee, Wein
Gewichte 709
Giardiasis 726
Gilligans Insel 144
Glossar 678, 730
Golf 43

Ala Wai Golf Course 111
Big Island 177
Challenge at Manele 476
Experience at Koele 471
Francis I'i Brown North & South Golf Courses 233
Hawai'i Kai Golf Course 128
Hilo Municipal Golf Course 282
Ironwood Hills Golf Course 505
Ka'anapali Golf Courses 352
Kapalua Golf 379
Kaua'i Lagoons Golf Club 530
Kiahuna Golf Club 598
Ko Olina Golf Club 166
Ko'olau Golf Club 144
Kukuiolono Golf Course 606
Makaha Resort & Golf Club 169
Makai Golf Club im St. Regis Princeville Resort 570
Mauna Kea & Hapuna Golf Course 236
Moanalua Golf Club 84
Naniloa Country Club Golf Course 282
O'ahu 61
Olomana Golf Links 136
Pali Golf Course 144
Po'ipu Bay Golf Course 598
Prince Golf Course 570
Puakea Golf Course 530
Pukalani Country Club 429
SeaMountain 319
Turtle Bay Resort 153
Volcano Golf & Country Club 316
Waiehu Municipal Golf Course 385
Waikoloa Beach Course & Kings' Course 227
Wailua Municipal Golf Course 542
Goto, Katsu 263
Green Sands Beach (Papakolea) 322

H

Ha'ena 584
Ha'ena State Park 587
Ha'iku 427
Haie 428, 585
Hakalau 272
Halawa Valley 500, **11**
Haleakalā-Gipfel 451, **452**, **10**
Haleakalā National Park 451, 698, **6**, **42**
Camping 459
Radfahren 458, 459
Unterkünfte 458
Wandern 461
Hale'iwa 158
Haleki'i-Pihana Heiau State Monument 391
Halema'uma'u-Krater 303

Halepalaoa Landing 478
Hali'imaile 424
Hamakua Coast 262, **264**
Hamakua Macadamia Nut Company 238
Hana 442, **444**
Hana Highway 434, **5**, **21**
Hanalei 575, **577**, **13**
Hanalei Bay 575, **13**
Hanalei Valley 574, **650**
Hanapepe 610
Hanauma Bay Nature Preserve 129
Handys 19, 713
Haneo'o Road 448
Hansen-Krankheit 508
haole 661
hapu'u 695
Hapuna Beach State Recreation Area 235
Hauola Pu'uhonua 543
Hau'ula 148
Hawaiian Vanilla Company 262
Hawaii Calls (Radiosendung) 654
Hawaii-Hemd 655
Hawaii International Film Festival 26
Hawai'i Kai 127
Hawaii's Plantation Village 166
Hawaii Superferry 531
Hawai'i Volcanoes National Park 300, 698, **4**, **359**, **649**
Hawi 242
Heiau (Tempel) 238
  Ahu'ena Heiau 183
  Haleki'i-Pihana Heiau State Monument 391
  Halulu Heiau 480
  Hapaiali'i Heiau 197
  Hiki'au Heiau 213
  Hikinaakala Heiau 543
  Holoholoku Heiau 543
  'Ili'ili'opae Heiau 497
  Kalalea Heiau 323
  Kane'ele'ele Heiau 319
  Kapuanoni 197
  Kaulu Paoa Hei'au 587
  Kea'iwa Heiau 101
  Ke'eku Heiau 197
  Ku'ilioloa Heiau 167
  Manoa Heritage Center 77
  Mo'okini Luakini Heiau 238, 242
  Pi'ilanihale Heiau 440
  Poli'ahu Heiau 543
  Pu'u o Mahuka Heiau State Monument 156
  Pu'ukohola Heiau National Historic Site 237, 238

Ulupo Heiau State Monument 138
Hibiskus 694
Hilo 275, **276**, **280**
  Aktivitäten 282
  Essen 286, 288
  Sehenswertes 277
  Shoppen 289
  Strände 275
  Unterkünfte 283
Historische Stätten & Gebäude 21
  Ali'iolani Hale 70
  Backsteinpalast 336
  Captain Cook Monument 213
  Hulihe'e Palace 183
  'Iolani Palace 65, **356**, **640**
  Kaneana Cave 170
  Moana Surfrider 109
  Pali Kapu o Keoua 213
  Pink Palace 109, **355**
  Queen Emma Summer Palace 80
  Royal Hawaiian 109, **355**
  Washington Place 70
Hitzschlag 728
Höhenkrankheit 728
Höhlen
  Blue Room 587
  Hana Lava Tube 440
  Kaneana Cave 170
  Kanohina-Höhlensystem 324
  Kazumura Cave 292
  Kula Kai Caverns 324
  Maniniholo Dry Cave 585
  Pua Po'o 308
  Wai'anapanapa State Park 441
  Waikanaloa Wet Cave 587
  Waikapala'e Wet Cave 587
Höhlenerkundung 43, 177, 292
holua 45
Holualoa 200
Holzarbeiten 685
Homo-Ehe 664
Honalo 205
Honaunau 216
Honig 263
Honoka'a 262
Honokohau Harbor 202
Honokowai 374
Honolua-Mokule'ia Bay Marine Life Conservation District 378
Honolulu 64, **66**
  Aktivitäten 81
  Ala Moana 72, 89, **74**
  An- & Weiterreise 98
  Bars & Clubs 93
  Bühne 95
  Cafés 92
  Chinatown 71, 73, 87, **66**
  Essen 86

Festivals & Events 85
Geführte Touren 85
Großraum Honolulu 77, 92, **65**
Innenstadt 65, 87, **66**
Kinder 85
Kinos 95
Kurse 84
Livemusik 94
Makiki Heights 75, **78**
Praktische Informationen 97
Sehenswertes 64
Shoppen 95
Stadtrundgang 83
Strände 64
Universiätsviertel 73, 91, **74**
Unterkünfte 86
Upper Manoa Valley 75, **78**
Honomanu Bay 436
Honomu 273
Honouliuli Forest Reserve 165
Ho'okena 219
Ho'okipa Beach Park 417, **363**, **8**
Ho'olehua 506
Huakini Bay 450
Hubschrauberflüge 43, 50, 612, 705
  Big Island 186
  Kaua'i 530, 611
  Maui 388
Huelo 434
Hühner 532
Hula 344, 373, 605, 681
Hula-Festivals 86, 112
  E Pili Kakou I Ho'okahi Lahui 531
  Merrie Monarch Festival 283
  Moku O Keawe 229
Hulopo'e Bay 475
Hulopo'e Beach 475, 699, **13**, **364**
Hurrikan 'Iniki 600

I
'Iao Valley State Park 395, **363**
Imbisswagen 159
Imkerei 263
Internetinfos 315, 385
  Flugtickets 719
  Geschichte 650
  Gesundheit 726
  Kinder 49
  Nachrichten 636
  Reiseplanung 19
  Sternenbeobachtung 531
  Surfen 384
  Umweltthemen 700, 705
Internetzugang 710
'Iolani Palace 65, **356**, **640**
Ironman Triathlon World Championship 26, 188, 191

000 Verweise auf Karten
000 Verweise auf Fotos

J

James Campbell National Wildlife
  Refuge 151
Jaws 422, **7**
JFK Profile 395
Jurassic Park 146

K

Ka Lae 322
Ka'a'awa 146
Ka'anapali 350, **351**
Ka'awaloa Cove 213
Ka'ena Point 163
Ka'ena Point State Park 171
Kaffee 201, 674, **643**
Kaffeeplantagen & -röstereien
  Coffees of Hawaii 505
  Greenwell Farms 208
  Holualoa Kona Coffee Company
    201
  Hula Daddy Kona Coffee 201
  Kaua'i Coffee Company 608
  Kona Blue Sky Coffee 201
  Kona Coffee Living History Farm
    207
  Long Ears Coffee 263
  Mountain Thunder Coffee Planta-
    tion 201
Kahakuloa 383
Kahakuloa Head 383
Kahala 126
Kahana 375
Kahana Valley 147
Kahanamoku, Duke 109
Kahe Point 167
Kahekili Highway 382
Kahekili's Jump 480, **364**
Kaho'olawe 462
Kahuku 151
Kahului 385, **388**
Kahalu'u Beach Park 182, 196, **29**
Kailua (Maui) 435
Kailua (O'ahu) 133, 137, **140**, **6**
Kailua-Kona 179, **180**
  Aktivitäten 184
  An- & Weiterreise 195
  Bars 193
  Essen 190
  Festivals & Events 188
  Geführte Touren 188
  Praktische Informationen 195
  Sehenswertes 183
  Shoppen 194
  Unterhaltung 193
  Unterkünfte 189
  Unterwegs vor Ort 195
Kainaliu 205

Kajakfahren 35
  Big Island 177, 203, 213
  Kaua'i 523, 542, 593
  Maui 331
  Moloka'i 485, 486
  O'ahu 61, 138
Kajakfischen 197
Kakaoplantagen 674
Kalaheo 606
Kalahuipua'a Historic Trail 232
Kalaloa Point 436
Kalapana 300
Kalaupapa-Halbinsel 507, **10**, **367**
Kalaupapa National Historical Park
  507, **367**
Kalawao 510
Kalihiwai 567
kalo 580
Kaloko-Honokohau National Histori-
  cal Park 220
Kalopa State Recreation Area 271
Kalua'aha 497
Kaluakoi Resort Area 512
Kalua-Schwein 670
Kamakou Preserve 502, 699, **367**
Kamalo 496
Kamehameha III. 648
Kamehameha der Große , 242, 245,
  246, 645
Kaneana Cave 170
Kane, Herb Kawainui 643
Kane'ohe 143
Kanepu'u Preserve 479
Kanufahren 39
Kaohikaipu Island 132
kapa 685
Kapa'a 552, **554**
Kapa'au 245
Kapalua 377, **379**
Kapi'olani 649
Kapoho 296
Kapu-System 646
Karten 710
Ka'u 318, **321**
Kaua'i 53, 518, **520**
  Aktivitäten 523
  An- & Weiterreise 523
  Camping 522
  Essen 518
  Festivals & Events 531, 553, 601
  Highlights 520
  Highways 559
  Kinder 550
  Klima 518
  Märkte 535
  Reiseplanung 518
  Reiserouten 31, 33
  Reisezeiten 518

  State & County Parks 522
  Strände 549
  Surfen 522
  Unterkünfte 518
  Unterwegs vor Ort 523, 556
  Wandern 544
Kauikeaouli 648
Kaumahina State Wayside Park 436
Kaunakakai 490, **491**
  Aktivitäten 492
  An- & Weiterreise 495
  Essen 493
  Praktische Informationen 495
  Sehenswertes 490
  Shoppen 495
  Unterkünfte 492
  Yoga 496
Kauna'oa Bay 236
Kaunolu 479
Kaupo 450
Ka'upulehu 224
Kawa Bay 182
Kawa'aloa Bay 507
Kawaihae 237
Kawaihae Harbor 182
Kawela 496
Kawela (Turtle) Bay 152
Kazumura Cave 292
Kea'au 291
Keahole Point 221
Keahua Arboretum 541
Kealakekua 206
Kealakekua Bay State Historical Park
  182, 212, **9**
Kealia Beach 558
Kealia Pond National Wildlife Refuge
  397
Ke'anae 436
Keauhou Bay 197
Keauhou Resort Area 196
Kekaha 618
Kekaha Kai State Park 182, 223
Keokea 432
Keomuku 478
Keomuku Rd (Hwy 44) 477
Kihei 400, **401**, **402**
  Aktivitäten 403
  Bars & Kneipen 408
  Essen 406
  Festivals & Events 404
  Sehenswertes 401
  Shoppen 409
  Strände 400
  Unterkünfte 404
  Verkehrsmittel & -wege 409
Kiholo Bay 226
Kiki a Ola (Menehune Ditch) 613
Kilauea 561, 690, **564**, **691**

Kindern, Reisen mit 48, 475
Big Island 198, 224
Kaua'i 550
Lana'i
Maui 428
Moloka'i 497
O'ahu 85, 87
Kinos 95, 289, 536
Kipahulu 449
Kipahulu-Abschnitt ('Ohe'o Gulch)
460
Kirchen
Christ Memorial Episcopal Church
563
David Malo's Church 403
Father-Damien-Kirche 510
Holy Ghost Church 430
Imiola Congregational Church 249
Ka'ahumanu Church 393
Kalahikiola Church 245
Kalua'aha Church 497
Kaulanapueo Church 434
Kaunakakai 490
Kawaiaha'o Church 69
Ke Ola Mau Loa Church 250
Lanakila 'Ihi'ihi o Iehova Ona
Kaua 437
Lihu'e Lutheran Church 529
Moku'aikaua Church 183
Our Lady of Seven Sorrows 497
St. Andrew's Cathedral 71
St. Benedict's Painted Church
216
St. Joseph Church 496
St. Peter's Church 196
St. Philomena 510
Star of the Sea Church 300
Waialua Congregational Church
499
Waine'e (Waiola) Church
Wai'oli Hui'ia Church & Wai'oli
Mission House 575
Wananalua Congregational Church
443
Kitesurfen 37
Maui 388
O'ahu 61
Kleinstädte 21
Klima 18, *siehe auch einzelne
Regionen*
Klimawandel 699
Ko Olina Resort 166
Koa 695
Kohala 226, 240, **228**, **241**
Kohala Mountain Road 240

000 Verweise auf Karten
000 Verweise auf Fotos

Koke'e State Park 622, 699, **623**,
369
Koko Crater 132
Koko Head Regional Park 130
Kolekole Pass 165
Koloa 590
Kona Chocolate Festival 198
Kona Cloud Forest Sanctuary 203
Kona Coast 204, 220, **206**, **222**
König Kalakaua 651
Königin Lili'uokalani 652
Konsulate 714
Ko'olau-Bewässerungsgraben 435
Ko'olau Forest Reserve 435
Ko'olau Road 560
Krabbenimbisswagen 151, **356**
Kräuterärzte 71
Kreditkarten 709
Kreuzfahrten 719
Kriegsgedenkstätten & Mahnmale
Battleship Missouri Memorial 100
National Memorial Cemetery of the
Pacific 79
Pacific Aviation Museum 100
Pearl Harbor 99
USS *Arizona* Memorial 99
USS *Bowfin* Submarine Museum
& Park 100
Kualapu'u 504
Kualoa 145
Kualoa Ranch 146
Kukuihaele 266
Kula 429
Kultur 634, 659
Bücher 659, 660, 662
Etikette 663
Kunst 73, 681
Kunstmuseen & Galerien
Art 103 ##
Chinatown 73
Contemporary Museum 77
Contemporary Museum im First
Hawaiian Center 70
Donkey Mill Art Center 200
East Hawai'i Cultural Center 280
Hanapepe 611
Hawai'i State Art Museum 69
Honolulu Academy of Arts 72
Hui No'eau Visual Arts Center 425
Isaacs Art Center 247
Lahaina Arts Society 333
SKEA 216
Turnbull Studios & Sculpture
Garden 384
Volcano Art Center 302
Volcano Garden Arts 315
Wailoa Center 280
Kunsthandwerk 681
Kurse 84, 111, 710

L
La Pe'rouse Bay 416
Lahaina 333, **334**
Aktivitäten 337
Bars & Kneipen 343
Essen 341
Festivals & Events 340
Geürhte Touren 339
Sehenswertes 333
Shoppen 345
Stadtrundgang 338
Unterkünfte 340
Verkehrsmittel & -wege 346
La'ie 149
Lana'i 53, 466, **468**
Aktivitäten 467
An- & Weiterreise 469
Essen 466
Highlights 468
Kinder 475
Klima 466
Reiseplanung 466
Reiserouten 32
Reisezeit 466
Reiten 471
Surfen 470
Tauchen 476
Unterkünfte 471, 476
Unterwegs vor Ort 469
Wandern 471
Lana'i City 470, **473**
Land- & Besitzrecht 146
Landschaftlich schöne Strecken
Chain of Craters Road 305
Hana Highway 434
Haneo'o Road 448
Keomuku Rd (Hwy 44) 477
Pepe'ekeo 4-Mile Scenic Drive 274
Pi'ilani Hwy 450
Tantalus' Round Top Drive 77
Waimea Canyon Drive 620
Laufen 26, 43, 86, 389
Launiupoko Beach Park 346
Laupahoehoe 272
Lava 309
Lavaröhren 308
Lava Tree State Monument 296
Lawai International Center 590
Laysan Island 629
Laysanalbatros **355**
Legenden *siehe* Mythen & Legenden
lei 687, **22**, **370**, **371**, **662**.
Lepra 508, 651
Leptospirose 726
Lesben 123, 299, 712
Liholiho 646
Lihu'e 525, **524**, **528**, **369**
An- & Weiterreise 537

Aktivitäten 529
Essen 533
Festivals & Events 531
Geführte Touren 530
Nachtleben 535
Sehenswertes 526
Shoppen 536
Strände 526
Unterkünfte 532
Lindbergh, Charles 449
Literatur 685, *siehe auch* Bücher
loco moco 667
Lo'ihi Seamount 691
Luau 14, 675
  Big Island 234, 237
  Kaua'i 548
  Maui 344, 373
  O'ahu 123
  Old Lahaina Luau 344, **14**

M

Ma'alaea 346, 397
Macadamia-Nüsse 238, 506
Magnetic Peak 454
Maha'ulepu Coast 599
Mahu 664
Ma'ili 167
Makaha 168
Makapu'u Point 132
Makawao 424
Makena 414, **410**
Makena Bay 414
Makena State Park 698
Makole'a Beach 224
Makua Valley 169
Malaekahana State Recreation
  Area 150
Manana Island 132
Manele Harbor 475
Mantarochen 239, **14**
Manuka State Wayside Park 325
Marathons 26, 43, 86, 389
Märkte 11, 677
  Chinatown-Märkte 71
  Hilo Farmers Market 279
  Kaua'i 535
  Kaunakakai 495
  Keauhou Farmers Market 197
  Kino'ole Farmers Market 279
  Maku'u Craft & Farmers Market
    293
  Na'alehu Market 321
  Saturday Farmer's Market am
    KCC 127
  Space Farmers Market 299
  Volcano Farmers Market 315
  Waialua Farmers Market 162
  Waimea Farmers Market 249

Maße 709
Matsumoto's 160
Maui 53, 326, **328**, **348**
  Aktivitäten 331
  Busfahren 375
  Camping 330
  Essen 326, 431
  Festivals & Events 353, 381, 393
  Geführte Touren 339
  Highlights 328
  Infos im Internet 385
  Kinder 428
  Klima 326, 327
  National, State & County Parks 327
  Reiseplanung 326
  Reiserouten 30, 32, 327
  Reisezeit 326
  Strände 383
  Surfen 332, 385
  Unterkünfte 326
  Verkehrsmittel & -wege 330
Maultierritte 510, **10**
Mauna Kea 253, **254**, **15**, **361**
Mauna Kea Resort Area 236
Mauna Lani Resort Area 231
Maunalei 478
Maunaloa 512
Medizinische Versorgung 726
Meeresschutzgebiete
  'Ahihi-Kina'u Natural Area Reserve
    416
  Hawaiian Islands Humpback Whale
    National Marine Sanctuary 401
  Honolua-Mokule'ia Bay Marine Life
    Conservation District 378
  Papahanaumokuakea Marine
    National Monument 628
Merrie Monarch Festival 283, **654**
Meyer, Rudolph Wilhelm 505
Midway Islands 630, 699
Miloli'i 220
Minigolf 563
Missionare 69, 647
Mobilfunk 19, 713
Mokoli'i 146
Moku o Lo'e 144
Mokuho'oniki 500
Mokule'ia 162
Mokule'ia Army Beach 163
Mokumanamana 629
Moloka'i 53, 482, **484**, **486**
  Aktivitäten 485
  An- & Weiterreise 489
  Camping 483
  Essen 494, 489
  Festivals & Events 488
  Geführte Touren 486
  Highlights 484

Kinder 497
Klima 482
National, State & County Parks 483
Reiseplanung 482
Reiserouten 32, 483
Reisezeit 482
Strände
Surfen 492
Unterkünfte 489
Unterwegs vor Ort 489
Moloka'i Forest Reserve 502
Moloka'i Mule Ride 510, **10**
Moloka'i Ranch 511, 513
Molokini-Krater 399, **7**
Mönchsrobben 692
Mo'okini Luakini Heiau 242
Mo'omomi Beach 507
Motorradfahren 723, *siehe auch*
  Landschaftlich schöne Strecken
  Big Island 178
  Kaua'i 523
  Maui 330
  O'ahu 60
Mountainbiken 44, *siehe auch*
  Radfahren
  Ka'ena Point Trail 171
  Kaunala Loop Trail 157
  Moloka'i 486
  O'ahu 61
Mt Wai'ale'ale 544
Multikulturalismus 661
Munro Trail 475, **11**
Museen *siehe auch* Kunstmuseen &
  Galerien
  Alexander & Baldwin Sugar
    Museum 396
  Anna Ranch Heritage Center 249
  Astronaut Ellison S Onizuka Space
    Center 223
  Bailey House Museum 392
  Baldwin House 336
  Bishop Museum 77
  Grove Farm Museum 529
  Hale Pa'ahao 335
  Hale Pa'i 337
  Hana Cultural Center 443
  Hawai'i Army Museum 110
  Hawaii Children's Discovery
    Center 85
  Hawai'i Heritage Center 85
  Hawai'i Maritime Center 70
  Hawaiian IslandsHumpback Whale
    National Marine Sanctuary 401
  HN Greenwell Store Museum 208
  'Imiloa Astronomy Center of
    Hawai'i 278
  Jaggar Museum 303
  Kamokila Hawaiian Village 541
  Kaua'i Museum 526

Kaʻupuleho Cultural Center 225
Kenji's House 245
Lahaina Heritage Museum 334
Lanaʻi Culture & Heritage Center 471
Lyman Museum & Mission House 278
Mission Houses Museum 69
Mokupapapa Discovery Center 281
Molokaʻi Museum & Cultural Center 505
North Shore Surf & Cultural Museum 158
Old Lahaina Courthouse 333
Pacific Tsunami Museum 279
Pahoa Museum 293
Schaefer International Gallery 387
Wailoa River State Park 280
West Kauaʻi Technology & Visitors Center 613
Whalers Village Museum 351
Wo Hing Museum 334
Musik 120, 682
Mythen & Legenden
 ʻIao Needle 396, **363**
 Kalo 580
 Maui 353
 Nachtwanderer 266
 Pele 45
 Polihale 619
 Puʻu Pehe 476
 Rotes Wasser 441

N
Na Pali Coast State Park 588, 699, **5**
Naʻalehu 320
Nachhaltigkeit 701
Naha 479
Nahiku 439
Nakalele Point 382
Nanakuli 167
Napili 375
National, State & County Parks 696, *siehe auch* Meeresschutzgebiete
Ahupuaʻa o Kahana State Park 147
Akaka Falls State Park 273, **361**
Big Island 176
Haʻena State Park 587
Haleakalā National Park 451, **452**, **6**, **42**
Hanauma Bay Nature Preserve 129, 698
Hapuna Beach State Recreation Area 235

Hawaiʻi Volcanoes National Park 300, **4**, **359**, **649**
Heʻeia State Park 144
ʻIao Valley State Park 395, **363**
Kaʻena Point State Park 171
Kalaupapa National Historical Park 507, 367
Kaloko-Honokohau National Historical Park 220
Kalopa State Recreation Area 271
Kauaʻi 522
Kaumahina State Wayside Park 436
Keaʻiwa Heiau State Recreation Area 101
Kealakekua Bay State Historical Park 182, 212, **9**
Kekaha Kai State Park 223
Kokeʻe State Park 622, **623**, **369**
Laiʻe Point State Wayside 149
Lapakahi State Historical Park 240
Lava Tree State Monument 296
Mackenzie State Recreation Area 298
Makena State Park 414
Malaekahana State Recreation Area 150
Manuka State Wayside Park 325
Maui 327
Na Pali Coast State Park 588, **5**
Oʻahu 60
Old Kona Airport State Recreation Area 182
Palaʻau State Park 505
Polihale State Park 619, **369**
Polipoli Spring State Recreation Area 431
Puʻuhonua o Honaunau National Historical Park 217
Waiʻanapanapa State Park 441
Waimea Canyon State Park 620, **623**, **12**
Natural Energy Laboratory of Hawaii Authority 221
Natürliche Formationen
Dragon's Teeth 378
Garden of the Gods 479, **365**
ʻIao Needle 396, **363**
JFK Profile 395
Kauleonanahoa 506
Phallische Felsen 396, 506
Pohaku Kani 383
Puʻu Konanae 559
Puʻu o Kaiaka 514
Puʻu Pehe 476, **364**
Spouting Horn Beach Park 597
Naturschutzgebiete *siehe* National, State & County Parks, Meeresschutzgebiete, Wildreservate, Vogelschutzgebiete

Necker Island 629
Nihoa 629
Niʻihau 515
Nordwestliche Hawaii-Inseln 629
Notfälle 19, 726
Numila 608
Nuʻu Bay 450
Nuʻuanu 137

O
Oʻahu 52, 56, **58**
 Aktivitäten 60
 An- & Weiterreise 60
 Camping 60
 Essen 56, 90, 119
 Geführte Touren 64
 Highlights 58
 Kinder 87
 Klima 56
 National, State & County Parks 60
 Reiseplanung 56
 Reiserouten 33
 Reisezeit 56
 Strände 103
 Surfen 63
 Strände 103
 Unterkünfte 56, 139
 Unterwegs vor Ort 60, 101
Obama, Barack 80, 661
Ocean Rider Seahorse Farm 222
Ocean View 324
Öffnungszeiten 710
ʻOheʻo Gulch 449
ohia 695
Okolehao Trail 579
Old Lahaina Luau 344, **14**
Olowalu 347
Onizuka Visitor Information Station 259
Onomea 274
 Original Hawaiian Chocolate Factory 198

P
Pahala 319
Pahoa 293
Paʻia 418, **418**, **8**
Palaʻau State Park 505
Pali Coast 501
Pali Highway 133
Pali Kapu o Keoua 213
Panoramastrecken *siehe* Landschaftlich schöne Strecken
Papahanaumokuakea Marine National Monument 628
Papaikou 274
Paragliding 43, 61, 430

Parks & Gärten *siehe auch* National, State & County Parks
  Akatsuka Orchid Gardens 316
  Ali'i Kula Lavender 429
  Amy BH Greenwell Ethnobotanical Garden 208
  Banyan Tree Square 334
  Enchanting Floral Gardens 429
  Foster Botanical Garden 72
  Fuku-Bonsai Cultural Center 291
  Garden of Eden Arboretum 436
  Hale Kahiko 336
  Hawaii Tropical Botanical Garden 274
  Ho'omaluhia Botanical Garden 144
  Kahanu Garden 440
  Kalama Park 401
  Kapi'olani Park 110
  Keahua Arboretum 541
  Kea'iwa Heiau State Recreation Area 101
  Kepaniwai Park & Heritage Gardens 395
  Koko Crater 132
  Kukuiolono Park 606
  Kula Botanical Garden 429
  Lili'uokalani Park 277
  Limahuli Garden 585
  Lucy Wright Park 613
  Lyon Arboretum 75
  Maui Nui Botanical Gardens 387
  Moir Gardens 597
  Mokuola (Coconut Island) 277
  Na 'Aina Kai Botanical Gardens 562
  National Tropical Botanical Garden 597
  Paleaku Gardens Peace Sanctuary 216
  Prince Kuhio Park 597
  Pua Mau Place 240
  Sacred Garden of Maliko 424
  Senator Fong's Plantation & Gardens 144
  Smith's Tropical Paradise 539
  Tropical Gardens of Maui 395
  Wahiawa Botanical Garden 164
  Waimea Valley 156
  World Botanical Gardens 273
Pearl Harbor 99, 655, **65**, **7**
Pele 45, 649
Pepe'ekeo 274
Petroglyphen
  Kukui Petroglyphs 477
  Luahiwa Petroglyphs 474
  Olowalu 347
  Pohue Bay 324
  Puako Petroglyph Preserve 232
  Pu'u Loa Petroglyphs 307
  Waikoloa Petroglyph Preserve 227

Pflanzen 693, *siehe auch einzelne Pflanzenarten*
  Ananas 164, **647**
  Banyan-Bäume 277
  'Ilima 371
  Protea **694**
Pi'ilani Hwy 450
Pine Trees 182
Planetarien 79
Plantagen *siehe auch* Kaffeeplantagen & -röstereien
  Hawaiian Vanilla Company 262
  Mauna Kea Tea 263
  Onomea Tea Company 274
plate lunches 669, 675
Pohaku Kani 383
Pohoiki Bay 182
Po'ipu 594, **596**
poi 580, 670
poke 669, **668**
Polihale 619
Polihale State Park 619, **369**
Polihua Beach 479
Polipoli Spring State Recreation Area 431
Pololu Valley 246
Polynesian Cultural Center 149
Polynesien 691
Port Allen 608
Post 714
Post-a-Nut 507
Princeville 568, **569**
Privatgrundstücke 488
Puako 234
Pukalani 428
Puko'o 498
Puna 291, **292**
Punalau Beach 382
Punalu'u 148, 319
Pu'u Keka'a 350, 353
Pu'u Pehe 476, **364**
Pu'uhonua o Honaunau National Historical Park 217
Pu'unene 396

Q
Queen's Bath 570
Quilten 685

R
Radfahren 44, 722, *siehe auch* Mountainbiken
  Big Island 179
  Kaua'i 467
  Maui 391, 458
  Moloka'i 485, 486
  O'ahu 63, 84
Radio 637, 709

Ranches
  Kahua Ranch 243
  Kualoa Ranch 146
  Moloka'i Ranch 511, 513
  Na'alapa Stables 243
  Parker Ranch 248
  Ponoholo Ranch 243
  Pu'u O Hoku Ranch 500
  Thompson Ranch 432
  'Ulupalakua Ranch 433
Rauchen 711
Rechtsfragen 710
Recycling 567, 704
Red Road 297
Reiseschecks 709
Reisepass 714
Reiseplanung *siehe auch einzelne Regionen*
  Aktivitäten 34
  Eventkalender 23
  Infos im Internet 19
  Inseln 52
  Kinder 48
  Kurzinfos 18
  Reiserouten 27
  Reisezeit 18, 23
  Tagesbudget 18
Reiserouten 27
  Big Island 173
  Kaua'i 519
  Lana'i 467
  Maui 327
  Moloka'i 483
  O'ahu 57
Reiten 44, 50
  Big Island 216, 250, 270
  Maui 416, 426, 430, 432, 444, 449
  O'ahu 61, 146, 153
Religion 646, 662, *siehe auch* Mythen & Legenden
Retreats
  Kalani Oceanside Retreat 299
  Ramashala 299
Richardson Ocean Park 182
Road to the Sea 325
Royal Gardens 309
Russian Fort Elizabeth 615

S
Saddle Road 261, **29**
Saint Damien *siehe* Father Damien
Schiffsreisen 724
Schildkröten 479, 704
  Maui 414
Schlacht von Nu'uanu 137
Schnorcheln 37, 239
  Big Island 177, 184, 202, 213

Garden Eel Cove 182
Hale'iwa 159
Kaua'i 523, 585, 594
Kawela Bay 153
Maui 339, 398, 403
Moloka'i 485
O'hu 61, 111, 158
Pu'u Keka'a 350
Shark's Cove 155
Three Tables 156
Two Step 218
Schofield Barracks Military Reservation 165
Schokolade 674
Kona Chocolate Festival 198
Original Hawaiian Chocolate Factory 198
Steelgrass Farm 539
Schöne Autostrecken siehe Landschaftlich schöne Strecken
Schweine 502
Schwimmen 38
Schwimmen mit Delphinen 41, 214, 227, 704
Schwule 123, 299, 321, 712
Science City 454
Sea Life Park 132
Secret Cove 415
Seepferdchen 222
Segelfliegen 163
Segeln 38, 110, 352
Sexuelle Orientierung 662
Shangri La 127
Shark's Cove **36**
Shave Ice 160, 341, 668, **355**
Shoppen 712
Sicherheit 590, 712, 717
Campen 716
Trampen 711, 724
Wasser 35, 590, 713
Verkehrsregeln 724
Skifahren 259
Slack Key Guitar 684
Smith, Ernest 497
Snowboarden 259
South Point 322
Souveränität 657
Spa siehe Wellness
Sprache 18
Spreckelsville Beach 419
Sprung der Seelen 353
Stadtrundgänge
Honolulu Chinatown 83
Lahaina 338

Stand Up Paddle Boarding 38, 177, 186
Staphylokokken 727
State Capitol 70
Sternenbeobachtung 46, 227, 253, 259, 352, 613, **15**
Sternwarten
Science City 454
WM Keck Observatory Office 249
WM Keck Observatory Visitor Gallery 257
Strände 20, 38, siehe auch Badestrände, Surfstrände
Big Island 179
Baby Beach 595
Brennecke's Beach 594
Glass Beach 608
Halona Blowhole & Cove 130
Hanalei 575
Kaua'i 549
Kealia Beach 558
Kepuhi Beach 514
Larsen's Beach 561
Lumaha'i Beach 583
Make Horse Beach 514
Maui 383
Mo'omomi Beach 507
O'ahu 103
Papohaku Beach 515
Pu'u Poa Beach 569
Shipwreck Beach 595
Stiche 727
Studentenermäßigung 709
Superferry 531
Surfboards 578
Surfen 38, 45, 50, **7**
Big Island 182, 187, 203
Infos im Internet 384
Kaua'i 522, 598
Lana'i 470
Maui 332, 337, 422
Moloka'i 492
O'ahu 61, 63, 84, 110, 138
Triple Crown Of Surfing 26, 158, **356**
Surfstrände & -breaks
Backyards 154
Banyans 182
Banzai Pipeline 154
Cowshead 595
Diamond Head Beach Park 126
DT Fleming Beach Park 377
'Ehukai Beach Park 154
First Break 595
Fort DeRussy Beach 107
Halawa Beach 501
Hale'iwa Ali'i Beach Park 158
Hanalei Bay 575
Hawaiian Electric Beach 167

Honoli'i Beach Park 277
Honolua Bay 378
Honomanu Bay 436
Isaac Kepo'okalani Hale Beach Park 298
Jaws 422, **7**
Kahalu'u Beach Park 182, 196, **29**
Kanaha Beach Park 385
Kawa Bay 320
Ke'ei Bay 213
Kuilei Cliffs Beach Park 126
Launiupoko Beach Park 346
Lawa'i (Beach House) Beach 595
Mahai'ula Beach 223
Makaha Beach Park 168
Makua Beach 170
Middles 575
Pakalas 615
Palauea Beach 411
Pine Trees 221
Pipeline 154
Po'ipu Beach 595
Publics 108
Razors 126
Richardson Ocean Park 277
Rock Point 499
Sunset Beach Park 154
Thousand Peaks 349
Waikokos 575
Waimanalo Bay Beach Park 134
Waimea Bay Beach Park 156
Waiohai 595
Yokohama Bay 171

T
Tagesbudget 18
Tahiti Nui 582
Taro 580, **650**
Tauchen 40, 239, 398
Big Island 177, 187, 215
Kaua'i 523, 599
Maui 331, 339, 352, 403
Moloka'i 485, 486
O'ahu 61, 111, 138, 159
Tauchreviere
Cathedrals 476
Coral Gardens 349
Hale'iwa 159
Kaiwi Point 203
Molokini-Krater 399
Shark's Cove 155
Suck 'Em Up 203
Three Tables 156
Turtle Pinnacle 202
Tavares Beach 419
Taxis 724
Big Island 179

Maui 332
O'ahu 63
Tee
  Mauna Kea Tea 263
  Onomea Tea Company 274
Telefon 19, 713
Telefonkarten 713
Tempel *siehe auch* Heiau
  Byōdō-In 143
  Daifukuji Soto Mission 205
  Izumo Taisha 72
  Kaua'is Hindu-Kloster 539
  Koloa, historische Gebäude 591
  Kuan Yin Tempel 72
  Lahaina Jodo Mission 337
  Lai'e Temple 150
  Taoistischer Tempel 72
  Wood Valley Temple & Retreat Center 320
Tennis 44, 153
Textilien 634
Theater
  Hawaii Theatre 95
  Palace Theater 289
Three Bears Falls 438, **5**
Three Ring Ranch Exotic Animal Sanctuary 185
Tiere 532, 692
  Coqui-Frosch 293
  Laysanalbatros **355**
  Mantarochen 239, **14**
  Mönchsrobbe 692
  Schildkröten 414, 479, 704
Tierschutzgebiete
  Three Ring Ranch Exotic Animal Sanctuary 185
Tiki **359, 362**
Touren 724, *siehe auch* Hubschrauberflüge
  Big Island 179, 186, 188
  Kaua'i 530, 611
  Maui 332, 339, 388
  Moloka'i 486
  O'ahu 64, 85
Tourismus 636, 701
Touristeninformation 715
Trampen 711, 724
Transport 19, 719, *siehe auch* An- & Weiterreise, Unterwegs vor Ort
Travelers' Checks 709
Trinkgeld 709
Triple Crown of Surfing 26, 158, **356**
Tsunamis 713
TV 635, 709

U
'Ualapu'e 497
Überschwemmungen 713

Ukulele 683, **682**
'Ula'ino Road 439
'Ulupalakua Ranch 433
Umweltthemen 214, 696, 701
  Klimaerwärmung 699
  Hubschrauberrundflüge 612, 705
  Nachhaltigkeit 635, 701
  Schwimmen mit Delphinen 214, 705
  Wildtiere 502, 532, 692
Unerlaubtes Betreten 717
University of Hawai'i at Manoa 73
Unterkünfte 715, *siehe auch* Camping, *einzelne Orte*
Unterwegs vor Ort 19, 720
  Big Island 178
  Kaua'i
  Lana'i 469
  Maui 330
  Moloka'i 489
  O'ahu 60
Urlaub 709
USS Arizona Memorial 99, **7**

V
Valley Of The Temples 143
Vanille 262
Vegetarier 678
Verhaltensregeln 488
Verkehrsmittel & -wege 19, 719, *siehe auch* An- & Weiterreise, Unterwegs vor Ort
Verkehrsregeln 19
Versicherung 717
Verwilderte Tiere 696
Veuster, Joseph de, *siehe* Father Damien
Videostandards 709
Visa 19, 714
vog 314, 728
Vögel 692
Vogelbeobachtung 693
Vogelschutzgebiete
  James Campbell National Wildlife Refuge 151
  Kanaha Pond Bird Sanctuary 386
  Kaohikaipu Island 132
  Kealia Pond National Wildlife Refuge 397
  Manana Island 132
  Moku'auia (Ziegeninsel) 150
  Mokuho'oniki 500
Volcano (Dorf) 315
Vorwahlnummern 713
Vulkane 309, 690
  Haleakalā National Park 451, 698, **452, 6, 42**
  Hawai'i Volcanoes National Park 300, 698, **4, 359, 649**

W
Wa'a Wa'a 296
Wahiawa 164
Währung 18
Waiahole 145
Waialua 162, 499
Wai'anae 167
Wai'anapanapa State Park 441
Waikamoi Nature Trail 435
Waikamoi Preserve 451
Waikiki 102, **104**, **5, 16, 354, 355**
  Aktivitäten 110
  An- & Weiterreise 125
  Bars & Cafés 121
  Clubs 122
  Essen 116
  Festivals & Events 111
  Gefahren & Ärgernisse 103
  Hula 121
  Kurse 111
  Livemusik 120, 121
  Luau 123
  Praktische Informationen 125
  Schwule & Lesben 123
  Sehenswertes 109
  Shoppen 124
  Strände 106
  Unterkünfte 112
  Unterwegs vor Ort 125
Waikoloa Beach Resort 226
Waikoloa Village 226
Wailea 409, **410**
Wailua (Maui) 438
Wailua (Kaua'i) 539, **540**
  Aktivitäten 542
  An- & Weiterreise 537
  Essen 547
  Festivals & Events 545
  Sehenswertes 539
  Shoppen 549
  Strände 539
  Unterhaltung 548
  Unterkünfte 545
Wailua River 543
Wailuku 392, **394**
Waimanalo 133, **632**
Waimanu Valley 269
Waimea (Kamuela, Big Island) 247, **248**
Waimea (Kaua'i) 613, **614**
Waimea (O'ahu) 154
Waimea Canyon State Park 620, 699, **623, 12**
Wainiha Valley 583
Wai'ohinu 321
Waipi'o Bay 182
Waipi'o Valley 267, **268, 9**
Waipouli 549

Walbeobachtung 40
  Big Island 188
  Kaua'i 608
  Maui 347, 398, 401, 405
  Moloka'i 486
  O'ahu 159
Wale 573, 692
Walfang 648
Wandern 20, 44, 269, 705
  Big Island 177, 203, 218, 247
  Diamond Head State Monument 126, **356**
  Hau'ula Loop Trail 149
  Hawai'i Volcanoes National Park 308, 316
  Ka'anapali Beach Walk 351
  Ka'ena Point Satellite Tracking Station 170
  Ka'ena Point Trail 171
  Kapa'ele'ele Trail 147
  Kaua'i 523, 544, 588, 621, 624
  Kaunala Loop Trail 157
  Kealia Trail 163
  Kuaokala Trail 170
  Kuli'ou'ou Ridge Trail 128
  Likeke Falls Trail 145
  Maui 380, 384, 431, 454
  Mauna Kea 258, **361**
  Maunawili Falls 134
  Maunawili Trail System 134, **136**
  Moloka'i 485
  Nakoa Trail 148
  O'ahu 61, 81, 128, 163
  Saddle Road 261
  Waihe'e Ridge Trail 384
  Waipi'o Valley 268
Wasserfälle & Badestellen 20, 437
  Akaka Falls 253, **361**
  Blue Pool 440
  Haipua'ena Falls 436
  Hanawi Falls 439
  Hi'ilawe Falls 268
  Hipuapua Falls 501
  Kahuna Falls 273
  Kaluahine Falls 269

  Kipu Falls 527
  Likeke Falls 145
  Makapipi Falls 439
  Manoa Falls 81
  Maunawili Falls 134
  Moa'ula 501
  'Opaeka'a Falls 542
  Pe'epe'e Falls 281
  Puohokamoa Falls 436
  Rainbow Falls 280
  Three Bears Falls 438, **5**
  Twin Falls 434
  Uluwehi Falls 543
  Waikamoi Falls 435
  Wailua Falls 448, 526
Wassersport 34, siehe auch einzelne Aktivitäten
Wechselkurse 19
Wein 316, 674
Wellness 46
  A Hideaway Spa 615
  Alexander Day Spa & Salon 530
  Anara Spa 601
  Angeline's Mu'olaulani 559
  Hale Ho'ola Hawaiian Healing Arts Center & Spa 315
  Halele'a Spa 571
  Hanalei Day Spa 585
  Ihilani Spa 166
  Mamalahoa Hot Tubs & Massage 208
  Mauna Lani Spa 233
  Paradissimo Tropical Spa 294
  Spa at Koa Kea Hotel & Resort 601
  Spa by the Sea 550
  Spa Without Walls 233
  TriHealth Ayurveda 559
  Waikiki 113
Wetter 18, siehe auch einzelne Regionen
White Sands Beach 182
Whittington Beach Park 319
Wildpflanzen 693, siehe auch einzelne Pflanzenarten
Wildtiere 692, siehe auch einzelne Tierarten

Wildreservate, siehe auch Vogel-schutzgebiete
  James Campbell National Wildlife Refuge 151
  Kakahai'a National Wildlife Refuge 496
  Kealia Pond National Wildlife Refuge 397
  Kilauea Point National Wildlife Refuge 562
  Three Ring Ranch Exotic Animal Sanctuary 185
Windsurfen 40, 41, **8**
  Maui 384, 398, 417
  O'ahu 61
Windward Coast 133
Wirtschaft 636
WLAN 711
Wohnmobile 285
Wood Valley Temple & Retreat Center 320

Y

Yoga 46
  Big Island 188, 209, 282
  Kaua'i 550, 552, 563, 571, 578, 615
  Maui 427
  Moloka'i 496
  O'ahu 84, 139

Z

Zeit 718
Zeitungen 636, 709
Ziegen 502
Ziplining 47, 50, **42**
  Big Island 177, 242, 273
  Kaua'i 529, 571
  Maui 352, 379, 430
Zoll 718
Zoos
  Honolulu Zoo 110
  Pana'ewa Rainforest Zoo & Gardens 279
Zucker 526, 650
Zweiter Weltkrieg 99, 655, siehe auch Kriegsgedenkstätten & Mahnmale

000 Verweise auf Karten
000 Verweise auf Fotos

Auf einen Blick

Mit diesen Symbole sind wichtige Kategorien leicht zu finden:

⊙ Sehenswertes	☞ Geführte Touren	☕ Ausgehen
🏊 Strände	❋ Feste & Events	☆ Unterhaltung
🏃 Aktivitäten	⛵ Schlafen	🔒 Shoppen
🍴 Kurse	✕ Essen	❶ Praktische Informationen/ Transport

Empfehlungen von Lonely Planet:

LP TIPP	Das empfiehlt unser Autor
GRATIS	Hier bezahlt man nichts
🌿	Nachhaltig und umweltverträglich

Diesen Einrichtungen bescheinigen unsere Autoren ein starkes Engagement für die Nachhaltigkeit – zum Beispiel indem sie regionale Erzeuger unterstützen, ökologisch wirtschaften oder Umweltprojekte unterstützen.

Diese Symbole bieten wertvolle Zusatzinformationen:

♪ Telefon	☎ WLAN verfügbar	🚌 Bus
⊘ Öffnungszeiten	🏊 Swimmingpool	⛴ Fähre
P Parkplatz	🥗 Vegetarische Auswahl	M Metro
⊖ Nichtraucher	📖 englischsprachige Karte	S Subway/U-Bahn
❋ Klimaanlage	👶 Kinder willkommen	🚊 Straßenbahn
@ Internet verfügbar	🐾 Haustiere willkommen	🚆 Bahn

Die Reihenfolge spiegelt die Bewertung durch die Autoren wider.

Kartenlegende

Sehenswertes
⊙	Strand
☸	buddhistisch
⊕	Burg
✝	christlich
🕉	hinduistisch
☪	islamisch
✡	jüdisch
❶	Denkmal
⊞	Museum/Galerie
⊗	Ruine
⊗	Weingut/Weinberg
⊙	Zoo
⊙	Sehenswürdigkeit

Aktivitäten, Kurse & Touren
⊖	tauchen/schnorcheln
🛶	Kanu/Kajak fahren
🎿	Ski fahren
🏄	surfen
🏊	Swimmingpool
🥾	wandern
🏄	windsurfen
⊕	sonstige Aktivitäten/ Kurse/Touren

Schlafen
⊝	Hotel, Hostel
⊙	Camping

Essen
✕	Restaurant

Ausgehen
⊙	Bar, Kneipe
⊙	Café

Unterhaltung
⊕	Unterhaltung

Shoppen
⊙	Shoppen

Praktisches
⊕	Post
❶	Touristeninformation

Transport
⊕	Flughafen
⊗	Grenzübergang
🚌	Bus
⊷⊕⊶	Seilbahn/ Standseilbahn
⊸⊕⊷	Radweg
⊹⊙⊹	Fähre
Ⓜ	Metro
⊶⊕⊷	Schwebebahn
P	Parkplatz
⊕	S-Bahn
⊙	Taxi
⊹⊕⊹	Bahn
⊶⊕⊷	Straßenbahn
⊙	Tube Station
ⓤ	U-Bahn
•	sonstiger Transport

Verkehrswege
▬▬	Mautstraße
▬▬	Autobahn
▬▬	Hauptstraße
▬▬	Landstraße
━━	Verbindungsstraße
───	sonstige Straße
▬ ▬	unbefestigte Straße
▨▨	Platz/Promenade
⊥⊥⊥	Treppe
)⎯ ⎯(	Tunnel
⌇⌇⌇	Fußgänger- brücke
▬▬	Spaziergang
▬ ▬	Abstecher vom Spaziergang
─ ─ ─	Pfad

Grenzen
▬ ▬ ▬	Staatsgrenze
───────	Provinzgrenze
─ ─ ─ ─	umstrittene Grenze
─ ─ ─	Bezirksgrenze
▨▨	Meeresschutzgebiet
⌒⌒⌒	Klippen
▬▬	Mauer

Städte
⊛	Hauptstadt (Staat)
◉	Hauptstadt (Bundesland/Provinz)
●	Großstadt
∘	Stadt/Ort

Geografie
⊙	Hütte/Unterstand
🗼	Leuchtturm
☺	Aussichtspunkt
▲	Berg/Vulkan
⊙	Oase
⊙	Park
)(	Pass
⊙	Rastplatz
⊙	Wasserfall

Gewässer
～	Fluss, Bach
～ ～	periodischer Fluss
⛆	Sumpf/Mangroven
░░	Riff
⊂⊃	Kanal
⬭	Gewässer
⬭	Salzsee/trockener/ periodischer See
▨	Gletscher

Gebietsform
	Strand/Wüste
+ + +	christlicher Friedhof
× × ×	sonstiger Friedhof
	Park/Wald
	Sportplatz
	Sehenswertes (Gebäude)
	Highlight (Gebäude)

DIE LONELY PLANET STORY

Ein ziemlich mitgenommenes, altes Auto, ein paar Dollar in der Tasche und Abenteuerlust – 1972 war das alles, was Tony und Maureen Wheeler für die Reise ihres Lebens brauchten, die sie durch Europa und Asien bis nach Australien führte. Die Tour dauerte einige Monate, und am Ende saßen die beiden – erschöpft, aber voller Inspiration – an ihrem Küchentisch und schrieben ihren ersten Reiseführer *Across Asia on the Cheap*. Innerhalb einer Woche hatten sie 1500 Exemplare verkauft. Lonely Planet war geboren.

Heute hat der Verlag Büros in Melbourne, London und Oakland mit mehr als 600 Mitarbeitern und Autoren. Und alle teilen Tonys Überzeugung, dass ein guter Reiseführer drei Dinge erfüllen sollte: informieren, bilden und amüsieren. Und an diesem Grundsatz änderte sich auch nichts, als 2011 BBC Worldwide alleiniger Inhaber von Lonely Planet wurde.

DIE AUTOREN

Sara Benson

Koordinierende Autorin, O'ahu, Papahanaumokuakea Marine National Monument, Kunst & Kunsthandwerk, Lei, Land & Meer, Grünes Hawaii Nachdem sie in Chicago das College abgeschlossen hatte, stieg Sara mit nur einem Koffer und $100 in der Tasche in einen Flieger nach Kalifornien. Dann ging sie über den Pazifik nach Japan, lebte zeitweise auf Maui, Big Island und O'ahu, und erwanderte Kaua'i, Moloka'i und Lana'i. Sara liebt es zu wandern und in der freien Natur unterwegs zu sein und hat für den National Park Service sowie den Hawai'i Volcanoes National Park gearbeitet. Sie ist Autorin von über 40 Reise- und Sachbüchern und an den Lonely Planet-Reiseführern *Honolulu, Waikiki & O'ahu* und *Hiking in Hawaii* beteiligt. In ihren Blogs und auf Twitter lassen sich ihre Abenteuer online verfolgen.

Mehr über Sara auf:
lonelyplanet.com/members/sara_benson

Amy C. Balfour

Maui, Die Küche Hawaiis Amy besuchte Hawaii zum ersten Mal als Kleinkind. Anscheinend war sie so froh anzukommen, dass sie dem Zollbeamten eine Dusche verpasste. Für dieses Buch sauste sie die Berge in West Maui hinunter, steuerte über den Kahekili Highway, schipperte bei Sonnenuntergang vor Ka'anapali herum, schnorchelte mit einer grünen Schildkröte, wanderte durch den Dschungel und schwelgte in ihrem bisher dekadentesten Thanksgiving-Dinner im Ka'anapali Beach Hotel. Amy hat neun Bücher für Lonely Planet geschrieben oder mitgeschrieben, darunter *Los Angeles Encounter*, *California*, *The Caribbean Islands* und *Arizona*. Außerdem schreibt sie für diverse Magazine und Zeitungen.

Mehr über Amy auf:
lonelyplanet.com/members/amycbalfour

E. Clark Carroll

Kaua'i, Ni'ihau Clark lebt gern im Hier und Jetzt. Er ist immer noch überrascht, dass er an der Nordküste von Kaua'i in einem Leben gelandet ist, von dem er nicht zu träumen gewagt hätte. Clark kommt ursprünglich aus New York, sein Weg führte ihn erst nach Westen, dann zurück nach Osten, dann zum Studium und zur Aufnahme seiner Autorentätigkeit nach Süden, dann für weitere Studien und Entdeckungen nach Down Under, dann auf der Jagd nach Wellen in den Fernen Osten, und im Moment ist er zufrieden, irgendwo in der Mitte … des Pazifiks zu sein. Er findet es wunderbar, all das, was er über Kaua'i gelernt hat und was er an der Insel liebt, mit den Lesern teilen zu können.

Ned Friary & Glenda Bendure

Maui, Kaho'olawe Ned und Glenda kamen zum ersten Mal in den 1980ern nach einem Japan-Aufenthalt nach Hawaii und waren so von der rauen natürlichen Schönheit der Inseln eingenommen, dass aus ihrem geplanten zweiwöchigen Stop-over ein viermonatiger Aufenthalt wurde. Seitdem sind sie ein Dutzend Mal nach Hawaii zurückgekehrt und haben jede der Inseln gründlichst erkundet. Sie haben die ersten fünf Ausgaben des englischen Lonely Planet *Hawaii* geschrieben und sind seitdem an jeder neuen Auflage beteiligt. Sie haben eine Vorliebe für Inseln und haben Lonely Planet-Reiseführer zu so weit verstreuten Zielen wie Mikronesien, Bermuda und der östlichen Karibik geschrieben. Sie sind Koautoren der Lonely Planet-Reiseführer *Maui*, *USA* und *New England*. Wenn sie nicht gerade unterwegs sind, leben sie in Cape Cod.

Conner Gorry

Big Island Conner ist von Grund auf ein Inselmensch und kennt einige der besten: Manhattan, Moloka'i, Kuba, Kaua'i. Und dann Hawai'i! Seit dem Augenblick, als sie Hilo roch, den Pu'u 'O'o Vent erblickte und den ersten Lonely Planet-Reiseführer über Big Island schrieb, fühlte sie sich wie Marc Twain, der sich danach sehnte, „für immer auf einem dieser Berge auf den Sandwich Islands zu leben, mit Blick auf das Meer ..." Während der Recherche für dieses Buch konsumierte sie fröhlich vier Dosen Frühstücksfleisch und hakte drei phantastische Erfahrungen ab, die sie immer schon einmal machen wollte: nachts mit Mantarochen schnorcheln, die Stelle, an der die Lava ins Meer fließt, von einem Boot aus betrachten und auf dem Muliwai Trail wandern.

Ryan Ver Berkmoes

Lana'i, Moloka'i Ryan Ver Berkmoes besuchte Moloka'i zum ersten Mal 1987 und erinnert sich noch, wie ihn die üppige Landschaft auf der Fahrt nach Osten berauschte (oder vielleicht waren es auch die Ausdünstungen der Mangos, die entlang des Straßenrands fermentierten). Er ist oft wiedergekehrt und mietet meist ein Strandhaus, wo er zwischen Romanen neidlos auf die geschäftigen Lichter von Maui gegenüber blickt. Für diese Auflage von *Hawaii* brachte Ryan seine journalistischen Fertigkeiten mit nach Lana'i und Moloka'i, wo er bis dahin nur seine Urlaubsfähigkeiten unter Beweis gestellt hatte. Er versucht, seinen Rekord zu brechen, länger als eine Stunde keinem Menschen am Strand zu begegnen.

Luci Yamamoto

Big Island Luci Yamamoto ist Hawaiianerin in der vierten Generation. Als Luci in Hilo aufwuchs, war eine Fahrt über die Insel nach Kailua-Kona ein seltenes, ganztägiges Abenteuer für sie. Dann ging sie aufs College in Los Angeles und studierte in Berkeley Jura – und sogar „Big" Island erschien plötzlich klein. Seit sie Lonely Planet-Autorin ist und über Big Island und Kaua'i schreibt, ist ihr die wahre Größe ihrer Heimatinsel bewusst geworden. Momentan lebt sie in Vancouver, aber sie fühlt sich geehrt, wenn *kama'aina* sie immer noch als eine der ihren betrachten.

Mit Beiträgen von

Michael Shapiro Michael Shapiro floh 1998 aus der Kälte New Yorks und lebt noch heute glücklich auf den Inseln von Hawaii. Als Redakteur von *Hana Hou! the magazine of Hawaiian Airlines* hatte er das Glück, ausführlich durch Hawaii reisen und über dessen Natur und Kultur schreiben zu können. Michael schrieb die Kapitel Hawaii aktuell, Geschichte und Hawaiis Einwohner.

Lonely Planet Publications,

Locked Bag 1, Footscray,
Melbourne, Victoria 3011,
Australia

Verlag der deutschen Ausgabe:
MAIRDUMONT, Marco-Polo-Str. 1, 73760 Ostfildern,
www.mairdumont.com, lonelyplanet@mairdumont.com

Chefredakteurin deutsche Ausgabe: Birgit Borowski

Redaktion: Bintang Buchservice GmbH, www.bintang-berlin.de
Übersetzung: Petra Dubilski, Christina Kagerer, Dagmar Klotz, Gunter Mühl, Kathrin Schnellbächer
Lektorat: Dorit Aurich, Gudrun Raether-Klünker, Oliver Kiesow
Satz: Stefan Müssigbrodt
Technischer Support: Typopoint, Ostfildern/Kemnat

Hawaii
1. deutsche Auflage März 2012,
übersetzt von *Hawaii, 10th edition*, September 2011
Lonely Planet Publications Pty

Deutsche Ausgabe © Lonely Planet Publications Pty, März 2012

Fotos © wie angegeben

Die meisten Fotos in diesem Reiseführer können bei Lonely Planet Images, www.lonelyplanetimages.com, auch lizenziert werden.

Printed in China